Hamburg, 10.12.2001

Lieber Herr Professor Mestmäcker,

das erste Exemplar dieses Buches gebührt ganz und gar Ihnen. In tief empfundener Dankbarkeit für alles, was Sie für mich getan haben und in Vorfreude auf das weitere Jahr der Zusammenarbeit mit Ihnen,

Ihre Heike Schweitzer

Law and Economics of International Telecommunications

Under the Auspices of the
Max Planck Institute for Foreign and International Private Law
edited by Prof. Ernst-Joachim Mestmäcker
and Prof. Christoph Engel

Volume 46

Heike Schweitzer

Daseinsvorsorge, „service public“, Universaldienst

Art. 86 Abs. 2 EG-Vertrag und die Liberalisierung in den Sektoren Telekommunikation, Energie und Post

Nomos Verlagsgesellschaft
Baden-Baden

Die Deutsche Bibliothek – CIP-Einheitsaufnahme

Ein Titeldatensatz für diese Publikation ist bei
Der Deutschen Bibliothek erhältlich. (http://www.ddb.de)

Zugl.: Hamburg, Univ., Diss., 2001

ISBN 3-7890-7650-3

ISSN 0935-0624

1. Auflage 2001/2002

Für Charlie

Vorwort des Herausgebers

Die Arbeit ist im Anschluß an das Forschungsprojekt „Wirtschaftsrecht der internationalen Telekommunikation" im Max-Planck-Institut für ausländisches und internationales Privatrecht in Hamburg entstanden. Die Aufgabe, Staatsmonopole in Binnenmarkt und System unverfälschten Wettbewerbs einzuordnen, war in der Europäischen Gemeinschaft umfassend zuerst für die Telekommunikation zu bewältigen. Im Ausgang von den gewonnenen Erfahrungen untersucht die Verfasserin Recht und Politik der europäischen Deregulierung für die Sektoren Energie und Post. Den genannten Bereichen ist gemeinsam, daß in ihnen Dienstleistungen von allgemeinem wirtschaftlichen Interesse i. S. v. Art. 86 Abs. 2 EGV erbracht werden. Die Mitgliedstaaten machen ihre eigenen Regelungsansprüche unter den Stichworten der Daseinsvorsorge und des *service public* geltend. Diesen Interessen trägt auch der neue Artikel 16 EGV Rechnung, der durch den Vertrag von Maastricht in das primäre Gemeinschaftsrecht eingefügt wurde.

Die Verfasserin hat sich die Aufgabe gestellt, die Gesamtheit der praktisch wichtigen, theoretisch schwierigen und politisch umstrittenen Fragen einer systematisch geschlossenen Lösung zuzuführen. Das geschieht anhand einer rechtsvergleichenden Grundlegung von Daseinsvorsorge in Deutschland und *service public* in Frankreich; einer Analyse von Art. 86 Abs. 2 in Auseinandersetzung mit der wechselvollen Rechtsprechung des EuGH und einer eigenständigen Auslegung der Vorschrift. Auf dieser Grundlage werden die Deregulierungskonzepte und ihre Verwirklichung durch sekundäres Gemeinschaftsrecht für die Sektoren Telekommunikation, Post und Energie vergleichend untersucht. Die Untersuchung bezieht die Umsetzung des sekundären Gemeinschaftsrechts in Deutschland und Frankreich ein.

Angesichts der stockenden Durchsetzung des Binnenmarktes in den Sektoren Energie und Post kommt der Arbeit grundlegende Bedeutung für die zukünftige Entwicklung dieser gesamtwirtschaftlich wichtigen Wirtschaftsbereiche zu.

Hamburg, im Juli 2001 *Ernst-Joachim Mestmäcker*

Vorwort

Die vorliegende Arbeit wurde vom Fachbereich Rechtswissenschaft der Universität Hamburg im Sommersemester 2001 als Dissertation angenommen.

Mein herzlicher Dank gilt meinem verehrten Lehrer Herrn Professor Dr. Dr. h.c. Mestmäcker, der die Themenstellung der Arbeit angeregt und mich während meiner Assistenzzeit am Max-Planck-Institut für ausländisches und internationales Privatrecht in Hamburg stets gleichermaßen gefordert und gefördert hat. Die vielen Anregungen, die ich von ihm erhalten habe, haben die Dissertationsphase zu einer durchweg spannenden und schönen Zeit werden lassen. Für die überaus zügige Erstattung des Zweitgutachtens bin ich Herrn Prof. Dr. Bruha zu Dank verpflichtet. Der DAAD hat mir einen dreimonatigen Forschungsaufenthalt in Paris ermöglicht, und damit die Aufarbeitung der umfangreichen französischen Literatur.

Besonders danken möchte ich auch meinem Vater, dem die Arbeit gewidmet ist. Seine kompetente, detailgenaue und zeitaufwendige Lektorentätigkeit war eine unschätzbare und motivierende Hilfe bei der Fertigstellung der Dissertation. Dankbar bin ich ihm – wie meiner Mutter – überdies für Gesprächsbereitschaft, Offenheit und Unterstützung während meiner gesamten Ausbildung. Dr. Carsten Behle danke ich sehr herzlich für viele anregungsreiche Gespräche, die die Entstehung der Doktorarbeit begleitet und befruchtet haben, sowie für die Formatierung der Arbeit. Matthias Lurati hat mir bei der Vorbereitung des Buches für den Druck geholfen.

Auf andere Weise hat Kourosh Vathie zur Entstehung dieser Arbeit beigetragen. Ihm danke ich für Geduld, Verständnis und vielfältige Ermutigungen, vor allem aber für den Erhalt der „Gegenwelt".

Das Manuskript wurde Ende September 2000 abgeschlossen. Auf diesem Stand befindet sich auch die Literatur.

Hamburg, im Juli 2001 *Heike Schweitzer*

Inhaltsverzeichnis

Abkürzungsverzeichnis

ABl.	Amtsblatt der Europäischen Gemeinschaften
a.F.	alter Fassung
AfP	Archiv für Presserecht
AJDA	Actualité juridique – Droit administratif
AöR	Archiv des öffentlichen Rechts
ArchivPF	Archiv für Post- und Fernmeldewesen
ArchivPT	Archiv für Post und Telekommunikation
Art.	Artikel
ART	Autorité de régulation des télécommunication
AT&T	American Telephone & Telegraph Company
BB	Betriebs-Berater
Bd.	Band
Beih.	Beiheft
BGBl.	Bundesgesetzblatt
BGH	Bundesgerichtshof
BGHZ	Entscheidungen des Bundesgerichtshofs in Zivilsachen
BKartA	Bundeskartellamt
BMPT	Bundesministerium für Post und Telekommunikation
BMWi	Bundeswirtschaftsministerium
BR-Drs.	Bundesrats-Drucksache
BT	British Telecom
BT-Drs.	Bundestags-Drucksache
BTOElt	Bundestarifordnung Elektrizität 1990, BGBl. I 1989, 2255
BVerfG	Bundesverfassungsgericht
BVerfGE	Entscheidungen des Bundesverfassungsgerichts
CEEP	Europäischer Zentralverband der öffentlichen Wirtschaft
Chap.	chapter
CJEG	Cahiers juridiques de l'électricité et du gaz
CMLRev.	Common Market Law Review
CR	Computer und Recht
DB	Der Betrieb
DBP	Deutsche Bundespost
Die AG	Die Aktiengesellschaft
DVBl.	Deutsches Verwaltungsblatt
DÖV	Die Öffentliche Verwaltung
ECLR	European Competition Law Review
éd.	edition
eds.	editors
EGV	Vertrag zur Gründung der Europäischen Gemeinschaft, konsolidierte Fassung
EIB	Europäische Investitionsbank
EIF	Europäischer Investitionsfonds
ELRev.	European Law Review
ENA	Ecole Nationale d'Administration
endg.	endgültig
EnWG 1935	Energiewirtschaftsgesetz von 1935
EnWG n. F.	Energiewirtschaftsgesetz i. d. F. der Energierechtsnovelle 1998

EP	Europäisches Parlament
ET	Energiewirtschaftliche Tagesfragen
EU	Europäische Union
EuG	Europäisches Gericht erster Instanz
EuGH	Europäischer Gerichtshof
EuR	Europarecht
EuZW	Europäische Zeitschrift für Wirtschaftsrecht
EVU	Energieversorgungsunternehmen
EWS	Europäisches Wirtschafts- und Steuerrecht
FCC	Federal Communications Commission
Fed. Communications L. J.	Federal Communications Law Journal
Fordh.Corp.L.Inst.	Fordham Corporate Law Institute
Fordh.L.Rev.	Fordham Law Review
Fordh.Int.L.J.	Fordham International Law Journal
FS	Festschrift
FuE	Forschung und Entwicklung
G	Gesetz
GA	Generalanwalt
Gaz.Pal.	Gazette du Palais
GG	Grundgesetz
GS	Gedenkschrift
GTE(-Bearbeiter)	Groeben/Thiesing/Ehlermann (Hrsg.), Kommentar zum EU-/EG-Vertrag.
GWB	Gesetz gegen Wettbewerbsbeschränkungen
Hs.	Halbsatz
ISDN	Integrated Services Digital Network
J. O.	Journal Officiel
JTDE	Journal des Tribunaux – Droit Européen
JurisPTT	Juris Poste, Télégrafie et Télécommunications
JZ	Juristen Zeitung
Kom.	Kommentar
MJ	Maastricht Journal of European and Comparative Law
MMR	Multimedia und Recht
n. F.	neuer Fassung
NJW	Neue Juristische Wochenschrift
No.	Numéro
NZV	Netzzugangsverordnung
OECD	Organization for Economic Co-Operation and Development
OFTEL	Office of Telecommunications
ONP	Open Network Provision
para.	paragraph
PTT	Poste, Télégrafie et Télécommunications
PUDLV	Post-Universaldienstleistungs-Verordnung
RabelsZ	Rabels Zeitschrift für ausländisches und internationales Privatrecht
RAE	Revue des Affaires Européennes
RdE	Recht der Energiewirtschaft
RDP	Revue de Droit Public
RegTP	Regulierungsbehörde für Telekommunikation und Post
Rev.trim.dr.eur.	Revue trimestrielle de droit européen
Rev.MUE	Revue du Marché Commun et de l'Union Européenne

RFD adm.	Revue française de droit administratif
RIW	Recht der internationalen Wirtschaft
Rn.	Randnummer
Rs.	Rechtssache
Sec.	Section
Slg.	Sammlung
TEN	Transeuropäische Netze
TKG	Telekommunikationsgesetz
TO	Telekommunikationsorganisation
TPA	Third Party Access
TUDLV	Telekommunikations-Universaldienstleistungsverordnung
Tz.	Teilziffer
UK	United Kingdom
USO	Universal Service Obligation
VerwArch	Verwaltungsarchiv
VO	Verordnung
Vol.	Volume
wbl.	wirtschaftsrechtliche blätter
WIK	Wissenschaftliches Institut für Kommunikationsdienste (Bad Honnef)
WRP	Wettbewerb in Recht und Praxis
WuW	Wirtschaft und Wettbewerb
WUW/E	Wirtschaft und Wettbewerb/Entscheidungssammlung
ZaöRV	Zeitschrift für ausländisches öffentliches Recht und Völkerrecht
ZfRV	Zeitschrift für Rechtsvergleichung, Internationales Privatrecht und Europarecht
ZHR	Zeitschrift für das gesamte Handels- und Wirtschaftsrecht
ZIP	Zeitschrift für Wirtschaftsrecht
ZNER	Zeitschrift für neues Energierecht
ZögU	Zeitschrift für öffentliche und gemeinwirtschaftliche Unternehmen
ZUM	Zeitschrift für Urheber- und Medienrecht
z. Z.	zur Zeit

Einleitung

Alle Mitgliedstaaten der Europäischen Gemeinschaft haben traditionell bestimmte Wirtschaftssektoren – darunter die in dieser Arbeit behandelten Bereiche Telekommunikation, Post und Energie – von der Geltung der normalen Markt- und Wettbewerbsgesetze ausgenommen und ihrem besonderen Einfluß unterworfen. Bei diesen Wirtschaftssektoren handelt es sich regelmäßig um Infrastruktursektoren,[1] die durch besondere wirtschaftliche und technische Gegebenheiten gekennzeichnet sind. Eine weitere Besonderheit dieser Sektoren liegt darin, daß nach allgemeiner Auffassung zumindest Teile der in diesen Bereichen produzierten Güter und Dienste in der modernen Gesellschaft derart wesentlich sind, daß eine Grundversorgung der gesamten Bevölkerung gewährleistet werden muß. Lücken in der Versorgung, wie sie im Markt – z. B. wegen zu hoher Kosten der Leistungsbereitstellung in bestimmten Regionen oder wegen mangelnder Rentabilität der Versorgung bestimmter Verbrauchergruppen – auftreten können, waren und sind in diesen Bereichen sozial und politisch inakzeptabel. In der Vergangenheit galten all diese Besonderheiten der Infrastruktursektoren, zusammen mit ihrer zentralen Bedeutung für die wirtschaftliche Entwicklung, als Rechtfertigung für die Schaffung umfassender Sondermarktordnungen, welche die direkte planende und steuernde Intervention des Staates im Dienste wandelbarer Politikziele ermöglichten. In Frankreich wurde diese Sonderstellung bestimmter Sektoren konzeptionell unter dem Begriff des „service public" zusammengefaßt. In Deutschland bietet der stärker deskriptive Begriff der Daseinsvorsorge nur eine unvollkommene Parallele.

In der praktischen Anwendung des Gemeinschaftsrechts auf die durch umfassende Ausschließlichkeitsrechte, eine enge Anbindung an die mitgliedstaatliche Verwaltung und einen tendenziell hohen Grad der Instrumentalisierung im Dienste flexibler Politikziele gekennzeichneten mitgliedstaatlichen Infrastruktursektoren übte die Kommission lange Zeit äußerste Zurückhaltung. Erst die Proklamation des Binnenmarktziels führte ab Mitte der 80er Jahre zu einer Anwendung der Marktfreiheiten und Wettbewerbsvorschriften des EG-Vertrags auch in diesen Sektoren und damit zu einer Infragestellung der traditionellen mitgliedstaatlichen Sondermarktordnungen. Nicht in Frage gestellt wurde das durch Art. 86 Abs. 2 S. 1 EGV geschützte Ziel, eine flächendeckende Grundversorgung der Bevölkerung mit wesentlichen Gütern und Diensten zu erschwinglichen Preisen zu gewährleisten. Zur Sicherstellung einer solchen Grundversorgung erlaubt Art. 86 Abs. 2 S. 1 EGV, soweit erforderlich, Ausnahmen von der Anwendung der Vorschriften des EG-Vertrags.

Für das Grundversorgungsziel ist im sekundären Gemeinschaftsrecht unter Rückgriff auf das aus dem amerikanischen Telekommunikationsrecht bekannte Konzept des „universal service" der Begriff des Universaldienstes geprägt worden. Die Kommission hat damit zunächst im Rahmen der Bemühungen um eine Liberalisierung des Telekommunikationssektors das weiterhin gültige Ziel bezeichnet, jedermann zu erschwinglichen

---

1 Der Begriff der Infrastruktur ist kein klar umgrenzter Rechtsbegriff. Unter ihm wird regelmäßig die „Gesamtheit aller Mittel" zusammengefaßt, „die der Überwindung von Entfernungen dienen und dadurch die Integration eines Raumes bewirken". Wegen ihrer Basisfunktion für die Herstellung sozialer, wirtschaftlicher und politischer Einheit seien die Infrastrukturen regelmäßig flächendeckend ausgelegt und allen Interessierten zugänglich – vgl. *Hermes* (1998), S. 329; ähnlich *Kruse / Kiessling*, in: Jahrbuch für Neue Politische Ökonomie 16 (1997), S. 11.

Preisen Zugang zum Telefonnetz und zu bestimmten Telefondiensten zu ermöglichen.[2] Sie hat sich dabei um eine ebenso klare wie enge Eingrenzung dieses Ziels und der Mechanismen zu seiner Realisierung und Finanzierung bemüht, um die Kompatibilität von Grundversorgungsziel und Wettbewerb zu gewährleisten. Voraussetzung hierfür war ein Bruch mit den mitgliedstaatlichen Traditionen, welche durch die Verpflichtung von Monopolunternehmen auf ein nicht näher präzisiertes Gemeinwohl die Instrumentalfunktion der Unternehmen umfassend absicherten, die Einführung von Wettbewerb damit aber ausschlossen. Der Universaldienst erschien mithin als Gegenkonzept zu den bislang vorherrschenden mitgliedstaatlichen Konzeptionen und Organisationsformen der Daseinsvorsorge bzw. des „service public".

Außerhalb des Telekommunikationssektors blieb das Konzept des Universaldienstes ebenso wie seine Stellung im Gemeinschaftsrecht in mancher Hinsicht unscharf. Ungewissheit herrschte insbesondere darüber, ob der Universaldienst den Schutzgehalt des Art. 86 Abs. 2 EGV ausschöpft. Unklar blieb auch, wie weit oder eng dieses Ziel von den Mitgliedstaaten in den verschiedenen Sektoren gefaßt werden kann, und ob, soweit möglich, eine *wettbewerbskompatible* Ausgestaltung der Bereitstellung und Finanzierung des Universaldienstes gemeinschaftsrechtlich zwingend geboten ist. Um diese Fragen wurde in den in dieser Arbeit neben dem Telekommunikationssektor behandelten Sektoren Post und Energie politisch heftig gerungen. Die Ergebnisse liegen in Form von Richtlinien des Rates und des EP zur Liberalisierung des Post- und Energiesektors sowie in politischen Stellungnahmen zum Konzept des Universaldienstes vor.

Die Ungereimtheiten und Fragen, die sich aus der Gesamtheit der bislang vorliegenden Richtlinien, Mitteilungen und politischen Stellungnahmen zum Universaldienst in den verschiedenen Infrastrukturbereichen ergeben, sind Gegenstand dieser Arbeit. Im Mittelpunkt steht dabei die Frage, in welcher Weise das Universaldienstkonzept sich primärrechtlich verankern läßt. Damit eng verbunden sind die Fragen, ob und in welchem Umfang es sich eher um ein Rechts- oder ein Politikkonzept, ein wettbewerbsakzessorisches oder ein rein infrastrukturpolitisches Konzept handelt, und in welcher Weise die Zuständigkeiten von Kommission und Rat bei der Umsetzung des Universaldienstkonzepts verteilt sind. Maßgeblich für die Beantwortung dieser Fragen ist die Auslegung von Art. 86 Abs. 2 EGV, die mithin einen Schwerpunkt dieser Arbeit bildet.

Eine Untersuchung der Rechtsprechung zu Art. 86 Abs. 2 EGV aus älterer und aus jüngerer Zeit ergibt, daß der EuGH in verschiedenen Phasen seiner Rechtsprechung zwischen unterschiedlichen Grundkonzeptionen dieser Norm geschwankt hat. Die in dieser Arbeit entwickelte These lautet, daß die zur Zeit auf Gemeinschaftsebene koexistierenden verschiedenen Universaldienstkonzepte nicht primär auf den wirtschaftlichen und technischen Besonderheiten der jeweiligen Sektoren beruhen, sondern sich aus einem

---

2 In Art. 2 Abs. 1 lit.g Richtlinie 97/33/EG ist der Begriff des Universaldienstes umschrieben als: „ein definiertes Mindestangebot an Diensten von bestimmter Qualität, das allen Benutzern unabhängig von ihrem Standort und, gemessen an den landesspezifischen Bedingungen, zu einem erschwinglichen Preis zur Verfügung steht". Vgl. auch Art. 2 Abs. 2 lit. f Universaldienstrichtlinie 98/10/EG, ABl. 1998 Nr. L 101/24. Für eine Neudefinition des Begriffs des Universaldienstes in engem Zusammenhang mit dem Ziel der Liberalisierung der Infrastruktursektoren und der Einführung von Wettbewerb siehe *Kommission*, Mitteilung zur Daseinsvorsorge II, ABl. 2001 Nr. C 17/4, Annex II.

jeweils unterschiedlichen Verständnis von Art. 86 Abs. 2 EGV, der Kompetenzverteilung in der Gemeinschaft und der infrastrukturpolitischen Rolle der Gemeinschaft ergeben. Das enge, in seiner Zielrichtung primär verbraucherschutzbezogene Universaldienstkonzept in der Telekommunikation läßt sich in Beziehung setzen zu einer engen Auslegung des Art. 86 Abs. 2 EGV, die das Verbraucherinteresse an bestimmten wesentlichen Versorgungsleistungen, nicht aber weitergehende öffentliche Interessen privilegiert sieht. Der Universaldienstkonzeption im Postsektor liegt ein wesentlich weiteres Verständnis des Art. 86 Abs. 2 EGV zugrunde. In den Vordergrund der Gemeinschaftsaktivitäten tritt daher nicht das Ziel der Gewährleistung der Kompatibilität von Wettbewerb und Universaldienstaufgabe, sondern ein infrastrukturpolitisches Interesse der Gemeinschaft. Im Energiesektor fehlt ein gemeinschaftliches Universaldienstkonzept. Die Kompetenzen zur Festlegung des Grundversorgungsniveaus, vor allem aber der maßgeblichen Organisationsstrukturen des Sektors im Dienste einer breiten Palette von öffentlichen Interessen verbleiben bei den Mitgliedstaaten. Die Folgen einer weiten Auslegung des Art. 86 Abs. 2 EGV für das in Art. 4 EGV proklamierte Ziel eines wettbewerblichen, offenen Binnenmarktes treten hier am deutlichsten hervor. Nicht zuletzt vor dem Hintergrund dieser Erfahrung erscheint es notwendig, die konzeptionelle Unschärfe des Universaldienstkonzepts im Gemeinschaftsrecht zu beseitigen, sich auf Ansatzpunkte für eine enge Auslegung des Art. 86 Abs. 2 EGV rückzubesinnen, die den Universaldienst aus der Sphäre der Politik, in die er Schritt für Schritt verschoben wurde, zurückholen und ihm wieder einen rechtlichen Rahmen geben. Hierbei hilft die Erfahrung aus der Telekommunikation, die für die Auslegung des Art. 86 Abs. 2 EGV fruchtbar gemacht werden kann.

Allerdings entspricht dies nicht dem derzeitigen Trend. Um die Auslegung des im Spannungsfeld zwischen mitgliedstaatlichen Souveränitätsansprüchen und dem Binnenmarktziel der Gemeinschaft stehenden Art. 86 Abs. 2 EGV ist gerade in den letzten Jahren auf politischer Ebene wie auch vor dem EuGH heftig gerungen worden. Der EuGH hat in Urteilen aus jüngerer Zeit Anknüpfungspunkte für eine wesentlich weitere Auslegung des Art. 86 Abs. 2 EGV gesetzt und damit den mitgliedstaatlichen Forderungen nach der Schaffung nationaler Zuständigkeitsreservate neue Nahrung gegeben. Diese Entwicklung wurde auf politischer Ebene von der Forderung nach einer Änderung des EG-Vertrags begleitet, die eben diesem Ansinnen Rechnung tragen sollte. Im Amsterdamer Vertrag wurde ein neuer Art. 16 in den EG-Vertrag eingefügt, dessen rechtliche Bedeutung bislang weitgehend ungeklärt ist.

Das Universaldienstkonzept in seiner engen, rechtlich vorgeprägten Fassung verheißt die Möglichkeit, ohne Aufgabe des Grundversorgungsziels durch die strikte Anwendung des Verhältnismäßigkeitsgrundsatzes den Freiheitsrechten auch in den Infrastruktursektoren Raum zu schaffen. Das sich mittlerweile abzeichnende „neue“, primär politische Universaldienstkonzept hingegen ist ein Rückfall in alte Zeiten: scheinbar das nationale öffentliche Interesse in ein gemeinschaftsrechtliches transformierend, bedeutet es doch im Ergebnis eine Politisierung der Anwendung des Gemeinschaftsrechts in den Infrastruktursektoren und damit eine Renationalisierung und/oder den Trend zur Schaffung von Sondermarktordnungen auf Gemeinschaftsebene.

A.
Daseinsvorsorge und „service public“ – Grundlinien mitgliedstaatlicher Politik in den Sektoren Telekommunikation, Post und Energie

I. Traditionelle Prinzipien der Sektororganisation in den Bereichen Telekommunikation, Post und Energie – Die Praxis in Frankreich und Deutschland nach dem Zweiten Weltkrieg

Die Infrastruktursektoren in Deutschland und Frankreich waren in der Zeit nach dem Zweiten Weltkrieg durch ähnliche Organisationsstrukturen gekennzeichnet. Diese Strukturen, welche die Kommission vorfand, als sie begann, die Infrastruktursektoren einer näheren gemeinschaftsrechtlichen Prüfung zu unterziehen, bezeichnen den Ausgangspunkt und den einen Pol der in dieser Arbeit behandelten Debatte um die künftigen Prinzipien ihrer gemeinschaftsrechtlichen Behandlung. Die diesen Strukturen zugrundeliegenden theoretischen Konzepte des „service public" (Frankreich) und der Daseinsvorsorge (Deutschland) werden getrennt im darauffolgenden Abschnitt dargestellt (II.).

1. Die Grundstrukturen der Organisation des Post- und Telekommunikationssektors in Frankreich und Deutschland

Die Bereitstellung von Post- und Telekommunikationsdienstleistungen durch einen verselbständigten, in seiner Tätigkeit durch umfassende Ausschließlichkeitsrechte vor Wettbewerb geschützten Teil der Staatsverwaltung gehörte in Frankreich wie in Deutschland bereits vor dem Zweiten Weltkrieg zu den fest etablierten Sektorstrukturprinzipien.[1] Hieran wurde in der Nachkriegszeit bruchlos angeknüpft, wobei in Deutschland die Deutsche Bundespost (in der Folge: DBP) unter Leitung des Bundesministers für Post- und Fernmeldewesens mit dem Betrieb des Telekommunikations- und Postnetzes betraut wurde,[2] in Frankreich die dem Ministerium für Post, Telegrafie und Telekommunikation angegliederte PTT.[3] Die organisatorische Zusammenfassung von unternehmerischen Aufgaben und Regulierungsverantwortung in einem in die Verwaltung eingegliederten Staatsunternehmen gewährleistete die flexible, den wechselnden Prioritäten Rechnung tragende Instrumentalisierbarkeit von Post und Telekommunikation für die strategischen, raumordnungs-, beschäftigungs-, konjunktur- und industriepolitischen sowie sonstigen öffentlichen Interessen des Staates.[4] Die institutionelle Einbindung in den Staatsapparat kompensierte aus Sicht der Politik die nur schwach

1 Näher zur historischen Entwicklung des Postmonopols in Deutschland: *Basedow/Jung*, in: Basedow (Hrsg.) (1995), S. 179, 184–191 m. w. N.; *Sprißler*, ArchivPF 1991, 159, 162 m. w. N. Zur Entwicklung der französischen Post: *Larcher* (1997/98), S. 36; *Berne*, ArchivPT 1998, 365. Zur Geschichte des deutschen Telekommunikationsmonopols: *Eifert* (1998), S. 210 f.; *Hesse* (1984), S. 6 ff. Zur Geschichte des französischen Telekommunikationsmonopols: *Cohen*, in: David/Denis/Hatchuel (1995), S. 107, 108; *Noam* (1992), S. 135 ff.; *Berne*, ArchivPT 1998, 365 f.

2 Gem. § 14 PostVwG 1953 hatte der Bundesminister für Post– und Fernmeldewesen daneben die Regelungskompetenz für alle „Einrichtungen des Fernmeldewesens" und erließ auf dieser Basis die fernmelderechtlichen Benutzungsverordnungen.

3 Unter dem Dach der PTT existierten zwei Direktionen: die Direction générale de la poste (DGP) und die Direction générale des télécommunications (DGT). Sowohl die DGT als auch die DGP waren in Personalunion zuständig für die unternehmerische Führung von Post und Telekommunikation als auch zuständige Regulierungsinstanz.

4 Vgl. *Lachaume* (1989), S. 142; *Prévot* (1989), S. 120; *Gabrisch* (1996), S. 42.

ausgeprägten rechtlichen Bindungen von DBP bzw. PTT mit Blick auf den von ihnen zu realisierenden öffentlichen Auftrag.[5] Auf der anderen Seite bewirkte die Zusammenfassung von Regulierung und unternehmerischer Tätigkeit, daß neben der Verhaltenskontrolle durch Wettbewerb auch eine wirksame Mißbrauchskontrolle durch eine Regulierungsinstanz fehlte.[6]

a) Der Leistungsauftrag

Weder in Deutschland noch in Frankreich gab es einen gesetzlich präzise formulierten, dementsprechend rechtlich durchsetzbaren Leistungsauftrag der Post- und Telekommunikationsverwaltung, wohl aber eine Anzahl von Rechtspflichten und Zielvorgaben.

aa) Leistungsauftrag der DBP

Die DBP leitete aus der Gesamtheit der gesetzlichen Grundlagen ihrer Tätigkeit eine Gesamtverantwortung für das Funktionieren und die Entwicklung des Post- und Fernmeldewesens her (sog. Infrastrukturauftrag). Der Infrastrukturauftrag setzte sich zusammen aus einer Anzahl von nutzerbezogenen Pflichten sowie Verpflichtungen auf öffentliche Interessen kommunikationsspezifischer wie auch kommunikationsfremder Art.

Die nutzerbezogenen Pflichten, die zusammengenommen den Grundversorgungsauftrag bildeten, umfaßten insbesondere die Betriebspflicht (d. h. die Pflicht zur gleichmäßigen Versorgung aller Gebiete ohne Rücksicht auf die Rentabilität der einzelnen Leistung[7]); die Zulassungspflicht (d. h. die Pflicht zur gleichmäßigen Zulassung aller Nutzer zu öffentlichen Netzen)[8] bzw. die Beförderungspflicht (die Pflicht zur Beförderung aller Briefe); und die Pflicht, jedermann die Leistungen zu gleichen Tarifen anzubieten (Ta-

---

5 *Gabrisch* (1996) S. 3. Kritisch: *Bullinger*, in: Mestmäcker (Hrsg.) (1995), S. 349, 354, der die fehlende rechtliche Offenlegung und Präzisierung der politisch gewollten Lasten der Telekommunikationsunternehmen und die fehlende formelle Trennung von politischer Steuerung und unternehmerischer Dienstleistung als eine Wurzel der kaum begrenzten Herrschaft der politisch agierenden Leitungsorgane bzw. der ministeriellen Telekommunikationsbürokratie bezeichnet.

6 *Gabrisch* (1996), S. 42.

7 Diese Pflicht war gesetzlich nicht ausdrücklich festgelegt, wurde aber einer Auslegung der §§ 1, 2 PostVwG 1953 entnommen. Bei der Ausfüllung dieser Pflicht verblieb der DBP ein weiter Ermessensspielraum – etwa bei der Entscheidung darüber, an welchen Orten sie Leistungen zur Verfügung stellte und auf welche Weise sie ihrer Verpflichtung zur flächendeckenden Versorgung nachkam – vgl. *Plagemann*, ZögU 11 (1988), 383, 391. Die Verpflichtung zur gleichmäßigen Versorgung aller Gebietsteile stand insbes. unter dem Vorbehalt der technischen und wirtschaftlichen Möglichkeiten der DBP, wobei dieser hier wiederum ein weiter Ermessensspielraum zugestanden wurde.

8 Für Postdienste war der Kontrahierungszwang zu den in den Benutzerverordnungen festgelegten Bedingungen in § 8 Abs. 1 PostG 1969 niedergelegt. Im Fernmeldewesen bestand eine derartige Verpflichtung gem. §§ 7, 8 FAG nur für den Telegrammdienst, die Benutzung öffentlicher Sprechstellen und den Anschluß an ein *vorhandenes* Fernsprechortsnetz. Allerdings wurde später auch für andere Telekommunikationsleistungen eine umfassende Zulassungspflicht angenommen – näher: *Plagemann*, ZögU 11 (1988), 383, 389 f.

rifeinheit[9]), die damit gerechtfertigt wurde, daß es durch die Subventionierung tendenziell teurer, ländlicher Anschlüsse auch den Bewohnern ländlicher Räume ermöglicht werde, essentielle Grundbedürfnisse der Kommunikation zu annehmbaren Preisen zu befriedigen.[10] Rechtliche Vorgaben für das Tarif*niveau* – etwa ein Rechtsgebot der Erschwinglichkeit der Leistungen, ein Gebot der Kostenorientierung der Preise oder ein Mißverhältnisse zwischen Leistung und Gegenleistung unterbindendes Äquivalenzprinzip –, galten dagegen als zu unelastisch und fehlten.[11] Über die Preisbildung wurde von Fall zu Fall und unter Orientierung an der Gesamtheit der politisch vorgegebenen Ziele entschieden.[12] Auch gesetzlichen Qualitätsvorgaben für die bereitzustellenden Leistungen fehlten. Der Grundversorgungsauftrag war damit kaum inhaltlich präzisiert.[13] Sein konkreter rechtlicher Gehalt ließ sich weitgehend auf das verfassungsrechtliche Gleichheitsgebot zurückführen. Diesem entsprach auch die zentrale Festlegung einer einheitlichen Angebotspalette unabhängig von den individuellen Wünschen unterschiedlicher Verbrauchergruppen. Die materielle Ausfüllung des formalen Gleichheitsgebots war jenseits der politischen Vorgaben ins Ermessen der DBP gestellt – der Gesetzgeber vertraute insoweit auf eine professionelle Eigenorientierung der Verwaltung im Sinne einer Ausrichtung der Tätigkeit auf das öffentliche Interesse.[14]

Eine der besonders markanten Ausprägungen des Gleichheitsgebots im Post- wie im Telekommunikationsbereich war das Prinzip der Tarifeinheit, d. h. die Bildung nationaler Durchschnittstarife unabhängig von den regionalen Kostenunterschieden in der Leistungsbereitstellung.[15] In der Praxis bedeutete dies im Post- wie im Telekommunikationssektor eine Subventionierung der Leistungsbereitstellung in ländlichen Gebieten durch die Einkünfte aus Ballungsgebieten. Im Telekommunikationssektor wurde diese Subventionspolitik – allerdings in einer in ihrer Wirkung ungezielten Weise[16] – dadurch

---

9 Es war umstritten, ob die DBP rechtlich zur Gewährleistung der Tarifeinheit im Raum verpflichtet war (so z. B. *Wegmann*, (1963) S. 37 ff.: Die Rechtspflicht ergebe sich aus dem Gleichheitsgrundsatz in Verbindung mit der Verpflichtung der DBP auf regional- und raumordnungspolitische Ziele; auch Regierungskommission Fernmeldewesen (1987), S. 85), oder ob die Tarifeinheit nur ein traditionell praktiziertes Tarifierungsprinzip ohne rechtliche Verankerung sei (so z. B. *Gröner/Knorr*, EWS 1990, 16, 17; *Neumann* (1984), S. 201; *Dörr* (1994), S. 80 f.).

10 Näher *Neumann* (1984), S. 202

11 Siehe *Thiemeyer* (1964), S. 219: „Die dogmatische Bindung an ein einziges, starres Preisprinzip – praktisch an eine (scheinbar) eindeutige Kostengröße – macht das Preisgebaren gemeinwirtschaftlicher Unternehmen unelastisch. Die Vielgestaltigkeit der Aufgaben gemeinwirtschaftlicher Unternehmen erfordert eine Vielgestaltigkeit der Preisbildungsprinzipien". Zur Bedeutungslosigkeit des Äquivalenzprinzips und anderer preispolitischer Rechtsprinzipien in der Praxis auch *Kirchhof* (1988), S. 29 ff.

12 Sog. „empirisch-kasuistische" oder „elastische" Preispolitik. Näher: *Neumann* (1984), S. 86 ff.; *Kirchhof* (1988), S. 32 f.; *Schnöring*, ArchivPF 1988, 138, 144. Kritisch: Monopolkommission, Sondergutachten Nr. 9 (1981), S. 72.

13 Vgl. *Witte*, ZögU 20 (1997), 434, 437; *Plagemann*, ZögU 11 (1988), 383, 399. Kritisch hierzu: *Gabrisch* (1996), S. 20 f. m. w. N. (aus ökonomischer Sicht); *Eifert* (1998), S. 218.

14 *Eifert* (1998), S. 213.

15 *Schnöring*, ArchivPF 1988, 138, 140; *Neumann* (1984), S. 200; *Plagemann*, ZögU 11 (1988), 383, 387. In der Telekommunikation bedeutete dies die Tarifierung von Gesprächen ausschließlich nach der Entfernung und proportional zur zeitlichen Dauer, aber unabhängig von der für die Kosten relevanten Verkehrsintensität zwischen zwei Punkten.

16 Subventioniert wurde pauschal, ohne Rücksicht auf die Bedürftigkeit der Subventionsempfänger. Eine detailliertere empirische Analyse der Wirkungen der Gebührenstruktur fand nicht statt. Die

verstärkt, daß die landesweit einheitlichen Telefonanschluß- und Grundgebühren tendenziell erheblich unter den Fixkosten der Bereitstellung des Anschlusses lagen[17] und auch die Ortsgebühren zu in ihrer Gesamtheit nicht kostendeckenden Preisen angeboten wurden, wohingegen die Nutzungsgebühren für Ferngespräche erheblich über den Kosten lagen[18]. Zur Rechtfertigung dieser Subventionsströme wurde unter anderem auf die positiven Externalitäten hingewiesen, die der Anschluß neuer Kunden ans Netz für alle bereits im Netz befindlichen Nutzer mit sich bringe. Durch die Tarifierungspolitik im Telekommunikationssektor würden Kundengruppen begünstigt, die nur bei sehr niedrigen Gebühren am Netz gehalten werden könnten.[19] Auch würden durch die Tarifeinheit die Transaktions- und Meßkosten verringert.[20] Daneben wurde das Prinzip der Tarifeinheit als Maßnahme zur Förderung strukturschwacher Regionen angesehen.[21]

Eine Quersubventionierung erfolgte im übrigen nicht nur innerhalb der Bereiche Post und Telekommunikation, sondern auch zwischen den verschiedenen Dienstleistungszweigen. Vor allem wurden der defizitäre Brief-, Päckchen- und Paketdienst durch den lukrativen Telekommunikationsbereich subventioniert.[22]

Neben dem Grundversorgungsauftrag im engeren Sinne umfaßte der Infrastrukturauftrag der DBP einen rechtlich gleichfalls nicht näher konkretisierten zukunftsbezogenen Infrastrukturpflege- und –Entwicklungsauftrag,[23] der eng mit raumordnungspolitischen Zielen verknüpft war: durch die Versorgung der gesamten Fläche mit Dienstleistungen hatte die DBP zu einer gleichmäßigen Entwicklung aller Landesteile beizutragen und damit die Einheit und Zusammengehörigkeit des Staats- und Wirtschaftsgebietes zu stärken, die wirtschaftliche Entwicklung anzuregen, einen Beitrag zum Ausgleich struktureller Schwächen ländlicher Räume zu leisten und so unerwünschten Ballungstendenzen von Industrie und Bevölkerung entgegenzuwirken.[24]

Der Infrastrukturauftrag der DBP war aber noch in erheblich weitergehender Weise mit sektorfremden Zielen aufgeladen:[25] Gem. § 2 Abs. 2 PostVwG 1953 hatte die DBP bei

verteilungspolitischen und allokativen Effekte der Gebührenpolitik waren nur ansatzweise bekannt. Kritisch hierzu: *Schnöring*, ArchivPF 1988, 138, 140 und 146; *Plagemann* (1988), S. 12; *Gabrisch* (1996), S. 90. Allerdings beruhte diese staatliche Umverteilungspolitik auf einem breiten soziopolitischen Konsens (*Neumann/Wieland*, Telecommunications Policy 10 (1986), 121, 125), der auch das Beharrungsvermögen der Gebührenstruktur erklärt.

17 Demnach wurden ländliche Anschlüsse mit tendenziell hohen Fixkosten durch Anschlüsse in Ballungszentren mit tendenziell niedrigeren Fixkosten subventioniert – *Schnöring*, ArchivPF 1988, 138, 143; auch *Neumann* (1984) S. 202.

18 Näher zur Entwicklung dieser Kostenstruktur: *Schnöring*, ArchivPF 1988, 138, 142 f. *Gabrisch* (1996), S. 17 und 87 f.

19 *Neumann* (1984), S. 202 f.

20 *Schnöring*, ArchivPF 1988, 138, 140; *Neumann* (1984), S. 200 und 203.

21 *Plagemann*, ZögU 11 (1988), 383, 388.

22 Kritisch hierzu: *Monopolkommission*, Sondergutachten Nr. 9 (1981), S. 72 f.

23 Gem. §2 Abs. 2 und Abs. 3 PostVwG 1953 hatte die DBP ihre Anlagen in gutem Zustand zu erhalten und sie technisch und betrieblich entsprechend den Anforderungen des Verkehrs weiterzuentwickeln und zu vervollkommnen.

24 Näher: *Gabrisch* (1996), S. 16 f.; *Plagemann* (1988), S. 4 und 7 ff.

25 Allgemein zur Instrumentalfunktion der DBP: *Witte*, ZögU 20 (1997), 434, 435; *Plagemann*, ZögU 11 (1988), 383, 394 ff. Kritisch hierzu: *Heuermann/Neu*, ArchivPF 1988, 318, 331; *Knauth/Husch*,

der Ausfüllung aller vorgenannten Pflichten den Interessen der deutschen Volkswirtschaft Rechnung zu tragen. Der Bundespostminister war verpflichtet, die DBP nach den Grundsätzen der Politik der Bundesrepublik Deutschland, insbesondere der Verkehrs-, Wirtschafts-, Finanz- und Sozialpolitik zu verwalten (§ 2 Abs. 1 PostVwG 1953). Angesichts des gesamtwirtschaftlichen Gewichts der DBP als dem größten und umsatzstärksten Wirtschaftsunternehmen der BRD,[26] dessen Tätigkeit sich überdies nahezu ausschließlich innerhalb der Landesgrenzen abspielte, waren diese Verpflichtungen der DBP für den Staat von erheblicher praktischer Relevanz: Von der DBP als dem größten Arbeitgeber in der BRD im zivilen Bereich wurde ein Beitrag zur staatlichen Ausbildungs- und Beschäftigungspolitik erwartet.[27] Auch in ihrer Beschaffungstätigkeit hatte sich die DBP – der größte deutsche Investor – an industrie-, technologie-, beschäftigungs-, struktur- und regionalpolitischen Zielen zu orientieren.[28] Das Ergebnis war eine national orientierte Beschaffungspolitik zugunsten der deutschen Herstellerindustrie.[29] Gelegentlich wurde in diesem Zusammenhang von der sog. „Hebammenfunktion" der DBP bei der Einführung neuer Technologien und Leistungen im Dienste der Gewährleistung der Wettbewerbsfähigkeit der nationalen Wirtschaft gesprochen. Darüber hinaus war die DBP zu jährlichen Ablieferungen von Anteilen der Betriebseinnahmen an den Bund verpflichtet (§ 21 PostVwG 1953) und war so ein Instrument der verdeckten Steuererhebung.[30]

Die kostenträchtige politische Instrumentalisierung der DBP stand in einem deutlichen Zielkonflikt zu deren Grundversorgungsauftrag, soweit dieser auf eine preisgünstige Versorgung abzielte:[31] das letztgenannte Ziel wurde durch die weitreichenden Gemeinwohllasten der DBP erheblich relativiert, zumal zu den grundlegenden Haushaltsprinzipien der DBP der Grundsatz der Eigenwirtschaftlichkeit gehörte. Die DBP erhielt danach für die ihr aufgebürdeten kommunikationsfremden Lasten vom Staat keinen Ausgleich, sondern hatte diese selbst zu finanzieren.[32]

Die jeweils einschlägigen Aufgaben und der von der DBP zu leistende Beitrag wurden von den für die Gestaltung der Wirtschafts- und Sozialpolitik verantwortlichen politischen Instanzen konkretisiert und durch den die DBP leitenden und damit unmittelbar weisungsbefugten Bundesminister durchgesetzt.[33] Die DBP war damit in der Praxis ein wichtiges Steuerungsinstrument der Politik zur Erreichung wirtschaftspolitischer Ziele.[34]

ArchivPT 1997, 5: das diffuse bzw. inkonsistente Zielsystem habe eine an ökonomischen Kriterien orientierte Leistungsmessung sehr erschwert.

26 *Monopolkommission*, Sondergutachten Nr. 9 (1981), S. 13 und 26 f.; *Möschel*, WuW 1986, 555, 560. Zwei Drittel der Umsatzerlöse stammten dabei aus dem Fernmeldebereich.

27 Siehe z. B. *Schwarz-Schilling* (1984), S. 7, 10 und 23.

28 Vgl. § 1 i. V. m. § 13 Abs. 2 Stabilitätsgesetz. Siehe hierzu auch: *Monopolkommission*, Sondergutachten Nr. 9 (1981), S. 13 und 27 ff.; *Schwarz-Schilling* (1984), S. 7 und 10; *Gabrisch* (1996), S. 43.

29 *Gabrisch* (1996), S. 23. Kritisch: *Monopolkommission*, Sondergutachten Nr. 9 (1981), S. 46 ff.

30 *Sprißler*, ArchivPF 1991, 159, 177; *Gabrisch* (1996), S. 43.

31 vgl. *Monopolkommission*, Sondergutachten Nr. 9 (1981), S. 40; *Witte*, ZögU 20 (1997), 434, 437 und 439; *Gabrisch* (1996), S. 43.

32 Zu den Grundsätzen der Haushaltsführung siehe §§ 15 ff. PostVwG 1953.

33 *Witte*, ZögU 20 (1997), 434, 436.

34 *Witte*, ZögU 20 (1997), 434, 435.

bb) Leistungsauftrag der PTT

Der Leistungsauftrag der PTT war dem der DBP strukturell vergleichbar. Auch hier wurden nutzerbezogene Pflichten durch im weiteren Sinne „politische“ Pflichten ergänzt. Eine präzise Formulierung des öffentlichen Auftrags fehlte im Code PT 1962.[35] Statt dessen war die PTT wie die DBP in umfassender Weise auf das öffentliche Interesse verpflichtet, was sich bereits aus der Qualifizierung der PTT als „service public“ ergab. Aus dieser Qualifizierung resultierte überdies die Bindung an das Prinzip der Gleichheit – woraus sich nach französischem Verständnis sowohl die Zulassungs-[36] bzw. Beförderungspflicht[37] als auch das Gebot der Tarifeinheit im Raum ergab[38] –, an das Prinzip der Kontinuität – woraus eine Betriebspflicht resultierte[39] –, und an das Prinzip der „adaptabilité“[40], aus dem das Ermessen des Staates in der Ausgestaltung der Leistungserbringung folgte. Ein Rechtsanspruch der Nutzer auf konkrete Leistungen war angesichts der weiten Ermessensspielräume des Staates in der Ausgestaltung des Leistungsangebots regelmäßig nicht begründbar.[41]

Die konkrete Tarifstruktur in Frankreich ähnelte in ihren Grundzügen der in Deutschland: aus dem Prinzip der Tarifeinheit folgten vergleichbare Subventionsströme von Niedrigkosten- in Hochkostengebiete. Im Telekommunikationssektor waren die landesweit einheitlichen Anschluß- und Grundgebühren, ebenso wie die Ortsgebühren vielfach nicht kostendeckend und wurden durch Gewinne aus dem Bereich der Ferngespräche quersubventioniert.[42]

---

35 Verweise auf den Code PT beziehen sich in diesem Teil der Arbeit auf die Regelungen im Code des postes et télécommunications, J. O. v. 14. März 1962, S. 2633 ff. Eine Präzisierung des öffentlichen Auftrags erfolgte für den Post- wie für den Telekommunikationsbereich erst im Jahr 1990.

36 Siehe Art. L.35 Code PT 1962 und Art. D.288 S. 1 Code PT 1962 – wobei beide unter einen vom Staat zu konkretisierenden Ermessensvorbehalt gestellt waren. Hierzu auch: *Laffont*, JurisPTT No. 1 (1985), 4, 5.

37 Nur relevant im Postbereich. Vgl. hier: Art. D.90 Code PT 1962. Gem. Art. D.91 Code PT 1962 war die Post auch zur Erbringung von Eilkurierdiensten autorisiert, nicht aber verpflichtet.

38 Gesetzlich war das Prinzip nicht normiert.

39 Gesetzlich in Art. D.90 Code PT für den Postbereich nur in sehr allgemeiner Weise als Verpflichtung zur regelmäßigen Leistungserbringung im Bereich des normalen Briefdienstes festgeschrieben. Im Telekommunikationsbereich war die PTT zum Anschluß von Telefonen an das öffentliche Telefonnetz grds. nur mit Blick auf Haushalte verpflichtet, die in einer von der Verwaltung festgesetzten Anschlußzone lagen und einem bestimmten „Anschlußpunkt“ („point de rattachement“) zugeordnet werden konnten (Art. D.422 Code PT) – und stand damit unter dem Vorbehalt einer vorausgegangenen Entscheidung der Verwaltung, eine bestimmte Zone bedienen zu wollen. Selbst innerhalb der festgesetzten Anschlußzonen konnte sich die Verwaltung gem. Art. D.422 Code PT unter bestimmten Umständen gegen einen Anschluß entscheiden. Außerhalb dieser Zonen wurde ein Anschluß nur gegen Zahlung der zusätzlichen Kosten verlegt (vgl. Art. D.423 Code PT). Auch waren in Art. D.422 Code PT keine Fristen vorgesehen, binnen derer der Anschluß zu erfolgen hatte.

40 Näher zu diesen Prinzipien im einzelnen: s. u., II.1.b).

41 Ein Rechtsanspruch auf Zugang zu einem telekommunikativen Basisdienst wurde erst im Jahr 1984 geschaffen, und zwar durch das loi No. 84-939 du 23 octobre 1984 modifiant le Code des postes et télécommunications, J. O. du 25 octobre 1984. Hierzu *Bensoussan* (1996), S. 138; *Chevallier*, RFD adm. 12 (1996), 909, 926.

42 Vgl. *Noam* (1992), S. 143.

Neben den nutzerbezogenen Pflichten der PTT stand ihre allgemeinere Verpflichtung auf ein breit verstandenes „öffentliches Interesse“, welches das nationale Interesse der Landesverteidigung und der öffentlichen Sicherheit, das Interesse an Forschung und Entwicklung sowie industrie-, beschäftigungs-, konjunktur- und regionalpolitische Ziele umfaßte.[43] Die mangelnde rechtliche Schärfe des „service public“-Auftrags gewährleistete dessen Politikoffenheit und damit die Instrumentalfunktion der PTT im Dienste wandelbarer politischer Ziele.

Stärker als in Deutschland wurde in Frankreich daneben die symbolische Funktion landesweiter staatlicher Leistungstätigkeit betont. Der leistenden Allgegenwärtigkeit des Staates in sämtlichen Landesteilen wurde (und wird) eine wesentliche Bedeutung bei der Wahrung des wirtschaftlichen und sozialen Zusammenhalts des Landes beigemessen.[44] Die PTT sei, so wird hervorgehoben, insbesondere in ländlichen und sozial benachteiligten städtischen Räumen die einzige ständig präsente staatliche Institution und sei daher ein wichtiges Bindeglied zwischen Gesellschaft und Staat.[45]

b) Monopolrechte

In Deutschland wie in Frankreich waren die staatliche Post- und Telekommunikationsverwaltung bis in die 80er Jahre hinein in ihrer Tätigkeit durch umfassende Ausschließlichkeitsrechte geschützt. Das Postgesetz vom 28. 7. 1969 ersetzte die bis dahin geltenden reichsrechtlichen Vorschriften über Postzwang und Postregal durch einen sog. „Beförderungsvorbehalt“, der insbesondere Briefe und adressierte Drucksachen umfaßte.[46] Gesetzlich freigegeben waren nur die sog. Selbstzustellung durch den Absender (sog. Werkverkehr), die einer anderen Sendung beigefügten Nachrichten, die ausschließlich deren Inhalt betrafen[47] und „wiederkehrende Druckschriften“ (§ 2 Abs. 3 PostG 1969)[48], die nach h. M. aber nicht Druckerzeugnisse zu rein kommerziellen Zwecken, z. B. Wa-

---

43 Im Fall von La Poste kam auch noch eine Verpflichtung zur Subventionierung der Presse über das Angebot von Spezialtarifen für den Transport von Zeitungen und Zeitschriften hinzu (Art. D.18 Code PT).

44 Siehe z. B. *Delfau* (1995), S. 29: „La Poste en France est bien plus qu'une entreprise. Elle assume en effet certains missions, qui lui confèrent un rôle tout à fait fondamental de cohésion sociale et d'aménagement du territoire. Il est désormais nécessaire que ces impératifs, qui ont un coût, soient pleinement pris en considération, [...]“. Und: „La Poste, c'est le territoire“. Vgl. auch *Stoffaës* (1995), S. 17.

45 Vgl. *Delfau* (1995), S. 31 f.

46 Gesetz über das Postwesen, BGBl. I 1969, S. 1006. § 2 Abs. 1 PostG 1969 lautete: „Das Errichten und Betreiben von Einrichtungen zur entgeltlichen Beförderung von Sendungen mit schriftlichen Mitteilungen oder mit sonstigen Nachrichten von Person zu Person ist der Deutschen Bundespost POSTDIENST ausschließlich vorbehalten“. Der Begriff der „Beförderung“ war in § 2 Abs. 2 PostG 1969 definiert und umfaßte die Gesamtheit der Tätigkeiten, die zur Übermittlung von Sendungen aus der Hand des Absenders bis zur Aushändigung an den Empfänger erforderlich waren, insbes. das Einsammeln, Weiterleiten und die Auslieferung der Sendungen.

47 Näher zu dieser – eng verstandenen – Ausnahme: *Basedow/Jung*, in: Basedow (Hrsg.) (1995), S. 179, 196.

48 V. a. Zeitungen, Zeitschriften und Mitteilungsblätter.

renhauskataloge oder Preislisten erfaßten[49]. Ferner eröffnete § 2 Abs. 4 PostG 1969 eine offen formulierte Befreiungsmöglichkeit für all jene Fälle „in denen das Verbot des Absatzes 1 zu unerwünschten und unbilligen Ergebnissen führen müßte“.[50] Gedacht war diese Befreiungsmöglichkeit für ausschließlich geschlossenen Nutzerkreisen zugängliche Tätigkeiten und kam daher nur in besonderen Ausnahmefällen in Betracht. Speditions- und Transportunternehmen, die wegen ihres postähnlichen Profils besonders leicht zu potenten Wettbewerbern der Post hätten werden können, blieben von einer solchen Befreiung ausgeschlossen.[51]

Im übrigen war der Beförderungsvorbehalt der DBP in § 2 Abs. 1 PostG 1969 weit gefaßt – setzte z. B. weder Gewerbsmäßigkeit noch eine postähnliche Organisation voraus – und wurde durch Literatur und Rechtsprechung auch weit ausgelegt.[52] Die Beförderung individuell adressierter Massendrucksachen (sog. Infopost) wurde ohne weiteres unter den Beförderungsvorbehalt subsumiert.[53] Gem. § 27 PostG galt der Beförderungsvorbehalt auch für den Postverkehr mit dem Ausland.[54] Das sog. Remailing[55] wurde von der Lit. allgemein als Verstoß gegen den Beförderungsvorbehalt angesehen.[56] Ebenso waren Eilkurierdienste grundsätzlich vom Beförderungsvorbehalt der DBP umfaßt. Allerdings verzichtete die DBP im Jahr 1984 auf die volle Ausübung ihrer Monopolrechte im Bereich grenzüberschreitender Eilkurierdienste, um einer Entscheidung der Kommission nach Art. 86 Abs. 3 EGV vorzubeugen.[57]

Mit ähnlich umfassenden Monopolrechten war auch die französische DGP ausgestattet. Einschlägig war insoweit Art. L.1 des Code PT 1962, der ein Ausschließlichkeitsrecht der Postverwaltung für den Transport von Briefen, Paketen und „Papieren“ bis zu einem Gewicht von 1 kg begründete.[58] Nicht in den Monopolbereich einbezogen wurden in Frankreich Expreßsendungen und Pakete mit einem Gewicht über 1 kg.

49 Vgl. *Ossenbühl*, ArchivPT 1993, 341, 346; kritisch *Basedow/Jung*, in: Basedow (Hrsg.) (1995), S. 179, 201.

50 So die Bundesregierung, Entwurf eines Gesetzes über das Postwesen, BT-Drs. V (1968)/3295, S. 11 zu § 2 Abs. 4 PostG 1969, der lautete: „Der Bundesminister für Post und Telekommunikation oder die von ihm ermächtigten Behörden sind befugt, im Einzelfalle Befreiungen vom Beförderungsvorbehalt zu erteilen. Die Befreiung kann mit Bedingungen und Auflagen, insbesondere der Verpflichtung zur Entrichtung einer angemessenen einmaligen oder wiederkehrenden Ausfallgebühr verbunden werden“.

51 Vgl. *Emmerich*, AfP 1984, 11, 13; *Basedow/Jung*, in : Basedow (Hrsg.) (1995), S. 179, 197.

52 Näher hierzu: *Emmerich*, EuR 1983, 216, 217; *ders.*, AfP 1984, 11, 12 f.; *Müssig*, ArchivPF 1990, 23, 24 ff.; *Basedow/Jung*, in: Basedow (Hrsg.) (1995), S. 179, 193 ff. und 199 ff.

53 Vgl. *Ossenbühl*, ArchivPT 1993, 341, 344–346; *Emmerich*, AfP 1984, 11, 12.

54 Näher: *Basedow/Jung*, in: Basedow (Hrsg.) (1995), S. 179, 196.

55 Gemeint ist hiermit eine gewerbsmäßige Verbringung von Briefen ins Ausland, um sie von dort unter Ausnutzung der niedrigeren Postgebühren in ein Drittland oder in das Ursprungsland zurückzubefördern.

56 Zweifelnd allerdings: OVG Münster, DVBl. 1993, 1321, 1323.

57 *Basedow/Jung*, in: Basedow (Hrsg.) (1995), S. 179, 197.

58 Allerdings werden in Art. L.2 einige Tätigkeiten aus dem Monopolrecht ausgenommen („sacs de procédure“/„papiers uniquement relatifs au service personnel des entrepreneurs de transport“/ „journaux, recueils, annales, mémoires et bulletins périodiques ainsi que tous les imprimés, quel que soit leur poids“), die hier jedoch, im Rahmen der Darlegung der Grundstrukturen, nicht weiter von Bedeutung sind.

Im Telekommunikationssektor war die Rechtslage ähnlich. In Deutschland war der Staat seit 1892 mit dem ausschließlichen Recht zur Errichtung und zum Betrieb von Fernmeldeanlagen ausgestattet (§ 1 des Gesetzes über das Telegraphenwesen des Deutschen Reichs vom 6. 4. 1892[59]; seit dem 14. 1. 1928 neu gefaßt als Gesetz über Fernmeldeanlagen, FAG[60]). Dieses Recht wurde grundsätzlich vom Bundesminister für das Post- und Fernmeldewesen – bei Verteidigungsanlagen vom Bundesminister für Verteidigung – ausgeübt (§ 1 Abs. 2 FAG). Der für den Umfang des Fernmeldemonopols entscheidende Begriff der Fernmeldeanlage war gesetzlich nicht näher definiert. Überwiegend wurden darunter aber Vermittlungseinrichtungen, Übertragungswege und Endeinrichtungen verstanden, die zur körperlosen Übermittlung von Nachrichten bestimmt waren.[61] Nach dieser funktionalen Definition waren automatisch alle Formen der körperlosen Nachrichtenübertragung vom Monopolrecht umfaßt.[62] Das Mittel der Übertragung spielte keine Rolle, was bedeutete, daß das Ausschließlichkeitsrecht nicht auf vorhandene Techniken beschränkt war.[63] Sein Umfang wuchs automatisch mit den technischen Möglichkeiten der Nachrichtenübermittlung,[64] und es stand im Ermessen der DBP, ob und in welchem Umfang sie das Fernmeldemonopol auch in neu entstehenden Telekommunikationsmärkten in Anspruch nehmen wollte. In der Praxis machte die DBP von diesem Ermessen großzügig zugunsten der Wahrnehmung der Ausschließlichkeitsrechte Gebrauch.[65] Nur in Teilsegmenten des Endgerätemarktes verzichtete sie auf die Wahrnehmung ihrer Monopolrechte,[66] behielt sich aber das Recht vor, auf der Basis von Benutzungsverordnungen über die Zulassung von Endgeräten zu entscheiden und trat damit als Zulassungsbehörde über den Marktzutritt anderer Anbieter in Erscheinung.[67]

In Frankreich war demgegenüber im Code PT 1962 ein Monopol der französischen Post- und Telekommunikationsverwaltung (DGT) im Bereich der Telekommunikation nicht ausdrücklich festgeschrieben. Art. L.33 sah lediglich die Genehmigungspflichtigkeit der Errichtung oder Nutzung von Telekommunikationsinstallationen vor, wobei die Zuständigkeit für die Entscheidung über die Erteilung einer Erlaubnis dem Minister für Post und Telekommunikation zugewiesen war. Dieser hatte Anträge auf Zulassung konkurrierender Unternehmen im Sektor mit Blick auf die Bedürfnisse der Nutzer und die

---

59 RGBl. 1892, S. 467. Zur Vorgeschichte siehe *Sprißler*, ArchivPF 1991, 159, 163 ff.

60 RGBl. I, S. 8, zuletzt in der Fassung v. 17. März 1977, BGBl. S. 459, 573.

61 Vgl. Nachweise bei *Dörr* (1994), S. 39 Fn. 124 und 125.

62 Näher: *Hesse* (1984), S. 12 f.; *Kurtsiefer* (1997), S. 9. Allerdings nannte das Gesetz bestimmte genehmigungsfreie Anlagen, insbes. behördeninterne Anlagen, Eisenbahntelegraphen und auch – unter bestimmten Umständen – private Anlagen – vgl. §§ 2, 3 Abs. 1 FAG.

63 Vgl. *Emmerich*, AfP 1984, 11, 15; *Sprißler*, ArchivPF 1991, 159, 176. Siehe auch BVerfGE 46, 120, 144 zur Frage, ob auch die Datenfernverarbeitung unter das Fernmeldemonopol des Bundes falle. Das BVerfG bejahte dies.

64 Z. B.: Datex-Netze, Telefax, Teletext, Bildschirmtext. Kritisch hierzu: *Monopolkommission*, Sondergutachten Nr. 9 (1981), S. 91, 95 und S. 15; *Emmerich*, AfP 1984, 11, 15.

65 Näher: *Monopolkommission*, Sondergutachten Nr. 9, 1981, S. 15.

66 Z. B. Telex- und Telefaxgeräte (wobei die DBP allerdings bei Telexgeräten zumindest ein Wartungsmonopol in Anspruch nahm) sowie die meisten Zusatzeinrichtungen zum einfachen Hauptanschluß; ein Monpol nahm die DBP demgegenüber im Bereich der Endgeräte in Anspruch mit Blick auf den einfachen Hauptanschluß und auf Modems für die Datenübertragung – vgl. *Möschel*, WuW 1986, 555, 571.

67 Kritisch: *Emmerich*, AfP 1984, 11, 15.

Anforderungen des „service public“ zu würdigen,[68] wobei ihm ein weites Ermessen zugestanden wurde. Das faktische Monopol der staatlichen Verwaltung resultierte aus der restriktiven Handhabung der Genehmigungspflicht durch den Minister.[69]

Telekommunikationsendgeräte konnten gem. Art. D.440 Code PT 1962 entweder von der Post- und Telekommunikationsverwaltung oder vom Nutzer gestellt werden. Allerdings waren die vom Nutzer selbst gestellten Endgeräte einer vorherigen Genehmigungspflicht durch die Post- und Telekommunikationsverwaltung unterworfen[70] und hatte die Installation und Wartung der Geräte durch die Post- und Telekommunikationsverwaltung selbst oder durch einen von ihr zugelassenen Installateur zu erfolgen[71].

Eine Rückbindung der Ausschließlichkeitsrechte an präzise eingegrenzte Zwecke, die eine Erforderlichkeitskontrolle ermöglicht hätten, erfolgte weder in Frankreich noch in Deutschland.

c) Rechtfertigung der Monopolrechte

Die Frage nach der Rechtfertigung der der DBP bzw. PTT eingeräumten Monopolrechte wurde lange Zeit weder in Frankreich noch in Deutschland mit Nachdruck gestellt.

Eine hinreichende Begründung der Ausschließlichkeitsrechte schien lange Zeit die Qualifizierung der Post- und Telekommunikationsnetze als sog. „natürliche Monopole“ zu bieten.[72] Ein natürliches Monopol ist dadurch gekennzeichnet, daß die im Markt nachgefragte Menge von Gütern bzw. Dienstleistungen von einem einzigen Anbieter zu niedrigeren Kosten produziert werden kann als von jeder größeren Zahl von Unternehmen. Die Gewährung eines Ausschließlichkeitsrechts wird in solchen Situationen als präventiver Schutz vor Ressourcenverschwendung in einem Monopolkampf gerechtfertigt.[73] Im Telekommunikationsbereich wurde auch auf Gesichtspunkte der Netzintegrität und Netzsicherheit[74] sowie auf die Problematik der Kompatibilität konkurrierender Net-

---

68 Vgl. Avis de la Commission Nationale de la Communication et des Libertés du 15 septembre 1987, abgedruckt in JurisPTT No. 11, janvier 1988, p. 11, 12.

69 Vgl. hierzu *Prévot* (1989), S. 77; *Blaise/Fromont* (1992), S. 127. In Teilbereichen wurde dieses defacto-Monopol durch Dekrete rechtlich abgesichert – vgl. z. B. Art. D.407 Code PT.

70 Art. D.442 Code PT 1962.

71 Art. D.444 Code PT 1962.

72 Z. B. *Monopolkommission*, Sondergutachten Nr. 9 (1981), S. 62 für den Telekommunikationsbereich: angesichts der Größenvorteile im Netz sei Wettbewerb nicht funktionsfähig und die Monopolstruktur die kostengünstigste Marktstruktur. *Möschel*, WuW 1986, 555, 558 spricht mit Blick auf die These, daß die Telekommunikationsnetze ein natürliches Monopol seien, von „intuitiver Plausibilität“, hält die These aber für empirisch kaum testbar. Kritisch zur These der Existenz eines natürlichen Monopols im Bereich der Telekommunikation: *Gabrisch* (1996), S. 49. Zur These vom natürlichen Monopol im Postbereich skeptisch: *Gröner/Knorr*, EWS 1990, 16 f.

73 Zur Definition des Begriffs der „natürlichen Monopole“ siehe z. B. *Soltwedel/Busch/Groß/ Laaser* (1986), S. 5 f.; *Baldwin / Cave* (1999), S. 10 f.; *Posner*, Fordh. Int. L.J. 23 (2000), 7, 12; *Monopolkommission*, Sondergutachten Nr. 9 (1981), S. 25 und 61; *Heuermann/Neu*, ArchivPF 1988, 318, 339 u. a.

74 Nur in einem Monopolregime sei eine rationelle und geordnete Verkabelung möglich – vgl. *Sprißler*, ArchivPF 1991, 159, 173.

ze verwiesen[75]. Auch Gesichtspunkte militärischer Sicherheit spielten anfangs bei der Entscheidung des Staates, die modernen Techniken der Nachrichtenübermittlung unter die eigene Kontrolle zu stellen, eine Rolle.[76]

Letztlich war es aber in Frankreich wie in Deutschland vor allem die herausragende infrastrukturelle Bedeutung von Post und Telekommunikation für Wirtschaft und Gesellschaft, die den planenden und steuernden Zugriff des Staates zu rechtfertigen schien.[77] Angesichts dieser Bedeutung ging man verbreitet davon aus, daß die Entwicklung dieser Infrastrukturen nicht der Koordinierung der Profitinteressen privater Unternehmen im Wettbewerb überlassen bleiben dürfe.[78] Vielmehr müsse der Staat seiner Infrastrukturverantwortung durch die Gewährleistung der Weisungshoheit im Dienste staatlicher Planziele und durch die Unterwerfung des betrauten Unternehmens unter „gemeinwirtschaftliche Verpflichtungen" nachkommen. Das dem Unternehmen gewährte Ausschließlichkeitsrecht bildete die Gegenleistung hierfür.[79]

In Frankreich wurde das nationale Monopol der PTT für Post und Telekommunikation überdies lange Zeit als Verfassungsgebot betrachtet: die Verfassung gebietet die Verstaatlichung nationaler „services publics",[80] als deren klassische Beispiele lange Zeit Post und Telekommunikation galten.

Im Postsektor spielte auch die Gewährleistung einer flächendeckenden Grundversorgung von Beginn an eine gewisse Rolle bei der Rechtfertigung von Ausschließlichkeitsrechten.[81] Im Telekommunikationssektor erlangte dieser Gesichtspunkt eine herausragende Bedeutung als Rechtfertigungsgrund für Ausschließlichkeitsrechte erst ab Ende

---

75 Siehe hierzu: *Möschel*, WuW 1986, 555, 558 f.

76 Vgl. mit Blick auf die Situation in Frankreich: *Voisset*, RFD adm. 11 (1995), 304, 312 f.; *Berne*, ArchivPT 1998, 365.

77 Vgl. z. B. BT-Drs. Nr. 1/3479, S. 100 – Begründung zum Postverfassungsgesetz. Siehe auch *Gabrisch* (1996), S. 5. Als weitere Rechtfertigungsgründe werden fiskalische Interessen des Staates genannnt – vgl. z. B. *Gabrisch*, (1996), S. 8.

78 Näher zur Theorie der Gemeinwirtschaftslehre, die diese These in Deutschland offensiv vertrat: *Gabrisch* (1996), S. 15. Aus der französischen Lit.: z. B. *Truchet*, AJDA 1997, No. spécial, 20. juin 1997, 38, 40.

79 Vgl. z. B. *Prévot* (1989), S. 81: „Le monopole tire sa légitimité des obligations de service public qui lui sont associées". Kritisch: *Knauth/ Husch*, ArchivPT 1997, 5, 6.

80 Teile der Verfassung der IV. Republik von 1946 sind über bestimmte Verweisungsketten in die Verfassung der V. Republik einbezogen. Dies gilt nach ständiger höchstrichterlicher Rechtsprechung insbes. für die Präambel der Verfassung der IV. Republik aus dem Jahr 1946. Nach Abs. 9 der Präambel der Verfassung der IV. Republik von 1946 haben „alle Güter, alle Unternehmen, deren Betrieb die Natur eines nationalen service public oder eines faktischen Monopols haben oder annehmen, Eigentum der Gemeinschaft zu werden".

81 Siehe hierzu z. B. *Braize*, JurisPTT No. 18 (1989), 2, 4 (für Frankreich); *Badura* (1953), S. 105 und S. 204 (für Deutschland). Der Beförderungsvorbehalt der DBP in § 2 Abs. 1 PostG 1969 ist in der Lit. daher vielfach als reine Gebührenschutzvorschrift verstanden und ausgelegt worden – vgl. *Ossenbühl*, ArchivPT 1993, 341, 344 m. w. N.; *Emmerich*, EuR 1983, 216, 217; *Schwarz-Schilling*, in: Speckbacher (Hrsg.) (1991), S. 137, 141. Eine präzise Zuordnung des Umfangs des Beförderungsvorbehalts zu den finanziellen Erfordernissen der flächendeckenden Grundversorgung mit Postdienstleistungen fand jedoch nicht statt. Der Beförderungsvorbehalt wurde insoweit als „Gefährdungstatbestand" charakterisiert, der sozusagen vorbeugend die Entstehung konkurrierender Beförderungsnetze verhindern sollte.

der 70er / Anfang der 80er Jahre, als sich die nationalen Staatsmonopole neuen Rechtfertigungserfordernissen gegenüber sahen: In den Wirtschaftswissenschaften wurde – unter anderem angesichts der technologischen Entwicklung in der Telekommunikation – die These vom natürlichen Monopol mit Blick auf die Telekommunikation zunehmend in Frage gestellt. Daneben warf die Liberalisierungsbewegung in den USA neue Fragen nach den „natürlichen“ Grenzen der Monopole auf. In Frankreich und Deutschland wurde angesichts dieser Entwicklung zunehmend auf die Bedeutung der Ausschließlichkeitsrechte für die Gewährleistung einer flächendeckenden Grundversorgung verwiesen: Die Zulassung von Wettbewerb werde zu einem Rosinenpicken der sich auf die Versorgung lukrativer Marktsegmente beschränkenden Wettbewerber führen.[82] Den nationalen Post- und Telekommunikationsverwaltungen werde dadurch die wirtschaftliche Basis für die Quersubventionierung unrentabler Leistungen entzogen. Die Gefahr des Rosinenpickens ergab sich dabei vor allem aus dem Prinzip der Tarifeinheit im Raum[83] sowie den weitergehenden Abweichungen vom Prinzip kostenorientierter Preise, die Wettbewerbern breiten Spielraum für Preiswettbewerb in Niedrigkostengebieten ließen[84] und damit die finanzielle Grundlage für die Quersubventionierung der Hochkostengebiete durch das frühere Monopolunternehmen zu erodieren drohten. In gleicher Weise drohte der Wettbewerb den Spielraum der nationalen Post- und Telekommunikationsunternehmen zur Finanzierung politischer Sonderlasten zu verringern und damit ihre wirtschaftspolitische Instrumentalfunktion zu beeinträchtigen. Die umfassende Indienstnahme der Sektoren für ein breit verstandenes öffentliches Interesse bzw. den „service public“ war nur im Monopolbetrieb möglich.[85]

d) Grundversorgungsergebnis

In Frankreich wie in Deutschland war zwar gegen Mitte der 80er Jahre des 20. Jahrhunderts eine nahezu flächendeckende Versorgung der Bevölkerung mit Post- und Telekommunikationsdiensten gesichert. Dieses Ergebnis wurde allerdings keineswegs zu einem besonders frühen Zeitpunkt erreicht,[86] noch konnte die Leistungsbereitstellung durchweg als besonders günstig gelten[87].

Postdienstleistungen haben sich in der Vergangenheit in Deutschland im Durchschnitt – und zwar insbesondere im Monopolbereich – trotz umfassender staatlicher Einflußnah-

82 Vgl. mit Blick auf die Situation in der deutschen Telekommunikation näher: *Sprißler*, ArchivPF 1991, 159, 173; *Knauth/Husch*, ArchivPT 1997, 5, 6; *Dörr* (1994), S. 72 f. Für das „creamskimming“-Argument mit Blick auf die Öffnung des französischen Postsektors für Wettbewerb siehe z. B. *Borotra* (1995), S. 61.

83 *Schnöring*, ArchivPF 1988, 138, 141.

84 Und zwar auch durch eigentlich ineffiziente Marktzutritte: ein neu auf den Markt tretender Anbieter konnte durch eine regionale Beschränkung seines Angebots trotz höherer Produktionskosten nicht vom Markt gedrängt werden – *Schnöring*, ArchivPF 1988, 138, 141.

85 *Linotte/Mestre/Romi*, Services publics (1995), S. 125.

86 Vgl. *Sauter*, in: Freedland / Sciarra (Hrsg.) (1998), S. 117, 122: „When a concept of universal service as ‚public service‘ gradually developed in the course of the 1960s and 1970s, penetration ratios were anyway rising independently, simply as the result of the overall increase in living standards during this period rather than in relation to public policy“.

87 *Sauter*, in: Freedland / Sciarra (Hrsg.) (1998), S. 117, 122 f.

me auf die Tarifgestaltung real nicht unwesentlich verteuert. Die Zuwachsrate lag dabei deutlich über der allgemeinen Preissteigerungsrate.[88] Das Verbraucherinteresse stand bei der Ausgestaltung der Postpolitik nicht im Mittelpunkt.[89]

Auch im Telekommunikationssektor gewährleistete die herkömmliche Sektorstruktur des staatlichen Monopols weder eine besonders preisgünstige noch eine in allen Fällen bedarfsgerechte Versorgung.[90] Zwar galt die Qualität der von der DBP erbrachten Dienstleistungen allgemein als hoch – wenngleich mehr technisch orientiert als auf die Kundenbedürfnisse ausgerichtet.[91] Eine flächendeckende Versorgung privater Teilnehmer wurde jedoch erst spät erreicht. Noch im Jahr 1975 verfügten nur 54% der deutschen Haushalte über einen Fernsprechhauptanschluß.[92] Erst ab dem Jahre 1976 wurde eine Vollversorgung als betriebliches Ziel stringent verfolgt.[93] Auch danach lagen die Zahlen betreffend den Versorgungsgrad mit Telekommunikationsdiensten in Deutschland im internationalen Vergleich aber nur im Mittelfeld.[94] Was die Telefontarife der DBP betrifft, so waren diese im internationalen Vergleich – nicht zuletzt angesichts der Mitfinanzierung politischer Sonderlasten – hoch.[95]

In Frankreich stellte sich die Lage in wesentlicher Hinsicht ähnlich dar. Bis zum Jahr 1969 war die Telekommunikationsinfrastruktur in Frankreich im Vergleich zu den europäischen Nachbarstaaten unterentwickelt.[96] Trotz einer hohen Nachfrage war das staatliche Angebot – gerade auch in ländlichen Gebieten – knapp.[97] Erst mit dem 1969 beschlossenen und 1974 nochmals aufgewerteten „plan de rattrapage“,[98] der für einen Zeitraum von fünf Jahren die Modernisierung und Ausdehnung des Telefonnetzes zu einem Schwerpunkt nationaler Politik erklärte, begann Frankreich gegenüber den Nachbarländern aufzuholen. Erstmals wurde hier das Ziel einer flächendeckenden Grundversorgung mit Telekommunikationsdiensten als wichtiges Ziel der französischen Telekommunikationspolitik anerkannt. Das mindestens ebenso bedeutsame industriepolitische Ziel war die Entwicklung eines international wettbewerbsfähigen high-tech-Unternehmens im Telekommunikationsbereich.[99]

---

88 *Knorr*, ZögU 1996, Beiheft 19, S. 68, 73.

89 *Knauth / Husch*, ArchivPT 1997, 5 unter Hinweis darauf, daß es bis zum Inkrafttreten der Post-Kundenschutzverordnung am 1. 1. 1996 so gut wie keine konkreten Qualitätsvorgaben für die Deutsche Bundespost bzw. ihre Nachfolgeunternehmen gab.

90 *Gabrisch* (1996) S. 44.

91 *Möschel*, WuW 1986, 555, 571.

92 *Witte*, ZögU 20 (1997), 434, 437.

93 Vgl. hierzu *Witte*, ZögU 20 (1997), 434, 437.

94 Vgl. für Zahlenangaben: *Gabrisch* (1996), S. 92 f.

95 *Möschel*, WuW 1986, 555, 571; *Witte*, ZögU 20 (1997), 434, 438.

96 Für nähere Angaben siehe *Noam* (1992), S. 141; *Berne*, ArchivPT 1998, 365, 366.

97 *Noam* (1992), S. 140 f.; *Blaise/Fromont* (1992), S. 28.

98 Näher hierzu: *Cohen*, in: Cohen/Henry (Hrsg.) (1997), S. 43, 51; *Noam* (1992), S. 141 f.; *ENA*, Bd. II (1997), S. 791 f.; *Berne*, ArchivPT 1998, 365, 366.

99 Vgl. *Cohen/Henry*, in: dies. (Hrsg.) (1997), S. 9, 20; *Prévot* (1989), S. 106; *Weyhenmeyer* (1994), S. 178 f.

e) Bilanz

Post- und Telekommunikationsinfrastruktur wurden in Frankreich wie in Deutschland in einem engen Zusammenhang mit nationalen Interessen wirtschafts-, industrie- und raumordnungspolitischer Art gesehen.[100] Ziel der mit der Erbringung von Post- und Telekommunikationsdiensten betrauten staatlichen Verwaltungen war die politiknahe zentrale Steuerung eines stabilen, planbaren Infrastruktursystems,[101] welches die Bevölkerung mit landesweit einheitlichen Leistungen versorgte und dabei übergeordnete politische Ziele verfolgte. Die Tätigkeit wurde nicht auf Verbraucherwünsche, sondern auf ein als staatlich planbar gedachtes, politisch bestimmtes Gemeinwohl ausgerichtet, was zugleich die Eingliederung des Angebots von Post- und Telekommunikationsdiensten in die staatliche Verwaltung rechtfertigte. Das Gemeinwohl umfaßte dabei kommunikationsspezifische Nutzerinteressen sowie breiter angelegte Gemeinwohlbelange – eine scharfe Trennung zwischen diesen Aspekten erschien entbehrlich. Etwaige Zielkonflikte waren vom Staat bzw. von der Verwaltung aufzulösen. Vor diesem Hintergrund war der Grundversorgungsauftrag der DBP bzw. der PTT nur ein Element eines allgemeineren Katalogs von Zielen des öffentlichen Interesses. Die Flexibilität in der Zielbestimmung und Instrumentalisierung der DBP bzw. PTT wurde ermöglicht durch die den nationalen Verwaltungen eingeräumten großzügigen Ausschließlichkeitsrechte, die diese vor Wettbewerb umfassend schützten. Die Monopolstellung bedingte zugleich, daß die Stellung der Nutzer eine rein passive war:[102] Reaktionsmöglichkeiten auf Leistungsdefizite waren ihnen genommen. Ihre Stellung war die von Leistungsempfängern, deren Rechte auf den staatsgerichteten Gleichbehandlungsgrundsatz reduziert waren. Der geringe Grad der Verrechtlichung der Versorgungsaufgabe sowie ihre Einbindung in einen weiterreichenden Gemeinwohlauftrag, welcher den Grundversorgungsauftrag nicht nur ergänzte, sondern zugleich relativierte, führte zu einer systematischen Vernachlässigung der Verbraucherinteressen hinsichtlich der Leistungen wie auch der Preise.[103]

2. *Die Grundstrukturen der Organisation des Energiesektors in Frankreich und Deutschland*

Während die Ausgestaltung des Post- und Telekommunikationssektors in Deutschland und Frankreich viele Gemeinsamkeiten aufwies, war der Energiesektor in beiden Ländern unterschiedlich organisiert.

100 Vgl. *Prévot* (1989), S. 78; *Knauth/Husch*, ArchivPT 1997, 5.

101 *Eifert* (1998), S. 217.

102 Hierzu: *Mestmäcker*, in: Vanberg (Hrsg.) (1999), S. 227, 263.

103 Vgl. auch *Amato*, in: Freedland/Sciarra (Hrsg.) (1998), S. 145, 155: „In the end, the paradoxical outcome was that the citizen as a customer with special needs (which competition was not expected to satisfy) was left completely forgotten".

a) Frankreich

In Frankreich war der Energiesektor nach ähnlichen Prinzipien organisiert wie der Post- und Telekommunikationssektor. Der Energiesektor hatte als einer der „grands services publics“[104] uneingeschränkt dem staatlicherseits definierten „öffentlichen Interesse“ zu dienen.[105] Auf diese Instrumentalfunktion war die Sektororganisation zugeschnitten.

aa) Struktur und Bedeutung des Elektrizitäts- und Gassektors in Frankreich

Die Grundstruktur des französischen Energiesektors in der Nachkriegszeit ging auf das Nationalisierungsgesetz aus dem Jahr 1946[106] zurück, welches Erzeugung, Transport und Verteilung von Elektrizität sowie deren Im- und Export verstaatlichte, ebenso den Im- und Export von Gas.[107] Die verstaatlichten Elektrizitätsunternehmen wurden in dem öffentlichen Unternehmen[108] Électricité de France (EDF) zusammengefaßt [109], die verstaatlichten Gasunternehmen im öffentlichen Unternehmen Gaz de France (GDF) [110]. Beide wurden im gesamten Bereich der vom Nationalisierungsgesetz erfaßten Tätigkeit durch Ausschließlichkeitsrechte geschützt,[111] waren aber andererseits im Rahmen des

---

104 Näher zu diesem Begriff: *Le Nestour/Zinow*, RdE 1994, 129, 132.

105 Siehe *Mandil*, Revue de l'énergie 1994, 663, 665.

106 Loi no. 46-628 du 8 avril 1946 sur la nationalisation de l'électricité et du gaz, J. O. 9 avril 1946, p. 2951 ff. [im Folgenden: Nationalisierungsgesetz].

107 Die Erzeugung von Erdgas war von der Verstaatlichung ausgenommen (Art. 8 No. 1 VerstaatlichungsG).

108 Sog. „établissements publics nationaux de caractère industriel et commercial“.

109 Vgl. Art. 2 § 1 NationalisierungsG.

110 Art. 3 § 1 NationalisierungsG.

111 Die Ausschließlichkeitsrechte von EDF im Bereich der Elektrizitätserzeugung wurden durch Art. 8 No. 3 NationalisierungsG eingeschränkt, demzufolge Unternehmen, deren jährliche Elektrizitätsproduktion in den Jahren 1942/1943 unterhalb von 12 Millionen kWh gelegen hatte, von der Nationalisierung ausgenommen waren. Neben EDF blieben danach noch ca. 140 weitere unabhängige Unternehmen in der Energieerzeugung tätig, trugen aber nur mit ca. 5% zur landesweiten Elektrizitätsproduktion bei (siehe *ENA*, Bd. I (1997), S. 35). Ähnlich wurden durch Art. 23 NationalisierungsG die Versorgungsdienste der Gemeinden, die zur Zeit der Verstaatlichung tätig waren, von der Verstaatlichung ausgenommen. Diese lokalen Energieverteilerunternehmen waren jeweils ihrerseits durch ein lokales Monopol geschützt, das ihnen über eine kommunale Konzession eingeräumt wird. Sie stellen insgesamt ca. 6% der in Frankreich verbrauchten Energie bereit (vgl. *Batail*, Revue de l'énergie 1998, 217, 219 f.; *Valade/Revol* (1998), S. 109). Das Monopol von EDF für die Ein- und Ausfuhr von Elektrizität galt uneingeschränkt. GDF wurde mit uneingeschränkten Ausschließlichkeitsrechten für die Ein- und Ausfuhr von Gas ausgestattet, die vor allem mit der Notwendigkeit einer Diversifizierung der Bezugsquellen und der Gewährleistung gleicher Verhandlungsmacht gerechtfertigt wurden. Im Transportbereich sind neben GDF noch weitere Unternehmen tätig (SNGSO; CFM; Elf Réseau), die allerdings zumeist mit GDF gesellschaftsrechtlich verflochten sind. GDF hatte in diesem Bereich überdies bislang eine marktbeherrschende Stellung. Jedes Unternehmen ist in seinem Bereich durch langfristige staatliche Konzessionen geschützt. Mit der Gasverteilung, die auf der Grundlage langfristiger, im allgemeinen auf einen Zeitraum von 30 Jahren gewährter Konzessionen der Gemeinden erfolgt, sind neben GDF noch 17 weitere Verteilerunternehmen in ca. 150 Gemeinden befaßt. Landesweit hält GDF im Bereich der Gasverteilung jedoch einen Marktanteil von 97,5%. Die Unternehmen waren für „ihr“ Gebiet jeweils auf der Basis von Ausschließlichkeitsrechten tätig. Für eine kurze Charakterisierung der bisherigen Struktur des französischen Gasmarktes: *Wormser*, La Semaine Juridique Entreprise et Affaires, 17 février 2000, No. 7, 258.

sog. Systems des „tutelle“[112] einer strikten staatlichen Regulierung durch das Wirtschafts- und Finanzministerium einerseits, das Industrieministerium andererseits unterworfen.

Die Nationalisierungen erfolgten vor dem Hintergrund starker antikapitalistischer Strömungen,[113] die eine „Vergesellschaftung“, nicht „Verstaatlichung“ der Unternehmen anstrebten[114]. Aus der Motivation, den Einfluß gesellschaftlicher Kräfte auf die Unternehmensführung und damit deren Ausrichtung am „allgemeinen Interesse“ zu sichern, entstand das für die Zeit nach dem Zweiten Weltkrieg in Frankreich für die Führung der großen öffentlichen Unternehmen typische Modell des „tripartisme“[115]: im sog. Verwaltungsrat, einem der Leitungsorgane der Unternehmen, sollten mit gleichem Gewicht der Staat, die Verbraucher und die Arbeitnehmer vertreten sein.[116]

---

112 Als „tutelle“ (bzw. „tutelle administrative“) wird im französischen Verwaltungsrecht die Gesamtheit der ex-ante- und ex-post-Kontrollen unternehmerischer Tätigkeit durch die staatliche Verwaltung bezeichnet, denen öffentliche Unternehmen mit Blick darauf unterworfen sind, ob sie die staatlichen Regulierungsvorgaben korrekt umsetzen (vgl. *Sablière*, CJEG 1997, 1; *Lorenzi* (1995), S. 119; *Stoffaës* (1995), S. 77 ff., insbes. 80 ff.). Daneben ermöglicht das System des „tutelle“ eine Einflußnahme auf Unternehmensstrategie und Geschäftspolitik je nach den jeweiligen politischen Vorgaben (vgl. *Vlachos* (1996), S. 90; *Nora*-Bericht, S. 80; *Dufau* (1991), S. 283 f.). Besonderes Gewicht hatten dabei im Energiebereich allgemeine makroökonomische – v. a. auch konjunkturpolitische –, aber auch fiskalpolitische Interessen des Staates (vgl. *Nora*-Bericht, S. 86; *Dufau* (1991), S. 285; *Stoffaës* (1995), S. 80 f.; *ENA*, Bd. II (1997), S. 498). Insgesamt wurde der Energiesektor häufig zur Unterstützung der Erreichung der vom Staat in den Mehrjahresplänen für die Wirtschaftsentwicklung festgesetzten Ziele eingesetzt (*Nora*-Bericht, S. 85; *Dufau* (1991), S. 313). Auf der anderen Seite wird ein dementsprechender Wettbewerbsschutz gewährleistet. Das Ausmaß staatlicher Einflußnahme über das System des „tutelle“ variierte in der Praxis von Sektor zu Sektor. Im Energiesektor galt die Einflußnahme als intensiv (*ENA*, Bd. I (1997), S. 494; *ENA*, Bd. II (1997), S. 668; *Nora*-Bericht, S. 86): Die Tarife von EDF wurden unmittelbar vom Staat festgesetzt (im Fall von GDF unterlag die Tarifsetzung lediglich der staatlichen Kontrolle). Es erfolgte eine umfassende Investitionskontrolle. Wichtige Entscheidungen betreffend die Unternehmensführung – insbes. Entscheidungen betreffend die Wahl der einzusetzenden Primärenergien, technologische Weichenstellungen oder die Grundausrichtung der Energiepolitik – waren einem Zustimmungserfordernis des aufsichtsführenden Ministeriums unterworfen. Eine Verflechtung zwischen „tutelle“ und Unternehmensführung entstand überdies dadurch, daß das Wirtschafts- und Finanzministerium (über einen „contrôleur d'État“) und das Energieministerum (über einen „Comissaire du Gouvernement“) als Aufsichtsinstanzen zugleich im Verwaltungsrat der Unternehmen vertreten war (kritisch hierzu: *Nora*-Bericht, S. 82 ff., insbes. 85).

113 Vgl. u. a. das Programm des Conseil national de la Résistance (näher hierzu: *Dufau* (1991), S. 36; *Linotte/Mestre/Romi* (1995), S. 201 f.). Mit Blick speziell auf den Energiesektor wurde außerdem auf die Konzentrations- und Kartellierungstendenzen und Preismißbräuche der privatwirtschaftlich organisierten Elektrizitätsversorgung unmittelbar vor der Nationalisierung verwiesen – vgl. *Bauby/Boual* (1993), S. 11, 16; *Stoffaës*, in: Bauby/Boual (1993), S. 77, 88 f.; *Dufau* (1991), S. 39.

114 *Dufau* (1991), S. 37.

115 Näher hierzu *Linotte/Mestre/Romi* (1995), S. 202; *Dufau* (1991), S. 37 und S. 189.

116 EDF und GDF waren jeweils mit drei Leitungsorganen ausgestattet: mit einem ursprünglich zu gleichen Teilen aus Vertretern des Staates, Vertretern der Verbraucher und der Arbeitnehmer zusammengesetzten „Conseil d'Administration“ (Verwaltungsrat), der sowohl bei EDF als auch bei GDF 18 Mitglieder umfaßt (vgl. Art. 20 Nationalisierungsgesetz) – wobei die Verbrauchervertreter später durch vom Staat ernannte „qualifizierte Persönlichkeiten“ ersetzt wurden; mit einem aus dem Kreis der Mitglieder des Verwaltungsrats gewählten, jedoch vom Staat ernannten Präsidenten; und mit einem direkt vom Staat – aber nach Konsultation des Verwaltungsrats – ernannten Generaldirektor. Faktisch hatte der Staat im Verwaltungsrat – aus rechtlicher Sicht das eigentliche Hauptorgan der

Primär war die Nationalisierung des Energiesektors jedoch durch dessen strategische[117] und infrastrukturelle Bedeutung begründet[118]. Angestrebt wurde eine konsequente Ausrichtung der französischen Energiepolitik auf die Ziele der nationalen Versorgungssicherheit und Unabhängigkeit der Energieversorgung, d. h. die Reduzierung der Importabhängigkeit Frankreichs im Energiebereich[119], sowie auf die Bedürfnisse des Wiederaufbaus bzw. der Wettbewerbsfähigkeit der französischen Industrie[120]. Beide Ziele erklären die Bedeutung, welche die Atomenergie in der französischen Energiepolitik erlangte.[121] Die Großprojekte im Dienste industriepolitischer Ziele, welche die französische Energiepolitik prägten, wurden durch die zentralistische und monopolistische Struktur des Energiesektors und durch seine Staatsnähe wesentlich erleichtert. Die Herrschaft des Staates über den Energiesektor ermöglichte zugleich dessen Instrumentalisierung zur Umsetzung der staatlichen Planpolitik der ersten Nachkriegsjahre.[122] All dies galt primär für den Elektrizitätssektor. Die wirtschaftliche und energiepolitische Bedeutung der Gasversorgung blieb in Frankreich demgegenüber geringer.[123] Im Grundsatz war GDF jedoch den staatlichen Vorgaben in ähnlicher Weise unterworfen wie EDF.

bb) Leistungsauftrag von EDF und GDF

aaa) Grundversorgung

Der Auftrag von EDF und GDF wurde regelmäßig als Auftrag zur Optimierung der Energieversorgung umschrieben: sie hätten möglichst kostengünstig die bestmögliche Leistung zu erbringen.[124] Konkretisiert wurden die Anschluß- und Versorgungspflichten von EDF und GDF in den vom Staat gewährten und regelmäßig mit Pflichtenheften („cahiers des charges“)[125] verbundenen Produktions-, und Transportkonzessionen sowie in den von den Kommunen vergebenen Verteilungskonzessionen. EDF war auf dieser Grundlage zur Gewährleistung einer flächendeckenden, kontinuierlichen Versorgung

---

Unternehmensleitung – die Macht. Im übrigen wurde auch der Generaldirektor, der bei EDF wie auch bei GDF als der eigentliche Manager und Chef des Unternehmens fungierte, direkt durch den Staat ernannt. Diese Ernenennung war damit gleichfalls ein wichtiges Mittel staatlicher Einflußnahme auf die Ausrichtung der Unternehmenspolitik. Siehe zu alledem: *Dufau* (1991), S. 189 ff. und S. 200 ff.; *Linotte/Mestre/Romi* (1995), S. 222 f.

117 Siehe hierzu *Linotte/Mestre/Romi* (1995), S. 125; *Conseil d'État* (1995), S. 14, 54; *Stoffaës* (1995), S. 15; *ENA*, Bd. II (1997), S. 789.

118 *Valade/Revol* (1998), S. 109.

119 *ENA*, Bd. I (1997), S. 34.

120 *Dufau* (1991), S. 39.

121 Vgl. *Valade/Revol* (1998), S. 225 f.

122 So *Linotte/Mestre/Romi* (1995), S. 202.

123 Vgl. *ENA*, Bd. II (1997), S. 669.

124 *Fiquet*, ET 1992, 554, 555.

125 Auf der Grundlage der Artt. 36, 37 Nationalisierungsgesetz galten für den Elektrizitätsbereich vor allem das Pflichtenheft für das allgemeine Mittel- und Hochspannungsnetz (basierend auf einem zwischen dem französischen Staat und EDF mit Datum v. 27. 11. 1958 geschlossenen Vertrag), welches EDF zur Errichtung und zum Betrieb eines flächendeckenden Transportnetzes in Hochspannung verpflichtete, sowie Konzessions-Pflichtenhefte für die öffentliche Verteilung von elektrischer Energie im Niederspannungsbereich (näher: *Fiquet*, ET 1992, 554, 555). Für die Anschlußpflicht von GDF siehe Art. 17 des Standardpflichtenhefts für Konzessionsvereinbarungen mit Gemeinden, die GDF die öffentliche Gasversorgung übertragen.

der Bevölkerung unter Wahrung des Gleichheitsgrundsatzes verpflichtet.[126] Für GDF galt zwar keine Flächendeckungspflicht[127], wohl aber war GDF an die Grundsätze der Kontinuität und Gleichbehandlung gebunden[128].

Mit Blick auf die Tarifgestaltung galten für EDF und für GDF unterschiedliche Grundsätze. EDF war durch sein Pflichtenheft[129] gehalten, wettbewerbsfähige Tarife und geringstmögliche Kosten für die Allgemeinheit anzustreben. Das Pflichtenheft sah außerdem die staatliche Festsetzung von nach verschiedenen Regionen und Lieferbedingungen gestaffelten Höchsttarifen vor.[130] Zur Wahrung der Tarifeinheit im Raum war EDF nicht verpflichtet,[131] wenngleich das Unternehmen seit den 60er Jahren in der Praxis eine solche Politik verfolgte[132]. Die Elektrizitätspreise waren in Frankreich im europäischen Vergleich stets niedrig. Aus makroökonomischen Gründen wurden die Elektrizitätstarife oftmals auf der Grundlage der (niedrigen) variablen Kosten der Atomenergie berechnet, die (höheren) Fixkosten der Energieproduktion hingegen nicht in voller Höhe einbezogen.[133] Der daraus resultierenden zeitweise hohen Verschuldung von EDF[134] standen aus französischer Sicht als Gewinn besonders wettbewerbsfähige Strompreise gegenüber.[135]

Im Gassektor sah der Staat von einer Festsetzung von Höchsttarifen ab und beschränkte sich auf bestimmte Vorgaben betreffend die Preisbildung und Preisstruktur[136] sowie eine staatliche Mißbrauchskontrolle der Gaspreise[137], die unter gewissen Umständen aber auch eine Instrumentalisierung der Preissetzung zu konjunktur- bzw. preispoliti-

---

126 Pflichtenheft im Anhang zu der Konzessionsvereinbarung zwischen EDF und dem französischen Staat v. 27. 11. 1958 über das ausschließliche Recht zum Betrieb eines Elektrizitätstransportnetzes, zuletzt modifiziert am 23. 12. 1994. Siehe hierzu: *Sablière*, CJEG 1994, 87 ff. Vgl. insbes. Art. 10 des Pflichtenhefts (Verpflichtung zur flächendeckenden Belieferung aller Kunden mit Elektrizität), Art. 11 des Pflichtenhefts (Gewährleistung einer ständigen und ununterbrochenen Versorgung) und Art. 24 des Pflichtenhefts (Gleichbehandlungsgrundsatz).

127 Kommunen werden an das Gasversorgungsnetz nur dann neu angeschlossen, wenn die Rentabilität der Gasversorgung gewährleistet erscheint – vgl. Art. 88 de la loi No. 92-125 du 6 février 1992 d'orientation relative à l'administration territoriale de la République. GDF ist auf der Grundlage der einschlägigen Pflichtenhefte (vgl. insbes. décret No. 61-1191 du 27 octobre 1961, J. O. du 3 novembre 1961; und die Instructions relatives à la mise en oeuvre du nouveau modèle de cahier des charges pour la concession d'une distribution publique de gaz, circulaire No. 726 du 19 août 1994 des ministres de l'intérieur et de l'industrie) aber verpflichtet, die flächendeckende Gasversorgung in denjenigen Gebieten sicherzustellen, in denen das Unternehmen tätig ist.

128 Diese Grundsätze waren in den Pflichtenheften enthalten, die den Konzessionsvereinbarungen mit GDF beigefügt wurden.

129 Art. 24 des Pflichtenhefts EDF.

130 Näher zur staatlichen Preisfestsetzung im Elektrizitätssektor: *Dufau* (1991), S. 247. Die Bestimmungen im Pflichtenheft legten fest, unter welchen Bedingungen Anpassungen oder Änderungen der Höchsttarife möglich waren.

131 Vgl. *Valade/Revol* (1998), S. 143 f.; *Stoffaës* (1995), S. 78.

132 Vgl. *Stoffaës* (1995), S. 78.

133 Vgl. *ENA*, Bd. I (1997), S. 30.

134 *Nora*-Bericht, S. 46.

135 Zur umfassenden Berücksichtigung markoökonomischer Gesichtspunkte bei der Festlegung der Stromtarife vgl. *Nora*-Bericht, S. 85.

136 Vgl. Décret No. 90-1029 du 20 novembre 1990 réglementant les prix du gaz combustible vendu à partir des réseaux publics de transport et de distribution, J. O. du 21 novembre 1990.

137 Näher hierzu: *Lombart*, CJEG 1998, 55, 58.

schen Zielen erlaubte[138]. Eine Politik der Tarifeinheit im Raum wurde von GDF nicht betrieben – die Abweichungen in den Tarifen für Endverbraucher betrugen landesweit bis zu 15%.[139]

bbb) „Service public" im weiteren Sinne

EDF und GDF galten als „services publics", was in der Praxis ihre Instrumentalisierbarkeit für alle politisch festzulegenden öffentlichen Interessen bedeutete,[140] die über das primär verfolgte Ziel der Sicherung nationaler Unabhängigkeit weit hinausreichten. Betont wurde neben Beiträgen von EDF zur Raumordnungs- und Umweltpolitik stets die allgemeine Bedeutung der Energieversorgung für die wirtschaftliche Entwicklung des Landes. So wurde die staatliche Preiskontrolle bzw. Preissetzungsbefugnis im Energiesektor insbesondere in den 60er und 70er Jahren zur Inflationsbekämpfung genutzt.[141] Tarifsenkungen bzw. -erhöhungen, die angesichts der Preise der Primärenergien und der sonstigen, von EDF und GDF zu tragenden Kosten geboten gewesen wären, wurden hier mit Blick auf dieses vom Staat als übergeordnet qualifizierte gesamtwirtschaftliche Ziel untersagt.[142] Daneben spielten konjunktur-, beschäftigungs- und sozialpolitische Interessen des Staates bei der Ausgestaltung der Unternehmenspolitik von EDF und GDF eine Rolle.[143]

b) Deutschland

Das deutsche System der Energieversorgung wird als ein denzentralisiertes System lokaler Gebietsmonopole unter starkem Einfluß der Gebietskörperschaften beschrieben.[144] Ähnlich wie die Bereiche Post und Telekommunikation so ist auch der Bereich der Energieversorgung in Deutschland traditionell als Aufgabe der Daseinsvorsorge anerkannt[145] und erheblich durch öffentliche Interessen vorgeprägt. Die Mechanismen und Instrumente der Durchsetzung des öffentlichen Interesses im Energiesektor waren aber verschieden von denen im Post- und Telekommunikationssektor.

---

138 Vgl. *Nora*-Bericht, S. 85; *Dufau* (1991), S. 246.

139 *ENA*, Bd. II (1997), S. 669; auch *Derosier* (1997), S. 31.

140 Z. B. *Mandil*, Revue de l'énergie 1994, 663, 665; *Varoquaux*, Revue de l'énergie 1994, 489, 493.

141 Vgl. *Nora*-Bericht, S. 27, 60 und 85. Speziell für GDF: *Gadonneix*, Revue de l'énergie 1994, 373, 374.

142 Kritisch hierzu: *Nora*-Bericht, S. 47.

143 Für EDF: vgl. contrat d'entreprise 1997–2000. Für GDF vgl. *Gadonneix*, Revue de l'énergie 1994, 373 ff.

144 *Rottmann*, ArchivPT 1994, 193.

145 BVerfGE 38, 258, 270; BVerwGE 98, 273, 275; BGHZ 132, 198, 205.

aa) Grundzüge der Sektororganisation

aaa) Elektrizitätssektor

Die öffentliche Elektrizitätsversorgung[146] in Deutschland war bislang dreistufig aufgebaut: sie gliederte sich in Verbund-, Regional- und Lokalebene. Auf der Verbundebene waren (vor der Wiedervereinigung) neun große, überregionale und vertikal integrierte Unternehmen tätig,[147] die in für einen überregionalen Bedarf geplanten Kraftwerken 80% der elektrischen Energie erzeugten, zugleich das Hochspannungsnetz betrieben und für eine Verbindung der einzelnen Stromversorgungsnetze sorgten. In das Geschäftsfeld dieser Unternehmen fiel auch der Stromaustausch mit dem Ausland. Die Verbundunternehmen verkauften daneben Elektrizität an Weiterverteiler, Zwischenhändler, sowie an lokale und regionale Versorgungsunternehmen, beteiligten sich vielfach auch an innerhalb ihres Liefergebiets tätigen Regionalversorgungsunternehmen und versorgten mitunter auch Letztverbraucher direkt mit Elektrizität. Die Vorteile der vertikalen Integration der großen Verbundunternehmen wurden in der Realisierung von Kostenvorteilen gesehen: der einheitliche Kraftwerks- und Netzbetrieb, der auf die gesamte Last im Liefergebiet abgestimmt werden konnte, ermöglichte die Minimierung der laufenden Kosten der Lastdeckung. Die Verbundunternehmen galten als die dominierenden Anbieter von Elektrizität, die einen maßgeblichen Einfluß auf die gesamte Entwicklung der Stromwirtschaft ausübten.[148]

Die auf Regionalebene tätigen Unternehmen hatten vor allem Weiterverteiler- bzw. Zwischenhändlerfunktion. Sie verteilten zum einen Elektrizität aus eigener Produktion an lokale Elektrizitätsversorgungsunternehmen und Endverbraucher, zum anderen belieferten sie ihre Abnehmer mit Strom, den sie selbst von anderen Unternehmen bezogen.[149]

Schließlich existierten Versorgungsunternehmen auf Lokalebene, die den von vorgelagerten Erzeugern oder selbst erzeugten Strom in ihrem Absatzgebiet, – dem jeweiligen Gemeindegebiet – verteilten. Diese regelmäßig im Eigentum der Gemeinden stehenden lokalen Versorgungsunternehmen arbeiteten häufig im Querverbund mit Unternehmen der Gas-, Fernwärme-, und Wasserversorgung und z. T. auch mit Verkehrsbetrieben, Betrieben der Abfallbeseitigung und öffentlichen Bädern zusammen. Zweck der Bildung solcher Querverbundunternehmen war die Erleichterung der Quersubventionierung zwischen gewinnträchtigen Sparten (hierzu zählte auch die Energieversorgung) und defizitären Bereichen (z. B. öffentlicher Personennahverkehr).[150]

---

146 Mit dem Begriff „öffentlich" wird hier nicht eine Zuordnung zum Staat angesprochen, sondern die Versorgung der Öffentlichkeit mit Energie.

147 Badenwerk AG, Bayernwerk AG, Berliner Kraft- und Licht (Bewag-)AG, Energie-Versorgung Schwaben AG (EVS), Hamburgische Elektrizitätswerke AG (HEW), PreussenElektra AG, RWE Energie AG, Vereinigte Elektrizitätswerke Westfalen AG (VEW) und Vereinigte Energiewerke AG (VEAG).

148 Vgl. für eine knappe Darstellung der Verhältnisse in der deutschen Energiewirtschaft vor der Liberalisierung: *Monopolkommission*, Hauptgutachten 1992/93, S. 324 ff.

149 A. a. O., S. 325.

150 A. a. O., S. 325 f mit kritischen Anmerkungen auf S. 330 f.; *Emmerich* (1969), S. 75.

Die Eigentümerstruktur der Elektrizitätsversorgungsunternehmen war uneinheitlich. Allerdings dominierten die in öffentlichem Besitz befindlichen Versorgungsunternehmen.[151] Vielfach führten diese Verflechtungen zwischen der öffentlichen Hand (insbesondere den Ländern) und den Versorgungsunternehmen zu einem Gleichlauf der Interessen von Kontrolleuren und Kontrollierten, zumal die Länder als Miteigentümer an den Unternehmensgewinnen partizipierten.[152] Auf kommunaler Ebene hatte die Doppelfunktion der Kommunen als Eigentümer bzw. Miteigentümer von Versorgungsunternehmen einerseits, als über die Vergabe der Wegerechte entscheidende Instanz andererseits zur Folge, daß sie die Einnahmen der eigenen Versorgungsunternehmen durch Konzessionsvereinbarungen mit Ausschließlichkeitsklausel vor Wettbewerb schützen konnten.[153]

bbb) Die öffentliche Gasversorgung

Auch im Gassektor sind die Marktstufen Produktion bzw. Import, Ferntransport, Regionalversorgung und lokale Versorgung (Stadtwerke) zu unterscheiden. Die verschiedenen Stufen sind durch langfristige Lieferbeziehungen und Kapitalbeteiligungen miteinander verknüpft.[154]

Mit der inländischen Erdgasproduktion können nur ca. 20% des deutschen Gasverbrauchs gedeckt werden. Die deutsche Gaswirtschaft ist daher auf Importe angewiesen.[155] Dabei wird auf eine Diversifizierung der Bezugsquellen Wert gelegt, um das Risiko der Abhängigkeit von einem bestimmten Produzenten zu streuen und um die Verhandlungsmacht gegenüber Erdgasanbietern zu stärken.[156] Die Lieferbeziehungen zwischen ausländischen Produzenten und Ferngasunternehmen sind bislang durch langfristige Bezugsverträge gekennzeichnet, die regelmäßig sog. „Take or pay"-Klauseln sowie Preisanpassungsgleitklauseln enthalten. Letztere lehnen den Gaspreis an den Preis für schweres oder leichtes Heizöl an und begrenzen damit für die importierenden Unternehmen das Risiko der Preisentwicklung von Konkurrenzenergien. „Take or pay"-Klauseln beinhalten Mindestabnahmeverpflichtungen der Ferngasunternehmen und beschränken so das – typischerweise hochspezifische – Investitionsrisiko der Produzenten.[157]

Das Geschäftsfeld der Ferngasstufe umfaßt vor allem den Gastransport im Hochdrucknetz, die Sicherung der Gasqualität und die saisonale, großvolumige Speicherung. Auf dieser Stufe sind in Deutschland eine größere Anzahl von Unternehmen tätig, die ihre Versorgungsgebiete bislang durch Demarkationen gegeneinander abgrenzten. Den größten Anteil am Hochdrucknetz in der Bundesrepublik Deutschland besitzt die Ruhr-

151 *Monopolkommission*, Hauptgutachten 1992/93, S. 325; *Theobald*, AöR 122 (1997), 372, 378 f.
152 *Monopolkommission*, Hauptgutachten 1992/93, S. 330.
153 *Eickhof/Kreikenbaum*, Wirtschaftsdienst 1997/V, 276.
154 *Monopolkommission*, Hauptgutachten 1992/93, S. 332.
155 Vgl. mit näheren Angaben: *Monopolkommission*, Hauptgutachten 1992/93, S. 333; *Derosier* (1997), S. 48.
156 *Monopolkommission*, Hauptgutachten 1992/93, S. 333.
157 Näher: a. a. O., S. 335.

gas AG, deren Versorgungsnetz durch die Versorgungsgebiete aller Ferngasgesellschaften verläuft und die alle Gesellschaften, die nicht in direkten Lieferbeziehungen mit Erdgasproduzenten stehen, beliefert. Das Ruhrgas-Transportnetz ist so dimensioniert, daß es eine fast flächendeckende Versorgung ermöglicht.[158]

Die Regionalversorger werden von den Ferngasgesellschaften mit Gas beliefert und transportieren das Gas sodann direkt zu den Endverbrauchern oder zu Endverteilern, wie z. B. Stadtwerken. Auch die kurzfristige Gasspeicherung zum Ausgleich von Tagesschwankungen gehört zu ihrem Geschäftsfeld. Die Ortsgasgesellschaften schließlich werden von den Ferngasgesellschaften und Regionalversorgern mit Gas beliefert und verteilen das Gas im Mittel- und Niederdrucknetz an die Endverbraucher in ihrem Versorgungsgebiet.[159]

Wie im Elektrizitätssektor, so ist auch im Gassektor ein hohes Maß an vertikaler Integration zwischen den Stufen Transport und Handel zu beobachten. Die einzelnen Marktstufen sind durch langfristige Lieferbeziehungen und Kapitalverflechtungen miteinander verknüpft.[160] Eine weitere Gemeinsamkeit zwischen Gas- und Elektrizitätssektor bestand bislang darin, daß auch im Gassektor die öffentliche Hand in hohem Umfang an den Versorgungsunternehmen beteiligt war. Diese Beteiligungen garantierten aus Sicht der öffentlichen Hand die Möglichkeit staatlicher bzw. kommunaler Einflußnahme auf die Versorgungstätigkeit und damit einen weitgehenden Gleichlauf der unternehmerischen und öffentlichen bzw. kommunalen Interessen

bb) Der öffentliche Auftrag

Die öffentliche Zielsetzung für den Energiesektor war bislang in der Präambel des EnWG aus dem Jahr 1935 umschrieben. Danach war es der Zweck des EnWG, „die Energiewirtschaft als wichtige Grundlage des wirtschaftlichen und sozialen Lebens im Zusammenwirken aller beteiligten Kräfte der Wirtschaft und der öffentlichen Gebietskörperschaften einheitlich zu führen und im Interesse des Gemeinwohls die Energiearten wirtschaftlich einzusetzen, den notwendigen öffentlichen Einfluß in allen Angelegenheiten der Energieversorgung zu sichern, volkswirtschaftlich schädliche Auswirkungen des Wettbewerbs zu verhindern, einen zweckmäßigen Ausgleich durch Verbundwirtschaft zu fördern und durch all dies die Energieversorgung so sicher und billig wie möglich zu gestalten“. Das EnWG unterwarf zu diesem Zweck alle Elektrizitäts- und Gasversorgungsunternehmen, unabhängig von ihrer Rechtsform und von den Eigentumsverhältnissen, einer einheitlichen Aufsicht. So erfolgte beispielsweise eine Betriebsaufnahmekontrolle,[161] mit deren Hilfe sichergestellt werden sollte, daß durch den Markteintritt eines neuen Versorgers die vorhandene Struktur der Versorgungsgebiete nicht in einer Weise verändert werde, die dem Ziel einer sicheren Versorgung zu angemessenen Preisen hätte widersprechen können. Daneben sah das EnWG eine staatliche

158 A. a. O., S. 333 ff.
159 A. a. O., S. 334.
160 A. a. O., S. 332 und 334.
161 § 5 EnWG a. F.

Investitionskontrolle vor,[162] welche sicherstellen sollte, daß das von einem Energieversorgungsunternehmen geplante Projekt (Errichtung / Erneuerung / Erweiterung / Stillegung einer Anlage) mit den vom EnWG verfolgten Zielen des Gemeinwohls in Einklang stand. Der Präambel wurde in der Auslegung und Anwendung der einzelnen Vorschriften des EnWG maßgebliche Bedeutung beigemessen.[163]

Die staatliche Einflußnahme auf die Energieversorgung wurde zum einen mit der elementaren Bedeutung der Energieversorgung begründet,[164] die dem Staat eine Art „natürliche“ Verantwortung für die Gewährleistung einer auch langfristig sicheren, effektiven und preisgünstigen Energieversorgung der Wirtschaft wie auch der privaten Endverbraucher auferlege. Insbesondere auch die „strategische Versorgungssicherheit“, d. h. die Sicherung hinreichender Energiebezugsquellen wurde dem Bereich staatlicher Verantwortung zugeordnet.

Bei der Verfolgung dieses Ziels waren zugleich andere öffentliche Interessen zu berücksichtigen – insbesondere umweltpolitische, struktur- und regionalpolitische Ziele. Diesen wurde vor allem in Regelwerken Geltung verschafft, die die Wahl der zur Erzeugung von Strom und Fernwärme eingesetzten Primärenergieträger beeinflußten. So wurde in Deutschland aus sozial- und regionalpolitischen Motiven eine Subventionspolitik zugunsten des Einsatzes von teurer, inländisch geförderter Steinkohle als Primärenergieträger für die Stromerzeugung betrieben.[165] Der sog. Jahrhundertvertrag, der 1980 zwischen der Vereinigung Deutscher Elektrizitätswerke e. V. (VDEW), dem Verband der Industriellen Energie- und Kraftwirtschaft e. V. (VIK), der Deutschen Bundesbahn und dem Bergbau vereinbart wurde, sah eine feste Abnahmeverpflichtung für die Elektrizitätswirtschaft sowie die industrielle Kraftwirtschaft vor. Andere, den Primärenergieeinsatz betreffende Regelwerke zielten auf die Förderung umweltfreundlicher Energiearten. Daneben existierten gesetzliche Vorkehrungen, die die Energieversorgung in Not- oder Ausnahmesituationen sicherstellen sollten – etwa das Erdölbevorratungsgesetz, die Bevorratungspflicht für Kraftwerke, die mit fossilen Brennstoffen befeuert werden und das Energiesicherungsgesetz.[166]

Neben diesen weiterreichenden politischen Zielen stand das Grundversorgungsziel im engeren Sinne, in der Präambel des EnWG a. F. umschrieben als das Ziel einer sicheren und billigen Energieversorgung sowie des Anschlusses und der Versorgung aller durch das Versorgungsnetz des jeweils zuständigen Gebietsversorgers zu allgemeinen Tarifen. Die allgemeine Versorgung der Bevölkerung mit Elektrizität und Gas wurde durch die in § 6 EnWG a. F. verankerte Anschluß- und Versorgungspflicht des gebietsversorgenden Energieversorgungsunternehmen abgesichert, wobei Anschluß und Versorgung zu den öffentlich bekanntgemachten allgemeinen Versorgungsbedingungen und allgemeinen Tarifpreisen zu erfolgen hatten. § 8 EnWG a. F. sah für den Fall, daß ein Unter-

---

162 § 4 EnWG a. F. und die 3. Verordnung zur Durchführung des Gesetzes zur Förderung der Energiewirtschaft in der Fassung der Bekanntmachung v. 12. 12. 1985, BGBl. I, S. 2253.

163 *Hermes* (1998), S. 36.

164 Vgl. BVerfG NJW 1995, 381 ff. – *Kohlepfennig*; BVerfGE 66, 248, 258. Aus der Lit.: *Rinne* (1998), S. 67 m. w. N.

165 Vgl. hierzu: *Monopolkommission*, Hauptgutachten 1992/93, S. 328; *Hermes* (1998), S. 39 m. w. N.

166 Näher: *Hermes* (1998), S. 40.

nehmen sich als nicht bereit oder in der Lage erwies, die ihm obliegende Versorgungsaufgabe zu erfüllen, ein Verfahren der Betriebsuntersagung vor.

Das Ziel der Gewährleistung einer günstigen Versorgung fand in einer staatlichen Preisaufsicht Ausdruck, der sowohl Elektrizitäts- als auch Gasversorgungsunternehmen unterworfen waren.[167] Tarifeinheit wurde im Rahmen der Tarifordnungen nur innerhalb der einzelnen Versorgungsgebiete praktiziert, nicht aber landesweit.[168]

cc) Monopolrechte

Die Bereiche der leitungsgebundenen Energieträger Strom und Gas stellten bis zur 6. GWB-Novelle in Deutschland kartellrechtliche Ausnahmebereiche dar. Gemäß § 103 Abs. 1 Nr. 1–Nr.4 GWB a. F. fanden die §§ 1, 15 und 18 GWB keine Anwendung auf die Ausschließlichkeitsvereinbarungen in den Demarkationsverträgen, die die Energieversorgungsunternehmen untereinander schlossen,[169] oder auf Ausschließlichkeitsvereinbarungen in den Konzessionsverträgen zwischen Energieversorgungsunternehmen und Gebietskörperschaften.[170] Das flächendeckend praktizierte System privatvertraglich

167 Die Bundestarifordnung Elektrizität (BTOElt) und die Allgemeinen Bedingungen für die Elektrizitätsversorgung von Tarifkunden (AVBEltV) unterteilten die Abnehmer in Tarifkunden – für die, staatlicherseits angeordnet, das Prinzip der Belieferung aller in dem Versorgungsgebiet eines Elektrizitätsversorgungsunternehmens ansässigen Tarifabnehmer zu den gleichen Tarifen galt –, und Sonderabnehmer, insbes. industrielle Großabnehmer, Gewerbebetriebe und Weiterverteiler, denen gegenüber die Energieversorgungsunternehmen in der Preisgestaltung freier waren (*Monopolkommission*, Hauptgutachten 1992/93, S. 328). Gem. § 3 BTOElt hatte die Preisbildung für die verschiedenen Abnehmergruppen zwar nach den gleichen Grundsätzen zu erfolgen; falls das Abnahmeverhalten unterschiedliche Kosten verursachte, durften auch unterschiedlich hohe Preise gefordert werden. Die Preisaufsicht umfaßte eine Kosten- und Gewinnkontrolle insbes. im Fall von beantragten Tariferhöhungen (näher: *Hermes* (1998), S. 37). Die Preise im Sonderabnehmerbereich waren allerdings seit 1982 von der fachlichen Preisaufsicht freigestellt und unterlagen nur noch der repressiven kartellrechtlichen Mißbrauchsaufsicht. Im Gasbereich war die Lage vergleichbar. Nach der Bundestarifordnung Gas war für die Tarifabnehmer – d. h. für Haushalte, die Gas nur für Kochzwecke und / oder zur Warmwasserbereitung einsetzen – ein öffentlich bekannzugebender Pflichttarif zu bilden, wobei mindestens ein Kleinverbrauchstarif und ein Grundpreistarif angeboten werden mußten. Verbraucher, die Gas auch zur Raumheizung einsetzen, wurden zu standardisierten Sondervereinbarungen, sog. Wahltarifen oder Norm-Sondertarifen beliefert, wobei die Konditionen der kartellrechtlichen Mißbrauchsaufsicht unterlagen. Im Verhältnis zwischen industriellen Großabnehmern und Gasversorgungsunternehmen gilt demgegenüber das Prinzip der Vertragsfreiheit: die Preise werden ausgehandelt. Auch diese Preise unterliegen aber der kartellrechtlichen Mißbrauchsaufsicht (*Monopolkommission*, Hauptgutachten 1992/93, S. 335 f.).

168 *Stoffaës* (1995), S. 240.

169 In den zwischen Energieversorgungsunternehmen (oder u. U. auch zwischen einem Energieversorgungsunternehmen und einer Gebietskörperschaft) abgeschlossenen Demarkationsverträgen verpflichtete sich mindestens einer der Beteiligten, die öffentliche Energieversorgung über feste Leitungen auf dem Gebiet des Vertragspartners zu unterlassen. Hierdurch sollte das Eindringen potentieller Konkurrenten in die vertraglich abgegrenzten Gebiete ausgeschlossen werden.

170 Letztere dienten zur Zementierung der Monopolstellung der Versorgungsunternehmen im jeweiligen Versorgungsgebiet (näher: *Rinne* (1998), S. 23; für die Situation in der Gasversorgung: *Monopolkommission*, Hauptgutachten 1992/93, S. 332 und 334). Als Gegenleistung für die Einräumung der ausschließlichen Wegenutzungsrechte verpflichtete sich das jeweilige Versorgungsunternehmen, einen bestimmten Anteil an den Roheinnahmen in Form einer Konzessionsabgabe an die Gemeinde abzuführen. Die Konzessionsverträge dienten damit zum einen zur Finanzierung des Gemeinde-

abgegrenzter Gebietsversorgungsmonopole wurde damit vom Gesetzgeber gebilligt, wobei zur Begründung auf wettbewerbserschwerende technische Besonderheiten der Strom- und Gasversorgung, namentlich deren Leitungsgebundenheit[171] und die Schwierigkeiten der Sicherstellung einer fortwährenden und zeitidentischen Befriedigung der Nachfrage aus einem nicht (Elektrizität) bzw. schwer (Gas) speicherbaren Angebot[172], sowie auf die natürlichen Monopol-Eigenschaften des Leitungsnetzes[173] abgehoben wurde. Auch die Notwendigkeit der Planungs-[174] und Investitionssicherheit[175] zur Gewährleistung der Versorgungssicherheit wurde betont.[176] Zusätzlich abgesichert wurden die Gebietsmonopole durch die staatliche Betriebsaufnahmekontrolle nach dem EnWG a. F., in deren Rahmen überprüft wurde, ob der Markteintritt eines neuen Versorgers geeignet sei, die Struktur der Versorgungsgebiete in einer Weise zu verändern, die dem Ziel einer sicheren Versorgung zu angemessenen Preisen zuwiderlaufe.

Einige wettbewerbliche Elemente blieben trotz der kartellrechtlichen Bereichsausnahme erhalten. Zum einen bestand auf dem Wärmemarkt in gewissem Umfang eine Substitutionskonkurrenz zwischen Gas und anderen Energieträgern, z. B. Fernwärme, Heizöl, Strom und festen Brennstoffen,[177] die allerdings angesichts der mit einem Wechsel des Energieträgers verbundenen Kosten nie ihre volle Wirkung entfalten konnte. Zudem blieb die Eigenerzeugung von Elektrizität zulässig und bestand in bestimmten Zeitabständen die Möglichkeit des Wettbewerbs *um* Versorgungsgebiete.[178] Der Gebietsschutz wurde im Zuge der fünften GWB-Novelle auch dadurch aufgelockert, daß die Regelvermutung zur Durchleitung[179], derzufolge die Verweigerung der Versorgung durch einen Dritten im Gebiet eines Durchleiters nicht unbillig sein sollte, wenn dies zu der Versorgung von Abnehmern im Versorgungsgebiet führen würde, gestrichen wurde. Nach der neuen Rechtslage kam es für die Bewertung der Unbilligkeit einer Durchlei-

---

haushalts, zum anderen wurden sie von den Gemeinden genutzt, um die Netzbetriebs- und Versorgungspflichten der Energieversorgungsunternehmen rechtlich zu verankern – siehe *Rinne* (1998), S. 23.

171 Vgl. *Durach* (1996), S. 13; *Herrmann*, RdE 1992, 96; *Theobald* AöR 122 (1997), 372, 377.

172 *Durach* (1996), S. 12; *Theobald*, AöR 122 (1997), 372, 377.

173 Z. B. *Buderath*, ET 1989, 138, 139; *Monopolkommission*, Hauptgutachten 1992/93, S. 337.

174 Vgl. z. B. *Michaelis*, ET 1996, 214; *Herrmann*, RdE 1992, 96.

175 *Durach* (1996), S. 17; *Siemes/Bäumerich*, ET 1997, 595; *Michaelis*, ET 1996, 214.

176 Die Argumentation für Monopolrechte im Energiesektor zeichnet exemplarisch *Börner*, RdE 2000, 55 nach: Nur Monopolrechte ermöglichten eine sektorale „lean production". Der Wettbewerbsdruck dränge Unternehmen gleichförmig in ein zyklisches Verhalten. Ein ausgewogener Einsatz von Primärenergieträgern und die Vorhaltung von Sicherheitsreserven im Gesamsystem (Konjunktur- und Reaktionsreserven) scheitere am Kostendruck. Der Absatzwettbewerb um den Kunden setze Überproduktion voraus. Überkapazität wiederum führe zum Einsatz der Erzeugungskapazitäten mit den geringsten variablen Kosten, d. h. unter anderem zur Ausreizung alter und der Einmottung moderner Anlagen, was mit Umweltbelangen nicht konform laufen müsse.

177 Hierzu *Monopolkommission*, Hauptgutachten 1992/93, S. 337.

178 Mit der vierten GWB-Novelle aus dem Jahr 1980 wurde, mit dem Ziel einer Auflockerung der Gebietsmonopole, die Laufzeit von Konzessions- und Demarkationsverträgen auf 20 Jahre befristet. Mit der fünften GWB-Novelle (1990) wurden in § 103a Abs. 1 GWB (a. F.) Demarkationsverträge dann für unwirksam erklärt, wenn sie am Ende der Laufzeit eines Konzessionsvertrages einen Wechsel des Letztversorgers faktisch verhinderten. Damit wurde für die Kommunen ein Drohpotential eröffnet: alle 20 Jahre stand ihnen die Option offen, zur Eigenversorgung überzugehen oder zu einem Wettbewerber zu wechseln.

179 Vormals in § 103 Abs. 5 S. 2 Nr. 4, 3. Hs. GWB.

tungsverweigerung auf die Auswirkungen an, die die beantragte Durchleitung auf die Marktsituation und insbesondere auf die Versorgungsbedingungen für die Abnehmer des zur Durchleitung Verpflichteten haben würde. Dasselbe galt für Durchleitungen im Gasbereich (§ 103 Abs. 5 S. 2 Nr. 4 GWB a. F.).

Keine Monopolsituation bestand überdies im Bereich des Ferngastransports und der Ferngasleitungen. Anders als für den Bereich der lokalen Verteilernetze hatte hier auch die These vom natürlichen Monopol keinen Bestand: insbesondere in expandierenden Märkten erschien es z. T. wirtschaftlich rentabel, parallel zu einem bestehenden Ferngasnetz ein zweites auszubauen. Im Gassektor wurde so ein wettbewerblicher Prozeß eingeleitet, der sich in einem erhöhten Druck auf Kosten und Preise bemerkbar machte.[180] Auch mit Blick auf die Gasdurchleitung durch fremde Netze gab es ab Mitte der 90er Jahre Bewegung.[181] Insgesamt mehrten sich im Gasbereich seit dieser Zeit Stellungnahmen, die die Beibehaltung von Ausschließlichkeitsrechten unter Hinweis auf das Fehlen einer wirksamen Preisregulierung und die sich daraus ergebenden hohen Monopolrenten für die Erdgasversorgungsunternehmen scharf kritisierten.

dd) Grundversorgungsergebnis

Zwar war eine flächendeckende Energieversorgung in Deutschland gewährleistet; die Strompreise für Haushalts- und Industrieabnehmer gehörten jedoch im internationalen Vergleich zu den höchsten.[182] Zurückgeführt wurde dies zum Teil auf die von den Energieversorgungsunternehmen an die Gemeinden zu entrichtenden Konzessionsabgaben, auf die Verpflichtung zum Einsatz teurer heimischer Steinkohle in der Energieproduktion und auf höhere Kosten durch im internationalen Vergleich strengere Sicherheitsauflagen. Zunehmend wurde ein Grund aber auch in der Monopolstruktur des Elektrizitätsversorgungssystems gesehen, welches keine Anreize für eine kostensparende Produktion bot. So verwies die Monopolkommission auf durchweg hohe Löhne und Sozialleistungen, auf das Ausmaß der Gewinne und auf das zunehmende Engagement in branchenfremden Sektoren. Auch ermöglichte die Monopolstruktur eine Ausrichtung der Preise an den Durchschnittskosten anstelle der Grenzkosten, die in einem wettbewerblichen Umfeld als Preisbildungsmaßstab hätten gelten müssen.[183]

ee) Bilanz

Obwohl in Deutschland die Energieversorgung – anders als die Versorgung in den Bereichen Telekommunikation und Post – nicht unmittelbar durch die staatliche Verwaltung erfolgte, bildete sich ein durch ein hohes Maß an Verflechtung und Kooperation zwischen staatlicher und privater Ebene gekennzeichnetes System heraus,[184] welches – wenngleich dezentral organisiert – staatlichen bzw. hoheitlichen Einfluß auf die Ener-

---

180 *Derosier* (1997), S. 49.
181 Vgl. BGH WuW/E BGH 1995, 2953 ff. – *Gasdurchleitung*.
182 Vgl. *Monopolkommission*, Hauptgutachten 1992/93, S. 331 mit näheren Angaben.
183 A. a. O., S. 327 und 331 f.
184 Vgl. *ENA*, Bd. I (1997), S. 36.

gieversorgung in teils formeller, teils informeller Weise umfassend absicherte. Zu den „informellen" Mechanismen zählten die Eigentums- und Beteiliungsstrukturen an den Energieversorgungsunternehmen sowie die Möglichkeit der Gemeinden, über den Abschluß von Konzessionsverträgen auf die Bedingungen des Versorgungsangebots Einfluß zu nehmen und über Konzessionsabgaben an den Gewinnen der Versorgungsunternehmen zu partizipieren. Zu den formellen Mechanismen der Einflußnahme gehörte die Fachaufsicht nach dem EnWG, deren Neutralität durch die umfangreichen staatlichen Beteiligungen an Energieversorgungsunternehmen beeinträchtigt war. Wirtschaftlich ermöglicht wurde die umfangreiche Instrumentalisierung der Energieversorgung durch den weitgehenden Ausschluß von Wettbewerb in einem System „geschlossener Versorgungsgebiete". In seinen Wirkungen näherte sich das deutsche System damit an das französische System an.[185]

3. Zusammenfassung

In Deutschland wie in Frankreich übernahm der Staat in bestimmten Sektoren unmittelbar (Post und Telekommunikation; in Frankreich auch Energie) bzw. mittelbar (Energiesektor in Deutschland) die Verantwortung nicht nur für die flächendeckende Versorgung des Territoriums mit bestimmten Diensten und Gütern, sondern weitergehend für die Planung und Steuerung des Leistungsangebots im Dienste öffentlicher Interessen.

Bei den in den Infrastruktursektoren wahrgenommenen öffentlichen Interessen lassen sich drei Kategorien unterscheiden: zum einen ging es um die Gewährleistung einer flächendeckenden Grundversorgung der Bevölkerung mit wesentlichen Leistungen. Daneben stand ein staatsgerichteter Entwicklungs- und Gestaltungsauftrag, getragen von der Vorstellung, daß der Staat durch planende Fortentwicklung der Infrastrukturen und Infrastrukturleistungen die notwendigen Bedingungen für die Wettbewerbsfähigkeit der Industrie zu schaffen habe. Drittens kam der Instrumentalfunktion der Infrastrukturunternehmen im Dienste nicht sektorspezifischer Interessen raumordnungs-, struktur- und industriepolitischer, konjunktur- und beschäftigungspolitischer, verteilungspolitischer oder auch finanzpolitischer Art eine wesentliche Bedeutung zu.[186] Diese umfassende Instrumentalfunktion der Sektoren machte wirtschaftlich die Monopolstruktur erforderlich. Politische und soziale Kosten verschiedenster Art konnten über dieses System internalisiert und versteckt werden.

Die drei Kategorien des öffentlichen Interesses standen in der Praxis der Mitgliedstaaten gleichberechtigt nebeneinander und ergänzten und relativierten sich gegenseitig. Keine der drei Kategorien wurde rechtlich präzise ausgestaltet, zumal dies eine Einbuße an Flexibilität des Staates im Einsatz der Infrastrukturunternehmen bedeutet hätte. Statt

---

185 Immenga/Mestmäcker-*Mestmäcker*, EG-Wettbewerbsrecht, Kom., Bd. II (1997), Art. 37/90 Rn. 16 m. w. N.

186 Für Frankreich eindrucksvoll dokumentiert im *Nora*-Bericht. Vgl. dort auch die Zusammenfassung auf S. 12: „Les entreprises publiques nationales sont restées ce qu'elles étaient à l'époque où l'État, faute de meilleurs moyens, leur faisait supporter le poids principal de sa politique conjoncturelle, sociale, et régionale. Les modalités de leur gestion correspondent à l'idée que le progrès passe par la gestion centralisée et autoritaire d'un large domaine économique de l'État".

dessen wurden die Möglichkeiten politischer Einflußnahme institutionell abgesichert. Öffentliche Aufgabe und öffentliche Organisation verschmolzen in diesem Modell, in dem die öffentliche Organisation den Verzicht auf eine präzise Definition der Aufgabe rechtfertigte und die Ergebnisverantwortung des Staates durch eine Organisationsverantwortung ersetzt wurde.[187] Insbesondere wurde auch der Grundversorgungsauftrag nicht präzise normiert[188] – der in der historischen Entwicklung zudem nicht als Grund, sondern als Folge der Einbeziehungen der Leistungen in den staatlichen Verantwortungsbereich und des Monopolschutzes erscheint.

In der Praxis wurde von dem politischen Ermessen zur Konkretisierung des Leistungsangebots hinsichtlich Umfang, Qualität und Preis in der Weise Gebrauch gemacht, daß dieses nach politischen Opportunitäten, nicht aber nachfrageorientiert festgelegt wurde.[189] Auch die Tarifhöhe wurde nicht primär am Ziel günstiger Verbraucherpreise, sondern vorrangig mit Blick auf die tatsächlich bei dem Monopolunternehmen anfallenden Kosten und die Finanzierung verschiedenartiger politischer Ziele festgelegt.[190] Die infolge des Monopolangebots wirtschaftlich schwache Stellung der Verbraucher wurde nicht durch eine starke Rechtsstellung ausgeglichen: Der Rechtsanspruch der Nutzer beschränkte sich regelmäßig auf einen Anspruch auf Gleichbehandlung.

Mit dem Gleichheitsgebot wurde auch das in den Bereichen Post und Telekommunikation landesweit praktizierte Prinzip Tarifeinheit im Raum begründet, welches zugleich zu einer Umverteilung zwischen Nutzern in Hochkosten- und Nutzern in Niedrigkostenregionen führte. Die aus der Quersubventionierung zwischen verschiedenen Regionen und Diensten resultierende Umverteilung wurde mit der Zeit zunehmend komplex und intransparent.[191]

Neben den Verbraucherinteressen wurde auch den individuellen Freiheitsrechten, - insbesondere Wirtschaftsfreiheiten –, die den politischen Handlungsspielraum hätten begrenzen können, in den Infrastruktursektoren ein geringeres Gewicht eingeräumt. Unter Hinweis auf die herausragende Bedeutung der Sektoren für Wirtschaft und Gesellschaft wurde in diesen Bereichen die Vermutung für den Vorrang einer freiheitlichen Sektororganisation durch den Grundsatz des Vorrangs staatlicher Planung und Regulierung ersetzt und dabei vor allem auf die im freien Markt- und Wettbewerbsprozeß inhärenten

---

187 A. A.: *Hoffmann-Riem*, DVBl. 1999, 125, der eine Erfüllungs- und Ergebnisverantwortung des Staates als Charakteristika des traditionellen Systems der Mitgliedstaaten bezeichnet.

188 Vgl. *Campbell*, in: Stumpf/Elsenbast (1996), S. 115 f.; auch *Boual*, in: Quin/Jeannot (1997), S. 85, 92 mit Blick auf den „service public": „Ses missions sont fluctuantes et reposent sur le concept d'intérêt général, lui-même flou. L'administration de l'État incarne l'intérêt général à partir de l'idée que celui-ci ne saurait être la somme des intérêt particuliērs, et que donc seul l'État est légitime". Kritisch zur Unschärfe der Aufgabendefinition im Bereich des „service public": *Nora*-Bericht, S. 17. Allerdings beließ die mangelnde Verrechtlichung des Auftrags dem Staat den vollen Spielraum für politische Instrumentalisierung – siehe *Cohen*, in: Cohen/Henry (1997), S. 43, 44; *Stoffaës* (1995), S. 15 u. a. Kritisch: *Truchet*, AJDA 1997, No. spécial, 20. juin 1997, S. 38, 44 f.

189 *Nett/Neu*, WIK-Diskussionsbeitrag Nr. 187, S. 1; *Tyler/Letwin/Roe*, Telecommunications Policy 19 (1995), 3, 6 ff.; *Eichhorn*, ZögU 1999, Beiheft 25, 13, 17.

190 Näher: *Hertzog*, AJDA 1997, No. spécial, 20. juin 1997, 55, 64 f.; *Gabrisch* (1996), S. 83, der dies mit den Regulierungsmaßstäben in den USA kontrastiert.

191 *Nett/Neu*, WIK-Diskussionsbeitrag Nr. 187, S. 1.

Unsicherheiten und Gefahren verwiesen. Die Kompetenz zur Definition des öffentlichen Interesses, zu dessen Gewichtung und zur Festlegung der notwendigen Maßnahmen zu dessen wirksamem Schutz vor etwaigen Gefährdungen wurde uneingeschränkt dem Staat zugesprochen. Die Verhältnismäßigkeits-, insbesondere auch Erforderlichkeitskontrolle am Maßstab der wirtschaftsbezogenen Grundrechte erwies sich unter diesen Bedingungen selbst in Deutschland mit seinem gegenüber Frankreich ausgeprägteren System des Schutzes individueller Wirtschaftsfreiheiten als schwacher Schutzmechanismus.

II. Theoretische Fundierung der mitgliedstaatlichen Praxis: „Service public" und Daseinsvorsorge als Rechts- und Politikkonzepte

Die Brisanz des potentiellen Konfliktes zwischen Gemeinschaftsrecht und mitgliedstaatlichen Souveränitätsansprüchen im Zusammenhang mit der Bereitstellung von Infrastrukturleistungen ergibt sich nicht allein aus der Unvereinbarkeit der traditionellen Sektororganisationsprinzipien mit dem Ziel eines offenen, wettbewerblich organisierten Binnenmarktes. Sie erschließt sich erst, wenn man die hinter der Sektororganisation stehenden Vorstellungen von der Aufgabenstellung des Staates in den Infrastruktursektoren in den Blick nimmt.

Konzeptionell am stärksten verfestigt hat sich diese Vorstellung in Frankreich in der Rechtsfigur des „service public"(1.). Der Begriff der Daseinsvorsorge bietet eine unvollkommene Parallele im deutschen Recht (2.).

1. Das französische Konzept des „service public"

Das französische Recht hat die für die gesamte Tätigkeit der leistenden Verwaltung geltenden Grundsätze im Konzept des „service public" zusammengefaßt. Dieses im französischen Verwaltungsrecht, aber auch im französischen Staatsdenken tief verwurzelte Konzept[192] gibt Aufschluß über die in Frankreich herrschenden Vorstellungen von den politischen Spielräumen und den Grenzen staatlichen Handelns in der Wirtschaft. In den Bereichen der Telekommunikation, der Postdienstleistungen und der Energieversorgung hat das Konzept des „service public" traditionell wesentliche Bedeutung und gilt als Rechtfertigung für die Stellung des Staates als Leistungserbringer.

---

192 Hierzu *Chapus* (1996), No. 8.3.; *Thiry*, in: Cox (Hrsg.) (1996), S. 29, 30; *Knemeyer* (1996), S. 24; *Belloubet-Frier*, AJDA 1994, 270, 271 u. a.

a) Inhalt und Funktion des „service public“-Konzepts: von einer Neukonzeption des Staates zur allgemeinen Umschreibung der Staatsaufgaben

Der Begriff des „service public“, im 19. Jahrhundert von französischen Rechts- und Staatsdenkern entwickelt, von der Rechtsprechung als Kriterium für die Abgrenzung von öffentlichem und privatem Recht übernommen und zu Beginn des 20. Jahrhunderts konzeptionell zum Ausgangspunkt des gesamten Staats- und Verwaltungsrechts gemacht durch die zunächst in der Tradition des „mouvement solidariste“ stehende sog. „École de service public“[193], läßt sich in seiner Vielschichtigkeit[194] nicht ins Deutsche übersetzen.[195] Bereits die Funktion dieses Begriffs variiert: von der „École de service public“ wurde er als staatstheoretischer Schlüsselbegriff konzipiert, welcher den Gegenstand und das Wesen (später das Ziel) aller legitimen staatlichen Tätigkeit bezeichnete: den Dienst an der Gesellschaft[196] bzw. die Wahrnehmung öffentlicher Interessen[197]. Der Begriff des „service public“ war insoweit als *materielles* Gegenkonzept zur bis dahin üblichen Beschreibung des Wesens des Staates auf der Grundlage der typischen *Form* staatlichen Handelns gedacht – als Gegenkonzept zur „puissance public“ nämlich, einem Begriff, der den Staat als Träger hoheitlicher Gewalt charakterisiert, welcher dem untergeordneten Bürger mit Geboten, Verboten und über sonstige Formen der Regelsetzung gegenübertritt.[198] Während die „puissance publique“-Schule dem Staat als Souverän ein subjektives Recht auf hoheitliches Handeln zuerkannte, dem nur aufgrund der individuellen Rechte Einzelner Grenzen gezogen waren, proklamierte *Duguit* – der Begründer der „service public“-Schule – die umfassende Zweckbindung staatlichen Handelns: nur dort, wo staatliches Tätigwerden die aus dem gesellschaftlichen Prozeß hervorgehenden, objektiv erkennbaren zwingenden Erfordernisse sozialer Interdependenz, die allein der Staat gewährleisten könne, aufgreife, könne der Staat Respekt vor seinen Anordnungen erwarten.[199] Staatliche Souveränität im Sinne einer staatlichen Willkürfreiheit müsse durch die „fonction“ – das staatliche Amt – ersetzt werden.[200] Als einer der wesentlichen Vorteile dieses Konzepts galt Duguit die Möglichkeit, nicht nur

---

193 Auch „École de Bordeaux“. Vgl. zur Entwicklung des „service public“ und seiner Übernahme als Rechtsbegriff im 19. Jahrhundert: *Le Nestour/Zinow*, RdE 1994, 129, 131; *Stoffaës* (1995), S. 49.

194 Vgl. zu den verschiedenen Dimensionen des Begriffs u. a.: *Mescheriakoff* (1997), No. 23; *Celestine/Felsner*, RIW 1997, 105. Zur Undefinierbarkeit des Begriffs auch *Drago*, Gaz.Pal. 14./15. 5. 1997, S. 25; *Rapp*, Rev.MUE 1995, 352, 353.

195 Hiervon wird allgemein ausgegangen: siehe *Celestine/Felsner*, RiW 1997, 105; *Knemeyer* (1996), S. 26; *Schwarze*, AJDA 1997, No. spécial du 20. juin 1997, 151.

196 So *Duguit*.

197 So die Fassung des „service public“-Konzepts, wie sie sich in der Praxis in Frankreich durchgesetzt hat.

198 Vgl. *Le Nestour/Zinow*, RdE 1994, 129.

199 Vgl. *Duguit* (1928), § 8 S. 59: „L'État n'est pas comme on a voulu le faire et comme on a cru quelque temps qu'il l'était, une puissance qui commande, une souveraineté; il est une coopération de services publics organisés et contrôlés par des gouvernants“. Zum Streit zwischen der „service public“-Schule und der „puissance publique“-Schule und seiner heutigen Bedeutung für das französische Verwaltungsrecht vgl. z. B. *Chapus* (1996), No. 8.3.

200 Vgl. *Duguit* (1927), S. 673 f.: „De droit de souveraineté il n'y en a pas“. Siehe hierzu auch *Baldus*, Der Staat 3/1997, 381, 384 f.; *Drago*, Gaz.Pal. 14./15. 5. 1997, 25, 26; *Bauby/Boual* (1993), S. 11, 12: „La doctrine de service public s'efforce alors de renouveler la théorie de l'État, en complétant l'idée de puissance par celle de service. L'État est ainsi placé dans un statut de subordination, assujetti au droit et mis au service des citoyens“.

die Eingriffs- sondern auch die Leistungsdimension staatlicher Tätigkeit als dem Wesen des modernen Staates gemäß zu erfassen und in gleicher Weise objektiven rechtlichen Bindungen zu unterwerfen.

aa) Duguits Versuch einer objektiven Begrenzung staatlicher Macht

Duguit ging von einer begrenzten Anzahl objektiv vom Staat durchzuführender Tätigkeiten bzw. „services publics" aus. Art und Inhalt der „services publics" waren aus seiner Sicht zwar nicht naturgegeben, wohl aber soziologisch vorgegeben: sie folgten zwingend aus den Notwendigkeiten sozialer Interdependenz. Die gesellschaftlichen Bedingungen zogen staatlicher Aktivität nach Duguit dabei eine doppelte Grenze: zum einen ergaben sich die Inhalte und Ziele staatlicher Tätigkeit objektiv aus der sozialen Wirklichkeit. Es handelte sich um Tätigkeiten von so wesentlicher Bedeutung für die Gesellschaft, daß ihre Erbringung nicht einen einzigen Moment unterbrochen werden dürfe.[201] Nur unter diesen Voraussetzungen sei der Einsatz staatlicher Hoheitsbefugnisse zur Gewährleistung eines Höchstmaßes an Versorgungssicherheit gerechtfertigt. Zum anderen dürfe der Staat nur tätig werden, wenn die jeweilige Aufgabe nicht bereits aus der Gesellschaft heraus aufgrund privater Initiative angemessen erfüllt werde.[202] *Duguit* definiert den „service public" daher als:

> "toute activité dont l'accomplissement doit être assuré, réglé et contrôlé par les gouvernants, parce que l'accomplissement de cette activité est indispensable à la réalisa-

201 Vgl. *Duguit* (1928), § 8 S. 61; auch S. 70 f.: „Puisque la notion fondamentale, qui est au fond de tout service public, est celle d'une obligation juridique s'imposant aux gouvernants d'assurer l'accomplissement ininterrompu d'une certaine activité, qui est d'une importance capitale pour la vie sociale parce que, étant donnés les moeurs, les tendances, les besoins d'une époque, il n'est pas un des membres de la société qui n'ait besoin que cette activité soit réalisée, l'un des problèmes les plus importants du droit public moderne est de déterminer les garanties données aux particuliers pour obtenir le fonctionnement régulier des services publics. Ces garanties se trouvent essentiellement dans la loi du service, c'est-à-dire dans la loi qui détermine le mode de fonctionnement de ce service, loi formelle ou règlement". Allerdings ging *Duguit* nicht so weit, ein Individualrecht auf das Bestehen und Funktionieren eines „service public" anzuerkennen. Ein individuelles Recht auf Leistung sollte nach Duguit vielmehr nur im Rahmen des durch die Gesetze konstituierten objektiven Rechts bestehen (a. a. O., S. 71 f). Folgende wirtschaftlichen Tätigkeiten ordnete Duguit auf dieser Grundlage dem „service public" zu: z. B. städtischer Verkehr, Gas-, Elektrizitäts- und Wasserversorgung – vgl. *Drago*, Gaz. Pal. 14./15. 5. 1997, 25, 26.

202 Vgl. *Duguit* (1927), S. 675 f.: „Tout acte qui est déterminé par un but de valeur sociale et qui n'a pas un objet antisocial est légitime quand il est fait par un particulier. Il doit en être de même quand il est fait par un gouvernant. Seulement il ne faut jamais perdre de vue que le gouvernant est, en fait, détenteur de la plus grande force dans le groupe social et qu'il ne peut l'employer pour anihiler les initiatives et les activités individuelles, qui sont les éléments par excellence de la solidarité social par division du travail et les facteur primordiaux de ce qu'on appelle le progrès social. De telle sorte que si les gouvernants interviennent pour limiter inutilement les activités et les initiatives individuelles, ils font oeuvre antisociale et par conséquence un acte contraire au droit". Hierbei konnte Duguit an das System des Schutzes von Individualrechten anknüpfen, insbes. an die rechtlichen Grenzen, die dem Staat auch auf der Basis der frühen Rechtsprechung des Conseil d'État durch die „liberté de commerce et de l'industrie" gezogen waren – vgl. *Duguit* (1930), S. 642 ff.: „[...] je reconnais volontiers qu'au point de vue des obligations négatives de l'État, on arrive à peu près aux mêmes conséquences pratiques avec la doctrine individualiste des Déclarations des droits et avec la conception solidariste. Mais les solutions théoriques sont évidemment bien différentes".

tion et au développement de l'interdependance sociale, et qu'elle est de telle nature qu'elle ne peut être réalisée complètement que par l'intervention de la force gouvernementale".[203]

Duguit zufolge sollten die gesellschaftlichen Notwendigkeiten und die Defizite in der privaten Wahrnehmung dieser Notwendigkeiten die Grenze staatlicher Tätigkeit auch insoweit bilden, als sie allein Leitgesichtspunkte für die organisatorische Ausgestaltung und die Funktionsweise des „service public" sein sollten. Eine Instrumentalisierung der Tätigkeit zu anderen, außerhalb dieses Rahmens liegenden öffentlichen Zwecken sollte ausgeschlossen sein. Nach der Vorstellung Duguits durfte der Staat danach mit den „services publics" keinen eigenen Gestaltungsanspruch verbinden.[204] Der Staat war nicht Schöpfer des Rechts, sondern dem Recht, wie es sich aus der Gesellschaft heraus entwickelte, vollständig unterworfen.[205] Auf dieser Grundlage konnte Duguit den „service public" nicht nur als Grund, sondern auch als objektive Grenze aller Staatsgewalt bezeichnen.[206]

bb) Die Gegenkonzeption: Die subjektive Definition des „service public"

Die Schwachstelle in Duguits Konzept einer objektiven staatlichen Machtbegrenzung war von vornherein der Begriff der „zwingenden Erfodernisse gesellschaftlicher Interdependenz", aus dem sich die Staatsaufgaben ableiten sollten. Hier setzte alsbald die Kritik an. Insbesondere *Gaston Jèze*, ein Schüler Duguits, der jedoch im Gegensatz zu Duguit nicht ein soziologisches Rechtsverständnis zugrundelegte, sondern sich als Rechtspositivist verstand, hielt eine objektive gegenständliche Eingrenzung der „service public"-Aufgaben weder für möglich noch für erforderlich oder wünschenswert. „Services publics" seien diejenigen Bedürfnisse von allgemeinem Interesse, bezüglich derer die Regierenden beschlossen hätten, sie in den Bahnen des „service public" zu befriedigen.[207] Die Funktion des „service public"-Begriffes sah er nicht in der objektiven Begrenzung staatlicher Tätigkeit, sondern in der verbindlichen Ausrichtung staatlicher Tätigkeit auf das Gemeinwohlziel. Eine materielle Eingrenzung des „service public"-

---

203 *Duguit* (1928), § 8, S. 61.

204 *Duguit* (1907), S. 9.

205 *Duguit* (1927), § 5, S. 66 ff.

206 *Duguit* (1928), § 8 S. 59; *ders.* (1930), S. 589: „[...] il faut affirmer énergiquement et inlassablement que l'activité de l'État dans toutes ses manifestations est limitée par un droit supérieur à lui, qu'il y a des choses qu'il ne peut pas faire, qu'il y en a qu'il doit faire, que cette limitation ne s'impose pas seulement à tel ou tel organe, qu'elle s'impose à l'État lui-même [...]". Vgl. auch die Würdigung dieses objektiven »service public«-Konzepts bei *Delvolvé*, RFD adm. 1985, 1, 2: „Il faut reconnaître qu'ainsi présentée, la théorie du service public a non seulement sa grandeur, mais aussi sa valeur au regard des libertés publiques: destinée à écarter les doctrines allemandes enseignant que la puissance publique est un droit subjectif dont l'État, personne juridique, est le titulaire, avec toutes les conséquences qui peuvent en résulter pour les citoyens, elle veut protéger ces derniers contre tout pouvoir arbitraire. Elle est d'origine anti-autoritaire et anti-totalitaire".

207 Vgl. die Formulierung von *Jèze*: „Sont uniquement exclusivement services publics, les besoins d'intérêt général que les gouvernants, dans un pays donné, à une époque donné, ont décidé de satisfaire par le procédé du service public. L'intention des gouvernants est seule à considérer" – zitiert nach *Kondilis* (1986), S. 9 m. w. N.

Konzepts behielt er nur insofern bei, als er dieses auf Dienste beschränkte, deren regelmäßiges und kontinuierliches Funktionieren essentiell sei.[208]

In der Folge wurde auch diese materielle Eingrenzung aufgegeben.[209] In den Mittelpunkt trat zunehmend die staatliche Entscheidung, eine Aktivität im allgemeinen Interesse an sich zu ziehen.[210] Das Anliegen, mittels des „service public"-Konzepts staatliche Macht objektiv zu begrenzen, wurde nicht weiter verfolgt. Vielmehr wirkt der „service public", der die Gemeinwohlverpflichtung aller staatlicher Tätigkeit hervorhebt, faktisch legitimationsbegründend, zumal nach der zugrundeliegenden staatstheoretischen Vorstellung das Gemeinwohl bzw. Allgemeininteresse nur vom Gesetzgeber im Rahmen der Bildung des „volonté générale" erkannt werden kann. Äußere Grenzen sind ihm damit nicht gezogen. Auch die Wahl der zur Erreichung von Gemeinwohlzielen eingesetzten Mittel wurde von den Vertretern der subjektiven Konzeption des „service public" ins Ermessen des Staates gestellt.[211] Staatstheoretisch beschränkte sich die Funktion des „service public" damit auf die begriffliche Zusammenfassung desjenigen Kreises von Tätigkeiten, die der Staat mittels besonderer öffentlich-rechtlicher Bindungen einem besonderen Gemeinwohlbezug unterstellte. Zugleich bezeichnete die „service public"-Doktrin ein bestimmtes Selbstbild des Staates, der sich nicht länger primär als Hoheitsträger, sondern als Repräsentant des Gemeinwohls definierte. Dies trug eher zur Ausdehnung staatlicher Macht als zu ihrer Begrenzung bei.[212]

Der subjektive Begriff des „service public" setzte sich in der Praxis durch, und es ist diese Konzeption des „service public", die das Handeln des französischen Staates bis heute prägt.[213] Zur vollen, auch praktischen Entfaltung gelangte der subjektive Begriff des „service public" als Grundlage eines Zugriffs des Staates auf die Wirtschaft in der Zeit nach Ende des Zweiten Weltkrieg. Aus einer Stimmung des Mißtrauens gegen private Interessen, Privatwirtschaft und Markt heraus, bei gleichzeitigem Glauben an die Möglichkeit einer gezielten Realisierung des Allgemeininteresses durch den Staat, gerieten die Anerkennung eines nationalen bzw. allgemeinen Interesses an einer bestimmten Tätigkeit und die Anerkennung der staatlichen Prärogative über den jeweiligen Wirtschaftssektor in immer größere Nähe zueinander.[214]

---

208 Näher *Richer*, Arch.phil.droit 41 (1997), 293, 294.

209 So definiert etwa *de Laubadère* (1984), S. 1281, den „service public" als „une activité assumée par une collectivité publique en vue de donner satisfaction à un besoin d'intérêt général"; vgl. auch *Linotte/Mestre/Romi* (1995), S. 48 f.: „[...] il n'existe pas de distinction entre des activités qui seraient d'intérêt général et d'autres qui n'en seraient pas. Toute activité humaine est d'intérêt collectif".

210 Z. B. *de Laubadère* (1984), S. 1281: „Ce sont les pouvoirs publics qui décident qu'à tel moment tel besoin public doit être satisfait par ce procédé et donner lieu à la création d'un service public".

211 Vgl. *Linotte/Mestre/Romi* (1995), S. 52; *Delvolvé*, RFD adm. 1985, 1, 5; *Lorenzi* (1995), S. 25.

212 Vgl. *Conseil d'État* (1995), S. 14, 16 f.; *Delvolvé*, RFD adm. 1985, 1, 5: „C'est parce que la notion de service public est imprécise qu'elle est extensive; les pouvoirs publics peuvent y mettre ce qu'ils veulent". Kritisch zum „service public"-Konzept insoweit: *Regourd*, RDP 1987, S. 5, 9.

213 Vgl. *Delvolvé*, RFD adm. 1985, 1, 3; *Bauby/Boual* (1993), S. 11, 13.

214 Vgl. *Delvolvé*, RFD adm. 1985, 1, 7: „On peut établir le sophisme suivant: le service public est une activité d'intérêt général; toute activité d'intérêt général correspond à un service public; toute activité privée d'intérêt général est un service public" – der diesen Verschiebungen selbst allerdings kritisch gegenübersteht.

Die subjektive Konzeption des „service public" wurde auch vom Conseil constitutionnel anerkannt. Die Folge war, daß er staatliche Interventionen in die Wirtschaft, die unter Berufung auf den „service public" erfolgten, nur einer in ihrer Kontrolldichte stark reduzierten grundrechtlichen Prüfung unterwarf.[215]

cc) Die Funktion des „service public"-Konzepts heute

Die subjektive Konzeption des „service public" gilt heute in Frankreich uneingeschränkt fort. Dies impliziert die Wandelbarkeit des „service public" entsprechend den jeweiligen politischen und ideologischen Präferenzen.[216] *Mescheriakoff* hat unter Bezugnahme hierauf den grundlegenden Wandel, den der Übergang vom objektiven zum subjektiven Begriff des „service public" für dieses Konzept bedeutete, beschrieben als den Übergang von einer Philosophie, die den „service public" als Quelle und Grund politischer Legitimität sah, zu einer Konzeption, in der der „service public" das Resultat politischer Legitimität ist.[217]

In der Praxis bezeichnet der Begriff des „service public" entweder den Gemeinwohlbezug staatlichen Handelns[218] (sog. materieller Begriff des „service public") oder dient als Kurzbezeichnung für einen bestimmten Kreis von Verwaltungsträgern und öffentlichen Unternehmen, die bereits aufgrund ihrer institutionellen Zuordnung einem besonderen Gemeinwohlauftrag unterworfen sind (institutioneller oder organisatorischer Begriff des „service public")[219]. Unterschieden werden dabei die „services publics administratifs" – zu denen insbesondere die Wahrnehmung der klassischen Verwaltungsaufgaben wie Verteidigung, Schulwesen, Straßenwesen etc. gehören – und die „services publics à caractère industriel et commercial"[220], zu denen wirtschaftliche Tätigkeiten zählen, die nicht notwendig mit der Ausübung von Hoheitsgewalt verbunden sind, die der Staat aber wegen der in diesem Tätigkeitsbereich relevanten öffentlichen Interessen in gewissen Hinsichten dem Bereich des Öffentlichen zugeordnet hat – ohne daß daraus allerdings zwingend die durchgehende Anwendbarkeit öffentlichen Rechts folgen würde.[221]

Das subjektive Konzept des „service public" legt eine Gleichsetzung von Allgemeininteresse und staatlichem Handeln nahe, und damit zugleich einen „Mehrwert" staatlichen

215 Näher hierzu: *de Laubadère* (1984), S. 1287; *Linotte/Mestre/Romi* (1995), S. 134.

216 Vgl. *Rapp*, Telecommunications Policy 20 (1996), 391, 392.

217 *Mescheriakoff* (1997), No. 23.

218 Vgl. *Linotte/Mestre/Romi* (1995), S. 46 m. w. N. zur Rspr. in diesem Sinne.

219 Sog. „service public im organisatorischen Sinne" – vgl. hierzu z. B. *Thiry*, in: Cox (Hrsg.), Öffentliche Dienstleistungen (1996), S. 29, 30. *Rapp*, Rev.MUE 1995, 352, 353, weist allerdings auch auf die Auflösungstendenzen des Begriffs des „service public" im organisatorischen Sinne hin. Zu den verschiedenen Begriffsebenen des „service public" siehe auch: *Knemeyer* (1996), S. 26 f.

220 Eine in Frankreich seit den 20er Jahren anerkannte Rechtsfigur – vgl. näher hierzu: *Le Nestour/Zinow*, RdE 1994, 129, 131 m. w. N.; *Stoffaës* (1995), S. 51.

221 Daß auf die services publics durchgehend Verwaltungsrecht anwendbar sei, wurde bis gegen Ende des 19. Jahrhunderts vertreten. Seit 1903 begann diese Vorstellung sich in der Rechtsprechung aufzulösen – näher zur Entwicklung der Rechtsprechung: *Drago*, Gaz.Pal. 14./15. 5. 1997, 25, 26.

Handelns gegenüber privatem Handeln,[222] welcher mit der Verpflichtung des Staates und seiner Untergliederungen, einschließlich der öffentlichen Unternehmen, auf das öffentliche Interesse, d. h. mit einer besonderen Handlungsethik des „service public" begründet wird[223]. In dieser Weise ist das subjektive Konzept des „service public" eng mit einer etatistischen Tradition des Staatsdenkens verbunden. Nicht zuletzt hieraus wird verständlich, daß der „service public" in Frankreich als Teil französischer Kultur betrachtet wird.[224]

Hervorgehoben wird in Frankreich darüber hinaus der Symbolwert der unmittelbar leistenden Tätigkeit des Staates im Bereich flächendeckend zu erbringender Infrastrukturleistungen: die Realisierung des Allgemeininteresses durch den Staat werde hier greifbar.[225] Wo der Staat unmittelbar sichtbar die materiellen Voraussetzungen gesellschaftlicher Freiheit schaffe, materialisiere sich die Legitimation staatlichen Handelns.[226] In der französischen Literatur wird insoweit auf die Nähe zwischen der subjektiven Variante des „service public"-Konzepts und dem Staatsdenken *Rousseaus* verwiesen. Der demokratisch legitimierte Gesetzgeber wird nicht als Bedrohung der Freiheitsrechte, sondern als deren bester Verteidiger gegen Bedrohungen der materiellen Voraussetzungen des Freiheitsgebrauchs aus der privaten Sphäre gesehen.[227] Überdies erscheint der Staat als Urheber und Architekt gesellschaftlicher Solidarität, Gleichheit und nationaler Identität[228] – und auch insoweit als Sinnbild für die Aufhebung der Trennung von Staat und Gesellschaft.

Auf der anderen Seite hat der subjektive Begriff des „service public" mit seinem vollständigen Verzicht auf eine gegenständliche Eingrenzung jedoch zu einer Krise dieses Konzepts als Rechtskonzept geführt. So wurde der „service public" gelegentlich als „label"[229] oder „mot de passe"[230] bezeichnet, welches den Staat gegen wirtschaftliche Freiheitsrechte in Position bringe.

---

222 Vgl. auch *Bauby/Boual* (1993), S. 11, 13: „La gestion publique est considérée comme supérieure à l'action privée, tant elle est entièrement tournée vers la satisfaction des besoins collectifs, mue par l'altruisme et le désintéressement, au lieu d'avoir pour finalité la recherche du profit. [...]".

223 *Cohen/Henry*, in: dies. (Hrsg.) (1997), S. 9, 15.

224 Vgl. *Lorenzi* (1995), S. 8 f.

225 Vgl. *Mescheriakoff* (1997), No. 24.

226 Siehe auch *Arbillot* (1996), S. 37: „ [...] par un tour de force – très français pourrait-on dire, l'Etat se légitime par des activités de service public dont lui seul détermine la définition. Comme le souligne F. Rangeon, cela rejoint l'interprétation rousseauiste très présente en France de l'intérêt public transcendant les intérêt privés et non un intérêt commun immanent aux intérêts particuliers".

227 Vgl. hierzu: *Veelken* (1991), S. 258.

228 Vgl. *Mallol*, La Semaine Juridique, éd. générale No. 40 (1996), Doctrine 3963, S. 371, 374: „[Le service public] est aussi un élément de l'identité nationale. En effet, par le rôle directeur reconnu à l'État dans la réalisation de l'intéret général, c'est un aspect essentiel du pacte social qui est en cause dans la notion de Service public. Au regard des orientations qu'il définit dans le temps et l'espace, des actions qu'il poursuit pour le bien public, des contrôles qu'il exerce sur les autres institutions publiques ou privées, l'État trace une voie, constitue une référence, représente un recours".

229 *Delvolvé*, RFD adm. 1985, 1, 5; auch *Truchet*, AJDA 1982, 427 ff.

230 So die Formulierung des *Conseil d'État* (1995), S. 14, 29.

b) Rechtsfolgen der Qualifizierung einer Einrichtung als „service public" – die „Lois de Rolland" und weitere „service public"-Prinzipien

Über den beschreibenden Gehalt hinaus kommt dem Begriff des „service public" rechtliche Bedeutung insoweit zu, als sich an die Zuordnung einer Tätigkeit zum „service public" bestimmte, an die betrauten Institutionen gerichtete Rechtsgrundsätze bzw. Verhaltensmaximen knüpfen. Bei diesen unter der Bezeichnung „lois de Rolland"[231] oder auch „grands principes de service public" zusammengefaßten, zum Teil aus Verfassungsgrundsätzen abgeleiteten[232] Rechtsbindungen handelt es sich um die Prinzipien der Kontinuität, der Gleichheit und der Anpassungsfähigkeit („adaptabilité").[233] Leistungsrechte der Nutzer folgen aus keinem dieser Prinzipien.[234]

aa) Das Gleichheitsgebot

Das Gleichheitsgebot – dem in Frankreich besondere Bedeutung für das „service public"-Konzept beigemessen wird[235] – ist ein Verbot sachlich nicht gerechtfertigter Diskriminierung.[236] Es vermittelt als solches ein Recht auf „gleichen" Zugang, aber kein davon losgelöstes Leistungsrecht.[237] Hierin liegt ein wesentlicher Unterschied zum Universaldienstkonzept.

In seiner praktischen Anwendung in den Infrastruktursektoren hat das Gleichheitsgebot vor allem als Begründung für das Prinzip der Tarifeinheit im Raum Bedeutung erlangt. Jedem Bürger sollen, als Ausdruck nationaler Solidarität und territorialer Zusammengehörigkeit, dieselben Leistungen unter denselben Bedingungen und zu denselben Preisen angeboten werden.[238] Allerdings entspringt dieses „absolute" Gleichbehandlungsprinzip keinem Rechtsgebot,[239] sondern einer politischen Präferenz[240]. Hervorgehoben wird in

231 Diese Bezeichnung geht auf eine Arbeit von *Rolland* zurück, der in einer Auswertung der einschlägigen Rechtsprechung die für alle „services publics" übereinstimmend geltenden Rechtsprinzipien herausarbeitete.

232 Vgl. *Le Nestour/Zinow*, RdE 1994, 129, 132. Über den Rang dieser Prinzipien in der Normenhierarchie besteht allerdings nicht durchgehend Einigkeit. Für den Gleichheitsgrundsatz hat der Conseil constitutionnel dessen Verfassungsrang festgestellt, ebenso für den Grundsatz der Kontinuität der „services publics" – näher hierzu: *Truchet*, AJDA 1997, No. spécial, 20. juin 1997, 38, 40. Zum Verfassungsrang des Kontinuitätsprinzips siehe *ENA*, Bd. I (1997), S. 339. Für den Grundsatz der „adaptabilité" stellt sich die Frage nicht in gleicher Weise, da dieser eher eine Kompetenz denn eine Rechtsbindung des Staates beinhaltet.

233 Vgl. z. B. *CEEP* (1995), S. 20; *Truchet*, AJDA 1997, No. spécial, 20. juin 1997, 38.

234 Vgl. auch *Conseil d'État* (1995), 14, 27 f.

235 *Truchet*, AJDA 1997, No. spécial, 20. juin 1997, 38, 40.

236 *Conseil d'État* (1995), S. 14, 28; *Stoffaës* (1996), S. 239.

237 näher: *Conseil d'État* (1995), S. 14, 70.

238 Vgl. hierzu *Truchet*, AJDA 1997, No. spécial, 20. juin 1997, 38, 40: „Le principe exprime une profonde revendication de solidarité: chacun doit pouvoir profiter des prestations fournies par le service public parce qu'il n'y a pas, en droit, de citoyens „mineurs" ni de citoyens privilégiés. C'est bien pourquoi les services publics sont, dans le discours politique, si souvent appelés à lutter contre l'exclusion". Ähnlich: *Cohen/Henry*, in: dies. (Hrsg.) (1997), S. 9, 26.

239 näher zur Rechtsprechung, die Differenzierungen, die auf objektiven Unterschieden der Sachlage (oder auch auf Gründen des allgemeinen Interesses – insbes. in Fällen der positiven Diskriminie-

diesem Zusammenhang häufig der hohe Symbolgehalt der Tarifeinheit im Raum für die nationale Zusammengehörigkeit („cohésion social“).[241] Die staatliche Bereitstellung wesentlicher Infrastrukturdienstleistungen zu gleichen Bedingungen erscheint damit zugleich als eine Materialisierung grundlegender Werte der französischen Gesellschaft.[242]

bb) Das Kontinuitätsgebot

Das Kontinuitätsgebot bezeichnet die Verpflichtung des Anbieters der „service public“-Leistungen, diese jedermann ohne Unterbrechungen anzubieten.[243] In der französischen Literatur wird von einer zeitlichen und räumlichen Dimension des Kontinuitätsprinzips gesprochen: die Leistungsbereitstellung müsse flächendeckend und ununterbrochen erfolgen.[244] Praktische Bedeutung hat der Rechtsgrundsatz der Kontinuität in Frankreich insbesondere mit Blick auf die Zulässigkeit einer Einschränkung des Streikrechts in den „service public“-Bereichen zwecks Aufrechterhaltung einer Versorgung der Bevölkerung mit wesentlichen Leistungen erlangt.[245] Demgegenüber folgt aus dem Grundsatz der Kontinuität kein Anspruch der Nutzer auf die Aufrechterhaltung eines einmal eingerichteten „service public“ oder eines bestimmten Versorgungsniveaus. Der Staat ist trotz des Kontinuitätsprinzips berechtigt, unrentable Leistungen, oder Leistungen, für die er nicht länger ein öffentliches Interesse anerkennt, einzustellen.[246] Dies folgt aus dem Zusammenspiel des Grundsatzes der Kontinuität mit dem Grundsatz der „adaptabilité“.[247]

cc) Das Prinzip der „adaptabilité“

Das Prinzip der „adaptabilité“ bzw. „mutabilité“ bedeutet dem Sinn nach eine ständige Anpassungskompetenz des Staates im „service public“-Bereich.[248] Zwar wird diese Kompetenz z. T. als staatliche Pflicht zur Anpassung der „service public“-Leistungen an sich wandelnde Gegebenheiten formuliert;[249] über die normativen Vorgaben der Anpas-

---

rung) beruhen, zuläßt: *Truchet*, AJDA 1997, No. spécial, 20. juin 1997, 38, 43 m. w. N.; *Colson* (1997), S. 55.

240 Hierzu *Conseil d'État* (1995), S. 14, 72 ff.; *Stoffaës* (1995), S. 21 und S. 65.

241 Vgl. *Conseil d'État* (1995), S. 14, 73 ff. Vgl. auch *Lorenzi* (1995), S. 24: „Le service public est largement associé à l'équilibre social de la Nation. C'est dire si, au moment où la cohésion sociale se trouve bousculée, le rôle du service public conserve de l'importance et de l'actualité“.

242 *Denoix de Saint Marc* (1996), S. 14.

243 *Conseil d'État* (1995), S. 14, 75; *Celestine/Felsner*, RIW 1997, 105, 107 m. w. N.; *Truchet*, AJDA 1997, No. spécial, 20. juin 1997, 38, 39 u. a.

244 *Truchet*, AJDA 1997, No. spécial, 20. juin 1997, 38, 39.

245 *Conseil d'État* (1995), S. 14, 77 f.; *ENA*, Bd. I (1997), S. 339 und S. 425.

246 *Stoffaës* (1995), S. 58.

247 Vgl. auch *Conseil d'État* (1995), S. 14, 76.

248 So deutlich: *Frison-Roche*, Revue de l'énergie 1997, 178, 181; *Truchet*, AJDA 1997, No. spécial, 20. juin 1997, S. 38.

249 *Celestine/Felsner*, RIW 1997, 105, 107; *Lorenzi* (1995), S. 30.

sung besagt das Kontinuitätsprinzip allerdings nichts. Auch Umschreibungen des Pflichteninhalts dahingehend, daß sich die Anpassung danach ausrichten müsse, was für die Benutzer von Vorteil sei,[250] bedeuten letztlich, angesichts der Definitionskompetenz des Staates mit Blick auf die Vorteilhaftigkeit etwaiger Anpassungen, keine wirkliche materielle Bindung staatlichen Handelns.[251] Der Sache nach handelt es sich bei dem Prinzip der „adaptabilité" insoweit nicht um eine staatliche Pflicht, sondern ein staatliches Recht zur Anpassung des Umfangs und Inhalts des „service public".

dd) Weitere „service public"-Prinzipien?

Neben den gennanten drei Kernprinzipien werden gegenwärtig eine Reihe weitergehender Kriterien genannt oder diskutiert.[252] So wird von einem Prinzip der Neutralität des „service public" gesprochen[253] – welches sich bei näherer Betrachtung als ein Aspekt des Gleichheitsgebots und des darin enthaltenen Verbots sachlich nicht gerechtfertigter Diskriminierung darstellt.[254] Auch ein Prinzip der Partizipation wird genannt[255], dessen Inhalt allerdings im einzelnen offen bleibt.[256] Desweiteren wird ein Prinzip der Transparenz diskutiert.[257] Die Diskussion ist im wesentlichen eine Reaktion auf die zunehmende Kritik an der überkommenen Konzeption des „service public" und am geringen Gewicht, welches den Nutzern in dieser Konzeption bislang zukam.[258] Ein eindeutiger Bestand an allgemeingültigen zusätzlichen Grundsätzen des „service public" hat sich daraus bislang nicht ergeben.

Eindeutig nicht Bestandteil der Prinzipien des „service public" ist ein Rechtspflicht des Staates zur Gewährleistung einer flächendeckenden Versorgung der gesamten Bevölkerung mit bestimmten, wesentlichen Leistungen zu erschwinglichen Preisen. Es gilt der Grundsatz, daß die öffentliche Hand in der Bestimmung derjenigen allgemeinen Interessen, die die Einrichtung eines „service public" rechtfertigen und in der Entscheidung, ob

---

250 So *Celestine/Felsner*, RIW 1997, 105, 107.

251 Vgl. auch *Conseil d'État* (1995), S. 14, 28: „Du principe d'adaptation, il a, de fait, de longue date été observé, qu'il constituait davantage une arme entre les mains des opérateurs qu'entre les mains des usagers. S'il est, en effet, en règle générale, très difficile à un usager ou à un ensemble d'usagers d'exiger l'amélioration des prestations qui leur sont servies, ne serait ce que pour tenir compte de l'évolution technique ou de celles des normes de sécurité ou de confort, c'est largement sur le fondement du principe d'adaptation qu'il peut être procédé à une modification unilatérale par le gestionnaire du service ou des service(s) public(s) des caractéristiques de ceux-ci, ou des conditions fixées pour y accéder. Adaptation du service public veut en réalité souvent dire absence de droit d'accès au service public".

252 Näher hierzu: *Conseil d'État* (1995), S. 14, 79 ff.; *CEEP* (1995), S. 20; für eine kritische Auseinandersetzung siehe *Truchet*, AJDA 1997, No. spécial, 20. juin 1997, 38, 42.

253 Insbes. Neutralität gegenüber religiösen Überzeugungen und Meinungen; näher hierzu: *Conseil d'État* (1995), S. 14, 79 f.; *Truchet*, AJDA 1997, No. spécial, 20. juin 1997, 38, 42.

254 Vgl. z. B. *Lorenzi* (1995), S. 30.

255 Vgl. *Boual*, in: Quin/Jeannot (1997), S. 85, 92 und 96 f.; *Martinand*, RAE 1994/2, 80, 85; *ENA*, Bd. I (1997), S. 425.

256 So *Conseil d'État* (1995), S. 14, 81 ff.; kritisch auch *Truchet*, AJDA 1997, No. spécial, 20. juin 1997, 38, 42.

257 *Conseil d'État* (1995), S. 14, 87 ff.

258 *Truchet*, AJDA 1997, No. spécial, 20. juin 1997, 38, 42

im Rahmen eines „service public“ ein allgemeiner Leistungsanspruch gewährleistet werden soll, frei ist.[259]

c) Institutionelle Ausgestaltung der „service public“-Bereiche

Die Doktrin des „service public“ enthält keine verbindlichen Vorgaben für die Form, in welcher eine „service public“-Tätigkeit wahrgenommen und dargeboten wird. Die Wahl der Handlungsform liegt vollständig im Ermessen der zuständigen staatlichen Organe.[260] Der Staat kann die als „service public“ qualifizierten Aktivitäten selbst durch Teile seiner Verwaltung[261] bzw. durch öffentliche Unternehmen[262] wahrnehmen, er kann die Aufgabenerfüllung aber auch an private oder gemischtwirtschaftliche Unternehmen übertragen[263], die dann in ihrem Handeln besonderen öffentlichen Bindungen unterliegen.

Ebenso steht es im Ermessen des Gesetzgebers, ob er die staatliche Prärogative, die durch die Qualifzierung einer Tätigkeit als „service public“ begründet wird, durch einen Ausschluß von Wettbewerb schützen will oder nicht.[264] Auch die Festlegung sonstiger Vorrechte der mit der „service public“-Aufgabe betrauten Einrichtung steht im Ermessen des Staates.

Die oben beschriebene Form der rechtlichen und institutionellen Ausgestaltung der Sektoren Telekommunikation, Post und Energie mit ihren vielfältigen Parallelen entspringt also nicht verbindlichen Vorgaben der „service public“-Doktrin, sondern stellt eine bestimmte Erscheinungsform des „service public“ dar, die sich nach Ende des Zweiten Weltkrieg in den großen Infrastruktursektoren in Frankreich durchsetzte.[265]

---

259 Vgl. *Truchet*, AJDA 1997, No. spécial, 20. juin 1997, 38, 41. Vgl. für eine ähnliche Beobachtung mit Blick auf die Lage in der Telekommunikation auch: *OECD* (1991), S. 45.

260 *Celestine/Felsner*, RIW 1997, 105, 106.

261 So früher im Fall von La Poste und France Télécom.

262 Sog. „établissements publics industriels et commerciaux“ (EPIC): hierbei handelt es sich um juristische Personen des öffentlichen Rechts, die eine wirtschaftliche Tätigkeit im öffentlichen Interesse wahrnehmen. GDF und EDF wurden bislang als EPIC qualifiziert. Vgl. näher zu den EPIC: *Celestine/Felsner*, RIW 1997, 105, 106; *Knemeyer* (1996), S. 134 ff.

263 In der französischen Rspr. anerkannt seit 1935 – näher hierzu: *Le Nestour/Zinow*, RdE 1994, 129, 131; *Celestine/Felsner*, RIW 1997, 105, 106.

264 Vgl. z. B. *Denoix de Saint Marc* (1996), S. 73.

265 Vgl. *Conseil d'État* (1995), S. 14, 53; *Stoffaës* (1995), S. 50; *Borotra* (1995), S. 20; *Denoix de Saint Marc* (1996), S. 21f.; *Martinand*, RAE 1994/2, 80, 82 und 86; *Long*, RFD adm. 1995, 497, 499; *Belorgey*, AJDA 1996, No. spécial, 20. juin 1996, 35, 36; *Bureau*, in: Cohen/Henry (Hrsg.) (1997), S. 79, 86. Als Beispiel für andere mögliche Organisationsmodelle des „service public“ wird in Frankreich regelmäßig auf das Beispiel der „services publics locaux“ verwiesen (z. B. im Bereich der Wasserversorgung), die durch private, im Wettbewerb stehende Unternehmen wahrgenommen werden.

d) *Verhältnis des „service public" zum Wettbewerb*

Die Frage des Verhältnisses zwischen „service public" und Wettbewerb hat sich verschärft in den letzten Jahren gestellt. Zwar waren gem. Art. 53 der ordonnance vom 1. 12. 1986 grundsätzlich auch juristische Personen des öffentlichen Rechts dem in der ordonnance statuierten Wettbewerbsrecht unterworfen, soweit sie eine wirtschaftliche Tätigkeit ausübten.[266] Unbestritten war auf der Basis des „service public"-Konzepts aber die Befugnis des Staates, in Bereichen, die er dem „service public" zuordnete, Wettbewerb auszuschließen, um seine Gemeinwohlvorstellungen in optimaler Weise umsetzen zu können.[267] In der Praxis wurde von dieser Befugnis regelmäßig Gebrauch gemacht. Unklar war, ob die Zuordnung von Tätigkeiten zum Bereich des „service public" Wettbewerb bereits konzeptionell ausschloß. Dies entsprach der wohl herrschenden Meinung.[268]

Mit dem Beginn der – insbesondere durch das Gemeinschaftsrecht erzwungenen – Öffnung klassischer „service public"-Bereiche für Wettbewerb wurde diese Auffassung allerdings unhaltbar.[269] So wurde nicht bezweifelt, daß das staatlich beherrschte Fernsehen trotz der Öffnung des Fernsehbereichs für private Anbieter weiterhin dem „service public" zuzuordnen sei.[270] Dasselbe galt im Bereich der Telekommunikation für France Télécom nach deren Umwandlung in eine Aktiengesellschaft und nach Öffnung des Telekommunikationsmarktes für den Wettbewerb.[271] Diese Komplementarität von „service public" und Wettbewerb ist allerdings im französischen „service public"-Konzept, soweit es sich auf die „services publics nationales" bezieht, eine neue Erscheinung, die wesentliche Modifikationen im ursprünglichen Konzept erforderlich macht.

e) *Fazit*

Das „service public"-Konzept, wie es in Frankreich nach Ende des Zweiten Weltkrieges dem Handeln des Staates zugrundelag, ist nicht in erster Linie dem Ziel der Gewährleistung einer flächendeckenden Versorgung der Bevölkerung mit bestimmten unentbehrlichen Diensten verpflichtet. Vielmehr steht im Mittelpunkt des Konzepts die Legitimation staatlicher Macht und, in wirtschaftlichen Bereichen, staatlicher Intervention, inso-

---

266 Siehe hierzu: *Boutard-Labarde/Canivet* (1994), S. 24 f. Näher zur in Frankreich problematischen und nach wie vor umstrittenen Frage der Reichweite des Grundsatzes der Anwendung des Wettbewerbsrechts auf die wirtschaftliche Tätigkeit von öffentlichen Unternehmen: *Linotte/Mestre/Romi* (1995), S. 400 f. Zur Rechtslage vor Erlaß der Ordonnance v. 1. 12. 1986: *Linotte/Mestre/Romi* (1995), S. 389 ff.; *Boutard-Labarde/Canivet* (1994), S. 23.

267 Vgl. *Delvolvé*, RFD adm. 1985, 1, 6, mit einer kritischen Würdigung der Rechtsprechung.

268 In diesem Sinne auch: *Triantafyllou*, Rev.trim.dr.eur. 35 (1999), 21 f.: „Le service public était défini comme une activité échappant à la logique de la concurrence économique (laquelle n'était d'ailleurs pas considérée apte à assurer ce service dans les mêmes conditions abordables à tous les citoyens), et, par conséquent, potentiellement, sinon systématiquement, déficitaire, afin d'être accessible à tous. Les activités de service public étaient ainsi définies comme celles ‚du plus grand service' par opposition à celles ‚du plus grand profit' [...]".

269 Vgl. z. B. *Drago*, Gaz. Pal. 14./15. 5. 1997, 25, 26.

270 *Celestine/Felsner*, RIW 1997, 105, 108 m. w. N.

271 Vgl. *Celestine/Felsner*, RIW 1997, 105, 107; *Chevallier*, Rev. franç. d'administration publique No. 52 (1989), 601ff.

fern sie die Wahrnehmung staatlich definierter „öffentlicher Interessen" zum Gegenstand hat. So hat *Frison-Roche* den „service public" folgendermaßen definiert:

> "[...] le service public, c'est la mission que l'État détermine afin de remplir un but politique qu'il fixe, en cristallisant un besoin ressentie comme essentiel à un moment donné du développement d'une société".[272]

Hierzu hat *Regourd* festgestellt:

> "La doctrine dominante retient effectivement que le seul véritable critère du service public réside aujourd'hui dans la volonté des pouvoirs publics".[273]

Verdeutlicht wird damit die Politikoffenheit des „service public"-Konzepts.[274] Seine Wirkung ist die Öffnung von ansonsten rechtlich anderweitig geordneten Sphären, insbesondere der Wirtschaftsphäre, für die das Allgemeinwohl repräsentierende Politik, unter weitgehender Ausschaltung der rechtlichen Sicherungen, die üblicherweise durch die Freiheitsrechte bereitgestellt werden.[275] Hinter dem Konzept des „service public" in seiner subjektiven Fassung und in seiner Anwendung auf den Bereich wirtschaftlicher Tätigkeit steht der Anspruch auf den Primat der Politik vor der Ökonomie. Dieses Postulat verbindet sich in Frankreich mit der verbreiteten Überzeugung, daß die „services publics" angesichts der mit diesen verbundenen nicht-ökonomischen Werte nicht dem Markt und dem Denken in Rentabilitätskategorien überlassen werden dürften.[276]

Die Bedeutung, die in Frankreich dem „service public"-Konzept in dieser Hinsicht auch heute beigemessen wird, ergibt sich aus den folgenden Worten von *Mallol*:

> „[Le service public] est aussi un élément de l'identité nationale. En effet, par le rôle directeur reconnu à l'État dans la réalisation de l'intérêt général, c'est un aspect essentiel du pacte social qui est en cause dans la notion de Service public. Au regard des orientations qu'il définit dans le temps et l'espace, des actions qu'il poursuit pour le bien public, des contrôles qu'il exerce sur less autres institutions publiques ou privées, l'État trace une voie, constitue une référence, représente un recours. Remettre en cause telle ou telle législation de droit public, telle ou telle intervention de l'État, insister sur tel ou tel enjeu trop ou insuffisament pris en compte par les gouvernants fait partie du débat indispensable à la démocratie. Mais contester l'existence même des services publics, c'est aller beaucoup plus loin, d'autant que ceux-ci sont porteurs de valeurs auxquelles la communauté nationale [...] est très attachée".[277]

---

272 *Marie-Anne Frison-Roche*, Revue de l'énergie 1997, 178, 181.

273 *Regourd*, RDP 1987, 5, 20.

274 Teile der Lit. bezeichnen den „service public" offen als primär politisches Konzept: z. B. *ENA*, Bd. II (1997), S. 853; *Truchet*, AJDA 1982, 427, 430; *Regourd*, RDP 1987, 5, 20. *Drago*, Gaz.Pal. 14./15. 5. 1997, S. 25, 26, bezeichnet den „service public" als Begriff zwischen Ideologie und Recht.

275 Vgl. hierzu auch *Regourd*, RDP 1987, 5, 20.

276 *Truchet*, AJDA 1997, No. spécial, 20. juin 1997, 38, 40.

277 *Mallol*, La Semaine Juridique, éd. générale No. 40 (1996), Doctrine 3963, S. 371, 374.

2. *Das deutsche Konzept der Daseinsvorsorge*

Die Frage nach den Gründen der Zuordnung bestimmter Sektoren zum Bereich des Öffentlichen wurde in Deutschland nicht mit gleichem Nachdruck gestellt wie in Frankreich.[278] Vergleichsweise spät kam daher auch der Versuch von *Forsthoff*, die rechtliche Sonderstellung bestimmter Sektoren unter dem Begriff der Daseinsvorsorge allgemeingültig zu begründen.[279] Obwohl das Konzept der Daseinsvorsorge zu keinem Zeitpunkt eine systematische Kohärenz vergleichbar der des „service public" erhielt und auch die Funktionen des Begriffs der Daseinsvorsorge stärker im Dunkeln blieben, hat es doch als Legitimationstopos für staatliches Handeln in den Infrastrukturbereichen in der Praxis einigen Einfluß erlangt.

a) Das Konzept der Daseinsvorsorge bei Forsthoff

Ausgangspunkt von *Forsthoffs* Bemühungen um die Erarbeitung eines Konzepts der Daseinsvorsorge war die Beobachtung eines ständig wachsenden „effektiven Lebensraums" der modernen Menschen bei gleichzeitigem Schrumpfen des tatsächlich beherrschten Lebensraums. Aus der fehlenden Herrschaft des Menschen über die elementarsten Güter des täglichen Lebens folge die Notwendigkeit, sich fehlende Lebensgüter im Wege der Appropriation zugänglich zu machen. Der Begriff der Daseinsvorsorge sollte nach Forsthoff die Verantwortung des Staates bezeichnen, diese Appropriationsbedürfnisse zu erfüllen, d. h. für die Bereitstellung dieser Leistungen Sorge zu tragen bzw. Vorsorge zu treffen.[280]

Den gegenständlichen Bereich der Daseinsvorsorge hat Forsthoff zunächst dahingehend umschrieben, es handele sich um die Darbietung von Leistungen, auf welche der in die modernen, massentümlichen Lebensformen verwiesene Mensch lebensnotwendig angewiesen sei – etwa die Versorgung mit Gas, Wasser und Elektrizität, die Verkehrsmittel und das Sozialsystem.[281] Diese Leistungen seien, unabhängig von ihrer Organisationsform, unabhängig insbesondere von ihrer Zuordnung zum Privatrecht, in ihrer organischen Gesamtheit zu erfassen und dem Verwaltungsrecht zuzuordnen, wobei diese Zuordnung den besonderen planenden und steuernden Zugriff des Staates begründe und rechtfertige.[282] Forsthoff betrachtete dabei den Begriff der Daseinsvorsorge als gleich-

---

278 Immenga/Mestmäcker-*Mestmäcker*, EG-Wettbewerbsrecht, Kom., Bd. II (1997), Art. 37/90 Rn. 2 m. w. N.

279 *Forsthoff* (1938); *ders.* (1973), S. 370; *ders.* (1971), S. 76; siehe hierzu auch Immenga/Mestmäcker-*Mestmäcker*, EG-Wettbewerbsrecht, Kom., Bd. II (1997), Art. 37/90 Rn. 2; *Mestmäcker*, Bausteine zu einer Wirtschaftsverfassung (1996), S. 19 ff.; *ders.*, in: FS Zacher (1998), 635, 636 ff.

280 *Forsthoff* (1938), S. 4 ff. und S. 40: Dort, wo der einzelne auf die Chance der Appropriation bestimmter Güter angewiesen sei, habe die Privatautonomie keine wesentliche Bedeutung mehr. „Ist in der Entwicklung dieser Punkt erreicht, so tritt die Notwendigkeit überindividueller Daseinsvorsorge notwendig auf. [...] Die Lage fordert den hoheitlich regelnden Zugriff des Staates heraus. Aus den Trümmern der entleerten Privatautonomie und den öffentlichen Gestaltungsnotwendigkeiten entsteht eine hoheitliche Ordnung".

281 *Forsthoff* (1938), S. 7.

282 Vgl. *Forsthoff* (1966), S. 3 f.: „Die moderne, durch Technik, Wirtschaft und – als Folgeerscheinung – Vermassung entscheidend bestimmte soziale Wirklichkeit legt dem Staat die Verpflichtung auf, umfassend zu planen und zu lenken, hier zu hemmen und dort zu fördern, das Starke und das

wertiges Pendant zum Begriff der Gefahrenabwehr – der klassischen Staatsaufgabe im Bereich der Eingriffsverwaltung – für den Bereich der Leistungsverwaltung,[283] die er zudem mit einem weitreichenden Umverteilungs- und Sozialgestaltungsauftrag ausgestattet sah.[284] Der Staat sei berufen, die Wirtschaft mit ihrer Ausrichtung am privaten Interesse und am Erwerbsstreben in die „politisch gebotenen Schranken“ zu weisen.[285] In dieser Funktion des Staates als Gegenmacht gegenüber dem Bereich des Wirtschaftlichen sah Forsthoff zugleich „die Wiederherstellung des Ranges des Menschen durch Wiedererrichtung seines Primates über die Dinge“.[286]

Wie die subjektive Konzeption des „service public“ diente danach auch das Daseinsvorsorgekonzept von Forsthoff der Begründung neuer und weitreichender Staatsaufgaben,[287] ohne daß gleichzeitig deren Grenzen aufgezeigt worden wären.[288] Weite Lebensbereiche werden in einen Zugriffsbereich des Staates gerückt, in dem die einzige Maxime staatlichen Handelns das Opportunitätsprinzip ist. Freiheitsrechte und das Verhältnismäßigkeitsprinzip als Rechtsbindung staatlichen Handelns tauchen nicht auf.[289] Im Gegenteil liegt dem Konzept der Daseinsvorsorge das Anliegen zugrunde, die Antithetik individuelle Freiheit / staatlicher Zwang bzw. Gesellschaft / Staat zu überwinden,[290] indem ein Bereich bezeichnet wird, in welchem der leistende Staat die Voraussetzungen der Freiheit erst schafft.

Die Vernachlässigung der Freiheitsrechte im Konzept der Daseinsvorsorge in der Schrift „Die Verwaltung als Leistunsträger“ aus dem Jahr 1938, in der Forsthoff dieses Konzept erstmals entwickelte, war – wie die übrige nationalsozialistische Rhetorik – aus den zeitgeschichtlichen Bezügen erklärlich. Auch als Forsthoff das Konzept der Daseinsvorsorge nach dem Zweiten Weltkrieg wieder aufgriff, wurde dieses Verhältnis

---

Schwache in dauernden Ordnungen zu vereinigen, Daseinsmöglichkeiten für Millionen zu schaffen und zu erhalten, Sozialfunktionen auszuteilen, unter Kontrolle zu halten oder selbst wahrzunehmen – kurzum inmitten einer Welt von höchster Verletzlichkeit gestaltend, stabilisierend und ausgleichend zu wirken“.

283 Vgl. *Forsthoff* (1966), S. 342, wo die Daseinsvorsorge als „Leitbegriff, unter dem die Funktionen der leistenden Verwaltung zusammenzufassen sind“, bezeichnet wird. Zur damit verbundenen Problematik der Ausdehnung des Staates weit in den gesellschaftlichen Bereich hinein: *Löwer* (1989), S. 111 f.

284 *Forsthoff* (1938), S. 7: die Daseinsvorsorgeverantwortung des Staates sei gerichtet auf eine gerechte, sozial angemessene Gestaltung der Appropriationschancen. Die Lenkung von Bedarf, Erzeugung und Umsatz werden ausdrücklich als zulässige Mittel einer solchen Sozialgestaltung genannt. Zur umfassenden Sozialgestaltungsfunktion des Staates auch: *Forsthoff* (1966), S. 3.

285 *Forsthoff* (1938), S. 11.

286 A. a. O., S. 16 f. Vgl. auch *ders.* (1966), S. 4.

287 Mestmäcker hat das Konzept der Daseinsvorsorge als Ermächtigung des Staates interpretiert, wirtschaftlichen Fehlentwicklungen mit Hilfe der von ihm jeweils für richtig gehaltenen Instrumente ad hoc und mittels „punktueller Interventionen“ entgegenzutreten – es handele sich um einen „allgemeinen staatlichen Interventionsvorbehalt“ – *Mestmäcker*, in: Ludwig-Erhard-Stiftung (Hrsg.) (1995), S. 111, 121 – zugleich unter Hinweis darauf, daß ein solcher allgemeiner Interventionsvorbehalt mit dem Grundgesetz nicht vereinbar sei.

288 Vgl. *Mestmäcker*, in: FS Zacher (1998), 635, 637: Forsthoff gehe es darum, den potentiell universalen Herrschaftsanspruch des Staates über die Wirtschaft zu begründen.

289 Siehe hierzu: *Löwer* (1989), S. 111 f.

290 Die These vom Wegfall der Schranken zwischen Staat und Gesellschaft findet sich explizit bei *Forsthoff* (1966), S. 3.

aber nicht geklärt. Das gedankliche Grundgerüst blieb unverändert. In gewisser Weise erweiterte Forsthoff die dem Staat unter dem Begriff der Daseinsvorsorge zugestandene Interventionsermächtigung sogar, indem er „alle Leistungen der Verwaltung an die Staatsgenossen“ zum Bereich der Daseinsvorsorge zählte[291] und damit das Kriterium der essentiellen Angewiesenheit aufgab.[292] Auf der anderen Seite betonte Forsthoff nunmehr stärker die Komplementärfunktion der staatlichen Daseinsvorsorge: in weitem Umfang habe mittlerweile die Gesellschaft wieder die Aufgabe übernommen, das individuelle Dasein zu sichern.[293] Rechtliche Konsequenzen zog Forsthoff hieraus jedoch nicht – weder in der Form eines rechtlich handhabbaren Subsidiaritätsgrundsatzes noch in Form eines Verhältnismäßigkeitsprinzips. Die Bestimmung des Grenzverlaufs zwischen Staat und Gesellschaft blieb ins Ermessen des Staates gestellt.

So wie in Frankreich die Bezüge zwischen dem subjektiven „service public“-Konzept und der Rousseauschen Staatstheorie hervorgehoben werden, werden die Wurzeln des Forsthoffschen Daseinsvorsorgekonzepts allgemein in der Hegelschen Staatsphilosophie gesehen.[294] Der Umstand, daß die Ergebnisse der durch Verfolgung individueller, einzelner Zwecke geprägten bürgerlichen Gesellschaft stets den Zufälligkeiten des Ökonomischen verhaftet blieben, führe bei Hegel dazu, daß diese Ergebnisse unter einen allgemeinen Vorbehalt staatlicher Korrektur gestellt würden.[295] Auf diese Prämisse stütze sich das Konzept der Daseinsvorsorge.

Wenngleich unklar ist, inwieweit Hegel die von ihm postulierte Notwendigkeit einer Vorsorge gegen die im System der Bedürfnisbefriedigung verbleibenden Zufälligkeiten[296] mit einer Ermächtigung verband, die Wirkungsmechanismen der bürgerlichen Gesellschaft außer Kraft zu setzen,[297] ist doch unbestritten, daß das Daseinsvorsorge-

291 A. a. O., S. 342: „Alles, was von seiten der Verwaltung geschieht, um die Allgemeinheit oder nach objektiven Merkmalen bestimmte Personenkreise in den Genuß nützlicher Leistungen zu versetzen, ist Daseinsvorsorge“. Vgl. hierzu *Löwer* (1989), S. 118: Zur Daseinsvorsorge werde ein Leistungsangebot also dadurch, daß es ein Träger öffentlicher Verwaltung anbiete, nicht kraft Natur der Leistungen.

292 Die Nützlichkeit der Leistungen genüge, um das Eingreifen des Staates zu legitimieren. Eine fiskalische Betätigung der Verwaltung, „mit welcher die Verwaltung ihren eigenen, in aller Regel finanziellen Vorteil sucht“, grenzte Forsthoff allerdings aus: Zur Daseinsvorsorge dürften nur solche Leistungen zählen, die den einzelnen Staatsgenossen unmittelbar zugute kämen – vgl. *Forsthoff* (1966), S. 343.

293 *Forsthoff* (1959), S. 12–14.

294 Vgl. insbes. *Mestmäcker*, Bausteine zu einer Wirtschaftsverfassung (1996), S. 10 und 18; *Huber*, in: FS Forsthoff (1972), S. 139 ff.

295 *Mestmäcker*, Bausteine zu einer Wirtschaftsverfassung (1996), S. 13.

296 Vgl. *Hegel*, Rechtsphilosophie, § 230: Die Subsistenz und das Wohl des Einzelnen müßten als Recht behandelt und verwirklicht und damit gegen äußere wie auch gegen subjektive Zufälligkeiten geschützt sein.

297 Der Schutz gegen äußere Zufälligkeiten kann nach Hegel eine öffentliche Regulierung, d. h. Aufsicht und Vorsorge und damit eine Begrenzung der Freiheit der Privathandlungen, erforderlich machen, um das gemeinsame Interesse zu wahren (*Hegel*, Rechtsphilosophie, § 235) – insbes. wenn das Spiel der Kräfte erst über längere Zeiträume einen angemessenen Interessenausgleich herbeiführe (*Hegel*, Rechtsphilosophie, § 236). Der Zweck dieser Regulierung bleibt bei Hegel jedoch der Nutzen der Individuen bzw. die Aufrechterhaltung der Funktionsfähigkeit der bürgerlichen Gesellschaft und ist daher auch nicht dem „sittlichen Staat“, sondern dem Not- und Verstandesstaat übertragen. Die Aufgabe der Daseinsvorsorge ist somit nicht Ausdruck des „Allgemeinen“, sondern des den

konzept bei Forsthoff auf eine lange Tradition der Hegel-Rezeption zurückgeht, derzufolge der Staat die „sittliche“ Aufgabe hat, den Widerspruch zwischen dem im Staat verkörperten Allgemeinen und dem aus Einzelinteressen resultierenden Prozeß der bürgerlichen Gesellschaft durch aktive Intervention in die Abläufe der bürgerlichen Gesellschaft zu lösen. Wie im französischen Konzept des „service public“ wird der staatlichen Versorgungstätigkeit zugleich eine Integrationsfunktion beigemessen, wobei der Staat den inneren Zusammenhalt der Gesellschaft schafft und repräsentiert.[298]

In den Wirtschaftswissenschaften wurde diese Gedankengänge insbesondere von der Gemeinwirtschaftslehre aufgegriffen,[299] die in Deutschland zu den stärksten und einflußreichsten Verfechtern staatlicher Bereitstellungsmonopole in den Infrastrukturbereichen zählte und dabei den Eigenwert des Einsatzes öffentlicher Unternehmen bzw. den „ethischen Überschuß“ öffentlich-rechtlichen Handelns im Dienste öffentlicher Interessen hervorhob.[300]

b) Die Bedeutung des Konzepts der Daseinsvorsorge in der bundesrepublikanischen Praxis

In der Lit. wurde der Begriff der Daseinsvorsorge zum Teil scharf kritisiert.[301] Seine Konturenlosigkeit wurde hervorgehoben.[302] Auch wurde geltend gemacht, daß es sich hierbei um einen soziologischen, nicht aber um einen Rechtsbegriff handele,[303] und daß Forsthoff unzulässigerweise aus soziologischen Beobachtungen rechtliche Schlußfolgerungen ziehe.[304] Schließlich wurden die Bezüge von Forsthoffs Konzept der Daseinsvorsorge zu einer Staatsverfassung aufgezeigt, die die Schranken zwischen Staat und Gesellschaft und damit zugleich den privaten Charakter der Einzelexistenz weitgehend

---

Mitgliedern der bürgerlichen Gesellschaft gemeinsamen Interesses am Erhalt des Systems der bürgerlichen Gesellschaft. Maßstab der Daseinsvorsorge bleibt damit die Summe der Individualinteressen. Entgegengewirkt werden soll lediglich einer der bürgerlichen Gesellschaft innewohnende Tendenz zur Selbstauflösung. Daraus folgt, daß die Vorsorge auch ihrer Art nach stets den Funktionsprinzipien der bürgerlichen Gesellschaft verpflichtet bleibt. Lösungen, die mit den Funktionsprinzipien der bürgerlichen Gesellschaft in Konflikt geraten, lehnt Hegel ab (siehe z. B. *Hegel*, Rechtsphilosophie, § 242–245). Eindeutiger läßt sich das Forsthoffsche Daseinsvorsorgekonzept daher in den Hegel rezipierenden verwaltungsrechtlichen und staatsphilosophischen Schriften von Lorenz v. Stein verankern. Näher hierzu: *Huber*, in: FS Forsthoff (1972), 139, 155 ff. Für eine Hegel-Interpretation, die das Forsthoffsche Daseinsvorsorgekonzept direkt in Hegels Schriften verankert sieht, vgl. *Mestmäcker*, Bausteine zu einer Wirtschaftsverfassung, S. 11 f.

298 Eine Funktion des Staates, die auch in jüngerer Zeit wieder stark hervorgehoben wird – vgl. z. B. *Kirchhof*, DVBl. 1999, 637 ff., insbes. 638 f.

299 Für eine kurze Darstellung der Gemeinwirschaftslehre in ihrem Zusammenhang mit der Bereitstellung von Infrastrukturen und Infrastrukturleistungen: *Gabrisch* (1996), S. 15; *Bräunig*, ZögU 17 (1993), 471 f.; *Harms*, ZögU 14 (1991), 29, 31.

300 *Harms*, ZögU 14 (1991), 29, 38. Kritisch hierzu: *Blankart*, ZögU 6 (1983), 18, 20 ff.

301 Vgl. z. B. *Fischerhof*, DÖV 1957, 305; *Maunz*, VerwArch 50 (1959), 315, 319; *Ipsen*, NJW 1963, 2049, 2055; *Ossenbühl*, DÖV 1971, 513, 517.

302 Vgl. *Ronellenfitsch*, in: Isensee/Kirchhof (Hrsg.) (1996), S. 1171, 1200 Fn. 220.

303 *Emmerich* (1969), S. 99; *Maunz*, VerwArch 50 (1959), 315, 319; *Ossenbühl*, DÖV 1971, 513, 516; *Preuß*, in: Grimm (Hrsg.) (1994), S. 523, 537; vgl. auch *Löwer* (1989), S. 116.

304 vgl. auch *Börner*, BayVBl. 1971, 408: Die Daseinsvorsorge sei ein Irrwisch. „Sie wischt durchs Recht und lockt zum Sumpf“.

aufhebe.[305] Die funktionale Trennung der staatlichen und der gesellschaftlichen Sphäre und die rechtliche Absicherung dieser Trennlinie sei jedoch in einem liberalen, auf den Schutz individueller Freiheitsrechte bezogenen Gemeinwesen von zentraler Bedeutung.[306] Nicht berücksichtigt werde überdies, daß die Wirtschaft die Lebensbedürfnisse der Einzelnen auch unter den modernen gesellschaftlichen Bedingungen weitgehend in der gewünschten Weise und Preiswürdigkeit befriedige – eine Aufgabe, die eine „Verwaltung als Leistungsträger" gar nicht erfüllen könnte.[307]

Der Begriff der Daseinsvorsorge erlangte in der bundesrepublikanischen Praxis trotzdem als konstitutives Kriterium für die Begründung des öffentlich-rechtlichen Charakters einer Leistung erheblichen Einfluß.[308] Dabei blieb der Staat zwar, wenn er im Bereich der wirtschaftlichen Daseinsvorsorge handelte, an die Grundrechte gebunden.[309] Gleichzeitig führte die Qualifikation von Leistungsbereichen als Daseinsvorsorge in der Praxis aber dazu, daß sich der grundrechtliche Maßstab für die gerichtliche Überprüfung der vorgelagerten staatlichen Entscheidung, den jeweiligen Wirtschaftsbereich ausschließlich dem Staat zuzuordnen, abschwächte.[310]

Anders als in Frankreich[311] ist in Deutschland die Grundrechtsprüfung mit Blick auf Entscheidungen des Staates über die Organisation des wirtschaftlichen Bereichs nicht von vornherein auf eine Ermessensfehlerkontrolle reduziert. Der Prüfungsmaßstab ist vielmehr formal ein strenger. Am Maßstab des Art. 12 Abs. 1 GG sind Tätigkeiten, die ihrem Erscheinungsbild nach einen Beruf darstellen, auch dann zu überprüfen, wenn der Gesetzgeber mit ihnen eine „öffentliche Aufgabe" verbindet.[312] Mit der Begründung eines Ausschließlichkeitsrechts wird ein objektives, unüberwindliches Hindernis für die

305 *Fischerhof*, DÖV 1957, 305, 312.

306 Vgl. auch *Löwer* (1989), S. 116 f.

307 *Fischerhof*, DÖV 1957, 305, 312.

308 Vgl. z. B. BGHZ 89, 226, 230 zur Qualifizierung der Energieversorgung als öffentlich-rechtlich. Für einen weiteren Überblick über die Bedeutung, die der Begriff der Daseinsvorsorge in der Rechtsprechung erlangt hat: *Löwer* (1989), S. 132. Siehe zum Einfluß des Daseinsvorsorgekonzepts in der bundesrepublikanischen Praxis auch: *Mestmäcker*, Bausteine zu einer Wirtschaftsverfassung (1996), S. 20, der von einem „wahren Siegeszug" des Begriffs der Daseinsvorsorge als rechtstatsächlichem Orientierungsbegriff spricht. Kritisch zur Verwendung des Begriffs der Daseinsvorsorge zur Begründung einer Zuordnung der Tätigkeit zum öffentlichen Recht: *Rüfner*, in: Isensee/Kirchhof (Hrsg.) (1996), S. 1037, 1057 f. Rn. 56 f.; *Fischerhof*, DÖV 1957, 305, 311 ff.: Ein Schluß von der öffentlichen Aufgabe auf öffentliches Recht sei unzulässig.

309 Vgl. BGHZ 65, 285, 287. Hierzu *Löwer* (1989), S. 122 ff.; auch: *Rüfner*, in: Isensee/Kirchhof (Hrsg.)(1996), S. 1037, 1057 Rn. 54.

310 Kritisch: *Basedow* (1992), S. 61.

311 Nach französischem Recht ist die Entscheidung des Gesetzgebers über die Ausgestaltung eines „service public" von vornherein einer Verhältnismäßigkeitsprüfung entzogen. Ob eine Maßnahme des Gesetzgebers überhaupt in den Schutzbereich eines wirtschaftlichen Freiheitsrechts fällt, wird erst auf der Basis einer vom Gesetzgeber vorzunehmenden Kosten-Nutzen-Bilanz festgestellt, welche der Conseil constitutionnel lediglich auf offenkundige Fehler hin überprüft (bei umfangreichen Verstaatlichungen tritt die Prüfung hinzu, ob insgesamt betrachtet ein hinreichend gewichtiger, marktwirtschaftlich organisierter Bereich verbleibt, in welchem die wirtschaftlichen Freiheitsrechte zur Geltung kommen können). Der Einschränkung der gerichtlichen Überprüfung von staatlichen Organisationsentscheidungen im Wirtschaftsbereich liegt das Verständnis zugrunde, daß diese der Geltung der Freiheitsrechte in diesem Bereich vorgelagert seien.

312 Zum weiten Schutzbereich des Art. 12 GG z. B. *Heinemann* (1996), S. 33 m. w. N.

freie Berufswahl errichtet.[313] Als schwerstmöglicher Eingriff in das Grundrecht der Berufsfreiheit[314] sind die Anforderungen an eine Rechtfertigung hoch: ein solcher Eingriff ist nach der Rechtsprechung des BVerfG nur dann verhältnismäßig, wenn er dem Schutz besonders wichtiger, den Vorrang vor der Freiheit des einzelnen beanspruchender Gemeinschaftsgüter vor schweren und höchstwahrscheinlichen Gefahren dient.[315] Außerdem muß der Eingriff zur Abwehr dieser Gefahren unentbehrlich sein.[316]

Der Gewährleistung der Daseinsvorsorge in den zentralen Infrastrukturbereichen, zu denen auch Post und Telekommunikation sowie der Energiesektor gehören, hat das BVerfG in der Vergangenheit ein besonderes Gewicht stets zuerkannt.[317] Eine präzise Eingrenzung der Zielsetzung des Gesetzgebers über diese allgemeine Einordnung hinaus hat es nicht verlangt. Theoretisch hätte diese Feststellung den Ausgangspunkt einer detaillierten Erforderlichkeitsprüfung bilden müssen. Dabei wären die kausalen und finalen Zusammenhänge zwischen der marktschließenden Maßnahme und dem damit verfolgten Ziel sowie die Frage nach alternativen, weniger beschränkenden Maßnahmen zu untersuchen gewesen. Auf eine solche, komplexe ökonomische Analysen und Prognosen einschließende Prüfung hat das BVerfG sich bei der Verhältnismäßigkeitsprüfung im Rahmen des Art. 12 GG, soweit es um die Aufgabe oder Beibehaltung von Ausschließlichkeitsrechten ging, jedoch nie eingelassen.[318] Anstatt die von der Verwaltung zur Rechtfertigung der Monopolrechte vorgebrachten Gründe einer strengen Nachprüfung zu unterziehen, hat es diese regelmäßig nur billigend dargestellt und die Prognosen und Wertungen des Gesetzgebers übernommen.[319] Begründet wird die Zurückhaltung in der verfassungsgerichtlichen Prüfung dabei regelmäßig mit der Einschätzungsprärogative des Gesetzgebers in einer Situation, in der die Folgen im einzelnen nicht voraussehbar seien.[320] Soweit ein Ausschließlichkeitsrecht in einem Kernbereich der relevanten Tätigkeit für verfassungsmäßig befunden wurde, wurde dem Gesetzgeber überdies auch eine Erstreckung des Ausschließlichkeitsrechts auf Randbereiche zugestanden, da die ansonsten entstehenden Abgrenzungsprobleme nicht zu bewältigen seien.[321]

---

313 Anders allerdings BVerfGE 46, 120 ff. mit Blick auf die Beurteilung des gesetzlichen Monopols der Bundespost auf den Verkauf von Modems an Endabnehmer. Das BVerfG qualifizierte hier das Ausschließlichkeitsrecht als bloße Berufsausübungsregelung, da Produktion und Verkauf von Modems für eine Verwendung *außerhalb* des öffentlichen Direktrufnetzes möglich bleibe. Kritisch hierzu: *Heinemann* (1996), S. 39.

314 *Emmerich* (1969), S. 115 u. a.; vgl. auch BVerfGE 21, 245 – *Arbeitsvermittlungsmonopol*. Vgl. allgemein zur sog. Stufentheorie des BVerfG: *Stober* (1998), S. 227 ff. m. w. N.

315 Vgl. BVerfGE 21, 245, 251 – *Arbeitsvermittlungsmonopol*.

316 BVerfGE 12, 205, 239; BVerfGE 21, 245, 250 f.; BVerfGE 21, 261, 267; BVerfGE 21, 271, 283.

317 Vgl. z. B. BVerfGE 77, 257; BVerfGE 38, 258, 270; BVerfGE 45, 73, 78 f.; BVerfGE 75, 192, 199–201.

318 Vgl. z. B. BVerfGE 21, 245, 254 – *Arbeitsvermittlungsmonopol*: Das BVerfG verweist hier zur Begründung dafür, daß mildere Mittel zur Aufgabensicherung nicht in Betracht kämen, pauschal auf die Komplexität der Aufgabe und die geschichtliche Erfahrung. Kritisch hierzu: *Heinemann* (1996), S. 37; *Götz*, JZ 1989, 1021, 1023; *Basedow* (1992), S. 23 f.

319 Vgl. *Götz*, JZ 1989, 1021, 1023; *Heinemann* (1996), S. 37.

320 BVerfGE 40, 196, 222; hierzu *Götz*, JZ 1989, 1021, 1023.

321 BVerfG 21, 245, 257 ff. zur Frage der Rechtmäßigkeit der Erstreckung des Arbeitsvermittlungsmonopols auf das Marktsegment der Arbeitsvermittlung für Führungskräfte der Wirtschaft: zwar könne die Erforderlichkeit des Monopols für dieses Segment in Zweifel gezogen werden. Der Gesetzgeber sei aber nicht verpflichtet, die Notwendigkeit des Monopols für alle Grenzbereiche gesondert zu

c) Fazit

Der Begriff der Daseinsvorsorge – ein seinem Inhalt nach teils soziologischer, teils politischer, teils normativer Begriff – hat sich in der Rechtspraxis der Bundesrepublik, ähnlich wie der „service public" in Frankreich, als Einfallstor für die Politik ins Recht erwiesen, wodurch rechtliche Grenzen staatlichen Handelns aufgeweicht wurden. Mit dem Begriff der Daseinsvorsorge wurde ein gesellschaftliches Interesse in ein öffentliches Interesse transformiert. Es folgte daraus regelmäßig die Zuordnung des betroffenen Lebensbereichs zum Staat, dem so die Möglichkeit erwuchs, das zunächst auf die Daseinsvorsorge begrenzte öffentliche Interesse durch weitere Staatsaufgaben und -ziele anzureichern.

Der in Deutschland im Vergleich zu Frankreich stärker ausgeprägte Schutz individueller Freiheitsrechte gegen staatlichen Zugriff hat eine staatsnahe, weitgehend monopolistische Organisation wesentlicher Daseinsvorsorgebereiche und damit zugleich den Ausschluß von Wettbewerb und privater wirtschaftlicher Tätigkeit in diesen Bereichen nicht verhindert. Allerdings hat er doch in stärkerem Maße das Bewußtsein wachgehalten, daß die angestrebte Aufhebung der Antithetik Gesellschaft – Staat im Konzept der Daseinsvorsorge durch einen die Voraussetzungen gesellschaftlicher Freiheit planend und steuernd sichernden Staat eine Fiktion darstellt. Auch der leistende Staat ist ein in individuelle Freiheitsrechte eingreifender Staat, – zumal dann, wenn er wirtschaftliche Leistungen monopolisiert. Ein außerhalb der staatlichen Ermessensentscheidung angesiedelter Kontrollmaßstab für die Organisation der Daseinsvorsorgebereiche und die Beschränkung individueller wirtschaftlicher Freiheit blieb mit den Grundrechten trotz Abschwächung des Prüfungsmaßstabs erhalten.[322]

3. *„Service public" und Daseinsvorsorge – Bilanz*

Im Daseinsvorsorge- wie im „service public"-Konzept wurden bislang Staat und Wirtschaft materiell, nicht funktional, abgeschichtet: die Wahrnehmung öffentlicher Interessen wurde dem Staat zugeordnet, die Wahrnehmung privater Interessen der Gesellschaft.[323] Die Grenzziehung zwischen Staat und Wirtschaft war damit primär eine Frage der Bestimmung der Staatsaufgaben gegenüber der Wirtschaft,[324] wobei sich der demokratische Staat seine Aufgaben in potentieller Allzuständigkeit selbst setzt.[325] Auf dieser

---

überprüfen. Die dabei ansonsten entstehenden Abgrenzungsprobleme seien nicht mehr zu bewältigen.

322 Zur Bedeutung der Freiheitsrechte für die Ausgestaltung der Rolle des Staates in der Wirtschaft: *Basedow* (1992), S. 20 f. und S. 61; *Everling*, in: FS Mestmäcker (1996), S. 365, 367; *Vollmer*, DB 1993, 25; *Behrens*, in: Brüggemeier (Hrsg.) (1994), S. 73, 77; *Müller-Graff*, EuR 1997, 433, 447 u. a.

323 Siehe hierzu auch *Amato*, in: Freedland/Sciarra (Hrsg.) (1998), S. 145, 146.

324 *Mestmäcker*, in: Grundmann (Hrsg.) (2000), S. 53, 56.

325 Vgl. *Mestmäcker*, in: Haus der Geschichte der Bundesrepublik Deutschland (Hrsg.) (1998), S. 65. Vgl. für eine solche Position z. B. *Scholz/Meyer-Teschendorf*, DÖV 1998, 10, 11 und 17: In der Demokratie sei es Sache des Parlaments, die politischen Leitlinien des staatlichen Handelns zu definieren und sie den sich je wandelnden Bedürfnissen des Gemeinwesens anzupassen. Würden diese staatlichen Leitlinien verfassungsmäßig konstitutionalisiert, so verlöre das Parlament seine wichtig-

gedanklichen Grundlage wies man in Deutschland wie in Frankreich die zentralen Infrastrukturbereiche wegen ihrer hohen gesellschaftlichen und wirtschaftlichen Relevanz der Sphäre des Öffentlichen zu.

Der Frage nach alternativen Mitteln zur Verfolgung öffentlicher Ziele in Bereichen der Daseinsvorsorge, die mit den Eigengesetzlichkeiten des Marktes und mit Wettbewerb besser vereinbar wären, wurde in Deutschland wie in Frankreich von Seiten der Politik nicht nachgegangen. Auch die Gerichte hielten es nicht für ihre Aufgabe, diese Frage weiterzuverfolgen und gestanden dem Gesetzgeber einen weiten Ermessensspielraum bei der Mittelwahl zu.

Im französischen „service public" haben sich diese Ansprüche der Politik gegenüber der Wirtschaft konzeptionell verfestigt und eine zentrale Stellung in der französischen Staatstheorie und im französischen Verwaltungsrechtssystem erlangt. Das „service public"-Konzept bildete den theoretischen Hintergrund für einen Staat, der in der Zeit nach Ende des Zweiten Weltkriegs aktive staatliche Industriepolitik ebenso wie flächendeckende staatliche Leistungsdarbietung zum Inbegriff staatlicher Gestaltungsansprüche und der Repräsentation des staatlichen und gesellschaftlichen Zusammenhalts werden ließ. Der „service public" wird in Frankreich daher vielfach auch nicht als bloßes Rechtskonzept, sondern als Inbegriff gemeinsamer politischer Werte und Kultur verstanden, mit deutlichem Rückbezug auf die Idee einer politischen Transzendierung der die gesellschaftliche und wirtschaftliche Sphäre prägenden Interessengegensätze in einem politisch geschaffenen Interessengleichlauf im Dienste des Allgemeinwohls.

Das Konzept der Daseinsvorsorge blieb dagegen strukturell diffus. Insbesondere wegen der in Deutschland stärker ausgeprägten – wenngleich in der Praxis bislang in den Infrastruktursektoren überaus zurückhaltend gehandhabten – Grundrechtskontrolle, der auch staatliche Entscheidungen über die Zuordnung von wirtschaftlichen Tätigkeitsbereichen zur Sphäre des Öffentlichen unterzogen werden, blieb das deutsche Modell offener für eine gemeinschaftsrechtliche Entwicklung, die markt- und wettbewerbsbeschränkenden Strukturen für rechtfertigungsbedürftig erklärt.

---

ste Gestaltungsaufgabe. Auf dem Spiel stehe damit die gegebene – und vom Parlamentarischen Rat seinerzeit bewußt gewählte – Struktur des Grundgesetzes als einer gerade in sozio-ökonomischen und sozio-kulturellen Fragen außerordentlich offenen, zurückhaltenden und distanzierten Verfassungsordnung.

B.
Art. 86 Abs. 2 EGV
– Gemeinschaftsrechtliche Berücksichtigung mitgliedstaatlicher Ziele und Interessen in den Infrastruktursektoren –

I. Einleitung

1. Neubestimmung von Zielen und Mitteln mitgliedstaatlicher Intervention durch das Gemeinschaftsrecht – ein Perspektivenwechsel

Der vorausgegangene Abschnitt hat die Lebendigkeit der mitgliedstaatlichen Tradition zentraler staatlicher Infrastrukturbewirtschaftung gezeigt, wobei der Zugriff des Staates auf die Wirtschaft primär auf die Souveränität des demokratisch legitimierten Gesetzgebers zurückgeführt wird und damit keiner weiteren Begründung bedarf.[1] Dagegen geht der EG-Vertrag im Grundsatz von einer Bindung der Mitgliedstaaten an die Eigengesetzlichkeiten von Markt und Wettbewerb aus. Dies hebt Art. 4 EGV hervor, der die Mitgliedstaaten auf den Grundsatz einer offenen Marktwirtschaft mit freiem Wettbewerb verpflichtet. Dieser Ausgangspunkt zwingt zu einer veränderten Betrachtungsweise der in den Mitgliedstaaten herrschenden Sondermarktordnungen: auszugehen ist von der Begründungsbedürftigkeit staatlicher Interventionen in die Marktabläufe.

Begründungen lassen sich auf verschiedenen Ebenen suchen. Versteht man den EG-Vertrag als eine Wirtschaftsverfassung, die den mitgliedstaatlichen Handlungsmöglichkeiten zum Schutz der Eigengesetzlichkeiten der Märkte und des Wettbewerbs Grenzen zieht, so liegt es nahe, wirtschaftswissenschaftlichen Erkenntnissen über die Funktionsbedingungen von Markt und Wettbewerb bei der Auslegung gemeinschaftsrechtlicher Normen Bedeutung beizumessen. Allgemein wird davon ausgegangen, daß strukturelle Besonderheiten der Infrastrukturmärkte unter Umständen zu Fehlsteuerungen im wettbewerblichen Koordinationsprozeß führen können, so daß, zur Gewährleistung der Effizienz der Märkte, korrigierende Regulierungseingriffe durch den Staat gerechtfertigt sein können.

Traditionell kommt dabei der These erhebliche Bedeutung zu, daß die Infrastruktursektoren natürliche Monopole seien, im Wettbewerb also letztlich nur ein Unternehmen überleben könne, und daß die Veranstaltung eines solchen ruinösen Wettbewerbs gesamtgesellschaftlich eine Ressourcenverschwendung bedeute (s. o., A.I.1.c) und A.I.2. b)cc)). Diese Begründung ist heute allerdings nur noch begrenzt tragfähig. Die Theorie vom natürlichen Monopol wurde in der Wirtschaftswissenschaft erheblich ausdifferenziert.[2] Zum einen wird heute davon ausgegangen, daß die aus der Dynamik des Wettbewerbs resultierenden Vorteile in Form von Produkt- und Prozeßinnovationen die Mehrkosten einer Duplizierung der Infrastruktur durch Kostensenkungen in vielen Fällen ausgleichen können,[3] wobei zugleich auf die Veränderungen im Nachfrageverhalten hingewiesen wird, die Wettbewerb bewirken könne.[4] Darüber hinaus wurde festgestellt,

---

1 Vgl. Immenga/Mestmäcker-*Mestmäcker*, EG-Wettbewerbsrecht, Kom., Bd. II (1997), Art. 37/90 Rn. 3.

2 Vgl. in diesem Zusammenhang z. B. *Posner*, Stanford Law Review 21 (1969), 548 ff. Zu den Ursachen der Neubetrachtung der traditionellen Ausnahmebereiche auch *Mc Gowan*, RAE 1994/2, 92, 94.

3 *Schmidt* (1999), S. 36 m. w. N.

4 Näher: *RegTP*, Tätigkeitsbericht 1998/1999, Tz. 1.1.3; *Kruse/Kiessling*, in: Jahrbuch für Neue Politische Ökonomie 16 (1997), S. 11, 18.

daß sich die Charaktereigenschaften des natürlichen Monopols regelmäßig nur auf dem Markt für die Bereitstellung der Infrastruktur selbst, nicht aber auf den vor- und nachgelagerten Dienste-Märkten finden,[5] so daß die These vom natürlichen Monopol allenfalls die Monopolisierung dieses Teilmarktes rechtfertigen kann. Insbesondere im Telekommunikationsbereich wurde angesichts der technischen Entwicklung, die in weiten Bereichen alternative Infrastrukturen denkbar werden ließ, die These vom natürlichen Monopol gänzlich unhaltbar.[6]

Als weiterer Grund für regulierende Eingriffe des Staates in die Infrastruktursektoren wird häufig genannt, daß bei allgemeiner, flächendeckender Bereitstellung positive externe Effekte zu erwarten seien. Von positiven externen Effekten wird dann gesprochen, wenn von der Aktivität eines Wirtschaftssubjekts vorteilhafte Wirkungen auf andere ausgehen, für die diese nicht bezahlen müssen.[7] Der Preismechanismus ist damit als Signal für die Allokation knapper Ressourcen beeinträchtigt, da nicht der gesamte Nutzen, der im Zusammenhang mit der Markttransaktion verursacht wird, von den an dieser beteiligten Wirtschaftssubjekten in ihre Entscheidungen einbezogen wird.[8] Der Marktmechanismus führt daher tendenziell zu einer Unterversorgung. Vom Auftreten positiver externer Effekte wird vor allem im Bereich der Kommunikations-Infrastrukturen ausgegangen.[9] Insbesondere in der Phase des Übergangs eines Kommunikationsnetzes von einer Minderheitsnutzung zu einer allgemein genutzten Infrastruktur gab dieses Argument einer auf Netz- und Teilnehmerausdehnung angelegten Politik eine ökonomische Rechtfertigung.[10] Das geeignete Mittel zur Korrektur dieses Marktversagens ist aus ökonomischer Sicht jedoch nicht die Begründung eines staatlichen Monopols, sondern die Senkung des Preises für die fragliche Dienstleistung auf ein Niveau, welches dem der Gesellschaft durch die Anschlußentscheidung des Einzelnen entstehenden Nutzen Rechnung trägt, also eine Subvention.[11] Das Argument verliert überdies in Netzen, die bereits allgemein verbreitet und für den einzelnen von hohem Nutzen sind, an Durchschlagkraft.[12] Im Bereich der Energienetze schließlich sind positive Externalitäten, die aus der Entscheidung zum Anschluß ans Netz erwachsen würden, nicht in gleicher Weise ersichtlich wie bei den Kommunikationsnetzen.[13] Für die Begründung der traditionellen Sektorstrukturen kommt auch diesem Argument daher eine vergleichsweise geringe Bedeutung zu.

---

5 So z. B. *Kruse/Kiessling*, in: Jahrbuch für Neue Politische Ökonomie 16 (1997), S. 11, 17.

6 A. a. O., S. 11, 18; *Neu/Stumpf/Keuter/Nett/Schwarz-Schilling* (1999), S. 2 f.; *Donges*, ORDO 48 (1997), 201, 210; *Posner*, Fordh. Int. L.J. 23 (2000), 6, 12 f.

7 *Schmidt* (1999), S. 37; *Scanlan/Neu* (2000), Teil II, S. 4.

8 *Schmidt* (1999), S. 37.

9 Siehe z. B. *Scanlan/Neu* (2000), Teil II, S. 4 f.; *Nett/Neu*, ZögU 22 (1999), 134, 135; *Rowe/Bluhm/Shifman*, Public Utilities Fortnightly 1999 (July), 48, 50; *Blankart/Knieps*, in: Jahrbuch für Neue Politische Ökonomie 13 (1994), S. 238, 239.

10 Für die Telekommunikation siehe *Scanlan/Neu* (2000), Teil II, S. 5.

11 Vgl. *Nett/Neu*, ZögU 22 (1999), 134, 135; *Müller/Vogelsang* (1979), S. 346.

12 So ist zum Beispiel im Bereich der Telekommunikation der dem Einzelnen aus der Anschlußentscheidung erwachsende Nutzen auch ohne Subventionierung der Dienstleistungen hoch genug, um ihn zum Anschluß an das Netz zu veranlassen – vgl. *Scanlan/Neu* (2000), Teil I, S. 4.

13 Vgl. z. B. *Rossi*, Energy Law Journal 21 (2000), 27, 40.

Neben diese Gründe für eine Staatsintervention, die dem Schutz des Marktmechanismus selbst verpflichtet sind, treten andere, die nicht dem Effizienzziel, sondern nichtmarktlichen Zielen dienen. In den Infrastruktursektoren wurde traditionell die gesamte Bandbreite öffentlicher Interessen verfolgt (s. o., A.I.3.). Der EG-Vertrag schließt die Verfolgung öffentlicher Interessen durch die Mitgliedstaaten nicht aus. Soweit damit Eingriffe in die Verkehrsfreiheiten oder Wettbewerbsvorschriften verbunden sind, müssen die vom jeweiligen Mitgliedstaat verfolgten Interessen sich jedoch dem Schutzbereich einer der Ausnahmetatbestände des EG-Vertrags zuordnen lassen. Zudem muß die Maßnahme der Mitgliedstaaten verhältnismäßig sein.

Das Gebot der Verhältnismäßigkeit läßt sich in einer dem Grundsatz einer offenen Marktwirtschaft mit Wettbewerb verpflichteten Gemeinschaft zunächst auf staatliche Interventionsziele beziehen. Gerade Umverteilungsziele bzw. marktergebnisbezogene Zielsetzungen, wie sie in den Infrastruktursektoren eine wesentliche Rolle spielen, lassen sich stets marktfern, und damit auf eine Weise formulieren, die die Funktionsprinzipien von Markt und Wettbewerb von vornherein außer Kraft setzen muß. Art. 4 EGV legt es nahe, die Mitgliedstaaten zu verpflichten, Interventionsziele auch in den Infrastruktursektoren so zu formulieren, daß sie strukturell mit den Prinzipien von Markt und Wettbewerb vereinbar bleiben.

Daneben bezieht sich das Verhältnismäßigkeitsprinzip auf die Interventionsmittel. Grundsätzlich ist stets eine Form der Intervention zu wählen, die zur Zielerreichung geeignet ist und von den zur Verfügung stehenden Mitteln dasjenige einsetzt, das mit den Prinzipien von Markt und Wettbewerb am besten vereinbar ist. Hierbei ist zunächst davon auszugehen, daß allgemeine makroökonomische Ziele beschäftigungs-, konjunktur- oder industriepolitischer Art, wie sie bislang z. T. den Einsatz öffentlicher Unternehmen leiteten, in einer offenen Marktwirtschaft durch allgemeine Rahmensetzung, nicht durch punktuelle staatliche Intervention zu verfolgen sind.

Generell für legitim erachtet wird dagegen das von nahezu allen Industriestaaten verfolgte Ziel, den Zugang zu bestimmten Infrastrukturleistungen flächendeckend zu erschwinglichen Preisen zu gewährleisten (sog. Universaldienst). Insbesondere mit Blick auf die Gewährleistung dieses Ziels stellt sich die Frage, welche staatlichen Interventionsmittel als verhältnismäßig gelten können. Diese Frage stellt sich umso dringlicher, als seit Mitte der 80er Jahre in verschiedenen Infrastruktursektoren Alternativen zu den traditionellen Monopolregimen entwickelt worden sind, die die Bereitstellung eines Universaldienstes auch in wettbewerblich organisierten Märkten gewährleisten. Als Vorbild und Vorreiter kann insoweit der Telekommunikationssektor gelten.

Ob diese Alternativmodelle funktionsfähig und mit offenen Märkten und Wettbewerb vereinbar sind, hängt allerdings weitgehend von der konkreten Ausgestaltung einer Universaldienstpolitik und von den Zielen ab, mit denen sie betrieben wird. Werden primär industriepolitische Ziele und damit eine Politik verfolgt, die Marktentwicklungen vorgreifen will, so ist die Finanzierbarkeit einer solchen Politik in offenen Märkten zweifelhaft. Dasselbe gilt, wo der Universaldienstpolitik vor allem eine Symbolfunktion beigemessen und die staatliche Leistungsbereitstellung zwecks landesweiter Repräsentation des Staates und als Gegenmodell zu einem gewinnorientierten Handeln im Markt befürwortet wird. Auch eine primär der Bereitstellung meritorischer Güter verpflichtete Politik, die diese jedoch nicht direkt, sondern aus dem Markt heraus finanzieren will, kann den Markt- und Wettbewerbsmechanismus schnell übermäßig belasten und damit ausschalten.

Während damit einerseits das Gemeinschaftsrecht eine Neubetrachtung und Neubegründung mitgliedstaatlicher Sondermarktordnungen unbestritten erforderlich macht, sind zugleich die Grundlinien des Streits um das Verständnis der Ausnahmevorschriften des EGV, die den Mitgliedstaaten ein Abweichen von den Verkehrsfreiheiten und Wettbewerbsvorschriften des Vertrags erlauben, vorgezeichnet.

2. *Beurteilung von Ausschließlichkeitsrechten*

Der Auslegung von Art. 86 Abs. 2 EGV vorgelagert ist die Frage, ob die jeweiligen Sektororganisationsstrukturen eines Mitgliedsstaates gegen die Verkehrsfreiheiten und/oder Wettbewerbsvorschriften des EG-Vertrags verstoßen. Insbesondere stellt sich diese Frage mit Blick auf die ein Kernelement dieser Sondermarktordnungen bildenden Ausschließlichkeitsrechte. Fest steht, daß die Vorschriften des EG-Vertrags mangels ausdrücklich im EGV festgeschriebener Bereichsausnahmen auch in den Infrastruktursektoren Geltung beanspruchen.[14] Nicht abschließend geklärt sind dagegen die gemeinschaftsrechtlichen Maßstäbe für die Beurteilung von mitgliedstaatlichen Ausschließlichkeitsrechten.[15]

In einem Versuch, die verschiedenen Ansichten zur gemeinschaftsrechtlichen Beurteilung von Ausschließlichkeitsrechten und die diesen zugrundeliegenden Vorstellungen vom Gleichgewicht zwischen Marktintegration und nationaler Souveränität[16] zu systematisieren, haben *Edward/Hoskins* vier verschiedene Ansätze herausgearbeitet.[17] Die beiden Extrempositionen – der „absolute sovereignty approach“ einerseits, der „absolute competition approach“ andererseits – sind vom EuGH zurückgewiesen worden. Die Rechtsprechung schwankt zwischen dem „limited competition approach“, demzufolge die Gewährung von Ausschließlichkeiten in jedem Fall rechtfertigungsbedürftig ist, und dem „limited sovereignty approach“, demzufolge die Schaffung von Ausschließlichkeitsrechten nur dann gegen Gemeinschaftsrecht verstößt (und damit einer Rechtferti-

14 Vgl. EuGH Slg. 1987, 405, 451 Rn. 12 – *„Verband der Sachversicherer“*; EuGH Slg. 1986, 1425, 1465 Rn. 40 – *„Asjes“*.

15 Näher zur Entwicklung der Rechtsprechung: *Waelbroeck/Frignani* (1999), S. 302 ff. m. w. N.; *Buendia Sierra* (1999), Part II); *Blum*, Gazette du Palais, 11–13 juillet 1999 – Gazette Européenne, 12 ff. In seiner jüngeren Rechtsprechung ist der EuGH bei Prüfung der Frage, ob Ausschließlichkeitsrechte in Infrastrukturbereichen, die nicht eindeutig die Struktur eines natürliches Monopol aufweisen, als gemeinschaftsrechtswidrig zu betrachten sind, zum Teil direkt in eine Prüfung eingetreten, ob die Ausschließlichkeitsrechte aufgrund der vom Mitgliedstaat geltend gemachten öffentlichen Interessen, insbes. der Versorgungsaufgabe, gem. Art. 86 Abs. 2 EGV gerechtfertigt sind (vgl. insbes. EuGH Slg. 1993 I-2533, 2568 Rn. 13–14 – *„Corbeau“)*. Dieser Prüfungsansatz wird auch hier zugrundegelegt, indem direkt bei der Erörterung des Art. 86 Abs. 2 EGV angesetzt wird.

16 *Hancher*, in: Craig/de Búrca (Hrsg.) (1999), S. 721, 727.

17 *Edward/Hoskin*, 32 CMLRev. 1995, 157 ff.

gung bedarf), wenn daraus eine konkrete Gefahr des Mißbrauchs der so erlangten marktbeherrschenden Stellung folgt.

Die wohl h. A. in der Lit. geht von einer allgemeinen Rechtfertigungsbedürftigkeit von Ausschließlichkeitsrechten aus.[18] In den hier behandelten Sektoren – der Telekommunikation[19], der Post[20] und der Energie[21] – hielt auch der EuGH die weitreichenden Ausschließlichkeitsrechte im Ergebnis in allen Fällen für rechtfertigungsbedürftig. Die Frage nach dem Gleichgewicht zwischen Marktintegration und nationaler Souveränität verlagert sich damit in die Rechtfertigung.

3. Rechtfertigung

Der Maßstab für die Rechtfertigung ergibt sich aus den verschiedenen Ausnahmetatbeständen im EG-Vertrag. Neben den im Zusammenhang mit der Warenverkehrs- bzw. Dienstleistungsfreiheit anwendbaren Ausnahmetatbeständen in Art. 30, Art. 46 („zwingende Erfordernisse") trägt vor allem Art. 86 Abs. 2 EGV den besonderen mitgliedstaatlichen Interessen in den Infrastrukturbereichen Rechnung.[22] Gemäß Art. 86 Abs. 2 S. 1 EGV gelten die Vorschriften des EG-Vertrags nicht, wenn durch ihre Anwendung die Erfüllung der besonderen Aufgaben verhindert würde, die ein Mitgliedstaat einem mit Dienstleistungen von allgemeinem wirtschaftlichem Interesse betrauten Unternehmen übertragen hat.

Die unklare Formulierung dieser Vorschrift sowie die hinter ihr stehenden gegensätzlichen Interessen haben zu zwei entgegengesetzten Auslegungsansätzen geführt: Die Vorschrift kann entweder als Kompetenzverteilungsnorm und damit als Souveränitätsvorbehalt zugunsten der Mitgliedstaaten gelesen werden – so daß die Mitgliedstaaten die Ziele ihrer Infrastruktur- und Universaldienstpolitiken selbst bestimmen; oder man kann in Art. 86 Abs. 2 EGV – in engem Zusammenhang mit der Verpflichtung auf eine offene, wettbewerbliche Marktwirtschaft in Art. 4 EGV – eine Vorschrift sehen, die nur zugunsten einer bestimmten, näher zu bestimmenden Kategorie von Interessen, zu denen jedenfalls eine flächendeckende Grundversorgung zählt, eng begrenzte Ausnahmen erlaubt, die am Verhältnismäßigkeitsgrundsatz zu messen sind.

---

18 *Edward/Hoskins*, 32 CMLRev. 1995, 157, 166 f.; *Gardner*, ECLR 16 (1995), 78, 82; *Hancher*, in: Craig/de Búrca (Hrsg.) (1999), S. 721, 729 f.

19 EuGH Slg. 1991 I-5941, 5980 f. Rn. 21 ff. – „*RTT*".

20 EuGH Slg. 1993 I-2533, 2568 Rn. 12–14 – „*Corbeau*"; vgl. hierzu *Hancher*, CMLRev. 31 (1994), 105, 113 f.

21 EuGH Slg. 1997 I-5699, 5776 Rn. 26 ff. – „*Energiemonopole Niederlande*"; EuGH Slg. 1997 I-5815, 5831 ff. Rn. 44 ff. – „*Energiemonopole Frankreich*"; EuGH Slg. 1997 I-5789, 5804 ff. Rn. 35 ff. – „*Energiemonopole Italien*" – die Urteile bezogen sich allerdings nur auf die Ein- und Ausfuhrmonopole der Energieunternehmen, nicht auf die weiterreichenden Ausschließlichkeitsrechte im Bereich des Netzbetriebs und der Versorgung.

22 Vgl. zur zentralen Bedeutung des Art. 86 Abs. 2 EGV auch: *Van der Woude*, ELRev. 1992, Competition Checklist 60, 77; *Kommission*, Mitteilung zur Daseinsvorsorge II, ABl. 2001 Nr. C 17/4, Rn. 19.

Die Kernfrage ist damit der gemeinschaftsrechtliche Umgang mit dem mitgliedstaatlichen Souveränitätsanspruch, der den mitgliedstaatlichen Konzepten und ihren praktischen Ausprägungen in den einzelnen Sektoren zugrundeliegt.[23] In der Auslegung des Art. 86 Abs. 2 EGV kleidet sich diese Problematik in die Frage, welche Ermessensspielräume den Mitgliedstaaten bei der Bestimmung der einzelnen Tatbestandsmerkmale und im Rahmen der Verhältnismäßigkeitsprüfung zugestanden werden. Die Folge einer weiten Auslegung des Art. 86 Abs. 2 EGV zugunsten der Mitgliedstaaten wäre die Rücknahme des Geltungsanspruch des Gemeinschaftsrechts und die Verlagerung der maßgeblichen Gestaltungsentscheidungen betreffend die in den Anwendungsbereich dieser Vorschrift fallenden Sektoren in das Reich der Politik: zur Realisierung des Binnenmarktes bliebe allein das Mittel der Rechtsangleichung. Eine enge Auslegung des Art. 86 Abs. 2 EGV hingegen, welche die privilegierungsfähigen Interessen klar eingrenzt, würde zu mehr ökonomischer Rationalität beitragen, den Souveränitätsanspruch der Mitgliedstaaten jedoch empfindlich beschneiden.

4. Gang der Darstellung

Nach einleitender Darstellung zu den im wesentlichen unstrittigen Grundstrukturen des Art. 86 Abs. 2 EGV (II.) wird im folgenden Abschnitt die Rechtsprechung von EuGH und EuG zu Art. 86 Abs. 2 EGV einer näheren Analyse unterworfen (III.). Dabei zeichnen sich in der Rechtsprechung zwei Phasen ab, die von einer unterschiedlichen Grundhaltung zu Art. 86 Abs. 2 EGV geprägt sind: während die Ausnahmebestimmung vor 1993 tendenziell eng ausgelegt wurde und der EuGH insbesondere entsprechende Bemühungen der Kommission zu billigen schien (1.) leitet das Urteil im Falle „*Corbeau*“ eine neue Phase in der Rechtsprechung des EuGH ein, die einer eingehenderen Charakterisierung und Bewertung bedarf (2.). In Abschnitt IV. soll auf der Grundlage einer Erörterung der zahlreichen offenen Fragen und Probleme, die die neuere Rechtsprechung aufwirft, ein Ansatzpunkt für eine Neuinterpretation des Art. 86 Abs. 2 EGV entwickelt werden. Abschließend bleibt zu klären, wie sich die verschiedenen Auslegungsansätze zu den mitgliedstaatlichen Konzepten der Daseinsvorsorge bzw. des „service public“ verhalten (V.).

II. Grundstruktur der Ausnahmebestimmung

1. Entstehungsgeschichte

Art. 86 Abs. 2 EGV geht entstehungsgeschichtlich auf einen Formelkompromiß zurück, den die Staaten, die auf einer Wahrung des Prinzips nationaler Souveränität auf dem Gebiet der Wirtschaftspolitik und in den Infrastruktursektoren bestanden, im Rahmen

23 siehe hierzu: *Mestmäcker*, in: FS Zacher (1998), 635, 638.

der Verhandlungen über den Abschluß des EWG-Vertrags mit den Benelux-Ländern schlossen, welche zwischenstaatliche Wettbewerbsverzerrungen auf dem Gemeinsamen Markt insbesondere durch die italienischen und französischen Staatsunternehmen fürchteten.[24] Die auslegungsbedürftigen Formulierungen des Art. 86 Abs. 2 EGV schienen die Entscheidung zwischen diesen Positionen offenzulassen.[25]

In der Praxis erlangte die Vorschrift – abgesehen von vereinzelten frühen Entscheidungen – erhebliche Bedeutung erst ab etwa Mitte der 80er Jahre, als die Integration auch der Infrastruktursektoren ins Blickfeld der Kommission rückte.[26] Seit etwa Mitte der 90er Jahre hat die Zahl der sich mit Art. 86 Abs. 2 EGV befassenden EuG- und EuGH-Entscheidungen dramatisch zugenommen.

2. *Struktur*

a) Funktion des Art. 86 Abs. 2 EGV

Art. 86 Abs. 2 EGV soll – so die ständige Rechtsprechung des EuGH – „das Interesse der Mitgliedstaaten am Einsatz bestimmter Unternehmen, insbesondere solcher des öffentlichen Sektors, als Instrument der Wirtschafts- oder Fiskalpolitik mit dem Interesse der Gemeinschaft an der Einhaltung der Wettbewerbsregeln und der Wahrung der Einheit des Gemeinsamen Marktes in Einklang bringen".[27] Der EuGH beschränkt mithin den Anwendungsbereich des Art. 86 Abs. 2 S. 1 EGV nicht auf Fälle, in denen staatliche Eingriffe in den Markt zur Korrektur eines Marktversagens im engen, wohlfahrtsökonomischen Sinne erforderlich sind, sondern zieht den Kreis der nach Art. 86 Abs. 2 S. 1 EGV zu berücksichtigenden öffentlichen Interessen der Mitgliedstaaten weiter. Die Prinzipien, nach denen in Art. 86 Abs. 2 EGV das mitgliedstaatliche und das Gemeinschaftsinteresse in Einklang gebracht werden, hat der EuGH bis heute allerdings nicht abschließend formuliert. Dies erklärt den fortdauernden Streit über die Funktion der Vorschrift: während die einen unter Rückgriff auf die Entstehungsgeschichte der Norm ihren Zweck darin erblicken, einen Kompromiß zwischen einer liberalen und einer etatistischen wirtschaftspolitischen Tradition zu schaffen, indem die Organisationshoheit der Mitgliedstaaten in gewissem Umfang geschützt bleibt,[28] sehen andere den Kompromiß unter Rückgriff auf den Wortlaut der Norm lediglich im Schutz bestimmter

---

24 Vgl. *Heinemann* (1996), S. 53 f.; *Wilms* (1996), S. 92 f.; *Ipsen/Nicolaysen*, NJW 1964, 2336, 2337; *Snoy et d'Oppuers*, in: Colloque de Bruxelles, Mailand 1964, S. 250 u. a.

25 Vgl. *Heinemann* (1996), S. 53 f.; *Moavero Milanesi*, Revue du Droit de l'Union Européenne 2000/1, 117, 119 f.; Dauses-*Emmerich*, Handbuch, H II Rn. 2 ff.; *Möschel*, WuW 1999, 832 f.; *Oppermann* (1999), Rn. 1057 u. a.

26 Siehe *Slot*, Fordh. Corp. Law Inst. 1992, S. 255, 268 f. Näher zu den verschiedenen Phasen der Integration der Märkte in der EG: *Hancher*, in: Craig/de Búrca (1999), S. 721, 724. Die erhöhte praktische Bedeutung des Art. 86 Abs. 2 EGV wird der dritten Phase zugeordnet, die durch das Weißbuch der Kommission zum Binnenmarkt (KOM(85)310) eingeleitet worden sei. Vgl. auch die Ankündigung einer verschärften Überprüfung von Ausschließlichkeitsrechten am Maßstab des Art. 86 Abs. 2 EGV durch die *Kommission* in ihrem XX. Wettbewerbsbericht (1991), S. 12.

27 EuGH Slg. 1991 I-1223, 1263 Rn. 12 – *„Telekommunikations-Endgeräte"*.

28 So z. B. *Hailbronner*, NJW 1991, 593, 601.

öffentlicher Interessen und Aufgaben[29]. Dieser Streit durchzieht die gesamte Diskussion um die Auslegung des Art. 86 Abs. 2 EGV. Aus diesem Streit erklärt sich, daß einige in Art. 86 Abs. 2 EGV eine Bereichsausnahme sehen,[30] andere hingegen von einer „eng begrenzten Legalausnahme“ sprechen[31].

b) Grundlegende Auslegungsprinzipien

Zumindest formal fest etabliert ist in der Rechtsprechung des EuGH der Grundsatz der engen Auslegung des Art. 86 Abs. 2 EGV,[32] der bereits aus dem Ausnahmecharakter der Norm folgt.[33] Aus diesem folgt auch der Grundsatz, daß die Beweislast für die Tatbestandsvoraussetzungen des Art. 86 Abs. 2 EGV bei derjenigen Seite liegt, die sich auf die Ausnahme beruft, – also bei den begünstigten Unternehmen oder Mitgliedstaaten.[34]

c) Persönlicher Anwendungsbereich der Norm

Obwohl Art. 86 Abs. 2 EGV seinem Wortlaut nach an die betrauten Unternehmen gerichtet ist,[35] können sich nach heute fast einhelliger Ansicht auch die Mitgliedstaaten

---

29 So z. B. *Mestmäcker*, in: ders. (Hrsg.), Kommunikation ohne Monopole II (1995), S. 13, 140; Immenga/Mestmäcker-*Mestmäcker*, EG-Wettbewerbsrecht, Kom., Bd. II (1997), Art. 37/Art. 90 D.Rn. 14.

30 Z. B. *Borotra* (1995), S. 35; *Baur*, in: FS Everling, B.1 (1995), S. 69, 72; *Wieland/Hellermann*, DVBl. 1996, 401, 404 f.; *Conseil d'État* (1995), S. 14, 118. Von einer Bereichsausnahme spricht auch GTE-*Hochbaum*, Kom., 5. Aufl. (1999), Art. 90 Rn. 49.

31 So Grabitz/Hilf-*Pernice*, Kom., Art. 90 Rn. 51. Vgl. auch Immenga/Mestmäcker-*Mestmäcker*, EG-Wettbewerbsrecht, Kom., Bd. II (1997), Art. 37/Art. 90 D. Rn. 32 und Rn. 35.

32 Z. B. EuGH Slg. 1974, 313, 318 Rn. 19/22 – „*BRT*“; EuGH Slg. 1997 I-5699 Rn. 37 – „*Energiemonopole Niederlande*“; EuGH Slg. 1997 I-5815, Rn. 53 – „*Energiemonopole Frankreich*“; EuG Slg. 1997 II-997, 1042 Rn. 135 – „*Air Inter*“ – st. Rspr. Aus der Lit.: *Temple Lang*, in: Ford. Corp. Law Inst. (1985), S. 543, 562; *Faull/Nikpay* (1999), Art. 86 Tz. 5.132; *Ross*, 25 ELRev. 2000, 22, 24; *Papaconstantinou* (1988), S. 81; *Schaub/Dohms*, Die AG 1998, 566, 567 Langen/Bunte-*Jungbluth*, Kom., 8. Aufl. (1998), Art. 90 Rn. 36; GTE-*Hochbaum*, Kom., 5. Aufl. (1999), Art. 90 Rn. 49; *Mestmäcker*, RabelsZ 52 (1988), 526, 563. Kritisch zum Grundsatz der engen Auslegung: *Rinne* (1998), S. 53 f., insbes. Fn. 12; *Bala* (1997), S. 3 f.

33 Vgl. EuGH Slg. 1973, 215, 244 f. Rn. 24 – „*Continental Can*“ unter Hinweis auf die zentrale Bedeutung der Wettbewerbsvorschriften und Verkehrsfreiheiten im Vertragsgefüge. Vgl. auch *Monéger*, in: Ullrich (Hrsg.) (1998), S. 151, 162.

34 St. Rspr. seit EuGH Slg. 1974, 409, 431 Rn. 15 – „*Sacchi*“; aus der Lit.: Immenga/Mestmäcker-*Mestmäcker*, EG-Wettbewerbsrecht, Kom., Bd. II (1997), Art. 37/Art. 90 D. Rn. 50; Dauses-*Emmerich*, H.II Rn. 168; *Waelbroeck/Frignani* (1999), S. 284; Grabitz/Hilf-*Pernice*, Kom., Art. 90 Rn. 53 u. a.

35 Der Begriff des „Unternehmens“ erfaßt nach ständiger Rechtsprechung des EuGH „jede eine wirtschaftliche Tätigkeit ausübende Einheit unabhängig von ihrer Rechtsform und der Art ihrer Finanzierung“ – siehe EuGH Slg. 1991 I-1979, 2016 Rn. 21 – „*Höfner*“; vgl. insbes. auch EuGH Slg. 1999 I-6025, 6053 f. Rn. 77–79 – „*Brentjens' Handelssonderneming BV*“ zu der Frage, unter welchen Umständen Einrichtungen, die Systems der sozialen Sicherheit verwalten, nicht unter den Unternehmensbegriff fallen. Allgemeiner zur Unterscheidung von wirtschaftlichen und nichtwirtschaftlichen Tätigkeiten auch: *Kommission*, Mitteilung zur Daseinsvorsorge II, ABl. 2001 Nr. C 17/4, Rn. 27–30. Vgl. zum Unternehmensbegriff im übrigen: Immenga/Mestmäcker–*Mestmäcker*, EG–Wettbewerbsrecht, Kom., Bd. II (1997), Art. 37/Art. 90 C.I. Rn. 1–12 m. w. N.

auf diese Vorschrift berufen.[36] Sie dürfen nicht nur auf ein Verhalten von Unternehmen hinwirken, das von Art. 86 Abs. 2 EGV gedeckt ist,[37] sondern auch selbst vertragswidrige Maßnahmen treffen, soweit die Voraussetzungen des Art. 86 Abs. 2 EGV vorliegen[38]. Begründet wird dies damit, daß die Mitgliedstaaten nicht umfassender an den Vertrag gebunden sein könnten als die von ihnen betrauten und u. U. mit Sonderrechten ausgestatteten Unternehmen.[39] Auch entspricht nur diese Auslegung der oben dargelegten Funktion des Art. 86 Abs. 2 EGV.[40]

d) Sachlicher Anwendungsbereich des Art. 86 Abs. 2 EGV

Während Art. 86 Abs. 2 EGV unstreitig die Möglichkeit einer Befreiung von den ausdrücklich genannten Wettbewerbsvorschriften eröffnet, war lange Zeit strittig, ob die Ausnahmevorschrift Mitgliedstaaten auch von der Bindung an die Grundfreiheiten freistellen kann.[41] Dem schien das „*Campus-Oil*"-Urteil des EuGH aus dem Jahr 1984 entgegenzustehen.[42] Spätestens mit den Entscheidungen des EuGH zu den französischen,

---

36 Siehe z. B. Immenga/Mestmäcker-*Mestmäcker*, EG–Wettbewerbsrecht, Kom., Bd. II (1997), Art. 37/Art. 90 B. Rn. 53 (und D. Rn. 29): die Mitgliedstaaten seien inbes. befugt, Unternehmen ausschließliche Rechte i. S. d. Art. 86 Abs. 1 EGV zu verleihen, wenn die Voraussetzungen des Art. 86 Abs. 2 EGV vorlägen; *Faull/Nikpay* (1999), Art. 86 Tz. 5.131; *Buendia Sierra* (1999), Tz. 8.06; Dauses-*Emmerich*, H.II. Rn. 143 u. a.. Deutlich ergibt sich dies auch aus der Rechtsprechung des EuGH: siehe nur EuGH Slg. 1997 I–5819 Rn. 43 ff. – „*Energiemonopole Frankreich*"; EuGH Slg. 1997 I–5699, 5779 Rn. 39 – „*Energiemonopol Niederlande*"; EuGH Slg. 1997 I–5699, 5777 Rn. 30–32 – „*Energiemonopol Niederlande*".

37 *Bach* (1992), S. 49; *GA Jacobs*, Schlußanträge, Rn. 108, in: EuGH Slg. 1998 I–4075, 4108 – „*Dusseldorp*".

38 Vgl. EuGH Slg. 1997 I–5699, 5777 Rn. 30–32 – „*Energiemonopol Niederlande*"; EuGH Slg. 1993 I–2533, 2568 Rn. 14 – „*Corbeau*"; *Kommission*, Leitlinien für die Anwendung der EG–Wettbewerbsregeln im Telekommunikationsbereich, ABl. 1991 Nr. C 233/2 Rn. 21; *Goldman/Lyon-Caen/Vogel* (1994) Rn. 968; *Wilms* (1996), S. 151 m. w. N.; *Conseil d'État* (1995), S. 14, 45 f.; *Desselas/Rodrigues*, Les Petits Affiches, 16. 2. 1998 No. 20, droit communautaire, S. 9, 12; *Belorgey*, AJDA 1996, No. spécial du 20. juin 1996, 35, 36; *Tettinger*, RdE 1999, 45, 46; GTE–*Hochbaum*, Kom., 5. Aufl. (1999), Art. 90 Rn. 51 u. a.

39 *GA van Gerven*, in: EuGH Slg. 1991 I–5889, 5919 Rn. 26 – „*Porto di Genova*"; Burgi, EuR 1997, 261, 275; *Ehricke*, EuZW 1993, 211, 214; *Bauer* (1990), S. 231 f u. a.

40 Vgl. Immenga/Mestmäcker-*Mestmäcker*, EG-Wettbewerbsrecht, Kom., Bd. II (1997), Art. 37/Art. 90 D.V. Rn. 30; Langen/Bunte-*Jungbluth*, 8. Aufl. (1998), Kom., Art. 90 Rn. 36 m. w. N.; *Rinne* (1998), S. 56; auch EuGH Slg. 1991 I-1223, 1263 Rn. 10–12 – „*Telekommunikations-Endgeräte*".

41 Gegen eine Anwendung des Art. 86 Abs.2 EGV auch auf die Grundfreiheiten argumentierte z. B. *Heinemann* (1996), S. 62 ff. und 67 ff.; GTE-*Hochbaum*, Kom., 5. Aufl. (1999), Art. 90 Rn. 51; *Temple Lang*, in: Ford. Corp. Law Inst. (1985), S. 543, 570; *Hancher/Trepte*, ECLR 1992, 149, 154; *v. Wilmowsky*, ZHR 155 (1991), 545, 556 ff. u. a.. Vgl. auch Immenga/Mestmäcker-*Mestmäcker*, EG-Wettbewerbsrecht, Kom., Bd. II (1997), Art. 37/Art. 90 D. Rn. 30: Die Begründung ausschließlicher Rechte i. S. d. Art. 86 Abs. 1 EGV sei nach Art. 86 Abs. 2 EGV zu beurteilen, soweit damit die Betrauung der Unternehmen mit Dienstleistungen von allgemeinem wirtschaftlichem Interesse zusammentreffe. Art. 86 Abs. 2 EGV lasse jedoch die Geltung von Art. 28 und Art. 49 EGV für alle Maßnahmen unberührt, die keinen Bezug auf unternehmerisches Verhalten i. S. d. Art. 86 Abs. 2 EGV aufwiesen. Für die Ansicht, daß Art. 86 Abs. 2 EGV auch darüber hinaus die Nichtanwendung der Grundfreiheiten rechtfertigen könne, vgl. z. B. *Jarass*, RIW 1993, 1, 4; *Burgi*, EuR 1997, 261, 278.

42 EuGH Slg. 1984, 2727, 2728 Ls. 3 und 2747 Rn. 19 – „*Campus Oil*". Für die Ansicht, daß aus „*Campus Oil*" folge, daß die Verkehrsfreiheiten nicht in den Anwendungsbereich des Art. 86 Abs. 2

italienischen und niederländischen Energiemonpolen aus dem Jahr 1997, in welchen der EuGH Art. 86 Abs. 2 EGV auch auf einen Verstoß gegen Art. 31 EGV anwendete,[43] ist die „*Campus-Oil*“-Rechtsprechung überholt:[44] kann ein Verstoß gegen Art. 31 EGV und die mit Handelsmonopolen verbundene Diskriminierung auf der Grundlage von Art. 86 Abs. 2 EGV gerechtfertigt werden, so muß dies auch für Verstöße gegen die übrigen, dem Schutz der Verkehrsfreiheiten dienenden Vorschriften gelten.[45] Diese Schlußfolgerung hat der EuGH in seinem Urteil „*Corsica Ferries*“ bestätigt.[46]

e) Unmittelbare Anwendbarkeit des Art. 86 Abs. 2 EGV

Die Frage, ob Art. 86 Abs. 2 EGV – insgesamt oder in Teilen – unmittelbar anwendbar ist, ist ebenso relevant wie umstritten. Wird die unmittelbare Anwendbarkeit bejaht, so können sich Mitgliedstaaten und betraute Unternehmen auch ohne vorgängige Entscheidung der Kommission vor nationalen Behörden und Gerichten auf die Ausnahmebestimmung berufen. Bei Verneinung der unmittelbaren Anwendbarkeit hätte die Kommission gemäß ihrer Befugnis nach Art. 86 Abs. 3 EGV ein Monopol bezüglich der Entscheidung, ob ein Mitgliedstaat bzw. ein betrautes Unternehmen nach Art. 86 Abs. 2 EGV von der Anwendung bestimmter gemeinschaftsrechtlicher Vorschriften freizustellen ist.

Die Voraussetzungen der unmittelbaren Anwendbarkeit faßt der EuGH in ständiger Rechtsprechung dahingehend zusammen, daß die jeweilige Norm der Sache nach abschließend, inhaltlich klar und rechtlich perfekt sein muß, keine weiteren Ausführungs-

---

EGV fielen, z. B. *Hamon*, AJDA 1997, 996, 1000. A. A. allerdings *Burgi*, EuR 1997, 261, 278 Fn. 87: es handele sich nur um das Ergebnis einer konkreten Subsumtion; *Wilms* (1996), S. 151: der maßgebliche Passus des „*Campus Oil*“-Urteils beziehe sich auf die Bedeutung des Art. 86 Abs. 2 S. 2 EGV.

43 EuGH Slg. 1997 I-5699, 5777 Rn. 32 – „*Energiemonpole Niederlande*“. Zuvor gingen weite Teile der Lit. davon aus, daß ein Verstoß gegen Art. 31 EGV nicht rechtfertigungsfähig sei: Art. 31 EGV sei *lex specialis*, welches die Zulässigkeit von Handelsmonopolen abschließend regele – vgl. *Mestmäcker*, in: XXXII. FIW-Symposion (1999), S. 71, 75; *ders.*, RabelsZ 52 (1988), 526, 576 f. Ähnlich *Geiger*, Kom., 3. Aufl. (2000), Art. 86 Rn. 9. Grabitz/Hilf-*Pernice*, Kom., Art. 90 Rn. 75 hielt mit Blick auf die in S. 2 vorgesehene Verhältnismäßigkeitsprüfung eine Anwendung des Art. 86 Abs. 2 EGV auf Verstöße gegen Art. 31 EGV nur unter ganz besonderen Umständen für möglich. Die Anwendung des Art. 86 Abs. 2 EGV auf Verkehrsfreiheiten (jenseits des Art. 31 EGV) hat sich allerdings bereits im Vorfeld der *Energiemonopol*-Urteile angekündigt – vgl. z. B. *GA Darmon*, Schlußanträge, Rn. 144 und Fn. 111, in: EuGH Slg. 1994 I-1477, 1502 – „*Almelo*“; *Buendia Sierra* (1999), Tz. 8.97.

44 *Möschel*, WuW 1999, 832, 835.

45 So z. B. *Schaub/Dohms*, Die AG 1998, 566, 567; *Blum/Logue* (1998), S. 17; *Schneider* (1999), S. 392; *London*, Les Petites Affiches, 15 mai 1999, 16, 19; *Lackhoff* (2000), S. 472. Für die Anwendbarkeit des Art. 86 Abs. 2 EGV auf die Verkehrsfreiheiten (Artt. 28, 46 EGV) wird häufig angeführt, daß Verletzungen der Art. 86 Abs. 1 i. V. m. Art. 82 EGV regelmäßig mit Verletzungen der Verkehrsfreiheiten einhergingen, – etwa bei der Einräumung von Ausschließlichkeitsrechten –, Art. 86 Abs. 2 EGV aber in den Ausnahmevorschriften zu den Verkehrsfreiheiten keine volle Entsprechung finde – vgl. z. B. *Buendia Sierra* (1999), Tz. 8.104. A. A. hingegen noch: *Appelt* (1995), S. 124 f.; GTE-*Hochbaum*, Kom., 5. Aufl. (1999), Art. 90 Rn. 51.

46 EuGH Slg. 1998 I-3949, 4001 Rn. 59 – „*Corsica Ferries*“; vgl. hierzu *Hatzopoulos*, CMLRev. 37 (2000), 43, 80 f.

akte zu ihrer Anwendbarkeit erforderlich sein dürfen und den Mitgliedstaaten kein Ermessensspielraum belassen werden darf. Außerdem müssen die aus den Normen folgenden Verpflichtungen unbedingt sein, d. h. vorbehaltslos gelten.[47]

Ob Art. 86 Abs. 2 EGV diese Voraussetzungen erfüllt,[48] ist bei unbefangener Betrachtung zweifelhaft:[49] Insbesondere die Frage, ob die Anwendung der Vorschriften des EG-Vertrags die Erfüllung der dem Unternehmen übertragenen „besonderen Aufgabe" verhindert, kann eine Würdigung komplexer wirtschaftlicher Sachverhalte voraussetzen[50] – ein Gesichtspunkt, der in der Rechtsprechung des EuGH in verschiedenen Zusammenhängen als Begründung für eine Begrenzung der richterlichen Kontrolle auf die Prüfung von Ermessensfehlern genannt worden ist.[51] In der Lit. wurde daher die Ansicht vertreten, daß der Kommission bei der Beantwortung dieser Frage ein Beurteilungsspielraum zuzugestehen sei.[52] Im Rahmen des Art. 86 Abs. 2 S. 2 EGV ist überdies eine umfassende wertende Abwägung zwischen dem mitgliedstaatlichen und dem Gemeinschaftsinteresse erforderlich – von einer klaren, eindeutigen Vorschrift kann in dieser Hinsicht keinesfalls gesprochen werden.[53] Da Art. 86 Abs. 2 Satz 2 EGV als Vorbehalt für die Möglichkeit der Ausnahmegewährung nach Art. 86 Abs. 2 S. 1 EGV fungiert, könnten Unbestimmtheiten in Satz 2 der Norm auch die unmittelbare Anwendbarkeit des Satzes 1 der Vorschrift ausschließen.

Ob die Sätze 1 und 2 des Art. 86 Abs. 2 EGV in diesem Sinne als Einheit zu sehen sind oder ob die unmittelbare Anwendbarkeit für beide Sätze getrennt zu ermitteln ist, ist bis heute nicht abschließend geklärt. Der EuGH hat in frühen Urteilen zunächst die unmittelbare Anwendbarkeit des Art. 86 Abs. 2 EGV insgesamt verneint.[54] Dieser Ansicht folgte lange Zeit auch die Kommission: wenngleich in Fällen, in denen eine Rechtfertigung eindeutig *nicht* in Betracht komme, dies auch von nationalen Gerichten und Behörden festgestellt werden könne, bleibe doch sie allein – unter Aufsicht des EuGH –

47 EuGH Slg. 1963, 1, 25 – *„Van Gend & Loos"; GA Dutheillet de Lamothe*, Schlußanträge, in: EuGH Slg. 1971, 723, 740 f – *„Hafen von Mertert"*. Vgl. hierzu auch: Immenga/Mestmäcker-*Mestmäcker*, EG-Wettbewerbsrecht, Kom., Bd. II (1997), Art. 37/Art. 90 D. Rn. 24.

48 Ausführlich hierzu: Immenga/Mestmäcker-*Mestmäcker*, EG-Wettbewerbsrecht, Kom., Bd. II (1997), Art. 37, 90 D Rn. 22–28.

49 Ablehnend z. B. *GA Dutheillet de Lamothe*, Schlußanträge, in: EuGH Slg. 1971, 723, 740 f. – *„Hafen von Mertert"*; vgl. auch *Wainwright*, in: Fordh. Corp. Law Inst. 1989, 239, 252 .

50 *Waelbroeck/Frignani* (1999), S. 285 sehen darin allerdings „not a question that a Court is incapable of solving".

51 Näher hierzu: *Herdegen/Richter*, in: Frowein (Hrsg.) (1993), S. 209 ff.

52 So *Birkenmaier*, EuR 1988, 144, 153.

53 So auch *Waelbroeck/Frignani* (1999), S. 285: „[...] the reconciliation required by the last sentence of Article 90(2) [Art. 86(2) n.F.] between the State's interest and the development of trade within the Community supposes, by its very nature, a discretionary judgment that national courts are apparently not equipped to make".

54 EuGH Slg. 1971, 723, 730 Rn. 8/12 – *„Hafen von Mertert"*: Die Anwendung von Art. 86 Abs. 2 EGV erfordere eine Würdigung der Erfordernisse, die sich aus der Aufgabenerfüllung einerseits, dem Gemeinschaftsinteresse andererseits ergäben. Beim gegenwärtigen Stand des Gemeinschaftsrechts sei Art. 86 Abs. 2 EGV daher nicht geeignet, individuelle Rechte zu begründen, die die nationalen Gerichte zu beachten hätten; bestätigt in: EuGH Slg. 1983, 555, 567 Rn. 15 – *„Inter-Huiles"*. Zu dieser frühen Rechtsprechung: *Mestmäcker*, RabelsZ 52 (1988), 526, 559 f.

zuständig, Art. 86 Abs. 2 EGV in einem konkreten Fall positiv für anwendbar zu erklären.[55] Bis dahin gälten die Verbotsvorschriften des EG-Vertrags fort.

Ein Wandel der Rechtsprechung des EuGH zur Frage der unmittelbaren Anwendung zumindest von Satz 1 des Art. 86 Abs. 2 EGV kündigte sich im Urteil *„Ahmed Saeed"* aus dem Jahr 1989 an: ohne nähere Begründung erklärte der EuGH in diesem Vorlageverfahren das vorlegende nationale Gericht für zuständig, sowohl das Vorliegen einer Betrauung als auch die Frage zu prüfen, ob die Anwendung der Wettbewerbsregeln die Aufgabenerfüllung verhindern würde.[56] Diese Rechtsprechung wurde in der Folge fortgeführt und bestätigt.[57] Trotz erheblicher Kritik in der Lit., die bei der Anwendung des Art. 86 Abs. 2 S. 1 EGV durch nationale Behörden und Gerichte vor allem die einheitliche Anwendung des Gemeinschaftsrechts in den Mitgliedstaaten gefährdet sieht,[58] wird seitdem von der unmittelbaren Anwendbarkeit jedenfalls des Art. 86 Abs. 2 S. 1 EGV ausgegangen[59] – zumindest soweit die Vorschrift eine Ausnahme von Art. 82 EGV (und mittlerweile auch von den Verkehrsvorschriften) erlaubt.[60]

Strukturell anders stellt sich die Frage nach der unmittelbaren Anwendbarkeit des Art. 86 Abs. 2 S. 1 EGV im Zusammenhang mit den Art. 81 EGV und Art. 87 EGV dar: Hier ist nach der h. M. die Entscheidung über eine Freistellung nach Art. 81 Abs. 3 bzw. Art. 87 Abs. 3 EGV vorgängig, für welche die Kommission die ausschließliche Zuständigkeit besitzt, die in diesem Verfahren aber auch die Möglichkeit einer Ausnahme nach Art. 86 Abs. 2 EGV berücksichtigen kann und berücksichtigt. Faktisch ist damit die primäre Entscheidungszuständigkeit der Kommission gewährleistet. Ob ihr bei der Entscheidung zugleich ein Ermessen zuzugestehen ist, wird an späterer Stelle erörtert.

---

55 Vgl. *Kommission*, Leitlinien für die Anwendung der EG-Wettbewerbsregeln im Telekommunikationsbereich, ABl. 1991 Nr. C 233/2 Rn. 23. Ähnlich die Interpretation der Rechtsprechung des EuGH durch *GA Jacobs*, Schlußanträge, Rn. 53, in: EuGH Slg. 1991 I-1979, 2008 – *„Höfner"*. Auch *Abate*, RevMUE 1994/3, 11, 70. Kritisch hierzu: *Slot*, in: Fordh.Corp.L.Inst. (1992), S. 255, 266 Fn. 36; *Heinemann* (1996), S. 188; Grabitz/Hilf-*Pernice*, Kom., Art. 90 Rn. 13; *Van der Woude*, Competition Law Checklist, ELRev. 1992, 60, 77 ff.

56 EuGH Slg. 1989, 803, 853 Rn. 55–57 – *„Ahmed Saeed"*.

57 EuGH Slg. 1991 I-2925, 2962 Rn. 34 – *„ERT"*; EuGH Slg. 1993 I-2533, 2569 Rn. 20 – *Corbeau*; EuGH Slg. 1994 I-1477, 1521 Rn. 50 – *„Almelo"*. Zu dieser neueren Linie der Rechtsprechung siehe *Waelbroeck/Frignani* (1999), S. 287.

58 Z. B. Immenga/Mestmäcker-*Mestmäcker*, EG-Wettbewerbsrecht, Kom., Bd. II (1997), Art. 37/Art. 90 D. Rn. 29; *Le Nestour/Zinow*, ET 1995, 78, 82, unter Hinweis auf das Fehlen klarer Auslegungskriterien. Ähnlich: *Rapp-Jung*, RdE 1994, 165, 169; *Gardner*, ECLR 16 (1995), 78, 83 und 85; *Fesenmair* (1996), S. 196 und 199; *Blum/Logue* (1998), S. 33. *Spannowsky*, RdE 1995, 135, 136 hingegen begrüßt den nationalen Handlungsspielraum, der durch die unmittelbare Anwendbarkeit des Art. 86 Abs. 2 EGV gewährleistet wird.

59 Vgl. z. B. EuG Slg. 1992 II-2417, 2448 Rn. 99 – *„Rendo I"*. Aus der Lit.: Immenga/Mestmäcker-*Mestmäcker*, EG-Wettbewerbsrecht, Kom., Bd. II (1997), Art. 37/Art. 90 D. Rn. 27; *Fesenmair* (1996), S. 198 m. w. N.; *Van der Woude*, Competition Law Checklist, ELRev. 1992, 60, 78; *Waelbroeck/Frignani* (1999), S. 283; *Wilms* (1996), S. 146 ff.; *Hancher*, in: Lonbay (Hrsg.) (1994), S. 152, 158; Calliess/Ruffert-*Jung*, Kom. (1999), Art. 86 Rn. 9; *Burgi*, EuR 1997, 261, 278 m. w. N. in Fn. 90–92. Einschränkend aber nach wie vor: GTE-*Hochbaum*, Kom., 5. Aufl. (1999), Art. 90 Rn. 73.

60 Vgl. z. B. GA *Lenz*, Schlußanträge, Rn. 43, in: EuGH Slg. 1994 I-877, 891 f. – *„Banco Exterior"*.

Ungeklärt blieb die unmittelbare Anwendbarkeit des Art. 86 Abs. 2 S. 2 EGV (näher dazu: s. u., B.III.2.e)ee)).

III. Art. 86 Abs. 2 EGV in der Rechtsprechung von EuG und EuGH

Es hat sich mittlerweile die Ansicht durchgesetzt, daß in der Rechtsprechung zu Art. 86 Abs. 2 EGV jenseits der soeben dargestellten Strukurfragen zwei Phasen unterschieden werden können, wobei das Urteil „*Corbeau*" aus dem Jahr 1993 die Zäsur zwischen einer stärker dem gemeinschaftlichen Integrationsanliegen und einer stärker dem Schutz nationaler Souveränitätsansprüche verpflichteten Auslegung markiert. Um diese beiden entgegengesetzten Konzeptionen des Art. 86 Abs. 2 EGV klarer herausarbeiten zu können, wird diese Einteilung für die Darstellung der Rechtsprechung übernommen.

1. Die Rechtsprechung zu Art. 86 Abs. 2 EGV bis 1993

a) Dienstleistungen von allgemeinem wirtschaftlichem Interesse

Die in Art. 86 Abs. 2 EGV vorgesehene Ausnahme von den Vorschriften des EG-Vertrags betrifft „Unternehmen, die mit Dienstleistungen von allgemeinem wirtschaftlichem Interesse betraut sind". Der Unternehmensbegriff des Art. 86 Abs. 2 S. 1 EGV entspricht nach allgemeiner Ansicht dem Unternehmensbegriff, wie er generell in den Wettbewerbsvorschriften des EGV zugrundegelegt wird. Demgegenüber ist der Dienstleistungsbegriff dieser Norm erheblich weiter als der Dienstleistungsbegriff in Art. 50 EGV, umfaßt nämlich Leistungen aller Art, d. h. auch das Bereithalten, Bereitstellen und Verteilen von Sachleistungen.[61] Neben den postalischen und telekommunikativen Kommuniaktionsdiensten werden daher auch die Versorgung der Verbraucher mit Elektrizität und Gas – beides „Waren" im Sinne des EG-Vertrags – von Art. 86 Abs. 2 EGV erfaßt.[62]

Unter welchen Voraussetzungen ein „allgemeines wirtschaftliches Interesse" an einer Dienstleistung besteht, wird im EG-Vertrag nicht definiert. Auch den mitgliedstaatlichen Rechtsordnungen ist der Begriff der „Dienstleistungen von allgemeinem wirtschaftlichem Interesse" fremd und hat deshalb in der Auslegung Schwierigkeiten bereitet.

---

61 *GA Alber*, Schlußanträge, Rn. 43, zu: EuGH Slg. 1999 I-5219, 5231 f. – „*RISAN*"; GTE-*Hochbaum*, Kom., 5. Aufl. (1999), Art. 90 Rn. 52; *Mestmäcker*, RabelsZ 52 (1988), 526, 564; *Wilms* (1996), S. 131 *Mestmäcker* (1974), S. 661; Langen/Bunte-*Jungbluth*, Kom., 8. Aufl. (1998), Art. 90 Rn. 37; *Waelbroeck/Frignani* (1999), S. 288; *Benesch* (1993), S. 12; *Heinemann* (1996), S. 176 u. a.

62 GTE-*Hochbaum*, Kom., 5. Aufl. (1999), Art. 90 Rn. 52.

Weitgehende Einigkeit bestand frühzeitig darüber, daß das „allgemeine wirtschaftliche Interesse" an einer Dienstleistung auf die mitgliedstaatliche Interessenlage verweist, nicht auf die Interessenlage der Gemeinschaft,[63] die erst in Art. 86 Abs. 2 S. 2 EGV als Schranken-Schranke zur Geltung kommt.

Umstritten ist jedoch, ob abstrakte gemeinschaftsrechtliche Kriterien für die Feststellung eines „allgemeinen wirtschaftlichen Interesses" existieren, welche die Bestimmungsfreiheit der Mitgliedstaaten rechtsverbindlich einschränken könnten, so daß den Mitgliedstaaten lediglich eine Auswahl- und Konkretisierungskompetenz verbliebe. Selbst dort, wo von der Existenz solcher Kriterien ausgegangen wird,[64] bleibt ihr Inhalt unklar.

aa) Der „wirtschaftliche" Charakter des Interesses an einer Dienstleistung

Um in den Anwendungsbereich des Art. 86 Abs. 2 EGV zu fallen, müssen die maßgeblichen Dienstleistungen von „wirtschaftlichem" Interesse sein.

Von der Kommission wurde anfangs unter Berufung auf das Tatbestandserfordernis der „Wirtschaftlichkeit" des zu privilegierenden Interesses die Ansicht vertreten, daß alle Interessen nicht-wirtschaftlicher Art, etwa soziale oder kulturelle Interessen, von der Privilegierung des Art. 86 Abs. 2 S. 1 EGV ausgeschlossen seien.[65] In der Lit. wurde demgegenüber darauf hingewiesen, daß ein „allgemeines wirtschaftliches Interesse" an einer Dienstleistung nahezu ausnahmslos mit kulturellen, sozialen oder anderen politi-

63 GTE-*Hochbaum*, Kom., 5. Aufl. (1999), Art. 90 Rn. 54; *Papaconstantinou* (1988), S. 84 f.; *Benesch* (1993), S. 13 f.; *Eckert* (1992), S. 51; *Schindler*, CMLRev. 1970, 57, 70; *Mestmäcker*, RabelsZ 52 (1988), S. 526, 564. Allerdings geht die Kommission in einigen Bereichen davon aus, daß ein nationaler Ansatz überholt und eine Beurteilung von Diensten am Maßstab des Gemeinschaftsinteresses geboten sei – vgl. *Kommission*, Mitteilung zur Daseinsvorsorge II, ABl. 2001 Nr. C 17/4, Rn. 4 ; zuvor bereits *Kommission*, Grünbuch Telekommunikationsinfrastrukturen, Teil I (1994), S. 27 f.: Beschränkungen des freien Dienstleistungsverkehrs und des Wettbewerbs könnten beibehalten werden, wenn ohne sie „der Universaldienst oder eine anderweitige Aufgabe von gesamtwirtschaftlichem Interesse *für die Union* in Frage gestellt würde [...]" [Hervorhebung durch H.S.]. Ähnliche Formulierungen finden sich auch in: *Kommission*, Bekanntmachung über die Anwendung der Wettbewerbsregeln auf dem Postsektor, ABl. 1998 Nr. C 39/2, 14, Tz. 8.1. Allerdings existiert sowohl im Telekommunikations- als auch im Postsektor ein sekundärrechtliches Universaldienstkonzept auf Gemeinschaftsebene, welches nach Ansicht der Kommission offenbar das maßgebliche nationale in ein Gemeinschaftsinteresse transformiert.

64 Für die Existenz solcher Kriterien z. B.: *Buendia Sierra*, Competition Policy Newsletter Vol. 2 (1996/3), 14, 17; *Schaub/Dohms*, Die AG 1998, 566, 567; *Kruse*, NZVw 2000, 721, 724. Vgl. für die Ansicht der Kommission: *Kommission*, Mitteilung zur Daseinsvorsorge II, ABl. 2001 Nr. C 17/4 Rn. 22: „Gestaltungsfreiheit bedeutet, daß für die Definition dessen, was ausgehend von den spezifischen Merkmalen einer Tätigkeit als Dienstleistung von allgemeinem wirtschaftlichem Interesse zu gelten hat, vorrangig die Mitgliedstaaten zuständig sind. Diese Definition darf nur einer Kontrolle auf offenkundige Fehler unterworfen werden. [...]".

65 So z. B. *Kommission*, Grünbuch ‚Fernsehen ohne Grenzen', KOM(84) 300 endg., S. 192; *Kommission*, Entscheidung v. 2. 6. 1971, ABl. 1971 Nr. L 134/27 – *„GEMA"*. Aus der Lit.: *Ehricke*, EuZW 1993, 211, 214; *Oppermann* (1999), Rn. 1055. In diese Richtung auch GTE-*Hochbaum*, Kom., 5. Aufl. (1999), Art. 90 Rn. 56, der bei Überschneidungen von wirtschaftlichen mit anderen Interessen auf den Schwerpunkt der Tätigkeit abgestellen will.

schen Interessen verbunden sei oder gar dadurch definiert werde:[66] die in Art. 86 Abs. 2 EGV geschützten „besonderer Aufgaben“ hätten letztendlich regelmäßig die Sicherung anderer als rein wirtschaftlicher Interessen zum Ziel. Überdies führe die Ausklammerung kulturpolitischer und sozialpolitischer Ziele aus dem Begriff des „allgemeinen wirtschaftlichen Interesses“ dazu, daß der EGV den Mitgliedstaaten in ihrem Verhältnis zu Unternehmen mit rein wirtschaftlicher Zielsetzung einen größeren Spielraum einräume als im Verhältnis zu Unternehmen, die vorrangig sonstige, insbesondere kulturelle oder soziale Ziele verfolgten, obwohl nach dem Zweck des EGV eine solche Privilegierung eines politischen Einflusses auf rein wirtschaftlich motivierte Betätigungen nicht verständlich sei.[67]

Vor diesem Hintergrund wurde vorgeschlagen, das „allgemein-wirtschaftliche“ Interesse an einer Dienstleistung als Gegensatz zu einem „einzel-wirtschaftlichen“ Interesse – nämlich dem einzelunternehmerischen Gewinninteresse – zu verstehen. Geschützt sei ein Interesse, welches nicht mit dem Interesse an Gewinnerzielung deckungsgleich sei, sich vielmehr an Maßstäben außerhalb der Gewinnerzielung, namentlich dem Allgemeininteresse bzw. öffentlichen Interessen, orientiere.[68] Das Adjektiv „wirtschaftlich“ charakterisiert in dieser Auslegung nicht das „Interesse“ an der Tätigkeit, sondern lediglich deren Charakter, erweist sich in dieser Hinsicht allerdings als redundant: der wirtschaftliche Charakter der jeweiligen Tätigkeit ist über den Unternehmensbegriff ohnehin Anwendungsvoraussetzung des Art. 86 Abs. 2 EGV.[69]

Dieser Auslegung hat sich der EuGH im Urteil *„Ahmed Saeed“* der Sache nach angeschlossen.[70] Sie kann heute als ganz herrschende Meinung gelten.[71]

bb) Kritierien für die Feststellung eines „allgemeinen wirtschaftlichen Interesses“

Im Rahmen des Art. 86 Abs. 2 EGV privilegierungsfähig sind Dienstleistungen von „allgemeinem“ wirtschaftlichem Interesse, nicht dagegen Partikularinteressen, d. h. Sonderinteressen – insbesondere auch Gewinninteressen – einzelner Wirtschaftsteil-

---

66 *Mestmäcker* (1974), S. 664; *ders.*, RabelsZ 52 (1988), 526, 567 f.; *Rinne* (1998), S. 61; *Heinemann* (1996), S. 178; *Wilms* (1996), S. 131 f.

67 *Jarass*, EuR 1986, 75, 81; *Bauer* (1990), S. 237.

68 Vgl. Immenga/Mestmäcker-*Mestmäcker*, EG-Wettbewerbsrecht, Kom., Bd. II (1997), Art. 37, 90 D. Rn. 43 und 46 m. w. N.; *ders.*, in: FS Zacher (1998), 635, 645: ein allgemeines wirtschaftliches Interesse sei anzunehmen, wenn das Marktverhalten der Unternehmen einem rechtsverbindlich festgelegten besonderen Zweck diene und die Unternehmen zur Erfüllung der besonderen Aufgabe auch dann verpflichtet sein sollten, wenn ihr unternehmerisches Eigeninteresse dem entgegenstehe.

69 Vgl. *Faull/Nikpay* (1999), Art. 86 Tz. 5.127; *Rinne* (1998), S. 60 f.; *Bauer* (1990), S. 236 f.; *Heinemann* (1996), S. 179; Lenz-*Grill*, Kom., 2. Aufl. (1999), Art. 90 Rn. 18; *Triantafyllou*, Rev.trim.dr.eur. 35 (1999), 21, 23 f.; *Deringer*, Kom., Art. 90 Rn. 74.

70 EuGH Slg. 1989, 803, 853 Rn. 55 – *„Ahmed Saeed“*. Vgl. auch EuGH Slg. 1993 I-2533, 2568 Rn. 15 – *Corbeau*; EuGH Slg. 1994 I-1477, 1520 Rn. 47 – *„Almelo“* (wo der EuGH schlicht von ‚Dienstleistungen von allgemeinem Interesse‘ spricht). Vgl. auch EuG Slg. 1996 II-649, 690 Rn. 116 – *„EBU“*.

71 Z. B. *Faull/Nikpay* (1999), Art. 86 Tz. 5.154; *Waelbroeck/Frignani* (1999), S. 290 u. a. Für die nur noch vereinzelt vertreten Gegenansicht siehe z. B.: Grabitz/Hilf-*Pernice*, Kom., Art. 90 Rn. 37; *Obermann*, in: Cox (Hrsg.) (1997), S. 145, 146; *Mikroulea* (1995), S. 119 f.

nehmer.[72] Auf der anderen Seite muß ein Interesse, um „allgemein" zu sein, nicht notwendig ein Interesse der Gesamtbevölkerung sein. Ein einem räumlich abgrenzbaren Bevölkerungsteil gemeines Interesse kann genügen.[73]

Jenseits dieser Feststellungen fehlt in der Rechtsprechung des EuGH eine generelle und abstrakte Bestimmung der Voraussetzungen, unter denen eine Dienstleistung von „allgemeinem wirtschaftlichem Interesse" ist.[74] Wesentliche Fragen bleiben damit unbeantwortet – insbesondere mit Blick auf das Verhältnis zwischen „allgemeinen" und „öffentlichen" Interessen und die Weite des Beurteilungsspielraums der Mitgliedstaaten.[75]

In seiner frühen Rechtsprechung scheint der EuGH von einer weiten Auslegung des Begriffs der „Dienstleistungen von allgemeinem wirtschaftlichem Interesse" ausgegangen zu sein, die maßgeblich auf die Sicht der Mitgliedstaaten abstellte. In diese Richtung weist sowohl die Feststellung des EuGH im Urteil „*Hafen von Mertert*", daß ein Unternehmen als mit „Dienstleistungen von allgemeinem wirtschaftlichem Interesse" betraut gelten könne, welches für die Ausübung der ihm gesetzlich übertragenen Aufgabe bestimmte Vorrechte genieße und zu diesem Zweck enge Beziehungen mit den öffentlichen Stellen unterhalte und über welches daher der größte Teil des Flußverkehrs des fraglichen Staates abgewickelt werde[76], als auch das Urteil „*Sacchi*", in welchem eine nähere gemeinschaftsrechtliche Eingrenzung des Begriffs gänzlich fehlt[77].

Von dieser frühen weiten Rechtsprechung rückte der EuGH in späteren Urteilen jedoch mit der Feststellung ab, die Anwendung des Art. 86 Abs. 2 EGV sei nicht dem Ermessen der Mitgliedstaaten überlassen.[78] Die Konsequenz zog der EuGH in den Urteilen „*British Telecom*", „*Porto di Genova*" und „*RTT*", indem er – entgegen mitgliedstaatlichem Vortrag – bestimmten Dienstleistungen die Qualifikation als „Dienstleistung von allgemeinem wirtschaftlichem Interesse" versagte. So hieß es im Urteil „*RTT*", Produktion und Verkauf von Telekommunikations-Endgeräten seien Tätigkeiten, die auszuüben jedem Unternehmen freistehen müsse. Der Ausschluß oder die Beschränkung des Wettbewerbs auf diesem Markt könne somit nicht durch eine öffentliche Dienstlei-

---

72 EuGH Slg. 1974, 313, 318 Rn. 23 – „*BRT*". Allg. Meinung – vgl. etwa Lenz-*Grill*, Kom., 2. Aufl. (1999), Art. 86 Rn. 23; *Fesenmair* (1996), S. 202; *Wilms* (1996), S. 134 f.; *GA Dutheillet de Lamothe*, Schlußanträge, in: EuGH Slg. 1971, 723, 739 f.; *Stewing*, EuR 1993, 41, 52; *Petersmann*, EuZW 1993, 593, 597; GTE-*Hochbaum*, Kom., 5. Aufl. (1999), Art. 90 Rn. 54 u. a.

73 Langen/Bunte-*Jungbluth*, Kom., 8. Aufl. (1998), Art. 90 Rn. 38; *Papaconstantinou* (1988), S. 88; *Pais Antunes*, Rev.trim.dr.eur. 27 (1991), 187, 195; *Buendia Sierra* (1999), Tz. 8.30 u. a.

74 Für einen kursorischen Überblick über die stets einzelfallbezogene Rechtsprechung siehe *Waelbroeck/Frignani* (1999), S. 288–289.

75 Kritisch zur daraus resultierenden Rechtsunsicherheit: *Mavroidis/Messerlin*, in: Cottier/Mavroidis (Hrsg.) (1998), S. 343, 354.

76 EuGH Slg. 1971, 723, 730 Rn. 8/12 – „*Hafen von Mertert*"; vgl. auch *ENA*, Bd. I (1997), S. 351: Von allgemeinem wirtschaftlichem Interesse seien Dienstleistungen „présentant un ‚intérêt majeur pour un État'".

77 EuGH Slg. 1974, 409, 431 Rn. 15 – „*Sacchi*".

78 EuGH Slg. 1985, 873, 888 Rn. 30 – „*British Telecom*". Vgl. für dieses Prinzip im Zusammenhang mit anderen Ausnahmevorschriften auch EuGH Slg. 1987, 2599, 2638 Rn. 8 – „*Transparenzrichtlinie II*": man gäbe ansonsten den Mitgliedstaaten die Möglichkeit, nach Belieben über den Geltungsbereich der Ausnahmebestimmung zu verfügen.

stungsaufgabe von allgemeinem wirtschaftlichem Interesse gerechtfertigt werden.[79] Eine nähere Begründung fehlte. Mehr Aufschluß gab insoweit das Urteil im Fall *„Porto di Genova"*. Den infragestehenden Hafenarbeiten sprach der EuGH den Charakter als „Dienstleistungen von allgemeinem wirtschaftlichem Interesse" mit der Begründung ab, daß an den Hafenarbeiten kein allgemeines wirtschaftliches Interesse bestehe, „das sich von dem Interesse an anderen Tätigkeiten des Wirtschaftslebens besonders unterscheidet [...][80] – eine Formel, die der EuGH im Urteil *„GT-Link"* aus dem Jahr 1997 sinngemäß wiederholt hat[81].

In der Lit. ist die Bereitschaft des EuGH, anhand gemeinschaftsrechtlicher Kriterien zu überprüfen, welche Dienstleistungen „von allgemeinem wirtschaftlichen Interesse" und damit i. S. d. Art. 86 Abs. 2 S. 1 EGV privilegierungsfähig sind, als „trend to an objective judgement about what constitutes a service in the general economic interest" bezeichnet worden.[82] Das vom EuGH formulierte Kriterium blieb allerdings unscharf. Offen blieb insbesondere, in welcher Art und Weise sich das in Art. 86 Abs. 2 EGV geschützte „allgemeine wirtschaftliche" Interesse vom Interesse an anderen wirtschaftlichen Tätigkeiten unterscheidet, ob sich z. B. der Unterschied aus der Art der Dienstleistungen zu ergeben hat, oder aus der Art der Verpflichtungen, die ein Mitgliedstaat an diese Dienstleistungen knüpft.[83]

Zahlreiche Urteile deuteten darauf hin, daß der EuGH die Qualifizierung einer Leistung als „Dienstleistung von allgemeinem wirtschaftlichem Interesse" letztlich von der Verbindung der Leistungserbringung mit bestimmten, gemeinschaftsrechtlich eingegrenzten Pflichten abhängig machen wollte – namentlich der Pflicht, Leistungen auch dann zu erbringen, wenn diese aus kommerzieller Sicht unrentabel sind, bzw. der Pflicht, die Kontinuität der Leistungserbringung im Rahmen einer flächendeckenden Versorgung und die Gleichbehandlung der Kunden zu gewährleisten.[84] Angesichts des Umstandes, daß die Rentabilität der Leistungserbringung maßgeblich von den Leistungsmodalitäten abhängt, wäre damit ein weiter Ermessensspielraum der Mitgliedstaaten gesichert.

Zusammenfassend läßt sich ein Schwanken der Rechtsprechung beobachten zwischen Versuchen, den Kreis der privilegierungsfähigen Dienstleistungen anhand objektiver, „harter", d. h. durch die Mitgliedstaaten nicht beliebig beeinflußbarer Kriterien einzuschränken, und der Position, daß alle Dienste, die die Mitgliedstaaten aus Gründen des öffentlichen Interesses mit der Verpflichtung zur Beständigkeit, Allgemeinheit und mit

---

79 EuGH Slg. 1991 I-5941, 5980 Rn. 22 – *„RTT"*.

80 EuGH Slg. 1991 I-5889, 5930 Rn. 25 – *„Porto di Genova"*.

81 EuGH Slg. 1997 I-4449, 4451 Ls. 4 und 4469 Rn. 53 – *„GT Link"*: ein allgemeines wirtschaftliches Interesse müsse gegenüber dem Interesse an anderen Tätigkeiten des Wirtschaftslebens „spezifische Merkmale" aufweisen.

82 *Bright*, ECLR 14 (1993), 263, 269.

83 Im letztgenannten Sinne: *Triantafyllou*, Rev.trim.dr.eur. 35 (1999), 21, 25 unter Hinweis auf die sich daraus ergebenden engen Bezüge zum französischen Konzept des „service public"; ähnlich *Puissochet* (1998), 73, 85.

84 EuGH Slg. 1989, 803, 853 Rn. 55 – *„Ahmed Saeed"* mit Blick auf die Verpflichtung eines Verkehrsunternehmens, kommerziell nicht rentable Strecken zu bedienen. Aus der Rechtsprechung ab 1993: EuGH Slg. 1993 I-2533, 2568 Rn. 15 – *„Corbeau"*; EuGH Slg. 1994 I-1477, 1520 f. Rn. 47–48 – *„Almelo"*. Auch EuG Slg. 1996 II-649, 690 Rn. 116 – *„EBU"*.

der Beachtung weiterer besonderer Interessen verknüpften, „Dienstleistungen von allgemeinem wirtschaftlichem Interesse" i. S. d. Art. 86 Abs. 2 EGV seien.

b) Besondere Aufgaben

Die „besonderen Aufgaben", die mit Dienstleistungen von allgemeinem wirtschaftlichem Interesse betraute Unternehmen zu erfüllen haben, sind die Sonderverpflichtungen[85], die ein Mitgliedstaat speziell diesen Unternehmen auferlegt, anderen Marktteilnehmern demgegenüber nicht.

Aus der Rechtsprechung des EuGH in der hier behandelten ersten Phase ergibt sich keine eigenständige Eingrenzungswirkung dieses Tatbestandsmerkmals gegenüber dem Merkmal der „Dienstleistungen von allgemeinem wirtschaftlichem Interesse". Gelegentlich wird die Prüfung der beiden Tatbestandsmerkmale zusammengezogen,[86] so daß die „besondere Aufgabe" als die Verpflichtung erscheint, bestimmte Dienstleistungen flächendeckend, kontinuierlich, unter Wahrung des Gleichbehandlungsgrundsatzes und ohne Rücksicht auf die Rentabilität der Leistungserbringung anzubieten,[87] – die Verpflichtung also, welche die Dienstleistung zugleich als solche von allgemeinem Interesse qualifiziert. Letztlich blieb die Bedeutung des Tatbestandsmerkmals der „besonderen Aufgaben" jedoch offen.[88]

c) Betrauung

Art. 86 Abs. 2 EGV betrifft Unternehmen, die mit Dienstleistungen von allgemeinem wirtschaftlichem Interesse „betraut" sind.[89] Der Begriff der Betrauung hat keine Entsprechung in den Rechtsordnungen der Mitgliedstaaten. Der EuGH verlangt unter Berufung auf dieses Tatbestandsmerkmal einen Betrauungsakt, nämlich einen mitgliedstaatlichen Hoheitsakt, durch welchen ein Mitgliedstaat ein bestimmtes Unternehmen für eine bestimmte „besondere Aufgabe" in Dienst nimmt.[90]

---

85 Die Kommission spricht von „Gemeinwohlverpflichtungen" – vgl. *Kommission*, Mitteilung zur Daseinsvorsorge, ABl. 1996 Nr. C 281/3 Zif. 31.

86 Sprachlich kommt dies in der Formulierung der „Aufgaben von allgemeinem wirtschaftlichem Interesse" zum Ausdruck – vgl. z. B. EuGH Slg. 1994 I-1477, 1521 Rn. 49 – „*Almelo*".

87 Vgl. insbes. EuGH Slg. 1989, 803, 853 Rn. 55 – „*Ahmed Saeed*".

88 So auch v. *Wilmowsky*, ZHR 155 (1991), 545, 550 f. Unklar z. B. EuGH Slg. 1991 I-5941, 5980 f. Rn. 22 – „*RTT*": hier wird der Eindruck erweckt, daß grundsätzlich auch die Gewährleistung der Benutzersicherheit, der Sicherheit der Netzbetreiber und der Schutz öffentlicher Fernmeldenetze „besondere Aufgaben" i. S. d. Art. 86 Abs. 2 EGV sein könnten, daß diesbezüglich aber eine strenge Verhältnismäßigkeitsprüfung erforderlich sei.

89 Der neben den betrauten Unternehmen in Art. 86 Abs. 2 EGV genannte zweite Fall – Unternehmen, die den Charakter eines Finanzmonopols haben – kann im vorliegenden Zusammenhang außer acht gelassen werden.

90 EuGH Slg. 1974, 313, 318 Rn. 19/22 – „*BRT*"; EuGH Slg. 1981, 2021, 2030 Rn. 7 – „*Züchner*".

aa) Materieller Inhalt eines Betrauungsaktes

Der Betraungsakt verkörpert die politische Entscheidung eines Mitgliedstaats, die Verantwortung für die Versorgung der Bevölkerung mit einer bestimmten Dienstleistung zu übernehmen, und zwar in der Weise, daß das im Betrauungsakt bezeichnete Unternehmen verpflichtet wird, eine konkrete, auf Dienstleistungen von allgemeinem wirtschaftlichem Interesse bezogene Aufgabe selbst dann zu erbringen, wenn dies im Einzelfall wirtschaftlich nicht rentabel ist, das unternehmerische, am Gewinnziel ausgerichtete Eigeninteresse im Einzelfall also einer Erbringung der Dienstleistung entgegenstehen würde.[91]

bb) Notwendigkeit eines formellen Betrauungsaktes

Die Betrauung muß nach ständiger Rechtsprechung des EuGH durch Hoheitsakt erfolgen.[92] Allerdings muß es sich bei diesem Hoheitsakt nicht um eine Rechtsvorschrift handeln – eine Betrauung durch öffentlich-rechtliche Konzession genügt.[93] Entscheidend ist, daß das Eigeninteresse des Unternehmens in rechtlich durchsetzbarer Weise der Verpflichtung zur Aufgabenerfüllung untergeordnet wird.[94] Nicht ausreichend ist eine sog. „faktische Betrauung", also der Umstand, daß ein Unternehmen rein faktisch Dienstleistungen von allgemeinem wirtschaftlichem Interesse erbringt.[95] Erst die In-

---

91 Vgl. *Mestmäcker*, RabelsZ 52 (1988), 526, 565; *Stewing*, ET 1989, 655; *v. Wilmowsky*, ZHR 155 (1991), 545, 552; *Wilms* (1996), S. 137; Grabitz/Hilf-*Pernice*, Kom., Art. 90 Rn. 36; *Fesenmair* (1996), S. 207. Siehe auch: EuGH Slg. 1989, 803, 853 – *„Ahmed Saeed"*.

92 EuGH Slg. 1974, 313, 318 Rn. 19/22 – *„BRT"*; EuGH Slg. 1981, 2021, 2030 Rn. 7 – *„Züchner"*; EuGH Slg. 1989, 803, 853 Rn. 55 – *„Ahmed Saeed"*. Aus neuerer Zeit: EuGH Slg. 1997 I-5815, 5836 Rn. 65 – *„Energiemonopole Frankreich"*. Vgl. auch *Kommission*, Mitteilung zur Daseinsvorsorge II, ABl. 2001 Nr. C 17/4, Rn. 22; GTE-*Hochbaum*, Kom., 5. Aufl. (1999), Art. 90 Rn. 57. A. A. offenbar *Basedow*, in: Jahrbuch für Neue Politische Ökonomie Bd. 16 (1997), S. 121, 131: eine hinreichend eindeutige Aufgabenzuweisung, wie sie für eine „Betrauung" erforderlich sei, könne sich auch aus den Umständen ergeben – unter Hinweis auf: *Kommission*, Entscheidung v. 16. 1. 1991, ABl. 1991 Nr. L 28/32 Rn. 40 f. – *„Ijsselcentrale"*. Zurückhaltender zur Bedeutung dieser Entscheidung: *Wachsmann/Berrod*, Rev.trim.dr.eur. 30 (1994), 39, 44. Zu Streitfragen im Zusammenhang mit der Betrauung im übrigen: *Burgi*, EuR 1997, 261, 276; *Bala* (1997), S. 50 f.; *Schütze* (1992), S. 137 ff.; *Rinne* (1998), S. 81 ff.; *Britz* (1994), S. 193 f. u. a. Praktische Bedeutung hat der Streit im Zusammenhang mit der Frage erlangt, ob deutsche Energieversorgungsunternehmen als i. S. d. Art. 86 Abs 2 S. 1 EGV betraute Unternehmen angesehen werden können. Näher dazu: s. u., Teil C III.4. der Arbeit.

93 EuGH Slg. 1994 I-1477, 1520 f. Rn. 47 – *„Almelo"*; EuGH Slg. 1997 I-5815, 5836 Rn. 66–67 – *„Energiemonopole Frankreich"*. Aus der Lit.: *Fesenmair* (1996), S. 203 ff.; *Tettinger*, DVBl. 1994, 88, 89 f.; *Litpher*, RdE 1998, 72, 73; *Hamon*, AJDA 1997, 996, 1000; *Chérot*, RDF adm. 14 (1998), 135, 142 u. a.

94 *Mestmäcker* (1974), S. 641 ff.; *Badura*, ZGR 3/1997, 291, 300; Langen/Bunte-*Jungbluth*, Kom., 8. Aufl. (1998), Art. 90 Rn. 40 mit dem Hinweis, daß eine bloße Erlaubnis nicht genüge u. a.

95 Ebenso: GTE-*Hochbaum*, Kom., 5. Aufl. (1999), Art. 90 Rn. 57 m. w. N.; *Fesenmair* (1996), S. 203 f.; *Mestmäcker*, RabelsZ 52 (1988), S. 526, 562; Grabitz/Hilf-*Pernice*, Kom., Art. 90 Rn. 33–34. Entgegen einer starken Ansicht in der Lit.: z. B. *Huth* (1965), S. 330 ff.; *Grawe*, in: FS Fabricius (1989), S. 219, 232 f.; *Schindler*, CMLRev. 1970, 57, 69; *Gleiss/Hirsch*, Art. 90 Rn. 12; *Stewing*, EuR 1993, 41, 48 ff.; *Tettinger*, DVBl. 1997, 341, 344; *Grussendorf*, WuW 1965, 383, 385; *Rapp-Jung*, RdE 1994, 165, 168; *Waelbroeck/Frignani* (1999), S. 290: Von Art. 86 Abs. 2 EGV erfaßt seien alle Unternehmen, welche Dienstleistungen erbrächten, an denen die Mitgliedstaaten ein be-

dienstnahme eines konkreten Unternehmens und die Konkretisierung der Aufgaben in einem Hoheitsakt gewährleisten, daß die eine gemeinschaftsrechtliche Privilegierung beanspruchende Tätigkeit eines Unternehmens nicht auf eine unternehmerische Entscheidung, sondern auf den dem allgemeinen Interesse verpflichteten Mitgliedstaat zurückgeht[96] (politische Legitimationsfunktion des formellen Betrauungserfordernisses). Es wird so verhindert, daß ein Unternehmen über die Reichweite seiner Aufgaben und damit mittelbar zugleich über die Reichweite seiner Freistellung von gemeinschaftsrechtlichen Bindungen selbst entscheidet.[97] Erst das Erfordernis eines Hoheitsakts gewährleistet auch dasjenige Maß an Transparenz hinsichtlich des Inhalts der „besonderen Aufgabe“, welches für eine wirksame gemeinschaftsrechtliche Verhältnismäßigkeitskontrolle, wie sie Art. 86 Abs. 2 S. 1 EGV vorsieht, erforderlich ist[98] (Transparenzfunktion des formellen Betrauungserfordernisses).

cc) *Gemeinschaftsrechtliche Anforderungen an die Präzisierung des Betrauungsinhalts im Betrauungsakt*

Das gemeinschaftsrechtiche Betrauungserfordernis bedeutet für die Mitgliedstaaten einen Zwang zur Verrechtlichung der Instrumentalfunktion von Unternehmen. Der Zwang zur *ex ante* Präzisierung der „besonderen Aufgaben“ in einem Hoheitsakt bedeutet nicht nur einen Bruch mit bisherigen mitgliedstaatlichen Gepflogenheiten.[99] Vielmehr wird dadurch zugleich die Flexibilität im Einsatz von öffentlichen Unternehmen, welcher in den Mitgliedstaaten ein erheblicher Wert beigemessen wurde, erheblich beschränkt. In welchem Maße dies der Fall ist, hängt davon ab, welche Anforderungen an die Präzisierung des Betrauungsinhalts gestellt werden.

Allgemein anerkannt war bislang, daß im Betrauungsakt das betraute Unternehmen[100] und die diesem übertragene Aufgabe[101] – nämlich das konkrete Instrumentalisierungsinteresse des Mitgliedstaats an dem betreffenden Unternehmen – präzise bezeichnet sein müssen. Insbesondere mit Blick auf die Transparenzfunktion des Betrauungserfordernisses genügt es nicht, daß ein Mitgliedstaat ein Unternehmen in einem Hoheitsakt allgemein auf das „öffentliche Interesse“ verpflichtet oder einem staatlichen Interventions-

---

sonderes Interesse hätten. Der EGV stelle stärker auf den Inhalt einer Maßnahme und ihre wirtschaftlichen Folgen ab als auf die – oftmals zufällige – formale Gestaltung.

96 Vgl. *Burgi*, EuR 1997, 261, 275; *Püttner*, in: Eichhorn (Hrsg.) (1995), S. 13, 16 f.

97 So daß sich in dem Betrauungserfordernis in gewisser Weise das gemeinschaftsrechtliche Gebot der Trennung von hoheitlichen und Betreiberfunktionen fortsetzt.

98 *Kommission*, Mitteilung zur Daseinsvorsorge II, ABl. 2001 Nr. C 17/4, Rn. 22; *Voisset*, RFD adm. 11 (1995), 304, 316; *Geiger*, Kom., 3. Aufl. (2000), Art. 86 Rn. 12.

99 Zur traditionell allgemein fehlenden Aufgabenpräzisierung: *OECD* (Hrsg.) (1991), S. 23. Für die Situation in Frankreich: *Voisset*, RFD adm. 11 (1995), 304, 311und 316; *Stoffaës* (1995), S. 264 und 266. Allerdings wird die gemeinschaftsrechtliche Verpflichtung zur Präzisierung der „besonderen Aufgabe“ in der französischen Lit. z. T. auch als Gewinn für das „service public“-Konzept begrüßt – vgl. z. B. *Stoffaës* (1995), S. 30; *Borotra* (1995), S. 42 f. und S. 50.

100 Siehe EuGH Slg. 1974, 313, 318 – *„BRT“*; EuGH Slg. 1981, 2021, 2030 – *„Züchner“*. Aus der Lit.: *Wilms* (1996), S. 135 f.; *Rinne* (1998), S. 77; *Schaub/Dohms*, Die AG 1998, 566, 567.

101 Z. B. EuGH Slg. 1989, 803, 853 Rn. 56 – *„Ahmed Saeed“*; *Kommission*, Mitteilung zur Daseinsvorsorge II, ABl. 2001 Nr. C 17/4, Rn. 22; *Chérot*, RDF adm. 14 (1998), 135, 142.

und Weisungsrecht unterwirft.[102] Vielmehr ist der Inhalt der „besonderen Aufgabe" im Betrauungsakt (oder anderen, den Betrauungsakt ergänzenden Hoheitsakten) derart zu präzisieren, daß gemeinschaftsrechtlich die Möglichkeit einer Verhältnismäßigkeitskontrolle gewährleistet ist.

Dies bedeutet zum einen, daß – entgegen einer in der Lit. [103] und von einigen Mitgliedstaaten[104] vertretenen Ansicht – ein Betrauungsakt und eine Präzisierung der „besonderen Aufgabe" auch im Verhältnis eines Mitgliedstaats zu einem *öffentlichen* Unternehmen erforderlich ist, wenn der Mitgliedstaat oder das Unternehmen sich auf Art. 86 Abs. 2 S. 1 EGV berufen wollen.[105] Zum anderen ist eine strikte Verhältnismäßigkeitskontrolle mit Blick auf die dem betrauten Unternehmen zugestandenen Sonderrechte nur möglich, wenn Umfang, Art und Qualität der vom jeweiligen Unternehmen zu erbringenden Leistungen, soweit sie kostenrelevant sein können, präzise festgelegt sind.[106]

In der Praxis der Kommission[107] wie auch in der Rechtsprechung des EuGH[108] existieren Hinweise darauf, daß das Betrauungserfordernis des Art. 86 Abs. 2 EGV tatsächlich in dieser strikten Weise gehandhabt werden soll.

d) Verhältnismäßigkeitsprüfung

aa) Wesen und Bedeutung der Verhältnismäßigkeitsprüfung im System des Art. 86 Abs. 2 S. 1 EGV

Die Nichtanwendung von Vorschriften des EG-Vertrags ist dem Wortlaut des Art. 86 Abs. 2 S. 1 EGV nach nur gerechtfertigt, wenn und soweit ihre Anwendung die Erfüllung der dem betrauten Unternehmen übertragenen „besonderen Aufgaben" rechtlich oder tatsächlich verhindern würde. Zu prüfen ist folglich, ob dem betrauten Unternehmen die Erfüllung der „besonderen Aufgaben" auch ohne Vertragsverstoß möglich wäre.[109]

---

102 Vgl. auch *Kruse*, NZVw 2000, 721, 723; *Bach* (1992), S. 47. Zur Notwendigkeit einer klaren Aufgabeneingrenzung unter Gesichtspunkten des Wettbewerbsschutzes auch *Editorial Comments*, CMLRev. 33 (1996), 395, 399 f. A. A. aber *Stewing*, EuR 1993, 41, 48 ff.: die Unterwerfung eines Unternehmens unter ein allgemeines staatliches Interventions- und Weisungsrecht genüge.

103 Vgl. z. B. *Birkenmaier*, EuR 1988, 144, 151; *Hack* (1966), S. 39; *Burgi*, EuR 1997, 261, 276.

104 Vgl. z. B. die Ansicht der französischen Regierung in: EuGH Slg. 1997 I-5815, 5841 Rn. 86–89 – *„Energiemonopole Frankreich"*.

105 Ebenso Lenz-*Grill*, Kom., 2. Aufl. (1999), Art. 90 Rn. 19; *Schütze* (1992), S. 139; *Bala* (1997), S. 58 f.; Grabitz/Hilf-*Pernice*, Kom., Art. 90 Rn. 34; *Rinne* (1998), S. 72 u. a..

106 Vgl. auch *OECD* (Hrsg.) (1991), S. 24: „[...] vagueness in defining the concept of universal service makes it amenable for use in defending the status quo".

107 Vgl. *Kommission*, Entscheidung v. 26. Juni 1997, ABl. 1997 Nr. L 244/18 Rn. 14 – *„Fernsehwerbung in Flandern"*. Vgl. nunmehr auch: *Kommission*, Mitteilung zur Daseinsvorsorge II, ABl. 2001 Nr. C 17/4, Rn. 22.

108 Vgl. insbes. EuGH Slg. 1989, 803, 853 Rn. 56–57 – *„Ahmed Saeed"*.

109 *Mestmäcker* (1974), S. 664. Dagegen *Borotra* (1995), S. 35: es müsse auch möglich sein, bestimmte Sektoren generell der „Logik des Marktes" zu entziehen.

Regelmäßig wird in diesem Zusammenhang von einer Verhältnismäßigkeitsprüfung gesprochen.[110] Diese ist im Falle des Art. 86 Abs. 2 S. 1 EGV allerdings um ein Prüfungselement verkürzt: Während eine Verhältnismäßigkeitsprüfung typischerweise die Prüfung der Geeignetheit der beanstandeten Maßnahme zur Erreichung eines legitimen Ziels, die Prüfung der Erforderlichkeit der Maßnahme zur Erreichung dieses Ziels und die Prüfung der „Verhältnismäßigkeit im engeren Sinne" umfaßt, in deren Rahmen die widerstreitenden Interessen einander abwägend gegenübergestellt werden,[111] fehlt dieses letzte Prüfungselement in Art. 86 Abs. 2 S. 1 EGV[112]. Die Interessen der Mitgliedstaaten und der Gemeinschaft werden erst in Art. 86 Abs. 2 S. 2 EGV gegenübergestellt, wobei umstritten ist, ob das hier konkretisierte Gemeinschaftsinteresse den mitgliedstaatlichen Interessen eine absolute Grenze setzt oder ob eine allgemeine Interessenabwägung zu erfolgen hat. Umstritten ist auch das Verhältnis zwischen Satz 1 und Satz 2 des Art. 86 Abs. 2 EGV. Während einige in Art. 86 Abs. 2 S. 2 EGV eine getrennt zu prüfende Schranken-Schranke zur Ausnahmevorschrift des Art. 86 Abs. 2 S. 1 EGV erblicken (für die gegebenenfalls auch andere Grundsätze bezüglich der unmittelbaren Anwendbarkeit gelten), sehen andere in Satz 2 des Art. 86 Abs. 2 EGV einen integralen Bestandteil der Ausnahmevorschrift selbst, welcher stets zusammen mit den übrigen Ausnahmevoraussetzungen zu prüfen ist. Auf diese Frage ist später zurückzukommen (s. u., III.2.e) aa)).

Festzuhalten bleibt die allgemeine systematische Bedeutung der Verhältnismäßigkeitsprüfung: sie impliziert eine rechtliche Bindung hoheitlicher Gewalt in ihrer Mittelwahl. Hierin liegt ein bedeutsamer Unterschied zur Kosten-Nutzen-Bilanz („bilan coût-avantage"),[113] die nach französischem Verständnis die Grenze des gesetzgeberischen Ermessens bei staatlichen Eingriffen in Wirtschaftsfreiheiten bezeichnet und auf die Prüfung beschränkt ist, ob der Gesetzgeber bei der wertenden Gewichtung der betroffenen Interessen die naturgemäß weiten Grenzen seines Ermessens überschritten hat.

Die Verhältnismäßigkeitsprüfung gilt vielfach als Herzstück des Art. 86 Abs. 2 S. 1 EGV: sie sei, so heißt es, das Schlichtungsprinzip, mit welchem mitgliedstaatliche und Gemeinschaftsinteressen vermittelt werden könnten.[114] Gemäß dem Verhältnismäßigkeitsprinzip darf der Grad an ordnungspolitischer Intervention nicht höher sein als not-

---

110 *van der Esch*, ZHR 155 (1991), 274, 285; *Bach* (1992), S. 48 f.; *Appelt* (1995), S. 117. Vor einer pauschalen Übertragung der Grundsätze der Verhältnismäßigkeitsprüfung nach deutschem Verfassungsrecht auf das Gemeinschaftsrecht warnen aber: *Basedow/Jung*, in: Basedow (Hrsg.) (1995), S. 179, 269; *Hirsch* (1997), S. 2; *Ziller*, AJDA 1996, No. spécial, 185, 187.

111 Vgl. z. B. *Zuleeg*, in: Iglesias/Due/Schintgen/Elsen (eds.) (1999), 635, 641 m. w. N.

112 A. A. allerdings: *Faull/Nikpay* (1999), Art. 86 Tz. 5.134 und Tz. 5.148 m. w. N., die davon ausgehen, daß die Verhältnismäßigkeitsprüfung in Art. 86 Abs. 2 S. 1 EGV alle drei für eine Verhältnismäßigkeitsprüfung typischen Elemente umfaßt. Art. 86 Abs. 2 S. 2 EGV beinhalte lediglich eine Klarstellung, daß eine solche Abwägung zu erfolgen habe.

113 Von Teilen der französischen Lit. wird die in Art. 86 Abs. 2 S. 1 EGV vorgesehene Verhältnismäßigkeitsprüfung trotzdem auf eine Verpflichtung zur Vornahme einer Kosten-Nutzen-Bilanz reduziert – vgl. *Belloubet-Frier*, AJDA 1994, 2270, 283: „Ce contrôle de proportionnalité donne naissance à un bilan coût-avantage: les assouplissements nécessaires au bon fonctionnement du service d'intérêt économique général ne sont admissibles que si les avantages qui en resultent pour la collectivité sont nettement supérieure à ceux qui lui procurerait le libre développement des échanges dans la Communauté".

114 Vgl. z. B. *Buendia Sierra*, Competition Policy Newsletter Vol. 2 (1996/3), 14, 18.

wendig, um das betreffende Ziel zu erreichen.[115] Allerdings kann die Verhältnismäßigkeitsprüfung in ihrer Eingrenzungskraft gegenüber mitgliedstaatlichem Ermessen nur so wirksam sein wie die – insoweit vorgängige – Eingrenzung privilegierungsfähiger „besonderer Aufgaben".[116] Nur bei präziser Eingrenzung der „besonderen Aufgabe" auf meßbare, nachprüfbare Leistungen bzw. Leistungsparameter kann die Geeignetheits- und Erforderlichkeitsprüfung ihre volle Wirksamkeit entfalten. Werden hingegen auch vage definierte Aufgaben bzw. ein umfassender Sektorplanungs- und -steuerungsauftrag als privilegierungsfähig anerkannt, so sind einer Rechtskontrolle der Mittelwahl von vornherein enge Grenzen gesetzt. Ein weites Ermessen der Mitgliedstaaten ist dann fest in das gemeinschaftsrechtliche Kontrollsystem eingebaut.

bb) Rechtliche und tatsächliche Verhinderung der Aufgabenerfüllung

aaa) Der rechtliche Maßstab für die Verhinderungsprüfung

Bei der Prüfung, ob die Anwendung des Gemeinschaftsrechts die Aufgabenerfüllung verhindern würde, war nach bislang allgemeiner Ansicht ein strenger Maßstab anzulegen.[117] Der EuGH hat wiederholt festgestellt, daß von einer Verhinderung der Aufgabenerfüllung nur gesprochen werden könne, wenn die Anwendung der Regeln des EG-Vertrags mit der Erfüllung der besonderen Aufgabe „nachweislich unvereinbar" sei.[118] Eine bloße Erschwerung oder Behinderung der Aufgabenerfüllung genüge nicht.[119]

---

115 So die *Kommission* in ihrer Mitteilung betreffend die Grundsätze und Leitlinien für die audiovisuelle Politik der Gemeinschaft im digitalen Zeitalter v. 14. 12. 1999, KOM(1999)657 endg., S. 12.

116 Dies wird in der Lit. vielfach nicht hinreichend beachtet. Der eigentliche Wandel in der Rechtsprechung wird in der Lockerung der Verhältnismäßigkeitsprüfung, nicht aber in der Ausweitung privilegierungsfähiger Aufgaben gesehen – siehe z. B. *Faull/Nikpay* (1999), Art. 86 Tz. 5.135; *Buendia Sierra* (1999), Tz. 8.116.

117 Langen/Bunte-*Jungbluth*, Kom., 8. Aufl. (1998), Art. 90 Rn. 42; *Page*, ELRev. 7 (1982), 19, 30; GTE-*Hochbaum*, Kom., Art. 90 Rn. 55; *Benesch* (1993), S. 16. Vgl. insbes. auch die Entscheidung der *Kommission* v. 17. 12. 1981, ABl. 1982 Nr. L 167/39, Tz. 66 – *„Navewa-Anseau"*: „Eine eventuelle Einschränkung der Anwendung der Wettbewerbsregeln ist nur für den Fall in Erwägung zu ziehen, daß das Unternehmen über keine anderen Mittel, die technisch möglich und wirtschaftlich realisierbar sind, verfügt, um seine Aufgabe zu erfüllen"; ähnlich: *Kommission*, Entscheidung v. 10. 12. 1982, ABl. 1982 Nr. L 360/36 Tz. 41 – *„British Telecom"*. *Faull/Nikpay* (1999), Art. 86 Tz. 5.135 sprechen insoweit von dem „old approach".

118 EuGH Slg. 1974, 409, 431 Rn. 15 – *„Sacchi"*; EuGH Slg. 1985, 3261, 3275 Rn. 17 – *„CBEM"*; EuG Slg. 1991 II-485, 524 f. Rn. 82 – *RTE ./. Kommission*; EuGH Slg. 1991 I-1979, 2017 Rn. 24 – *„Höfner"*; EuGH Slg. 1991 I-2925 Rn. 33 – *„ERT"*. In der Lit. wurde diese Rechtsprechung zum Teil als zu weitgehend kritisiert: vgl. z. B. *Birkenmaier*, EuR 1988, 144, 153.

119 Vgl. u. a. EuG Slg. 1997 II-997, 1043 Rn. 138 – *„Air Inter"*; Kommission, Entscheidung v. 10. 12. 1982, ABl. 1982 Nr. L 360/36 Rn. 41 – *„British Telecom"*; Kommission, Entscheidung v. 17. 12. 1981, ABl. 1982 Nr. L 167/39 Rn. 66 – *„Navewa-Anseau"*; siehe allerdings *GA Cosmas*, Schlußanträge, Rn. 97, in: EuGH Slg. 1997 I-5699, 5755 Rn. 97 – *„Energiemonopole Niederlande"*, der offenbar eine *Behinderung* der Aufgabenerfüllung für ausreichend erachtet. Aus der Lit.: Langen/Bunte-*Jungbluth*, Kom., 8. Aufl. (1998), Art. 90 Rn. 42 m. w. N.; Immenga/Mestmäcker-*Mestmäcker*, EG-Wettbewerbsrecht, Kom., Bd. II (1997), Art. 37/Art. 90 D. Rn. 53; *Waelbroeck/Frignani* (1999), S. 284; *Benesch* (1993), S. 16.

bbb) Rechtliche und tatsächliche Verhinderung

Art. 86 Abs. 2 S. 1 EGV nennt zwei mögliche Verhinderungsfälle: die rechtliche und die tatsächliche Verhinderung der Aufgabenerfüllung. *Rechtlich* verhindert wird die Aufgabenerfüllung, wenn das Gemeinschaftsrecht eine hierfür unabdingbare rechtliche Regelung eines Mitgliedstaats verdrängt.[120] So kann Art. 86 Abs. 2 S. 1 EGV z. B. die Beibehaltung des Gebots der Tarifeinheit, wenn man dieses als Teil der privilegierten Aufgabe betrachtet, selbst dann rechtfertigen, wenn man hierin einen Verstoß gegen Art. 82 lit.a EGV (unangemessene Preise) sieht.[121] Eine *tatsächliche* Verhinderung liegt vor, wenn zwar aus der Anwendung des Gemeinschaftsrechts kein Normenkonflikt resultiert, das Verhalten der Unternehmen hierdurch jedoch so beeinflußt wird, daß die Erfüllung der besonderen Aufgabe allein aus diesem Grund unmöglich wird.[122]

Die größte praktische Bedeutung kommt bislang der Fallgruppe der wirtschaftlichen Verhinderung als einem Unterfall der tatsächlichen Verhinderung der Aufgabenerfüllung zu. Sie wird insbesondere dort relevant, wo ein Mitgliedstaat ein Unternehmen verpflichtet, flächendeckend Leistungen zu – zumindest teilweise – nicht kostendeckenden Preisen anzubieten. Wirtschaftlich betrachtet kann ein Unternehmen eine solche Aufgabe dauerhaft nur erfüllen, wenn die resultierenden Defizite ausgeglichen werden können. Die von den Mitgliedstaaten gewählten Mechanismen des Defizitausgleichs sind jedoch gemeinschaftsrechtlich häufig problematisch. Dies gilt sowohl für das in den hier behandelten Sektoren am stärksten verbreitete Defizitfinanzierungsmodell der unternehmensinternen Quersubventionierung, ermöglicht durch umfassende Ausschließlichkeitsrechte der betrauten Unternehmen, die diesen lukrative Marktsegmente vorbehalten,[123] als auch für die Gewährung staatlicher Beihilfen zum Ausgleich von Defiziten.

Kommission und EuGH sind von Anfang an davon ausgegangen, daß die Anwendung der Vorschriften des EGV auf mitgliedstaatliche Finanzierungsmechanismen unter Umständen die Erfüllung der einem Unternehmen übertragenen Aufgabe wirtschaftlich verhindern und dies eine Ausnahme auf der Grundlage des Art. 86 Abs. 2 S. 1 EGV rechtfertigen kann.[124] Wesentliche Fragen – etwa hinsichtlich der Beschaffenheit des von einem Mitgliedstaat bzw. betrauten Unternehmen zu fordernden Nachweises über die wirtschaftliche Aufgabenverhinderung sowie hinsichtlich der etwaigen Berücksich-

---

120 *Mestmäcker* (1974), S. 665. Den Schutz „besonderer Aufgaben“ vor rechtlicher Verhinderung vernachlässigt *v. Wilmowsky*, ZHR 155 (1991), 545, 557 und 572, wenn er postuliert, daß die Mitgliedstaaten keine „besonderen Aufgaben“ vorsehen könnten, die ihrerseits mit Vorschriften des EG-Vertrags unvereinbar seien.

121 Vgl. für ein Beispiel der Anwendung des Art. 86 Abs. 2 S. 1 EGV in einem Fall der *rechtlichen* Verhinderung der Aufgabenerfüllung: EuGH Slg. 1998 I-3949, 3997 Rn. 46 – *„Corsica Ferries“*: Art. 86 Abs. 2 EGV sei auf ein Tarifschema anwendbar, welches Tarife beinhaltete, die nicht mit Art. 82 EGV vereinbar seien.

122 *Mestmäcker* (1974), S. 665; *Mestmäcker*, in: ders. (Hrsg.), Kommunikation ohne Monopole II (1995), S. 13, 138.

123 Vgl. für eine nähere Charakterisierung dieses Finanzierungsmodells aus ökonomischer Sicht: *Blankart/Knieps*, in: Jahrbuch für Neue Politische Ökonomie 13 (1994), S. 238, 242 f.

124 Vgl. EuGH Slg. 1985, 873, 888 Rn. 33 – *„British Telecom“*. Vgl. auch *Cockborne*, Annales des mines, avril 1991, S. 116, 121.

tigung alternativer, gemeinschaftsrechtsfreundlicherer Finanzierungsformen – blieben jedoch zunächst offen.

ccc) Beweislastverteilung

Der EuGH ging lange Zeit in ständiger Rechtsprechung davon aus, daß die Freistellung eines Mitgliedstaats bzw. eines betrauten Unternehmens von gemeinschaftsrechtlichen Vorschriften den Nachweis der Unvereinbarkeit von Aufgabenerfüllung und Anwendung des Gemeinschaftsrechts voraussetze. Wer sich auf die Ausnahmevorschrift des Art. 86 Abs. 2 S. 1 EGV berief, hatte das Vorliegen der Voraussetzungen dieser Norm darzulegen und zu beweisen.[125] Begründet wurde dies mit dem Ausnahmecharakter der Norm und dem daraus abgeleiteten Prinzip der engen Auslegung.[126] Es lag in der Konsequenz dieser Beweislastverteilung, daß Zweifel bezüglich der Folgen der Anwendung des Gemeinschaftsrechts – namentlich bezüglich der Frage, ob dadurch die Aufgabenerfüllung verhindert würde – zu Lasten der Mitgliedstaaten bzw. betrauten Unternehmen gingen. Raum für Ermessens- und Beurteilungsspielräume der Mitgliedstaaten verblieb, wie der EuGH im Urteil *„British Telecom"* klarstellte, grundsätzlich nicht.[127]

In der Praxis blieb die Besorgnis, daß durch diese Beweislastverteilung der Fortbestand wesentlicher Grundversorgungsleistungen gefährdet werden könnte, trotzdem theoretischer Natur. Die Fälle, in denen eine Ausnahme auf der Grundlage des Art. 86 Abs. 2 EGV abgelehnt wurde, waren solche, in denen die Aufgabenerfüllung durch die Anwendung des Gemeinschaftsrechts ersichtlich nicht gefährdet war.

cc) Geeignetheit der gemeinschaftsrechtswidrigen mitgliedstaatlichen Maßnahme zum Schutz der Aufgabenerfüllung

In den Fällen, die die mitgliedstaatlichen Arbeitsvermittlungsmonopole betrafen, hat der EuGH klargestellt, daß ein Mitgliedstaat bzw. ein Unternehmen keine Ausnahme von der Anwendung des Gemeinschaftsrechts geltend machen kann, wenn das mit der Aufgabe betraute Unternehmen offenkundig nicht in der Lage ist, seiner Aufgabe nachzukommen.[128] Dem mitgliedstaatlichen Regelungssystem fehlt insoweit die Schutzwür-

---

125 Z. B. EuGH Slg. 1974, 409, 431 Rn. 15 – *„Sacchi"*; EuGH Slg. 1985, 873, 888 Rn. 33 – *„British Telecom"; GA van Gerven*, Schlußanträge, Rn. 28, in: EuGH Slg. 1991 I-5889, 5920 – *„Porto di Genova"*. Aus der Lit.: *Faull/Nikpay* (1999), Art. 86 Tz. 5.151; Langen/Bunte-*Jungbluth*, Kom., 8. Aufl. (1998), Art. 90 Rn. 43 m. w. N.; Lenz-*Grill*, Kom., 2. Aufl. (1999), Art. 86 Rn. 27; vgl. auch *Heinemann* (1996), S. 185; *Benesch* (1993), S. 16 f.; *Bach* (1992), S. 48; *Mestmäcker*, RabelsZ 52 (1988), 526, 569. Kritisch dazu eine starke Strömung in der französischen Lit. – z. B. *Monnier*, in: Cox (Hrsg.) (1997), S. 195, 200.

126 Vgl. EuGH Slg. 1997 I-5815, 5843 Rn. 94 – *„Energiemonopole Frankreich"*. Aus der Lit.: *Faull/Nikpay* (1999), Art. 86 Tz. 5.151 mit dem weiteren Hinweis, daß die relevanten Informationen regelmäßig im Wissensbereich der Mitgliedstaaten lägen.

127 EuGH Slg. 1985, 873, 888 Rn. 30 – *„British Telecom"*.

128 Vgl. EuGH Slg. 1991 I-1979, 2017 Rn. 25 – *„Höfner"*. Aus der Lit. siehe *Heinemann* (1996), S. 182; *Basedow/Jung*, in: Basedow (Hrsg.)(1995), S. 179, 270.

digkeit. Im übrigen fehlt es an der Kausalität der Anwendung des Gemeinschaftsrechts für die Nichterfüllung der Aufgaben. An dieser Rechtsprechung hat der EuGH auch in jüngerer Zeit festgehalten.[129]

Im Fall „*Job Centre*" hat der EuGH die fehlende Eignung des gemeinschaftsrechtswidrigen mitgliedstaatlichen Systems der Arbeitsvermittlung, die Nachfrage zu befriedigen, ohne nähere empirische Prüfung bereits aus der Struktur des Marktes gefolgert: auf dem Arbeitsmarkt, der durch seine Größe und extreme Vielgestaltigkeit gekennzeichnet sei, könne kein Monopol der Gesamtnachfrage gerecht werden.[130] Aus einer Verallgemeinerung dieser Feststellung ergäbe sich die Schlußfolgerung, daß Ausschließlichkeitsrechte zumindest auf großen, dynamischen und durch Vielfalt gekennzeichneten Märkten angesichts des unter diesen Bedingungen vorprogrammierten Staatsversagens gemeinschaftsrechtlich nicht rechtfertigungsfähig sind.

Angesichts des Umstands, daß die Beweislast für die Voraussetzungen einer gemeinschaftsrechtlichen Ausnahme bei den Mitgliedstaaten liegt, läßt sich auf der Grundlage der vorgenannten Entscheidungen eine Pflicht der Mitgliedstaaten konstruieren, die effektive Aufgabenerfüllung zu kontrollieren, wenn sie zur Gewährleistung der Aufgabenerfüllung gemeinschaftsrechtswidrige Maßnahmen ergreifen. Zu beachten ist allerdings, daß der EuGH die Anwendbarkeit des Art. 86 Abs. 2 S. 1 EGV bislang nur in Fällen *offenkundig* fehlender Fähigkeit des betrauten Unternehmens, seiner Aufgabe nachzukommen, verneint hat.

dd) Erforderlichkeit des Vertragsverstoßes

Ergibt eine hypothetische Prüfung, daß bei Anwendung des Gemeinschaftsrecht auf das gegenwärtig in einem Mitgliedstaat vorzufindende Regelungssystem die Erfüllung der einem Unternehmen übertragenen „besonderen Aufgabe" nicht gefährdet wäre, so scheidet die Rechtfertigung eines Gemeinschaftsrechtsverstoßes aus. In zahlreichen Entscheidungen konnte die Kommission bereits auf der Grundlage einer solchen Prüfung die Anwendbarkeit des Art. 86 Abs. 2 S. 1 EGV als Ausnahmevorschrift ausschließen.[131]

---

129 Vgl. EuGH Slg. 1997 I-7119, 7131 – „*Job Centre*". Auch die Kommission hat auf den Aspekt offenkundiger Unfähigkeit, den vorhandenen Bedarf zu befriedigen, verschiedentlich zurückgegriffen: In einem Verfahren gegen GDF hielt sie das auf die Ausschließlichkeitsrechte des Unternehmens gestützte Vorgehen von GDF gegen unabhängige lokale Gasversorgungsunternehmen, die versuchten, ihre Versorgung auf Nachbargemeinden auszudehnen, die GDF nicht versorgte, für mißbräuchlich – vgl. hierzu: *Levasseur*, Competition Policy Newsletter June 1999, No. 2, 34 ff. Vgl. außerdem: *Kommission*, Entscheidung v. 26. Juli 2000, ABl. 2000 Nr. L 208/36, 45 Rn. 68 – „*Landegebühren-Rabattsystem*" – mit Zweifeln daran, ob das mißbräuchliche Rabattsystem tatsächlich zur touristischen Entwicklung der Kanarischen Inseln beitrage.

130 Vgl. EuGH Slg. 1997 I-7119, 7149 Rn. 33–34 – „*Job Centre*".

131 Z. B. *Kommission*, Entscheidung v. 16. 1. 1991, ABl. 1991 Nr. L 28/32 Rn. 43 – „*Ijsselcentrale*".

aaa) Erforderlichkeit der Reichweite von Ausschließlichkeitsrechten

Erfassen lassen sich mit dieser hypothetischen Prüfung vor allem die Fälle nachträglicher Monopolausdehnung: die Einbeziehung von Tätigkeiten, die sich zunächst im Wettbewerb entwickelt haben, in den einem betrauten Unternehmen gewährten Monopolbereich kann zumindest dann nicht auf der Grundlage des Art. 86 Abs. 2 S. 1 EGV gerechtfertigt sein, wenn der bisherige Monopolbereich ausreichte, um das finanzielle Gleichgewicht des betrauten Unternehmens bzw. die wirtschaftliche Tragbarkeit der Aufgabenerfüllung zu sichern, und wenn das finanzielle Gleichgewicht des Unternehmens durch die im Wettbewerb erbrachte Tätigkeit auf einem angrenzenden Markt auch im übrigen nicht gefährdet wurde. Dieser Fallgruppe sind die Fälle gleichzustellen, in denen eine bestimmte Tätigkeit zwar von den Ausschließlichkeitsrechten umfaßt war, das betraute Unternehmen aber zunächst von diesen Ausschließlichkeitsrechten keinen Gebrauch machte und sich die Tätigkeit mithin faktisch im Wettbewerb entwickelte, ohne daß dies zu einer wirtschaftlichen Gefährdung des betrauten Unternehmen geführt hätte.[132]

Wo auf derartige Erfahrungen im relevanten Markt nicht zurückgegriffen werden konnte, haben bei der hypothetischen Prüfung der zu erwartenden Auswirkungen der Liberalisierung bislang monopolisierter Märkte zwei Methoden eine besondere Rolle gespielt:

Zum einen hat die Kommission, wenn es um die Rechtfertigung von Ausschließlichkeitsrechten auf abgrenzbaren Teilmärkten ging, den wirtschaftlichen Beitrag berechnet, den die Gewinne aus diesen Märkten zum wirtschaftlichen Gleichgewicht des betrauten Unternehmens leisteten. Soweit die Gewinne nur unwesentlich zur Deckung der Kosten der Versorgungsaufgabe bzw. zur Deckung der fixen Kosten des Versorgungsnetzes beitrugen, hat die Kommission regelmäßig keinen Grund für eine Aufrechterhaltung von Ausschließlichkeitsrechten gesehen. Eine Verhinderung der Aufgabenerfüllung infolge der Liberalisierung des Teilmarktes erschien dann unwahrscheinlich. In der Lit. ist hieraus gefolgert worden, daß eine Rechtfertigung von Ausschließlichkeitsrechten nach Art. 86 Abs. 2 EGV aus wirtschaftlichen Gründen von vornherein nur für solche Tätigkeitsbereiche in Betracht komme, die wesentliche Beiträge zur Deckung der Fixkosten des gesamten Universaldienstes erwirtschafteten.[133]

Zum anderen kann bei der Prüfung der zu erwartenden Liberalisierungsfolgen dem Verweis auf die Liberalisierungserfahrungen anderer Regionen oder Mitgliedstaaten Bedeutung zukommen,[134] die Hinweise auf die Auswirkungen der Wettbewerbsdynamik auf die Erfüllung von Versorgungsaufgaben geben können. Allerdings sind stets die Besonderheiten der Situation eines jeden Mitgliedstaats zu berücksichtigen.

---

132 *Kommission*, Entscheidung v. 20. 12. 1989, ABl. 1990 Nr. L 10/47 f. Rn. 2, S. 49 Rn. 5 und 11, S. 50 Rn. 12 – *„Eilkurierdienste Niederlande"*.

133 *Basedow/Jung*, in: Basedow (Hrsg.) (1995), S. 179, 272.

134 Vgl. z. B. *Kommission*, Entscheidung v. 14. 1. 1998, ABl. 1998 Nr. L 72/30 Rn. 102 – *„Flughafen Frankfurt"*.

bbb) Beihilfefälle: die Kontrolle des Umfangs von Beihilfen

Steht im Rahmen des Art. 86 Abs. 2 S. 1 EGV die Rechtfertigung einer staatlichen Beihilfe in Frage,[135] die zum Ausgleich der einem betrauten Unternehmen aus der „besonderen Aufgabe" entstehenden Defizite gewährt wurde, so gilt es im Rahmen der Erforderlichkeitsprüfung festzustellen, ob sich die Beihilfe der Höhe nach auf den Ausgleich des dem Unternehmen aus der Aufgabenerfüllung entstehenden Nettoverlusts beschränkt.[136] Ist dies der Fall, so kann die Möglichkeit einer wettbewerbsverfälschenden unternehmensinternen Quersubventionierung wettbewerblicher Aktivitäten aus staatlichen Mitteln gedanklich ausgeschlossen werden.[137] Die Erforderlichkeitsprüfung wirft daher keine besonderen Schwierigkeiten auf, wenn auf der Grundlage einer transparenten, hinreichend detaillierten Buchführung des betrauten Unternehmens eine präzise Berechnung der Nettokosten der Aufgabenerfüllung möglich ist.

An einer diesen Anforderungen entsprechenden Buchführung fehlte es in der Praxis bislang aber häufig. Einer strikten Anwendung der in Art. 86 Abs. 2 S. 1 EGV angelegten Beweislastverteilung würde es entsprechen, in Fällen, in denen einem Mitgliedstaat bzw. dem betrauten Unternehmen der Nachweis der Erforderlichkeit der vollen Summe nicht gelingt, die Erforderlichkeit bezüglich des streitigen Betrags zu verneinen. Einen solchen Fall hatte der EuGH bis in die Mitte der 90er Jahre hinein jedoch nicht zu entscheiden

ccc) Alternative mildere bzw. gemeinschaftsrechtskonformere Mittel

In der Lit. war bislang weitgehend anerkannt, daß Art. 86 Abs. 2 S. 1 EGV nur dann eine Freistellung von gemeinschaftsrechtlichen Vorschriften gewährt, wenn es keine anderen technisch möglichen sowie rechtlich und wirtschaftlich gangbaren Wege gibt, die Erfüllung der jeweiligen „besonderen Aufgabe" ohne Verletzung des Gemeinschaftsrechts zu gewährleisten.[138] Vor Gewährung einer Freistellung sind mit anderen Worten sämtliche Systemanpassungspotentiale auszuschöpfen, die geeignet sind, die Kompatibilität der Aufgabenerfüllung mit der Anwendung des Gemeinschaftrechts zu

---

135 Zur Anwendbarkeit des Art. 86 Abs. 2 EGV auch auf (ansonsten gemeinschaftsrechtswidrige) Beihilfen: *Hancher/Ottervanger/Slot* (1999), Tz. 7-037 unter Hinweis auf EuGH Slg. 1977, 595, 612 Rn. 18 – *„Steinike und Weinlig"*; EuGH Slg. 1994 I-877, 908 Rn. 17–18 – *„Banco Exterior"*; EuG Slg. 1997 II-229, 280 Rn. 169 – *„FFSA"*.

136 Vgl. *Kommission*, Report of the European Commission to the Council of Ministers: Services of general economic interest in the banking sector, adopted by the Commission on 17. 6. 1998 and presented to the ECOFIN Council on 23. 11. 1998, S. 4. Vgl. auch EuG Slg. 1997 II-229, 282 f. Rn. 178 – *„FFSA"*.

137 Vgl. EuG, Slg. 1997 II-229, 284 Rn. 183 – *„FFSA"*; EuGH Slg. 1998 I-1303, 1304, 2. Leitsatz – *„FFSA II"*. Ebenso: *Kommission*, Bekanntmachung über die Anwendung der Wettbewerbsregeln auf dem Postsektor, ABl. 1998 Nr. C 39/2, 14, Zif. 7.

138 Vgl. *Emmerich* (1969), S. 456; *v. Wilmowsky*, ZHR 155 (1991), 545, 554 ff.; *Rinne* (1998), S. 95 f. m. w. N. in Fn. 170; vgl. auch *Deringer*, Kom., Art. 90 Rn. 82; *van der Esch*, ZHR 155 (1991), 285; *Stoffaës* (1995), S. 309; *Basedow*, in: Jahrbuch für Neue Politische Ökonomie Bd. 16 (1997), S. 121, 132.

gewährleisten.[139] Die Anwendung des Art. 86 Abs. 2 S. 1 EGV kommt nur dann in Betracht, wenn Vertragstreue gleichbedeutend mit einem Verzicht auf die Aufgabenerfüllung wäre.[140] Dies hat auch die Kommission verschiedentlich betont.[141] Der EuGH hatte allerdings zunächst keine Gelegenheit, sich explizit zu dieser Frage zu äußern.[142] Im Telekommunikationssektor entwickelte die Kommission ihr Universaldienstkonzept, welches die Erfüllung der telekommunikativen Grundversorgungsaufgabe im Wettbewerb gewährleisten sollte, im Rahmen von Harmonisierungsrichtlinien. Da mit Blick auf dieses Universaldienstkonzept politische Einigkeit erzielt werden konnte, blieb die Frage ungeklärt, ob eine gleichermaßen weitreichende Liberalisierung rechtlich auch gegen den Widerstand von Mitgliedstaaten unter Hinweis auf die Möglichkeit eines solchen Universaldienstkonzepts durchsetzbar gewesen wäre.[143]

e) Art. 86 Abs. 2 S. 2 EGV

Gemäß Art. 86 Abs. 2 S. 2 EGV darf eine Ausnahme von der Anwendung des Gemeinschaftsrechts nach Art. 86 Abs. 2 S. 1 EGV nicht gewährt werden, wenn die Entwicklung des Handelsverkehrs dadurch in einem Ausmaß beeinträchtigt würde, welches dem Interesse der Gemeinschaft zuwiderliefe. Art. 86 Abs. 2 S. 2 EGV zieht mithin dem mit Art. 86 Abs. 2 S. 1 EGV eröffneten Ausnahmebereich eine Grenze.

Der rechtliche Gehalt der Vorschrift ist in der frühen Phase weder von der Kommission noch vom EuGH konkretisiert worden.[144] In den meisten Entscheidungen der Kommission und Urteilen des EuGH aus dieser Zeit wird Art. 86 Abs. 2 S. 2 EGV nicht erwähnt.[145] In den wenigen Entscheidungen, in denen die Kommission Art. 86 Abs. 2 S. 2 EGV angesprochen hat, geschah dies nur hilfsweise zur Absicherung des auf der

---

139 Vgl. *Seidel*, in: FS Everling (1995), S. 1393, 1401: „Das Wirtschaftsverfassungsrecht der Mitgliedstaaten wird durch die Rechtsprechung des Europäischen Gerichtshofes um die Auflage ergänzt, daß jegliches – nicht ökonomisches – Regelungsanliegen so zu implementieren ist, daß es der Markt- und Wettbewerbswirtschaft optimal Rechnung trägt".

140 *Emmerich* (1969), S. 456.

141 Vgl. z. B. *Kommission*, XX. Wettbewerbsbericht (1991), S. 12; *Kommission*, Entscheidung v. 17. 12. 1982, ABl. 1982 Nr. L 167/39 – *„Navewa-Anseau"*.

142 Zwar kann EuGH Slg. 1991 I-5941, 5980 Rn. 22 – *„RTT"* als Äußerung zu dieser Frage und als Anerkennung einer strengen Verhältnismäßigkeitsprüfung verstanden werden: der EuGH hält hier eine Beschränkung des Wettbewerbs auf dem Markt für Fernsprechgeräte zur Gewährleistung der Netzsicherheit und Sicherheit der Nutzer für nicht möglich, und erklärt zur Begründung, daß zu deren Schutz der Erlaß der Spezifikationen, denen die Geräte entsprechen müssen, und die Einführung eines Zulassungsverfahrens genügten. Diese Äußerung des EuGH läßt sich allerdings auch dahingehend verstehen, daß derartige Schutzanliegen *generell* aus dem Schutzbereich des Art. 86 Abs. 2 S. 1 EGV ausgeschlossen sind, da stets die allgemeine Rahmensetzung das vorzugswürdige, mildere Mittel darstellt. Das Urteil besagt damit nichts zu der Frage, in welcher Weise die Verhältnismäßigkeitsprüfung durchzuführen ist, wo es um die Finanzierung von Versorgungspflichten geht.

143 *Faull/Nikpay* (1999), Art. 86 Tz. 5.142 beispielsweise scheinen davon auszugehen, daß die vollständige Abschaffung der Ausschließlichkeitsrechte, ermöglicht durch das Universaldienstkonzept in der Telekommunikation, unmittelbar aus den Vorgaben des Art. 86 Abs. 2 EGV folgt. Ähnlich: *Larouche* (2000), S. 100.

144 *Gosalbo Bono*, Rev.trim.dr.eur. 33(4), 769, 775.

145 Vgl. allerdings *GA Darmon*, Schlußanträge, Rn. 170, in: EuGH Slg. 1994 I-1407, 1506 – *„Almelo"* unter Hinweis auf die Bedeutung von Art. 86 Abs. 2 S. 2 EGV.

Grundlage von Art. 86 Abs. 2 S. 1 EGV erlangten Ergebnisses.[146] Ausgiebig geprüft hat die Kommission die Voraussetzungen des Art. 86 Abs. 2 S. 2 EGV bislang nur in den Entscheidungen zur Gewährung von zusätzlichen Ausnahmefristen für bestimmte Mitgliedstaaten mit Blick auf die vollständige Liberalisierung der Telekommunikation,[147] also im Zusammenhang mit der Begrenzung von Übergangsfristen im Übergang von einer monopolistischen zu einer liberalisierten Sektororganisation. Die Kommission ist dabei stets davon ausgegangen, daß (zeitlich eng) befristete Übergangsregelungen die Entwicklung des Handelsverkehrs nicht in einem Ausmaß beeinträchtigten, welches dem Interesse der Gemeinschaft zuwiderlief.[148] Die Kommission hat in diesen Entscheidungen Art. 86 Abs. 2 S. 2 EGV zur Feinabstimmung der Interessen der Mitgliedstaaten an der Gewährleistung des Universaldienstes mit dem Gemeinschaftsinteresse an einer vollständigen Liberalisierung genutzt, indem sie Fristverlängerungen mit bestimmten Umstrukturierungs- und Verhaltensauflagen verknüpft hat.

f) Zusammenfassung

Die sich mit Art. 86 Abs. 2 EGV befassenden Urteile des EuGH aus den Jahren 1985 bis 1991 zeigen ein deutliches Bemühen um eine strikte rechtliche Eingrenzung des Anwendungsbereichs der Ausnahmevorschrift unter Einbeziehung neuer technologischer Entwicklungen und ökonomischer Erkenntnisse. Die formalen Voraussetzungen einer Inanspruchnahme der Ausnahme, insbesondere das Betrauungserfordernis, wurden deutlich herausgearbeitet. Verschiedene Urteile verdeutlichen aber auch, daß der EuGH gewillt war, der Handlungsfreiheit der Mitgliedstaaten durch eine enge Auslegung des Tatbestand des Art. 86 Abs. 2 EGV *materielle* Grenzen zu ziehen: insbesondere der Kreis der privilegierungsfähigen Dienstleistungen erschien gemeinschaftsrechtlich vorgeprägt, wohingegen die gemeinschaftsrechtliche Eingrenzung der „besonderen Aufgaben" unklar blieb. Auch zeigte der EuGH eine grundsätzliche Bereitschaft, vertragswidrige mitgliedstaatliche Regelungen einer strikten Verhältnismäßigkeitskontrolle zu unterziehen. Die Lit. reagierte auf diese Rechtsprechung mit der These, Art. 86 Abs. 2 EGV sei als Ausnahmevorschrift obsolet.[149]

---

146 Vgl. aus neuerer Zeit z. B. *Kommission*, Entscheidung v. 26. 6. 1997, ABl. 1997 Nr. L 244/18 ff. Rn. 14 – *„flämische Fernsehwerbung"*.

147 Vgl. *Kommission*, Entscheidung v. 27. 11. 1996, ABl. 1997 Nr. L 41/8, 16 Rn. 33 ff. – *„Umsetzungsfristen Irland"*; *Kommission*, Entscheidung v. 12. 2. 1997, ABl. 1997 Nr. L 133/19 Rn. 43 ff. – *„Umsetzungsfristen Portugal"*; *Kommission*, Entscheidung v. 14. 5. 1997, ABl. 1997 Nr. L 234/7 Rn. 26 ff. – *„Umsetzungsfristen Luxemburg"*; *Kommission*, Entscheidung v. 10. Juni 1997, ABl. 1997 Nr. L 243/48 Rn. 19 ff. – *„Umsetzungsfristen Spanien"*; *Kommission*, Entscheidung v. 18. Juni 1997 Nr. L 245/6 Rn. 44 ff. – *„Umsetzungsfristen Griechenland"*.

148 Vgl. *Kommission*, Richtlinie 90/388/EWG über den Wettbewerb auf dem Markt für Telekommunikationsdienste, ABl. 1990 Nr. L 192/10, Begründungserwägung 20; *Kommission*, Entscheidung v. 27. 11. 1996, ABl. 1997 Nr. L 41/8, 16 Rn. 35 f. – *„Umsetzungsfristen Irland"*.

149 *v. Wilmowsky*, ZHR 155 (1991), 545, 554 – der diese Schlußfolgerung allerdings normativ aus einer eigenen, besonders engen Auslegung des Tatbestands herleitet; *Emmerich*, BB 1989, Beilage 3, S. 9, 12; *ders.*, in: FS v. Gamm (1990), S, 581, 589; *Jaested/Tostmann*, WuW 1991, 275, 282; *Bala* (1997), S. 3.

Diese These war von Anfang an angreifbar.[150] Daß Art. 86 Abs. 2 EGV in den Liberalisierungsbemühungen der Kommission und in der diese betreffenden Rechtsprechung des EuGH zunächst kaum eine praktische Bedeutung hatte, war vor allem auf die außerordentliche Vorsicht zurückzuführen, welche die Kommission bei der Anwendung der Vertragsvorschriften auf die mitgliedstaatlichen Infrastruktursektoren walten ließ: diejenigen Vertragsverletzungen, in denen eine Rechtfertigung nach Art. 86 Abs. 2 EGV in Betracht kam, wurden erst aufgegriffen, nachdem die Randbereiche, in denen eine Anwendung des Art. 86 Abs. 2 EGV von vornherein ausschied, liberalisiert worden waren.[151] Erst die Bemühung um die Liberalisierung der Kernbereiche der Universaldienstsektoren offenbarte die praktische Relevanz des Art. 86 Abs. 2 EGV.

Allerdings ließ die frühe Rechtsprechung viele Fragen offen. Insbesondere wurden keine abstrakten Kriterien für die Eingrenzung des Kreises privilegierter Leistungen bzw. besonderer Aufgaben herausgearbeitet. Ungeklärt blieb auch die Frage, ob mitgliedstaatliche Ausschließlichkeitsrechte in Kernbereichen der infrastrukturellen Grundversorgung im Wege der Anwendung des Art. 86 Abs. 2 EGV nicht nur dem Umfang nach reduziert, sondern auch unter Verweis auf andere, die Aufgabenerfüllung sicherstellende Formen der Sektororganisation abgeschafft werden konnten. Mit diesen Fragen hatte sich der EuGH in zunehmendem Umfang ab 1993 zu befassen.

2. Art. 86 Abs. 2 EGV in der Rechtsprechung des EuG und EuGH nach 1993

In dem Urteil „*Corbeau*“ aus dem Jahr 1993 wird in der Lit. allgemein der Beginn einer Trendwende in der Rechtsprechung des EuGH (und des EuG) zu Art. 86 Abs. 2 EGV gesehen.[152] Das Urteil „*Almelo*“ aus dem Jahr 1994 wurde als eine Bestätigung dieser neuen gemeinschaftsrechtlichen Toleranz gegenüber mitgliedstaatlichen Sonderwegen in den von Art. 86 Abs. 2 EGV erfaßten Bereichen verstanden. Wesentliche weitere Marksteine in der Rechtsprechung des EuGH sind vor allem die „*Energiemonopol*“-Urteile aus dem Jahr 1997.[153] Die durch die neue Rechtsprechung bewirkten Änderungen sind mit Blick auf die einzelnen Tatbestandsmerkmale zu untersuchen.

---

150 Vgl. *Mestmäcker*, in: FS Zacher (1998), 635, 643: Für die schrittweise Einordnung der öffentlichen Sektoren in den Binnenmarkt mit Hilfe des Gemeinschaftsrechts komme Art. 86 Abs. 2 EGV eine Schlüsselrolle zu.

151 Siehe *Mestmäcker*, in: FS Zacher (1998), 635, 643.

152 Vgl. z. B. *Blum/Logue* (1998), S. 20.

153 Z. T. werden die „*Energiemonopol*“-Urteile auch schlicht als Ausdruck des diplomatischen Geschicks des EuGH in einer Situation gesehen, in welcher eine politische Einigung über die Elektrizitätsbinnenmarktrichtlinie kurz bevorstand – so z. B. *Blanchard*, CJEG 1998, 71, 80 f.; *Hamon*, AJDA 1997, 996, 997 und 1002. Diese Argumentation würde dafür sprechen, den bleibenden dogmatischen Gehalt der „*Energiemonopol*“-Urteile gering zu veranschlagen. Diese Urteile fügen sich jedoch schlüssig in eine Rechtsprechungslinie ein, so daß ihnen nach der hier vertretenen Ansicht grundsätzliche Bedeutung beigemessen werden muß.

a) Dienstleistungen von allgemeinem wirtschaftlichem Interesse

Bei der Auslegung des Begriffs der „Dienstleistungen von allgemeinem wirtschaftlichem Interesse“ setzte sich das Schwanken der Rechtsprechung zwischen einem Bemühen um objektive Eingrenzung und der Anerkennung eines nahezu unbegrenzten Ermessens der Mitgliedstaaten zunächst fort.[154]

Im Fall „*Corbeau*“ umschrieb der EuGH den Begriff der „Dienstleistungen von allgemeinem wirtschaftlichem Interesse“ zunächst als Leistungen „zugunsten sämtlicher Nutzer, im gesamten Hoheitsgebiet des betreffenden Mitgliedstaats, [...], ohne Rücksicht auf Sonderfälle und auf die Wirtschaftlichkeit jedes einzelnen Vorgangs“,[155] unterschied diese dann aber mit Blick auf den Postbereich von „Mehrwertdiensten“, die keinem allgemeinem wirtschaftlichem Interesse, sondern dem Bedürfnis spezieller Nutzergruppen entsprächen. Diese Unterscheidung sollte offenbar unabhängig von der Frage gelten, ob auch für die sog. „Mehrwertdienste“ eine Versorgungspflicht bestand.[156] Das Bemühen um eine objektive Eingrenzung der „Dienstleistungen von allgemeinem wirtschaftlichem Interesse“ war deutlich.

Dagegen scheint das Urteil „*Corsica Ferries*“ aus dem Jahr 1998 von der Prämisse auszugehen, daß die Verbindung nahezu beliebiger Leistungen mit unter nicht näher eingegrenzten Gesichtspunkten des öffentlichen Interesses zwingend vorgeschriebenen Leistungsmodalitäten für die Qualifizierung als „Dienstleistungen von allgemeinem wirtschaftlichem Interesse“ ausreicht.[157] Dies bedeutet die Anerkennung einer gemeinschaftsrechtlich kaum eingrenzbaren Bestimmungsfreiheit der Mitgliedstaaten hinsichtlich des Schutzbereichs des Art. 86 Abs. 2 S. 1 EGV.[158]

---

154 Siehe hierzu auch: *Chérot*, AJDA 1996, 171, 175.

155 EuGH Slg. 1993 I-2533, 2568 Rn. 15 – *„Corbeau“*.

156 EuGH Slg. 1993 I-2533 f. - 1. Ls. – *„Corbeau“*. Vgl. auch *GA Tesauro*, Schlußanträge, in: EuGH Slg. 1993 I-2533, 2561 – *„Corbeau“*, der gleichfalls für eine *objektive*, gemeinschaftsweit einheitliche, vom Willen der Mitgliedstaaten unabhängige Eingrenzung des Bereichs der „Dienstleistungen von allgemeinem wirtschaftlichem Interesse“ plädierte.

157 EuGH Slg. 1998 I-3949, 3996 f. Rn. 45 – *„Corsica Ferries“*: Das allgemeine wirtschaftliche Interesse an Festmachmanövern im Hafen ergab sich dem EuGH zufolge aus der Verpflichtung der Festmacher, jederzeit für alle Hafenbenutzer einen allgemeinen Festmacherdienst bereitzustellen, und zwar aus Gründen der Sicherheit in den Hafengewässern. Italien habe es daher für erforderlich halten dürfen, örtlichen Festmachergruppen ein Ausschließlichkeitsrecht für den allgemeinen Festmacherdienst einzuräumen. Vgl. auch a. a. O., 4001 Rn. 60: der EuGH will scheinbar ein staatlicherseits definiertes öffentliches Interesse an der Gewährleistung der Allgemeinheit und Beständigkeit bestimmter Leistungen sowie deren Regelung und Beaufsichtigung durch die öffentliche Verwaltung für die Einbeziehung von Leistungen in den Anwendungsbereich des Art. 86 Abs. 2 EGV genügen lassen. In dieselbe Richtung weist: EuGH Slg. 2000 I-3743, 3799-3800 Rn. 75–76 – *„Sydhavnens Sten & Grus“*. Ähnlich bereits *GA Da Cruz Vilaça*, Schlußanträge, Rn. 82–84, in: EuGH Slg. 1988, 2479, 2499 – *„Bodson“*. *Ross*, 25 ELRev. 2000, 22, 26 f. bezeichnet „*Corsica Ferries*“ als repräsentativ für den „lenient approach“ des EuGH.

158 Entgegen einer z. T. vertretenen Ansicht ergibt sich dies allerdings nicht bereits aus den *Energiemonopol*-Urteilen: der vielzitierte Satz, daß die Mitgliedstaaten „bei der Umschreibung der Dienstleistungen von allgemeinem wirtschaftlichem Interesse“ die eigenen Ziele staatlicher Politik berücksichtigten dürften (EuGH Slg. 1997 I-5815, 5834 Rn. 56 – *„Energiemonopole Frankreich“*; EuGH Slg. 1997 I-5699, 5779 Rn. 40 – *„Energiemonopole Niederlande“*), bezieht sich auf die Eingrenzung der „besonderen Aufgaben“, nicht auf die Qualifizierung der Energieversorgung als „Dienstlei-

Die Feststellung aus dem Urteil *„GT-Link“* (1997), der Grundsatz der engen Auslegung der Ausnahmevorschrift des Art. 86 Abs. 2 EGV beziehe sich auch auf den Begriff der „Dienstleistung von allgemeinem wirtschaftlichem Interesse“,[159] erscheint vor dem Hintergrund dieser Entwicklung als Lippenbekenntnis.

b) Besondere Aufgaben

aa) Die Urteile „Corbeau“ (1993) und „Almelo“ (1994)

Die Ausweitung des Schutzbereichs des Art. 86 Abs. 2 EGV durch das Urteil *„Corbeau“* folgte vor allem aus der Formulierung der „besonderen Aufgabe“, die der EuGH seiner Verhältnismäßigkeitsprüfung zugrundelegte: Die privilegierte, der belgischen Régie des Postes übertragene Aufgabe umschrieb der EuGH als die

> „Verpflichtung [...], die Sammlung, die Beförderung und die Verteilung von Postsendungen zugunsten sämtlicher Nutzer, im gesamten Hoheitsgebiet des betreffenden Mitgliedstaats, zu einheitlichen Gebühren und in gleichmäßiger Qualität sowie ohne Rücksicht auf Sonderfälle und auf die Wirtschaftlichkeit jedes einzelnen Vorgangs sicherzustellen“,[160]

wobei der mit dieser Aufgabe Betraute zugleich verpflichtet sei,

> „[...] seine Dienstleistungen unter wirtschaftlich ausgewogenen Bedingungen sicherzustellen“.[161]

Die entscheidende Neuerung ergab sich aus dem letzten Halbsatz, mit welchem das mitgliedstaatliche Prinzip der Eigenwirtschaftlichkeit der betrauten Unternehmen als Teil der gemeinschaftsrechtlich zu privilegierenden Aufgabe anerkannt wurde. Damit wurde ein Finanzierungsprinzip vom Rang einer bloßen Organisationsentscheidung eines Mitgliedstaats der Verhältnismäßigkeitsprüfung, insbesondere der Prüfung alternativer gemeinschaftsrechtskonformerer Mittel (z. B.: Universaldienstfonds), entzogen.[162] Dies bedeutete die gemeinschaftsrechtliche Anerkennung des Prinzips unternehmensinterner Quersubventionierung und des Monopolschutzes, welcher diese Finanzierungsmethode erst möglich macht, indem er das „Rosinenpicken“ durch Wettbewerber

---

stung von allgemeinem wirtschaftlichem Interesse“. Vgl. dagegen allerdings *Lombart*, CJEG 1998, 55, 65: „une marge d'appréciation importante est laissée aux Etats lorsqu'ils définissent les services d'intérêt économique général“; *Chérot*, RDF adm. 14 (1998), 135, 142 f.; *ders.*, AJDA 1996, 171, 175: die Rechtsprechung gehe von einem interventionsfreundlicheren, subjektiven Konzept des Begriffs der „Dienstleistungen von allgemeinem wirtschaftlichem Interesse“ aus; *Faull/ Nikpay* (1999), Art. 86 Tz. 5.128.

159 EuGH Slg. 1997 I-4449, 4469 Rn. 50–53 – *„GT-Link“*.

160 EuGH Slg. 1993 I-2533, 2568 Rn. 15 – *„Corbeau“*.

161 EuGH Slg. 1993 I-2533, 2569 Rn. 17 – *„Corbeau“*.

162 In seiner Rechtsprechung zu anderen Ausnahmevorschriften, insbes. zu Artt. 30, 46 EGV, hat der EuGH dagegen stets klar zwischen der privilegierungsfähigen, im öffentlichen Interesse liegenden Aufgabe und der nicht privilegierungsfähigen Form der Finanzierung der Aufgabenerfüllung unterschieden. Näher: s. u.

verhindert.[163] Eben diese Konsequenz hat auch der EuGH im Urteil „*Corbeau*" gezogen.[164] Eine Begründung für die Einbeziehung der Finanzierungsform der unternehmensinternen Quersubventionierung in den besonderen Schutz des Art. 86 Abs. 2 S. 1 EGV fehlt.

Neben der unternehmensinternen Quersubventionierung erkennt das Urteil „*Corbeau*" – und ihm folgend auch das Urteil „*Almelo*" – das Prinzip der Tarifeinheit im Raum als legitimes, im Rahmen des Art. 86 Abs. 2 EGV schutzfähiges Ziel mitgliedstaatlicher Politik in den Versorgungssektoren an,[165] erneut ohne Begründung. Vor dem Urteil „*Corbeau*" hatte die Kommission als privilegierungsfähiges Ziel mitgliedstaatlicher Politik stets die Gewährleistung der Erschwinglichkeit von Grundversorgungsleistungen anerkannt, – ein Prinzip, welches sich vom primär raumordnungspolitisch motivierten[166] und der Symbolträchtigkeit eines absolut verstandenen Gleichheitsprinzips verpflichteten Prinzip der Tarifeinheit im Raum dadurch unterscheidet, daß es speziell die faktische Zugangsmöglichkeit auch benachteiligter Gruppen sicherstellen will.[167]

Die gemeinschaftsrechtliche Problematik des Prinzips der Tarifeinheit ergibt sich aus seiner strukturellen Spannung zum Wettbewerbsprinzip: zumindest dann, wenn die Kosten der Leistungserbringung regional stark differieren,[168] folgt aus dem Prinzip der Tarifeinheit die Notwendigkeit einer Quersubventionierung defizitärer Leistungen. Erreichen die notwendigen Quersubventionen zwischen Gebieten oder Leistungen einen

163 Vgl. auch *Schroeder*, ArchivPT 1994, 132, 134; *Hancher*, CMLRev. 31 (1994), 105, 111.

164 EuGH Slg. 1993 I-2533, 2569 Rn. 17 – „*Corbeau*": „Bei dieser Prüfung [in welchem Umfang Wettbewerbsbeschränkungen oder der Wettbewerbsausschluß zur Gewährleistung der Aufgabenerfüllung erforderlich ist] ist davon auszugehen, daß die Verpflichtung des mit dieser Aufgabe Betrauten seine Dienstleistungen unter wirtschaftlich ausgewogenen Bedingungen sicherzustellen, die Möglichkeit eines Ausgleichs zwischen den rentablen und den weniger rentablen Tätigkeitsbereichen voraussetzt und daher eine Einschränkung des Wettbewerbs von seiten einzelner Unternehmer in wirtschaftlich rentablen Bereichen rechtfertigt".

165 EuGH Slg. 1993 I-2533, 2568 Rn. 15 – „*Corbeau*"; EuGH Slg. 1994 I-1477, 1521 Rn. 48 – „*Almelo*"; bestätigt auch in: EuGH Slg. 1997 I-5699, 5779 Rn. 41 – „*Energiemonopole Niederlande*". Demgegenüber hatte die *Kommission* im Grünbuch Post (1992), S. 110 nicht von einheitlichen Preisen, sondern nur von „allgemein tragbaren Preisen" gesprochen.

166 Es soll verhindert werden, daß wirtschaftsschwache Gebiete, die häufig zugleich Hochkostengebiete sind, wegen hoher Infrastrukturkosten weiter unter Abwanderungsdruck und Niedrigkostengebiete, die regelmäßig zugleich Ballungsgebiete sind, unter zusätzlichen Zuwanderungsdruck geraten – siehe z. B. *Oettle*, ZögU 1996, Beiheft 19, 80, 91. Vgl. auch *Neumann* (1984), S. 137.

167 Die faktische Zugangsmöglichkeit aller zu bestimmten Leistungen ist durch das Prinzip der Tarifeinheit nicht notwendig sichergestellt. Kritisch zur Tarifeinheit: *Möschel*, in: FS Ingo Schmidt (1997), 351, 358: eine solche Politik der Tarifeinheit „nimmt [den öffentlichen Unternehmen] die Möglichkeit zu marktwirtschaftlicher Rationalität und die (meist) damit begründete Abschirmung gegen Wettbewerb dann auch noch den Zwang dazu. Keine Sozialpolitik ist teurer als die mit Ineffizienz bezahlte". In dieselbe Richtung: *Gabrisch* (1996), S. 18; *Oettle*, ZögU 1996, Beiheft 19, 80, 91; *Vogelsang*, in: Berger (Hrsg.), ZögU 19 (1996), Beih. 19, S. 137, 143: der raumordnungspolitische Effekt einheitlicher Tarife im Raum werde überschätzt. Die durch das Prinzip der Tarifeinheit erzielte Umverteilung sei zwangsläufig ungezielt, da alle Bewohner einer Region unabhängig von ihrem Einkommen subventioniert würden. Die Wirkungen der Tarifeinheit seien weitgehend unbekannt und umstritten. Als Sozialpolitik sei die Tarifeinheit relativ diffus und für die Gesellschaft insgesamt teuer. Siehe auch *Soltwedel/Busch/Groß/Laaser* (1986), S. 8 f. u. a.

168 Dies ist in den Infrastruktursektoren der Regelfall – vgl. näher: *Blankart/Knieps*, ZögU 1996, Beiheft 19, S. 51, 54 f.

erheblichen Umfang, so sind sie auf Dauer nur im geschützten Monopol möglich, da andernfalls Wettbewerber selektiv in die lukrativen Marktsegmente eindringen und die zur Quersubventionierung verpflichteten Unternehmen unterbieten könnten[169] (sog. Rosinenpicken bzw. „cream skimming"), wodurch letztere die zur Quersubventionierung defizitärer Leistungen erforderlichen Gewinne verlören. Auch das aus dem Prinzip der Tarifeinheit im Raum bzw. der damit verbundenen landesweiten Mittelung der Preise folgende Preisniveau in den Hochkostengebieten ist gemeinschaftsrechtlich problematisch: da die Preise in den Hochkostengebieten unter den Bereitstellungskosten liegen, wird jeder Marktzutritt von neuen Wettbewerbern in diesen Gebieten von vornherein verhindert. Ein Wettbewerb kann in diesen Gebieten nicht entstehen.

Mit der Entscheidung im Fall „*Corbeau*" wurde all denen eine Absage erteilt, die angesichts dieser strukturellen Spannung des Prinzips der Tarifeinheit zum Wettbewerbsprinzip nur das Prinzip der Erschwinglichkeit der Leistungen – als ein im Ansatz flexibleres Prinzip, welches eine Abstimmung der Preishöhe und Preisstruktur auf die Bedürfnisse unterschiedlicher Nutzergruppen erlaubt – als einschränkungslos privilegierungsfähig anerkennen wollten.[170] Der EuGH ist dabei offenkundig von dem Grundsatz ausgegangen, daß im Anwendungsbereich des Art. 86 Abs. 2 EGV auch die Befugnis der Mitgliedstaaten zur Instrumentalisierung bestimmter Unternehmen zu wirtschafts-, regional- oder verteilungspolitischen Zwecken geschützt ist.[171] Eine Einschränkung der mitgliedstaatlichen Freiheit, betraute Unternehmen auf das Gebot der Tarifeinheit zu verpflichten, kann auf der Grundlage der Rechtsprechung des EuGH nur noch über die Anwendung des Art. 86 Abs. 2 S. 2 EGV erfolgen, also bei entgegenstehendem Gemeinschaftsinteresse.

Die Rechtsprechung des EuGH im Fall „*Corbeau*" ist dahingehend kommentiert worden, den besonderen Beschränkungen, unter denen öffentliche Dienstleistungen erbracht würden, werde nunmehr stärker Rechnung getragen.[172] Tatsächlich respektiert die dort gewählte Auslegung des Art. 86 Abs. 2 S. 1 EGV – insbesondere hinsichtlich der Weite der geschützten „besonderen Aufgaben" – die mitgliedstaatliche Ausgestaltung der Daseinsvorsorge- bzw. „service public"-Sektoren, ohne deren Strukturen weiter in Frage zu stellen.

---

169 Näher zu dieser Problematik: *Hancher*, CMLRev. 31 (1994), 195, 117; *Hancher/Buendia Sierra*, CMLRev. 1998, 901, 912; *Faull/Nikpay* (1999), Art. 86 Tz. 5.137-5.138; *Blankart/Knieps*, ZögU 1996, Beiheft 19, S. 51, 55. *Wojtek*, in: Stumpf/Elsenbast (Hrsg.) (1996), S. 7, 10 hält das Prinzip der Tarifeinheit für die eigentliche Erklärung der Beibehaltung von Ausschließlichkeitsrechten im Postsektor.

170 Gegen eine einschränkungslose Anerkennung des Prinzips der Tarifeinheit als privilegierungsfähig z. B. auch die *Kommission*, Grünbuch Post (1992), S. 200: „Ein Vorteil der ausschließlichen Rechte liegt darin, daß der Betreiber des reservierten Dienstes eine Einheitsgebühr (Tarifeinheit im Raum) anbieten kann. Das allein ist jedoch keine Rechtfertigung für die Einführung eines Bündels reservierter Dienste". Zurückhaltend gegenüber dem Prinzip der Tarifeinheit auch *Hancher*, CMLRev. 31 (1994), 195, 119; *Gröner/Knorr*, EWS 1996, 225, 228; *Bauer* (1990), S. 240 f. Für eine Ersetzung des Prinzips der Tarifeinheit durch die Setzung von Preisobergrenzen: *Knieps* (1995), S. 39 f.; *Gabrisch* (1996), S. 105 f.

171 Vgl. insbes. auch EuGH Slg. 1997 I-5699, 5779 Rn. 40 – „*Energiemonopole Niederlande*".

172 Vgl. z. B. *Puissochet* (1998), S. 73, 82; *Delfau* (1995), S. 35: Der EuGH folge nunmehr in der Eingrenzung der „besonderen Aufgaben" der „logique particulière du service public". Ähnlich auch *Denoix de Saint Marc* (1996), S. 60.

Das Urteil „*Almelo*“ bestätigte die mit dem Urteil „*Corbeau*“ eingeschlagene Linie, indem es die national formulierte Versorgungsaufgabe – einschließlich des Prinzips der Tarifeinheit – vollen umfangs und ohne weitere Prüfung gemeinschaftsrechtlich privilegierte.[173]

bb) Die „Energiemonopol“-Urteile (1997)

Näheres zur Eingrenzung der „besonderen Aufgabe“ und deren Verhältnis zum Tatbestandsmerkmal der „Dienstleistungen von allgemeinem wirtschaftlichem Interesse“ ergibt sich aus den „*Energiemonopol*“-Urteilen des EuGH aus dem Jahr 1997. In diesen ging es zum einen um die – insoweit bereits in den Urteilen „*Corbeau*“ und „*Almelo*“ aufgeworfene – Frage, welche Spielräume den Mitgliedstaaten in der konkreten Ausgestaltung der einem Unternehmen auferlegten Grundversorgungsaufgabe belassen bleiben sollten. Hierzu heißt es im Urteil zum niederländischen Elektrizitätseinfuhrmonopol:

> „Unter Berücksichtigung dieses Interesses der Mitgliedstaaten [am Einsatz bestimmter Unternehmen, insbesondere solcher des öffentlichen Sektors, als Instrument der Wirtschafts- oder Fiskalpolitik] kann es diesen nicht verboten sein, bei der Umschreibung der Dienstleistungen von allgemeinem wirtschaftlichem Interesse, mit denen sie bestimmte Unternehmen betrauen, die eigenen Ziele ihrer staatlichen Politik zu berücksichtigen und diese vermittels von Verpflichtungen und Beschränkungen zu verwirklichen zu suchen, die sie den fraglichen Unternehmen auferlegen“.[174]

Der Schutzbereich des Art. 86 Abs. 2 S. 1 EGV wird damit für mitgliedstaatliches Ermessen weit geöffnet.[175] Eine Bezeichnung der Ermessensgrenzen fehlt.

Hieraus ergeben sich in den „*Energiemonopol*“-Urteilen unmittelbare praktische Konsequenzen: Wird die Sektor- und Investitionsplanung der Mitgliedstaaten im Energiesektor im Dienste der öffentlicher Interessen und nach Maßgabe allgemeiner Steuerungsvorgaben (z. B. Kostengünstigkeit und Sozialverträglichkeit) durch Art. 86 Abs. 2 EGV privilegiert,[176] so erscheint die Organisationsentscheidung für ein diese Steuerung ermöglichendes Monopol mitgeschützt, da bereits die Aufgabenstellung darauf abzielt, die dem Marktgeschehen notwendig innewohnende Ungewissheit von vornherein auszuschließen.[177] Es ist damit zugleich eine Aufgabenstellung, die in unmittelbarem Wi-

---

173 EuGH Slg. 1994 I-1477, 1521 Rn. 48 – „*Almelo*“.

174 EuGH Slg. 1997 I-5699, 5779 Rn. 40 – „*Energiemonopole Niederlande*“.

175 Ähnlich: *Budäus/Schiller*, ZögU 23 (2000), 94, 100. Kritisch, und auf die möglichen Folgen einer so weitgehend an den Interessen der Mitgliedstaaten orientierten Auslegung des Art. 86 Abs. 2 EGV hinweisend: *Mestmäcker*, in: XXXII. FIW-Symposion (1999), S. 71, 80 f.

176 Vgl. EuGH Slg. 1997 I-5699, 5779 f. Rn. 42 – „*Energiemonopole Niederlande*“. Hierzu *Hamon*, AJDA 1997, 996, 997.

177 Die klassische Argumentation der Mitgliedstaaten gegen die Einführung von Wettbewerb lautete, daß durch Art. 86 Abs. 2 EGV die Planbarkeit von Bedarf und Produktion (einschließlich der einschlägigen „choix technologiques“ – vgl. *Borotra* (1995), S. 55 f.) und die Möglichkeit zur Abstimmung beider aufeinander geschützt sei, was nur in einem Monopolsystem gewährleistet werde könne, weil nur dieses einen sicheren Planungsrahmen gewährleiste (*Buderath*, ET 1989, 138, 140). Im Wettbewerb sei die Bereitschaft zur Tätigung langfristiger Investitionen gefährdet (*Baur*, in: FS

derspruch zur in Art. 4 EGV niedergelegten Systementscheidung für eine offene Marktwirtschaft und Wettbewerb steht, – eine Entscheidung, die auf der Annahme basiert, daß trotz Unkenntnis des konkreten Ergebnisses des Markt- und Wettbewerbsprozesses dieses dem Ergebnis zentraler Planung überlegen ist. Die Umdeutung des Art. 86 Abs. 2 S. 1 EGV von einer Schutznorm für die *Deckung* eines allgemeinen Grundversorgungsbedarfs im Fall des Auftretens von Marktlücken zu einer Schutznorm auch für mitgliedstaatliche Bedarfs- und Angebots*planung* ist mithin ebenso weitreichend wie problematisch. Eine Prüfung der Verhältnismäßigkeit der Mittel muß bei einer solchen Aufgabenstellung als wirksame Kontrolle versagen.[178]

Offenbarte das Urteil „*Corbeau*" die Bereitschaft des EuGH, die mitgliedstaatlichen Vorgaben hinsichtlich des *materiellen* Inhalts einer jedoch präzise formulierten Leistungs- und Versorgungsaufgabe und die sich daraus ergebenden organisatorischen Konsequenzen zu respektieren, so zeigen die „*Energiemonopol*"-Urteile, daß der EuGH nunmehr anstelle einer konkret ausgestalteten Versorgungsaufgabe ein allgemeines öffentliches Interesse privilegiert.[179] Die Feststellung, was zur Wahrnehmung eines nicht bereits in eine präzise eingegrenzte Versorgungsaufgabe umgewandelten öffentlichen Interesses erforderlich ist, impliziert notwendig Wertungen, für die im Gemeinschaftsrecht klare Kriterien fehlen. Damit steigt die Gefahr, daß nationale wie Gemeinschaftsgerichte bei einem solchen Verständnis des Schutzbereichs des Art. 86 Abs. 2 S. 1 EGV den Vorgaben des nationalen Regulierungssystems folgen.[180]

Die Ansätze für eine Eingrenzung des Anwendungsbereichs des Art. 86 Abs. 2 S. 1 EGV, die die „*Energiemonopol*"-Urteile auch enthalten, treten in ihrer Bedeutung hinter die expansiven Tendenzen zurück. So verlangt der EuGH insbesondere einen „unmittelbaren Zusammenhang" zwischen der „besonderen Aufgabe" und dem „allgemeinen

---

Everling, Bd. 1 (1995), S. 69, 78; *Belloubet-Frier*, AJDA 1994, 270, 281; *Seidel*, EuR 1988, 129, 136; *Sellner*, EuR 1997, Beih.1, 61, 67). Vgl. auch *Börner*, RdE 2000, 55: bei Beseitigung des Systems von Ausschließlichkeitsrechten sei eine sektorale „lean production" nicht mehr möglich: der Wettbewerb dränge die gesamte Branche in ein zyklisches Verhalten. Ein ausgewogener Einsatz von Primärenergieträgern und die Vorhaltung von Sicherheitsreserven im Gesamtsystem scheitere am Kostendruck. der Wettbewerb um den Kunden setze Überproduktion voraus, und die bestehende Kraftwerküberkapazität in Europa führe zum Einsatz der Erzeugunskapazitäten mit den geringsten variablen Kosten, auch wenn dies mit Umweltbelangen nicht konform laufe.

178 Daraus erklärt sich auch die unbefriedigende Verhältnismäßigkeitsprüfung in: EuGH Slg. 1997 I-5699, 5783 Rn. 54–55 – „*Energiemonopole Niederlande*". Näher hierzu: s. u., III. d).

179 Vgl. auch *Blum*, Gazette du Palais, 11–13 juillet 1999 – Gazette Européenne –, 12, 21, der in den „*Energiemonopol*"-Urteilen die Ausweitung des Schutzbereichs des Art. 86 Abs. 2 S. 1 EGV über den bloßen Universaldienst hinaus auf den gesamten Bereich des „service public" erkennt.

180 *Mestmäcker*, in: Nörr/Starbatty (Hrsg.) (1999), S. 129, 146; *Paulweber*, ZUM 2000, 11, 19; *Hancher*, in: Craig/de Búrca (Hrsg.)(1998), S. 721, 733. Deutlich geht diese Tendenz auch aus den Schlußanträgen des *GA Cosmas* zu dieser Frage hervor – vgl. EuGH Slg. 1997 I-5699, 5754 Rn. 96 – „*Energiemonopole Niederlande*". *Möschel*, WuW 1999, 832, 835 zufolge erlegt sich der EuGH mit den „*Energiemonopol*"-Urteilen bei der gemeinschaftsrechtlichen Überprüfung der vom jeweiligen Mitgliedstaat definierten „Dienstleistung von allgemeinem wirtschaftlichem Interesse" nunmehr tendenziell eine Zurückhaltung auf, wie er sie bei der Kontrolle von legislativen Entscheidungen der Gemeinschaftsorgane einzuhalten pflege. Ähnlich: *Litpher*, RdE 1998, 72, 73; *Baur*, RdE 1999, 85, 86. Auf die Gefahren eines solchen Ansatzes weisen hin: *Tettinger*, RdE 1999, 45 ff.; *Badura*, ZGR 1997/3, 291, 303; *Schaub/Dohms*, Die AG 1998, 566, 570. Begrüßt wird die neue Rechtsprechung hingegen von *Vollmer*, in: FS Ingo Schmidt (1997), S. 289, 300.

wirtschaftlichen Interesse“ an der Dienstleistung.[181] Im Urteil betreffend die französischen Energiemonopole heißt es:

> „Weiter können Verpflichtungen eines mit Dienstleistungen von allgemeinem wirtschaftlichem Interesse betrauten Unternehmens nur dann Teil der besonderen Aufgabe sein, mit der es betraut ist, wenn sie mit dem Ziel der jeweiligen Dienstleistung von allgemeinem wirtschaftlichem Interesse in Zusammenhang stehen und unmittelbar zur Befriedigung dieses Interesses beitragen“.[182]

Für eine Instrumentalisierung des betrauten Unternehmens für öffentliche Interessen eines Mitgliedstaates scheinen sich mithin aus dem Wesen und Zweck der „Dienstleistungen von allgemeinem wirtschaftlichem Interesse“ Grenzen zu ergeben. Konkret schlußfolgert der EuGH, daß die von Frankreich zur Rechtfertigung der gegen Art. 31 EGV verstoßenden Ein- und Ausfuhrmonopole geltend gemachten Verpflichtungen von EDF und GDF, einen Beitrag zur Umwelt- und Raumordnungspolitik zu leisten, im Rahmen des Art. 86 Abs. 2 EGV nicht als eigenständige „besondere Aufgaben“ berücksichtigt werden könnten: diese Verpflichtungen seien, soweit ersichtlich, nicht für die Tätigkeit von EDF und GDF spezifisch, und es fehle daher ein unmittelbarer Zusammenhang mit dem Ziel der Versorgung des Landes mit Elektrizität und Gas.[183] Erst im Rahmen der Prüfung, ob ein Gemeinschaftsrechtsverstoß erforderlich sei, um die Erfüllung der besonderen Aufgabe sicherzustellen, seien daher auch die Umwelt- und Raumordnungsverpflichtungen, denen EDF und GDF unterlägen, zu berücksichtigen.[184]

Das Unmittelbarkeitserfordernis ist ein Ansatzpunkt für eine Eingrenzung des Schutzbereichs des Art. 86 Abs. 2 S. 1 EGV. Konsequent angewendet könnte es gewährleisten, daß sich die „besondere Aufgabe“ letztlich als eine – regional- und sozialpolitische Ziele berücksichtigende – Konkretisierung der bereitzustellenden Dienstleistung von allgemeinem wirtschaftlichem Interesse hinsichtlich Qualität, Preis und Angebotsbedingungen darstellt.[185] In dieser Weise wollte der EuGH das Unmittelbarkeitserfordernis allerdings ersichtlich nicht verstanden wissen, zumal er es nicht auf das Verhältnis zwischen der einem Unternehmen auferlegten Verpflichtung und der privilegierten Dienstleistung, sondern auf das Verhältnis zwischen der Verpflichtung und dem hinter der Dienstleistung stehenden öffentlichen Interesse des Mitgliedstaats bezieht. Daß das Unmittelbarkeitskriterium in dieser Fassung als Eingrenzungskriterium versagt, zeigt sich auch in späteren Entscheidungen. Im Fall „*Corsica Ferries*“ beispielsweise hat der EuGH das mitgliedstaatliche Interesse an der Gewährleistung der öffentlichen Sicherheit der Hafengewässer als das eine bestimmte „Dienstleistungen von allgemeinem In-

---

181 Vgl. hierzu *Litpher*, RDE 1998, 72, 73; *Lombart*, CJEG 1998, 55, 66; *Desselas/Rodrigues*, Les Petites Affiches, 16. 2. 1998 No. 20 – droit communautaire –, 9, 12 f.; *Hamon*, AJDA 1997, 996, 1001.

182 EuGH Slg. 1997 I-5815, 5837 Rn. 68 – „*Energiemonopole Frankreich*“.

183 A. a. O., 5837 Rn. 69.

184 A. a. O., 5837 Rn. 71. Ähnlich, aber doch mit etwas anderer Begründung bereits: EuGH Slg. 1994 I-1477, 1521 Rn. 49 – „*Almelo*“.

185 Diese Interpretation hat offenbar auch *GA Léger*, Schlußanträge v. 21. Okt. 1999, Rn. 103, in: EuGH Slg. 2000 I-3743, 3767 – „*Sydhavnens Sten & Grus*“ zugrundegelegt. Allerdings ist der EuGH ihm in seinem Urteil nicht gefolgt. Der Zweck des in diesem Fall rechtfertigungsbedürftigen Ausschließlichkeitsrechts stand in keinem unmittelbaren Zusammenhang zu einem Verbraucherinteresse.

teresse" tragende Ziel bezeichnet und privilegiert.[186] Wird der Bezugspunkt für die Prüfung in dieser Weise durch die Mitgliedstaaten selbst gesetzt, so bleibt das Unmittelbarkeitserfordernis, das nur eine Zweckentfremdung gegenüber diesem selbst gesetzten Ziel verhindern kann, wirkungslos.

cc) Entscheidungen des EuGH und des EuG von 1997 bis heute

Klarer als der EuGH hat das EuG in seinem Urteil „*FFSA*" formuliert, was sich aus den „*Energiemonopol*"-Urteilen ergibt. So hat das EuG festgestellt, daß

> „die Kommission in Anbetracht des Fehlens einer Gemeinschaftsregelung auf diesem Gebiet nicht befugt ist, über die Gestaltung und den Umfang der öffentlichen Unternehmen übertragenen öffentlichen Aufgaben oder über die Zweckmäßigkeit der von den zuständigen nationalen Behörden auf diesem Gebiet getroffenen politischen Entscheidungen zu entscheiden [...]".[187]

Im selben Urteil wird den Mitgliedstaaten – im direkten Widerspruch zur früheren Rechtsprechung des EuGH[188] – ein „weites" Ermessen bei der „Regelung bestimmter Sachgebiete", insbesondere im Bereich der Organisation von Dienstleistungen von allgemeinem wirtschaftlichem Interesse zugestanden[189] – ein Ermessen, welches sich dem

---

186 EuGH Slg. 1998 I-3949, 3996 f. Rn. 45 – „*Corsica Ferries*".

187 EuG Slg. 1997 II-229, 286 Rn. 192 – „*FFSA*". In der französischen Fassung ist von „l'organisation et l'étendue" die Rede.

188 Vgl. EuGH Slg. 1985, 873, 888 Rn. 30 – „*British Telecom*": der EuGH lehnte ein Ermessen der Mitgliedstaaten mit Blick auf die Anwendung des Art. 86 Abs. 2 EGV hier ausdrücklich ab und verwies auf die Überwachungsaufgabe der Kommission gem. Art. 86 Abs. 3 EGV.

189 EuG, Slg. 1997 II-229, 230 f. Rn. 2 – „*FFSA*". Der Passus lautet: „Dieses Ermessen ist namentlich in bezug auf die Einhaltung der Wettbewerbsregeln durch die Mitgliedstaaten umso weiter, als die Kommission nach Artikel 90 Absatz 2 [Art. 86 Abs. 2 EGV n. F.] aufgefordert ist, bei der Ausübung dieses Ermessens den mit der besonderen Aufgabe der betreffenden Unternehmen verbundenen Erfordernissen Rechnung zu tragen, und als die Behörden der Mitgliedstaaten ihrerseits in bestimmten Fällen über ein ebenso weites Ermessen bei der Regelung bestimmter Sachgebiete, wie der Organisation der öffentlichen Dienstleistungen im Postsektor, verfügen können. Dabei ist der Ermessensspielraum, über den die Kommission im Rahmen der Anwendung von Artikel 90 Absatz 2 des Vertrages [Art. 86 Abs. 2 EGV n. F.] bei der Beurteilung komplexer wirtschaftlicher Sachverhalte, wie bei der Berechnung der Mehrkosten, die einem Unternehmen durch den öffentlichen Versorgungsauftrag im Postsektor entstehen, verfügt, vergleichbar mit dem Ermessen, das der Kommission im Rahmen der Anwendung von Artikel 92 Absatz 3 des Vertrages [Art. 87 Abs. 3 EGV n. F.] zusteht. Da der Gemeinschaftsrichter im Rahmen einer Nichtigkeitsklage nicht befugt ist, seine Würdigung der Tatsachen, insbesondere in wirtschaftlicher Hinsicht, an die Stelle derjenigen des Urhebers der Entscheidung zu setzen, hat sich das Gericht bei der Überprüfung der Beurteilung der Kommission darauf zu beschränken, ob der Sachverhalt zutreffend festgestellt wurde und ob kein offensichtlicher Beurteilungsfehler vorliegt". In dieselbe Richtung weist: EuGH Slg. 1998 I-3949, 3996 f. Rn. 45 – „*Corsica Ferries*". Der Ermessensspielraum, den der EuGH dem Mitgliedstaat zuerkennt, ist erneut eine Konsequenz der Privilegierung eines abstrakten öffentlichen Interesses anstelle einer konkret eingegrenzten Versorgungsaufgabe. Vgl. zu dieser neueren Rechtsprechung *Charbit*, Gazette du Palais 7/8 juin 2000, Doctrine, pp. 18, 22 f.: „Ainsi, tant la dévolution d'une mission d'intérêt économique général que la définition des obligations de service public relèvent de la seule compétence des États". Ähnlich: *Triantafyllou*, Rev.trim.dr.eur. 25 (1999), 21, 26 f. Damit wird Forderungen hinsichtlich der gemeinschaftsrechtlichen Respektierung mitgliedstaatlicher Souveränitätsrechte bei

Anschein nach sowohl auf die Bestimmung der zu privilegierenden „besonderen Aufgaben" als auch auf die zu ihrer Realisierung erforderlichen Mittel beziehen soll.

Das Urteil „*Sydhavnens Sten & Grus*"[190] weist in dieselbe Richtung (näher: s. u., B.III.2.d)ff)fff)).

dd) Bilanz und Bewertung

Der Kreis, insbesondere aber auch das Wesen der „besonderen Aufgaben", mit denen ein Mitgliedstaat ein Unternehmen unter Berufung auf die gemeinschaftsrechtliche Privilegierung nach Art. 86 Abs. 2 S. 1 EGV betrauen kann, sind in den letzten Jahren erheblich ausgeweitet worden. Die neuere Rechtsprechung scheint mehr allgemeine öffentliche Interessen als konkrete Versorgungsaufgaben zu privilegieren. Mit dieser Maßstabsverschiebung geht die Anerkennung eines Organisationsermessens der Mitgliedstaaten einher. Dies widerspricht dem Grundsatz, daß Art. 86 Abs. 2 S. 1 EGV die Aufgabe, nicht eine bestimmte Form ihrer Erfüllung privilegiert. Vor allem aber droht diese Entwicklung die Funktion des Art. 86 Abs. 2 S. 1 EGV, durch einen einheitlichen gemeinschaftsrechtlichen Rechtsrahmen die mitgliedstaatliche Entscheidung über die Schaffung von Sondermarktordnungen einer strikten Rechtskontrolle zu unterwerfen, Makulatur werden zu lassen.

c) Betrauung: Gemeinschaftsrechtliche Anforderungen an die Präzisierung des Betrauungsinhalts im Betrauungsakt

Der EuGH hat seit 1993 nicht nur die Eingrenzung der „besonderen Aufgaben" gelokkert, sondern damit zwangsläufig auch die Anforderungen an den Präzisionsgrad der Aufgabenumschreibung im Betrauungsakt: die Aufgabe der Sektorplanung und –steuerung im Dienste gewisser Politikziele bleibt notwendig allgemein und unbestimmt. Dementsprechend hat der EuGH in seinen „*Energiemonopol*"-Urteilen Betrauungsakte, die einem Unternehmen die Aufgabe übertrugen, die Verbraucher mit Energie zu „möglichst niedrigen Preisen" zu beliefern, um eine „möglichst ausgewogene Entwicklung des Landes" sicherzustellen, nicht beanstandet.[191] Bestätigt wird der Trend zur

---

der Formulierung „besonderer Aufgaben" und der Wahl der Umsetzungsmittel Rechnung getragen, wie sie z. B. der *Conseil d'État* (1995), S. 14, S. 62 f formuliert hatte. Kritisch: *Faull/Nikpay* (1999), Art. 86 Tz. 5.128 Fn. 150: der Ermessensspielraum der Mitgliedstaaten bei der Bestimmung der von dem betrauten Unternehmen auszuführenden Rolle sei im Urteil „*FFSA*" unter Umständen übertrieben worden.

190 EuGH Slg. 2000 I-3743 ff. – „*Sydhavnens Sten & Grus*".

191 EuGH Slg. 1997 I-5789, 5807, Rn. 46 und 5809, Rn. 54 – „*Energiemonopole Italien*"; EuGH Slg. 1997 I-5669, 5780, Rn. 45 und 5783, Rn. 55 – „*Energiemonopole Niederlande*"; nicht anerkannt worden ist die gemeinschaftsrechtliche Privilegierung der angeblichen Aufgabe von EDF, die „wettbewerbsfähigsten Tarife und die geringsten Kosten zu suchen" – der EuGH verneinte insoweit allerdings nicht die generelle Privilegierungsfähigkeit einer solchen Aufgabe, sondern lediglich die Existenz einer rechtsverbindlichen Verpflichtung von EDF – vgl. EuGH Slg. 1997 I-5815, 5838, Rn. 73 und 5840 Rn. 81 – „*Energiemonopole Frankreich*".

Lockerung der gemeinschaftsrechtlichen Anforderungen an die Präzision der Aufgabenumschreibung im Betrauungsakt durch das Urteil des EuG im Fall „*FFSA*".[192]

d) Verhältnismäßigkeitsprüfung, insbesondere Prüfung der Erforderlichkeit der Vertragsverletzung

In der Lit. wird vielfach angenommen, daß sich der Wandel in der Rechtsprechung gerade auch an der Art und Weise der Handhabung der Verhältnismäßigkeitsprüfung festmachen lasse.[193] Die Abstimmung von Zielen und Mitteln erfolge nach weniger strengen Kriterien.[194]

aa) Der rechtliche Maßstab der Erforderlichkeitsprüfung

Im Zuge der neueren Rechtsprechung unsicherer geworden ist zunächst der rechtliche Maßstab für die hypothetische Prüfung, ob bei Anwendung des Gemeinschaftsrechts die Aufgabenerfüllung verhindert würde. Die Entwicklung hat sich in Etappen vollzogen:

aaa) Die Urteile „Corbeau" und „Almelo"

Das Urteil „*Corbeau*" brachte eine sprachliche Wende, die eine Verschiebung im Prüfungsmaßstab andeutete, ohne daß diese sich zunächst praktisch ausgewirkt hätte. Anders als zuvor stellte der EuGH der Prüfung, ob die Anwendung des Gemeinschaftsrechts die Aufgabenerfüllung verhindern würde, nicht mehr die Bemerkung voraus, die Anwendung der Regeln des EG-Vertrags müsse mit der Erfüllung der besonderen Aufgabe „nachweislich unvereinbar" sein. Statt dessen wählte der EuGH eine wesentlich offenere Einleitungsformel: maßgeblich sei, ob die Beschränkung oder gar der Ausschluß jeglichen Wettbewerbs von seiten anderer Wirtschaftsteilnehmer erforderlich sei, um die Erfüllung der den Unternehmen übertragenen besonderen Aufgabe „unter wirtschaftlich tragbaren Bedingungen" sicherzustellen.[195] Das Urteil „*Almelo*" übernahm diese Formel und fügte hinzu, daß bei dieser Prüfung die „wirtschaftlichen Voraussetzungen, unter denen das Unternehmen tätig wird, unter anderem die Kosten, die es zu tragen hat, und die – insbesondere umweltrechtlichen – Vorschriften" zu beachten seien.[196]

---

192 EuG Slg. 1997 II-229, 255 Rn. 71 – „*FFSA*". Daß die Anforderungen an die Präzisierung des Betrauungsinhalts mittlerweile gelockert sind, wird allerdings von der Kommission nicht immer anerkannt: vgl. z. B. *Van Miert*, in: XXXII. FIW-Symposion (1999), S. 5, 7: der besondere Auftrag, der dem jeweiligen Unternehmen vom Mitgliedstaat erteilt werde, müsse klar und eindeutig definiert sein; ähnlich: *Kommission*, Mitteilung zur Daseinsvorsorge II, ABl. 2001 Nr. C 17/4, Rn. 22.

193 Z. B. *Faull/Nikpay* (1999), Art. 86 Tz. 5.135–5.136; *Ross*, 25 ELRev. 2000, 22, 24; *Buendia Sierra* (1999), Tz. 8.116 ff.

194 Z. B. *Faull/Nikpay* (1999), Art. 86 Tz. 5.135–5.136.

195 EuGH Slg. 1993 I-2533, 2568 Rn.14 und 2569 Rn. 16 – „*Corbeau*".

196 EuGH Slg. 1994 I-1477, 1521 Rn. 49 – „*Almelo*".

Sachlich bedeutet dies zunächst eine Wendung des in Art. 86 Abs. 2 S. 1 EGV negativ formulierten Tatbestands ins Positive: anstatt festzustellen, was verboten ist, wird hervorgehoben, was erlaubt ist.[197]

Teile der Lit. haben der neuen Formulierung allerdings entnommen, daß eine Freistellung von Vorschriften des EGV nunmehr bereits dann möglich sei, wenn der Wettbewerb die Aufgabenerfüllung zwar nicht *verhindere*, jedoch *beträchtliche negative Auswirkungen* auf die Durchführung der Aufgabe habe.[198] Maßgeblich sei ein „Maßstab wirtschaftlicher Zumutbarkeit"[199] bzw. generell die Zumutbarkeit der Umsetzung alternativer, technisch, wirtschaftlich und rechtlich möglicher Wege.[200] Der EuGH habe mithin einen engen, ökonomischen Test der „Verhinderung der Aufgabenerfüllung" durch eine allgemeine Abwägung zwischen entgegengesetzten Prioritäten ersetzt – Ausdruck der gerichtlichen Anerkennung des Wertes des öffentlichen Dienstes.[201]

bbb) Die „Energiemonopol"-Urteile

aaaa) Verhinderung der Aufgabenerfüllung

Die *„Energiemonopol"*-Urteile enthalten zunächst insoweit eine Klarstellung betreffend den Maßstab der Erforderlichkeitsprüfung, als der EuGH hervorhebt, daß entscheidend nicht die Gefährdung des wirtschaftlichen Gleichgewichts[202] bzw. Stabilität[203] des betrauten Unternehmens, sondern die Gefährdung der Aufgabenerfüllung selbst sei.[204]

---

197 vgl. *GA Darmon*, Schlußanträge, Rn. 144, in EuGH Slg. 1994 I-1477, 1501 – *„Almelo"*; *Desselas/Rodrigues*, Les Petites Affiches du 16. fevr. 1998 No. 20, droit communautaire, S. 9, 13; *Rodrigues*, RAE 1996, 25, 26: Die Urteile *„Corbeau"* und *„Almelo"* hätten die ersten Eckpfeiler für eine *positive* Definition der Funktion des „service public" im Gemeinschaftsrecht gesetzt. *Stoffaës* (1995), S. 319 mißt der Neuformulierung v. a. psychologische Bedeutung bei.

198 *Monnier*, in: Cox (Hrsg.) (1996), S. 41, 46; ähnlich auch *Hamon*, AJDA 1997, 996, 1001: anstelle einer ‚unabdingbaren Notwendigkeit' des Vertragsverstoßes zur Gewährleistung der Aufgabenerfüllung lasse der EuGH seit der *„Corbeau"*-Entscheidung eine relative Notwendigkeit genügen. Von einer Abmilderung des Prüfungsmaßstabs durch das Urteil *„Corbeau"* gehen auch aus: *Belloubet-Frier*, AJDA 1994, 270, 283; *Belorgey*, AJDA 1996, No. spécial du 20. juin 1996, 35, 36; *ENA*, Bd. I (1997), S. 433; *Chavrier/Legal/de Bergues,* AJDA 1998, 310, 324.

199 *Schaub/Dohms*, Die AG 1998, 566, 569. Kritisch: *Hancher*, CMLRev. 31 (1994), 105, 118.

200 In diese Richtung offenbar: Calliess/Ruffert-*Jung*, Kom. (1999), Art. 86 Rn. 45.

201 *Ross*, 25 ELRev. 2000, 22, 25: „Put another way, the methodological switch is from economic measurement to value judgment in the application of the derogation".

202 EuGH Slg. 1993 I-2533, 1569 Rn. 16 – *„Corbeau"*.

203 EuGH Slg. 1994 I-1477, 1521 Rn. 49 – *„Almelo"*.

204 EuGH Slg. 1997 I-5815, 5835 Rn. 59 – *„Energiemonopole Frankreich"*. Ähnlich: BGH, Beschluß v. 7. 10. 1997, WuW 1998, 55 f. – *„Auslandspost-Remailing"*. *Hancher/Buendia Sierra*, CMLRev. 1998, 901, 942 erblicken in dieser neuen Rechtsprechung eine Abmilderung des Prüfungsmaßstabs. Ebenso: *Möschel*, WuW 1999, 832, 835; *Mestmäcker*, in: XXXII. FIW-Symposion (1999), S. 71, 79. Nach der hier vertretenen Ansicht liegt in der neuen Rechtsprechung eine Abmilderung des Prüfungsmaßstabs (nur) insofern, als der EuGH hiermit andeutet, daß er nicht nur die Erbringung unrentabler Leistungen, sondern auch von der Finanzierungsfunktion losgelöste, weiterreichende Aufgaben von „öffentlichem Interesse" geschützt wissen will. Die Abmilderung liegt mithin in der Eingrenzung der „besonderen Aufgaben", nicht aber in dem Maßstab, der im Rahmen der Erforderlichkeitsprüfung angelegt wird.

Angesichts des Grundsatzes der engen Auslegung, der allgemein bei der Anwendung des Art. 86 Abs. 2 S. 1 EGV zugrundegelegt wird, wäre für den Nachweis einer wirtschaftlichen Verhinderung der Aufgabenerfüllung bei Anwendung des Gemeinschaftsrechts eine präzise Berechnung der dem betrauten Unternehmen aus der Aufgabenerfüllung entstehenden Defizite zu verlangen.[205] Erst auf dieser Grundlage könnte über die Rechtfertigung einer Abweichung vom Gemeinschaftsrecht befunden werden.

Eine solche Berechnung ist für die Rechtfertigung zum Teil verlangt worden – auch noch in jüngerer Zeit.[206] Dagegen hat der EuGH in seinen „*Energiemonopol*"-Urteilen auf einen solchen Nachweis verzichtet und den allgemein gehaltenen Hinweis auf die Möglichkeit und Wahrscheinlichkeit des Wettbewerbs im Falle der Wettbewerbsöffnung und die potenziellen – nicht präzise bezeichneten – Folgen für die betrauten Unternehmen genügen lassen.[207] Diese Absenkung der Darlegungs- und Beweislast der Mitgliedstaaten erklärt sich aus dem Wesen und der Vagheit der „besonderen Aufgabe", die der EuGH für gemeinschaftsrechtlich geschützt hielt: ihrem Wesen nach erfordert die Aufgabe der Sektorplanung und –steuerung ein stabiles Umfeld. Die Markt und Wettbewerb eigene Dynamik ist mit einer solchen Aufgabe daher schon strukturell schwer vereinbar. Auch verschließt sich eine solche Aufgabenstellung einer Schätzung der aus ihr resultierenden Sonderbelastung. Die Erforderlichkeitsprüfung, die nur dort ihre volle Wirksamkeit entfalten kann, wo die Erfordernisse der Aufgabenerfüllung quantifizierbar sind, wird damit als Kontrollmechanismus außer Kraft gesetzt.

bbbb) Gefährdung der Aufgabenerfüllung

Den „*Energiemonopol*"-Urteilen wird eine weitere Abmilderung des Prüfungsmaßstabs insofern entnommen, als der EuGH für einen Dispens von den Vorschriften des EG-Vertrags lediglich verlangte, daß deren Anwendung die Erfüllung der einem Unternehmen übertragenen Verpflichtungen „sachlich oder rechtlich *gefährden* würde".[208]

In der Lit. ist dies zum Teil als Paradigmenwechsel, nämlich dahingehend verstanden worden, daß nunmehr die Feststellung einer bloßen Erschwerung der Aufgabenerfüllung infolge der Anwendung des Gemeinschaftsrechts für die Nichtanwendung der Vor-

205 So auch: *Faull/Nikpay* (1999), Art. 86 Tz. 5.141.

206 EuG Slg. 1997 II-997, 1043 Rn. 139 – „*Air Inter*".

207 Vgl. EuGH Slg. 1997 I-5815, 5843 f. Rn. 95–98, insbes. Rn. 97–98 – „*Energiemonopole Frankreich*": „Im Falle einer Aufhebung der ausschließlichen Ein- und Ausfuhrrechte würden sich bestimmte Verbraucher offenkundig auf ausländischen Märkten versorgen und bestimmte Erzeuger oder Exporteure dort verkaufen, wenn die dortigen Preise niedriger beziehungsweise höher als die Preise der EDF und der GDF wären. Diese Möglichkeit wäre sogar ein wesentliches Ziel der Marktöffnung. Angesichts der Besonderheiten von Elektrizität und Gas sowie der Modalitäten ihrer Erzeugung, Fortleitung und Abgabe hätte eine solche Marktöffnung ebenso offenkundig wesentliche Änderungen der Verwaltung dieser Wirtschaftszweige zur Folge, was namentlich die Erfüllung der Lieferverpflichtungen, die Ständigkeit der Versorgung und die Gleichbehandlung der Kunden betrifft".

208 EuGH Slg. 1997 I-5815, 5835 Rn. 59 – „*Energiemonopole Frankreich*". Ebenso: EuGH Slg. 2000 I-825, 876 Rn. 50 – „*Citicorp*"; EuGH Slg. 1999 I-6025, 6061 Rn. 111 – „*Brentjens Handelsonderneming BV*".

schriften des EG-Vertrags genüge.[209] Dem kann nicht zugestimmt werden. Zu unterscheiden ist zwischen dem aus der Anwendung des Gemeinschaftsrechts resultierenden Grad der Behinderung der Aufgabenerfüllung einerseits, dem Wahrscheinlichkeitsgrad, mit welchem eine Be- oder Verhinderung der Aufgabenerfüllung zu erwarten ist, andererseits. Die neue Formulierung des EuGH betrifft lediglich den im Rahmen des Art. 86 Abs. 2 S. 1 EGV für die Gewährung einer Ausnahme erforderlichen *Wahrscheinlichkeitsgrad* einer Aufgabenverhinderung.

Die hypothetische Prüfung der Folgen einer Anwendung des Gemeinschaftsrechts in einem bestimmten Sektor und in einem bestimmten Mitgliedstaat trägt stets prognostische Züge. Da unter diesen Bedingungen absolute Sicherheit nicht verlangt werden kann, muß ein gewisser Grad der Wahrscheinlichkeit einer Aufgabenverhinderung für die Gewährung einer Ausnahme genügen, was sich zugleich in einer entsprechenden Absenkung der Beweislast der sich auf Art. 86 Abs. 2 S. 1 EGV berufenden Mitgliedstaaten bzw. Unternehmen ausdrückt. Angesichts des Grundsatzes der engen Auslegung von Ausnahmevorschriften darf diese Absenkung nicht zu weit gehen. Zu verlangen ist der Nachweis einer *konkreten* und im normalen Ablauf wahrscheinlichen Gefährdung der Aufgabenerfüllung.[210] Die Aufgabenverhinderung muß eine naheliegende Folge der Anwendung des Gemeinschaftsrechts sein. Zu verlangen ist außerdem, daß Art und Maß der rechtfertigungsbedürftigen Maßnahmen nach Möglichkeit auf den Grad der Gefahr, die aus dem Wettbewerbs- und Marktmechanismus für die Aufgabenerfüllung folgt, abgestimmt sind.[211] Damit bleibt die gemeinschaftsrechtliche Schwelle für die Begründung einer wettbewerbswidrigen Instrumentalfunktion eines Unternehmens weit höher als die traditionelle mitgliedstaatliche Eingriffsschwelle eines allgemeinen, politisch begründbaren Vorsorgebedarfs. An einem solchen Verständnis hat auch die neuere Rechtsprechung des EuGH nichts geändert.

ccc) Ermessen der Kommission im Rahmen der Verhältnismäßigkeitsprüfung?

Die neuere Rechtsprechung hat die vormals scharfen Konturen der Verhältnismäßigkeitsprüfung aufgelöst. Dies gilt jedenfalls dann, wenn man den Maßstab der Aufgabenverhinderung durch einen Zumutbarkeitsmaßstab ersetzt sieht. Es gilt aber auch dann, wenn man mit der neueren Rechtsprechung „besondere Aufgaben" in den Schutzbereich des Art. 86 Abs. 2 S. 1 EGV einbezieht, die nicht mehr leistungsspezifisch – und damit in ihrem Wert quantifizierbar –, sondern nur noch in Bezug auf allgemeine Staatsaufgaben und -ziele hin definiert sind. Die Frage, welche Rahmenbedingungen gewährleistet sein müssen, damit eine solchermaßen umrissene Aufgabe erfüllt werden kann, läßt sich, da die notwendigen Ausgangsdaten nicht präzisiert sind, nicht punktgenau beantworten. Es ergibt sich zwangsläufig ein Beurteilungsspielraum. Fraglich ist,

---

209 *Ehricke*, EuZW 1998, 741, 745; *Bartosch*, NJW 2000, 2251, 2252; *Möschel*, WuW 1999, 832, 835.

210 *Ehricke*, EuZW 1998, 741, 745 verlangt eine „erhebliche" Gefährdung, bezieht sich damit aber offenbar wieder stärker auf den Grad der Behinderung der Aufgabenerfüllung als auf die Wahrscheinlichkeit einer Aufgabenverhinderung.

211 Ein Beispiel hierfür bietet der liberalisierte Telekommunikationssektor: ein Defizitausgleich, der ggfs. mit Verstößen gegen Gemeinschaftsrecht verbunden sein kann, greift erst dann ein, wenn ein (betrautes) Unternehmen tatsächlich defizitäre Leistungen erbringt.

wem die Ausfüllung dieses Spielraums obliegt – den Mitgliedstaaten, der Kommission, oder aber den Gerichten.

Diese Frage ist in der jüngeren Rechtsprechung des EuG und des EuGH immer wieder aufgetaucht, eindeutige, allgemeingültige Antworten sind aber noch nicht gegeben worden. Wichtig erscheint es hier, systematisch verschiedenene Grundkonstellationen zu unterscheiden: in einigen Fällen ging es um die Frage, ob der Kommission bei der Anwendung des Art. 86 Abs. 2 S. 1 EGV im Rahmen der Beihilfenkontrolle ein Ermessen zusteht. Dieser Konstellation gleichzustellen sind grundsätzlich Fälle, in denen eine Freistellung von Verstößen gegen Art. 81 Abs. 1 EGV in Frage steht. In beiden Fallgruppen stellt sich die Frage nach einem Ermessen der Kommission bei der Anwendung des Art. 86 Abs. 2 EGV im Rahmen eines Freistellungsverfahrens, welches zwingende Voraussetzung für die Nichtanwendung der Wettbewerbs- und Beihilfevorschriften des EG-Vertrags ist. Andere Fälle betrafen die Frage, ob der Kommission bei der Konkretisierung von Maßnahmen zur Abhilfe von Vertragsverstößen ein Ermessen verbleibt. Hier steht insbesondere die Reichweite der Ermächtigung der Kommission aus Art. 86 Abs. 3 EGV in Frage. Jenseits der Verstöße gegen das Kartell- und das Beihilfenverbot steht die Frage nach der Erforderlichkeit der die mitgliedstaatlichen Sondermarktordnungen prägenden Ausschließlichkeitsrechte und der mit diesen verbundenen Verstöße gegen Art. 82 Abs. 1 EGV und gegebenenfalls gegen die Verkehrsfreiheiten im Mittelpunkt. Ein Ermessen der Kommission im Rahmen dieser Erforderlichkeitsprüfung hat andere Implikationen als ihr Ermessen im Rahmen von Freistellungsverfahren, insofern es erneut die Frage nach der unmittelbaren Anwendbarkeit des Art. 86 Abs. 2 EGV aufwirft.

Die verschiedenen Fragen sind in den jeweils unterschiedlichen Zusammenhängen zu erörtern.

bb) Erforderlichkeitsprüfung im Rahmen der Freistellung vom Kartellverbot (Art. 81 Abs. 1 EGV) nach Art. 86 Abs. 2 EGV

Für die Freistellung vom Kartellverbot gemäß Art. 81 Abs. 3 EGV ist die Kommission zuständig. Die Anwendung des Art. 81 Abs. 3 EGV geht nach h. M. der Anwendung des Art. 86 Abs. 2 EGV vor.[212] Dies ergibt sich bereits aus dem Wortlaut des Art. 86

---

212 So offenbar auch *Kommission*, Entscheidung v. 15. 9. 1999, ABl. 1999 Nr. L 275/17 Rn. 92 – *„REIMS II"*. Aus der Lit.: *Page*, ELRev. 7 (1982), 19, 31; *Ehlermann*, RdE 1993, 41, 45; *Heinemann* (1996), S. 185; *Ehricke*, EuZW 1993, 211, 214; Immenga/Mestmäcker-*Mestmäcker*, EG-Wettbewerbsrecht, Kom., Bd. II (1997), Art. 37/Art. 90 D. Rn. 28; Dauses-*Emmerich*, H.II Rn. 161; *Waelbroeck/Frignani* (1999), S. 283; Grabitz/Hilf-*Pernice*, Kom., Art. 90 Rn. 53; GTE-*Hochbaum*, Kom., 5. Aufl. (1999), Art. 90 Rn. 63; *Deringer*, Kom., Art. 90 Rn. 92; *Benesch* (1993), S. 16; *Slot*, CMLRev. 1994, 511, 532; *Burgi*, EuR 1997, 261, 277 f.; *Faull/Nikpay* (1999), Art. 86 Tz. 5.155. A. A. aber *Buendia Sierra* (1999), Tz. 8.324 unter Hinweis auf die Entscheidung des EuGH im Fall *„Almelo"*: der EuGH habe hier klargestellt, daß ein nationales Gericht eine Vereinbarung, die eindeutig gegen Art. 81 Abs. 1 EGV verstoße und die nicht bei der Kommission angemeldet wurde, trotzdem mit Blick auf Art. 86 Abs. 2 EGV als gerechtfertigt ansehen könne. Auf die vielfältigen Fragen, die sich insoweit aus der *„Almelo"*-Entscheidung ergeben, weist auch *Hancher*, CMLRev. 32 (1995), 305, 320 f. hin.

Abs. 2 S. 1 EGV, der nur dann eingreift, wenn die Anwendung der Vorschriften des EG-Vertrags – und damit auch die dort vorgesehenen Ausnahmevorschriften – die Aufgabenerfüllung verhindern.[213]

Im Verfahren nach Art. 81 Abs. 3 EGV kann die Kommission auch die Anwendbarkeit des Art. 86 Abs. 2 EGV prüfen.[214] Die Frage, ob und wenn ja in welchem Umfang der Kommission bei der Konkretisierung des Art. 86 Abs. 2 EGV im Anwendungsbereich des Art. 81 Abs. 3 EGV ein Ermessen zusteht, wurde in den einschlägigen Fällen bislang nicht problematisiert.

cc) Beihilfefälle: die Kontrolle des Umfangs von Beihilfen

Jedenfalls bei der Kontrolle der Erforderlichkeit von Beihilfen gemäß Art. 86 Abs. 2 EGV steht der Kommission den Äußerungen des EuG im Urteil *„FFSA“*[215] zufolge ein weites Ermessen zu, welches das EuG mit dem Ermessen der Kommission nach Art. 87 Abs. 3 EGV vergleicht.[216]

Das EuG geht dabei – entgegen einer in der Lit. vielfach vertretenen Ansicht[217] – davon aus, daß staatliche Zuschüsse, auch dann, wenn sie lediglich die aus der Erfüllung „besonderer Aufgaben“ folgenden Belastungen ausgleichen sollen, Beihilfen darstellen, die zunächst am Maßstab des Art. 87 EGV zu prüfen sind.[218] Die Beihilfe sei aber nach Art. 86 Abs. 2 EGV gerechtfertigt, wenn sie die aus der Wahrnehmung der „besonderen Aufgabe“ resultierenden Nettokosten nicht übersteige.[219]

---

213 *Waelbroeck/Frignani* (1999), S. 283.

214 Vgl. z. B. *Kommission*, Entscheidung v. 15. 9. 1999, ABl. 1999 Nr. L 275/17 Rn. 91 ff. – *„REIMS II“*; *Kommission*, Entscheidung v. 11. Juni 1993, ABl. 1993 Nr. L 179/23 Rn. 79 – *„EBU/Eurovision“*; *Kommission*, Entscheidung v. 16. 1. 1991, ABl. 1991 Nr. L 28/32 – *„Ijsselcentrale“*; *Kommission*, Entscheidung v. 22. Dez. 1992, ABl. 1993 Nr. L 50/14 Rn. 28 ff. – *„Jahrhundertvertrag“*; vgl. auch EuG Slg. 1996 II-649, 690 f. Rn. 118 – *„EBU“*, welches auch bei Unanwendbarkeit des Art. 86 Abs. 2 EGV eine Berücksichtigung der dort maßgeblichen öffentlichen Interessen im Rahmen der Prüfung einer Freistellung nach Art. 81 Abs. 3 EGV billigen will.

215 EuG Slg. 1997 II-229 – *„FFSA“*.

216 EuG Slg. 1997 II-229, 262 Rn. 98–100 – *„FFSA“*. Ähnlich – aber nicht im Zusammenhang mit einer Beihilfeentscheidung – EuGH Slg. 1992 I-565, 636 Rn. 34 – *Niederlande ./. Kommission*.

217 Vgl. z. B. *Bartosch*, EuZW 2000, 333, 334.

218 EuG Slg. 1997 II-229, 280 Rn. 167 – *„FFSA“*; siehe dazu auch: *Hancher/Ottervanger/Slot* (1999), Tz. 7-039; *Ross*, CMLRev. 37 (2000), 401, 412 (beide zweifelnd, ob das Urteil *„FFSA“* in dieser Frage Bestand haben werde, wobei Ross insbes. auf das Urteil des EuG im Fall *„Gestevisión Telecinco“*, EuG Slg. 1998 II-3407 ff. hinweist: „The notion of favour or advantage has thus been rolled up in an evaluative exercise, thereby blurring the boundary between what is an aid and its justifications [...]“). In der Entscheidung EuG v. 10. 5. 2000 Rs. T-46/97 Rn. 82–84 – *SIC v. Kommission* [noch nicht in amtlicher Sammlung] zur Finanzierung der öffentlichen Fernsehanstalt RTP in Portugal hat das EuG seine Position, daß die Prüfung des Tatbestands der Beihilfe und ihrer Rechtfertigung zu trennen seien, aber bestätigt. Ebenso: *Frey*, ZUM 1999, 528, 533 f. Hiervon geht jetzt auch die Kommission aus: vgl. *Kommission*, Mitteilung zur Daseinsvorsorge II, ABl. 2001 Nr. C 17/4, Rn. 26.

219 Vgl. auch *Kommission*, Mitteilung zur Daseinsvorsorge II, ABl. 2001 Nr. C 17/4, Rn. 26. Die Qualifizierung eines geldwerten Vorteils als Beihilfe und deren Überprüfung am Maßstab des Art. 86 Abs. 2 EGV führt zu einer strengeren Überprüfung von „betrauten Unternehmen“ gewährten staatli-

Nach den allgemeinen Grundsätzen zur Beweislastverteilung im Rahmen der Erforderlichkeitsprüfung wäre nunmehr der Nachweis für die Erforderlichkeit der Beihilfe dem Grund und der Höhe nach von dem sich auf Art. 86 Abs. 2 S. 1 EGV berufenden Mitgliedstaat bzw. Unternehmen anhand einer hinreichend präzisen Buchführung zu erbringen gewesen

Diese Konsequenz hat das EuG im Fall *„FFSA"* jedoch vermieden und statt dessen der Kommission ein weites Ermessen bei der Feststellung der Erforderlichkeit des Vertragsverstoßes zugestanden. Zur Begründung führt das EuG aus, daß die Kommission bei ihrer Kontrolltätigkeit im Rahmen des Art. 86 Abs. 2 EGV den mit der besonderen Aufgabe verbundenen Erfordernissen Rechnung tragen müsse und dabei das Organisationsermessen der Mitgliedstaaten hinsichtlich der „Dienstleistungen von allgemeinem wirtschaftlichem Interesse" zu respektieren habe. Auch gehe es um die Beurteilung wirtschaftlich komplexer Sachverhalte.[220] Die Kommission war danach trotz Fehlens einer analytischen Buchführung beim Beihilfeempfänger La Poste, welche eine präzise Nachprüfung der Erforderlichkeit der Beihilfe erlaubt hätte, befugt, die Beihilfe für gem. Art. 86 Abs. 2 S. 1 EGV gerechtfertigt zu halten.[221]

Diese Rechtsprechung des EuG scheint auf den ersten Blick im Widerspruch zur Rechtsprechung des EuGH bezüglich der unmittelbaren Anwendbarkeit des Art. 86 Abs. 2 S. 1 EGV zu stehen. Gerade bei der Anwendung des Art. 86 Abs. 2 EGV im Bereich der Beihilfenkontrolle ist dieses Argument allerdings nicht stichhaltig: hier ist die Beurteilung der Beihilfe durch die Kommission nach Art. 87 Abs. 3 EGV vorgreiflich.[222] Eine Anwendung des Art. 86 Abs. 2 EGV vor abgeschlossener Beihilfenprüfung durch die Kommission würde eine Freistellung des Mitgliedstaats und des begünstigten Unternehmens von der Notifizierungspflicht aus Art. 88 Abs. 3 EGV bedeuten – eine Begünstigung, die zur Gewährleistung der in Art. 86 Abs. 2 EGV geschützten Aufgabenerfüllung nicht erforderlich ist.[223]

---

chen Leistungen. Insbes. liegt so die Beweislast für die Erforderlichkeit der Beihilfe dem Umfang nach bei den Mitgliedstaaten bzw. betrauten Unternehmen. Die Kommission will aber der Mitteilung zur Daseinsvorsorge II, ABl. 2001 Nr. C 17/4, Rn. 26 zufolge von einer Vermutung der Vertragskonformität einer Beihilfe ausgehen, wenn der einem Unternehmen vom Staat gewährte Ausgleich für die Erfüllung von „besonderen Aufgaben" „im Anschluß an ein offenes, transparentes und nicht diskriminierendes Verfahren für einen angemessenen Zeitraum festgesetzt wird".

220 EuG Slg. 1997 II-229, 262 Rn. 98–100 – *„FFSA"*: „[...] Da es in der vorliegenden Rechtssache um die Beurteilung komplexer wirtschaftlicher Sachverhalte geht, ist das Ermessen [der Kommission] bei der Berechnung der Mehrkosten aufgrund des öffentlichen Versorgungsauftrags umso weiter, als es vergleichbar ist mit dem Ermessen, das der Kommission im Rahmen von Artikel 92 Absatz 3 des Vertrages [Art. 87 Abs. 3 EGV n. F.] zusteht".

221 EuG Slg. 1997 II-229, 283 Rn. 180 – *„FFSA"*. *Charbit*, Gazette du Palais 7/8 juin 2000, Doctrine, pp. 18, 24 zufolge soll sich aus dem Urteil *„FFSA"* gar eine Vermutung der Vertragskonformität einer Beihilfe zugunsten des betrauten Unternehmens ergeben.

222 Vgl. EuGH Slg. 1994 I-877, 908 Rn. 18 – *„Banco Exterior"*; EuGH v. 22. Juni 2000, Rs. C-332/98 Rn. 31–32 – *„Coopérative d'exportation du livre français"* [noch nicht in amtlicher Sammlung]; vgl. auch *GA Lenz*, Schlußanträge Rn. 71, in: EuGH Slg. 1994 I-877, 889 – *„Banco Exterior"*; aus der Lit.: *Waelbroeck/Frignani* (1999), S. 283. A. A. offenbar: *Ross*, CMLRev. 37 (2000), 401, 419.

223 Vgl. *Waelbroeck/Frignani* (1999), S. 283.

Im Rahmen der Beihilfenprüfung kann und wird die Kommission auch Art. 86 Abs. 2 EGV berücksichtigen. Das Problem der unmittelbaren Anwendbarkeit des Art. 86 Abs. 2 EGV stellt sich daher im Rahmen von Beihilfefällen nicht.

Bedenklich erscheint trotzdem die Weite des Ermessens, welches das EuG der Kommission zugesteht. Dabei ist es erneut eine unpräzise Eingrenzung der zu schützenden „besonderen Aufgabe", die zur Aufweichung der gerichtlichen Kontrolldichte führt und klare Rechtsmaßstäbe auch dort, wo sie eigentlich möglich wären, durch einen allgemeinen „reasonableness-test" ersetzt. Würden gemeinschaftsrechtlich strenge Maßstäbe an die Präzisierung der „besonderen Aufgabe" (verstanden als die Aufgabe zur Ausfüllung von Versorgungslücken) und an die Beweislast der Mitgliedstaaten im Falle einer Berufung auf Art. 86 Abs. 2 EGV gestellt, – der nur durch eine angemessen präzise Buchführung nachzukommen wäre – so müßte die Handhabung von Beihilfefällen im Rahmen dieser Vorschrift vergleichsweise unproblematisch und relativ gut kontrollierbar sein. Daß dies nicht das Verständnis des EuG ist, zeigt der Hinweis, daß die Kommission bei ihrer Ermessensausübung dem Ermessen der Mitgliedstaaten Rechnung zu tragen habe. Die Entscheidung des EuG im Fall „*FFSA*" ist vor diesem Hintergrund bedenklich.[224]

Bedenklich ist auch, daß im Fall „*FFSA*" das EuG und später der EuGH das Vorgehen der Kommission gebilligt haben, die bei ihrer Beihilfenprüfung auf die *tatsächlichen* Kosten der Aufgabenerfüllung, nicht auf die Kosten einer *effizienten* Unternehmens abgestellt hatte. Sie begründete dies damit, Artt. 87 Abs. 1, 86 Abs. 2 EGV dienten nicht der Gewährleistung optimaler Effizienz einer Versorgungstätigkeit in den Mitgliedstaaten, sondern der Verhinderung von Wettbewerbsverfälschungen.[225] Problematisch ist jedoch, daß der Maßstab der tatsächlichen Kosten es den Mitgliedstaaten ermöglicht, die Beihilfenfinanzierung „besonderer Aufgaben" in gewissem Umfang für die Finanzierung anderer (z. B. beschäftigungspolitischer) Zielsetzungen und mithin für die Umgehung der Beihilfevorschriften zu nutzen.[226]

dd) Präventive Maßnahmen zur Kontrolle von Vertragsverstößen und zur Bestimmung der Reichweite des Art. 86 Abs. 2 EGV – Ermessen der Kommission?

Die Kommission hat ihre dem Fall „*FFSA*" zugrundeliegende Entscheidung mit der Aufforderung an den Mitgliedstaat verbunden, für die Einführung eines analytischen Kostenrechnungssystems beim Postbetreiber Sorge zu tragen. Außerdem wurde die Vorlage eines jährlichen Berichts gefordert, anhand dessen sich die Einhaltung des Ge-

---

224 Kritisch zu diesem Urteil auch: *Tettinger*, RdE 1999, 45 f.: das EuG habe die gerichtliche Kontrolldichte in der Überprüfung der Anwendung des Art. 86 Abs. 2 EGV in diesem Urteil „in recht unbekümmerter Weise rigoros reduziert" und gefährde den Ausnahmecharakter des Art. 86 Abs. 2 EGV.

225 EuG Slg. 1997 II-229, 287 Rn. 195 – „*FFSA*"; gebilligt in: EuGH Slg. 1998 I-1303, 1304, 2. Leitsatz – „*FFSA II*".

226 Vgl. *Hancher/Ottervanger/Slot* (1999), Tz. 7-040: „It is in our view clear that, in accordance with the principle of proportionality, compensation for inefficiency costs (overcompensation) can not be compatible with the common market. In other words, avoidable costs should not be considered as related to the service of general economic interest".

meinschaftsrechts überwachen lasse.[227] Die Kommission hat damit die Vorausssetzungen für eine künftig präzisere Erforderlichkeitskontrolle geschaffen.

Die Pflicht zur Einführung einer getrennten Buchführung bei i. S. d. Art. 86 Abs. 2 EGV betrauten Unternehmen, die im Gegenzug staatliche Beihilfen erhalten, ist nunmehr durch die am 26. Juli 2000 verabschiedete neue Transparenz-Richtlinie verallgemeinert worden.[228] Sie dient, wie die Vorgänger-Richtlinie[229], dazu, die Transparenz der finanziellen Beziehungen zwischen der öffentlichen Hand und den öffentlichen Unternehmen zu gewährleisten,[230] trägt nunmehr aber dem veränderten, vielfach durch Teil-Liberalisierung gekennzeichneten Umfeld Rechnung.[231]

Während die ursprüngliche Transparenz-Richtlinie nur die finanziellen Beziehungen zwischen der öffentlichen Hand und öffentlichen Unternehmen (bzw. zwischen verschiedenen öffentlichen Unternehmen) erfaßte, bezieht die neue Transparenz-Richtlinie auch Finanzströme *innerhalb* von Unternehmen mit ein, die im Gegenzug für die Verpflichtung, Dienstleistungen von allgemeinem wirtschaftlichem Interesse bereitzustellen, geldwerte Vorteile (z. B. Ausschließlichkeitsrechte / finanzielle Zuschüsse) erhalten. Wenn diese Unternehmen – zumindest teilweise – in einem wettbewerblichen Umfeld tätig sind, so stehen unternehmensinterne Quersubventionierungen in wettbewerbliche Leistungsbereiche zu befürchten.[232] Um wirksam überprüfen zu können, ob unternehmensintern ungerechtfertigte und unter Umständen wettbewerbsverfälschende Fi-

---

227 Vgl. *Kommission*, Entscheidung, ABl. 1995 Nr. C 262/11; *Kommission*, Bekanntmachung über die Anwendung der Wettbewerbsregeln auf dem Postsektor, ABl. 1998 Nr. C 39/2, 14, Zif. 7.

228 Siehe Art. 1 Abs. 2 i. V. m. Art. 2 Abs.1 lit.d der Richtlinie 2000/52/EG vom 26. Juli 2000 zur Änderung der Richtlinie 80/723/EWG über die Transparenz der finanziellen Beziehungen zwischen den Mitgliedstaaten und den öffentlichen Unternehmen, ABl. 2000 Nr. L 193/75 (im Folgenden bezeichnet als „neue Transparenz-Richtlinie"). Zur neuen Transparenz-Richtlinie: *Soukup*, Competition Policy Newsletter 1999/2, June 1999, 37 f. Vergleichbare Regelungen sind bereits zuvor für bestimmte, ganz oder teilweise liberalisierte Sektoren eingeführt worden – insbes. für die Bereiche Telekommunikation (Art. 8 der Richtlinie 97/33/EG v. 30. 6. 1997, ABl. 1997 Nr. L 199/32 – Zusammenschaltungsrichtlinie), Post (Art. 14 der Richtlinie 97/67/EG v. 15. 12. 1997, ABl. 1998 Nr. L 15/14 – Postdienstleistungsrichtlinie), Elektrizität (Art. 14 Abs. 3 Elektrizitätsbinnenmarktrichtlinie 96/92/EG v. 19. 12. 1996, ABl. 1997 Nr. L 27/20) und Gas (Art. 13 Abs. 3 Gasbinnenmarktrichtlinie 98/30/EG v. 22. Juni 1998, ABl. 1998 Nr L 204/1). Die neue Transparenz-Richtlinie läßt diese Regelungen unberührt (Art. 3a Abs. 2 der neuen Transparenz-Richtlinie; siehe auch Rn. 9 der Gründe).

229 Vgl. Richtlinie 80/723/EWG der Kommission vom 25. Juni 1980 über die Transparenz der finanziellen Beziehungen zwischen den Mitgliedstaaten und den öffentlichen Unternehmen (ABl. 1980 Nr. L 195/35), zuletzt geändert durch die Richtlinie 93/84/EWG (ABl. 1993 Nr. L 254/16): die Transparenz-Richtlinie in ihrer Fassung aus dem Jahr 1980 bzw. 1993 enthielt keine Verpflichtung zur Einführung getrennter Buchführung bei Unternehmen, die einerseits mit Dienstleistungen von allgemeinem wirtschaftlichen Interesse betraut, andererseits im Wettbewerb tätig sind. Näher zur alten Transparenz-Richtlinie: *Waelbroeck/Frignani* (1999), S. 294 f.; *Hancher/Ottervanger/Slot* (1999), Tz. 7-012–7-022.

230 Art. 1 Abs. 1 der neuen Transparenz-Richtlinie.

231 Siehe Rn. 2 der Gründe zur neuen Transparenz-Richtlinie. Vgl. zu den Zielen der neuen Transparenz-Richtlinie auch *Kommission*, XXIX. Wettbewerbsbericht (1999), S. 78, Rn. 214–216; *Charbit*, Gazette du Palais 7/8 juin 2000, Doctrine, pp. 18, 26 f.

232 Vgl. *Kommission*, Richtlinie 2000/52/EG v. 26. Juli 2000, ABl. 2000 Nr. L 193/75 Rn. 2 der Gründe; dazu, daß auch unternehmensinterne Quersubventionierungen u. U. nicht nur von den Wettbewerbsvorschriften, sondern auch von den Beihilfevorschriften des EGV erfaßt werden, sowie zu den Einzelheiten der Problematik: *Hancher/Ottervanger/Slot* (1999), Tz. 7-045 ff. m. N. zur Rspr.

nanzströme fließen, ist die Einführung einer getrennten Buchführung zwingend geboten.[233] Klar ersichtlich werden sollen aus ihr insbesondere auch die Kosten und Erlöse aus den als „Dienstleistungen von allgemeinem wirtschaftlichem Interesse" qualifizierten Tätigkeitsbereichen und die Methode, nach der die Kosten und Erlöse den verschiedenen Geschäftsbereichen zugeordnet und zugewiesen werden (vgl. Art. 1 Abs. 2 der neuen Transparenz-Richtlinie).[234]

Das auf der Grundlage dieser sektorspezifischen Vorgaben sowie der neuen Transparenz-Richtlinie zu ermittelnde Zahlenmaterial ist nicht nur bei der Prüfung von Bedeutung, ob mißbräuchliche Quersubventionen aus dem Monopol- in den Wettbewerbsbereich erfolgen. Es kann Bedeutung auch für die Prüfung erlangen, ob die Beibehaltung von Ausschließlichkeitsrechten zur Finanzierung der Aufgabenerfüllung erforderlich ist. Die neue Transparenz-Richtlinie gibt der Kommission mithin ein wichtiges Instrument an die Hand, um der Erforderlichkeitsprüfung in Zukunft eine solidere Datengrundlage zu geben.

Die Kommission ist auf der Grundlage der Ermächtigung in Art. 86 Abs. 3 EGV zum Erlaß einer solchen Richtlinie befugt. Den ihr eingeräumten Ermessensspielraum[235], der die Festlegung umfaßt, welche Daten erforderlich sind, um ihrer Überwachungspflicht wirksam nachzukommen, hat sie mit der neuen Transparenz-Richtlinie ebensowenig überschritten wie dies nach der alten Transparenz-Richtlinie der Fall war.[236]

ee) Die Kontrolle der Reichweite von Ausschließlichkeitsrechten im Rahmen der Erforderlichkeitsprüfung

Neben der Beihilfeproblematik hat in der neueren Rechtsprechung die Frage besondere Bedeutung erlangt, unter welchen Voraussetzungen und in welchem Umfang Ausschließlichkeitsrechte gemäß Art. 86 Abs. 2 EGV gerechtfertigt werden können.

Zur rechtfertigungsfähigen Reichweite von Ausschließlichkeitsrechten hat der EuGH den Mitgliedstaaten im Urteil „*Corbeau*" insofern Grenzen gesetzt, als hiernach Ausschließlichkeitsrechte grundsätzlich nicht über die Grenzen desjenigen sachlichen und geographischen Marktes hinausreichen dürfen, auf dem die Dienstleistungen von allge-

233 Vgl. Rn. 6 der Gründe zur neuen Transparenz-Richtlinie, ABl. 2000 Nr. L 193/75. A. A. *Bartosch*, EuZW 2000, 333: die neue Transparenz-Richtlinie gebe der Kommission zu weitreichende Kontrollmöglichkeiten.

234 Die neue Transparenz-Richtlinie führt keine harmonisierte Buchführungsmethode ein. Verlangt wird lediglich, daß das Verfahren der Zuordnung von Kosten und Einnahmen klar aus den Büchern hervorgeht. Hier bleibt Raum für Probleme, die sich insbes. aus der Problematik der Zuordnung von Gemeinkosten ergeben – siehe: *Hancher/Ottervanger/Slot* (1999), Tz. 7-022.

235 Vgl. hierfür zuletzt EuG Slg. 1999 II-2329, 2357 Rn. 75 – „*Vlaamse Televisie*": „Insoweit ergibt sich aus Artikel 90 Absatz 3 EG-Vertrag [Art. 86 Abs. 3 n.F.] und aus dem Sinn und Zweck dieses gesamten Artikels, daß die Kommission in dem in den Absätzen 1 und 3 bezeichneten Bereich sowohl hinsichtlich des Tätigwerdens, das sie für erforderlich hält, als auch hinsichtlich der geeigneten Mittel ein weites Ermessen besitzt ...".

236 Vgl. EuGH Slg. 1982, 2545, 2576 f. Rn. 18 – „*Transparenz-Richtlinie I*".

meinem wirtschaftlichem Interesse erbracht werden.[237] Umverteilungsziele hat der Mitgliedstaat innerhalb des Marktes für diejenigen Grundversorgungsleistungen zu verfolgen, bezüglich derer er einen allgemeinen Teilhabeanspruch der gesamten Bevölkerung begründen will.[238] Dieser Markt ist in der Regel hinreichend breit, um auch eine Finanzierung unrentabler Leistungen zu ermöglichen.[239]

Der Ausnahmefall, daß das wirtschaftliche Gleichgewicht des betrauten Unternehmens sich über die Gewährung eines Ausschließlichkeitsrechts auf dem Markt für „Dienstleistungen von allgemeinem wirtschaftlichem Interesse" nicht gewährleisten ließe, – zu denken wäre hier vor allem an den Fall, daß die Liberalisierung angrenzender Märkte eine Gefahr der Umgehung des Monopols in einem Umfang begründet, die die wirtschaftliche Grundlage der Aufgabenerfüllung untergraben würde[240] – wäre von dem Mitgliedstaat, der sich hierauf beruft, nachzuweisen. Mit dieser Eingrenzung der Rechtfertigungsfähigkeit von Ausschließlichkeitsrechten wird zugleich ein automatisches Mitwachsen des Umfangs der Ausschließlichkeitsrechte mit neuen technologischen und wirtschaftlichen Entwicklungen – ein für die mitgliedstaatlichen Rechtsordnungen charakteristisches Phänomen – unterbunden.

ff) Alternative mildere bzw. gemeinschaftsrechtskonformere Mittel

Eine zentrale Frage im Rahmen der Erforderlichkeitsprüfung bleibt, ob, von wem und in welcher Weise Mitgliedstaaten, die sich zur Rechtfertigung von Ausschließlichkeitsrechten auf Art. 86 Abs. 2 EGV berufen, auf alternative, gemeinschaftsfreundlichere Mittel der Sektororganisation verwiesen werden könnten, die gleichfalls geeignet sind, die Aufgabenerfüllung zu gewährleisten.

---

237 EuGH Slg. 1993 I-2533, 2569 Rn. 19 – *„Corbeau"*: „Der Ausschluß des Wettbewerbs ist jedoch dann nicht gerechtfertigt, wenn es sich um spezifische, von den Dienstleistungen von allgemeinem wirtschaftlichem Interesse trennbare Dienstleistungen handelt, die besonderen Bedürfnissen von Wirtschaftsteilnehmern entsprechen und bestimmte zusätzliche Leistungen verlangen, die der herkömmliche Postdienst nicht anbietet [...] und sofern diese Dienstleistungen aufgrund ihrer Art und der Umstände, unter denen sie angeboten werden – wie etwa des Gebiets, in dem sie erbracht werden –, das wirtschaftliche Gleichgewicht der vom Inhaber des ausschließlichen Rechts übernommenen Dienstleistung von allgemeinem wirtschaftlichem Interesse nicht in Frage stellen". Ähnlich bereits: EuGH Slg. 1985, 873, 888 Rn. 33 – *„British Telecom"*; EuGH Slg. 1991 I-5941, 5980 Rn. 19–22 – *„RTT"*; EuGH Slg. 1992 I-5833, 5868 Rn. 36–37 – *„Telekommunikationsdienste"*. Vgl. auch *Kommission*, Entscheidung v. 14. 1. 1998, ABl. 1998 Nr. L 72/30 Rn. 102 – *„Flughafen Frankfurt/Main AG"*; *Kruse*, NZVw 2000, 721, 724.

238 Vgl. *Everling*, EuR 1994, 386, 403; *Fesenmair* (1996), S. 217; *Schaub/Dohms*, Die AG 1998, 566, 570 Fn. 43. Demgegenüber betont *Buendia Sierra* (1999), Tz. 8.184 f. die vom EuGH offengelassene Möglichkeit einer Ausnahme für den Fall, daß die Defizitfinanzierung aus dem Markt für Grundversorgungsleistungen selbst heraus nicht möglich ist – dies zeige, daß der EuGH das Verhältnismäßigkeitsprinzip großzügig anwende. Ähnlich: *Giesen*, ECLR 14 (1993), 279, 282.

239 Vgl. *Basedow/Jung*, in: Basedow (Hrsg.) (1995), S. 179, 269; *Chung*, ECLR 4 (1994), 217, 220; *Kommission*, Leitlinien für die Anwendung der EG-Wettbewerbsregeln im Telekommunikationsbereich, ABl. 1991 Nr. C 233/2 Rn. 109

240 Vgl. *Everling*, EuR 1994, 386, 403 f.; *Blum/Logue* (1998), S. 31.

aaa) Spezifische Grenzen der Prüfung milderer Mittel in Art. 86 Abs. 2 S. 1 EGV: Kein Verweis auf direkte staatliche Subventionen als milderes Mittel

In Fällen sog. „wirtschaftlicher“ Verhinderung der Aufgabenerfüllung ließe sich als Alternative zur Finanzierung der Defizite mittels unternehmensinterner Quersubventionen, ermöglicht durch die Gewährung von Ausschließlichkeitsrechten, stets an eine direkte Finanzierung der Nettokosten der Aufgabenerfüllung aus dem Staatshaushalt denken[241] – an eine staatliche Beihilfe also, die im Rahmen der Beihilfevorschriften oder nach Art. 86 Abs. 2 S. 1 EGV gerechtfertigt werden könnte und bei präziser Berechnung der Nettokosten nur ein geringes wettbewerbsverfälschendes Potential aufwiese. In der wirtschaftswissenschaftlichen Literatur wird diese Form der Aufgabenfinanzierung – insbesondere wenn es um die Gewährleistung der Erschwinglichkeit bestimmter Leistungen für bestimmte benachteiligte Nutzergruppen geht – für die effizienteste und wettbewerblich neutralste Finanzierungsform gehalten.[242] Wäre bei der Erforderlichkeitsprüfung die Möglichkeit einer Finanzierung aus dem Staatshaushalt als alternatives Mittel zu berücksichtigen, so wäre eine Rechtfertigung von Ausschließlichkeitsrechten mit Blick auf die Notwendigkeit, auch unrentable Leistungen zu finanzieren, praktisch undenkbar. Für eine derart strenge Erforderlichkeitsprüfung könnte sprechen, daß der EuGH auch im Zusammenhang mit anderen Ausnahmevorschriften (z. B. Art. 30 EGV) die Möglichkeit einer direkten staatlichen Subventionierung einer bestimmten Tätigkeit als alternatives, u. U. gemeinschaftsrechtsfreundlicheres Mittel gegenüber anderen Vertragsverstößen in die Verhältnismäßigkeitsprüfung einbezogen hat.[243]

Der Rechtsprechung des EuGH läßt sich jedoch entnehmen, daß diese Alternative im Rahmen der Erforderlichkeitsprüfung nach Art. 86 Abs. 2 S. 1 EGV nicht zu berücksichtigen ist.[244] In bislang keinem Fall hat der EuGH die direkte staatliche Finanzierung der Aufgabenerfüllung aus dem Staatshaushalt als alternatives, gegenüber anderen Ver-

241 Vgl. *Faull/Nikpay* (1999), Art. 86 Tz. 5.139. In der Lit. ist umstritten, ob die Möglichkeit einer Aufgabenfinanzierung aus dem allgemeinen Staatshaushalt in die Verhältnismäßigkeitsprüfung nach Art. 86 Abs. 2 S. 1 EGVeinzubeziehen ist. Dafür z. B.: *v. Wilmowsky*, ZHR 155 (1991), 545, 568 ff.; *Seidel*, in FS Everling (1995), S. 1393, 1399 f.; *Appelt* (1995), S. 140. Zweifelnd: *Bauer* (1990), S. 239 f. Für eine Beschränkung eines Vorrangs direkter staatlicher Finanzierung auf den Fall, daß die Ausschließlichkeitsrechte auf dem Markt für Dienstleistungen von allgemeinem wirtschaftlichem Interesse zur Finanzierung der „besonderen Aufgabe“ nicht ausreichen: *Basedow/Jung*, in: Basedow (Hrsg.) (1995), S. 179, 269. Nach *Buendia Sierra* (1999), Tz. 8.240 ist, soweit es um „traditionelle“ Ausschließlichkeitsrechte geht, die Möglichkeit einer Finanzierung der Kosten aus dem Staatshaushalt *nicht* in die Prüfung einzubeziehen. Anders aber, wenn es um die Prüfung neu geschaffener Ausschließlichkeitsrechte gehe.

242 Vgl. z. B. *Klodt/Laaser/Lorz/Maurer* (1995), S. 76 f.; *Hart*, Telecommunications Policy 22 (1998), 839, 840 und Fn. 3; *Scanlan/Neu* (2000), Teil II, S. 54; *Gabrisch* (1996), S. 132 f. (alle mit Blick auf die Telekommunikation).

243 EuGH Slg. 1984, 2727, 2754 Rn. 46 – *„Campus Oil“*: die Subventionierung eines Unternehmens derart, daß dieses seine Produkte zu wettbewerbsfähigen Preisen verkaufen könne, sei eine Maßnahme, die einer Bezugsverpflichtung von Erdölimporteuren vorzuziehen sei; in dieselbe Richtung auch EuGH Slg. 1983, 555, 566 Rn. 13 – *„Inter-Huiles“*.

244 A. A.: *Buendia Sierra* (1999), Tz. 8.239–8.240: die Kommission sei auf der Grundlage des Art. 86 Abs. 3 EGV auch befugt, die Mitgliedstaaten auf die Alternative einer Defizitfinanzierung über den Staatshaushalt zu verweisen. Ebenso: *Larouche* (2000), S. 107. Vgl. auch *v. Wilmowsky*, ZHR 155 (1991), 545, 569.

tragsverstößen gemeinschaftsrechtskonformeres Mittel in Erwägung gezogen.[245] Seiner Verhältnismäßigkeitsprüfung hat der EuGH stets stillschweigend den Grundsatz zugrundegelegt, daß das wirtschaftliche Gleichgewicht des betrauten Unternehmens *ohne staatliche Mittelzuflüsse* gewährleistet sein muß, soweit in der mitgliedstaatlichen Regelung nichts anderes vorgesehen ist.[246]

Die naheliegende Begründung für diese Rechtsprechung ist, daß – anders als andere Ausnahmevorschriften – Art. 86 Abs. 2 EGV neben der wirtschaftspolitischen Instrumentalisierung bestimmter Unternehmen durch Mitgliedstaaten auch die finanzpolitischen Zielsetzungen derselben schützt.[247] Hierin ist keine Lockerung der Rechtsprechung zu Art. 86 Abs. 2 S. 1 EGV zu sehen;[248] die Schlußfolgerung ergibt sich letztlich aus dem Wortlaut der Vorschrift selbst, die auch den Schutz von „Finanzmonopolen" umfaßt.

bbb) Die Urteile „Corbeau" und „Almelo"

Deutliche Lockerungstendenzen wurden in der Lit. hingegen den Urteilen „*Corbeau*" und „*Almelo*" entnommen, insofern sie *jegliche* Prüfung alternativer, gegenüber der Beibehaltung von Ausschließlichkeitsrechten gemeinschaftsrechtskonformerer Formen der Aufgabenfinanzierung vermissen ließen.[249] Im Fall „*Corbeau*" begnügte sich der EuGH mit der Feststellung, daß die Verpflichtung des betrauten Unternehmens, seine Dienstleistungen unter wirtschaftlich ausgewogenen Bedingungen sicherzustellen, die Möglichkeit eines Ausgleichs zwischen den rentablen und den weniger rentablen Tätigkeitsbereichen voraussetze und daher eine Einschränkung des Wettbewerbs von seiten einzelner Unternehmer in wirtschaftlich rentablen Bereichen rechtfertige. Bei Zulassung von Wettbewerb drohe ein Rosinenpicken durch die Wettbewerber, die ihre Leistungen

---

245 Insbes. ist der EuGH in den „*Energiemonopol*"-Urteilen trotz eines Hinweises der Kommission auf die Möglichkeit einer direkten Aufgabensubventionierung auf diese Alternative nicht eingegangen – vgl. EuGH Slg. 1997 I-5789, 5809 Rn. 52 – „*Energiemonopole Italien*".

246 EuGH Slg. 1993 I-2533, 2569 Rn. 16 – „*Corbeau*"; EuGH Slg. 1994 I-1477, 1521 Rn. 49 – „*Almelo*".

247 Vgl. EuGH Slg. 1991 I-1223, 1263 Rn. 12 – „*Telekommunikations-Endgeräte*".

248 Bereits vor 1993 wurde – auch von der Kommission – stets stillschweigend davon ausgegangen, daß die Mitgliedstaaten als Alternative zur Beibehaltung von Ausschließlichkeitsrechten nicht auf die Möglichkeit einer direkten Finanzierung der Defizite durch den Staat verwiesen werden könnten (vgl. z. B. *Kommission*, Entscheidung v. 20. 12. 1989, ABl. 1990 Nr. L 10/47 Rn. 16–18 – „*Eilkurierdienste Niederlande*"; und *Kommission*, Entscheidung v. 1. 8. 1990, ABl. 1990 Nr. L 233/19 Rn. 13–14 – „*Eilkurierdienste Spanien*"). A. A. aber: *Buendia Sierra* (1999), Tz. 8.136 und Tz. 8.159, der seine These von der „Flexibilisierung" der Verhältnismäßigkeitsprüfung in der neueren Rechtsprechung des EuGH gerade daran festmacht, daß die Mitgliedstaaten nicht auf die Möglichkeit einer direkten Subventionierung der Leistungserbringung aus dem Staatshaushalt verwiesen würden. Ähnlich: *Gardner*, ECLR 16 (1995), 78, 83.

249 Vgl. hierzu z. B. *ENA*, Bd. I (1997), S. 411; *Hancher*, CMLRev. 31 (1994), 105, 121: „the Court did not deem it necessary in *Corbeau* to apply a proportionality test to the type of mechanisms which could have been used to guarantee the financial stability of the reserved services"; ähnlich *Schroeder*, ArchivPT 1994, 132, 136; *Mavroidis/Messerlin*, in: Cottier/Mavroidis (Hrsg.) (1998), S. 343, 357.

in den rentablen Bereichen billiger anbieten könnten als das betraute Unternehmen, da sie nicht zu einem Verlustausgleich in unrentablen Gebieten verpflichtet seien.[250] Die Beibehaltung der Ausschließlichkeitsrechte im Kernmarkt für „Dienstleistungen von allgemeinem wirtschaftlichem Interesse" mit dem Ziel, die Erfüllung der Versorgungsaufgabe „unter wirtschaftlich tragbaren Bedingungen" zu gewährleisten, erklärte der EuGH vor diesem Hintergrund pauschal für zulässig. Die Möglichkeit einer alternativen, gemeinschaftsrechtskonformeren Finanzierung der Versorgungsaufgabe wurde nicht erwähnt.

Das Urteil „*Corbeau*" mit seiner Einbeziehung der *unternehmensinternen* Defizitfinanzierung in die durch Art. 86 Abs. 2 EGV geschützte „besondere Aufgabe" schien diejenigen Teile der Lit. zu bestätigen, die eine Kontrolle mitgliedstaatlicher Organisationsentscheidungen am Maßstab der Verhältnismäßigkeit, insbesondere ihrer Erforderlichkeit ablehnten.[251] Ein Infrastrukturauftrag, der diese Finanzierungsform zum Maßstab der Verhältnismäßigkeitsprüfung macht, rechtfertigt stets die Beschränkung oder gar den Ausschluß des Wettbewerbs auf rentablen Teilmärkten.[252] Die Verhältnismäßigkeitsprüfung erfaßt dann allein den *Umfang* des Ausschließlichkeitsrechts.[253]

Als Grenze mitgliedstaatlichen Gestaltungsermessens bliebe danach allein eine offene Abwägung der betroffenen Interessen im Rahmen des Art. 86 Abs. 2 S. 2 EGV,[254] – eine Abwägung, die sich in Anlehnung an die aus dem französischen Recht bekannte Kontrolle gesetzgeberischen Ermessens als eine Art „Kosten-Nutzen-Bilanz" charakterisieren läßt. In der französischen Lit. wurde das Urteil „*Corbeau*" dementsprechend als „Versöhnung" zwischen den Anforderungen des Wettbewerbs und denen des „service public" gefeiert,[255] zumal mit der Verschiebung des Kontrollmaßstabs von Art. 86 Abs. 2 S. 1 EGV in den Satz 2 derselben Vorschrift eine Beweislastumkehr verbunden ist.[256]

---

250 EuGH Slg. 1993 I-2533, 2569 Rn. 16–18 – „*Corbeau*".

251 Gegen eine Verhältnismäßigkeitskontrolle mitgliedstaatlicher Organisationsentscheidungen z. B. *Triantafyllou*, Rev.trim.dr.eur. 35 (1999), 21, 38 f. unter Hinweis auf die Kompetenzverteilung zwischen Mitgliedstaaten und Gemeinschaft. Vgl. auch *Belloubet-Frier*, AJDA 1994, 270, 284. Kritisch, aber ähnlich im Verständnis von „*Corbeau*": *Hancher/Ottervanger/Slot* (1999), Tz. 7-053.

252 Vgl. *Badura*, ArchivPT 1997, 277, 278; *Everling*, EuR 1994, 386, 407; *Monnier*, ZögU 1993, 223, 228; *Basedow*, EuZW 1996, 143, 145; *CEEP* (1995), S. 34; *ENA*, Bd. I (1997), S. 182; *Debène/Raymundie*, AJDA 1996, 183, 187; *Heinemann* (1996), S. 183 u. a. Kritisch: *Hancher*, ET 1995, 68, 75 f. Aus der Rspr. in „*Corbeau*" wird daher z. T. gefolgert, daß das bisherige Regel-Ausnahme-Verhältnis mit Blick auf Wettbewerb und „service public" aufgeweicht, ja umgekehrt worden sei – vgl. *Mallol*, La Semaine Juridique, Ed. Générale No. 40 (1996), Doctrine 3963, S. 371, 373; *Belloubet-Frier*, AJDA 1994, 270, 283; *Rodrigues*, RAE 1994/2, 65, 68.

253 Vgl. *Triantafyllou*, Rev.trim.dr.eur. 35 (1999), 21, 38 ff.; *Wachsmann/Berrod*, Rev.trim.dr.eur. 30 (1994), 39, 46: der eigentliche Universaldienstsektor könne monopolistisch organisiert werden. In diese Richtung auch: *Stoffaës* (1995), S. 309; *Burgi*, EuR 1997, 261, 276 mit der Behauptung, ein Gebot, die gemeinschaftsrechtsfreundlichste Organisationsform zur Gewährleistung der Erfüllung der „besonderen Aufgabe" zu wählen, sei in Art. 86 Abs. 2 S. 1 EGV nicht angelegt.

254 So z. B. *Triantafyllou*, Rev.trim.dr.eur. 35 (1999), 21, 39; *Vandamme*, in: Thiry/Vandamme (Hrsg.) (1995), S. 21, 31.

255 Vgl. *ENA*, Bd. I (1997), S. 51; *Truchet*, AJDA 1997, No. spécial du 20. juin 1997, 38, 45; *Delfau* (1995), S. 35; *Belloubet-Frier*, AJDA 1994, 270, 283; *Baur*, in: FS Everling, Bd. 1 (1995), S. 69, 76 u. a.

256 Als „Beweislastumkehr" wurde „*Corbeau*" z. B. gedeutet von: *Tettinger*, DVBl. 1997, 341, 345; *Baur*, in: FS Everling, Bd.1 (1995), S. 69, 76; *Schroeder*, ArchivPT 1994, 132, 136: „Die Anforde-

All diese Konsequenzen ergeben sich allerdings aus der Art und Weise, in welcher der EuGH im Fall „*Corbeau*" die gemeinschaftsrechtlich privilegierte „besondere Aufgabe" eingegrenzt und damit den Gegenstand der Verhältnismäßigkeitsprüfung bestimmt hat. Die Frage, ob, wenn die Formulierung der privilegierten „besonderen Aufgabe" dies erlaubt, die Existenz alternativer milderer Mittel zur Aufgabenfinanzierung zu prüfen ist, ist damit noch nicht beantwortet. Von Teilen der Lit. wurde deshalb angenommen, daß sich aus den Urteilen „*Corbeau*" und „*Almelo*" für die Prüfung der Existenz alternativer milderer Mittel zur Finanzierung der Aufgabenerfüllung durch die nationalen Gerichte schlicht *gar nichts* ergebe. Der EuGH habe die Frage, ob zur Sicherstellung der Aufgabenerfüllung alternative, gemeinschaftsrechtskonformere Mittel in Betracht kämen, vollständig offengelassen und die Prüfung dieser Frage den nationalen Gerichten überlassen.[257]

Eine weitere Deutung des Schweigens des EuGH in den Urteilen „*Corbeau*" und „*Almelo*" zu denkbaren Alternativen zur Beibehaltung der Ausschließlichkeitsrechte bleibt möglich: Beide Urteile ergingen im Rahmen eines Vorabentscheidungsverfahrens gemäß Art. 234 EGV.[258] Diese Vorabentscheidungsverfahren, vor allem aber auch die Ausgangsverfahren vor den nationalen Gerichten, bei denen die Letztentscheidung über das Vorliegen der Tatbestandsvoraussetzungen des Art. 86 Abs. 2 S. 1 EGV gelegen hätte, waren – nicht zuletzt wegen der fehlenden Beteiligtenstellung der Mitgliedstaaten und der Kommission – strukturell nicht geeignet für eine angemessene Überprüfung der Praktikabilität alternativer Finanzierungsformen. Auf der Grundlage dieses Befundes läßt sich die These aufstellen, daß der EuGH in Verfahrenssituationen, in denen weder die Mitgliedstaaten selbst noch die Kommission am Verfahren unmittelbar beteiligt sind, – und die nicht im Detail durch sekundäres Gemeinschaftsrecht vorgeprägt sind – die Verhältnismäßigkeitsprüfung zwecks Gewährleistung der unmittelbaren Anwendbarkeit der Ausnahmevorschrift verkürzt (näher: s. u. B.III.2.d)ff)eee) und B.IV.2.d) bb)).

ccc) Die „Energiemonopol"-Urteile (1997)

Die „*Energiemonopol*"-Urteile aus dem Jahr 1997 scheinen die letztgenannte These zu stützen. Aus ihnen geht erstmals deutlich hervor, daß der EuGH die Prüfung, ob Alternativen zu den vertragsverletzenden Maßnahmen der Mitgliedstaaten in Betracht kommen, welche die Erfüllung der einem Unternehmen übertragenen „besonderen Aufga-

---

rung, daß das wirtschaftliche Gleichgewicht der vom Inhaber des ausschließlichen Rechts übernommenen Dienstleistung von allgemeinem wirtschaftlichem Interesse nicht in Frage gestellt werden darf, gründet aber auf einer *Gesamtschau der ersten beiden Absätze des Art. 90 EG-Vertrag* [Art 86 EGV n. F.]. Man wird deshalb von dem, der in das Monopol eindringen will, auch den Nachweis verlangen können und müssen, daß er das wirtschaftliche Gleichgewicht nicht beeinträchtigt". Zweifelnd: *Basedow*, EuZW 1996, 143, 146.

257 So Hamon, AJDA 1997, 996, 1001.

258 Die Ausgangsverfahren betrafen ein Strafverfahren gegen Paul Corbeau, der gegen das gesetzlich geschützte belgische Postmonopol verstoßen hatte, bzw. einen Streit zwischen lokalen Versorgungsunternehmen für Elektrizität und einem Versorgungsunternehmen auf regionaler Ebene (so im Fall „*Almelo*").

ben“ in gleicher, aber gemeinschaftsrechtsfreundlicherer Weise sicherstellen, grundsätzlich für möglich erachtet.[259]

Seine Ablehnung, im konkreten Fall der Frage nachzugehen, ob die von der Kommission hilfsweise behaupteten, in ihrer konkreten Ausgestaltung allerdings nur angedeuteten Alternativen zur Gewährleistung der Aufgabenerfüllung praktisch realisierbar seien – die Kommission hatte in ganz allgemeiner Weise auf die Möglichkeit verwiesen, unrentable Leistungen über Subventionen oder andere Ausgleichsmechanismen zu finanzieren[260] – , begründete der EuGH unter Hinweis auf die Funktion des Gerichts,[261] insbesondere aber mit den Grundsätzen der Verteilung von Darlegungs- und Beweislast. Im Urteil zu den niederländischen Energiemonopolen heißt es:

> „Zwar obliegt dem Mitgliedstaat, der sich auf Artikel 90 Absatz 2 [Art. 86 Abs. 2 n. F.] beruft, der Nachweis, daß dessen Tatbestand erfüllt ist. Diese Beweislast geht jedoch nicht so weit, daß dieser Mitgliedstaat nicht nur eingehend darlegen müßte, aus welchen Gründen in seinen Augen die Erfüllung der im allgemeinen wirtschaftlichen Interesse liegenden Aufgaben zu wirtschaftlich tragbaren Bedingungen im Falle einer Aufhebung der beanstandeten Maßnahmen gefährdet wäre, sondern darüber hinaus noch positiv belegen müßte, daß keine andere vorstellbare, der Natur der Sache nach hypothetische Maßnahme es erlaubte, die Erfüllung dieser Aufgaben unter solchen Bedingungen sicherzustellen.
>
> Vielmehr obliegt im Rahmen eines Vertragsverletzungsverfahrens nach Artikel 169 EG-Vertrag [Art. 226 n. F.] der Kommission der Nachweis für das Vorliegen einer solchen Verletzung. Außerdem muß sie dem Gerichtshof die erforderlichen Anhaltspunkte liefern, anhand deren dieser das Vorliegen der Vertragsverletzung prüfen kann. [...]“.[262]

In den konkret zu entscheidenden Fällen hatte die Kommission diesen Anforderungen nicht genügt. Der Gerichtshof sah sich nicht in der Lage, zu beurteilen, ob die jeweils betroffenen Mitgliedstaaten mit der Beibehaltung der ausschließlichen Ein- bzw. Ausfuhrrechte die Grenzen dessen überschritten hatten, was erforderlich war, um den betrauten Unternehmen die Erfüllung der ihnen übertragenen „Aufgaben von allgemeinem wirtschaftlichem Interesse“ zu wirtschaftlich tragbaren Bedingungen zu ermöglichen.[263]

---

259 Bestätigt worden ist die Möglichkeit der Berücksichtigung alternativer, gemeinschaftsrechtskonformerer Mittel zur Gewährleistung der Aufgabenerfüllung in EuGH Slg. 1998 I-4075, 4132 Rn. 67 – *„Dusseldorp“*.

260 Vgl. EuGH Slg. 1997- I-5815, 5844 Rn. 99 – *„Energiemonopole Frankreich“*.

261 EuGH Slg. 1997 I-5699, 5785 Rn. 63 – *„Energiemonopole Niederlande“*: „Im Rahmen eines solchen Rechtsstreits kann der Gerichtshof nur die Begründetheit des rechtlichen Vorbringens der Kommission überprüfen. Es ist sicherlich nicht Aufgabe des Gerichtshofes, auf der Grundlage allgemeiner Bemerkungen in der Erwiderung unter Berücksichtigung wirtschaftlicher finanzieller und sozialer Gesichtspunkte die Maßnahmen zu würdigen, die ein Mitgliedstaat erlassen könnte, um die Lieferung von Elektrizität in seinem Gebiet zu möglichst niedrigen Kosten und auf sozialverträgliche Weise sicherzustellen“.

262 EuGH Slg. 1997 I-5699, 5784 Rn. 58–59 – *„Energiemonopole Niederlande“*; vgl. auch EuGH Slg. 1997 I-5789, 5790 – 2. Leitsatz – *„Energiemonopol Italien“*; EuGH Slg. 1997 I-5815, 5816 – Leitsatz – *„Energiemonopol Frankreich“*.

263 EuGH Slg. 1997 I-5815, 5846 Rn. 107 – *„Energiemonopole Frankreich“*.

Diese Ausführungen des EuGH beinhalten auf den ersten Blick einige bemerkenswerte Abwandlungen in der Darlegungs- und Beweislastverteilung: Der Grundsatz, daß der Mitgliedstaat, der sich auf Art. 86 Abs. 2 EGV beruft, das Vorliegen der Tatbestandsvoraussetzungen darzulegen und zu beweisen habe, gilt zwar prinzipiell weiter; für den Nachweis, daß es keine alternativen, gemeinschaftsrechtsfreundlicheren Mittel zur Gewährleistung der Aufgabenerfüllung gibt, wird er jedoch modifiziert. Mitgliedstaaten, die sich auf Art. 86 Abs. 2 EGV berufen, sollen – zumindest in einem ersten Schritt – lediglich „eingehend darlegen“, in welcher Weise die Anwendung des Gemeinschaftsrechts auf das mitgliedstaatliche Marktordnungssystem die Aufgabenerfüllung gefährdet. Darzulegen und zu beweisen ist von den Mitgliedstaaten mit anderen Worten nur, daß die Anwendung des Gemeinschaftsrechts die Mitgliedstaaten, soweit sie die Aufgabenerfüllung weiter gewährleisten wollen, zwingen würde, *wesentliche Anpassungen* in ihrer Sektorausgestaltung vorzunehmen.[264] Ist dieser Nachweis erbracht, so soll die Darlegungslast hinsichtlich der Existenz alternativer, gemeinschaftsrechtsfreundlicherer Mittel offenbar auf die Kommission übergehen.[265] Der EuGH begründet dies mit dem Hinweis, die Kommission müsse im Vertragsverletzungsverfahren das Vorliegen einer Vertragsverletzung nachweisen und das Gericht mit ihrem Vortrag instandsetzen, das Vorliegen einer Vertragsverletzung zu überprüfen. Verlangt wird von der Kommission ein substantiierter Vortrag zur Existenz einer alternativen, gemeinschaftsrechtskonformen oder zumindest -konformeren Möglichkeit zur Gewährleistung der Aufgabenerfüllung. Erforderlich scheint eine detailliertere Darlegung im Einzelfall, die auch den Besonderheiten der Situation im jeweiligen Mitgliedstaat Rechnung trägt.[266] Ob mit der Darlegungslast bezüglich der Existenz einer gemeinschaftsrechtsfreundlichen Alternative zugleich – wie in der Lit. zumeist unterstellt[267] – die volle Beweislast für die Existenz und Praktikabilität einer vertragskonformeren Alternative auf die Kommission übergeht, geht aus den Ausführungen des EuGH nicht klar hervor.[268]

Diejenigen Stimmen in der Lit., die von einer vollen Beweislastumkehr ausgehen, folgern aus den „*Energiemonopol*“-Urteilen, daß der EuGH nunmehr endgültig Art. 86

264 Ähnlich *Desselas/Rodrigues*, Les Petites Affiches du 16. fevr. 1998 No. 20 – droit communautaire, 9,14.

265 Vgl. z. B. *Hancher*, in: Craig/de Búrca (Hrsg.) (1999), S. 721, 733.

266 Vgl. z. B. EuGH Slg. 1997 I-5815, 5844 f. Rn. 100 – „*Energiemonopole Frankreich*“. Vgl. auch *Dohms/Levasseur*, Competition Policy Newsletter Febr. 1998/1, 18, 23; *Desselas/Rodrigues*, Les Petites Affiches du 16. fevr. 1998 No. 20, droit communautaire, 9, 15. Für hohe Anforderungen an die Darlegungen der Kommission: *Lombart*, CJEG 1998, 55, 69.

267 Von einer *Beweislastumkehr* gehen z. B. aus: *Mestmäcker*, in: XXXII. FIW-Symposion (1999), S. 71, 79 – unter Hinweis auf den ungeklärten Widerspruch zum Urteil *British Telecom*, EuGH Slg. 1985, 873, 888; *Litpher*, RdE 1998, 72, 73; *Sapir*, in: Cottier/Mavroidis (Hrsg.) (1998), S. 231, 236; *Chérot*, RDF adm. 14 (1998/1), 135, 141; *Möschel*, WuW 1999, 832, 835; *Steindorff*, ZHR 163 (1999), 395, 427; *Lombart*, CJEG 1998, 55, 69; *Chavrier/Legal/de Bergues*, AJDA 1998, 310, 327; *Hamon*, AJDA 1997, 996, 1001.

268 Schwankend z. B. *Schaub/Dohms*, Die AG 1998, 566, 573: eigentlich gegen eine Beweislastverlagerung auf die Kommission. Die Darlegungs- *und Beweislastanforderungen* nach Art. 86 Abs. 2 EGV könnten aber auf die Seite der Kommission „hinüberpendeln“. Von einer Verschiebung der Darlegungs-, nicht aber der Beweislast gehen aus: *Faull/Nikpay* (1999), Art. 86 Tz. 5.151; *Dohms/Levasseur*, Competition Policy Newsletter Febr. 1998/1, S. 18, 23; *Buendia Sierra* (1999), Tz. 8.200.

Abs. 2 EGV als Rechtfertigung für Bereichsausnahmen anerkenne.[269] Es sei zweifelhaft, ob die Kommission die vom EuGH geforderte Beweisführung überhaupt leisten könne.[270] Voraussetzung für eine primärrechtliche Infragestellung mitgliedstaatlicher Sondermarktordnungen in den von Art. 86 Abs. 2 EGV erfaßten Versorgungsbereichen sei mithin künftig die Entwicklung einer in Sekundärrecht verkörperten Gemeinschaftspolitik für den jeweiligen Sektor,[271] die ihrerseits dem berechtigten Regelungsanliegen Rechnung tragen, d. h. sicherstellen müsse, daß die Versorgungsaufgabe und andere besondere Aufgaben auch ohne Monopole weiter erfüllt werden könnten.[272] Bis die nationalen Marktordnungen durch eine gemeinsame europäische Marktordnung ersetzt seien, seien Planungs- und Organisationshoheit der Mitgliedstaaten geschützt.[273] Die Gefahr, daß etwaiges Sekundärrecht hinter den Vorgaben des Primärrechts zurückbleiben könnte, wird erkannt, jedoch in Kauf genommen.[274] In Frankreich wurden die „*Energiemonopol*"-Urteile dementsprechend als wichtiges Signal begrüßt.[275]

Die These von einer vollen Beweislastumkehr hinsichtlich der Existenz alternativer, gemeinschaftsrechtsfreundlicherer Mittel hat mithin weitreichende Konsequenzen. In der Praxis bliebe die Alternative zwischen einer Beibehaltung voneinander abgeschotteter mitgliedstaatlicher Sondermarktordnungen einerseits, einer politischen Einigung auf neue Sondermarktordnungen auf Gemeinschaftsebene, verbunden mit entsprechenden Instrumentalisierungsspielräumen der Mitgliedstaaten und der Gemeinschaft andererseits. Eine Liberalisierung im Wege der Durchsetzung des Primärrechts auf der Grundlage des Art. 86 Abs. 3 EGV durch die Kommission würde im Regelfall unmöglich.

Fraglich ist, ob die „*Energiemonopol*"-Urteile eine so weitreichende Schlußfolgerung tragen. Die Ausführungen des EuGH selbst geben darüber keinen Aufschluß. Der Verweis auf die Besonderheiten des Vertragsverletzungsverfahrens, in welchem die Kommission eine Vertragsverletzung nachweisen müsse, scheint die These von der Beweis-

---

269 Z. B. *Hamon*, AJDA 1997, 996, 1002. Andere sprechen, etwas zurückhaltender, von einem den Mitgliedstaaten bei der Erfüllung ihrer Aufgaben im Bereich der Daseinsvorsorge zugestandenen, richterlich nicht nachprüfbarem Ermessensspielraum – z. B. *Steindorff*, ZHR 163 (1999), 395, 427; in dieselbe Richtung: *Litpher*, RdE 1998, 72, 74.

270 Vgl. z. B. *Tettinger*, RdE 1999, 45, 47.

271 Vgl. *Lecheler*, EuZW 1998, 83; *Lecheler/Gundel*, RdE 1998, 92, 101; *Lagondet*, Europe 1997/5, 4. In diese Richtung bereits früher: *Seidel*, EuR 1988, 129, 139.

272 Vgl. z. B. *Blanchard*, CJEG 1998, 71, 82 f.; *Tettinger*, RdE 1999, 45, 47; *Lecheler/Gundel*, RdE 1998, 92, 93; *Schneider* (1999), S. 392 und S. 395. In diese Richtung hatten bereits vor Erlaß der Energiemonopol-Urteile *Edward/Hoskins*, CMLRev. 32 (1995), 157, 173 und 182 plädiert: die Aufgabe der Konkretisierung und Klarstellung der gemeinschaftsrechtlichen Grenzen rechtlicher Monopole und staatlicher Regulierung sei dem Gemeinschafts-Gesetzgeber zu überlassen. Nur dieser, nicht hingegen der EuGH, könne eine kohärente Gemeinschaftspolitik für die einzelnen Sektoren entwickeln.

273 So ausdrücklich *Hamon*, AJDA 1997, 996, 1002. Ähnlich *Chavrier/Legal/de Bergues*, AJDA 1998, 310, 327; *Desselas/Rodrigues*, Les Petites Affiches du 16. fevr. 1998 No. 20 – droit communautaire, S. 9, 16.

274 *Lecheler/Gundel*, RdE 1998, 92, 94.

275 Vgl. *Blanchard*, CJEG 1998, 71, 84: „L'arrêt conforte pourtant clairement le service public comme contrepoids à l'impératif de libéralisation et à l'application du droit commun, en raison de sa spécificité irréductible". Ähnlich *Combrexelle*, CJEG 1998, 40. Vgl. auch *Tettinger*, RdE 1999, 45, 47.

lastumkehr zu stützen, vermag aber nicht zu überzeugen: den Verstoß gegen Art. 31 EGV hatte die Kommission nachgewiesen. Infrage stand allein die Rechtfertigung des Vertragsverstoßes, für die nach allgemeinen gemeinschaftsrechtlichen Grundsätzen derjenige Mitgliedstaat die Beweislast trägt, der sich auf eine Ausnahmevorschrift beruft – auch im Vertragsverletzungsverfahren.

Nicht ausgeschlossen ist, daß der EuGH mit den „*Energiemonopol*"-Urteilen allein die der Kommission in Vertragsverletzungsverfahren obliegende Darlegungslast verschärfen wollte. Die erhöhten Anforderungen an die Darlegungslast ließen sich mit dem Unwillen des EuGH erklären, ohne konkret dargelegte Alternative die Abschaffung von legitimen Zielen verpflichteten mitgliedstaatlichen Systemen zu verfügen, gepaart mit dem Unwillen, selbst in eine Tatsachenprüfung betreffend die Praktikabilität alternativer Systeme einzutreten[276](näher: s. u., B.IV. 2.d) bb)). Wenigstens ein Gemeinschaftsorgan sollte vor einem Eingriff in komplexe mitgliedstaatliche Regelungssysteme eine detailliertere Analyse eventueller ökonomischer Folgewirkungen und möglicher Reaktionen hierauf vornehmen – eine Analyse, die dann von den Mitgliedstaaten anzugreifen bzw. zu widerlegen wäre. Die Verantwortung hierfür sah der EuGH bei der Kommission.

ddd) *Ermessen der Kommission mit Blick auf die Existenz alternativer, gemeinschaftsrechtsfreundlicherer Mittel?*

Fraglich – und durch die „*Energiemonopol*"-Urteile letztlich nicht beantwortet – ist, ob und gegebenenfalls in welchem Umfang der Kommission in der Frage alternativer gemeinschaftsrechtskonformerer Mittel ein Ermessens- bzw. Beurteilungsspielraum zuzugestehen ist.[277]

Die Entscheidung des EuG im Fall „*Ladbroke Racing*"[278] läßt sich dahingehend verstehen, daß der Kommission auf der Grundlage ihrer Überwachungsbefugnis nach Art. 86 Abs. 3 EGV ein Ermessen nicht nur bezüglich der Entscheidung über das Ob und die Art und Weise eines Tätigwerdens zugestanden werden soll, sondern auch und gerade bei der Verhältnismäßigkeitsprüfung nach Art. 86 Abs. 2 S. 1 EGV.[279]

---

276 Siehe hierzu: *Due*, in: Iglesias/Due/Schintgen/Elsen (eds.) (1999), S. 73, 74 f.

277 EuGH Slg. 1997 I-5699, 5785 Rn. 63 – „*Energiemonopole Niederlande*" läßt sich dahingehend verstehen, daß im wesentlichen eine Tatsachenermittlung durch das Gericht von amts wegen ausgeschlossen wird, nicht hingegen die gerichtliche Überprüfung substantiierter Darlegungen der Kommission zu möglichen Alternativkonzepten.

278 EuG Slg. 1994 II-1015 – „*Ladbroke Racing*".

279 Vgl. EuG, Slg. 1994 II-1015, 1031 Rn. 37 – „*Ladbroke Racing*": Das Ermessen der Kommission nach Art. 86 Abs. 3 EGV sei „namentlich in bezug auf die Einhaltung der Wettbewerbsregeln durch die Mitgliedstaaten um so weiter, als die Kommission nach Artikel 90 Absatz 2 [Art. 86 Abs. 2 EGV n. F.] aufgefordert ist, bei der Ausübung dieses Ermessens den mit der besonderen Aufgabe der betreffenden Unternehmen verbundenen Erfordernissen Rechnung zu tragen, und als die Behörden der Mitgliedstaaten ihrerseits in bestimmten Fällen über ein ebenso weites Ermessen bei der Regelung bestimmter Sachgebiete, [...] verfügen können, um die Erfordernisse zu bestimmen, die sich aus dem Schutz der Spieler und der Sozialordnung in Anbetracht der soziokulturellen Besonderheiten jedes Mitgliedstaats ergeben [...]". Für ein Ermessen der Kommission bei der Verhältnismäßigkeitsprüfung – insbes. der Erforderlichkeitsprüfung: *Lecheler/Gundel*, RdE 1998, 92, 94; *Desse-*

In dieselbe Richtung weisen Ansichten in der Lit., die bei der Rechtfertigung von Ausschließlichkeitsrechten am Maßstab des Art. 86 Abs. 2 S. 1 EGV für einen „flexiblen Ansatz" derart plädieren, daß sog. „acquired rights" der Mitgliedstaaten – d. h. bestehende Ausschließlichkeitsrechte, die traditionell zur Finanzierung gemeinschaftsrechtlich privilegierter „besonderer Aufgaben" dienten – grundsätzlich für gerechtfertigt erachtet werden sollen, solange die Kommission nicht, wie im Telekommunikationssektor, von dem ihr in Art. 86 Abs. 3 EGV eingeräumten Ermessen Gebrauch mache und für einen strengeren Ansatz votiere.[280] Zum Teil werden dabei die Kompetenzen der Kommission im Rahmen der Beihilfenkontrolle oder der Freistellungspraxis nach Art. 86 Abs. 3 EGV als Analogien benannt.[281]

Es ist ungeklärt, wie diese Ansicht mit der Rechtsprechung des EuGH zur unmittelbaren Anwendbarkeit des Art. 86 Abs. 2 EGV vereinbart werden kann, setzt doch die unmittelbare Anwendbarkeit einer Norm voraus, daß diese der Sache nach abschließend, inhaltlich klar und rechtlich perfekt ist (s. o., B.II.2.e)).[282] Aus der Anerkennung eines Ermessens der Kommission bei der Prüfung alternativer, gemeinschaftsrechtskonformerer Sektororganisationsformen bei gleichzeitiger Anerkennung der unmittelbaren Anwendbarkeit des Art. 86 Abs. 2 S. 1 EGV durch nationale Gerichte würde folgen, daß der Verweis auf derartige alternative Organisationsstrukturen als ein getrennt zu prüfender, selbst *nicht* unmittelbar anwendbarer Vorbehalt zur Ausnahme nach Art. 86 Abs. 2 S. 1 EGV verstanden wird. In der Tat lassen sich die *„Energiemonopol"*-Urteile in dieser Weise deuten (näher: s. u., B.III.2.d)ff)eee)). Selbst wenn man von einem solchen von der Kommission zu konkretisierenden Vorbehalt ausgeht, bleibt die Frage, welche Kriterien die Kommission ihrer Entscheidung, in dieser Hinsicht initiativ zu werden, zugrundelegen kann und muß. In der Lit. sind insoweit in jüngerer Zeit vielfach *politische* Kriterien wie etwa das Bestandsschutzinteresse der Mitgliedstaaten an traditionellen Organisationsformen genannt worden.[283] Demgegenüber ist jedoch an das Ziel der Ermächtigung in Art. 86 Abs. 3 EGV zu erinnern, ein ausschließlich der Rechtswahrung verpflichtetes Verfahren auch in den öffentlichen Sektoren zu gewährleisten.[284]

Unproblematischer – und allgemein anerkannt – ist das Ermessen der Kommission bezüglich der Frage, welche Übergangsfristen den Mitgliedstaaten zur strukturellen Anpassung ihrer vertragswidrigen Regelungssysteme an die gemeinschaftsrechtlichen Vorgaben zu gewähren sind. Eine Ermächtigung zu gestalterischer Tätigkeit auf der Grundlage eigener politischer Wertungen und Präferenzen bzw. ein Ermessen in der Auslegung und Handhabung des Art. 86 Abs. 1 und Abs. 2 EGV ist damit aber grund-

---

las/Rodrigues, Les Petites Affiches du 16. fevr. 1998 No. 20, droit communautaire, 9, 15. Dagegen gehen *Faull/Nikpay* (1999), Art. 86 Tz. 5.161 und Tz. 5.166 davon aus, daß sich das Ermessen der Kommission nach Art. 86 Abs. 3 EGV nur auf das Ob eines Tätigwerdens bezieht.

280 Siehe *Faull/Nikpay* (1999), Art. 86 Tz. 5.145; *Buendia Sierra* (1999), Tz. 8.238–8.243.

281 Z. B. *Faull/Nikpay* (1999), Art. 86 Tz. 5.157, die allerdings später zur Vorsicht mahnen – siehe Tz. 5.158.

282 Siehe EuGH Slg. 1963, 1, 25 – *„Van Gend & Loos"*.

283 Vgl. z. B. *Buendia Sierra* (1999), Tz. 8.238–8.243.

284 Immenga/Mestmäcker-*Mestmäcker*, EG-Wettbewerbsrecht, Kom., Bd. II (1997), Art. 37/Art. 90 E. Rn. 2.

sätzlich nicht verbunden. Vielmehr ist die Reichweite der Befugnisse der Kommission nach Art. 86 Abs. 3 EGV inhaltlich durch Art. 86 Abs. 2 EGV vorgegeben.[285]

eee) Bedeutung der Verfahrenskonstellationen für die Reichweite der Erforderlichkeitsprüfung

Aus den Ausführungen des EuGH zur Verteilung der Darlegungs- (bzw. Beweis-)last bezüglich etwaiger alternativer, gemeinschaftsrechtsfreundlicherer Formen der Sektororganisation läßt sich schließen, daß die Verfahrenskonstellation, in der diese Frage aufgeworfen wird, für die Prüfung „milderer Mittel" nicht unerheblich ist.

Spielt der einem Vorabentscheidungsverfahren zugrundeliegende Ausgangsrechtsstreit zwischen einem betrauten Unternehmen und einem (potentiellen) Wettbewerber, so ist realistischerweise – soweit noch keine präzise ausgearbeiteten Liberalisierungsvorgaben im sekundären Gemeinschaftsrecht existieren[286] – keine der beiden Parteien in der Lage, substantiiert konkrete alternative, gemeinschaftsrechtsfreundlichere Regelungsmodelle vorzutragen bzw. zu bestreiten. Beide Parteien haben regelmäßig keinen Zugang zu der Gesamtheit der in diesem Zusammenhang in einem Mitgliedstaat relevanten Informationen. Auch steht die Anpassung des mitgliedstaatlichen Regelungsrahmens im Zweifelsfall nicht in der Macht des betrauten Unternehmens. Selbst wo die Existenz eines tragfähigen, alternativen gemeinschaftsrechtsfreundlicheren Regelungsmodells zweifelsfrei festgestellt werden könnte, könnte doch die Anwendung des Gemeinschaftsrechts auf die Tätigkeit des betrauten Unternehmens weiterhin die Aufgabenerfüllung verhindern, solange nicht der Mitgliedstaat selbst zur Anpassung des Regelungsrahmens verpflichtet wurde.

Selbst wenn am Vorabentscheidungsverfahren der Mitgliedstaat – in Form etwa einer Strafverfolgungs- oder Verwaltungsbehörde – beteiligt ist, so hat doch der vom EuGH in den „*Energiemonopol*"-Urteilen aufgestellte Grundsatz weiterhin Bedeutung, demzufolge dem Mitgliedstaat der Nachweis nicht zumutbar ist, daß keine andere vorstellbare Maßnahme die Erfüllung der besonderen Aufgaben gewährleisten könnte. Ein (potentieller) Wettbewerber ist aber mit der Aufgabe, substantiiert ein entsprechend den konkreten Bedingungen in einem Mitgliedstaat praktikables, alternatives Regelungssystem darzulegen, ebenfalls überfordert.[287] Allein die Kommission erscheint mit den nötigen Informationen, Ressourcen und Kompetenzen ausgestattet – zumal dann, wenn, wie dies

---

285 Hierauf hat auch die Kommission stets hingewiesen: vgl. z. B. Sitzungsbericht in: EuGH Slg. 1992 I-5833, 5940 – „*Telekommunikationsdienste*"; ähnlich auch der EuGH, wenn er feststellt, daß die Kommission in ihren Art. 86 Abs. 3-Richtlinien die sich aus dem EGV ergebenden Verpflichtungen lediglich konkretisiere – EuGH Slg. 1992 I-5833, 5863 Rn. 12 – „*Telekommunikationsdienste*"; EuGH Slg. 1991 I-1223, 1264 Rn. 17 – „*Telekommunikations-Endgeräte*".

286 Für die Bedeutung solcher sekundärrechtlicher Vorgaben bei der Anwendung des Art. 86 Abs. 2 S. 1 EGV siehe: *Faull/Nikpay* (1999), Art. 86 Tz. 5.144; *Buendia Sierra* (1999), Tz. 8.238–8.243.

287 Darauf, daß die Auswirkungen der „*Energiemonopol*"-Urteile auf Verfahren, an welchen die Kommission nicht beteiligt ist, fraglich sind, weisen auch *Dohms/Levasseur*, Competition Policy Newsletter Febr. 1998/1, 18, 25 hin; auch *Schaub/Dohms*, Die AG 1998, 566, 573 f.

nunmehr der Fall ist, an die Substantiierung der Darlegung eines Alternativmodells hohe Anforderungen gestellt werden.

Eine Prüfung alternativer milderer Mittel zur Gewährleistung der Aufgabenerfüllung wird mithin, sofern detaillierte Vorgaben im sekundären Gemeinschaftsrecht fehlen, regelmäßig nur in Fällen möglich sein, an denen sowohl die jeweils betroffenen Mitgliedstaaten als auch die Kommission als Parteien beteiligt sind[288] – also in Vertragsverletzungsverfahren oder auch in von der Kommission auf der Grundlage des Art. 86 Abs. 3 EGV gegen einen oder mehrere Mitgliedstaaten eingeleiteten Verfahren.[289] Aus den *„Energiemonopol“*-Urteilen des EuGH ergibt sich, daß in anderen Fällen bis auf weiteres von einer Anwendbarkeit der Ausnahmevorschrift des Art. 86 Abs. 2 S. 1 EGV auszugehen ist. Dies erklärt auch die Entscheidung des EuGH im Fall *„Corbeau“*.[290]

Letztlich bedeutet dies, daß der Kommission im Rahmen ihrer Befugnis nach Art. 86 Abs. 3 EGV (bzw. ihrer Befugnis zur Einleitung von Vertragsverletzungsverfahren) das alleinige Aufgreifprivileg bezüglich des Vorwurfs zukommt, ein Gemeinschaftsrechtsverstoß sei unverhältnismäßig, weil alternative gemeinschaftsrechtskonformere Mittel zur Gewährleistung der Aufgabenerfüllung existierten. Dritte können die Existenz milderer Mittel im Wege anderer Verfahren, welche die Anwendung des Art. 86 Abs. 2 S. 1 EGV beinhalten, nicht geltend machen.[291] Mitgliedstaatliche Marktordnungs- und Regelungssysteme beanspruchen insoweit Gültigkeit, solange die Kommission sie nicht

---

288 Siehe allerdings EuG Slg. 1997 II-997, 1043 Rn. 140 – *„Air Inter“*: Mit dem Urteil wurde die Einräumung eines Ausschließlichkeitsrechts zugunsten von Air Inter mangels Nachweises anderer Möglichkeiten zur Finanzierung der aus der Aufgabenerfüllung folgenden Defizite für gemeinschaftsrechtswidrig erklärt. Die strenge Erforderlichkeitsprüfung durch das EuG erklärt sich in diesem Fall zum einen aus der sekundärrechtlichen Vorprägung des Sektors, zum anderen aus der Besonderheit der Verfahrenssituation: Air Inter wandte sich gegen eine an den französischen Staat gerichtete Entscheidung der Kommission. Da dem betrauten Unternehmen in einer solchen Situation keine Vorteile daraus erwachsen können, daß sich der eigentliche Adressat der Entscheidung – der Mitgliedstaat – gegen diese Entscheidung nicht wehrt, sind die dem sich auf Art. 86 Abs. 2 EGV berufenden Unternehmen aufzuerlegenden Beweisanforderungen nicht geringer als die, die an den Mitgliedstaat selbst gestellt würden.

289 Dazu, daß diese verfahrensrechtliche Situation der eines Vertragsverletzungsverfahrens vergleichbar wäre: *Dohms/Levasseur*, Competition Policy Newsletter Febr. 1998/1, 18, 25; *Schaub/Dohms*, Die AG 1998, 566, 573. Vgl. im übrigen auch: *GA Jacobs*, Schlußanträge, insbes. Rn. 108, in: EuGH Slg. 1998 I-4075, 4077 ff. – *„Dusseldorp“*, – seinen Ausführungen läßt sich entnehmen, daß die strengere Prüfung, die für Mitgliedstaaten gilt, wenn sie selbst sich auf Art. 86 Abs. 2 EGV berufen wollen – namentlich das Erfordernis des Nachweises, daß alternative Mittel zur Gewährleistung der Aufgabenerfüllung fehlen – dem Umstand entspricht, daß Art. 86 Abs. 2 EGV dem Wortlaut nach nur für betraute Unternehmen gilt.

290 In diese Richtung auch: *Edward/Hoskins*, CMLRev. 32 (1995), 157, 172: Das Vorlageverfahren nach Art. 234 EGV sei eine Verfahrensart, die nicht auf die Vornahme einer detaillierten Analyse der Fakten und wirtschaftlichen Gegebenheiten ausgerichtet sei.

291 Dies entspricht auch der Rechtsprechung des EuGH im Fall *„Bundesverband der Bilanzbuchhalter“*, EuGH Slg. 1997 I-947, 965 Rn. 28, in welchem der EuGH es für ausgeschlossen hielt, daß ein Einzelner indirekt einen Mitgliedstaat zum Erlaß eines allgemeingültigen Gesetzgebungsakts (im konkreten Fall ging es um das Steuerberatungsgesetz) zwinge. Diese Erwägungen lassen sich sinngemäß auf den Fall übertragen, daß ein Einzelner die Existenz alternativer, gemeinschaftsrechtskonformerer Methoden der Defizitfinanzierung geltend macht, wenn dies mit der Notwendigkeit einer Neuorganisation des Sektors verbunden wäre.

unter gleichzeitiger Vorlage substantiierter Alternativvorschläge für die Aufgabenerfüllung beanstandet.

Diese Konstruktion ist eine Fernwirkung der Entscheidung des EuGH, Art. 86 Abs. 2 S. 1 EGV für unmittelbar anwendbar zu erklären: die Prüfung der Existenz etwaiger alternativer, gemeinschaftsrechtsfreundlicherer Mittel zur Gewährleistung der Aufgabenerfüllung schien wegen der erforderlichen Prognosen und Wertungen der unmittelbaren Anwendbarkeit und damit einer dezentralen Entscheidung über das Vorliegen der Tatbestandsvoraussetzungen der Ausnahmevorschrift durch nationale Behörden und Gerichte immer entgegenzustehen. Versteht man die neue Rechtsprechung des EuGH im soeben dargelegten Sinne, so ist dieser Punkt nunmehr aus dem Prüfungsrepertoire nationaler Behörden und Gerichte ausgeklammert. Die Vorschrift bleibt zwar weiterhin unmittelbar anwendbar, jedoch mit Blick auf etwaige alternative, die Aufgabenerfüllung auf gemeinschaftsfreundlichere Weise realiserende Sektororganisationen unter dem Vorbehalt, daß die Kommission auf der Grundlage ihrer Befugnis nach Art. 86 Abs. 3 EGV (oder im Wege der Vertragsverletzungsverfahrens) diese Sektororganisation konkretisiert.

Eine solche Konstruktion des Art. 86 Abs. 2 S. 1 EGV als einer „unter Vorbehalt" zugunsten der Mitgliedstaaten unmittelbar anwendbaren Norm bedeutet im Ergebnis eine weitere Lockerung in ihrer Handhabung. Dogmatisch rechtfertigen läßt sie sich unter Umständen auf der Grundlage einer gedanklichen Unterscheidung einer „statischen" und einer „dynamischen" Dimension der Norm: Kann ein Mitgliedstaat oder betrautes Unternehmen nachweisen, daß eine *sofortige* Anwendung des Gemeinschaftsrechts auf diese Sondermarktordnung in ihrer gegenwärtigen Ausformung Gefahr laufen würde, zumindest vorübergehend die Aufgabenerfüllung zu verhindern, so ist Art. 86 Abs. 2 S. 1 EGV zu seinen Gunsten unmittelbar anwendbar. Selbst wenn gemeinschaftsrechtlich vorzugswürdigere Alternativen existieren, bedürfte es doch in jedem Fall einer Gewährung von angemessenen Übergangs- und Anpassungsfristen – eine Entscheidung, die wertende Elemente aufweist und die zu treffen die Kommission auf der Grundlage ihrer Ermächtigung in Art. 86 Abs. 3 EGV befugt ist. Bis zur Festsetzung solcher Übergangsfristen durch die Kommission haben die mitgliedstaatlichen Behörden und Gerichte demgegenüber stets von der *statischen* bzw. Gegenwarts-Perspektive auszugehen, d. h. allein zu untersuchen, ob ein *sofortiges* Außerkraftsetzen der mitgliedstaatlichen Vertragsverstöße bzw. der mit diesen verbunden Marktordnung die Aufgabenerfüllung gefährden würde. Allein die Kommission ist berufen, die *dynamische* Dimension des Art. 86 Abs. 2 EGV zu aktivieren. In der Rechtsprechung des EuG deutet sich an, daß der Kommission dabei dasselbe weite Ermessen zugestanden werden soll, wie bei der Anwendung der Art. 81 Abs. 3 EGV und Art. 87 Abs. 3 EGV. Das Ermessen soll sich auf die Entscheidung erstrecken, ob die Kommission überhaupt eingreift. Dies erscheint bedenklich: ist die Kommission von jeder Handlungspflicht entbunden, so kann dies in dem hochpolitisierten Zusammenhang, in dem Art. 86 Abs. 2 EGV steht, nur zu einer Steigerung des politischen Drucks auf die Kommission beitragen (näher s. u., B.IV.2.d) bb)).

fff) Weitere Urteile von EuGH und EuG zur Rechtfertigung von Ausschließlichkeitsrechten am Maßstab des Art. 86 Abs. 2 EGV

Abschließend gilt es zu überprüfen, ob die übrigen Urteile von EuG und EuGH betreffend die Rechtfertigung von Ausschließlichkeitsrechten am Maßstab des Art. 86 Abs. 2 EGV sich in das hier entwickelte Bild einfügen.

Bedeutsam ist in diesem Zusammenhang zunächst das Urteil des EuG im Fall „*Air Inter*",[292] in welchem eine Rechtfertigung der Ausschließlichkeitsrechte für bestimmte Strecken in der Luftfahrt am Maßstab des Art. 86 Abs. 2 S. 1 EGV abgelehnt wurde. Air Inter hatte sich zur Rechtfertigung der Ausschließlichkeitsrechte auf ihre „gemeinwirtschaftliche Aufgabe" berufen, das französische Hoheitsgebiet im Bereich des Flugverkehrs zu erschließen, unter Berücksichtigung raumordnungspolitischer Ziele zur Verbesserung der Verkehrsverbindungen zahlreicher Städte und Regionen beizutragen und in diesem Zusammenhang auch unrentable inländische Flugstrecken zu bedienen.[293] Die Kommission könne Air Inter nicht auf die engeren Vorschriften aus der VO 2408/92 des Rates v. 23. Juli 1992 über den Zugang von Luftfahrtunternehmen der Gemeinschaft zu Strecken des innergemeinschaftlichen Luftverkehrs[294] verweisen, die in Art. 5 die Aufrechterhaltung bestehender Ausschließlichkeitsrechte von mehreren, in diesem Fall nicht einschlägigen besonderen Voraussetzungen abhängig machte. Art. 86 Abs. 2 EGV müsse neben den Vorschriften der Verordnung weiterhin Anwendung finden. Die Kommission trat dieser Argumentation von Air Inter entgegen: Die VO 2408/92 habe die Voraussetzungen des Art. 86 Abs. 2 auf dem Gebiet des Flugverkehrs innerhalb der Gemeinschaft unter Abwägung aller betroffenen Interessen konkretisiert.[295]

Entsprechend dem Antrag der Kommission versagte das EuG eine Rechtfertigung der Ausschließlichkeitsrechte unter Rückgriff auf Art. 86 Abs. 2 EGV. Zwar lehnte es, anders als die Kommission, die fortbestehende, eigenständige Anwendbarkeit von Art. 86 Abs. 2 EGV nicht ab; es faßte die Tatbestandsvoraussetzungen aber eng: Das System der unternehmensinternen Quersubventionierung, auf welches Air Inter sich berufe, stelle keinen Selbstzweck dar, sondern ein vom französischen Staat gewähltes Mittel zur verkehrsmäßigen Erschließung des französischen Staatsgebiets. Air Inter habe nicht dargetan, daß es nach Inkrafttreten der VO 2408/92 kein anderes, gemeinschaftsrechtsfreundlicheres System zur Erfüllung dieser Aufgabe und insbesondere zur Finanzierung defizitärer Strecken gebe. Air Inter habe folglich nicht nachgewiesen, daß die Aufhebung der Ausschließlichkeitsrechte die Aufgabenerfüllung verhindere, und könne sich nicht auf Art. 86 Abs. 2 EGV berufen.[296] Zugleich betonte das EuG, daß die Anwen-

292 EuG Slg. 1997 II-997 – „*Air Inter*".

293 EuG Slg. 1997 II-997, 1040 f. Rn. 129–130 – „*Air Inter*".

294 ABl. 1992 Nr. L 240/8.

295 EuG Slg. 1997 II-997, 1041 Rn. 133 – „*Air Inter*".

296 EuG Slg. 1997 II-997, 1043–1044, Rn. 140–141 – „*Air Inter*"; darüber hinaus kritisierte das EuG auch, daß Air Inter nicht den im Fall einer Zulassung anderer, mit ihr auf den streitigen Strecken konkurrierenden Luftfahrtunternehmen wahrscheinlichen Einnahmeverlust beziffert habe. Es sei nicht dargetan, daß der Einnahmeverlust einen solchen Umfang annehmen würde, daß Air Inter gezwungen wäre, bestimmte Strecken aufzugeben – vgl. EuG Slg. 1997 II-997, 1043 Rn. 140 – „*Air Inter*".

dung des Art. 86 Abs. 2 EGV nicht dem Ermessen der Mitgliedstaaten überlassen werden könne.[297]

Dieses Urteil fügt sich in die hier vertretene Deutung der neueren Rechtsprechung des EuGH ein: der Luftfahrtsektor ist mittlerweile ein sekundärrechtlich erheblich vorgeprägter Sektor. Der Liberalisierung in der Luftfahrt liegen auch ausgiebige Erörterungen und Konzepte zugrunde, wie die „besonderen Aufgaben" in diesem Sektor auf andere Weise als durch die Beibehaltung von Ausschließlichkeitsrechten gewährleistet werden können.[298] In dieser Situation traf Air Inter die volle Beweislast, daß die Anwendung des primären Gemeinschaftsrechts bzw. der Liberalisierungsvorgaben der Verordnung die Aufgabenerfüllung verhindert hätte. Diesen Beweis vermochte Air Inter nicht zu führen.

Der Fall „*Corsica Ferries*"[299] zeichnet sich dadurch aus, daß der EuGH an den Ausgangspunkt seiner gemeinschaftsrechtlichen Überprüfung des Ausschließlichkeitsrechts nicht die Frage nach der Rechtfertigung dieses Rechts selbst, sondern die Frage nach der Rechtfertigungsfähigkeit der von den so privilegierten Unternehmen gesetzten Preise stellte. Bei den privilegierten Unternehmen handelte es sich um Festmachergruppen in den Häfen von Genua und La Spezia, die verpflichtet waren, jederzeit und für alle Hafenbenutzer einen allgemeinen Festmacherdienst bereitzustellen. Die Preise, die die Festmachergruppen für ihre Dienste verlangten, beinhalteten einen Bestandteil, durch den die Kosten dieser allgemeinen Versorgungspflicht gedeckt werden sollten. Der EuGH stellte in dem Vorlageverfahren zunächst fest, daß das Bestehen von Ausschließlichkeitsrechten selbst nicht mit den Artt. 86 Abs. 1, 82 EGV unvereinbar sei. Nur wenn das so privilegierte Unternehmen „durch die bloße Ausübung der ihm übertragenen ausschließlichen Rechte seine beherrschende Stellung mißbräuchlich ausnutzt oder wenn durch diese Rechte eine Lage geschaffen werden könnte, in der dieses Unternehmen einen Mißbrauch begeht", liege ein Verstoß vor.[300] Ein solcher Mißbrauch könne grundsätzlich in der Preissetzung liegen; dies sei aber nicht der Fall, wenn die Preissetzung durch Art. 86 Abs. 2 S. 1 EGV gerechtfertigt werden könne, weil die angewandten Tarife zur Bereitstellung eines allgemeinen Festmacherdienstes unerläßlich seien.[301] Eine solche Rechtfertigung bejahte der EuGH unter der Voraussetzung, daß der in den Preis aufgenommene Bestandteil, durch den die Kosten des allgemeinen Festmacherdienstes gedeckt werden sollten, den zusätzlichen Kosten entspreche, die sich aus dieser Verpflichtung ergäben.[302] Auf die Erforderlichkeit des Ausschließlichkeitsrechts selbst bzw. die Frage, ob alternative Formen der Finanzierung eines allgemeinen Festmacherdienstes möglich gewesen wären, ging der EuGH nicht näher ein. Er begnügte sich vielmehr mit der Feststellung: „Jedenfalls durfte es die Italienische Republik aus Gründen der öffentlichen Sicherheit für erforderlich halten, örtlichen Festmachergruppen das ausschließliche Recht einzuräumen, den allgemeinen Festmacherdienst sicherzustel-

297 EuG Slg. 1997 II-997, 1042 Rn. 135 – „*Air Inter*".

298 Zur Bedeutung dieses Umstands im Rahmen der Verhältnismäßigkeitsprüfung in Art. 86 Abs. 2 S. 1 EGV siehe auch: *Buendia Sierra* (1999), Tz. 8.238–8.243.

299 EuGH Slg. 1998 I-3949 ff. – „*Corsica Ferries*".

300 EuGH Slg. 1998 I-3949, 3995 Rn. 40 m. w. N. zur Rechtsprechung – „*Corsica Ferries*".

301 EuGH Slg. 1998 I-3949, 3996 Rn. 42–43 – „*Corsica Ferries*".

302 A. a. O., 3997 Rn. 46.

len".[303] Die im Fall „*Corsica Ferries*" vom EuGH gewählte Prüfungsmethodik muß als besonders problematisch gelten: sie vermeidet systematisch die gemeinschaftsrechtliche Überprüfung von Ausschließlichkeitsrechten als Mittel zur Erfüllung „besonderer Aufgaben". Sie ist auch nicht vereinbar mit dem im Fall „*Corbeau*" gewählten Prüfungsansatz: dort war auch nach Ansicht des EuGH immerhin das Ausschließlichkeitsrecht selbst in seinem Bestand rechtfertigungsbedürftig. In anderer Hinsicht allerdings bestätigt das Urteil „*Corsica Ferries*" die hier aufgestellte These: die Frage, ob andere, gegenüber einem Ausschließlichkeitsrecht weniger restriktive Formen zur Gewährleistung der Aufgabenerfüllung praktikabel werden, wird in Vorlageverfahren nicht erörtert – zumindest solange nicht, wie eine hinreichende sekundärrechtliche Vorprägung des infragestehenden Wirtschaftsbereichs fehlt.

Eine gegenüber dem Urteil „*Corsica Ferries*" strengere Linie verfolgte der EuGH im Fall „*Dusseldorp*".[304] Zu beantworten war die von einem niederländischen Gericht vorgelegte Frage, ob die Übertragung ausschließlicher Rechte für die Verbrennung gefährlicher Abfälle in den Niederlanden an ein inländisches Unternehmen, verbunden mit einer Verpflichtung der in den Niederlanden tätigen Unternehmen, ihre zur Verwertung bestimmten Abfälle wie Ölfilter diesem inländischen Unternehmen zu überlassen, mit den Artt. 86 Abs. 1, 82 EGV vereinbar sei. Die niederländische Regierung hatte geltend gemacht, die Regelung solle die Kosten des mit der Verbrennung gefährlicher Abfälle betrauten Unternehmens senken und damit dessen wirtschaftliche Existenzfähigkeit ermöglichen.[305] Der EuGH ließ offen, ob das Unternehmen mit einer Dienstleistung von allgemeinem wirtschaftlichem Interesse betraut sei. In jedem Fall müsse die niederländische Regierung in überzeugender Weise darlegen,

> „daß dieses Ziel nicht ebenso mit anderen Mitteln erreicht werden kann. Artikel 90 Absatz 2 [Art. 86 Abs. 2] des Vertrages könnte somit nur Anwendung finden, wenn nachgewiesen würde, daß das fragliche Unternehmen die ihm übertragene Aufgabe ohne die streitige Maßnahme nicht erfüllen könnte".[306]

Der EuGH verdeutlicht in diesem Urteil, daß er grundsätzlih an einer strengen, die Prüfung alternativer, gemeinschaftsrechtlicher Mittel umschließenden Erforderlichkeitsprüfung festhält. Auch liegt die Beweislast nach diesem Urteil vollen umfangs bei dem sich auf Art. 86 Abs. 2 EGV berufenden Mitgliedstaat. Offen bleibt allerdings, welcher Nachweis vom Mitgliedstaat konkret verlangt wird. „*Dusseldorp*" ist danach zwar eine Bestätigung des Kontrollanspruchs des EuGH im Zusammenhang mit Art. 86 Abs. 2 EGV, kann aber nicht als Kehrtwende verstanden werden. Bedeutsam mag hier auch gewesen sein, daß „nur" ein Ausschließlichkeitsrecht von begrenzter Bedeutung und

---

303 A. a. O., 3997 Rn. 45.

304 EuGH Slg. 1998 I-4075 – „*Dusseldorp*". *Ross*, 25 ELRev. 2000, 22, 27 spricht mit Blick auf dieses Urteil von einem „throwback to the stringent tests of impossibility discernible in the very early case law".

305 EuGH Slg. 1998 I-4075, 4132 Rn. 66 – „*Dusseldorp*".

306 A. a. O., Tz. 67. Der EuGH weist dabei ausdrücklich auf die Schlußanträge von *GA Jacobs* v. 23. Okt. 1997 hin (S. 4077 ff., dort Rn. 108), in denen dieser andeutet, daß die strengere Verhältnismäßigkeitsprüfung, die für Mitgliedstaaten gilt, wenn sie ein Ausschließlichkeitsrecht nach Art. 86 Abs. 2 EGV rechtfertigen wollen, sich u. U. damit erklären läßt, daß Art. 86 Abs. 2 EGV dem Wortlaut nach nicht an die Mitgliedstaaten, sondern nur an die betrauten Unternehmen adressiert ist.

Tragweite in Frage stand, welches lediglich der Aufgabenfinanzierung diente, nicht ein umfassenderes, die Sektorsteuerung und -planung ermöglichendes Ausschließlichkeitsrecht (was aber in gleicher Weise im Fall „*Corsica Ferries*“ zutraf). Wie sich das Urteil „*Dusseldorp*“ im einzelnen in die Linie der Rechtsprechung einfügt, bleibt eine offene Frage.

Eine Serie von ebenfalls wichtigen Urteilen aus dem Jahr 1999 betrifft die Rechtfertigung der bestimmten Rentenfonds eingeräumten ausschließlichen Rechte zur Verwaltung eines Zusatzrentensystems in bestimmten Wirtschaftszweigen in den Niederlanden.[307] Die Pflichtmitgliedschaft in den jeweils infrage stehenden Betriebsrentenfonds wurde übereinstimmend damit begründet, sie sei erforderlich um eine angemessene Rentenhöhe für die Arbeitnehmer bei gleichzeitiger Geltung des Solidaritätsprinzips zu gewährleisten. Das Solidaritätsprinzip schlug sich unter anderem darin nieder, daß alle im jeweiligen Wirtschaftszweig tätigen Arbeitnehmer ohne vorherige ärztliche Untersuchung aufgenommen und Durchschnittsprämien anstelle von auf das individuelle Risiko abgestimmten Prämien gezahlt wurden.[308] Es wurde argumentiert, daß bei Wegfall des ausschließlichen Rechts des Fonds zur Verwaltung des Zusatzrentensystems für den jeweiligen Wirtschaftszweig ein „cream skimming“ hinsichtlich der „guten Risiken“ einsetzen würde: Unternehmen mit jungem, gesundem Personal und ungefährlicher Tätigkeit würden sich bei anderen Versicherern um günstigere Versicherungsbedingungen bemühen. Zurück blieben die schlechten Risiken, was zur Folge hätte, daß der Rentenfonds den Unternehmen mit älterem Personal und gefährlicheren Tätigkeiten schließlich zu annehmbaren Kosten keine Renten mehr anbieten könne.

Der EuGH billigte diese Argumentation. Die Zwänge, denen die mit Ausschließlichkeitsrechten ausgestatteten Fonds unterlägen, machten diese gegenüber privaten Versicherungsgesellschaften weniger wettbewerbsfähig. Die Entziehung der Ausschließlichkeitsrechte könne dazu führen, daß es den Fonds unmöglich werde, die ihnen übertragenen, gemeinschaftsrechtlich privilegierten Aufgaben zu erfüllen.[309] Auf den Einwand der Firma Brentjens, daß ein angemessenes Rentenniveau für die Arbeitnehmer auch durch die Festlegung von Mindestanforderungen sichergestellt werden könne, denen die von den Versicherungsgesellschaften angebotenen Renten genügen müßten, stellte der EuGH fest:

> „[I]n Anbetracht der sozialen Funktion der Zusatzrentensysteme und des Ermessensspielraums, über den die Mitgliedstaaten nach ständiger Rechtsprechung bei der Ausgestaltung ihrer Systeme der sozialen Sicherheit verfügen [...], [ist] es Sache jedes einzelnen Mitgliedstaats [...], unter Berücksichtigung der Besonderheiten seines nationalen Rentensystems zu prüfen, ob die Festlegung von Mindestanforderungen ihm noch ermöglichen würde, das Rentenniveau sicherzustellen, das er in einem Wirtschafts-

307 Gemeint sind die Urteile EuGH Slg. 1999 I-6025 ff. – „*Brentjens Handelsonderneming BV*“; EuGH Slg. 1999 I-5751 ff. – „*Albany*“; und EuGH Slg. 1999 I-6121 ff. – „*Drijvende Bokken BV*“.

308 EuGH Slg. 1999 I-6025, 6060 Rn. 109 – „*Brentjens Handelsonderneming BV*“. Im übrigen wurde bei Arbeitsunfähigkeit die Begründung von Rentenansprüchen unter Befreiung von Beitragszahlungen fortgesetzt; im Falle des Konkurses des Arbeitgebers wurden die von diesem geschuldeten Beitragsrückstände durch den Fonds übernommen; und die Rentenhöhe wurde zur Erhaltung ihres Wertes indexiert.

309 EuGH Slg. 1999 I-6025, 6061 Rn. 110–111 – „*Brentjens Handelsonderneming BV*“.

zweig dadurch zu gewährleisten beabsichtigt, daß er die Mitgliedschaft in einem Rentenfonds verbindlich vorschreibt".[310]

Der EuGH verweigert sich hiermit ausdrücklich jeglicher Erforderlichkeitsprüfung, – offensiver als er dies in anderen Urteilen vorher und nachher getan hat, und betont die Organisationshoheit der Mitgliedstaaten bezüglich der Ausgestaltung der nationalen Sozialsysteme. Ob sich diese Ausführungen auf die Beurteilung der Ausschließlichkeitsrechte in anderen Bereichen übertragen lassen, bleibt fraglich: für die Urteile *„Drijvende Bokken BV"*, *„Albany"* und *„Brentjens Handelsonderneming BV"* in ihrer Gesamtheit ausschlaggebend ist, – daran hat der EuGH in seinen Begründungen keinen Zweifel gelassen – die Bedeutung der Sozialpolitik im Ziel- und Regelungssystem des EGV, sowie die diesbezügliche Kompetenzverteilung: die Regelungskompetenz im Bereich der Sozialpolitik beläßt der EGV, wie der EuGH hervorhebt, vollen umfangs bei den Mitgliedstaaten. Die genannten Urteile sind danach ein weiterer Hinweis auf die Bereitschaft des EuGH zur „Sektoralisierung" der Anwendung des Art. 86 Abs. 2 EGV. Es deutet sich an, daß der EuGH in Zukunft – insoweit unter Umständen bestärkt durch den neuen Art. 16 EGV (s. u., D.III.3.a)) – die Maßstäbe für die Erforderlichkeitsprüfung einer in jedem Einzelfall neu durchzuführenden Gesamtanalyse des Zielgefüges im EG-Vertrag, der jeweils relevanten sekundärrechtlichen Maßnahmen auf Gemeinschaftsebene[311] sowie der im EGV angelegten Kompetenzverteilung entnehmen wird.[312] Die Urteile weisen aber möglicherweise gerade deswegen nicht den Weg für die Handhabung der Erforderlichkeitsprüfung in anderen Sektoren.

Ein weiteres Urteil, in welchem der EuGH einen Verstoß gegen das Mißbrauchsverbot (Art. 82 EGV) wegen der Notwendigkeit, einen finanziellen Ausgleich für alle mit der Erbringung von Dienstleistungen von allgemeinem wirtschaftlichem Interesse verbundenen Kosten zu schaffen, gem. Art. 86 Abs. 2 EGV für gerechtfertigt hielt, ohne auf etwaige alternative Formen eines finanziellen Ausgleichs einzugehen, ist das Urteil *„Citicorp"*.[313] In diesem Fall handelte es sich allerdings nicht um die Rechtfertigung eines der Deutschen Post AG eingeräumten Ausschließlichkeitsrechts; infrage stand vielmehr die gemeinschaftsrechtliche Beurteilung des der Deutschen Post AG gewährten Rechts, Auslandssendungen in bestimmten, in §§ 1 und 2 des Art. 25 Weltpostvertrag näher präzisierten Fällen des Remailing mit Inlandsgebühren zu belegen.[314] Der

---

310 A. a. O., 6064 Rn. 122.

311 A. a. O., 6060 Rn. 106 – mit dem in die Prüfung des Schutzbereichs des Art. 86 Abs. 2 S. 1 EGV eingefügten Hinweis auf eine Richtlinie des Gemeinschaftsgesetzgebers, welche die Bedeutung der den Zusatzrenten zugewiesenen sozialen Funktion anerkenne.

312 In diese Richtung auch *Buendia Sierra* (1999), Tz. 8.168 und Tz. 8.202.

313 EuGH EuGH Slg. 2000 I-825, 876-878 Rn. 50–55 – *„Citicorp"*. Für erste Besprechungen dieses Urteils in der Lit. vgl.: *Bartosch*, NJW 2000, 2251 ff.; *Bierwagen*, ZIP 2000, 569 ff.; *Neu*, EuZW 2000, 285 f.

314 Begründet wird dieses Recht mit der Endvergütungsproblematik: die auf internationaler Ebene vereinbarten Endvergütungen, die derjenige Postbetreiber erhält, der die Verteilung und Zustellung eingehender Auslandspost übernimmt, sind nicht kostendeckend. Dadurch werden Spielräume für eine Arbitrage eröffnet: Da in einigen Staaten die Tarife für Auslandspost unter den Tarifen liegen, die in anderen Staaten für die Beförderung und Zustellung von Inlandspost verlangt werden, können Unternehmen aus den Preisunterschieden Vorteile ziehen und die Post bei demjenigen Postbetreiber einliefern, der das beste Preis-Leistungsverhältnis bietet. Aus dieser „Umgehung" des Postmonopols können dem Postbetreiber Einnahmeverluste entstehen. Vor diesem Hintergrund erlaubt Art. 25

EuGH stellte fest, daß die Verleihung eines solchen Rechts eine Situation schaffe, in welcher die Deutsche Post AG sich zum Nachteil der Nutzer der Postdienstleistungen veranlaßt sehen könnte, ihre aus dem ausschließlichen Recht zur Beförderung und Zustellung dieser Sendungen folgende beherrschende Stellung mißbräuchlich auszunutzen. Die Erfüllung der „besonderen Aufgabe", Auslandssendungen zu befördern und im Gebiet der Bundesrepublik Deutschland zuzustellen, die der Deutschen Post AG übertragen sei, sei jedoch unter wirtschaftlich ausgewogenen Bedingungen bei der gegenwärtigen Rechtslage, die keine kostendeckenden Endvergütungen gewährleiste, gefährdet, wenn kein finanzieller Ausgleich für die aus der Zustellungs- und Beförderungspflicht resultierenden Kosten, soweit diese aus dem Remailing resultierten, gewährleistet sei.[315] Die Behandlung der grenzüberschreitenden Post als Inlandpost und folglich die Erhebung von Inlandsgebühren auf Remail-Sendungen seien daher gerechtfertigt.[316] Der EuGH wies zugleich darauf hin, daß eine Rechtfertigung nicht mehr möglich sei, wenn zwischen den betroffenen Postdiensten kostendeckende Endvergütungen für die grenzüberschreitenden Sendungen festgelegt seien, wie Art. 13 der Richtlinie 97/67/EG v. 15. 12. 1997[317] dies vorsehe.[318]

Weltpostvertrag in bestimmten Fällen des Remailing die Nachforderung von Inlandsgebühren. Vgl. für eine Darstellung der Endvergütungsproblematik: *Kommission*, Entscheidung v. 15. 9. 1999, ABl. 1999 Nr. L 275/17 Rn. 7 ff. – „*REIMS II*"; *Herdegen*, ArchivPT 1997, 181, 182 f.; *Neu* (1999), S. 55 ff.

315 Der EuGH fragt dabei, anders als GA Pergola in seinen Schlußanträgen, nicht danach, welche Kosten der Deutschen Post AG beim Remailing tatsächlich entstehen und inwieweit diese Belastung für die Deutsche Post AG angesichts ihrer allgemeinen Einnahmen wirtschaftlich tragbar ist.

316 EuGH Slg. 2000 I-825, 876-878 Rn. 50–55 – „*Citicorp*". In Rn. 56 schränkt der EuGH allerdings ein, daß, soweit ein Teil der Beförderungs- und Zustellkosten dadurch ausgeglichen werde, daß die Postdienste anderer Mitgliedstaaten Endvergütungen entrichte, die Erfüllung der besonderen Aufgabe es nicht erfordere, die in §§ 1, 2 des Art. 25 Weltpostvertrag näher bezeichneten Remail-Sendungen mit den vollen Inlandsgebühren zu belegen. Zur Zeit ist ein weiteres Vorlageverfahren betreffend Remailing und das Vorgehen der Deutschen Post AG gegen selbiges vor dem EuGH anhängig – vgl. den in WuW 1999, 511 ff. abgedruckten Vorlagebeschluß des LG Mainz v. 22. 1. 1999. In diesem Fall geht es nicht nur um ein „non-physical remailing"; zugleich geht es um die Frage, wie der „Absender"-Begriff in Art. 25 Weltpostvertrag gemeinschaftsrechtskonform auszulegen ist.

317 Richtlinie des EP und des Rates v. 15. Dezember 1997 über gemeinsame Vorschriften für die Entwicklung des Binnenmarktes der Postdienste der Gemeinschaft und die Verbesserung der Dienstequalität, ABl. 1998 Nr. L 15/14.

318 EuGH Slg. 2000 I-825, 877 Rn. 53 – „*Citicorp*". Die Kommission hat die REIMS-II-Vereinbarung zwischen 16 europäischen Postbetreibern über Endvergütungen mittlerweile unter wettbewerblichen Gesichtspunkten gebilligt – *Kommission*, Entscheidung v. 15. 9. 1999, ABl. 1999 Nr. L 275/17 ff. Vgl. hierzu: *Reeves*, E.C.L.R. 2000, 283 ff.; *Blaise/Idot*, Rev.trim.dr.eur. 36(2), avr.–juin 2000, 341, 362 f. Zu den Vertragsparteien der Reims-II-Vereinbarung zählen alle Mitgliedstaaten der EU mit Ausnahme der Niederlande. Hauptziel der Vereinbarung ist die Gewährleistung einer Vergütung für die Zustellung grenzüberschreitender Sendungen, die den tatsächlichen Zustellungskosten der Parteien näherkommt. Die Kommission hat mit ihrer Freistellung die Bedingung verbunden, daß die Parteien bis Ende 1999 ein transparentes Kostenrechnungssystem einführen, anhand dessen alle einschlägigen Kostenfaktoren ermittelt, quantifiziert und nachgeprüft werden können. Es ist davon auszugehen, daß ab 2001 gegenüber den Mitgliedern des REIMS-Systems die Berufung auf Art. 25 Weltpostvertrag unzulässig sein wird (so auch *Neu*, EuZW 2000, 285, 286). Da die Niederlande als einziger EG-Staat nicht am REIMS-System teilnehmen, bleibt die Remail-Problematik trotzdem akut.

Auch dieses Urteil fügt sich nach dem hiesigen Verständnis in die Linie der Rechtsprechung ein.[319] *Daß* die der Deutschen Post AG gezahlten Endvergütungen nicht kostendeckend waren, war unstreitig.[320] Da der EuGH im Rahmen eines Vorlageverfahrens entschied, weder die Bundesrepublik Deutschland noch die Kommission am Ausgangsverfahren beteiligt waren und verbindliches Sekundärrecht der Gemeinschaft betreffend den Umgang mit der Problematik des Remailing fehlte, konnten alternative Mittel zur Defizitfinanzierung im Verfahren vor dem EuGH nicht entwickelt werden. Wie in den Fällen „*Corbeau*" und „*Almelo*" verzichtete der EuGH daher auf die Prüfung der Praktikabilität alternativer Finanzierungsformen.[321] Der EuGH ging auch nicht auf den Vorschlag von GA La Pergola[322] ein, von der Deutschen Post AG den Nachweis zu verlangen, daß sie nicht imstande sei, die erforderlichen Mittel durch die Gewinne aus anderen ihr vorbehaltenen Dienstleistungen aufzubringen.[323] Auch dies überrascht allerdings nicht, hat sich der EuGH doch bereits in früheren Urteilen dem Anliegen verpflichtet gesehen, das Ausmaß der Quersubventionen zwischen den verschiedenen Bereichen möglichst gering zu halten.[324] Es ist nicht ersichtlich, warum nicht kostendeckend erbrachte Leistungen aus den in reservierten Bereichen erwirtschafteten Gewinnen finanziert werden sollten, wenn die fehlende Kostendeckung nicht einem speziellen (sozial-)politischen Anliegen, sondern einer aus anderweitigen Gründen verzerrten Preisstruktur entspringt.[325] Bedenklich bleibt trotzdem die nachlässige Handhabung der Verhältnismäßigkeitsprüfung durch den EuGH, insbesondere hinsichtlich der Höhe der durch das Remailing verursachten Defizite.[326]

Um die Rechtfertigung eines Ausschließlichkeitsrechts gem. Art. 86 Abs. 2 ging es dann wieder im Fall „*Sydhavnens Sten & Grus*"[327]. In diesem Fall wurde das Ausschließlichkeitsrecht allerdings nicht mit der Notwendigkeit begründet, eine defizitäre Aufgabe aus den in einem vorbehaltenen Bereich erwirtschafteten Gewinnen querzusubventionieren. Hintergrund für die Verleihung des Ausschließlichkeitsrechts war

---

319 Die deutsche Lit. äußert sich allerdings überwiegend kritisch zum Urteil des EuGH. Insbes. wird beanstandet, daß der EuGH nicht zwischen dem physischen Remailing und dem nicht-physischen Remailing differenziert habe, vielmehr die Besonderheit, daß es sich in den ihm vorgelegten Fällen um nicht-physisches Remailing handelte, für irrelevant hielt – vgl. z. B. *Neu*, EuZW 2000, 285; *Bartosch*, NJW 2000, 2251, 2252. Zustimmend demgegenüber *Kießling*, WRP 2000, 368, 369.

320 Allerdings nicht der präzise Umfang der Kostenunterdeckung.

321 Anders als im Fall „*Corbeau*" ging es im Fall „*Citicorp*" allerdings nicht um die Problematik des Rosinenpickens, sondern um die Vermeidung einer aus dem verzerrten Endvergütungssystem folgenden Unter-Kompensation – vgl. *GA La Pergola,* Schlußanträge v. 1. Juni 1999, Rn. 29, in: EuGH Slg. 2000 I-825, 851 – „*Citicorp*".

322 *GA La Pergola*, Schlußanträge v. 1. Juni 1999, Rn. 30, in: EuGH Slg. 2000 I-825, 852-853 – „*Citicorp*".

323 Sehr kritisch zum Urteil des EuGH insofern: *Bartosch*, NJW 2000, 2251, 2252.

324 EuGH Slg. 1993 I-2533, 2569 Rn. 19 – „*Corbeau*".

325 Zweifelnd auch: *Bierwagen*, ZIP 2000, 569, 573 mit dem Hinweis, daß es zu Lasten der inländischen Postbenutzer ginge, wenn die Post die eingehende ausländische Post mit den Einnahmen aus den vorbehaltenen rentablen Dienstleistungen querzusubventionieren hätte.

326 Für die striktere Gegenposition vgl. *GA Pergola* in den Schlußanträgen v. 1. Juni 1999, Rn. 30, in: EuGH Slg. 2000 I-825, 852-854 – „*Citicorp*": die Deutsche Post AG müsse die ihr aus dem Remailing entstehenden Einnahmeverluste auf der Grundlage einer transparenten, detaillierten und nachprüfbaren internen Buchhaltung und zuverlässiger objektiver Marktdaten nachweisen. Ähnlich: *Bierwagen*, ZIP 2000, 569, 573; *Kießling*, WRP 2000, 368, 370 f u. a.

327 EuGH Slg. 2000 I-3743 ff. – „*Sydhavnens Sten & Grus*".

vielmehr, daß es in der Stadt Kopenhagen an Unternehmen mangelte, die Bauabfälle hätten verwerten können. Die Gemeinde hielt die Errichtung eines Zentrums mit hoher Annahmekapazität für erforderlich, um die anfallenden Abfallmengen einer qualitativ hochwertigen Verwertung zuführen zu können. Sie war der Ansicht, daß es zur Sicherstellung der Rentabilität dieses neuerrichteten Zentrums notwendig sei, diesem durch die Gewährung eines Ausschließlichkeitsrechts für die Abfallbehandlung die Lieferung erheblicher Mengen zu garantieren.[328] Die Frage war demnach, ob die Gemeinde befugt war, durch Gewährung eines Ausschließlichkeitsrechts bestimmte Investitionen zu veranlaßen, die sie aus umweltpolitischen Gründen für erwünscht hielt.

Erneut bejahte der EuGH eine gemeinschaftsrechtliche Rechtfertigung des Ausschließlichkeitsrechts nach Art. 86 Abs. 2 S. 1 EGV: Die Stadt Kopenhagen habe die Errichtung eines Abfallverwertungszentrums mit hoher Annahmekapazität und ein zeitlich begrenztes Ausschließlichkeitsrecht als Anreiz für die notwendigen Investitionen durch ein Unternehmen für erforderlich halten dürfen. Eine – gemeinschaftsrechtlich grundsätzlich vorzugswürdige – allgemeine Regelung, die alle Unternehmen verpflichtet hätte, ihre Bauabfälle verwerten zu lassen, hätte das Problem unzureichender Verwertungskapazitäten nicht gelöst.[329]

Bemerkenswert an diesem Urteil erscheint zunächst, daß der EuGH der Stadt Kopenhagen offenbar einen Ermessensspielraum bezüglich der Erforderlichkeit des Ausschließlichkeitsrechts zugestehen will. Zum zweiten – und in engem Zusammenhang damit – stellt der EuGH in diesem Urteil erneut, wie bereits in den „*Energiemonopol*“-Urteilen und entgegen dem Antrag von GA Léger[330], die staatliche Investitionsplanung unter Schutz, nicht eine spezifisch eingegrenzte Aufgabe, wie z. B. die Verwertung von Bauabfällen unter Vorgabe einer bestimmten Verwertungsqualität. Die Verhältnismäßigkeitsprüfung wird dann zwangsläufig vage. Der EuGH erwähnt als etwaiges weniger restriktives, gemeinschaftsrechtsfreundlicheres Mittel eine Regelung, die den in der Region ansässigen Unternehmen vorgeschrieben hätte, ihre Abfälle verwerten zu lassen, verwirft diese Möglichkeit aber mit dem Hinweis, dies hätte angesichts der unzureichenden Abfallverwertungskapazitäten in der Gemeinde nicht gewährleistet, daß der größte Teil der Abfälle auch verwertet worden wäre. Diese Einschätzung kann als Ausdruck eines grundlegenden Mißtrauens gegenüber den Marktmechanismen von Nachfrage und Angebot verstanden werden. Vielleicht erklärt sich aber auch dieses Urteil aus den in den „*Energiemonopol*“-Urteilen entwickelten Grundsätzen der Verteilung von Beweis- und Darlegungslast: im Fall „*Sydhavnens Sten & Grus*“ handelte es sich um ein Vorlageverfahren, wobei an dem Ausgangsverfahren ein privates Unternehmen und die

328 A. a. O., Rn. 78.

329 A. a. O., Rn. 79–81: „[...] Eine Maßnahme, die den Wettbewerb weniger eingeschränkt hätte, z. B. eine Regelung, die den Unternehmen lediglich vorgeschrieben hätte, ihre Abfälle verwerten zu lassen, hätte nämlich wegen der unzureichenden Kapazitäten für die Behandlung der Abfälle aus der Gemeinde nicht unbedingt gewährleistet, daß der größte Teil dieser Abfälle verwertet worden wäre. Auch wenn die Gewährung des Ausschließlichkeitsrechts zu einer Wettbewerbsbeschränkung für einen wesentlichen Teil des Gemeinsamen Marktes führen würde, könnte sie unter diesen Umständen als notwendig angesehen werden, um eine Aufgabe von allgemeinem wirtschaftlichem Interesse zu erfüllen“.

330 *GA Léger*, Schlußanträge v. 21. Okt. 1999, Rn. 101–106, insbes. 103–104, zu: EuGH v. 23. 5. 2000, Rs. C-209/98 – „*Sydhavnens Sten & Gus*“.

Gemeinde Kopenhagen beteiligt waren. Den Anforderungen an die Darlegungslast, die der EuGH bei der Vorstellung milderer Mittel im Rahmen der Erforderlichkeitsprüfung stellt, mag der pauschale Hinweis auf die Funktionsprinzipien des Marktes, denen zufolge eine Nachfrage am Markt ein entsprechendes Angebot hervorrufen sollte, nicht genügt haben.

Die seit den „*Energiemonopol*"-Urteilen ergangenen Urteile des EuG und des EuGH zu der Frage, ob ein sich auf Art. 86 Abs. 2 S. 1 EGV berufendes Unternehmen bzw. Mitgliedstaat auf alternative, gemeinschaftsrechtsfreundlichere Mittel zur Organisation der Aufgabenerfüllung verwiesen werden kann, geben damit kein durchweg einheitliches Bild. Ist der betroffene Sektor bereits sekundärrechtlich vorgeprägt, so verschärfen sich die Darlegungs- und Beweislastanforderungen an die sich auf Art. 86 Abs. 2 S. 1 EGV berufende Partei (siehe „*Air Inter*"). Art. 86 Abs. 2 S. 1 EGV wird als gemeinschaftsrechtlicher Kontrollmaßstab „gehärtet". Deutliche Zurückhaltung übt der EuGH dort, wo es um die Organisation bestimmter Lebensbereiche geht, für deren Gestaltung den Mitgliedstaaten eine besondere Kompetenz verblieben ist („*Albany*"; „*Brentjens Handelsonderneming*"; „*Drijvende Bokken BV*"). Diese vom EuGH dem System der Ziele und Politiken im EG-Vertrag entnommene Kompetenz scheint den gesamten Tatbestand des Art. 86 Abs. 2 S. 1 EGV „aufzuweichen" – sowohl bei der Bestimmung geschützter Ziele und Aufgaben als auch bei der Erforderlichkeitsprüfung wird den Mitgliedstaaten ein weites Ermessen zugestanden. Zwischen diesen Polen stehen Urteile wie „*Corsica Ferries*" und „*Sydhavnens Sten & Grus*" einerseits, „*Dusseldorp*" andererseits. Mit Ausnahme des letztgenannten Urteils scheint sich damit in sekundärrechtlich nicht vorgeprägten Bereichen eine „weiche" Linie durchzusetzen. Einem Verweis auf mögliche, gegenüber Ausschließlichkeitsrechten weniger restriktive Mittel scheinen die Gerichte der Gemeinschaft nur dann ernsthaft Rechnung tragen zu wollen, wenn sie von der Kommission konkretisiert und unter Einbeziehung aller relevanten Aspekte ausgearbeitet worden sind. Dies scheint mit dem oben dargelegten Verständnis der „*Energiemonopol*"-Urteile übereinzustimmen.

e) Art. 86 Abs. 2 S. 2 EGV

Die praktische Bedeutung des Art. 86 Abs. 2 S. 2 EGV ist umso größer, je weiter der in Art. 86 Abs. 2 S. 1 EGV bezeichnete Ausnahmebereich gezogen wird.[331] Der Aufweichung der Tatbestandsmerkmale in Art. 86 Abs. 2 S. 1 EGV entspricht daher potentiell ein Bedeutungszuwachs des Art. 86 Abs. 2 S. 2 EGV. Satz 2 wird „zum wesentlichen Instrument der Grenzziehung für das mitgliedstaatliche Wirtschaften in der EU".[332] In der Rechtsprechung des EuGH läßt sich dies bislang noch nicht eindeutig nachvollziehen. Immerhin hat der EuGH in den „*Energiemonopol*"-Urteilen auf die Bedeutung des Art. 86 Abs. 2 S. 2 EGV hingewiesen (näher: s. u., B.III.2.e)bb)bbb)).

---

331 Ebenso: *Bartosch*, NJW 2000, 2251, 2252; *Ehricke*, EuZW 1998, 741, 746 f.

332 *Ehricke*, EuZW 1998, 741, 746; ähnlich: *Bartosch*, NJW 2000, 2251, 2252; *Kahl*, wbl. 1999, 189, 194; *Waelbroeck/Frignani* (1999), S. 288.

aa) Dogmatische Bedeutung des Art. 86 Abs. 2 S. 2 EGV: Schranken-Schranke oder Bestandteil der Verhältnismäßigkeitsprüfung?

In der gemeinschaftsrechtlichen Literatur besteht keine Einigkeit darüber, wie Art. 86 Abs. 2 S. 2 EGV dogmatisch einzuordnen ist: in der deutschen Literatur ganz vorherrschend ist die These, Art. 86 Abs. 2 S. 2 EGV bilde eine Schranken-Schranke gegenüber der Ausnahmegewährung in Art. 86 Abs. 2 S. 1 EGV[333] – wobei über die unmittelbare Anwendbarkeit dieser Schranken-Schranke keine Einigkeit besteht.[334] In der gemeinschaftsrechtlichen Literatur wird z. T. aber auch die Ansicht vertreten, Art. 86 Abs. 2 S. 2 EGV verweise lediglich allgemein auf die Bedeutung einer Interessenabwägung, die Bestandteil der im Rahmen der Anwendung des Art. 86 Abs. 2 S. 1 EGV vorzunehmenden Verhältnismäßigkeitsprüfung sei,[335] wobei zugleich die unmittelbare Anwendbarkeit des Art. 86 Abs. 2 EGV insgesamt vorausgesetzt wird. Häufig geht mit dieser These eine Relativierung der Strenge der Verhältnismäßigkeitsprüfung je nach dem Gewicht des von einem Mitgliedstaat geltend gemachten Interesse einher.[336]

Der EuGH hat bislang stets Art. 86 Abs. 2 S. 1 EGV vor Art. 86 Abs. 2 S. 2 EGV geprüft, wie dies auch der Wortlaut der Norm nahelegt. Hierbei ist er auch in den „*Energiemonopol*"-Urteilen geblieben. Diesem Prüfungsansatz scheint das Verständnis von Art. 86 Abs. 2 S. 2 EGV als einer Schranken-Schranke zu entsprechen. Getrennt hiervon ist die Frage nach der unmittelbaren Anwendbarkeit des Art. 86 Abs. 2 S. 2 EGV zu behandeln (s. u., B.III.2.e)ee)).

bb) Beeinträchtigung der Entwicklung des Handelsverkehrs in einem dem Gemeinschaftsinteresse zuwiderlaufenden Maße

Das Gemeinschaftsinteresse bildet den Maßstab, an welchem die Beeinträchtigung der Entwicklung des Handelsverkehrs, wie sie durch den jeweiligen Vertragsverstoß bewirkt wird, zu messen ist. In Frage stehen damit die Kriterien für die konkrete Bestimmung und Gewichtung des Gemeinschaftsinteresses. Auch in der neueren Rechtsprechung sind diese bislang nicht präzise bezeichnet worden. Ein Überblick über die in der Lit. vertretenen Ansichten ist daher erforderlich, um die Rechtsprechung des EuGH richtig zu verorten.

aaa) Ansichten in der Literatur

Allgemein wird davon ausgegangen, daß das Gemeinschaftsinteresse i. S. d. Art. 86 Abs. 2 S. 2 EGV letztlich durch die Ziele (d. h. insbesondere durch Art. 2 und 3 EGV)

333 Vgl. Immenga/Mestmäcker-*Mestmäcker*, EG-Wettbewerbsrecht, Kom., Bd. II (1997), Art. 37/Art. 90 D Rn. 61 m. w. N.; *Ehricke*, EuZW 1998, 741, 746 u. a.

334 S. u., B.III. 2.e)ee).

335 Vgl. z. B. *Buendia Sierra* (1999), Tz. 8.298; *Faull/Nikpay* (1999), Art. 86 Tz. 5.148, die dies als „herrschende Meinung" bezeichnen.

336 Für eine solche „Flexibilisierung" der Verhältnismäßigkeitsprüfung z. B. *Buendia Sierra* (1999), Tz. 8.238–8.242.

und Grundsätze bzw. Grundprinzipien des Vertrages (vielfach genannt wird das Diskriminierungsverbot aus Art. 12 EGV[337]) definiert sei.[338] Auch das Sekundärrecht soll zur Konkretisierung des Gemeinschaftsinteresses herangezogen werden können.[339]

Der aus dieser Feststellung folgende Erkenntnisgewinn für die Anwendung des Art. 86 Abs. 2 S. 2 EGV ist aber aus zweierlei Gründen gering: zum einen impliziert jede Verletzung der im Rahmen des Art. 86 Abs 2 EGV relevanten Vorschriften des EG-Vertrags, insbesondere der wettbewerbsrechtlichen Vorschriften oder der Artt. 28 ff., 49 ff. EGV, eine Verletzung eines der Grundprinzipien des EG-Vertrags; würde man jede derartige Vertragsverletzung als „Beeinträchtigung der Entwicklung des Handelsverkehrs" im Sinne des Art. 86 Abs. 2 S. 2 EGV werten, würde Art. 86 Abs. 2 S. 1 EGV obsolet. Bemüht man sich hingegen um eine wertende Gewichtung der Vertragsverletzung mit Blick auf das Gemeinschaftsinteresse, so stößt man mittlerweile in Art. 2 und 3 EGV auf ein derart komplexes und weitgefaßtes Zielgefüge, daß der Inhalt des Gemeinschaftsinteresses im Einzelfall sich auch auf diese Weise nicht einfach erschließt.

Vor diesem Hintergrund sind verschiedene Vorschläge entwickelt worden, deren Pole einerseits durch den Versuch, das Gemeinschaftsinteresse zu einer aus dem Vertragsgefüge objektiv herleitbaren Größe und damit absoluten Grenze mitgliedstaatlicher Handlungsfreiheit zu machen, andererseits durch einen Verweis auf das der Kommission nach Art. 86 Abs. 3 EGV eingeräumte Ermessen zur Konkretisierung des Gemeinschaftsinteresses bezeichnet sind.[340]

Verbreitet war zunächst der Versuch, aus dem Zielgefüge des EG-Vertrags eine *absolute* Grenze für die mitgliedstaatliche Interessenverfolgung herzuleiten.[341]

So wurde unter Hinweis auf die Bedeutung des Ziels, einen einheitlichen Markt mit unverfälschtem Wettbewerb zu schaffen,[342] vielfach die Ansicht vertreten, die „tragenden Prinzipien des EGV", zu denen insbesondere das Diskriminierungsverbot und die Grundrechte, aber auch die Warenverkehrs- und Dienstleistungsfreiheit gerechnet wer-

---

337 Z. B. *Dohms/Levasseur*, Competition Policy Newsletter Febr. 1998/1, 18, 24 Fn. 10.

338 Vgl. *Schaub/Dohms*, Die AG 1998, 571; *Heinemann* (1996), S. 186; Grabitz/Hilf-*Pernice*, Kom., Art. 90 Rn. 58; Calliess/Ruffert-*Jung*, Kom. (1999), Art. 86 Rn. 52; *Fesenmair* (1996), S. 214; *Wilms* (1996), S. 143; *Ehricke*, EuZW 1993, 211, 215; *ders.*, EuZW 1998, 741, 746; *Bala* (1997), S. 85 ff.; *Chérot*, RDF adm. 14 (1998/1), 135, 146.

339 *Dohms/Levasseur*, Competition Policy Newsletter Febr. 1998/1, 18, 24; *Benesch* (1993), S. 17 f.; Grabitz/Hilf-*Pernice*, Kom., Art. 90 Rn. 58; Callies/Ruffert-*Jung*, Kom. (1999), Art. 86 Rn. 52; *Vygen* (1967), S. 110. Besonders weitgehend *Ehricke*, EuZW 1998, 741, 747: Der öffentliche Sektor sei soweit von der Anwendung des Gemeinschaftsrechts ausgenommen, wie nicht in dem betreffenden Bereich das Interesse der Gemeinschaft durch sekundärrechtliche Regelungen bestimmt worden sei. Kritisch: *Wilms* (1996), S. 143 f.

340 Vgl. für eine Systematisierung und Diskussion insbes. der in der frühen Literatur zu Art. 86 Abs. 2 S.2 EGV entwickelten Ansätze: *Buendia Sierra* (1999), Tz. 8.266–8.274.

341 Vgl. z. B. Immenga/Mestmäcker-*Mestmäcker*, EG-Wettbewerbsrecht, Kom., Bd. II (1997), Art. 37/Art. 90 D. Rn. 61 und 63 f., der die Funktion des Art. 86 Abs. 2 S.2 EGV mit der des Art. 85 Abs. 3 lit.b) EGV vergleicht.

342 Vgl. Langen/Bunte-*Jungbluth*, Kom., 8. Aufl. (1998), Art. 90 Rn. 46; Dauses-*Emmerich*, H.II Rn. 45; *Schaub/Dohms*, Die AG 1998, 566, 571; Grabitz/Hilf-*Pernice*, Kom., Art. 90 Rn. 58; *Fesenmair* (1996), S. 214.

den, dürften durch den Vertragsverstoß in keinem Fall beeinträchtigt werden.[343] Ein nationales Interesse müsse hinter der Wahrung dieser Grundsätze stets zurückstehen.[344] Eine Marktabschottung laufe dem Interesse der Gemeinschaft an der Verwirklichung eines Binnenmarktes per se zuwider.[345]

Andere versuchen, die konkreten Auswirkungen des Vertragsverstoßes auf den Handelsverkehr zum Maßstab zu machen:[346] die Entwicklung des Handelsverkehrs sei nur dann in einer dem Gemeinschaftsinteresse zuwiderlaufenden Weise beeinträchtigt, wenn der jeweilige Vertragsverstoß die Grundsätze des freien Waren- und Dienstleistungsverkehrs in einem vom Prinzip des Wettbewerbs bestimmten Binnenmarkt *insgesamt* und nicht nur für einzelne Produkte verletze.[347] In eine ähnliche Richtung weist der Vorschlag, mitgliedstaatliche Verstöße gegen Vorschriften des EGV könnten nach Art. 86 Abs. 2 EGV – in Analogie zu Art. 81 Abs. 3 EGV – dann nicht mehr gerechtfertigt werden, wenn dadurch für einen wesentlichen Teil der betreffenden Waren bzw. Dienstleistungen der Wettbewerb ausgeschaltet werde.[348] Art. 86 Abs. 2 S. 2 EGV schütze also mit anderen Worten einen Restwettbewerb.[349] Nach einer anderen, in der Lit. verbreiteten Ansicht soll die entscheidende Frage sein, ob die Nichtanwendung des Gemeinschaftsrechts dazu führen könne, daß die Verwirklichung der Ziele des Vertrags in einem wesentlichen Teil des Binnenmarktes verhindert würde.[350]

Einen anderen Ansatz verfolgen diejenigen, die speziell an das Tatbestandsmerkmal der *Entwicklung* des Handelsverkehrs anknüpfen:[351] maßgeblich sei, wie stark ein Vertragsverstoß in die Dynamik der Binnenmarktentwicklung eingreife.[352]

---

343 Vgl. z. B. GTE-*Hochbaum*, Kom., 5. Aufl. (1999), Art. 90 Rn. 68 ff.; Calliess/Ruffert-*Jung*, Kom. (1999), Art. 86 Rn. 53; *Bartosch*, NJW 2000, 2251, 2252; ähnlich *Wilms* (1996), S. 144.

344 *Kahl*, wbl. 1999, 189, 195; Dauses-*Emmerich*, H.II Rn. 166; weitergehend: *Fesenmair* (1996), S. 214: Verstöße gegen die Verkehrsfreiheiten oder Wettbewerbsvorschriften liefen prinzipiell immer dem Gemeinschaftsinteresse zuwider, wenn nicht ausnahmsweise das Prinzip ‚Wettbewerb' ohnehin nicht funktioniere, wie etwa in einem anerkannten Fall des Marktversagens.

345 Vgl. *Schröter*, in: Blaurock (Hrsg.) (1999), S. 65, 66.

346 In Anknüpfung an die Praxis der Kommission: aus den Entscheidungen der Kommission ergibt sich, daß eine Behinderung des Handelsverkehrs ein gewisses Ausmaß erreichen muß, damit Art. 86 Abs. 2 S. 2 EGV als Schranken-Schranke der Ausnahmebestimmung eingreift – vgl. *Kommission*, Entscheidung 93/126/EWG v. 22. 12. 1992, ABl. 1993 Nr. L 50/14 Rn. 30 – *„Jahrhundertvertrag"*; *Kommission*, Entscheidung 76/684/EWG, ABl. 1976 Nr. L 231/24 – *Pabst&Richarz ./. BNIA*; vgl. in diesem Sinne auch *Wilms* (1996), S. 142.

347 *Benesch* (1993), S. 17; Calliess/Ruffert-*Jung*, Kom. (1999), Art. 86 Rn. 51; *Fesenmair* (1996), S. 213; *Deringer*, Kom., Art. 90 Rn. 98; Grabitz/Hilf-*Pernice*, Kom., Art. 90 Rn. 55; *Ipsen* (1972), S. 666. Kritisch: *Wilms* (1996), S. 142 f.; Immenga/Mestmäcker-*Mestmäcker*, EG-Wettbewerbsrecht, Kom., Bd. II (1997), Art. 37/Art. 90 D. Rn. 62.

348 *Kapteyn/VerLoren van Themaat* (1998), S. 934 f.; *Appelt* (1995), S. 141 f.; in diese Richtung auch: *GA Cosmas*, Schlußanträge, Rn. 126, in: EuGH Slg. 1997 I-5669, 5765 – *„Energiemonopole Niederlande"*: Art. 86 Abs. 2 S. 2 EGV greife nur, wenn die Anwendung der Ausnahmevorschrift den innergemeinschaftlichen Handel tatsächlich in einem Ausmaß beeinträchtigen würde, „daß der innergemeinschaftliche Handel in dem entsprechenden Sektor praktisch verschwindet".

349 *Appelt* (1995), S. 141 f.

350 Immenga/Mestmäcker-*Mestmäcker*, EG-Wettbewerbsrecht, Art. 37, 90 Rn. D 63; *Heinemann* (1996), S. 186 f.; *Ehricke*, EuZW 1993, 211, 215 f.; *Fesenmair* (1996), S. 213 ff.

351 Z. B. GTE-*Hochbaum*, Kom., 5. Aufl. (1999), Art. 90 Rn. 65.

Zunehmender Beliebtheit erfreut sich die Ansicht, daß eine *absolute* Grenze für die mitgliedstaatliche Interessenverfolgung sich Art. 86 Abs. 2 S. 2 EGV nicht entnehmen lasse, daß vielmehr eine im Einzelfall vorzunehmende Abwägung des Gemeinschaftsinteresses an der Einhaltung der gemeinschaftsrechtlichen Vorgaben gegenüber dem Interesse der Mitgliedstaaten an der Erfüllung der besonderen Aufgabe maßgeblich sei.[353] Art. 86 Abs. 2 S. 2 EGV zieht danach den Interessen der Mitgliedstaaten eine bloß *relative* Grenze, die in ihrem Verlauf vom Gewicht der mitgliedstaatlichen Interessen abhängt. Maßstäbe für diese Abwägung werden z. T. Art. 87 Abs. 3 EGV entnommen[354] – wobei zugleich das weite Ermessen der Kommission betont wird; z. T. wird hingegen auf die von der Rechtsprechung zu Art. 30 EGV und den „zwingenden Erfordernissen" entwickelten Grundsätze für eine Interessenabwägung verwiesen.[355]

bbb) Rechtsprechung des EuGH

Seit den „*Energiemonopol*"-Urteilen, die auch den denkbar schwersten Verstoß gegen gemeinschaftsrechtliche Prinzipien – die Beibehaltung von Handelsmonopolen i. S. d. Art. 31 EGV – einer Rechtfertigung gem. Art. 86 Abs. 2 EGV für zugänglich erklärt haben, kann die These, daß angesichts des Gewichts bestimmter Grundprinzipien des Gemeinschaftsrechts der Verstoß gegen diese Vorschriften – namentlich gegen die Artt. 28, 49 EGV – stets dem Gemeinschaftsinteresse i. S. d. Art. 86 Abs. 2 S. 2 EGV zuwiderlaufe, nicht mehr vertreten werden.

Maßgeblich ist nach diesen Urteilen offenkundig nicht das Interesse der Gemeinschaft an der Durchsetzung zentraler gemeinschaftsrechtlicher Prinzipien, sondern ein von der Kommission auf der Grundlage ihrer Befugnis nach Art. 86 Abs. 3 EGV zu konkretisierendes Interesse an einem gleichfalls zu konkretisierenden Entwicklungspotential im zwischenstaatlichen Handel.[356] Dementsprechend hielt der EuGH einen allgemeinen Hinweis der Kommission darauf, daß eine Beibehaltung der Handelsmonopole im Energiebereich dem Interesse der Gemeinschaft zuwiderlaufe, insbesondere deswegen nicht für ausreichend, weil zum einen in den Begründungserwägungen zur bis dahin

---

352 In diese Richtung z. B. *Wilms* (1996), S. 143; Dauses-*Emmerich*, H.II Rn. 165; *Kahl*, wbl. 1999, 189, 195; *Page*, ELRev. 1982, 31; *Deringer*, Kom., Art. 90 Rn. 98. Vgl. auch Immenga/Mestmäcker-*Mestmäcker*, EG-Wettbewerbsrecht, Kom., Bd. II (1997), Art. 37/Art. 90 D. Rn. 63: „Das Ausmaß, in dem das Interesse der Gemeinschaft beeinträchtigt wird, hängt von der wirtschaftlichen Bedeutung der betroffenen Märkte und der von ihnen beeinflußten Handelsströme ab".

353 GTE-*Hochbaum*, Kom., 5. Aufl. (1999), Art. 90 Rn. 66; Dauses-*Emmerich*, H.II Rn. 166; *Bach* (1992), S. 48; *Wilms* (1996), S. 144; *Bala* (1997), S. 91; *Schaub/Dohms*, Die AG 1998, 566, 567; *Stoffaës* (1995), S. 320; *ENA*, Bd. I (1997), S. 51; *Desselas/Rodrigues*, Les Petites Affiches du 16. Fevr. 1998 No. 20, droit communautaire, 9, 14.

354 Für diese Parallele vgl. z. B. GTE-*Hochbaum*, Kom., 5. Aufl. (1999), Art. 90 Rn. 66 mit der These, die genannten Begriffe in Art. 87 Abs. 3 lit.b und lit.c entsprächen dem „Interesse der Gemeinschaft" in Art. 86 Abs. 2 EGV.

355 Vgl. *Ehricke*, EuZW 1993, 211, 215, der auf diesem Wege, nachdem er eine Eingrenzung des Schutzgegenstandes der Ausnahmenorm in Art. 86 Abs. 2 S. 1 EGV weitgehend verneint hat, sozusagen nachträglich eine Eingrenzung erreichen will; *Birkenmaier*, EuR 1988, 144, 148; GTE-*Hochbaum*, Kom., 5. Aufl. (1999), Art. 90 Rn. 67; *Ehricke* (1994), S. 172 ff.; *Rapp-Jung*, RdE 1997, 133, 136. Kritisch: *Fesenmair* (1996), S. 220 ff.

356 Vgl. hierzu auch: *Litpher*, RdE 1998, 72, 73.

einzigen unmittelbar auf den Handel mit Elektrizität anwendbaren Gemeinschaftshandlung – zur Richtlinie vom 29. Okt. 1990 über den Transit von Elektrizitätslieferungen über große Netze[357] – ausdrücklich festgestellt war, daß zwischen den großen Hochspannungsnetzen europäischer Länder ein Austausch von elektrischer Energie bestehe, dessen Umfang von Jahr zu Jahr zunehme;[358] zum anderen hatte die Kommission betont, daß die Einleitung des Vertragsverletzungsverfahrens allein die ausschließlichen Energieein- und Ausfuhrrechte betreffe, nicht hingegen ausschließliche Rechte betreffend Fortleitung und Abgabe der Energie. Der EuGH war der Ansicht, die Kommission müsse hier aufzeigen, „wie in Ermangelung einer einschlägigen Gemeinschaftspolitik eine Entwicklung des unmittelbaren Austauschs zwischen Erzeugern und Verbrauchern neben dem Austausch zwischen den großen Netzen namentlich angesichts der derzeitigen Fortleitungs- und Abgabekapazitäten und -modalitäten möglich wäre“.[359]

ccc) Würdigung der Rechtsprechung in der Literatur

In der Lit. herrscht Streit, was sich aus diesen Ausführungen des EuGH zur Definition des maßgeblichen Gemeinschaftsinteresses ergibt. Zum Teil wird angenommen, daß das Gemeinschaftsinteresse, mit Blick auf welches die aus dem Vertragsverstoß resultierende Verletzung des Handelsverkehrs zu bewerten ist, künftig nicht mehr anhand eines rechtlichen Maßstabs unter besonderer Berücksichtigung des in Art. 4 EGV konkretisierten Ziels der Schaffung eines dem Grundsatz offener Märkte und freien Wettbewerbs verpflichteten Binnenmarkts, sondern *politisch*, unter Berücksichtigung der vollen in Art. 2 und Art. 3 EGV angelegten Interessenvielfalt zu bestimmen sei.[360] Vor diesem Hintergrund wird dem sekundären Gemeinschaftsrecht bei der Bestimmung des Gemeinschaftsinteresses eine neue, – entscheidende –, Bedeutung beigemessen.[361] Eine Einengung des aus Art. 86 Abs. 2 S. 1 EGV folgenden Handlungsspielraums der Mitgliedstaaten wäre demnach nur noch auf der Grundlage einer politischen Entscheidung der Gemeinschaftsorgane möglich. Aus dem im EGV verkörperten Wertesystem des Gemeinschaftsrechts selbst soll keine über Art. 86 Abs. 2 S. 1 EGV hinausgehende Begrenzung mitgliedstaatlicher Handlungsspielräume folgen.

Diese Deutung erscheint problematisch: Nach der neueren Rechtsprechung des EuGH ist der Schutzbereich des Art. 86 Abs. 2 S. 1 EGV nur noch sehr vage eingegrenzt. Wollte man nunmehr das in Art. 86 Abs. 2 S. 2 EGV als Grenze mitgliedstaatlicher Ausnahmeansprüche bezeichnete Gemeinschaftsinteresse politisch – und sei es gemeinschaftspolitisch – bestimmen, wäre eine Ausnahmenorm ohne jegliche gemeinschaftsrechtliche Eingrenzungskraft geschaffen, die dem Interesse an der Geltung derjenigen Vorschriften, von denen sie eine Ausnahme erlaubt, kein eigenes rechtliches, sondern

357 Richtlinie 90/547/EWG des Rates v. 29. Okt. 1990, ABl. 1990 Nr. L 313/30.

358 EuGH Slg. 1997 I-5699, 5787 Rn. 70 – „*Energiemonopole Niederlande*“.

359 EuGH Slg. 1997 I-5699, 5787 Rn. 71 – „*Energiemonopole Niederlande*“.

360 *Chérot*, RDF adm. 14 (1998/1) 135, 146; deutlich in diese Richtung auch: *Ehricke*, EuZW 1998, 741, 747; bereits vor Erlaß der „*Energiemonopol*“-Urteile: *Le Nestour/Zinow*, ET 1995, 78, 82.

361 So z. B. *Ehricke*, EuZW 1998, 741, 747: Der öffentliche Sektor sei soweit von der Anwendung des Gemeinschaftsrechts ausgenommen, wie nicht in dem betreffenden Bereich das Interesse der Gemeinschaft durch sekundärrechtliche Regelungen bestimmt worden sei.

nur noch politisches Gewicht im Rahmen einer interessengeleiteten Abwägung durch die im Rat vertretenen Mitgliedstaaten beimäße. Wettbewerbsprinzip und das Prinzip offener Märkte würden – entsprechend einer insbesondere in der französischen Lit. häufig geäußerten Forderung – zu einem von vielen gleichwertigen Mitteln zur Realisierung der Ziele der Gemeinschaft bzw. der Mitgliedstaaten.

Naheliegend bleibt eine andere Lesart des Urteils: was der EuGH verlangt ist danach eine Konkretisierung des Entwicklungspotentials des Handelsverkehrs im jeweiligen sachlichen Markt, d. h. eine Präzisierung des Ausmaßes der Beeinträchtigung, welche durch den Vertragsverstoß *praktisch* bewirkt wird.[362] Ein Gemeinschaftsinteresse an der Beseitigung eines nach Art. 86 Abs. 2 S. 1 EGV gerechtfertigten Vertragsverstoßes besteht dort nicht, wo die Geltung der Vorschriften des EG-Vertrags bloß eine *abstrakte* Entwicklungsmöglichkeit des innergemeinschaftlichen Handels begründen würde. Vielmehr ist mit Blick auf den betroffenen Markt und dessen strukturelle Besonderheiten konkret die Existenz eines *erheblichen Entwicklungspotentials* darzutun. Die Kommission hätte also das Interesse der Gemeinschaft an der Entwicklung des jeweiligen Marktes durch eine konkrete Darlegung der Marktentwicklungsperspektiven im Rahmen einer ökonomischen Analyse der wirtschaftlichen und technischen Bedingungen präzisieren müssen.[363] Das sekundäre Gemeinschaftsrecht würde bei diesem Verständnis insofern Bedeutung erlangen, als es sich als Ausdruck eines konkret angestrebten und für möglich gehaltenen Entwicklungsstandes gemeinschaftlicher Integration erweist, dem die Mitgliedstaaten in ihrer nationalen Politik Rechnung zu tragen haben. Die Weigerung des EuGH, über das Vorliegen der Voraussetzungen des Art. 86 Abs. 2 S. 2 EGV zu befinden, wäre dann nicht darauf zurückzuführen, daß er sich für unzuständig hielt, eine erforderliche politische Abwägungsentscheidung zu treffen, sondern wäre vielmehr mit dem Unwillen des EuGH zu erklären, über Tatsachenfragen von amts wegen Beweis zu erheben, die von der Partei, der die Darlegungs-, unter Umständen auch die Beweislast oblag, nicht hinreichend substantiiert vorgetragen wurden.[364]

cc) Ermessen der Kommission bei der Anwendung des Art. 86 Abs. 2 S. 2 EGV?

Aus dem Diktum des EuGH in den „*Energiemonopol*"-Urteilen, die Kommission müsse infolge ihrer Kompetenz nach Art. 86 Abs. 3 EGV die Voraussetzungen des Art. 86 Abs. 2 S. 2 EGV im einzelnen darlegen,[365] ist in der Lit. teilweise gefolgert worden, daß

362 Vgl. auch *GA Cosmas*, Schlußanträge, Rn. 126, in: EuGH Slg. 1997 I-5699, 5765 – „*Energiemonopole Niederlande*"; ähnlich: *Waelbroeck/Frignani* (1999), S. 284: „The reference to the ‚development' of trade seems to indicate that the condition is intended to play a more important role, as trade between Member States increases".

363 Ähnlich *Desselas/Rodrigues*, Les Petites Affiches du 16. Fevr. 1998 No. 20 – droit communautaire, 9, 15.

364 Dazu, daß der EuGH sich regelmäßig auf die Beantwortung von Rechtsfragen beschränkt: *Due*, in; Iglesias/Due/Schintgen/Elsen (eds.) (1999), S. 73, 74 f.

365 EuGH Slg. 1997 I-5699, 5786 f. Rn. 67–69 – „*Energiemonopole Niederlande*": „Angesichts der Ausführungen der niederländischen Regierung oblag es [...] der Kommission, im Rahmen des Nachweises der behaupteten Vertragsverletzung unter der Kontrolle des Gerichtshofes das Interesse der Gemeinschaft zu definieren, an dem die Entwicklung des Handels zu messen ist. Artikel 90 Absatz 3 EG-Vertrag [Art. 86 Abs. 3 n. F.] beauftragt die Kommission ausdrücklich, auf die Anwen-

die Feststellung einer dem Gemeinschaftsinteresse zuwiderlaufenden Beeinträchtigung des Handelsverkehrs gem. Art. 86 Abs. 3 EGV ins Ermessen der Kommission gestellt sei.[366]

Auch in diesem Fall ist die von großen Teilen der Lit. propagierte Lesart aber nicht zwingend. Nicht differenziert wird hier zwischen einem etwaigen Aufgreifprivileg der Kommission und einem Ermessen der Kommission in der Handhabung dieses Privilegs. Der EuGH stellt – wie bereits im Rahmen der Verhältnismäßigkeitsprüfung in Art. 86 Abs.2 S. 1 EGV – maßgeblich auf die Verfahrenssituation des Vertragsverletzungsverfahrens und die Verteilung von Darlegungs- und Beweislast in dieser Verfahrenssituation ab,[367] betont aber zugleich, daß auch die Definition des Gemeinschaftsinteresses durch die Kommission „unter der Kontrolle des Gerichtshofes" erfolge. Der EuGH scheint damit grundsätzlich von einer vollen gerichtlichen Nachprüfbarkeit auch der Anwendung des Art. 86 Abs. 2 S. 2 EGV – einschließlich der Konkretisierung des Gemeinschaftsinteresses und der potentiellen Beeinträchtigung des Handelsverkehrs – auszugehen.[368]

Anhand welcher Kriterien die gerichtliche Kontrolle erfolgen soll, bleibt allerdings unklar. Liest man Art. 86 Abs. 2 S. 2 EGV als ein Gebot der Abwägung zwischen Gemeinschaftsinteressen und mitgliedstaatlichen Interessen, so kann diese von Gerichten kaum geleistet werden: für die Abwägung zweier letztlich inkommensurabler Größen fehlen normative Maßstäbe. Selbst wenn man aber Art. 86 Abs. 2 S. 2 EGV als *absolute* Schranke der Ausnahmenorm begreift und im konkreten Entwicklungspotential des Handelsverkehrs den anzuwendenden Maßstab sieht, erscheinen die Grenzen fließend. Es bleibt der zukünftigen Rechtsprechungspraxis vorbehalten, die Rechtsunsicherheit in dieser Frage auszuräumen.

dd) Darlegungs- und Beweislast im Rahmen des Art. 86 Abs. 2 S. 2 EGV

Die „*Energiemonopol*"-Urteile enthalten erstmals eine Stellungnahme des EuGH zur Verteilung von Darlegungs- und Beweislast im Rahmen des Art. 86 Abs. 2 S. 2 EGV.

---

dung dieses Artikels zu achten und erforderlichenfalls geeignete Richtlinien oder Entscheidungen an die Mitgliedstaaten zu richten".

366 *Ehricke*, EuZW 1998, 741, 746 f., mit der Schlußfolgerung, daß, wo die Kommission nicht tätig werde, keine weitere Grenze für staatliches Wirtschaftshandeln bestehe. Ähnlich auch Langen/Bunte-*Jungbluth*, Kom., 8. Aufl. 1998, Art. 90 Rn. 11; *Slot*, Fordh. Corp. Law Inst. 1992, S. 255, 267. Gegen ein Definitionsmonopol der Kommission bzgl. des Gemeinschaftsinteresses in Art. 86 Abs. 2 S. 2 EGV hingegen: *Dohms/Levasseur*, Competition Policy Newsletter Febr. 1998/1, 18, 24; und insbes. EuGH Slg. 1995 I-3319, 3354 f. Rn. 18–19 – „*Rendo II*": „Die Bezugnahme auf Artikel 90 Absatz 2 Satz 1 des Vertrages [Art. 86 Abs. 2 S. 1 EGV n. F.], im Kontext der Ausführungen des Gerichts betrachtet, kann nicht dahin ausgelegt werden, daß das Gericht zwischen diesen beiden Sätzen unterscheiden und der Kommission eine ausschließliche Zuständigkeit für die Anwendung von Satz 2 zuerkennen wollte. [...]".

367 Ähnlich auch *Schaub/Dohms*, Die AG 1998, 566, 572.

368 Hierfür spricht im übrigen auch, daß EuGH Slg. 1995 I-3319, 3354 f. Rn. 18–19 – „*Rendo II*" Art. 86 Abs. 2 S. 2 EGV für unmittelbar anwendbar erklärt.

Danach trifft zunächst die Mitgliedstaaten eine Darlegungslast,[369] die aber sowohl dem Umfang wie der Tiefe nach beschränkt ist.[370] So genügte in den „*Energiemonopol*"-Fällen die Darlegung der Mitgliedstaaten, daß auch bei Beibehaltung des Vertragsverstoßes ein nicht unerheblicher Austausch von Elektrizität und Gas zwischen den Mitgliedstaaten stattfand, der Handelsverkehr also durch die Vertragsverstöße nicht vollständig ausgeschlossen wurde. Angesichts dieser Ausführungen, so der EuGH, hätte es der Kommission oblegen, „im Rahmen des Nachweises der behaupteten Vertragsverletzung unter der Kontrolle des Gerichtshofes das Interesse der Gemeinschaft zu definieren, an dem die Entwicklung des Handels zu messen ist".[371] Die Kommission hätte also nach dem hier zugrundegelegten Verständnis das konkrete Entwicklungspotential des Handelsverkehrs bei voller Geltung der Vertragsvorschriften darlegen – und wohl auch beweisen – müssen.[372]

Für Verfahren, an denen die Kommission nicht beteiligt ist, – insbesondere für Verfahren vor nationalen Behörden und Gerichten –, hat dies, auch wenn in einigen Mitgliedstaaten die Behörden und Gerichte zu einer weiterreichenden Amtsermittlung verpflichtet und bereit sind, die naheliegende Folge, daß Zweifel bezüglich der Frage, ob die Voraussetzungen des Art. 86 Abs. 2 S. 2 EGV vorliegen, derjenigen Partei zur Last fallen, die sich auf diese Schranken-Schranke beruft. Im Zweifel gilt damit die vertragswidrige Regelung fort. Dies könnte auch erklären, warum der EuGH in seinem Urteil „*Citicorp*"[373] auf Ausnahmeschranken, die sich aus Art. 86 Abs. 2 S. 2 EGV ergeben könnten, nicht eingegangen ist.[374]

ee) Unmittelbare Anwendbarkeit des Art. 86 Abs. 2 S. 2 EGV?

In der Lit. wurde, auf der Grundlage der frühen, strengen Rechtsprechung zu Art. 86 Abs. 2 EGV, lange Zeit davon ausgegangen, daß Satz 2 dieser Vorschrift – anders als Satz 1 – nicht unmittelbar anwendbar sei. Diese Vorschrift setze eine umfassende Interessenabwägung durch die nach Art. 86 Abs. 3 EGV zuständige Kommission voraus, der hierbei ein Ermessensspielraum zuzugestehen sei. Damit sei eine unmittelbare Anwendbarkeit der Vorschrift von vornherein ausgeschlossen.[375] Dies bedeute gleichzeitig, daß

369 Dahingehend läßt sich zumindest EuGH Slg. 1997 I-5699, 5786 f. Rn. 66–69 – „*Energiemonopole Niederlande*" verstehen; vgl. auch *Dohms/Levasseur*, Competition Policy Newsletter Febr. 1998/1, 18, 23.

370 Ebenso *Schaub/Dohms*, Die AG 1998, 566, 573.

371 EuGH Slg. 1997 I-5699, 5786 f. Rn. 69 – „*Energiemonopole Niederlande*".

372 Vgl. *Dohms/Levasseur*, Competition Policy Newsletter Febr. 1998/1, 18, 24 Rn. 38; *Chérot*, RDF adm. 14 (1998/1), 135, 146; *Desselas/Rodrigues*, Les Petites Affiches du 16. Fevr. 1998 No. 20, droit communautaire, 9, 15: Die Kommission müsse eine ökonomische und technische Analyse des Sektors sowie quantifizierbare Angaben betreffend die Entwicklung des Handelsverkehrs vorlegen. A. A. *Bala* (1997), S. 92 f.: die Beweislast dafür, daß das Gemeinschaftsinteresse einer Ausnahme von der Anwendung des EGV nicht entgegenstehe, trage das um Freistellung nachsuchende Unternehmen.

373 EuGH Slg. 2000 I-825 ff. – „*Citicorp*".

374 Sehr kritisch hierzu: *Bartosch*, NJW 2000, 2251, 2252.

375 Z. B. *Craig/de Búrca* (1998), S. 1075: Art. 86 Abs. 2 EGV sei ungeeignet für eine unmittelbare Anwendung durch nationale Gerichte, „in so far as they will neither possess the information on which to take an overview of the Community's interest nor have the political legitimatcy to determine the

eine *positive* Entscheidung über die Geltung einer Ausnahme von der Anwendung des Gemeinschaftsrechts nur durch die Kommission getroffen werden könne; nationale Behörden und Gerichte könnten lediglich feststellen, daß bereits die Voraussetzungen des Art. 86 Abs. 2 S. 1 EGV *nicht* vorlägen.[376]

Diese These wurde hinfällig mit den Urteilen des EuGH in den Fällen „*Corbeau*" und „*Almelo*", die dem vorlegenden mitgliedstaatlichen Gericht offenkundig auch die *positive* Entscheidung über die Geltung einer Ausnahme gem. Art. 86 Abs. 2 S. 1 EGV zugestanden.[377] Diese Rechtsprechung ließ sich alternativ dahingehend verstehen, daß auch Art. 86 Abs. 2 S. 2 EGV unmittelbar anwendbar sei, die nationalen Behörden und Gerichte also auch ohne vorausgegangene Entscheidung der Kommission über die Voraussetzungen dieser Vorschrift abschließend entscheiden könnten;[378] oder dahingehend, daß im Falle der Entscheidung eines nationalen Gerichts über das Vorliegen der Voraussetzungen einer Nichtanwendung des Gemeinschaftsrechts nach Art. 86 Abs. 2 S. 1 EGV die Geltung des Gemeinschaftsrechts zunächst ausgeschlossen sei – vorbehaltlich einer späteren Entscheidung der Kommission (oder des EuGH) auf der Grundlage des Art. 86 Abs. 3 i. V. m. Art. 86 Abs. 2 S. 2 EGV.[379]

Die Frage nach der unmittelbaren Anwendbarkeit des Art. 86 Abs. 2 S. 2 EGV wurde sodann im Fall „*Rendo II*"[380] aufgeworfen. Die Klägerinnen des Ausgangsverfahrens vor dem EuG, die eine Erstreckung einer Kommissionsentscheidung betreffend die Gemeinschaftsrechtswidrigkeit von niederländischen Stromein- und -ausfuhrmonopolen im Bereich des *Privat*verbrauchs auf den Bereich der *öffentlichen Versorgung* anstrebten, hatten Rechtsmittel gegen das klagabweisende Urteil des EuG unter anderem mit der Begründung eingelegt, das EuG habe nicht berücksichtigt, daß die Anwendung des Art. 86 Abs. 2 S. 2 EGV in die ausschließliche Zuständigkeit der Kommission falle. GA Tesauro ging in seinen Schlußanträgen von der unmittelbaren Anwendbarkeit auch des Art. 86 Abs. 2 S. 2 EGV aus. Eine Differenzierung zwischen Satz 1 und Satz 2 des Art. 86 Abs. 2 EGV bezüglich der Frage der unmittelbaren Anwendbarkeit sei nicht geboten.[381] Der EuGH ist dem gefolgt.[382]

---

place at which the balance should be drawn. On this view, it would require a Commission decision made under Article 86(3) to decide the issue".

376 GTE-*Hochbaum*, Kom., 5. Aufl. (1999), Art. 90 Rn. 73; *Wyatt/Dashwood*, S. 566; Dauses-*Emmerich*, H.II. Rn. 47; *Mestmäcker*, RabelsZ 52 (1988), S. 559 u. a. Kritisch hierzu: *Waelbroeck/Frignani* (1999), S. 285: „Given the purely hypothetical character of the Commission's intervention, the application of exception cannot be made subject to it" und S. 286 unter Hinweis auf ansonsten möglichen zeitlichen Verzögerungen.

377 So auch *Hancher*, in: Lonbay (Hrsg.) (1994), S. 152, 158; *Waelbroeck/Frignani* (1999), S. 286; vgl. auch *Van der Woude*, ELRev. 1992, Competition Checklist 60, 78.

378 Hiervon geht z. B. *Heinemann* (1996), S. 72 aus; ebenso: *Le Nestour/Zinow*, ET 1995, 78, 82. Vgl. auch *Faull/Nikpay* (1999), Art. 86 Tz. 5.148, denen zufolge dies bereits daraus folgt, daß Art. 86 Abs. 2 S. 2 EGV gegenüber der Verhältnismäßigkeitsprüfung, die bereits in Satz 1 vorgesehen ist, keine eigenständige Bedeutung mehr zukommt.

379 Auch *Faull/Nikpay* (1999), Art. 86 Tz. 5.149 erwähnen dies als Auslegungsmöglichkeit

380 EuGH Slg. 1995, 3319 ff. – „*Rendo II*".

381 *GA Tesauro*, Schlußanträge, Rn. 37 f., in: EuGH Slg. 1995 I-3319, 3333 f. – „*Rendo II*".

382 EuGH Slg. 1995 I-3319, 3354 f. Rn. 18–19 – „*Rendo II*".

Unklar bleibt allerdings, wie eine nationale Behörde bzw. ein nationales Gericht ohne vorgängige Definition durch die Kommission das Gemeinschaftsinteresse zu ermitteln hat.[383] Hat sich bereits der EuGH in den „*Energiemonopol*"-Urteilen nicht imstande gesehen, das Gemeinschaftsinteresse selbst zu bestimmen, so erscheint dies für nationale Behörden und Gerichte nachgerade unmöglich. Zwar ist in der Lit. verschiedentlich auf die Möglichkeit hingewiesen worden, eine Stellungnahme der Kommission einzuholen.[384] Vollständig befriedigend ist dies jedoch nicht, da, wie die „*Energiemonopol*"-Urteile des EuGH zeigen, die Definition der Kommission keine abschließende gemeinschaftsrechtliche Verbindlichkeit für sich beanspruchen kann. Die nationalen Behörden und Gerichte wären damit nach wie vor zur Kontrolle der Definition der Kommission berufen.

Die Lösung der Problematik deutet der EuGH in den „*Energiemonopol*"-Urteilen an: eingekleidet in eine Beweislast-Argumentation geht der EuGH in diesen Urteilen davon aus, daß Art. 86 Abs. 2 S. 2 EGV, solange eine Konkretisierung des Gemeinschaftsinteresses durch die Kommission oder durch sekundäres Gemeinschaftsrecht noch nicht erfolgt ist, *nicht* unmittelbar anwendbar sei, daß die fehlende unmittelbare Anwendbarkeit des Art. 86 Abs. 2 S. 2 EGV jedoch nicht geeignet sei, die unmittelbare Anwendbarkeit des Art. 86 Abs. 2 S. 1 EGV auszuschließen.[385] Diese Lösung ähnelt dem Umgang mit dem Problem der unmittelbaren Anwendbarkeit von Art. 86 Abs. 2 S. 1 EGV mit Blick auf etwaige alternative, gemeinschaftsrechtsfreundlichere Formen der Sektorausgestaltung: die Konkretisierung der dynamischen Funktion des Art. 86 Abs. 2 EGV bleibt der Kommission vorbehalten. Bis zu diesem Zeitpunkt können sich Mitgliedstaaten und betraute Unternehmen auf die Ausnahme des Art. 86 Abs. 2 EGV berufen.

f) Zusammenfassende Bewertung der Entwicklungen in der Rechtsprechung

aa) Art. 86 Abs. 2 S. 1 EGV – die Preisgabe des Rechtsprinzips in der Kontrolle einer Rechtfertigung von traditionellen Sondermarktordnungen

Klarstellend festzuhalten ist zunächst, daß sich die Lockerungen in der Rechtsprechung des EuGH nicht auf die Rechtfertigung eines mißbräuchlichen Verhaltens von Unternehmen beziehen. Es ist davon auszugehen, daß auf die Rechtfertigung eines nicht direkt durch einen Mitgliedstaat veranlaßten Verhaltens eines betrauten Unternehmens nach wie vor dieselben strengen Maßstäbe Anwendung finden, die in der früheren Rechtsprechung entwickelt wurden.[386] Die Änderungen in der Rechtsprechung betreffen

---

383 Vgl. *Mestmäcker*, in: XXXII. FIW-Symposion (1999), S. 71, 77.

384 Vgl. *GA van Gerven*, Schlußanträge, Rn. 28, in: EuGH Slg. 1991 I-5889, 5920 – „*Porto di Genova*"; Calliess/Ruffert-*Jung*, Kom. (1999), Art. 86 Rn. 9.

385 So auch *Ehricke*, EuZW 1998, 741, 747. A. A. hingegen Calliess/Ruffert-*Jung*, Kom. (1999), Art. 86 Rn. 9.

386 Vgl. *Blum/Logue* (1998), S. 21; *Kommission*, Leitlinien für die Anwendung der EG-Wettbewerbsregeln im Telekommunikationsbereich, ABl. 1991 Nr. C 233/2, Rn. 22: „Die Ausnahmeregelung nach Artikel 90 Absatz 2 [Art. 86 Abs. 2] kann für das Verhalten einer TO auch dann noch in Anspruch genommen werden, wenn es zu Wettbewerbsbeschränkungen führt, die der betreffende Mitgliedstaat selbst [...] nicht verfügt hatte. Allerdings wäre in einem solchen Fall zu berück-

primär die Anwendung des Art. 86 Abs. 2 EGV auf Gemeinschaftsrechtsverstöße der Mitgliedstaaten, die aus der traditionellen marktabschottenden Organisationsstruktur ihrer Infrastruktursektoren resultieren.

In Anwendung auf *diese* Verstöße hat sich die frühere These, Art. 86 Abs. 2 EGV sei praktisch obsolet, mittlerweile in ihr Gegenteil verkehrt.[387] Die neuere Rechtsprechung hat den Anwendungsbereich des Art. 86 Abs. 2 S. 1 EGV durch Lockerung nahezu aller Tatbestandsmerkmale erheblich erweitert.[388] Die bedeutsamste Lockerung scheint in der Ausdehnung des Kreises derjenigen mitgliedstaatlich festgesetzten Aufgaben zu liegen, denen im Zweifelsfall Vorrang vor der Geltung gemeinschaftsrechtlicher Vorgaben eingeräumt wird:[389] die Rechtsprechung tendiert zum Teil dazu, bestimmte als wesentlich anerkannte Schutzgüter wie die Versorgungssicherheit, die öffentliche Sicherheit oder wirtschaftspolitische Grundentscheidungen schlechthin als im Rahmen des Art. 86 Abs. 2 EGV privilegierungsfähig zu betrachten und es ins Ermessen der Mitgliedstaaten zu stellen, wie diese produziert werden. Eine solche Betrachtungsweise zwingt zu dem Schluß, daß in Art. 86 Abs. 2 S. 1 EGV letztlich nicht Versorgungsaufgaben, sondern öffentliche Interessen der Mitgliedstaaten und ihre diesbezügliche Organisationshoheit, – damit aber letztlich der Souveränitätsanspruch der Mitgliedstaaten an sich – geschützt werden sollen.[390]

Vor allem beeinflußt eine solche Bestimmung der maßgeblichen Schutzgüter des Art. 86 Abs. 2 EGV aber auch den Charakter der Verhältnismäßigkeitsprüfung: ist als „besondere Aufgabe“ allein die von jedem Mitgliedstaat qualitativ und quantitativ zu präzisierende flächendeckende Versorgung der Bevölkerung zu erschwinglichen Preisen geschützt, so liegt die Problematik der Verhältnismäßigkeitsprüfung in der Quantifizierung der aus der Aufgabenerfüllung resultierenden Defizite einerseits, der Quantifizierung der dem betrauten Unternehmen gewährten Vorteile andererseits. Eine strenge Verhältnismäßigkeitsprüfung mag im Einzelfall wegen lückenhafter Daten schwierig

---

sichtigen, daß der Staat, dessen Aufgabe es ist, die öffentlichen und allgemeinen wirtschaftlichen Interessen zu schützen, es nicht für notwendig gehalten hat, die betreffenden Beschränkungen anzuordnen. Damit würde es besonders schwierig nachzuweisen, daß die Ausnahmeregelung nach Artikel 90 Absatz 2 auch für das zu diesen Beschränkungen führende Verhalten eines Unternehmens gelten müßte“.

387 Für eine kritische Auseinandersetzung mit der These der Funktionslosigkeit des Art. 86 Abs. 2 EGV vgl. Immenga/Mestmäcker-*Mestmäcker*, EG-Wettbewerbsrecht, Kom., Bd. II (1997) Art. 37/ Art. 90 D Rn. 17–18. Gegen die These von der Funktionslosigkeit auch: Langen/Bunte-*Jungbluth*, Kom., 8. Aufl. (1998), Art. 90 Rn. 36; *Baur*, RdE 1999, 85; *Burgi*, EuR 1997, 261, 278 f.; *Ehricke*, EuZW 1998, 741, 745 f.

388 So auch *Ehricke*, EuZW 1998, 741, 747; *Hancher*, in: Craig/de Búrca (Hrsg.) (1999), S. 721, 742; *Steindorff*, ZHR 163 (1999), 395, 427: den Staaten werde für die Erfüllung ihrer Aufgaben im Bereich der Daseinsvorsorge mittlerweile ein richterlich nicht nachprüfbarer Ermessensspielraum ähnlich dem eingeräumt, wie er den Gemeinschaftsorganen zustehe. Ähnlich auch *Vollmer*, in: FS Ingo Schmidt (1997), S. 289, 291 ff., insbes. S. 295.

389 Z. B. *Steindorff*, ZHR 163 (1999), 395, 432: nach der neueren Rechtsprechung könnten die Staaten autonom entscheiden, welche Aufgaben sie sich stellten und wie sie diese lösten.

390 Siehe auch *Hancher*, in: Craig/de Búrca (Hrsg.) (1999), S. 721, 741: „[...] the Court has been generally reluctant to limit organizational discretion with respect to collective goods at national level, with a few exceptions“. Ferner: *Triantafyllou*, Rev.trim.dr.eur. 35 (1999), 21, 41; *Durand*, Rev.MUE 1996, 211, 215. Kritisch: *Mestmäcker*, in: XXXII. FIW-Symposion (1999), S. 71, 77 f. und 79.

sein, ist aber grundsätzlich möglich. Werden dagegen in Art. 86 Abs. 2 EGV weiterreichende sozial- und wirtschaftspolitische Ziele der Mitgliedstaaten geschützt, so rückt die Erforderlichkeitsprüfung angesichts der möglichen Komplexität der „besonderen Aufgabe" immer stärker in die Richtung einer wertenden Abwägung, die schnell den Rahmen dessen sprengt, was Gerichte leisten wollen oder können.[391] Beurteilungs- und Ermessensspielräume der Mitgliedstaaten sind die Folge, setzen aber zugleich die Verhältnismäßigkeitsprüfung als wirksamen Kontrollmechanismus faktisch außer Kraft.[392] Die Folge ist, daß über die strukturelle Ausgestaltung der Infrastruktursektoren nicht mehr nach Maßgabe rechtlicher, sondern nach Maßgabe politischer Kriterien entschieden wird.

In dieser Lockerung der rechtlichen Kontrolle wird von einigen ein notwendiges Korrelat zu einer Entwicklung in der Rechtsprechung des EuGH gesehen, die die Maßstäbe für die Prüfung eines Verstoßes staatlicher Maßnahmen gegen Art. 86 Abs. 1 i. V. m. Artt. 28, 31, 43, 49 und 82 EGV erheblich verschärft habe.[393] Insbesondere Ausschließlichkeitsrechte würden heutzutage gemeinschaftsrechtlich wesentlich strenger beurteilt. Hieraus ergebe sich die Notwendigkeit, die Ausnahmevorschrift des Art. 86 Abs. 2 EGV flexibler – weniger technisch, statt dessen stärker unter Rückgriff auf Wertentscheidungen[394] – zu handhaben.[395] Zu überzeugen vermag die These, daß dies die Wendung in der Rechtsprechung erkläre, allerdings nicht. Auch in der früheren, strengeren Auslegung hat Art. 86 Abs. 2 EGV bestimmte öffentliche Interessen bzw. Werte wirksam geschützt. Die hiesige Untersuchung zeigt überdies, daß Art. 86 Abs. 2 S. 1 EGV

391 Zur Berufung auf die Funktionsgrenzen der Gemeinschaftsgerichte und der Forderung, die Gerichte müßten sich – insbes. im Rahmen der Erforderlichkeitsprüfung – auf eine „marginal control" beschränken, vgl. *Edward/Hoskins*, CMLRev. 32 (1995), 157, 170 ff.: Komplexe Erwägungen ökonomischer Art, vor allem aber Wertungen und Abwägungen politischer und sozialer Art, seien von der demokratisch legitimierten Legislative oder aber von der Exekutive, jedenfalls nicht von der Judikative vorzunehmen. Dasselbe klingt an in: EuGH Slg. 1997 I-5815, 5846 Rn. 106 – *„Energiemonopole Frankreich"*; EuGH Slg. 1997 I-5768, 5810 Rn. 59 – *„Energiemonopole Niederlande"*; EuGH Slg. 1997 I-5793, 5810 Rn. 59 – *„Energiemonopole Italien"*. Für eine umfassende Analyse derjenigen Faktoren, welche die Strenge der vom EuGH vorgenommenen Verhältnismäßigkeitskontrolle in verschiedenen Sachzusammenhängen determinieren, vgl. *de Búrca*, Yearbook of European Law 13 (1993), 105 ff.: Der EuGH sei in seiner Verhältnismäßigkeitsprüfung generell zurückhaltend, wenn es um komplexe wirtschaftspolitische Maßnahmen oder sozialpolitische Ziele gehe. Für eine Beschränkung der richterlichen Erforderlichkeitskontrolle auf einen „reasonableness-test" im Anwendungsbereich des Art. 86 Abs. 2 EGV: *Everling*, EuR 1994, 386, 407; *Belloubet-Frier*, AJDA 1994, 270, 285. Kritisch zu derartigen Beschränkungen der Verhältnismäßigkeitskontrolle: *Mestmäcker*, in: XXXII. FIW-Symposion (1999), S. 71, 80; *Basedow*, in: Jahrbuch für Neue Politische Ökonomie Bd. 16 (1997), S. 121, 132; *Jacobs*, in: Ellis (ed.) (1999), S. 1, 20.

392 Vgl. dazu *Mestmäcker*, in: XXXII. FIW-Symposion (1999), S. 71, 81: bei dieser Auslegung des Art. 86 Abs. 2 EGV nehme das Gemeinschaftsrecht einen nationalen Regulierungsrahmen hin, der definitionsgemäß im Widerspruch zum Binnenmarkt und zum System unverfälschten Wettbewerbs stehe. Dies führe zur weitgehenden Renationalisierung der gemeinwirtschaftlichen Wirtschaftszweige und eröffne den Weg zu einem Wettbewerb der Regulierungssysteme, den der EG-Vertrag gerade vermeiden wolle: dem Wettbewerb um den höchsten Grad der Monopolisierung und der Wettbewerbsbeschränkung, solange dies im mitgliedstaatlichen Interesse zweckmäßig erscheine.

393 Vgl. z. B. *Faull/Nikpay* (1999), Art. 86 Tz. 5.135–5.136; *Blum/Logue* (1998), S. 19; *Ross*, 25 ELRev. 2000, 22, 26; *Hancher*, in: Craig/de Búrca (Hrsg.) (1999), S. 721, 724.

394 *Ross*, 25 ELRev. 2000, 22, 26.

395 *Faull/Nikpay* (1999), Art. 86 Tz. 5.136.

nicht lediglich in der Weise erweitert worden ist, daß einer strengeren gemeinschaftsrechtlichen Überprüfung von Ausschließlichkeitsrechten nunmehr eine Ausnahme entgegengestellt würde, die um den Schutz konkreter politischer Belange erweitert wurde. Vielmehr erscheint jegliche gegenständliche Eingrenzung des Schutzbereichs aufgehoben. Versteht man Art. 86 Abs. 2 S. 1 EGV in diesem Sinne, so verliert die strengere gemeinschaftsrechtliche Kontrolle von Ausschließlichkeitsrechten am Maßstab der Wettbewerbsvorschriften und Verkehrsfreiheiten ihren Sinn: der so erreichte Kontrollgewinn wird durch Art. 86 Abs. 2 EGV in dieser Auslegung umgehend zunichte gemacht.[396]

Eine andere These, die derzeit viel Zuspruch findet, geht dahin, der EuGH habe in seiner jüngeren Rechtsprechung die Rigorosität der Durchsetzung abstrakter Rechtsprinzipien zugunsten eines flexibleren Ansatzes aufgegeben, der den Sachkompetenzen der Mitgliedstaaten[397] sowie den politischen Realitäten stärker Rechnung trage: in verschiedenen Sachzusammenhängen sei der Verhältnismäßigkeitsgrundsatz unterschiedlich streng anzuwenden. Bedeutsam sei vor allem das Maß sekundärrechtlicher Vorprägung des jeweiligen Sachbereichs, welche zu einer strengeren Anwendung des Gemeinschaftsrechts führen könne, sowie die Frage, ob es sich um Bereiche handele, die in den Mitgliedstaaten *traditionell* besonderen Regeln unterworfen sind – dies führe zu einer Abmilderung der Verhältnismäßigkeitsprüfung.[398]

Obwohl dies eine plausible Beschreibung der Rechtsprechung der Gemeinschaftsgerichte aus jüngerer Zeit ist,[399] kann dieser Ansatz doch in rechtlicher Hinsicht nicht befriedigen. Vor allem werden keine rechtlichen und wirtschaftlichen Gründe für einen derart variablen gemeinschaftsrechtlichen Maßstab genannt. Die eigentliche Erklärung für den postulierten Bestandsschutz bleibt die unterschiedliche politische Sensibilität der Mitgliedstaaten. Ein solches Verständnis der Rechtsprechung zu Art. 86 Abs. 2 EGV wäre mithin das Eingeständnis ihrer Prinzipienlosigkeit, ihrer Bereitschaft, an sensiblen Punkten der Politik zu weichen. Darin läge die Preisgabe des Anspruchs, auch forthin als Motor einer rechtsgesteuerten Integration zu fungieren, die sich gerade auch gegen *traditionelle* Freiheitsbeschränkungen durch Mitgliedstaaten durchsetzen muß.

396 Vgl. *Hancher*, CMLRev. 31 (1994), 105, 117 und 111.

397 Vgl. *Hancher*, in: Craig/de Búrca (Hrsg.) (1999), S. 721, 722: „[...] it may be argued that the development of the application of the Treaty rules to various forms of state intervention is primarily a problem of competence. [...]".

398 So *Buendia Sierra* (1999), Tz. 8.238–8.243.

399 Vgl. nunmehr auch *Kommission*, Mitteilung zur Daseinsvorsorge II, ABl. 2001 Nr. C 17/4, Rn. 22: „Wo es noch keine gemeinschaftsrechtlichen Vorschriften gibt, haben die Mitgliedstaaten bei der Gestaltung ihrer einschlägigen Politik großen Spielraum; hier unterliegen sie lediglich einer Kontrolle auf offenkundige Fehler". Und Rn. 23: „Die Kommission wacht [...] in vernünftiger und realistischer Weise und unter aufsicht des Gerichtshofs über die Einhaltung des Verhältnismäßigkeitsgrundsatzes". In Rn. 13 der Mitteilung erklärt die Kommission überdies, daß „die kulturellen und historischen Eigenheiten des betreffenden Mitgliedstaats" neben den Anforderungen der Nutzer und den technischen und wirtschaftlichen Merkmalen der fraglichen Leistung einer der Faktoren sei, die die Entscheidung eines Mitgliedstaates über die Art und Weise der Gewährleistung der Erfüllung „besonderer Aufgaben" legitimerweise beeinflussen könnten.

bb) Art. 86 Abs. 2 S. 2 EGV – Der Primat der Politik

Die Folge der Lockerung der Tatbestandsvoraussetzungen des Art. 86 Abs. 2 S. 1 EGV ist eine Verlagerung des Prüfungsschwerpunkts: Art. 86 Abs. 2 S. 2 EGV wird der eigentliche Maßstab für die gemeinschaftsrechtlichen Grenzen mitgliedstaatlicher Handlungsfreiheit.[400] Die rechtliche Struktur dieser Prüfung unterscheidet sich wesentlich von der Verhältnismäßigkeitsprüfung in Art. 86 Abs. 2 S. 1 EGV: während Geeignetheit und Erforderlichkeit von Vertragsverstößen anhand empirischer Erkenntnisse und allgemeinverbindlicher logischer Maßstäbe ermittelt werden können, ist die Abwägung von Gemeinschaftsinteressen und mitgliedstaatlichen Interessen notwendig wertungsabhängig. Ein klarer rechtlicher Maßstab fehlt, zumal sich in dieser Abwägung inkommensurable Größen – nämlich politische Zielsetzungen eines Mitgliedstaates einerseits, das Binnenmarktsziel der Gemeinschaft andererseits – gegenüberstehen. Die Folgen sind einerseits Rechtsunsicherheit, andererseits weite Spielräume für politische Einflußnahmen seitens der Mitgliedstaaten.

Voraussetzung für die Konkretisierung des Art. 86 Abs. 2 S. 2 EGV als Grenze mitgliedstaatlicher Handlungsfreiheit ist überdies, daß in dem jeweiligen Bereich das Gemeinschaftsinteresse i. S. d. Art. 86 Abs.2 S. 2 EGV bestimmt ist. Angesichts der Bedeutung, die dem Sekundärrecht der Gemeinschaft hierbei beigemessen wird, erweitert sich der Spielraum für eine Politisierung der Interessenabwägung.

Die naheliegenden Folgen für die Liberalisierungspraxis in der EU sind die Ersetzung einer primär rechtsgesteuerten, dem Ziel der Realisierung eines offenen, wettbewerblichen Binnenmarktes verpflichteten Liberalisierung, die sich von der Kommission auf der Grundlage der Ermächtigung in Art. 86 Abs. 3 EGV durchsetzen ließ, durch politische Kompromißlösungen des Gemeinschaftsgesetzgebers.

Während diese Tendenzen und Verschiebungen in Rechtsprechung und Kommissionspraxis derzeit deutlich wahrnehmbar sind, bleibt doch auf das hohe Maß an konzeptioneller Vorläufigkeit hinzuweisen, welches der Rechtsprechung des EuGH bis heute eigen ist. Grundfragen werden in der Schwebe gehalten. Wesentliche Tatbestandsmerkmale sind bis heute nicht eindeutig definiert. Gerade auch im Bereich des Art. 86 Abs. 2 EGV ist der EuGH einem kasuistischen Ansatz treu geblieben. Bislang verbleibt damit Spielraum für eine erneute Wende der Rechtsprechung des EuGH.

400 Vgl. *Ehricke*, EuZW 1998, 741, 746 f.

IV. Offene Fragen und Versuch einer Neubetrachtung zu Art. 86 Abs. 2 EGV

Will man das Ziel eines Binnenmarkts auch in den von Art. 86 Abs. 2 EGV erfaßten Sektoren nicht aufgeben, erscheint es sinnvoll, die in der Auslegung dieser Vorschrift immer noch offenen Fragen aufzuzeigen und zugleich Möglichkeiten einer strikteren Handhabung der Norm nachzugehen.

1. *Die Stellung des Art. 86 Abs. 2 EGV in der Systematik gemeinschaftsrechtlicher Ausnahme-Vorschriften als Ansatzpunkt für eine Eingrenzung*

Art. 86 Abs. 2 EGV ist nur eine von verschiedenen Ausnahmen, die der EG-Vertrag zum Schutz bestimmter öffentlicher Interessen und bestimmter bei den Mitgliedstaaten verbleibender Kompetenzen von der Geltung der Vertragsvorschriften zuläßt. Art. 30 und Art. 46 EGV gestatten Ausnahmen von der Warenverkehrs- bzw. Niederlassungsfreiheit, wobei Art. 46 EGV über Art. 55 EGV auch auf die Dienstleistungsfreiheit anwendbar ist. Der EuGH hat den Schutzbereich der Verkehrsfreiheiten überdies durch die Entwicklung einer ungeschriebenen Schutzbereichsschranke der „zwingenden Erfordernisse“[401] bzw. „zwingenden Gründe des Allgemeininteresses“[402] eingegrenzt.[403] Besondere Erlaubnistatbestände (Art. 81 Abs. 3 bzw. Art. 87 Abs. 3 EGV) regeln überdies die Ausnahmen vom Kartellverbot (Art. 81 Abs. 1 EGV) und vom Beihilfenverbot (Art. 87 Abs. 1 EGV).

Zwischen den Ausnahmetatbeständen in Art. 30, 46 EGV und den „zwingenden Gründen des Allgemeininteresses“ einerseits, den Erlaubnis- bzw. Freistellungstatbeständen in Art. 81 Abs. 3 und Art. 87 Abs. 3 EGV andererseits existiert ein wesentlicher Unterschied: auf die ersteren können sich Mitgliedstaaten ohne vorgängige Entscheidung der Kommission berufen. Sie gelten als Legalausnahmen unmittelbar. Die Voraussetzungen des Ausnahmetatbestands sind aber im Streitfall von dem Mitgliedstaat, der sich darauf beruft, nachzuweisen. Zur Freistellung vom Kartell- sowie Beihilfenverbot bedarf es demgegenüber einer Entscheidung der Kommission. Bis dahin beansprucht das Verbot absolute Geltung.[404]

Art. 86 Abs. 2 S. 1 EGV ist, wie oben dargelegt, unmittelbar anwendbar. Dies legt den Versuch nahe, Art. 86 Abs. 2 EGV in die vom EuGH entwickelte Systematik der Ausnahmetatbestände in Artt. 30, 46 EGV und der „zwingenden Gründen des Allge-

---

401 Für Art. 28 EGV zuerst EuGH Slg. 1979, 649, 662 Rn. 8 – *„Cassis de Dijon“*.

402 Für die Dienstleistungsfreiheit nach Art. 49 zuerst EuGH Slg. 1975, 1219, 1231 Rn. 29/31 – *„Rutili“*.

403 Vgl. EuGH Slg. 1979, 649 – *„Cassis de Dijon“*.

404 Allerdings gibt es derzeit Bestrebungen, Art. 81 Abs. 3 EGV für unmittelbar anwendbar zu erklären. Vgl. hierzu *Kommission*, Weißbuch über die Modernisierung der Vorschriften zur Anwendung des Art. 85 und 86 EGV, ABl. Nr. C 132/1. Zu den möglichen Folgen einer solchen Änderung warnend: *Mestmäcker*, EuZW 1999, 523 ff., insbes. 524.

meininteresses“ einzuordnen[405] und Art. 86 Abs. 2 EGV dabei als eine Vorschrift mit gegenüber den vorgenannten Ausnahmetatbeständen eigenständigem Schutzgegenstand, aber vergleichbar klaren rechtlichen Eingrenzungen zu verstehen.[406] Die vom EuGH zunehmend parallel[407] entwickelten Auslegungsgrundsätze zur Handhabung der Ausnahmetatbestände in Art. 30, Art. 46 EGV und zu den „zwingenden Gründen des Allgemeininteresses“ ließen sich u. U., im Dienste der Gewährleistung der Kohärenz des Systems der Ausnahmetatbestände des EG-Vertrags, sinngemäß auf Art. 86 Abs. 2 S. 1 EGV übertragen, wo Abweichungen nicht durch den spezifischen sachlichen Schutzgehalt der Norm gerechtfertigt sind.

a) Schutzbereiche der Ausnahmevorschriften

Art. 30, Art. 46 EGV und die „zwingenden Gründe des Allgemeininteresses“ dienen jeweils dem Schutz von öffentlichen Interessen, die zur Gewährleistung einheitlicher Bedingungen gemeinschaftsrechtlich eingegrenzt sind, wenngleich den Mitgliedstaaten ein Beurteilungsspielraum bei der Bestimmung des konkreten Schutzinhalts verbleibt.[408] Die Artt. 30, 46 EGV regeln abschließend diejenigen Gesichtspunkte, die gegebenenfalls auch diskriminerende Maßnahmen der Mitgliedstaaten rechtfertigen können. Der Anwendungsbereich der „zwingenden Gründe des Allgemeininteresses“ bzw. der „zwingenden Erfordernisse“ bleibt demgegenüber auf diskriminierungsfreie Beschränkungen begrenzt.[409] Der unterschiedlichen Rechtfertigungsweite entspricht es, daß die Schutzzwecke in den Artt. 30, 46 EGV enger eingegrenzt sind als die der „zwingenden Gründe des Allgemeininteresses“ bzw. der „zwingenden Erfordernisse“.

Die durch Art. 30 EGV privilegierten Schutzzwecke sind die öffentliche Sittlichkeit, Ordnung und Sicherheit, die Gesundheit und das Leben von Menschen, Tieren oder Pflanzen, das nationale Kulturgut und das gewerbliche und kommerzielle Eigentum. Art. 46 EGV ermöglicht Ausnahmen zugunsten des Schutzes der öffentlichen Ordnung, Sicherheit und Gesundheit. Die Rechtsprechung hat diesen Schutzzwecken deutliche Grenzen gezogen. So wurde der Begriff der öffentlichen Sicherheit in „*Campus Oil*“ eng definiert: es müsse um den Schutz der Existenz des Staates und seiner Einrichtungen sowie Notwendigkeiten für das Überleben der Bevölkerung gehen.[410] Der Begriff der „öffentlichen Ordnung“ ist der Rechtsprechung des EuGH zufolge weiter: grundsätzlich wird sie durch jeden Gesetzesverstoß verletzt.[411] Allerdings sind Beschränkungen der Verkehrsfreiheiten nur dann gerechtfertigt, wenn außer der Störung der öffentlichen Ordnung, die jede Gesetzesverletzung darstellt, eine tatsächliche und hinreichend

405 Solange Art. 86 Abs. 2 EGV für nicht unmittelbar anwendbar gehalten wurde, lag dagegen eher die Parallele zu Art. 81 Abs. 3 EGV nahe – vgl. *Mestmäcker*, RabelsZ 52 (1988), 526, 561.

406 Vgl. *Appelt* (1995), S. 117 und 145; *Wachsmann/Berrod*, Rev.trim.dr.eur. 30 (1994), 39, 56 ff., insbes. 58.

407 *Hatzopoulos*, CMLRev. 37 (2000), 43, 75 f. spricht von einer „general tendency of the Court to treat all personal freedoms under a single set of rules“.

408 Vgl. *Lackhoff* (2000), S. 450; Dauses-*Roth*, E I Rn. 73.

409 EuGH Slg. 1993 I-1663, 1697 Rn. 32 – „*Kraus*“; EuGH Slg. 1995 I-4165, 4197 f. Rn. 37 – „*Gebhard*“ u. a.

410 EuGH Slg. 1984, 2727, 2751 Rn. 34 – „*Campus Oil*“.

411 EuGH Slg. 1977, 1999, 2013 Rn. 33/35 – „*Bouchereau*“.

schwere Gefährdung vorliegt, die ein Grundinteresse der Gesellschaft berührt.[412] In vergleichbarer Weise werden den übrigen Schutzgesichtspunkten in der Rechtsprechung des EuGH Grenzen gezogen.

Weniger klar eingegrenzt sind die „zwingenden Gründe des Allgemeininteresses" bzw. die „zwingenden Erfordernisse", die letztlich vom EuGH im konkreten Einzelfall bestimmt werden.[413] In der Literatur ist eine Bereitschaft des EuGH konstatiert worden, nahezu jedes wesentliche Interesse der Mitgliedstaaten von einigem Gewicht[414] als „zwingenden Grund des Allgemeininteresses" anzuerkennen, solange es mit der Zielsetzung des Art. 18 Abs. 1 EGV und des Art. 4 Abs. 1 EGV grundsätzlich vereinbar ist,[415] und sich auf die Prüfung der Geeignetheit und Verhältnismäßigkeit der mitgliedstaatlichen Maßnahme zu konzentrieren.[416] Allerdings sind wirtschaftliche Interessen der Mitgliedstaaten grundsätzlich aus dem Schutzbereich ausgenommen.[417] Bezüglich aller anderen Zielsetzungen kann auf der Grundlage des Gebots der Gemeinschaftsverträglichkeit mitgliedstaatlicher Maßnahmen[418] sowie einer strengen Verhältnismäßigkeitskontrolle, die sich auf die Geeignetheit und Erforderlichkeit der eingesetzten Mittel bezieht, aber auch den konkreten Gefährdungsgrad des Schutzziels auf der einen, die Intensität der Freiheitsbeschneidung auf der anderen Seite in Rechnung stellt, ein angemessener Ausgleich zwischen den mitgliedstaatlichen Interessen und dem Gemeinschaftsinteresse erzielt werden.

Anerkannt ist in den Tatbeständen, die Ausnahmen von der Geltung der Verkehrsfreiheiten erlauben, damit in bestimmten Grenzen die Kompetenz der Mitgliedstaaten zur Konkretisierung von ihrer Natur nach gemeinschaftsrechtskonformen Schutzzielen und zur Ausgestaltung des Schutzes;[419] nicht geschützt ist aber die Freiheit der Mittelwahl und die Organisationshoheit der Mitgliedstaaten. Die Artt. 30, 46 EGV und die „zwingenden Gründe des Allgemeininteresses" begründen keine „domaine reservée" der Mitgliedstaaten.[420]

Fraglich ist, wie sich der Schutzbereich der Art. 30, 46 EGV und der „zwingenden Gründe des Allgemeininteresses" zum Schutzbereich des Art. 86 Abs. 2 S. 1 EGV verhält.

Von weiten Teilen der Literatur ist bislang die Auffassung vertreten worden, die Schutzbereiche ließen sich in der Weise abgrenzen, daß die erstgenannten Ausnahme-

412 EuGH Slg. 1977, 1999, 2013 Rn. 33/35 – *„Bouchereau"*.
413 *Grabitz*, EWS 1990, 4, 8.
414 *Lackhoff* (2000), S. 459; *Hatzopoulos*, CMLRev. 37 (2000), 43, 78: rein verwaltungstechnische Gesichtspunkte lasse der EuGH beispielsweise nicht ausreichen – m. w. N. zur Rechtsprechung des EuGH aus jüngerer Zeit.
415 Vgl. *Grabitz*, EWS 1990, 4, 8.
416 *Hatzopoulos*, CMLRev. 37 (2000), 43, 77 f.
417 Näher: *Hatzopoulos*, CMLRev. 37 (2000), 43, 78 f. m. w. N. zur Rspr.
418 Vgl. *Steindorff*, ZHR 163 (1999), 395, 422.
419 A. a. O., S. 424 f.
420 Vgl. für Art. 30 EGV z. B.: EuGH Slg. 1984, 2727, 2729 Ls. 6 – *„Campus Oil"*.

vorschriften nur nicht-wirtschaftliche Ziele schützten,[421] Art. 86 Abs. 2 S. 1 EGV demgegenüber ausdrücklich Dienstleistungen von allgemeinem *wirtschaftlichem* Interesse unter Schutz stelle.[422]

Allerdings bereitete dieser Abgrenzungsversuch wegen der vielfältigen Überlappungszonen zwischen wirtschaftlichen und nicht-wirtschaftlichen Interessen Probleme. Nach heute ganz allgemeiner Ansicht sind in Art. 86 Abs. 2 EGV letztlich auch nicht-wirtschaftliche öffentliche Interessen der Mitgliedstaaten geschützt.[423] Es scheint danach, daß die dem Anwendungsbereich der Artt. 30, 46 EGV und der „zwingenden Gründe des Allgemeininteresses" zuzurechnenden nicht-wirtschaftlichen Interessen auch in den Anwendungsbereich des Art. 86 Abs. 2 EGV fallen können.[424]

Auch die Rechtsprechung zu den Ausnahmetatbeständen der Verkehrsfreiheiten einerseits, des Art. 86 Abs. 2 EGV andererseits läßt sich zunehmend schwerer der Dichotomie von nicht-wirtschaftlichen und wirtschaftlichen Interessen zuordnen. So hielt der EuGH im Urteil *„Corsica Ferries"* das öffentliche Interesse an der Sicherheit der Hafengewässer für durch Art. 86 Abs. 2 EGV geschützt[425] – ein Interesse, das gleichzeitig in den Schutzbereich des Art. 46 EGV fiel[426]. Auf der anderen Seite hat der EuGH in

---

421 Vgl. EuGH Slg. 1991 I-4007, 4040 Rn. 11 – *„Gouda"* zu Art. 46 EGV; EuGH Slg. 1988, 2085, 2135 Rn. 34 – *„Bond van Adverteeders"*; EuGH Slg. 1998 I-4075, 4127 Rn. 44 – *„Dusseldorp"*. Gegen die Unterscheidung zwischen der Rechtfertigung von Vertragsverstöße aus wirtschaftlichen und aus nichtwirtschaftlichen Gründen dagegen: *Heinemann* (1996), S. 179 f.: Die Ausnahmetatbestände zu den Grundfreiheiten ermöglichten Beschränkungen aus Gründen des Gemeinwohls unabhängig davon, ob diese Gründe wirtschaftlicher Natur seien oder auf rein nicht-wirtschaftlichen Erwägungen beruhten. Entscheidend sei das Vorliegen eines gemeinschaftsrechtlich anerkannten Gemeinwohlbelangs sowie die Verhältnismäßigkeit der Beschränkung.

422 Immenga/Mestmäcker-*Mestmäcker*, EG-Wettbewerbsrecht, Kom., Bd. II (1997), Art. 37, 90 D. Rn. 19; *Van der Woude*, ELRev. 1992, Competition Law Checklist, S. 60, 75 ff.; *Möschel*, WuW 1999, 832, 835; *Wachsmann/Berrod*, Rev.trim.dr.eur.1994, 39, 56 ff.

423 Vgl. z. B. *Buendia Sierra* (1999), Tz. 8.28: „An economic objective will only be allowed as an instrumental objective directed at guaranteeing the achievement of one of the non-economic objectives". Auch Tz. 8.125.

424 So: *Faull/Nikpay* (1999), Art. 86 Tz. 5.154; *Buendia Sierra* (1999), Tz. 8.318; *Van der Woude*, ELRev. 1992, 60, 77. GTE-*Hochbaum*, Kom., 5. Aufl. (1999), Art. 90 Rn. 66–67, ausgehend von der Prämisse, daß Art. 86 Abs. 2 EGV nur auf die Wettbewerbsvorschriften, nicht auf die Verkehrsfreiheiten anwendbar sei, sieht in Art. 86 Abs. 2 EGV eine Parallelvorschrift zu Art. 30 und zu den vom EuGH entwickelten Ausnahmen von den Grundfreiheiten, deren Sinn es sei, Ausnahmen von den *Wettbewerbsvorschriften* des EGV auch über Art. 81 Abs. 3 EGV hinaus und in Fällen des Mißbrauchs gem. Art. 82 EGV zuzulassen; ähnlich *Appelt* (1995), S. 145 f.; *Ehricke*, EuZW 1993, 211, 215. Vgl. ferner *Basedow*, in: Jahrbuch für Neue Politische Ökonomie, Bd. 16 (1997), S. 121, 125: die Überlegungen zur Verhältnismäßigkeit von Dienstleistungsmonopolen in Art. 59 [Art. 49 EGV n. F.] und in Art. 90 Abs. 2 [Art. 86 Abs. 2 EGV n. F.] seien weitgehend deckungsgleich.

425 EuGH Slg. 1998 I-3949, 3996 f. Rn. 45 – *„Corsica Ferries"*.

426 A. a. O., 4001 Rn. 60. Kritisch hierzu: *Hatzopoulos*, CMLRev. 37 (2000), 43, 80 f. Vgl. überdies *Kommission*, Entscheidung v. 26. Juni 1997, ABl. 1997 Nr. L 244/18 ff. – *„flämische Fernsehwerbung"*: das im Rahmen des Rechtfertigungsgrundes der „zwingenden Erfordernisse des Allgemeininteresses" relevante Interesse und das im Rahmen des Art. 86 Abs. 2 EGV relevante „allgemeine wirtschaftliche Interesse" wurden – trotz leicht abweichender Formulierungen – übereinstimmend als das Interesse am Erhalt des Pluralismus in der flämischen Printmedienlandschaft bestimmt.

den Urteilen *„Kohll“*[427] und *„Decker“* [428] anerkannt, daß eine erhebliche Gefahr für das finanzielle Gleichgewicht des Systems der sozialen Sicherheit als „zwingender Grund des Allgemeininteresses“ eine Beschränkung der Artt. 28, 49 EGV rechtfertigen kann.[429] In der Lit. ist hieraus zum Teil gefolgert worden, daß der Schutzbereich des Art. 86 Abs. 2 EGV im Prinzip deckungsgleich sei mit dem der übrigen Ausnahmetatbestände, die Rechtfertigungsmöglichkeit lediglich *auch* auf Verstöße gegen Wettbewerbsvorschriften erstrecke.[430]

Der These von der Deckungsgleichheit der Anwendungsbereiche des Art. 86 Abs. 2 EGV und der übrigen Ausnahmevorschriften, soweit die Rechtfertigung von Verstößen gegen Verkehrsfreiheiten in Frage steht, kann allerdings aus einem systematischen sowie aus einem empirischen Grund nicht ohne weiteres zugestimmt werden: zum einen käme es bei der Deckungsgleichheit der Anwendungsbereiche und Rechtfertigungsweite niemals zu einer Anwendung des Art. 86 Abs. 2 EGV, da die Anwendung der übrigen Ausnahmevorschriften des EG-Vertrags der des Art. 86 Abs. 2 EGV vorgeht. Zum anderen hält der EuGH in seiner Rechtsprechung zu den Artt. 30, 46 EGV sowie zu den „zwingenden Gründen des Allgemeininteresses“ an einer richterlichen Überprüfung der Wesentlichkeit der von den Mitgliedstaaten geltend gemachten Interessen fest, die in der Rechtsprechung zu Art. 86 Abs. 2 EGV zunehmend fehlt. So hat GA Cosmas in seinen Schlußanträgen zu den *„Energiemonopol“*-Urteilen herausgearbeitet, daß Art. 30 EGV unter dem Gesichtspunkt der öffentlichen Sicherheit den Verstoß gegen Art. 31 EGV nicht rechtfertigen konnte; eine Rechtfertigung nach Art. 86 Abs. 2 EGV blieb dennoch möglich.[431] Ebenso lehnte der EuGH im Urteil *„Sydhavnens Sten & Grus“*[432] die Rechtfertigung eines einem Unternehmen für die Annahme und Verwertung ungefährlicher Bauabfälle gewährten Ausschließlichkeitsrechts am Maßstab des Art. 30 EGV ab: die zu beanstandende Maßnahme falle nicht in den Schutzbereich der Norm, da eine Gefahr für die Gesundheit und das Leben von Menschen, Tieren oder Pflanzen nicht bestehe.[433] Auch eine Rechtfertigung am Maßstab des Art. 174 Abs. 2 EGV wurde abgelehnt: der Umweltschutz könne nicht jede Ausfuhrbeschränkung für verwertbare Abfälle rechtfertigen, erst recht nicht, wenn die Abfälle für die Umwelt ungefährlich seien.[434] Das Aussschließlichkeitsrecht wurde aber am Maßstab des Art. 86 Abs. 2 EGV gerechtfertigt, offenbar unter der Prämisse, daß die Norm sowohl die Beseitigung des konkreten Umweltproblems sowie die gemeinschaftsrechtswidrige Maßnahme – die Einräumung eines Ausschließlichkeitsrechts zum Schutz der gewünschten Investition in eine Groß-Verwertungsanlage – privilegiere. Eine vertiefte gemeinschaftsrechtliche Überprüfung von Ziel und Mittel fand nicht statt.

---

427 EuGH Slg. 1998 I-1931 ff. – *„Kohll“*.
428 EuGH Slg. 1998 I-1831 ff. – *„Decker“*.
429 Siehe hierzu *Steindorff*, ZHR 163 (1999), 395, 424; *Hatzopoulos*, CMLRev. 37 (2000), 43, 79.
430 Vgl. *Buendia Sierra* (1999), Tz. 8.318: „In fact, the Court subsumes the different exceptions in Article 86(2) under one global exeption [...]“.
431 *GA Cosmas*, Schlußanträge, in: EuGH Slg. 1997 I-5699, 5740 ff. und 5748 ff. – *„Energiemonopole Niederlande“*.
432 EuGH Slg. 2000 I-3743 ff. – *„Sydhavnens Sten & Grus“*.
433 A. a. O., Rn. 45–47.
434 A. a. O., Rn. 48.

Jenseits der Anwendung des Art. 86 Abs. 2 EGV bleibt der EuGH danach dem Grundsatz treu, daß nicht jedes öffentliche Interesse Verstöße gegen gemeinschaftsrechtliche Vorschriften rechtfertigen kann. In Art. 86 Abs. 2 EGV gilt diese Einschränkung hingegen nicht: jedes umverteilungs-, raumordnungs-, umweltpolitisch oder auch stragisch begründete Interesse erscheint geschützt, wenn ein Mitgliedstaat es mit einer Versorgungspflicht verbindet. Der EuGH verzichtet auf eine Überprüfung der Gemeinschaftsverträglichkeit der Zielsetzung: selbst Zielsetzungen, die vor allem auf eine staatliche Sektorsteuerung abzielen und damit bereits strukturell den Prinzipien des Gemeinschaftsrechts zuwiderlaufen, sind im Rahmen des Art. 86 Abs. 2 EGV, nicht aber im Rahmen anderer Ausnahmetatbestände privilegiert. Die Regelungshoheit der Mitgliedstaaten zulasten der Geltung des Gemeinschaftsrechts wird damit im Rahmen des Art. 86 Abs. 2 EGV in erheblich weiterem Umfang anerkannt als dies bislang in der Rechtsprechung zu den übrigen Ausnahmetatbeständen der Fall ist.[435] Wird in der Rechtsprechung des EuGH zu den übrigen Ausnahmetatbeständen zwar auf die Funktionsfähigkeit staatlicher Systeme Rücksicht genommen, zugleich aber auch von den Mitgliedstaaten die Gewährleistung der Gemeinschaftsverträglichkeit von Zielen und Mitteln verlangt, so scheint Art. 86 Abs. 2 S. 1 EGV die Mitgliedstaaten von der Beachtung dieses Gebots gemeinschaftsverträglichen Verhaltens vorbehaltlich einer auf Art. 86 Abs. 2 S. 2 EGV gegründeten Rechtsangleichung freizustellen.

Der Schutzbereich des Art. 86 Abs. 2 EGV reicht noch in weiterer Hinsicht über den der übrigen Ausnahmetatbestände hinaus, insbesondere was die gemeinschaftsrechtlich zulässigen Mittel zur Aufgabenerfüllung angeht: während die „zwingenden Gründe des Allgemeininteresses“ nur den Einsatz *nicht-diskriminierender* Mittel rechtfertigen, rechtfertigt Art. 86 Abs. 2 EGV auch diskriminierende Mittel.[436] Vor allem aber ist in Art. 86 Abs. 2 S. 1 EGV über die Anerkennung des Mittels der Betrauung die Instrumentalfunktion von Unternehmen im Dienste staatlicher Ziele, über die Anerkennung finanzpolitischer Interessen der Mitgliedstaaten beim Einsatz von Unternehmen[437] auch das Interesse an einer Selbstfinanzierung politisch vorgegebener Aufgabenstellungen geschützt und mithin der Verhältnismäßigkeitsprüfung entzogen.[438]

---

435 Der These von *Buendia Sierra* (1999), Tz. 8.126, daß das von Art. 86 Abs. 2 EGV geschützte Ziel, bestimmte „öffentliche Dienstleistungen“ zu gewährleisten, ein Ziel sei, daß mit den in anderen Ausnahmevorschriften geschützten Zielen strukturell vergleichbar sei, kann nicht zugestimmt werden – zumindest nicht bei der gegenwärtigen Auslegung des Schutzbereichs des Art. 86 Abs. 2 S. 1 EGV.

436 *Möschel*, WuW 1999, 832, 835 unter Hinweis auf die *„Energiemonopol“*-Urteile.

437 Art. 86 Abs. 2 S. 1 EGV schützt auch Finanzmonopole.

438 Die Beibehaltung von Ausschließlichkeitsrechten unter dem Gesichtspunkt der Einnahmensicherung hat der EuGH im Rahmen der Artt. 30, 46 EGV demgegenüber stets als unverhältnismäßig betrachtet und die Mitgliedstaaten auf andere Möglichkeiten der Aufgabenfinanzierung – z. B. auf die Finanzierung aus dem Staatshaushalt – verwiesen – vgl. z. B. EuGH Slg. 1984, 2727, 2754 Rn. 44–46 – *„Campus Oil“*; EuGH Slg. 1988, 2085, 2135 Rn. 37 – *„Bond van Adverteerders“*. Fragwürdig ist in diesem Zusammenhang demgegenüber das Urteil EuGH Slg. 1998 I-3949, 4001 Rn. 60 – *„Corsica Ferries“*, wo der EuGH das Quersubventionierungsschema, welches die Beibehaltung von Ausschließlichkeitsrechten erforderlich macht, auch unter dem Gesichtspunkt des Art. 46 EGV für gerechtfertigt zu halten scheint. Vgl. auch *Buendia Sierra* (1999), Tz. 8.128: in Art. 86 Abs. 2 EGV lasse der EuGH Raum für eine „flexiblere“ Anwendung des Verhältnismäßigkeitsgrundsatzes als im Rahmen anderer Ausnahmevorschriften.

Diese in der Rechtsprechung des EuGH zu beobachtenden Entgrenzungen garantieren Art. 86 Abs. 2 S. 1 EGV eine prominente Stellung als „Super-Ausnahme“, die subsidiär immer dann eingreift, wenn öffentliche Interessen nicht in den Schutzbereich einer anderen Ausnahmevorschrift fallen oder wenn es im Zusammenhang mit einem bereits anderweitig geschützten Interesse um die Rechtfertigung der in Art. 86 Abs. 2 S. 1 EGV privilegierten Mittel geht. Art. 86 Abs. 2 S. 1 EGV löst sich damit in seiner gegenwärtigen Auslegung bereits dem Schutzbereich nach aus der Gleichstellung mit anderen Legalausnahmen. Anders als die anderen Ausnahmevorschriften wird Art. 86 Abs. 2 S. 1 EGV zunehmend als allgemeiner „Souveränitätsvorbehalt“ zugunsten der Mitgliedstaaten verstanden.[439]

b) Verhältnismäßigkeitsprüfung

Die Mitgliedstaaten können sich nur insoweit auf die Artt. 30, 46 EGV oder auf „zwingende Gründe des Allgemeininteresses“ berufen, wie die vertragswidrige Maßnahme verhältnismäßig, nämlich zur Erreichung des Schutzziels geeignet und erforderlich ist. Das gemeinschaftsrechtswidrige Mittel und der daraus resultierende Schutzgewinn muß überdies in einem angemessenen Verhältnis zur Bedeutung des vom Mitgliedstaat verfolgten Zieles stehen.[440] Die genannten Ausnahmen unterscheiden sich von Art. 86 Abs. 2 EGV mithin strukturell insoweit, als eine Güterabwägung von vornherein Anwendungsvoraussetzung der Ausnahmenorm ist. Art. 86 Abs. 2 S. 1 EGV hingegen ist auf der Grundlage der derzeitigen Rechtsprechung unmittelbar anwendbar, solange die aus Art. 86 Abs. 2 S. 2 EGV folgenden Grenzen nicht durch sekundäres Gemeinschaftsrecht oder durch die Kommission hinreichend konkretisiert wurden.

Die Verhältnismäßigkeitsprüfung wird von der Rechtsprechung des EuGH bei der Anwendung der Artt. 30, 46 EGV und der „zwingenden Gründe des Allgemeininteresses“ grundsätzlich streng gehandhabt. Sie umfaßt die Prüfung, ob sich die Schutzziele alternativ durch mildere, gemeinschaftsrechtskonformere Mittel erreichen ließen. Die Beweislast für das Fehlen milderer Mittel trifft die Mitgliedstaaten. Eine Abmilderung der Beweis- oder Umverteilung der Darlegungslast wie sie für Art. 86 Abs. 2 EGV in den „*Energiemonopol*“-Urteilen vorgenommen wurde, hat für die anderen Legalausnahmen nicht stattgefunden.

Damit ist nicht nur der Schutzbereich des Art. 86 Abs.2 EGV auf der Grundlage der derzeitigen Rechtsprechung des EuGH wesentlich weiter als der anderer Legalausnahmen; zugleich ist die Verhältnismäßigkeitsprüfung erheblich abgeschwächt.

---

439 So ausdrücklich *Hailbronner*, NJW 1991, 593, 600; *Triantafyllou*, Rev.trim.dr.eur. 35 (1999), 21, 26.

440 Vgl. z. B. EuGH Slg. 1988, 4607, 4629 – „*Dänische Pfandflaschen*“: „Die Regelung muß allerdings in einem angemessenen Verhältnis zum verfolgten Zweck stehen“; ähnlich: EuGH Slg. 1989, 1235, 1251 Rn. 11 – „*Buet*“; EuGH Slg. 1994 I-317, 336 Rn. 16 – „*Clinique*“. Vgl. auch EuGH Slg. 1984, 2727, 2729, 6. Ls. – „*Campus Oil*“: die auf der Grundlage des Art. 30 EGV erlassenen nationalen Maßnahmen dürften keine Hindernisse für die Einfuhr schaffen, die zu den verfolgten Zielen außer Verhältnis stünden; vgl. auch *Kahl* (1993), der von einem „Prinzip der Güterabwägung“ spricht. Gegenüberzustellen seien die Eingriffsschwere einerseits, der zu erwartende Schutzgewinn andererseits.

Allerdings ist zur Zeit nicht nur die Rechtsprechung zu Art. 86 Abs. 2 EGV, sondern auch die zu den anderen Ausnahmetatbeständen der Verkehsfreiheiten in Bewegung.[441] Auch hier lassen sich neuerdings Lockerungstendenzen ausmachen,[442] die dahingehend gedeutet werden, der EuGH sei bemüht, die staatliche Verantwortung für die Erfüllung der dem Staat obliegenden Aufgaben zu schützen, und nehme zu diesem Zweck den Geltungsanspruch des Gemeinschaftsrechts zurück.[443] Nirgendwo hat dieser Wandel aber bislang zu einer so weitreichenden Kompetenz-Rückverlagerung auf die Mitgliedstaaten geführt wie bei der Auslegung von Art. 86 Abs. 2 S. 1 EGV.

c) Fazit

Die Auslegung von Art. 86 Abs. 2 EGV hat in letzter Zeit die Anbindung an die Auslegung anderer Legalausnahmen im System des Vertrags verloren. Die neuere Rechtsprechung des EuGH, unterstützt von erheblichen Teilen der Lit., tendiert dazu, Art. 86 Abs. 2 EGV zu einer „Super-Legalausnahme" zu machen,[444] die der mitgliedstaatlichen Gestaltungsmacht nur noch formale, jedoch keine materiellen Grenzen mehr setzt. Gemeinschaftsrechtswidrige Maßnahmen der Mitgliedstaaten, deren Verhältnismäßigkeit am Maßstab der übrigen Ausnahmevorschriften abgelehnt wird, werden, ohne daß andere oder wichtigere mitgliedstaatliche Schutzinteressen der Mitgliedstaaten hinzukämen, am Maßstab des Art. 86 Abs. 2 S. 1 EGV gerechtfertigt.

An der Klassifizierung des Art. 86 Abs. 2 EGV als „Super-Ausnahme" ändert auch der Umstand nichts, daß Art. 86 Abs. 2 S. 2 EGV eine Einschränkung des Anwendungsbereichs der Ausnahme ermöglicht, wenn andernfalls das Gemeinschaftsinteresse in übermäßiger Weise beeinträchtigt würde. Unter Berufung auf diese Schranken-Schranke des Art. 86 Abs. 2 EGV wird zwar zum Teil vertreten, die neuere Rechtsprechung des EuGH mit ihrem Schwergewicht auf Art. 86 Abs. 2 S. 2 EGV bringe die Anwendung des Art. 86 Abs. 2 EGV lediglich in Einklang mit der Handhabung des Art. 87 Abs. 3 und des Art. 81 Abs. 3 EGV.[445] Dabei wird jedoch übersehen, daß im Falle von Art. 81 und Art. 87 EGV das Kartell- bzw. das Beihilfeverbot Geltung beanspruchen, bis die Kommission über eine Freistellung befunden hat. Auch existiert eine Notifizierungspflicht. Auf der Grundlage der jetzigen Rechtsprechung des EuGH gilt im

441 Vgl. hierzu *Hatzopoulos*, CMLRev. 37 (2000), 43, 75 ff. und 81 f.; *Steindorff*, ZHR 164 (2000), 223, 251 mit Blick auf EuGH Slg. 1999 I-6067 ff. – *„Läärä"* und EuGH Slg. 1999 I-7289 ff. – *„Zenatti"*: Die Urteile hätten die Ermessensfreiheit der Staaten bei Einschränkung einer Grundfreiheit deutlich ausgedehnt. Ähnlich: *Stein*, EuZW 2000, 153, 154 f.

442 Siehe *Steindorff*, ZHR 163 (1999), 395, 423 ff.

443 A. a. O., 425.

444 Vgl. auch *Hancher*, CMLRev 31 (1994), 105, 121: „the scope of the exemption set out in Article 90(2) [Art. 86 Abs. 2] might well be wider than any of the exemptions available either under Article 36, 56 and 66 [Art. 30, 46 und 55], or in terms of the „mandatory requirements" and it may be seen as an additional safety net which will „save" national measures which would otherwise have failed to meet the conditions for exemption".

445 Z. B. *Hancher/Ottervanger/Slot* (1999), Tz. 7-041: „Although prima facie the test under Article 90(2) (now 86) is different from that under Article 92(2) and (3) (now 87), the practical outcome may be the same in view of the Commission's fairly wide discretion in deciding under Article 90(2) (now 86) whether or not the Community's interests are adversely affected. This brings Article 90(2) (now 86) into line with the general derogations of Article 92 (now 87). [...]".

Zusammenhang mit Art. 86 Abs. 2 EGV hingegen, daß die Ausnahme nach Art. 86 Abs. 2 S. 1 EGV unmittelbar anwendbar ist, solange die Kommission nicht über die sich aus Art. 86 Abs. 2 S. 2 EGV ergebenden Grenzen befunden hat. Art. 86 Abs. 2 EGV erlangt damit, technisch betrachtet, eine eigenartige Zwischenstellung zwischen Legalausnahmen und Freistellungstatbeständen: Art. 86 Abs. 2 S. 1 EGV ist – wie andere Legalausnahmen – unmittelbar anwendbar; ausgenommen ist aber weitgehend die Prüfung der Existenz alternativer, gemeinschaftsrechtsfreundlicherer Sektororganisationsformen. Ausgenommen ist auch die in Art. 86 Abs. 2 S. 2 EGV festgeschriebene Schranken-Schranke. Bezüglich beider hat die Kommission zumindest faktisch ein Aufgreifmonopol; in Umkehrung der für andere Freistellungstatbestände geltenden Grundsätze gilt die Ausnahme so lange, wie die Kommission von diesem Aufgreifmonopol keinen Gebrauch macht – dies, obwohl es sich hier um wesentliche Begrenzungen des Ausnahmetatbestandes handelt. Die Kommission gerät damit, entschließt sie sich zum Handeln, unter erheblichen politischen Rechtfertigungsdruck – ein Phänomen, das in der Praxis in den vergangenen Jahren zu beobachten war und seitens der Kommission zum zurückhaltenden Gebrauch der Komptenz aus Art. 86 Abs. 3 EGV entscheidend beigetragen hat. In Ermangelung einer Kommissionsinitiative gilt der politische Wille der Mitgliedstaaten – individuell oder über Harmonisierungsrichtlinien der Gemeinschaft. Diese Konsequenzen ergeben sich nahezu zwangsläufig aus dem Verständnis des Art. 86 Abs. 2 EGV als einer weit gehandhabten Ausnahmeerlaubnis mit einem durch die Kommission oder aber den Gemeinschaftsgesetzgeber zu konkretisierenden Verbotsvorbehalt.

Eine rationale rechtliche Begründung für dieses Verständnis des Art. 86 Abs. 2 EGV, d. h. für den Übergang vom Verbot mit rechtlich eingegrenztem Erlaubnisvorbehalt[446] zur Erlaubnis mit politisch zu konkretisierendem Verbotsvorbehalt, fehlt. Es findet seine naheliegende Erklärung im politischen Druck der Mitgliedstaaten, die ihre Macht – auch gegenüber den prinzipiell in der Auslegung des Gemeinschaftsrechts unabhängigen Gerichten der Gemeinschaft – durch die Einführung des Art. 16 EGV demonstriert haben. Diese Vorschrift wahrt zwar formal den *acquis communautaire*, enthält der Sache nach jedoch die deutliche Drohung, durch Vertragsänderungen eine unliebsame richterliche Auslegung korrigieren zu können.[447]

Die Gefahr, die mit der Abkoppelung des Art. 86 Abs. 2 EGV von den für andere Ausnahmevorschriften entwickelten Auslegungsgrundsätzen verbunden ist, liegt auf der Hand: durch eine Ausnahme, deren Reichweite praktisch vollständig von den Mitgliedstaaten bestimmt wird, stellt der EuGH in wichtigen Bereichen der Wirtschaft die praktische Wirksamkeit des Gemeinschaftsrechts ins Ermessen der Mitgliedstaaten. Damit droht nicht nur die Anwendung des Wettbewerbsrechts bzw. die Durchsetzung der Freiheitsrechte, sondern zugleich auch das Prinzip der einheitlichen Geltung des Gemeinschaftsrechts und damit das Gleichgewicht zwischen den Mitgliedstaaten gefährdet zu werden.

---

446 Zu diesem frühen Verständnis des Art. 86 Abs. 2 EGV siehe *Mestmäcker*, RabelsZ 52 (1988), 526, 560.

447 Vgl. *Mestmäcker*, Wandlungen in der Verfaßtheit der Europäischen Gemeinschaft (2000), S. 11.

Es erscheint vor diesem Hintergrund der Versuch gerechtfertigt, die Auslegung des Art. 86 Abs. 2 EGV erneut in Übereinstimmung mit den für andere Ausnahmevorschriften geltenden Auslegungs- und Anwendungsprinzipien zu bringen.

2. *Art. 86 Abs. 2 S. 1 EGV – Versuch einer Neubetrachtung*

a) Dienstleistungen von allgemeinem wirtschaftlichem Interesse

Der EuGH hat anerkannt, daß die Sprachtelefonie[448], die Versorgung der Bevölkerung mit Basispostdienstleistungen[449] und die Elektrizitäts[450]- wie auch die Gasversorgung[451] der Bevölkerung Dienstleistungen von allgemeinem wirtschaftlichem Interesse darstellen. Die Ermittlung des gemeinschaftsrechtlichen Rahmens eines Universaldienstkonzepts verlangt jedoch nach einer Klärung, welche telekommunikativen, postalischen oder Energieversorgungsleistungen *im einzelnen* in den Anwendungsbereich des Art. 86 Abs. 2 EGV fallen können.

Die neue Rechtsprechung beläßt den Mitgliedstaaten insoweit einen nahezu unbegrenzten Ermessensspielraum im Dienste variabler öffentlicher Interessen. Eine derart weite Definition des Begriffs der „Dienstleistungen von allgemeinem wirtschaftlichem Interesse" kann dazu beitragen, daß das Ziel, einen an den Grundsätzen von freien Märkten mit unverfälschtem Wettbewerb orientierten Binnenmarkt zu schaffen, unerreichbar wird.

Die Kommission hat dieses Problem im Telekommunikationsbereich erkannt und in ihrer Universaldienstpolitik in diesem Sektor berücksichtigt:[452] die Kriterien der Marktdurchdringung und der objektiven Wesentlichkeit von Leistungen für breite Bevölkerungsgruppen wurden herangezogen, um den über einen Universaldienstfonds finanzierbaren Universaldienst einzuschränken (näher: s. u., C.I.3.e)bb)). Allerdings hat die Kommission diese Beschränkungen nicht ausdrücklich aus Art. 86 Abs. 2 S. 1 EGV hergeleitet.

---

448 EuGH Slg. 1985, 873, 881 Rn. 2 – „*British Telecom*"; Richtlinie der Kommission vom 16. 5. 1988 über den Wettbewerb auf dem Markt für Telekommunikations-Endgeräte, ABl. 1988 Nr. L 131/73, 74 Rn. 1; Richtlinie v. 28. 6. 1990 über den Wettbewerb auf dem Markt für Telekommunikationsdienste, ABl. 1990 Nr. L 192/10, 12 Rn. 18.

449 EuGH Slg. 1993 I-2533, 2568 Rn. 14 – „*Corbeau*".

450 EuGH Slg. 1994 I-1477, 1520 f. Rn. 47–48 „*Almelo*"; EuGH Slg. 1997 I-5815, 5833 Rn. 41 – „*Energiemonopole Frankreich*"; *Kommission*, Entscheidung 93/126/EWG, ABl. 1993 Nr. L 50/22 Rn. 28 – „*Jahrhundertvertrag*" u. a.

451 Die Qualifizierung der Gasversorgung als „Dienstleistung von allgemeinem wirtschaftlichem Interesse" im Sinne des Art. 86 Abs. 2 S. 1 EGV ist in der Lit. gelegentlich angezweifelt worden: vgl. z. B. *Stoffaës* (1995), S. 253. Als i. S. d. Art. 86 Abs. 2 EGV privilegierte Dienstleistung anerkannt wird Gas aber in EuGH Slg. 1997 I-5815, 5833 Rn. 51 – „*Energiemonopole Frankreich*".

452 s. u., Teil C I.3.

Im kommenden Abschnitt soll untersucht werden, ob sich tatbestandliche Kriterien entwickeln lassen, die mitgliedstaatlicher oder gemeinschaftlicher Universaldienstpolitik bereits auf primärrechtlicher Ebene Schranken ziehen.[453]

aa) Der „wirtschaftliche" Charakter des Interesses an einer Dienstleistung

Ein Versuch, den Kreis der im Rahmen des Art. 86 Abs. 2 S. 1 EGV privilegierungsfähigen Interessen gemeinschaftsrechtlich einzugrenzen, könnte erneut bei der Auslegung des Merkmals der „Wirtschaftlichkeit" des Interesses ansetzen – dies umso mehr, als die herrschende Meinung, die das einzel-wirtschaftliche Interesse an der Gewinnerzielung einem allgemein-wirtschaftlichen, nämlich öffentlichen Interesse gegenüberstellt, nicht vollständig zu befriedigen vermag: sie erklärt nicht nur das Merkmal der ‚Wirtschaftlichkeit' des Interesses für redundant, sondern postuliert vor allem eine Auslegung, in der – entgegen dem Wortlaut des Art. 86 Ab. 2 S. 1 EGV – dieses Merkmal nicht so sehr das *Interesse* an einer Dienstleistung charakterisiert, als vielmehr die Dienstleistung selbst.[454]

Ein anderes Verständnis würde möglich, wenn man von der bislang unangefochtenen Prämisse abwiche, derzufolge das „allgemeine wirtschaftliche Interesse" an einer Dienstleistung notwendig ein öffentliches Interesse des jeweiligen Mitgliedstaats ist.[455] Denkbar, und sprachlich näherliegender, wäre, daß ein „allgemeines wirtschaftliches Interesse" an einer Dienstleistung ein wirtschaftliches Interesse der Allgemeinheit meint – wobei die Allgemeinheit nicht den Staat, sondern die Gesamtheit der Einwohner, angesprochen in ihrer Rolle als Verbraucher, bezeichnen würde. „Wirtschaftliche" Interessen von Verbrauchern drücken sich in einer Nachfrage am Markt aus, so daß ein „allgemeines" wirtschaftliches Interesse an einer Dienstleistung bestünde, wenn ein Großteil der Verbraucher eine bestimmte Leistung am Markt nachfragen würde. Die Charakterisierung des durch Art. 86 Abs. 2 EGV privilegierten Interesses als eines wirtschaftlichen Interesses würde bedeuten, daß es nicht um immaterielle Interessen der Allgemeinheit geht, – zu deren Repräsentation es stets des Staates bedarf; sondern um Verbraucherinteressen, deren sich der jeweilige Mitgliedstaat aufgrund eines hinzutretenden öffentlichen Interesses in besonderer Weise annimmt. Verändert würde hierdurch der Schutzweck des Art. 86 Abs. 2 EGV: nicht wirtschaftslenkende staatliche Maßnahmen in den Versorgungsbereichen würden durch diese Vorschrift privilegiert, sondern das in einer allgemeinen Nachfrage nach wesentlichen Gütern zum Ausdruck kommende Verbraucherinteresse.

453 Für die zentrale Bedeutung einer Eingrenzung des Begriffs der „Dienstleistungen von allgemeinem wirtschaftlichem Interesse" vgl. auch: *Bright*, ECLR 1993, 263, 269 f.

454 Vgl. *Faull/Nikpay* (1999), Art. 86 Tz. 5.154; *Buendia Sierra* (1999), Tz. 8.27.

455 Vgl. z. B. Immenga/Mestmäcker-*Mestmäcker*, EG-Wettbewerbsrecht, Kom., Bd. II (1997), Artt. 37/90 D. Rn. 43.

bb) Das „allgemeine" Interesse an einer Dienstleistung

Wie oben dargestellt, ist bislang offen, ob in der gemeinschaftsrechtlichen Terminologie des Art. 86 Abs. 2 EGV ein inhaltlicher Unterschied zwischen „allgemeinen" und „öffentlichen" Interessen gemacht werden kann.

aaa) Die Praxis der Kommission

Die Kommission hat in ihrer Entscheidungs- und Richtlinienpraxis auf der Grundlage des Art. 86 Abs. 3 EGV ebensowenig wie der EuGH eine abstrakte Definition des Begriffs der „Dienstleistungen von allgemeinem wirtschaftlichem Interesse" zugrundegelegt, sondern stets nur mit Blick auf konkrete Einzelfälle entschieden. Sie ließ dabei z. T. eine restriktive Grundtendenz erkennen. So hat die Kommission (ohne nähere Begründung) im Telekommunikationssektor nur die Bereitstellung der Netzinfrastruktur und der Sprachtelefonie und damit echte telekommunikative Grundversorgungsleistungen als „Dienstleistungen von allgemeinem wirtschaftlichem Interesse" anerkannt – unabhängig von den Verpflichtungen, die einzelne Mitgliedstaaten an die Erbringung verschiedener telekommunikativer Leistungen knüpften. Anhaltspunkte für den Willen zu einer Begrenzung des Anwendungsbereichs des Art. 86 Abs. 2 EGV auf Grundversorgungsleistungen finden sich auch in anderen einschlägigen Entscheidungen und Dokumenten der Kommission.[456]

In die Gegenrichtung – nämlich in die Richtung eines weiten mitgliedstaatlichen Ermessens in der Bestimmung der Dienstleistungen von allgemeinem wirtschaftlichem Interesse – wies die Mitteilung der Kommission zur Daseinsvorsorge aus dem Jahr 1996.[457] „Dienstleistungen von allgemeinem wirtschaftlichem Interesse" werden hier definiert als:

> „[...] marktbezogene Tätigkeiten, die im Interesse der Allgemeinheit erbracht und daher von den Mitgliedstaaten mit besonderen Gemeinwohlverpflichtungen verbunden werden. Gemeint sind insbesondere Verkehrs-, Energieversorgungs- und Telekommunikationsdienste".[458]

Die potentielle Doppeldeutigkeit des Begriffs des „Interesses der Allgemeinheit" – gemeint sein könnten entweder das (staatlich zu definierende) Allgemeininteresse oder das Verbraucherinteresse – wird nicht aufgelöst. Zweifel am Willen der Kommission, das „Interesse der Allgemeinheit" als Anknüpfungspunkt für eine objektive Eingrenzung

---

456 *Kommission*, Entscheidung 93/126/EWG v. 22. 12. 1992, ABl. 1993 Nr. L 50/14 Rn. 28 – „*Jahrhundertvertrag*": deutsche Elektrizitätsversorgungsunternehmen sollen in den Anwendungsbereich des Art. 86 Abs. 2 EGV fallen, „soweit sie die Grundversorgung mit Elektrizität gewährleisten"; auch *Kommission*, Mitteilung zur Daseinsvorsorge, ABl. 1996 Nr. C 281/3 Zif. 8: „Dreh- und Angelpunkt all dieser Überlegungen [betreffend die Zugehörigkeit der Leistungen der Daseinsvorsorge zu den „Gemeinsamen Werten" der Gemeinschaft] sind die Belange des Bürgers, deren Wahrnehmung in unseren Gesellschaften stets mit einem gesicherten Zugang zu Grundversorgungsleistungen einhergeht [...]".

457 ABl. 1996 Nr. C 281/3.

458 ABl. 1996 Nr. C 281/3; bestätigt in: *Kommission*, Mitteilung zur Daseinsvorsorge II, ABl. 2001 Nr. C 17/4, Anhang II.

des Art. 86 Abs. 2 S. 1 EGV zu nehmen, ergeben sich aus der Bezugnahme auf die mitgliedstaatlichen Begriffe der „Leistungen der Daseinsvorsorge" und der „services d'intérêt général".[459]

Als „gemeinwohlbezogene Überlegungen", die in entsprechende Gemeinwohlverpflichtungen münden können, bezeichnet die Kommission: Versorgungssicherheit, Umweltschutz, wirtschaftliche und soziale Solidarität, Raumordnung sowie die Vertretung der Verbraucherinteressen.[460] Die „besonderen wirtschaftlichen Merkmale" der gemeinwohlbezogenen Tätigkeiten beschreibt die Kommission dahingehend, sie hätten beträchtliche Auswirkungen auf Wirtschaft und Gesellschaft und erforderten mitunter den Einsatz seltener Ressourcen und damit auch umfangreiche langfristige Investitionen[461] – und verweist damit potentiell auf das Planungsinteresse der Mitgliedstaaten. Damit wird eine sinnvolle Eingrenzung des Anwendungsbereichs des Art. 86 Abs. 2 S. 1 EGV anhand objektivierbarer Kriterien in der Mitteilung nicht erreicht, sondern umfassend auf das „öffentliche Interesse" an bestimmten Tätigkeiten verwiesen.[462]

In späteren Dokumenten[463] hat die Kommission einerseits immer wieder ihren Willen zu einer gemeinschaftsrechtlichen Kontrolle der mitgliedstaatlichen Bestimmung von „Dienstleistungen von allgemeinem wirtschaftlichem Interesse" am Maßstab objektiver Kriterien (u. a. der „Natur der Dienstleistungen")[464] bekräftigt, ohne daß – jenseits der Notwendigkeit der Verknüpfung der „Dienstleistungen von allgemeinem wirtschaftlichem Interesse" mit Universaldienstverpflichtungen, nämlich Verpflichtungen zur flächendeckenden Bereitstellung der Dienste – diese Kriterien allerdings erkennbar wurden.[465]

---

459 Vgl. *Kommission*, Mitteilung zur Daseinsvorsorge, ABl. 1996 Nr. C 281/3 – Kasten: „Dienstleistungen von allgemeinem wirtschaftlichem Interesse" sollen derjenige Ausschnitt der „Leistungen der Daseinsvorsorge" bzw. der „services d'intérêt général" sein, der sich auf marktbezogene Tätigkeiten bezieht. Ein weiterer Unterschied zwischen den Begrifflichkeiten wird nicht gemacht. „Dienstleistungen von allgemeinem wirtschaftlichem Interesse" werden damit als Unterfall des „öffentlichen Dienstes" qualifiziert, dessen Umfang nicht am Maßstab des Verbraucherinteresses, sondern am Maßstab des öffentlichen Interesses bestimmt wird.

460 ABl. 1996 Nr. C 281/3 Tz. 7.

461 *Kommission*, Mitteilung zur Daseinsvorsorge, ABl. 1996 Nr. C 281/3 Zif. 7.

462 Dementsprechend spricht die *Kommission* in der Mitteilung zur Daseinsvorsorge, ABl. 1996 Nr. C 281/3, 5 Zif. 16 auch von der „Freiheit der Mitgliedstaaten, gemäß Artikel 90 [86 n.F.] des Vertrags die Leistungen der Daseinsvorsorge festzulegen, den Anbietern dieser Leistungen die erforderlichen besonderen oder ausschließlichen Rechte einzuräumen, die Verwaltung der Leistungen zu regeln und gegenenfalls deren Finanzierung zu überwachen".

463 Vgl. z. B. *Kommission*, Bericht: „Dienstleistungen von allgemeinem wirtschaftlichem Interesse im Bankensektor" v. 17. 6. 1998.

464 A. a. O., S. 3 f.: Die Kommission habe gegebenenfalls zu überprüfen, ob die – von den Mitgliedstaaten grds. frei zu bestimmenden – „Dienstleistung von allgemeinem wirtschaftlichem Interesse" tatsächlich als solche einzustufen seien. „Bei einer entsprechenden Untersuchung wird die Kommission die Natur der Dienstleistung sowie das Ausmaß berücksichtigen, zu dem die gleiche Dienstleistung zu gleichen Bedingungen vom Markt erbracht wird, und im Falle eines Universaldienstes insbesondere das legitime Ziel des Mitgliedstaates, die lückenlose Bereitstellung des Dienstes zu akzeptablen Bedingungen überall auf seinem Staatsgebiet zu gewährleisten".

465 Im konkreten Fall äußert die Kommission Zweifel, ob die Förderung kleiner und mittlerer Unternehmen, die Gewährung oder Absicherung von Exportkrediten, die Gewährung von Darlehen für den sozialen Wohnungsbau, die Gemeindefinanzierung, die Finanzierung von Infrastrukturvorhaben

Eine klärende Stellungnahme zur Definition der Dienstleistungen von allgemeinem wirtschaftlichem Interesse aus Sicht der Kommission und zur Kompetenzverteilung zwischen Mitgliedstaaten und Gemeinschaft bei deren Festlegung findet sich nunmehr in der neuen Mitteilung der Kommission zur Daseinsvorsorge vom September 2000. Als eines der Grundprinzipien der Anwendung des Art. 86 Abs. 2 EGV bezeichnet die Kommission hier die Freiheit der Mitgliedstaaten in der Bestimmung der „Dienstleistungen von allgemeinem wirtschaftlichem Interesse", wobei sie gemeinschaftsrechtlich nur einer Kontrolle auf offenkundige Ermessensfehler hin unterworfen sein sollen.[466] Auch die vom EuGH gelegentlich formulierte Anforderung, daß zu „Dienstleistungen von allgemeinem wirtschaftlichem Interesse" nur solche Aktivitäten zählen könnten, an denen ein Interesse bestehe, welches sich von dem an anderen Tätigkeiten des Wirtschaftslebens unterscheide,[467] wird von der Kommission nicht als objektive Eingrenzung des Anwendungsbereichs des Art. 86 Abs. 2 S. 1 EGV verstanden. Diese Anforderung soll vielmehr stets dann erfüllt sein, wenn ein Mitgliedstaat der Auffassung ist, daß eine Leistung unabhängig von den Eigengesetzlichkeiten des Marktes bereitzustellen ist.[468]

bbb) Positionen in der Literatur

In der Lit. werden zur Definition der „Dienstleistungen von allgemeinem wirtschaftlichem Interesse" unterschiedliche Positionen vertreten:

(1) Die einen gestehen den Mitgliedstaaten ein nahezu unbeschränktes Ermessen in der Frage zu, an welchen Dienstleistungen ein „allgemeines wirtschaftliches Interesse" besteht[469] – verbunden mit einem ebenso weiten Beurteilungsspielraum bei der Definition des Begriffs.[470] „Dienstleistungen von allgemeinem wirtschaftlichem Interesse" seien

und die Regionalentwicklung „Dienstleistungen von allgemeinem wirtschaftlichem Interesse" i. S. d. Art. 86 Abs. 2 EGV seien. Dies müsse von Fall zu Fall beurteilt werden – *Kommission*, Bericht: „Dienstleistungen von allgemeinem wirtschaftlichem Interesse im Bankensektor" v. 17. 6. 1998, S. 6.

466 *Kommission*, Mitteilung zur Daseinsvorsorge II, ABl. 2001 Nr. C 17/4, Rn. 22.

467 EuGH Slg. 1991 I-5889, 5930 Rn. 25 – *„Porto di Genova"*; s. o., III.1.a)bb).

468 *Kommission*, Mitteilung zur Daseinsvorsorge II, ABl. 2001 Nr. C 17/4, Rn. 14: „Dienstleistungen von allgemeinem wirtschaftlichem Interesse unterscheiden sich insofern von normalen Dienstleistungen, als sie in den Augen des Staates auch dann erbracht werden müssen, wenn der Markt unter Umständen nicht genügend Anreize dafür bietet".

469 *Buendia Sierra* (1999), Tz. 8.34 spricht in diesem Zusammenhang vom „national approach". Häufig verweisen die Vertreter dieser Ansicht zu ihrer Untermauerung auf *GA Mayras*, Schlußanträge, in: EuGH Slg. 1974, 313, 327 – *„BRT"*, wo der Begriff der „Dienstleistungen von allgemeinem wirtschaftlichem Interesse" als „äußerst weit" beschrieben wird; ähnlich auch *GA Dutheillet de Lamothe*, Schlußanträge, in: EuGH Slg. 1971, 723, 739 – *„Hafen von Mertert"*. Aus der Lit.: *Papaconstantinou* (1988), S. 84; *Waelbroeck/Frignani* (1999), S. 288; *Schneider*, DVBl. 2000, 1250, 1254. Dagegen allerdings: *Conseil d'État* (1995), S. 118: „il est inconcevable que les États membres aient pleine licence d'identifier hors de tout contexte communautaire les services relevant de l'intérêt économique général".

470 Vgl. z. B. *Papaconstantinou* (1988), S. 84 ff., insbes. S. 86: „[...] the general economic interest is a national notion to be defined each time by the Member States in accordance with their political choices [...]". Diese Position findet häufig auch in der französischen Literatur: vgl. z. B. *Waelbroeck/Frignani* (1999), S. 288; *Chérot*, RDF adm. 14 (1998), 135, 143 Fn. 21; *ENA*, Bd. I (1997),

Dienstleistungen, an denen aus Sicht eines Mitgliedstaats ein besonderes öffentliches oder nationales Interesse bestehe,[471] bzw. Dienstleistungen, die nach Ansicht eines Mitgliedstaats im privaten Wettbewerb nicht angemessen erbracht werden könnten, weil der Markt den Bedürfnissen der Gesellschaft nicht in der gewünschten Weise gerecht werde.[472] Universaldienste, d. h. Dienstleistungen, die allgemein flächendeckend zu erschwinglichen Preisen und ohne Rücksicht auf die Rentabilität im Einzelfall bereitzustellen seien, gehörten zwar zum Kreis der Dienstleistungen von allgemeinem wirtschaftlichem Interesse, der aber im übrigen darüber hinausreiche.[473] Nur die Mitgliedstaaten seien hinreichend demokratisch legitimiert, um das „öffentliche Interesse" zu konkretisieren.[474] Die Gemeinschaftsorgane seien allenfalls zu einer Minimalkontrolle nationaler Entscheidungen mit Blick auf eine Überschreitung der weiten Ermessensgrenzen befugt.[475] Der Anwendungsbereich des Art. 86 Abs. 2 EGV werde lediglich eingegrenzt durch das formale Erfordernis der Betrauung, durch die Verhältnismäßigkeitsprüfung hinsichtlich der zur Zielverwirklichung eingesetzten Mittel sowie durch Art. 86 Abs. 2 S. 2 EGV.[476]

(2) Nach der Gegenauffassung[477] sind die Mitgliedstaaten lediglich befugt, aus einem auf der Basis gemeinschaftsrechtlicher Kriterien objektiv bestimmbaren Kreis von Dienstleistungen von allgemeinem wirtschaftlichem Interesse Leistungen auszuwählen bzw. zu konkretisieren, mit deren Erbringung sie bestimmte Unternehmen betrauen wollen. Nur ein gemeinschaftsrechtlich eingegrenzter Begriff setze den vielfach protektionistischen mitgliedstaatlichen Interessen wirksame Grenzen[478] und gewährleiste, daß

S. 351; *Triantafyllou*, Rev.trim.dr.eur. 35 (1999), 21, 27 f.; *Gosalbo Bono*, Rev.trim.dr.eur. 33(4) 1997, 769, 772 f.; *Blum/Logue* (1998), S. 24; *Page*, ELRev. 7 (1982), 19, 28 f. Auch in der deutschen Lit. wird diese Position vertreten: z. B. *Ehricke*, EuZW 1998, 741, 747; *Cox*, in: Cox (Hrsg.) (1996), S. 13, 16; *Duisberg* (1996), S. 124; *Tettinger*, DVBl. 1997, 341, 344. Aus der älteren Literatur: *Catalano,* in: FS Riese (1964), S. 133, 142; *Vygen* (1967), S. 105 ff.; *Ipsen/Nicolaysen*, NJW 1964, 2236, 2338.

471 Vgl. für die verbreitete Gleichsetzung von „allgemeinen" mit „öffentlichen" Interessen z. B. *CEEP* (1995), S. 10; *Deringer*, Kom., Art. 90 Rn. 73; Grabitz/Hilf-*Pernice*, Kom., Art. 90 Rn. 36; *Schütze* (1992), S. 134 u. a. In der französischen Lit. führt dies häufig zur Gleichsetzung des Begriffs der „Dienstleistungen von allgemeinem wirtschaftlichem Interesse" mit dem Konzept des „service public" – vgl. z. B. *Boual* (1997), S. 85, 104; *Buisson* (1996), S. 28; *Denoix de Saint Marc* (1996), S. 61; *Rodrigues*, RAE 1994/2, 65, 69. In diese Richtung auch: *Buendia Sierra* (1999), Tz. 8.31; *Blum/Logue* (1998), S. 22. Kritisch gegenüber der pauschalen Gleichsetzung von allgemeinem und öffentlichem Interesse: *Supiot*, in: Freedland/Sciarra (Hrsg.) (1998), 137, 161: „[...] a distinction needs to be drawn between serving the sovereign authority of the State and serving the public at large". Gegen die Gleichsetzung von „Dienstleistungen von allgemeinem wirtschaftlichem Interesse" mit den Konzepten des „service public" oder der Daseinsvorsorge: *Voisset*, RFD adm. 11 (1995), 304, 312; Dauses-*Emmerich*, H.II. Rn. 146; *Baur* (1990), S. 235 f.

472 *Triantafyllou*, Rev.trim.dr.eur. 35 (1999), 21, 29.

473 Z. B. *Blum/Logue* (1998), S. 181; *Faull/Nikpay* (1999), Art. 86 Tz. 5.146; *Buendia Sierra* (1999), Tz. 8.244.

474 Z. B. *Lombart*, CJEG 1998, 55, 66: „Le service public apparaît comme un instrument de politique économique ou fiscale mis à la disposition de chaque Etat, lequel est par excellence l'autorité la mieux placée pour connaître les besoins des administrés en raison de sa proximité [...]".

475 *Triantafyllou*, Rev.trim.dr.eur. 35 (1999), 21, 29.

476 Vgl. *Duisberg* (1996), S. 124; *Sapir*, in: Cottier/Mavroidis (eds.) (1998), S. 231, 237.

477 Z. B. Dauses-*Emmerich*, H.II. Rn. 150.

478 Vgl. z. B. *Buendia Sierra* (1999), Tz. 8.36.

das Gemeinschaftsrecht in den Mitgliedstaaten gleichmäßig angewendet werde.[479] Zur Unterstützung dieser Auffassung kann insbesondere darauf verwiesen werden, daß in Art. 86 Abs. 2 S. 1 EGV nicht auf mitgliedstaatliche Begrifflichkeiten zurückgegriffen, sondern ein neuer, gemeinschaftsrechtlicher Begriff geschaffen wurde. Allerdings sind praktikable Konzepte für eine „objektive" Eingrenzung der „Dienstleistungen von allgemeinem wirtschaftlichem Interesse" bislang nicht ersichtlich.[480] Viele gehen daher von einem weitgehend ungebundenem Ermessen der Mitgliedstaaten aus, Dienstleistungen als solche von „allgemeinem wirtschaftlichem Interesse" zu definieren, solange die Leistungen nur aufgrund einer hoheitlichen Entscheidung ausdrücklich mit einer allgemeinen Versorgungspflicht verbunden seien.[481] Stärkere Eingrenzungskraft scheint auf den ersten Blick der Vorschlag zu versprechen, nur solche Dienstleistungen einzubeziehen, „die der Allgemeinheit unmittelbar zugute kommen".[482] Allerdings wird auch hier vielfach angenommen, daß bei Bestehen einer allgemeinen Versorgungspflicht dieses Kriterium automatisch erfüllt sei.[483] Andere verlangen „wesensmäßige Besonderheiten" der zu privilegierenden Dienstleistung, erkennen dann aber als relevante Besonderheit z. B. die Symbolkraft einer Dienstleistung für soziale Solidarität und nationalen Zusammenhalt[484] oder deren Grundversorgungscharakter bzw. die Zugehörigkeit einer Leistung zum Bereich der Daseinsvorsorge oder Infrastruktursicherung[485] oder aber,

---

479 *Mestmäcker*, RabelsZ 52 (1988), 526, 564 f.; Immenga/Mestmäcker-*Mestmäcker*, EG-Wettbewerbsrecht, Kom., Bd. II (1997), Art. 37/Art. 90 D. Rn. 43; Grabitz/Hilf-*Pernice*, Kom., Art. 90 Rn. 35.

480 Nach *Kahl*, wbl. 1999, 189, 193 beispielsweise sind „Dienstleistungen von allgemeinem wirtschaftlichem Interesse" „Versorgungsleistungen im weiteren Sinne [...], dh wirtschaftliche Aktivitäten zur Sicherung der Infrastruktur und Daseinsvorsorge". In diese Richtung auch *Wilms* (1996), S. 133 f. Vgl. auch Calliess/Ruffert-*Jung*, Kom. (1999), Art. 86 Rn. 38 mit einer Sammlung verschiedener Kriterien. *Buendia Sierra* (1999), Tz. 8.38 f. hält angesichts des Fehlens klar handhabbarer Kriterien für die Eingrenzung von nach Art. 86 Abs. 2 EGV privilegierungsfähigen Dienstleistungen den Unterschied zwischen dem „national approach" und denjenigen, die eine gemeinschaftsrechtliche Eingrenzung befürworten, für „more apparent than real": In beiden Fällen hätten die Mitgliedstaaten ein weites Ermessen.

481 Z. B. Immenga/Mestmäcker-*Mestmäcker*, EG-Wettbewerbsrecht, Kom., Bd. II (1997), Art. 37/Art. 90 Rn. 21: „Ein allgemeines wirtschaftliches Interesse ist demgemäß anzunehmen, wenn das Marktverhalten der Unternehmen einem rechtsverbindlich festgelegten besonderen Zweck dient und die Unternehmen zur Erfüllung der besonderen Aufgabe auch dann verpflichtet sein sollen, wenn ihr unternehmerisches Eigeninteresse dem entgegensteht"; *Baur*, in: FS Everling, Bd.1 (1995), S. 69, 74 f.; *Heinemann* (1996), S. 178; *Kahl*, wbl. 1999, 189, 194; *Fesenmair* (1996), S. 202; Grabitz/Hilf-*Pernice*, Kom., Art. 90 Rn. 36; *Bartosch*, ECLR 1999, 197, 201; *Kinzl* (2000), S. 79; *Schaub/Dohms*, Die AG 1998, 566, 568. Aus der französischen Lit.: z. B. *Denoix de Saint Marc* (1996), S. 60; *Rodrigues*, RAE 1996, 25, 26; *Debène/Raymundie*, AJDA 1996, 183, 185; *Chérot*, RDF adm. 14 (1998), 135, 142; *Stoffaës* (1995), S. 319 f.; *Belorgey*, AJDA 1996, No. spécial du 20. juin 1996, 35, 36 u. a.

482 *GA Van Gerven*, Schlußanträge, Rn. 27, in: EuGH Slg. 1991 I-5889, 5919 – *„Porto di Genova"*; ähnlich: *GA Darmon*, Schlußanträge, Rn. 137, in: EuGH Slg. 1994 I-1477, 1500 – *„Almelo"*; auch Immenga/Mestmäcker-*Mestmäcker*, EG-Wettbewerbsrecht, Kom., Bd. II (1997), Art. 37/ Art. 90 D. Rn. 44.

483 Enger allerdings Immenga/Mestmäcker-*Mestmäcker*, EG-Wettbewerbsrecht, Kom., Bd. II (1997), Art. 37/Art. 90 D. Rn. 44, bei dem der allgemeine Nutzen als eigenständiges Zusatzkriterium erscheint.

484 Vgl. z. B. *Cohen/Henry*, in: dies. (Hrsg.) (1997), S. 9, 12; *Conseil d'État* (1995), S. 14, 126 f.

485 Vgl. *Deringer*, Kom., Art. 90 Rn. 77; *GA Tesauro*, Schlußanträge, Rn. 15, in: EuGH Slg. 1993 I-2533, 2556 – *„Corbeau"*; Grabitz/Hilf-*Pernice*, Kom., Art. 90 Rn. 35; *Basedow/Jung*, in: Basedow

allgemeiner, ihre Bedeutung für die Gesamtwirtschaft[486] an. Auch die bildungspolitische oder kulturelle Bedeutung einer Dienstleistung sollen als „wesensmäßige Besonderheit" gelten.[487] Wieder andere verlangen, daß es sich um Dienstleistungen handeln müsse, deren Bereitstellung notwendige Voraussetzung für eine volle Teilhabe am gesellschaftlichen und politischen Leben bzw. für eine faktische Wahrnehmung der Grundrechte sei.[488] Angeknüpft wird damit an das Konzept sozialer Grundrechte.[489] Alle genannten Ansichten verweisen im Ergebnis auf voluntaristischen Zuschreibungen durch den nationalen Gesetzgeber[490] und verfehlen damit das (nicht immer ernst gemeinte) Ziel einer objektiven Eingrenzung des Anwendungsbereichs des Art. 86 Abs. 2 EGV.[491]

ccc) Würdigung

Der erstgenannten Position, die den Mitgliedstaaten offen ein nahezu freies Ermessen zugesteht, kann nicht gefolgt werden. Im Interesse der einheitlichen Anwendung des Gemeinschaftsrechts, damit zugleich auch der funktionalen Gleichbehandlung der Mitgliedstaaten, und im Interesse der Effektivität des Gemeinschaftsrechts sind gemeinschaftsrechtliche Begriffe – auch der Begriff der „Dienstleistungen von allgemeinem wirtschaftlichem Interesse" – gemeinschaftsrechtlich autonom auszulegen,[492] zumal wenn sie in einer eng auszulegenden Ausnahmevorschrift enthalten sind.[493]

(Hrsg.) (1995), S. 231 f.; *Bleckmann* (1997), Rn. 1981: es reiche nicht jedes nationale Interesse aus, sondern nur ein solches, welches zur Daseinsvorsorge der Bevölkerung unverzichtbar sei.

486 Vgl. *Ailleret*, Revue de l'énergie 1994, 663 und *Taccoen/Guieze/Fiquet*, CJEG 1997, 174 – jeweils mit Blick auf Elektrizität. Allgemein: *Boual*, in: Quin/Jeannot (Hrsg.) (1997), S. 85, 90: maßgeblich sei die „Wesentlichkeit" einer Dienstleistung, die aus einem besonderen strategischen Interesse oder aber aus Gesichtspunkten der Gleichheit oder Solidarität herrühren könne; ähnlich: *Prevot* (1989), S. 39, der auf den „essentiellen" Charakter einer Dienstleistung für die Nation, insbes. für deren Unabhängigkeit und Souveränität eines Landes abhebt. Ähnlich *Stoffaës* (1995), S. 361.

487 Vgl. *Stoffaës* (1995), S. 362.

488 Vgl. *Cohen/Henry*, in: dies. (Hrsg.) (1997), S. 9, 12.

489 So ausdrücklich: *Lyon-Caen* (1996), S. 23.

490 Vgl. *Conseil d'État* (1995), S. 14, 126 f.

491 Vor diesem Hintergrund hat *Buendia Sierra* (1999), Tz. 8.42 kürzlich vorgeschlagen, zur Steigerung der Rechtssicherheit gemeinschaftsweit einen – großzügigen – Maximalstandard von Dienstleistungen von allgemeinem wirtschaftlichem Interesse zu definieren, die in den Anwendungsbereich des Art. 86 Abs. 2 EGV fallen können.

492 *GA van Gerven*, Schlußanträge, Rn. 27, in: EuGH Slg. 1991 I-5889, 5919 – *„Porto di Genova"*; *Mestmäcker* (1974), S. 666 f.; *Deringer*, Kom., Art. 90 Rn. 69; *ders.*, in: Semaine de Bruges (1968), S. 387, 404; *Emmerich* (1969), S. 454; *Wilms* (1996), S. 132; *Buendia Sierra*, Competition Policy Newsletter Vol. 2 (1996/3), 14, 17; *Appelt* (1995), S. 128; *Schaub/Dohms*, Die AG 1998, 566, 567; *Rinne* (1998), S. 62. Kritik an dieser Position kommt v. a. aus Frankreich: z. B. *Lombart*, CJEG 1998, 55, 65 – unter Berufung auf das Subsidiaritätsprinzip. Hierzu ist anzumerken, daß sich das Subsidiaritätsprinzip sicherlich nicht auf die Bestimmung der Zuständigkeit für die *Auslegung* von Gemeinschaftsrecht anwenden läßt.

493 Auch für die Artt. 30, 46 EGV und die „zwingenden Erfordernisse" ist in st. Rspr. anerkannt, daß sie gemeinschaftsrechtlich eingrenzbare legitime Schutzanliegen der Mitgliedstaaten betreffen, nicht aber die mitgliedstaatliche Definitionshoheit und Souveränität in bestimmten Lebensbereichen schützen – vgl. EuGH Slg. 1984, 2727, 2751 Rn. 32 – *„Campus Oil"*.

Eine echte Tatbestandseingrenzung wird jedoch auch von denen nicht erreicht, die die „Dienstleistungen von allgemeinem wirtschaftlichem Interesse“ durch die „besondere Aufgabe“ der allgemeinen Versorgung definieren, welche ein Mitgliedstaat an eine beliebige Leistung knüpft. Die Reichweite derartiger Versorgungspflichten kann höchst unterschiedlich sein und mit verschiedenen Zielsetzungen verbunden werden.[494] Eine mögliche Zielsetzung ist es z. B., bestimmten Produkten von Staats wegen zur Marktdurchsetzung zu verhelfen – ein Beispiel für eine derartige Politik ist das französische Minitel-Projekt.[495] Beläßt man den Mitgliedstaaten eine derartige Willkürfreiheit in der Zielsetzung, verbunden mit der Freiheit in der konkreten Ausgestaltung der Versorgungsaufgabe, so liegt es letztlich in der Hand der Mitgliedstaaten zu bestimmen, in welchen Sektoren Wettbewerb möglich sein soll.[496]

Es besteht folglich nach wie vor Bedarf nach neuen Ansätzen für eine Definition des Begriffs der „Dienstleistungen von allgemeinem wirtschaftlichem Interesse“. Die oben bereits angedeutete Möglichkeit eines Perspektivenwechsels hinsichtlich des in Art. 86 Abs. 2 S. 1 EGV privilegierten Interesses – die Ersetzung des öffentlichen mitgliedstaatlichen Interesses durch ein besonders qualifiziertes Verbraucherinteresse an bestimmten Leistungen –, verdient daher nähere Betrachtung.

Anknüpfungspunkte für ein solches Verständnis gibt es bereits. So hat *GA Tesauro* gelegentlich ein „allgemeines Bedürfnis der Allgemeinheit“ an der zu privilegierenden Dienstleistung verlangt.[497] *GA Van Gerven* und *GA Darmon* haben ihrerseits gefordert, die fraglichen Tätigkeiten müßten der Allgemeinheit „unmittelbar zugute kommen“, um in den Anwendungsbereich des Art. 86 Abs. 2 S. 1 EGV zu fallen.[498] Den letztgenannten Äußerungen fehlt allerdings die letzte Konsequenz, insofern sie weiterhin Raum für einen paternalistischen, mehr meritorischen Gütern als dem Verbraucherinteresse verpflichteten Ansatz lassen: ein objektiv vorhandener Vorteil der Allgemeinheit muß nicht notwendig dem Interesse der Allgemeinheit entsprechen. Dasselbe gilt für den von der

494 Siehe z. B. *Cave*, Telecommunications and Space Journal 5 (1998), 157, 159: „[...] at the time of network extension and mass market take-up, the objective of universal service obligations is likely to be primarily economic – to stimulate the economy. Once the network is completed, the goal of universal service will shift to being primarily a social one ...“.

495 Vgl. *Blum/Logue* (1998), S. 176). Derartige Projekte können mit erheblichen Kosten verbunden sein, deren Finanzierung einen weitreichenden Ausschluß von Wettbewerb erforderlich macht.

496 So ordnet *Chérot*, AJDA 1996, 171, 176 denjenigen Ansatz, der die „Dienstleistungen von allgemeinem wirtschaftlichem Interesse“ mit dem Universaldienst im Sinne einer flächendeckenden Versorgungspflicht gleichsetzt, auch dem „subjektiven“ Ansatz zu. A. A. offenbar *Kinzl* (2000), S. 81: durch die Eingrenzung der privilegierungsfähigen Dienstleistungen auf Universaldienste werde der mitgliedstaatlichen Willkür ein wirksamer Riegel vorgeschoben.

497 *GA Tesauro*, Schlußanträge, in: EuGH Slg. 1993 I-2533, 2560 – *„Corbeau“*; unter Hinweis darauf, daß der Expreßdienst nicht die besondere soziale Funktion des Postmonopols erfülle und nicht einem allgemeinen Bedürfnis der Allgemeinheit, sondern den besonderen Bedürfnissen spezifischer Benutzerkategorien entspreche und deswegen nicht in den Schutzbereich des Art. 86 Abs. 2 S. 1 EGV falle.

498 *GA Darmon*, Schlußanträge, Rn. 137, in EuGH Slg. 1994 I-1477, 1500 – *„Almelo“*; *GA Van Gerven*, Schlußanträge, Rn. 27, in: EuGH Slg. 1991 I-5889, 5919 – *„Porto di Genova“*. Äußerungen in diese Richtung finden sich auch bei *GA Roemer*, Schlußanträge, in: EuGH Slg. 1972, 119, 146 – *„SAIL“* (es müsse sich um die Verteilung von Konsumgütern handeln, die die Gesamtheit der Bürger interessiere).

Kommission in ihrer neuen Mitteilung zur Daseinsvorsorge (dort zur Eingrenzung der privilegierungsfähigen „besonderen Aufgaben“, nicht der „Dienstleistungen von allgemeinem wirtschaftlichem Interesse) entwickelten Ansatz, maßgeblich auf die Interessen der „Nutzer“ abzustellen – die dann jedoch weit definiert werden und auch Interessen von Unternehmen und „Bürgern“ umfassen sollen (s. u., B.IV.2.b)aa)). Demgegenüber wird *Mestmäcker* zufolge ein allgemeines wirtschaftliches Interesse nur wahrgenommen, wenn eine Regelung dem Schutz der auf jeweilige Leistung angewiesenen *Verbraucher* verpflichtet ist.[499]

Stellt man vollständig auf die Verbraucherperspektive um, so ergibt sich ein neues Verständnis des Schutzzwecks des Art. 86 Abs. 2 S. 1 EGV: da wirtschaftliche Interessen der Verbraucher sich am Markt in Nachfrage ausdrücken, handelt es sich bei „Dienstleistungen von allgemeinem wirtschaftlichem Interesse“ um Dienstleistungen, nach denen am Markt eine „allgemeine“ Nachfrage besteht. Ein gewisser Grad der Marktdurchsetzung von Leistungen wäre folglich Voraussetzung für die Privilegierung eines allgemeinen Versorgungsauftrags im Rahmen des Art. 86 Abs. 2 S. 1 EGV und würde den Spielraum für industriepolitische Erwägungen der Mitgliedstaaten bei der Bestimmung der „Dienstleistungen von allgemeinem wirtschaftlichem Interesse“ begrenzen. Dieses Verständnis bleibt nicht nur näher am Wortlaut des Art. 86 Abs. 2 S. 1 EGV als die bislang vertretenen Auslegungsansätze; es vermeidet vor allem die den anderen Auslegungsansätzen eigene Problematik, die aus dem Versuch resultiert, aus vermeintlich in Art. 86 Abs. 2 S. 1 EGV pauschal geschützten „öffentlichen Interessen“ der Mitgliedstaaten gemeinschaftsrechtliche Grenzen mitgliedstaatlicher Handlungsbefugnisse abzuleiten.

Interpretationsschwierigkeiten bleiben aber auch bei der hier vorgeschlagenen Betrachtungsweise bestehen. So bliebe zu klären, unter welchen Voraussetzungen von einer „allgemeinen Nachfrage“ gesprochen werden kann. Als – unter Umständen kumulativ zugrundezulegende – Kriterien bieten sich der Marktdurchdringungsgrad sowie die „Wesentlichkeit“ einer Leistung aus Sicht der Verbraucher an. Mit der Festlegung einer „Marktdurchdringungsschwelle“ würde eine industriepolitisch motivierte Berufung auf Art. 86 Abs. 2 EGV zu dem Zweck, bestimmten Produkten und Leistungen die Durchsetzung am Markt zu erleichtern, erschwert. Erst wenn Produkte und Leistungen bereits fest am Markt etabliert wären, könnte ein Mitgliedstaat unter Berufung auf Art. 86 Abs. 2 EGV durch Betrauung eines Unternehmens mit einer flächendeckenden Versorgung einer regionalen oder sozialen Unterversorgung entgegentreten.[500] Ein von mitglied-

---

499 Immenga/Mestmäcker-*Mestmäcker*, EG-Wettbewerbsrecht, Kom., Bd. II (1997), Art. 37/Art. 90 D. Rn. 44.

500 Zu verweisen ist hier auf die parallel verlaufende Diskussion im Telekommunikationsbereich über die Eingrenzung des Universaldienst. Im Telekommunikationsbereich hat sich bislang ein auf Verbraucherinteressen bezogener Ansatz durchgesetzt, wie er hier allgemein für die Eingrenzung des Tatbestands des Art. 86 Abs. 2 S. 1 EGV vertreten wird. Vgl. näher: C.I.3.e)bb). Als Universaldienste sollen nur solche Dienste gelten, die bereits einen hohen Marktdurchdringungsgrad unter privaten Nutzern erreicht haben. Zusätzlich wird verlangt, daß die Nichtverfügbarkeit für Nutzer einen bedeutsamen wirtschaftlichen oder sozialen Nachteil darstellen würde. Das Universaldienstkonzept soll im Telekommunikationssektor nicht dazu dienen, Marktverhalten zu steuern oder vorwegzunehmen, sondern sich darauf beschränken, punktuell festgestellte Versorgungslücken mit wesentlichen Gütern zu korrigieren.

staatlichen Wertungen unabhängiges Maß für die Wesentlichkeit einer Leistung könnte der Grad der Preiselastizität der Nachfrage sein: eine geringe Preiselastizität der Nachfrage bringt tendenziell die hohe Bedeutung zum Ausdruck, die Verbraucher einer Leistung beimessen. Insbesondere für die Frage, ab welchem Zeitpunkt Mitgliedstaaten Unternehmen mit der flächendeckenden Versorgung der Bevölkerung mit *neuen* Diensten betrauen und sich dabei auf eine Ausnahme nach Art. 86 Abs. 2 S. 1 EGV berufen können, könnte auf der Grundlage dieser Kriterien ein geeigneter gemeinschaftsrechtlicher Maßstab entwickelt werden.[501] Die politische Bewertung der Bedeutung einer Leistung würde dadurch übrigens nicht ersetzt: die Entscheidung über eine Betrauung bleibt eine in ihrem Wesen politische. Die Wesentlichkeit einer Leistung aus Verbrauchersicht ist insoweit nur eine Vorfrage.

Ein solcher Auslegungsansatz hätte eine erhebliche Einschränkung des Schutzgegenstandes von Art. 86 Abs. 2 S. 1 EGV zum Zweck und zur Folge:[502] Geschützt wäre die Möglichkeit der Mitgliedstaaten, Lücken, die im Marktprozeß in der Versorgung der Bevölkerung mit wesentlichen, nämlich allgemein nachgefragten Grundversorgungsleistungen auftreten, durch den Einsatz besonderer Unternehmen zu schließen und so die Teilhabe aller an aus gesellschaftlicher Sicht wesentlichen Leistungen zu gewährleisten. Dies hätte den Vorteil, daß die Verfolgung verteilungspolitischer Ziele über die Betrauung bestimmter Unternehmen auf Bereiche mit breiter Umverteilungsbasis beschränkt bliebe, und würde zugleich gewährleisten, daß derartige Umverteilungsmaßnahmen primär durch das gesellschaftliche Anliegen getragen wären, allen Zugang zu wesentlichen Leistungen zu gewährleisten. Aktiver staatlicher Bedarfsplanung, Entwicklungssteuerung und Industriepolitik hingegen bliebe – auch dort, wo sie rhetorisch der Förderung meritorischer Güter verpflichtet wäre – im Rahmen des Art. 86 Abs. 2 S. 1 EGV der gemeinschaftsrechtliche Schutz versagt. Ein Mitgliedstaat müßte, wo er ein über das Grundversorgungsinteresse hinausgehendes „öffentliches Interesse“ wahrnehmen wollte, etwaige Maßnahmen am Maßstab der anderen im EG-Vertrag vorgesehenen Ausnahmevorschriften rechtfertigen. Die Instrumentalfunktion bestimmter Unternehmen ist in diesen Ausnahmevorschriften regelmäßig nicht mitgeschützt.

b) Besondere Aufgaben

In engem Zusammenhang mit der Neubetrachtung des Begriffs der „Dienstleistungen von allgemeinem wirtschaftlichem Interesse“ steht die Neubestimmung der im Rahmen des Art. 86 Abs. 2 S. 1 EGV schutzfähigen „besonderen Aufgaben“.[503] Gerade beim

---

501 Wohingegen die Marktdurchsetzung bereits *existierender* und einen Bestandteil der traditionellen Grundversorgung bildender Leistungen ihrerseits durch mitgliedstaatliche Preissetzung oder –regulierung mitbeeinflußt gewesen sein kann.

502 Der Anschein, daß die hier vertretene Auslegung den potentiellen Kreis der im Rahmen des Art. 86 Abs. 2 S. 1 privilegierbaren „Dienstleistungen von allgemeinem wirtschaftlichem Interesse“ weiter zieht als bisher angenommen, täuscht: Eine „allgemeine“ Nachfrage läßt sich zwar für eine Vielzahl von Konsumgütern und Leistungen feststellen. Eine Ausweitung der Anwendung des Art. 86 Abs. 2 EGV z. B. in die Bereiche der Grundnahrungsmittel hinein ist jedoch kaum zu befürchten und würde überdies an der Erforderlichkeitsprüfung oder an Art. 86 Abs. 2 S. 2 EGV scheitern.

503 Nach *Mestmäcker*, in: XXXII. FIW-Symposion (1999), S. 71, 78 sind die beiden Tatbestandsmerkmale so aufeinander bezogen, daß ihre Bedeutung nicht isoliert beurteilt werden kann. Dies trifft zu,

Versuch der Eingrenzung dieser Aufgaben kollidiert das Anliegen, einen einheitlichen, die Funktion der Grundversorgung mit dem Ziel des Binnenmarktes und unverfälschten Wettbewerbs versöhnenden Rahmen für alle Mitgliedstaaten vorzugeben, mit den mitgliedstaatlichen Traditionen, insbesondere mit der „service public"-Tradition, die der für demokratisch legitimiert erachteten Sozialgestaltungsfunktion des Staates in der Wirtschaft selbst verpflichtet ist und folglich die Instrumentalfunktion der Unternehmen im Dienste öffentlicher Interessen umfassend geschützt wissen will.[504] An der Eingrenzung privilegierungsfähiger „besonderer Aufgaben" entscheidet sich überdies die Wirksamkeit der Verhältnismäßigkeitsprüfung.

Eine Analyse der von den Gemeinschaftsorganen und in der Lit. vertretenen Ansichten zur Eingrenzung der gemeinschaftsrechtlich privilegierten „besonderen Aufgaben" ist daher geboten.

aa) Neuere Stellungnahmen der Gemeinschaftsorgane

Während die Kommission ihren Liberalisierungsvorhaben ursprünglich eine enge Sicht potentiell privilegierungsfähiger Aufgaben zugrundelegte (als privilegierungsfähig namentlich eine abstrakt umschreibbare Aufgabe der Basisversorgung betrachtete),[505] deuten neuere Stellungnahmen von Kommission und Rat darauf hin, daß sich der Kreis privilegierungsfähiger „besonderer Aufgaben" nicht (mehr) auf eine eng verstandene Universaldienstaufgabe beschränkt. Vielmehr wird angenommen, daß die Mitgliedstaaten nach Art. 86 Abs. 2 EGV befugt sind, Unternehmen weitergehende Verpflichtungen „aus gemeinwohlrelevanten Gründen, wie Raumordnung, Versorgungssicherheit und Umweltschutz" aufzuerlegen.[506] In den Schlußfolgerungen des Vorsitzes bei der Tagung des Europäischen Rates von Cannes am 26./27. 6. 1995[507] heißt es z. B.:

---

wenn die „besondere Aufgabe" die privilegierte Dienstleistung lediglich ausgestaltet. Der EuGH hat in seiner neueren Rspr. jedoch „Dienstleistungen von allgemeinem wirtschaftlichem Interesse" zum Anknüpfungspunkt für weitergehende, nur allgemein den Zielen nach bestimmte „besondere Aufgaben" von öffentlichem Interesse gemacht.

504 Im französischen „service public"-Konzept ist die Kompetenz des Staates zur Festlegung schutzwürdiger Aufgaben nach politischen Opportunitätsgesichtspunkten einschränkungslos anerkannt – vgl. z. B. *Boual*, in: Quin/Jeannot (1997), S. 85, 98 f. Nach einer in der französischen Lit. verbreiteten Ansicht ist daher als „besondere Aufgabe" i. S. d. Art. 86 Abs. 2 S. 1 EGV auch ganz allgemein die Sozialgestaltungsfunktion des Staates in der Wirtschaft geschützt – vgl. *Bance*, in: Thiry/Vandamme (Hrsg.) (1995), S. 99, 100.

505 s. u.: C.I.3. – zur Telekommunikation. Für eine ursprüngliche enge Konzeption der privilegierungsfähigen „besonderen Aufgabe" im Postbereich vgl. *Kommission*, Grünbuch Post (1992), S. 200: im Prinzip der Tarifeinheit wurde hier keine Rechtfertigung für die Beibehaltung von Ausschließlichkeitsrechten gesehen. Vgl. dagegen *Kommission*, Bekanntmachung über die Anwendung der Wettbewerbsregeln auf den Postsektor, ABl. 1998 Nr. C 39/2 Tz. 8.1.: „Unbeschadet des Rechts der Mitgliedstaaten, besondere Anforderungen an Leistungen der Daseinsvorsorge festzulegen, besteht diese Aufgabe vor allem in der Erbringung und Aufrechterhaltung eines flächendeckenden öffentlichen Universalpostdienstes. [...]".

506 *Kommission*, Mitteilung zur Daseinsvorsorge, ABl. 1996 Nr. C 281/3 Zif. 31.

507 Bulletin der EU 6-1995, S. 10 ff., 12, I.10.

„Der Europäische Rat erinnert daran, daß ihm daran gelegen ist, daß die Einführung eines stärkeren Wettbewerbs in zahlreichen Sektoren im Hinblick auf die endgültige Verwirklichung des Binnenmarktes mit den im wirtschaftlichen Allgemeininteresse liegenden Aufgaben vereinbar sein muß, denen sich Europa gegenübersieht und die insbesondere eine ausgewogene Raumordnungspolitik, die Gleichbehandlung aller Bürger einschließlich der rechtlichen Gleichstellung und der Chancengleichheit von Frauen und Männern, die Qualität und Kontinuität der Dienste für die Verbraucher sowie die Wahrung langfristiger strategischer Interessen betreffen".

Zwiespältig sind die Äußerungen der Kommission zur Eingrenzung der „besonderen Aufgaben" in ihrer neuen Mitteilung zur Daseinsvorsorge vom September 2000. Die Begriffe der „Dienstleistungen von allgemeinem wirtschaftlichem Interesse" und der „besonderen Aufgaben" werden dabei getrennt erörtert. Während die weitgehende Freiheit der Mitgliedstaaten in der Bestimmung der „Dienstleistungen von allgemeinem wirtschaftlichem Interesse" hervorgehoben wird, geht die Kommission von einer entsprechenden Ermessensfreiheit der Mitgliedstaaten in der Festlegung der „besonderen Aufgaben" ersichtlich *nicht* aus. In einer Klarheit, wie sie in früheren Stellungnahmen nicht zu finden ist, betont die Kommission, daß die durch Art. 86 Abs. 2 EGV geschützten „besonderen Aufgaben" nicht beliebige mitgliedstaatliche Interessen zum Gegenstand und Ziel haben, sondern das Interesse der „Bürger" bzw. „Nutzer". Gemeinschaftsrechtlich geschützt sieht sie primär das Interesse der Nutzer an qualitativ hochwertigen Versorgungsleistungen zu erschwinglichen Preisen.[508]

Auf der anderen Seite will die Kommission die so zum Schutzbereich des Art. 86 Abs. 2 EGV erklärten Interessen der Nutzer jedoch weit definieren.[509] Erfaßt sein sollen nicht nur die Interessen der Privatverbraucher – definiert als das Interesse an einer Garantie allgemeinen Zugangs zu hochwertigen, jedoch zugleich erschwinglichen Leistungen, d. h. als das Interesse an der Bereitstellung eines Universaldienstes –, sondern zugleich die Interessen der Unternehmen[510] sowie die Interessen der „Bürger", die sich beispielsweise auf ein hohes Umweltschutzniveau, auf die Berücksichtigung der Bedürfnisse benachteiligter Nutzergruppen[511] und auf die Flächendeckung in der Bereitstellung von Universaldiensten beziehen sollen.[512] Während die Bezeichnung der Nutzerinteressen als Bezugspunkt des Art. 86 Abs. 2 EGV auf den ersten Blick den Anwendungsbereich der Ausnahmevorschrift entgegen dem Ansinnen der Mitgliedstaaten, diesen auf beliebige öffentliche Interessen zu erstrecken, erheblich einzugrenzen scheint, nimmt die Kommission durch diese weite Definition der geschützten Nutzerinteressen der Eingrenzung wieder die Schärfe: über den Schutz von Unternehmensinteressen können erneut industriepolitische Ziele der Mitgliedstaaten in den Schutzbereich einfließen. Die

508 *Kommission*, Mitteilung zur Daseinsvorsorge II, ABl. 2001 Nr. C 17/4, Rn. 8: „Im Zentrum der Gemeinschaftspolitik gegenüber Leistungen der Daseinsvorsorge stehen die Belange des Bürgers. [...] Als Leistungsempfänger erwarten die europäischen Bürger hochwertige Dienste zu erschwinglichen Preisen. Im Mittelpunkt staatlichen Handelns in diesem Bereich stehen somit die Leistungsempfänger und deren Bedürfnisse. [...]".

509 *Kommission*, Mitteilung zur Daseinsvorsorge II, ABl. 2001 Nr. C 17/4, Rn. 10: „Die Bedürfnisse der Leistungsempfänger sollten weit gefaßt werden".

510 insbesondere kleiner und mittlerer Unternehmen.

511 genannt werden Behinderte und Nutzer mit geringem Einkommen.

512 *Kommission*, Mitteilung zur Daseinsvorsorge II, ABl. 2001 Nr. C 17/4, Rn. 10.

Interessen der „Bürger" ihrerseits können nur durch die demokratisch legitimierten Organe der Mitgliedstaaten bestimmt und artikuliert werden, so daß auch hiermit der Schutzbereich des Art. 86 Abs. 2 EGV für ein breites Spektrum öffentlicher Interessen geöffnet wird. Dementsprechend heißt es in der Mitteilung auch:

> „Wo es noch keine gemeinschaftsrechtlichen Vorschriften gibt, haben die Mitgliedstaaten bei der Gestaltung ihrer einschlägigen Politik großen Spielraum; hier unterliegen sie lediglich einer Kontrolle auf offenkundige Fehler".[513]

Der Universaldienst wird im Ergebnis zwar als der „klassische Fall" einer gemäß Art. 86 Abs. 2 S. 1 EGV privilegierten „besonderen Aufgabe" bezeichnet; ersichtlich schließt die Kommission aber nicht aus, daß weiterreichende Aufgaben ebenfalls in den Schutzbereich dieser Norm fallen können.

Zwiespältig sind auch die Schlußfolgerungen, die die Kommission aus der Zuständigkeit der Mitgliedstaaten zur Aufgabenbestimmung mit Blick auf die Frage der Organisationshoheit zieht. Zum einen wird die Zuständigkeit der Mitgliedstaaten bestätigt, festzulegen, in welcher Weise die „besonderen Aufgaben" zu erfüllen sind.[514] Auf der anderen Seite geht die Kommission ausdrücklich davon aus, daß die Erfüllung dieser Aufgaben mit einer vollen Anwendung der Wettbewerbsvorschriften des EG-Vertrags kompatibel ist.[515] Auch verweist sie auf die verschiedenen Möglichkeiten einer Finanzierung von aus der Erfüllung „besonderer Aufgaben" resultierenden Defiziten und eine u. U. aus dem Verhältnismäßigkeitsgrundsatz folgende Rangfolge unter diesen[516] (näher dazu: s. u., B.IV.2.d)bb).

bb) Stellungnahmen in der Literatur

In den einschlägigen Kommentierungen zum Tatbestand des Art. 86 Abs. 2 EGV fehlt zumeist ein Abschnitt zur Bedeutung des Tatbestandsmerkmals der „besonderen Aufgaben" – ein Phänomen, das überraschen muß, bilden die „besonderen Aufgaben" doch den eigentlichen Schutzgegenstand der Ausnahmevorschrift.[517] Häufig rührt das Schweigen daher, daß dem Tatbestandsmerkmal der „besonderen Aufgaben" gegenüber dem Merkmal der „Dienstleistungen von allgemeinem wirtschaftlichem Interesse" keine eigenständige Bedeutung beigemessen wird.[518] Andere schließen aus dem Fehlen einer näheren Eingrenzung der privilegierungsfähigen „besonderen Aufgaben" im Tatbestand des Art. 86 Abs. 2 S. 1 EGV, daß die Festsetzung der „besonderen Aufgaben" offenkundig Sache der Mitgliedstaaten bleiben soll und sehen aus diesem Grund von einem

---

513 A. a. O., Rn. 22.

514 A. a. O., „Zusammenfassung".

515 Ebd.: „Die bislang gesammelten Erfahrungen bestätigen auch die absolute Vereinbarkeit von hohen Standards bei der Bereitstellung von Leistungen der Daseinsvorsorge mit den EG-Wettbewerbs- und Binnenmarktsregeln".

516 A. a. O., Rn. 14 und Rn. 15.

517 So auch *Kommission*, Mitteilung zur Daseinsvorsorge, ABl. 1996 Nr. C 281/3 Zif. 10 ff.

518 Vgl. Dauses-*Emmerich*, H.II. Rn. 148: Die Dienstleistungen von allgemeinem wirtschaftlichem Interesse seien gerade die besondere Aufgabe, mit der Unternehmen betraut werden könnten. Ähnlich: Grabitz/Hilf-*Pernice*, Kom., Art. 90 Rn. 35.

Versuch ab, aus Art. 86 Abs. 2 S. 1 EGV selbst oder aus dem System des EGV Grenzen für die mitgliedstaatliche Ermessensfreiheit herzuleiten. Bei näherem Hinsehen lassen sich drei unterschiedliche Grundpositionen zur Auslegung dieses Tatbestandsmerkmals ausmachen: die einen entnehmen aus der offenen Formulierung einen allgemeinen Regulierungsvorbehalt zugunsten der Mitgliedstaaten (1); die krasse – nur selten vertretene – Gegenposition sieht die einzige legitime „besondere Aufgabe", die einem Unternehmen von einem Mitgliedstaat unter Verstoß gegen gemeinschaftsrechtliche Vorschriften übertragen werden kann, in der Korrektur eines festgestellten Marktversagens (2); mitunter wird schließlich die Ansicht vertreten, die im Rahmen des Art. 86 Abs. 2 S. 1 privilegierte „besondere Aufgabe" sei nur die Gewährleistung eines näher bestimmten Universaldienstes, weitergehende Politikziele seien von einer gemeinschaftsrechtlichen Privilegierung ausgeschlossen (3).

aaa) Art. 86 Abs. 2 S. 1 EGV als allgemeiner Regulierungsvorbehalt zugunsten der Mitgliedstaaten

Diejenigen, die in Art. 86 Abs. 2 S. 1 EGV tatbestandlich die Souveränität der Mitgliedstaaten in der Ausgestaltung und politischen Instrumentalisierung der Infrastruktursektoren geschützt sehen, finden sich durch den allgemeinen Verweis der Vorschrift auf die einem Unternehmen übertragene „besondere Aufgabe" als dem maßgeblichen Schutzgegenstand bestätigt: indem der EG-Vertrag die „besonderen Aufgaben" nicht näher eingrenze, überlasse er die Aufgabenbestimmung dem freien Ermessen der Mitgliedstaaten.[519] Soweit Vorschläge zur „Eingrenzung" der privilegierungsfähigen Aufgaben gemacht werden, beschränken sich diese auf eine abstrakte Aufzählung derjenigen Politikziele, die ein Mitgliedstaat zulässigerweise verfolgen können soll.[520] Genannt werden dabei z. B. das Ziel der Gewährleistung des sozialen und territorialen Zusammenhalts[521], der Schutz seltener Ressourcen bzw. die Förderung einer effizienten und ausgewogenen Ressourcen- und Raumnutzung[522], die Sicherstellung einer dauerhaften Entwicklung, Versorgungssicherheit etc.[523], aber auch industrie-, struktur-, sozial- oder umweltpolitische Ziele[524] sowie das Ziel der Förderung des gesellschaftlichen Zusammenhalts[525].

Art. 86 Abs. 2 EGV dient damit im Ergebnis als mitgliedstaatlicher Regulierungs- und Interventionsvorbehalt zugunsten des gesamten Spektrums legitimer öffentlicher Inter-

519 Vgl. *Lombart*, CJEG 1998, 55, 65; *Baur*, RdE 1999, 85, 86; *Schneider* (1999), S. 393.

520 So z. B. *CEEP* (1995), S. 48; *Borotra* (1995), S. 9. Zu einer wirksamen Eingrenzung des Schutzbereichs des Art. 86 Abs. 2 S. 1 EGV führen diese Vorschläge nicht: weder läßt sich wirksam kontrollieren, welche Ziele ein Mitgliedstaat mit bestimmten Maßnahmen verfolgt noch ist überhaupt eine wirksame Eingrenzung mitgliedstaatlicher Politikziele erkennbar.

521 Z. B. *Rapp*, RevMCE 1995, 352, 353.

522 Vgl. *Cohen/Henry*, in: dies. (Hrsg.) (1997), S. 9, 10.

523 *CEEP* (1995), S. 48.

524 So z. B. *Vollmer*, in: Jahrbuch für Neue Politische Ökonomie 16 (1997), S. 147, 157.

525 Vgl. z. B. *Monnier*, in: Cox (Hrsg.) (1997), S. 195, 196.

essen,[526] – selbst dann, wenn die Belastung der betrauten Unternehmen mit weitreichenden Leistungsauflagen im öffentlichen Interesse eine erhebliche Einschränkung der Anwendung der Wettbewerbsregeln und Verkehrsfreiheiten des EG-Vertrags notwendig macht.[527] Regelmäßig betrachten Vertreter dieser Ansicht überdies nicht nur nach Art und Qualität präzise formulierte Leistungsziele als geschützt, sondern auch unbestimmte Zielvorgaben (z. B. die Aufgabe, die mit Blick auf Kosten, Qualität und Rationalität der Ressourcenverwaltung „günstigsten Bedingungen" für die Versorgung des Landes mit bestimmten Leistungen zu gewährleisten), die punktuell durch den Staat, die Verwaltung oder das betraute Unternehmen konkretisiert werden.

Aus der unbeschränkten Freiheit der Mitgliedstaaten in der Aufgabenbestimmung folgt nahezu zwangsläufig deren Organisationshoheit in den betroffenen Sektoren,[528] setzt doch die Gewährleistung einer einem flexiblen Bündel von Politikzielen verpflichteten mitgliedstaatlichen Bedarfsplanung und -steuerung einen maximalen staatlichen Einfluß auf die im Sektor zu treffenden Entscheidungen zwecks einer Transmission öffentlicher Ziele in die Wirtschaft voraus. Ein Problem wird hierin nicht erblickt: Art. 86 Abs. 2 S. 2 EGV, welcher die Mitgliedstaaten gemäß dem Grundsatz der Gemeinschaftsloyalität verpflichte, bei der Ausübung ihrer Regulierungskompetenzen das allgemeine wirtschaftsverfassungsrechtliche Vertragsziel der Errichtung eines wettbewerbsorientierten Marktes zu beachten, – mit anderen Worten die Abwägung des nationalen Instrumentalisierungsinteresses gegen das Gemeinschaftsinteresse an der Entwicklung des Handelsverkehrs – sei als Grenze mitgliedstaatlicher Befugnisse ausreichend.[529]

bbb) Art. 86 Abs. 2 S. 1 EGV als Gewährleistung des Rechts der Mitgliedstaaten zur Intervention im Falle eines Marktversagens

Den krassen Gegenpol zu der eben geschilderten Ansicht, bildet die nur von einer kleinen Minderheit vertretene Position, daß Art. 86 Abs. 2 S. 1 EGV den Mitgliedstaaten eine Ausnahme von der Geltung der Vertragsvorschriften nur im Falle der Feststellung eines Marktversagens eröffne.[530] Die Effizienz im Markt sei das eigentliche Schutzziel des Art. 86 Abs. 2 S. 1 EGV. Nur durch eine solche Einschränkung des Anwendungsbe-

---

526 So deutlich *Vollmer*, in: FS Ingo Schmidt (1997), 289, 291 ff., insbes. 295; vgl. auch *Vollmer*, in: Jahrbuch für Neue Politische Ökonomie 16 (1997), S. 147, 158 mit Blick auf den Energiesektor unter Hinweis auf die fortbestehende Kompetenz der Mitgliedstaaten für die Energiepolitik.

527 *Vollmer*, in: FS Ingo Schmidt (1997), 289, 295.

528 Vgl. *Triantafyllou*, Rev.trim.dr.eur. 35 (1999), 21, 40. Auch *Ipsen*, in: GS Sasse, Bd. II (1981), S. 405, 423 sieht in Art. 86 Abs. 2 EGV die mitgliedstaatliche Organisationshoheit und Regulierungssysteme geschützt. Ebenso *Vollmer*, in: Jahrbuch für Neue Politische Ökonomie 16 (1997), S. 147, 157 f., unter Hinweis auf die Urteile des EuGH in den Fällen „*Corbeau*" und „*Almelo*". Vgl. auch *Baur*, RdE 1999, 85, 86. Gegen die gemeinschaftsrechtliche Anerkennung einer Organisationshoheit der Mitgliedstaaten in den von Art. 86 Abs. 2 EGV erfaßten Sektoren: *Mestmäcker*, in: Vanberg (Hrsg.) (1999), S. 227, 266.

529 *Vollmer*, in: FS Ingo Schmidt (1997), 289, 295; *Rinne* (1998), S. 76: die Legitimität des staatlichen Lenkungsziels sei ausschließlich im Rahmen des Art. 86 Abs. 2 S. 2 EGV zu berücksichtigen.

530 Vgl. *Fesenmair* (1996), S. 143 f.; auch S. 149: „Der wettbewerbsorientierten Ausrichtung des Gemeinschaftsrechts entsprechend dürfen Eingriffe in den Wettbewerbsprozeß nur dann vorgenommen werden, wenn sonst die optimale Ressourcenallokation nicht möglich ist". In diese Richtung auch *Donges*, in: FIW-Symposion, EU-Regierungskonferenz '96, S. 47, 49.

reichs der Norm könne verhindert werden, daß einzelne Mitgliedstaaten Eingriffsinstrumentarien schüfen, die letztlich auch protektionistischen Interessen dienen könnten.[531] Als wichtigster Fall eines Marktversagens, der eine Berufung auf Art. 86 Abs. 2 S. 1 EGV erlaube, wird die Existenz eines natürlichen Monopols genannt.[532]

ccc) Art. 86 Abs. 2 S. 1 EGV als Schutz mitgliedstaatlicher Universaldienstaufgaben

Eine vermittelnde Ansicht setzt den Kreis privilegierungsfähiger „besonderer Aufgaben" mit denjenigen Verpflichtungen gleich, die das „allgemeine Interesse" an einer Dienstleistung begründen. Durch Art. 86 Abs. 2 EGV geschützt wird danach die Aufgabe, bestimmte Leistungen unabhängig von der Rentabilität im Einzelfall flächendeckend zu bestimmten, vom Mitgliedstaat unter Zugrundelegung sozial und/oder regionalipolitischer Ziele präzisierten, vor allem aber dem Gleichheitsgrundsatz verpflichteten Konditionen anzubieten[533] – eine Aufgabe, die mittlerweile häufig als „Universaldienst" bezeichnet wird. Dieser Ansatz erklärt auch die Zusammenziehung der Prüfung der Tatbestandsmerkmale der „Dienstleistungen von allgemeinem wirtschaftlichem Interesse" und der „besonderen Aufgaben", wie sie in Lit. und Rechtsprechung häufig zu finden ist.[534]

ddd) Eigene Stellungnahme

Das Verständnis des Begriffs der „besonderen Aufgaben" ist von zentraler Bedeutung: wird er eng ausgelegt, – ist damit nämlich die präzise eingegrenzte, ihrer Natur nach meß- und ihrem Wert nach berechenbare Leistungsaufgabe gemeint –, so wird ein vertragliches Verständnis der Betrauung möglich: wird ein Unternehmen, öffentlich oder privat, mit dieser Leistungsaufgabe betraut, so haben Leistung und Gegenleistung einander zu entsprechen. Dies gewährleistet die in Art. 86 Abs. 2 S. 1 EGV vorgesehene Verhältnismäßigkeitsprüfung, die im übrigen Ineffizienzen in der Leistungserbringung nicht als Rechtfertigungsgrund für die Beibehaltung von Ausschließlichkeitsrechten gelten läßt und so ständig Korrekturpotentiale offenlegt.

Der kontinentaleuropäischen Tradition entspricht demgegenüber ein Verständnis der „besonderen Aufgabe" nicht als konkretes Leistungsergebnis, sondern als Amt, dessen Wesenszüge in der *umfassenden* Verpflichtung auf das öffentliche Interesse, in einem besonderen Ethos der Aufgabenwahrnehmung[535] liegen. Unter diesem Gesichtspunkt konnte ein besonderer öffentlicher Zweck an und für sich bereits die Einbeziehung in den öffentlichen Bereich rechtfertigen (und folgte umgekehrt aus der Einbeziehung in

---

531 *Fesenmair* (1996), S. 215.

532 A. a. O., S. 216.

533 Vgl. z. B. *Mestmäcker*, RabelsZ 52 (1988), 526, 565; *Rinne* (1998), S. 83; *Basedow/Jung*, in: Basedow (Hrsg.)(1995), S. 179, 267 u. a.

534 Vgl. z. B. EuGH Slg. 1997 I-5699, 5779 Rn. 41 – *„Energiemonpole Niederlande"*; EuGH Slg. 1993 I-2533, 2569 Tz. 16 – *„Corbeau"*. Aus der Lit. z. B.: *Lombart*, CJEG 1998, 55, 65.

535 Vgl. hierzu z. B. *Faulkner*, in: Freedland/Sciarra (Hrsg.) (1998), S. 35, 46 f.; *Rumphorst*, Revue Internationale de Droit Economique 1999/1, 31, 36 – speziell mit Blick auf die öffentlichrechtlichen Rundfunkanstalten.

den öffentlichen Bereich die Verpflichtung auf den öffentlichen Zweck). Würde Art. 86 Abs. 2 S. 1 EGV dieses Verständnis einer „besonderen Aufgabe" unter Schutz stellen, so würde sich bereits aus der Rechtsstellung öffentlicher Unternehmen ihre gemeinschaftsrechtliche Privilegierungsfähigkeit ergeben. Die Vorschrift würde eine Bereichsausnahme für Sektoren von besonderem öffentlichen Interesse, insbesondere aber für den öffentlichen Sektor begründen. Das Gemeinschaftsrecht verlöre, nähme es von einer funktionalen Aufgabeneingrenzung Abstand, sein Korrekturpotential gegenüber den traditionellen mitgliedstaatlichen Entscheidungen über die Trennlinie zwischen öffentlicher und privater Sphäre.[536]

Die Erfüllung staatlich bestimmter „besonderer Aufgaben" durch betraute Unternehmen im Markt, d. h. ein auf die Realisierung konkreter Ergebnisse ausgerichtetes Eingreifen des Staates in den durch Ergebnisoffenheit gekennzeichneten Marktprozeß muß in einer an den Prinzipien offener Marktwirtschaft mit freiem Wettbewerb orientierten Wirtschaftsordnung, wie sie vom EG-Vertrag vorgegeben ist (vgl. Art. 4 EGV), die eng umschriebene Ausnahme bleiben.[537]

Das von erheblichen Teilen der Lit. propagierte weite Verständnis der „besonderen Aufgaben" läuft auf einen allgemeinen Marktordnungsvorbehalt zugunsten der Mitgliedstaaten hinaus und sprengt so die bislang mit Blick auf andere Ausnahmevorschriften im System des EG-Vertrags entwickelten Grenzen einer Rechtfertigung von Gemeinschaftsrechtsverstößen.[538]

Abzulehnen ist aber auch die enge Gegenansicht, derzufolge Art. 86 Abs. 2 S. 1 EGV eine Ausnahme von der Geltung der Vertragsvorschriften nur zur Korrektur eines Marktversagens erlaubt. Die Funktion des Art. 86 Abs. 2 EGV ist die gemeinschaftsrechtliche Eingrenzung, nicht aber Verneinung politischer Ziele und Handlungsspiel-

---

536 Vgl. *v. Wilmowsky*, ZHR 155 (1991), 545, 552. Dementsprechend hält die Kommission auch daran fest, daß die Ausnahmebestimmung des Art. 86 Abs. 2 S. 1 EGV nicht bei der Rechtsstellung, sondern bei dem Auftrag ansetze – vgl. *Kommission*, Mitteilung zur Daseinsvorsorge, ABl. 1996 Nr. C 281/3, 4 Ziff. 11. Ebenso: *Mestmäcker*, in: FS Zacher (1998), 635, 641.

537 Vgl. hierzu: *Mestmäcker*, in: Vanberg (Hrsg.) (1999), S. 227, 229 f.

538 Vgl. z. B. die Ausführungen von *GA Cosmas*, Schlußanträge, Rn. 82, in: EuGH Slg. 1997 I-5699, 5746 f. – *„Energiemonopole Niederlande"* mit Blick auf die Auslegung des Art. 30 EGV: „Würde man einräumen, daß unter Maßnahmen zur Sicherstellung der Versorgung mit bestimmten Energieformen, die für das Funktionieren des Staates und der Wirtschaft entscheidend sind, nicht nur die Regelungen zu verstehen wären, die ein lebenswichtiges Minimum garantieren sollen, sondern auch solche, die günstige Bedingungen für die Versorgung unter dem Gesichtspunkt der Kosten, der Qualität und der rationellen Verwaltung schaffen sollen, so würde sich ein nahezu grenzenloser Raum für denkbare Ausnahmen vom Grundsatz des freien Warenverkehrs eröffnen. Jede Regelung, die unmittelbar oder mittelbar mit den Produktions- oder Absatzbedingungen dieser Energieform zusammenhinge, und letztlich jede Regelung, die auf den betreffenden Sektor der Energiepolitik des betreffenden Mitgliedstaats zurückgeführt werden könnte, könnte auf ‚Gründe der öffentlichen Sicherheit' gestützt werden. Ein solches Ergebnis würde in der Praxis darauf hinauslaufen, die Energiepolitik in den Rang einer spezifischen und eigenständigen Begründung zu erheben, mit deren Hilfe Ausnahmen von den Artikeln 30 und 34 des Vertrages [Artt. 28, 29 EGV n. F.] zu rechtfertigen wären". Dies läßt sich ohne weiteres auf Art. 86 Abs. 2 EGV übertragen.

räume der Mitgliedstaaten.[539] Der Anspruch der demokratisch legitimierten nationalen Gesetzgeber, in bestimmten Bereichen von besonderer Wichtigkeit für die Bevölkerung über eine Instrumentalisierung von Unternehmen sozialgestaltend tätig zu werden, ist gemeinschaftsrechtlich gebunden, nicht aber aufgehoben.

Damit bleibt der Versuch einer Eingrenzung der privilegierungsfähigen „besonderen Aufgaben" über die systematische Verknüpfung dieses Tatbestandsmerkmals mit dem Tatbestandsmerkmal der „Dienstleistungen von allgemeinem wirtschaftlichem Interesse".[540] Diese Verknüpfung, zusammen mit dem Umstand, daß Art. 86 Abs. 2 S. 1 EGV dem Wortlaut nach an *Unternehmen*, nicht an die Mitgliedstaaten adressiert ist, verdeutlicht, daß in dieser Vorschrift konkrete unternehmerische Leistungen, nicht ein ethisches bzw. nicht-unternehmerisches Verhaltensprinzip privilegiert werden. Der Schutzbedarf resultiert dabei aus der Verpflichtung, auch unrentable Leistungen zu erbringen – und reduziert sich bei einer vorweggenommenen Verhältnismäßigkeitsprüfung hierauf, da anzunehmen ist, daß rentable Leistungen auch im Wettbewerb erbracht werden.

Die Verknüpfung der „besonderen Aufgabe" mit dem in Art. 86 Abs. 2 S. 1 EGV geschützten Interesse an einer flächendeckenden Versorgung mit Leistungen zu gleichmäßigen Bedingungen und damit die Beschränkung der privilegierungsfähigen Aufgabe auf die Universaldienstaufgabe allein ist jedoch kein hinreichender Schutz gegen eine übermäßige Ausdehnung des Anwendungsbereichs der Ausnahmevorschrift: gerade die Festsetzung des konkreten Leistungs*niveaus* bzw. der Leistungs*modalitäten* ist maßgeblich dafür, ob und in welchem Umfang ein Ausschluß von Wettbewerb notwendig ist.

Eine weitergehende Eingrenzung privilegierungsfähiger „besonderer Aufgaben" ergibt sich, wenn man maßgeblich auf das Verbraucherinteresse abstellt und ein allgemeines wirtschaftliches Interesse an Dienstleistungen nur bezüglich solcher Leistungen annimmt, die allgemein nachgefragt werden und durch eine hohe Preisinelastizität der Nachfrage gekennzeichnet sind. Verlangt man auf der Grundlage eines solchermaßen eingeschränkten Kreises potentiell privilegierungsfähiger Dienstleistungen mit dem EuGH, daß die „besondere Aufgabe" in einem „unmittelbaren" und „spezifischen" Zusammenhang mit der jeweiligen Dienstleistung bzw. dem allgemeinen wirtschaftlichen Interesse an dieser steht, so würde sich die „besondere Aufgabe" notwendig auf eine

539 EuGH Slg. 1991 I-1223, 1263 Rn. 12 – *„Telekommunikations-Endgeräte"*; ähnlich: *Buendia Sierra*, Competition Policy Newsletter Vol. 2 (1996/3), 14, 17.

540 Z. T. wird auch versucht, die durch Art. 86 Abs. 2 EGV geschützten „besonderen Aufgaben" über eine Verhältnismäßigkeitsprüfung oder zumindest Vertretbarkeitskontrolle zu ermitteln, die der Sache nach mit den zu Art. 30 EGV entwickelten Grundsätzen vergleichbar sei: die Mitgliedstaaten könnten mit Blick auf Dienstleistungen von allgemeinem wirtschaftlichem Interesse nur solche Ziele verfolgen, die ihrem Gewicht nach in einem angemessenen Verhältnis zur Schwere des durch sie bewirkten Eingriffs in Gemeinschaftsrecht stünden – so *Scholz/Langer* (1992), S. 143, 156; *Appelt* (1995), S. 137 und 138; *Lecheler/Gundel*, RdE 1998, 92, 93; *Ehricke*, EuZW 1993, 211, 215. Die Eingrenzbarkeit privilegierungsfähiger „besonderer Aufgaben" über eine in Art. 86 Abs. 2 S. 1 EGV anzusiedelnde Verhältnismäßigkeitsprüfung dieser Art erscheint aber zweifelhaft: nach der Systematik des Art. 86 Abs. 2 EGV ist eine solche gewichtende Abwägung der Interessen erst in Art. 86 Abs. 2 S. 2 EGV vorgesehen. Angesichts der Schwierigkeiten in der rechtlichen Handhabung dieser Abwägung wird darüber den Mitgliedstaaten im übrigen nur eine sehr schwache Grenze gezogen.

dem Verbraucherinteresse gemäße Präzisierung von Leistungsinhalt, -umfang, -preis und -qualität beschränken. Dabei dürfte dem Verbraucherinteresse regelmäßig die Gewährleistung der Erschwinglichkeit der Leistung, nicht aber der Tarifeinheit im Raum entsprechen. Den Mitgliedstaaten obläge es, auf der Grundlage einer wertenden Einschätzung insbesondere der sozialen und regionalpolitischen Bedeutung der Leistung denjenigen Mindeststandard festzulegen, der auch politisch schutzwürdig erscheint. Eine staatliche Regulierung, die sich nicht unmittelbar auf das Verbraucherinteresse an der Dienstleistung bezöge, fiele nicht in den Schutzbereich des Art. 86 Abs. 2 S. 1 EGV und wäre am Maßstab anderer Ausnahmevorschriften des EG-Vertrags zu rechtfertigen. Das Mittel des Einsatzes betrauter Unternehmen durch die Mitgliedstaaten – anstelle einer allgemeinen Regulierung – wäre insoweit nicht privilegiert.

cc) „Besondere Aufgaben" – Einzelaspekte der Diskussion

Die allgemeine Eingrenzung der „besonderen Aufgabe", wie sie soeben versucht wurde, gibt zwar Hinweise, welche Ziele im einzelnen bei der Gestaltung einer Grundversorgungs- bzw. Universaldienstpolitik verfolgt werden können; sie beantwortet diese Frage aber noch nicht abschließend. Bestimmte Fragestellungen, die im Zusammenhang mit der gemeinschaftsrechtlichen Bewertung der Daseinsvorsorge- bzw. „service public"-Politiken der Mitgliedstaaten sowie mit der Rahmengestaltung für eine Universaldienstpolitik der Gemeinschaft immer wieder auftauchen, bedürfen daher näherer Erörterung.

aaa) Umweltschutz

Die viel diskutierte, vor allem im Energiesektor praktisch relevante Frage[541], ob der Umweltschutz eine privilegierungsfähige „besondere Aufgabe" i. S. d. Art. 86 Abs. 2 S. 1 EGV darstelle, schien durch das Urteil „*Almelo*" zunächst geklärt. GA Darmon hatte in seinen Schlußanträgen zu „*Almelo*" den Umweltschutz noch als eine privilegierungsfähige „besondere Aufgabe" bezeichnet,[542] eine umweltpolitische Sonder-Instrumentalisierung der mit Dienstleistungen von allgemeinem wirtschaftlichem Interesse betrauten Unternehmen durch einen Mitgliedstaat also für möglich gehalten. Der EuGH schien diesem Ansatz nicht folgen zu wollen,[543] verwies die Mitgliedstaaten

541 Die potentiell hohen Kosten einer Sonderinstrumentalisierung bestimmter Unternehmen für Umweltschutzaufgaben könnten u. U. einen weitreichenden Wettbewerbsausschluß rechtfertigen – vgl. hierzu z. B. *Weigt*, RdE 1994, 209, 210 f.

542 Vgl. *GA Darmon*, Schlußanträge, in: EuGH Slg. 1994 I-1477, 1506 f. – „*Almelo*".

543 Dieses Verständnis des Urteils „*Almelo*" ist allerdings umstritten. Für das hier zugrundegelegte Verständnis z. B. *Cronenberg*, ET 1994, 6, 10. A. A. z. B. *GA Cosmas*, Schlußanträge, Rn. 109, 112 und 113, in: EuGH Slg. 1997 I-5699, 5759 – „*Energiemonopole Niederlande*"; *Frisson-Roche*, Revue de l'énergie 1997, 178, 183: „[...] dans l'arrêt Almelo, l'organisation dérogatoire de l'électricité est entre autres choses concrètement justifiée par des considérations d'écologie"; *CEEP* (1995), S. 34 f. Für nicht zweifelsfrei geklärt hielt der BGH die Frage der Privilegierungsfähigkeit des Umweltschutzes als eigenständiger „besonderer Aufgabe" – vgl. Vorlagebeschluß des BGH zum EuGH betreffend die Vereinbarkeit der deutschen Gasversorgungsmonopole mit Art. 86 Abs. 2, abgedruckt in EuZW 1997, 381 ff.

vielmehr indirekt auf die Möglichkeit, einen allgemeingültigen umweltpolitischen Regelrahmen zu schaffen.

Zweifel an dieser Rechtslage riefen allerdings die „*Energiemonopol*"-Urteile hervor: zwar schloß der EuGH im konkreten Fall eine Einbeziehung der Umweltschutz-Auflagen in den Kreis der gemeinschaftsrechtlich privilegierten „besonderen Aufgaben" aus. Die Feststellung, daß eine Verpflichtung eines betrauten Unternehmens, einen besonderen Beitrag zum Umweltschutz zu leisten, nicht Bestandteil der durch Art. 86 Abs. 2 EGV privilegierten „besonderen Aufgabe" sei, „soweit es sich nicht um Verpflichtungen handelt, die für diese Unternehmen und ihre Tätigkeit spezifisch sind",[544] ließ jedoch die Möglichkeit offen, daß für ein betrautes Unternehmen „spezifische" Umweltauflagen privilegierungsfähig sein könnten. Weiter in diese Richtung ist mittlerweile das Urteil „*Sydhavnens Sten & Grus*" gegangen: hier waren umweltschutzbezogene Erwägungen erklärtermaßen der einzige Grund für die einem Unternehmen auferlegte Verpflichtung, alle Bauabfälle in einer bestimmten Region anzunehmen und zu verwerten, und überdies die Rechtfertigung für das diesem Unternehmen gewährte Ausschließlichkeitsrecht. Der EuGH hielt das Ausschließlichkeitsrecht für gem. Art. 86 Abs. 2 S. 1 EGV gerechtfertigt.[545]

Dieses Urteil ist oben bereits kritisiert worden. Es führt zu einer Umgehung und mittelbaren Ausdehnung derjenigen Rechtfertigungsgründe im EG-Vertrag, die zur Zeit die Berücksichtigung von Umweltschutzzielen erlauben. Art. 86 Abs. 2 S. 1 EGV hat seiner ganzen Systematik nach ein anderes Schutzziel: es geht um den unmittelbaren Schutz von Verbraucherinteressen. Das Urteil „*Sydhavnens Sten & Grus*" führt danach in eine falsche Richtung.

Allerdings hat mittlerweile auch die Kommission ein hohes Umweltschutzniveau als eine der im Rahmen des Art. 86 Abs. 2 EGV privilegierungsfähigen „besonderen Aufgaben" anerkannt, die eine Sonderinstrumentalisierung einzelner Unternehmen rechtfertigen können.[546]

bbb) Versorgungssicherheit und Risikovorsorge

Als besondere, gemeinschaftsrechtlich zu privilegierende Aufgabe wird in den Mitgliedstaaten vielfach die Gewährleistung der Versorgungssicherheit genannt.[547] Auch die Kommission hat in ihrer Mitteilung zur Daseinsvorsorge die Versorgungssicherheit ganz pauschal als eine der privilegierungsfähigen gemeinwohlbezogenen „besonderen Aufgaben" erwähnt.[548] Die Elektrizitätsbinnenmarktsrichtlinie greift diesen Begriff in

544 EuGH Slg. 1997 I-5815, 5837 Rn. 68–69 – „*Energiemonopole Frankreich*"; vgl. hierzu: *Litpher*, RdE 1998, 72, 73; *Hamon*, AJDA 1997, 996, 1001.

545 EuGH Slg. 2000 I-3743, 3799-3801 Rn. 75–81 – „*Sydhavnens Sten & Grus*".

546 *Kommission*, Mitteilung zur Daseinsvorsorge II, ABl. 2001 Nr. C 17/4, Rn. 10.

547 Z. B. *Tettinger*, DVBl. 1997, 341, 344, der dabei auf die jeweilige mitgliedstaatliche Definition verweist.

548 *Kommission*, Mitteilung zur Daseinsvorsorge, ABl. 1996 Nr. C 281/3 Ziff. 7.

einer Vorschrift auf, die den Mitgliedstaaten Ausnahmen von der Umsetzung der Richtlinienvorgaben erlaubt.

Die Problematik des Begriffs liegt in seiner Unschärfe:[549] zum Teil wird damit das Ziel der Gewährleistung einer kontinuierlichen Leistungserbringung bezeichnet; andere nehmen unter diesem Begriff Bezug auf das Ziel, die technische Sicherheit des jeweiligen Versorgungsnetzes zu gewährleisten. Zum Teil – insbesondere im Energiebereich – wird aber auch von einer „strategischen" bzw. „geostrategischen" Versorgungssicherheit gesprochen. Eine dem Ziel der Versorgungssicherheit verpflichtete Politik ist dann eine langfristig ausgerichtete Energiepolitik, welche die jederzeitige Versorgung des Landes mit Primärenergien in einer Weise gewährleistet, die einseitige geopolitisch problematische Abhängigkeiten vermeidet.[550] Alle der genannten Formen der Versorgungssicherheit sind legitime Anliegen mitgliedstaatlicher Politik. Fraglich ist aber, ob sie alle in den Schutzbereich des Art. 86 Abs. 2 S. 1 EGV fallen und folglich den Instrumentaleinsatz von Unternehmen durch einen Mitgliedstaat rechtfertigen.

Die Frage läßt sich unproblematisch für das Ziel der Versorgungssicherheit in seiner ersten Ausprägung beantworten: die einem Unternehmen übertragene Aufgabe, die Kontinuität der Versorgung mit einer Dienstleistung von allgemeinem wirtschaftlichem Interesse zu gewährleisten, ist durch Art. 86 Abs. 2 S. 1 EGV nach ganz allgemeiner Auffassung geschützt.

Nicht in den Schutzbereich des Art. 86 Abs. 2 S. 1 EGV fällt demgegenüber das Ziel, die technische Sicherheit des Netzbetriebs zu gewährleisten. Mit Blick auf die Telekommunikationsnetze ist anerkannt, daß die Netzintegrität ein von der Versorgungssicherheit zu trennender Aspekt der öffentlichen Sicherheit ist, der durch Art. 30 EGV – nicht aber durch Art. 86 Abs. 2 EGV – geschützt ist.[551] Dasselbe muß für das Stromübertragungssystem gelten.

Besonders problematisch und im Rahmen der Liberalisierung der Energiesektoren umstritten ist die Frage, ob der Auftrag zur Gewährleistung geopolitischer Versorgungssicherheit eine „besondere Aufgabe" i. S. d. Art. 86 Abs. 2 S. 1 EGV ist. Die *„Energiemonopol"*-Urteile des EuGH geben hierzu keinen Aufschluß: sie gehen auf den Aspekt der geostrategischen Versorgungssicherheit als Rechtfertigung für die Beibehaltung der Energieim- und -exportmonopole nicht näher ein.

---

549 Vgl. für eine klarere Unterscheidung der verschiedenen Aspekte, die in Frage stehen, wo vom Schutz der „Versorgungssicherheit" im Energiesektor die Rede ist: *Slot*, CMLRev. 1994, 511, 523; *Kommission*, Opening up to Choice (1999), S. 12; *Hancher*, ET 1995, 68, 75; *Durach* (1996), S. 14.

550 Dabei geht es insbes. um den Schutz vor einer Gefährdung des Bezugs der Primärenergien aufgrund politischer Instabilitäten und vor den aus einer möglichen Kartellbildung resultierenden Gefahren. Vgl. hierzu z. B. *Steeg*, ET 1999, 118 ff.; *Tettinger*, RdE 1999, 45, 50. Der strategische Charakter der Energieprodukte wird grds. auch von der Kommission anerkannt – vgl. *Kommission*, Energie-Grünbuch (1988), S. 7 Rn. 22 ff.; *Kommission*, Grünbuch Energiepolitik (1994), S. 11.

551 Vgl. EuGH Slg. 1991 I-5941, 5980 f. Rn. 22 – *„RTT"*: hier wird die Netzsicherheit im Rahmen einer strengen Verhältnismäßigkeitsprüfung aus dem Schutzbereich des Art. 86 Abs. 2 EGV ausgeschlossen. Die Kommission ist demgegenüber davon ausgegangen, daß die Netzsicherheit von vornherein nicht in den Schutzbereich des Art. 86 Abs. 2 EGV fällt.

In vielen Mitgliedstaaten – insbesondere in denen, die zur Versorgung des Landes mit Energie vom Import von Primärenergieträgern abhängig sind – wird das Ziel geopolitischer Versorgungssicherheit als eines der wesentlichen Argumente für die Beibehaltung der traditionellen, voneinander abgeschotteten mitgliedstaatlichen Energieversorgungssysteme genannt.[552] Es wird befürchtet, daß die Einführung von Wettbewerb eine langfristige Planung und Absicherung – z. B. durch angemessene Vorratshaltung oder Diversifizierung der Energiebezugsquellen – unmöglich machen werde. Im Wettbewerb sei vielmehr eine kurzfristige, allein am gegenwärtigen Preis orientierten Auswahl der Bezugsquellen zu erwarten.[553]

Unstrittig ist, daß eine Diversifizierung der Energiebezugsquellen ein legitimes Politikziel darstellt. Fraglich ist, ob dieses Ziel dem Schutzbereich des Art. 30 EGV oder dem des Art. 86 Abs. 2 EGV (oder beiden) zuzuordnen ist: wie eingangs gezeigt wurde, ist die Reichweite des jeweils gewährten Schutzes unterschiedlich.

Art. 30 EGV rechtfertigt Verstöße gegen die Bestimmungen der Artt. 28, 29 EGV, wenn sie u. a. aus Gründen der öffentlichen Ordnung und Sicherheit erforderlich sind. Die Bedeutung dieser Ausnahmevorschrift für den Energiesektor hat der EuGH im Urteil „*Campus Oil*" herausgearbeitet, in dem es um die Rechtfertigung einer Verpflichtung irischer Petroleum-Importeure ging, einen bestimmten Teil ihres Bedarfs zu bestimmten, vom Minister festgelegten Preisen bei einer inländischen Raffinerie zu dekken. In diesem Urteil hat der EuGH festgestellt:

> „Erdölerzeugnisse sind wegen ihrer außerordentlichen Bedeutung als Energiequelle in der modernen Wirtschaft wesentlich für die Existenz eines Staates, da nicht nur das Funktionieren seiner Wirtschaft, sondern vor allem auch das seiner Einrichtungen und seiner wichtigen öffentlichen Dienste und selbst das Überleben seiner Bevölkerung von ihnen abhängen. Eine Unterbrechung der Versorgung mit Erdölerzeugnissen und die sich daraus für die Existenz eines Staates ergebenden Gefahren können somit seine öffentliche Sicherheit, deren Schutz Artikel 36 EWG-Vertrag [Art. 30 EGV n. F.] ermöglicht, schwer beeinträchtigen.
>
> Die Absicht, jederzeit eine Mindestversorgung mit Erdölerzeugnissen sicherzustellen, geht über Erwägungen rein wirtschaftlicher Art – die als solche im Rahmen des Artikels 36 [Art. 30 EGV n. F.] nicht geltend gemacht werden dürfen – hinaus und kann somit ein Ziel darstellen, das unter den Begriff der öffentlichen Sicherheit fällt.
>
> Die zu diesem Zweck erlassene Regelung muß durch objektive, den Anforderungen der öffentlichen Sicherheit genügende Umstände gerechtfertigt sein. Sobald diese Rechtfertigung feststeht, schließt die Tatsache, daß die Regelung geeignet ist, die Erreichung nicht nur von Zielen der öffentlichen Sicherheit, sondern auch anderer, von dem Mitgliedstaat etwa verfolgter Ziele wirtschaftlicher Art zu ermöglichen, die Anwendung von Artikel 36 [Art. 30 EGV n. F.] nicht aus".[554]

552 Näher: *Weissel*, ZfRV 1997, 152, 154 f.; *Ott*, RdE 1997, 128 ff.; *Steeg*, ET 1999, 118.
553 Vgl. *Durach* (1996), S. 14.
554 EuGH Slg. 1984, 2727, 2729 Ls. 7 – „*Campus Oil*".

Eine Rechtfertigung von Beschränkungen der Warenverkehrsfreiheit unter diesem Gesichtspunkt hat der EuGH allerdings nur im Fall einer vollständigen oder nahezu vollständigen Abhängigkeit eines Mitgliedstaats von Erdölimporten anerkannt, und nur für diejenige Menge von Erdölerzeugnissen, die für die Aufrechterhaltung eines Mindestversorgung des Staates erforderlich sei, ohne die die öffentliche Sicherheit des Staates gefährdet wäre.[555] Außerdem hat der EuGH festgestellt, daß ein Mitgliedstaat sich zur Rechtfertigung eines Verstoßes gegen Art. 28 EGV nur dann auf Art. 30 EGV berufen könne, wenn dasselbe Ziel durch keine andere, unter dem Gesichtspunkt des freien Warenverkehrs weniger restriktive Maßnahme erreicht werden könne.[556]

Diese Feststellungen des EuGH betreffen unmittelbar den geostrategischen Aspekt des Arguments der Versorgungssicherheit im Energiesektor. Hiervon ist auch *GA Cosmas* in seinen Schlußanträgen zu den „*Energiemonopol*"-Urteilen ausgegangen,[557] und hat auf der Grundlage der in „*Campus Oil*" entwickelten Kriterien eine Rechtfertigung der Verstöße gegen Art. 31 am Maßstab des Art. 30 EGV verneint: durch diese Vorschrift sei, wie der EuGH in „*Campus Oil*" festgestellt habe, nur eine *Mindest*versorgung geschützt, nämlich diejenige Versorgung, die unabdingbar erforderlich sei, um das Funktionieren der *wesentlichen* öffentlichen Dienste und das Überleben der Bevölkerung zu gewährleisten.[558] Eine Beibehaltung der Energieim- und -exportmonopole zur Gewährleistung einer solchen Minimalversorgung sei unverhältnismäßig: der Eingriff in den freien Warenverkehr gehe weit über das Maß hinaus, welches für die Sicherstellung einer minimalen Grundversorgung erforderlich gewesen wäre.[559]

Der EuGH hat in den „*Energiemonopol*"-Urteilen zu diesen Ausführungen nicht Stellung genommen, da er bereits grundsätzlich die Anwendbarkeit des Art. 30 EGV auf Art. 31 EGV verneint[560] hat. Die Erheblichkeit des Art. 30 EGV als Rechtfertigung für Verstöße gegen Art. 28 EGV, die in der Beibehaltung gesetzlicher Versorgungsmonopole liegen können, wurde dadurch allerdings nicht in Frage gestellt, lediglich die Im- und Exportmonopole einer Rechtfertigungsmöglichkeit beraubt.

Die geostrategische Versorgungssicherheit läßt sich mithin eindeutig als Schutzziel des Art. 30 EGV qualifizieren. Ausnahmen von der Anwendung des Art. 28 EGV unter Berufung auf dieses Schutzziel sind daher unter engen Voraussetzungen möglich. In einem Arbeitspapier aus dem Jahr 1990 hat die Kommission – den Anwendungsbereich des Art. 30 EGV unter Berücksichtigung der im Urteil „*Campus Oil*" enthaltenen Vorgaben konkretisierend – das maximal gemeinschaftsrechtlich privilegierungsfähige Niveau des Einsatzes nationaler Energiequellen für die Elektrizitätsproduktion mit 20% veranschlagt.[561] Bis zum Jahr 2000 solle sich dieser Anteil auf 15% erniedrigen.[562] Art. 30

555 A. a. O., 2755 Rn. 47–48 – „*Campus Oil*".
556 A. a. O., 2754 Rn. 44 – „*Campus Oil*".
557 *GA Cosmas*, Schlußanträge, Rn. 71, in: EuGH Slg. 1997 I-5699, 5741 – „*Energiemonopole Niederlande*".
558 A. a. O., 5746 Rn. 81.
559 A. a. O., 5746 ff. Rn. 81–84. Vgl. auch *Hamon*, AJDA 1997, 996, 999.
560 EuGH Slg. 1997 I-5699, 5775 Rn. 24 – „*Energiemonopole Niederlande*".
561 Die Kommission hat diese 20%-Regel auch in ihren ersten Vorschlag für eine Richtlinie zum Elektrizitätsbinnenmarkt übernommen – vgl. Art. 13 Abs. 5 des Richtlinienvorschlags, ABl. 1992 Nr. C

EGV privilegiert zudem – anders als Art. 86 Abs. 2 EGV – nicht die Instrumentalfunktion bestimmter Unternehmen (s. o., B.IV.1.a)). Erscheint alternativ zu einem Monopolsystem, welches den unmittelbaren staatlichen Zugriff auf die maßgeblichen unternehmerischen Entscheidungen erlaubt, eine Organisationsform des Sektors möglich, die das Ziel der Versorgungssicherheit über eine allgemeine Aufsicht und Regulierung, allgemeinverbindliche Regelungen wie z. B. mitgliedstaatliche Rahmenvorgaben über die Art und Zusammensetzung eines bestimmten Prozentsatzes der zur Stromerzeugung einzusetzenden Primärenergieträger oder über bestimmte staatliche Sicherheitsvorkehrungen gewährleistet,[563] so scheidet eine Rechtfertigung des Vertragsverstoßes aus. Eine Rechtfertigung eines Vertragsverstoßes scheidet überdies auch dann aus, wenn dem legitimen Schutzziel durch eine Regelung auf Gemeinschaftsebene bereits angemessen Rechnung getragen wird.

Die geopolitische Versorgungssicherheit ist demgegenüber kein Schutzziel des Art. 86 Abs. 2 EGV: sie betrifft nicht die unmittelbare Versorgungsaufgabe im Verhältnis zu den Verbrauchern.[564] Auch wird die Aufgabe der Gewährleistung geostrategischer Versorgungssicherheit im Ergebnis nicht den Unternehmen übertragen, wie Art. 86 Abs. 2 EGV dies voraussetzt. Die Berufung auf die Ausnahmevorschrift dient allein dem Zweck, eine Sektororganisation zu rechtfertigen, in welcher der direkte staatliche Durchgriff auf unternehmerische Entscheidungen gewährleistet ist – eine Form der Durchsetzung politischer Interessen, die in einigen Mitgliedstaaten der Wahrnehmung der öffentlichen Interessen im Wege allgemeiner Rahmensetzung, wie Art. 30 EGV sie gebietet, vorgezogen wird. Gestattet man die Berufung auf Art. 86 Abs. 2 EGV, so gestattet man zugleich die Umgehung der strengeren Rechtfertigungsvoraussetzungen des Art. 30 EGV. Dies kann nicht Sinn und Zweck des Art. 86 Abs. 2 S. 1 EGV sein.

ccc) Sozialer und territorialer Zusammenhalt

Neben der Gewährleistung der Versorgungssicherheit bezeichnen die Mitgliedstaaten regelmäßig die Gewährleistung des sozialen und territorialen Zusammenhalts als eines der wesentlichen Ziele ihrer Politik in den Infrastruktursektoren.[565] Als Ausdruck dieser Zielsetzung gelten zum einen konkrete regionalpolitisch motivierte Maßnahmen wie z. B. die Tarifeinheit im Raum.[566]

Daneben wird in Frankreich aber die flächendeckende leistende Präsenz des Staates und der Gleichbehandlung aller sozialen Gruppen in der Versorgung mit Infrastrukturlei-

---

65/4. Die 20%-Regel hat die Kommission auch in verschiedenen Entscheidungen zugrundegelegt, – vgl. z. B. *Kommission*, XX. Wettbewerbsbericht (1991), § 258 und *Kommission*, Entscheidung vom 22. 12. 1992, ABl. 1993 Nr. L 50/14 Rn. 30 – „*Jahrhundertvertrag*".

562 Vgl. hierzu auch *Slot*, CMLRev. 1994, 511, 524.

563 Vgl. dazu: *Steeg*, ET 1999, 118, 120.

564 A. A. offenbar *Rapp-Jung*, RdE 1997, 133, 136.

565 Z. B. *Rapp*, RevMCE 1995, 352, 353; *Charbit*, Gazette du Palais 7/8 juin 2000, Doctrine, pp. 18, 27; *Malaret Garcia*, in: Freedland/Sciarra (Hrsg.) (1998), S. 57, 64; *Monnier*, in: Cox (Hrsg.) (1997), S. 14, 63 f.; *Henry/Cohen*, in: dies. (Hrsg.) (1997), S. 9, 10 u. a.

566 Vgl. z. B. *ENA*, Bd. II (1997), S. 871: die Tarifeinheit sei eine „expression comptable de la solidarité".

stungen selbst als bedeutsames Symbol für staatliche Einheit bzw. nationale Zusammengehörigkeit gesehen.[567] Dies rechtfertige auch die Organisationsform des landesweit operierenden, voll integrierten Staatsmonopols. Die Gewährleistung der Versorgungsleistungen erscheint auf diesem Hintergrund nicht mehr als das eigentliche Ziel. Fraglich ist, ob auch dieses weiterreichende Politikziel in den Schutzbereich des Art. 86 Abs. 2 EGV fällt.

Das mitgliedstaatliche Ziel der Gewährleistung sozialen Zusammenhalts hat in den Stellungnahmen der Kommission zunehmend Anerkennung erlangt.[568] Dies ist nicht zu beanstanden, soweit damit zum Ausdruck gebracht wird, daß die Gewährleistung einer flächendeckenden Versorgung mit wesentlichen Dienstleistungen regional- und sozialpolitischen Zielen dient. Soll damit hingegen die gemeinschaftsrechtliche Privilegierung rein *symbolischer* Politikziele – insbesondere des einheitlichen Leistungsangebots aus staatlicher Hand – anerkannt werden, so käme dies der Postulierung einer Bereichsausnahme gleich. Dies abzulehnen, bedeutet nicht eine Verkennung der überragenden Bedeutung der Infrastruktursektoren für Staat und Gesellschaft. Die gemeinschaftsrechtliche Privilegierung muß aber an die konkreten Leistungen anknüpfen und dabei von der prinzipiellen Äquivalenz der Funktionen des Staates als Gewährleistungsträger und des Staates als Leistungsträger ausgehen. Eine Privilegierung des Staates als Leistungsträger aus symbolischen Gründen würde den Gedanken der Einheit des Binnenmarktes sprengen.

dd) Bilanz

Ein Verzicht auf eine klare Eingrenzung der privilegierungsfähigen „besonderen Aufgaben“ bedeutet den Verzicht auf das Prinzip der Rechtsbindung der Mitgliedstaaten in ihrem Handeln in den von Art. 86 Abs. 2 EGV erfaßten Sektoren. Ansätze für eine wirksame gemeinschaftsrechtliche Eingrenzung der „besonderen Aufgaben“ sind aber rar. Ein Ansatz, der in einigen Dokumenten der Kommission sowie zum Teil in Stellungnahmen aus der Literatur angedeutet, jedoch nicht klar ausgeführt ist, ist ihre Eingrenzung auf eine am Maßstab des Verbraucherinteresses – nicht mitgliedstaatlicher öffentlicher Interessen – formulierte Universaldienstaufgabe. Eine solche Eingrenzung ist unter verschiedenen Aspekten vorteilhaft: der „effet utile“ der Vorschriften des Gemeinschaftsrechts wird bei dieser Auslegung auch in den Sektoren im Anwendungsbereich des Art. 86 Abs. 2 S. 1 EGV gewährleistet. Bestimmte in der Tradition der Mitgliedstaaten verankerte Aufgabenstellungen, die ihrem Wesen nach „Marktversagen“ dauerhaft vorprogrammieren und mithin Wettbewerb ausschließen (z. B. Tarifeinheit im Raum in Fällen, in denen die Kosten der Leistungserbringung in einzelnen Gebieten stark divergieren), werden dadurch gemeinschaftsrechtlich auf den Prüfstand gestellt:

567 Vgl. z. B. *Voisset*, RDF adm. 11 (1995), 304, 318 f.

568 Z. B. *Kommission*, XXVI. Wettbewerbsbericht (1996), S. 57 Rn. 113; *Kommission*, Mitteilung zur Daseinsvorsorge, ABl. 1996 Nr. C 281/3 Zif. 6: Die Universaldienste bzw. die Versorgungs- und Dienstleistungen der solidarischen Daseinsvorsorge hielten die Gesellschaft zusammen, indem sie feste Bezugspunkte des Gemeinwesens seien, die Zugehörigkeit der Bürger zum Gemeinwesen begründeten und ein Element kultureller Identität darstellten. Auf diesem Hintergrund sei die Daseinsvorsorge ein Teil der gemeinsamen Wertvorstellungen der Gemeinschaft.

nur wenn sie in nachvollziehbarer Weise auf ein Verbraucherinteresse zurückgeführt werden können, sind sie auch gemeinschaftsrechtlich privilegiert. Die Gleichsetzung der „besonderen Aufgabe“ mit der so verstandenen Universaldienstaufgabe wahrt den Grundsatz der Subsidiarität: die Feststellung, welche Leistungen als Universaldienst zu qualifizieren sind, ist für jeden Mitgliedstaat einzeln zu treffen. Auch können die Mitgliedstaaten insoweit ihre politischen Prioritäten geltend machen. Art und Umfang der „besonderen Aufgaben“ sind aber nicht ins Belieben der Mitgliedstaaten gestellt. Das Prinzip der Einheitlichkeit der Geltung des Gemeinschaftsrechts in den von Art. 86 Abs. 2 S. 1 EGV betroffenen Sektoren bleibt damit gewahrt.

c) Betrauung

Dem hier vertretenen Ziel einer strikten gemeinschaftsrechtlichen Kontrolle mitgliedstaatlicher Gemeinschaftsrechtsverstöße, die unter Berufung auf Art. 86 Abs. 2 EGV gerechtfertigt werden, entsprechen strenge Anforderungen an den Grad der Präzisierung der „besonderen Aufgabe“ im Betrauungsakt – hinsichtlich Umfang und Qualität der Leistung[569] sowie hinsichtlich preislicher Vorgaben für das betraute Unternehmen. Nur auf dieser Grundlage ist eine strenge Verhältnismäßigkeits-, insbesondere Erforderlichkeitskontrolle möglich. Dies betont auch die Kommission in ihrer neuen Mitteilung zur Daseinsvorsorge.[570] Zugleich wird damit ein automatisches Mitwachsen der „besonderen Aufgabe“ mit der technischen, wirtschaftlichen und gesellschaftlichen Entwicklung unterbunden: es bedarf stets erneut der hoheitlichen Entscheidung und Festsetzung.[571]

Das in der Lit. vorgebrachte Argument, ein streng gehandhabtes Erfordernis der Aufgabenpräzisierung untergrabe die Legitimität öffentlicher Unternehmen,[572] deren Existenz gerade durch die rechtlich nicht präzise erfassbare umfassende Verpflichtung auf das öffentliche Interesse, durch einen allgemeinen Verhaltensethos, sowie durch die flexible Einsetzbarkeit dieser Unternehmen für jeweils nur im Einzelfall konkretisierbare öffentliche Interessen gerechtfertigt sei,[573] läuft dem Geist des Gemeinschaftsrechts zuwider: Der EG-Vertrag steht den Eigentumsordnungen der Mitgliedstaaten neutral gegenüber (Art. 295 EGV) und basiert auf dem Prinzip der Gleichbehandlung öffentlicher und

569 Siehe hierzu *Collins* (1999), S. 311 f.

570 *Kommission*, Mitteilung zur Daseinsvorsorge II, ABl. 2001 Nr. C 17/4, Rn. 11 und Rn. 22: „[...] Damit die Ausnahme nach Art. 86 Absatz 2 EG-Vertrag auch greifen kann, muß der Versorgungsauftrag in jedem Fall klar definiert und ausdrücklich durch Hoheitsakt (Verträge eingeschlossen) aufgetragen sein. Dies ist aus Gründen der Rechtssicherheit und der Transparenz gegenüber den Bürgern unerläßlich und zudem notwendig, damit die Kommission die Verhältnismäßigkeit der Maßnahme bewerten kann“.

571 So bereits *Mestmäcker*, RabelsZ 52 (1988), 526, 566.

572 Vgl. *Borotra* (1995), S. 89.

573 Für die zentrale Bedeutung der „Ethik des Dienens“ im französischen „service public“-Konzept, welches eine Aufgabeneingrenzung entbehrlich mache: *Cohen/Henry*, in: dies. (Hrsg.) (1997), S. 9, 15. Für die Bedeutung des Schutzes der flexiblen Instrumentalisierungspotentiale öffentlicher Unternehmen im Dienste allgemeiner Politikinteressen: *Bance*, in: Thiry/Vandamme (Hrsg.) (1995), S. 99, 100; *Monnier*, in: Cox (Hrsg.) (1996), S. 41, 52 f. und 55 f.; *ders.*, in: Cox (Hrsg.) (1997), S. 195, 203 ff.; *Conseil d'État* (1995), S. 14, 63: eine ständige Präsenz der öffentlichen Hand im unternehmerischen Entscheidungsprozeß über das System des „tutelle“ mache eine klare Definition der „service public“-Aufgabe überflüssig.

privater Unternehmen – ein Grundsatz, der in Art. 86 Abs. 1 EGV bestätigt wird.[574] Im übrigen ist gerade die geforderte Privilegierung rechtlich nicht eingegrenzter Instrumentalisierungsoptionen strukturell mit der Geltung des Gemeinschaftsrechts unvereinbar.

Ein streng verstandenes Betrauungserfordernis legt den Übergang vom Konzept der Leistungsverantwortung des Staates zum Konzept einer Gewährleistungsfunktion des Staates nahe.[575] Ist der flexible Einsatz eines Unternehmens zu wandelbaren politischen Zwecken des Staates nicht länger geschützt und mithin die – kostspielige – Verfolgung politischer Zwecke am Steuerzahler vorbei soweit diese Zwecke jenseits der transparenten Aufgabe liegen, unterbunden, so rückt das Interesse an einer möglichst effizienten Aufgabenerfüllung in den Blick, zumal die Aufgabenpräzisierung eine objektive Messung der Effizienz des betrauten Unternehmens möglich macht.

Die Grenze des Präzisierungserfordernisses liegt dort, wo eine Leistungsbestimmung aus besonderen strukturellen Gründen oder wegen unverhältnismäßiger Transaktionskosten nicht möglich ist.[576] Besondere Bedeutung könnte dieser Gesichtspunkt bei der Konkretisierung der „besonderen Aufgabe" des öffentlich-rechtlichen Rundfunks erlangen[577] – wegen des Zensurverbots erscheint eine Aufgabenpräzisierung in dem Maße, wie sie ansonsten zu verlangen wäre, in diesem Bereich *ex ante* nicht möglich. Die Probleme und Kosten, die auch darüber hinaus mit einer hinreichend präzisen Leistungsbeschreibung und der Überwachung der vertraglich gesetzten Standards verbunden sind, sprechen aus ökonomischer Sicht für eine Eingrenzung der in dieser Form verfolgten „besonderen Aufgaben" auf ein Minimum – eine Forderung, welcher auf der Grundlage des hier verfolgten Ansatzes Rechnung getragen wird.

d) Verhältnismäßigkeitsprüfung

Die Kommission hat die potentielle Bedeutung des in Art. 86 Abs. 2 S. 1 EGV verankerten Verhältnismäßigkeitsprinzips klar herausgestellt: Das Verhältnismäßigkeitsprinzip erlaube es, Ziele und Mittel, die Bereitstellung von Dienstleistungen im Interesse der Allgemeinheit und die Art ihrer Erbringung genau aufeinander abzustimmen, Markteffizienz und gemeinwohlrelevante Erfordernisse in optimaler Weise zu verknüpfen und ein evolutives und progressives Gleichgewicht herzustellen, welches den viel-

---

574 Vgl. *Möschel*, WuW 1999, 832, 833; vgl. auch *Kommission*, Mitteilung zur Daseinsvorsorge II, ABl. 2001 Nr. C 17/4, Rn. 21.

575 Zu diesem Paradigmenwechsel in der Rolle des Staates in der Wirtschaft siehe z. B. *Schwintowski*, ZNER 2000, 93, 94.

576 Zur Problematik der hinreichend präzisen Leistungsbeschreibung und der damit verbundenen Transaktionskosten: *Collins* (1999), S. 312; grundlegend zur Bedeutung von Transaktionskosten für die Ausgestaltung der „governance structure": *Williamson*, Journal of Law & Economics 22 (1979), 233 ff.

577 Zu den Schwierigkeiten einer präzisen, quantifizierbaren Beschreibung der besonderen Aufgabe von allgemeinem wirtschaftlichem Interesse im Bereich des Rundfunks siehe auch: *Koenig/Kühling*, EuZW 2000, 197, 198; *Charbit*, Gazette du Palais 7/8 juin 2000, Doctrine, pp. 18, 27; *Rumphorst*, Revue Internationale de Droit Economique 1999/1, 31, 36.

fältigen nationalen Gegebenheiten, Zielen und unterschiedlichen technischen und finanziellen Zwängen in den verschiedenen Bereichen Rechnung trage.[578]

Als Optimierungsprinzip wirkt das Verhältnismäßigkeitsprinzip allerdings nur, wenn insbesondere die Erforderlichkeitsprüfung in ihrer vollen Strenge angewendet und die Verhältnismäßigkeitsprüfung nicht, wie in der Lit. zunehmend vertreten, aber auch in der neuen Mitteilung der Kommission zur Daseinsvorsorge vom September 2000 angedeutet,[579] in eine allgemeine Interessenabwägung und -gewichtung verkehrt wird.[580] Die Interessengewichtung ist nach der hier vertretenen Ansicht durch die Eingrenzung des Schutzbereichs des Art. 86 Abs. 2 S. 1 EGV bereits verbindlich vorgezeichnet. Das einzige zusätzliche Interesse, welches im Rahmen der Erforderlichkeitsprüfung zur Geltung kommen könnte – das Interesse der Mitgliedstaaten an der Wahrung ihrer Freiheit in der Mittelwahl – ist gemeinschaftsrechtlich nicht schutzwürdig. Für eine Interessenabwägung ist erst im Rahmen des Art. 86 Abs. 2 S. 2 EGV Raum, der den Schutzbereich des Art. 86 Abs. 2 EGV jedoch in keinem Fall erweitern, sondern nur einengen kann.

Im Rahmen der Erforderlichkeitsprüfung ist Erkenntnissen aus den Wirtschaftswissenschaften Rechnung zu tragen, die das Bewußtseins von der Vielfalt möglicher Mittel zur Aufgabenerfüllung und von deren Hierarchie mit Blick auf das Ziel, den Eigengesetzlichkeiten des Marktes möglichst viel Raum zu belassen, erheblich geschärft haben.[581]

aa) Prüfung alternativer milderer Mittel im Rahmen der Erforderlichkeitsprüfung

Die Erforderlichkeitsprüfung in Art. 86 Abs. 2 S. 1 EGV ist grundsätzlich analog zu der Erforderlichkeitsprüfung zu handhaben, wie sie im Rahmen der Anwendung anderer Ausnahmevorschriften stattfindet.[582] Sie umfaßt die Prüfung, ob die Aufgabe auch unter

578 *Kommission*, Mitteilung zur Daseinsvorsorge, ABl. 1996 Nr. C 281/3 Zif. 21; *Kommission*, Bekanntmachung über die Anwendung der Wettbewerbsregeln auf den Postsektor, ABl. 1998 Nr. C 39/2, Vorwort.

579 *Kommission*, Mitteilung zur Daseinsvorsorge II, ABl. 2001 Nr. C 17/4, Rn. 23: „Die Kommission wacht [...] in vernünftiger und realistischer Weise [...] über die Einhaltung des Verhältnismäßigkeitsgrundsatzes". Was dies bedeuten kann, deutet die Kommission unter Rn. 13 und Rn. 22 an: so will sie offenbar bei der Verhältnismäßigkeitskontrolle von Organisationsentscheidungen der Mitgliedstaaten die „kulturellen und historischen" Gegebenheiten im jeweiligen Mitgliedstaat berücksichtigen und den Mitgliedstaaten dort, wo eine sekundärrechtliche Gemeinschaftsregulierung bislang fehlt, einen weiten Ermessensspielraum zugestehen.

580 Vgl. für die letztgenannte Ansicht *Buendia Sierra* (1999), Tz. 8.241: „According to this analysis, the proportionality test would be nothing more than a structured means of striking a balance between conflicting interests. Consequently, whether the Court employs flexible or rigid criteria in evaluating the necessity of a mesasure will depend on the relative importance of the different interests at stake".

581 Vgl. *Faull/Nikpay* (1999), Art. 86 Tz. 5.141. Für eine Aufzählung der verschiedenen Möglichkeiten zur Organisation und Finanzierung „besonderer Aufgaben" und den Hinweis, daß das gemeinschaftsrechtliche Verhältnismäßigkeitsprinzip eine Rangfolge unter diesen Möglichkeiten bedeuten kann: *Kommission*, Mitteilung zur Daseinsvorsorge II, ABl. 2001 Nr. C 17/4, Rn. 14 und 15.

582 Vgl. für Beispiele für eine strenge Erforderlichkeitsprüfung zu anderen Ausnahmevorschriften von den Verkehrsfreiheiten: EuGH Slg. 1984, 2727, 2754 Rn. 44 – *„Campus Oil"* – dasselbe Ziel dürfe durch keine andere, unter dem Gesichtspunkt des freien Warenverkehrs weniger restriktive Maß-

Einsatz alternativer, gemeinschaftsrechtsfreundlicherer Mittel erfüllt werden könnte. Art. 86 Abs. 2 S. 1 EGV gebietet mithin ein ständiges Bemühen der Mitgliedstaaten um optimale Markt- und Wettbewerbskonformität der Aufgabenerfüllung. Erhebliche Bedeutung können in diesem Zusammenhang die Liberalisierungserfahrungen anderer Mitgliedstaaten oder auch von Drittländern entfalten.

Die klare Eingrenzung privilegierungsfähiger „besonderer Aufgaben", wie sie hier vertreten wird, gewährleistet, daß privilegierungsfähige Aufgabe und einzusetzendes Mittel gedanklich getrennt bleiben. Die Verhältnismäßigkeitsprüfung wird als Kontrollmechanismus zwangsläufig unwirksam, wenn es den Mitgliedstaaten – wie tendenziell in der Rechtsprechung des EuGH – erlaubt wird, grundsätzlich austauschbare Mittel zur Aufgabenerfüllung in privilegierte „besondere Aufgaben" umzudefinieren. Dieselbe Gefahr droht, wenn, wie gleichfalls in der Rechtsprechung des EuGH geschehen, die allgemeine Steuerungs-, Planungs-, und Interventionsbefugnis des Staates selbst zur gemeinschaftsrechtlich geschützten Aufgabe erhoben wird.

bb) *Erforderlichkeit von Ausschließlichkeitsrechten zur Finanzierung einer flächendeckenden Grundversorgung*

Der Schutz lukrativer Marktsegmente durch Ausschließlichkeitsrechte, der es den betrauten Unternehmen ermöglicht, defizitäre Leistungsbereiche aus den Gewinnen in den lukrativen Teilmärkten querzusubventionieren, ist nicht die einzig mögliche Finanzierungsform.[583] Im Zusammenhang mit der Liberalisierung der Telekommunikation in Europa hat sich ein weiteres Finanzierungskonzept als grundsätzlich praktikabel erwiesen: die gleichmäßige Umlage der Defizite auf alle Marktteilnehmer über den Mechanismus eines sog. Universaldienstfonds. Dieses Finanzierungskonzept ist in seinen Grundzügen auf andere Sektoren – namentlich in den Bereichen Post und Energie – übertragbar. Zumindest dort, wo die aus der Erfüllung „besonderer Aufgaben" resultierenden Defizite nicht eine prohibitive, den Marktzugang erheblich beschränkende Höhe erreichen,[584] ist das Konzept des Universaldienstfonds der Beibehaltung von Ausschließlichkeitsrechten aus gemeinschaftsrechtlicher Perspektive vorzuziehen: Während Ausschließlichkeitsrechte weitreichend in das vom EGV vorgegebene System freier Märkte und unverfälschten Wettbewerbs eingreifen,[585] bleibt im Falle der Einrichtung eines Universaldienstfonds der freie Marktzutritt grundsätzlich ebenso gewährleistet wie

---

nahme erreichbar sein; ähnlich: EuGH Slg. 1991 I-4007, 4041 Rn. 15 – „*Gouda*", zur Erforderlichkeitsprüfung im Rahmen der „zwingenden Erfordernisse des Allgemeininteresses".

583 Vgl. auch *Faull/Nikpay* (1999), Art. 86 Tz. 5.139.

584 Zu dieser Gefahr z. B. *NERA* (1998), S. vii und S. 85.

585 Zum einen werden das Markt- und Wettbewerbsprinzip in einem bestimmten Bereich vollständig ausgeschlossen. Zum anderen resultieren aus einem geschützten Monopol stets besondere Gefahren für den Wettbewerb in angrenzenden Märkten, namentlich die Gefahr eines Einsatzes von Monopolgewinnen zur Quersubventionierung der Tätigkeit des Monopolunternehmens in Wettbewerbsbereichen – vgl. zu dieser Problematik: *Hancher/Buendia Sierra*, CMLRev. 1998, 901 ff.; speziell zur Problematik der Zurechnung von Gemeinkosten: S. 904 und S. 906. Zur Problematik der Zuordnung von Gemeinkosten zum Monopol- und zum Wettbewerbsbereich auch: *Abbamonte*, ELRev. 23 (1998), 414, 416 ff. Die Kontrolle unternehmerischer Handlungsspielräume, die normalerweise der Wettbewerb bewirkt, ist durch staatliche Regulierung und Kontrolle kaum zu ersetzen.

die Lastengleichheit aller Marktteilnehmer.[586] Auch lassen sich die aus einem Universaldienstfonds für die Marktteilnehmer resultierenden Lasten über das Verhältnismäßigkeitsprinzip präzise auf das für die Aufgabenerfüllung erforderliche Maß beschränken, wohingegen die Kontrolle des Umfangs von Ausschließlichkeitsrechten am Maßstab des Verhältnismäßigkeitsprinzips strukturell selbst dann nicht möglich ist, wenn der Umfang der aus der Aufgabenerfüllung resultierenden Defizite präzise bestimmt ist:[587] die Erforderlichkeit des Umfangs des Ausschließlichkeitsrechts bleibt stets abhängig von der Preispolitik des Unternehmens (bzw. des Mitgliedstaats) innerhalb des durch das Ausschließlichkeitsrecht geschützten Bereiches.[588] Der resultierende Handlungsspielraum des betrauten Unternehmens ist wettbewerbsrechtlich zumindest dann problematisch, wenn es zugleich auch im Wettbewerbsbereich tätig ist und somit die Möglichkeit hat, die wettbewerblichen Aktivitäten durch Monopolgewinne zu subventionieren.[589] Nur *ex post* ist insoweit eine Verhaltenskontrolle möglich.

Es stellt sich angesichts dieser Überlegenheit des Universaldienstfonds-Konzepts aus gemeinschaftsrechtlicher Sicht – insbesondere mit Blick auf die Ziele eines freien Marktes mit unverfälschtem Wettbewerb – die Frage, ob die Mitgliedstaaten, die sich zur Beibehaltung von Ausschließlichkeitsrechten als Finanzierungsinstrument auf Art. 86 Abs. 2 S. 1 EGV berufen, auf die Alternative der Einrichtung eines Universaldienstfonds (d. h. eines externen Ausgleichsmechanismus, über welchen alle Marktteilnehmer gleichmäßig an den Kosten der Aufgabenerfüllung beteiligt sind) verwiesen werden können, bzw. ob künftig ein Mitgliedstaat oder Unternehmen, welches sich zur Rechtfertigung der Beibehaltung von Ausschließlichkeitsrechten auf Art. 86 Abs. 2 S. 1 EGV beruft, darzulegen hat, daß die Einrichtung eines Universaldienstfonds zur Finanzierung der „besonderen Aufgaben" nicht praktikabel ist.[590]

Aus der Liberalisierung im Telekommunikationsbereich, in deren Rahmen das Universaldienstfonds-Modell als Alternativkonzept zur Finanzierung von Defiziten bei der Erfüllung „besonderer Aufgaben" entwickelt worden ist, lassen sich insoweit keine zwingenden Schlußfolgerungen ziehen: das Universaldienstfonds-Konzept ist hier auf der Grundlage von Harmonisierungsrichtlinien und damit einer politischen Einigung gemeinschaftsweit eingeführt worden (näher: s. u. Teil C.I.).[591]

---

586 Die Ausgestaltung dieser Form der Defizitfinanzierung im Detail beinhaltet allerdings Risiken für das Prinzip des unverfälschten Wettbewerbs. Ein Problem dieses Finanzierungsmodells ist außerdem der hohe Aufwand, der erforderlich ist, um die Nettokosten der Leistungserbringung hinreichend genau zu ermitteln – vgl. hierzu: *Nett/Neu*, WIK Diskussionsbeitrag Nr. 187, S. 38.

587 Vgl. *Blankart/Knieps*, ZögU 1996, Beiheft 19, S. 51, 56; *dies.*, in: Jahrbuch für Neue Politische Ökonomie 13 (1994), S. 238, 243; *NERA* (1998), S. 81. Die Folge ist, daß bei der Eingrenzung des Monopolbereichs notwendig Ermessensspielräume verbleiben – vgl. *Blankart/Knieps*, in: Jahrbuch für Neue Politische Ökonomie 13 (1994), S. 238, 250.

588 Vgl. *Hancher*, CMLRev. 31 (1994), 105, 119.

589 Vgl. *Abbamonte*, ELRev. 23 (1998), 414, 415.

590 Die Praktikabilität solcher Modelle externer Defizitfinanzierung kann insbes. dann zweifelhaft sein, wenn die Defizite eine bestimmte – prohibitive – Größenordnung erreichen, wenn nämlich aus der Umlage der Defizite auf alle Marktteilnehmer Marktzutrittsschranken folgen, die einen Marktzutritt im Ergebnis unterbinden.

591 Vgl. auch *Hancher*, in: Craig/de Búrca (Hrsg.) (1999), S. 721, 722.

Die Kommission scheint in ihrer neuen Mitteilung zur Daseinsvorsorge trotzdem von einer Pflicht der Mitgliedstaaten auszugehen, bei der Entscheidung über die Mittel, mit denen die Erfüllung besonderer, durch Art. 86 Abs. 2 S. 1 EGV geschützter Aufgaben sichergestellt werden soll, die verschiedenen Möglichkeiten, die mittlerweile in anderen Sektoren im sekundären Gemeinschaftsrecht oder anderweitig entwickelt worden sind, zu berücksichtigen.[592]

Zurückhaltender ist die Position des EuGH. Die *„Energiemonopol"*-Urteile – die ersten Urteile des EuGH, die eine Aussage zu der hier aufgeworfenen Frage enthalten – gehen davon aus, daß die Erforderlichkeitsprüfung grundsätzlich auch die Prüfung alternativer, gemeinschaftsrechtskonformerer Finanzierungsmethoden umfaßt. Nicht ausreichen soll aber offenkundig ein pauschaler Verweis auf die im Telekommunikationsbereich entwickelten Mechanismen zur Finanzierung der bei der Aufgabenerfüllung auftretenden Defizite. Vielmehr verlangt der EuGH von der Kommission im Rahmen eines Vertragsverletzungsverfahrens den „Nachweis", daß im Falle der Aufhebung der Ausschließlichkeitsrechte die Erfüllung der privilegierten „besonderen Aufgaben" durch andere, hypothetische Maßnahmen sichergestellt werden könnte.[593] Wie oben dargestellt, sieht die herrschende Meinung darin eine Umkehr der Beweislast bezüglich der Existenz alternativer, gemeinschaftsrechtskonformerer Mittel zur Gewährleistung der Aufgabenfinanzierung. Eine solche Beweislastumkehr würde hohe – wahrscheinlich zu hohe – Anforderungen an die Kommission stellen. Faktisch würde eine solche Beweislastumkehr bedeuten, daß Ausschließlichkeitsrechte in den Kernbereichen der Infrastruktursektoren regelmäßig nur im Wege der politischen Einigung durch andere Formen der Aufgabenfinanzierung – etwa durch die Einrichtung von Universaldienstfonds – ersetzt werden könnten.

Wenngleich die Formulierungen aus den *„Energiemonopol"*-Urteilen in der Tat in die Richtung einer Beweislastumkehr weisen, lassen sie doch auch eine andere, weniger weitreichende Deutung zu: denkbar ist, daß der EuGH der Kommission nicht die volle Beweislast, sondern lediglich eine Substantiierungs- und Darlegungslast für die Existenz alternativer Formen der Aufgabenfinanzierung auferlegen wollte. Begründbar wäre eine solche Substantiierungs- und Darlegungslast der Kommission unter Rückgriff auf die aus dem deutschen Zivilprozeßrecht bekannten Grundsätze zur Verteilung der Darlegungslast mit Blick auf sog. „negative Tatsachen": das Festhalten an der vollen Beweis- und Darlegungslast der grundsätzlich beweisbelasteten Partei hinsichtlich des Umstands, daß ein Ereignis *nicht* stattgefunden hat, kann, soweit das Ereignis von der Gegenpartei zeitlich, räumlich oder der Art nach nicht näher eingegrenzt wurde, unzumutbar sein. In solchen Fällen erscheint es gerechtfertigt, von der anderen Seite eine Substantiierung zu verlangen. Mit dieser geht die Beweislast erneut auf die nach wie vor beweisbelastete Partei über.

---

592 Vgl. *Kommission*, Mitteilung zur Daseinsvorsorge II, ABl. 2001 Nr. C 17/4, Rn. 15.

593 EuGH Slg. 1997 I-5699, 5784 Rn. 58 – *„Energiemonopole Niederlande"*. *Hancher*, in: Craig/de Búrca (Hrsg.) (1999), S. 721, 731 spricht in diesem Zusammenhang von „[t]he Court's unwillingness to be drawn into the complexities of national systems of electricity and gas suply".

Mit ähnlichen Erwägungen ließen sich die Feststellungen des EuGH aus den *„Energiemonopol"*-Urteilen erklären: es mag unzumutbar sein, von einem sich auf Art. 86 Abs. 2 EGV berufenden Mitgliedstaat den Nachweis zu verlangen, daß „keine andere vorstellbare, der Natur der Sache nach hypothetische Maßnahme" es erlaube, die Aufgabenerfüllung in gemeinschaftsrechtskonformer Weise sicherzustellen. Die Unzumutbarkeit entfiele jedoch mit der Konkretisierung der Alternativmaßnahme durch die Kommission.[594] Es wäre dann erneut Sache des sich auf Art. 86 Abs. 2 EGV berufenden Mitgliedstaats, den Beweis für die fehlende Praktikabilität dieses Alternativkonzepts zu erbringen. Die Kommission könnte mithin Liberalisierungsmaßnahmen durch die Vorstellung und Konkretisierung von Universaldienstfonds-Konzepten initiieren und durchsetzen, ohne daß notwendig eine (von der politischen Stimmungslage in den Mitgliedstaaten abhängige) Harmonisierung der Universaldienstkonzepte erfolgen müßte.

Die Verknüpfung eines an die Mitgliedstaaten adressierten Liberalisierungsgebots mit der an die Kommission gerichteten Pflicht zur Konkretisierung alternativer Möglichkeiten zur Gewährleistung der Aufgabenerfüllung in der Auslegung des Art. 86 Abs. 2 S. 1 EGV trägt zugleich der Problematik Rechnung, daß reine Beweislastentscheidungen zulasten der Mitgliedstaaten im Ergebnis – zumindest vorübergehend – zur Verhinderung der Aufgabenerfüllung dort führen könnten, wo die Aufgabenerfüllung im Markt- und Wettbewerbsprozeß allein anerkanntermaßen nicht gewährleistet ist.[595]

Geht man von einem Konkretisierungsmonopol der Kommission bezüglich etwaiger alternativer, gegenüber der Beibehaltung von Monopolrechten gemeinschaftsrechtsfreundlicherer Mittel aus, so muß diesem zwangsläufig eine Pflicht der Kommission an die Seite gestellt werden, in Fällen, in denen solche Strukturanpassungen möglich erscheinen, die Initiative zu ergreifen.[596] Die Durchsetzung des primären Gemeinschaftsrechts entsprechend den Vorgaben des Art. 86 Abs. 2 S. 1 EGV kann nicht ins freie Ermessen der Kommission gestellt sein.[597] Eine Handlungspflicht der Kommission ist einerseits notwendiges Korrelat eines abgeschwächten Geltungsanspruchs der gemeinschaftsrechtlichen Vorgaben, wie er in der Auslegung des Art. 86 Abs. 2 S. 1 EGV als Erlaubnis mit Verbotsvorbehalt liegt, – eine Auslegung, die die Möglichkeiten zur de-

---

594 Vgl. auch *Hancher*, in: Craig/de Búrca (Hrsg.) (1999), S. 721, 733 f.

595 Auf diese Problematik haben auch *Edward/Hoskins*, CMLRev. 32 (1995), 157, 172 hingewiesen.

596 Von einer aus Art. 86 Abs. 3 EGV folgenden Verpflichtung der Kommission zum Einschreiten dort, wo Mitgliedstaaten gegen Art. 86 Abs. 1 EGV verstoßen gehen auch aus: Immenga/Mestmäcker-*Mestmäcker*, EG-Wettbewerbsrecht, Kom., Bd. II (1997), Art. 37/Art. 90 E. Rn. 9 m. w. N.; *Deringer*, Kom., Art. 90 Rn. 102; *Page*, ELRev. 7 (1982), 19, 20; *Huth*, S. 317 f u. a. Vgl. auch EuG Slg. 1992 II-2417, 2448 Rn. 99 – *„Rendo I"*, mit der Feststellung, daß ein Anspruch des Beschwerdeführers auf Entscheidung der Kommission über die Anwendbarkeit des Art. 86 Abs. 2 EGV nur dann in Betracht komme, wenn der Gegenstand der Beschwerde in die ausschließliche Zuständigkeit der Kommission falle. Dies wird dann aber verneint.

597 Für ein überaus weites Ermessen der Kommission bei ihrem Tätigwerden auf der Grundlage des Art. 86 Abs. 3 EGV aber: EuG Slg. 1992 II-2417, 2448 Rn. 100 – *„Rendo I"*: „Außerdem kann die Kommission nicht bedingungslos verpflichtet sein, auf Antrag eines Einzelnen gegen Unternehmen vorzugehen, die mit Dienstleistungen von allgemeinem wirtschaftlichem Interesse betraut sind, insbesondere dann nicht, wenn ein solches Vorgehen auf die Beurteilung der Vereinbarkeit nationaler Rechtsvorschriften mit dem Gemeinschaftsrecht hinauslaufen würde". Der Kommission stehe hier vielmehr ein Ermessen zur Verfügung. Auch EuG Slg. 1999 II-2329, 2357 Rn. 75 – *„Vlaamse Televisie"*.

zentralen Durchsetzung gemeinschaftsrechtlicher Vorgaben beschränkt. Eine Handlungspflicht der Kommission ist zugleich ein notwendiges Gegengewicht zur Gefahr, daß sie bei der Frage, ob sie bestimmte im Rahmen der Anwendung des Art. 86 Abs.2 EGV relevante Aspekte aufgreift, zu stark unter politischen Druck gerät.

Eine Handlungspflicht würde zugleich bedeuten, daß die Kommission, ähnlich wie im Beihilferecht, von in ihren Freiheitsrechten bzw. im Wettbewerb konkret beeinträchtigten Privatparteien[598] zu einem Handeln gezwungen werden könnte.[599] Der EuGH hat diese Konsequenzen in seiner Rechtsprechung außerhalb der Anwendung des Art. 86 Abs. 2 EGV im Rahmen von Beihilfeverfahren allerdings noch nicht gezogen.[600]

cc) Spezifische Grenzen der Prüfung „milderer Mittel" in Art. 86 Abs. 2 S. 1 EGV: Betrauung von Unternehmen als privilegiertes Mittel der Aufgabenerfüllung

Allerdings sind der Kommission, will sie die Mitgliedstaaten auf alternative Sektororganisationsformen verweisen, Grenzen gesetzt, die aus dem Schutzzweck des Art. 86 Abs. 2 S. 1 folgen. Zum einen können die Mitgliedstaaten nicht darauf verwiesen werden, daß anstelle einer mit Verstößen gegen das Gemeinschaftsrecht verbundenen Aufgabenfinanzierung auch eine Defizitfinanzierung unmittelbar aus dem Staatshaushalt möglich wäre (näher hierzu: s. o., B.III.2.d)ff)aaa)). Art. 86 Abs. 2 S. 1 EGV schützt auch die finanzpolitische Motivation, die Mitgliedstaaten mit dem Einsatz betrauter Unternehmen verbinden. Ebenso schützt Art. 86 Abs. 2 S. 1 EGV das Mittel der Betrauung selbst,[601] d. h. den Einsatz bestimmter, ausgewählter Unternehmen durch die

598 Zur Eingrenzung des Kreises der „unmittelbar und individuell Betroffenen" und daher Klagebefugten im Beihilferecht siehe EuGH Slg. 1998 I-1719, 1766 Rn. 47–48 – *„Sytraval"*; EuG Slg. 1998 II-3407, 3426 ff. Rn. 60–69 – *„Gestevisión Telecinco"*.

599 Vgl. EuG Slg. 1998 II-3407, 3409 Ls. 3 – *„Gestevisión Telecinco"*: „Da die Kommission eine ausschließliche Zuständigkeit für die Beurteilung der Vereinbarkeit einer staatlichen Beihilfe mit dem Gemeinsamen Markt besitzt, hat sie im Interesse einer ordnungsgemäßen Anwendung der grundlegenden Vorschriften des Vertrages auf dem Gebiet der staatlichen Beihilfen eine Beschwerde, mit der beanstandet wird, daß eine mit dem Gemeinsamen Markt unvereinbare Beihilfe gewährt worden sei, sorgfältig und unvoreingenommen zu prüfen". Zur neueren Rechtsprechung des EuG und des EuGH zur Befugnis von unmittelbar betroffenen Privatunternehmen, Entscheidungen der Kommission im Bereich des Beihilferechts zu erzwingen: *Slot*, CMLRev. 36 (1999), 1335 ff.

600 In EuGH Slg. 1997 I-947, 964 Rn. 25 – *„Bilanzbuchhalter"* sind diese Konsequenzen allenfalls vorsichtig angedeutet: eine Klage einzelner gegen eine Weigerung der Kommission, im Rahmen ihrer Überwachungsfunktion nach Art. 86 Abs. 1 und Abs. 3 EGV eine Entscheidung zu erlassen, wurde hier nicht ausgeschlossen. Für ein solches Klagerecht auch: *Waelbroeck/Frignani* (1999), S. 291. A. A. offenbar *Faull/Nikpay* (1999), Art. 86 Tz. 5.161. Das EuG hingegen geht bislang davon aus, daß Untätigkeitsklagen Privater gegen die Kommission, um diese zu einem Handeln auf der Grundlage des Art. 86 Abs. 3 EGV zu zwingen, keinen Erfolg haben können – vgl. EuG Slg. 1994 II-1015, 1031 f. Rn. 38 – *„Ladbroke Racing"*.

601 Ebenso: *Steindorff*, ZHR 163 (1999), 395, 427; Immenga/Mestmäcker-*Mestmäcker*, EG-Wettbewerbsrecht, Kom., Bd. II (1997), Art. 37/Art. 90 D. Rn. 49; GTE-*Hochbaum*, Kom., 5. Aufl. (1999), Art. 90 Rn. 49; *Schaub/Dohms*, Die AG 1998, 566, 571. Vgl. auch *Kommission*, Mitteilung zu Auslegungsfragen im Bereich Konzessionen, ABl. 2000 Nr. C 121/2, 6 Tz. 3: „Der EG-Vertrag beschränkt nicht die Freiheit der einzelnen Mitgliedstaaten, sich für eine Konzession zu entscheiden, sofern die Modalitäten der Konzessionserteilung dem Gemeinschaftsrecht entsprechen". Es ist allerdings nicht ganz klar, ob die Kommission auch in der Vergangenheit immer von dieser Prämisse

Mitgliedstaaten als Instrumente staatlicher Politik. Die Mitgliedstaaten müssen sich insoweit nicht auf alternative Mittel – z. B. die gleichmäßige Belastung aller Marktteilnehmer mit näher konkretisierten, flächendeckenden Versorgungspflichten – verweisen lassen, selbst wenn diese mit den Prinzipien eines freien Marktes und unverfälschten Wettbewerbs besser vereinbar wären.

Eine andere Frage ist, ob damit auch das Betrauungs*verfahren* von jeglicher gemeinschaftsrechtlicher Kontrolle freigestellt ist.[602]

Mit dieser Fragestellung befaßt sich sektorübergreifend erstmals die Mitteilung der Kommission „zu Auslegungsfragen im Bereich Konzessionen im Gemeinschaftsrecht" vom 29. 4. 2000[603], die sich „auf dem Staat zurechenbare Akte" bezieht, „durch die eine Behörde einem Dritten entweder vertraglich oder durch einen einseitigen Akt mit Zustimmung dieses Dritten die vollständige oder teilweise Durchführung von Dienstleistungen überträgt die grundsätzlich in seine Zuständigkeit fallen und für die der Dritte die Nutzung trägt"[604]. Beziehungen zwischen Behörden und öffentlichen Unternehmen, die mit Aufgaben von allgemeinem wirtschaftlichem Interesse betraut sind, sind ausdrücklich von der Mitteilung erfaßt.[605]

Rechtlich geht die Kommission von dem Grundsatz aus, daß auch diese „Akte" (die in der Mitteilung als „Konzessionen" bezeichnet werden[606]), von den Bestimmungen und Grundsätzen des EG-Vertrags erfaßt werden, „wenn sie durch dem Staat zurechenbare Akte vergeben werden und wirtschaftliche Tätigkeiten zum Gegenstand haben.[607] Selbst

---

ausgegangen ist – Zweifel mag insoweit die Entscheidung der *Kommission* v. 27. 11. 1997, ABl. 1997 Nr. L 41/8, 12, Rn. 16 – *„Umsetzungsfrist Irland"* hervorrufen, wo die Kommission „mildere Mittel" gegenüber der Betrauung von Telecom Éireann mit der Aufgabenerfüllung erwägt. Davon, daß die Betrauung von Unternehmen *kein* im Rahmen des Art. 86 Abs. 2 EGV privilegiertes Mittel sei, sondern im Rahmen der Verhältnismäßigkeitsprüfung zur Disposition stünde, geht auch *Seidel*, in: FS Everling (1995), S. 1393, 1399 f. aus.

602 Siehe zu dieser in der Lit. bislang wenig behandelten Frage: *Buendia Sierra* (1999), Chap. 9 (S. 363 ff.).

603 ABl. 2000 Nr. C 121/2; hierzu: *Mattera*, Revue du Droit de l'Union Européenne 2000/2, 253 ff.

604 *Kommission*, Mitteilung zu Konzessionen, ABl. 2000 Nr. C 121/2, 4 Tz. 2.4.

605 A. a. O.,Tz. 2.4.

606 Die Kommission definiert den im Gemeinschaftsrecht neuen Begriff der „Dienstleistungskonzession" als einen Vertrag, mit dem ein Mitgliedstaat die Verantwortung für die „Nutzung" einer Dienstleistung einem Unternehmen in der Weise überträgt, daß das Unternehmen die mit der Dienstleistung verbundenen Risiken trägt. Üblicherweise habe die Dienstleistungskonzession Tätigkeiten zum Inhalt „die nach ihrer Natur, ihrem Gegenstand und nach den Vorschriften, denen sie unterliegen, in den Verantwortungsbereich des Staates fallen und die Gegenstand von ausschließlichen und besonderen Rechten sein können" (*Kommission*, Mitteilung zu Konzessionen, ABl. 2000 Nr. C 121/2, 4 Tz. 2.2).

607 A. a. O., Tz. 2.4. Vgl. auch Tz. 3: „Einige Mitgliedstaaten waren zuweilen der Meinung, daß die Vergabe einer Konzession nicht in den Geltungsbereich des Vertrags falle, da es sich dabei um die Übertragung einer Dienstleistung für die Allgemeinheit handle, die nur auf Basis wechselseitigen Vertrauens erfolgen könne (intuitu personae). Aus dem Vertrag und der ständigen Rechtsprechung des Gerichtshofes ergibt sich, daß staatliche Akte nur dann vom Verbot gemäß Artikel 43 und 49 (ex-Artikel 52 und 59) EG-Vertrag abweichen dürfen, wenn die Artikel 45 und 55 (ex-Artikel 55 und 56) zur Anwendung kommen. [...] Im Vertrag und in der Rechtsprechung des Gerichtshofes

wenn die Einräumung von Ausschließlichkeitsrechten im Einzelfall gerechtfertigt sei, so dürften doch die Modalitäten der Ausgestaltung und Ausübung des Monopols weder gegen die Vertragsvorschriften über den freien Waren- und Dienstleistungsverkehr noch gegen die Wettbewerbsregeln verstoßen. Ebenso unterliegen nach Auffassung der Kommission die Modalitäten, nach denen die ausschließlichen Rechte gewährt werden, den Bestimmungen des Vertrages.[608] Anzuwenden seien insbesondere die Vorschriften zur Errichtung und zur Sicherstellung des reibungslosen Funktionierens des Binnenmarktes, nämlich das Diskriminierungsverbot (Art. 12 Abs. 1 EGV), die Verkehrsfreiheiten (Artt. 28 ff., Artt. 43 ff., Artt. 49 ff., einschließlich der einschlägigen Ausnahmetatbestände in den Artt. 30, 45 und 46 EGV) und Art. 86 EGV.[609] Als maßgebliche Grundsätze für die Modalitäten der Vergabe von Dienstleistungskonzessionen[610] ergeben sich daraus die Prinzipien der Nichtdiskriminierung bzw. der Gleichbehandlung[611], der Transparenz[612], der gegenseitigen Anerkennung und der Verhältnismäßigkeit[613]. Von einem Verstoß gegen den Gleichbehandlungsgrundsatz geht die Kommission insbesondere auch dann aus, wenn die öffentlichen Aufträge jenen Unternehmen vorbehalten bleiben, die unmittelbar oder mittelbar ganz oder mehrheitlich im Besitz des Staates oder der öffentlichen Hand stehen.[614] Die Kommission hält ein nach objektiven,

---

weist nichts darauf hin, daß man bei den Konzessionen anders verfahren darf". Vgl. hierzu: *Buendia Sierra* (1999), Tz. 9.38 ff.

608 *Kommission*, Mitteilung Konzessionen, ABl. 2000 Nr. C 121/2, 5 Tz. 2.4.

609 A. a. O., Tz. 3.1.

610 A. a. O., Tz. 3.

611 A. a. O., Tz. 3.1: der Gleichbehandlungsgrundsatz bedeute vor allem, daß die „Spielregeln" allen potentiellen Konzessionären bekannt sein und auf alle in gleicher Art und Weise angewendet werden müßten. Der Konzessionsgeber könne das geeigneteste Vergabeverfahren, insbesondere nach den Besonderheiten des betroffenen Sektors, und die Anforderungen, die die Bewerber während der verschiedenen Verfahrensstadien erfüllen müßten, frei bestimmen. Nichtsdestoweniger müsse die Wahl des Konzesionärs auf objektiver Grundlage erfolgen, und die Verfahrensbestimmungen sowie die zu Beginn festgelegten grundlegenden Anforderungen müßten eingehalten werden. Für den Fall, daß keine Regeln festgelegt wurden, verlange der Gleichbehandlungsgrundsatz jedenfalls, daß die Wahl der Kandidaten anhand objektiver Kriterien erfolge. Ein Verstoß gegen die Vorschriften des EGV und gegen den Gleichbehandlungsgrundsatz sei in Bestimmungen zu sehen, die öffentliche Aufträge jenen Unternehmen vorbehielten, die unmittelbar oder mittelbar ganz oder mehrheitlich im Besitz des Staates oder der öffentlichen Hand stünden. Zur Problematik der Anwendung der Prinzipien der Nichtdiskriminierung bzw. Gleichbehandlung auf die Auswahl des zu betrauenden Unternehmens siehe auch *Buendia Sierra* (1999), Tz. 9.20 ff.: solange den Mitgliedstaaten Ermessensspielräume verblieben, sei eine wirksame Kontrolle der Einhaltung dieser Prinzipien praktisch kaum möglich. Es müsse daher ein ganz und gar objektiviertes Verfahren zur Auswahl des zu betrauenden Unternehmens geschaffen werden.

612 *Kommission*, Mitteilung zu Konzessionen, ABl. 2000 Nr. C 121/2, 7 Tz. 3.1.2: der Grundsatz der Transparenz sichere den Zweck des Grundsatzes der Gleichbehandlung, indem er unverfälschten Wettbewerb garantiere.

613 A. a. O., Tz. 3.1.3: Der Grundsatz der Verhältnismäßigkeit verlange, daß die gewählten Maßnahmen zur Erreichung des verfolgten Ziels sowohl angemessen als auch erforderlich seien. Dabei hätten die Mitgliedstaaten die für die Ausübung einer Wirtschaftstätigkeit am wenigsten belastende Maßnahme zu wählen. Der Grundsatz der Verhältnismäßigkeit mache es notwendig, Wettbewerb und finanzielle Ausgewogenheit in Einklang zu bringen: „die Laufzeit der Konzession ist daher so festzulegen, daß der freie Wettbewerb nur so weit eingeschränkt wird, wie es erforderlich ist, um die Amortisierung der Investitionen und eine angemessene Verzinsung des eingesetzten Kapitals sicherzustellen. Hierbei ist jedoch das mit der Nutzung verbundene Risiko für den Konzessionär beizubehalten".

614 A. a. O., Tz. 3.1.

transparenten Kriterien ausgestaltetes Verfahren als Grundlage für die Auswahl des zu betrauenden Unternehmens für geboten.[615] Sie zieht dabei eine Parallele zu den gemeinschaftsrechtlichen Vorgaben im Rahmen von Vergabeverfahren.[616]

Welche Anforderungen sich aus diesen Prinzipien für das in den Mitgliedstaaten anzuwendende Verfahren zur Auswahl des zu betrauenden Unternehmens in den verschiedenen Sektoren im einzelnen ergeben, bleibt abzuwarten.[617] Auf der Grundlage der Mitteilung der Kommission naheliegend ist, daß künftig unter Umständen eine transparente Ausschreibung der dann sehr präzise zu umschreibenden „besonderen Aufgabe" verlangt werden könnte. Die Mitteilung der Kommission scheint vor diesem Hintergrund einer „Kontraktualisierung" der „besonderen Aufgabe" Vorschub zu leisten. Zugleich läßt sich die Mitteilung aber auch – zumindest mit Blick auf zwei der in dieser Arbeit behandelten Sektoren: Post und Energie – als ein Rückzugsgefecht deuten: ist der Kommission auf der Grundlage der heutigen Auslegung des Art. 86 Abs. 2 EGV durch den EuGH die Möglichkeit genommen, die monopolistische Sektorstruktur selbst gemeinschaftsrechtlich anzugreifen und die Einführung von Wettbewerb *innerhalb* des relevanten Marktes für Dienstleistungen von allgemeinem wirtschaftlichem Interesse zu erzwingen, so soll doch über die Anwendung der in der Mitteilung konkretisierten Grundsätze wenigstens ein Wettbewerb *um* den Markt gewährleistet werden.[618] Wenngleich ein Wettbewerb um den Markt zu befürworten ist, ist er doch kein gleichwertiger Ersatz für die Einführung von Wettbewerb innerhalb des Marktes selbst.[619] Bei Einführung eines Wettbewerbs um die vom Staat vergebenen Dienstleistungskonzessionen bleibt es doch immer der Staat, der die maßgeblichen Leistungen gemäß den von ihm

615 In Fällen, in denen der Ausgleich für die Erbringung von Dienstleistungen von allgemeinem wirtschaftlichem Interesse im Rahmen eines „offenen, transparenten und nicht diskriminierenden Verfahrens" festgesetzt wurde, wird nach der neuen Transparenz-Richtlinie im übrigen auch auf eine getrennte Buchführung verzichtet – vgl. Art. 4 Abs. 2 lit.c der neuen Transparenz-Richtlinie; siehe auch Rn. 11 der Gründe.

616 Diese Parallele durchzieht die gesamte Mitteilung der Kommission. Hierzu auch: *Buendia Sierra* (1999), Tz. 9.24 ff.

617 *Buendia Sierra* (1999), Tz. 9.33–9.34 hält sekundärrechtliche Präzisierungen der an die Mitgliedstaaten zu stellenden Anforderungen für erforderlich, um das Diskriminierungsverbot auch in der Praxis wirksam zur Geltung zu bringen. Die Kommission könne dabei von ihrer Befugnis aus Art. 86 Abs. 3 EGV zum Erlaß von Richtlinien Gebrauch machen.

618 Zum Konzept des „Wettbewerbs *um* den Markt" als Alternative zum Wettbewerb *im* Markt grundlegend: *Demsetz*, Journal of Law & Economics 11 (1968), 55–66; zu den Möglichkeiten und Problemen dieses Ansatzes aus neuerer Zeit: *Borrmann*, ZögU 22 (1999), 256 ff.

619 Vgl. z. B. *Borrmann*, ZögU 22 (1999), 256, 260 mit dem Hinweis, daß in diesem Verfahren auf der Nachfrageseite kein dezentraler Marktmechanismus zum Zuge komme und der Wettbewerb dementsprechend hier auch nicht als Entdeckungsverfahren wirken könne. Für eine Sichtweise der Dienstleistungskonzessionen, die diese in die Nähe der vielpropagierten Idee einer – mit Markt und Wettbewerb nicht notwendig vereinbaren – „Kooperation" zwischen Staat und Wirtschaft rückt, siehe auch: *Mattera*, Revue du Droit de l'Union Européenne 2000/2, 253, 258 f.: „Les concessions se présentent ainsi [...] comme un instrument de partenariat entre, d'une part, des entités du secteur public, et d'autre part, des acteurs de la sphère privée qui s'organisent en vue de la réalisation de grands projets d'utilité publique qui ne pourraient être offerts à la collectivité sans une telle synergie. Ces entités, ne disposant pas de ressources budgétaires suffisantes, gardent la responsabilité et le contrôle du service d'intérêt public; les acteurs économiques de la sphère privée qui, par contre, disposent de tels moyens financiers et désirent tirer profit de leur capitaux, organisent et gèrent avec leurs propres deniers des services d'utilité publique".

bestimmten öffentlichen Interessen festsetzt. Den Vorteil, den ein Wettbewerb im Markt für die Verbraucher gewährleistet – eine Bereitstellung von Leistungen gemäß ihren Bedürfnissen, in der von ihnen nachgefragten Qualität und Menge – hält ein vom Staat organisierter Wettbewerb um den Markt nicht bereit.[620]

Gerade mit Blick auf die in dieser Arbeit im Mittelpunkt stehenden Sektoren ist fragwürdig, ob die Mitteilung der Kommission in näherer Zukunft maßgebliche Bedeutung erlangen wird: es ist davon auszugehen, daß gegenwärtig regelmäßig faktisch nur die Ex-Monopolisten in der Lage sein werden, die Versorgungsaufgabe flächendeckend zu erfüllen,[621] und die Mitgliedstaaten daher selbst unter Zugrundelegung nichtdiskriminierender und transparenter Kriterien befugt wären, diese Unternehmen auch weiterhin mit der Versorgungsaufgabe zu betrauen. Erst mittelfristig – und insbesondere in den Sektoren, in denen sich, wie unter Umständen im Telekommunikationssektor, tatsächlich ein wirksamer Wettbewerb entwickelt, werden die von der Kommission präzisierten rechtlichen Vorgaben daher praktisch Wirkung entfalten können.

dd) Fazit zur Verhältnismäßigkeitsprüfung

Erst auf der Grundlage einer rein leistungsbezogen definierten „besonderen Aufgabe" ist eine strikte Erforderlichkeitsprüfung möglich und kann die Verhältnismäßigkeitsprüfung mithin ihre Funktion entfalten, „die Erfordernisse des Binnenmarktes, nämlich Freizügigkeit sowie wirtschaftliche Leistungsfähigkeit und Dynamik, den freien Wettbewerb und die im Interesse des Gemeinwohls liegenden Ziele auf eine Weise miteinander in Einklang zu bringen, daß sie sowohl dem einzelnen Bürger als auch der Gesellschaft insgesamt Vorteile bringen".[622]

Eine strenge, rechtsförmige Kontrolle der Verhältnismäßigkeit einer Ausnahme entspricht dem gemeinschaftsrechtlichen Integrationsziel. Jede Lockerung der gemeinschaftsrechtlichen Kontrolldichte gegenüber mitgliedstaatlichen Entscheidungen bedeutet eine Lockerung der Prinzipien der Integration und Rechtsbindung zugunsten freier Mittelwahl der Mitgliedstaaten. Die relativ weitreichende Freiheit der Mittelwahl ist zwar ein Charakteristikum der mitgliedstaatlichen Konzepte der Daseinsvorsorge bzw. des „service public". Ihre Einschränkung bedeutet jedoch einen Gewinn an gemeinschaftsrechtlich induzierter Rationalität. Warum der Freiheit der Mittelwahl Vorrang gebühren sollte, ist nicht ersichtlich.

620 Vgl. *Collins* (1999), 305; auch S. 306: „At best, the citizen has the political power to vote for a change of government and to try to affect performance standards through adverse publicity".

621 Vgl. für den Telekommunikationssektor OFTEL, Universal Telecommunications Services: Proposed arrangements for Universal Service in the UK from 1997, Chap. 1 Tz. 1.4.

622 *Kommission*, Bekanntmachung über die Anwendung der Wettbewerbsregeln auf dem Postsektor, ABl. 1998 Nr. C 39/2, Vorwort.

3. *Art. 86 Abs. 2 S. 2 EGV*

Die praktische Bedeutung der in Art. 86 Abs. 2 S. 2 EGV verankerten Schranken-Schranke ist umso größer, je weiter man den durch Art. 86 Abs. 2 S. 1 EGV eröffneten Ausnahmebereich zieht. Ausgehend von einer engen Auslegung des Art. 86 Abs. 2 S. 1 EGV, wie sie hier vertreten wird, kommt Art. 86 Abs. 2 S. 2 EGV die wichtige, aber begrenzte Funktion zu, eine Korrekturmöglichkeit dort zu eröffnen, wo eine privilegierungsfähige Regulierungskompetenz der Mitgliedstaaten zwar gegeben, die Art ihrer Ausübung aber mit Blick auf die dadurch verursachten Wirkungen unverhältnismäßig ist. Ermöglicht wird insbesondere eine Korrektur von mitgliedstaatlich gesetzten „besonderen Aufgaben", die infolge ihres strukturellen Widerspruchs zur Geltung der Prinzipien offener Märkte und unverfälschten Wettbewerbs die Entwicklung des Handelsverkehrs unverhältnismäßig behindern. So können etwa die Festsetzung eines qualitativ überhöhten, am Markt weithin nicht realisierbaren Versorgungsniveaus oder aber die Festsetzung des Prinzips der Tarifeinheit trotz erheblich divergierender Kosten mit (häufig regional begrenzten) Defiziten in der Leistungsbereitstellung in einer Höhe verbunden sein, die nur die Beibehaltung von Ausschließlichkeitsrechten als geeigneten Finanzierungsmechanismus erscheinen lassen. In solchen Fällen kann gemeinschaftsrechtlich über die Konkretisierung des Gemeinschaftsinteresses im Rahmen des Art. 86 Abs. 2 S. 2 EGV das Versorgungsniveau reduziert oder das Prinzip der Tarifeinheit durch das Prinzip der allgemeinen Erschwinglichkeit der Leistungen ersetzt werden.

Festzuhalten bleibt, daß die Anwendung des Art. 86 Abs. 2 S. 2 EGV auch in dieser Konstruktion nicht zur Mißachtung des durch Art. 86 Abs. 2 EGV geschützten legitimen Interesses der Mitgliedstaaten führt. Art. 86 Abs. 2 S. 2 EGV kann eine Modifizierung der „besonderen Aufgabe" erzwingen, einen vollständigen Verzicht auf ihre Verfolgung erzwingt Art. 86 Abs. 2 S. 2 EGV regelmäßig nicht.[623]

4. *Zusammenfassung*

Der EuGH hat sich in seiner neueren Rechtsprechung zu Art. 86 Abs. 2 EGV zumindest in diesem Bereich von seiner Rolle als „Motor der Integration" verabschiedet[624] und – unter Berufung auf das Prinzip richterlicher Zurückhaltung in politischen Fragen – einem Verständnis der Norm Vorschub geleistet, demzufolge diese Vorschrift die Regelungshoheit der Mitgliedstaaten weitgehend vor gemeinschaftsrechtlichen Anfechtungen schützt.

---

623 So hat auch die Kommission im Rahmen der Anwendung des Art. 86 Abs. 2 S. 2 EGV im Telekommunikationsbereich bislang stets das sachliche Interesse der Mitgliedstaaten an der Gewährleistung der flächendeckenden Bereitstellung bestimmter Leistungen respektiert – vgl. z. B. *Kommission*, Richtlinie 90/388/EWG über den Wettbewerb auf dem Markt für Telekommunikationsdienste, ABl. 1990 Nr. L 192/10, Begründungserwägung 20.

624 Vgl. hierzu in allgemeinerem Zusammenhang: *Hirsch*, NJW 2000, 1817, 1820: es könne heute nicht mehr Aufgabe des EuGH sein, die Geschwindigkeit der weiteren Europäischen Integration zu bestimmen und ihr in jedem Fall die Interessen der einzelnen Mitgliedstaaten unterzuordnen. Insoweit sei der EuGH nicht „Motor der Integration". Die Geschwindigkeit und Dichte der weiteren Integration hingen von der jeweiligen strategischen Kraft der nationalen Europapolitiken ab.

Diese Entwicklung ist bedenklich. Das vom Ziel der Integration nationaler Märkte geprägte Gemeinschaftsrecht zwingt zur Begrenzung der mitgliedstaatlichen Befugnis, unter Berufung auf öffentliche Interessen Ausnahmen von der Geltung des Gemeinschaftsrechts in Anspruch zu nehmen. In Abgrenzung von der mitgliedstaatlichen Tradition einer Instrumentalisierung der Infrastruktursektoren für eine breite Palette öffentlicher Interessen gilt es, ein Prinzip zu finden, nach dem das legitime Interesse der Mitgliedstaaten an der Gewährleistung einer angemessenen Grundversorgung aller mit Infrastrukturleistungen getrennt werden kann von anderen öffentlichen Interessen der Mitgliedstaaten, die sich als nationale, zum Teil protektionistische Partikularinteressen gegenüber anderen Mitgliedstaaten darstellen. Ein solches Prinzip muß die Privilegierung mitgliedstaatlicher Zielsetzungen an äußere, außerhalb des mitgliedstaatlichen Willens liegende Faktoren knüpfen – nur so läßt sich das mitgliedstaatliche Ermessen beschränken.

Die hier entwickelte Auslegung des Art. 86 Abs. 2 EGV stellt für mitgliedstaatliche Entscheidungen, die sich auf die genannte Ausnahmevorschrift berufen, auf die objektiven gesellschaftlichen Gegebenheiten bzw. das Verbraucherinteresse als äußeren Maßstab ab. Nach dieser Auslegung schützt Art. 86 Abs. 2 S. 1 EGV eine Verantwortung des Staates für konkrete Marktergebnisse, jedoch nur, soweit diese Marktergebnisse einem Verbraucherinteresse entsprechen, welches durch allgemeine Nachfrage am Markt dokumentiert ist. Der verbreiteten Praxis der Mitgliedstaaten, das Leistungsangebot in den „service public“ bzw. Daseinsvorsorgesektoren nicht nachfrageorientiert zu bestimmen, sondern nach Maßgabe politischer Ziele zu entwickeln, wäre damit Einhalt geboten. Die über das unmittelbare Nachfragerinteresse hinausreichenden öffentlichen Interessen, die mit der Leistungserbringung verknüpft werden, sind am Maßstab anderer Ausnahmevorschriften im System des EG-Vertrags zu rechtfertigen. Die privilegierungsfähige „besondere Aufgabe“ ist begrenzt auf die nähere Ausgestaltung der Modalitäten der „Dienstleistungen von allgemeinem wirtschaftlichem Interesse“. Den Mitgliedstaaten verbleiben in dieser Ausgestaltung politische Handlungsspielräume. Begrenzt werden diese jedoch durch das Erfordernis eines unmittelbaren Bezugs der Leistungsmodalitäten auf das Verbraucherinteresse. Praktisch beschränkt sich der durch Art. 86 Abs. 2 EGV geschützte Handlungsspielraum damit auf die konkrete Ausgestaltung einer eng verstandenen Universaldienstaufgabe: geschützt ist die Gewährleistung der allgemeinen Zugänglichkeit (Universalität) einer dem allgemeinen Verbraucherinteresse entsprechenden Dienstleistung, die Gewährleistung der Erschwinglichkeit und der Kontinuität der Leistungserbringung zu bestimmten, näher zu konkretisierenden Bedingungen. Marktsteuerung und Bedarfssplanung sind keine für sich genommen privilegierungsfähigen „besonderen Aufgaben“. Ebensowenig ist eine Instrumentalisierung der Dienstleistungen von allgemeinem wirtschaftlichem Interesse im Dienste universaldienstfremder politischer Ziele (z. B. industrie- oder beschäftigungspolitischer Art) zulässig.

Art. 86 Abs. 2 S. 1 EGV setzt die Überprüfbarkeit der Verhältnismäßigkeit einer vertragswidrigen Maßnahme voraus. Eine gemeinschaftsrechtliche Privilegierung einer „besonderen Aufgabe“ kommt daher nur in Betracht, wenn sie in einem hoheitlichen, die politische Entscheidung für den Eintritt des Staates in eine Marktergebnisverantwortung dokumentierenden Betrauungsakt in einer Weise präzisiert wird, daß damit ein eindeutiger Bezugspunkt für die Prüfung der Verhältnismäßigkeit der eingesetzten Mittel geschaffen ist.[625] Nicht zuletzt aufgrund ihrer Beweislast für die Verhältnismäßigkeit eines Vertragsverstoßes trifft die Mitgliedstaaten eine Obliegenheit zur Aufgabenpräzisierung und zur Gewährleistung der Nachweisbarkeit von mit der Aufgabenerfüllung verbundenen Kosten durch eine transparente Buchführung. Diese Vorgaben gewährleisten zugleich die erhöhte Transparenz und Rationalität staatlicher Entscheidungsprozesse mit Blick auf die in den betroffenen Sektoren verfolgten Ziele und die hierfür aufgewendeten Mittel.[626]

Das Verhältnismäßigkeitsprinzip in Art. 86 Abs. 2 S. 1 EGV ist streng anzuwenden. Dies gilt auch für die Prüfung, ob alternative, gemeinschaftsrechtskonformere Mittel das vertragswidrige System eines Mitgliedstaats ohne Gefährdung der Aufgabenerfüllung ersetzen können. Wenngleich es der Kommission obliegt, derartige alternative Mittel zu konkretisieren, ist an dem Prinzip, daß die Mitgliedstaaten auch im Rahmen der Verhältnismäßigkeitsprüfung die Beweislast für das Vorliegen der Voraussetzungen des Ausnahmetatbestands tragen, festzuhalten. Geht es um die Frage der Finanzierung unrentabler Versorgungsleistungen, so ist die Beibehaltung von Ausschließlichkeitsrechten grundsätzlich nur gerechtfertigt, wenn nachgewiesen wird, daß ein System der Finanzierung der Defizite über ein alle Marktteilnehmer gleichmäßig belastendes Ausgleichssystem nicht praktikabel ist. Art. 86 Abs. 2 S. 1 EGV gebietet mithin eine Auseinandersetzung mit den verschiedenen theoretischen Modellen zur Finanzierung der Universaldienstkosten.

Art. 86 Abs. 2 S. 2 EGV ermöglicht der Gemeinschaft dort, wo ein Vertragsverstoß eines Mitgliedstaats bzw. mehrerer Mitgliedstaaten die Entfaltung eines konkret nachweisbaren Entwicklungspotentials des Handelsverkehrs nachhaltig behindert, eine Korrektur der „besonderen Aufgaben" bzw. eine Abwandlung der Leistungsmodalitäten in einer Weise, daß diese mit den Prinzipien des EG-Vertrags vereinbar sind.

Art. 86 Abs. 1 EGV i. V. m. den Verkehrsfreiheiten und Wettbewerbsvorschriften unterwirft die Mitgliedstaaten einer ständigen Kontrollpflicht[627] und gemeinschaftsrechtlichen Kontrolle[628], die sich auch auf die Rechtfertigungsvoraussetzungen des Art. 86 Abs. 2 S. 1 EGV erstreckt. Die Tatbestandsstruktur des Art. 86 Abs. 2 EGV gewährleistet durch die Anbindung des Tatbestands an eine objektiv feststellbare allgemeine Nachfrage (die gesellschaftlichem Wandel Rechnung trägt) einerseits, durch eine strenge Verhältnismäßigkeitsprüfung (die technologischem Wandel Rechnung trägt) andererseits eine ständige Anpassung der mitgliedstaatlichen Marktordnungen an gesellschaftliche, wirtschaftliche und technologische Entwicklungen.[629] Der gemeinschafts-

625 Für diese Entscheidung können verschiedene Gesichtspunkte leitend sein – namentlich politische, soziale (Verhinderung der Marginalisierung bestimmter Bevölkerungsteile) und / oder ökonomische Erwägungen (z. B. Realisierung positiver Externalitäten). Diese Entscheidung bleibt in der Zuständigkeit der Mitgliedstaaten.

626 *Chérot*, AJDA 1996, 171, 172.

627 Vgl. z. B. *Hancher*, in: Craig/de Búrca (Hrsg.) (1999), S. 721, 730.

628 vgl. z. B. Leitlinien der *Kommission* für die Anwendung der EG-Wettbewerbsregeln im Telekommunikationsbereich, ABl. 1991 Nr. C 233/2 Rn. 1.

629 Vgl. auch *Faull/Nikpay* (1999), Art. 86 Tz. 5.142 und Tz. 5.128.

rechtlichen Ausnahmenorm ist mithin eine Dynamik inhärent, die in den mitgliedstaatlichen Konzeptionen angesichts der Beharrungstendenz politischer Prozesse in demokratischen Systemen bislang oftmals fehlte.[630]

Die Mitgliedstaaten sind zur regelmäßigen Überprüfung der Änderungs- bzw. Ergänzungsbedürftigkeit des Kreises der Universaldienste, aber auch der zur Gewährleistung der Bereitstellung dieser Dienste erlassenen Marktordnungen, soweit sie den Prinzipien des EG-Vertrags zuwiderlaufen, verpflichtet.

Auf der Grundlage dieser Auslegung gibt Art. 86 Abs. 2 EGV in Verbindung mit den Grundfreiheiten und Wettbewerbsvorschriften des Vertrags mithin wesentliche Parameter für die Organisation der Infrastruktursektoren vor. Die Norm trägt nicht den Organisationsentscheidungen der Mitgliedstaaten mit Blick auf „öffentliche Dienste" Rechnung,[631] sondern dem mitgliedstaatlich definierten Interesse an der Erfüllung bestimmter, gemeinschaftsrechtlich privilegierter Aufgaben. In der Sektorausgestaltung müssen sich die Mitgliedstaaten – soweit mit der Aufgabenerfüllung vereinbar – den in den Grundfreiheiten und Wettbewerbsvorschriften enthaltenen Strukturvorgaben unterwerfen.

Zugleich enthält diese Auslegung die wesentlichen Eckpunkte eines engen Universaldienstkonzepts der Gemeinschaft: von der Durchsetzung der im primären Gemeinschaftsrecht enthaltenen Liberalisierungsvorgaben kann die Gemeinschaft nur insoweit absehen, als sich die Mitgliedstaaten auf eine Ausnahme nach Art. 86 Abs. 2 EGV[632] berufen. Wo die Gemeinschaft die Liberalisierung in einem Sektor auf der Grundlage von Harmonisierungsrichtlinien mit einem eigenen, positiven Universaldienstkonzept begleitet, ist sie ihrerseits an die Maßgaben des Art. 86 Abs. 2 EGV gebunden. Allerdings enthält Art. 86 Abs. 2 EGV nur ein „negatives" Universaldienstkonzept der Gemeinschaft: weder verpflichtet die Vorschrift die Gemeinschaft auf die Verfolgung des Ziels, eine flächendeckende Versorgung aller Gemeinschaftsbürger mit bestimmten Grundversorgungsleistungen zu angemessenen Bedingungen und erschwinglichen Preisen zu gewährleisten; noch würde sich aus der Norm ergeben, bezüglich welcher Leistungen die Gemeinschaft eine solche Gewährleistungsverantwortung übernehmen sollte. Art. 86 Abs. 2 EGV enthält lediglich die Prinzipen, nach denen die Universaldienstziele der Mitgliedstaaten mit den Wirtschaftsverfassungsprinzipien der Gemeinschaft in Einklang zu bringen sind.

630 Vgl. hierzu: *Monopolkommission*, Sondergutachten Systemwettbewerb (1998), S. 13.

631 So aber *Seidel*, in: Baur (Hrsg) (1997), S. 73, 80 ff.

632 Selbstverständlich können sich die Mitgliedstaaten auch weiterhin auf die anderen im EGV enthaltenen Ausnahmevorschriften berufen, die aber nur fest umrissene öffentliche Interessen und als Mittel in keinem Fall die Instrumentalfunktion der Unternehmen schützen.

V. Fazit: Das System des Art. 86 Abs. 2 EGV im Verhältnis zu den traditionellen Konzepten der Daseinsvorsorge und des „service public"

Im breitgestreuten Meinungsspektrum lassen sich zwei gegensätzliche Pole ausmachen:

Die einen sehen in Art. 86 Abs. 2 S. 1 EGV vor allem die Souveränität bzw. die politische Handlungsfreiheit der Mitgliedstaaten in den Infrastruktursektoren geschützt, die damit faktisch eine „domaine reservée" darstellen.[633] Durch das Erfordernis der Betrauung und durch das Verhältnismäßigkeitsprinzip sind den Mitgliedstaaten bei nahezu vollständiger Freiheit der Aufgabenbestimmung lediglich formale Grenzen gezogen. Die eigentliche Grenze mitgliedstaatlicher Politikbefugnisse liegt nach dieser Auffassung erst in Art. 86 Abs. 2 S. 2 EGV, d. h. in der Abwägung der mitgliedstaatlichen Interessen gegen das Gemeinschaftsinteresse. Angesichts der Schwierigkeiten der rechtlichen Handhabung dieser Abwägung wird darauf gedrängt, Liberalisierungsinitiativen nur mit Zustimmung der Mitgliedstaaten und auf der Basis von Harmonisierungsrichtlinien zu ergreifen.

Dieser Auslegung, der der EuGH in seinen Urteilen aus jüngerer Zeit entgegengekommen ist, wurde hier unter Anknüpfung an frühere, gleichgerichtete Bemühungen des EuGH und der Kommission der Versuch gegenübergestelllt, Art. 86 Abs. 2 EGV – insbesondere dessen Satz 1 –, ähnlich wie andere Ausnahmevorschriften im EGV als Ausdruck des Prinzips einer Rechtsbindung der Mitgliedstaaten auch in den Infrastruktursektoren zu verstehen. Dies wird möglich, wenn man in Art. 86 Abs. 2 S. 1 das konkrete Interesse der Verbraucher an der Gewährleistung einer Grundversorgung mit wesentlichen Leistungen und Gütern – mit Universaldiensten – geschützt sieht.

Diese beiden Positionen unterscheiden sich grundlegend in ihrem Verhältnis zu den traditionellen mitgliedstaatlichen Konzepten der Daseinsvorsorge bzw. des „service public":

Schützt Art. 86 Abs. 2 S. 1 EGV die politische Handlungsfreiheit der Mitgliedstaaten in den Infrastruktursektoren, so lassen sich die nationalen Konzepte der Daseinsvorsorge und des „service public" – ihrem Wesen nach ausgerichtet auf die Gewährleistung des Primats der Politik – grundsätzlich im Rahmen des Art. 86 Abs. 2 EGV weiterverfolgen.[634] Nur dort, wo Mitgliedstaaten die Verkehrsfreiheiten oder den Wettbewerb gemessen an den eigenen Zielen *überflüssig* beschränken oder das Gemeinschaftsinteresse an der Entwicklung des Handelsverkehrs unverhältnismäßig betroffen ist, entsteht Kooperationsbedarf auf Gemeinschaftsebene, dem nach den Verfechtern dieser Ansicht insbesondere durch Harmonisierung Rechnung zu tragen ist. Art. 86 Abs. 2 S. 1 EGV begründet danach weniger eine Rechtsbindung mitgliedstaatlichen Handelns als vielmehr eine politische Kooperationspflicht dort, wo Gemeinschaftsinteressen in besonde-

633 Vgl. *Triantafyllou*, Rev.trim.dr.eur. 35 (1999), 21, 39; *Hailbronner*, NJW 1991, 593, 600; *Baur*, RdE 1999, 85, 86 und 89.

634 Hiervon gehen z. B. *Faull/Nikpay* (1999), Art. 86 Tz. 5.126, *Denoix de Saint Marc* (1996), S. 60 und 77 und *Stoffaës* (1995), S. 393 aus.

rer Weise berührt sind. Eine gemeinschaftsrechtlich begründete strukturelle Neuerung bringt nach dieser Ansicht allein das Betrauungserfordernis und die damit verbundenen Pflicht der Mitgliedstaaten zur Konkretisierung der „besonderen Aufgabe“ im Betrauungsakt. Die dadurch geschaffene Transparenz wird vielfach als positiver gemeinschaftsrechtlicher Beitrag zur Konzeption des „service public“ gewürdigt. Eine Auslegung des Art. 86 Abs. 2 EGV, die in dieser Weise über eine Rückkehr zum Prinzip der vollen Souveränität der Mitgliedstaaten dem Konzept des „service public“ wieder Raum verschafft, birgt jedoch ein erhebliches desintegratives Potential.

Eine enge Auslegung des Art. 86 Abs. 2 S. 1 EGV, die sich um eine objektive Eingrenzung des Tatbestands bemüht, steht demgegenüber in einem strukturellen Widerspruch zu den nationalen Konzepten der Daseinsvorsorge, insbesondere aber auch des „service public“.[635] Der Widerspruch liegt nicht, wie vielfach behauptet, darin, daß die Anwendung des Art. 86 Abs. 2 EGV die flächendeckende Erbringung von Leistungen der Daseinsvorsorge bzw. Grundversorgungsleistungen entsprechend den Prinzipien der Kontinuität und Gleichbehandlung gefährden würde.[636] Unvereinbar mit dem Gemeinschaftsrecht ist aber die Annahme einer gemeinschaftsrechtlich unkontrollierten Gestaltungsbefugnis der Mitgliedstaaten entsprechend beliebiger nationaler oder öffentlicher Interessen[637] – mit anderen Worten: der uneingeschränkte Souveränitätsanspruch der Mitgliedstaaten in den Infrastruktursektoren.[638] Der Widerspruch zwischen einer auf Rechtsbindung staatlichen Handelns in den Infrastruktursektoren abzielenden Auslegung des Art. 86 Abs. 2 EGV und dem französischen „service public“-Konzept ist in dieser Hinsicht fundamental.[639]

Der Widerspruch läßt sich am Verständnis einzelner Tatbestandsmerkmale festmachen: So ist die hier vorgeschlagene Auslegung des Begriffs der „Dienstleistungen von allgemeinem wirtschaftlichem Interesse“ aus Verbrauchersicht, d. h. unter Zugrundelegung

---

635 Vgl. z. B. *Mestmäcker*, in: FS Zacher (1998), 635, 636; *Bauby/Boual* (1993), S. 11, 22; *Rapp*, Rev.MUE 1995, 352, 354; *Conseil d'État* (1995), S. 14, 121; *Belloubet-Frier*, AJDA 1994, 270, 274; *Borotra* (1995), S. 83: "Ne pas modifier le traité reviendrait à accepter que, par un lent "grignotage", la Commission européenne, au nom de la concurrence, mette à bas le service public"; *Mallol*, La Semaine Juridique, Edition Générale, No. 40 (1996), Doctrine 3963, S. 371: "La logique de la construction européenne est d'ordre économique. La philosophie des services publics est d'ordre éthique. La première se réfère aux moyens, la seconde aux fins. L'une et l'autre n'étant pas corrélées, inévitablement elles s'ignorent ou se heurtent, s'écartent ou s'opposent [...]“.

636 Ebenso: *Belorgey*, AJDA 1996, No. spécial du 20. juin 1996, 35, 36: „Une partie des exigences européennes heurte en réalité davantage la pratique française des services publics qu'elle n'en heurte le cadre théorique de fonctionnement“. In diese Richtung auch: Van Miert, in: XXXII. FIW-Symposion (1999), S. 5 f.

637 Diese Annahme liegt aber dem französischen „service public“-Konzept zugrunde – vgl. *Belorgey*, AJDA 1996, No. spécial du 20. juin 1996, 35, 37. Siehe auch *Barbet/Gonzalez*, Revue Internationale de Droit Économique 1999/1, 59, 68.

638 Näher: Immenga/Mestmäcker-*Mestmäcker*, EG-Wettbewerbsrecht, Kom., Bd. II (1997), Art. 37/Art. 90 D. Rn. 9 in einer Gegenüberstellung der Begriffe „universal service“ und „service public“.

639 Vgl. *Frison-Roche*, Revue de l'énergie 1997, 178, 181: „[...] alors que techniquement la différence paraît peu sensible entre service public français et service universel européen, ce sont en réalité deux mondes juridiques qui sont lancés l'un contre l'autre. On comprend dès lors que la marque de l'État, sa violence légitime, la puissance publique, [...] soit également malmené". Auch *du Granut* (1997), S. 35: „L'État-Nation jacobin et centralisateur se voit dépossédé de ses outils d'aménageur, de patron économique, de grand distributeur de richesses et d'emplois“.

der Äußerungen der Partikularinteressen am Markt, – eine Auslegung, die im Ergebnis nur die staatliche Verantwortung für die Gewährleistung eines Universaldienstes privilegiert –, nicht vereinbar mit dem französischen Verständnis des „intérêt général“, wie es dem „service public“-Konzept zugrundeliegt: das „intérêt général“ als Ausdruck des „volonté général“ – dem höchsten, Partikularinteressen transzendierenden Ausdruck des Willens des Volkes, der nicht irren und externen rechtlichen Bindungen daher nicht unterworfen werden kann. Auch der enge Zuschnitt der nach der hier vertretenen Ansicht privilegierungsfähigen „besonderen Aufgaben“ kollidiert mit dem in den mitgliedstaatlichen Rechtstraditionen verankerten Prinzip freier staatlicher Aufgabensetzung. Wurde in den mitgliedstaatlichen Rechtstraditionen entsprechend der Gegenüberstellung von öffentlichen und privaten Interessen zwischen einer öffentlichen und einer privaten Sphäre unterschieden, so privilegiert das Gemeinschaftsrecht nach hiesigem Verständnis allein bestimmte öffentliche Funktionen und verlangt eine strikte Entsprechung von Ausnahmen und Funktionen. Eine vollständige, funktional nicht näher eingegrenzte Unterordnung bestimmter Sektoren unter ein im politischen Prozeß stets neu zu konkretisierendes und von den Monopolunternehmen flexibel umzusetzendes öffentliches Interesse – typisch für die Organisation der Daseinsvorsorge und des „service public“ –, ist mit der engen Auslegung von Art. 86 Abs. 2 EGV nicht vereinbar. Zusammenfassen läßt sich der Widerspruch zwischen Gemeinschaftsrecht und traditionellen mitgliedstaatlichen Konzepten dahingehend, daß das Gemeinschaftsrecht als rechtsförmige Ausnahme faßt, was den Mitgliedstaaten ein politisch begründetes Hoheitsrecht ist.

Angesichts dieses strukturellen Gegensatzes zwischen den traditionellen mitgliedstaatlichen Konzepten der Daseinsvorsorge und des „service public“ einerseits, dem Gemeinschaftsrecht in Form von Art. 86 Abs. 2 S. 1 EGV – zumindest in seiner engen Auslegung – andererseits ist der Widerstand in den Mitgliedstaaten wenig verwunderlich. Daß in Deutschland Art. 86 Abs. 2 EGV trotz der einschneidenden Strukturänderungen, die das Gemeinschaftsrecht auch hier erzwingt, nicht in gleichem Maße wie in Frankreich als illegitimer Einbruch des Gemeinschaftsrechts in einen Kernbereich nationaler Staats- und Rechtstradition empfunden wurde, liegt wohl nicht nur daran, daß das Konzept der Daseinsvorsorge anders als der französische „service public“ nicht zu einer zentralen Rechtsfigur des Verwaltungsrechts ausgestaltet wurde; der tiefere Grund dürfte vielmehr darin zu sehen sein, daß das deutsche Verwaltungs- und Verfassungsrecht in seiner Ausgestaltung nach dem Zweiten Weltkrieg in hohem Maße der Kontrolle staatlicher Intervention in Freiheitsrechte – auch in wirtschaftliche Freiheitsrechte – verpflichtet ist. Wenngleich die Rechtskontrolle betreffend politische Strukturentscheidungen in den Infrastruktursektoren in der Praxis stark zurückgenommen war, kollidiert doch das Prinzip der Rechtsbindung des Souveräns über ein Verhältnismäßigkeitsprinzip und einen damit verbundenen Rechtfertigungszwang nicht in gleichem Maße mit dem derzeit in Deutschland gültigen Staatsbild wie dies in Frankreich der Fall ist.[640]

Die im französischen Denken der Nachkriegszeit verankerte Überzeugung, daß staatliche Interventionen in die Wirtschaft – zumindest in den Infrastruktursektoren – ins po-

640 Für die französische Sicht vgl. z. B. *Fromont*, AJDA 1995, No. spécial, 156, 161; *Stoffaës* (1995), S. 10 f., S. 17 und S. 364 ff.; *Denoix de Saint Marc* (1996), S. 67 ff.; *Conseil d'État* (1995), S. 14, 127.

litische, gerichtlich nicht überprüfbare Ermessen des Staates gestellt seien und eine den Staat in seinem Handeln rechtlich bindende Mittelhierarchie nicht existiere,[641] erklärt die bisweilen drastische Terminologie, mit der eine enge Auslegung des Art. 86 Abs. 2 EGV bekämpft wird: das Postulat des Vorrangs von Markt und Wettbewerb als Mittel der Aufgabenerfüllung sei Ausdruck des Kampfes neoliberaler Ideologen gegen die französische Tradition des „service public", und sei getragen von einer Vergötterung des Marktes.[642]

Die These von der *kulturellen* Unvereinbarkeit der hier vorgeschlagenen Auslegung des Art. 86 Abs. 2 EGV mit dem französischen Denken, insbesondere mit dem französischen „service public"-Konzept, läßt sich trotzdem nicht halten. Das die hier vorgeschlagene Auslegung tragende Bemühen um eine Objektivierung und Verrechtlichung der Voraussetzungen staatlicher Intervention kann anknüpfen an ein ähnliches Anliegen des Begründers der „service public"-Schule in Frankreich, Léon Duguit. Duguit sah die Grenze staatlicher Eingriffsbefugnisse in die Wirtschaft in den objektiven Notwendigkeiten gesellschaftlicher Interdependenz, die sich aus der durch Arbeitsteilung und soziale Ausdifferenzierung gekennzeichneten Gesellschaft ergäben. Der Inhalt dieser objektiven Notwendigkeiten sollte unter Rückgriff auf die Soziologie aus den gesellschaftlichen Gegebenheiten ermittelt werden, seine Feststellung keinesfalls dem subjektiven Willen des Staates überlassen sein. Der Versuch, die gesellschaftlichen Notwendigkeiten bzw. die Interessen der Gesellschaft – unterschieden sowohl von den Interessen des Staates als auch von den Interessen der Individuen – zu objektivieren, muß heute als gescheitert gelten. Die Gesellschaft verfügt über kein von den Individuen einerseits, dem Staat andererseits unterscheidbares Organ, welches die komplexen gesellschaftlichen Notwendigkeiten objektiv formulieren könnte. Die Gesellschaft verfügt aber mit dem Markt über einen dezentralen Mechanismus, mit dem die Existenz einer spezifischen Art von Interessen – nämlich wirtschaftliche Interessen – der Allgemeinheit zuverlässig ermittelt werden können. Art. 86 Abs. 2 S. 1 EGV verbindet diesen objektiv ermittelbaren Ausdruck der wirtschaftlichen Interessen der Allgemeinheit mit der

---

641 Vgl. z. B. *Conseil d'État* (1995), S. 14, 62 f.: „[...] seuls l'autorité, ou les autorités publiques, ou les intervenants qu'elles ont désignés, disposent au surplus de la légitimité suffisante pour tracer la ligne de partage ou définir les modes de combinaison entre les procédés de régulation auxquels elles entendent recourir, en vue d'assuer, autant qu'il est nécessaire, le libre jeu de la concurrence, et ceux qu'elles entendent mettre en oeuvre, pour fixer, comme ce l'est aussi, des bornes à ce libre jeu en vue d'optimiser les satisfactions collectives". Siehe auch: *Stoffaës* (1995), S. 17 und S. 229; *Borotra* (1995), S. 15: die EG stelle sich dar als ein „Droit sans État" – sie sei nicht weit entfernt von einem „gouvernement des juges", während das französische „service public"-Konzept untrennbar mit dem Konzept des Staates verbunden sei. Es bestehe die Gefahr, daß die Politik im Namen der Globalisierung ihre Kompetenzen zugunsten einer Alleinherrschaft der Wirtschaft und Kapitalmärkte aufgebe. Vgl. auch *Belloubet-Frier*, AJDA 1994, 270: „Le conflit dépasse [...] les simples querelles juridique, pour être profondement politique. Car la notion de service public est éminemment politique".

642 Z. B. *Bauby/Boual* (1993), S. 11, 23; deutlich wird der Ideologievorwurf an die Kommission auch bei *Chevallier*, RFD adm. 12 (1996), 909, 910 artikuliert, der ihr eine „détermination farouche" unterstellt, im Namen einer liberalen Ideologie eine immer liberalere Auslegung der Vertragsvorschriften durchzusetzen. Ähnlich: *Belloubet-Frier*, AJDA 1994, 270: "L'idéologie d'un grand marché ouvert s'est rapidement dotée d'armes juridiques efficaces qui peu à peu se sont révélées de véritables machines de guerre contre les entreprises investies d'une mission de service public". Vom „ultraliberalen Modell" der Kommission spricht auch *Borotra* (1995), S. 92. Zum ideologischen Charakter der Debatte allgemein vgl. *Monéger*, in: Ullrich (Hrsg.) (1998), S. 151, 155.

Befugnis der Mitgliedstaaten, die notwendigen politischen Entscheidungen zu treffen, um diesem Interesse Rechnung zu tragen – im Rahmen gemeinschaftsrechtlich determinierter Grenzen. Die Wurzeln des französischen „service public"-Konzepts sind von dem im Gemeinschaftsrecht nach hier vertretener Auslegung realisierten Konzept rechtlicher Bindung der Mitgliedstaaten nicht so weit entfernt.

In praktischer Hinsicht bedeutet die Eingrenzung des Anwendungsbereichs des Art. 86 Abs. 2 EGV nicht, daß eine Wahrnehmung öffentlicher Interessen, die über das Interesse an der Gewährleistung eines Universaldienstes bzw. einer flächendeckenden Grundversorgung zu angemessenen Bedingungen hinausgehen, in den Infrastruktursektoren nicht mehr möglich wäre. Die Mitgliedstaaten sind jedoch bei der Wahrnehmung dieser Interessen an die Vorgaben des EG-Vertrags gebunden bzw. müssen ein Abweichen gegebenenfalls am Maßstab der Artt. 30, 55 i. V. m. 46 EGV oder mit Blick auf grundlegende Anforderungen des Allgemeininteresses rechtfertigen. Die Instrumentalisierung bestimmter Unternehmen zu diesem Zweck ist gemeinschaftsrechtlich nicht privilegiert.

Bei der Wahrnehmung des durch Art. 86 Abs. 2 EGV geschützten Interesses an der Gewährleistung einer flächendeckenden Grundversorgung zu angemessenen, sozialverträglichen Bedingungen bedeutet das gemeinschaftsrechtliche Gebot der optimalen Systemkonformität eine Verpflichtung der Mitgliedstaaten, den Prinzipien offener Märkte und unverfälschten Wettbewerbs so weit Rechnung zu tragen, wie dies mit der Erfüllung der geschützten Aufgabe vereinbar ist. Da der Einsatz besonderer – auch öffentlicher – betrauter Unternehmen zur Gewährleistung der Aufgabenerfüllung durch Art. 86 Abs. 2 S. 1 EGV geschützt ist, verpflichtet das Gemeinschaftsrecht nicht zur Aufgabe der leistenden Dimension staatlicher Tätigkeit zugunsten einer reinen Gewährleistungsfunktion. Wohl aber verpflichtet das Gemeinschaftsrecht die Mitgliedstaaten zum Verzicht auf die Rolle des Alleinanbieters – soweit dies ohne Gefährdung der Aufgabenerfüllung möglich ist. An die Stelle des Prinzips des Leistungsangebots aus einer Hand – zumeist aus der Hand des Staates – tritt das Prinzip des Leistungsangebots im Wettbewerb, an welchem sich öffentliche Unternehmen zu gleichen Bedingungen beteiligen können. Die Besonderheit der leistenden Tätigkeit öffentlicher oder sonstiger betrauter Unternehmen tritt erst im Falle einer konkreten Unterversorgung bestimmter Regionen oder Verbrauchergruppen in Erscheinung – und liegt damit in der Rechtspflicht zur Gewährleistung einer Versorgung auch in Fällen fehlender Rentabilität. Der damit verbundene Verlust an Symbolfunktion leistender Tätigkeit des Staates, welcher sich so omnipräsent in greifbarer Form als Repräsentant des Gemeinwohls und des wirtschaftlichen und sozialen Zusammenhalts darstellt, geht einher mit einem Gewinn an Rationalität staatlicher Herrschaft und staatlicher Eingriffsbefugnisse in wirtschaftliche Freiheitsrechte

C.
Daseinsvorsorge, „service public“ und Universaldienst in den Sektoren Telekommunikation, Post und Energie

Nachdem im vorausgegangenen Abschnitt Art. 86 Abs. 2 EGV als der primärrechtliche Maßstab für die traditionellen mitgliedstaatlichen Konzepte der Infrastrukturpolitik und Grundversorgung vorgestellt worden ist, soll in diesem Abschnitt dargestellt werden, in welcher Weise die Ziele der Daseinsvorsorge, des „service public" bzw. des Universaldienstes in den Sektoren Telekommunikation, Post und Energie gemeinschaftsrechtlich Berücksichtigung erfahren haben.

Dabei lassen sich drei Formen der Berücksichtigung unterscheiden: die Gewährung von Ausnahmen gegenüber Vorgaben des EG-Vertrags zugunsten mitgliedstaatlicher Politiken und Ziele unter Rückgriff auf Art. 86 Abs. 2 EGV; die sekundärrechtliche Harmonisierung derartiger mitgliedstaatlicher Politiken – hinsichtlich der einzusetzenden Mittel und/oder der Ziele –, regelmäßig verbunden mit der Übernahme positiver Daseinsvorsorge- bzw. Universaldienstverantwortung durch die Gemeinschaft; und drittens der Einsatz gemeinschaftlicher Fördermittel zur Realisierung eigener Infrastruktur- und/oder Grundversorgungsziele der Gemeinschaft, gestützt etwa auf Titel XV des EG-Vertrags betreffend transeuropäische Netze (Artt. 154 ff.).

Die hier behandelten Sektoren stehen für unterschiedliche Kombinationen dieser Techniken und damit für verschiedenen Strategien des gemeinschaftsrechtlichen Umgangs mit den Infrastrukturpolitiken und Organisationsentscheidungen der Mitgliedstaaten: die Entwicklung eines gemeinschaftsrechtlichen Universaldienstkonzepts als Begleitkonzept zur vollständigen Liberalisierung in der Telekommunikation; die Proklamation eines gemeinschaftsweiten Universaldienstes als ein von einer vollständigen Liberalisierung unabhängiges, selbständiges Ziel im Postsektor; und die Bestätigung eines weitreichenden „service public"-Vorbehalts im Bereich der Energie. Diese Konzepte und ihre gemeinschaftsrechtlichen Prämissen sollen im Folgenden Sektor für Sektor herausgearbeitet werden.

I. Telekommunikation: Universaldienst als Begleitkonzept zur vollständigen Liberalisierung

1. Einleitung

Die Telekommunikation nimmt im Rahmen der hier behandelten Sektoren eine Sonderstellung ein. Zum einen ist dieser Sektor – anders als die Sektoren Post und Energie – mittlerweile vollständig liberalisiert. Zum anderen wurde die Marktöffnung durch eine konsequente Anwendung des primären Gemeinschaftsrechts erreicht. Der Liberalisierungsprozeß wurde zwar durch Harmonisierungsrichtlinien begleitet, jedoch zu keinem Zeitpunkt selbst „harmonisiert". Bedeutsam war dies vor allem mit Blick auf die institutionelle Zuständigkeit für die Ausgestaltung des Marktöffnungsprozesses: nicht die Mitgliedstaaten, sondern die Kommission erließ, gestützt auf ihre Kompetenz nach Art. 86 Abs. 3 EGV, die wesentlichen Liberalisierungsrichtlinien.

Mit der Liberalisierung wurden die traditionellen mitgliedstaatlichen Organisationsformen der Daseinsvorsorge bzw. des „service public" im Telekommunikationssektor abgeschafft. Gemeinschaftsrechtlich als schutzwürdig anerkannt wurde aber das Ziel einer flächendeckenden Versorgung mit telekommunikativen Basisdiensten zu erschwinglichen Preisen – ein Ziel, für welches die Kommission in wohl bewußter Abgrenzung zu den erheblich weiterreichenden traditionellen mitgliedstaatlichen Konzepten den Begriff des Universaldienstes verwendete. Um eine vollständige Liberalisierung des Sektors ohne Gefährdung des Universaldienstziels zu ermöglichen, entwickelte die Kommission in Vorschlägen für Harmonisierungsrichtlinien ein Universaldienstkonzept, welches neben Definitionen des Universaldienstinhalts und -umfangs vor allem einen Rahmen für die Art und Weise der Universaldienstfinanzierung im Wettbewerb vorgab.

Diesen Entwicklungen in der Telekommunikation kann man, wie bereits bei der Erörterung des Art. 86 Abs. 2 EGV erwähnt, Modellcharakter beimessen. Obwohl das Universaldienstkonzept in Harmonisierungsrichtlinien entwickelt worden ist, kann es Hinweise darauf geben, welche Art von Dienstleistungen und welche Aufgaben das Gemeinschaftsrecht in Art. 86 Abs. 2 S.1 EGV schützt und auf welche Weise die Erfüllung dieser Aufgaben im Wettbewerb gewährleistet werden kann.

2. *Überblick über den Marktöffnungsprozeß*

Die Liberalisierung der Telekommunikation hat sich in Etappen vollzogen. In einer ersten Phase von 1987 bis 1992 wurden diejenigen Teilmärkte für Wettbewerb geöffnet, deren Gewinne zur Finanzierung der den Telekommunikationsorganisationen übertragenen Aufgaben von vornherein nicht erforderlich erschienen. Ab 1992 wurde dann die volle Liberalisierung des Telekommunikationssektors in Angriff genommen, die eine Präzisierung der gemeinschaftsrechtlich zu privilegierenden Aufgaben und eine Umstrukturierung der hierbei einzusetzenden Finanzierungsmechanismen erforderte.

Den Ausgangspunkt des Marktöffnungsprozesses bildete das Grünbuch zur Telekommunikation aus dem Jahr 1987, in dem die Kommission die programmatischen Leitlinien für den Liberalisierungsprozeß vorzeichnete. Auf dieser Grundlage nahm die Kommission als erstes – im Jahr 1988 – die Öffnung des Endgerätemarktes für Wettbewerb in Angriff: gestützt auf Art. 86 Abs. 3 EGV erließ sie die Endgeräte-Richtlinie[1], mit welcher die Ausschließlichkeitsrechte für den Vertrieb, die Bereitstellung, Einrichtung und Wartung von Telekommunikationsendgeräten, die nahezu alle Mitgliedstaaten ihren nationalen Post- und Telekommunikationsverwaltungen eingeräumt hatten, wegen Verstößen gegen das primäre Gemeinschaftsrecht aufgehoben wurden.[2] Eine Rechtfertigung der Ausschließlichkeitsrechte gem. Art. 86 Abs. 2 EGV war nach Ansicht der Kommission nicht möglich: die Erfüllung der durch diese Norm geschützten Aufgabe,

---

1 Richtlinie 88/301/EWG der Kommission v. 16. 5. 1988 über den Wettbewerb auf dem Markt für Telekommunikationsendgeräte, ABl. 1988 Nr. L 131/73 (im Folgenden: Endgeräte-Richtlinie).

2 Vgl. Art. 2 Endgeräte-Richtlinie. Die Kommission sah in der Beibehaltung besonderer und ausschließlicher Rechte im Bereich der Telekommunikations-Endgeräte einen Verstoß gegen Art. 86 i. V. m. Artt. 28, 31 und 82 Abs. 2 EGV – vgl. Begründungserwägung 3 f. und 6 f. zur Endgeräte-Richtlinie.

einen flächendeckenden Netzausbau und eine flächendeckende Bereitstellung von Sprachtelefondiensten zu gewährleisten und zu finanzieren, werde durch die Wettbewerbsöffnung nicht gefährdet.[3]

Die Mitgliedstaaten wehrten sich nicht so sehr gegen die Verpflichtung zur Aufhebung der Ausschließlichkeitsrechte im Endgerätesektor, wohl aber gegen die Kompetenz der Kommission, eine solche Verpflichtung auf der Grundlage einer Art. 86 Abs. 3-Richtlinie verbindlich festzustellen. Der angerufene EuGH bestätigte jedoch die Kompetenz der Kommission sowie den wesentlichen Inhalt der Richtlinie.[4]

In einem nächsten Schritt erließ die Kommission im Jahr 1990 – ebenfalls auf der Grundlage des Art. 86 Abs. 3 EGV – die Richtlinie 90/388/EWG[5] (sog. „Dienste-Richtlinie"). Sie verpflichtete die Mitgliedstaaten zur Beseitigung aller besonderen und ausschließlichen Rechte in Bezug auf die Erbringung von Datendiensten[6] und hob die Nutzungseinschränkungen bezüglich der von Telekommunikationsorganisationen angebotenen Mietleitungen auf[7]. Die Ausschließlichkeitsrechte im Bereich der Telekommunikationsdienste – einschließlich des Sprachtelefondienstes – verstießen aus Sicht der Kommission gegen Vorschriften des EG-Vertrags.[8] Eine Rechtfertigung unter Berufung auf Art. 86 Abs. 2 EGV schloß die Kommission aus, soweit es um Telekommunikationsdienste jenseits der Sprachtelefonie ging: diese Dienste leisteten nur einen unerheblichen Beitrag zum Umsatz der Fernmeldeorganisationen,[9] die Ausschließlichkeitsrechte seien daher nicht erforderlich, um die Erfüllung der durch Art. 86 Abs. 2 EGV geschützten Aufgabe – die Errichtung und den Betrieb eines flächendeckenden Netzes, an das alle Anbieter von Dienstleistungen oder Benutzer auf Antrag innerhalb einer zumutbaren Frist angeschlossen werden müßten[10] – zu gewährleisten.[11]

3 Vgl. Begründungserwägung 11 der Endgeräte-Richtlinie. Diese Feststellung wurde von den Mitgliedstaaten in dem gegen die Endgeräte-Richtlinie eingeleiteten Verfahren nicht beanstandet – vgl.: EuGH Slg. 1991 I-1223, 1263 Rn. 13 – *„Telekommunikations-Endgeräte"*.

4 EuGH Slg. 1991 I-1223, 1268 Rn. 34–36 und 1269 Rn. 40–42 (zum Verstoß der Ausschließlichkeitsrechte gegen Vorschriften des EG-Vertrags) sowie 1265 f., Rn. 21–27 (zur Kompetenz der Kommission) – *„Telekommunikations-Endgeräte"*.

5 Richtlinie 90/388/EWG der Kommission über den Wettbewerb auf dem Markt für Telekommunikationsdienste, ABl. 1990 Nr. L 192/10 (im Folgenden: Dienste-Richtlinie).

6 Vgl. Art. 2 der Dienste-Richtlinie: die Vorschrift spricht zunächst von allen Telekommunikationsdienstleistungen, nimmt dann aber den Sprachtelefondienst sowie einige andere Dienste von ihrem Anwendungsbereich aus.

7 Siehe Art. 4 Abs. 3 der Dienste-Richtlinie.

8 In zahlreichen Nutzungsbeschränkungen mit Bezug auf Mietleitungen sah die Kommission Verstöße gegen Art. 49 EGV (vgl. Begründungserwägung 6 der Dienste-Richtlinie). Im übrigen verstießen die Ausschließlichkeitsrechte gegen Art. 86 Abs. 1 i. V. m. Art. 82 EGV (vgl. Begründungserwägung 13–17 der Dienste-Richtlinie).

9 Vgl. Richtlinie 94/46/EG der Kommission zur Änderung der Richtlinie 88/301/EWG und 90/388/EWG, insbesondere betreffend die Satelliten-Kommunikation v. 13. 10. 1994, ABl. 1994 Nr. L 268/15 Begründungserwägung 16. Vgl. auch *Kommission*, Entscheidung v. 27. 11. 1997, ABl. 1997 Nr. L 41/8, 12 Rn. 15 – *„Umsetzungsfristen für Irland"*.

10 Begründungserwägung 18 der Dienste-Richtlinie.

11 Wiederum wurde diese Feststellung der Kommission von den Mitgliedstaaten in ihrem Vorgehen gegen die Dienste-Richtlinie nicht beanstandet – vgl. *GA Jacobs*, Schlußanträge, Rn. 28, in: EuGH Slg. 1992 I-5833, 5850 f. – *„Telekommunikationsdienste"*.

Die Ausschließlichkeitsrechte im Bereich der *Sprachtelefonie* als dem Kernbereich telekommunikativer Grundversorgung und der wichtigsten Geldquelle für den Ausbau flächendeckender Netze hielt die Kommission hingegen – zumindest vorläufig – für erforderlich und daher gem. Art. 86 Abs. 2 EGV gerechtfertigt: Die Öffnung dieses Dienstes für den Wettbewerb könne das finanzielle Gleichgewicht der Fernmeldeorganisation gefährden.[12] Zu etwaigen alternativen, gemeinschaftsrechtskonformeren Möglichkeiten einer Finanzierung des Netzausbaus äußerte sich die Kommission nicht, behielt sich weitere Untersuchungen zu dieser Frage aber vor.[13]

Neben den Ausschließlichkeitsrechten im Bereich der Sprachtelefonie ließ die Kommission in der Dienste-Richtlinie auch die Ausschließlichkeitsrechte im Bereich der Telekommunikationsinfrastruktur vorerst unangetastet – offenbar gleichfalls mit Blick auf Art. 86 Abs. 2 EGV. Allerdings wurden die Mitgliedstaaten, die sich für eine Beibehaltung von Ausschließlichkeitsrechten in diesem Bereich entschieden, verpflichtet, objektive und nicht diskriminierende Netzzugangsbedingungen zu gewährleisten und zu veröffentlichen.[14]

Auch die Dienste-Richtlinie wurde von den Mitgliedstaaten vor dem EuGH angegriffen, dort jedoch in den wesentlichen Punkten bestätigt:[15] die Kommission habe ihre Kompetenzen aus Art. 86 Abs. 3 EGV nicht überschritten, sondern in der Richtlinie lediglich den Verpflichtungsgehalt der gemeinschaftsrechtlichen Vorschriften für den Bereich der Telekommunikationsdienste präzisiert.

Im Jahr 1992 legte die Kommission den sog. „Telecommunications Review 1992“[16] vor, der sich vor allem mit der Frage befaßte, ob die Beibehaltung von Ausschließlichkeitsrechten im Bereich der Sprachtelefondienste nach wie vor gerechtfertigt sei. Die Kommission verneinte diese Frage. Die „besonderen Aufgaben“ der Telekommunikationsorganisationen seien bislang häufig nur vage definiert, beinhalteten keine Qualitätsstandards und würden in der Praxis vernachlässigt. Es sei möglich, auf Gemeinschaftsebene klarere Universaldienstvorgaben zu formulieren und eine flächendeckende Versorgung aller mit Universaldienstleistungen in effizienter Weise in einem wettbewerblichen Umfeld zu gewährleisten. Die Kommission plädierte daher unter Vorlage eines konkreten Zeitplans für die vollständige Liberalisierung der Sprachtelefondienste.[17] Ende 1994 folgte das Grünbuch über die Liberalisierung der Telekommunikationsinfrastrukturen,[18] in welchem die Kommission auch deren vollständige Liberalisierung vorschlug.

---

12 Vgl. Begründungserwägung 18 und Begründungserwägung 4 der Dienste-Richtlinie mit dem Hinweis, daß die Telekommunikationsorganisationen gerade dabei seien, ihre Netze zu digitalisieren, um das Angebot an Diensten für die Endkunden zu vergrößern.

13 Vgl. Begründungserwägung 22 der Dienste-Richtlinie.

14 Vgl. Art. 4 Abs. 1 Dienste-Richtlinie.

15 Vgl. EuGH Slg. 1992 I- 5833, insbes. 5868 f. Rn. 36–37 – *„Telekommunikationsdienste“*.

16 *Kommission*, Review 1992. Mitteilung v. 21. Oktober 1992, SEK(92)1048 endg.

17 *Kommission*, Konsultation zur Lage der Telekommunikationsdienste. Mitteilung v. 5. Mai 1993, KOM(93)159 endg.

18 *Kommission*, Grünbuch über die Liberalisierung der Telekommunikationsinfrastruktur und der Kabelfernseh-Netze – Teil I: „Prinzipien und Zeitplan“, KOM(94)440 endg. v. 25. 10. 1994; und Teil

Der Rat gab – wohl nicht zuletzt unter dem Eindruck der die Kompetenzen der Kommission aus Art. 86 Abs. 3 EGV bestätigenden Urteile des EuGH in den Fällen *„Telekommunikations-Endgeräte"* und *„Telekommunikationsdienste"*[19] –, einstimmig seine politische Zustimmung: im Jahr 1993 zunächst zur Abschaffung der Ausschließlichkeitsrechte im Bereich der Sprachtelefonie zum 1. 1. 1998[20], ein Jahr später auch zur Liberalisierung der Telekommunikationsinfrastrukturen und mithin zur vollständigen Liberalisierung des Telekommunikationssektors bis zum 1. 1. 1998[21]. Im selben Zeitraum beschloß der Rat, auf der Grundlage von Harmonisierungsrichtlinien einen positiven gemeinschaftsrechtlichen Rahmen zur Gewährleistung der Universaldienste im Telekommunikationsbereich zu schaffen.[22]

Die Kommission hatte damit politisch grünes Licht für die stufenweise Liberalisierung auch der Bereiche, die in der Richtlinie 90/388/EWG in ihrer ursprünglichen Fassung von den Marktöffnungsvorgaben noch ausgenommen waren.[23] Erneut gestützt auf Art. 86 Abs. 3 EGV erließ sie kurz hintereinander drei Richtlinien zur Änderung der Richtlinie 90/388/EWG: die Richtlinie 95/51/EG v. 15. 10. 1995 zur Öffnung der Kabelfernsehnetze für die Erbringung von Telekommunikationsdiensten;[24] die Richtlinie 96/2/EG v. 16. 1. 1996 zur Liberalisierung der Mobilkommunikation[25] und die Richtlinie

---

II: „Ein gemeinsames Konzept zur Bereitstellung einer Infrastruktur für Telekommunikation in der EU", KOM(94)682 endg. v. 25. 1. 1995.

19 EuGH Slg. 1991 I-1223 – *„Telekommunikations-Endgeräte"*; EuGH Slg. 1992 I-5833 – *„Telekommunikationsdienste"*. Vgl. auch *Sauter*, in: Freedland/Sciarra (Hrsg.) (1998), S. 117, 133 f.

20 Entschließung des Rates v. 22. Juli 1993 zur Prüfung der Lage im Bereich der Telekommunikation und zu den notwendigen Entwicklungen in diesem Bereich, ABl. 1993 Nr. C 213/1.

21 Entschließung des Rates v. 22. Dezember 1994 über die Grundsätze und den Zeitplan für die Liberalisierung der Telekommunikationsinfrastrukturen, ABl. 1994 Nr. C 379/4.

22 Vgl. Entschließung des Rates v. 7. 2. 1994 über die Grundsätze für den Universaldienst im Bereich der Telekommunikation, ABl. 1994 Nr. C 48/1.

23 Dazu, daß die Kommission selbst dort, wo sie ihr Vorgehen auf Art. 86 Abs. 3 EGV stützt, grds. die politische Abstimmung mit anderen Gemeinschaftsorganen sucht, siehe: *Buendia Sierra* (1999), Tz. 10.118 und 10.121–10.124. *Larouche* (2000), S. 108 verweist auf einen politischen Kompromiß, demzufolge die Kommission sich bereiterklärte, für ihre auf Art. 86 Abs. 3 EGV gestützten Richtlinien zuvor stets das politische Einvernehmen der Mitgliedstaaten zu suchen.

24 Richtlinie 95/51/EG der Kommission zur Änderung der Richtlinie 90/388/EWG hinsichtlich der Aufhebung der Einschränkungen bei der Nutzung von Kabelfernsehnetzen für die Erbringung bereits liberalisierter Telekommunikationsdienste, ABl. 1995 Nr. L 256/49. Allerdings hielt die Kommission vorübergehend – bis zur Aufhebung der Ausschließlichkeitsrechte für den Sprachtelefondienst – gewisse Beschränkungen bei der Nutzung von Kabelfernsehnetzen für die Erbringung von Sprachtelefondiensten für gem. Art. 86 Abs. 2 EGV gerechtfertigt, da andernfalls eine Umgehung des vorerst fortbestehenden Monopols in diesem Bereich zu befürchten war (vgl. Begründungserwägungen 5 und 25 der Richtlinie).

25 Richtlinie 96/2/EG der Kommission zur Änderung der Richtlinie 90/388/EWG betreffend die mobile Kommunikation und Personal Communications vom 16. Januar 1996, ABl. 1996 Nr. L 20/59: der Forbestand der ausschließlichen oder besonderen Rechte im Bereich der Mobilkommunikation verstoße gegen Art. 86 Abs. 1 i. V. m. Art. 49 EGV. Die gängige Praxis der Mitgliedstaaten, derzufolge die ausschließlichen Rechte auf dem Gebiet der Mobilkommunikation Unternehmen eingeräumt wurden, die bereits eine beherrschende Stellung im Bereich der Festnetze besaßen, verstoße außerdem gegen Art. 86 Abs. 1 i. V. m. Art. 82 EGV (Begründungserwägung 11 und 13). Eine Rechtfertigung nach Art. 86 Abs. 2 EGV zur Gewährleistung und Finanzierung eines universellen flächendeckenden (Fest-)Netzes war nach Ansicht der Kommission ausgeschlossen, da die Mobil-

96/19/EG v. 13. 3. 1996 zur Einführung vollständigen Wettbewerbs auf den Telekommunikationsmärkten[26] zum 1. 1. 1998. Die Richtlinien verpflichteten die Mitgliedstaaten zur stufenweisen Aufhebung aller noch bestehenden ausschließlichen und besonderen Rechte und damit zur vollständigen Öffnung der Telekommunikationsmärkte für Wettbewerb, einschließlich einer Liberalisierung der Infrastrukturen für die Übertragung von Sprachtelefondiensten. Die Netzübertragungsleistungen für bereits liberalisierte Dienste, insbesondere Datendienste, wurden bereits zum 1. 7. 1996 liberalisiert.[27]

Die Richtlinie 96/19/EG zur Einführung vollständigen Wettbewerbs auf den Telekommunikationsmärkten – im hiesigen Zusammenhang die bedeutsamste der aufgeführten Richtlinien –, öffnete die beiden Kernbereiche telekommunikativer Grundversorgung für Wettbewerb: den Sprachtelefondienst und die Telekommunikationsinfrastrukturen.[28] Damit wurde keineswegs der Stellenwert einer flächendeckenden telekommunikativen Grundversorgung als legitimes und durch Art. 86 Abs. 2 EGV geschütztes Ziel mitgliedstaatlicher Telekommunikationspolitik negiert. Die Kommission grenzte den Anwendungsbereich des Art. 86 Abs. 2 EGV jedoch in zweifacher Weise ein: zum einen definierte sie die durch diese Vorschrift geschützte „besondere Aufgabe" neu und in Abweichung von der bisherigen Praxis der Mitgliedstaaten. Zum anderen konkretisierte sie alternative, gemeinschaftsrechtskonformere Mittel der Aufgabenfinanzierung, welche die bestehenden Ausschließlichkeitsrechte überflüssig machen sollten.

Was zunächst die Aufgabendefinition betraf, so erkannte die Kommission von Anfang an nur spezifisch telekommunikationsbezogene Verpflichtungen als gemeinschaftsrechtlich privilegierungsfähig an.[29] Weiterreichende Politikziele bezog sie in ihre am Maßstab des Art. 86 Abs. 2 EGV orientierten Erwägungen nicht ein. Zudem war die

---

kommunikation ein anderer, vom Sprachtelefondienst zu trennender Markt sei, und zudem selbst keine „Dienstleistung von allgemeinem wirtschaftlichem Interesse".

26 Richtlinie 96/19/EG der Kommission zur Änderung der Richtlinie 90/388/EWG hinsichtlich der Einführung des vollständigen Wettbewerbs auf den Telekommunikationsmärkten v. 13. März 1996, ABl. 1996 Nr. L 74/13; vgl. insbes. Art. 2 Abs. 1 a) und Abs. 2 S.2 Richtlinie 90/388/EWG, geändert durch die Richtlinie 96/19/EG v. 13. März 1996, ABl. 1996 Nr. L 74/13.

27 Eine längere Übergangsfrist hielt die Kommission hier mit Blick auf Art. 86 Abs. 2 EGV nicht für gerechtfertigt, da die Telekommunikationsorganisationen die ihnen übertragenen „besonderen Aufgaben" mit Einkünften aus der Sprachtelefonie finanzieren könnten und eine die finanzielle Stabilität der Telekommunikationsorganisationen gefährdende Möglichkeit zur Umgehung ihrer Ausschließlichkeitsrechte nicht ersichtlich sei – vgl. Richtlinie 96/19/EG, ABl. 1996 Nr. L 74/13, Begründungserwägung 26.

28 Die Ausschließlichkeitsrechte verstießen nach Ansicht der Kommission gegen Art. 49 EGV bzw. gegen Art. 86 Abs. 1 i. V. m. Art. 82 EGV – Richtlinie 96/19/EG, ABl. 1996 Nr. L 74/13, Begründungserwägung 7 und 26. Die Liberalisierung der Telekommunikationsinfrastrukturen hielt die Kommission überdies für erforderlich, um wirksamen Wettbewerb im gesamten Telekommunikationsbereich zu gewährleisten (Begründungserwägung 6). Die „grundlegenden Anforderungen des Allgemeininteresses" rechtfertigten eine Beibehaltung der Ausschließlichkeitsrechte nicht, da ihnen durch weniger einschränkende Maßnahmen, – insbes. objektive, diskriminierungsfreie und transparente Melde- oder Genehmigungsvoraussetzungen – Rechnung getragen werden könne (Begründungserwägungen 6 und 9). Dasselbe gelte für andere legitime mitgliedstaatliche Ziele nichtwirtschaftlicher Art, die im Rahmen der Artt. 55 i. V. m. 46 EGV berücksichtigt werden könnten (z. B.: Umweltschutz, Wegerechte; gewerberechtliche Vorschriften betreffend die Sicherung der Verfügbarkeit, Dauerhaftigkeit und Qualität der Bereitstellung der Infrastruktur).

29 Vgl. *Kommission*, Grünbuch Telekommunikationsinfrastrukturen, Teil II (1994), S. 55 f. und 75.

Kommission nicht bereit, die wettbewerbsfeindlichen Tarifstrukturen, wie sie sich unter den mitgliedstaatlichen Monopolregimen entwickelt hatten, unter gemeinschaftsrechtlichen Schutz zu stellen. Bereits in ihrem Grünbuch zu den Telekommunikationsinfrastrukturen aus dem Jahr 1994 hatte sie die Mitgliedstaaten aufgefordert, die Tarifstrukturen an die Kostenstrukturen anzupassen.[30] Diese Aufforderung hatte eine zweifache Stoßrichtung: vorrangig ging es um die Beseitigung des sog. „access deficit", welches aus einer Tarifstruktur resultierte, in der Telefonanschluß und monatliche Grundgebühr nicht die dem Anschluß zurechenbaren Kosten deckten, und daher aus überhöhten nutzungsabhängigen Gebühren quersubventioniert werden mußten. Fragwürdig wurde im Rahmen des Gebots der Kostenorientierung aber auch das Prinzip der Tarifeinheit im Raum.[31]

Ihrer Ankündigung ließ die Kommission mit der Richtlinie 96/19/EG die Verpflichtung der Mitgliedstaaten folgen, ihren Telekommunikationsorganisationen die Umstrukturierung ihrer Tarife zu gestatten, „insbesondere die Anpassung von gegenwärtig bestehenden Tarifen, die nicht den Kosten entsprechen und die die Belastung aus der Bereitstellung des Universaldienstes vergrößern, um auf den tatsächlichen Kosten beruhende Tarife zu erreichen".[32] Eine Tarifstruktur, bei der bestimmte Kategorien von Anrufen mit Verlust angeboten und aus den Gewinnen anderer Kategorien quersubventioniert würden, behindere insoweit den Wettbewerb, als die Preise einiger Leistungskategorien dadurch künstlich niedrig gehalten würden, was dazu führe, daß potentielle Wettbewerber keinen Anreiz hätten, in das entsprechende Segment des Sprachtelefondienstes einzutreten. Sie verstoße daher gegen Art. 82 EGV. Die Rechtfertigung eines solchen Verstoßes nach Art. 86 Abs. 2 EGV hielt die Kommission nur „im Hinblick auf besonders ausgewiesene Endnutzer oder Gruppen von Endnutzern" bzw. für eine Übergangszeit[33] für möglich.[34]

Diese Eingrenzung der privilegierungsfähigen „besonderen Aufgabe" war geeignet, der mit der Einführung von Wettbewerb verbundenen Gefahr des „Rosinenpickens" (s. o., B.III.2.b)aa)) zu begegnen, die aus der künstlich verzerrten Tarifstruktur folgte. Waren die flächendeckend zu gewährleistenden Leistungen grundsätzlich – abgesehen von eng umschriebenen Ausnahmen – nur noch zu kostengerechten Tarifen anzubieten, so konnten sich die mitgliedstaatlichen Telekommunikationsorganisationen nicht mehr auf die Notwendigkeit berufen, in ihnen durch Ausschließlichkeitsrechte vorbehaltenen lukrativen Marktsegmenten diejenigen Gewinne zu erwirtschaften, die die Quersubventionspraxis zuvor ermöglicht hatten.

---

30 A. a. O., S. 5, S. 93 und S. 99.

31 Nur die Gewährleistung *erschwinglicher* (nicht dagegen einheitlicher) Tarife für *Basis*telekommunikationsdienstleistungen hielt die Kommission für privilegierungsfähig – und verwies insoweit auf die Möglichkeit einer *zielgerichteten* Subventionierung bestimmter Nutzergruppen bzw. Regionen – vgl. *Kommission*, Grünbuch Telekommunikationsinfrastrukturen, Teil II (1994), S. 5 und S. 46.

32 Art. 4c S. 3 Richtlinie 90/388/EWG, geändert durch die Richtlinie 96/19/EG; vgl. auch *Kommission*, Mitteilung, KOM(96)608 endg., S. 13.

33 Spätestens bis zum 1. 1. 2000 sollte die Tarifneuordnung abgeschlossen sein – vgl. Art. 4c S. 4 und S. 5 Richtlinie 90/388/EWG, geändert durch die Richtlinie 96/19/EG.

34 Richtlinie 96/19/EG der Kommission, ABl. 1996 Nr. L 74/13, Begründungserwägung 20.

Für die auch bei kostengerechten Tarifstrukturen verbleibenden Defizite aus der Erfüllung der „besonderen Aufgabe“, die Erschwinglichkeit der Leistungen für alle Regionen und Nutzergruppen zu gewährleisten, verwies die Kommission auf alternative Mittel zur Aufgabenfinanzierung, die mit Blick auf das Binnenmarktziel und das Ziel unverfälschten Wettbewerbs Ausschließlichkeitsrechten vorzuziehen seien. So sei – abgesehen von einer Finanzierung der Universaldienstkosten aus dem Staatshaushalt[35] – ein Mechanismus denkbar, durch welchen die Nettokosten eines telekommunikativen Universaldienstes gleichmäßig auf alle Wettbewerber verteilt werden könnten.[36] Den gemeinschaftsrechtlichen Maßstab, den die Kommission bei der Würdigung der von den Mitgliedstaaten zu wählenden und auszugestaltenden Finanzierungsmechanismen zugrundzulegen gedachte, führte sie sodann im Jahr 1996 näher in einer Mitteilung aus.[37]

Unter Hinweis auf diese alternativen Formen der Aufgabenfinanzierung hielt die Kommission die Beibehaltung der Ausschließlichkeitsrechte sowohl im Bereich der Sprachtelefonie als auch im Bereich der Telekommunikationsinfrastrukturen für prinzipiell nicht länger erforderlich,[38] räumte allerdings den Mitgliedstaaten eine Übergangsfrist bis zum 1. 1. 1998 ein,[39] die ihnen bzw. den Telekommunikationsorganisationen eine Vorbereitung auf den Wettbewerb und die notwendige Umstrukturierung der Tarife ermöglichen sollte.[40]

Zum 1. 1. 1998 war es der Kommission mithin gelungen, auf der Grundlage ihrer Kompetenz aus Art. 86 Abs. 3 EGV die Ausschließlichkeitsrechte im Telekommunikationssektor vollständig abzubauen, dabei aber gleichzeitig den legitimen, durch Art. 86 Abs. 2 EGV geschützten Interessen der Mitgliedstaaten Rechnung zu tragen. Die Ermächtigung in Art. 86 Abs. 3 EGV und das der Kommission in dieser Vorschrift eingeräumte Ermessen hinsichtlich der Art und Weise des Vorgehens erwies sich insbesondere auch deswegen als geeignet, weil sie der Kommission einen schrittweisen Abbau der Vertragsverletzungen ermöglichte. In angemessenen Intervallen konnte sie zunächst die Reichweite der Ausschließlichkeitsrechte eingrenzen, sodann die gemeinschaftsrechtlich geschützen Aufgaben und wettbewerbskonforme Mittel zur Aufgabenerfüllung konkretisieren sowie Übergangsfristen festsetzen – dabei in der Sache stets gebunden

35 In diesem Fall ist die Finanzierung an den Artt. 87 ff. EGV zu messen – vgl. *Kommission*, Mitteilung, KOM(96)608 endg., S. 5.

36 Vgl. Art. 4c der Richtlinie 90/388/EWG, geändert durch die Richtlinie 96/19/EG; vgl. auch Richtlinie 96/19/EG der Kommission, ABl. 1996 Nr. L 74/13, Begründungserwägungen 29-22; zuvor bereits *Kommission*, Grünbuch Telekommunikationsinfrastrukturen, Teil II (1994), S. 94.

37 *Kommission*, Mitteilung, KOM(96)608 endg., S. 10 ff.

38 In den Begründungserwägungen zur Richtlinie 96/19/EG hebt die Kommission die Zustimmung von Rat und EP hervor.

39 Für Mitgliedstaaten mit weniger entwickelten oder sehr kleinen Netzen konnten auf der Grundlage einer Einzelfallprüfung längere Übergangsfristen gewährt werden – vgl. Art. 2 Abs. 2 S. 4 Richtlinie 90/388/EWG, geändert durch die Richtlinie 96/19/EG. Vgl. hierzu *Kommission*, Entscheidung v. 27. 11. 1996, ABl. 1997 Nr. L 41/8, 13 Rn. 21 – *„Umsetzungsfristen Irland“*; *Kommission*, Entscheidung v. 14. 5. 1997, ABl. 1997 Nr. L 234/7 – *„Umsetzungsfristen Luxemburg“*; *Kommission*, Entscheidung v. 10. 6. 1997, ABl. 1997 Nr. L 243/48 – *„Umsetzungsfristen Spanien“*; *Kommission*, Entscheidung v. 12. 2. 1997, ABl. 1997 Nr. L 133/19 – *„Umsetzungsfristen Portugal“*; *Kommission*, Entscheidung v. 18. Juni 1997, ABl. 1997 Nr. L 245/6 – *„Umsetzungsfristen Griechenland“*.

40 Richtlinie 96/19/EG der Kommission, ABl. 1996 Nr. L 74/13, Begründungserwägung 5.

durch die Vorgaben des Art. 86 Abs. 2 EGV, in der Ausgestaltung des Prozesses aber hinreichend flexibel.[41]

Unklar bleibt, ob die Kommission mit der Eingrenzung der „besonderen Aufgabe" – eine wesentliche Voraussetzung der erfolgreichen Aufhebung der Ausschließlichkeitsrechte – lediglich die durch Art. 86 Abs. 2 S. 1 EGV geschützte „besondere Aufgabe" konkretisierte oder hierfür auf Art. 86 Abs. 2 S. 2 EGV zurückgriff, die „besondere Aufgabe" also in einer Weise eingrenzte, die gewährleistete, daß die Entwicklung des Handelsverkehrs nicht in einer dem Gemeinschaftsinteresse zuwiderlaufenden Art und Weise bestimmt würde.

Hilfreich war in jedem Fall die Kooperationsbereitschaft des Rates, der parallel zu den Liberalisierungsmaßnahmen der Kommission begann, in Ratsrichtlinien Inhalt, Umfang und Finanzierung des Universaldienstes gemeinschaftsweit zu harmonisieren. Dies war die eigentliche Geburtsstunde des sog. „positiven" Universaldienstkonzepts der Gemeinschaft.

3. Die Entwicklung des „positiven" Universaldienstkonzepts in der Telekommunikation

Die Kommission hat die Grundelemente eines sekundärrechtlichen Universaldienstkonzepts parallel zu ihren Bemühungen um die Abschaffung der Ausschließlichkeitsrechte im Bereich der Sprachtelefonie und der Telekommunikationsinfrastrukturen entwickelt.[42] Auf der Grundlage des Art. 86 Abs. 3 EGV war sie allerdings nur befugt, die Mitgliedstaaten auf alternative Möglichkeiten der Aufgabenfinanzierung hinzuweisen und in der Folge eine Berufung auf Art. 86 Abs. 2 EGV zur Beibehaltung von Ausschließlichkeitsrechten abzulehnen – also die Grenzen mitgliedstaatlicher Handlungsbefugnisse zu bestimmen. Sie war nicht ermächtigt, die Mitgliedstaaten positiv zur Einführung konkreter, alternativer Finanzierungsmechanismen zu verpflichten.

Die Konkretisierung der im Rahmen des Art. 86 Abs. 2 EGV privilegierungsfähigen „besonderen Aufgaben" und der zulässigen Finanzierungsmechanismen wurde im Telekommunikationssektor trotzdem nicht den einzelnen Mitgliedstaaten überlassen. Man entschloß sich vielmehr, einen harmonisierten Rahmen für die Bereitstellung und Finanzierung einer telekommunikativen Grundversorgung einzuführen. Dieser Rahmen wurde in drei auf Art. 95 EGVgestützten Harmonisierungsrichtlinien des Europäischen Parlaments und des Rates entwickelt: in der Sprachtelefondienstrichtlinie v. 13. 12. 1995[43], die sodann zum 30. Juni 1998 durch die Universaldienstrichtlinie

41 Dazu, daß sich der Liberalisierungsprozeß in seinen verschiedenen Etappen durchgehend als eine Konkretisierung des Art. 86 Abs. 2 EGV verstehen läßt: *Sauter*, in: Freedland/Sciarra (Hrsg.) (1998), S. 117, 131.

42 Dementsprechend wird das Thema „Universaldienst" erstmals ausführlich im sog. „Review 1992" der Kommission, vor allem aber in der Mitteilung der Kommission v. 5. Mai 1993: „Konsultation zur Lage der Telekommunikationsdienste", KOM(93)159 endg. thematisiert (dort Zif. 41). Dort werden erstmals die Grundsätze des Universaldienstes entwickelt.

43 Richtlinie 95/62/EG des Europäischen Parlaments und des Rates zur Einführung des offenen Netzzugangs (ONP) beim Sprachtelefondienst, ABl. 1995 Nr. 321/6 – im Folgenden: Sprachtelefondienstrichtlinie.

98/10/EG v. 26. 2. 1998[44] ersetzt wurde[45]; und in der Zusammenschaltungsrichtlinie 97/33/EG vom 30. Juni 1997[46]. Drei Anliegen standen dabei im Mittelpunkt:

(1) Die Bestimmung von Inhalt und Umfang des Universaldienstes.
(2) Die Konkretisierung der für die Kostenberechnung maßgeblichen Methoden (soweit sie sich nicht bereits unmittelbar aus dem Wettbewerbsrecht der Gemeinschaft ergeben).
(3) Die Eingrenzung der zulässigen Mechanismen zur Finanzierung dieser Kosten des Universaldienstes.

Offenkundig ist die enge Beziehung des so umschriebenen gemeinschaftsrechtlichen Universaldienstrahmens zu den Grundfragen der Aufgabeneingrenzung und -finanzierung im Rahmen des Art. 86 Abs. 2 EGV.

a) Der Begriff des Universaldienstes und sein Verhältnis zu Art. 86 Abs. 2 EGV

Die Kommission verwendete den Begriff des Universaldienstes zunächst in ihren Grünbüchern, Mitteilungen und anderen Vorarbeiten und griff dabei auf einen aus dem amerikanischen Telekommunikationsrecht bekannten Begriff („universal service") zurück.

Der in den USA bereits zu Beginn des 20. Jahrhunderts geprägte Begriff des „universal service", mit dem AT&T ursprünglich für ein Einheits- und Monopolsystem im Bereich der Telekommunikation anstelle des Nebeneinanders von miteinander konkurrierenden, nicht zusammengeschalteten Netzen ins Feld gezogen war,[47] wurde dort alsbald als Ruf nach flächendeckender Verbreitung der Telefoninfrastruktur und Telefonanschlüsse, auch in kleineren Gemeinden und ländlichen Gebieten, d. h. als Ruf nach „universal access" verstanden.[48] Wesentlich früher und eindeutiger als in Europa wurde dieser Anspruch, dessen Kurzbezeichnung in der Praxis weiterhin der Ausdruck „universal service" blieb, in den USA gesetzlich verankert[49] und blieb in der Folge eine zentrale

44 Richtlinie 98/10/EG des Europäischen Parlaments und des Rates vom 26. Februar 1998 über die Anwendung des offenen Netzzugangs (ONP) beim Sprachtelefondienst und den Universaldienst im Telekommunikationsbereich in einem wettbewerbsorientierten Umfeld, ABl. 1998 Nr. L 101/24 – im Folgenden: Universaldienstrichtlinie.

45 Vgl. Art. 33 Universaldienstrichtlinie 98/10/EG.

46 Richtlinie 97/33/EG des Europäischen Parlaments und des Rates vom 30. Juni 1997 über die Zusammenschaltung in der Telekommunikation im Hinblick auf die Sicherstellung eines Universaldienstes und der Interoperabilität durch Anwendung der Grundsätze für einen offenen Netzzugang (ONP), ABl. 1997 Nr. L 199/32 – im Folgenden: Zusammenschaltungsrichtlinie.

47 Näher zur Entstehung und Geschichte des Begriffs „universal service" in den USA: *Mueller*, Fed. Communications L.J. 49 (1997), 655, 657; *ders.*, Telecommunications Policy 17 (1993), 352 ff., insbes. 363 ff.; *Huber* (1997), S. 132; *Vogelsang*, in: ZögU 19 (1996), Beiheft 19, S. 137, 142 f.; *Mensbrugghe*, Revue Internationale de Droit Économique 1999/1, 351, 355 ff.; *Sauter*, in: Freedland/Sciarra (Hrsg.) (1998), S. 117, 118 ff.

48 *Sauter*, in: Freedland/Sciarra (Hrsg.) (1998), S. 117, 120; *Pressler/Schieffer*, Fed.Com.L.J. 40 (1993), 351, 353; *Kim*, Telecommunications Policy 22 (1998), 281, 282.

49 Vgl. Titel 1 des Communications Act von 1934: ein wesentliches Regulierungsziel in der Telekommunikation war danach „to make available, so far as possible, to all people of the United States, without discrimination on the basis of race, color, religion, national origin, or sex, a rapid, efficient, Nation-wide and world-wide wire and radio communication service with adequate facilities at rea-

Maßgabe der Telekommunikationspolitik.[50] Als eine Folge der Trennung der Regulierungsbehörde von der allgemeinen Staatsverwaltung muß es gelten, daß dieses Ziel in den USA nicht in gleichem Maße wie in Europa mit anderen Politikzielen und staatlichen Machtansprüchen verquickt wurde. Dies erklärt auch, warum sich das amerikanische „universal service"-Modell, das anfangs wie in Europa zur Rechtfertigung umfangreicher Quersubventionen in einem Monopolsystem diente,[51] nach der Aufspaltung von AT&T im Jahr 1983 als systemoffener erwies als die europäischen Pendants der Daseinsvorsorge oder des „service public". Das Regulierungsziel des „universal service" rechtfertigte nunmehr vor allem die Einrichtung unternehmens*externer* Finanzierungsmechanismen zur Gewährleistung eines flächendeckend erschwinglichen Angebots von Telekommunikation.[52]

Es ist zu vermuten, daß die Kommission im Zusammenhang mit ihren Liberalisierungsbemühungen im Bereich der Telekommunikation den auf das Ziel telekommunikativer Grundversorgung reduzierten Begriff des „universal service" vor allem wegen dessen erwiesener Systemoffenheit aufgriff: Das Ziel des „universal service" ließ sich, wie die US-amerikanische Erfahrung zeigte, auch in einem Wettbewerbssystem verfolgen.[53] Da die Kommission mit dem Konzept des Universaldienstes von Beginn an das Ziel einer Wettbewerbsöffnung verfolgte, verband sich dieser Begriff im Gemeinschaftsrecht zunächst in anderer Weise als der amerikanische Begriff des „universal service" mit einer Systementscheidung für offene Märkte und unverfälschten Wettbewerb. Er ist in diesem Sinne nicht bloß als ein neutrales Konzept, sondern – auch in seiner Reduktion privilegierungsfähiger Aufgaben – als ein *Gegen*konzept zu den mitgliedstaatlichen Konzepten der Daseinsvorsorge und des „service public" zu verstehen.[54]

Auf die Entscheidung der Gemeinschaft, die Abschaffung der Ausschließlichkeitsrechte in den Bereichen Sprachtelefondienst und Telekommunikationsinfrastruktur mit einer Harmonisierung des flächendeckend bereitzustellenden Diensteangebots zu begleiten, ist es zurückzuführen, daß sich der Begriff des Universaldienstes – offiziell ins sekundäre Gemeinschaftsrecht eingeführt durch die Zusammenschaltungsrichtlinie 97/33/EG und die Universaldienstrichtlinie 98/10/EG – außerdem alsbald mit der Idee einer ge-

---

sonable charges [...] for the purpose of promoting safety of life and property through the use of [...] communication" - 47 U.S.C. § 151 (1982); näher zur Interpretation dieses Regulierungsziels: *Pressler/Schieffer*, Fed. Communications L.J. 40 (1993), 351, 369; *Mueller*, Telecommunications Policy 17 (1993), 352, 354.

50 *Sauter*, in: Freedland/Sciarra (Hrsg.) (1998), S. 117, 120; *Witte*, ZögU 20 (1997), 434, 441.

51 Wie in Europa wurden künstlich niedrig gehaltene Ortstarife quersubventioniert durch hohe Ferngesprächstarife – vgl. näher *Mason*, Fed. Communications L.J. 50 (1997/98), 237, 239; *Noll*, Telecommunications Policy 22 (1998), 47; *Prieger*, Telecommunications Policy 22 (1998), 57, 59 f. Kritisch: *Vogelsang*, in: ZögU 19 (1996), Beiheft 19, 137, 143 f.; *Mueller*, Telecommunications Policy 17 (1993), 352, 353 f.; *Mueller*, Fed. Communications L.J. 49 (1997), 655, 657 f.

52 Näher: *Vogelsang*, in: ZögU 19 (1996), Beiheft 19, 137, 145 f.; *Prieger*, Telecommunications Policy 22 (1998), 57, 59; *Campbell*, in: Stumpf/Elsenbast (1996), 115, 120.

53 Vgl. hierzu *Noam*, Columbia Law Review 97 (1997), 955, 956 und 963; *Barbet/Gonzalez*, Revue Internationale de Droit Économique 1999/1, 59, 61.

54 Dieses Verständnis hat die *Kommission* jüngst in ihrer Definition des Universaldienstbegriffs in der Mitteilung zur Daseinsvorsorge II, ABl. 2001 Nr. C 17/4, Anhang II bekräftigt: „Der Universaldienst [...] ist eine wichtige Begleitmaßnahme zur Liberalisierung von Dienstleistungsbranchen [...]".

meinschaftweiten Gewährleistung eines harmonisierten (Mindest-)Diensteangebots verband.[55]

Die Kommission unterscheidet den Universaldienst – umschrieben als „ein definiertes Mindestangebot an Diensten von bestimmter Qualität, das allen Benutzern unabhängig von ihrem Standort und, gemessen an den landesspezifischen Bedingungen, zu einem erschwinglichen Preis zur Verfügung steht“[56] – bislang klar von zwei anderen Konzepten: den Pflichtdiensten; und dem Konzept des „public access“.[57]

Der Universaldienst betrifft Grundversorgungsleistungen, deren Bestand mit Blick auf die gegenwärtige Nachfrage nach Dienstleistungen am Markt und die daraus ersichtlich werdende Wesentlichkeit der Leistungen für die Bevölkerung ermittelt wird. Dies rechtfertigt die Auflage, diese Leistungen flächendeckend zu *erschwinglichen Preisen* bereitzustellen.

Unter Pflichtdiensten werden Dienste verstanden, die – aufgrund gemeinschaftsrechtlicher oder mitgliedstaatlicher Vorgaben – flächendeckend bereitzustellen, jedoch nicht mit besonderen Preisvorgaben verbunden sind. Sie müssen also insbesondere nicht zu „erschwinglichen“, sondern nur zu kostendeckenden Preisen bereitgestellt werden. Den mit der Bereitstellung derartiger Leistungen betrauten Unternehmen ist demnach auch kein finanzieller Ausgleich zu gewähren.

Das Konzept des „public access“ ist eng verknüpft mit dem Projekt der Entwicklung der Informationsgesellschaft und betrifft den Zugang der Bevölkerung zu neuen Diensten, bezüglich derer es nach Maßgabe der Marktentwicklung und Wesentlichkeit der Dienste nicht gerechtfertigt erscheint, eine flächendeckende Bereitstellung zu verlangen. Erwünscht ist aber die allgemeine Zugänglichkeit der Leistungen für die Bevölkerung über bestimmte Multiplikatoren, z. B. Schulen und Bibliotheken. Die mit diesen verschiedenen Konzepten verknüpften Ziele sind ebenso unterschiedlich wie die Voraussetzungen für die Qualifizierung einer Leistung als „Universaldienst“, „Pflichtdienst“ oder Bestandteil eines „public-access“-Konzepts.

Die Kommission hat in ihr Universaldienstkonzept von vornherein nur den Universaldienst im engeren Sinne – einen über allgemeine Marktnachfrage feststellbaren Grundbedarf – einbezogen. Die Finanzierung der stärker politisch aufgeladenen Pflichtdienste

---

55 Vgl. Art. 1 Sprachtelefondienstrichtlinie 95/62/EG (wo allerdings der Begriff des Universaldienstes nur in den Begründungserwägungen auftauchte); und Art. 3 Abs. 1 Universaldienstrichtlinie 98/10/EG, welcher die Mitgliedstaaten zur flächendeckenden Bereitstellung eines Universaldienstes verpflichtet.

56 Art. 2 Abs. 1 lit.g Richtlinie 97/33/EG; Art. 2 Abs. 2 lit. f Universaldienstrichtlinie 98/10/EG, ABl. 1998 Nr. L 101/24.

57 Vgl. *Kommission*, DG XIII, Theme Paper on Universal Service issues, Brussels, 19 September 1995 – im Internet unter: www.ispo.cec.be/infosoc/legreg/themus.html abrufbar (zuletzt: 10. 8. 2000). Die Trennung bleibt klar aufrechterhalten in dem Vorschlag der Kommission für eine Richtlinie des Europäischen Parlaments und des Rates über den Universaldienst und Nutzerrechte bei elektronischen Kommunikationsnetzen und -diensten v. 12. Juli 2000, KOM(2000)392 (im Folgenden: Vorschlag für eine Nutzerrechte-Richtlinie), wo Universaldienstleistungen und „Pflichtdienste“ getrennt geregelt werden und eine „public access“-Politik für Schulen vorerst weiterhin nicht vorgesehen ist.

und „public access"-Politik hat außerhalb der Universaldienstfinanzierung zu erfolgen. Diese konzeptionelle Trennung und damit Einengung des Universaldienstes auf einen weniger politisch als objektiv durch Marktnachfrage zu ermittelnden Grundbedarf muß als wesentliche Prämisse des gemeinschaftsrechtlichen Universaldienstkonzepts in der Telekommunikation gelten.

b) Harmonisierung des Universaldienstinhalts bzw. -umfangs und der Universaldienstprinzipien

Inhalt bzw. Umfang des Universaldienstes in der Telekommunikation und die maßgeblichen Prinzipien der Leistungsbereitstellung sind den Mitgliedstaaten heute durch Ratsrichtlinien – insbesondere die Universaldienstrichtlinie 98/10/EG – weitgehend vorgegeben. Ihnen verbleiben nur noch begrenzt Konkretisierungsspielräume. Die gemeinschaftsrechtlichen Vorgaben haben dabei die bereits herausgearbeitete doppelte Dimension: sie gewährleisten einen gemeinschaftsweit einheitlichen, flächendeckenden Mindeststandard der Grundversorgung mit Telekommunikations-Infrastrukturen und –diensten; zum anderen bezeichnen sie abschließend diejenigen Leistungen, die, wenn sie Nettokosten verursachen, gegebenenfalls über einen Universaldienst-Ausgleichsmechanismus finanziert werden können. Diese beiden Dimensionen der Universaldienstdefinition sind im Telekommunikationsbereich deckungsgleich.

aa) Inhalt des Universaldienstes

Eine Harmonisierung von Inhalt und Umfang des Universaldienstes in der Telekommunikation erfolgte erstmals in der Sprachtelefondienstrichtlinie v. 13. 12. 1995,[58] die zum 30. Juni 1998 durch die Universaldienstrichtlinie 98/10/EG ersetzt wurde. Die Bestimmung des Universaldienstinhalts blieb dabei weitgehend unverändert: Kernbestand des Universaldienstes ist der flächendeckend allen Nutzern bereitzustellende Anschluß an das feste[59] öffentliche Telefonnetz[60], der neben Sprachtelefonie auch Faksimile- und Datenkommunikation[61] und Zugang zu festen öffentlichen Telefondiensten ermöglichen

58 Die Sprachtelefondienstrichtlinie 95/62/EG verpflichtete die Mitgliedstaaten zur Gewährleistung der flächendeckenden Zugänglichkeit insbes. folgender Leistungen: Bereitstellung eines Sprachtelefondienstes über einen Festnetzanschluß, über den auch ein Fax und ein Modem betrieben werden können (Art. 3 S. 2); Bereitstellung von Teilnehmerverzeichnissen und die Auskunft über Rufnummern (Art. 16), öffentliche Telefonzellen (Art. 17) und – als Kann-Bestimmung – spezielle Maßnahmen für behinderte Nutzer und Nutzer mit speziellen Bedürfnissen (Art. 19).

59 Gegenwärtig wird diskutiert, den Universaldienst künftig allgemeiner als Zugang zum öffentlichen Telefonnetz zu definieren. Alternativ zum Festnetzanschluß könnte dann auch ein Mobilfunknetzanschluß bereitgestellt werden – siehe Vorschlag der Kommission für eine Richtlinie des Europäischen Parlaments und des Rates über den Universaldienst und Nutzerrechte bei elektronischen Kommunikationsnetzen und -diensten v. 12. Juli 2000, KOM(2000)392 Kap. II Art. 4 i. V. m. Kap. 1 Art. 2 Nr. 1 (d) und Rn. 5 der Erwägungsgründe.

60 Mit der Einschränkung, daß der Antrag auf Netzanschluß „vertretbar" sein muß.

61 Hierdurch ist gewährleistet, daß alle Nutzer Zugang zu allen Diensten haben, die über heutige Telekommunikationsnetze angeboten werden – wenngleich nicht alle dieser Dienste selbst dem Erschwinglichkeitsgebot unterliegen – vgl. *Kommission*, Mitteilung KOM(96)73 endg., S. 6.

muß[62]. Hinzu kommen Nebenleistungen, insbesondere die Bereitstellung von Telefonverzeichnissen sowie eines Telefonauskunftdienstes,[63] öffentliche Telefonzellen,[64] ein Notruf[65] und öffentliche Telefondienste, einschließlich Auskunftsdiensten,[66] auch für behinderte Nutzer oder Nutzer mit speziellen sozialen Bedürfnissen.[67] Auch der neue Vorschlag der Kommission für eine Richtlinie über Universaldienst und Nutzerrechte v. 12. Juli 2000 beläßt den Universaldienstumfang im wesentlichen unverändert.[68]

Nicht zum Universaldienst zählen nach der Universaldienstrichtlinie 98/10/EG die Dienstemerkmale Tonfrequenzwahl, Einzelgebührenerfassung und selektive Anrufsperre. Zwar haben die Mitgliedstaaten gem. Art. 14 Universaldienstrichtlinie 98/10/EG sicherzustellen, daß die Nutzer über feste öffentliche Telefonnetze „so schnell wie möglich" Zugang zu diesen Dienstemerkmalen haben;[69] für die Dienstemerkmale Tonfrequenzwahl und selektive Anrufsperre gilt jedoch kein gesondertes Gebot der Erschwinglichkeit. Dementsprechend können sie auch nicht in den Universaldienst-Ausgleichsmechanismus einbezogen werden.

Vom Universaldienst – und mithin auch vom Universaldienst-Ausgleichsmechanismus – ausgenommen sind auch die Dienstemerkmale Anzeige der Rufnummer des Anrufers, direkte Durchwahl[70] und Anrufweiterschaltung[71] (vgl. Art. 15 Universaldienstrichtlinie 98/10/EG). Die Mitgliedstaaten müssen allerdings gewährleisten, daß diese Dienstemerkmale von marktmächtigen Sprachtelefondienst-Anbietern bereitgestellt werden – allerdings „vorbehaltlich der technischen Durchführbarkeit und der wirtschaftlichen Rentabilität".

Art. 14 und 15 Universaldienstrichtlinie begründen damit Gewährleistungspflichten der Mitgliedstaaten für die flächendeckende Bereitstellung von Leistungen bzw. Leistungsmerkmalen, denen eine wesentliche Bedeutung für die wirtschaftliche bzw. gesellschaftliche Entwicklung zuerkannt wird. Der Verbreitung dieser Leistungen wird jedoch kein derartig hohes Gewicht beigemessen, daß der Einsatz des Subventionsmechanismus mit seinem Gefahrenpotential für den Wettbewerb gerechtfertigt wäre.

62 Siehe Art. 5 Universaldienstrichtlinie 98/10/EG.

63 Art. 6 Universaldienstrichtlinie 98/10/EG. Die Einbeziehung dieser Nebenleistungen in den Universaldienst rechtfertigt sich daraus, daß diese Leistungen eine wichtige Voraussetzung für die volle Nutzung der Telekommunikationsdienstleistungen selbst sind.

64 Entsprechend dem Bedarf der Nutzer – Art. 7 Universaldienstrichtlinie 98/10/EG.

65 Art. 7 Abs. 2 Universaldienstrichtlinie 98/10/EG.

66 Art. 6 Universaldienstrichtlinie 98/10/EG.

67 Art. 8 Universaldienstrichtlinie 98/10/EG.

68 KOM(2000)392, Kap. II Art. 4 sowie Artt. 5–7.

69 Zu diesem Zweck können die Mitgliedstaaten einen oder mehrere Betreiber benennen, die verpflichtet werden, diese Dienstemerkmale „den meisten" Telefonbenutzern bereits jetzt („vor dem 31. Dezember 1998" – vgl. Art. 14 Abs. 1 Universaldienstrichtlinie 98/10/EG) bereitzustellen, und die die allgemeine Verfügbarkeit dieser Dienstemerkmale bis zum 31. 12. 2001 zu gewährleisten haben.

70 D. h.: Nutzer einer Nebenstellenanlage oder eines vergleichbaren privaten Systems können vom festen öffentlichen Telefonnetz aus ohne Intervention der Vermittlungseinrichtung direkt angerufen werden – vgl. Anhang I Teil II zur Universaldienstrichtlinie 98/10/EG

71 D. h.: Weiterleitung eingehender Anrufe an einen anderen Anschluß im gleichen oder in einem anderen Mitgliedstaat – vgl. Anhang I Teil II zur Universaldienstrichtlinie 98/10/EG

bb) Gemeinschaftsrechtlich vorgegebene Universaldienstprinzipien

In der Universaldienstrichtlinie 98/10/EG werden nicht nur bestimmte Universaldienstinhalte, sondern auch die Universaldienstaufgabe näher umschrieben.

aaa) Grundsatz der Kontinuität – die einheitliche infrastrukturelle Durchdringung der Fläche

Die Mitgliedstaaten sind gemeinschaftsrechtlich verpflichtet, die ununterbrochene flächendeckende Bereitstellung der Universaldienste zu gewährleisten.[72] Dieses Prinzip erinnert an das Prinzip der „continuité" im „service public"-Konzept, welches allerdings den zuständigen staatlichen Stellen ein weiteres Ermessen beließ. Die flächendeckende Ausbreitung der Telekommunikationsnetze als Voraussetzung für den Universaldienst ist in den meisten Ländern der EU bereits abgeschlossen.[73] Die Gewährleistungspflicht ist daher weniger eine Entwicklungs- als eine Bestandsgarantie.

bbb) Grundsatz der Erschwinglichkeit – das soziale Element des Universaldienstes

Neu gegenüber der Sprachtelefonie-Richtlinie[74] – wie auch den traditionellen mitgliedstaatlichen Konzepten der Daseinsvorsorge bzw. des „service public" – ist die gemeinschaftsrechtliche Verpflichtung der Mitgliedstaaten, die Erschwinglichkeit der zum Universaldienst zählenden Dienste zu gewährleisten,[75] wobei für die Feststellung der Erschwinglichkeit im einzelnen die Gegebenheiten im jeweiligen Mitgliedstaat maßgeblich sind. Nicht abschließend geklärt ist bislang, wie das gemeinschaftsrechtliche Konzept der Erschwinglichkeit zu verstehen ist.

Positiv betrachtet verpflichtet das Prinzip der Erschwinglichkeit die Mitgliedstaaten sicherzustellen, daß die Preise für Universaldienstleistungen für alle Nutzergruppen bezahlbar sind, daß also keine Nutzergruppe durch unzumutbar hohe Preise vom Zugang zu den Universaldiensten faktisch abgeschnitten wird.[76]

---

72 Art. 3 Abs. 1 Universaldienstrichtlinie 98/10/EG.

73 Vgl. *Sauter*, in: Freedland/Sciarra (Hrsg.) (1998), S. 117, 121.

74 In der Sprachtelefondienstrichtlinie 95/62/EG war das Prinzip der Erschwinglichkeit noch nicht ausdrücklich normiert. Allerdings bestand bereits zu diesem Zeitpunkt politischer Konsens, daß die Erschwinglichkeit der Leistungen ein Schlüsselelement des Universaldienstkonzeptes sei – vgl. *Kommission*, Mitteilung KOM(96)73 endg., S. 6 und 11.

75 Es wird insoweit kein Unterschied zwischen privaten Nutzern und geschäftlichen Nutzern gemacht. Allerdings kann für geschäftliche Nutzer ein anderer Maßstab für die Bestimmung der Erschwinglichkeit gelten als für private Nutzer.

76 *Kommission*, Grünbuch Telekommunikationsinfrastruktur, Teil II (1994), S. 46 f.; *Kommission*, First Monitoring Report (1998), S. 16: „[...] it may be that affordability should be seen as ensuring that prices do not stop people joining the network or cause them to leave the network. If that is the case, it may be that a precise definition is not needed. It may be enough to monitor overall penetration rates, as well as the rate and pattern of customer disconnection and re-connections to assess the general level of customer satisfaction".

Unklar ist demgegenüber, ob das Prinzip der Erschwinglichkeit gleichzeitig als Gegenkonzept[77] zum Prinzip der Tarifeinheit im Raum zu verstehen ist, welches in der Telekommunikation traditionell unter Berufung auf das Gleichheitsprinzip sowie mit der Begründung praktiziert wurde, daß so die allgemeine Zugänglichkeit der Telekommunikation gewährleistet werden könne. Während die Tarifeinheit im Raum mit der Gefahr des Rosinenpickens durch Wettbewerber verbunden und daher in einem wettbewerblichen Umfeld problematisch ist (s. o., B.III.2.b)aa)),[78] ist das Prinzip der Erschwinglichkeit flexibler: von kostenorientierten Preisen muß nur dort abgewichen werden, wo andernfalls die Leistungen für eine konkrete Region oder eine konkrete Nutzergruppe unerschwinglich würden.[79] Anders als das Prinzip der Tarifeinheit ist das Prinzip der Erschwinglichkeit keinem absoluten Gleichheitsprinzip verpflichtet, sondern steht in direkter Beziehung zur wirtschaftlichen Leistungsfähigkeit der Nutzer. Es eröffnet damit Raum für Tarifdifferenzierungen bzw. Gebührenflexibilität[80] und ermöglicht eine Beschränkung staatlicher Preisinterventionen im Rahmen des Universaldienstmechanismus auf diejenigen Fälle und Nutzergruppen, in denen aus Tarifumstrukturierungen eine besondere finanzielle Belastung resultiert.[81] Die Reibung zwischen dem Universaldienstziel und dem Wettbewerbsprinzip ist entsprechend gering – zumal angesichts des im Wettbewerb zu erwartenden Preisdrucks.

Sieht man im gemeinschaftsrechtlichen Prinzip der Erschwinglichkeit eine Verpflichtung der Mitgliedstaaten, sich gezielt auf die Gewährleistung der Erschwinglichkeit des Universaldienstes für alle Nutzer zu beschränken, so wäre es ihnen künftig versagt, die mit der Gewährleistung eines Universaldienstes betrauten Telekommunikationsbetreiber auf das Prinzip der Tarifeinheit im Raum zu verpflichten.[82] Allerdings läßt sich der Begriff der Erschwinglichkeit auch als eine abstrakte Zielbeschreibung verstehen, die den Mitgliedstaaten bei der Umsetzung einen weiten Handlungsspielraum beläßt. Das Prinzip der Tarifeinheit im Raum wäre bei dieser Auslegung unter Umständen als Mittel zur Gewährleistung der Erschwinglichkeit gedeckt.[83]

---

77 In diesem Sinne z. B. *Scanlan/Neu* (2000), Part I S. 6 mit folgenden Thesen zur Erschwinglichkeit: „(1) The issue of affordability cannot be divorced from the cost of service provision. (2) As a general issue lack of affordability is only meaningful in the EU for very low income households and should be dealt with by providing income support. (3) Affordability must be subservient to cost orientation, with the exception being targeted assistance at the margin".

78 Laut *Analysis* (1996), S. 6 f. wird die Praxis der Bildung von landesweiten Durchschnittstarifen im Wettbewerb unhaltbar. Es müßten kostenorientierte regionale Tarife gebildet werden. Ähnlich *Scanlan/Neu* (2000), S. 5 – zumindest mittelfristig sei das Prinzip der Tarifeinheit im Raum im Wettbewerb nicht haltbar; *Huber* (1997), S. 140.

79 *Analysis* (1996), S. 5.

80 *Kommission*, Grünbuch Telekommunikationsinfrastruktur, Teil II (1994), S. 91 f.; *Kommission*, Mitteilung, KOM (95)543 endg., S. 19; *Campbell*, in: Stumpf/Elsenbast (Hrsg.) (1996), S. 115, 126.

81 Vgl. *Kommission*, Mitteilung KOM(96)73 endg., S. 11, S. 17 f. und S. 25. Auch *Gabrisch* (1996), S. 176: Die Schwerpunktverlagerung weg von der pauschalen Subvention aller Anschlußteilnehmer hin zu einer subjektbezogenen Subvention der Grenznachfrager unterstreiche den primär verteilungspolitischen Charakter der neuen Universaldienstpolitik. Früher sei demgegenüber der raumordnungspolitischen Auftrag noch gleichgestellt gewesen.

82 In diese Richtung: *Kommission* in der Mitteilung KOM(96)73 endg., S. 12 f. Natürlich bliebe es den betrauten Unternehmen unbenommen, von sich aus landesweit einheitliche Tarife anzubieten.

83 Hierfür plädiert offenbar das *Europäische Parlament*, Entschließung zur Mitteilung der Kommission: Erster Bericht über den Universaldienst, ABl. 1999 Nr. C 150/61 E.

Art. 3 Abs. 1 Universaldienstrichtlinie 98/10/EG geht einen Mittelweg, der im Detail Fragen aufwirft.[84] Die Vorschrift nimmt das Prinzip der Kostenorientierung der Tarife zum Ausgangspunkt[85] – ein Prinzip, welches der Tarifeinheit im Raum grundsätzlich entgegensteht –, verpflichtet die Mitgliedstaaten aber zu gewährleisten, daß dabei die Erschwinglichkeit der Leistungen für Nutzer in Hochkostenregionen und für bestimmte benachteiligte Nutzergruppen nicht gefährdet werde. Die Möglichkeit nutzergruppenspezifischer Tarifsysteme für Universaldienste ist in diesem Zusammenhang sicherzustellen. Solange „eine wirksame Preiskontrolle durch den Wettbewerb“ noch nicht gewährleistet ist, sollen die Mitgliedstaaten aber auch befugt sein, am Prinzip der Tarifeinheit im Raum festzuhalten,[86] allerdings nur „in Übereinstimmung mit dem Gemeinschaftsrecht“.

Während damit auf den ersten Blick die Tarifeinheit im Raum gemeinschaftsrechtlich weiterhin zulässig, das Prinzip der Kostenorientierung mithin verbindlich nur für das Verhältnis zwischen nutzungsunabhängigen und nutzungsabhängigen Telekommunikationsgebühren zu gelten scheint, ist doch im Detail vieles offen. Das Gebot, eine Tarifdifferenzierung nach Nutzergruppen zuzulassen, relativiert das Prinzip der Tarifeinheit – und entzieht ihm mittelfristig einen erheblichen Teil seiner Legitimität. Unter welchen Voraussetzungen von einer „wirksamen Preiskontrolle durch den Wettbewerb“ gesprochen werden kann, ist ungeklärt; zumindest ist aber davon auszugehen, daß dies für jeden Bestandteil des Universaldienstes getrennt zu ermitteln ist. Dies wiederum dürfte bedeuten, daß die Tarifeinheit im Raum mittelfristig nur für Anschluß- und monatliche Grundgebühren und u. U. für Ortsgespräche beibehalten werden kann. Unklar ist auch, welchen Zweck der Hinweis erfüllen soll, daß über die Fläche gemittelte Tarife „nur im Einklang mit dem Gemeinschaftsrecht“ zulässig sein sollen. Denkbar ist, daß – da ge-

---

84 Die Vorschrift lautet:
„(1) Unter Berücksichtigung der fortschreitenden Kostenorientierung der Tarife sorgen die Mitgliedstaaten insbesondere dafür, daß die Preise für die in diesem Kapitel genannten Dienste für Nutzer in ländlichen Regionen und Gegenden, in denen hohe Kosten entstehen, sowie für bestimmte Nutzergruppen wie ältere Menschen, Behinderte und Menschen mit besonderen sozialen Bedürfnissen erschwinglich bleiben.
(2) Zu diesem Zweck schaffen die Mitgliedstaaten sämtliche Verpflichtungen ab, die die Anwendung besonderer oder gruppenspezifischer Tarifsysteme für die Bereitstellung der in dieser Richtlinie festgelegten Dienste verhindern oder einschränken; darüber hinaus können sie in Übereinstimmung mit dem Gemeinschaftsrecht Preisobergrenzen, über die Fläche gemittelte Tarife oder ähnliche Mechanismen für einige oder alle der genannten Dienste einführen, solange eine wirksame Preiskontrolle durch den Wettbewerb noch nicht gegeben ist.
(3) Tarifsysteme, die die Erschwinglichkeit sicherstellen sollen, müssen den Grundsätzen von Transparenz und Nichtdiskriminierung entsprechen. Unter Berücksichtigung von Artikel 24 veröffentlichen die Mitgliedstaaten die Regeln und Kriterien für die Gewährleistung eines erschwinglichen Preises auf nationaler Ebene“.

85 Gem. Art. 17 Abs. 2 Universaldienstrichtlinie 98/10/EG unterliegen insbes. die Tarife für die Nutzung des festen öffentlichen Telefonnetzes und fester öffentlicher Telefondienste dem Grundsatz der Kostenorientierung. „Feste öffentliche Telefondienste“ umfassen gem. der Definition in Art. 2 Abs. 3 lit.b) Universaldienstrichtlinie 98/10/EG im wesentlichen die Universaldienstleistungen. Sie umfassen nicht die über das öffentliche Telefonnetz erbrachten Mehrwertdienste. Der Grundsatz der Kostenorientierung wird konkretisiert im Anhang II Nr. 4 der ONP-Richtlinie 90/387/EWG: „Harmonisierte Tarifgrundsätze“.

86 Ähnlich bereits: *Kommission*, Mitteilung KOM(96)608 endg., S. 26: weder fordere die Gemeinschaftspolitik die Beibehaltung nationaler Einheitstarife noch verhindere sie sie.

mittelte Tarife den Marktzutritt erschweren und mithin gegen die Wettbewerbsvorschriften verstoßen können –, die Tarifeinheit im Raum ihrerseits vom jeweiligen Mitgliedstaat am Maßstab des Art. 86 Abs. 2 EGV zu rechtfertigen ist. Zu beachten ist dabei, daß nur „erschwingliche“ Tarife, nicht aber Einheitstarife die privilegierungsfähige „besondere Aufgabe“ darstellen. Das Prinzip der Tarifeinheit ist als ein bloßes Mittel der Verhältnismäßigkeitsprüfung unterworfen – es muß insbesondere nachgewiesen werden, daß dieses Mittel zur Gewährleistung erschwinglicher Preise erforderlich ist.[87] Sollte durch das Festhalten an der Tarifeinheit im Raum die Entwicklung des Handels erheblich beeinträchtigt werden, so käme eine Korrektur dieses Prinzips auch am Maßstab des Art. 86 Abs. 2 S. 2 EGV in Betracht. Aus den Begründungserwägungen zur Universaldienstrichtlinie läßt sich im übrigen herauslesen, daß eine Rechtfertigung der Tarifeinheit im Raum nur in der Phase der Tarifumgestaltung zur Abfederung der hiermit unter Umständen verbundenen sozialen Härten möglich sein soll.[88]

Im Ergebnis könnte die Universaldienstrichtlinie folglich – zumindest mittelfristig – das Ende der Tarifeinheit im Raum einläuten. Alternative Mittel zur Gewährleistung der Erschwinglichkeit werden in der Universaldienstrichtlinie 98/10/EG bereits vorgestellt. Art. 3 Abs. 1 Universaldienstrichtlinie hebt insoweit die Tarifvielfalt bzw. Gebührenflexibilität hervor.[89] Erhebliche Bedeutung wird auch – dem Leitbild des mündigen Verbrauchers folgend – der Kontrolle der Benutzer über ihre wöchentlichen und monatlichen Ausgaben[90] und der Verbraucherinformation beigemessen.[91]

Zweifel an der Einschätzung, daß der Status der Tarifeinheit im Raum als gemeinschaftsrechtlich privilegiertes Ziel in näherer Zukunkt ablaufen könnte, weckt allerdings

87 Diese Auslegung wird gestützt durch Anhang III zur Zusammenschaltungsrichtlinie 97/33/EG: Zu den Universaldienstverpflichtungen gehörten, „wo dies *erforderlich* ist, auch Durchschnittspreise in diesem geographischen Gebiet für die Bereitstellung dieses Dienstes“ [Hervorhebung durch H.S.].

88 Universaldienstrichtlinie 98/10/EG, ABl. 1998 Nr. L 101/24, 25 Begründungserwägung 5: „Bestimmte Preisobergrenzen, über die Fläche gemittelte Tarife oder ähnliche Mechanismen können vorgeschrieben werden, um sicherzustellen, daß die notwendige [Tarif-]Umgestaltung die Nutzer nicht ungerechtfertigt benachteiligt und die Erschwinglichkeit der Telefondienste nicht gefährdet“.

89 Vgl. auch Vorschlag der Kommission für eine Richtlinie des Europäischen Parlaments und des Rates über den Universaldienst und Nutzerrechte bei elektronischen Kommunikationsnetzen und -diensten v. 12. Juli 2000, KOM(2000)392 Kap. II Art. 9; *Kommission*, First Monitoring Report (1998), S. 16: „Affordability is not just concerned with the prices paid. It also relates to the possibility to choose between tariff packages with different mixes of fixed and variable usage charges. It is also about how and when payments can be made and the ability of customers to monitor and control their expenditure [...]“. Ähnlich bereits *Analysis* (1996), S. 9 f.

90 Vgl. Vorschlag der Kommission für eine Richtlinie des Europäischen Parlaments und des Rates über den Universaldienst und Nutzerrechte bei elektronischen Kommunikationsnetzen und -diensten v. 12. Juli 2000, KOM(2000)392, Kap. II Art. 10 Abs. 2 sowie Anhang I. Als Maßnahmen, die den Nutzern eine bessere Ausgabenkontrolle ermöglichen, werden genannt: Einzelverbindungsnachweis; selektive Sperre abgehender Verbindungen, ohne Entgelt; Vorausbezahlung; Spreizung der Anschlußentgelte; rechtzeitige Warnung mit Blick auf eine bevorstehende Unterbrechung des Dienstes oder Trennung vom Netz wegen Nichtzahlung. Vgl. auch *Kommission*, Mitteilung, KOM(96)73 endg., S. 11; *Kommission*, First Monitoring Report (1998), S. 14; *Analysis* (1997), S. 3.

91 Vgl. Universaldienstrichtlinie 98/10/EG, Begründungserwägung 4 und Art. 11 mit konkreten Veröffentlichungspflichten und Pflichten bzgl. der Zugänglichkeit von Informationen über Netz- sowie Dienstezugang und Netz- sowie Dienstenutzung und Art. 14, wonach den Nutzern „sobald wie möglich“ ein Recht auf einen Einzelgebührennachweis eingeräumt werden soll.

der neue Richtlinienvorschlag der Kommission für eine Universaldienst- und Nutzerrechte-Richtlinie bei elektronischen Kommunikationsnetzen und -diensten v. 12. Juli 2000. Obwohl auch hier die alternativen Mechanismen zur Gewährleistung einer allgemeinen Erschwinglichkeit der Leistungen hervorgehoben werden – das Angebot spezieller Tarifpakete bzw. -optionen oder aber auch eine direkte Subventionierung von Verbrauchern mit speziellen Bedürfnissen –,[92] wird doch das Recht der Mitgliedstaaten, ein Unternehmen mit dem Angebot der Universaldienste zu einem landesweit einheitlichen Tarif zu betrauen, ausdrücklich bestätigt.[93]

Jenseits der Frage nach dem Verhältnis zur Praxis der Tarifeinheit wirft das gemeinschaftsrechtliche Gebot zur Gewährleistung der Erschwinglichkeit des Universaldienstes weitere schwierige Probleme auf, die vor allem daraus resultieren, daß jegliche gemeinschaftsrechtliche Konkretisierung fehlt. Die Offenheit des Begriffs für mitgliedstaatliches Ermessen kann Mitgliedstaaten in die Versuchung führen, die telekommunikative Universaldienstpolitik zu weiterreichenden sozial- und umverteilungspolitischen Zwecken zu nutzen, die nicht durch das Anliegen gerechtfertigt sind, ein Abschalten bestimmter Bevölkerungsgruppen vom Telekommunikationsnetz in einem wettbewerblichen Umfeld zu verhindern.[94] Der Universaldienstfinanzierungsmechanismus mit seinen potentiell markteintrittsbehindernden und wettbewerbsverfälschenden Wirkungen wird dann erneut für Zwecke eingesetzt, die nicht telekommunkationsspezifischer Natur sind. Der neue Richtlinienvorschlag der Kommission für eine Universaldienst- und Nutzerrechte-Richtlinie trägt diesem Problem Rechnung, indem das Ziel, „sicherzustellen, daß einkommensschwache Personen oder Personen mit besonderen sozialen Bedürfnissen nicht am Zugang zum öffentlichen Telefondienst und an seiner Nutzung gehindert werden“, als Maßstab für die mitgliedstaatliche Politik zur Gewährleistung der Erschwinglichkeit eingeführt wird.[95]

ccc) Grundsatz der Anpassung

Bereits in den Erwägungsgründen zur Universaldienstrichtlinie war von einer regelmäßigen Überprüfung des Universaldienstumfangs die Rede.[96] Nach dem Vorschlag der Kommission für eine Universaldienst- und Nutzerrechterichtlinie v. 12. Juli 2000 soll die Kommission künftig ausdrücklich zu einer solchen Überprüfung verpflichtet sein.[97] Damit wird deutlich, daß der Universaldienst als dynamisches Konzept verstanden

92 KOM(2000)392, Kap. II Art. 9 Abs. 1 (spezielle Tarifoptionen und Tarifbündel) und Abs. 3 (direkte Unterstützung der Verbraucher mit besonderen wirtschaftlichen oder sozialen Bedürfnissen).

93 KOM(2000)392, Kap. II Art. 9 Abs. 2: „Die Mitgliedstaaten können Unternehmen, denen Verpflichtungen nach Artikel 4 auferlegt wurden, angesichts der nationalen Gegebenheiten einheitliche Tarife im gesamten Hoheitsgebiet vorschreiben“.

94 Hierauf weisen nachdrücklich *Scanlan/Neu* (2000), Part I S. 17 f. hin.

95 KOM(2000)392 Kap. II Art. 9 Abs. 1.

96 Vgl. Begründungserwägung 1 der Universaldienstrichtlinie 98/10/EG.

97 KOM(2000)392 Kap. II Art. 15: Die Überprüfung soll insbes. der sozialen, wirtschaftlichen und technischen Entwicklung Rechnung tragen. Ein bestimmtes Überprüfungsverfahren ist im Anhang V des Richtlinienvorschlags vorgesehen.

wird.[98] Auf die hierbei zugrundezulegenden Kriterien wird an späterer Stelle eingegangen.

ddd) gemeinschaftsrechtliche Maßgaben für die Betrauung

Die Entscheidung, ob zur Erfüllung der gemeinschaftsrechtlichen Verpflichtung, einen Universaldienst zu gewährleisten, die Betrauung eines Unternehmens erforderlich sei und welches bzw. welche Unternehmen auf der Grundlage welchen Verfahrens gegebenenfalls zu betrauen seien, schien bislang den Mitgliedstaaten überlassen.[99] Art. 5 Abs. 1 der Universaldienstrichtlinie 98/10/EG erwähnt lediglich allgemein die Möglichkeit einer Betrauung. Den Begründungserwägungen zur Universaldienstrichtlinie 98/10/EG zufolge sollten die Mitgliedstaaten dabei verpflichtet sein, über die Betrauung anhand „objektiver" Kriterien zu befinden.[100] Nähere Vorgaben betreffend die Voraussetzungen oder das Verfahren einer solchen „Benennung" fehlten bislang.[101] Es schien den Mitgliedstaaten unbenommen, sich außerhalb eines transparenten Verfahrens – etwa einer offenen Ausschreibung oder einer Auktion – für die Betrauung des Ex-Monopolisten mit der Universaldienstaufgabe zu entscheiden.

Dies scheint allerdings nicht das letzte Wort zu sein. In ihrer Mitteilung zu Dienstleistungskonzessionen vom 29. 4. 2000[102] hat die Kommission die Grundsätze formuliert, die sie künftig auf die Betrauung von Unternehmen mit „Aufgaben von allgemeinem wirtschaftlichem Interesse" anzulegen gedenkt, wenn die Unternehmen als Gegenleistung für die Betrauung das Nutzungsrecht bezüglich der relevanten Dienstleistungen erhalten. Die Kommission hat dabei festgestellt, daß die Modalitäten der Betrauung selbst anhand der Maßstäbe des Gemeinschaftsrechts zu überprüfen[103] und dabei insbesondere die Prinzipien der Nichtdiskriminierung, der Gleichbehandlung, der Transparenz, der gegenseitigen Anerkennung sowie der Verhältnismäßigkeit zu berücksichtigen seien (s. o., B.IV.2.d)cc)). Obwohl diese Mitteilung nicht unmittelbar auf den Telekommunikationssektor anwendbar ist, da die betrauten Unternehmen hier nicht durch ein Nutzungsrecht, sondern durch Ausgleichszahlungen für die Aufgabenerfüllung kompensiert werden, ist doch nicht ersichtlich, warum hier andere Kriterien gelten sollten – zumal die Betrauung einen Wettbewerbsvorteil darstellen kann.

---

98 Hierzu auch *Sauter*, in: Freedland/Sciarra (Hrsg.) (1998), S. 117, 136.

99 Vgl. *Kommission*, Mitteilung KOM(96)608 endg., S. 27.

100 Vgl. Universaldienstrichtlinie 98/10/EG, Begründungserwägung 6: „[...] wobei der Befähigung – und gegebenenfalls der Bereitschaft – der Organisation, alle oder einige dieser Komponenten bereitzustellen, Rechnung zu tragen ist". In dieselbe Richtung: *Kommission*, Mitteilung KOM(96)608 endg., S. 27 f.; *Kommission*, First Monitoring Report (1998), S. 11: „[...] the Community framework does not assume there will be a single universal service provider in a Member State. Indeed, the Commission believes that other operators should be encouraged to take on obligations relating to universal service". Hierzu auch *WIK* (1997), S. 10.

101 Vgl. für eine Erörterung der verschiedenen Möglichkeiten der Bestimmung des Adressaten der Universaldienstverpflichtung aus ökonomischer Sicht: *Gabrisch* (1996), S. 117 ff.; *Nett/Neu*, ZögU 22 (1999), 134, 138 ff.

102 ABl. 2000 Nr. C 121/2.

103 ABl. 2000 Nr. C 121/2, Rn. 3.

Dementsprechend hat die Kommission nunmehr in ihrem Vorschlag für eine Nutzerrechte-Richtlinie vom 12. Juli 2000 gemeinschaftsrechtliche Vorgaben für die Betrauung formuliert: die Mitgliedstaaten sollen künftig verpflichtet sein, den Universaldienst in ihrem Territorium auf die „am besten geeignete", „effizienteste" und am wenigsten marktverfälschende Weise sicherzustellen und dabei die Prinzipien der Transparenz, der Objektivität und der Nichtdiskriminierung zu beachten.[104] Welche Konsequenzen dies für die Auswahl des mit der Erbringung des Universaldienstes zu betrauenden Unternehmens hat, wird in Kap. II Art. 8 des Richtlinienvorschlags ausgeführt. Dort heißt es in den Absätzen 2 und 3:

> „(2) Um eine effiziente Bereitstellung des Zugangs zum öffentlichen Telefonnetz und dessen Nutzung sicherzustellen, gewährleisten die Mitgliedstaaten, daß alle Unternehmen die Möglichkeit haben, für die Bereitstellung des Zugangs und die Erbringung von Diensten an einem festen Standort im gesamten Hoheitsgebiet oder einem Teil davon benannt zu werden, gegebenenfalls durch die Benennung verschiedener Unternehmen für verschiedene Elemente (geographischer oder sonstiger Art) der Universaldienstverpflichtungen.
>
> (3) Verpflichten die Mitgliedstaaten eines oder mehrere Unternehmen zu Universaldiensten im gesamten Hoheitsgebiet oder einem Teil davon, erfolgt dies unter Anwendung eines effizienten, objektiven und transparenten Zuweisungsverfahrens. Zu diesen Verfahren der Benennung können öffentliche Ausschreibungen und öffentliche Versteigerungen gehören, um zu gewährleisten, daß der Universaldienst auf kostengünstige Weise erbracht wird, und um die Nettokosten der Universaldienstverpflichtungen zu ermitteln".[105]

Diese Vorgaben liegen auf einer Linie mit den in der Mitteilung zu den Dienstleistungskonzessionen formulierten Grundsätzen und deuten eine zunehmende Annäherung der gemeinschaftsrechtlichen Maßstäbe für die Auswahl des zu betrauenden Unternehmens an das Recht der Auftragsvergabe an.[106] Die Kommission scheint davon auszugehen, daß Art. 86 Abs. 2 EGV nicht die Willkürfreiheit der Mitgliedstaaten bei der Auswahl des zu betrauenden Unternehmens schützt; zumindest im Telekommunikationssektor soll sich die Bedeutung des Art. 86 Abs. 2 EGV vielmehr auf ein spezielles Beihilfen-

---

104 KOM(2000)392, Kap. II Art. 3 Abs. 2 und Rn. 10 der Erwägungsgründe.

105 Vgl. im übrigen auch KOM(2000)392 Anhang IV, „Berechnung der Nettokosten". Hier heißt es: „Um die Belastung einer Berechnung etwaiger Nettokosten von Universaldienstverpflichtungen, die sich nachträglich als nicht erforderlich herausstellen kann, zu vermeiden, ziehen die nationalen Regulierungsbehörden alle Mittel in Erwägung, um (benannten und nicht benannten) Unternehmen entsprechende angemessene Anreize zu geben, die Universaldienstverpflichtungen auf kosteneffiziente Weise zu erfüllen. Dazu gehört auch die Bewertung, ob Universaldienstverpflichtungen im Rahmen von Ausschreibungs- oder Versteigerungsverfahren auferlegt werden können". Zu einem wohlfahrtsökonomischen Vergleich der verschiedenen Verfahren zur Auswahl des zu betrauenden Unternehmens, siehe *Nett*, ZögU 22 (1999), 332 ff. mit dem Ergebnis, daß Universaldienstauktionen zum gegenwärtigen Zeitpunkt aus wohlfahrtsökonomischer Sicht abzulehnen sind. Skeptisch zum erfolgreichen Einsatz von Versteigerungsverfahren im Zusammenhang mit der Benennung des Universaldienstverpflichteten auch: *Scanlan/Neu* (2000), Part I, S. 9 ff. unter Hinweis auf das Problem der „incomplete contracts" (eine hinreichend präzise Vorab-Definition des Universaldienstes sei vielfach nicht möglich sein) und auf den hohen Anreiz für den bisherigen Monopolisten, die Versteigerung zu gewinnen, was zu Verfälschungen im Versteigerungsverfahren führen könne.

106 So bereits *Triantafyllou*, Rev.trim.dr.eur. 35 (1999), 21, 31.

privileg beschränken, welches nur den Universaldienstausgleichsmechanismus schützt. Ob dies allerdings bedeutet, daß kurz- oder mittelfristig eine Betrauung der Ex-Monopolisten nicht mehr die Regel sein wird, darf bezweifelt werden: ihre herausgehobene Stellung als landesweit marktbeherrschende Anbieter und ihre daraus resultierende besondere Leistungsfähigkeit als Universaldienstanbieter dürfte auf absehbare Zeit häufig eine objektive Rechtfertigung für die Betrauung sein.[107]

c) *Harmonisierung der Methoden zur Berechnung der Universaldienstkosten und der Finanzierungsmechanismen*

In der Telekommunikation ist man nicht bei der Harmonisierung eines gemeinschaftsweit zu gewährleistenden Universaldienstes stehengeblieben. Vielmehr wurde auch für die Berechnung der Universaldienst-Nettokosten und für das Universaldienst-Finanzierungsverfahren ein einheitlicher Regelrahmen aufgestellt, der die Chancengleichheit aller Marktakteure im Wettbewerb gewährleisten soll. Die Grundsätze für die Berechnung der Universaldienstkosten schaffen – in der Terminologie des Art. 86 Abs. 2 EGV – die Voraussetzungen dafür, daß nur derjenige finanzielle Aufwand, der zur Erfüllung der geschützten Aufgabe tatsächlich erforderlich ist, in das potentiell marktabschottend und wettbewerbsverfälschend wirkende[108] Universaldienst-Finanzierungsverfahren einbezogen wird. Der einheitliche Rahmen für das Universaldienst-Finanzierungsverfahren soll sicherstellen, daß die Mitgliedstaaten den Universaldienst tatsächlich in markt- und wettbewerbskonformer Weise finanzieren und mithin das in Art. 86 Abs. 2 S. 1 EGV verankerte Verhältnismäßigkeitsprinzip wahren.[109]

aa) *Methoden zur Berechnung der Universaldienstkosten*

Zahlungen, die ein Unternehmen als Ausgleich für die Leistung von ihm auferlegten Universaldiensten erhält, können als Beihilfe i. S. d. Art. 87 Abs. 1 EGV qualifiziert werden.[110] Der Universaldienstkostenausgleich zwischen Wettbewerbern muß daher, um nach Art. 86 Abs. 2 EGV gerechtfertigt zu sein, möglichst präzise der Belastung

---

107 Vgl. auch *WIK* (1997), S. 5: „[...] it is [...] clear that in the immediate future it is going to be the incumbent operator that will continue to be the USO provider".

108 Werden dem Lastenausgleich überhöhte Universaldienstkosten zugrundegelegt, so wird hierdurch der Universaldienstanbieter im Wettbewerb in einer Weise begünstigt, die zur Zementierung seiner marktbeherrschenden Stellung beitragen kann. Außerdem kann aus einer überhöhten Festsetzung von in den Ausgleichsmechanismus einzubeziehenden Universaldienstkosten eine neue Marktzutrittsschranke und damit ein Verstoß gegen Art. 49 EGV resultieren. – vgl. näher Immenga/Mestmäcker-*Mestmäcker*, EG-Wettbewerbsrecht, Kom., Bd. II (1997), Art. 37/90, D. Rn. 13. Siehe auch *Kommission*, Fünfter Bericht über die Umsetzung des Reformpakets für den Telekommunikationssektor, S. 4 und S. 18 f.; *OFTEL* (1999), Tz. 2.27; *Mestmäcker*, in: FS Zacher (1998), 635, 648.

109 Die aus dem Verhältnismäßigkeitsprinzip folgenden Maßgaben für die Ausgestaltung der Universaldienstfinanzierung sind grundsätzlich: Wettbewerbsneutralität; technologische Neutralität; Strukturneutralität; und Inhaltsneutralität. Die konkrete Ausgestaltung der Universaldienstfinanzierung kann mit allen vier Prinzipien leicht in Konflikt geraten – vgl. hierzu *Scanlan/Neu* (2000), Part I S. 13.

110 Vgl. z. B. *Kommission*, Vorschlag für eine Poständerungs-Richtlinie v. 30. 5. 2000, KOM(2000)319 endg., S. 29 Rn. 26 – mit Blick auf den Postsektor, aber verallgemeinerbar.

entsprechen, die aus der Universaldienstverpflichtung resultiert.[111] Die bei der Berechnung der Universaldienstkosten zu beachtenden Grundsätze, die dies gewährleisten sollen – namentlich die Grundsätze der Transparenz[112], der Nichtdiskriminierung und der Verhältnismäßigkeit[113] –, sind in Art. 5 der Zusammenschaltungsrichtlinie 97/33/EG sowie in dessen Anhang III geregelt.[114] Die Universaldienstkosten – gesprochen wird häufig von den Nettokosten des Universaldienstes – sind definiert als der Gewinnentgang, den ein Unternehmen hinnehmen muß, weil es der Verpflichtung zur Erbringung von Universaldienstkosten unterliegt.[115] Hierbei gilt das Prinzip der vermeidbaren Kosten,[116] d. h. es sind diejenigen Kosten zu identifizieren, die nicht mehr anfallen würden, sofern der Universaldienst nicht mehr bereitgestellt werden müßte,[117] und davon die Erlöse in Abzug zu bringen, die bei Wegfall des Dienstes dem Unternehmen nicht mehr zufließen würden.[118] Nettokosten verursachen können Dienstebestandteile, die nur mit Verlust erbracht werden können, und Endnutzer bzw. Gruppen von Endnutzern, die nur mit Verlust bedient werden können.[119]

111 Vgl. auch *Gabrisch* (1996), S. 131 f.

112 Siehe *GA Jacobs*, Schlußanträge v. 15. Juni 2000 Rn. 4, zu: EuGH Rs. C-384/99 – *Kommission v. Belgien* [noch nicht in amtlicher Sammlung]: die Kommission hat die in Belgien angewandte Methode zur Berechnung der Universaldienstkosten wegen Verstoßes gegen das Transparenzgebot beanstandet.

113 Wegen Verstoßes der Universaldienstkosten-Berechnung gegen diese Prinzipien ist die Kommission mittlerweile insbes. gegen Frankreich vorgegangen – siehe Pressemitteilung der Kommission v. 27. April 2000, IP/00/409.

114 Anhang III betrifft allerdings ausweislich der Überschrift nur die Berechnung der Kosten von Universaldienstverpflichtungen *beim Sprachtelefondienst*.

115 Vgl. Anhang III der Zusammenschaltungsrichtlinie 97/33/EG: „Die Kosten von Universaldienstverpflichtungen ergeben sich aus der Differenz zwischen den Nettokosten, die einer Organisation mit diesen Verpflichtungen und denen, die einer Organisation ohne diese Verpflichtungen entstehen". Siehe auch Begründungserwägung 8 der Zusammenschaltungsrichtlinie. Übereinstimmend: Vorschlag der Kommission für eine Nutzerrechte-Richtlinie, KOM(2000)392 Anhang IV. Eingehender: *Nett/Neu*, WIK-Diskussionsbeitrag Nr. 187, S. 9; auch S. 35 f.

116 Vgl. Vorschlag der Kommission für eine Nutzerrechte-Richtlinie, KOM(2000)392, Anhang IV. Näher zum Prinzip der vermeidbaren Kosten: *Nett/Neu*, WIK-Diskussionsbeitrag Nr. 187, S. 11 ff.; *Gabrisch* (1996), S. 122 ff.; *WIK* (1997), S. 25 ff.

117 Vgl. hierzu näher: *Nett/Neu*, WIK-Diskussionsbeitrag Nr. 187, S. 14 ff.: Bei der Kostenberechnung zugrundezulegen sind nicht – wie traditionell in den Kostenrechnungssystemen der Telekommunikationsunternehmen – die historischen Preise, sondern die Gegenwartspreise der Investitionsgüter. Gemeinkosten sind nicht Teil der Universaldienstkosten, da, wenn der Universaldienst von Seiten des Unternehmens nicht mehr angeboten würde, die Gemeinkosten unverändert blieben. Dem Universaldienstanbieter muß bei der Bestimmung der Universaldienstkosten eine angemessene Verzinsung für das eingesetzte Kapital zugestanden werden. Vgl. zur Auslegung der Vorschriften der Zusammenschaltungsrichtlinie betreffend die Universaldienstkostenfinanzierung auch: *Kommission*, Mitteilung v. 27. Nov. 1996, KOM(96) 608 endg.; *WIK* (1997), S. 52 ff.

118 Vgl. Anhang III der Zusammenschaltungsrichtlinie. Als Erlöse in Abzug zu bringen sind insbes.: Beträge auf den monatlichen Telefonrechnungen der jeweiligen Kunden / Umsätze von Anrufen, die von den betreffenden Kunden empfangen werden / Gebührenfreie Anrufe, die von den betreffenden Kunden getätigt, jedoch von Dritten bezahlt werden – vgl. *Gabrisch* (1996), S. 125; *Nett/Neu*, WIK-Diskussionsbeitrag Nr. 187, S. 10; *Scanlan/Neu* (2000), Part I, S. 7.

119 Vorschlag der Kommission für eine Nutzerrechte-Richtlinie, KOM(2000)392 Anhang IV: zu der Kategorie der „Dienstbestandteile", die nur mit Verlust oder in einer Kostensituation außerhalb normaler wirtschaftlicher Standards erbracht werden können, können danach insbes. der Zugang zu Notrufdiensten, die Bereitstellung bestimmter öffentlicher Münz- oder Kartentelefone und die Erbringung bestimmter Dienste oder Bereitstellung von Geräten für Behinderte gehören. Zu der Kate-

Bei der Ermittlung der vermeidbaren Kosten sind als Maßstab die Kosten eines *effizienten* Anbieters zugrundezulegen, nicht die tatsächlichen Kosten.[120] Die Universaldienstverpflichtung ist grundsätzlich auf die kostengünstigste Weise zu erfüllen. Das bedeutet, daß gegebenenfalls auch neue Technologien einzusetzen sind.[121]

Die so ermittelten Kosten werden als direkte Kosten des Universaldienstes bezeichnet. Daneben sind auch alle mittelbar aus der Universaldienstverpflichtung herrührenden Auswirkungen zu berücksichtigen, welche die Gewinnsituation des Unternehmens in erheblicher Weise beeinflussen, insbesondere auch der aus der Bereitstellung eines Universaldienstes folgende immaterielle Nutzen.[122] So ist etwa der Status, Universaldienstanbieter zu sein, grundsätzlich für ein Unternehmen ein positiver Wert – vor allem aufgrund des damit verbundenen Reputationseffekts[123] und der Ubiquität[124], d. h. der globalen Verfügbarkeit des Angebots des Universaldienstanbieters. Der diesen Wirkungen zurechenbare monetäre Wert ist von den direkten Nettokosten des Universaldienstes abzuziehen.[125]

Nicht Teil der Universaldienstkosten ist das sog. „access deficit" – also die aus der traditionellen Politik nicht kostendeckender Anschluß- und Grundgebühren resultierende Differenz zwischen der Gesamtheit den Kosten und den Einnahmen für die Bereitstellung und Bereithaltung von Teilnehmeranschlußleitungen. Diese Politik ist nicht Bestandteil der Universaldienstpolitik der Gemeinschaft, die vielmehr eine Beseitigung derartiger Ungleichgewichte in der Tarifstruktur anstrebt (vgl. Richtlinie 96/19/EG) und es den Mitgliedstaaten nur vorübergehend – bis zum Abschluß der Tarifumstrukturierung – erlaubte, den früheren Monopolisten insoweit einen vom eigentlichen Universaldienstkostenausgleich strukturell zu trennenden Ausgleich zu gewähren.[126]

Als mögliche Alternative zur – in erheblichem Maße fehleranfälligen[127] – Berechnung der Universaldienstkosten durch eine unabhängige Stelle sieht nunmehr der Vorschlag

---

gorie der Endnutzer bzw. Endnutzergruppen, die in Anbetracht der Kosten für die Bereitstellung des besonderen Netzes oder der besonderen Dienste, der erwirtschafteten Erträge und einer vom Mitgliedstaat möglicherweise auferlegten räumlichen Durchschnittsbildung bei den Preisen nur mit Verlust oder in einer Kostensituation außerhalb normaler wirtschaftlicher Standards bedient werden können, gehören insbes. diejenigen Endnutzer bzw. Endnutzergruppen, die von einem gewinnorientierten Unternehmen ohne Universaldienstverpflichtung nicht bedient würden. Es wird davon ausgegangen, daß die Höhe der Universaldienstkosten vor allem durch die Abgrenzung unprofitabler Regionen beeinflußt wird – vgl. *Nett/Neu*, WIK-Diskussionsbeitrag Nr. 187, S. 19.

120 *WIK* (1997), S. 27; *Kommission*, Mitteilung KOM(96)608 endg., Zif. 5.

121 *Scanlan/Neu* (2000), Part I S. 8.

122 Zusammenschaltungsrichtlinie 97/33/EG, Begründungserwägung 8; Vorschlag der Kommission für eine Nutzerrechte-Richtlinie, KOM(2000)392 Anhang IV.

123 Näher hierzu: *WIK* (1997), S. 108 ff.; *Nett/Neu*, WIK-Diskussionsbeitrag Nr. 187, S. 29 f. Der Reputationseffekt wird allgemein als quantitativ bedeutend eingeschätzt.

124 Näher hierzu: *Nett/Neu*, WIK-Diskussionsbeitrag Nr. 187, S. 30 f.; *WIK* (1997), S. 111.

125 Art. 5 Abs. 4 Zusammenschaltungsrichtlinie 97/33/EG, ABl. 1997 Nr. L 199/32.

126 Vgl. *Kommission*, First Monitoring Report (1998), S. 19; *WIK* (1997), S. 21. Es wird im übrigen davon ausgegangen, daß in den meisten Fällen das sog. „access deficit" angesichts des noch nicht voll entwickelten Wettbewerbs durch die Gewinne aus den Nutzungsgebühren kompensiert wird.

127 *Scanlan/Neu* (2000), Part I S. 9 weisen auf das Problem der Informationsassymetrie hin: die erforderlichen Information lägen regelmäßig beim Universaldienstverpflichteten.

der Kommission für eine Universaldienst- und Nutzerrechte-Richtlinie v. 12. Juli 2000 ausdrücklich ein „effizientes, objektives und transparentes Zuweisungsverfahren wie eine öffentliche Ausschreibung oder Versteigerung“ vor.[128]

bb) Harmonisierung der Finanzierungsmechanismen

Das Verfahren zur Finanzierung bzw. zum Ausgleich der Universaldienstkosten ist nicht zwangsläufig wettbewerbsneutral. Wettbewerbsverfälschungen können z. B. aus einer zu engen (oder auch einer zu weiten) Festlegung desjenigen Kreises von Unternehmen resultieren, die zur Finanzierung des Universaldienstes beizutragen haben.[129] Die mitgliedstaatlichen Mechanismen zur Universaldienstfinanzierung sind mithin an Art. 86 Abs. 1 i. V. m. Art. 82 EGV zu messen. Nur Wettbewerbsverfälschungen, die zur Gewährleistung der Aufgabenerfüllung unvermeidbar sind, sind gem. Art. 86 Abs. 2 EGV hinzunehmen.[130]

Im Telekommunikationssektor hat man sich für die Entwicklung eines harmonisierten Regelrahmens für die Finanzierung der Universaldienstkosten entschlossen. Die Gemeinschaft hat damit zugleich den gegenüber der Beibehaltung von Ausschließlichkeitsrechten wettbewerbskonformeren Universaldienst-Finanzierungsmechanismus sekundärrechtlich konkretisiert. Die maßgeblichen Regelungen finden sich in der Zusammenschaltungsrichtlinie 97/33/EG. Geregelt ist zum einen, unter welchen Voraussetzungen ein Kostenausgleichsverfahren stattfinden kann, zum anderen enthält die Richtlinie Vorgaben für die Ausgestaltung des Verfahrens.

Gem. Art. 5 Abs. 1 Zusammenschaltungsrichtlinie 97/33/EG[131] ist ein Mitgliedstaat zur Einführung eines Universaldienstkosten-Ausgleichsverfahrens befugt, wenn die Univer-

---

128 KOM(2000)392, Kap. II Art. 12 Nr. 1 (b).

129 Z. B. ergibt sich die Frage, ob Mobilfunkanbieter zur Finanzierung des Universaldienstes beizutragen haben. Je stärker die Mobilfunktelefonie zu einem Substitut für Festnetzanschlüsse wird, desto problematischer wird es aus wettbewerbsrechtlicher Sicht, Mobilfunkunternehmen von einer Beitragspflicht zum Universaldienstfonds auszunehmen. Ähnlich Probleme können sich mit Blick auf Anbieter von Internet-Telefonie ergeben, wenn diese sich zu einem echten Substitut für die Sprachtelefonie über die traditionellen festen oder mobilen Netze entwickelt – vgl. hierzu *Cherry* (1998), S. 113, 120 f.

130 *Noam*, Telecommunications Policy 18 (1994), 687, 691 hat für die Universaldienstfinanzierung sieben Neutralitätsprinzipien entwickelt: (1) wettbewerbliche Neutralität; (2) Strukturneutralität: das Finanzierungssystem soll weder eine integrierte noch eine entbündelte Dienstleistungsbereitstellung bevorteilen; (3) technologische Neutralität; (4) inhaltliche Neutralität: das Finanzierungssystem soll nicht einen bestimmten Gebrauch bzw. Inhalt der Telekommunikation bevorzugen; (5) geographische Neutralität: durch das Finanzierungssystem soll keine Region gegenüber einer anderen unverhältnismäßig belastet werden; (6) Übergangsneutralität: der Übergang zu dem neuen Finanzierungssystem soll keinen der Teilnehmer übermäßig belasten; (7) rechtliche Neutralität: das Finanzierungssystem soll in das allgemeine Regulierungssystem integrierbar sein.

131 Unverändert insoweit der Vorschlag der Kommission für eine Nutzerrechte-Richtlinie, KOM(2000)392, Kap. II Art. 13 Nr. 1.

saldienstverpflichtung für das betraute Unternehmen eine unzumutbare Belastung darstellt.[132]

Für den Fall, daß ein Kostenausgleichsbedarf tatsächlich entsteht, beläßt die Zusammenschaltungsrichtlinie 97/33/EG den Mitgliedstaaten die Wahl zwischen drei Finanzierungsmechanismen:[133] die Nettokosten des Universaldienstes können direkt aus dem allgemeinen Staatshaushalt eines Mitgliedstaats finanziert werden;[134] es kann ein Universaldienstfonds eingerichtet werden;[135] oder die Mitgliedstaaten können die Erhebung eines auf die Zusammenschaltungsentgelte aufgeschlagenen, gesondert auszuweisenden Zusatzentgelts vorsehen.[136] Das letztgenannte Verfahren wird von Ökonomen wegen seiner Ungenauigkeit und wegen der so geschaffenen Anreize zur Umgehung einer Zusammenschaltung scharf kritisiert.[137] Die Finanzierung aus dem Staatshaushalt wird für das am wenigsten marktbeeinträchtigende und wettbewerbsverfälschende Verfahren gehalten; die Einrichtung eines Universaldienstfonds sei aber jedenfalls vorzugswürdig gegenüber einer Finanzierung der Universaldienstkosten durch Aufschläge auf die Zusammenschaltungsentgelte.[138] Dementsprechend sieht der Richtlinienvorschlag der Kommission für eine Universaldienst- und Nutzerrechte-Richtlinie v. 12. Juli 2000 eine Universaldienstfinanzierung durch auf die Zusammenschaltung aufgeschlagene Zusatzentgelte nicht länger vor. Zugleich bringt der Richtlinienvorschlag eine Präferenz für einen Kostenausgleich aus Mitteln der öffentlichen Hand zum Ausdruck.[139]

---

132 Was dann der Fall ist, wenn die entsprechenden Dienste von keinem Wettbewerber freiwillig bereitgestellt werden – vgl. *Nett/Neu*, WIK-Diskussionsbeitrag Nr. 187, S. 3; *Gabrisch* (1996), S. 120.

133 Möglich ist auch eine Kombination der Mechanismen – vgl. Art. 5 Abs. 2 Zusammenschaltungsrichtlinie 97/33/EG.

134 *Kommission*, XXVI. Wettbewerbsbericht (1996), S. 59, Ziff. 119; speziell erwähnt wird diese Möglichkeit nunmehr auch im Vorschlag der Kommission für eine Nutzerrechte-Richtlinie, KOM(2000)392, Kap. II Art. 13 Nr. 1(a).

135 Art. 5 Zusammenschaltungsrichtlinie; vgl. auch Vorschlag der Kommission für eine Nutzerrechte-Richtlinie, KOM(2000)392, Kap. II Art. 13 Nr. 1(b) und Nr. 3.

136 Art. 7 Abs. 6 Zusammenschaltungsrichtlinie 97/33/EG. Eine Finanzierung der Universaldienstkosten über die Zusammenschaltungsentgelte selbst ist unzulässig: Die Kosten der Bereitstellung des Universaldienstes in einem Mitgliedstaat würden ansonsten nicht nur von den auf dem relevanten räumlichen Markt Tätigen, sondern auch von Telefonkunden in allen anderen Mitgliedstaaten finanziert – vgl. Empfehlung der Kommission zur Zusammenschaltung in einem liberalisierten Telekommunikationsmarkt v. 15. 10. 1997, Teil I – Zusammenschaltungsentgelte, KOM(97)3148.

137 Vgl. z. B. *Scanlan/Neu* (2000), Part I S. 14. Zu den Nachteilen dieser Methode auch: *Kommission*, Grünbuch Telekommunikationsinfrastrukturen, Teil II (1994), S. 95 f.

138 *Kommission*, Grünbuch Telekommunikationsinfrastrukturen, Teil II (1994), S. xii; ausführlicher: S. 95 f.: der Mechanismus eines Universaldienstfonds sei zwar schwieriger einzurichten; er sei aber nicht mit denselben Wettbewerbsverzerrungen verbunden wie ein Zugangsgebührensystem. Außerdem könne er so eingerichtet werden, daß schnellere Produktivitätssteigerungen und Kosteneinsparungen gefördert würden. Vgl. auch *Gabrisch* (1996), S. 134 ff.; *Klodt/Laaser/Lorz/Maurer* (1995), S. 75 ff.; *WIK* (1997), S. 9.

139 KOM(2000)392 Anhang IV unter „Anlastung etwaiger Nettokosten und Universaldienstverpflichtungen". Die Probleme, die mit der Universaldienstfonds-Finanzierung potentiell verbunden sind, fassen *Scanlan/Neu* (2000), Part I S. 12 ff. zusammen: die Erhebungsbasis für die Beiträge zu den Universaldienstkosten sei zu schmal; die Beitragsberechnung und -verteilung sei mit Transparenz-, Diskriminierungs- und Wettbewerbsproblemen verbunden; und die Umlage der Universaldienstkosten auf andere Telekommunikationsanbieter, die diese wiederum an ihre Kunden weitergäben, würden die finanziellen Belastungen, die aus den Universaldienstkosten für die Verbraucher resultieren, für diese nicht erkennbar machen.

Unabhängig davon, welches Verfahren ein Mitgliedstaat wählt, müssen in dem Kostenausgleichsverfahren die Grundsätze der Transparenz[140], der Nichtdiskriminierung und der Verhältnismäßigkeit gewahrt werden.[141] Der Richtlinienvorschlag der Kommission zum Universaldienst und zu Nutzerrechten v. 12. Juli 2000 hebt hervor, daß das Kostenausgleichsverfahren den Wettbewerb und die Nutzernachfrage nur im geringstmöglichen Maße verfälschen dürfe. Dies bedeute, daß die Beitragslast unter Beachtung der Verhältnismäßigkeit so breit wie möglich gestreut werden müsse.[142] Verhältnismäßigkeit wiederum bedeute, daß die nationalen Regulierungsbehörden davon absehen könnten, Beiträge von Unternehmen zu erheben, deren Inlandsumsatz unter einer festgesetzten Grenze liege.[143]

Die Einzelheiten der Finanzierungsverfahren sind zu veröffentlichen und der Kommission mitzuteilen, um dieser eine Überprüfung am Maßstab der Vorschriften des EGV zu ermöglichen.

d) Umsetzung der sekundärrechtlichen Vorgaben in den Mitgliedstaaten am Beispiel von Deutschland und Frankreich

Die Universaldienstrichtlinie 98/10/EG und die Zusammenschaltungsrichtlinie 97/33/EG bewirken keine Vollharmonisierung. Geschaffen wurde vielmehr ein harmonisierter ordnungspolitischer Rahmen für die Bereitstellung des Universaldienstes. Sowohl bei der Festlegung des Universaldienstinhalts[144] als auch bei der Wahl des Univer-

---

140 Vgl. hierzu den Vorschlag der Kommission für eine Nutzerrechte-Richtlinie, KOM(2000)392, Kap. II Art. 14. *Scanlan/Neu* (2000), Part I S. 15 f. gehen darüber hinaus und verlangen die Transparenz von Universaldienstkosten auch für die Endnutzer: würden, wie bislang vorgesehen, die im Sektor tätigen Unternehmen besteuert, so würden sie diese Steuer auf die Nutzer umlegen, ohne daß für die Nutzer die Höhe der Steuer transparent würde. Dies könne Politiker veranlassen, sich dieses Finanzierungsmechanismus in exzessiver Weise zu bedienen.

141 Vgl. Vorschlag der Kommission für eine Nutzerrechte-Richtlinie, KOM(2000)392 Kap. II Art. 13 Nr. 3 speziell für das Aufteilungsverfahren auf der Grundlage eines Universaldienstfonds.

142 Vorschlag der Kommission für eine Nutzerrechte-Richtlinie, KOM(2000)392 Anhang IV unter „Anlastung etwaiger Nettokosten von Universaldienstverpflichtungen". Vgl. hierzu auch *Scanlan/Neu* (2000), Part I S. 13 ff., die die gegenwärtige Beitragsbasis für den Universaldienstfonds für zu eng halten. Sie halten das gegenwärtige System einer Berechnung der Beiträge proportional zu den Marktanteilen zudem für wettbewerbsverfälschend: Unternehmen, die in einer großen Anzahl von Märkten tätig seien, könnten die gezahlten Beiträge in denjenigen Märkten umlegen, in denen der Wettbewerb nur schwach ausgeprägt sei – gerade der Ex-Monopolist habe diese Möglichkeit. Unternehmen, die nur in Märkten tätig seien, die starkem Wettbewerb ausgesetzt seien, hätten diese Möglichkeit nicht. „The solution is that the USO tax should be subscriber-based, i. e. levied on end users directly, most likely through a VAT type of tax, rather than indiretly as under existing EU law".

143 Vorschlag der Kommission für eine Nutzerrechte-Richtlinie, KOM(2000)392 Anhang IV unter „Anlastung etwaiger Nettokosten von Universaldienstverpflichtungen".

144 Spielräume verbleiben für die Mitgliedstaaten etwa bei der Bestimmung, welche Zahl und Flächendeckung von öffentlichen Telefonzellen dem „angemessenen Bedarf der Nutzer" entspricht (vgl. Art. 7 Universaldienstrichtlinie 98/10/EG); bei der Bestimmung, welche Maßnahmen erforderlich sind, um den gleichberechtigten Zugang zu festen öffentlichen Telefondiensten für behinderte Nutzer oder Nutzer mit speziellen sozialen Bedürfnissen zu gewährleisten (vgl. Art. 8 Universaldienst-

saldienst-Finanzierungsverfahrens verbleiben den Mitgliedstaaten (allerdings gemeinschaftsrechtlich stark eingeengte) Spielräume.[145]

Der Wert der Harmonisierung, gemessen am Ziel der Realisierung eines den Grundsätzen einer offenen Marktwirtschaft und freien Wettbewerbs verpflichteten Binnenmarktes (Art. 4 EGV), erschließt sich aus der Umsetzung der Harmonisierungsrichtlinien durch die Mitgliedstaaten. Im Vordergrund steht die Frage, inwieweit es der Gemeinschaft gelungen ist, die traditionellen mitgliedstaatlichen Konzepte der Daseinsvorsorge bzw. des „service public" tatsächlich durch ein wettbewerbskompatibles Universaldienstmodell zu ersetzen. Dieser Frage soll in einem Überblick über die Umsetzung der Richtlinien in Deutschland und Frankreich nachgegangen werden.

aa) Die Umsetzung der sekundärrechtlichen Vorgaben in Deutschland

In Deutschland war zur Anpassung der Rechtslage an den gemeinschaftsrechtlichen Rahmen zunächst eine Grundgesetzänderung erforderlich, die den Übergang vom Prinzip der staatlichen Leistungsverantwortung im Monopol zur staatlichen Gewährleistungsverantwortung im Wettbewerb dokumentierte. Gem. Art. 87 f Abs. 1 GG gewährleistet der Bund im Bereich der Telekommunikation[146] nunmehr „flächendeckend angemessene und ausreichende Dienstleistungen". Mit dieser Grundnorm trägt Deutschland der gemeinschaftsrechtlichen Verpflichtung zur Gewährleistung eines Universaldienstes ebenso wie dem Sozialstaatsprinzip[147] Rechnung.

richtlinie 98/10/EG). Weiter verbleiben den Mitgliedstaaten Spielräume bei der Festlegung der Qualitätsvorgaben, deren Einhaltung bei der Bereitstellung der Universaldienste verlangt werden soll (vgl. Art. 12 Universaldienstrichtlinie 98/10/EG; vgl. hierzu auch Kommission, Mitteilung KOM(96)73 endg., S. 16); sowie bei der Bestimmung dessen, was unter einem „erschwinglichen" Preis zu verstehen ist (vgl. Art. 1 Abs. 1 Universaldienstrichtlinie 98/10/EG: „[...] zu denen alle Nutzer, einschließlich der Verbraucher, im Rahmen des Universaldienstes *zu einem gemessen an den landesspezifischen Besonderheiten erschwinglichen Preis* Zugang haben sollten" [Hervorhebung durch H.S.].

145 Hinsichtlich der Universaldienstfinanzierung wird gegenwärtig davon ausgegangen, daß ein Ausgleichsbedarf allenfalls für die Bereitstellung bestimmter defizitärer Netzverbindungen, bzgl. der Gewährung des Zugangs zum Telefondienst und bei der Bereitstellung öffentlicher Telefonzellen entstehen kann – vgl. *Nett/Neu*, WIK-Diskussionsbeitrag Nr. 187, S. 3. In den meisten Mitgliedstaaten tritt aber auch hier kein Kostenausgleichsbedarf auf: Die Universaldienst-Nettokosten sind generell niedrig (vgl. z. B. die Schätzung aus Großbritannien: 0,8–1,6% des Jahresumsatzes von BT) und werden durch die wirtschaftlichen Vorteile, die aus der Position des Universaldienstanbieters folgen, kompensiert (vgl. *WIK* (1997), S. 11 f.). Die große Mehrheit der Mitgliedstaaten hat daher bislang auf die Durchführung eines Kostenausgleichsverfahrens verzichtet (*Kommission*, Vierter Bericht über die Umsetzung des Reformpakets in der Telekommunikation v. 25. Nov. 1998, KOM(98)594, S. 23). Nur Frankreich und die Niederlande schätzen die Universaldienstkosten auf 5,5% des Jahresumsatzes des Ex-Monopolisten – Schätzungen, die die Kommission in Zweifel gezogen hat (*Kommission*, First Monitoring Report (1998), S. 22). Frankreich ist derzeit der einzige Mitgliedstaat, der ein Verfahren zur Umlage der Universaldienstkosten eingerichtet hat (*Kommission*, IP/99/494 v. 12. Juli 1999).

146 Wie auch im Bereich der Post.

147 Zur Herleitung der Infrastrukturgewährleistungsaufgabe aus dem Sozialstaatsprinzip: *Stern*, DVBl. 1997, 309, 312.

Im übrigen sind die gemeinschaftsrechtlichen Vorgaben in Deutschland im TKG[148] umgesetzt. Das TKG dient gem. § 1 TKG dem Ziel, durch sektorspezifische Regulierung den Wettbewerb zu fördern und dabei zugleich eine telekommunikative Grundversorgung zu gewährleisten. Die doppelte Zielrichtung, die dem gemeinschaftsrechtlichen Universaldienstkonzept in der Telekommunikation eigen ist, wird damit ins deutsche Recht übernommen.

aaa) Inhalt des Universaldienstes

Nach allgemeiner Ansicht in der Lit. geht bereits aus Art. 87 f Abs. 1 GG eine dem Geist des gemeinschaftsrechtlichen Universaldienstkonzepts entsprechende enge Eingrenzung des Universaldienstes hervor: Welches Versorgungsniveau (qualitativ) angemessen und (quantitativ) ausreichend sei, sei *aus Nachfragesicht* zu bestimmen.[149] Diese Einschränkung schließt – entsprechend den Zielsetzungen der Gemeinschaft – eine umfassende politische Instrumentalisierung des Universaldienstniveaus etwa zu industrie- und technologiepolitischen Zwecken aus.[150]

Im einzelnen wurden die Harmonisierungsrichtlinien der Gemeinschaft in Deutschland durch das TKG und die auf der Grundlage des TKG ergangenen Verordnungen[151] umgesetzt. Auch das TKG definiert den Begriff der „Universaldienstleistungen" in § 17 Abs. 1 TKG eng, nämlich als

> „ein Mindestangebot an Telekommunikationsdienstleistungen für die Öffentlichkeit, für die eine bestimmte Qualität festgelegt ist und zu denen alle Nutzer unabhängig von ihrem Wohn- oder Geschäftsort zu einem erschwinglichen Preis Zugang haben müssen. Als Universaldienstleistungen sind Telekommunikationsdienstleistungen zu bestimmen, die den Bereichen des Sprachtelefondienstes und des Betreibens von Übertragungswegen nach § 6 Abs. 1 zuzuordnen sind und deren Erbringung für die Öffentlichkeit als Grundversorgung unabdingbar geworden ist. Darüber hinaus können auch solche Telekommunikationsdienstleistungen als Universaldienstleistungen bestimmt werden, die mit Telekommunikationsdienstleistungen nach Satz 2 in unmittelbarem Zusammenhang stehen und deren Erbringung für die Öffentlichkeit als Grundversorgung unabdingbar geworden ist".

Materielles Kriterium für die Festlegung von Universaldienstleistungen durch die Bundesregierung[152] ist mithin deren „Unabdingbarkeit" als Bestandteil einer Grundversorgung für die Öffentlichkeit. Unabdingbar sind nach der Gesetzesbegründung solche

148 Telekommunikationsgesetz v. 25. Juli 1996, BGBl. I, S. 1120.

149 *Gabrisch* (1996), S. 9; *Witte*, ZögU 20 (1997), 434, 440 m. w. N.; vgl. zur Entstehungsgeschichte und Begründung des Art. 87f GG in diesem Zusammenhang auch: *Gramlich*, ArchivPT 1995, 189, 192 ff.; Maunz/Dürig/Herzog-*Lerche*, GG-Kom., Art. 87f Rn. 73.

150 Vgl. hierzu Maunz/Dürig/Herzog-*Lerche*, GG-Kom., Art. 87f Rn. 79.

151 Insbes.: Telekommunikations-Universaldienstleistungsverordnung (TUDLV) v. 30. 1. 1997, BGBl. I Nr. 7 v. 7. 2. 1997; Telekommunikations-Entgeltregulierungsverordnung (TEntgV) v. 1. 10. 1996, BGBl. I Nr. 49 v. 9. 10. 1996; Netzzugangsverordnung (NZV) v. 23. 10. 1996, BGBl. I S. 1568; Telekommunikations-Kundenschutzverordnung (TKV) v. 11. Dez. 1997, BGBl. I S. 2910.

152 § 17 Abs. 2 S.1 TKG ermächtigt die Bundesregierung, die Universaldienstleistungen in einer Rechtsverordnung zu bestimmen, die der Zustimmung des Bundestages und des Bundesrates bedarf.

Telekommunikationsdienstleistungen, die für eine Vielzahl von Bürgern „selbstverständlich“ sind.[153] Der Grad der Marktdurchsetzung einer Leistung gilt als maßgeblicher Indikator für die Existenz eines schutzwürdigen Grundversorgungsbedürfnisses der Verbraucher und zugleich als entscheidendes Kriterium für die Einbeziehung in den Universaldienst.[154] Bestätigt wird dies in der Formulierung des an den Verordnungsgeber adressierten Entwicklungsauftrags in § 17 Abs. 2 S. 2 TKG, demzufolge die Bestimmung der Universaldienste „der technischen und gesellschaftlichen Entwicklung *nachfragegerecht* anzupassen“ ist.[155]

Konkretisiert ist der Universaldienstumfang in § 1 Abs. 1 der Telekommunikations-Universaldienstverordnung (TUDLV).[156] Nach dieser Bestimmung umfaßt der Universaldienst gegenwärtig einen Sprachtelefondienst mit ISDN-Leistungsmerkmalen (Anrufweiterschaltung / Anklopfen / Entgeltanzeige / Rückfrage etc.) auf der Basis eines digital vermittelnden Netzes und von Teilnehmeranschlußleitungen mit einer Bandbreite von 3,1 KHz sowie die Bereitstellung von Übertragungswegen als Festleitungsnetze gem. Anhang II der Mietleitungsrichtlinie 92/44/EWG des Rates vom 5. 6. 1992.[157] Entgegen den gemeinschaftsrechtlichen Vorgaben bezieht die TUDLV ISDN-Leistungsmerkmale mithin in den Universaldienst ein – was so lange unproblematisch ist, als hieraus nicht die Notwendigkeit eines Universaldienstkostenausgleichs folgt.[158] Im übrigen entspricht die Universaldienstbestimmung den gemeinschaftsrechtlichen Vorgaben: der Netzanschluß muß dem Kunden Sprach-, Fax- und Datenkommunikation ermöglichen; und auch die gemeinschaftsrechtlich bezeichneten Zusatzdienste sind in den Universaldienst einbezogen.[159] Angesichts der neueren Entwicklungen am Markt – insbesondere der rasanten Entwicklung im Bereich der Mobilfunktelefonie – wird derzeit überprüft, ob hinsichtlich der bislang in den Universaldienst einbezogenen Verpflichtung, öffentliche Telefonstellen in bestimmter Zahl bereitzustellen, eine Änderung geboten ist.[160]

---

153 BT-Drs. 13/3609 S. 40; kritisch hierzu, weil als zu weit empfunden: Beck'scher TKG-Kom.-*Schütz*, § 17 Rn. 10: Zum Universaldienst könnten nur Leistungen zählen, die als Grundfunktionen öffentlicher Sprachtelefonie zu qualifizieren seien. Vgl. zu dem Begriff der „unabdingbaren Grundversorgung“ in § 17 TKG auch: *Schütz/Cornils*, DVBl. 1997, 1146, 1148.

154 Beck'scher TKG-Kommentar-*Schütz*, § 17 Rn. 9.

155 Hervorhebung durch H.S.; vgl. näher zu dieser Bestimmung: *Schütz/Cornils*, DVBl. 1997, 1146, 1148; *Witte*, ZögU 20 (1997), 434, 442 f.: Als Universaldienstleistungen könnten nur Leistungen deklariert werden, die bereits auf der Basis einer Nachfrage der Mehrheit der Verbraucher eine fast flächendeckende Verbreitung erlangt hätten. Industriepolitische Motive dürften den Verordnungsgeber nicht leiten.

156 VO v. 30. 1. 1997, BGBl. I, S. 141.

157 ABl. 1992 Nr. L 165/27.

158 D. h. solange wie der ISDN-Anschluß von mindestens einem Anbieter freiwillig im Wettbewerb zu Preisen bereitgestellt wird, die der Definition der Erschwinglichkeit in § 2 TUDLV genügen.

159 Telefonauskunfts- und Verzeichnisdienste (§ 11 TKV) sowie das Bereitstellen von öffentlichen Telefonstellen (vgl. für die qualitativen Mindestanforderungen: § 1 Abs. 2 TUDLV) gelten als Universaldienstleistungen.

160 Vgl. *Regulierungsbehörde für Telekommunikation und Post* (RegTP), Halbjahresbericht 2000, S. 3 f.: angesichts der Entwicklungen im Bereich der Mobiltelefonie und der Vollversorgung mit Telefonanschlüssen im Festnetz sei ein völlig verändertes Telekommunikationsverhalten bei den Nutzern mit deutlich geringerer Nachfrage nach öffentlichen Telefonstellen zu beobachten. Die Deutsche Telekom AG habe für die Bereitstellung von öffentlichen Telefonzellen an schwach frequentierten

bbb) Erschwinglichkeit der Leistungen

Die Konkretisierung dessen, was als „erschwinglich" zu gelten hat, bleibt gemäß dem Subsidiaritätsprinzip den Mitgliedstaaten überlassen.[161] Gemeinschaftsrechtlich vorgegeben ist den Mitgliedstaaten dabei lediglich die Anhörung bestimmter unmittelbar oder mittelbar Betroffener.[162]

Im deutschen TKG ist oberstes Gebot bei der Tarifgestaltung durch marktbeherrschende Anbieter, die der Tarifregulierung unterfallen, die Orientierung an den Kosten der effizienten Leistungsbereitstellung (vgl. § 24 TKG). Eine Verpflichtung zur Gewährleistung eines landesweiten Einheitstarifs ist nicht länger vorgesehen. Der Maßstab der „Erschwinglichkeit" der Universaldienste wird in § 2 Abs. 1 TUDLV für den Sprachtelefondienst (als dem wichtigsten Universaldienst)[163] durch Festlegung einer Preisobergrenze konkretisiert:[164] solange der reale Preis der von einem Privathaushalt außerhalb von Städten mit mehr als 100.000 Einwohnern zum Zeitpunkt des 31. Dezember 1997 durchschnittlich nachgefragten Telefondienstleistungen nicht überschritten wird, gilt der Sprachtelefondienst als erschwinglich.[165]

ccc) Betrauung

Nach dem TKG sind einem Unternehmen Universaldienstverpflichtungen erst dann aufzuerlegen, wenn eine Versorgungslücke am Markt aufgetreten bzw. zu besorgen ist (§ 19 TKG). Dies war bislang nicht der Fall.[166] In Deutschland ist daher vorerst kein Unternehmen mit der Gewährleistung der Universaldienstaufgabe betraut.[167] Für den

---

Standorten ein Alternativkonzept einer Versorgung mit „Basistelefonen" erarbeitet, welches derzeit erprobt werde.

161 Vgl. *Kommission*, Mitteilung KOM(96)608 endg., S. 26; *Kommission*, Mitteilung KOM(96)73 endg., S. 6.

162 Vgl. Art. 24 der Universaldienstrichtlinie 98/10/EG.

163 Vgl. für die Erschwinglichkeit der Entgelte für das Betreiben und Bereitstellen von Übertragungswegen: § 2 Abs. 3 TUDLV: der von der Regulierungsbehörde genehmigte Preis gilt als erschwinglich. Anders als beim Sprachtelefondienst hielt der Verordnungsgeber hier eine sozialen Belangen Rechnung tragende Festlegung eines Höchstpreises angesichts der geringeren Schutzbedürftigkeit gewerblicher Nutzer nicht für erforderlich – vgl. Begründung des BMPT zur TUDLV, BGBl. 1997 I, S. 141/5: marktorientierte, nach §§ 24 ff. TKG genehmigungsfähige Entgelte seien hier vorzugswürdig. Vgl. für die Erschwinglichkeit nicht lizenzpflichtiger, fakultativer Universaldienste: § 2 Abs. 2 TUDLV: erschwinglich ist der Preis der effizienten Leistungsbereitstellung.

164 Näher: *Schütz/Cornils*, DVBl. 1997, 1146, 1148. Kritisch: *Klodt/Laaser/Lorz/Maurer* (1995), S. 73.

165 Die Stichzeitregelung soll verhindern, daß die Preise für die telekommunikative Versorgung peripherer Gebiete zum Ausgleich von wettbewerbsbedingten Preissenkungen in Ballungsgebieten angehoben werden – vgl. Begründung, in: BT-Drs. 13/6196, S. 5

166 Vgl. zuletzt *RegTP*, Halbjahresbericht 2000, S. 3; auch *RegTP*, Tätigkeitsbericht 1998/1999, S. 139.

167 Gem. § 18 Abs. 1 TKG ist für den Fall, daß eine Universaldienstleistung nicht ausreichend und angemessen erbracht wird, jeder auf dem unterversorgten Markt tätige Lizenznehmer mit einem Marktanteil von mindestens 4% verpflichtet, zur Erbringung des Universaldienstes beizutragen. Außerdem ist gem. § 97 Abs. 1 TKG die Deutsche Telekom für den Fall, daß sie beabsichtigt, eine Universaldienstleistung nicht in vollem Umfang anzubieten, verpflichtet, dies der Regulierungsbehörde ein Jahr vor Wirksamwerden dieses Entschlusses anzuzeigen. Beide Vorschriften können aber nicht als „Betrauung" i. S. d. Art. 90 Abs. 2 S. 1 [Art. 86 Abs. 2 S. 1 EGV] verstanden werden.

Fall, daß Versorgungslücken auftreten, ist in den §§ 19–22 TKG ein Verfahren vorgesehen, in welchem diese Lücken zunächst festgestellt werden; sodann, falls die Versorgungslücke sich nicht über die allgemeine Verpflichtung, zum Universaldienst beizutragen (§ 18 TKG), abdecken läßt und sich kein Unternehmen freiwillig zur Abdeckung der Versorgungslücke bereiterklärt (§ 19 Abs. 1 TKG), kann ein Unternehmen, welches nicht notwendig die Deutsche Telekom AG sein muß, mit der Gewährleistung des Universaldienstes betraut werden (§ 19 Abs. 2 TKG).[168] Auch ein Ausschreibungsverfahren ist unter bestimmten Umständen möglich (§ 19 Abs. 4 TKG).

ddd) Kostenberechnung und Kostenausgleichsverfahren

Die gemeinschaftsrechtlichen Vorgaben zur Universaldienstkostenberechnung und -finanzierung sind in den §§ 17–22 TKG umgesetzt[169] – die allerdings nur für den Fall praktisch relevant werden, daß eine Unterversorgung mit Universaldiensten tatsächlich festgestellt und die Betrauung eines Unternehmens daher tatsächlich erforderlich wird (vgl. § 19 TKG). Als Universaldienst-Finanzierungsverfahren ist in diesem Fall die Einrichtung eines Universaldienstfonds vorgesehen (§ 21 TKG). Weist das betraute Unternehmen nach, daß die langfristigen zusätzlichen Kosten der effizienten Bereitstellung der Universaldienstleistungen die Erträge überschreitet, so gewährt die Regulierungsbehörde einen Ausgleich (§ 20 TKG), der durch eine Universaldienstabgabe aller Lizenznehmer zu finanzieren ist, welche auf dem sachlich und geographisch relevanten Markt mit einem Anteil von mindestens 4% am Gesamtumsatz vertreten sind (§ 21 TKG).[170] Die Höhe der Abgabe bemißt sich nach dem Verhältnis des Umsatzes des einzelnen abgabepflichtigen Unternehmens zum Gesamtumsatz auf dem relevanten Markt. In Deutschland wird derzeit nicht damit gerechnet, daß eine Anwendung dieser Vorschriften in absehbarer Zeit tatsächlich erforderlich werden könnte.[171]

bb) Die Umsetzung der sekundärrechtlichen Vorgaben in Frankreich

In Frankreich sind zur Umsetzung der gemeinschaftsrechtlichen Vorgaben im Jahr 1996 zwei Gesetze erlassen worden: ein Gesetz vom 26. 7. 1996 zur Änderung des Code PT

---

168 Eine spezielle Regelung wurde im TKG getroffen für die nach der gemeinschaftsrechtlichen Definition auch zum Universaldienst zählende Bereitstellung eines Notrufdienstes. Gem. § 13 Abs. 1 TKG haben alle Lizenznehmer, die Sprachkommunikationsdienstleistungen für die Öffentlichkeit anbieten, unentgeltlich Notrufmöglichkeiten für die Nutzer bereitzustellen. Eines Kostenausgleichs bedarf es angesichts der allgemeinen Verpflichtung nicht.

169 Vgl. für eine nähere Darstellung: *Schütz/Cornils*, DVBl. 1997, 1146, 1148 ff.

170 Kritisch: *Kubicek*, CR 1997, 1, 9, dem der Schwellewert zu hoch erscheint. Z. T. wird die in § 21 TKG vorgesehene Universaldienstabgabe in Deutschland auch für verfassungswidrig gehalten: es handele sich um Sonderabgaben, mit denen primär Finanzierungszwecke und nur sekundär Ausgleichszwecke verfolgt würden, und die den vom BVerfG entwickelten Anforderungen an die Statthaftigkeit von Sonderabgaben nicht entsprächen – vgl. z. B. *v. Danwitz*, NVwZ 2000, 615 ff.

171 Vgl. hierzu auch *Monopolkommission*, Sondergutachten 24, S. 17 f.; ähnlich *Donges*, in: XXIX. FIW-Symposion (1996), S. 47, 50; *Witte*, ZögU 20 (1997), 434, 445.

legt die Grundsätze für die vollständige Liberalisierung des Sektors fest;[172] ein zweites Gesetz vom 31. 12. 1996 regelt die Umwandlung von France Télécom in eine Aktiengesellschaft. Gegenüber dem deutschen Recht, welches ausgehend von der Prämisse der Kompatibilität von Wettbewerb und Universaldienst das Ziel in den Mittelpunkt stellt, wirksamen Wettbewerb in der Telekommunikation zu schaffen, betont das französische Recht weiterhin den „service public"-Charakter der Telekommunikation.[173]

aaa) Inhalt des Universaldienstes

Art. L. 35 Code PT bestätigt zunächst den „service public"-Charakter der Telekommunikation und die Fortgeltung der traditionellen „service public"-Grundsätze der Gleichheit, der Kontinuität und der Anpassungsfähigkeit. Der „service public" wird aber für den Bereich der Telekommunikation in drei getrennt geregelte Komponenten unterteilt: dem gemeinschaftsrechtlich definierten Universaldienst entspricht der „service universel", der nach Maßgabe der Art. L.35-1 bis L.35-4 definiert, bereitgestellt und finanziert wird. Zum „service public" gehören daneben die Telekommunikationspflichtdienste (vgl. Art. L.35-5) („service obligatoire") – d. h. Leistungen, die France Télécom landesweit flächendeckend anzubieten hat, wobei das Unternehmen in der Preisgestaltung jedoch, abgesehen von der Bindung an das Diskriminierungsverbot, frei ist.[174] Diese Möglichkeit ist gemeinschaftsrechtlich ausdrücklich vorgesehen.[175] Dritter Bestandteil des „service public" sind die gemeinwohlorientierten Aufgaben im Bereich der Telekommunikation, die sich insbesondere auf die Landesverteidigung, die Sicherheit, die öffentliche Forschung und die Hochschulausbildung beziehen (Art. L.35-6). Ihre Erfüllung obliegt künftig aber nicht mehr den Unternehmen, sondern dem französischen Staat.[176]

In Art. L.35-1 des französischen Code PT[177] wird der „service universel" definiert als ein der Allgemeinheit flächendeckend zu einem erschwinglichen Preis angebotener Dienst „de qualité".[178] Weitere Kriterien für die Bestimmung des Universaldienstes, wie sie § 17 TKG enthält, fehlen. Insbesondere wird die Bestimmung des Universaldienstes nicht an die Verbraucherperspektive gekoppelt. Grundsätzlich bleibt die Universaldienstdefinition im französischen Recht damit auch für eine industriepolitische Instrumentalisierung offen. Auf Gemeinschaftsebene gehört Frankreich zu denjenigen Staaten, die auf ein „progressives" und „offensives" Universaldienstkonzept drängen. Die „service public"-Tradition wirkt hier ersichtlich fort.

172 Gesetz No. 96-659 v. 26. Juli 1996, J.O. v. 27. Juli 1996.
173 Vgl. Chapitre III des Gesetzes No. 96-659; hierzu auch *Dupuis-Toubol/Jouyet*, ArchivPT 1998, 132, 135.
174 Vgl. Art. L.35-5, § 3 des Gesetzes No. 96-659.
175 Vgl. hierzu *Kommission*, Mitteilung KOM(96)73 endg., S. 5 und 25; Vorschlag der Kommission für eine Nutzerrechte-Richtlinie, KOM(2000)392 Kap. IV Art. 28.
176 *Dupuis-Toubol/Jouyet*, ArchivPT 1998, 132, 135.
177 In der Fassung durch das Gesetz No. 96-659 v. 26. Juli 1996, J.O. v. 27. Juli 1996.
178 „à tous un service téléphonique de qualité à un prix abordable".

Die konkrete Festsetzung des Universaldiensts-Umfangs entspricht in Frankreich aber den gemeinschaftsrechtlichen Vorgaben.[179] Anders als in Deutschland ist ein ISDN-Anschluß nicht Bestandteil des Universaldienstes, sondern lediglich eine sog. „Pflichtleistung". Weitere Pflichtleistungen sind in Frankreich die Bereitstellung von Mietleitungen, die Paketvermittlung von Daten, das Angebot fortgeschrittener Sprachtelefonie-Dienstleistungen und das Angebot eines Telexdienstes.[180]

bbb) Das Prinzip der Erschwinglichkeit in Frankreich

Obwohl dies weder im Code PT[181] noch im Pflichtenheft von France Télécom[182] ausdrücklich festgeschrieben ist, wird in der Praxis davon ausgegangen, daß France Télécom weiterhin zur Gewährleistung der Tarifeinheit im Raum verpflichtet sei.[183] Allerdings wird France Télécom trotzdem eine größere Freiheit in der Tarifgestaltung zugestanden. Das Gebot der Wahrung der Tarifeinheit im Raum wird als Pflicht zum Angebot eines einheitlichen Sockeltarifs interpretiert, der aber durch eine Vielzahl differenzierter Tarifangebote ergänzt werden könne.[184] Durch ein Dekret vom 8. März 1999[185] hat Frankreich neuerdings auch von der Möglichkeit Gebrauch gemacht, zur Gewährleistung der Erschwinglichkeit des Universaldienstes Sondertarife für bestimmte benachteiligte Gruppen vorzuschreiben.[186]

ccc) Betrauung

Durch den Code PT vom 26. Juli 1996 ist France Télécom mit der Aufgabe der landesweiten Gewährleistung des Universaldienstes betraut.[187] Frankreich hat damit an der

---

179 Zum Universaldienst zählen insbes.: der Sprachtelefondienst, Notrufdienste, Auskunftsdienste, öffentliche Telefonzellen und die jährliche Herausgabe von Telefonbüchern sowie Sozialtarife für bestimmte Nutzergruppen.

180 Art. L.35-5; vgl. hierzu, und zu den weiteren Nebenverpflichtungen wie der Bereitstellung eines universellen Verzeichnisses und von Auskunftdiensten: *Dupuis-Toubol/Jouyet*, ArchivPT 1998, 132, 135 und 139 f.

181 Art. L.35-1 Code PT n. F. verlangt lediglich, daß der Universaldienst zu einem *erschwinglichen* Preis angeboten wird.

182 Dieses verpflichtet France Télécom lediglich, bei der Tarifierung der Universaldienste deren Zugänglichkeit für alle Nutzergruppen zu gewährleisten und dem Grundsatz der Nichtdiskriminierung Rechnung zu tragen.

183 *Chevallier*, RFD adm. 12 (1996), 909, 928; *Dupuis-Toubol/Jouyet*, ArchivPT 1998, 132, 136.

184 Vgl. *Chevallier*, RFD adm. 12 (1996), 909, 928.

185 Décret No. 99-162 du 8 mars 1999 relatif au service universel des télécommunications et modifiant les articles R.20-34 et R.20-40 du code des postes et télécommunications et l'article R.251-28 du code de la sécurité sociale (www.telecom.gouv.fr/activ/telecom/decretts.htm)

186 Kritisch zu dieser Art von Universaldienstpolitik: *Scanlan/Neu* (2000), Part I s. 17: es werde unter dem Deckmantel der Universaldienstpolitik, die lediglich der Gewährleistung allgemeiner Zugänglichkeit von Telekommunikationsdienstleistungen dient, eine allgemeine Sozialpolitik betrieben.

187 Vgl. Art. L.35-2 I, 2. Spiegelstrich. Allerdings kann gem. Art. L.35-2 I, 1. Spiegelstrich auch jeder andere Anbieter – anstelle von oder neben France Télécom – mit der Erbringung des Universaldienstes betraut werden, der dauerhaft bereit und in der Lage ist, auf dem gesamten nationalen Territorium die Universaldienstversorgung zu gewährleisten. Diese Bedingung der Bereitschaft und Fähigkeit zur Versorgung des gesamten nationalen Territoriums – nicht nur, wie in Deutschland, gewisser

Tradition festgehalten, einen einzigen Universaldienstanbieter für das gesamte französische Staatsgebiet zu benennen und dies mit dem Anliegen begründet, Gleichheit und Einheit des Territoriums – aber auch die hervorgehobene Stellung des Ex-Monopolisten France Télécom – wahren zu wollen.[188]

ddd) Kostenberechnung und Kostenausgleichsverfahren

Frankreich ist außer Italien der einzige Mitgliedstaat, der von vornherein von einer unzumutbaren Belastung des universaldienstpflichtigen Unternehmens durch die Kosten des Universaldienstes und damit von der Notwendigkeit eines Universaldienstausgleichs ausgegangen ist.[189] Dies ist z. T. darauf zurückzuführen, daß das französische Recht den Kreis der in die Berechnung der Universaldienstkosten einzubeziehenden Kosten sehr großzügig bestimmt. Einzubeziehen sind nach französischem Recht:[190]

- die Kosten der Tarifeinheit im Raum – die Schätzungen bezüglich der Höhe dieser Kosten beliefen sich für das Jahr 1996 auf ca. 2–6 Milliarden FF
- die Kosten, die aus der aktuellen, immer noch nicht vollständig kostenorientierten Tarifstruktur von France Télécom resultieren.[191] Die Schätzung der Höhe dieser Kosten für das Jahr 1996 lag bei 6–7 Milliarden FF.[192]
- die Kosten, die durch bestimmten sozial benachteiligten Nutzergruppen angebotene Spezialtarife sowie aus der Verpflichtung zur landesweiten Bereitstellung von Telefonzellen und der Erstellung von Telefonbüchern entstehen – hierfür wurden in Frankreich für das Jahr 1996 ca. 500 Millionen bis 1 Milliarden FF veranschlagt. Die Universaldienstkosten aus den unter sozialen Gesichtspunkten „ermäßigten Gebühren" werden dabei in Frankreich nicht präzise berechnet, sondern pauschal bewertet.[193]

Die Kosten werden im übrigen gem. Art. L.35-3 Abs. 1 und Art. L.35-3 Abs. 2 Zif. 2 Code PT von der A. R. T. – der französischen Regulierungsbehörde für den Bereich der

---

begrenzter, bislang unterversorgter Regionen – schränkt jedoch faktisch die Bedeutung dieser Klausel wesentlich ein. Auf absehbare Zeit wird nur France Télécom diese Voraussetzungen erfüllen können, so daß die Stellung dieses Unternehmens als Universaldienstanbieter gesichert erscheint – vgl. *Moine*, AJDA 1997, 246; *Chevallier*, RFD adm. 12 (1996), 909, 927 f.

188 Vgl. *ENA*, Bd. I (1997), S. 190 und S. 194; *Dupuis-Toubol/Jouyet*, ArchivPT 1998, 132, 136.

189 *Kommission*, Status Report on European Union Electronic Communications Policy, 25. Nov. 1999, S. 21.

190 Näher zum Folgenden: *Chevallier*, RFD adm. 12 (1996), 909, 930; *Chevallier*, RFD adm. 13 (1997), 1115, 1122 f.; *Barbet/Gonzalez*, Revue Internationale de Droit Économique 1999/1, 59, 69 f.

191 Insbes. gilt das Niveau der Grundgebühren als gegenwärtig noch zu niedrig. Die Kommission hat in ihrer am 17. April 2000 gegen Frankreich eingereichten Klage (vgl. ABl. 2000 Nr. C 163/21 – Rs. C-146/00) beanstandet, daß Frankreich der Kommission den Zeitplan zur Umstrukturierung der Tarife noch nicht mitgeteilt habe. Nach Angabe der französischen Behörden sei die Umstrukturierung noch nicht abgeschlossen. Vgl. hierzu auch die Pressemitteilung der Kommission v. 27. April 2000, IP/00/409.

192 Mit den Gebührenänderungen im Jahr 1999 verlor dieser Bestandteil allerdings fast völlig an Bedeutung – vgl. Pressemitteilung der Kommission v. 27. April 2000, IP/00/409.

193 Hiergegen ist die Kommission im Wege einer Klage vor dem EuGH vorgegangen – vgl. Pressemitteilung der Kommission v. 27. April 2000, IP/00/409.

Telekommunikation – auf der Basis der Buchführung von France Télécom ermittelt und vorgeschlagen,[194] letztendlich aber vom zuständigen Ministerium festgelegt.[195]

Die von der A. R. T. auf der Grundlage dieser Regelungen für die Jahre 1997 und 1998 vorgelegten Schätzungen für die von France Télécom zu tragenden und ausgleichsbedürftigen Universaldienst-Nettokosten hat die Kommission bereits unter wettbewerbsrechtlichen Gesichtspunkten beanstandet.[196] Inbes. führe die französische Regelung zu einer Berücksichtigung auch von rentablen Abonnenten bei der Berechnung der Nettokosten des Universaldienstes, wodurch es zu einer überhöhten Kompensation für das betraute Unternehmen komme. Ferner würden einige Bestandteile der Universaldienstkosten entgegen den aus der Zusammenschaltungsrichtlinie folgenden Verpflichtungen nicht spezifisch, sondern pauschal berechnet.[197]

Auch das französische Verfahren zur Finanzierung der Universaldienstkosten weist wettbewerbsrechtlich bedenkliche Aspekte auf. Nach Art. 35-3 Code PT erfolgt die Finanzierung teilweise über einen Aufschlag auf die von France Télécom erhobene Zusammenschaltungsgebühr[198] – über den die Kosten der Tarifeinheit im Raum sowie die aus der noch nicht vollständig abgeschlossenen Tarifrestrukturierung folgenden Kosten finanziert werden sollen;[199] zum anderen Teil über einen Universaldienstfonds, über den die eigentlichen Universaldienstkosten (Flächendeckungsverpflichtung, öffentliche Telefonzellen, Sondertarife für bestimmte Nutzergruppen u. a.) finanziert werden.[200] Mit Abschluß der Tarifumstrukturierung bis zum 31. 12. 2000[201] entfällt der Aufschlag auf

194 Vgl. Art. L.36-7 No.4 CodePT. Hierzu auch: *Dupuis-Toubol/Jouyet*, ArchivPT 1998, 132, 142. Die Einzelheiten der bei der Berechnung der Kosten des Universaldienstes zugrundezulegenden Methode sind geregelt im Décret 97-475 sur le financement du service universel dans les télécommunications v. 13. Mai 1997, J.O. v. 14. Mai 1997.

195 Kritisch hierzu: *Neu/Stumpf/Keuter/Nett/Schwarz-Schilling* (1999), S. 22: politische Erwägungen könnten im Einzelfall dominieren.

196 *Kommission*, Vierter Bericht über die Umsetzung des Reformpakets in der Telekommunikation v. 25. 11. 1998, KOM(98)594, S. 23; S. 85; und *Kommission*, Pressemitteilung IP/99/494 v. 12. Juli 1999. Beanstandet worden ist unter anderem die fehlende Anmeldung eines präzisen Zeitplans für die Tarifumstrukturierung sowie Verstöße gegen die Richtlinie 97/33/EG (insbes. Art. 5 und Anh. III) im Zusammenhang mit der Berechnungsmethode für die Nettokosten des Universaldienstes und der Finanzierungsbeiträge der Betreiber. Die Berechnungsformel für den Beitrag der neuen Betreiber an der Finanzierung der restlichen Tarifungleichgewichte sei unzulässig; die pauschale Berechnung einiger Komponenten dieser Kosten finde keine Grundlage in den Rechnungsdaten von France Télécom; und es seien Berechnungsmethoden gewählt worden, die den Betrag der Nettokosten des Universaldienstes höher erscheinen ließen – insbes. würden immaterielle Gewinne, die der Bereitstellung des Universaldienstes auf der Gesamtheit des französischen Territoriums inhärent seien, nicht berücksichtigt. Vgl. auch ABl. 2000 Nr. C163/21: die Kommission hat gegen Frankreich wegen der Ausgestaltung des Universaldienstkostenmechanismus unter verschiedenen Gesichtspunkten Klage erhoben (Rs. C-146/00).

197 Vgl. ABl. 2000 Nr. C 163/21 – Klage der Kommission gegen Frankreich, Rs. C-146/00; vgl. auch Pressemitteilung der Kommission v. 27. April 2000, IP/00/409.

198 Den allerdings Mobilfunkanbieter nicht zu zahlen haben – vgl. näher: *Chevallier*, RFD adm. 12 (1996), 909, 930.

199 Näher: *Encaoua/Floche*, AJDA 1997, 254; *Chevallier*, RFD adm. 12 (1996), 909, 930.

200 *Chevallier*, RFD adm. 12 (1996), 909, 930.

201 Dieser Termin ist in Art. L.35-3 Abs. 2 Zif. 3 des Code PT genannt.

die Zusammenschaltungsgebühr. Die Universaldienstfinanzierung erfolgt ab diesem Zeitpunkt vollständig über den Universaldienstfonds.

Beitragspflichtig sind nach französischem Recht alle Betreiber öffentlicher Telekommunikationsnetze (einschließlich der Mobilfunknetzbetreiber) sowie alle Anbieter von Telekommunikationsdiensten für die Öffentlichkeit (einschließlich der Mobilfunkanbieter) (Art. L.35-3 II). Auch Marktneulinge – die in anderen Mitgliedstaaten von der Beitragspflicht befreit sind – müssen in Frankreich Beiträge entrichten.[202]

cc) Fazit

Die Art und Weise der Umsetzung der gemeinschaftsrechtlichen Vorgaben weist somit in den einzelnen Mitgliedstaaten erhebliche Unterschiede auf. Nicht nur Detailregelungen weichen voneinander ab; in der Umsetzung der Harmonisierungsrichtlinien in Deutschland und Frankreich offenbaren sich vielmehr verschiedene Grundhaltungen. Während die Universaldienstregelungen im deutschen TKG dem Ziel verpflichtet sind, den Universaldienst soweit wie möglich in Übereinstimmung mit dem Grundsatz unverfälschten Wettbewerbs zu gewährleisten, liegt dem französischen Code PT erkennbar das Anliegen zugrunde, die herausgehobene Stellung von France Télécom auch im Wettbewerb zu schützen.[203] Die Ernennung von France Télécom zum Universaldienstverpflichteten, das Festhalten am Prinzip der Tarifeinheit, die Einbeziehung der daraus resultierenden Kosten in den Universaldienstausgleich und die Einbeziehung von Marktneulingen in den Universaldienstausgleich tragen dazu bei. Die Kommission hat das aus der Gesamtheit dieser Regelungen resultierende wettbewerbsverfälschende Potential allerdings bereits aufgegriffen und zum Gegenstand eines Verfahrens gemacht. Trotz einiger Defizite in der Umsetzung der Richtlinienvorgaben bleibt mithin das gemeinschaftsrechtliche Universaldienstkonzept in der Telekommunikation insoweit ein eindeutiger Erfolg, als hier die Demonstration gelungen ist, daß ein eng und präzise definierter Universaldienst mit der Einführung von Wettbewerb vereinbar sein kann.

---

202 Vgl. *Kommission*, Vierter Bericht über die Umsetzung des Reformpakets in der Telekommunikation v. 25. Nov. 1998, KOM(98)594, S. 85: die Kommission hält dies – nicht zuletzt angesichts der Höhe der Universaldienstkosten, wie sie von der französischen Regulierungsbehörde bislang festgesetzt wurde (für das Jahr 1997 hat Frankreich die Nettokosten des Universaldienstes auf ca. 4,8 Milliarden FF geschätzt, für das Jahr 1998 auf ca. 6 Milliarden FF. Dies entspricht ca. 5.5% bzw. 7,3% des Gesamtumsatzes von France Télécom in den Jahren 1997 bzw. 1998 im Bereich der Festnetztelefonie), für eine erhebliche Marktzugangsschranke.

203 Vgl. *Barbet/Gonzalez*, Revue Internationale de Droit Économique 1999/1, 59, 70: „Il apparaît qu'en France, l'objectif premier du législateur n'a pas été la mise en concurrence du marché mais plus le maintien d'un ‚service public' à la française. Le changement de la nature du marché et l'évolution du statut de l'opérateur historique sont plus présentés comme des concessions à l'esprit européen que comme une réelle nécessité. Dans la loi du 26 juillet 1996, chaque concession apparaît contrebalancée par la réaffirmation d'un principe fort du service public". Vgl. auch *Neu/Stumpf/Keuter/Nett /Schwarz-Schilling* (1999), S. 23 mit der Feststellung, Frankreich setze in starkem Maße auf Infrastrukturwettbewerb als Leitbild, was allerdings zugleich bedeute, daß wettbewerbliche Marktstrukturen im Privatkundenbereich kurzfristig nicht entstehen könnten.

e) Diskussion um die Ausweitung des Universaldienstes

Die Gemeinschaft hat bislang ein *enges* Universaldienstkonzept verfolgt. Nur Dienstleistungen, die zuvor bereits einen hohen Verbreitungsgrad aufwiesen, wurden einbezogen. Auch wird ausschließlich das telekommunikationsspezifische Ziel privilegiert, eine allgemeine, flächendeckende und erschwingliche Versorgung mit diesen Leistungen zu gewährleisten. Weiterreichende Politikinteressen sind nicht geschützt. Das Verbraucherinteresse steht daher im bisherigen Universaldienstkonzept im Vordergrund.

Allerdings ist im Telekommunikationsrecht der Gemeinschaft anerkannt, daß das telekommunikative Universaldienstkonzept dynamisch fortzuentwickeln ist.[204] Auf der Grundlage regelmäßiger Berichtspflichten[205] soll in gewissen zeitlichen Abständen überprüft werden, ob eine inhaltliche Anpassung des Universaldienstes geboten ist.[206] In diesen Zusammenhang fügt sich die gegenwärtig auf Gemeinschaftsebene geführte Diskussion ein, ob, und wenn ja welche neuen Dienste in den Universaldienstkatalog einbezogen werden sollten – mit der Option, die aus der universellen Bereitstellung dieser Dienste folgenden Defizite in die Universaldienstkosten-Finanzierungsmechanismen einzubeziehen.

Die Kernthese der Befürworter einer Ausweitung des Universaldienstes lautet, daß die Gemeinschaft sich nicht darauf beschränken dürfe, die gemeinschaftsweite Bereitstellung eines *Mindest*standards telekommunikativer Leistungen zu gewährleisten. Geboten sei eine „fortschrittliche" Universaldienstpolitik, die „neuen" Leistungen, die sich am Markt noch nicht allgemein durchgesetzt hätten, deren allgemeine Verbreitung mit Blick auf das Ziel der Entwicklung der Informationsgesellschaft aber für wünschenswert erachtet werde, aktiv – durch Einbeziehung in den Universaldienst und die entsprechenden Finanzierungsmechanismen – zur Marktdurchsetzung verhelfe.[207]

Die Diskussion steht ersichtlich in engem Bezug zum Verständnis des Art. 86 Abs. 2 EGV. Darüber hinaus hat die Diskussion aber auch eine neue Dimension: sie behandelt nicht mehr nur die Grenzen mitgliedstaatlicher Interventionsbefugnisse in den Markt; vielmehr betrifft sie die Rolle der Gemeinschaft als eine Instanz, die nunmehr selbst über ihre Universaldienstpolitik neue Märkte entwickelt und steuert.[208] Dies rechtfertigt

204 Vgl. *Kommission*, Mitteilung KOM(96)73 endg., S. 10 und 26; Zusammenschaltungsrichtlinie 97/33/EG, ABl. 1997 Nr. L 199/32, Begründungserwägung (7); Universaldienstrichtlinie 98/10/EG, Begründungserwägung (1).

205 Universaldienstrichtlinie 98/10/EG, ABl. 1998 Nr. L 101/24.

206 So war in der Zusammenschaltungsrichtlinie 97/33/EG wie auch in der Universaldienstrichtlinie 98/10/EG eine Überprüfung des Umfangs des Universaldienstes bis zum 31. 12. 1999 vorgesehen: Zusammenschaltungsrichtlinie 97/33/EG, ABl. 1997 Nr. L 199/32, Begründungserwägung 1 und 24; Art. 31 Universaldienstrichtlinie 98/10/EG. Vgl. zuvor bereits: *Kommission*, Mitteilung KOM(96)73 endg., S. 10.

207 Vgl. für eine eingehendere Darstellung dieser Position: *Klodt/Laaser/Lorz/Maurer* (1995), S. 71: über ein weites Universaldienstkonzept könnte die Verbreitung bestimmter neuer Telekommunikationsdienste und damit verknüpfter Technologien als Schlüsselindustrien gefördert werden. Für eine Diskussion dieser These vgl. u. a. *OFTEL* (1999), Chap. 5. *Noam*, Telecommunications Policy 18 (1994), 687, 689 dagegen stellt nicht auf die industriepolitischen Vorteile einer breit angelegten Universaldienstpolitik, sondern auf die daraus u. U. resultierenden positiven externen Effekte ab.

208 So auch: *Kommission*, Mitteilung KOM(96)73 endg., S. 20.

– gerade auch im Zusammenhang mit einer in vielerlei Hinsicht parallelen Debatte in den USA über den Umfang des „universal service" – eine nähere Erörterung.

aa) Die Debatte in den USA

Im Vordergrund der US-amerikanischen Debatte, die auch von der Clinton-Administration aufgegriffen wurde,[209] steht die potentielle sozialpolitische Bedeutung eines weitverstandenen, den Zugang zu neuen Technologien umfassenden „universal service" als eines Mechanismus, der einer drohenden Aufspaltung der Informationsgesellschaft in „Informationsreiche" und „Informationsarme" entgegenwirken könnte.[210]

Praktisch wirkte sich die Debatte in den USA vor allem im Rahmen des Telecommunications Act 1996 aus: in diesen wurden Bestimmungen zum „universal service" aufgenommen, die der FCC erhebliche politische Spielräume in der Festlegung ihrer Universaldienstpolitik belassen.[211] Die allgemeinen Prinzipien und Ziele der „universal service"-Regulierung sind in Section 254(b) des Telecommunications Act 1996 beschrieben. Sie umfassen insbesondere die Gewährleistung der Erschwinglichkeit, des flächendeckenden Zugang zu fortgeschrittenen Telekommunikationsdiensten, der Vergleichbarkeit des Zugangs von Kunden mit niedrigem Einkommen und von Kunden in ländlichen und Hochkostengebieten zu fortgeschrittenen Telekommunikationsdiensten mit dem Zugang, wie er Kunden in städtischen bzw. Niedrigkosten-Gebieten gewährt wird[212] und – auf der Grundlage einer Festlegung der FCC[213] – das Prinzip der „competitive neutrality" der Universaldienstpolitik:[214] die Universaldienstpolitik soll weder einen bestimmten Anbieter noch eine bestimmte Technologie begünstigen, sondern idealerweise vollständig wettbewerbsneutral sein.

Eine Definition des „universal service" findet sich in Section 254 (c) (1) S. 1 des Telecommunications Act. Danach ist der Universaldienst „an evolving level of telecommunications services that the Commission shall establish periodically under this section,

---

209 Näher: *Compaine/Weinraub*, Telecommunications Policy 21 (1997), S. 15, 25; *Kubicek*, CR 1997, 1, 2. Für einen Überblick über die US-amerikanische Debatte und die Aktivitäten der Clinton/Gore Administration siehe auch *Kubicek*, CR 1995, 370, 371.

210 Für ein weites Universaldienstkonzept, welches insbes. den Zugang zu Internetdiensten umfaßt: *Gándara*, Wake Forrest Law Review 33 (1998), 107, 121 f. m. w. N; *Kim*, Telecommunications Policy 22 (1998), 281, 282; *Pressler/Schieffer*, Fed. Communications L.J. 40 (1993), 351, 369. Vgl. auch die Darstellung dieser Position bei *Compaine/Weinraub*, Telecommunications Policy 21 (1997), 15, 26 und *Hammond*, Fed. Communications L.J. 50 (1998), 179 ff.; z. B. S. 185. Dafür, daß einem erweiterten „universal service"-Konzept auch weitere Politikziele, u. a. beschäftigungspolitischer Art, zugrundeliegen können: *Hudson*, Telecommunications Policy 18 (1994), 658, 659 ff. Zu der Universaldienstdebatte in den USA umfassend: *Borrows/Bernt/Lawton* (1994), insbes. S. 80 ff.

211 Siehe allgemein zu dem im Telecommunications Act 1996 verankerten Universaldienstkonzept: *Mueller*, Fed. Communications L.J. 49 (1997), 655, 658; *Cherry* (1998), S. 113 ff.; *Millard*, Fed. Communications L.J. 50 (1998), 255, 256.

212 Näher zu diesem „reasonably comparable"-Standard: *Rowe/Bluhm/Shifman*, Public Utilities Fortnightly 1999 (July), 48, 51.

213 Auf der Grundlage einer Ermächtigung in Section 254(b)(7).

214 *FCC*, Universal Service Report and Order, May 8, 1997, para. 43; vgl. zum Prinzip der „competitive neutrality" auch *Gándara*, Wake Forrest Law Review 33 (1998), 107, 115

taking into account advances in telecommunications and information technologies and services". Die Festsetzung des „universal service" ist ins Ermessen der FCC gestellt,[215] welche in dieser Frage von einem „Federal-State Joint Board" unterstützt und beraten wird. Nach den in Section 254(c)(1) aufgeführten, bei der Entscheidung zu berücksichtigenden Kriterien[216] ist Ausgangspunkt für die Eingrenzung des „universal service" zwar der „wesentliche" Charakter der Dienste sowie deren Durchsetzung am Markt; hinzu tritt jedoch das Kriterium des öffentlichen Interesses, welches es grundsätzlich auch erlaubt, die Universaldienstpolitik über den Kreis derjenigen Leistungen hinaus zu erstrecken, die sich am Markt bereits durchgesetzt haben.[217] In der Praxis hat die FCC allerdings bislang dem Marktdurchsetzungsgrad einer Leistung ein erhebliches Gewicht beigemessen und unter Hinweis darauf die Einbeziehung eines speziellen Internetzugangs in den „universal service" verneint.[218]

Auf der Grundlage der Kriterien in Section 254(c)(1) und der Empfehlungen des Federal-State Joint Board vom 7. 11. 1996[219] hat die FCC in ihrem Report and Order zum Universaldienst vom Mai 1997 festgestellt, daß der „universal service" gegenwärtig folgende Leistungen umfaßt:[220] einen Sprachtelefondienst mit bestimmten Leistungsmerkmalen (Mehrfrequenzwahl / Vermittlungs- und Auskunftsdienst / Rufnummernanzeige bei Notrufen); für Teilnehmer aus unteren Einkommensschichten soll im übrigen die Möglichkeit einer Gebührenbegrenzung (toll blocking / toll limitation) gewährleistet sein. Ähnlich wie im Telekommunikationsrecht der Gemeinschaft ist der Kreis des „universal service" damit eng eingegrenzt.[221]

Dem „universal service" im traditionellen Sinne der flächendeckenden Gewährleistung der Zugänglichkeit von Telekommunikationsdiensten zu erschwinglichen Preisen für alle wird im Telecommunications Act 1996 jedoch ein zweites Instrument einer „uni-

---

215 Das breite Ermessen, welches der Telecommunications Act 1996 der FCC bei der Gestaltung der Universaldienstpolitik beläßt, ist in den USA Gegenstand heftiger Kritik und auch rechtlicher Auseinandersetzung. Das Ermessen reicht von der Festsetzung des Umfangs des Universaldienstes bis hin zur Festlegung von Vorgaben für die Bestimmung der Universaldienst-Preise und den Umfang des Universaldienstausgleichs. Kritisch hierzu z. B. *Millard*, Fed. Communications L.J. 50 (1998), 255, 269 und 271.

216 Section 254 (c)(1) Telecommunications Act 1996 nennt als maßgebliche Kriterien: „[...] the extent to which such telecommunications services – (A) are essential to education, public health, or public safety; (B) have, through the operation of market choices by customers, been subscribed to by a substantial majority of residential customers; (C) are being deployed in public telecommunications networks by telecommunications carriers; and (D) are consistent with the public interest, convenience, and necessity". Alle vier Kriterien sind bei der Entscheidung über die Einbeziehung einer Leistung in den Universaldienst zu würdigen; jedoch müssen nicht alle vier Kriterien erfüllt sein. Vgl. hierzu *Millard*, Fed. Communications L.J. 50 (1998), 225, 261.

217 Vgl. z. B. die entsprechenden Forderungen bei *Hudson*, Telecommunications Policy 18 (1994), 658, 666.

218 *FCC*, in: Federal-State Joint Board on Universal Service, Report and Order, 62 Fed.Reg. at 32,866.

219 *Federal-State Joint Board on Universal Service*, Recommended Decision, 12 FCC Rcd. 87,5 Comm. Reg. (P&F) 1 (1996), amended and adopted by Report and Order, 7 Comm. Reg. (P&F) 109 (1997) (in der Folge: Universal Service Report and Order).

220 A. a. O., at para. 56. Vgl. hierzu auch *Cherry* (1998), S. 113, 116; *Noll*, Telecommunications Policy 22 (1998), 47, 49.

221 Kritisch zu dieser vermeintlich zu engen Eingrenzung z. B. *Gándara*, Wake Forrest Law Review 33 (1998), 107, 115; *Kim*, Telecommunications Policy 22 (1998), 281, 287.

versal service"-Politik an die Seite gestellt: die Möglichkeit einer besonderen Universaldienstpolitik für spezielle Einrichtungen, namentlich für Schulen, Bibliotheken und Gesundheitszentren, die den Zugang dieser Einrichtungen nicht nur zu Basistelekommunikationsdiensten, sondern auch zu fortgeschrittenen Leistungen gemäß den Prinzipen der Nichtdiskriminierung, vor allem aber auch der Erschwinglichkeit gewährleisten soll. Von dem klassischen „universal service" unterscheidet sich dieser „universal service" in zweierlei Weise: zum einen ist das Ziel dieser Politik nicht die Gewährleistung der Zugänglichkeit von Leistungen für jedermann, sondern nur für bestimmte Einrichtungen, die als Multiplikatoren gelten können; zum anderen betrifft diese Universaldienstpolitik nicht Grundversorgungsleistungen, sondern explizit *fortgeschrittene* Leistungen. Geregelt ist dieses zusätzliche, durch den Telecommunications Act 1996 neu in die US-amerikanische Telekommunikationsregulierung eingeführte universaldienstpolitische Instrument in der mit „special services" überschriebenen Section 254(c)(3) i. V. m. Section 254(h)(1)(A) und (B) Telecommunications Act 1996 und besteht in der Möglichkeit, Telekommunikationsanbieter zur Gewährung von Tarifsubventionen („rate support") für die genannten speziellen Einrichtungen zu verpflichten, wobei die den Unternehmen daraus erwachsenden Kosten in den allgemeinen Universaldienst-Finanzierungsmechanismus einzubeziehen sind.[222] Die FCC wird ermächtigt festzulegen, auf welche – auch fortgeschrittenen (Section 254(h)(2)(A)) – Telekommunikationsdienste sich die Verpflichtung der Telekommunikationsanbieter zur Gewährung von Sonderpreisen beziehen soll.[223]

Die rechtliche Regelung im Telecommunications Act 1996 gibt nur einen allgemeinen Rahmen vor. Dementsprechend ist im Vorfeld der Entscheidung der FCC zur konkreten Umsetzung dieses neuen universaldienstpolitischen Instruments über die Frage, welche „advanced telecommunications and information services" für spezielle Einrichtungen, namentlich Bildungs- und Gesundheitseinrichtungen, unterstützt werden sollten, heftig gestritten worden.[224]

Das Joint Board folgte in seinen Empfehlungen einem weiten Ansatz und plädierte – insbesondere angesichts des Umstands, daß die Nutzung fortgeschrittener Dienste ein leeres Versprechen bedeute, wenn nicht auch der Aufbau der erforderlichen Infrastruktur unterstützt werde – für eine Einbeziehung der schulinternen Vernetzung in die Uni-

222 Näher hierzu *Cherry* (1998), S. 113, 126.

223 Kritisch zu dieser weitreichenden Ermächtigung der FCC: *Mason*, Fed. Communications L.J. 50 (1997/98), 237, 238, 242 und 251 f.; *Oliver*, Fed. Communications L.J. 50 (1997/98), 53, 76.

224 Vgl. z. B. *Post*, Fordh.L.Rev. 64 (1995), 782; *Pressler/Schieffer*, Fed. Communications L.J. 40 (1993), S. 351 ff. Bildungspolitiker forderten eine allgemeine Gewährleistung des Zugangs von Schulen zum Internet und zu Breitbanddiensten, verbunden mit einer weitreichenden finanziellen Subventionierung (vgl. z. B. *Pressler/Schieffer*, Fed.Communications L.J. 40 (1993), 351, 369). Andere plädierten – unter Hinweis auf die mit einer Ausdehnung des Universaldienstbereichs verbundenen Kosten, die sich zugleich als Marktzutrittsbarrieren für potentiell markteintrittswillige Unternehmen auswirken können, auf den latenten Konflikt zwischen Universaldienst und Wettbewerb bzw. auf die möglichen Wettbewerbsverfälschungen, die aus einer weitreichenden Universaldienstpolitik resultieren können – für eine enge Eingrenzung der speziellen Universaldienstpolitik für fortgeschrittene Telekommunikations- und Informationsdienste (z. B. *Prieger*, Telecommunications Policy 22 (1996), 57 f.; *Mason*, Fed. Communications L.J. 50 (1997/98), 237, 248 f.; *Noll*, Telecommunications Policy 22 (1998), 47, 55 f.).

versaldienstpolitik. Die FCC ist diesen Empfehlungen in ihren „universal service"-Regeln gefolgt. Universaldienstleistungen für spezielle Einrichtungen sollen „all commercially available telecommunications services" umfassen.[225] Carrier, die solche Leistungen den speziellen Einrichtungen zu ermäßigten Tarifen bereitstellen, sind berechtigt, hierfür einen Universaldienstausgleich zu erhalten.[226] Insgesamt wird der Universaldienstfonds für Bildungseinrichtungen auf 2.25 Milliarden US-$ jährlich beschränkt, der für Gesundheitseinrichtungen bereitstehende Universaldienstbetrag auf 400 Millionen US-$.[227]

Die Reaktionen auf diese neue Politik des „universal service" in den USA waren unterschiedlich: zum Teil wurde sie enthusiastisch begrüßt als ein wesentlicher Schritt in Richtung der Gewährleistung gleicher (Teilhabe-) Chancen aller Bürger in der Informationsgesellschaft.[228] Auch wirtschafts- und beschäftigungspolitische Hoffnungen wurden an diese neue Universaldienstpolitik geknüpft.[229] Von anderer Seite wurde dagegen unter Hinweis auf die Funktionsfähigkeit des Marktes die Erforderlichkeit eines solchen Technologiesubventionskonzepts bezweifelt.[230]

bb) Die Debatte in Europa

Die Fronten in der europäischen Debatte um die Ausdehnung des gemeinschaftsrechtlichen Universaldienstkonzepts in der Telekommunikation verlaufen ähnlich. Konkret hat sich die Diskussion bislang vor allem an zwei Fragen entzündet: an der Frage nach der Einbeziehung von ISDN bzw. allgemeiner des Internetzugangs in den Universaldienst; und an der Frage nach einer speziellen Universaldienstpolitik mit Blick auf Schulen, Bibliotheken und Gesundheitseinrichtungen.[231]

aaa) Einbeziehung von ISDN bzw. eines schnellen Internetzugangs in den Universaldienst

Die Universaldienstdefinition im Gemeinschaftsrecht umfaßt derzeit zwar einen Anschluß, über den auch Fax und Modem betrieben werden können – und folglich auch ein Internetzugang möglich ist –, nicht aber einen (schnelleren) ISDN-Anschluß.[232] Die

225 *FCC* Report and Order, CC Docket No. 96-45 (May 8, 1997), section 54.502.

226 Section 254(h)(1)(B)(ii) Telecommunications Act 1996.

227 *Cherry* (1998), S. 113, 126.

228 So *Kubicek*, CR 1997, 1.

229 A. a. O., 2; *Gándara*, Wake Forrest Law Review 33 (1998), 107, 116.

230 Vgl. z. B. *Compaine/Weinraub*, Telecommunications Policy 21 (1997), 15, 28 ff.; *Huber* (1997), S. 138 ff.

231 Für eine Diskussion der Einbeziehung weitergehender Leistungen in den Universaldienst – z. B. e-mail und e-commerce, siehe *Scanlan/Neu* (2000), Part I S. 18 ff.; *Mansell/Neice/Steinmueller*, Telecommunications and Space Journal 5 (1998), 121 ff.; *Murroni*, Telecommunications and Space Journal 5 (1998), 139 ff.; *Cave*, Telecommunications and Space Journal 5 (1998), 157 ff.

232 Art. 5 Abs. 2 Universaldienstrichtlinie 98/10/EG; unverändert insoweit: Vorschlag der Kommission für eine Nutzerrechte-Richtlinie, KOM(2000)392 Kap. II Art. 4 Nr. 2.

gemeinschaftsweite Bereitstellung eines ISDN-Anschlusses wird zwar empfohlen, soll jedoch nicht zu erschwinglichen, sondern zu kostenorientierten Tarifen erfolgen.[233]

Dies wird in den Mitgliedstaaten z. T. als unbefriedigend empfunden: auch ISDN und gleichzeitig ein erschwinglicher *schneller* Internetzugang müßten künftig Teil des Universaldienstes und des Universaldienstfinanzierungssystems sein.[234] Dies trage zur beschleunigten Verbreitung von ISDN und der Internetnutzung bei und vermeide den Zerfall der Informationsgesellschaft in Informationsreiche und Informationsarme.[235]

Die Kommission reagierte in der Vergangenheit auf solche Vorschläge zunächst zurückhaltend und verteidigte den Charakter des Universaldienstkonzepts als eines im Kern sozialpolitischen Konzepts, welches der Verhinderung von Versorgungslücken bezüglich bereits allgemein verbreiteter, wesentlicher Leistungen diene, nicht aber der Bildungs-, Beschäftigungs- oder Industriepolitik.[236] Unter Rückgriff auf eine von ihr in Auftrag gegebene Studie argumentierte die Kommission, ISDN sei gegenwärtig in der Gemeinschaft noch keineswegs allgemein verbreitet, die Marktdurchdringungsquote von ISDN liege weit unter einem als Richtwert für die Einbeziehung einer Leistung in den Universaldienst vorgeschlagenen Marke von 75%.[237] Eine Einbeziehung des ISDN-Anschlusses in den Universaldienst könne bedeuten, daß Benutzer und Haushalte für eine Leistung zahlen müßten, die sie derzeit weder nutzten noch bräuchten;[238] daß mit

233 Vgl. Empfehlung 92/383/EWG des Rates v. 5. 6. 1992 zur Einführung harmonisierter ISDN-Zugangs-regelungen und eines ISDN-Mindestangebots nach ONP-Grundsätzen, ABl. 1992 Nr. L 200/10; vgl. auch: Zusammenschaltungsrichtlinie 97/33/EG, Begründungserwägung 8.

234 Frankreich und Spanien haben im Rahmen der Verhandlungen um eine Revision der Universaldienst-richtlinie einen Vorschlag eingebracht, demzufolge auch der Internetzugang als Universaldienst definiert werden sollte – vgl. International News Archives, March 1, 1999: „Spain Sees Net as Universal Right“. Vgl. zu den Forderung nach einer Ausweitung des Universaldienstes auch: *OECD* (Hrsg.) (1991), S. 15.

235 Für eine kritische Diskussion dieses Arguments vgl. *Scanlan/Neu* (2000), Part I S. 22 f. Ablehnend gegenüber der Einbeziehung von Internetzugangsleistungen in den Universaldienst auch: *RegTP*, Tätigkeitsbericht 1998/1999, S. 140: Der Markt habe sich bislang als hinreichend leistungsfähig erwiesen. Für die darüber hinaus mit einem schnellen Internetzugang aller verbundenen Hoffnungen der Entwicklung einer „electronic citizenship“ (gemeint ist hiermit, daß der Zugang zu bestimmten fortgeschrittenen elektronischen Kommunikationsmitteln künftig als ein Bürgerrecht zu gelten habe) und einer „electronic democracy“ (gemeint sind hiermit neue Partizipationsmöglichkeiten der Bürger am demokratischen Prozeß über das Internet – vgl. *Kim*, Telecommunications Policy 22 (1998), 281, 287) kritisch: *Scanlan/Neu* (2000), Part I S. 23 ff.: es handele sich nicht um eine universaldienstspezifische Fragestellung. Angesichts der mit sektorspezifischen Universaldienststeuern verbundenen Ineffizienzen könne eine Finanzierung solcher Projekte über einen Universaldienstfonds nicht befürwortet werden.

236 Vgl. *Kommission*, First Monitoring Report (1998), S. 21; „[...] universal service is not about pushing technologies or determining in advance what services are to be guaranteed across the board“. Die Kommission betont zugleich die Bedeutung von Markt und Wettbewerb als Triebkräfte für die Verbreitung neuer Leistungen, für sinkende Preise und Qualitätsverbesserungen. Für ein enges Universaldienstkonzept auch *Xavier*, Telecommunications Policy 21 (1997), 829; Bünger, in: XXXI. FIW-Symposion (1998), S. 11, 12; *Monopolkommission*, Sondergutachten 24, S. 17 f.

237 Vgl. *Analysis* (1996), S. 7 – allerdings mit der Prognose, daß innerhalb der nächsten zehn Jahre der Standard-ISDN-Anschluß Bestandteil des Universaldienstes werden könne.

238 *Scanlan/Neu* (2000), Part I S. 26 f.: die flächendeckende Bereitstellung von ISDN-Anschlüssen würde im Zweifel über erhöhte Gebühren für den einfachen Sprachtelefondienst finanziert werden müssen. Damit würden aber tendenziell ärmere Haushalte – die nicht die Hauptnutzer von ISDN

Blick auf die erhöhten, auf alle Marktteilnehmer umlegbaren Universaldienstkosten Unternehmen vom Markteintritt abgehalten würden und mithin der Wettbewerb als Hauptantriebskraft für bessere Dienste, niedrigere Preise und verstärkte Innovation geschwächt werde;[239] und daß ein Dienst subventioniert werde, den die Benutzer u. U. im Rahmen normaler Geschäftsbeziehungen zahlen könnten und der sich folglich auch am Markt durchsetzen könnte.[240] Auch bestehe die Gefahr, daß mit ISDN die „falsche" Technologie gewählt werde.[241] Schließlich sei zu berücksichtigen, daß bereits der engere Universaldienst, wie er zur Zeit vorgesehen sei, nicht in allen Teilen der Gemeinschaft flächendeckend angeboten werde. Um nicht regionale Ungleichgewichte zu vergrößern und das Entstehen einer Zweiklassen-Gesellschaft zu fördern, müsse die flächendeckende Bereitstellung einer echten Grundversorgung in der gesamten Gemeinschaft höchste Priorität haben.[242]

Allerdings hat die Kommission die Eingrenzung des Universaldienstes als Gratwanderung beschrieben: eine zu enge Definition schließe Bürger von der Informationsgesellschaft aus und laufe dem Ziel zuwider, die volle, gleiche und gerechte Teilhabe aller Bürger an den durch die Informationsgesellschaft eröffneten neuen Perspektiven und Chancen in Wirtschaft, Gesellschaft und Politik zu gewährleisten.[243] Die Kommission hielt es vor diesem Hintergrund nicht für ausgeschlossen, daß die Universaldienstpolitik künftig auch zur aktiven Steuerung und Förderung der Entwicklung von Märkten und Technologien genutzt werden könnte.[244] Sie konnte dabei an Ansätze in der Förderpolitik der Gemeinschaft anknüpfen, die bereits die Entwicklung von Euro-ISDN zu einem ersten transeuropäischen Netz und zu einem Element des Universaldienstes als Ziel proklamiert hatte.[245]

---

seien – die Nutzung von ISDN durch wohlhabendere Haushalte finanzieren. Ähnlich: *Xavier*, Telecommunications Policy 21 (1997), 829, 834. Für eine gute Darstellung der Auswirkungen einer Ausweitung der Universaldienstverpflichtungen auf die Kosten und Preise siehe auch *OFTEL* (1999), Tz. 5.19-5.22; *Gabrisch* (1996), S. 155 f.

239 *Kommission*, Mitteilung KOM(96)73 endg., S. 9; *Monopolkommission*, Sondergutachten Nr. 24, S. 17 f.; auf die hohen Kosten, die die Einbeziehung von solchen Dienstleistungen in den Universaldienst verursachen kann, die selbst (noch) keine Grundversorgungsleistungen darstellen, weist auch die *OECD* (1991), S. 15 hin.

240 *Kommission*, Mitteilung KOM(96)73 endg., S. 9.

241 So insbes. *OFTEL* (1999), Tz. 5.33.

242 *Kommission*, Mitteilung KOM(96)73 endg., S. 10.

243 A. a. O., S. 9. Vom EP wurde geltend gemacht, daß nur ein weites Universaldienstkonzept den demokratischen und sozialen Zielsetzungen der EU entspreche – *Europäisches Parlament*, Entschließung zu der Mitteilung der Kommission: Erster Bericht über den Universaldienst in der Europäischen Union, ABl. 1999 Nr. C 150/61 Zif. 16; ähnlich: *Wirtschafts- und Sozialausschuß*, Stellungnahme zum Vorschlag der Kommission für eine Sprachtelefondienstrichtlinie, ABl. 1997 Nr. C 133/40 Zif. 2.3.: Die Gemeinschaft dürfe nicht den Eindruck erwecken, daß Europa den Verbrauchern nur minimale Rechte garantiere.

244 *Kommission*, Mitteilung KOM(96)73 endg., S. 20; auch S. 24; vgl. hierzu *Bünger*, in: XXXI. FIW-Symposion (1998), S. 11, 12: „In der Tat schließt die Kommission ein neues, Europa übergreifendes Regulierungsmodell nicht aus. Von da aus ist es nur ein Schritt zur behördlich verwalteten Informationsgesellschaft".

245 Vgl. Art. 3 der Entscheidung Nr. 2717/95/EG des Europäischen Parlaments und des Rates v. 9. Nov. 1995 über Leitlinien für die Entwicklung des Euro-ISDN zu einem transeuropäischen Netz, ABl. 1995 Nr. L 282/16. Mittlerweile ist diese Zielsetzung aber wieder aufgegeben worden: siehe *Kommission*, TEN-Telekom – Arbeitsprogramm, März 2000, S. 16 Tz. 3.1: dort wird ISDN als ein „akti-

Erschien vor diesem Hintergrund ein Positionswechsel der Kommission zu den maßgeblichen Kriterien für die Eingrenzung der Universaldienste nicht ausgeschlossen, so hat sie in ihrem Vorschlag für eine neue Universaldienst- und Nutzerrechte-Richtlinie v. 12. Juli 2000 ihren bisherigen Kurs doch eindrucksvoll bestätigt. Im Anhang V zu diesem Richtlinienvorschlag hat sie einen Kriterienkatalog entwickelt, der künftig der Überprüfung des Umfangs des Universaldienstes zugrundegelegt werden soll, und allein dadurch bereits klargestellt, daß sie eine frei nach politischen Präferenzen zu bestimmende Instrumentalisierung der Universaldienstpolitik auch in Zukunft ablehnt. Grundlage der Überprüfung des Universaldienstumfangs soll danach in Zukunft eine Markt- und Bedarfsanalyse sein, in deren Rahmen soziale und Marktentwicklungen bezüglich der von Verbrauchern *genutzten* Dienste, soziale und Marktentwicklungen bezüglich der *Verfügbarkeit* von Diensten und der Wahlmöglichkeit zwischen ihnen für Verbraucher und *technische Entwicklungen* bezüglich der Art, in der Dienste für Verbraucher erbracht werden, zu ermitteln sind. Maßgebliches Wertungskriterium, anhand dessen über eine Änderung des Universaldienstumfangs entschieden werden soll, ist zum ersten, ob der in Frage stehende Dienst einer Mehrheit der Verbraucher zur Verfügung steht und von ihr genutzt wird, und ob die Nichtverfügbarkeit des Dienstes für eine Minderheit zu einer gesellschaftlichen Ausgrenzung führen würde – hiermit wird klar markt- und bedarfsbezogen aus Verbrauchersicht die Wesentlichkeit der Leistung im Sinne einer eng verstandenen Grundversorgung ermittelt. Zum zweiten ist festzustellen, ob ein gesellschaftspolitisches Interesse an der Bereitstellung einer derart eingegrenzten Grundversorgungsleistung besteht.[246] Schließlich beansprucht die Kommission für sich das Recht, bei der Entscheidung über die Frage, ob eine Leistung in die Universaldienstverpflichtung mit einbezogen werden soll, gleichzeitig über die Art und Weise zu entscheiden, in der die mit diesen Leistungen verbundenen Kosten zu finanzieren sind. So soll es der Kommission künftig möglich sein, den Vorschlag für eine Ausweitung des Universaldienstumfangs mit der Maßgabe zu verbinden, daß etwaige Nettokosten aus der Bereitstellung bestimmter Leistungen ausschließlich aus Mitteln der öffentlichen Hand finanziert werden müßten.[247] Der Richtlinienvorschlag der Kommission bestätigt ihren bisherigen, engen Kurs, der auf eine möglichst wenig wettbewerbsverfälschende Gewährleistung der Universaldienstaufgabe im Telekommunikationsmarkt abzielt.[248] Dementsprechend hat die Kommission als Universaldienst

---

ver Nischenmarkt" beschrieben, der jedoch im Rahmen der TEN-Telekom-Politik nicht prioritär behandelt werden solle. Vielmehr solle das TEN-Telekom-Programm *technologie-neutrale* Lösungen für mehrere Netze fördern.

246 Der Vorschlag der Kommission für eine Nutzerrechte-Richtlinie, KOM(2000)392, Anhang V formuliert: „Bei der Frage, ob der Umfang der Universaldienstverpflichtungen geändert oder neu festgelegt werden sollte, berücksichtigt die Kommission, [...] – ob die Verfügbarkeit und Nutzung bestimmter Dienste allen Nutzern einen allgemeinen Gesamtnutzen stiftet, so daß ein öffentliches Eingreifen unter Umständen angezeigt ist, unter denen bestimmte Dienste bei normalen wirtschaftlichen Gegebenheiten nicht für die Öffentlichkeit erbracht werden".

247 Vorschlag der Kommission für eine Nutzerrechte-Richtlinie, KOM(2000)392 Anhang V. Alternativ will die Kommission vorschlagen können, bestimmte Leistungen zu Pflichtdiensten zu machen, die zwar flächendeckend bereitzustellen sind, aber nur zu kostenorientierten Preisen.

248 Vorschlag der Kommission für eine Nutzerrechte-Richtlinie, KOM(2000)392, Zif. 18 der Erwägungsgründe: „Bei einer Änderung des Umfangs der Universaldienstverpflichtungen ist darauf zu achten, daß bestimmte technische Festlegungen anderen gegenüber nicht künstlich bevorzugt werden und Unternehmen dieses Sektors keine unverhältnismäßige Finanzlast aufgebürdet wird (wodurch die Marktentwicklung und Innovation beeinträchtigt würden), sowie daß etwaige Finanzlasten

nur einen Anschluß an das öffentliche Telefonnetz „mit Übertragungsraten, die für den Internetzugang ausreichen", nicht aber einen ISDN-Anschluß vorgeschlagen.[249]

bbb) Universaldienst für Schulen, Bibliotheken und Gesundheitseinrichtungen in der Gemeinschaft

Neben der Einbeziehung von ISDN wird zum Teil – vielfach unter Hinweis auf das „Vorbild USA" – gefordert, auf Gemeinschaftsebene eine besondere Universaldienstpolitik für spezielle Einrichtungen mit Multiplikatorenfunktion einzuführen, wobei auch diese Politik über einen Universaldienstfonds finanziert werden soll.[250]

Demgegenüber hat eine von der Kommission in Auftrag gegebene Studie hervorgehoben, daß der sog. „Universaldienst für spezielle Einrichtungen" sich in wesentlichen Punkten vom eigentlichen Universaldienst, wie er dem Universaldienstkonzept der Gemeinschaft zugrundeliege, unterscheide.[251] Letzterer diene dazu, kleinen Bevölkerungsteilen, für die wesentliche Dienstleistungen, wenn sie zu kostenorientierten Preisen angeboten würden, nicht erschwinglich wären, den Zugang zu diesen wesentlichen Leistungen zu ermöglichen. Der sog. „Universaldienst für spezielle Einrichtungen" sei hingegen der Versuch, durch hoheitliche Intervention gewünschtes Marktverhalten anzustoßen und neuen Technologien zu schneller Verbreitung zu verhelfen.[252] Für derartige Politiken seien andere Prinzipien maßgeblich als für die Universaldienstpolitik im eigentlichen Sinne.[253] Auch sei zweifelhaft, ob zur Erreichung dieser Ziele eine staatliche Regulierung und die Finanzierung der Defizite aus einem Universaldienstfonds tatsächlich erforderlich sei: unter Umständen könne die Werbewirkung, die von einer privaten „public-access"-Politik ausgehe, lohnend genug sein, um Unternehmen zu veranlassen, die damit verbundenen Defizite in Kauf zu nehmen.[254] Im übrigen sei es fraglich, ob

---

nicht ungerechterweise einkommensschwachen Verbrauchern aufgebürdet werden". Dies entspricht den von *Scanlan/Neu* (2000), S. 5 f. unterbreiteten Vorschlägen für die Neukonzeptionierung der Universaldienstpolitik in der Gemeinschaft.

249 Vorschlag der Kommission für eine Nutzerrechte-Richtlinie, KOM(2000)392 Kap. II Art. 4 Nr. 2. Vgl. hierzu auch Zif. 5 der Erwägungsgründe.

250 vgl. *Europäisches Parlament*, Entschließung zur Mitteilung der Kommission: Erster Bericht über den Universaldienst in der Telekommunikation in der Europäischen Union, ABl. 1999 Nr. C 150/61 Rn. 16. Vgl. auch *OFTEL*, Universal Telecommunications Services. A Consultative Document on Universal Service in the UK from 1997, Dec. 1995, Chap. 4 Tz. 4.2–4.3. Allgemein zu dieser Diskussion: *Xavier*, Telecommunications Policy 21 (1997), 829 ff. mit einer Gegenüberstellung der Haltung zu dieser Frage in Australien, den USA, der EU, Kanada und Großbritannien; *Kommission*, First Monitoring Report (1998), S. 22 f. Für Kostenschätzungen: *Analysis* (1996), S. 7 f.; vgl. für die Diskussion in Deutschland: *Kubicek*, CR 1997, S. 1, 9.

251 Vgl. *Scanlan/Neu* (2000), Part I S. 28: „These are not telecommunications services *per se* but are education, healthcare and library services provided through an alternative means [...]. Funding such services by a USO tax on the telecommunications industry opens up the telecommunications industry as a substitute for general tax revenue on top of its normal tax contributions".

252 *Analysis* (1997), S. 4; auch *Xavier*, Telecommunications Policy 21 (1997), 829, 839.

253 *Analysis* (1996), S. 4 und 10: so dürften Politiken, die die Marktdurchsetzung neuer Dienste fördern sollten, stets nur von begrenzter Dauer sein. Gefördert werden sollte unter solchen Bedingungen stets eine Vielfalt von Techniken und Diensten.

254 *Xavier*, Telecommunications Policy 21 (1997), 829, 840; *Scanlan/Neu* (2000), Part I S. 28 f.: „[...] Market failure does not appear to be a significant concern [...]".

Telekommunikationsanbietern die Kosten von Programmen aufgebürdet werden sollten, die vor allem bildungspolitische bzw. beschäftigungspolitische Ziele verfolgten. Programme, die weit über eine Grundversorgung hinausreichende Ziele der Gestaltung der künftigen Informationsgesellschaft verfolgten, sollten grundsätzlich auf breiterer Basis finanziert werden als nur durch die Marktakteure im Sektor.[255]

Die Kommission schloß sich dieser Position an.[256] Zwar hob sie die positive gesellschaftliche Bedeutung eines Zugangs von Schulen oder Bildungszentren zu fortgeschrittenen Diensten der Informationsgesellschaft hervor[257] und forderte die nationalen Regulierungsbehörden auf, alle Marktakteure zu ermutigen, Spezialtarife für den Internetzugang von Schulen anzubieten.[258] Auch kündigte sie an, selbst den Zugang zu und Einsatz von fortgeschrittenen Kommunikations- und Informationsdiensten im Unterrichtswesen zu fördern.[259] Jedoch trennt sie – entsprechend dem Appell in der erörterten Studie – diese Ziele von der Frage des Universaldienstkonzepts.[260]

Mittlerweile ist mit der Initiative „*e*Learning“[261] der Anschluß sämtlicher Schulen in der EU ans Internet sowie die Vernetzung aller Forschungsinstitute, Universitäten, wissenschaftlichen Bibliotheken und Schulen durch ein transeuropäisches Wissenschaftsnetz bis Ende 2001 zu einem wesentlichen Ziel der Gemeinschaft erklärt worden. Die Mitgliedstaaten sind aufgefordert, neben eigenen Mitteln ihre Mittel aus den Strukturfonds zu diesem Ziel einzusetzen. Eine Vielzahl von Gemeinschaftsprogrammen[262] soll gleichfalls einen Beitrag leisten. Ferner soll eng mit der Europäischen Investitionsbank zusammengearbeitet werden. Es bleibt jedoch dabei, daß diese aktive Förderpolitik von der durch eine Finanzierung der allgemeinen Zugänglichkeit aus dem betroffenen Sektor heraus gekennzeichneten Universaldienstpolitik im engeren Sinne getrennt bleibt.

---

255 *Xavier*, Telecommunications Policy 21 (1997), 829, 842; *Scanlan/Neu* (2000), Part I S. 20 ff., insbes. S. 22.

256 *Kommission*, Mitteilung KOM (96)73 endg., S. 20; vorsichtig auch: *Kommission*, First Monitoring Report (1998), S. 22 f.

257 Vgl. *Kommission*, Mitteilung KOM (96)73 endg., S. 3: ein solcher Zugang könne helfen, eine Zweiteilung der Gesellschaft zwischen Informationsbesitzern und Informations-Habenichtsen zu verhindern; auch S. 22: Unterricht und Ausbildung mit Blick auf die Nutzung von Informationstechnologien seien wesentlich, um die Arbeitskräfte mit den für das Informationszeitalter erforderlichen Fähigkeiten auszustatten. Beschäftigungsmöglichkeiten und Wettbewerbsfähigkeit könnten so verbessert werden.

258 *Kommission*, First Monitoring Report (1998), S. 3 und 23.

259 *Kommission*, Mitteilung KOM(96)73 endg., S. 22 f.

260 *Kommission*, Grünbuch Telekommunikationsinfrastrukturen, Teil II (1994), S. 58; *Kommission*, Mitteilung KOM(96)73 endg., S. 26; *de Cockborne*, Telecommunications and Space Journal 5 (1998), 105, 116. Auch der Europäische Rat (Lissabon) v. 23. und 24. März 2000, Schlußfolgerungen des Vorsitzes Rn. 11, 4. Spiegelstrich fordert die Mitgliedstaaten dazu auf, für Zugang und Nutzung von Internet und Multimedia-Material in Schulen Sorge zu tragen, fordert aber nicht, diese Politikziele über den Universaldienstmechanismus zu finanzieren.

261 Siehe *Kommission*, Pressemitteilung v. 9. März 2000, IP/00/234; und Pressemitteilung v. 24. Mai 2000, IP/00/522. Vgl. auch *Kommission*, *e*Europe. Eine Informationsgesellschaft für alle, Mitteilung für den Europäischen Sondergipfel von Lissabon am 23./24. März 2000, S. 7 und S. 10.

262 SOKRATES, LEONARDO DA VINCI, Kultur 2000, Media Plus, TEN-Telekom, MEDA-Programm u. a.

ccc) Stellungnahme

Die *enge* Bestimmung des Universaldienstinhalts und -umfangs auf der Grundlage der Kriterien der allgemeinen Zugänglichkeit der Leistungen und ihrer politischen Wünschbarkeit, für welche die Kommission bislang plädiert hat, hat in verschiedenen Studien eine solide ökonomische Rechtfertigung erhalten.

Eine von der Kommission in Auftrag gegebenen Studie von *Analysis* aus dem Jahr 1996 stellte fest, daß das Universaldienstkonzept nicht auf das Ziel zugeschnitten sei, Marktverhalten vorwegzunehmen, sondern ein Versagen des Marktes in der Realisierung des Ziels, die gesamte Bevölkerung mit *wesentlichen* Leistungen zu erschwinglichen Preisen zu versorgen, korrigiere.[263] Eine industriepolitische Instrumentalisierung der Universaldienstpolitik der Gemeinschaft – d. h. die Verpflichtung der Marktakteure zu flächendeckenden Infrastrukturinvestitionen, die sich am Markt selbst noch nicht durchgesetzt haben – sei fehlgeleitet.[264] Die Finanzierung derartiger Maßnahmen über einen Universaldienstfonds und damit durch spezielle Marktakteure, sei ineffizient, da sie verglichen mit alternativen Formen der Technologieförderung – insbesondere deren Subventionierung aus allgemeinen Haushaltsmitteln – größere allokative Verzerrungen verursache.[265] Hohe Universaldienstkosten könnten überdies eine markteintrittshemmende Wirkung haben[266] und – zumal in einem Sektor, in dem Wettbewerb erst entstehen soll – Tendenzen zur Bildung von Oligopolen oder zur erneuten Bildung eines faktischen Monopols stärken. Speziell im Telekommunikationssektor, charakterisiert durch die zunehmende Konvergenz verschiedener Technologien, könne eine Verknüpfung von Universaldienstpolitik und Industriepolitik überdies den Wettbewerb zwischen den verschiedenen Technologien verfälschen und damit u. U. weitreichende und schädliche Folgen für den Innovationsprozeß zeitigen.[267]

Die *Analysis*-Studie schlug vor, zur Vermeidung von Abweichungen der Gemeinschaftspolitik von den eigentlichen universaldienstpolitischen Zielsetzungen einen bestimmten Schwellenwert der Marktdurchdringung einer Leistung festzusetzen – genannt

263 *Analysis* (1997), S. 4; und S. ix: „Universal Service is only concerned with access to essential services for that minority of potential residential users who want, and have not yet secured, access to the network under normal commercial conditions".

264 *Analysis* (1996), S. 5 und S. 8; *Analysis* (1997), S. v; *Xavier*, Telecommunications Policy 21 (1997), 829, 842.

265 *Klodt/Lasser/Lorz/Maurer* (1995), S. 71 und 76 f.; *Gabrisch* (1996), S. 155.

266 Vgl. *OFTEL* (1999), Tz. 5.21.

267 *Xavier*, Telecommunications Policy 21 (1997), 829, 833 f. und S. 843. Vgl. zu der mit einer weit angelegten Universaldienstpolitik verbundenen Gefahr, den Markt zu früh auf eine bestimmte Technologie festzulegen, auch: *OFTEL* (1999), Tz. 5.17; *Bünger*, in: XXXI. FIW-Symposion (1998), S. 11, 12; *Scanlan/Neu* (2000), Part I S. 25: „Mandated investment programs are [...] highly risky, and such policies are often described as ‚officials picking winners'. As the ‚authorities' neither have the information that the market has about demand or investment costs, or the incentive to properly consider the down-side risks of investing, officially planned investments of this type most often turn out to be a drain of scarce resources. Ultimately firms are best placed to acquire and interpret information about possible technology upgrades which they may make". Und S. 26: „Mandatory investments result in technology choices which have to a degree the likely result of undermining the competitive process between alternative technologies, stifling technological development, arguably the most important contributor to consumer welfare in this industry".

wurde eine Marktdurchdringung von 75%[268] –, der deren Wesentlichkeit indiziere. Ohne sich ausdrücklich auf diesen Schwellenwert zu beziehen, hat die Kommission diesen Gedanken doch aufgegriffen und damit ein objektives, vom politischen Willen der Mitgliedstaaten unabhängige Kriterium für die Einbeziehung neuer Dienste in den Kreis der Universaldienste entwickelt. Nach der hier vertretenen Auffassung wäre es zugleich ein geeignetes Kriterium für die Eingrenzung des Schutzbereichs des Art. 86 Abs. 2 S. 1 EGV, welches eine Instrumentalisierung der dort privilegierten Dienstleistungen für Ziele außerhalb des Verbraucherinteresses verhindern könnte. Eine Auslegung des Art. 86 Abs. 2 S. 1 EGV, welche die Entscheidung über Gegenstand und Umfang der „Dienstleistungen von allgemeinem wirtschaftlichem Interesse" rechtlich vorprägt, erscheint sinnvoll – mittlerweile nicht mehr nur zur rechtlichen Begrenzung industriepolitischer Ambitionen der Mitgliedstaaten, sondern auch zur Begrenzung derartiger Ambitionen der Gemeinschaft.

Der Aufruf zur Trennung von Universaldienstpolitik und anderen Politikzielen bedeutet nicht, daß andere politische Ziele jenseits des Grundversorgungsziels keine Berechtigung hätten.[269] Eine klare Trennung der Ziele ermöglicht jedoch eine präzisere Abstimmung der Mittel nach Maßgabe des Verhältnismäßigkeitsgebots. So soll gegenwärtig die schnellere Verbreitung von elektronischen Kommunikationsdiensten einschließlich multimedialer Breitband- und schneller Internetdienste zu günstigen Preisen über Maßnahmen gefördert werden, die den Wettbewerb und die technologische Innovation im Ortsnetz stärken.[270]

4. Fazit

Das Universaldienstkonzept der Gemeinschaft, wie es sich in der Telekommunikation herausgebildet hat, ruht auf drei Grundannahmen: Grundlage des Universaldienstkonzepts ist die gemeinschaftsrechtliche Anerkennung der Gewährleistungsfunktion des Staates mit Blick auf die flächendeckende Bereitstellung bestimmter wesentlicher Grundversorgungs- bzw. Infrastrukturleistungen zu erschwinglichen Preisen. Die zweite Prämisse lautet, daß diese Aufgabe mit der vollständigen Liberalisierung des Sektors grundsätzlich vereinbar ist, daß der Wettbewerb als ein die Interessen der Verbraucher an Wahlfreiheit, Innovation und niedrigen Preisen schützendes Prinzip gar einen wichtigen Beitrag zur Erfüllung der Universaldienstaufgabe leisten und zur schnellen Ver-

---

268 *Analysis* (1996), S. 8.

269 Auch die Kommission hebt hervor, daß es ihr allein um die Finanzierung derartiger Fördermaßnahmen durch den Universaldienst-Finanzierungsmechanismus gehe – vgl. *Kommision*, Mitteilung KOM(96)73 endg., S. 20.

270 Siehe hierzu: *Kommission*, Entwurf einer Mitteilung: „Entbündelter Zugang zum Teilnehmeranschluß: Wettbewerbsorientierte Bereitstellung einer vollständigen Palette von elektronischen Kommunikationsdiensten einschließlich multimedialer Breitband- und schneller Internetdienste", Brüssel, 26. 4. 2000, KOM(2000)237; und *Kommission*, Empfehlung: „Entbündelter Zugang zum Teilnehmeranschluß: Wettbewerbsorientierte Bereitstellung einer vollständigen Palette von elektronischen Kommunikationsdiensten einschließlich multimedialer Breitband- und schneller Internetdienste", ABl. 2000 Nr. L 156/44.

breitung auch neuer Dienstleistungen beitragen kann.[271] Das Universaldienstkonzept wird nicht als Widerspruch, sondern als eine Ergänzung zum Wettbewerbsprinzip verstanden,[272] die gewährleisten soll, daß die Vorteile des Marktes bezüglich bestimmter, für wesentlich befundener Leistungen *allen* Nutzern zugute kommen.[273] Drittens hat die Gemeinschaft im Bereich der Telekommunikation in der Gewährleistung des Universaldienstes eine Aufgabe der Gemeinschaft erkannt:[274] unter Hinweis auf die Bedeutung des Universaldienstes für den wirtschaftlichen und sozialen Zusammenhalt ist die Gemeinschaft selbst in die Funktion des Gewährleistungsträgers eingetreten – traditionell eine klassische Funktion des Nationalstaats –, und beansprucht in der Ausgestaltung des Universaldienstes eine aktive, gestalterische Rolle.

a) Kompatibilität von Universaldienstaufgabe und Wettbewerb

Von zentraler Bedeutung ist die These, daß Universaldienstaufgabe und Wettbewerbsprinzip kompatibel seien.[275] Das gemeinschaftsrechtliche Universaldienstkonzept in der Telekommunikation dient der Gewährleistung dieser Kompatibilität. Das Mittel, mit dem die Kompatibilität gewährleistet wird, ist eine konsequente Eingrenzung der „Dienstleistungen von allgemeinem wirtschaftlichem Interesse" und „besonderen Aufgaben" unter Gesichtspunkten des Verbraucherinteresses und unter Ausschaltung der vormaligen, wesentlich breiteren Instrumentalisierungsinteressen der Mitgliedstaaten.[276] Der Universaldienst ist als ein „Sicherheitsnetz" für Verbraucher konzipiert, für die im Wettbewerb ein Zugang zu von der Mehrheit der Verbraucher genutzten und für die

---

271 Vgl. z. B. *Kommission*, Mitteilung zur Daseinsvorsorg, ABl. 1996 Nr. C 281/3 Zif. 23, Zif. 34 und 36; *Kommission*, Mitteilung KOM (96)73 endg., S. 3; *Kommission*, First Monitoring Report (1998), S. 8; *Van Miert*, WuW 1995, 533, 534; *Kommission*, Status Report on European Union Electronic Communications Policy, 25. Nov. 1999, S. 20. Vgl. auch *OFTEL* (1999), Tz. 2.13; *OECD* (1995), S. 5 und S. 22; *Blankart/Knieps*, in: Jahrbuch für Neue Politische Ökonomie 13 (1994), S. 238. Allgemein zur engen Verbindung zwischen Wettbewerbspolitik und Verbraucherschutz auch: *Stuyck*, in: Krämer/Micklitz/Tonner (Hrsg.) (1997), S. 279 f.; *Höland*, in: Krämer/Micklitz/Tonner (Hrsg.) (1997), S. 195, 198; *Freedland*, in: Freedland/Sciarra (Hrsg.) (1998), S. 1, 10 f. Skeptisch demgegenüber das *Europäische Parlament*, Entschließung zur Mitteilung der Kommission: Erster Bericht über den Universaldienst in der Telekommunikation in der Europäischen Union, ABl. 1999 Nr. C 150/61 B.

272 Vgl. *Kommission*, First Monitoring Report (1998), S. 8.

273 *Kommission*, Grünbuch Telekommunikationsinfrastruktur, Teil II (1994), S. 133.

274 Vgl. *Hancher*, in: Craig/de Búrca (Hrsg.) (1999), S. 721, 722.

275 Nochmals hervorgehoben in: *Kommission*, Mitteilung zur Daseinsvorsorge II, ABl. 2001 Nr. C 17/4, Rn. 39: „[...] Universaldienst in offenen Telekommunikationsmärkten mit Wettbewerbsbedingungen wird definiert als ein Mindestangebot an Diensten von bestimmter Qualität, das allen Nutzern und Verbrauchern gemessen an den landesspezifischen Bedingungen zu einem erschwinglichen Preis zur Verfügung steht. *Diese Bestimmungen bilden den Ausgangspunkt für wettbewerbsbedingte Verbesserungen der Qualität und des Preises von Dienstleistungen*" [Hervorhebung durch H.S.]. Im Anhang I zur Mitteilung führt die Kommission unter dem Stichwort „Elektronische Kommunikation" aus, daß der Wettbewerb zur Erweiterung desjenigen Angebots geführt habe, welches die Verbraucher als flächendeckend bereitgestellten Standard erwarten könnten – ohne daß es hierzu gesetzlicher Universaldienstauflagen bedürfte. Sie weist dabei insbes. auf die Entwicklung der Mobiltelefonie hin.

276 Vgl. *OFTEL* (1999), Tz. 2.11.

soziale und wirtschaftliche Teilhabe am gesellschaftlichen Leben wesentlichen Telekommunikationsdiensten nicht mehr gewährleistet wäre.[277]

Es wird auf Gemeinschaftsebene abschließend festgelegt, welche Dienste in den potentiell marktabschottend und wettbewerbsverfälschend wirkenden und damit rechtfertigungsbedürftigen Universaldienst-Finanzierungsmechanismus einbezogen werden können.[278] Gemessen an Art. 86 Abs. 2 S. 1 EGV in der Auslegung, die diese Vorschrift gegenwärtig durch den EuGH erfährt, erscheint das Universaldienstkonzept der Gemeinschaft für die Telekommunikation in seiner derzeitigen Fassung als eng. Hierfür sind verschiedene Erklärungen denkbar. Möglich ist, daß die Kommission in der Entwicklung der Richtlinienvorschläge von einer wesentlich engeren Auslegung des Art. 86 Abs. 2 S. 1 EGV ausging.[279] Die Universaldiensteingrenzung in der Universaldienstrichtlinie 98/10/EG erschiene dann als Konkretisierung gemeinschaftsrechtlicher Vorgaben. Denkbar ist auch, daß die Kommission in ihren Richtlinienvorschlägen die Schranken-Schranke aus Art. 86 Abs. 2 S. 2 EGV konkretisierte, nämlich davon ausging, daß die Einbeziehung weiterreichender Leistungen in den Universaldienst-Finanzierungsmechanismus die Entwicklung des Handels unverhältnismäßig beeinträchtigen würde. Möglich erscheint schließlich, daß die Universaldienstrichtlinie 98/10/EG lediglich das Ergebnis einer *politischen* – und damit jederzeit korrigierbaren – Entscheidung der im Rat vertretenen Mitgliedstaaten ist.[280] Im Ergebnis jedenfalls scheint die Kommission für die Bestimmung des Universaldienstes in der Telekommunikation Maßstäbe gewählt zu haben, wie sie einem objektiven Verständnis des Begriffs der „Dienstleistungen von allgemeinem wirtschaftlichem Interesse" am Maßstab des Verbraucherinteresses entsprechen würden. Aus dem vormaligen allgemeinen Teilhabeanspruch der Hoheitsunterworfenen wird dabei zugleich ein konkreter Leistungsanspruch der Verbraucher.

Die präzise Eingrenzung der „besonderen Aufgaben" ermöglicht eine vergleichsweise präzise Ermittlung der Universaldienstkosten und eine Verteilung dieser Kosten in einer Weise, die das Prinzip der Chancengleichheit im Wettbewerb wahrt. Von Bedeutung ist weiter, daß der gemeinschaftsrechtliche Universaldienstmechanismus nicht präventiv, sondern nur subsidiär im Fall festgestellter Versorgungslücken eingreift.[281]

---

277 Vgl. *Kommission*, Mitteilung zur Daseinsvorsorge II, ABl. 2001 Nr. C 17/4, Anhang II, Definition des Begriffs „Universaldienst": „[...] Durch die Festlegung und Garantie des Universaldienstes wird sichergestellt, daß der ständige Zugang zu etablierten Dienstleisrungen und deren Qualität während des Übergangs vom Monopolangebot zum vollen Wettbewerb mehrerer Anbieter für alle Nutzer und Verbraucher gewährleistet ist"; Immenga/Mestmäcker-*Mestmäcker*, EG-Wettbewerbsrecht, Kom., Bd. II (1997), Art. 37/Art. 90 D. Rn. 12: das Grundversorgungsziel diene nicht mehr, wie früher, zur Legitimation von Monopolleistungen, sondern solle Risiken begrenzen, die mit dem Übergang zu offenen Märkten und Wettbewerb verbunden sein könnten; *de Cockborne*, Telecommunications and Space Journal 5 (1998), 105, 106. Auch *OFTEL* (1999), Tz. 1.1–1.2: „Universal service is about making sure that what most of us take for granted is available to everyone".

278 Art. 5 Abs. 1 S. 3 Zusammenschaltungsrichtlinie 97/33/EG.

279 Für eine solche Auslegungsmöglichkeit s. o., B IV.2.

280 Hiervon scheint *Monti*, Revue du Droit de l'Union Européenne 2000/2, 245, 252 auszugehen.

281 *Kommission*, First Monitoring Report (1998), S. 9.

Den Erfolg dieses Konzepts in seiner doppelten Zielsetzung der Gewährleistung von Verbraucherschutz und Wettbewerb bestätigen erste Bilanzen der Auswirkungen des neuen Universaldienstkonzepts im Bereich der Telekommunikation.[282] Die Liberalisierung hat zu einer allgemeinen Ausweitung des Diensteangebots geführt, ohne daß der Universaldienst gefährdet worden wäre. Die Zahl der Haushalte, die keine Telekommunikationsdienste in Anspruch nehmen, hat sich seit der Liberalisierung verringert.[283] Die Angebote von Telekommunikationsdiensten sind heute im allgemeinen besser auf die Wünsche der Nutzer zugeschnitten. Den Bedürfnissen der Nutzer mit niedrigem Einkommen oder der auf andere Weise benachteiligten Nutzer wird heute im allgemeinen von den Regulierungsstellen mehr Aufmerksamkeit geschenkt als zuvor von den Telekommunikationsorganisationen.[284] Versorgungslücken sind bislang nicht in nennenswertem Umfang aufgetreten.[285] Für die meisten Nutzer sind infolge erheblicher Tarifsenkungen die monatlichen Ausgaben, die aus der Inanspruchnahme von Telekommunikationsdienstleistungen folgen, gesunken.[286] Dies trifft allerdings nicht notwendig auf Wenignutzer zu, da der Anteil der monatlichen Grundgebühren zumeist stabil geblieben oder sogar gestiegen ist.[287] Zunehmend wird dies jedoch durch spezielle Wenignutzer-Tarife aufgefangen.[288] Der Prozeß der Tarifumstrukturierung hat jedenfalls nicht zu einem Absinken der Versorgungsquote mit Universaldiensten geführt.

---

282 Insbes.: *Kommission*, First Monitoring Report (1998); auch: *Kommission*, Fünfter Bericht über die Umsetzung des Reformpakets für den Telekommunikationssektor. Für eine überschlägige Bilanz siehe auch: *Van Miert*, in: XXXII. FIW-Symposion (1999), S. 5, 8 f.

283 Vgl. für genauere Zahlen: *Gallup Europe* (2000). Vgl. auch *Kommission*, Mitteilung zur Daseinsvorsorge II, ABl. 2001 Nr. C 17/4, Rn. 37; *Kommission*, First Monitoring Report (1998), S. 11: konstatiert wird ein langsamer, aber kontinuierlicher Anstieg des Versorgungsgrades. Die größten Steigerungen sind in denjenigen Mitgliedstaaten (Irland / Portugal / Spanien) erreicht worden, die bislang die geringsten Versorgungsgrade aufwiesen. Von den 4% der Haushalte, die keinen Festnetzanschluß hätten, seien die Hälfte an einem Festnetzanschluß nicht interessiert. Immer mehr Nutzer – auch solche mit geringem Einkommen – entschieden sich gegen einen Festnetzanschluß und statt dessen für die Mobiltelefonie. Vgl. dagegen aber das *Europäische Parlament*, Entschließung zur Mitteilung der Kommission: Erster Bericht über den Universaldienst, ABl. 1999 Nr. C 150/61 Zif. 2: einige Mitgliedstaaten hätten für den Zeitraum 1994–1996 rückläufige Zahlen für den Anteil der Haushalte mit Telefonanschluß angegeben.

284 Vgl. *Kommission*, First Monitoring Report (1998), S. 1.

285 Die einzigen Länder, die den Universaldienstkosten-Ausgleichsmechanismus aktiviert haben, sind Frankreich und Italien – siehe *Kommission*, Status Report on European Union Electronic Communications Policy, 25. Nov. 1999, S. 21.

286 Vgl. *Kommission*, Mitteilung zur Daseinsvorsorge II, ABl. 2001 Nr. C 17/4, Rn. 37; *Kommission*, XXIX. Wettbewerbsbericht (1999), S. 28 Rn. 70: Privatkundentarife für Auslandsgespräche sind in den meisten Mitgliedstaaten im Zeitraum 1997–1999 durchschnittlich um 40% gesunken. Für Regional- und Ferngespräche von zehn Minuten Dauer sind die Tarife im gleichen Zeitraum um 13% bzw. 30% gesunken. Bei den Tarifen für Ortsgespräche gab es hingegen keine nennenswerte Reduzierung. Eine wesentlich vorsichtigere Bilanz der Auswirkungen der Liberalisierung auf die Universaldienst-Ziele ziehen: *Barros/Carmo Seabra*, Information Economics and Policy 11 (1999), 45 ff., insbes. 59. Siehe auch das *Europäische Parlament*, Entschließung zur Mitteilung der Kommission: Erster Bericht über den Universaldienst, ABl. 1999 Nr. C 150/61 Zif. 2 und 4: in der Hälfte der Mitgliedstaaten habe der erhebliche Anstieg der Grundgebühren einem parallelen Anstieg der Durchschnittkosten für private Wenignutzer zur Folge gehabt. Nur sehr wenige Mitgliedstaaten würden bislang Sondertarife für Nutzer mit geringem Einkommen Anbieten.

287 Vgl. näher *Kommission*, First Monitoring Report (1998), S. 13 f.

288 *Kommission*, First Monitoring Report (1998), S. 2 und S. 14.

Kritisch wird gegen die Liberalisierung der Telekommunikation eingewandt, sie reduziere die Möglichkeit von großen Infrastrukturvorleistungen, die in der Vergangenheit durch die Monopolgewinne aus dem Fernsprechnetz finanziert werden konnten.[289] Tatsächlich reduziert die Liberalisierung die Möglichkeit der zentralen staatlichen Infrastrukturplanung und -steuerung, wie sie in den von Seiten der Kritiker angeführten Beispielen (z. B. Breitbandkabelnetze; Btx-Infrastruktur) ihren Ausdruck fand. Eine komplementäre öffentliche Infrastrukturfinanzierung wird dort, wo sie für wünschenswert oder notwendig erachtet wird, durch die Liberalisierung jedoch nicht prinzipiell ausgeschlossen. Dies zeigen bereits die Art. 154 ff EGV.

b) Die gestalterische Dimension des Universaldienstkonzepts auf Gemeinschaftsebene

Eine gestalterische Dimension des Universaldienstkonzepts im Telekommunikationsbereich, die über den Abbau von Handelshemmnissen und Wettbewerbsverzerrungen hinausgeht, zeigt sich unter anderem in der *Verpflichtung* der Mitgliedstaaten zur Gewährleistung eines Mindestbestands von telekommunikativen Dienstleistungen. Dem angestrebten Telekommunikations-Binnenmarkt entspricht auch ein Interesse der Gemeinschaft an der Gewährleistung eines gemeinschaftsweit einheitlichen Mindestbestands an Infrastrukturen und Zugangsmöglichkeiten.[290] Zu dem im Universaldienstkonzept enthaltenen Anspruch auf Infrastrukturgestaltung auf Gemeinschaftsebene hat sich die Kommission ausdrücklich bekannt: das Universaldienstkonzept der Gemeinschaft beschränke sich nicht auf die Gewährleistung mitgliedstaatlicher Infrastrukturziele in einem wettbewerblichen Umfeld, sondern sei Bestandteil eines weiterreichenden Gestaltungsprojekts der EG, welches sich nicht zuletzt am Ziel der Förderung des wirtschaftlichen und sozialen Zusammenhalt in der Union ausrichte.[291]

Bestätigt wird der Gestaltungsanspruch durch die Verknüpfung der Harmonisierung des Universaldienstes mit einer Förderpolitik der Gemeinschaft.[292] Auf die „*e*Learning"-Initiative wurde bereits hingewiesen. Die Förderpolitik der Gemeinschaft – der mit der

---

289 So *Kubicek*, CR 1997, 1, 4.

290 Vgl. *Kommission*, Review 1992, SEK(92)1048 endg. unter 4.1.2.: „Kostenwirksame transeuropäische Fernmeldenetze und -dienste sind lebensnotwendig für einen echten Binnenmarkt".

291 *Kommission*, Mitteilung KOM (96)73 endg., S. 14; *Kommission*, Review 1992, SEK(92)1048 endg., 4.1.4. und 4.3.2.

292 *Kommission*, Mitteilung KOM (96)73 endg., S. 26: „Die Kommission wird Maßnahmen in den benachteiligten Regionen unterstützen, um dort die Digitalisierung der Netze zu beschleunigen [...]. Außerdem wird die Kommission weiter daran arbeiten, zu gewährleisten, daß durch die Kombination von Liberalisierung und neuen Technologien regionale Ungleichgewichte in der Europäischen Gemeinschaft eher verringert als verstärkt werden". Vgl. auch die vielfältigen Maßnahmen der Gemeinschaft zur Unterstützung der Entwicklung der Informationsgesellschaft: z. B. *Kommission*, Grünbuch „Leben und Arbeiten in der Informationsgesellschaft – im Vordergrund der Mensch", KOM(96)389 endg.; Vorschlag der Kommission für einen Beschluß des Rates über ein Mehrjahresprogramm der Gemeinschaft zur Förderung der Informationsgesellschaft in Europa, ABl. 1997 Nr. C 344/9; Stellungnahme des Wirtschafts- und Sozialausschusses, ABl. 1997 Nr. C 355/12 u. a. Vgl. auch *Sauter*, in: Freedland/Sciarra (Hrsg.) (1998), S. 117, 127: „[...] the dimensions of trans-European networks (TENs), consumers' rights, and citizenship have been added to the relevant universal service concept".

Initiative „*e*Europe“ neuerdings ein neuer Rahmen gegeben wurde[293] – reicht jedoch erheblich weiter. Ihre Zielsetzung ist Beschleunigung und Ausgestaltung des Übergangs Europas in die Informationsgesellschaft, die kompatibel gemacht werden soll mit dem durch soziale, wohlfahrtsstaatliche Ziele gekennzeichneten „europäischen Gesellschaftsmodell“. Dementsprechend soll sowohl das Angebot wie auch die Nachfrage mit Gemeinschaftsmitteln gefördert werden: die Bereitstellung neuer Dienste und die Fortentwicklung der Netze soll finanziell verstärkt unterstützt werden, gleichzeitig soll aber auch der allgemeine Zugang zum Internet und zu neuen Diensten, gefördert werden,[294] wobei die in diesem Zusammenhang verwendeten Formulierungen z. T. der Proklamation eines neuen Universaldienstes nahekommen.[295] Zur Förderung der Fortentwicklung des Angebots stellt die Gemeinschaft Mittel aus verschiedenen Quellen bereit. Hierzu zählen unter anderem Fördermittel der Europäische Investmentbank (EIB) und des Europäischen Investmentfonds (EIF), Programme zur Förderung von Forschung und Entwicklung (FuE), Mittel der Strukturfonds (Sozial-, Regional- und Kohäsionsfonds) und schließlich Gelder des TEN-Telekom-Programms.

Das TEN-Telekom-Programm basiert auf Titel XV des EG-Vertrags betreffend die transeuropäischen Netze, dem allgemein für die Förderpolitik der Gemeinschaft in den Netzsektoren wesentliche Bedeutung beigemessen wird.[296] Auf der Grundlage der Ent-

---

293 Vgl. *Kommission*, *e*Europe. Eine Informationsgesellschaft für alle. Mitteilung für den Europäischen Sondergipfel von Lissabon am 23./24. März 2000; und *Kommission*, *e*Europe. Eine Informationsgesellschaft für alle. Zwischenbericht für den Sondergipfel des Europäischen Rates zum Thema „Beschäftigung, Wirtschaftsreform und sozialer Zusammenhalt – für ein Europa der Innovation und des Wissens“, Lissabon, 23./24. März 2000.

294 So proklamiert die *Kommission* in ihrer Mitteilung „*e*Europe. Eine Informationsgesellschaft für alle“, S. 5, daß alle Bürger so rasch wie möglich ins Netz gebracht werden müßten. „Der Zugang zum Internet und dessen Nutzung über Computer, Mobiltelefon oder einen Fernseh-Decoder, die sogenannte Set-Top-Box, müssen Allgemeingut werden“. Vgl. auch *Kommission*, *e*Europe. Eine Informationsgesellschaft für alle. Zwischenbericht, unter 2., wo auf die Unterschiede zwischen den Mitgliedstaaten hinsichtlich der Verbreitung des Internet und die daraus resultierenden Hindernisse für die Entwicklung des sozialen Zusammenhalts und des Wirtschaftswachstums in der Gemeinschaft hingewiesen wird. Verwiesen wird dabei ausdrücklich auf die positiven Externalitäten, die aus dem Anschluß zusätzlicher Teilnehmer ans Internet resultieren – und damit auf einen Aspekt, der im Bereich Telekommunikation zu den wesentlichen Gründen zählt, die für eine staatliche Universaldienstpolitik ins Feld geführt werden.

295 Vgl. z. B. *Liikanen*, Is there a third way for the Internet in Europe?, Speech held on the Global Internet Summit, Barcelona, 22 May 2000: eines der Ziele der *e*Europe-Initiative sei es, „[to] ensure ‚access for all‘. This is an important social objective. It is also an economic imperative. The prerequisite to achieving this is easy and affordable access to the Internet“.

296 *Kommission*, Mitteilung KOM(96)73 endg., S. 14; *Kommission*, Grünbuch Telekommunikationsinfrastruktur, Teil II (1994), S. 101; *Kommission*, Status Report on European Union Electronic Communications Policy, 25. Nov. 1999, S. 63 f. Konkret sind z. Z. vor allem folgende Rechtsakte und Mitteilungen Grundlage der Politik der Gemeinschaft im Bereich der Telekommunikationsnetze: Die Verordnung des Rates No. 2236/95, ABl. 1995 Nr. L 228/1 enthält allgemeine Regeln für die Gewährung von Gemeinschafts-Beihilfen im Bereich transeuropäischer Netze. In Art. 2 der Verordnung werden die Auswahlkriterien für die Projekte dargelegt, in den Artt. 4 und 5 die Mechanismen und Bedingungen der Gewährung finanzieller Unterstützung durch die Gemeinschaft. Die Entscheidung des Rates und des EP No. 2717/95/EC v. 9. Nov. 1995 (ABl. 1995 Nr. L 282/16) enthält Leitlinien für die Entwicklung eines Euro-ISDN-Netzes als eines transeuropäischen Netzes. Im Anhang sind Projekte von gemeinsamem Interesse aufgelistet. Außerdem haben Rat und EP am 17. Juni

scheidung Nr. 1336/97/EG des Europäischen Parlaments und des Rates v. 17. Juni 1997 über Leitlinien für transeuropäische Telekommunikationsnetze[297] und des TEN-Telekom-Arbeitsprogramms vom März 2000[298] ist es Ziel des TEN-Telekom-Programms, Mittel für die Markteinführung und den transeuropäischen Ausbau neuer Anwendungen und Dienste der Informationsgesellschaft von allgemeinem Interesse bereitzustellen. Während die Mittel der Gemeinschaft für Forschung und Entwicklung (FuE) zur Entwicklung von neuen Diensten der Informationsgesellschaft bis hin zur Marktreife beitragen sollen, sollen von dem Programm TEN-Telekom nur Dienste[299] profitieren, die bereits das Stadium der Marktreife erreicht und erhebliches Marktpotential haben. Das Programm eignet sich daher besonders für die Bereitstellung von Risikokapital. Hier wird mittlerweile von der Kommission auch eine Priorität des TEN-Telekom-Programms gesehen.[300]

Diese mit struktur-, industrie-[301], beschäftigungs-, technologie- und kohäsionspolitischen Zielen angereicherte Förderpolitik der Gemeinschaft, die gelegentlich bereits ausdrücklich mit universaldienstpolitischen Zielen verbunden wurde,[302] ist mit denselben ordnungspolitischen Problemen und Fehlsteuerungsgefahren verbunden wie vergleichbare Politiken auf mitgliedstaatlicher Ebene. Hinzu kommen Probleme, die aus der Organisation der Förderpolitik auf Gemeinschaftsebene resultieren und die der Rechnungshof der Gemeinschaft vor kurzem in einem Sonderbericht speziell mit Blick auf

---

1997 eine Entscheidung zu einer Reihe von Leitlinien für transeuropäische Telekommunikationsnetze angenommen – Entscheidung No. 1336/97/EC, ABl. 1997 Nr. L 183/12.

297 ABl. 1997 Nr. L 183/12. Grundlage dieser Entscheidung ist die Finanzierungsverordnung des Rates Nr. 2236/95 v. 18. Sept. 1995 über die Grundregeln für die Gewährung von Gemeinschaftszuschüssen für transeuropäische Netze (ABl. 1995 Nr. L 228/1), geändert durch die Verordnung (EG) Nr. 1655/1999 des Europäischen Parlements und des Rates vom 19. Juli 1999, ABl. 1999 Nr. L 197/1.

298 *Kommission*, TEN-Telekom – Arbeitsprogramm, Brüssel, März 2000: http://www.ispo.cec.be/tentelecom.

299 Obwohl der Titel XV EGV, in dessen Rahmen das TEN-Telekom-Programm betrieben wird, transeuropäische *Netze* betrifft, wird im Rahmen des TEN-Telekom-Programms nicht der Netzausbau, sondern die Markteinführung von *Diensten* gefördert. Vgl. hierzu *Haag*, ArchivPT 1994, 109, 113: Die Zielsetzung des Titel XV EGV sei es, die Errichtung des Binnenmarkts und die Stärkung der Kohäsion in der Gemeinschaft zu fördern. Hierzu sei es erforderlich, den gemeinschaftsweiten Informationszugang und Informationsaustausch von Ende zu Ende zu gewährleisten. Der „effet utile" des Titels gebiete es mithin, die Bestimmungen – und entsprechenden Förderkompetenzen der Kommission – weit auszulegen.
Eine solche Auslegung des Titel XV EGV, wie *Haag* sie vertritt und die Kommission sie praktiziert, ist rechtlich angreifbar. Jedoch ist die Kontrolldichte gegenüber dem Handeln der Kommission dort, wo sie leistend tätig wird, gering.

300 Bis zu 10% der gesamten Investitionskosten der ersten Phase der Markteinführung sollen von der Gemeinschaft finanziert werden können, und zwar durch direkte Subventionen, durch Zuschüsse zu Zinszahlungen für Darlehen der Europäischen Investitionsbank oder anderer Finanzeinrichtungen, durch Beteiligung an Gebühren für Darlehensgarantien der Europäischen Investitionsbank oder anderer Finanzeinrichtungen oder als Risikokapital für Investmentfonds – vgl. *Kommission*, TEN-Telekom Arbeitsprogramm, März 2000, S. 21.

301 Zu industriepolitisch motivierten Maßnahmen der Gemeinschaft im Telekommunikationssektor: *Ellger*, in: Kluth/Ellger (1992), S. 242 f.

302 Gem. Art. 3 der Entscheidung Nr. 2717/95/EG v. 9. Nov. 1995 über Leitlinien für die Entwicklung des Euro-ISDN zu einem transeuropäischen Netz, ABl. 1995 Nr. L 282/16 (im Folgenden: Euro-ISDN-Leitlinien) sollte ISDN zu einem ersten transeuropäischen Netz und zu einem Element des Universaldienstes entwickelt werden.

die TEN-Telekom-Politik der Gemeinschaft aufgezeigt hat:[303] die Kritik des Rechnungshofs bezog sich unter anderem auf die Langwierigkeit der Konsultations- und Beschlußfassungsverfahren der EU, die den Erfordernissen eines innovativen und äußerst dynamischen Sektors nicht entspräche;[304] die Gefahr einer übermäßigen Konzentration auf bestimmte Technologien und eine Förderung von Projekten, die nicht die gegenwärtigen Markttendenzen widerspiegeln;[305] die mangelhafte konzeptionelle und strategische Abstimmung der Mittelvergabe durch die verschiedenen, zur Mittelvergabe zuständigen Stellen der Gemeinschaft[306] und schließlich die Gefahr von durch die Mittelvergabe der Gemeinschaft hervorgerufenen Wettbewerbsverfälschungen.[307]

Mit Blick speziell auf die *universaldienst*politische Dimension ihrer Politik im Telekommunikationssektor ist die Kommission bislang dem Ansatz treu geblieben, daß die allgemeine Zugänglichkeit von Leistungen – auch von neuen Leistungen der Informationsgesellschaft – am besten durch intensiven Wettbewerb in offenen Märkten gewährleistet wird. Der neue Art. 16 EGV, der die Leistungen der Daseinsvorsorge in einen engen Zusammenhang mit der Kohäsionspolitik der Gemeinschaft stellt, deutet an, daß dies nicht immer so bleiben muß. Eine Herauslösung des Universaldienstkonzepts aus seiner Verankerung im Wettbewerbsprinzip und seine Neuverankerung in einer vorrangig an industrie- und technologiepolitischen Zielen orientierten aktiven Förderpolitik der Gemeinschaft erscheint nicht prinzipiell ausgeschlossen.[308]

Diese Gefahr besteht insbesondere bei einer künftig weiten Auslegung des Art. 86 Abs. 2 EGV, die nicht nur auf mitgliedstaatlicher, sondern auch auf Gemeinschaftsebene neue Handlungsspielräume schafft.

c) Die Entwicklung des Universaldienstkonzepts in der Parallelität von Liberalisierung und Harmonisierung

Das Universaldienstkonzept der Gemeinschaft im Telekommunikationsbereich ist parallel zu der auf Art. 86 Abs. 3 EGV gestützten Liberalisierung entwickelt worden. Während in den Liberalisierungsrichtlinien der Kommission der gemeinschaftsrechtlich privilegierte universaldienstpolitische Handlungsspielraum eingegrenzt wurde, wurde dieser Handlungsspielraum durch Harmonisierungsrichtlinien positiv ausgefüllt.[309] Es ist davon auszugehen, daß diese Verfahrensweise einer parallelen Entwicklung der gemeinschaftsrechtlichen Vorgaben für das Universaldienstkonzept und dessen positiver Ausgestaltung durch die stetige Verdeutlichung der rechtlichen Grenzen einer mitglied-

303 *Rechnungshof*, Sonderbericht Nr. 9/2000 betreffend transeuropäische Netze (TEN)-Telekommunikation, ABl. 2000 Nr. C 166/1.

304 *Rechnungshof*, Sonderbericht, ABl. 2000 Nr. C 166/1 Zif. 6.

305 A. a. O., Zif. 28 und Zif. 44.

306 A. a. O., Zif. 46 ff.

307 A. a. O., Zif. 59–61.

308 Vgl. auch *Paulweber*, ZUM 2000, 11, 34.

309 Vgl. *Kommission*, XXVI. Wettbewerbsbericht (1996), S. 58 Rn. 115; Universaldienstrichtlinie 98/10/EG, Begründungserwägung 1; *Kommission*, Mitteilung zur Konsultation zum Grünbuch Telekommunikationsinfrastrukturen, KOM(95)158 endg., S. 35.

staatlichen wie gemeinschaftlichen Universaldienstpolitik maßgeblich zu dem *engen* Universaldienstkonzept im Telekommunikationsbereich beigetragen hat.[310] Zugleich wurden über die auf Art. 95 EGV gestützten Harmonisierungsrichtlinien diejenigen Hindernisse für die Liberalisierung des Telekommunikationssektors beseitigt, die aus gem. Art. 86 Abs. 2 EGV berechtigten nationalen Regelungsanliegen resultieren konnten. Die Harmonisierung des Regelrahmens für die Gewährleistung und Finanzierung eines Universaldienstes schließt eine Berufung der Mitgliedstaaten bzw. betrauter Unternehmen auf diese Vorschrift zur Rechtfertigung von Ausnahmen von der Anwendung des EG-Vertrags jenseits der durch die Harmonisierung eröffneten Gestaltungsmöglichkeiten künftig aus.[311] Dies ergibt sich aus Art. 86 Abs. 2 S. 1 EGV: Die Harmonisierungsrichtlinien konkretisieren gemeinschaftsrechtskonforme Mittel zur Gewährleistung der Aufgabenerfüllung. Die Beibehaltung gemeinschaftsrechtswidriger Mittel ist bereits aus diesem Grunde nicht länger zu rechtfertigen.

Die Harmonisierung kann außerdem – wenngleich in einem bislang ungeklärten Umfang – im Zusammenhang mit Art. 86 Abs. 2 S. 2 EGV gesehen werden: soweit sich die harmonisierte Eingrenzung von „Dienstleistungen von allgemeinem wirtschaftlichem Interesse" und „besonderen Aufgaben" nicht bereits aus den rechtlichen Vorgaben des Art. 86 Abs. 2 S. 1 EGV ergibt, kann sie als Ausfluß der Feststellung verstanden werden, daß die Privilegierung weiterreichender Dienstleistungen von allgemeinem wirtschaftlichem Interesse bzw. weiterreichender besonderer Aufgaben wegen der damit verbundenen Beschränkungen der Entwicklung des Handelsverkehrs gegen das Gemeinschaftsinteresse i. S. d. Art. 86 Abs. 2 S. 2 EGV verstieße. Auch auf dieser Grundlage ist eine Berufung der Mitgliedstaaten auf Art. 86 Abs. 2 EGV entgegen den Vorgaben der Richtlinien künftig ausgeschlossen.

d) Bleibende Bedeutung von Art. 86 Abs. 2 EGV

Art. 86 Abs. 2 EGV wird deswegen allerdings nicht obsolet. Auch die neuen Systeme zur Kostenberechnung und zur Finanzierung des Universaldienstes über Kostenteilung zwischen den Marktakteuren können zu Marktzutrittsschranken oder Wettbewerbsverfälschungen führen, die einer gemeinschaftsrechtlichen Überprüfung und gegebenenfalls Rechtfertigung bedürfen.[312] Die zentrale Vorschrift für eine etwaige Rechtfertigung bleibt Art. 86 Abs. 2 EGV, soweit der Verstoß gegen Gemeinschaftsrecht nicht bereits

310 Siehe auch *Larouche* (2000), S. 109: „The use of Article 86(3) EC, as a threat and as a means of enacting a ‚hard core' of principles into law before discussions would be paralyzed in details, proved essential in achieving the goal of liberalization".

311 Ähnlich für den Anwendungsbereich des Art. 30 EGV: EuGH Slg. 1984, 2727, 2728 Ls. 5 – *„Campus Oil"*: „Den innergemeinschaftlichen Handel beeinträchtigende nationale Maßnahmen können also nur insoweit gerechtfertigt werden, als der Schutz der Interessen des betreffenden Mitgliedstaats durch die von den Gemeinschaftsorganen in diesem Bereich erlassenen Maßnahmen nicht hinreichend gesichert ist".

312 So ist von der Kommission am 28. Juli 1999 bereits ein Vertragsverletzungsverfahren gegen Belgien betreffend den Berechnungsmodus für die Nettokosten der Bereitstellung von Universaldiensten und die Beträge der Betreiber zu ihrer Finanzierung eingeleitet worden (Rs. C-384/99) – siehe *Kommission*, XXIX. Wettbewerbsbericht (1999), S. 29 Rz. 73.

gegen sekundärrechtliche Vorgaben verstößt.[313] Art. 86 Abs. 2 EGV wird hier zum entscheidenden Maßstab einer Feinabstimmung mitgliedstaatlicher Maßnahmen auf die Erfordernisse des Wettbewerbs.

II. Post: Universaldienst als Infrastrukturkonzept der Gemeinschaft

1. Einleitung

Die Liberalisierungserfolge im Telekommunikationssektor legten es nahe, auch die mitgliedstaatlichen Sondermarktordnungen im Postsektor am Maßstab des Gemeinschaftsrechts zu überprüfen. Hiermit begann die Kommission ab Ende der 80er Jahre. Viele Erkenntnisse aus dem Telekommunikationssektor schienen auf den Postsektor übertragbar.

Die Liberalisierung im Postsektor hat trotzdem einen gänzlich anderen Weg genommen.[314] Nachdem die Kommission anfangs mit Einzelentscheidungen auf der Grundlage des Art. 86 Abs. 3 EGV versucht hatte, die Reichweite der Ausschließlichkeitsrechte der nationalen Postmonopole einzuschränken, und – parallel zu ihrem Vorgehen in der Telekommunikation – eine auf Art. 86 Abs. 3 EGV gestützte Liberalisierungsrichtlinie angekündigt hatte, nahm sie auf mitgliedstaatlichen Protest hin von diesem Vorhaben Abstand. Statt dessen ließ sie sich auf die Forderung ein, den Liberalisierungsprozeß im Harmonisierungsverfahren politisch auszuhandeln. Die Verhandlungen erwiesen sich als langwierig. Erst im Jahr 1997 wurde schließlich die Postbinnenmarktrichtlinie 97/67/EG verabschiedet, die in ihrem Liberalisierungsgehalt erheblich hinter dem zurückblieb, was bei einer strengen Anwendung der Vorschriften des EGV, einschließlich des Art. 86 Abs. 2 EGV, erwartet werden konnte, und zugleich ein Universaldienstkonzept entwickelte, das inhaltlich und in seiner Zielrichtung von dem in der Telekommunikation abweicht.

313 Werden also die Wettbewerber über die Universaldienstkosten-Finanzierungsmechanismen zu Beiträgen für die Finanzierung von Aktivitäten des betrauten Unternehmens herangezogen, die nicht in einem unmittelbaren Zusammenhang mit dem Universaldienst stehen, so scheidet eine Rechtfertigung nach Art. 86 Abs. 2 EGV aus – vgl. auch Richtlinie 96/19/EG der Kommission, ABl. 1996 Nr. L 74/13, Begründungserwägung 19; *Kommission*, Mitteilung, KOM(96)608 endg., S. 10. Außerdem ist davon auszugehen, daß jegliche Bevorzugung des mit dem Angebot des Universaldienstes betrauten Unternehmens zulasten der Wettbewerber – z. B. durch ein Finanzierungsmodell, das den neuen Marktteilnehmern einen zu hohen Anteil an den Universaldienstkosten auferlegt – und darin liegende Verstöße gegen Art. 86 Abs. 1 i. V. m. Art. 82 EGV nach Art. 86 Abs. 2 EGV künftig nicht mehr gerechtfertigt werden können.

314 Vgl. auch *Van Miert*, in: XXXII. FIW-Symposion (1999), S. 5, 9: Die Liberalisierung im Postbereich sei ein Beispiel für die Bedeutung, die in der EU sozialen Aspekten zukomme.

2. *Überblick über den Marktöffnungsprozeß*

a) Die Liberalisierung der Eilkurierdienste

Der Liberalisierungsprozeß im Postsektor wurde eingeleitet durch zwei auf Art. 86 Abs. 3 EGV gestützte Entscheidungen der Kommission,[315] die beide die Frage betrafen, ob die Erstreckung der den mitgliedstaatlichen Postmonopolen eingeräumten Ausschließlichkeitsrechte auf Eilkurierdienste mit dem Gemeinschaftsrecht vereinbar sei.

Die erste, an die Niederlande gerichtete Entscheidung aus dem Jahr 1989 betraf eine Gesetzesänderung, welche die Erbringung von Eilkurierdienstleistungen in den Niederlanden zwar aus dem Postmonopol herausnahm, faktisch das Postmonopol jedoch stärkte, da private Eilkurierdienstleistungen, welche die niederländischen Behörden zuvor allgemein geduldet hatten, nunmehr nur unter einer Reihe von restriktiven Bedingungen zulässig sein sollten.[316] Eine zweite Entscheidung der Kommission aus dem Jahr 1990, – diesmal gerichtet gegen Spanien – betraf einen ähnlichen Sachverhalt: In Spanien war es aufgrund der weiten Fassung des nationalen Postmonopols privaten Kurierdiensten generell verboten, für Briefe und andere näher definierte Papiere einen internationalen Eilkurierdienst einzurichten. Die spanische Post selbst bot zwar eine Eilbeförderung an; diese entsprach jedoch qualitativ[317] sowie in ihrer geographischen Reichweite[318] nicht dem, was private Eilkurierdienste anboten.

Die Kommission stellte in beiden Fällen einen Verstoß gegen Art. 86 Abs. 1 i. V. m. Art. 82 EGV fest, nämlich eine mißbräuchliche Ausdehnung des Postmonopols auf einen angrenzenden Markt.[319] Eine Rechtfertigung der Vertragsverstöße auf der Grundlage von Art. 86 Abs. 2 EGV hielt die Kommission in beiden Fällen nicht für möglich. Bedeutsam war dabei der Ausgangspunkt, daß der Markt für Eilkurierdienstleistungen ein vom allgemeinen Basispostdienst zu trennender Markt war,[320] der anerkanntermaßen selbst keine Dienstleistungen von allgemeinem wirtschaftlichem Interesse betraf. Da das

---

315 Kommission, Entscheidung v. 20. 12. 1989, ABl. 1990 Nr. L 10/47 – *„Eilkurierdienste Niederlande"*; Kommission, Entscheidung 90/456/EWG, ABl. 1990 Nr. L 233/19 – *„Eilkurierdienste Spanien"*.

316 Die Bedingungen umfaßten eine Anmeldepflicht; den Nachweis, daß Beförderungsleistungen und Zustellfristen von spürbar höherer Qualität erbracht wurden; und einen im Verordnungswege festzusetzender Mindestpreis.

317 Die Eilbeförderung bestand grds. – abgesehen von einigen Provinzhauptstädten und anderen großen Städten – nur in einer gesonderten Austragung von Eilbriefen, die ansonsten den gewöhnlichen Postweg liefen.

318 International erfaßte der Eilkurierdienst nur die größten Länder in Europa sowie die USA und Kanada.

319 *Kommission*, Entscheidung 90/16/EWG, ABl. 1990 Nr. L 10/47 Rn. 11–14 – *„Eilkurierdienste Niederlande"*: Die Kommission sah in der Ausdehnung der marktbeherrschenden Stellung der niederländischen Post vom Markt für Basispostdienste auf den angrenzenden Markt der Eilkurierdienste einen Verstoß gegen Art. 82 Abs. 2 lit.a EGV (Auferlegung unbilliger Preise und Konditionen) und Art. 82 Abs. 2 lit.b EGV (Beschränkung des Angebots). Ähnlich: *Kommission*, Entscheidung 90/4456/EWG, ABl. 1990 Nr. L 233/19 Rn. 8–11 – *„Eilkurierdienste Spanien"*.

320 *Kommission*, Entscheidung 90/16/EWG, ABl. 1990 Nr. L 10/47 Rn. 3 und 4 – *„Eilkurierdienste Niederlande"*: im Bereich der Eilkurierdienste würden Zusatzdienstleistungen erbracht und es erfolge eine höhere Wertschöpfung. Die beiden Leistungen seien nicht substituierbar. Parallel: *Kommission*, Entscheidung 90/4456/EWG, ABl. 1990 Nr. L 233/19 Rn. 2–3 – *„Eilkurierdienste Spanien"*.

Monopol im Bereich der Basispostdienste nach Auffassung der Kommission ausreichte, um die zur Erfüllung der öffentlichen Dienstleistungsverpflichtung erforderliche Ertragsfähigkeit der Post zu gewährleisten, war diese Monopolausdehnung unverhältnismäßig.[321]

Das gemeinschaftsrechtliche Gebot zur Liberalisierung der Eilkurierdienste wurde durch das Urteil des EuGH im Fall „*Corbeau*" bestätigt. In diesem Verfahren, welches nicht durch die Kommission eingeleitet, sondern über das Vorlageersuchen eines belgischen Gerichts zum EuGH gelangt war, erklärte dieser, daß der Ausschluß des Wettbewerbs im Postbereich grundsätzlich dann nicht gerechtfertigt sei, wenn es sich um spezifische, von den Dienstleistungen von allgemeinem Interesse trennbare Dienstleistungen handele, die besonderen Bedürfnissen von Wirtschaftsteilnehmern entsprächen und bestimmte zusätzliche Leistungen verlangten, welche der herkömmliche Postdienst nicht anbiete. Solche zusätzlichen Leistungen seien z. B. die Abholung beim Absender, eine schnellere oder zuverlässigere Verteilung oder auch die Möglichkeit, den Bestimmungsort während der Beförderung zu ändern.[322]

Das Urteil „*Corbeau*" stützte damit vordergründig die Kommission in ihrem Vorhaben, die Eilkurierdienste und etwaige andere vom Basispostdienst zu trennende Postmärkte zu liberalisieren. Politisch wichtiger wurde jedoch eine andere Dimension des Urteils: es wurde alsbald von einer breiten Strömung in der Lit. dahingehend verstanden, daß es einer weiterreichenden gemeinschaftsrechtlichen Liberalisierung der Postmärkte auf der Grundlage des Art. 86 Abs. 3 EGV – namentlich einer Liberalisierung der Basispostdienste –, einen Riegel vorschiebe.[323]

Neben den politischen Widerständen in den Mitgliedstaaten mag dies eine weitere Erklärung dafür sein, daß die Kommission in der Folge darauf verzichtete, von der Ermächtigung in Art. 86 Abs. 3 EGV Gebrauch zu machen. So hat sie insbesondere davon abgesehen, die strittige Frage nach der Zulässigkeit einer Einbeziehung der Direktwerbung[324] und der grenzüberschreitenden Postsendungen[325] in den Monopolbereich der

---

321 *Kommission*, Entscheidung 90/16/EWG, ABl. 1990 Nr. L 10/47 Rn. 16 ff. – „*Eilkurierdienste Niederlande*"; *Kommission*, Entscheidung 90/4456/EWG v. 1. 8. 1990, ABl. 1990 Nr. L 233/19 Rn. 13 f. – „*Eilkurierdienste Spanien*".

322 EuGH Slg. 1993 I-2533, 2569 Rn. 19 – „*Corbeau*". Möglich sei eine Beibehaltung der Ausschließlichkeitsrechte für solche zusätzlichen Leistungen nur dann, wenn andernfalls das wirtschaftliche Gleichgewicht der vom Inhaber des ausschließlichen Rechts übernommenen Dienstleistung von allgemeinem wirtschaftlichem Interesse in Frage gestellt werde.

323 Näher: s. o., Teil B III. 2. b) aa) und d)ff)bbb).

324 Unter „Direktwerbung" werden Briefsendungen verstanden, die allein aus Anzeigen-, Marketing- oder Werbematerial bestehen und, von Namen, Anschrift und Kennummer des Empfängers abgesehen, identische Mitteilungen an eine signifikante Anzahl von Empfängern enthalten – vgl. Art. 2 Ziff. 8 Postbinnenmarktrichtlinie. Die Kommission hält die Direktwerbung, obwohl sie nach Gewicht und Preis unter die Definition der Standardbriefe fällt, für einen eigenen, vom Basispostdienst zu trennenden Markt, da sie besonderen Bedürfnissen entspricht: sie enthält, anders als Standardbriefe, keine individuellen Mitteilungen. Sie wird vielmehr als Ersatz für Werbebotschaften in den Medien eingesetzt und richtet sich demgemäß an bestimmte Zielgruppen. Die Versender von Direktwerbung erwarten von dieser außerdem regelmäßig nicht die gleichen kurzen Zustellfristen wie vom Standardbriefdienst – vgl. *Kommission*, Entwurf einer Bekanntmachung über die Anwendung der Wettbewerbsregeln auf dem Postsektor, ABl. 1995 Nr. C 322/3 Ziff. 5.3; *Kommission*, Grünbuch Post

nationalen Postverwaltungen im Wege einer Richtlinie nach Art. 86 Abs. 3 EGV zu klären. Anders als im Telekommunikationssektor hat die Kommission im Postsektor auch darauf verzichtet, die Frage nach einer gemeinschaftsrechtskonformeren Alternative zur Beibehaltung der Ausschließlichkeitsrechte einer näheren Prüfung zu unterziehen.[326] Statt dessen hat sie die Vorgaben des Rats akzeptiert, der von vornherein eine *politische* Lösung für die Marktöffnung im Postsektor favorisierte.[327]

b) Die Postbinnenmarktrichtlinie von 1997

Die Verhandlungen um eine Postbinnenmarktrichtlinie waren langwierig und schwierig. Auf die Aufforderung des Ministerrats hin[328] präsentierte die Kommission am 28. Juli 1995 einen ersten Vorschlag[329] und veröffentlichte parallel einen Entwurf für eine Bekanntmachung über die Anwendung der Wettbewerbsregeln auf dem Postsektor[330], in welchem sie die Leitlinien darlegte, nach denen sie über die Anwendung der Wettbewerbsvorschriften des EGV eine „schrittweise und kontrollierte Liberalisierung des Marktes für Postdienste unter Beibehaltung der zur Bereitstellung eines Universaldienstes erforderlichen Sicherungsmaßnahmen" erreichen wollte. Auf den entschiedenen Protest einiger Mitgliedstaaten, denen die Liberalisierungsvorgaben im Richtlinienentwurf, insbesondere aber auch der aus der Bekanntmachung hervorgehende Wille zur parallelen Durchsetzung des primären Gemeinschaftsrechts zu weit gingen, zog die Kommission beides zurück. Die daraufhin einsetzenden Verhandlungen zogen sich bis ins Jahr 1997 hin. Die Postbinnenmarktrichtlinie wurde schließlich, gestützt auf die Artt. 47, 55 und 95 EGV, am 15. 12. 1997 verabschiedet.[331]

Die Postbinnenmarktrichtlinie setzt harmonisierte Höchstgrenzen für reservierbare Postdienste und liberalisiert damit alle nicht den festgesetzten Kriterien unterfallenden

---

(1992), S. 215. In diesem Grünbuch ist die Kommission davon ausgegangen, daß Direktwerbung grds. liberalisiert werden müsse (S. 7). A. A. *Everling*, EuR 1994, 386, 405 und *Schroeder*, ArchivPT 1994, 132, 135. Zur Frage der gemeinschaftsrechtlichen Zulässigkeit der Einbeziehung von Direktwerbung in die mitgliedstaatlichen Ausschließlichkeitsrechte auch: *Basedow*, EuZW 1994, 359, 361.

325 Vgl. hierzu: *Kommission*, Bekanntmachung über die Anwendung der Wettbewerbsregeln auf den Postsektor, ABl. 1998 Nr. C 39/2 Zif. 5.1.

326 Vgl. z. B. *Kommission*, Grünbuch Post (1992), S. 6; *Kommission*, Leitlinien für die Entwicklung der gemeinschaftlichen Postdienste, KOM(93)247 endg., S. 53 und S. 65: die Notwendigkeit, die hohen Fixkosten eines flächendeckenden Postnetzes zu decken, rechtfertige es, einen reservierten Bereich beizubehalten, der zudem die Realisierung von Größenvorteilen ermögliche.

327 Vgl. Entschließung des Ministerrats v. 7. 2. 1994 über die Entwicklung der Postdienste in der Gemeinschaft, ABl. 1994 Nr. C 48/3.

328 Ebd.

329 ABl. 1995 Nr. C 322/22 ff.

330 ABl. 1995 Nr. C 322/3; vgl. dazu auch: *Kommission*, XXVI. Wettbewerbsbericht (1996), S. 63 Rn. 126; *Kommission*, XXV. Wettbewerbsbericht (1995), S. 56 f. Rn. 118.

331 Richtlinie 97/67/EG des Europäischen Parlaments und des Rates vom 15. Dezember 1997 über gemeinsame Vorschriften für die Entwicklung des Binnenmarktes der Postdienste der Gemeinschaft und die Verbesserung der Dienstequalität, ABl. 1998 Nr. L 15/14 (im Folgenden: Postbinnenmarktrichtlinie). Sie war von den Mitgliedstaaten bis zum 10. 2. 1999 umzusetzen – vgl. Art. 24 und 25 Postbinnenmarktrichtlinie.

Dienste. Liberalisiert werden folgende, in vielen Mitgliedstaaten traditionell dem Monopolbereich der nationalen Postverwaltungen zugeschlagene Leistungen:

- Inlandsbriefsendungen über 350 g.[332]
- Inlandsbriefsendungen ab dem Fünffachen des Preises für einen Standardbrief. Über dieses Preiskriterium wird der Kurierdienst endgültig liberalisiert.
- Aufgehoben wird das Verbot der Selbstzustellung, d. h. der Erbringung von Postdiensten durch eine natürliche oder juristische Person, von der die Postsendung ausgeht, oder der Abholung oder Beförderung von Briefsendungen durch einen in ihrem Namen handelnden Dritten.[333]
- Dasselbe gilt für den Dokumentenaustausch[334] sowie für sog. „neue Dienste."[335]

Zentrale politische Streitpunkte in den Verhandlungen um die Postbinnenmarktrichtlinie waren die Liberalisierung der Direktwerbung[336] und des grenzüberschreitenden Briefverkehrs[337]. Geeinigt hat man sich schließlich auf einen Kompromiß: Die Beibehaltung

---

332 Vgl. hierzu: Erwägungsgrund 17 der Postbinnenmarktrichtlinie: Briefsendungen ab 350g machen weniger als 2% des Briefaufkommens und weniger als 3% der Einnahmen der öffentlichen Betreiber aus. Die Liberalisierung dieses Bereichs ist daher kaum geeignet, die Finanzierung des Universaldienstes zu beeinträchtigen.

333 Erwägungsgrund 21 der Postbinnenmarktrichtlinie: Die Selbstzustellung sei keine „Universaldienstleistung", und es bestehe daher kein Grund, sie für den Anbieter von Universaldienstleistungen zu reservieren.

334 Vgl. Art. 7 Abs. 4 der Postbinnenmarktrichtlinie und Erwägungsgrund 21.

335 Erwägungsgrund 21 der Postbinnenmarktrichtlinie: „Da neue Dienste (Dienste, die sich von traditionellen Postdiensten deutlich unterscheiden) und der Dokumentenaustausch nicht zum Universaldienst gehören, besteht kein Grund, sie für die Anbieter von Universaldienstleistungen zu reservieren".

336 Nach ganz überwiegender Ansicht ist der finanzielle Beitrag dieser spezifischen, vom Basispostdienst zu trennenden Dienstleistungen zu den Fixkosten des Postnetzes nicht so hoch, daß im Falle einer Liberalisierung die wirtschaftliche Tragfähigkeit der Erbringung der Basispostdienstleistungen gefährdet wäre – vgl. z. B. *Basedow*, EuZW 1994, 359, 363; *Basedow/Jung*, in: Basedow (Hrsg.) (1995), S. 179, 272. Vgl. auch *Kommission*, Leitlinien für die Entwicklung der gemeinschaftlichen Postdienste, KOM(93)247 endg., S. 10; *Kommission*, Vorschlag für eine Postbinnenmarktrichtlinie, ABl. 1995 Nr. C 322/22, 23 Erwägungsgrund 17: Der Anteil der Direktwerbung an der Gesamt-Sendemenge betrage im gemeinschaftsweiten Durchschnitt ca. 17%, der Anteil am Umsatz der Briefpost ca. 12%. Zumindest mittelfristig erschienen diese Anteile der Kommission nicht derart hoch, daß sie die Reservierung der Direktwerbung als „erforderlich" i. S. d. Art. 86 Abs. 2 EGV betrachten wollte; *Kommission*, Bekanntmachung über die Anwendung der Wettbewerbsregeln auf dem Postsektor, ABl. 1998 Nr. C 39/2, 15, Zif. 8.2.: „Die Informationen, die von der Kommission über die Einnahmen aus den Briefströmen in den Mitgliedstaaten erhoben wurden, deuten darauf hin, daß die Beibehaltung besonderer oder ausschließlicher Rechte für die Erbringung des Standardbriefdienstes unter normalen Bedingungen ausreichen könnte, um eine Verbesserung und Aufrechterhaltung des öffentlichen Postnetzes zu gewährleisten". A. A. allerdings *Everling*, EuR 1994, 386, 404 und 406.

337 Die grenzüberschreitenden Postdienste werden zwar zu den „Dienstleistungen von allgemeinem wirtschaftlichem Interesse" gerechnet; auch dieser Markt läßt sich jedoch von den inländischen Basispostdiensten trennen, und der finanzielle Beitrag aus diesem Markt zu den Fixkosten des Postnetzes wird nicht für so hoch erachtet, daß eine Liberalisierung die wirtschaftliche Tragfähigkeit der Aufrechterhaltung des flächendeckenden Postnetzes gefährden würde. Die Zustellung eingehender innergemeinschaftlicher grenzüberschreitener Briefpost macht im gemeinschaftsweiten Durchschnitt ca. 2% der Sendungsmenge und 1,5% des Umsatzes für die Briefpost aus. Angesichts dieses geringen prozentualen Anteils erschien es der Kommission als unwahrscheinlich, daß eine Liberalisierung dieses Bereichs die Erfüllung der Universaldienstpflichten durch den Universaldienstanbieter

von Ausschließlichkeitsrechten für grenzüberschreitende Briefpost sowie für Direktwerbung bleibt zunächst zulässig, sofern sie zur Aufrechterhaltung des finanziellen Gleichgewichts des Universaldienstbetreibers erforderlich ist. Diese Regelung soll jedoch vorerst nur bis zum Jahr 2003 gelten. Eine Überprüfung wurde angekündigt,[338] deren Ergebnisse die Kommission mittlerweile in Form eines neuen Richtlinienvorschlags vorgelegt hat.[339]

Die Postbinnenmarktrichtlinie kann, da sie die Beibehaltung reservierter Bereiche anerkennt, nicht als *Verwirklichung* des Binnenmarktes im Postsektor gelten; verstanden wird sie aber als Beitrag zu einer „schrittweise[n] und kontrollierte[n] Öffnung der Märkte".[340] Unter dem Konzept der schrittweisen Marktöffnung wird gemeinhin verstanden, daß die Liberalisierung in einer Weise zu erfolgen habe, die den Mitgliedstaaten und Universaldienstanbietern hinreichende Anpassungsfristen an die neuen Rahmenbedingungen beläßt, so daß die Bereitstellung des Universaldienstes zu keinem Zeitpunkt gefährdet wird. Sie läßt sich damit auch verstehen als eine Konkretisierung der den Mitgliedstaaten zu gewährenden Übergangsfristen. Für ein solches Verständnis der Postbinnenmarktrichtlinie könnte die in der Richtlinie angekündigte Zulässigkeitsüberprüfung der Ausschließlichkeitsrechte sprechen. Allerdings hat der Rat bereits deutlich gemacht, daß er auch in Zukunft über etwaige Anpassungen der reservierten Bereiche selbst – und damit nach politischem Ermessen – entscheiden will.[341]

---

wirtschaftlich verhindern würde – vgl. *Kommission*, Leitlinien für die Entwicklung der gemeinschaftlichen Postdienste, KOM(93)247 endg., S. 9, 11; *Kommission*, Grünbuch Post (1992), S. 7 und S. 208. Auch: *Basedow*, EuZW 1996, 143, 146 f.

338 Vgl. Art. 7 Abs. 3 Postbinnenmarktrichtlinie. Vgl. auch: *Kommission*, XXVI. Wettbewerbsbericht (1996), S. 62 f., Rn. 125.

339 *Kommission*, Vorschlag für eine Richtlinie des Europäischen Parlaments und des Rates zur Änderung der Richtlinie 97/67/EG im Hinblick auf die weitere Liberalisierung des Marktes für Postdienste in der Gemeinschaft v. 30. 5. 2000, KOM(2000)319 endg. [im Folgenden: Vorschlag für eine Änderung der Postbinnenmarktrichtlinie], hier insbes. S. 13 f.: die Kommission schlägt vor, den gesamten Bereich der abgehenden grenzüberschreitenden Postsendungen – der de facto bereits liberalisiert ist – vollständig zu liberalisieren, da die Gewinne aus diesem Bereich nur einen kleinen Teil der Gesamteinnahmen der Universaldienstanbieter ausmachen (ca. 3%), und die Liberalisierung die Erbringung des Universaldienstes mithin nicht gefährdet. Demgegenüber sollen die Mitgliedstaaten befugt sein, eingehende grenzüberschreitende Postsendungen innerhalb der im Richtlinienvorschlag nach unten korrigierten Preis- und Gewichtsgrenzen für den reservierbaren Bereich weiterhin den Universaldienstanbietern vorzubehalten, da andernfalls eine schwer zu kontrollierende Umgehungsgefahr bestehe. Dasselbe gilt für die Direktwerbung.

340 Postbinnenmarktrichtlinie 97/67/EG, ABl. 1998 Nr. L 15/14, Erwägungsgrund 8.

341 Gem. Art. 7 Abs. 3 Postbinnenmarktrichtlinie entscheiden über die Neufestlegung der reservierten Bereiche auf der Grundlage einer Überprüfung der Erforderlichkeit der bestehenden Ausschließlichkeitsrechte „das Europäische Parlament und der Rat unbeschadet der Zuständigkeit der Kommission". Nach Art. 8 Abs. 2 S. 1 des Richtlinienvorschlags der Kommission, ABl. 1995 Nr. C 322/22 sollte demgegenüber die Kommission auf der Grundlage ihrer Kompetenz aus Art. 86 Abs. 3 EGV bis zum 30. Juni 1998 „unter Berücksichtigung der ökonomischen, sozialen und technologischen Entwicklung sowie des finanziellen Gleichgewichts der Universaldienstanbieter" entscheiden, ob eine weitere Reservierung der grenzüberschreitenden Post und der Direktwerbung zulässig sei. Gegen diese Regelung richtete sich aber der entschiedene Protest Frankreichs (vgl. z. B. *Delfau* (1995), S. 19).

c) Art. 86 Abs. 2 EGV

Fraglich ist, inwieweit sich die Ausschließlichkeitsrechte im Postsektor in den durch die Postbinnenmarktrichtlinie gezogenen Grenzen als Konkretisierung der Vorgaben des Art. 86 Abs. 2 EGV verstehen lassen. Gem. Art. 7 Postbinnenmarktrichtlinie können Postdienstleistungen nur insoweit reserviert werden, als dies für die Aufrechterhaltung des Universaldienstes „notwendig“ ist.[342] Damit wird auf die Rechtfertigungsvoraussetzungen des Art. 86 Abs. 2 S. 1 EGV, insbesondere auf den Verhältnismäßigkeitsgrundsatz verwiesen.

Der Versuch einer Anwendung des Art. 86 Abs. 2 S. 1 EGV auf die nach der Postbinnenmarktrichtlinie „reservierbaren Bereiche“ stößt jedoch schnell an Grenzen. Wie bereits in Teil B dieser Arbeit festgestellt, ist eine klare, verhältnismäßige Zuordnung von Universaldienstkosten zu einem bestimmten Umfang eines Ausschließlichkeitsrechts prinzipiell nicht möglich. Ob ein bestimmter Umfang von Ausschließlichkeitsrechten zur unternehmensinternen Quersubventionierung defizitärer Leistungen tatsächlich erforderlich ist, läßt sich nicht abstrakt, sondern nur unter Zugrundelegung verschiedener Parameter – insbesondere dem Preis der Dienstleistungen und den erst nachträglich feststellbaren Netttokosten des Universaldienstes – bestimmen. Der Preis der Dienstleistung wird aber von den Mitgliedstaaten selbst gesetzt. Die Funktion einer Prüfung gem. Art. 86 Abs. 2 S. 1 EGV beschränkt sich unter diesen Voraussetzungen auf eine grobe, nachträgliche Übermaß- und Mißbrauchskontrolle.[343]

Die Kommission hat daraus in ihrer Bekanntmachung zur Anwendung der Wettbewerbsregeln auf den Postsektor die Konsequenz gezogen, daß die Festschreibung der reservierbaren Bereiche in der Postbinnenmarktrichtlinie eine Beweislastumkehr bewirke.[344] Unmittelbare praktische Bedeutung hat diese Beweislastumkehr zunächst mit Blick auf die Verpflichtung der Mitgliedstaaten, die postalischen Sondermärkte Direktwerbung und grenzüberschreitende Dienstleistungen zu liberalisieren. Es wird weitgehend angenommen, daß die Einbeziehung dieser Märkte in den Monopolbereich nicht erforderlich ist, um die Finanzierung der postalischen Universaldienste zu gewährleisten. Die Mitgliedstaaten, die während der Verhandlungen um die Postbinnenmarktrichtlinie auf der Beibehaltung der Ausschließlichkeitsrechte für diese Bereiche

342 Vgl. insoweit auch Erwägungsgrund 16 der Postbinnenmarktrichtlinie.

343 Die Ansicht, daß die Funktion von Art. 86 Abs. 2 EGV und die Befugnisse der Kommission aus Art. 86 Abs. 3 EGV sich dort, wo sekundärrechtliche Regelungen fehlen, auf eine reine Mißbrauchskontrolle beschränkt, wird z. B. von *Bartosch*, EuZW 2000, 333, 336 vertreten.

344 *Kommission*, Bekanntmachung über die Anwendung der Wettbewerbsregeln auf dem Postsektor, ABl. 1998 Nr. C 39/2, Tz. 8.3.: „Bei der Anwendung aufgrund einer Beschwerde oder von Amts wegen der Wettbewerbsregeln und sonstiger einschlägiger Vorschriften des EG-Vertrags auf dem Postsektor wird die Kommission die Frage, ob der Umfang des reservierten Bereichs nach Artikel 90 Absatz 2 [Art. 86 Abs. 2 EGV n. F.] gerechtfertigt ist, anhand der Definition der Postrichtlinie prüfen. Soweit dabei die in der Richtlinie genannten Obergrenzen eingehalten werden, wird zunächst davon ausgegangen, daß die besonderen oder ausschließlichen Rechte nach Artikel 90 Absatz 2 [Art. 86 Abs. 2 EGV n. F.] gerechtfertigt sind. Diese Vermutung gilt jedoch nicht mehr, wenn aus dem Sachverhalt eindeutig hervorgeht, daß eine Beschränkung die Voraussetzungen des Artikels 90 Absatz 2 [Art. 86 Abs. 2 EGV n. F.] nicht erfüllt“; auch Tz. 5.4.: „Derzeit sind besondere oder ausschließliche Rechte, die nicht über die von der Postrichtlinie harmonisierten reservierten Dienste hinausgehen, aufgrund von Artikel 90 Absatz 2 [Art. 86 Abs. 2 EGV n. F.] grundsätzlich zulässig“.

bestanden, verwiesen zur Begründung vor allem auf eine im Falle einer Wettbewerbsöffnung zu befürchtende Gefahr der Umgehung des verbleibenden Monopols für Basispostdienste, die geeignet sei, die Finanzierung der Universaldienste zu gefährden.[345] Ein überzeugender Nachweis hierfür gelang den Mitgliedstaaten aber nicht.[346] Auch warf die Kommission die Frage auf, ob der Umgehungsgefahr mit weniger restriktiven Mitteln als der Beibehaltung von Ausschließlichkeitsrechten entgegengetreten werden könnte.[347] Die Beweislastumkehr sichert nunmehr jedoch den politisch ausgehandelten Kompromiß ab, die beiden Sondermärkte vorerst nicht zu liberalisieren. Die Ankündigung der Kommission, auch die Erforderlichkeit von Wettbewerbsbeschränkungen, die nach der Postbinnenmarktrichtlinie generell weiterhin zulässig sein sollen, im Einzelfall und unter Berücksichtigung der jeweils unterschiedlichen Situation in den einzelnen Mitgliedstaaten überprüfen zu wollen,[348] verliert damit erheblich an Schärfe.[349] Nur mit Blick auf Fälle, in denen Mitgliedstaaten im Rahmen der Umsetzung der Postbinnenmarktrichtlinie eine *Erweiterung* der vormaligen reservierten Bereiche planten, kündigte die Kommission eine strenge Verhältnismäßigkeitsprüfung am Maßstab des Art. 86 Abs. 2 EGV an.[350]

---

345 Vgl. *Kommission*, Bekanntmachung über die Anwendung der Wettbewerbsregeln auf dem Postsektor, ABl. 1998 Nr. C 39/2, Tz. 8.4 (Direktwerbung) und Tz. 8.5. (grenzüberschreitende Sendungen – hier mit dem Hinweis, daß die Umgehungsgefahr insbes. aus dem nicht kostenorientierten Endvergütungssystem resultiere); vgl. auch *Basedow*, EuZW 1996, 143, 146 f.; *Andersen* (1998), S. 11 mit Blick auf die Direktwerbung; *Delfau* (1995), S. 23; *Everling*, EuR 1994, 386, 406.

346 Die *Kommission* hat in ihren Leitlinien für die Entwicklung der gemeinschaftlichen Postdienste, KOM(93)247 endg., S. 8 und S. 10 festgestellt, daß sie langfristig weder die finanziellen Bedenken noch die Kontrollschwierigkeiten, die einer Liberalisierung der Direktwerbung entgegengehalten werden, für unüberwindlich hält.

347 Im Falle der Direktwerbung geht es insoweit v. a. um die Entwicklung von Kontrollmöglichkeiten – *Kommission*, Bekanntmachung über die Anwendung der Wettbewerbsregeln auf dem Postsektor, ABl. 1998 Nr. C 39/2 Tz. 8.4. Im Fall der grenzüberschreitenden Postdienste wurde insbes. auf eine Überarbeitung des Systems der Endvergütungen gedrungen: Es müsse ein Endvergütungssystem eingeführt werden, das sich auf die Realkosten und das Kriterium der Qualität stütze (vgl. z. B. Entschließung des Rates über die Entwicklung der Postdienste, ABl. 1994 Nr. C 48/3). Mit ihrer Entscheidung v. 15. Sept. 1999, ABl. 1999 Nr. L 275/17, hat die Kommission nunmehr die REIMS-II-Vereinbarung zwischen 16 europäischen Postbetreibern über Endvergütungen unter wettbewerblichen Gesichtspunkten gebilligt. Zu den Vertragsparteien der Reims-II-Vereinbarung zählen alle Mitgliedstaaten der EU mit Ausnahme der Niederlande. Hauptziel der Vereinbarung ist die Gewährleistung einer Vergütung für die Zustellung grenzüberschreitender Sendungen, die den tatsächlichen Zustellungskosten der Parteien näherkommt. Die Kommission hat mit ihrer Freistellung die Bedingung verbunden, daß die Parteien bis Ende 1999 ein transparentes Kostenrechnungssystem einführen, anhand dessen alle einschlägigen Kostenfaktoren ermittelt, quantifiziert und nachgeprüft werden können. Vgl. hierzu auch *Kommission*, XXIX. Wettbewerbsbericht (1999), S. 31 Tz. 81–84. Auf der Grundlage der Geltung des REIMS-II-Abkommens dürfte es für die Mitgliedstaaten künftig schwieriger sein, mit Blick auf grenzüberschreitende Postdienstleistungen unter Berufung auf eine durch Remailing begründete Umgehungsgefahr Ausnahmen gem. Art. 86 Abs. 2 EGV von der Geltung der Vertragsvorschriften geltend zu machen.

348 *Kommission*, Bekanntmachung über die Anwendung der Wettbewerbsregeln auf dem Postsektor, ABl. 1998 Nr. C 39/2, 15 Zif. 8.4.

349 Kritisch zu dieser – allzu vorsichtigen – Vorgehensweise der Kommission: *Basedow*, EuZW 1996, 143, 147: Die Kommission habe Rücksicht genommen auf soziale Bestandsschutzinteressen in den Mitgliedstaaten. Die seien aber durch Art. 86 Abs. 2 EGV nicht geschützt. Ähnlich: *Andersen* (1998), S. 14 unter Hinweis auf die Erfahrungen mit der Liberalisierung der Direktwerbung in den Niederlanden, Spanien und Deutschland: eine Gefährdung des Universaldienstes sei ausgeblieben.

350 *Kommission*, XXIX. Wettbewerbsbericht (1999), S. 20 Rn. 78.

Gemeinschaftsrechtlich ist die These von der Beweislastumkehr allerdings angreifbar. Das Primärrecht der Gemeinschaft beansprucht weiterhin Vorrang vor dem sekundären Gemeinschaftsrecht.[351] Dies gilt auch für die Beweislastverteilung. Auch geht es hier nicht allein und nicht primär um die Beweislastverteilung im Zusammenhang mit der Frage, ob alternative, gemeinschaftsrechtskonformere Mittel die Aufgabenerfüllung gewährleisten könnten – in diesem Zusammenhang könnte sich die Kommission für die These einer Beweislastumkehr unter Umständen auf die „*Energiemonopol*"-Urteile des EuGH berufen.[352] Vorgängig zu beantworten ist die Frage, ob die konkrete Reichweite des Ausschließlichkeitsrechts erforderlich ist – die Beweislast hierfür liegt auch nach der neueren Rechtsprechung des EuGH bei derjenigen Partei, die sich auf die Ausnahmevorschrift beruft. Schließlich erklärt sich die These von der Beweislastumkehr auch nicht aus dem allgemein anerkannten Umstand, daß Sekundärrecht der Gemeinschaft bei der Auslegung und Anwendung des Art. 86 Abs. 2 S. 2 EGV – insbesondere bei der Definition des Gemeinschaftsinteresses – bedeutsam sein kann: Art. 86 Abs. 2 S. 2 EGV errichtet eine zusätzliche Schranke für Vertragsverstöße, die nach Art. 86 Abs. 2 S. 1 EGV gerechtfertigt wären, erlaubt aber keine Abmilderung des Prüfungsmaßstabs in Art. 86 Abs. 2 S. 1 EGV. So ist die These der Kommission von einer Beweislastumkehr als eine Erklärung zu lesen, wie sie angesichts der tatsächlichen Schwierigkeiten in der Anwendung der Verhältnismäßigkeitsprüfung auf Ausschließlichkeitsrechte und angesichts der politischen Konfliktlage von der ihr in Art. 86 Abs. 3 EGV eingeräumten Überwachunskompetenz Gebrauch zu machen gedenkt. Dies verdeutlicht die rechtliche Problematik des im Postbereich gewählten Verfahrens einer Liberalisierung durch Harmonisierung: es impliziert eine Kompetenzverlagerung zum Rat, verbunden mit der naheliegenden Gefahr, daß dieser so die Auslegungskompetenz hinsichtlich der Bedeutung des Primärrechts für die gemeinschaftsrechtliche Zulässigkeit von Ausschließlichkeitsrechten an sich zu ziehen versucht.

3. Das sekundärrechtliche Universaldienstkonzept im Postsektor

Der Harmonisierung des Universaldienstes im Postsektor ist frühzeitig[353] eine besondere – und vom Liberalisierungsanliegen weitgehend losgelöste – Bedeutung beigemessen worden. Im Mittelpunkt stand dabei die infrastrukturelle Dimension des Postsektors als Voraussetzung für Kommunikation, Wirtschaft und Handel in der Gemeinschaft,[354] wobei den Postdiensten für bestimmte Wirtschaftszweige wie Versandhandel, Vertrieb von Fachzeitschriften und Direktwerbung eine besondere Bedeutung zukommt.[355] Angesichts erheblicher Qualitätsunterschiede in der postalischen Versorgung in den einzelnen Mitgliedstaaten, die Dysfunktionen im grenzüberschreitenden Postverkehr bewirkten und eine Entwicklung bestimmter, in besonderem Maße auf einen zuverlässigen

351 Bestätigt in Erwägungsgrund 41 der Postbinnenmarktrichtlinie.

352 Siehe für eine eingehendere Diskussion: Teil B III. 2.d)ff)ccc) und IV.2.d)bb).

353 Vgl. *Kommission*, Grünbuch Post (1992).

354 Erwägungsgrund 2 der Postbinnenmarktrichtlinie; lobend wird dies erwähnt von *Delfau* (1995), S. 17, der von einem „réel effort pour prendre en compte d'autres impératifs que la concurrence" spricht.

355 Vgl. *Kommission*, Leitlinien für die Entwicklung der gemeinschaftlichen Postdienste, KOM(93)247 endg., S. 43; *Kommission*, Grünbuch Post (1992), S. 37.

Postverkehr angewiesener Wirtschaftszweige behinderten,[356] ging die Kommission von einem genuinen *Gemeinschaftsinteresse* an der „Aufrechterhaltung bzw. Entwicklung eines universalen Postdienstes mit flächendeckenden Abhol- und Zustelldiensten in der ganzen Gemeinschaft, zu allgemein tragbaren Preisen und zufriedenstellender Qualität“[357] und damit an der Schaffung eines Universal-Postdienstes auf Gemeinschaftsebene aus.[358] Die Gemeinschaft müsse – unter anderem mit Blick auf das Ziel der Förderung des wirtschaftlichen und sozialen Zusammenhalts[359] – sicherstellen, daß alle Regionen angemessen an das postalische Universaldienstnetz angeschlossen seien und die Verbraucher auch in entlegeneren Regionen nicht infolge einer schlechten postalischen Versorgung in ihren Wahlmöglichkeiten beschränkt würden.[360] Vor allem aber würden durch eine solche Harmonisierung die Rahmenbedingungen eines Binnenmarkts für solche Dienstleistungen, die auf Postdienste angewiesen seien, verbessert.[361] Qualitativ hochwertige und effiziente gemeinschaftsweite Postdienste seien ein wichtiger Faktor für das Wachstum bestimmter Wirtschaftszweige.[362] Die Universaldienst-Harmonisierung im Postsektor ist damit – anders als die Universaldienst-Harmonisierung im Telekommunikationssektor – vorrangig durch ein infrastrukturpolitisches Interesse der Gemeinschaft,[363] nicht durch ein Liberalisierungsanliegen geleitet. Das Ziel, die in allen Mitgliedstaaten zu gewährleistende Universaldienstaufgabe in Inhalt, Umfang und Struktur so auszugestalten, daß eine optimale Kompatibilität von Universaldienst und Wettbewerb gewährleistet ist, spielt im Postsektor nur eine untergeordnete Rolle.

a) Harmonisierung des Universaldienstinhalts bzw. -umfangs

Art. 3 Abs. 1 Postbinnenmarktrichtlinie verpflichtet die Mitgliedstaaten sicherzustellen, „daß den Nutzern ein Universaldienst zur Verfügung steht, der ständig flächendeckend postalische Dienstleistungen einer bestimmten Qualität zu tragbaren Preisen für alle Nutzer bietet“. Mindestumfang und Mindestqualität des gemeinschaftsweit zu gewährleistenden postalischen Universaldienstes werden in der Richtlinie näher präzisiert: Der Universaldienst bezieht sich gem. Art. 3 Abs. 4 Postbinnenmarktrichtlinie auf die Abholung, Sortierung, Beförderung und Zustellung von Postsendungen bis zu 2 kg; auf die

---

356 *Kommission*, Grünbuch Post (1992), S. 2 f. und S. 195; *Kommission*, Leitlinien für die Entwicklung der gemeinschaftlichen Postdienste, KOM(93)247 endg., S. 5.

357 *Kommission*, Grünbuch Post (1992), S. 1; vgl. auch S. 159. Ähnlich auch die Entschließung des Rats v. 7. 2. 1994, ABl. 1994 Nr. C 48/3. Vgl. auch *Gröner/Knorr*, EWS 1996, 225.

358 Erwägungsgrund 11 der Postbinnenmarktrichtlinie; vgl. auch *Kommission*, Entwurf einer Bekanntmachung über die Anwendung der Wettbewerbsregeln auf dem Postsektor, ABl. 1995 Nr. C 322/3 Tz. 5.1., wo die Kommission das in Art. 86 Abs. 2 S. 1 EGV genannte „allgemeine wirtschaftliche Interesse“ an einer Dienstleistung als Gemeinschaftsinteresse versteht, und die Gemeinschaft damit zum eigentlichen Universaldienstträger macht.

359 *Kommission*, Grünbuch Post (1992), S. 193, 195; *Kommission*, Leitlinien für die Entwicklung der gemeinschaftlichen Postdienste, KOM(93)247 endg., S. 57.

360 *Kommission*, Grünbuch Post (1992), S. 3 und S. 196.

361 Zusammenfassend zu diesen Gesichtspunkten: Erwägungsgrund 7 der Postbinnenmarktrichtlinie; deutlich auch in der Entschließung des Rats v. 7. 2. 1994, ABl. 1994 Nr. C 48/3; *Kommission*, Leitlinien für die Entwicklung der gemeinschaftlichen Postdienste, KOM(93)247 endg., S. 5.

362 *Kommission*, Grünbuch Post (1992), S. 160; auch S. 31.

363 Deutlich: *Kommission*, Grünbuch Post (1992), S. 187.

Abholung, Sortierung, Beförderung und Zustellung von Postpaketen bis zu 10 kg (maximal bis zu 20 kg)[364]; und auf Dienste für Einschreiben und Wertsendungen. Umfaßt sind sowohl Inlanddienste als auch grenzüberschreitende Dienste (Art. 3 Abs. 7 Postbinnenmarktrichtlinie). Gem. Art. 3 Abs. 3 Postbinnenmarktrichtlinie hat eine Abholung der Post von den Abholpunkten und eine Zustellung am Wohn- oder Geschäftssitz – vorbehaltlich der Geltendmachung besonderer Umstände durch einen Mitgliedstaat – an allen Arbeitstagen, mindestens aber an fünf Tagen pro Woche zu erfolgen. Den Mitgliedstaaten bleibt es vorbehalten, die Dichte der Zugangs-[365] und Abholungspunkte festzulegen, die allerdings gem. Art. 3 Abs. 2 Postbinnenmarktrichtlinie den Anforderungen der Benutzer entsprechen soll. Die Preise für Universaldienste – auch für die grenzüberschreitenden Leistungen[366] – müssen für die Benutzer „tragbar" sein. In Art. 16 S. 3 Postbinnenmarktrichtlinie wird die Kommission ermächtigt, Qualitätsvorgaben für *grenzüberschreitende innergemeinschaftliche* Dienste festzulegen. Ziel für grenzüberschreitende Sendungen ist vorerst die Zustellung von 90% der grenzüberschreitenden innergemeinschaftlichen Sendungen nach 3 Werktagen, von 97% der Sendungen innerhalb von fünf Werktagen.[367] Die Festlegung der Qualitätsnormen für Inlandsdienste (insbesondere betreffend die Laufzeiten, die Regelmäßigkeit und die Zuverlässigkeit der Dienste)[368] bleibt – entsprechend dem Subsidiaritätsprinzip – weitgehend den Mitgliedstaaten überlassen,[369] die allerdings die Normen für innergemeinschaftliche Dienste zu beachten haben.[370] Die Mitgliedstaaten sind verpflichtet, eine vom Postbetreiber unabhängige Regulierungsbehörde zu benennen (Art. 22 Postbinnenmarktrichtlinie), die einmal jährlich eine Leistungskontrolle durchzuführen und die Einhaltung der sich aus der Postbinnenmarktrichtlinie ergebenden Verpflichtungen zu kontrollieren hat (Art. 16 S. 4 Postbinnenmarktrichtlinie).[371]

Durch die Postbinnenmarktrichtlinie wird die Gemeinschaft mithin – wie zuvor bereits im Telekommunikationssektor – zum Gewährleistungsträger eines relativ präzise vorgegebenen gemeinschaftsweiten Mindestuniversaldienstes im Postbereich. Anders als in der Telekommunikation ist dieser Mindestuniversaldienst aber nicht gleichzusetzen mit einer festen Eingrenzung der gemeinschaftsrechtlich privilegierungsfähigen „besonderen Aufgaben", d. h. mit einer Eingrenzung desjenigen Kreises von Diensten und Aufgaben, zu deren Finanzierung sich ein Mitgliedstaat gegebenenfalls auf eine Ausnahme nach Art. 86 Abs. 2 EGV berufen kann. Die Richtlinie beläßt den Mitgliedstaaten unter Berufung auf das Subsidiaritätsprinzip[372] in wichtigen Punkten Spielräume und stellt es ihnen frei, Universaldienstverpflichtungen festzulegen, die über die Grenzen der in der

364 Art. 3 Abs. 5 Postbinnenmarktrichtlinie.
365 Sog. Schalternetzdichte.
366 Erwägungsgrund 11 der Postbinnenmarktrichtlinie.
367 Vgl. Anhang zur Postbinnenmarktrichtlinie.
368 Art. 16 S. 2 Postbinnenmarktrichtlinie.
369 Vgl. Art. 16 S. 1 Postbinnenmarktrichtlinie; auch Erwägungsgrund 10.
370 Art. 17 S. 1 Postbinnenmarktrichtlinie.
371 Vgl. Erwägungsgrund 31 der Postbinnenmarktrichtlinie, wo eine gemeinsame Meßmethodik gefordert wird, um die Konvergenz der Qualität der Dienstleistungen gemeinschaftsweit bestimmen zu können; auch Erwägungsgrund 33.
372 Vgl. z. B. Erwägungsgrund 10 der Postbinnenmarktrichtlinie; *Kommission*, Grünbuch Post (1992), S. 193.

Postbinnenmarktrichtlinie genannten Pflichtdienste hinausgehen.[373] So werden ihnen keine Vorgaben über die maximale Dichte des Postnetzes gemacht, zu dessen Finanzierung sie sich auf Art. 86 Abs. 2 EGV berufen können.[374] Gerade ein engmaschiges Filialnetz ist aber kostenträchtig,[375] wobei auf der anderen Seite die durch ein solches Filialnetz verursachten Universaldienstkosten schwer zu bestimmen sind.[376] Auch wird von Ökonomen auf die Existenz von effizienteren und kostengünstigeren Alternativen zu einem überdimensionierten Filialnetz hingewiesen, welche die Zugänglichkeit der traditionell in den Postämtern erbrachten Postdienstleistungen in gleicher Weise gewährleisten könnten.[377] Auf diese Gesichtspunkte geht die Postbinnenmarktrichtlinie nicht ein. Auch hierin zeigt sich, daß die gemeinschaftsrechtliche Bestimmung des Universaldienstniveaus im Postsektor nicht die Funktion hat, die mit der Universaldiensterbringung verbundenen Kosten einzugrenzen.

b) Universaldienstprinzipien und Betrauung

Neben Universaldienstinhalten werden in der Postbinnenmarktrichtlinie bestimmte Universaldienstprinzipien festgeschrieben, die offenkundig in Anlehnung an die französischen „service public"-Prinzipien entwickelt worden sind:[378] in Art. 5 Postbinnenmarktrichtlinie kommt der Grundsatz der (zeitlichen und räumlichen) Kontinuität der

---

373 Vgl. hierzu bereits: *Kommission*, Leitlinien für die Entwicklung der gemeinschaftlichen Postdienste, KOM(93)247 endg., S. 21: der sekundärrechtlich definierte gemeinschaftsweite Universaldienst-Standard sei nur ein Mindeststandard. Entsprechend den eigenen legitimen Interessen könne jeder Mitgliedstaat eine darüber hinausreichende Universaldienstdefinition beschließen. Auch qualitativ könne jeder Mitgliedstaat höhere Anforderungen an den postalischen Universaldienst stellen, als dies in der Postbinnenmarktrichtlinie vorgesehen sei. Auch dieser Aspekt der Postbinnenmarktrichtlinie wurde in Frankreich sehr begrüßt – vgl. *Delfau* (1995), S. 14.

374 Dazu, daß auch die Aufrechterhaltung eines Systems von Postämtern bzw. Postschaltern einer bestimmten, von den Mitgliedstaaten zu bestimmenden Dichte zu den gemeinschaftsrechtlich privilegierungsfähigen „besonderen Aufgaben" i. S. d. Art. 86 Abs. 2 EGV zählt: *Delfau* (1995), S. 33; *NERA* (1998), S. 4, wobei die Studie selbst diesem Verständnis kritisch gegenübersteht.

375 Nach *Gröner/Knorr*, EWS 1996, 225, 228 wird das Defizit im Postbereich vornehmlich durch „den Unterhalt des fixkostenintensiven überdimensionierten und unterausgelasteten Niederlassungsnetzes der Postverwaltungen" verursacht.

376 Dies insbes. deswegen, weil von den Postämtern regelmäßig auch eine erhebliche Anzahl von Dienstleistungen erbracht werden, die nicht i. S. d. Art. 86 Abs. 2 S. 1 EGV von „allgemeinem wirtschaftlichem Interesse" sind. Die Zuordnung der Kosten des Filialnetzes zu den Dienstleistungen von allgemeinem wirtschaftichen Interesse einerseits, anderen Dienstleistungen andererseits ist schwer zu schätzen – siehe *NERA* (1998), S. vi und S. 50 f.

377 A. a. O., S. 86: „The size of the counters network is often determined less by the needs of postal operations than by the obligation to provide governmental and financial transactions. Governments should fully compensate postal administrations for any extra burden imposed by the obligation to provide governmental services". Es stellt sich auf diesem Hintergrund die Frage, ob die gemeinschaftsrechtlich privilegierungsfähige „besondere Aufgabe" nicht besser leistungsbezogen – mit Blick auf die Zugänglichkeit konkreter, traditionell am Postschalter erbrachten Leistungen – zu bestimmen ist. Vgl. zu derartigen Möglichkeiten z. B. *Knorr*, ZögU 1996, Beiheft 19, 68, 72: eigene Niederlassungen des nationalen Postbetreibers könnten vermehrt durch Annahmstellen in Kaufhäusern ersetzt oder private Einzelhändler mit dem Verkauf postalischer Dienstleistungen in deren Geschäften auf Kommissionsbasis betraut werden; auch *Gröner/Knorr*, EWS 1996, 225, 228.

378 Dies wird in der französischen Literatur vielfach herausgestellt – vgl. *Delfau* (1995), S. 12 f. und S. 35; *Borotra* (1995), S. 64.

Dienstleistungserbringung zum Ausdruck, der eine Unterbrechung oder Einstellung des Universaldienstes verbietet, ausgenommen in Fällen höherer Gewalt. Genannt werden außerdem der Grundsatz der Gleichbehandlung[379], der Grundsatz der Neutralität[380] und das Prinzip der Weiterentwicklung des Universaldienstes „entsprechend den technischen, wirtschaftlichen sowie sozialen Gegebenheiten sowie gemäß den Bedürfnissen der Nutzer“[381]. Hinzu tritt das erklärte Ziel der Universaldienst-Harmonisierung im Postsektor, ein einheitlich hohes Dienstleistungsniveau, also eine hohe Qualität zu gewährleisten.[382] Darüber hinaus haben die Mitgliedstaaten auch im Postsektor – wie im Bereich der Telekommunikation – die Erschwinglichkeit der Preise zu gewährleisten (Art. 3 Abs. 1 Postbinnenmarktrichtlinie).

Das Prinzip der Erschwinglichkeit postalischer Universaldienste wird in Art. 12 Postbinnenmarktrichtlinie dahingehend konkretisiert, daß die Dienste auch mit Blick auf die Preishöhe allen Nutzern zugänglich sein müssen. Wann dies der Fall ist, ist von den Mitgliedstaaten festzustellen. Die Erschwinglichkeit der Leistungen erscheint in der Postbinnenmarktrichtlinie als eines von mehreren Tarifierungsprinzipien. Die anderen sind: der Grundsatz der Transparenz der Preise, der Grundsatz der Objektivität, der Grundsatz der Nichtdiskriminierung und der Grundsatz der Kostenorientierung.[383] Trotz des Gebotes der Kostenorientierung[384] ist die Beibehaltung eines landesweiten Einheitstarifs zulässig.[385] Allerdings soll die Anwendung eines Einheitstarifs gemäß Art. 12, 3. Spiegelstrich Postbinnenmarktrichtlinie „nicht das Recht des (der) Universaldienstanbieter(s) aus[schließen], mit Kunden individuelle Preisvereinbarungen zu treffen“. Damit wird das Prinzip der Tarifeinheit als privilegierungsfähige „besondere Aufgabe“ zwar in gewisser Weise relativiert – jedoch in schwächerer Form als im Telekommunikationssektor.

Die Postbinnenmarktrichtlinie enthält keine näheren Vorgaben für die Auswahl des mit der Universaldiensterbringung zu betrauenden Unternehmens.[386] Alle Fragen, die mit der Auswahl des zu betrauenden Unternehmens und mit der Betrauung selbst im Zusammenhang stehen, bleiben den Mitgliedstaaten überlassen.

---

379 Art. 5 der Postbinnenmarktrichtlinie. Das Diskriminierungsverbot verbietet jedoch nicht ein individuelles Aushandeln von Verträgen mit Kunden – vgl. Erwägungsgrund 15 der Postbinnenmarktrichtlinie.

380 „Erbringung der Dienstleistungen ohne Diskriminierung, insbesondere ohne Diskriminierung aus politischen, religiösen oder weltanschaulichen Gründen“ – Art. 5 Postbinnenmarktrichtlinie.

381 Art. 5 Postbinnenmarktrichtlinie; im Richtlinienvorschlag hieß es demgegenüber noch: „gemäß der *Nachfrage* der Benutzer“ [Hervorhebung durch H.S.].

382 Vgl. z. B. Erwägungsgrund 30 der Postbinnenmarktrichtlinie.

383 Vgl. Erwägungsgrund 26 der Postbinnenmarktrichtlinie.

384 Vgl. Art. 12 Postbinnenmarktrichtlinie.

385 Vgl. Art. 12 Postbinnenmarktrichtlinie. Dies war von französischer Seite stets gefordert worden – vgl. *Delfau* (1995), S. 12 f. und S. 15; *Borotra* (1995), S. 64. Kritisch hingegen: *Basedow*, EuZW 1996, 143, 148, zumindest soweit das Prinzip der Tarifeinheit auch in liberalisierten Bereichen beibehalten werden kann. Kritisch auch *Campbell*, in: Stumpf/Elsenbast (Hrsg.) (1996), S. 115, 131: das Prinzip der Tarifeinheit mache unter Umständen die Beibehaltung eines wesentlich ausgedehnteren reservierten Bereichs erforderlich als dies andernfalls der Fall wäre.

386 Vgl. Art. 4 Postbinnenmarktrichtlinie.

c) *Harmonisierung des Rechtsrahmens für die Finanzierung der Universaldienste*

Die Postbinnenmarktrichtlinie gestattet den Mitgliedstaaten die Beibehaltung von sogenannten reservierten Gebieten, d. h. von durch Ausschließlichkeitsrechte geschützten Dienstleistungsbereichen, zur Finanzierung der Universaldienstkosten. Es erübrigte sich damit für den Postbereich eine Festlegung der Grundsätze für die präzise Berechnung der Universaldienst-Nettokosten[387] und für die gleichmäßige, wettbewerbskonforme Aufteilung dieser Kosten auf alle Marktteilnehmer. Harmonisiert wurden statt dessen die Kriterien für die reservierbaren Bereiche. Begründet wird diese Harmonisierung damit, daß so Wettbewerbsverzerrungen zwischen den Mitgliedstaaten möglichst gering gehalten werden könnten.[388]

Reservierbar sind nur Dienste, die in der Postbinnenmarktrichtlinie als Universaldienste qualifiziert sind. Dieser Grundsatz ergibt sich bereits aus der Rechtsprechung des EuGH (s. o., B.III.2.a); siehe insbesondere das Urteil „*Corbeau*"). Die Postbinnenmarktrichtlinie engt den Kreis der reservierbaren Dienste in Art. 7 Abs. 1 Postbinnenmarktrichtlinie weiter ein. Hierin liegt der eigentliche Harmonisierungsgehalt der insoweit einschlägigen Richtlinienvorschriften.[389] Reservierbar sind – neben den Inlandsbriefsendungen bis zu 350 g und bis zu einem Preis unter dem Fünffachen des öffentlichen Tarifs für eine Briefsendung der ersten Gewichtsklasse der Standardsendungen – vorerst auch der Bereich der Direktwerbung und der grenzüberschreitenden Postdienstleistungen.

Für die Finanzierung nicht-reservierter Universaldienste wird in Art. 9 Postbinnenmarktrichtlinie eine zusätzliche Option eröffnet: Die Mitgliedstaaten können die Bewilligung von Betriebsaufnahmegenehmigungen an die Bedingung knüpfen, daß zugleich Universaldienstverpflichtungen in angemessenem Umfang übernommen werden (Art. 9 Abs. 2). Folgen aus diesen Universaldienstverpflichtungen ungleichgewichtige finanzielle Belastungen für die einzelnen Marktakteure, so können die Anbieter von genehmigungspflichtigen Postdienstleistungen zur Einzahlung in einen Ausgleichsfonds verpflichtet werden, über den die finanziellen Nachteile ausgeglichen werden, die sich für den Universaldienstanbieter aus der Universaldienstverpflichtung ergeben (Art. 9 Abs. 4 Postbinnenmarktrichtlinie).[390] Die Möglichkeit einer Universaldienstfinanzierung über

---

387 Statt dessen ergibt sich bei Beibehaltung von Ausschließlichkeitsrechten im Postsektor aus wettbewerbsrechtlicher Sicht die Aufgabe, eine Quersubventionierung vom reservierten in den wettbewerblichen Bereich zu verhindern.

388 *Kommission*, Bekanntmachung über die Anwendung der Wettbewerbsregeln auf dem Postsektor, ABl. 1998 Nr. C 39/2, 5, Vorwort.

389 Traditionell haben die Mitgliedstaaten unterschiedliche Kriterien für die Abgrenzung der für die Postverwaltungen reservierten Bereiche verwendet. Zwar haben alle Mitgliedstaaten Warensendungen aus dem reservierten Bereich ausgeklammert. Bei der Eingrenzung des reservierten Bereichs mit Blick auf Einsammeln, Beförderung und Verteilung von *Schriftstücken* haben jedoch einige Mitgliedstaaten auf das Kriterium „Gewicht" abgestellt (mit Gewichtsgrenzen, die zwischen 500g und 2 kg. schwankten), andere auf das Kriterium „Preis", wieder andere auf eine Kombination der beiden Kriterien (vgl. *Kommission*, Grünbuch Post (1992), S. 45).

390 Kritisch zu dieser Kombination von Monopolrechten zur Finanzierung reservierter Universaldienste und Universaldienstfonds zur Finanzierung nicht-reservierter Universaldienste, insbes. dann, wenn das Monopolunternehmen zugleich auch die Universaldienstverpflichtung für die nicht-reservierten Universaldienste übernimmt: *Gröner/Knorr*, EWS 1996, 225, 230: die Wettbewerber würden so ge-

ein Universaldienstfonds-Modell auch im Postsektor ist damit angedeutet. Diese Möglichkeit wird in Art. 9 Abs. 4 auf die Kosten beschränkt, die aus dem in Art. 3 definierten postalischen Universaldienst resultieren. Eine Verpflichtung der Mitgliedstaaten, dieses Modell, soweit es praktikabel erscheint, der Beibehaltung von Ausschließlichkeitsrechten vorzuziehen, wird jedoch nicht ausgesprochen.

Möglich bleibt unter Umständen auch eine Finanzierung von Universaldiensten im nicht reservierten Bereich durch eine Quersubventionierung vom reservierten in den nichtreservierten Bereich, – die trotz eines Verstoßes gegen Art. 82 EGV (eventuell auch gegen Art. 86 Abs. 1 i. V. m. Art. 82 EGV) durch Art. 86 Abs. 2 EGV gerechtfertigt sein könnte. Für die Feststellung einer solchen Rechtfertigung bedarf es allerdings einer Prüfung der Voraussetzungen des Art. 86 Abs. 2 EGV im Einzelfall.[391]

d) Umsetzung der Richtlinienvorgaben in Deutschland und Frankreich

Die Frist für die Umsetzung der Postbinnenmarktrichtlinie lief am 10. Februar 1999 ab. Um das in dieser Richtlinie gewählte Liberalisierungs- und Universaldienstkonzept zu bewerten, bedarf es eines Blicks auf die Art und Weise, in der die Mitgliedstaaten von den ihnen verbleibenden Handlungsspielräumen Gebrauch gemacht haben. Dies soll exemplarisch am Beispiel von Deutschland und Frankreich untersucht werden.

aa) Deutschland

In Deutschland folgte man bei der Anpassung der Rechtslage an den gemeinschaftsrechtlichen Rahmen weitgehend dem Modell, wie es für die Telekommunikation entwickelt worden war. Der neue Art. 87 f GG dokumentierte den Übergang vom Prinzip der staatlichen Leistungsverantwortung im Monopol zur staatlichen Gewährleistungsverantwortung im Wettbewerb auch für den Postsektor. Der Bund gewährleistet danach im Bereich der Post, wie bereits im Bereich Telekommunikation, „flächendeckend angemessene und ausreichende Dienstleistungen“.

Im einzelnen sind die gemeinschaftsrechtlichen Vorgaben in Deutschland im Postgesetz vom 22. Dezember 1997[392] umgesetzt. Gem. § 1 PostG ist es Zweck des Gesetzes, durch sektorspezifische Regulierung den Wettbewerb zu fördern und gleichzeitig eine postalische Grundversorgung zu gewährleisten. Zum 1. 1. 2003 soll der deutsche Postmarkt vollständig für Wettbewerb geöffnet werden.[393] Der Universaldienst soll dann im

---

zwungen, ihren wichtigsten Wettbewerber zu subventionieren. Zugleich ergebe sich daraus eine kostensteigernde Zusatzbelastung der aktuellen und potentiellen privaten Wettbewerber.

391 Vgl. *Hancher/Buendia Sierra*, CMLRev. 1998, 901, 942.

392 BGBl. I, 3294.

393 Unterschieden wird weiterhin zwischen einem lizenzpflichtigen Bereich, dessen Umfang in § 5 PostG festgelegt ist, und einem lizenzfreien Bereich. Selbst im lizenzpflichtigen Bereich hat die Regulierungsbehörde jedoch eine Lizenz auf Antrag zu erteilen, wenn nicht einer der enumerativ aufgelisteten gesetzlichen Versagungsgründe vorliegt (siehe § 6 PostG). Die Lizenzpflicht ist also als präventive Kontrollerlaubnis ausgestaltet.

Wettbewerb und mit der Maßgabe erbracht werden, daß dadurch Chancengleichheit aller Anbieter in den Postmärkten möglichst wenig beeinträchtigt wird.

Bis zum 1. 1. 2003 hat der Gesetzgeber der Deutsche Post AG allerdings eine gesetzliche Exklusivlizenz und damit weiterhin ein Ausschließlichkeitsrecht für einen erheblichen Teil des Postmarktes (§ 51 PostG) zugestanden[394] – wenngleich das Ausschließlichkeitsrecht in seinem Umfang hinter der in Art. 7 Abs. 1 Postbinnenmarktrichtlinie genannten Obergrenze zurückbleibt. Bis zu diesem Zeitpunkt kann gem. § 52 PostG auch nur die Deutsche Post AG zu Universaldienstleistungen herangezogen werden.

Das deutsche Universaldienstkonzept im Postsektor gleicht damit zwar im Ansatz dem Universaldienstkonzept in der Telekommunikation:[395] die ordnungspolitische Verpflichtung auf den Wettbewerb ist integraler Teil des Universaldienstkonzepts. Zunächst soll die Leistungsfähigkeit des Wettbewerbs hinsichtlich einer Versorgung mit Universaldienstleistungen ausgeschöpft werden, bevor zur Deckung von Versorgungsdefiziten regulatorisch eingegriffen wird.[396] Die Reduktion des Universaldienstkonzepts auf eine Festlegung bestimmter, gemeinschaftsweit zu gewährleistender Grundversorgungsziele unter Loslösung des Konzepts vom Wettbewerbsziel, wie sie die Postbinnenmarktrichtlinie charakterisiert, wird nicht mitvollzogen.[397]

Die vollständige Liberalisierung des Sektors erfolgt aber erst zu einem erheblich späteren Zeitpunkt. Auch sind in Deutschland die Regulierungsziele für den Postsektor weiter gefaßt als die für den Telekommunikationssektor. So nennt § 2 Abs. 2 PostG neben dem Verbraucherschutz und der Wahrung des Postgeheimnisses (§ 2 Abs. 2 Nr. 1), der Sicherstellung von funktionsfähigem Wettbewerb auf den Postmärkten, auch in der Flä-

---

394 Gem. § 51 PostG hat die Deutsche Post AG bis zum 31. 12. 2002 das ausschließliche Recht, Briefsendungen, adressierte Kataloge, deren Einzelgewicht weniger als 200 Gramm und deren Einzelpreis bis zum Fünffachen des am 31. 12. 1997 geltenden Preises für entsprechende Postsendungen der untersten Gewichtsklasse beträgt, gewerbsmäßig zu befördern. Gewisse Ausnahmen von diesem Ausschließlichkeitsrecht sind in § 51 S. 2 Nr. 1–7 PostG vorgesehen. Begründet wurde die Notwendigkeit eines solchen Ausschließlichkeitsrechts damit, es müsse ein „stufenweiser Übergang vom Monopol zum Wettbewerb" ermöglicht werden (BT-Drs. 13/7774, S. 33), die Deutsche Post AG habe die Kosten für die Übernahme der Versorgungslasten für Postbeamte im Ruhestand zu tragen und müsse überdies fitgemacht werden für den Börsengang. Kritisch zur Weite des Ausschließlichkeitsrechts der Deutschen Post AG für die Übergangszeit und zu dessen Begründung: *Gramlich*, NJW 1998, 866, 869. Über die Reichweite der Exklusivlizenz der Deutschen Post AG nach § 51 Abs. 1 S. 2 Nr. 4 PostG wird seit Erlaß des Postgesetzes heftig gestritten – auch vor Gericht. Vgl. hierzu und zur Reichweite der Exklusivlizenz der Deutschen Post AG aus Sicht der Regulierungsbehörde: *RegTP*, Tätigkeitsbericht 1998/1999, S. 186 f. Auch: *Stark*, NJW 2000, 709 f.; *v. Danwitz*, NJW 1999, 3025 f. Die deutsche Regulierungsbehörde hat sich in ihrem Tätigkeitsbericht 1998/1999, S. 188 gegen eine Verlängerung der Exklusivlizenz der Deutschen Post AG über den 31. 12. 2002 hinaus ausgesprochen. Eine längere Beibehaltung dieses Ausschließlichkeitsrechts sei auch aus gemeinschaftsrechtlicher Sicht problematisch, da angesichts des in § 15 PostG vorgesehenen Ausgleichsmechanismus für Universaldienstkosten das Ausschließlichkeitsrecht nicht länger erforderlich sei. Ebenso: *Monopolkommission*, Sondergutachten 29 (1999), Rn. 96.

395 Vgl. *Knauth/Husch*, ArchivPT 1997, 5, 12; *Badura*, ArchivPT 1997, 277, 281.

396 Vgl. *Badura*, ArchivPT 1997, 277, 278 und S. 281.

397 In der deutschen Lit. wird vor diesem Hintergrund weithin davon ausgegangen, daß die Liberalisierung des Postsektors in Deutschland über das gemeinschaftsrechtlich Gebotene hinausgehe – vgl. z. B. *Badura*, ArchivPT 1997, 277, 278.

che (§ 2 Abs. 2 Nr. 2), der Sicherstellung eines postalischen Universaldienstes (§ 2 Abs. 2 Nr. 3) und der Wahrung der öffentlichen Sicherheit (§ 2 Abs. 2 Nr. 4) auch „die Berücksichtigung sozialer Belange“ (§ 2 Abs. 2 Nr. 5).[398] Hier wird die Regulierung in gewissem Umfang wieder für eine politische – in diesem Fall sozialpolitische – Instrumentalisierung geöffnet.[399]

aaa) Inhalt des Universaldienstes

Wie für die Telekommunikation so gilt auch für den Postsektor, daß eine enge Eingrenzung des Universaldienstes bereits aus Art. 87 f Abs. 1 GG hervorgeht: Welches Versorgungsniveau (qualitativ) angemessen und (quantitativ) ausreichend ist, ist *aus Nachfragesicht* zu bestimmen,[400] wodurch eine umfassende politische Instrumentalisierung des Universaldienstniveaus etwa zu industrie- und technologiepolitischen Zwecken ausgeschlossen wird.[401] Art. 87 f Abs. 1 GG engt damit den postalischen Universaldienst von vornherein stärker ein, als dies durch die Postbinnenmarktrichtlinie vorgegeben wird.

Den Vorgaben des Art. 87 f Abs. 1 GG entspricht auch die Definition von postalischen „Universaldienstleistungen“ in § 11 Abs. 1 PostG. Danach sind Universaldienstleistungen ein „Mindestangebot“ an Postdienstleistungen, die flächendeckend in einer bestimmten Qualität und zu einem erschwinglichen Preis erbracht werden. Der Universaldienst soll nur solche Dienstleistungen umfassen, die „allgemein als unabdingbar angesehen werden“. Er beschränkt sich im übrigen auf lizenzpflichtige Postdienstleistungen (d. h. diejenigen Dienstleistungen, die vormals dem Beförderungsvorbehalt unterlagen),[402] sowie auf solche, die in engem Zusammenhang damit stehen (§ 11 Abs. 1 S. 2).

Im einzelnen werden Inhalt und Umfang sowie Mindestqualität der postalischen Universaldienste in der nach § 11 Abs. 2 PostG von der Bundesregierung mit Zustimmung des Bundesrates erlassenen Post-Universaldienstleistungs-Verordnung (PUDLV) fest-

---

398 Dieses Regulierungsziel war Bestandteil des im Vermittlungsausschuß gefundenen Kompromisses zwischen der CDU-Mehrheit im Bundestag und der SPD-Mehrheit im Bundesrat. Die Bundesregierung hatte sich gegen eine derartige Regelung gewehrt und betont, der richtige Platz hierfür sei die allgemeine Sozialpolitik. Sektorspezifische Regelungen, die nicht zwingend durch Besonderheiten des Postwesens geboten seien, seien abzulehnen (BT-Drs. 13/7774, S. 46; siehe hierzu auch *Gramlich*, NJW 1998, 866, 868).

399 Eine solche Instrumentalisierung kann insbes. über die Lizenzvergabe erfolgen: gem. § 6 Abs. 3 S. 1 Nr. 3 PostG sind Tatsachen, die die Annahme rechtfertigen, daß der Antragsteller die „wesentlichen Arbeitsbedingungen, die im lizenzierten Bereich üblich sind, nicht unerheblich unterschreitet“, ein gesetzlicher Versagungsgrund für eine Lizenz. Auch kann eine bereits vergebene Lizenz unter diesen Bedingungen widerrufen werden. Die Regelung in § 6 Abs. 3 S. 1 Nr. 3 PostG ist damit begründet worden, es müsse der Gefahr vorgebeugt werden, daß der Wettbewerb durch ein massenhaftes Ausweichen in ungeschützte Arbeitsverhältnisse verzerrt werde (BT-Drs. 13/7774, S. 46). Kritisch hierzu: *Gramlich*, NJW 1998, 866, 869.

400 *Gabrisch* (1996), S. 9; *Witte*, ZögU 20 (1997), 434, 440 m. w. N.; *Maschke*, ZögU 21 (1998), 212, 215.

401 Vgl. Maunz/Dürig/Herzog-*Lerche*, GG-Kom., Art. 87f Rn. 79.

402 *Gramlich*, NJW 1998, 866, 871.

gelegt.[403] Der postalische Universaldienst umfaßt danach die Beförderung von Briefsendungen[404] bis zu 2000 Gramm, wobei auch die Sendungsformen des Einschreibens, der Wertsendung, der Nachnahmesendung und der Sendung mit Eilzustellung umfaßt sind, die Beförderung von adressierten Paketen bis zu einem Gewicht von 20 kg[405] und die Beförderung von Zeitungen und Zeitschriften (§ 1 Abs. 1 und Abs. 2 PUDLV). Die Universaldienstleistungen umfassen Inlandsdienstleistungen sowie grenzüberschreitende Leistungen (§ 1 Abs. 4 PUDLV). Die Qualitätsmerkmale der Brief- und Paketbeförderung sind in den §§ 2, 3 PUDLV näher präzisiert.[406] § 2 PUDLV enthält auch Vorgaben für die zu gewährleistende Dichte und Ausgestaltungsform des Postfilialnetzes[407] und der Aufstellung von Briefkästen.

Wie im Telekommunikationssektor so gilt auch im Postsektor, daß der Universaldienst dynamisch konzipiert ist: Sein Inhalt und Umfang ist der „technischen und gesellschaftlichen Entwicklung nachfragegerecht anzupassen“ (§ 11 Abs. 2 PostG).

bbb) Erschwinglichkeit der Leistungen

Gem. § 11 Abs. 1 PostG sind postalische Universaldienste zu erschwinglichen Preisen zu erbringen. § 6 Abs. 1 PUDLV führt zur Konkretisierung des Erschwinglichkeitserfordernisses eine Höchstpreisvorschrift ein: die Preise für Universaldienstleistungen gelten als erschwinglich, wenn sie den am 31. 12. 1997 geltenden realen Preis für die durchschnittliche Nachfrage eines Privathaushalts nach dieser Leistung nicht übersteigen.[408] Für diejenigen Dienstleistungen, die bis zu Beginn des Jahres 2003 weiterhin der Exklusivlizenz der Post unterfallen, bedeutet dies, daß der Preis für die Universaldienste dem im Rahmen der Entgeltregulierung genehmigten Preis entspricht, der die genannte Preisobergrenze nicht überschreiten darf. Die Maßstäbe für die Entgeltgenehmigung sind in § 20 PostG normiert. Zwar gilt danach prinzipiell der Grundsatz, daß sich die Preise an den Kosten einer effizienten Leistungsbereitstellung zu orientieren haben (§ 20 Abs. 1 PostG); gem. § 20 Abs. 2 PostG dürfen aber neben den Universaldienstkosten selbst auch „die Kosten für die Einhaltung der wesentlichen Arbeitsbedingungen, die im lizenzierten Bereich üblich sind“ und „die Kosten aus der Übernahme von Versorgungslasten für die Beschäftigten“ berücksichtigt werden.[409] Zumindest bis zum Jahr

---

403 Die PUDLV ist am 21. Dezember 1999 im Bundesgesetzblatt verkündet worden (BGBl. I, S. 2418) und rückwirkend zum 1. Januar 1998 in Kraft getreten. Vgl. zur PUDLV: *Ritgen*, NJW 2000, 1315 ff.

404 „Briefsendungen“ werden in § 4 Nr. 2 PostG definiert als „adressierte schriftliche Mitteilungen. Kataloge und wiederkehrend erscheinende Druckschriften wie Zeitungen und Zeitschriften sind keine schriftlichen Mitteilungen im Sinne des Satzes 1. Mitteilungen, die den Empfänger nicht mit Namen bezeichnen, sondern lediglich mit einer Sammelbezeichnung von Wohnung oder Geschäftssitz versehen sind, sind nicht adressiert im Sinne des Satzes 1“.

405 Kritisch hierzu aus systematischen Gründen: *Ritgen*, NJW 2000, 1315, 1317.

406 Näher zu den Brieflaufzeiten: *RegTP*, Halbjahresbericht 2000, S. 59 ff.

407 Vgl. hierzu auch: *Ritgen*, NJW 2000, 1315, 1316; *RegTP*, Halbjahresbericht 2000, S. 58 f. mit näheren Angaben zur Entwicklung der stationären Einrichtungen seit dem Inkrafttreten der PUDLV.

408 Siehe hierzu *Ritgen*, NJW 2000, 1315, 1317: durch diese Vorschrift werde sichergestellt, daß das Briefporto auf den Durchschnitt gesehen zwar nominal, nicht aber real ansteigen könne.

409 Kritisch: *Gramlich*, NJW 1998, 866, 870.

2003 bleibt der Preis für wesentliche Universaldienste damit ein politischer, kein wettbewerblicher Preis. Das deutsche Preisniveau ist im übrigen im internationalen Vergleich weiterhin hoch.[410]

Die Deutsche Post AG ist gem. § 6 Abs. 3 PUDLV verpflichtet, bis zum Jahr 2003 einen Einheitstarif für diejenigen Leistungen anzubieten, für die sie bis zu diesem Zeitpunkt eine Exklusivlizenz hält. Begründet wird diese Vorschrift mit dem Interesse an einer gleichwertigen Versorgung in allen Gebieten, d. h. auch in den ländlichen Räumen.[411] Unberührt bleibt allerdings – entsprechend einer Forderung der Deutschen Post AG[412] – ihr Recht, mit Kunden individuelle Preisabsprachen zu treffen.

Treten am Markt Versorgungslücken auf und wird daher die Betrauung eines Unternehmens mit Universaldienstpflichten erforderlich, so sollen Preise als erschwinglich gelten, die an den Kosten der effizienten Leistungsbereitstellung orientiert sind (§ 6 Abs. 2 PUDLV).

ccc) Betrauung

Der deutsche Gesetzgeber hat im Postsektor, wie bereits im Telekommunikationsektor, darauf verzichtet, von vornherein ein Unternehmen – praktisch in Betracht gekommen wäre allein die Deutsche Post AG – mit der Erbringung von Universaldienstleistungen zu betrauen. Universaldienstpflichten sollen einem Unternehmens nach dem PostG nur dann auferlegt werden, wenn feststeht – oder zu besorgen ist –, daß eine Universaldienstleistung nicht ausreichend oder angemessen erbracht wird (vgl. §§ 11, 12 PostG). In diesem Fall wird das in § 13 PostG vorgesehene, dem TKG nachgestaltete Verfahren eingeleitet, welches mit der Veröffentlichung der Feststellung einer Unterversorgung beginnt (§ 13 Abs. 1 PostG). Erklärt sich binnen einer einmonatigen Frist kein Unternehmen freiwillig dazu bereit, die Versorgungslücke zu decken, so kann die Regulierungsbehörde ein auf dem relevanten räumlichen und sachlichen Markt marktbeherrschendes Unternehmen zur Gewährleistung des Universaldienstes verpflichten (§ 13 Abs. 2 PostG). Ist zu erwarten, daß das zum Universaldienst verpflichtete Unternehmen dadurch einen wirtschaftlichen Nachteil erleidet und daher einen Ausgleichsanspruch hat, so kann (gegebenenfalls muß – vgl. § 14 Abs. 3 PostG) die Regulierungsbehörde diejenigen Dienstleistungen, aus denen möglicherweise ein Ausgleichsanspruch resultiert, ausschreiben und in einem objektiv, nachvollziehbar und diskriminierungsfrei ausgestalteten Verfahren an denjenigen Bewerber vergeben, der den geringsten Ausgleich verlangt (§ 14 PostG).

Allerdings geht das PostG davon aus, daß zunächst alle Universaldienstleistungen flächendeckend von der Deutschen Post AG erbracht werden. Beabsichtigt die Deutsche Post AG, eine Universaldienstleistung, die sie bislang erbracht hat, künftig nicht mehr in vollem Umfang – oder nicht mehr zu den in der UniversaldienstVO festgelegten Be-

410 Siehe *RegTP*, Halbjahresbericht 2000, S. 61 ff., insbes. S. 63.
411 Vgl. *Ritgen*, NJW 2000, 1315, 1317.
412 Siehe *Maschke*, ZögU 21 (1998), 212, 215 f.

dingungen – zu erbringen, so hat sie dies der Regulierungsbehörde sechs Monate im Voraus mitzuteilen (§ 56 PostG). Aufgrund ihrer bisherigen Marktbeobachtung hält die Regulierungsbehörde den Universaldienst ohne Betrauung eines Unternehmens und ohne Inanspruchnahme eines Kostenausgleichsverfahrens für gewährleistet.[413]

ddd) Kostenberechnung und Kostenausgleichsverfahren

Die Universaldienstkosten sind definiert als die durch die Erbringung des Universaldienstes entstehenden langfristigen zusätzlichen Kosten einschließlich einer angemessenen Verzinsung des Kapitals abzüglich der mit der Dienstleistung erzielten Erträge (§ 15 Abs. 2 PostG).

Werden sie nicht im Rahmen eines Ausschreibungsverfahrens ermittelt (§ 14 Abs. 2 PostG), so sind sie vom Universaldienstverpflichteten nachzuweisen. Die strukturellen Voraussetzungen für einen solchen Nachweis werden durch § 10 Abs. 2 PostG geschaffen. Danach wird von auf Postmärkten marktbeherrschenden Unternehmen – d. h. zugleich auch denjenigen, die gemäß § 13 Abs. 2 und Abs. 3 zur Gewährleistung eines Universaldienstes verpflichtet werden können – die Schaffung getrennter Rechnungslegungskreise für die einzelnen Postdienstleistungen innerhalb des lizenzierten Bereichs verlangt. Die finanziellen Beziehungen zwischen einzelnen Postdienstleistungen im lizenzierten Bereich und zwischen Postdienstleistungen im lizenzierten und im nicht lizenzierten Bereich müssen nachvollziehbar sein.

Der Universaldienstkosten-Finanzierungsmechanismus im Postsektor ist erneut dem entsprechenden Mechanismus im Telekommunikationssektor nachgestaltet. Voraussetzung für einen Ausgleichsanspruch ist der vom Universaldienstverpflichteten zu erbringende Nachweis, daß die langfristigen zusätzlichen Kosten der effizienten Leistungsbereitstellung[414] die Erträge übersteigen (§ 15 PostG). Ist dies der Fall, so werden Defizite mittels einer Ausgleichsabgabe auf alle Lizenznehmer[415] umgelegt, deren Umsatz in dem relevanten Kalenderjahr mehr als eine Million DM betrug (§ 16 PostG). Die Höhe der jeweils zu zahlenden Abgabe richtet sich nach dem Anteil des Umsatzes des betreffenden Lizenznehmers am Umsatz aller abgabepflichtigen Lizenznehmer (§ 16 Abs. 1 PostG).

Bislang ist eine Unterversorgung mit postalischen Universaldiensten im Markt noch nicht aufgetreten. Regulatorische Eingriffe waren daher bisher nicht erforderlich.[416]

---

413 *RegTP*, Tätigkeitsbericht 1998/1999, S. 183 ff.

414 Einschließlich einer angemessenen Verzinsung des eingesetzten Kapitals.

415 Kritisch zu dem Umstand, daß nur Lizenznehmer ausgleichspflichtig sind, nicht aber Postunternehmen ohne Lizenz: *Gramlich*, NJW 1998, 866, 871.

416 Vgl. *RegTP*, Halbjahresbericht 2000, S. 4.

eee) Bilanz

Dem deutschen PostG liegt die Prämisse zugrunde, daß eine angemessene Grundversorgung auch im Wettbewerb möglich ist. Die konkrete Ausgestaltung des Universaldienstes dient unter anderem dem Zweck, funktionsfähigen Wettbewerb zu ermöglichen. Der deutsche Gesetzgeber bleibt danach auch im Postsektor prinzipiell dem Universaldienstkonzept verpflichtet, wie die Kommission es für den Telekommunikationssektor entwickelt hat.

Allerdings hält das PostG – anders als das TKG – die Möglichkeit einer sektorspezifischen Beschäftigungs- und Sozialpolitik offen, die, je nach Ausgestaltung, den Eintritt von Wettbewerbern auf den Markt in Zukunft behindern und die faktische Monopolstellung der Deutschen Post AG insoweit stärken könnte.

Zugleich hat sich der deutsche Gesetzgeber für eine großzügige Übergangsregelung zugunsten der Deutschen Post AG entschieden, die unter wettbewerbsrechtlichen Gesichtspunkten problematisch ist. Die Beibehaltung des Monopols bis Ende 2002 und die gleichzeitige Genehmigung eines international hohen Briefportos im bis zu diesem Zeitpunkt reservierten Bereich ermöglichen der Deutschen Post AG die Quersubventionierung von Tätigkeiten im wettbewerblichen Bereich – insbesondere im Bereich des Paketdienstes – durch Gewinne aus dem reservierten Bereich.[417] Dies wäre ein Mißbrauch der Monopolstellung und mithin ein Verstoß gegen Art. 82 EGV, der weder auf der Grundlage des Art. 86 Abs. 2 EGV noch auf der Grundlage der Postbinnenmarktrichtlinie zu rechtfertigen wäre.

bb) Frankreich

In Frankreich wurde die Postbinnenmarktrichtlinie durch Art. 19 des Loi No. 99-533 du 25 juin 1999 d'orientation pour l'aménagement du territoire[418] umgesetzt, welcher die notwendigen Änderungen im Code PT vorsieht.

---

417 Vgl. hierzu: *Wolfgang Hoffmann*, in: Die Zeit Nr. 32 v. 3. August 2000, S. 17 f.: „In Gelb um die Welt". Siehe in diesem Zusammenhang: EuG Slg. 1999 II-2633 ff. – *„UPS"* (betreffend eine Untätigkeitsklage von UPS gegen die Kommission – der Klage wurde stattgegeben). Derzeit laufen zwei Verfahren gegen die Deutsche Post AG vor der Kommission (vgl. hierzu: Monopolkommission, Sondergutachten 29 (1999), Rn. 90): ein förmliches Beihilfeverfahren betreffend die mutmaßliche Quersubventionierung einer Reihe in- und ausländischer Unternehmenskäufe der Deutschen Post AG mit Einnahmen aus dem Briefmonopol (zu derselben Problematik ist ein Verfahren vor dem EuG anhängig – Rs. T-175/99 – vgl. *Kommission*, XXIX. Wettbewerbsbericht (1999), S. 30 Rn. 79) sowie die Verwendung dieser Einnahmen zum Ausgleich der Verluste im Paketbereich; und ein förmliches Mißbrauchsverfahren betreffend den Vorwurf einer Quersubventionierung des (wettbewerblichen) Paketdienstes – vor allem geht es um Paketdienstleistungen im Bereich des Versandhandels – durch Monopolgewinne aus dem Briefgeschäft (siehe FAZ v. 9. 8. 2000, „EU-Verfahren gegen Deutsche Post eröffnet").

418 Loi No. 99-533 du 25 juin 1999 d'orientation pour l'aménagement et le développement durable du territoire et portant modification de la loi no 95-115 du 4 février 1995 d'orientation pour l'aménagement et le développement du territoire, J.O. no. 148 du 29 juin 1999, S. 9515.

Anders als Deutschland entschied Frankreich sich nicht für eine weiterreichende Liberalisierung und Umstrukturierung des Postsektors sondern hielt sich eng an die Vorgaben der Postbinnenmarktrichtlinie. So entspricht der in Art. L.2 Code PT n. F. vorgesehene Monopolbereich von La Poste nunmehr exakt den nach der Postbinnenmarktrichtlinie reservierbaren Bereichen.

Ganz im Vordergrund der rechtlichen Regelungen steht nach wie vor der „service public"-Auftrag im Postsektor, der La Poste übertragen bleibt. La Poste ist gem. Art. L.2 Code PT n.F. primär mit der Erbringung des Universaldienstes beauftragt. Dieser wird in Art. L.1 Code PT n. F. seinem konkreten Inhalt wie seiner abstrakten Zielsetzung nach definiert. Konkret umfaßt der Universaldienst die Annahme, Beförderung und Zustellung von Briefsendungen bis zu 2 kg sowie von Paketen bis zu einem Gewicht von 20 kg zu einem erschwinglichen Preis. Der Universaldienst muß gemäß den traditionellen „service public"-Prinzipien der „égalité", „continuité" und „adaptabilité" erbracht werden, wobei zugleich das größtmögliche Maß an „ökonomischer und sozialer Effizienz" angestrebt werden soll. Als allgemeine Zielsetzungen des postalischen Universaldienstes werden in Art. L.1 Code PT sein Beitrag zum sozialen Zusammenhalt und zu einer ausgewogenen Raumentwicklung genannt.

Die „service public"-Verpflichtungen von La Poste werden im übrigen in dessen Pflichtenheft und in einem jeweils für einen Zeitraum von mehreren Jahren zwischen La Poste und dem französischen Staat abgeschlossenen „contrat de plan" konkretisiert. Derzeit gilt der contrat de plan für den Zeitraum 1. 1. 1998–31. 12. 2001. In dem contrat de plan wird La Poste zum einen aufgefordert, den postalischen Universaldienst auf hohem, näher präzisiertem Qualitätsniveau und zu einem erschwinglichen Preis sicherzustellen. La Poste soll dabei im reservierten Bereich an dem Prinzip der Tarifeinheit im Raum festhalten.[419] Auch Vorgaben für die Ausgestaltung des Postfilialnetzes werden im contrat de plan gemacht. La Poste verbleibt insofern allerdings – im Rahmen bestimmter Konzertationsverfahren auf lokaler Ebene – ein erheblicher Ermessensspielraum.[420]

Zum anderen sieht der contrat de plan eine erhebliche Anzahl weitererreichender „service public"-Verpflichtungen von La Poste vor. So soll La Poste einen Beitrag zur nationalen Solidarität, zur nationalen Technologiepolitik[421] und zur Beschäftigungspolitik[422] leisten. Auch bei der Vorbereitung der Öffentlichkeit auf die Einführung des Euro ist La Poste eine besondere, aktive Rolle zugedacht.[423]

Frankreich hat mithin im Rahmen der Umsetzung der Postbinnenmarktrichtlinie die Strukturen seines „service public"-Konzepts im Postsektor nicht wesentlich geändert.

---

419 Vgl. Zif. 1–4 des contrat de plan.

420 Vgl. Zif. 4 des contrat de plan.

421 Vgl. z. B. Zif. 3 des contrat de plan: „La Poste contribue, tant en ville qu'en milieu rural, à la diffusion des nouvelles technologies d'information et de communication, et favorise l'accès à l'Internet". Vgl. auch Zif. 6 des contrat de plan.

422 So soll La Poste insbes. einen Beitrag zum französischen Beschäftigungsprogramm „emploi des jeunes" leisten – siehe Zif. 5 des contrat de plan.

423 Siehe Zif. 3. des contrat de plan.

Zwar wird der Universaldienstinhalt und -umfang präzisiert und es werden La Poste Ausgleichszahlungen für bestimmte ihr vom Staat auferlegte Sonderverpflichtungen zugesagt – etwa bei der Beförderung von Presseerzeugnissen zu subventionierten Preisen. La Poste bleibt aber weiterhin in ein komplexes Gefüge öffentlicher Zielsetzungen eingebunden. Die Instrumentalfunktion des Unternehmens im Dienste wandelbarer politischer Prioritäten bleibt erhalten und infolge des weiten reservierten Bereichs auch möglich.

4. Fazit

Von den drei Prämissen, die das Universaldienstkonzept im Telekommunikationssektor trugen, sind im Postbereich zwei geblieben: die gemeinschaftsrechtliche Anerkennung der Gewährleistungsfunktion des Staates mit Blick auf eine flächendeckende Bereitstellung von Grundversorgungs- bzw. Infrastrukturleistungen; und die Inanspruchnahme einer gleichlaufenden infrastrukturellen Gewährleistungsfunktion der Gemeinschaft.[424] Fallengelassen wurde die Prämisse, daß diese Gewährleistungsfunktion im Wettbewerb zu erfüllen sei, und der Anspruch, die Harmonisierung auf genau dieses Ziel der Kompatibilität von Universaldienst und Wettbewerb zuzuschneiden. An die Stelle einer ordnungspolitischen Verwurzelung des Universaldienstkonzepts tritt das Subsidiaritätsprinzip, d. h. die Anerkennung der Kompetenz der Mitgliedstaaten, über Gewährleistungsinhalt und Gewährleistungsform – und damit über die Organisation des Sektors insgesamt – selbst zu entscheiden.

a) Entkopplung von Wettbewerb und Universaldienstaufgabe

Im Postsektor hat zwar in beschränktem Umfang eine Liberalisierung stattgefunden; sie ist jedoch konzeptionell von der Universaldienst-Harmonisierung entkoppelt. Da für den Universaldienst lediglich ein gemeinschaftsweiter Mindeststandard festgesetzt wird, den Mitgliedstaaten folglich weitergehende Instrumentalisierungsspielräume verbleiben, fehlt ein gemeinschaftsweit einheitlicher Maßstab für die Prüfung der Verhältnismäßigkeit von Gemeinschaftsrechtsverstößen i. S. d. Art. 86 Abs. 2 EGV. Die Liberalisierungsvorgaben betreffen allein den Bereich, in welchem eine Fortsetzung des Monopolschutzes nach keiner Aufgabenkonzeption zu rechtfertigen ist.

Das Universaldienstkonzept in seiner Ausformung in der Postbinnenmarktrichtlinie verliert damit erkennbar seine Anbindung an die Tatbestandsmerkmale des Art. 86 Abs. 2 EGV. Damit verschiebt sich zugleich seine Funktion: primäres Ziel ist nicht mehr die Schaffung eines wettbewerblich organisierten Postbinnenmarktes, sondern die Ausfüllung der Infrastrukturverantwortung der Gemeinschaft.[425] In dieser Weise aus seiner wettbewerblichen Verankerung gerissen, gerät das Universaldienstkonzept der Gemein-

---

424 Deutlich: *Kommission*, Bekanntmachung über die Anwendung der Wettbewerbsregeln auf dem Postsektor, ABl. 1998 Nr. C 39/2, Tz. 8.1.

425 Deutlich auch: *Van Miert*, in: XXXII. FIW-Symposion (1999), S. 5, 9.

schaft in Gefahr, die von den Mitgliedstaaten traditionell praktizierte Sektor-Instrumentalisierung auf Gemeinschaftsebene nachzuvollziehen.[426]

b) Liberalisierung durch Harmonisierung

Die konzeptionelle Entkoppelung im Postsektor geht einher mit einem veränderten Liberalisierungsverfahren: an die Stelle der parallelen Liberalisierung auf der Grundlage von Art. 86 Abs. 3-Richtlinien der Kommission und Harmonisierung durch Richtlinien des Europäischen Parlaments und des Rates tritt das Verfahren der „Liberalisierung durch Harmonisierung". Rechtlich ermöglicht wurde diese Umstellung in Rechtsgrundlage und Verfahren durch die Rechtsprechung des EuGH, derzufolge Art. 86 Abs. 3 EGV und Art. 95 EGV gleichermaßen als Rechtsgrundlage für Maßnahmen zur Konkretisierung der Rechtswirkungen des Art. 86 EGV dienen können.[427]

Rechtlich vermag die These von einer Austauschbarkeit des Art. 86 Abs. 3 EGV und des Art. 95 EGV als Rechtsgrundlagen für eine Liberalisierung, die sich inhaltlich bereits zwingend aus den Vorgaben des EGV ergibt, nicht zu überzeugen: während Art. 86 Abs. 3 EGV der Kommission gerade in einer solchen Lage ein autonomes Handeln ermöglichen soll, ist Raum für eine Harmonisierung gemäß Art. 95 EGV grundsätzlich nur dort, wo Hindernisse für den Binnenmarkt aus der Beibehaltung unterschiedlicher, für sich genommen jeweils *rechtmäßiger* Maßnahmen der Mitgliedstaaten resultieren.[428]

Die Praxis zeigt, warum eine solche Abgrenzung zwischen den Anwendungsbereichen von Art. 86 Abs. 3 EGV und Art. 95 EGV auch politisch notwendig wäre: Die Eröffnung einer Alternative zwischen rechtsgeleiteter und politisch verhandelter Liberalisierung hat Raum für das bereits zuvor von Seiten der Mitgliedstaaten vorgebrachte Argument geschaffen, daß Entscheidungen von so weitreichender Bedeutung wie die Öffnung von Infrastruktursektoren für Wettbewerb in demjenigen Verfahren zu treffen seien, welches das höchste Maß an demokratischer Legitimation vermittle.[429] Die Kom-

---

426 Vgl. in diesem Zusammenhang auch die Entschließung des Rates über die Entwicklung der Postdienste, ABl. 1994 Nr. C 48/3, 4 mit der Forderung, „bei der Festlegung der einschlägigen Regulierungen darauf zu achten, daß der Bedarf der Benutzer, einschließlich der Privatkunden, *die Interessen der Beschäftigten des Postsektors sowie der Beitrag dieses Sektors zum wirtschaftlichen, kulturellen und sozialen Fortschritt in der Gemeinschaf*" berücksichtigt werde [Hervorhebung durch H.S.].

427 EuGH Slg. 1991 I-1223, 1265 Rn. 23–26 – „*Telekommunikations-Endgeräte*": die Zuständigkeit der Kommission nach Art. 86 Abs. 3 EGV habe einen „anderen und spezifischeren Inhalt" als die Zuständigkeit des Rates nach Art. 95 EGV. Im übrigen berühre der etwaige Erlaß einer Regelung durch den Rat aufgrund einer allgemeinen Zuständigkeit nach anderen Vorschriften des Vertrags nicht die Ausübung der Zuständigkeit der Kommission auf der Grundlage des Art. 86 Abs. 3 EGV; wiederholt in: EuGH Slg. 1992 I-5883, 5863 Rn. 14 – „*Telekommunikationsdienste*". Kritisch: *Larouche* (2000), S. 108 Fn. 324: „[...] the refusal to draw a line between Articles 86(3) and 95 EC, even if they entail very different decision-making procedures, is not consistent with the practice of the ECJ in other similar cases".

428 Ebenso: *Buendia Sierra* (1999), Tz. 10.171; *Slot*, ELRev. 1996, 378, 379 f.; *Abate*, Rev.MUE 1994/3, 11, 57; *Steindorff*, ZHR 150 (1986), 687, 699.

429 Sowohl im Fall der Endgeräte-Richtlinie als auch im Fall der Telekommunikationsdienste-Richtlinie wurde der Kommission vorgeworfen, sie habe mit dem Erlaß dieser Art. 86 Abs. 3-Richtlinien in

mission konnte dem so erzeugten politischen Druck, dem Harmonisierungsverfahren den Vorrang einzuräumen, in der Praxis nicht widerstehen.[430]

Grundlage für die Einführung der Ermächtigung der Kommission in Art. 86 Abs. 3 EGV war ursprünglich der Gedanke, daß die Kommission dort, wo ihre Tätigkeit ausschließlich auf Rechtswahrung gerichtet ist, nicht an die Mitwirkung von Rat und Parlament gebunden sein kann.[431] In den öffentlichen Sektoren der Mitgliedstaaten ist eine solchermaßen unabhängige Rechtsdurchsetzung insbesondere deswegen geboten, weil von dem aus Vertretern der Mitgliedstaaten zusammengesetzten Rat eine Mitwirkung an der Verwirklichung des Binnenmarktziels auf Kosten der eigenen, bislang unbeschränkten und unkontrollierten Instrumentalisierungsinteressen nicht gewährleistet ist.[432] Verzichtet die Kommission nunmehr darauf, die aus dem primären Gemeinschaftsrecht folgenden Liberalisierungsvorgaben selbst zu formulieren, so gefährdet sie damit den grundlegenden Zweck des Art. 86 Abs. 3 EGV, den Vorrang der Bindung des Gemeinschaftsrechts vor politischen Interessenlagen auch in den öffentlichen Sektoren zu gewährleisten.[433]

Verdeutlichen läßt sich die aus der Ersetzung des Art. 86 Abs. 3 EGV durch das Gesetzgebungsverfahren nach Art. 95 EGV resultierende Gefahr für das Anliegen der Rechtswahrung, wenn man sich die unterschiedlichen Maßgaben vor Augen führt, die

---

Wahrheit eine Rechtsetzungsbefugnis zur alleinigen Ausgestaltung des gemeinsamen Marktes für Telekommunikation in Anspruch genommen und sich damit eine im Vertrag nicht vorgesehene sektorielle Gemeinschaftspolitik angemaßt – vgl. die Wiedergabe der Ansicht der französischen und der belgischen Regierung im Sitzungsbericht in: EuGH Slg. 1992 I-5833, 5940 – „*Telekommunikationsdienste*"; auch EuGH Slg. 1991 I-1223, 1265 Rn. 20 – „*Telekommunikations-Endgeräte*". Auch *GA Tesauro*, Schlußanträge, Rn. 7 und Rn. 54, in: EuGH Slg. 1991 I-1223, 1241 und S. 1258 – „*Telekommunikations-Endgeräte*". Für das Argument, es sei das Verfahren zu wählen, welches die stärkste demokratische Legitimation vermittle, siehe z. B. *Faull/Nikpay* (1999), Tz. 5.186; *Buendia Sierra* (1999), Tz. 10.177. Vgl. auch *Mélin-Soucramanien*, RevMUE 1994, 601, 604: das institutionelle Gleichgewicht gebiete es, daß die Rechtsetzung dem Rat überlassen bleibe, während sich die Kommission auf exekutive und Überwachungsaufgaben zu beschränken habe. In diese Richtung auch *Bartosch*, ZIP 1999, 1787, 1788 und 1790; *Slot*, Fordh. Corp. Law Inst. 1992, 255, 270: „It seems strange that institutions, which the public enterprises in many Member States certainly were, which have been cherished for so long and embodying the political culture in these States will be abolished by the measures of one Community institution only. Democracy would seem to require that such decisions be taken after ample debate involving the public at large". Dagegen Immenga/Mestmäcker-*Mestmäcker*, EG-Wettbewerbsrecht, Kom., Bd. II (1997), Art. 37/Art. 90 E. Rn. 7 m. w. N.; *Hancher*, in: Lonbay (Hrsg.) (1994), S. 152, 172, beide mit dem Hinweis, daß die Kommission auf der Grundlage des Art. 86 Abs. 3 EGV lediglich das geltende Recht wahre, nicht neues Recht begründe.

430 Wohingegen in der unmittelbaren Reaktion auf das *Telekommunikations-Endgeräte*-Urteil vielmehr ein übermäßiger Rückgriff der Kommission auf ihre Kompetenz aus Art. 86 Abs. 3 EGV befürchtet und der ihr so zugestandene „Kompetenzspielraum" kritisch bewertet worden war – vgl. z. B. *v. Burchard*, EuZW 1991, 339, 341. Kritisch zu der allzugroßen Zurückhaltung der Kommission bei dem Rückgriff auf ihre Richtliniensetzungs-Kompetenz nach Art. 86 Abs. 3 EGV: *Hocepied*, RAE 1994/2, 49, 60.

431 Immenga/Mestmäcker-*Mestmäcker*, EG-Wettbewerbsrecht, Kom., Bd. II (1997), Art. 37/Art. 90 E. Rn. 2.

432 A. a. O., Rn. 4; auch *Larouche* (2000), S. 99.

433 Vgl. *Delfau* (1995), S. 9: „une véritable concertation".

für die beiden Verfahren gelten:[434] der Rechtswahrungsbefugnis der Kommission auf der Grundlage des Art. 86 Abs. 3 EGV steht ein grundsätzlich weites Ermessen des Gemeinschaftsgesetzgebers (Rat und EP) gegenüber. Der Gemeinschaftsgesetzgeber kann – anders als die Kommission auf der Grundlage des Art. 86 Abs. 3 EGV – seine Gesetzgebungsakte auf eine Vielzahl von Zielen abstimmen, dabei insbesondere auch Opportunitätsgesichtspunkten Rechnung tragen und bei divergierenden Zielen Prioritäten setzen.[435] Streng genommen dürfte dies zwar nicht dort gelten, wo der Gemeinschaftsgesetzgeber anstelle der Kommission lediglich primärrechtliche Vorgaben konkretisiert;[436] daß diese Grenze aber im Gesetzgebungsverfahren der Gemeinschaft in der Praxis nahezu zwangsläufig überschritten wird, liegt auf der Hand. Hinzu kommt, daß der EuGH Maßnahmen des Gemeinschaftsgesetzgebers einer weniger strengen Kontrolle – insbesondere auch Verhältnismäßigkeitskontrolle – unterwirft als Maßnahmen der Mitgliedstaaten.[437] Wo eine Harmonisierungsrichtlinie die Verhältnismäßigkeit bestimmter Verstöße gegen Vorschriften des EG-Vertrags gem. Art. 86 Abs. 2 EGV voraussetzt, kann daher auch die Verhältnismäßigkeitskontrolle des EuGH entsprechend herabgesetzt sein.

Daß das Harmonisierungsverfahren im Postsektor auch das Ergebnis prägte und daß die Liberalisierungsvorgaben der Postbinnenmarktrichtlinie hinter dem zurückbleiben, was bei einer „konsequenten" Anwendung des Gemeinschaftsrechts einschließlich des Art. 86 Abs. 2 EGV zu verlangen wäre, wird weithin angenommen.[438] Verstehen läßt sich die Postbinnenmarktrichtlinie allerdings auch als ein Ausdruck einer veränderten Auslegung von Art. 86 Abs. 2 EGV, wie sie in Teil B[439] dieser Arbeit dargelegt wurde. Die Freiheit der Mitgliedstaaten in der Aufgabensetzung kann als Leitmotiv der Postbinnenmarktrichtlinie gelten.[440] Auch die Anforderungen an die Erforderlichkeitsprüfung scheinen aber, wie die Beispiele Direktwerbung und grenzüberschreitende Briefpost zeigen, stark abgemildert – zumindest dort, wo es um die Reichweite der Ausschließlichkeitsrechte geht: entschieden wurde auch insoweit nicht auf der Grundlage ökonomischer Analysen,[441] sondern politisch. Auf eine Prüfung, ob die gemeinschaftsrecht-

---

434 Siehe hierzu auch *Buendia Sierra* (1999), Tz. 10.173.

435 *Buendia Sierra* (1999), Tz. 10.183.

436 So auch *Mestmäcker*, in: FS Börner (1992), 277, 286: der Bindung an den EG-Vertrag könne sich die Gemeinschaft nicht dadurch entziehen, daß sie Marktordnungen als Maßnahmen der Rechtsangleichung bezeichne.

437 Vgl. hierzu: *Jacobs*, in: Ellis (Hrsg.) (1999), S. 1 ff., insbes. 21.

438 Z. B. *Stumpf/Elsenbast*, in: dies. (Hrsg.) (1996), S. 15, 19; *Gröner/Knorr*, EWS 1996, 225, 226; *Basedow*, EuZW 1996, 143, 149.

439 Siehe B. III. 2.

440 Z. B. mit Blick auf die Ausgestaltung des nationalen Postfilialnetzes (womit Raum für die traditionelle französische Vorstellung bleibt, daß im Postbereich nicht nur die Zugänglichkeit konkreter Leistungen, sondern vor allem auch die flächendeckende, leistende Präsenz des Staates zu gewährleisten sei) und mit Blick auf das Prinzip der Tarifeinheit im Raum.

441 So war beispielsweise über die tatsächliche Höhe der Kosten eines postalischen Universaldienstkosten bislang wenig bekannt – es existierten lediglich Schätzungen (vgl. *NERA* (1998), S. iv). Auch präzise Kostenrechnungen für die einzelnen Dienste-Elemente fehlten. Die Voraussetzungen für eine ökonomisch fundiertere Betrachtung der Erforderlichkeit reservierter Bereiche schafft nunmehr Art. 14 Postbinnenmarktrichtlinie, der eine getrennte Ausweisung der Kosten für die nicht reservierten Dienste und für jeden Dienst des reservierten Bereichs mit gleichzeitiger Unterscheidung der Wertschöpfungsstufen Einsammeln / Transport / Sortierung / Zustellung vorsieht. Die Pflicht zur

lich privilegierungsfähigen „besonderen Aufgaben“ auch auf andere, gemeinschaftsrechtskonformere Weise als durch die Beibehaltung reservierter Bereiche gewährleistet werden könnten, wurde – trotz der naheliegenden Frage nach der Übertragbarkeit des telekommunikativen Universaldienstmodells auf den Postsektor[442] – gänzlich verzichtet.

Neben dem Willen zu einer strengen Handhabung des Art. 86 Abs. 2 S. 1 EGV fehlte im Postsektor aber offenkundig auch der *politische* Wille zu einem klaren Bekenntnis für das Ziel eines liberalisierten, wettbewerblichen Postbinnenmarkts: auch auf der Grundlage des Art. 86 Abs. 2 S. 2 EGV wurden den Mitgliedstaaten kaum Grenzen gezogen.

c) Auswirkungen in den Mitgliedstaaten: zwischen „service public“ und staatlicher Grundversorgungsgewährleistung

Die Mitgliedstaaten haben von den Handlungsspielräumen, welche die Postbinnenmarktrichtlinie bewußt und unter Betonung des Subsidiaritätsprinzips beließ, in sehr unterschiedlicher Weise Gebrauch gemacht. Frankreich hat lediglich den Umfang der La Poste gewährten Ausschließlichkeitsrechte angepaßt, im übrigen auf eine Strukturänderung im Postsektor verzichtet und damit die Fortgeltung des „service public“-Konzepts dokumentiert, welches durch die Vorgaben der Postbinnenmarktrichtlinie nicht in Frage gestellt war. Deutschland hat sich zwar prinzipiell für einen Strukturwandel analog dem im Telekommunikationssektor vollzogenen Wandel entschieden. Auch in Deutschland trägt die Ausgestaltung des Übergangs jedoch deutlich die Handschrift eines politischen Kompromisses: großzügige Übergangsfristen und -regelungen zugunsten der Deutschen Post AG drohen das Wettbewerbsziel selbst zu untergraben, und beschäftigungspolitisch motivierte Öffnungsklauseln in den Regulierungszielen lassen Raum für eine Neu-Instrumentalisierung des Postsektors zu sektorfremden Zielen. In beiden Fällen macht sich damit das Fehlen eines gemeinschaftsrechtlichen Korsetts, wie die Kommission es im Telekommunikationssektor konkretisiert hatte, deutlich bemerkbar.

Die Unterschiedlichkeit der Reaktionen in den Mitgliedstaaten auf die zurückhaltenden Marktöffnungsvorgaben der Postbinnenmarktrichtlinie demonstriert darüber hinaus die Konsequenzen, die sich aus einer großzügigen Anwendung des Subsidiaritätsprinzips auf die Tatbestandsmerkmale des Art. 86 Abs. 2 S. 1 EGV ergeben: auf dieser Grundlage läßt sich kein Binnenmarkt errichten. Nur ein Verständnis des Art. 86 Abs. 2 S. 1 EGV, welches auf die Strukturierung der Staatsaufgaben durchschlägt, gewährleistet

---

nach Diensten und Wertschöpfungsstufen getrennten Rechnungslegung erstreckt sich allerdings nicht auf den nicht reservierten Bereich des Universaldienstes (z. B. Paketdienst) – insoweit kritisch: *Basedow*, EuZW 1996, 143, 149. Skeptisch bzgl. der Wirksamkeit der Rechnungslegungspflichten der nationalen Postverwaltungen auch: *Gröner/Knorr*, EWS 1996, 225, 233.

442 So wird in der Lit. die Einrichtung eines Universaldienstfonds z. T. für ein praktikables und außerdem gegenüber der Beibehaltung von Ausschließlichkeitsrechten wettbewerbskonformeres Mittel zur Finanzierung der Universaldienstkosten gehalten – vgl. *Elsenbast/Stumpf*, in: dies. (Hrsg.)(1996), S. 15, 26; *Campbell*, in: Stumpf/Elsenbast (Hrsg.)(1996), S. 115, 130; *Wojtek*, in: Stumpf/Elsenbast (Hrsg.)(1996), S. 7, 9 f.

das Maß an Einheitlichkeit in der Anwendung des Gemeinschaftsrechts, welches für die Schaffung eines Binnenmarktes Voraussetzung ist.

d) Bleibende Bedeutung von Art. 86 Abs. 2 EGV

Der Verzicht auf eine Präzisierung der aus dem Gemeinschaftsrecht folgenden Rahmenvorgaben führt zu erhöhtem Bedarf an Überwachung und Einzelfallentscheidungen. In diesem Rahmen bleibt Art. 86 Abs. 2 EGV im Postsektor von zentraler Bedeutung.[443]

Zwar ist davon auszugehen, daß Art. 86 Abs. 2 EGV als Maßstab für die Rechtfertigung der fortbestehenden Ausschließlichkeitsrechte zumindest bei praktischer Betrachtung weitgehend außer Kraft gesetzt ist.[444] Insbesondere angesichts der neuerdings überaus zurückhaltenden Auslegung der Vorschrift durch den EuGH scheint Art. 86 Abs. 2 EGV in seiner marktstrukurgestaltenden Funktion zunehmend dem Sekundärrecht zu weichen.

Von unveränderter Relevanz bleibt aber – gerade auch in einem halb-liberalisierten Umfeld – die Funktion des Art. 86 Abs. 2 EGV als Verhaltensmaßstab für monopolgeschützte Unternehmen: Insbesondere gilt dies dort, wo diese zu Maßnahmen greifen, die im Sinne des Art. 82 Abs. 1 EGV als mißbräuchlich zu qualifizieren sind.[445] Im Vordergrund der Kommissionspraxis steht dabei die Überwachung mißbräuchlicher unternehmensinterner Quersubventionen.[446] Die damit verbundenen Probleme sind aus ökonomischer wie aus rechtlicher Sicht komplex.[447] Die Grenzziehung zwischen einer zulässigen Nutzung produktionstechnisch bedingter Verbundvorteile bei der kombinierten Erbringung von Dienstleistungen einerseits, einer verbotenen unternehmensinternen Quersubventionierung vom reservierten in den wettbewerblichen Bereich andererseits gehört zu den unter Ökonomen besonders umstrittenen Fragen.[448]

Die Umdeutung von Art. 86 Abs. 2 S. 1 EGV von einer potentiell marktstrukturkorrigierenden Norm in einen Maßstab für eine Marktverhaltenskontrolle[449] führt zugleich zu einer erheblichen Schwächung der Möglichkeiten, die Chancengleichheit im Wettbe-

443 Vgl. *Hancher*, in: Craig/de Búrca (Hrsg.) (1999), S. 721, 735 f.

444 Dies läßt auch die Bekanntmachung der *Kommission* über die Anwendung der Wettbewerbsregeln auf dem Postsektor, ABl. 1998 Nr. C 39/2 5, Vorwort, vermuten, welche den Fortbestand besonderer und ausschließlicher Rechte nicht prinzipiell in Frage stellt. Die Kommission will sich vielmehr damit begnügen, „dafür sorgen, daß eine geschützte Monopolstellung nicht dazu mißbraucht wird, um sich in liberalisierten Bereichen eine beherrschende Stellung zu verschaffen oder um Normalverbraucher gegenüber Großkunden in ungerechtfertigter Weise zu diskriminieren“. Ähnlich *Monti*, Revue du Droit de l'Union Européenne 2000/2, 245, 251.

445 Vgl. *Kommission*, Bekanntmachung über die Anwendung der Wettbewerbsregeln auf dem Postsektor, ABl. 1998 Nr. C 39/2, 4 f., Vorwort.

446 Vgl. *Van Miert*, in: XXXII. FIW-Symposion (1999), S. 5, 9.

447 Vgl. *Gröner/Knorr*, EWS 1996, 225, 230 f.: insbes. die Zurechnung echter Gemeinkosten sei stets mit Willkür verbunden.

448 Hierzu *Gröner/Knorr*, EWS 1996, 225, 230 ff.; *Basedow*, EuZW 1996, 143, 145. Zur Allokation der Gemeinkosten im Postsektor im Rahmen der Bestimmung der Kosten des Universaldienstes siehe auch: *Elsenbast*, ZögU 23 (2000), 149 ff.

449 Deutlich bei *Bartosch*, EuZW 2000, 333, 336.

werb zu gewährleisten. Die Beibehaltung reservierter Bereiche bedeutet nicht nur, daß ein bestimmter Kernbereich von Leistungen dauerhaft von der Geltung der wirtschaftlichen Freiheitsrechte und des Wettbewerbsprinzips ausgeschlossen ist; sie gefährdet zugleich den Gebrauch der Freiheitsrechte und die Geltung des Wettbewerbsprinzips in den angrenzenden Sektoren. Im Postsektor, – gegenwärtig gekennzeichnet von Bemühungen der mitgliedstaatlichen Postmonopolunternehmen um strategische Expansion in die liberalisierten Märkte und in andere Mitgliedstaaten – ist diese Gefahr besonders akut.[450]

e) Ausblick: der neue Richtlinienvorschlag der Kommission

Neuere Untersuchungen deuten darauf hin, daß die Universaldienstkosten im Postsektor erheblich niedriger liegen als bislang vielfach angenommen.[451] Auch die praktischen Erfahrungen aus Finnland und Schweden, in denen die Ausschließlichkeitsrechte der nationalen Postverwaltungen vollständig aufgehoben wurden, zeigen, daß ein postalischer Universaldienst in einem vollständig liberalisierten Umfeld angeboten werden kann, ohne daß die Notwendigkeit eines Universaldienstkosten-Ausgleichs enstünde.[452]

Der Europäische Rat von Lissabon hat mittlerweile eine Beschleunigung der Liberalisierung im Postsektor angemahnt.[453] Angestrebt werde ein voll funktionsfähiger Binnenmarkt auch in diesem Bereich.

Die Kommission hat daraufhin einen Vorschlag für eine Änderung der Postbinnenmarktrichtlinie vorgelegt, in dem sie eine weitere Liberalisierung des Postmarktes in zwei Schritten anregt: ab dem 1. 1. 2003 soll die Gewichtsgrenze für den zur Finanzierung des Universaldienstes reservierbaren Bereich von 350g auf 50g[454] und zugleich die Preisgrenze vom Fünffachen auf das Zweieinhalbfache des Basistarifs abgesenkt wer-

450 Vgl. hierzu auch: *Ungerer*, Postal Services, Liberalisation and EC Competition Law, Annual Conference IBC Brussels, 11. 6. 1999, S. 9. Zur gegenwärtigen Expansionsstrategie der Deutschen Post AG siehe auch: *Wolfgang Hoffmann*, „In Gelb um die Welt", Die Zeit v. 3. August 2000, S. 17 f.

451 Vgl. *Kommission*, Vorschlag für eine Richtlinie zur Änderung der Postbinnenmarktrichtlinie, KOM(2000)319 endg., S. 17 Tz. 2.7: die Kommission verweist hier auf Schätzungen, denen zufolge die mit dem Universaldienst verbundene Belastung durchschnittlich bei 5% der Einnahmen des Universaldienstanbieters liege. Die Kommission kann sich dabei insbes. auf eine Studie der *NERA* (1998) berufen, dort S. v und S. 50 und S. 64. Diese Studie hält die Nettokosten des Universaldienstes für gering, insbes. wenn man die wirtschaftlichen Vorteile berücksichtige, die für den Universaldienstverpflichteten aus dieser Position folgten. Insbes. die Ubiquität des Universaldienstanbieters hält die NERA für einen auch wirtschaftlich relevanten Vorteil (S. 67). Die Studie hält die Universaldienstkosten im Postbereich für erheblich geringer als im kapitalintensiveren Telekommunikationsbereich (siehe S. 95 ff.).

452 Vgl. hierzu *Kommission*, Vorschlag für eine Richtlinie zur Änderung der Postbinnenmarktrichtlinie, KOM(2000)319 endg., S. 18 Tz. 2.7; *Elsenbast/Stumpf*, in: dies. (Hrsg.) (1996), S. 15, 24; *Gröner/Knorr*, EWS 1996, 225, 228: die ehemaligen nationalen Postverwaltungen arbeiten in dem neuen, liberalisierten Umfeld gegenwärtig profitabel und erfüllen weiterhin die Universaldienstverpflichtung, ohne hierfür Kompensationszahlungen zu erhalten. Auch *Knorr*, ZögU 1996, 68, 74.

453 Vgl. *Europäischer Rat* (Lissabon) v. 23. und 24. März 2000, Schlußfolgerungen des Vorsitzes, Rn. 17.

454 Für eine Begründung dieser Gewichtsgrenze siehe: *Kommission*, Vorschlag zur Änderung der Postbinnenmarktrichtlinie, KOM(2000)319 endg., S. 12 f.

den[455]. Die abgehende grenzüberschreitende Post und „spezielle Dienste“[456] sollen vollständig liberalisiert werden,[457] wohingegen Direktwerbung und eingehende grenzüberschreitende Postsendungen weiterhin reserviert werden können.[458] Zum 1. 1. 2007 strebt die Kommission eine vollständige Abschaffung der Ausschließlichkeitsrechte im Postsektor an. Nach Ansicht der Kommission ist der postalische Universaldienst auch in einem vollständig liberalisierten Umfeld nicht gefährdet. Sie verweist in diesem Zusammenhang unter anderem auf die wesentlichen Wettbewerbsvorteile, die die Stellung als Universaldienstanbieter mit sich bringt.[459] Soweit der Universaldienst Kosten verursache, die nicht durch Effizienzsteigerungen und Preisflexibilität gedeckt werden könnten, könnten diese aus einem Ausgleichsfonds und/oder über ein Lizenzsystem finanziert werden.[460]

Der neue Richtlinienvorschlag zeigt, daß die Kommission auch im Postsektor an der zentralen Prämisse der Kompatibilität von Wettbewerb und Universaldienstziel festhält,[461] die dem universaldienstpolitischen Konzept im Telekommunikationssektor zugrundelag. Wesentliche Teile der Begründung des neuen Vorschlags sind der Darstellung der Vorteile gewidmet, die sich aus dem Wettbewerb für die Verbraucher sowie für diejenigen Teile der Wirtschaft ergeben, die in besonderem Maße auf Postdienstleistungen angewiesen sind: zu erwarten seien die Entwicklung innovativer Dienste, eine Steigerung der Effizienz, neue Investitionen und gesteigerte Wettbewerbsfähigkeit.[462]

Zugleich zeigt der Richtlinienvorschlag der Kommission, daß sie auch im Postsektor von eng zu definierenden Universaldienstaufgaben ausgeht, die mit den Prinzipien des Wettbewerbs in Einklang zu bringen sind. So weist sie insbesondere darauf hin, daß das im Wettbewerb unter Umständen problematische Prinzip der Tarifeinheit im Raum sich leicht in ein wettbewerbskonformes Prinzip „einheitlicher Tarifstrukturen“ umwandeln lasse.[463] Auf den Symbolwert der Post verweist die Kommission zwar,[464] sieht hierin aber erkennbar keine Rechtfertigung für die Beibehaltung nationaler Monopole. Dasselbe gilt für beschäftigungspolitische Zielsetzungen. Beide rechtfertigen allenfalls die von der Kommission als lang eingeschätzte Übergangsphase.[465]

---

455 A. a. O., S. 12 f. und S. 30, Art. 1 Nr. 2.

456 Definiert als „sich klar von den Universaldiensten unterscheidende Dienste, die besondere Kundennachfragen befriedigen, und welche zusätzliche und höherwertige Leistungsmerkmale anbieten, die nicht von dem Standardpostdienst angeboten werden“ – vgl. Art. 1 Nr. 1 des Vorschlags zur Änderung der Postbinnenmarktrichtlinie, KOM(2000)319 endg., S. 30.

457 A. a. O., S. 14 f. und S. 30, Art. 1 Nr. 1 und Nr. 2.2.

458 A. a. O., S. 13 f.

459 A. a. O., S. 17.

460 A. a. O., S. 15. Dies war zuvor durch die von der Kommission in Auftrag gegebene Studie der *NERA* (1998), dort S. 79 ff., insbes. 80–82, nahegelegt worden.

461 So ausdrücklich: *Kommission*, Vorschlag zur Änderung der Postbinnenmarktrichtlinie, KOM(2000)319 endg., S. 10. Vgl. auch *Kommission*, Mitteilung zur Daseinsvorsorge II, ABl. 2001 Nr. C 17/4, Anhang I zum Stichwort „Postdienste“.

462 *Kommission*, Vorschlag zur Änderung der Postbinnenmarktrichtlinie, KOM(2000)319 endg., S. 10 und S. 15 f.

463 A. a. O., S. 18.

464 A. a. O., S. 5.

465 A. a. O., S. 35.

Gegen diese Vorschläge hat sich allerdings bereits vehementer Widerstand geregt – insbesondere von französischer und belgischer Seite.[466] Unstreitig scheint zu sein, daß über eine weitere Liberalisierung nicht rechtlich, sondern politisch entschieden werden soll. Der Fortgang der Liberalisierung im Postsektor ist dementsprechend ungewiß.

III. Energie

1. Einleitung

Auch in den Energiesektoren nahm die Kommission deren Infrastrukturcharakter ab Ende der 80er Jahre nicht mehr pauschal zum Anlaß, die gemeinschaftsrechtlichen Vorgaben zugunsten schrankenloser mitgliedstaatlicher Kompetenzen zurückzustellen. Vielmehr schien – wie in den Bereichen Telekommunikation und Post – gerade der Infrastrukturcharakter der Sektoren eine konsequentere Durchsetzung des primären Gemeinschaftsrechts zu rechtfertigen. Eine Liberalisierung der Stromproduktion wurde allgemein für möglich gehalten.[467] Daneben sollte aber auch der Stromhandel und die Stromversorgung für Wettbewerb geöffnet werden. Da die Energietransport- und -verteilernetze nach wie vor als natürliche Monopole betrachtet werden,[468] setzte dies die Einführung eines Netzzugangsanspruchs voraus.

Von einem verschärften Wettbewerb versprach man sich vor allem eine Absenkung der im internationalen Vergleich hohen Energiepreise in Europa, wodurch ein wesentlicher Beitrag zur Stärkung der internationalen Wettbewerbsfähigkeit der europäischen Industrie, insbesondere der energieintensiven Branchen, geleistet werden konnte. Die Abschottung der nationalen Energiemärkte hatte im übrigen auch zu erheblichen Preisunterschieden zwischen den einzelnen Mitgliedstaaten geführt,[469] – mit entsprechenden Folgen für die in den jeweiligen Staaten angesiedelten Unternehmen im Wettbewerb. Eine Liberalisierung der Energiesektoren ließ auch insoweit eine stärkere Angleichung der Wettbewerbsbedingungen erhoffen.[470]

Ursprünglich schwebte der Kommission als Ziel eine konsequente Liberalisierung des Energiesektors vor – d. h. die Liberalisierung der Stromproduktion, die Gewährleistung eines Netzzugangsanspruchs und strenge Vorgaben für die Trennung des Netzbetriebs

466 Vgl. die Mitteilung der Pressestelle der Kommission v. 23. Mai 2000, „Liberalisierung der Postdienste verschoben".
467 Z. B. *Trebilcock/Gal*, World Competition 22/1 (1999), 119, 121.
468 ebd.
469 *Kommission*, Zweiter Bericht an den Rat und das Europäische Parlament über den Stand der Liberalisierung der Energiemärkte, S. 3 und 4.
470 Z. B. *Monti*, Liberalizzazioni e Concorrenza, Rede v. 28. 3. 2000, S. 4. Für eine Bestandsaufnahme der erwarteten Vorteile eines liberalisierten Energie-Binnenmarktes siehe auch *Ritter*, in: Ford.Corp.Law Inst. 1994, S. 127, 130.

von anderen, wettbewerblichen Aktivitäten –, begleitet von einer Harmonisierung der Rahmenbedingungen. Eine Harmonisierung wurde vor allem mit Blick auf besonders kostenrelevante rechtliche Regelungen anvisiert.[471] Ins Auge gefaßt wurden aber auch eine Harmonisierung der den betrauten Energieversorgungsunternehmen aufzuerlegenden „besonderen Aufgaben“[472] und eine Konkretisierung derjenigen Mittel, die die Aufgabenerfüllung in möglichst gemeinschaftsrechtskonformer Weise gewährleisten sollten.[473] Dabei sollten auch – im Sinne einer Infrastrukturverantwortung der Gemeinschaft – Ziele wie die Förderung des wirtschaftlichen und sozialen Zusammenhalts in der EG berücksichtigt werden.[474] Angedacht war damit auch im Energiesektor eine Harmonisierung des Universaldienstes, ergänzt durch eine aktive Universaldienstpolitik der Gemeinschaft. Auf diesem Wege sollte – ähnlich wie in der Telekommunikation – ein einheitlicher Binnenmarkt für Energie mit gleichmäßigen Wettbewerbsbedingungen geschaffen werden, ohne die von den Mitgliedstaaten verfolgten legitimen Schutzziele zu gefährden.[475]

Bezüglich der über den Universaldienst hinausgehenden Aspekte der Versorgungssicherheit, insbesondere der strategischen Versorgungssicherheit, strebte die Kommission eine weiterreichende Vergemeinschaftung der Energiepolitik sowie die Konvergenz der einzelstaatlichen Energiepolitik und der Gemeinschaftsenergiepolitik an.[476] So wurde ein Perspektivenwechsel bei der Gewährleistung der Versorgungssicherheit bzw. der langfristigen strategischen energiepolitischen Interessen von einer rein nationalen zu einer gemeinschaftlichen Perspektive angemahnt.[477] Nach Vorstellung der Kommission sollte das Ziel der Diversifizierung der bei der Elektrizitätserzeugung zum Einsatz kommenden Primärenergiequellen und der Bezugsquellen künftig auf Gemeinschaftsebene

---

471 Vor allem nationale Regelungen, die die Kosten der Stromerzeugung wesentlich beeinflussen (steuerliche Regelungen / Beihilfen / umweltrechtliche Regelungen etc.) und daher spürbare Auswirkungen auf die Wettbewerbsbedingungen zwischen Energieversorgern aus verschiedenen Mitgliedstaaten haben – *Kommission*, Grünbuch Energiepolitik, KOM(94) 659 endg., S. 15.

472 A. a. O., S. 6 und S. 105, speziell mit Blick auf den Begriff der Versorgungssicherheit: er müsse auf Gemeinschaftsebene definiert werden, damit eindeutige, transparente und kontrollierbare Rahmenbedingungen für den Energieaustausch gegeben seien.

473 A. a. O., S. 102 und S. 108.

474 A. a. O., S. 108. Im ihrem Energie-Grünbuch, KOM(88)238 endg, S. 10 Zif. 31 f., plädierte die Kommission auch für den Einsatz von Mittel aus dem Strukturfonds zu diesem Ziel.

475 Vgl. *Kommission*, Grünbuch Energiepolitik, KOM(94)659 endg, S. 102 und S. 105. Vgl. in diesem Zusammenhang auch den ersten von der Kommission vorgelegten Entwurf einer Energiebinnenmarktrichtlinie v. 24. 2. 1992, ABl. 1992 Nr. C 65/4 – näher hierzu: *Dehmer*, RdE 1993, 91, 92; *Ehlermann*, ET 1992, 96, 97.

476 *Kommission*, Grünbuch Energiepolitik, KOM(94)659 endg., S. 6.

477 Vgl. *Kommission*, Energie-Grünbuch, KOM(88)238 endg., S. 5, Zif. 14 und 15, S. 7, Zif. 21, S. 8 Zif. 25. Für einen Gemeinschaftsansatz betreffend die Versorgungssicherheit auf Gemeinschaftsebene auch: *Kommission*, Grünbuch Energiepolitik, KOM (94)659 endg., S. 23 und S. 105: die Integration der mitgliedstaatlichen Energiemärkte, die sich in ihren unterschiedlichen Ressourcenausstattungen und Energiepolitiken ergänzten, und insbes. der Netzverbund über die nationalen Grenzen hinweg, werde zur Versorgungssicherheit aller beitragen; ebenso: *Kommission*, Zweiter Bericht an den Rat und das Europäische Parlament über den Stand der Liberalisierung der Energiemärkte, S. 3. Auch *Ehlermann*, WuW 1992, 5, 7: die Versorgungssicherheit werde zukünftig als gemeinschaftliches Konzept definiert werden müssen. Ähnlich: *Steeg*, ET 1999, 118, 120; *Durach* (1996), S. 15 f.; *Birkenmaier*, EuR 1988, 144, 155.

verfolgt werden,[478] zumal sich der Rahmen für die Sicherung strategischer energiepolitischer Interessen mit der Schaffung eines Energiebinnenmarktes zunehmend auf die Gemeinschaftsebene verschiebe. Im Grünbuch Energiepolitik aus dem Jahr 1994 hat die Kommission die Energieversorgung als Teil der internationalen Wirtschafts- und Handelsbeziehungen bezeichnet, für die die *Gemeinschaft* zuständig sei.[479]

Mit diesen Vorschlägen stieß die Kommission in den Mitgliedstaaten – insbesondere bei Frankreich[480] – jedoch auf entschiedene Ablehnung. Die Harmonisierung der im Energiesektor relevanten öffentlichen Interessen erwies sich als überaus schwierig. Mit Vorschlägen für eine Ergänzung des EG-Vertrags durch ein Energie-Kapitel, welches eine neue Grundlage für eine stärkere Verlagerung energiepolitischer Kompetenzen auf die Gemeinschaftsebene bilden sollte, konnte sich die Kommission weder in den Verhandlungen um den Maastricht-Vertrag noch im Rahmen der Regierungskonferenz '96 durchsetzen.[481]

Der Versuch, die mitgliedstaatlichen Energiemärkte für Wettbewerb zu öffnen, gestaltete sich als nicht minder schwierig.[482] Insbesondere Frankreich protestierte entschieden: die Ausschließlichkeitsrechte seien zwingend notwendig, um die nationale Versorgungssicherheit zu gewährleisten.

Unter dem Eindruck dieses politischen Widerstands in den Mitgliedstaaten verzichtete die Kommission im Energiesektor, wie bereits im Postsektor, darauf, die sich aus ihrer Sicht aus den Vorschriften des EG-Vertrags ergebenden Liberalisierungspflichten der

---

478 Vgl. *Kommission*, Energie-Grünbuch, KOM(88)238 endg., S. 7 Zif. 24 f.

479 *Kommission*, Grünbuch Energiepolitik, KOM(94) 659 endg., S. 7; auch S. 14 f. Allerdings ist eine solche energiepolitische Kompetenz der Gemeinschaft von den Mitgliedstaaten nie anerkannt worden.

480 Vgl. hierzu *Courivaud*, La Semaine Juridique Entreprise et Affaires No. 26 – 29 juin 2000 –, 1029, 1030. Entschieden gegen eine Zuständigkeit der Gemeinschaft für einen Energie-Universaldienst auch: *Conseil d'État* (1995), S. 14, 122. Auch die Reaktion in Deutschland war zurückhaltend: vgl. die ablehnende Reaktion der Bundesregierung und des Bundesrates zur Aufnahme neuer energiepolitischer Kompetenzen der Gemeinschaft in den EGV, in: BReg., BT-Drs. 13/3198 und 13/3375; BRat, BR-Drs. 103/95 v. 12. 5. 1995.

481 Vgl. zu den von der Kommission im Rahmen der Verhandlungen über den Maastricht-Vertrag sowie über den Amsterdamer Vertrag unterbreiteten Vorschlägen, den EGV um ein Kapitel zur Energiepolitik zu erweitern, welches insbes. die Ziele der gemeinsamen Energiepolitik auflisten, eine Rechtsgrundlage für Mehrheitsentscheidungen gem. Art. 251 EGV vorsehen und die Zusammenarbeit zwischen den Mitgliedstaaten und der EU regeln sollte: *Rapp-Jung*, RdE 1997, 133; Immenga/Mestmäcker-*Mestmäcker*, EG-Wettbewerbsrecht, Kom., Bd. II (1997), Art. 37/90 B. Rn. 17. Durch den Maastricht-Vertrag ist in den EGV Art. 175 Abs. 2, 3. Spiegelstrich eingefügt worden, demzufolge Maßnahmen, welche die Wahl eines Mitgliedstaats zwischen verschiedenen Energiequellen und die allgemeine Struktur seiner Energieversorgung erheblich berühren „unbeschadet des Artikels 95" nur einstimmig beschlossen werden dürfen. Hierin wird ein deutliches politisches Signal dafür gesehen, daß eine energiepolitische Kompetenz der Gemeinschaft nicht gewollt ist – vgl. *Rapp-Jung*, RdE 1997, 133

482 *Van Miert*, WuW 1995, 553, 556 erklärt dies zum einen damit, daß die dynamischen Triebkräfte, die im Bereich der Telekommunikation eine Liberalisierung erzwangen (Fortschritte der Technik; progressive Globalisierung von Diensten) im Energiesektor fehlten, zum anderen mit der unterschiedlichen Struktur der Energiewirtschaft in den einzelnen Mitgliedstaaten der Gemeinschaft, was eine Liberalisierung erschwerte.

Mitgliedstaaten in Richtlinien nach Art. 86 Abs. 3 EGV zu präzisieren. Zwar ging sie gegen die Beibehaltung der Energieein- und -ausfuhrmonopole in einigen Mitgliedstaaten vor; im übrigen wurde aber auch im Energiesektor das Modell einer „Liberalisierung durch Harmonisierung" verfolgt, also einer Liberalisierung auf der Grundlage von Art. 47 Abs. 2, Art. 55 und Art. 95 EGV.[483] Ende 1996 wurde schließlich die Elektrizitätsbinnenmarktrichtlinie verabschiedet.[484] Mitte 1998 folgte eine Gasbinnenmarktrichtlinie.[485]

Das Vorgehen der Gemeinschaft im Energiesektor gleicht in einiger Hinsicht dem im Postsektor: wieder wurde die Liberalisierung in die Hände des Rates gelegt, d. h. dem politischen Kompromiß Vorrang eingeräumt vor einer stringenten Konkretisierung der rechtlichen Vorgaben des EG-Vertrags. Wieder – und erwartungsgemäß – blieben damit die sekundärrechtlichen Marktöffnungsvorgaben hinter dem zurück, was die Kommission auf der Grundlage ihrer Überwachungskompetenz nach Art. 86 Abs. 3 EGV ursprünglich gefordert hatte.

In wesentlicher Hinsicht weicht das Vorgehen im Energiesektor aber auch von dem im Postsektor ab: auf ein Universaldienstkonzept der Gemeinschaft wurde im Energiesektor angesichts des vehementen Widerstands der Mitgliedstaaten gegen eine gemeinschaftsrechtliche Eingrenzung der „Dienstleistungen von allgemeinem wirtschaftlichem Interesse", der privilegierungsfähigen „besonderen Aufgaben" und der Mittel zur Gewährleistung der Aufgabenerfüllung nahezu vollständig verzichtet.[486] Zwar normiert die Elektrizitätsbinnenmarktrichtlinie in einigen Vorschriften Infrastrukturgewährleistungspflichten der Mitgliedstaaten mit Blick auf den Netzbetrieb.[487] Die Versorgungspflichten selbst, ihre Bedingungen und Voraussetzungen werden demgegenüber nicht in der Richtlinie definiert, sondern bleiben mitgliedstaatlichen Regelungen vorbehalten. Die Zuständigkeiten der Mitgliedstaaten, wie sie sich aus Art. 86 Abs. 2 EGV ergeben, bleiben mithin unangetastet. Selbst die beschränkten Liberalisierungsvorgaben aus den Energiebinnenmarktrichtlinien werden durch Ausnahmevorschriften ergänzt, die mehr oder weniger präzise Art. 86 Abs. 2 EGV nachgebildet sind.

---

483 Siehe hierzu: *Ritter*, in: Fordh. Corp. Law Inst. 1994, S. 127, 138.

484 Richtlinie Nr. 96/92/EG des Europäischen Parlaments und des Rates vom 19. 12. 1996 betreffend gemeinsame Vorschriften für den Elektrizitätsbinnenmarkt, ABl. 1997 Nr. C 27/20 – im Folgenden: EL-Richtlinie.

485 Richtlinie Nr. 98/30/EG des Europäischen Parlaments und des Rates vom 22. 6. 1998 betreffend gemeinsame Vorschriften für den Erdgasbinnenmarkt, ABl. 1998 Nr. L 204/1 – im Folgenden: Gasbinnenmarktrichtlinie.

486 Vgl. auch *Rapp-Jung*, RdE 1997, 133, 134 und 136.

487 Gem. Art. 7 EL-Richtlinie hat jeder Mitgliedstaat einen Übertragungsnetzbetreiber bzw. einen Verteilernetzbetreibern zu bennenen, der alsdann zur Gewährleistung der Versorgungssicherheit durch Betrieb, Wartung und Ausbau seines Netzes in einem bestimmten Gebiet verpflichtet ist. Dieser Betreiber muß auch für die Bereitstellung aller unentbehrlichen Hilfsdienste sorgen (Art. 7 Abs. 3 EL-Richtlinie). In ähnlicher Weise ist der von den Mitgliedstaaten (oder den Netzeigentümern) zu benennende Betreiber eines Verteilernetzes gem. Art. 11 Abs. 1 EL-Richtlinie zur Unterhaltung eines sicheren, zuverlässigen und leistungsfähigen Stromverteilernetzes in seinem Gebiet verpflichtet.

2. *Überblick über den Marktöffnungsprozeß*

a) Verstärkte Kooperation im Energiesektor: die Transit-Richtlinien

Verstärkte Bemühungen, die Voraussetzungen für einen Energiebinnenmarkt zu schaffen, datieren auf den Beginn der 90er Jahre zurück. Sie führten 1990 zunächst zum Erlaß der sog. Preistransparenz-Richtlinie[488], welche die Preistransparenz für industrielle Endverbraucher von Gas und Elektrizität im Binnenmarkt sicherstellen und so die Möglichkeiten eines unverfälschten Wettbewerbs stärken sollte,[489] sowie der Elektrizitätstransit-Richtlinie, die den Transfer von Elektrizität in großen Netzen betrifft[490]. 1991 folgte eine parallele Richtlinie für den Gassektor[491]. Beide Richtlinien verpflichten die Mitgliedstaaten, die rechtlichen Rahmenbedingungen für eine enge Zusammenarbeit von bestimmten, enumerativ aufgezählten Betreibern der Verbundnetze zu schaffen, um so den Abschluß von Transitvereinbarungen zu fördern.[492] Eine Durchleitungsverpflichtung der Verbundnetzbetreiber folgte aus diesen Richtlinien jedoch nicht.

b) Die rechtlichen Ausgangspunkte: Entscheidungen der Kommission und Urteile des EuGH

aa) Entscheidungen der Kommission

Die Kommission ging zunächst davon aus, daß eine weitreichende Liberalisierung des Energiesektor primärrechtlich geboten sei. Eine Rechtfertigung von Vertragsverstößen gem. Art. 86 Abs. 2 EGV unter dem Gesichtspunkt der Gewährleistung einer flächendeckenden Energieversorgung hielt die Kommission nur für eine gewisse Übergangszeit für möglich.[493]

---

488 Richtlinie 90/377/EWG des Rates vom 29. 6. 1990 zur Einführung eines gemeinschaftlichen Verfahrens zur Gewährleistung der Transparenz und der vom industriellen Endverbraucher zu zahlenden Gas- und Strompreise, ABl. 1990 Nr. L 185/16 (sog. Preistransparenz-Richtlinie).

489 Vgl. *Jarass* (1996), S. 26.

490 Richtlinie 90/547/EWG des Rates vom 29. 10. 1990 über den Transit von Elektrizitätslieferungen über große Netze, ABl. 1990 Nr. L 313/30.

491 Richtlinie 91/296/EWG des Rates vom 31. 5. 1991 über den Transit von Erdgas über große Netze, ABl. 1991 Nr. L 147/37.

492 *Stewing*, EuR 1993, 41, 45 m. w. N.

493 Vgl. *Kommission*, Grünbuch Energiepolitik, KOM(94) 659 endg., S. 35. Kommission, Energie-Grünbuch, KOM(88)238 endg., S. 10 Zif. 31 (für die Notwendigkeit einer Übergangszeit); vgl. auch Kommission, Arbeitspapier Versorgungssicherheit, Binnenmarkt für Energie und Energiepolitik, SEK(90)1248 endg.: die Abschaffung der Ausschließlichkeitsrechte werde den Abnehmern in den Mitgliedstaaten eine günstigere Energieversorgung ermöglichen. Der Energiebinnenmarkt werde zu erheblichen Kosteneinsparungen führen, die sich in spürbaren Preissenkungen niederschlagen würden. Speziell für den Erdgassektor vgl.: *Kommission*, Grünbuch Energiepolitik, KOM(94)659 endg., S. 25: zur Gewährleistung einer *langfristigen* Versorgungssicherheit seien im *Erdgasbereich* keine Ausschließlichkeitsrechte erforderlich. Die Versorgungssicherheit könne in einem offenen, wettbewerblichen Markt gewährleistet werden.

Entgegen ihrer ursprünglichen Absicht[494] hat sie sich mit einer unmittelbaren Durchsetzung des primären Gemeinschaftsrechts jedoch zurückgehalten. Trotz einiger gegenteiliger Ankündigungen und Drohungen respektierte sie im wesentlichen die auf politischen Druck der Mitgliedstaaten gefällte Entscheidung, das Ziel einer Liberalisierung der Energiesektoren im Wege einer Harmonisierungsrichtlinie zu verfolgen. In keinem Fall hat sie von ihren Befugnissen aus Art. 86 Abs. 3 EGV Gebrauch gemacht, um gegen mitgliedstaatliche Organisationsentscheidungen vorzugehen. Auch hat sie entgegen einer wiederholten Ankündigung und abweichend von ihrer Vorgehensweise in den Sektoren Telekommunikation und Post davon abgesehen, sich zur Anwendung des Gemeinschaftsrechts auf die Energiesektoren der Mitgliedstaaten – insbesondere auch zu den Grenzen gegebenenfalls nach Art. 86 Abs. 2 EGV zu rechtfertigender Ausnahmen – in allgemeiner Weise in einer Mitteilung zu äußern.[495] So ergab sich aus der Kommissionspraxis vor allem keine Klärung der zentralen Frage, ob und inwieweit die Beibehaltung der Versorgungsmonopole und, damit zusammenhängend, Durchleitungsverweigerungen gemeinschaftsrechtlich gerechtfertigt werden könnten.[496]

Allerdings erließ die Kommission einige Entscheidungen auf der Grundlage der Artt. 81, 82 EGV betreffend Praktiken von Energieversorgungsunternehmen, die nicht unmittelbar durch die Mitgliedstaaten veranlaßt waren.[497] Häufig ging es dabei um die wettbewerbsrechtliche Bewertung von langfristigen Bezugsverpflichtungen.[498] Obwohl

---

494 Vgl. für die Feststellung der Kommission, daß eine Liberalisierung der nationalen Energiemärkte über die unmittelbare Anwendung des primären Gemeinschaftsrechts zu erreichen sei: *Kommission*, Energie-Grünbuch, KOM(88) 238 endg., S. 21 Zif. 17.

495 Angekündigt z. B. in *Kommission* v. 14. 9. 1990, SEC (90) 1248: sie werde ein Verzeichnis nationaler Maßnahmen erstellen, die der Gewährleistung der Versorgungssicherheit dienten; vgl. auch *Kommission*, Weißbuch „Eine Energiepolitik für die Europäische Union", KOM (95) 682 endg., Zif. 59: „[...] it will need to be considered whether general criteria need to be established to judge those cases in which the application of the competition rules of the Treaty would obstruct the achievement of such public service obligations, in order to support the application of Treaty rules in a coherent and predictable manner". Kritisch zum Fehlen einer solchen Mitteilung: *Slot*, CMLRev. 1994, 511, 533.

496 Die Positionen in der Lit. zur Durchleitungsverweigerung waren sehr unterschiedlich: strikt gegen eine Durchleitungsverpflichtung von Netzbetreibern z. B.: *Klaue*, BB 1992, 1937 ff.; *ders.*, BB 1993, 740 f.: die Einführung von Durchleitungsrechten in die mitgliedstaatlichen Marktorganisationen sei ein systemwidriger Fremdkörper, der zudem eine umfassende Marktregulierung erfordern würde; *Schüppstuhl/Maier*, WuW 1995, 374, 379: die Begründung einer Durchleitungsverpflichtung könne die Versorgungssicherheit gefährden, da so die Möglichkeit zum Rosinenpicken eröffnet werde; ähnlich *Baur*, in: Baur/Lukes (Hrsg.) (1979), S. 36 ff.; *Arndt*, RIW 1989, Beilage 7, S. 20; *VDEW*, RdE 1989, 114 ff. Andere dagegen sahen die Versorgungssicherheit auch bei Begründung einer Durchleitungspflicht nicht gefährdet und lehnten daher eine Berufung auf Art. 86 Abs. 2 EGV als Rechtfertigung für fehlende Durchleitungsrechte ab – vgl. z. B. *Durach* (1996), S. 15 f. und 217 ff.; *Markert*, WuW 1995, 560, 571; *Stewing*, EuR 1993, 41, 52.

497 Vgl. z. B. *Kommission*, Entscheidung v. 16. 1. 1991, ABl. 1991 Nr. L 28/32 – *„Ijsselcentrale"*; *Kommission*, Bekanntmachung, ABl. 1993 Nr. C 265/3 – *„Pego-Projekt"*. Für einen Überblick: *Ritter*, in: Fordh. Corp. Law Inst. 1994, 127, 146 ff.

498 Vgl. *Kommission*, Entscheidung v. 30. 4. 1991, ABl. 1991 Nr. L 178/31 – *„Scottish Nuclear"*; *Kommission*, Entscheidung v. 22. 12. 1992, ABl. 1992 Nr. L 50/14 – *„Jahrhundertvertrag"*; *Kommission*, Bekanntmachung, ABl. 1996 Nr. C 118/7 – *„REN/Turbogás"*; *Kommission*, Mitteilung, ABl. 1996 Nr. C 138/3 – *„ISAB Energy"*; *Kommission*, XXIII. Wettbewerbsbericht (1993), S. 139 ff. Rn. 222 (betreffend das Pego-Projekt); *Kommission*, XXVII. Wettbewerbsbericht (1997), Rn. 94

derartige Vereinbarungen, ähnlich wie Versorgungsmonopole und Gebietsschutzverträge, geeignet sind, brancheninternen Wettbewerb im Strom- oder Gassektor zu erschweren oder gar zu verhindern, hat die Kommission in ihrer Beurteilung erhebliche Zurückhaltung geübt.[499] Langfristige Strom- und Gasbezugsbindungen mit einer Laufzeit von bis zu 15 Jahren wurden auf der Grundlage von Art. 81 Abs. 3 EGV vom Kartellverbot freigestellt.

bb) Das Urteil „Almelo"

Einen wichtigen Ausgangspunkt für alle weiteren Liberalisierungsbemühungen im Energiesektor setzte der EuGH im Jahr 1994 mit seinem Urteil im Fall „*Almelo*", welches sich gleichfalls mit der gemeinschaftsrechtlichen Zulässigkeit bestimmter Praktiken von Energieversorgungsunternehmen befaßte, die nicht unmittelbar durch die Mitgliedstaaten veranlaßt waren. Der Gerichtshof Arnheim hatte dem EuGH in diesem Fall unter anderem die Frage vorgelegt, ob eine vertraglich vereinbarte ausschließliche Bezugsverpflichtung für Strom, die lokalen Versorgungsunternehmen die Einfuhr von Elektrizität unter Benutzung des öffentlichen Versorgungsnetzes verbot, mit den Artt. 31, 81 und 86 EGV vereinbar sei.

Der EuGH verneinte einen Verstoß gegen Art. 31 EGV, stellte aber einen Verstoß des Systems ausschließlicher Bezugsbindungen gegen Art. 81 und unter bestimmten Umständen auch gegen Art. 82 EGV fest.[500] Er hielt allerdings eine Rechtfertigung nach Art. 86 Abs. 2 EGV für möglich,[501] wobei er die Prüfung im einzelnen dem vorlegenden mitgliedstaatlichen Gericht überließ.[502]

Das Urteil „*Almelo*" wurde allgemein als ein Hinweis auf die hohe Bedeutung verstanden, die Art. 86 Abs. 2 EGV im Energiesektor zur Rechtfertigung verschiedener wettbewerbswidriger Praktiken auch künftig zukommen könne.[503]

Das Urteil „*Almelo*" sprach zudem die im Energiesektor praktisch relevante Frage an, ob ein Energieversorgungsunternehmen mit besonderen Aufgaben im Bereich des Umweltschutzes betraut werden und unter Berufung darauf eine Ausnahme nach Art. 86 Abs. 2 EGV in Anspruch nehmen kann. Der EuGH stellte hierzu fest, daß Kosten des betrauten Unternehmens, die aus umweltrechtlichen Vorschriften resultierten, bei der

---

(betreffend den Fall Electrabel). Zur Problematik langfristiger Liefer- und Bezugsverträge im Energierecht unter Berücksichtigung des Art. 86 Abs. 2 EGV auch: *Ritter*, RdE 1995, 50 ff.

499 *Hancher*, CMLRev. 32 (1995), 305, 307. Kritisch: *Markert*, EuZW 2000, 427, 429.

500 EuGH Slg. 1994 I-1477, 1516 f. Rn. 27–32 (zu Art. 31 EGV) und 1518 f. Rn. 34–39 (zu Art. 81 EGV) – „*Almelo*".

501 EuGH Slg. 1994 I-1477, 1521 Rn. 49 – „*Almelo*".

502 A. a. O., 1521 Rn. 50 – „*Almelo*". Der Gerichtshof Arnhem hat mit Urteil v. 22. 10. 1996 entschieden, daß die ausschließlichen Bezugsverpflichtungen der lokalen Weiterverteiler und Endabnehmer nicht erforderlich seien, um die Erfüllung der „besonderen Aufgabe" zu gewährleisten (vgl. Financial Times, Business Law Europe v. 3. 12. 1996, S. 4) – vgl. hierzu *Markert*, EuZW 2000, 427, 434; *Hancher*, CMLRev. 1997, 1509 ff.

503 Siehe z. B. *Rapp-Jung*, RdE 1994, 165, 167; *Hancher*, ET 1995, 68, 73; *Spannowsky*, RdE 1995, 135, 136; *Moutouh*, Gaz. Pal. 15./16. juin 1999, 2, 3.

Prüfung, ob Wettbewerb die wirtschaftliche Stabilität des Unternehmens gefährden würde, zu berücksichtigen seien. Ob der EuGH mit diesem Diktum eine Sonderinstrumentalisierung betrauter Unternehmen für Umweltschutzziele zugelassen hatte, blieb umstritten.[504]

cc) Das Vertragsverletzungsverfahren der Kommission gegen Energieein- und -ausfuhrmonopole in den Mitgliedstaaten

Trotz ihrer allgemeinen Zurückhaltung griff die Kommission im Jahr 1994 – wohl nicht zuletzt mit dem Ziel, die Mitgliedstaaten in ihren Verhandlungen über die Energiebinnenmarktrichtlinien unter Druck zu setzen –, den aus ihrer Sicht eindeutigsten Vertragsverstoß auf: die Beibehaltung von Ausschließlichkeitsrechten im Bereich der Ein- und Ausfuhr von Energie in einigen Mitgliedstaaten. Diese Ausschließlichkeitsrechte verstießen aus Sicht der Kommission gegen Art. 31 EGV. Eine Rechtfertigung eines solchen Verstoßes unter Berufung auf Art. 86 Abs. 2 EGV hielt die Kommission für rechtlich ausgeschlossen: Art. 86 Abs. 2 EGV sei auf Art. 31 EGV nicht anwendbar. Die Kommission ging allerdings nicht auf der Grundlage ihrer Befugnisse aus Art. 86 Abs. 3 EGV mit gegen die Mitgliedstaaten gerichteten Entscheidungen vor, sondern leitete ein Vertragsverletzungsverfahren ein.

Die Mitgliedstaaten bestritten einen Verstoß gegen Art. 31 EGV,[505] beriefen sich zu ihrer Verteidigung vor allem aber auf Art. 86 Abs. 2 EGV, den sie, entgegen der Ansicht der Kommission, auch in diesem Zusammenhang für anwendbar hielten. Mit unterschiedlichen Nuancen machten sie geltend, durch Art. 86 Abs. 2 EGV seien die Grundsätze der Regelung des nationalen Stromversorgungssystems geschützt, deren Umsetzung sie dem Inhaber der Ausschließlichkeitsrechte anvertraut hätten. Privilegiert werden müsse das allgemeine, im Energiesektor zu realisierende Planungsziel[506] – etwa das Ziel der Gewährleistung einer verläßlichen, sozialverträglichen und einwandfrei funktionierenden öffentlichen Stromversorgung zu möglichst niedrigen Kosten[507], die einem Unternehmen übertragene Aufgabe, sich um die niedrigstmöglichen Preise zu bemühen[508] oder das Ziel, mit möglichst geringem Verwaltungsaufwand elektrische

---

504 Vgl. z. B. *Le Nestour/Zinow*, ET 1995, 78, 82; *Sellner*, EuR 1997, Beih.1, 61, 71. Dagegen z. B. *Hamon*, AJDA 1997, 996, 1001; *Litpher*, RdE 1998, 72, 73. Näher: s. o., B.IV.2.b)cc)aaa).

505 Vgl. z. B. EuGH Slg. 1997 I-5699, 5773 ff. Rn. 16, 19 und 21 – *„Energiemonopole Niederlande"*.

506 Deutlich z. B. in der Argumentation der Niederlande in: EuGH Slg. 1997 I-5699, 5781 f. Rn. 49 – *„Energiemonopole Niederlande"*.

507 A. a. O., 5780 Rn. 45 – *„Energiemonopole Niederlande"*; für eine uneingeschränkte Anerkennung dieser Aufgabenstellung als privilegierungsfähig: *GA Cosmas*, Schlußanträge, Rn. 97, in: EuGH Slg. 1997 I-5699, 5755 – *„Energiemonopole Niederlande"*.

508 Auf eine solche „besondere Aufgabe", die EDF bzw. GDF übertragen sei, hatte sich Frankreich berufen. Der EuGH hat die Privilegierungsfähigkeit einer solchen Aufgabe nicht bestritten sondern hat in den Urteilen nur die Frage erörtert, ob sich tatsächliche eine *Betrauung* von EDF und GDF mit diesen Aufgaben feststellen lasse. Dies hat er verneint – vgl. EuGH Slg. 1997 I-5815, 5838 ff. Rn. 73–83 – *„Energiemonopole Frankreich"*: Es deute nichts darauf hin, daß die geltenden Höchsttarife notwendig die niedrigstmöglichen Tarife seien. „Somit sind weder die eingeschränkten Möglichkeiten zur Anpassung der Tarife noch diejenigen zu ihrer Erhöhung geeignet, das Ziel der wettbewerbsfähigsten Tarife zu den geringsten Kosten sicher zu erreichen". Allgemein kritisch zur Privilegierungsfähigkeit einer solchen Aufgabenformulierung: *Hamon*, AJDA 1997, 996, 1000: „Enfin,

Energie bereitzuhalten, die nach Menge und Preis eine ausgewogene Wirtschaftsentwicklung des Landes erlaube[509]. Zur Erreichung dieser Ziele sei der steuernde Zugriff auf alle Elemente des Energieversorgungssystems von der Energieeinfuhr über die Energieproduktion, den Transport bis hin zur eigentlichen Versorgung erforderlich.[510] Wenn allein die Marktkräfte wirkten, könne das dem mitgliedstaatlichen Energieversorgungssystem zugrundeliegende Steuerungsanliegen versagen.[511]

Der EuGH ist in den „*Energiemonopol*"-Urteilen dieser Argumentation der Mitgliedstaaten weit entgegenkommen.[512] Insbesondere hat er den Anwendungsbereich des Art. 86 Abs. 2 S. 1 EGV nicht auf bestimmte Aspekte des im Energiebereich nahezu allumfassenden öffentlichen Interesses an der Gewährleistung der Versorgungssicherheit eingeengt.[513]

Die Konsequenzen, die diese Urteile generell für das Verständnis des Art. 86 Abs. 2 EGV hatten, sind in Teil B erörtert worden. Im Zusammenhang mit den Bemühungen um eine Liberalisierung der Energiesektoren bedeuteten diese Urteile einen Sieg der einer Liberalisierung ablehnend gegenüberstehenden Mitgliedstaaten. Wenngleich die Frage der Erforderlichkeit der Energieein- und -ausfuhrmonopole zur Gewährleistung der „besonderen Aufgabe" vom EuGH nicht abschließend beantwortet wurde,[514] wurde doch eine Liberalisierung des Sektors *durch die Kommission* rechtlich schwierig und politisch unwahrscheinlich.

Auch mit Blick auf die gemeinschaftsrechtliche Privilegierungsfähigkeit des Umweltschutzes im Rahmen des Art. 86 Abs. 2 EGV scheinen die „*Energiemonopol*"-Urteile eine Lockerung zu bringen. Die Feststellung, eine Verpflichtung eines betrauten Unternehmens, einen besonderen Beitrag zum Umweltschutz zu leisten, sei nicht Bestandteil der durch Art. 86 Abs. 2 EGV privilegierten „besonderen Aufgabe", „soweit es sich

---

d'après la philosophie générale du traité, la baisse ou la modération des prix devrait normalement résulter du jeu de la concurrence et non d'une protection spéciale accordée à certaines entreprises".

509 EuGH Slg. 1997 I-5789, 5807 Rn. 46 – „*Energiemonopole Italien*".

510 Ähnlich auch: *GA Cosmas*, Schlußanträge, Rn. 100, in: EuGH Slg. 1997 I-5699, 5756 – „*Energiemonopole Niederlande*".

511 Vgl. *GA Cosmas*, Schlußanträge Rn. 95, in: EuGH Slg. 1997 I-5699, 5754 – „*Energiemonopole Niederlande*". Auch: EuGH Slg. 1997 I-5789, 5807 Rn. 48 – „*Energiemonopole Italien*"; *Litpher*, RdE 1998, 72.

512 S. o., Teil B III.2.b)bb) und d)ff)ccc). Vgl. insbes.: EuGH Slg. 1997 I-5699, 5783 Rn. 55 – „*Energiemonopole Niederlande*": „Angesichts der Besonderheiten von Elektrizität sowie der Modalitäten ihrer Erzeugung, Fortleitung und Abgabe, wie sie in den Niederlanden existieren, hätte eine solche Marktöffnung ebenso offenkundig wesentliche Änderungen der Verwaltung des nationalen Versorgungssystems zur Folge, *was namentlich die Verpflichtung der SEP betrifft, vermittels der ihr übertragenen Planung zum Funktionieren dieses Systems zu möglichst niedrigen Kosten und auf sozialverträgliche Weise beizutragen*" [Hervorhebung durch H.S.]. Kritisch zur gemeinschaftsrechtlichen Privilegierung derartiger Aufgaben: *Mestmäcker*, in: XXXII. FIW-Symposium (1999), S. 71, 79.

513 Kritisch: *Slot*, CMLRev. 35 (1998/2), 1183, 1198.

514 Auf diesem Hintergrund betonen *Dohms/Levasseur*, Competition Policy Newsletter 1998/1 (February), 18, 23, daß ein erneutes Vorgehen gegen die Beibehaltung der Energieim- und -exportmonopole vor dem EuGH unter Konkretisierung möglicher alternativer Mittel zur Gewährleistung der „besonderen Aufgaben" rechtlich nicht ausgeschlossen sei; an der Wahrscheinlichkeit eines solchen Vorgehens zweifelt allerdings – aus politischen Gründen – *Litpher*, RdE 1998, 72, 73 f.

nicht um Verpflichtungen handelt, die für diese Unternehmen und ihre Tätigkeit spezifisch sind",[515] läßt theoretisch Raum für die Betrauung eines Unternehmens mit „spezfischen" Umweltschutzaufgaben und damit für eine umweltpolitische Instrumentalfunktion solcher Unternehmen (s. o., B.IV.2.b)cc)aaa)).

c) Elektrizitätsbinnenmarktrichtlinie[516]

Die Verhandlungen über die Energiebinnenmarktrichtlinien zogen sich über vier Jahre hin und galten als außerordentlich schwierig.[517] Ein erster von der Kommission vorgelegter Entwurf für eine Elektrizitätsbinnenmarktrichtlinie[518] wurde von den Mitgliedstaaten entschieden abgelehnt,[519] insbesondere wegen der als zu weitreichend empfundenen Vorschriften über die Energiedurchleitung – den sog. „Third Party Access" (TPA), der zunächst als regulierter Netzzugang konzipiert war.[520] Unter derartigen Bedingungen seien die gemeinwirtschaftlichen Verpflichtungen der Unternehmen gefährdet. Die Kommission mußte die Liberalisierungsvorgaben erheblich lockern, um schließlich im Jahr 1996 die Zustimmung der Mitgliedstaaten zu einem stark modifizierten Entwurf zu erlangen.

Die zum 19. 2. 1997 in Kraft getretene Elektrizitätsbinnenmarktrichtlinie (im Folgenden: EL-Richtlinie) macht demgemäß vom proklamierten Ziel der „Vollendung des Binnenmarktes in der Stromwirtschaft" faktisch wesentliche Abstriche.

Als Herzstück der EL-Richtlinie gilt – neben der Einführung von Wettbewerb auf der Ebene der Stromerzeugung, jedenfalls mit Blick auf Neuinvestitionen (Artt. 4–6 der EL-Richtlinie)[521] –, die Gewährleistung von Netzzugangsrechten für die Stromversorgung

515 EuGH Slg. 1997 I-5815, 5837 Rn. 68–69 – *„Energiemonopole Frankreich"*; vgl. hierzu: vgl. *Litpher*, RdE 1998, 72, 73; *Hamon*, AJDA 1997, 996, 1001.

516 Richtlinie Nr. 96/92/EG des Europäischen Parlaments und des Rates vom 19. 12. 1996 betreffend gemeinsame Vorschriften für den Elektrizitätsbinnenmarkt, ABl. 1997 Nr. C 27/20 (im Folgenden: EL-Richtlinie).

517 Z. B. *Emmerich* (1999), § 32 S. 369. Näher zu dem Verhandlungsprozeß auch: *Börner*, ZögU 1996, Beih. 20, S. 39 ff.

518 Energierinnenmarkt-Richtlinienentwurf der Kommission v. 24. 2. 1992, ABl. 1992 Nr. C 65/4. Näher hierzu: *Ehlermann*, EuZW 1992, 689, 690 ff.; *ders.*, RdE 1993, 41 ff.

519 näher zu den Verhandlungen: *Michaelis*, ET 1996, 214, 215; *Riemer/Weyand*, ET 1998, 46 f.

520 Zum TPA siehe: *Slot*, CMLRev. 1994, 511, 544; *Michaelis*, ET 1996, 214; *Riemer/Weyand*, ET 1998, 46; *Ritter*, in: Fordh. Corp. Law Inst. 1994, 127, 143 f. Ein zweiter Kritikpunkt an dem Richtlinienentwurf betraf das „unbundling", d. h. die rechnungs- und verwaltungsmäßige Trennung von Netzbetrieb und Netznutzung. Auch diese Vorschriften wurden z. T. als zu weitreichend empfunden.

521 Die Mitgliedstaaten sind zur Schaffung eines transparenten, nicht-diskriminierenden Systems zur Gewährung von Lizenzen für die Elektrizitätsproduktion und den Bau von Elektrizitätsleitungen verpflichtet. Vgl. zur Bedeutung dieser Vorschriften: *Britz*, RdE 1997, 85 ff.; *Slot*, CMLRev. 1994, 511, 543 ff.; *Rapp-Jung*, RdE 1997, 133, 134. Skeptisch allerdings *Weckerle*, europa blätter 1999, 11, 13 mit Blick auf die den Mitgliedstaaten verbleibenden Möglichkeiten, unter Berufung auf Kriterien wie Sicherheit und Sicherung der elektrischen Systeme, Umweltschutz, Flächennutzung und Standortwahl, Gebrauch von öffentlichem Grund und Boden, Energieeffizienz oder Art der Primärenergieträger Hürden für Neuinvestitionen beizubehalten.

bestimmter Verbraucher (Artt. 16–22 EL-Richtlinie).[522] Das Recht, den Energielieferanten frei zu wählen und für die Energiebelieferung einen Netzzugang zu fremden Leitungen zu beanspruchen, bleibt nach der EL-Richtlinie allerdings auf die zugelassenen Stromverbraucher begrenzt (Art. 17 Abs. 1 der Richtlinie). Zwingend als Kunden zugelassen sind anfangs gem. Art. 19 Abs. 3 EL-Richtlinie nur Endverbraucher mit einem Jahresverbrauch von mehr als 100 GWH je Verbrauchsstätte. „Endverbraucher" sind gem. Art. 2 Abs. 7 EL-Richtlinie nicht Verteilerunternehmen, so daß es den Mitgliedstaaten grundsätzlich freisteht, Stromverteilerunternehmen, d. h. Unternehmen, die Strom an nicht zum Wettbewerb zugelassene Verbraucher verteilen, vom Zugang zum Netz, d. h. von der Teilnahme am Stromhandel auszuschließen (Artt. 17 Abs. 1, 18 Abs. 1, 19, 21 Abs. 1 EL-Richtlinie).[523] Im übrigen, jenseits der beschränkten Zahl von Fällen einer „zwingenden" Zulassung, entscheiden über die Zulassung die Mitgliedstaaten. Sie haben dabei lediglich die in Art. 19 EL-Richtlinie geregelten, in bestimmten Zeitintervallen steigenden Marktquoten zu erfüllen, die sich aus der Anzahl bzw. dem Anteil aller in der gesamten EU ansässigen Endverbraucher mit einem Jahresverbrauch von 40 GWh, später mit einem Jahresverbrauch von mindestens 20 GWh und schließlich mit einem Jahresverbrauch von 9 GWh errechnen. Die Marktöffnungsquote, die sich aus diesen in der Richtlinie festgelegten Vorgaben ergibt, liegt anfangs zwischen 22 und 25%, steigt nach drei Jahren auf ca. 28% und nach weiteren drei Jahren auf 33%.[524] Sie bleibt damit relativ niedrig – dies schließt es aus, die Regelung der Zulassung zum Netzzugang als Ausdruck des gemeinschaftsrechtlichen Spürbarkeitserfordernisses zu verstehen, demzufolge nur solche Handels- und Wettbewerbsbeeinträchtigungen, die spürbare Auswirkungen auf den Handel und Wettbewerb in der Gemeinschaft haben, unzulässig sind.[525] Mit Blick auf die Versorgung der nicht zugelassenen Kunden bleibt ein System der ausschließlichen Versorgungsgebiete weiterhin zulässig.[526]

Auch mit Blick auf die Organisation der Netzzugangs- bzw. Durchleitungsrechte normiert die EL-Richtlinie keine klare Wettbewerbslösung, sondern einen Kompromiß. Sie beläßt den Mitgliedstaaten die Wahl zwischen dem System des verhandelten Netzzugangs, dem System des geregelten Netzzugangs und dem Alleinabnehmersystem (Art. 16–Art. 18 EL-Richtlinie), wobei letzteres auf das besondere Drängen Frankreichs hin als Option in die Richtlinie übernommen wurde.[527] Im Alleinabnehmersystem wird vom Netzinhaber nur Elektrizität durchgeleitet, die zuvor von ihm aufgekauft wurde. Zwar ist der Alleinabnehmer verpflichtet, nach der Richtlinie zum Wettbewerb zugelassene Kunden zu den Preisen zu beliefern, die zwischen dem Lieferanten und dem zugelassenen Kunden ausgehandelt wurden; ein Druck auf die Energiepreise resultiert also grundsätzlich auch aus diesem Modell. Ein Unterschied ergibt sich allerdings hinsichtlich der Transportkosten: Anders als beim Netzzugang auf Vertragsbasis wird im Alleinab-

522 Vgl. zur Bedeutung Regelung des Netzzugangs: *Baur*, ET 1997, 624; *Kühne*, NJW 1998, 1902, 1903; *Mombaur*, DÖV 1997, 571, 573 f.; *Britz*, RdE 1997, 85, 89 u. a. Bei der Gewährung des Netzzugangs muß sich der Netzbetreiber jeder Diskriminierung der Nutzer zugunsten seiner eigenen Tochterunternehmen enthalten (Art. 7 Abs. 5 und 11 Abs. 2 der Richtlinie).

523 Vgl. auch *Rapp-Jung*, RdE 1997, 133, 135; *Britz*, RdE 1997, 85, 90.

524 *Rinne* (1998), S. 27.

525 A. A.: *Stewing*, EuR 1993, 41, 60; *Lukes*, EWS 1999, 441, 442 f.

526 Vgl. hierzu z. B. *Ehlermann*, ET 1992, 96, 97; *Britz*, EuZW 1997, 334; *Baur*, ET 1997, 624.

527 Vgl. *Valade/Revol* (1998), S. 275.

nehmermodell das Entgelt für den Stromtransport nicht, unter Orientierung an den tatsächlichen Transportkosten, individuell ausgehandelt, sondern es wird tariflich ein Entgelt festgesetzt (Art. 18 Abs. 1 (i) EL-Richtlinie), das sich typischerweise an den Kosten des gesamten Netzsystems orientiert. Es wird erwartet, daß derartige Tarifentgelte – eher als die Entgelte im System des Netzzugangs auf Vertragsbasis – Kostenbestandteile für die Erfüllung von Aufgaben, die dem Netzinhaber im Allgemeininteresse auferlegt sind, enthalten und daher tendenziell teurer sein werden. Damit erhöht sich die Gefahr, daß aus diesen Entgelten eine u. U. schwer überwindliche Marktzutrittsschranke resultiert.[528] Hinzu kommt, daß nach außen die Zuständigkeit des Alleinabnehmers für die Versorgung aller in seinem Gebiet gelegenen Abnehmer, damit die Struktur des Monopolunternehmens und zugleich das strukturelle Diskriminierungspotential, im Alleinabnehmersystem voll erhalten bleibt.[529] Von Kritikern ist das Alleinabnehmersystem vor diesem Hintergrund als ein System bezeichnet worden, welches im Ergebnis die Handelsmonopole im Energiebereich aufrechterhalte[530] und welches nicht den Wettbewerb zwischen Anbietern schütze, sondern auf das Versorgungssystem eines „service public" abziele.[531]

Neben die Verpflichtung zur Gewährleistung des Netzzugangs stellt die EL-Richtlinie die Verpflichtung, bestimmte strukturelle Voraussetzungen für Wettbewerb zu schaffen, insbesondere eine getrennte Rechnungslegung bezüglich der Bereiche Erzeugung, Transport und Energieverteilung zu gewährleisten (Artt. 13–15 EL-Richtlinie). Gem. Art. 7 Abs. 6 muß der Netzbetreiber zumindest auf Verwaltungsebene unabhängig von den übrigen Tätigkeiten der Erzeugung und Verteilung sein. Bei Wahl des Alleinabnehmersystems muß auch das Management für diese Bereiche getrennt werden (Art. 15 Abs. 1). Eine volle rechtliche Trennung des Netzbetriebs von den anderen Tätigkeiten wird aber nicht verlangt.[532] Damit bleibt, ungeachtet des in den Art. 7 Abs. 5, Art. 11 Abs. 2 EL-Richtlinie verankerten Grundsatzes, daß sich der jeweilige Netzbetreiber „jeglicher Diskriminierung gegenüber den Nutzern oder den Kategorien von Nutzern des Netzes, insbesondere zugunsten seiner Tochterunternehmen oder Aktionäre" zu enthalten hat, die Diskriminierungsgefahr real. In der Lit. wird zum Teil sogar offen davon ausgegangen, daß angesichts der in der Richtlinie nicht vorgesehenen eigentumsrechtlichen Entflechtung zwischen Erzeugung und Netzbetrieb die derart integrierten

528 *Vollmer*, in: Jahrbuch für Neue Politische Ökonomie 16 (1997), S. 147, 153.

529 *Baur*, ET 1997, 624; *Börner*, ZögU 1996, Beih. 20, S. 41: der Alleinabnehmer bleibe der wesentliche Ansprechpartner des Kunden, kenne frühzeitig dessen Bedarf und liefere während des Vertrages Zusatz- und Reservekapazitäten. Der Alleinkäufer behalte die wirtschaftlich wesentlich günstigere Stellung und habe die Möglichkeit, auch noch in letzter Sekunde in das Angebot des konkurrierenden Anbieters einzusteigen.

530 Vgl. Immenga/Mestmäcker-*Mestmäcker*, EG-Wettbewerbsrecht, Kom., Bd. II (1997), Art. 37/90 A. Rn. 75. Kritisch zum Alleinabnehmermodell auch: *Sellner*, EuR 1997, Beih. 1, 61, 68; *Knieps*, in: Jahrbuch für Neue Politische Ökonomie 16 (1997), S. 185, 197.

531 *Steindorff*, ZHR 163 (1999), 395, 427 f. Andere messen dem Alleinabnehmersystem praktisch eine wesentlich geringere Bedeutung bei – vgl. z. B. *Weckerle*, europa blätter 1999, 11, 16.

532 Vgl. *Kommission*, Zweiter Bericht an den Rat und das Europäische Parlament über den Stand der Liberalisierung der Energiemärkte, S. 9 für Maßnahmen, die die Kommission verlangt, damit bei Fehlen einer vollständigen Trennung die Diskriminierungsgefahr minimiert wird. Für zu weitreichend wird die Entflechtungsregelung in der EL-Richtlinie gehalten von: *Baur*, ET 1997, 624, 625 und 627.

Versorgungsunternehmen einen gewissen Nutzungsvorrang für sich in Anspruch nehmen könnten.[533]

Den Netzbetreibern verbleiben jedenfalls nach den Art. 17 Abs. 5 und Art. 18 Abs. 4 sowie nach Art. 3 Abs. 3 gewisse Rechte zur Verweigerung des Netzzugangs,[534] wobei sie sich auch darauf berufen können, daß durch die Gewährung des Netzzugangs die Erfüllung gemeinwirtschaftlicher Verpflichtungen verhindert würde. Ungeklärt ist bislang die Frage, ob damit eine Durchleitungsverweigerung mit der Begründung möglich wird, daß im Falle einer Durchleitung eine die Aufgabenerfüllung wirtschaftlich gefährdende Ergebnisminderung zu gewärtigen sei.[535] In einem natürlichen Spannungsverhältnis steht der Durchleitungsanspruch auch zu der Aufgabe einer Gewährleistung der Versorgungssicherheit durch langfristige Planung, welche die Mitgliedstaaten ihren Energieversorgungsunternehmen auferlegen können. Auch unter Berufung auf diese Aufgabe kann ein Netzzugang gegebenenfalls verweigert werden (Art. 3 Abs. 2 S. 3 EL-Richtlinie).[536] Desweiteren wird in der Lit. davon ausgegangen, daß sich ein Netzbetreiber gegen eine Durchleitung auch mit der Begründung wehren könne, er habe vor Inkrafttreten der Richtlinie eigene Produktionskapazitäten aufgebaut, für die die Investitionskosten noch nicht über einen entsprechenden Energieabsatz hereingeholt werden konnten.[537] Wird dieser Einwand zugelassen, so würde dies zumindest für eine mehr oder weniger lange Übergangszeit gleichfalls eine schwerwiegende Beeinträchtigung der erstrebten Wettbewerbsöffnung bedeuten.

Einen besonderen Rechtfertigungsgrund für Netzzugangsverweigerungen sieht Art. 19 Abs. 5 EL-Richtlinie für Mitgliedstaaten vor, die ihren Elektrizitätsmarkt überobligationsmäßig weit öffnen: Anbietern aus anderen Mitgliedstaaten, die ihren Elektrizitätsmarkt in geringerem Umfang geöffnet haben, kann in bestimmten Fällen der Marktzutritt verweigert werden (sog. Reziprozitätsklausel).[538]

---

533 *Vollmer*, in: Jahrbuch für Neue Politische Ökonomie 16 (1997), S. 147, 155. Von einem im Verhältnis zum Netzinhaber gleichberechtigten Netzzugangsrecht Dritter gehen hingegen aus: *Stewing*, EuR 1993, 41, 46; *Fehling*, AöR 121 (1996), 59, 73 u. a. Auch die Kommission mißt dem Argument des Eigentumsrechtsschutzes im Rahmen der Anwendung der „essential facilities"-Doktrin nur im Rahmen der Bestimmung der Tatbestandsvoraussetzungen dieser Doktrin, Gewicht bei, weniger aber bei den Rechtsfolgen: vgl. *Kommission*, Entscheidung 98/190/EG, ABl. 1998 Nr. L 72/30 Rn. 89–92 – *Frankfurter Flughafen*. Hierzu: *Armani*, Competition Policy Newsletter 1999/3, Oktober 1999, S. 15 ff.

534 In Art. 17 Abs. 5 und Art. 18 Abs. 4 EL-Richtlinie ist das Recht zur Verweigerung des Netzzugangs wegen fehlender Kapazität geregelt – näher hierzu: *Kommission*, Zweiter Bericht an den Rat und das Europäische Parlament über den Harmonisierungsbedarf, S. 8.

535 Dagegen: *Vollmer*, in: Jahrbuch für Neue Politische Ökonomie 16 (1997), S. 147, 156: eine solche Durchleitungsverweigerung aus wirtschaftlichen Gründen sei eine mißbräuchliche Ausnutzung des Netzmonopols.

536 A. a. O., S. 160: „Im Interesse der Versorgungssicherheit müssen die Durchleitungsbedingungen so ausgestaltet sein, daß sie in die Planungen des Netzinhabers integriert werden können. Das erfordert i. d. R. langfristige Bindungen der Vertragsparteien, die es ihrerseits wieder schwer machen, daß die Durchleitung zu einem gleichsam regelhaften Vorgang wird".

537 *Vollmer*, in: Jahrbuch für Neue Politische Ökonomie 16 (1997), S. 147, 155.

538 Siehe hierzu: *Kommission*, Guide to the Electricity Directive, unter dem Stichwort „Reciprocity Clause".

Der Betrieb von Stromübertragungsnetzen[539] wird durch die Richtlinie nicht liberalisiert.[540] Abgesehen vom – ökonomisch in vielen Fällen nicht sinnvollen[541] – Bau von Direktleitungen, der nach Art. 21 EL-Richtlinie grundsätzlich möglich sein soll,[542] wird die in den früheren Richtlinienentwürfen der Kommission vorgesehene Möglichkeit zur Errichtung neuer Übertragungsnetze in der EL-Richtlinie in ihrer jetzigen Fassung durch Verhaltenspflichten der Netzbetreiber, insbesondere das Diskriminierungsverbot, ersetzt (vgl. Art. 7 Abs. 5).[543] Sinngemäß ähnliches gilt für den Betrieb des Verteilernetzes.[544]

Auch im Bereich der Elektrizitätserzeugung sind die Marktöffnungspflichten zum Teil erheblich eingeschränkt. So bleibt in bestimmten Fällen[545] neben dem wettbewerbsfreundlichen Genehmigungsverfahren[546] auch das Aussschreibungsverfahren zulässig (vgl. Art. 6 der EL-Richtlinie),[547] welches nur bei „zusätzlichem Bedarf" eingreift

539 „Übertragung" von Elektrizität wird in Art. 2 Zif. 5 der EL-Richtlinie definiert als der „Transport von Elektrizität über Hochspannungsverbundnetze zum Zweck der Stromversorgung von Endverbrauchern oder Verteilern".

540 Gem. Art. 7 Abs. 1 der EL-Richtlinie benennen die Mitgliedstaaten bzw. die jeweiligen Eigentümer des Übertragungsnetzes einen Netzbetreiber, der für den Betrieb, die Wartung sowie ggfs. den Ausbau des Übertragungsnetzes in enem bestimmten Gebiet sowie für die Verbindungsleitung mit anderen Netzen verantwortlich ist und so die Versorgungssicherheit gewährleistet. Der Netzbetreiber ist dafür verantwortlich, die Energieübertragung über das Netz zu regeln, ein sicheres, zuverlässiges und leistungsfähiges Energienetz zu unterhalten und die Interoperabilität mit anderen Netzen sicherzustellen (vgl. Art. 7 Abs. 3 und Abs. 4 der EL-Richtlinie).

541 Vgl. hierzu z. B. *Kühne*, NJW 1998, 1902, 1904; *Klafka/Hinz/Zander/Ritzau/Held*, ET 1998, 35, 36.

542 Aus dem Recht zum Bau von Direktleitungen soll mittelbarer wettbewerblicher Verhandlungsdruck auf die Betreiber vorhandener Netze resultieren – vgl. *Vollmer*, in: Jahrbuch für Neue Politische Ökonomie 16 (1997), S. 147, 154; *Kühne*, NJW 1998, 1902, 1904. Dieses Recht kann aber durch die Mitgliedstaaten unter Berufung auf die Erfordernisse der gemeinwirtschaftlichen Aufgabenerfüllung nach Art. 3 Abs. 2 und 3 EL-Richtlinie wieder eingeschränkt werden. Außerdem haben die Mitgliedstaaten nach Art. 21 Abs. 4 EL-Richtlinie die Möglichkeit, den Leitungsbau von einer konkret verweigerten Durchleitung abhängig zu machen.

543 Das Diskriminierungsverbot bezieht sich insbes. auf die Entscheidung, welche Erzeugungsanlagen zur Einspeisung ins Netz in Anspruch genommen werden (vgl. Art. 7 Abs. 5 der EL-Richtlinie). Vgl. zu den mit dieser Regelung verbundenen rechtlichen Problemen: *Britz*, RdE 1997, 85, 87.

544 Gem. Art. 2 Zif. 6 EL-Richtlinie meint „Verteilung" von Elektrizität den „Transport von Elektrizität mit mittlerer oder niedriger Spannung über Verteilernetze zum Zwecke der Stromversorgung von Kunden". Nach Art. 10 Abs. 2 EL-Richtlinie benennen die Mitgliedstaaten oder der Eigentümer des Verteilernetzes einen Betreiber des Verteilernetzes, der für den Betrieb, die Wartung und ggfs. den Ausbau des Verteilernetzes in einem bestimmten Gebiet zuständig ist. Der so benannte Betreiber ist gem. Art. 11 Abs. 1 EL-Richtlinie verpflichtet, in seinem Gebiet ein sicheres, zuverlässiges und leistungsfähiges Stromverteilernetz unter Beachtung des Umweltschutzes zu gewährleisten. Gem. Art. 11 Abs. 2 unterliegt der Verteilernetz-Betreiber einem Diskriminierungsverbot.

545 Auf Erzeuger, die weder eine Übertragungs-, noch eine Verteilerfunktion wahrnehmen, muß in jedem Fall das Genehmigungsverfahren angewendet werden – Art. 6 Abs. 6 EL-Richtlinie; *Eickhof/Kreikenbaum*, Wirtschaftsdienst 1997/V, 276, 278.

546 Vgl. hierzu *Kommission*, Zweiter Bericht an den Rat und das Europäische Parlament über den Stand der Liberalisierung der Energiemärkte, S. 6: das Genehmigungsverfahren sei der transparenteste und der effektivste Mechanismus, um die Elektrizitätserzeugung für Wettbewerb zu öffnen; ähnlich *Weckerle*, europa blätter, 1999, 11, 13.

547 Vgl. hierzu *Weckerle*, europa blätter 1999, 11, 13: „Die von der Richtlinie für das Ausschreibungsverfahren definierten Rahmenbedingungen erinnern eher an die der Vergangenheit angehörende so-

und die Zahl der neu in den Markt eintretenden Anbieter mithin von vornherein staatlich limitiert und reguliert.[548] Das Ausschreibungsverfahren ermöglicht daher nicht nur eine Fortführung staatlicher Investitionsplanung im Energiebereich,[549] sondern kann auch dazu genutzt werden, bestehende Stromerzeugungsanlagen vor neuem Wettbewerb zu schützen.

d) Gasbinnenmarktrichtlinie

Die Gasbinnenmarktrichtlinie, die am 10. 8. 1998 in Kraft getreten ist,[550] folgt demselben Grundmuster wie die Elektrizitätsbinnenmarktrichtlinie.

Kern der gemeinschaftsrechtlichen Regelung ist auch hier die Einführung eines Netzzugangssystems für bestimmte zugelassene Kunden, denen die Mitgliedstaaten künftig den Abschluß von Erdgaslieferverträgen zu gestatten und einen Netzzugang zu ermöglichen haben. Folgende Kunden sind gem. Art. 18 Gasbinnenmarktrichtlinie zuzulassen: (1) unabhängig vom Jahresverbrauch Betreiber von gasbefeuerten Stromerzeugungsanlagen;[551] (2) andere Endverbraucher mit einem Jahresverbrauch von mehr als 25 Millionen Kubikmeter Gas je Verbrauchsstätte, wobei die Verbrauchsmenge für die Festsetzung als zugelassener Kunde ab dem 10. 8. 2003 auf 15 Millionen Kubikmeter und ab dem 10. 8. 2008 auf 5 Millionen Kubikmeter sinkt;[552] (3) Verteilerunternehmen, zumindest bezüglich derjenigen Erdgasmenge, die ihre zugelassenen Kunden innerhalb ihres Verteilernetzes verbrauchen.[553] Dagegen verpflichtet die Gasbinnenmarktrichtlinie die Mitgliedstaaten ebensowenig wie die EL-Richtlinie zur Liberalisierung des Großhandels.[554] Die Marktöffnung muß mindestens 20% des jährlichen Gesamtgasverbrauchs im Gasmarkt des jeweiligen Mitgliedstaats erfassen,[555] wobei dieser Prozentsatz zum 10. 8. 2003 auf 28% und zum 10. 8. 2008 auf 33% steigt.[556]

---

zialistische Staatsplanung als an eine Liberalisierung und Schaffung eines gemeinsamen Marktes [...]".

548 Vgl. *Britz*, RdE 1997, 85, 86 m. w. N.; auch Arbeitspapier der Kommission, SEK (95) 464 endg., S. 39.

549 *Eickhof/Kreikenbaum*, Wirtschaftsdienst 1997/V, 276, 278.

550 Richtlinie Nr. 98/30/EG des Europäischen Parlaments und des Rates vom 22. 6. 1998 betreffend gemeinsame Vorschriften für den Erdgasbinnenmarkt, ABl. 1998 Nr. L 204/1. Vgl. zu der Verhandlungsgeschichte und zu den Diskussionen im Vorfeld: *Kommission*, XXVI. Wettbewerbsbericht (1996), S. 62 Zif. 124; *Mombaur*, DÖV 1997, 571, 576 f.; *Riemer/Weyand*, ET 1998, 46. Die Verhandlungen um die Gasbinnenmarktrichtlinie waren einerseits durch den Gegensatz zwischen eher regulierungsorientierten Staaten (Frankreich / Spanien / Belgien) und eher liberalen Lösungen zuneigenden Staaten geprägt; zum anderen durch den Interessengegensatz zwischen den gasexportierenden Mitgliedstaaten in der EU (insbes. Großbritannien und die Niederlande) und den gasimportierenden Mitgliedstaaten – vgl. *Kommission*, Zweiter Bericht an den Rat und das Europäische Parlament über den Stand der Liberalisierung der Energiemärkte, S. 5.

551 Art. 18 Abs. 2 1. Spiegelstrich. Die Mitgliedstaaten können aber für die Zulassung der Betreiber von Kraft-Wärmekopplungsanlagen einen Schwellenwert einführen.

552 Vgl. Art. 18 Abs. 6 Gasbinnenmarktrichtlinie.

553 Vgl. Art. 18 Abs. 8 Gasbinnenmarktrichtlinie.

554 *Heidinger/Schneider*, ecolex 1998, 807, 809.

555 Vgl. Art. 18 Abs. 3 Gasbinnenmarktrichtlinie. Vgl. im übrigen Art. 18 Abs. 5 für das Recht der Mitgliedstaaten, die in Art. 18 Abs. 2 festgesetzte Jahresverbrauchsschwelle nach oben hin abzuän-

Für die zugelassenen Kunden ist der Zugang zu den Erdgasnetzen – d. h. zu den Fernleitungs- und Verteilernetzen – nach objektiven, transparenten und nichtdiskriminierenden Kriterien (Art. 14) zu gewährleisten. Die Mitgliedstaaten können zwischen dem System des Netzzugangs auf Vertragsbasis (Art. 15) und dem System des geregelten Netzzugangs (Art. 16) wählen,[557] wobei im System des Netzzugangs auf Vertragsbasis Erdgasunternehmen und zugelassene Kunden den Netzzugang untereinander aushandeln,[558] während im System des geregelten Netzzugangs der Netzzugang auf der Grundlage der vom Mitgliedstaat veröffentlichten Tarife und/oder sonstiger Netznutzungsbedingungen erfolgt. Die Möglichkeit, ein Alleinabnehmersystem einzuführen, besteht nach der Gasbinnenmarktrichtlinie nicht. Die gemeinschaftsrechtlich zulässigen Gründe für eine Verweigerung des Netzzugangs sind in Art. 17 Gasbinnenmarktrichtlinie geregelt: eine Durchleitungsverweigerung ist zulässig, wenn das in Anspruch genommene Erdgasunternehmen nicht über die nötige Kapazität verfügt, wenn es im Falle einer Durchleitung an der Erfüllung der ihm auferlegten gemeinwirtschaftlichen Verpflichtungen gehindert würde oder wenn eine Durchleitung wegen der Bindung des in Anspruch genommenen Unternehmens an sog. „Take-or-pay"-Verträge zu „ernsthaften wirtschaftlichen Schwierigkeiten" führen würde (näher dazu: s. u., C.III.3.a)bb)). Art. 19 Gasbinnenmarktrichtlinie enthält überdies – wie bereits die EL-Richtlinie – eine Schutzklausel, die in gewissen Fällen Durchleitungsverweigerungen gegenüber Mitgliedstaaten mit geringerer Marktöffnung erlaubt (sog. Reziprozitätsklausel).

Das Netzzugangsrecht der zugelassenen Kunden wird ergänzt durch ein an die Fernleitungs-[559] und Speicherunternehmen[560] gerichtetes Diskriminierungsverbot (Art. 7 Abs. 2 Gasbinnenmarktrichtlinie): jegliche diskriminierende Behandlung von Netzbenutzern, insbesondere zugunsten der den Fernleitungs- und Speicherunternehmen verbundenen Unternehmen, ist untersagt. Dasselbe gilt für Verteiler- und Versorgungsunternehmen (Art. 10 Abs. 2 Gasbinnenmarktrichtlinie). Ob sich das Diskriminierungsverbot auch auf das Eigengeschäft des Netzeigentümers erstreckt, ist umstritten.[561]

Schließlich haben die Mitgliedstaaten gem. Art. 23 Gasbinnenmarktrichtlinie auch den Zugang zugelassener Kunden zu den den Fernleitungs- und Verteilernetzen vorgelager-

---

dern, wenn ansonsten die Marktöffnung mehr als 30% bzw. ab dem 10. 8. 2003 mehr als 38% bzw. ab dem 10. 8. 2008 mehr als 43% betrüge.

556 Vgl. Art. 18 Abs. 4 Gasbinnenmarktrichtlinie.

557 Wobei allerdings die Gleichwertigkeit der beiden Netzzugangssysteme hinsichtlich ihrer wirtschaftlichen Ergebnisse, insbes. hinsichtlich des Marktöffnungseffekts, zu gewährleisten ist.

558 Gem. Art. 21 haben die Mitgliedstaaten dafür Sorge zu tragen, daß die Parteien nach dem Grundsatz von Treu und Glauben verhandeln und daß keine Partei ihre Verhandlungsposition mißbraucht. Gem. Art. 15 Abs. 2 haben die Erdgasunternehmen einmal jährlich ihre wesentlichen geschäftlichen Bedingungen für die Nutzung des Netzes zu veröffentlichen.

559 Der Begriff der „Fernleitung" ist in Art. 2 Nr. 3 definiert als der „Transport von Erdgas durch ein Hochdruckfernleitungsnetz, mit Ausnahme von vorgelagerten Rohrleitungsnetzen, im Hinblick auf die Versorgung von Kunden".

560 Vgl. Art. 2 Nr. 10 und Nr. 9.

561 Dagegen: *v. Burchard/Riemer*, ET 1998, 782, 784; *v. Burchard*, in: Schwarze (Hrsg.) (1999), S. 191, 198.

ten Rohrleitungsnetzen[562] sicherzustellen, können die Modalitäten aber selber bestimmen.[563]

Die Artt. 12 und 13 der Gasbinnenmarktrichtlinie verpflichten die Mitgliedstaaten, zur Vermeidung von Diskriminierungen, Quersubventionen und anderen Wettbewerbsverzerrungen eine „Entflechtung und Transparenz der Buchführung" der Erdgasunternehmen zu gewährleisten: gem. Art. 13 Abs. 1 ist sicherzustellen, daß in der internen Buchführung die Konten für Fernleitung, Verteilung, Speicherung und gegebenenfalls für erdgasfremde Tätigkeiten getrennt geführt werden. Weiterreichende Vorstellungen, die verschiedenen Unternehmensbereiche auch organisatorisch zu trennen, ließen sich politisch nicht durchsetzen.[564] Im Gegensatz zu Art. 14 Abs. 3 EL-Richtlinie besteht im Gassektor keine Verpflichtung, getrennte Bilanzen für die einzelnen Aktivitäten in den Anhang des Jahresabschlusses aufzunehmen, wodurch sie wegen der Pflicht zur Veröffentlichung des Jahresabschlusses allgemein zugänglich wären. Im Gassektor haben lediglich die Mitgliedstaaten bzw. die von ihnen benannten, zuständigen Behörden bzw. Streitschlichtungsstellen ein Einsichtsrecht (Art. 12 Abs. 1 Gasbinnenmarktrichtlinie). Grund für diese Regelung waren Befürchtungen in den gasimportierenden Mitgliedstaaten, daß sich offen ausgewiesene getrennte Konten für die einzelnen Tätigkeitsbereiche negativ auf die Verhandlungsposition ihrer Unternehmen gegenüber Lieferanten aus Drittländern auswirken könnten.[565]

Art. 4 der Gasbinnenmarktrichtlinie scheint auf den ersten Blick den Bau und Betrieb von Erdgasanlagen zu liberalisieren: dieser Vorschrift zufolge haben die Mitgliedstaaten, falls sie in diesem Zusammenhang ein Genehmigungssystem einführen, dieses nach objektiven und nichtdiskriminierenden Kriterien auszugestalten. Nach Art. 4 Abs. 4 Gasbinnenmarktrichtlinie bleibt es aber zulässig, eine Genehmigung zu verweigern, wenn bereits Leitungsnetze mit hinreichender Kapazität bestehen oder geplant und die danach zur Verfügung stehenden Kapazitäten nicht ausgelastet sind. Gleichzeitig wird auch der Bau von Direktleitungen in Art. 20 Abs. 1 und Abs. 2 Gasbinnenmarktrichtlinie grundsätzlich liberalisiert – wobei die Mitgliedstaaten eine Genehmigung zur Errichtung einer Direktleitung jedoch von einer vorausgegangen Durchleitungsverweigerung abhängig machen können (Art. 20 Abs. 3 Gasbinnenmarktrichtlinie). Im Ergebnis behalten die Mitgliedstaaten mithin die Möglichkeit, dem Netzzugang den Vorrang vor dem freien Leitungsbau zu geben.[566]

---

562 Definiert in Art. 2 Nr. 2 als „Rohrleitungen oder ein Netz von Rohrleitungen, deren Betrieb und/oder Bau Teil eines Öl- oder Gasgewinnungsvorhabens ist oder die dazu verwendet werden, Erdgas von einem oder mehreren solchen Vorhaben zu einer Aufbereitungsanlage, zu einem Terminal oder zu einem an der Küste gelegenen Endanlageterminal zu leiten".

563 Art. 23 Abs. 2 legt lediglich die Ziele (insbes. ein offener Zugang zu fairen Bedingungen und ein wettbewerbsorientierter Erdgasmarkt, Versorgungssicherheit und Umweltschutz) fest, die die Mitgliedstaaten dabei zu leiten haben. *v. Burchard*, in: Schwarze (Hrsg.) (1999), S. 191, 193 spricht in diesem Zusammenhang von einem abgeschwächten Zugangsanspruch zu „fairen" Bedingungen.

564 Vgl. hierzu: *Riemer/Weyand*, ET 1998, 46, 47.

565 Vgl. *Heidinger/Schneider*, ecolex 1998, 807, 808; *v. Burchard/Riemer*, ET 1998, 782, 784; *Riemer/Weyand*, ET 1998, 46, 47.

566 *v. Burchard/Riemer*, ET 1998, 782, 784.

3. Art. 86 Abs. 2 EGV und die parallelen Ausnahmevorschriften in den Energiebinnenmarktrichtlinien

Die Energiebinnenmarktrichtlinien beinhalten keine Harmonisierung eines gemeinschaftsweit zu gewährleistenden Universaldienstes. Gemeinschaftsrechtlich normiert sind lediglich bestimmte Infrastrukturgewährleistungspflichten, nämlich die Pflicht zum Betrieb, zur Wartung und zum (nicht näher konkretisierten)[567] Ausbau des Netzes,[568] die jeder Mitgliedstaat dem von ihm zu benennenden Netzbetreiber aufzuerlegen hat. Die Ausgestaltung der eigentlichen Grundversorgungspflicht wird hingegen vollen Umfangs den Mitgliedstaaten überlassen. Ihr aus Art. 86 Abs. 2 S. 1 EGV folgendes Recht, Unternehmen mit von den Mitgliedstaaten selbst zu präzisierenden Versorgungspflichten zu betrauen, um so eine flächendeckende Energieversorgung zu gewährleisten, wird bestätigt.[569]

Dem Schutz der Erfüllung der so von den Mitgliedstaaten festgelegten „besonderen Aufgaben" dienen zum einen die in den beiden Energiebinnenmarktrichtlinien spezifizierten Liberalisierungsvorbehalte. Daneben enthält sowohl die Elektrizitäts- wie die Gasbinnenmarktrichtlinie einen übergreifenden Vorbehalt, der Ausnahmen gegebenenfalls auch von den in der Richtlinie selbst enthaltenen Vorgaben erlaubt. Dieser sog. „service public"-Vorbehalt ist in den beiden Richtlinien weitgehend identisch formuliert. Allerdings ergeben sich Abweichungen bezüglich des Anwendungsbereichs des Vorbehalts.

a) Der „service public"-Vorbehalt in den Energiebinnenmarktrichtlinien

aa) Der „service public"-Vorbehalt in der Elektrizitätsbinnenmarktrichtlinie und sein Verhältnis zu Art. 86 Abs. 2 EGV

Der „service public"-Vorbehalt für den Elektrizitätssektor ist in dem die allgemeinen Vorschriften für die Sektororganisation festlegenden Kapitel der EL-Richtlinie, dort in Art. 3 Abs. 2 und Abs. 3 geregelt. Während Art. 3 Abs. 1 EL-Richtlinie das Ziel eines wettbewerbsorientierten Elektrizitätsmarktes und den Grundsatz der Gleichbehandlung aller Unternehmen formuliert, enthalten Art. 3 Abs. 2 und Abs. 3 Einschränkungen zu diesem Grundsatz. Art. 3 Abs. 2 lautet:

---

567 In der Gasbinnenmarktrichtlinie waren ursprünglich strengere Vorschriften zu Investitionspflichten vorgesehen, die im Rahmen der Verhandlungen aber abgeschwächt wurden – vgl. jetzt Art. 17 Abs. 2 Gasbinnenmarktrichtlinie

568 Für die Gasbinnenmarktrichtlinie vgl. Art. 7 Abs. 1 für die Fernleitungsunternehmen, Art. 10 Abs. 1 für die Verteilerunternehmen. Für die Elektrizitätsbinnenmarktrichtlinie vgl. Art. 7 Abs. 1 für das Übertragungsnetz; Art. 10 Abs. 2 für das Verteilernetz.

569 So können die Mitgliedstaaten gem. Art. 10 Abs. 1 EL-Richtlinie den Verteilerunternehmen eine allgemeine Belieferungspflicht in dem von ihnen versorgten Gebiet auferlegen. Art. 9 Abs. 2 Gasbinnenmarktrichtlinie trifft eine entsprechende Regelung. Die Mitgliedstaaten können dabei auch einen Einheitstarif festsetzen – vgl. Art. 10 Abs. 1 EL-Richtlinie und Art. 9 Abs. 2 S. 2 Gasbinnenmarktrichtlinie.

„Die Mitgliedstaaten können bei uneingeschränkter Beachtung der einschlägigen Bestimmungen des Vertrags, insbesondere des Art. 90 [Art. 86 n. F.], den Elektrizitätsunternehmen gemeinwirtschaftliche Verpflichtungen im Allgemeininteresse auferlegen, die sich auf die Sicherheit, einschließlich der Versorgungssicherheit, die Regelmäßigkeit, die Qualität und den Preis der Lieferungen sowie auf den Umweltschutz beziehen können. Diese Verpflichtungen müssen klar definiert, transparent, nichtdiskriminierend und überprüfbar sein; diese gemeinwirtschaftlichen Verpflichtungen sowie deren etwaige Änderungen werden veröffentlicht und der Kommission von den Mitgliedstaaten unverzüglich mitgeteilt. Als Mittel zur Erfüllung der gemeinwirtschaftlichen Verpflichtungen können die Mitgliedstaaten, die dies wünschen, eine langfristige Planung vorsehen".

Art. 3 Abs. 3 der EL-Richtlinie lautet:

„Die Mitgliedstaaten können beschließen, die Regelungen der Artikel 5, 6, 17, 18 und 21 nicht anzuwenden, soweit ihre Anwendung die Erfüllung der den Elektrizitätsunternehmen übertragenen gemeinwirtschaftlichen Verpflichtungen de jure oder de facto verhindern würde und soweit die Entwicklung des Handelsverkehrs nicht in einem Ausmaß beeinträchtigt wird, das den Interessen der Gemeinschaft zuwiderläuft. Zu den Interessen der Gemeinschaft gehört insbesondere der Wettbewerb um zugelassene Kunden in Übereinstimmung mit dieser Richtlinie und mit Art. 86 des Vertrages".

Die Bedeutung dieser Vorschrift, die den Mitgliedstaaten die Nichtanwendung aller marktöffnenden Vorschriften der Richtlinie erlaubt, insbesondere der Verpflichtung zur Gewährleistung des Netzzugangs (Artt. 17, 18 EL-Richtlinie), zur Ermöglichung des Baus von Direktleitungen (Art. 21 EL-Richtlinie) und des Baus von Erzeugungsanlagen unabhängiger Erzeuger (Artt. 5, 6 EL-Richtlinie), wird in der Lit. unterschiedlich bewertet. Vielfach wird in ihr eine Konkretisierung des Art. 86 Abs. 2 EGV in der EL-Richtlinie[570] bzw. eine Erweiterung des Anwendungsbereichs des Art. 86 Abs. 2 EGV in den Bereich des sekundären Gemeinschaftsrechts hinein[571] gesehen. In der Sache seien die Vorschriften deckungsgleich.[572]

Tatsächlich nehmen Art. 3 Abs. 2 und Abs. 3 EL-Richtlinie auf Art. 86 Abs. 2 EGV Bezug und greifen in Wortlaut und Struktur auf diese Vorschrift zurück. In einiger Hinsicht unterscheiden sie sich jedoch wesentlich von Art. 86 Abs. 2 EGV.

Ins Auge fällt zunächst die unterschiedliche Grundstruktur der Tatbestände: Art. 86 Abs. 2 EGV erlaubt eine Nichtanwendung des primären Gemeinschaftsrechts nur für den Fall, daß die Aufgabenerfüllung bei Beachtung der primärrechtlichen Vorgaben

---

570 Vgl. *Rinne* (1998), S. 38 f.: angesichts des Gleichlaufs des Wortlauts von Art. 3 Abs. 3 EL-Richtlinie und von Art. 86 Abs. 2 EGV und der gleichen Zwecksetzung der beiden Normen habe für die Auslegung des Art. 3 Abs. 3 EL-Richtlinie dasselbe zu gelten wie für Art. 86 Abs. 2 EGV. Ähnlich: *Lecheler/Gundel*, RdE 1998, 92, 100.

571 So *Baur*, RdE 1999, 85, 88: Art. 86 Abs. 2 EGV stelle nur von Vorschriften des primären Gemeinschaftsrechts frei, nicht von Vorschriften des sekundären Gemeinschaftsrechts. Diese Aufgabe übernehme Art. 3 Abs. 2, Abs. 3 EL-Richtlinie.

572 *Baur*, ET 1996, 474, 476; *Lecheler/Gundel*, RdE 1998, 92, 100; *Rapp-Jung*, RdE 1997, 133, 136; *Lagondet*, Europe 1997/5, 4, 7; *Geneste*, RAE 1997, 146, 154; *Schaub/Dohms*, Die AG 1998, 566, 574.

nachgewiesenermaßen gefährdet ist. Demgegenüber sollen nach Art. 3 Abs. 3 EL-Richtlinie die Mitgliedstaaten befugt sein, die Nichtanwendung von Liberalisierungsvorgaben der Richtlinie zu beschließen. Ein mitgliedstaatlicher Hoheitsakt soll mithin konstitutiv für die Nichtgeltung des Gemeinschaftsrechts sein. Zwar ist damit die Möglichkeit nicht beseitigt, die Berechtigung der Nichtanwendung von Richtlinienvorschriften gerichtlich auf ihre Gemeinschaftsrechtskonformität hin zu überprüfen; die Anwendung der jeweils umstrittenen Vorschriften der EL-Richtlinie ist bis dahin jedoch ausgesetzt. Darin liegt eine Umkehr des in Art. 86 Abs. 2 S. 1 EGV angelegten Regel-Ausnahme-Verhältnisses.[573] In Teil B der Arbeit[574] wurde dargelegt, daß auch Art. 86 Abs. 2 EGV in der Auslegung, die er durch die neuere Rechtsprechung des EuGH erhalten hat, sich immer stärker einer weit verstandenen Ausnahmeerlaubnis mit von der Kommission im Einzelfall zu konkretisierendem Verbotsvorbehalt annähert. In Art. 3 Abs. 3 EL-Richtlinie ist dieser Umwandlungsprozeß vollendet. Das in Art. 3 Abs. 3 EL-Richtlinie vorgesehene Verfahren legt darüber hinaus die Annahme nahe, daß den Mitgliedstaaten bei dem Beschluß über die Nichtanwendung von Richtlinienvorgaben ein Einschätzungs- und Beurteilungsspielraum zustehen soll,[575] der durch das Erstentscheidungsrecht der Mitgliedstaaten verfahrensmäßig abgesichert wird.

Auch in der Wortwahl weichen Art. 3 Abs. 2 und Abs. 3 EL-Richtlinie von den Vorgaben in Art. 86 Abs. 2 EGV ab.

Zunächst spricht Art. 3 Abs. 2 EL-Richtlinie im Unterschied zu Art. 86 Abs. 2 EGV nicht von einer Betrauung, sondern lediglich von bestimmten Verpflichtungen, die den Elektrizitätsunternehmen auferlegt werden können. In der Lit. wird zumeist davon ausgegangen, daß dies ein Synonym für die in Art. 86 Abs. 2 EGV geforderte Betrauung sei.[576] Dies ist insofern naheliegend, als die in Art. 3 Abs. 2 EL-Richtlinie aufgeführten Anforderungen an die Formulierung der „gemeinwirtschaftlichen Verpflichtung" (klare Definition / Transparenz / Überprüfbarkeit) den inhaltlichen Anforderungen an eine Betrauung entsprechen. Nicht notwendig in dem Begriff der „gemeinwirtschaftlichen Verpflichtung" enthalten ist allerdings das Erfordernis eines Hoheitsakts. Der Anwendungsbereich des Art. 3 Abs. 2 EL-Richtlinie scheint damit auch für die durch Art. 86

573 Beschließt ein Mitgliedstaat unter Berufung auf einen „service public" die Nichtanwendung der Liberalisierungsvorgaben der EL-Richtlinie, so hat die Kommission bzw. eine dritte Partei das Fehlen einer solchen Aufgabe nachzuweisen – angesichts der den Mitgliedstaaten in Art. 3 Abs. 2 zuerkannten Bestimmungsfreiheit ein Unterfangen mit zweifelhaften Erfolgsaussichten; nachzuweisen, daß die Anwendung der Liberalisierungsvorgaben die Aufgabenerfüllung nicht verhindern würde – was insbes. durch die Einbeziehung einer langfristigen Planung in den Schutzbereich des Art. 3 Abs. 2 EL-Richtlinie erschwert wird; oder nachzuweisen, daß eine Ausnahme die Entwicklung des Handels zwischen den Mitgliedstaaten in einer dem Gemeinschaftsinteresse zuwiderlaufenden Weise beschränken würde. Vgl. *Monéger*, in: Ullrich (Hrsg.) (1998), S. 151, 169 f. m. w. N.; *London*, Les Petites Affiches, 15 mai 1999, S. 16, 17.

574 Teil B IV. 1.c).

575 So *Baur*, ET 1996, 474, 476; *ders.*, RdE 1999, 85, 88. Vgl. in diesem Zusammenhang auch Rn. 13 der Erwägungsgründe zur EL-Richtlinie (übereinstimmend mit Rn. 12 der Erwägungsgründe zur Gasbinnenmarktrichtlinie): „Die Auflage gemeinwirtschaftlicher Verpflichtungen kann in einigen Mitgliedstaaten erforderlich sein, um Versorgungssicherheit sowie Verbraucher- und Umweltschutz zu gewährleisten, die der freie Wettbewerb allein *ihres Erachtens nicht unbedingt* garantieren kann" [Hervorhebung durch H.S.]. Dagegen: *Britz*, RdE 1997, 85, 91.

576 Z. B. *Lecheler/Gundel*, RdE 1998, 92, 100.

Abs. 2 EGV nicht erfaßten verschiedenen Ausprägungen einer sog. „faktischen Betrauung" geöffnet.[577]

Der Begriff der „gemeinwirtschaftlichen Verpflichtungen" ersetzt in Art. 3 Abs. 2 EL-Richtlinie zugleich den Begriff der „besonderen Aufgaben" in Art. 86 Abs. 2 EGV.[578] Die „gemeinwirtschaftlichen Verpflichtungen" sind ein im sekundären Gemeinschaftsrecht neuer Begriff, dessen Inhalt dementsprechend ungeklärt ist, der aber deutlicher als der Begriff der „Dienstleistungen von allgemeinem wirtschaftlichem Interesse" auf die traditionellen mitgliedstaatlichen Begrifflichkeiten rekurriert. In Art. 3 Abs. 2 EL-Richtlinie werden die Sicherheit, „einschließlich der Versorgungssicherheit", die Regelmäßigkeit, die Qualität, der Preis der Energieversorgung und der Umweltschutz als Beispiele für „gemeinwirtschaftliche Verpflichtungen" genannt.[579] Während die Verpflichtungen zur Gewährleistung der Regelmäßigkeit, der Qualität und eines erschwinglichen Preises der Lieferung[580] problemlos auch dem Schutzbereich des Art. 86 Abs. 2 EGV unterfallen, ist der pauschale Verweis auf den Schutz der Versorgungssicherheit[581] angesichts des bereits in Teil B dieser Arbeit erörterten Facettenreichtums des Begriffs problematisch.[582] Ähnliche Probleme ergeben sich, soweit pauschal auf die Ziele Sicherheit und Umweltschutz[583] gerichtete Aufgaben in den Schutzbereich des Art. 3 Abs. 2 EL-Richtlinie einbezogen werden. Auch hier reicht die Vorschrift potentiell über den Schutzbereich des Art. 86 Abs. 2 EGV hinaus und privilegiert öffentliche Interessen, die im System des primären Gemeinschaftsrechts „nur" nach Maßgabe der Artt. 30 und 46 EGV bzw. auf der Grundlage „zwingender Erfordernisse des Allgemeininteresses" geschützt werden können, mithin in keinem Fall den instrumentalen

577 In diese Richtung wohl auch *Britz*, RdE 1997, 85, 91 f.: eine Berufung auf Art. 3 Abs. 3 EL-Richtlinie sei bereits dann möglich, wenn in einem Mitgliedstaat Vorschriften über den Preis von Elektrizitätslieferungen an Endverbraucher bestünden. Ähnlich *Rinne* (1998), S. 80. A. A. *Säkker/Busche*, ET 1998, 18, 22: Art. 3 Abs. 2 EL-Richtlinie sei wegen der Sachnähe zu Art. 86 Abs. 2 EGV vertragskonform dahingehend auszulegen, daß eine Auferlegung gemeinwirtschaftlicher Verpflichtungen nur unter der Voraussetzung einer Betrauung i. S. d. Art. 86 Abs. 2 EGV möglich sei.

578 In der französischen Fassung: „des obligations de service public, dans l'intérêt économique général".

579 Dafür, daß es sich hier um eine abschließende Aufzählung der privilegierungsfähigen Schutzgesichtspunkte handelt: *Kommission*, Guide to the Electricity directive, zum Stichwort „Public service obligations".

580 Die *Kommission* faßt diese Verpflichtungen in ihrem Zweiten Bericht an den Rat und das Europäische Parlament über den Stand der Liberalisierung der Energiemärkte, S. 11 unter dem Begriff „allgemeiner Verbraucherschutz" zusammen.

581 Vgl. hierzu *Kommission*, Zweiter Bericht an den Rat und das Europäische Parlament über den Stand der Liberalisierung der Energiemärkte, S. 12: es gehe hier um technische Spezifikationen für alle, die an das Netz angeschlossen seien, das Vorhalten von Reservekapazitäten, das Anpassen des Angebots an die Nachfrage, die Verfügbarkeit von Kapazitäten zur Bedarfsdeckung, die Gewährleistung hochwertiger Brennstoffe für die Elektrizitätserzeugung sowie die Unterhaltung eines sicheren und zuverlässigen Systems.

582 Näher: s. o., Teil B IV.2.b)cc) bbb).

583 Vgl. hierzu *Kommission*, Zweiter Bericht an den Rat und das Europäische Parlament über den Stand der Liberalisierung der Energiemärkte, S. 11 f.: es gehe hierbei konkret um umweltbedingte Auflagen, denen die Elektrizitätserzeugung unterworfen werde, um eine umweltfreundliche Stromerzeugung zu gewährleisten, sowie um Förderprogramme für erneuerbare Energieträger und Kraft-Wärme-Kopplung. Auch Maßnahmen im Bereich Forschung und technologische Entwicklung seien üblich.

Einsatz von Unternehmen rechtfertigen würden. Die Gefahr, die in der Weite der gem. Art. 3 Abs. 2 und 3 EL-Richtlinie privilegierungsfähigen besonderen Aufgaben für die Effektivität der in der Richtlinie niedergelegten Marktöffnungspflichten liegt, ist in der Lit. vielfach hervorgehoben worden.[584] Sie decken in weitem Umfang den Anwendungsbereich des französischen „service public"-Konzepts ab und begründen einen Organisationsvorbehalt zugunsten der Mitgliedstaaten dort, wo er auf der Grundlage der im EGV vorgesehenen Ausnahmen nicht gegeben wäre.

Fragen wirft schließlich die in Art. 3 Abs. 2 EL-Richtlinie aufgenommene Feststellung auf:

> „Als Mittel zur Erfüllung der gemeinwirtschaftlichen Verpflichtungen können die Mitgliedstaaten, die dies wünschen, eine langfristige Planung vorsehen".

„Langfristige Planung" wird in Art. 2 Nr. 21 der EL-Richtlinie definiert als „die langfristige Planung des Bedarfs an Investitionen in Erzeugungs- und Übertragungskapazität zur Deckung der Elektrizitätsnachfrage des Systems und zur Sicherung der Versorgung der Kunden". Privilegiert wird damit ausdrücklich nicht nur die Erfüllung „besonderer Aufgaben" bzw. die Gewährleistung bestimmter Marktergebnisse und Vorsorgemaßnahmen, sondern das Mittel der zentralen Marktsteuerung und -planung. Dieses steht aber in notwendigem Gegensatz zum dezentralen Koordinationsmechanismus des Marktes.

Die in Art. 3 Abs. 3 EL-Richtlinie normierte Schranken-Schranke für Ausnahmen von den Liberalisierungsvorgaben der Richtlinie entspricht in ihrer Konstruktion wie auch in ihrem Inhalt der Schranken-Schranke des Art. 86 Abs. 2 S. 2 EGV. Allerdings wird das Gemeinschaftsinteresse, welches die Ausnahmemöglichkeiten begrenzt, in Art. 3 Abs. 3 EL-Richtlinie (wenngleich nicht abschließend), dahingehend präzisiert, daß grundsätzlich der Wettbewerb um „zugelassene Kunden" nicht beschränkt werden soll. Die Schranken-Schranke würde danach jedenfalls dann eingreifen, wenn die in der Richtlinie festgelegten Marktöffnungsquoten unter Berufung auf gemeinwirtschaftliche Verpflichtungen unterschritten würden.[585] Eine Dienstbarmachung der Schranken-Schranke zur Entwicklung einer über die Grenzen der Richtlinie hinausreichenden Marktöffnungsdynamik wird aber offenkundig nicht in Aussicht genommen.

Art. 3 Abs. 2 und Abs. 3 EL-Richtlinie beinhalten mithin bei einer Gesamtbetrachtung einen außerordentlich weitreichenden „service public"-Vorbehalt,[586] wodurch die Liberalisierungsvorgaben erheblich an Verbindlichkeit einbüßen.[587] Die Aufgabenhoheit und Marktorganisationsfreiheit der Mitgliedstaaten scheint – vorbehaltlich politisch verein-

584 *Vollmer*, in: Jahrbuch für Neue Politische Ökonomie 16 (1997), S. 147, 160; *Eickhof/Kreikenbaum*, Wirtschaftsdienst 1997/V, 276, 278.

585 Vgl. *Mombaur*, DÖV 1997, 571, 575; *Rapp-Jung*, RdE 1997, 133, 136. A. A. offenbar: *Baur*, RdE 1999, 85, 89.

586 Vgl. auch *Baur*, ET 1996, 474, 476; *London*, Petites Affiches, 15 mai 1999, S. 16, 17 spricht von einer „reconnaissance pleine et entière des obligations de service public [...]".

587 Vgl. *Baur*, ET 1997, 624, 625; *Eickhof/Kreikenbaum*, Wirtschaftsdienst 1997/V, 276, 278; *Börner*, ZögU 1996, Beih. 20, S. 43; *Britz*, RdE 1997, 85, 92; *Mombaur*, DÖV 1997, 571, 573.

barter Marktöffnungsquoten – umfassend geschützt. Das Spannungsverhältnis zwischen den ordnungspolitischen Zielen des EG-Vertrags, wie sie insbesondere in Art. 4 Abs. 1 genannt sind, und den mitgliedstaatlichen Souveränitätsansprüchen ist eindeutig zugunsten der letzteren gelöst.

bb) Der „service public"-Vorbehalt in der Gasbinnenmarktrichtlinie und sein Verhältnis zu Art. 86 Abs. 2 EGV

Art. 3 Abs. 2 Gasbinnenmarktrichtlinie stimmt, mit Ausnahme des letzten Halbsatzes, wörtlich mit der Parallelvorschrift in der EL-Richtlinie überein. Angefügt wurde jedoch die Regelung, daß die Mitgliedstaaten, soweit sie eine langfristige Planung vorsehen, der Möglichkeit Rechnung zu tragen hätten, daß Dritte Zugang zum Netz erhalten wollen. Dieser Zusatz läßt sich insbesondere auf die Investitionsplanung im Bereich des Netzausbaus beziehen: die Netze sind so anzulegen, daß – trotz etwaiger Verpflichtungen des Netzinhabers aus „take-or-pay"-Verträgen – hinreichende Kapazität für Durchleitungen zur Verfügung steht.

Auch Art. 3 Abs. 3 Gasbinnenmarktrichtlinie ist weitgehend gleichlautend mit der Parallelvorschrift in der EL-Richtlinie, erlaubt aber Ausnahmen nicht von allen Marktöffnungsvorgaben, sondern nur von Art. 4 „in bezug auf die Verteilung".[588] Gemäß Art. 4 Gasbinnenmarktrichtlinie haben Mitgliedstaaten, die ein Genehmigungssystem u. a. für den Bau oder den Betrieb von Erdgasverteilerleitungsnetzen vorsehen, objektive und nichtdiskriminierende Kriterien festzulegen, die ein Unternehmen erfüllen muß, um eine Genehmigung zu erhalten (Abs. 2). Von dieser Vorschrift erlaubt Art. 3 Abs. 3 Gasbinnenmarktrichtlinie eine Ausnahme, wenn die Anwendung des Genehmigungssystems die Erfüllung der dem Verteilerunternehmen übertragenen gemeinwirtschaftlichen Aufgabe verhindern würde.[589] Art. 3 Abs. 3 ergänzt damit Art. 4 Abs. 4 Gasbinnenmarktrichtlinie, demzufolge Genehmigungen für den Bau und Betrieb von Verteilerleitungsnetzen in einem bestimmten Gebiet „im Interesse eines effizienten Betriebs" abgelehnt werden können, wenn in diesem Gebiet bereits solche Leitungsnetze von ausreichender, nicht ausgelasteter Kapazität gebaut wurden oder geplant sind. Auf der Grundlage von Art. 3 Abs. 3 Gasbinnenmarktrichtlinie soll Verteilerunternehmen, die mit gemeinwirtschaftlichen Aufgaben betraut sind, der alleinige Betrieb von Verteilernetzen mithin auch dann vorbehalten werden können, wenn in dem betroffenen Versorgungsgebiet bisher weder ein Netz existiert noch konkret in Planung ist – wohl zur Absicherung einer „langfristigen Planung", wie sie in Art. 3 Abs. 2 Gasbinnenmarktrichtlinie als Mittel zur Gewährleistung der Erfüllung gemeinwirtschaftlicher Verpflichtungen explizit genannt wird.

588 Der Begriff der „Verteilung" ist in Art. 2 Nr. 5 Gasbinnenmarktrichtlinie definiert als der „Transport von Erdgas über örtliche oder regionale Leitungsnetze im Hinblick auf die Versorgung von Kunden".

589 Kritisch hierzu: *v. Burchard/Riemer*, ET 1998, 782, 783 unter Hinweis darauf, daß die Ausnahme von Frankreich zum Schutz des Verteilermonopols von Gaz de France vor ausländischer Konkurrenz gefordert worden war. Dazu auch *v. Burchard*, in: Schwarze (Hrsg.) (1999), S. 191, 199; *London*, Les Petites Affiches, 15 mai 1999, 16, 18.

Ein weiterer, spezieller „service public"-Vorbehalt ist in der Gasbinnenmarktrichtlinie in Art. 17 Abs. 1 für den Netzzugang normiert: ein gemeinwirtschaftlich verpflichtetes Gasunternehmen kann danach einen von einem anderen Unternehmen begehrten Netzzugang dann verweigern, wenn der Netzzugang das verpflichtete Unternehmen daran hindern würde, die ihm auferlegten gemeinwirtschaftlichen Verpflichtungen zu erfüllen. Die Voraussetzungen für die Rechtmäßigkeit der Durchleitungsverweigerung hat das betraute Gasunternehmen darzulegen und zu beweisen.[590] Die Anforderungen an diesen Nachweis müssen als hoch gelten: der Gasbinnenmarktrichtlinie liegt die Vermutung zugrunde, daß die dort festgelegten Marktöffnungsquoten nicht zu einer wirtschaftlichen Gefährdung der Versorgungsaufgaben führen werden. Diese Vermutung muß im Einzelfall konkret widerlegt sein: es muß nachgewiesen werden, daß gerade der begehrte und verweigerte Netzzugang die Aufgabenerfüllung verhindern würde. Eine generalisierende Argumentation der Art, wie sie die beklagten Mitgliedstaaten in den Verfahren betreffend die Ein- und Ausfuhrmonopole im Energiebereich vorbrachten – etwa unter Hinweis darauf, daß die Gewährung von Netzzugängen allgemein dazu führen werde, daß sich bestimmte Verbraucher anderweitig versorgten, die damit erzwungene Marktöffnung also offenkundig wesentliche Änderungen für die gemeinwirtschaftliche Tätigkeit des verpflichteten Unternehmens zur Folge habe[591] – kann hier keinesfalls genügen.[592]

Art. 17 Abs. 1 Gasbinnenmarktrichtlinie erlaubt einem Erdgasunternehmen eine Netzzugangsverweigerung nicht nur, wenn es andernfalls an der Erfüllung seiner gemeinwirtschaftlichen Aufgaben gehindert würde, sondern auch dann, wenn „aufgrund von Verträgen mit unbedingter Zahlungsverpflichtung ernsthafte wirtschaftliche und finanzielle Schwierigkeiten bestehen".[593] Dieser Verweigerungsgrund bezieht sich speziell auf die Problematik der im Gassektor weit verbreiteten sog. „take-or-pay"-Verträge, d. h. langfristiger Lieferverträge zwischen Erdgasunternehmen und Erdgasproduzenten, denen zufolge die kontrahierten Vertragsmengen auch dann zu bezahlen sind, wenn sie nicht in vollem Umfang abgenommen werden.[594] Der Schutz von „take-or-pay"-Verträgen im Rahmen eines gemeinschaftlichen Energiebinnenmarktes war einer der umstrittensten Punkte im Rahmen der Richtlinienverhandlungen. Von französischer Seite wurde eine allgemeine Ausnahmebestimmung zugunsten von „take-or-pay"-Verträgen verlangt, während andere Mitgliedstaaten eine spezielle gemeinschaftsrecht-

590 *Baur*, RdE 1999, 85, 89.

591 Vgl. für eine solche Argumentation: EuGH Slg. 1997 I-5844 Rn. 97 f. – *„Energiemonopole Frankreich"*.

592 A. A.: *Baur*, RdE 1999, 85, 89: dafür, daß eine generalisierende Argumentation ausreiche, sprächen die *„Energiemonopol"*-Urteile des EuGH, die „sichtlich von dem Bestreben getragen seien, an Beweisfragen gemeinwirtschaftliche Lösungen nicht scheitern zu lassen".

593 Gem. Art. 25 Abs. 3 S.3 liegen keine „ernsthaften Schwierigkeiten" vor, wenn die Erdgasverkäufe nicht unter die vertraglich vereinbarten garantierte Mindestabnahmemengen sinken oder wenn der betreffende Gasliefervertrag mit unbedinger Zahlungsverpflichtung angepaßt werden oder das Erdgasunternehmen eine Absatzalternative finden kann.

594 Vgl. z. B. *Heidinger/Schneider*, ecolex 1998, 807, 810; *Riemer/Weyand*, ET 1998, 46, 48. Diese Verträge dienen v. a. dem Risikoausgleich zwischen Erdgasproduzenten und Erdgasimporteuren: der Erdgasproduzent trägt das Preisrisiko, der Importeur das Mengenrisiko. Der Produzent kann so die Amortisation der hohen Investitionskosten sicherstellen; für den Importeur ist eine gewisse Preisstabilität gewährleistet.

liche Privilegierung solcher Verträge grundsätzlich ablehnten.[595] Die Berücksichtigung von „take-or-pay"-Verträgen als Netzzugangsverweigerungsgrund war ein Kompromiß. Dasselbe gilt für das in Art. 25 Gasbinnenmarktrichtlinie geregelte Verfahren, in welchem dieser Durchleitungsverweigerungsgrund geltend gemacht werden kann. Gem. Art. 25 Abs. 1 kann ein Unternehmen für jeden Einzelfall – je nach Wahl des Mitgliedstaates entweder vor oder nach der Verweigerung des Netzzugangs[596] – einen Antrag auf eine befristete Ausnahme stellen. Die Mitgliedstaaten können dem Unternehmen daraufhin, wenn „nach vernünftigem Ermessen" keine Alternativlösungen zur Verfügung stehen,[597] eine Ausnahme bewilligen. Bei ihrer Entscheidung haben die Mitgliedstaaten eine Vielzahl von in Art. 25 Abs. 3 aufgelisteten Kriterien zu berücksichtigen, zu denen unter anderem das Ziel der Vollendung eines wettbewerbsorientierten Gasmarktes einerseits (Art. 25 Abs. 3(a)), „die Notwendigkeit, gemeinwirtschaftliche Verpflichtungen zu erfüllen und die Versorgungssicherheit zu gewährleisten" andererseits zählen (Art. 25 Abs. 3 (b)). Gem. Art. 25 Abs. 2 hat der Mitgliedstaat seine Entscheidung der Kommission mitzuteilen, die sodann binnen einer Frist von vier Wochen eine Korrektur verlangen kann.[598]

Art. 17 i. V. m. Art. 25 Gasbinnenmarktrichtlinie führt damit im Falle der Existenz von „take-or-pay"-Verträgen die Möglichkeit einer umfassenden Kosten-Nutzen-Bilanz seitens des Mitgliedstaats ein, der, wenn er die Vorteile der „take-or-pay"-Verpflichtung für überwiegend hält, eine Netzzugangsverweigerung selbst dann billigen kann, wenn dadurch die Erfüllung der gemeinwirtschaftlichen Aufgaben nicht verhindert, sondern bloß erschwert würde.[599]

Die „service public"-Vorbehalte im Gasbereich sind damit in ihrem Anwendungsbereich zwar etwas enger als die im Stromsektor;[600] dort, wo sie zur Anwendung kommen – insbesondere hinsichtlich des Netzzugangs –, sind sie aber nicht weniger weitreichend.

b) Die Energiebinnenmarktrichtlinien und Art. 86 Abs. 2 EGV

Zu fragen ist, welche Bedeutung Art. 86 Abs. 2 EGV nach Erlaß der Energiebinnenmarktrichtlinien in den Energiesektoren noch zukommen kann.

---

595 Vgl. *Heidinger/Schneider*, ecolex 1998, 807, 810.

596 Die Mitgliedstaaten können es auch dem Unternehmen freistellen, ob es einen Antrag vor oder nach der Netzzugangsverweigerung stellen will – Art. 25 Abs. 1 S. 3 Gasbinnenmarktrichtlinie.

597 Vgl. hierzu insbes. § 25 Abs. 3 S.3 Gasbinnenmarktrichtlinie.

598 Dieses Letztentscheidungsrecht der Kommission wurde gegen den ursprünglichen Protest von französischer Seite eingeführt, die die abschließende Entscheidung bei den nationalen Behörden belassen wollte – vgl. *Riemer/Weyand*, ET 1998, 46, 48.

599 Sehr kritisch zu dieser Regelung: *Tiessen*, in: Schwarze (Hrsg.) (1999), S. 215, 216 f.

600 So auch *Baur*, RdE 1999, 85, 89.

Dabei ist zunächst an den Vorrang des primären vor dem sekundären Gemeinschaftsrecht zu erinnern.[601] Ob die in den Energiebinnenmarktrichtlinien weiterhin vorbehaltenen Ausnahmen von den Prinzipien offener Märkte und unverfälschten Wettbewerbs durchgängig als Konkretisierung der Ausnahmevorschrift des Art. 86 Abs. 2 EGV verstanden werden können,[602] erscheint zweifelhaft[603] und hängt maßgeblich von der Auslegung des Art. 86 Abs. 2 EGV ab. Rein rechtlich betrachtet wäre dort, wo die Vorschriften des EG-Vertrags im Zusammenspiel mit Art. 86 Abs. 2 EGV eine weiterreichende Liberalisierung gebieten, als sie in den Richtlinien vorgesehen ist, weiterhin ein Vorgehen auf der Grundlage des Primärrechts möglich.[604]

Es bestehen aber begründete Zweifel, ob nach Erlaß der Energiebinnenmarktrichtlinien und unter Berücksichtigung der Rechtsprechung des EuGH aus den *„Energiemonopol"*-Urteilen eine Korrektur der Richtlinienvorgaben über eine Anwendung des primären Gemeinschaftsrechts noch möglich sein wird. Sieht man in den *„Energiemonopol"*-Urteilen die Anerkennung, daß das mit Infrastrukturaufgaben verbundene wirtschafts- und gesellschaftspolitische Steuerungspotential vor gemeinschaftsrechtlichem Zugriff geschützt ist,[605] so ist die Entscheidung über die Liberalisierung der Politik überantwortet. Auch über Art. 86 Abs. 2 S. 2 EGV könnte die Kommission eine weiterreichende Marktöffnung kaum durchsetzen, da die in den Energiebinnenmarktrichtlinien festgelegten Marktöffnungsquoten als Konkretisierung des Interesses der Gemeinschaft an der Entwicklung des Handelsverkehrs zu verstehen sind. Wollte die Kommission darüber hinausgehen, so trüge sie erneut die Darlegungs-, unter Umständen gar die Beweislast.

---

601 Allgemein: Grabitz/Hilf-*Grabitz*, Kom., Art. 189 Rn. 20; GTE-*Daig/Schmidt*, Kom., 5. Aufl. (1997), Art. 189 Rn. 22; vgl. auch *Lecheler/Gundel*, RdE 1998, 92, 96; *Thiessen*, EWS 1998, 10, 18; *Heinemann* (1996), S. 181, 187.

602 So z. B. Rn. 15–16 der Erwägungsgründe zur Gasbinnenmarktrichtlinie.

603 Vgl. in diesem Zusammenhang z. B.: *Van Miert*, WuW 1995, 553, 556: Die Kommission sei mit der Überarbeitung ihres Richtlinienvorschlags „bis an die Grenze dessen gegangen, was nach den grundlegenden Prinzipien des EG-Vertrages noch hinnehmbar" sei. Deutlicher *Britz*, RdE 1997, 85, 92 f.: die Elektrizitätsbinnenmarktrichtlinie bleibe weit hinter den Liberalisierungspflichten zurück, die sich aus dem EGV ergäben. Als Beispiel nennt Britz die Beschränkung der Netzzugangsberechtigung auf Großkunden. Vgl. auch *Rinne* (1998), S. 28; *Rapp-Jung*, RdE 1997, 133, 135 f. Speziell mit Blick auf den Gassektor weist *Levasseur*, Competition Policy Newsletter June 1999, No.2, 34, 35 auf die Eigentümlichkeit hin, daß hier zum Teil unter Hinweis auf die Verpflichtung zu einer flächendeckenden Versorgung und die Gefahr eines Rosinenpickens von Wettbewerbern Monopolrechte beibehalten würden, obwohl andererseits die Versorgungspflicht auf rentable Regionen und Gemeinden beschränkt sei.

604 Vgl. Elektrizitätsbinnnenmarktrichtlinie, Erwägungsgrund 3; Gasbinnenmarktrichtlinie, Erwägungsgrund 6: „Die uneingeschränkte Anwendung der Bestimmungen über den freien Warenverkehr im Binnenmarkt und der Wettbewerbsvorschriften, und die der Kommission im Rahmen dieses Vertrages verliehenen Befugnisse werden durch diese Richtlinie nicht berührt". Auch *Schaub/Dohms*, Die AG 1998, 566, 574; *Rinne* (1998), S. 36 f.; *Stewing*, EuR 1993, 41, 60; *Lukes*, EWS 1999, 441; *Hancher/Trepte*, ECLR 1992, 149, 160; *Mombaur*, DÖV 1997, 571, 576. Vgl. auch EuGH Slg. 1998 I-1931, 1944 Rn. 25 – *Kohll*; EuGH Slg. 1998 I-1831, 1881 Rn. 27 – *Decker*: Der Umstand, daß eine nationale Maßnahme möglicherweise einer Bestimmung des abgeleiteten Rechts entspreche, könne nicht dazu führen, daß diese nationale Maßnahme nicht mehr am EG-Vertrag zu prüfen wäre.

605 So z. B. *Börner*, ZögU 22 (1999), 231, 234.

Angesichts der Bedeutung, die der EuGH mittlerweile in der Auslegung und Handhabung des Art. 86 Abs. 2 EGV den Vorgaben im sekundären Gemeinschaftsrecht beimißt, ist daher anzunehmen, daß er eine über die Liberalisierungsvorgaben der Energiebinnenmarktrichtlinien hinausgehende Marktöffnung auf der Grundlage einer Anwendung des primären Gemeinschaftsrechts nicht mittragen wird.[606] Die Hindernisse für eine weiterreichende Marktöffnung sind mithin auf der Grundlage der heutigen Rechtsprechung zu Art. 86 Abs. 2 EGV nicht, wie zum Teil angenommen,[607] rein politischer, sondern auch rechtlicher Natur.[608]

Denkbar erscheint demgegenüber, daß der EuGH im Streitfall die „service public"-Vorbehalte in den Richtlinien enger auslegen wird, als es ihr Wortlaut nahelegt. So ist es durchaus möglich, daß er die Weiterungen, die die „service public"-Vorbehalte gegenüber Art. 86 Abs. 2 EGV implizieren, schon deswegen nicht mittragen wird, weil er in den Liberalisierungsvorgaben der Energiebinnenmarktrichtlinien eine Konkretisierung des Interesses der Gemeinschaft an der Entwicklung des Handelsverkehrs i. S. d. Art. 86 Abs. 2 S. 2 EGV erblickt. Obwohl nach dem Wortlaut des Art. 3 Abs. 3 EL-Richtlinie den Mitgliedstaaten in der Handhabung der Ausnahmevorschrift ein Ermessen zukommen könnte, ist anzunehmen, daß der EuGH die Ausnahmevorschrift vor diesem Hintergrund eher strikt handhaben wird.[609] Der offenkundige Versuch des Gemeinschaftsgesetzgebers, über Art. 3 EL-Richtlinie der Auslegung des Art. 86 Abs. 2 EGV durch den EuGH vorzugreifen, sollte zumindest in diesem Punkt zum Scheitern verurteilt sein.[610]

606 Die Kommission hat dementsprechend auch nur eine Anwendung der Wettbewerbsregeln auf das *Verhalten von Unternehmen*, nicht aber auf die von den Mitgliedstaaten vorgegebenen Marktorganisationsstrukturen in den Energiemärkten, soweit sie mit den Energiebinnenmarktrichtlinien vereinbar sind, angekündigt – siehe *Kommission*, XXVI. Wettbewerbsbericht (1996), S. 62, Rn. 123.

607 So z. B. *Britz*, RdE 1997, 85, 93; *Stewing*, EuR 1993, 41, 60.

608 Vgl. z. B. *Börner*, RIW 1997, 475, 477: Die Umsetzung des primären Gemeinschaftsrechts werde im Energiesektor wegen dessen struktureller Besonderheiten zu einem Abwägungsprozeß. Die vom Gemeinschaftsgesetzgeber getroffene Entscheidung sei daher verbindlich. Ähnlich: *Vollmer*, in: Jahrbuch für Neue Politische Ökonomie 16 (1997), S. 147, 158 f.; *Tettinger*, RdE 1999, 45, 47 und 50.

609 So auch *Schneider* (1999), S. 419. Zum Gebot der Auslegung von Richtlinien im Lichte der primärrechtlichen Vorschriften des EGV: EuGH Slg. 1983, 555, 566 Rn. 12 – *„Inter-Huiles"*.

610 Ähnlich: *Säcker/Busche*, ET 1998, 18, 23. Im Schrifttum wird daneben die weitere Frage diskutiert, ob Mitgliedstaaten sich auch nach Erlaß der Energiebinnenmarktrichtlinien noch auf Art. 86 Abs. 2 EGV berufen könnten, um eine *weitergehende* Freistellung von der Anwendung der Vorschriften des EGV zu erreichen – siehe zu dieser Diskussion: *Lecheler/Gundel*, RdE 1998, 92, 96 f.; *Thiessen*, EWS 1998, 10, 18; *Jarass* (1996), S. 85 ff.; *Seidel*, in: *Baur* (Hrsg.) (1997), S. 73, 77; *Baur*, RdE 1999, 85, 88; GTE-*Hochbaum*, Kom., 5. Aufl. (1999), Art. 90 Rn. 61; *Schneider* (1999), S. 396 f. Angesichts der Weite des Art. 3 Abs.2 und Abs. 3 der Energiebinnenmarktrichtlinien erscheint die praktische Relevanz dieser Frage gering.

4. Umsetzung in den Mitgliedstaaten

a) Deutschland

In Deutschland ist die Elektrizitätsbinnenmarktrichtlinie – nicht aber die Gasbinnenmarktrichtlinie – durch das Gesetz zur Neuregelung des Energiewirtschaftsrechts vom 24. April 1998 (NeuregelungsG) umgesetzt worden.[611] Zwar beziehen sich viele Regelungen des EnWG auch auf den Gassektor; dies gilt aber nicht für die Netzzugangsregelungen im EnWG.[612] Auch die Vorgaben aus der Gasbinnenmarktrichtlinie betreffend eine getrennte und hinreichend transparente Buchführung von Gasversorgungsunternehmen sind gegenwärtig noch nicht in deutsches Recht umgesetzt.[613] Die Bundesregierung hat zunächst einen Gesetzesentwurf zur Umsetzung der Gasbinnenmarktrichtlinie angekündigt,[614] einen solchen bislang trotz Ablaufs der Umsetzungsfrist[615] allerdings nicht vorgelegt.[616] Die Kommission hat Deutschland vor diesem Hintergrund mittlerweile ein Verfahren angedroht.[617]

aa) Liberalisierung

Ein Hauptziel der Neuregelung des Energiewirtschaftsrechts war die Einführung brancheninternen Wettbewerbs.[618] Zu diesem Zweck hebt Art. 2 des NeuregelungsG die Anwendbarkeit der Ausnahmebestimmungen der §§ 103, 103a GWB auf die Elektrizitäts- und Gaswirtschaft auf, womit das bisherige System geschlossener Versorgungsgebiete nicht länger aufrechtzuerhalten ist. Gleichzeitig wird in Art. 1 des NeuregelungsG das EnWG komplett neu gefaßt. Geöffnet wird grundsätzlich der gesamte Energiemarkt,

---

611 BGBl. I, 730 ff.

612 Ob der allgemeine kartellrechtliche Netzzugangsanspruch in § 19 Abs. 4 Nr. 4 GWB als Umsetzung des in der Gasbinnenmarktrichtlinie vorgesehenen Netzzugangsanspruchs genügt, ist umstritten. Für ausreichend wird die kartellrechtliche Regelung gehalten von: *v. Burchard/Riemer*, ET 1998, 782, 784; *v. Burchard*, in: Schwarze (Hrsg.) (1999), S. 191, 207. Für ungenügend erachtet wird die Regelung von: *Lutz*, RdE 1999, 102, 110 ff.; *Tiessen*, in: Schwarze (Hrsg.) (1999), S. 215, 216 u. a.

613 So auch: *v. Burchard/Riemer*, ET 1998, 782, 784.

614 Geplant war die Einführung des verhandelten Netzzugangs – vgl. *Bundesministerium für Wirtschaft*, Pressemitteilung v. 17. März 2000: „Eckpunktepapier zur Verbändevereinbarung Gas unterzeichnet"; siehe auch *Kühne*, NJW 1998, 1902.

615 Am 10. August 2000.

616 Die Bundesregierung verweist darauf, daß zwischenzeitlich – am 4. Juli 2000 – der Bundesverband der Deutschen Industrie e. V. (BDI), der Verband der Industriellen Energie- und Kraftwirtschaft e. V. (VIK), der Bundesverband der deutschen Gas- und Wasserwirtschaft e. V. (BGW) und der Verband der kommunalen Unternehmen e. V. (VKU) eine Verbändevereinbarung zum Netzzugang bei Erdgas unterzeichnet haben, welche die Bedingungen konkretisiert, zu denen ein Zugang zu den Erdgasnetzen gewährt werden soll – vgl. *Bundesministerium für Wirtschaft*, Pressemitteilung v. 4. Juli 2000.

617 Die Kommission sieht in einer privaten Verbändevereinbarung – d. h. im Ergebnis in freiwilligen Zusicherungen – keine ausreichende Sicherung eines diskriminierungsfreien und fairen Netzzugangs – vgl. FAZ v. 10. August 2000, „Ein Rüffel aus Brüssel für Deutschland"; FAZ v. 11. 8. 2000, S. 13 f.: „Der Deutsche Gasmarkt ist offen". Im übrigen verweist sie darauf, daß die Vorschriften betreffend die Entflechtung und getrennte Rechnungslegung in integrierten Erdgasunternehmen nicht umgesetzt wurden.

618 *Kühne*, NJW 1998, 1902, 1904; *Cronenberg*, RdE 1999, 85, 86.

bis hin zum Endkunden. Auch der Energiehandel auf Großhandelsstufe ist künftig möglich. Der Wettbewerbsöffnung dient neben der Aufhebung der Ausnahmetatbestände im GWB insbesondere die Einführung eines Netzzugangsanspruchs in § 6 EnWG, welcher bislang allerdings nur den Zugang zu *Elektrizitäts*netzen, nicht zu Gasnetzen betrifft. Neben dieser spezialgesetzlichen Regelung gilt die Netzzugangsregelung des § 19 Abs. 4 Nr. 4 GWB fort,[619] die grundsätzlich auch den Gassektor erfaßt.[620]

Der deutsche Gesetzgeber hat sich – anders als die meisten anderen Mitgliedstaaten[621] – in § 5 EnWG n. F. für den sog. verhandelten Netzzugang entschieden, der in § 6 EnWG n. F. näher geregelt ist. Danach hat ein Netzbetreiber auf Antrag eines „anderen Unternehmens" den Netzzugang grundsätzlich zu Bedingungen zu gewähren, die nicht ungünstiger sind als die, die er sich selbst in vergleichbaren Fällen einräumt (§ 6 Abs. 1 S. 1 EnWG n. F.). Dem Netzzugangsanspruch werden allerdings in § 6 Abs. 1 S. 2 und Abs. 3 EnWG n. F. sowie in Art. 4 § 2 NeuregelungsG[622] und Art. 4 § 3 NeuregelungsG[623] bestimmte Zugangsverweigerungsgründe entgegengestellt, für die zwar der Netzbetreiber die Beweislast trägt,[624] die aber angesichts ihrer offenen Formulierungen und der komplexen Abwägungen, auf die sie verweisen, unberechtigten Netzzugangsverweigerungen Vorschub leisten.[625]

Gemäß § 6 Abs. 2 EnWG n. F. ist der Bundeswirtschaftsminister ermächtigt, mit Zustimmung des Bundesrates eine Rechtsverordnung zur Ausgestaltung der Netzzugangs-

619 Das Verhältnis zwischen § 19 Abs. 4 Nr. 4 GWB und § 6 EnWG ist bislang nicht abschließend geklärt. Die Tatbestandsmerkmale der Regelungen stimmen nicht vollständig überein. Insbes. ist unklar, inwieweit die Netzzugangs-Verweigerungsgründe aus dem EnWG auch auf den kartellrechtlichen Netzzugangsanspruch Anwendung finden – vgl. hierzu z. B. *Böwing*, in: Schwarze (Hrsg.) (1999), S. 181, 184 ff. Von der ganz h. M. wird angenommen, daß die Wertungen aus dem EnWG herangezogen werden können, um die notwendige kartellrechtliche Interessenabwägung zu konkretisieren – vgl. z. B. BKartA, Beschluß v. 30. 8. 1999, B8-40100-T-99/99, WuW DE-V 149 – *Berliner Stromdurchleitung*, 152; *Büdenbender*, RdE 1999, 1, 10 ff.; *ders.*, JZ 1999, 62, 71; *Bruhn*, in: Schwarze (Hrsg.) (1999), S. 219, 221; *Beck*, in: Schwarze (Hrsg.) (1999), S. 209, 213 u. a. A. A. *Börner*, ZögU 22 (1999), 231, 252: wenn man sektorale Sonderregelungen im GWB gerade abschaffen wolle, dürfe man nicht andererseits sektorspezifische Zielsetzungen durch eine entsprechende Interpretation der Regeln des GWB doch wieder einbeziehen. Die Netzzugangsregelung im EnWG sei daher als Spezialregelung anzusehen.

620 Näher: *Markert*, ZNER 2000, 111 ff.

621 13 von 15 Mitgliedstaaten haben den geregelten Netzzugang anstelle des Netzzugangs auf Vertragsbasis oder des „single-buyer"-Modells gewählt – vgl. *Kommission*, XXIX. Wettbewerbsbericht (1999), S. 41 Rn. 121.

622 Diese sog. Reziprozitätsklausel enthält einen befristeten Verweigerungsgrund: die Durchleitung von Elektrizität aus dem Ausland kann danach verweigert werden, „soweit der zu beliefernde Abnehmer dort nicht ebenfalls durch Dritte beliefert werden könnte" – siehe hierzu: *Büdenbender*, RdE 1999, 1, 9 f.; *Scholz*, RdE 1999, 209 ff.; *Klemm*, EuZW 2000, 69 ff. Über diese Klausel können Unterschiede in der Reichweite der Marktöffnung in den verschiedenen Mitgliedstaaten als Durchleitungsverweigerungsgrund geltend gemacht werden.

623 Sog. „Braunkohleklausel".

624 Vgl. hierzu *Kühne*, NJW 1998, 1902, 1905 f.; *Theobald/Zenke*, ET 2000, 530, 532 f.

625 *Theobald/Zenke*, ET 2000, 530 ff.; FAZ v. 5. September 2000, S. 19: „Auf dem Strommarkt sind Wettbewerbsbehinderungen üblich".

verträge und zur Bestimmung der Durchleitungsentgelte zu erlassen. Von dieser Ermächtigung ist allerdings bislang kein Gebrauch gemacht worden.[626]

Gemäß § 7 EnWG n. F. kann auf Letztverteilerebene alternativ zum verhandelten Netzzugang auf der Grundlage einer behördlichen Bewilligung das Alleinkäufersystem mit Abnahmeverpflichtung eingeführt werden.[627] Deutschland ist einer der wenigen Mitgliedstaaten, die die Möglichkeit eines Netzzugang auf der Grundlage des als vergleichsweise wettbewerbsfeindlich geltenden Alleinabnehmersystems vorsehen.

Auch in der Schaffung der strukturellen Voraussetzungen für wirksamen Wettbewerb im Energiemarkt geht das EnWG nicht über das in der Elektrizitätsbinnenmarktrichtlinie vorgesehene Mindestmaß hinaus:[628] Die Elektrizitätsversorgungsunternehmen „der allgemeinen Versorgung", sind nach § 9 EnWG zu einer buchführerischen Trennung der Konten für die genannten Bereiche verpflichtet.[629] Gemäß 4 Abs. 4 EnWG ist das Übertragungsnetz als eigene Betriebsabteilung, getrennt von Erzeugung und Verteilung zu führen.[630] Eine vollständige rechtliche Entflechtung der Bereiche Erzeugung, Übertragung und Verteilung ist nicht vorgesehen.[631]

Dagegen wird die bisherige staatliche Investitionskontrolle vollständig abgeschafft. Energieversorgungsunternehmen können nunmehr nach marktwirtschaftlichen Gesichtspunkten über ihre Investitionen entscheiden. Zumindest theoretisch ist damit auch der Bau von Direktleitungen möglich, der allerdings bislang für in den meisten Fällen unwirtschaftlich gehalten wird.[632]

Die Aufnahme der Energieversorgung bedarf gemäß § 3 EnWG n. F. weiterhin einer Genehmigung,[633] soweit sie eine „allgemeine Versorgung" ist. Den Auslegungshinweisen des Arbeitskreises Energiepolitik zufolge fallen hierunter nur so genannte Gebiets-

---

626 Vgl. hierzu: *Cronenberg*, RdE 1999, 85, 86 f. u. a. Einer solchen Verordnung wurde vorerst das kartellrechtlich nicht unbedenkliche Modell von Verbändevereinbarungen vorgezogen. Der sog. „Grid Code und Distribution Code" enthält die technischen Netzbenutzungsregeln. Im Mittelpunkt der Diskussion steht aber die Verbändevereinbarung über Kriterien zur Bestimmung von Durchleitungsentgelten, mit welcher die beteiligten Verbände ihren Mitgliedunternehmen die Anwendung der vereinbarten Kriterien zur Entgeltberechnung rechtlich unverbindlich empfehlen – siehe hierzu *Kühne*, NJW 1998, 1902, 1906; *Scholtka*, NJW 2000, 548, 550; *Müller-Kirchenbauer/Ritzau*, ET 2000, 212; *Börner*, RdE 2000, 94, 96 ff.

627 Hierzu kritisch: *Büdenbender*, JZ 1999, 62, 69 f.; *Cronenberg*, RdE 1999, 85, 87; *Becker/Rosin*, ET 2000, 385 ff.; *Lukes*, ET 1998, 26 ff. Für das Alleinabnehmersystem hingegen – allerdings gerade auch wegen seiner wettbewerbsbehindernden Wirkung: *Börner*, ZögU 22 (1999), 231, 246 f.

628 Kritisch: *Lapuerta/Pfeifenberger/Weiss/Pfaffenberger*, ET 1999, 446, 447 f.

629 Näher: *Theobald*, WuW 2000, 231, 240 ff.

630 Im Falle der Bewilligung des Alleinabnehmersystems gilt § 7 Abs. 4, der außerdem noch den Informationsfluß zwischen den verschiedenen Abteilungen unterbindet.

631 Siehe hierzu auch: *Monopolkommission*, XIII. Hauptgutachten 1998/1999, Rn. 15 der Kurzfassung. Die Kommission befürwortet demgegenüber, angesichts der ansonsten verbleibenden Diskriminierungsgefahr, eine vollständige organisatorische Trennung – vgl. *Kommission*, Zweiter Bericht an den Rat und das Europäische Parlament über den Stand der Liberalisierung der Energiemärkte, S. 8 f.; *Van Miert*, in: XXXII. FIW-Symposion (1999), S. 5, 11.

632 *Kühne*, NJW 1998, 1902, 1904.

633 Hierzu ausführlich: *Becker*, RdE 2000, 7 ff.; *Salje*, NVwZ 1998, 916, 918 f.

versorgungen, die auf der Grundlage eines Konzessionsvertrages nach § 13 Abs. 2 EnWG erfolgen.[634] Die Genehmigung ist im übrigen als gebundene Entscheidung ausgestaltet: sie kann nur aufgrund der abschließend im Gesetz aufgezählten Gründe verweigert werden. Neben mangelnder Leistungsfähigkeit ist es allerdings auch ein Versagungsgrund, wenn „bei Aufnahme der Elektrizitätsversorgung die beantragte Versorgungstätigkeit zu ungünstigeren Versorgungsbedingungen für die betroffenen Abnehmer insgesamt führen würde oder sich für das verbleibende Gebiet des bisherigen Versorgers erhebliche Nachteile ergeben würden" (§ 3 Abs. 2 Nr. 2 EnWG n. F.). Dem Ziel einer möglichst sicheren, preisgünstigen und umweltverträglichen Energieversorgung soll dabei „angemessen" Rechnung getragen werden. Gestützt auf § 3 Abs. 2 Nr. 2 EnWG n. F. wird damit die Verweigerung einer Genehmigung unter Berufung auf die Gefahr eines Rosinenpickens des Antragstellers denkbar: das bisher gebietszuständige Elektrizitätsversorgungsunternehmen könnte geltend machen, es sei für eine „gesunde Durchmischung" der Abnehmerstrukturen auch auf die lukrativen Abnehmer angewiesen, die der eine Genehmigung beantragende Wettbewerber „herausbrechen" könnte. Die Auflösung der offenkundigen Spannung zwischen diesem Genehmigungsversagungsgrund und dem Wettbewerbsprinzip bleibt der Praxis vorbehalten.

bb) Vorschriften zur Gewährleistung einer Grundversorgung

Gemäß § 1 EnWG n. F. ist es Zweck des Gesetzes, „eine möglichst sichere, preisgünstige und umweltverträgliche leitungsgebundene Versorgung mit Elektrizität und Gas im Interesse der Allgemeinheit" zu gewährleisten. Der Grundversorgungsgedanke nimmt damit weiterhin einen prominenten Platz ein. Das Wettbewerbsziel ist in § 1 EnWG n. F. nicht gleichrangig aufgeführt.

Voraussetzung für die flächendeckende Bereitstellung von Energie ist eine entsprechende Infrastruktur. Die Grundversorgung selbst besteht in der Bereitstellung von Strom und Gas. Beide Verpflichtungen sind im EnWG getrennt geregelt:

Gemäß § 4 EnWG n. F. sind die Elektrizitätsversorgungsunternehmen zu einem Betrieb ihres Versorgungsnetzes verpflichtet, der eine sichere, preisgünstige und umweltverträgliche Versorgung sicherstellt. Eine besondere Verpflichtung zum Netzausbau bzw. zur Weiterentwicklung der Netze fehlt, – ein Umstand, der sich allerdings daraus erklärt, daß das Netz in seinem gegenwärtigen Ausbaugrad eine flächendeckende Versorgung bereits ermöglicht. Für Gasversorgungsunternehmen ist im EnWG keine § 4 EnWG entsprechende Betriebspflicht vorgesehen.

Die eigentliche Versorgungsaufgabe ist in § 10 Abs. 1 EnWG n. F. geregelt.[635] Danach unterliegen Energieversorgungsunternehmen für die Gemeindegebiete, in denen sie die „allgemeine Versorgung" von Letztverbrauchern durchführen,[636] einer Anschluß- und

634 Vgl. *Arbeitskreis Energiepolitik der Wirtschaftsministerkonferenz*, Fragen des Vollzugs des neuen Energiewirtschaftsrechts v. 23. 3. 1999. Siehe hierzu auch *Scholtka*, NJW 2000, 548, 549

635 Näher hierzu: *Salje*, NVwZ 1998, 916, 918.

636 Zum Begriff der „allgemeinen Versorgung" vgl. *Scholtka*, NJW 2000, 548, 549: darunter wird derzeit nur eine Gebietsversorgung auf der Grundlage eines Konzessionsvertrages nach § 13 Abs. 2

Versorgungspflicht, die allerdings unter dem Vorbehalt der Zumutbarkeit steht. Anschluß und Versorgung müssen zu allgemeinen Bedingungen und allgemeinen Tarifen erfolgen, die vorab zu veröffentlichen sind. Ein Gebot der landesweiten Tarifeinheit im Raum besteht nicht.[637] Gelten für verschiedene Gebiete *innerhalb* einer Gemeinde unterschiedliche „Allgemeine Tarife", so muß allerdings nachgewiesen werden, daß hierfür eine sachliche Rechtfertigung besteht, den Kunden keine Preiserhöhung entsteht und die Preisunterschiede für alle Kunden zumutbar sind (§ 10 Abs. 1 S. 3 EnWG n. F.).[638] Im übrigen gelten derzeit die Bundestarifordnung Elektrizität (BTOElt)[639] und die Verordnungen über Allgemeine Bedingungen für Elektrizitäts- (AVBEltV)[640] bzw. Gasversorgung (AVBGasV)[641] von Tarifkunden fort.[642]

Anders als im Telekommunikations- oder Postsektor hat der Gesetzgeber im Energiesektor keinen besonderen Mechanismus zum Ausgleich von Defiziten aus der Versorgungsaufgabe vorgesehen. Dies erklärt sich z. T. aus dem Zumutbarkeitsvorbehalt in § 10 Abs. 1 S. 2 EnWG, demzufolge eine Anschluß- und Versorgungspflicht nicht besteht, wenn sie für das Energieversorgungsunternehmen „aus wirtschaftlichen Gründen nicht zumutbar ist". Auch die Verpflichtung, die Tarifeinheit im Raum zu gewährleisten, ist unter einen Vorbehalt sachlicher Rechtfertigung gestellt. Unterschiedliche Kosten der Versorgung können als der klassische Fall einer sachlichen Rechtfertigung gelten. Aus der Verpflichtung zum Angebot allgemeiner Tarife folgt in dieser Ausgestaltung mithin keine Gefahr eines Rosinenpickens. Die Energieversorgungsunternehmen werden im Energiesektor nicht zur Erbringung unrentabler Leistungen herangezogen, womit auch die Finanzierungsproblematik entfällt.

Allerdings beläßt das EnWG eine Lücke: Gem. § 6 Abs. 1 S. 2 EnWG können Betreiber von Elektrizitätsversorgungsnetzen anderen Unternehmen den Netzzugang verweigern, wenn sie nachweisen, daß die Gewährung des Netzzugangs unter Berücksichtigung der Ziele einer sicheren, preisgünstigen und umweltverträglichen Energieversorgung nicht zumutbar ist. Verwiesen wird damit auf die in § 1 EnWG n. F. aufgeführten Gesetzeszwecke, welche die Wettbewerbsorientierung nicht – zumindest nicht ausdrücklich – mitumfassen.[643] Potentiell wird den Energieversorgungsunternehmen damit die Möglichkeit belassen, ihre Grundversorgungsaufgabe eigenmächtig durch eine Begrenzung

---

EnWG verstanden. Probleme ergeben sich aus dieser Definition, wenn Netzbetreiber und Versorger auseinanderfallen: in diesem Fall ist unklar, wer die Anschluß- und Versorgungspflicht aus § 10 Abs. 1 EnWG zu tragen hat. Wäre dies der Netzbetreiber, so müßte dieser stets Energie auch für die Kundenversorgung vorhalten.

637 Vgl. *Salje*, NVwZ 1998, 916, 918.

638 Diese Regelung dient vor allem dem Schutz der Kunden in ländlichen Gebieten – vgl. auch *Kühne*, NJW 1998, 1902, 1904; *Cronenberg*, RdE 1999, 85, 88. Kritisch zu der Regelung angesichts der sich daraus ergebenden Inflexibilität im Wettbewerb: *Schneider* (1999), S. 484 f.

639 Verordnung v. 18. 12. 1989, BGBl. I, 2255.

640 AVBEltV v. 21. 6. 1979, BGBl. I, 684.

641 AVBGasV v. 21. 6. 1979, BGBl. I. 676.

642 Die Ermächtigungsgrundlage hierfür ist in § 11 EnWG n. F. normiert. Näher zur Preiskontrolle: *Schneider* (1999), S. 485 f.

643 Hierauf weist *Schneider* (1999), S. 455 hin.

des Netzzugangs abzusichern.[644] Die Belastung des für die Einführung von Wettbewerb im Energiesektor zentralen Netzzugangsanspruchs mit einem derartigen, auf die Sicherung öffentlicher Interessen, insbesondere auch der Grundversorgung abzielenden Vorbehalt erscheint problematisch.[645] Anders als im Telekommunikationssektor, wo die Mechanismen zur Sicherung des Versorgungsauftrags vom wettbewerblich begründeten Netzzugangsanspruch klar getrennt sind, findet hier eine Vermischung von Wettbewerbs- und Grundversorgungszielen statt, die sich, gerade angesichts ihrer Unbestimmtheit, hinderlich auf den Wettbewerb auswirken kann. Es erscheint damit nicht ausgeschlossen, daß ein EVU, welches zugleich Netzbetreiber ist und der Verpflichtung aus § 10 EnWG unterliegt, bei der Netzzugangsverweigerung auch eigene Absatz- und Handelsinteressen geltend machen kann, wenn es ihm gelingt, diese hinreichend mit dem Ziel der Versorgungssicherheit und einer preisgünstigen Versorgung zu verbinden.[646] In der Praxis ist die Reichweite der Durchleitungsverweigerungsrechte gerade mit Blick auf die Gewährleistung einer Grundversorgung bzw. der Versorgungssicherheit noch nicht voll ausgelotet.[647] Bislang scheint sich eine Linie durchzusetzen, die bei der Handhabung der Durchleitungsansprüche das Interesse an der Schaffung wirksamen Wettbewerbs in den Vordergrund stellt.[648]

---

644 Vgl. auch *Harms*, RdE 1999, 165, 167: Die Ziele des EnWG allein könnten in Ausnahmefällen die Verweigerung einer Durchleitung rechtfertigen, die z. B. die Sicherheit der Versorgung gefährde oder per Saldo Kosten- und Preiserhöhungen bewirke.

645 Kritisch auch: *Kühne*, RdE 2000, 1, 4: Während der Gesetzgeber sich strukturell in den Bahnen schuldrechtlicher Einwendungen bewege, verfolge er inhaltlich gemeinwohlorientierte politische Ziele, die über den jeweiligen Netzbetreiber und seine Rechtssphäre weit hinauswiesen.

646 So ist z. B. in der Lit. geltend gemacht worden, eine Durchleitungsverweigerung müsse einem EVU in Ausnahmefällen gestattet sein, wenn dies zur Amortisation von Investitionen erforderlich erscheine, die das EVU zur Aufrechterhaltung einer sicheren, preiswürdigen und umweltverträglichen Energieversorgung getätigt habe – vgl. *Weber/v. Keussler*, RdE 1999, 223, 225 f. Zurückhaltender *Lutz*, RdE 1999, 102, 109: Der Schutz getätigter Investitionen dürfe nicht generell eine Durchleitungsverweigerung rechtfertigen. Die Erwägung, daß der Netzbetreiber, anders als der die Durchleitung begehrende Wettbewerber, die Gebietsversorgung wahrnehme und mit der allgemeinen Anschluß- und Versorgungspflicht nach § 10 Abs. 1 EnWG belastet sei, dürfe bei der Zumutbarkeitsabwägung keine Rolle spielen. Ähnlich *Säcker/Busche*, ET 1998, 18, 23; *Schneider* (1999), S. 456.

647 Z. T. ist die Ansicht vertreten worden, ein Netzbetreiber könne eine Durchleitung im Hinblick auf zu erwartende durchleitungsbedingte schwere Strukturverwerfungen innerhalb des Abnehmerkreises verweigern – vgl. hierzu *Kühne*, RdE 1999, 1, 4; *ders.*, NJW 1998, 1902, 1905; *Büdenbender*, RdE 1999, 1, 3 ff.; *Weber/v. Keussler*, RdE 1999, 223, 225. Umstritten ist insbes. auch die Frage, ob und in welchem Umfang das Bestehen langfristiger Versorgungsverträge bei der Beurteilung der Zumutbarkeit einer Durchleitung zu berücksichtigen ist – vgl. hierzu *Beck*, in: Schwarze (Hrsg.) (1999), S. 209, 211 ff. Eine wesentliche Vorfrage ist dabei die Wirksamkeit solcher Verträge unter kartellrechtlichen Gesichtspunkten. Für eine restriktive Haltung gegenüber langfristigen Bezugsbindungen für Strom und Gas z. B. *Markert*, EuZW 2000, 427 ff.; *Lukes*, BB Beil. 8/1999, 1, 3 f.; *ders.*, EWS 1999, 441 ff.; *Ebel*, WuW 1998, 448 ff.; *Köhler*, WuW 1999, 445, 455 f.; *Piltz*, RdE 1999, 60, 61 ff. Für die wettbewerbsrechtliche Zulässigkeit langfristiger Energiebezugsbindungen: *Kühne*, BB Beil. 19/1997, 4 ff.; *Scholz*, RdE 1998, 209 ff.; *Büdenbender*, ET 2000, 359 ff.; *Böwing/Rosin*, ET 2000, 249 ff.; *Scholtka*, NJW 2000, 548 – zumindest mit Blick auf die „take-or-pay"-Verträge im Gassektor.

648 Vgl. z. B. den Beschluß des BKartA v. 30. 8. 1999, B8-40100-T-99/99, WuW 1999 DE-V 149 ff. – *„Berliner Stromdurchleitung"*.

Ähnliche Probleme ergeben sich bei der Durchleitung im Gassektor. So wird in der Lit. vereinzelt geltend gemacht, Absatzinteressen sollten bei der Zumutbarkeitsabwägung im Rahmen des § 19 Abs. 4 Nr. 4 GWB Berücksichtigung finden, soweit sie mit dem Interesse an der Erschließung neuer Gasvorkommen und ihrer Nutzbarmachung für die deutsche Energieversorgung, mit energiepolitisch und wirtschaftlich billigenswerten Interessen an einer Diversifizierung der Bezugsquellen oder mit Gesichtspunkten der Versorgungssicherheit verknüpft sind.[649] Allerdings wird die Anschluß- und Versorgungspflicht aus § 10 Abs. 1 EnWG hier regelmäßig nicht rechtfertigend für eine Durchleitungsverweigerung herangezogen werden können, da Gasversorgungsunternehmen bislang regelmäßig nur rentable Gegenden versorgen und sich gegenüber einer Versorgung anderer Gebiete auf § 10 Abs. 1 S. 2 EnWG berufen können.[650]

cc) Realisierung weitergehender öffentlicher Ziele

Gemäß § 1 EnWG ist insbesondere auch die Gewährleistung der Umweltverträglichkeit der Energieversorgung ein prominentes Gesetzesziel. Umweltverträglichkeit bedeutet nach der Legaldefinition des § 2 Abs. 4 EnWG, daß die Energieversorgung den Erfordernissen eines rationellen und sparsamen Umgangs mit der Energie genügt, eine schonende und dauerhafte Nutzung von Ressourcen gewährleistet ist und die Umwelt möglichst wenig belastet wird.[651] Auch die Verpflichtung auf dieses Ziel kann gem. § 6 Abs. 1 S. 2 gegebenenfalls eine Netzzugangsverweigerung rechtfertigen (vgl. § 6 Abs. 3).[652]

Derselbe Weg einer Berücksichtigung „öffentlicher“ Ziele und Interessen im Rahmen des Netzzugangsanspruchs wurde in Art. 4 § 3 NeuregelungsG – der sog. „Braunkohleklausel“ – gewählt.[653] Danach ist bei der Beurteilung, ob die Ablehnung des Netzzugangs zur Belieferung von Abnehmern in den Ländern Berlin, Brandenburg, Mecklenburg-Vorpommern, Sachsen, Sachsen-Anhalt und Thüringen mit Elektrizität gemäß den §§ 6, 7 EnWG n. F. unzulässig oder i. S. d. § 22 Abs. 4 und des § 26 Abs. 2 GWB mißbräuchlich, diskriminierend oder unbillig behindernd ist, „die Notwendigkeit einer ausreichend hohen Verstromung von Braunkohle aus diesen Ländern besonders zu berücksichtigen“. Hiermit werden die besonderen struktur- und arbeitsmarktpolitischen Belange der betroffenen Länder geschützt. Die Wahrnehmung dieser Interessen wird erneut

---

649 Vgl. insoweit *Lutz*, RdE 1999, 102, 108 f.: Es sei zulässig – obwohl in der Praxis wahrscheinlich ein seltener Ausnahmefall –, die Gewährung des Netzzugangs nach § 19 Abs. 4 Nr. 4 GWB als unzumutbar abzulehenen, wenn der Leitungsinhaber nachweisen könne, daß er wegen der begehrten Durchleitung seinerseits wirtschaftlich nicht mehr in der Lage wäre, die Versorgung seiner Kunden zu gewährleisten.

650 Dies deutet auch *Lutz*, RdE 1999, 102, 109 Fn. 61 an.

651 Diesem Ziel ist das am 1. April 2000 in Kraft getretene „Gesetz für den Vorrang erneuerbarer Energien (EEG)“ v. 29. 3. 2000, BGBl. I, S. 305 verpflichtet – vgl. hierzu den Besprechungsaufsatz von Salje, RdE 2000, 125 ff.

652 Näher hierzu: *Büdenbender*, RdE 1999, 1, 4 f.; *Weber/v. Keussler*, RdE 1999, 223, 225 f.; *Harms*, RdE 1999, 165, 169 ff.

653 Siehe dazu: *Büdenbender*, RdE 1999, 1, 3 f.; *Weber/v. Keussler*, RdE 1999, 223, 227; *Harms*, RdE 1999, 165, 175.

dem Netzinhaber übertragen, der sie gegenüber dem Durchleitungspetenten geltend machen kann.[654]

Die Versorgungssicherheit im weiteren Sinne gehört zu den zentralen öffentlichen Zielen des EnWG. Ihr dient insbesondere die Mindestbevorratungspflicht, die der Bundeswirtschaftsminister auf der Grundlage der Verordnungsermächtigung in § 17 EnWG n. F. regeln kann.

dd) Fazit

Das EnWG n. F. schafft zumindest formal die Voraussetzung für eine weitreichende Liberalisierung der Energiesektoren. Auf eine Re-Regulierung wird – anders als im Telekommunikationssektor – weitgehend verzichtet:[655] während man im Telekommunikationssektor, z. T. veranlaßt durch gemeinschaftsrechtliche Vorgaben, davon ausging, daß die Voraussetzungen für Wettbewerb durch Regulierung erst geschaffen werden müßten,[656] hat der deutsche Gesetzgeber im Energiebereich in weitem Umfang auf die Marktkräfte und das allgemeine Kartellrecht vertraut.

Probleme ergeben sich aus diesem Ansatz insbesondere hinsichtlich des Netzzugangs: der Netzzugang auf Vertragsbasis in seiner konkreten Ausgestaltung im EnWG eröffnet den Netzinhabern erhebliche Spielräume für die Entwicklung von Wettbewerbsverhinderungsstrategien.[657] Daß dies keine rein theoretische Gefahr ist, belegt die Vielzahl der Beschwerden von neu in den Energiemarkt eingetretenen Unternehmen.[658] Durch Verknüpfung des Zugangsanspruchs mit der in § 1 EnWG n. F. in allgemeiner Weise geregelten Versorgungsaufgabe und weiterreichenden öffentlichen Interessen wird dieser mit potentiell widerstreitenden Zielsetzungen aufgeladen. Ist bereits im Telekommunikationsbereich die Frage nach einer wesentlich enger konzipierten „sachlichen Rechtfertigung" einer Netzzugangsverweigerung (vgl. § 33 Abs. 1 S. 1 TKG) zum Brennpunkt vieler Streitigkeiten geworden, so läßt sich dies umso mehr im Energiebereich erwarten, zumal wenn die Abwägung zwischen im Netzzugangsanspruch verkörperten

---

654 Vgl. auch *Büdenbender*, RdE 1999, 1, 4.

655 Vgl. *Monopolkommission*, XIII. Hauptgutachten 1998/1999 Rn. 15: Deutschland habe einen „wenig interventionistischen Weg zur Marktöffnung" eingeschlagen. Für eine kritische Betrachtung dieser regulatorischen Zurückhaltung, insbes. bzgl. der Ausgestaltung des Netzzugangsanspruchs im Energiebereich im Vergleich zum Telekommunikationssektor – insbes. zur fehlenden Pflicht zur Vorabveröffentlichung von Tarifen und Zugangsbedingungen: *Schneider* (1999), S. 454 f.

656 Vgl. z. B. *Möschel*, WuW 1999, 832, 833; *Paulweber*, ZUM 2000, 11, 30; *Neu/Stumpf /Keuter/Nett/Schwarz-Schilling* (1999), S. 3.

657 Zur wettbewerbspolitischen Problematik des Netzzugangs auf Vertragsbasis auch: *Kommission*, Zweiter Bericht an den Rat und das Europäische Parlament über den Stand der Liberalisierung der Energiemärkte, S. 8; *Schneider* (1999), S. 455 spricht von der „zugangserschwerenden Offenheit der Gesamtregelung"; auch *Klafka/Hinz/Zander/Ritzau/Held*, ET 1998, 35 ff. (die für den Erlaß einer Netzzugangsverordnung appellieren). Zu den Problemen neuer Wettbewerber bei der Aushandlung eines Netzzugangs auf der Grundlage der Verbändevereinbarungen: *Pfaffenberger/Cramer*, ET 2000, 146 ff.; *Lapuerta/Pfeifenberger/Weiss/Pfaffenberger*, ET 1999, 446 ff.

658 Vgl. hierzu: *Theobald*, WuW 2000, 231, 236 f.; für einen Überblick über die bereits abgeschlossenen und derzeit laufenden Verfahren: *Scholtka*, NJW 2000, 548, 551.

wettbewerblichen Zielsetzungen und einem komplexen Bündel öffentlicher Interessen zunächst dem Netzinhaber überlassen bleibt.[659]

Unter diesem Gesichtspunkt wirft das EnWG auch gemeinschaftsrechtliche Fragen auf. Eine Netzzugangsverweigerung unter Berufung auf das Ziel der Gewährleistung einer sicheren, preisgünstigen und umweltverträglichen Energieversorgung kann gegen Art. 82 Abs. 1 und die auf dieser Grundlage unter Anlehnung an das amerikanische Kartellrecht entwickelte „essential facilities"-Doktrin[660] verstoßen. Es stellt sich dann die Frage nach einer Rechtfertigung eines solchen Vertragsverstoßes gem. Art. 86 Abs. 2 EGV.

Problematisch ist, ob die deutschen Energieversorgungsunternehmen als im Sinne des Art. 86 Abs. 2 S. 1 EGV mit einer besonderen Aufgabe „betraute" Unternehmen gelten können. War dies bereits nach der alten Rechtslage überaus strittig,[661] so muß dies auf der Grundlage des neuen Rechts eindeutig verneint werden. Der allgemeine Genehmigungsvorbehalt in § 3 EnWG genügt, ebensowenig wie die Anschluß- und Versorgungspflicht in § 10 Abs. 1 EnWG n. F., dem in Art. 86 Abs. 2 S. 1 enthaltenen Erfordernis eines das betraute Unternehmen individualisierenden Hoheitsakts.[662] Der deutsche Gesetzgeber hat überdies im Rahmen der Neuregelung des Energiewirtschaftsrechts seinen Verzicht auf eine Betrauung von Unternehmen mit „besonderen Aufga-

---

659 Siehe auch *Kühne*, RdE 2000, 1, 6 f., mit Bedenken hinsichtlich des Umstands, daß der Staat in Gestalt des Gesetzgebers die Aufgabe zur Definition und instrumentellen Durchsetzung von Gemeinwohlbelangen den privaten Akteuren und anderen dafür nicht geschaffenen Institutionen, letztendlich aber den Gerichten zuschiebe.

660 Nach der „essential facilities"-Doktrin kann ein marktbeherrschendes Unternehmen auf der Grundlage des Art. 82 Abs. 1 EGV verpflichtet sein, Wettbewerbern den Zugang zu seinen „wesentlichen Einrichtungen" zu eröffnen. Voraussetzung hierfür ist, daß eine Duplizierung der Einrichtung den potentiellen Wettbewerbern aus rechtlichen oder tatsächlichen Gründen nicht möglich ist und daß ohne Nutzung der Einrichtung Wettbewerb auf dem vor- oder nachgelagerten Markt nicht entstehen kann. Vgl. zur „essential facilities"-Doktrin im Gemeinschaftsrecht statt vieler: *Mestmäcker/Schweitzer* (1999), S. 67 ff. m.w.N.; Fleischer/Weyer, WuW 1999, 350 ff.; *Scherer*, MMR 1999, 315 ff.; *Sheehan*, World Competition 22/4 (1999), 67 ff.; *Müller*, EuZW 1998, 232 ff.; *Markert*, WuW 1995, 560 ff. u.a.

661 Dafür, daß ein Betrauungsakt fehlte: z. B. BKartA WuW/E BKartA 2859, 2867 – *Stadt Nordhorn*; BKartA WuW/E BKartA 2648, 2654 – *Ruhrgas/Thyssengas*; Immenga/Mestmäcker-*Mestmäcker*, EG-Wettbewerbsrecht, Kom., Bd. II (1997), Art. 37/90 D. Rn. 35 m. w. N.; *Emmerich*, in: FS v. Gamm (1990) S. 581, 588 f.; *v. Wilmowsky*, ZHR 155 (1991), 545, 551; *Heinemann* (1996), S. 180; *Ebel*, EWS 1994, 241, 242; *Schaub/Dohms*, Die AG 1998, 566, 569. Dafür, daß ein den gemeinschaftsrechtlichen Anforderungen genügender Betrauungsakt vorliege (mit unterschiedlichen Begründungen): z. B. *Le Nestour/Zinow*, ET 1995, 78, 82; *Baur*, RdE 1992, 41. 44; *Stewing*, EuR 1993, 41, 51 f.; *Fesenmair* (1996), S. 205 und 207; *Burgi*, EuR 1997, 261, 276; *Baur*, in: FS Everling, Bd.1 (1995), S. 69, 77; *Rinne* (1998), S. 85 ff.; *Wilms* (1996), S. 217 f.; *Wieland/Hellermann*, DVBl. 1996, 401, 404; *Püttner*, in: Eichhorn (Hrsg.) (1995), S. 13, 22; *Sellner*, EuR 1997, Beih.1, 61, 71; *Rapp-Jung*, RdE 1994, 165, 169.

662 Vgl. Immenga/Mestmäcker-*Mestmäcker*, EG-Wettbewerbsrecht, Kom., Bd. II (1997), Art. 37/Art. 90 D. Rn. 35; *Schaub/Dohms*, Die AG 1998, 566, 569; *Markert*, EuZW 2000, 433 f.; *Markert* und *Schaub*, in: Diskussionsbericht, Die AG 1998, 578, 583; *Büdenbender*, ET 2000, 359, 380 f.; *Säcker/Busche*, ET 1998, 18, 22: Die Bestimmungen des EnWG setzten nur Rahmenbedingungen für das Tätigwerden im Energiewirtschaftssektor, denen alle dort tätigen Unternehmen unterworfen seien. Es würden nicht – wie dies für eine Betrauung zu fordern sei – bestimmte Unternehmen durch die Art der ihnen übertragenen „besonderen" Aufgaben aus dem Kreis der übrigen Wirtschaftsteilnehmer herausgehoben. A. A. z. B. *Scholz*, RdE 1998, 209, 214; *Schneider* (1999), S. 404 f.

ben" und damit auf eine Berufung auf Art. 86 Abs. 2 EGV ausdrücklich erklärt.[663] Eine Berufung auf die Ausnahmevorschrift scheidet damit aus.

Allerdings geht der in Art. 3 Abs. 3 Elektrizitätsbinnenmarktrichtlinie enthaltene „service public"-Vorbehalt, der sich auch und gerade auf die Netzzugangsregelung bezieht, potenziell weiter, wenn dort die Erfüllung der den Elektrizitätsunternehmen „übertragenen gemeinwirtschaftlichen Verpflichtungen" geschützt wird (s. o., C.III.3.a)aa)). Die deutsche Netzzugangsregelung ist mithin ein Fall, in welchem die Problematik einer vom primären Gemeinschaftsrecht abweichenden Regelung in der Elektrizitätsbinnenmarktrichtlinie akut werden könnte. Daß in einem solchen Fall das primäre Gemeinschaftsrecht entweder die Auslegung der Richtlinie beeinflussen oder aber Vorrang beanspruchen muß, wurde bereits ausgeführt.

Die aus den Zweideutigkeiten in der Regelung des Netzzugangsanspruchs folgenden Probleme werden dadurch gemindert, daß mit dem Bundeskartellamt eine unabhängige Behörde für die Kontrolle des Netzzugangs zuständig ist, die in ihrer Arbeit dem Ziel der Förderung wirksamen Wettbewerbs und der Geltung der „rule of law" gleichermaßen verpflichtet ist.[664] Allerdings ist das Bundeskartellamt auf eine nachträgliche Mißbrauchsaufsicht beschränkt. Angesichts der Schnellebigkeit des Marktes ist fraglich, ob die zeitlichen Verzögerungen in der Durchsetzung von Netzzugangsansprüchen nicht selbst eine wesentliche Markteintrittsbarriere bilden.[665]

b) Frankreich

In Frankreich ist die Elektrizitätsbinnenmarktrichtlinie mit mehr als einjähriger Verspätung[666] durch das Gesetz No. 2000-108 v. 10. Februar 2000 „relative à la modernisation et au développement du service public de l'électricité"[667] [im Folgenden: ElektrizitätsG] umgesetzt worden. Nicht nur im Titel des Gesetzes bringt der französische Gesetzgeber zum Ausdruck, daß er am Konzept des „service public" im Energiesektor weiterhin festzuhalten gedenkt. In welchem Maße und in welcher Weise dies der Fall ist, geht unmißverständlich aus Art. 1 des ElektrizitätsG hervor, der die Verpflichtung des Energiesektors auf das gesamte Spektrum öffentlicher Interessen sowie den Primat der Politik bestätigt.[668]

---

663 Vgl. Regierungsbegründung zum Entwurf des neuen EnWG, BT-Drs. 13/7274, S. 37.

664 Vgl. auch *Monopolkommission*, XIII. Hauptgutachten 1998/99, Rn. 2 der Kurzfassung.

665 Siehe *Monopolkommission*, XIII. Hauptgutachten 1998/99, Rn. 17 der Kurzfassung.

666 Die in der Elektrizitätsbinnenmarktrichtlinie vorgesehene Frist zu ihrer Umsetzung endete am 19. Februar 1999 – Art. 27 Abs. 1EL-Richtlinie. Zu den Hintergründen der Verzögerung siehe *Lecheler/Gundel*, RdE 2000, 165, 166.

667 J.O. No. 35 du 11 Février 2000, p. 2143.

668 Die Vorschrift lautet: „Le service public de l'électricité a pour objet de garantir l'approvisionnement en électricité sur l'ensemble du territoire national, dans le respect de l'intérêt général. Dans le cadre de la politique énergétique, il contribue à l'independance et à la sécurité d'approvisionnement, à la qualité d l'air et à la lutte contre l'effet de serre, à la gestion optimale et au développement des ressources nationales, à la maîtrise des choix technologiques d'avenir, comme à l'utilisation rationelle de l'énergie. Il concourt à la cohésion sociale, en assurant le droit à l'électricité pour tous, à la lutte contre les exclusions, au développement équilibré du territoire, dans le respect de l'environnement, à

Damit wird nicht nur die Organisationshoheit der öffentlichen Hand bekräftigt, sondern auch die Instrumentalfunktion des Energiesektors für die volle Breite möglicher öffentlicher Interessen. Neu formuliert wird hier der französische „service public" in seiner für die Zeit nach dem Zweiten Weltkrieg typischen Form.

Die Ausgestaltung des Gesetzes im einzelnen bleibt der ihm so vorangestellten Programmatik treu.

aa) Liberalisierung

Das französische ElektrizitätsG bewirkt keine generelle Öffnung des Elektrizitätsmarktes für Wettbewerb. Es richtet sich an dem in der Elektrizitätsbinnenmarktrichtlinie für zulässig erklärten Modell einer schrittweisen Marktöffnung durch Zulassung bestimmter Kundengruppen aus, die künftig befugt sind, ihren Elektrizitätsversorger frei zu wählen, während die übrigen Kunden weiterhin ausschließlich von dem im jeweiligen Gebiet alleinzuständigen Elektrizitätsversorgungsunternehmen – in der Regel EDF – versorgt werden. Der Marktöffnungsgrad, der im ersten Schritt erreicht werden soll, wird nicht im ElektrizitätsG selbst, sondern durch Dekret festgesetzt. Zugelassen sind nach dem derzeit geltenden Dekret[669] alle Endkunden mit einem Verbrauch von 16 GWh/Jahr pro Produktionsstätte. Dieser Schwellenwert liegt deutlich unter dem, der von vielen erwartet worden war,[670] so daß auch der Marktöffnungsgrad zumindest formal über dem in der EL-Richtlinie vorgegebenen liegen dürfte.[671] Automatisch zugelassen sind gem. Art. 22 Abs. 2 ElektrizitätsG autorisierte Stromproduzenten und diejenigen regionalen Stromverteilerunternehmen, die 1946 nicht verstaatlicht wurden – letztere allerdings nur in dem Umfang, in dem sie selbst zugelassene Kunden versorgen.[672]

Diese ausgewählten Kunden können künftig ihren Strom von einem Elektrizitätsproduzenten bzw. von einem in einem Mitgliedstaat der Gemeinschaft ansässigen Elektrizi-

---

la recherche et au progrès technologique, ainsi qu'à la défense et à la sécurité publique. Matérialisant le droit de tous à l'électricité, produit de première nécessité, le service public de l'électricité est géré dans le respect des principes d'égalité, de continuité et d'adaptabilité, et dans les meilleures conditions de sécurité, de qualité, des coûts, de prix et d'efficacité économique, sociale et énergétique. Le service public de l'électricité est organisé, chacun pour ce qui le concerne, par l'Etat et les communes ou leurs établissements publics de coopération". Siehe hierzu auch: *Courivaud*, La Semaine Juridique Entreprise et Affaires No. 26 – 29 juin 2000 –, 1029, 1030.

669 Décret No. 2000-456, 29 mai 2000 relatif à l'éligibilité des consommateurs d'électricité et portant application de l'article 22 de la loi No. 2000-108 du 10 février relative à la modernisation et au développement du service public de l'électricité, J.O. No. 125 du 30 mai 2000, S. 8102.

670 *Martor*, Petites Affiches No. 63, 29 Mars 2000, 4, 5 z. B. erwarteten einen Schwellenwert von 40 GWh/Jahr und damit die Zulassung von ca. 800 Großkunden. *Charbit/Carlton/Lamarca/ Melchior/Sanchez/Wessely*, Gaz. Pal. du 11./12. juin 1999, 7, 9 gingen von einem noch höheren Schwellenwert aus.

671 Als Grund hierfür bezeichnen *Lecheler/Gundel*, RdE 2000, 165, 167 den Umstand der verspäteten Umsetzung der EL-Richtlinie in Frankreich. Die erste Stufe der Marktöffnung (40 GWh) werde daher übersprungen.

672 *Martor*, Petites Affiches No. 63, 29 Mars 2000, 4, 5 spricht daher von einer „éligibilité relative et partielle". Siehe auch: *Courivaud*, La Semaine Juridique Entreprise et Affaires No. 26 – 29 juin 2000 –, 1029, 1031.

tätsversorgungsunternehmen ihrer Wahl beziehen. Sie schließen zu diesem Zweck Verträge mit einem Elektrizitätsversorgungsunternehmen ab, die gem. Art. 22 Abs. 3 ElektrizitätsG eine Mindestlaufzeit von drei Jahren haben müssen. Frankreich hat diese Vorschrift betreffend die Mindestvertragsdauer damit begründet, daß nur so die Wirksamkeit der langfristigen Investitionsplanung und die Erfüllung des öffentlichen Versorgungsauftrags gewährleistet werden könne. Die Europäische Kommission hingegen sieht in dieser Regelung eine „eklatante Behinderung des freien Stromverkehrs" und hat Frankreich deswegen im Juni 2000 abgemahnt.[673] Ein Elektrizitätsbinnenmarkt sei nur herzustellen, wenn das Recht der Stromabnehmer auf freie Wahl des Versorgungsunternehmens geschützt und nicht durch Ausschließlichkeitsbindung oder langfristige Liefervereinbarungen eingeschränkt sei. Die mit den bisher üblichen Vereinbarungen verfolgten Ziele wie z. B. die Sicherstellung der Versorgung bzw. Rendite aus dem eingesetzten Kapital ließen sich auch auf weniger wettbewerbsbeschränkende Weise erreichen.[674]

Die Möglichkeiten für einen Stromhandel, d. h. Stroman- und -verkauf, werden im ElektrizitätsG stark eingeschränkt.[675] Eine Genehmigung für den Stroman- und -verkauf können nur Unternehmen erhalten, die zur Stromproduktion zugelassen sind. Auch sie erhalten eine Genehmigung zum Stromhandel nur unter eingeschränkten Bedingungen (siehe Art. 22 ElektrizitätsG) und zu dem Zweck, ihr an zugelassene Kunden gerichtetes Stromangebot zu komplettieren. Der Zukauf von Strom darf einen bestimmten Prozentsatz ihrer Eigenproduktion nicht übersteigen.[676]

Die Stromproduktion ist in den Artt. 6 ff. des ElektrizitätsG geregelt. Sie erfolgt im Rahmen einer mehrjährigen staatlichen Investitionsplanung („la programmation plurianuelle des investissements de production" – Art. 6 ElektrizitätsG),[677] die bis zum 31. 12. 2002 gesetzlich näher geregelt werden soll.[678] Die staatliche Investitionsplanung legt fest, welche Primärenergien in welchem Verhältnis bei der Stromerzeugung einzusetzen und

673 Vgl. *Kommission*, Pressemeldung IP/00/614 v. 13. Juni 2000. Vgl. auch *Lecheler/Gundel*, RdE 2000, 165, 172 f.

674 Vgl. – allerdings nicht im Zusammenhang mit dem konkreten Verfahren gegen Frankreich – *Kommission* XXVIII. Wettbewerbsbericht (1998), S. 59 Rn. 127; zur wettbewerbsrechtlichen Bewertung langfristiger Lieferverträge im Gassektor nach der Liberalisierung siehe auch: *Fernández Salas*, Competition Policy Newsletter, June 2000, No. 2, S. 55 ff. Allgemein zur Problematik von „long-term reservation contracts" im Energiesektor: *Tradacete Cocera* (2000), S. 12.

675 Näher hierzu: *Courivaud*, La Semaine Juridique Entreprise et Affaires No. 26 – 29 juin 2000 –, 1029, 1032.

676 Näher hierzu: *Martor*, Petites Affiches No. 63 – 29 Mars 2000 –, 4, 9 mit Zweifeln, ob diese Regelung gemeinschaftsrechtskonform sei.

677 Kritisch: *Courivaud*, La Semaine Juridique Entreprise et Affaires No. 26 – 29 juin 2000 –, 1029, 1033: es sei widersprüchlich, einerseits die Stromproduktion zu liberalisieren, sie andererseits aber einem Genehmigungsverfahren und einer staatlichen Planung zu unterwerfen.

678 Art. 6 Abs. 1 ElektrizitätsG spricht insoweit von einem „loi d'orientation sur l'énergie". Kritisch zu der großzügigen Frist, die der französische Gesetzgeber sich eingeräumt hat: *Martor*, Petites Affiches No. 63, 29 Mars 2000, 4, 5 f.: die „programmation plurianuelle" sei offenkundig Voraussetzung für die Erteilung einer Genehmigung. Wenn das Gesetz daher nicht bald erlassen werde, so könne dies ein Hindernis für die Errichtung neuer Produktionsstätten sein. Die effektive Liberalisierung der Stromproduktion verzögere sich dann weiter.

welche Produktionstechniken in welchen Gebieten zu verwenden sind.[679] Auf der Grundlage dieser Planung werden in einem in Art. 7 ElektrizitätsG geregelten Genehmigungsverfahren Genehmigungen vergeben. Gem. Art. 8 ElektrizitätsG besteht alternativ die Möglichkeit, ein öffentliches Ausschreibungsverfahren durchzuführen, wenn die Produktionskapazitäten nicht den Zielen der staatlichen Planung entsprechen.[680] Kleine Stromproduktionsstätten, die bis zu 4,5 Megawatt produzieren, sind vom Genehmigungsverfahren freigestellt (Art. 6 Abs. 2 ElektrizitätsG).

EDF als designierter Netzbetreiber des Überlandnetzes wie auch des Verteilernetzes ist verpflichtet, den autorisierten Stromproduzenten Netzzugang zu gewähren. Frankreich hat sich dabei entgegen den Erwartungen nicht für das Alleinabnehmersystem, sondern für das System des regulierten Netzzugangs entschieden.[681] Innerhalb von EDF ist, um den gemeinschaftsrechtlichen Erfordernissen der Separierung Rechnung zu tragen, für den Netzbetrieb eine spezielle Abteilung (G. R. T.) zuständig, die über einen eigenen Haushalt verfügt. Der Vorschlag des Conseil de la concurrence, den Betrieb des Transportnetzes einem von EDF vollständig abgetrennten, eigenständigen öffentlichen Unternehmen zu übertragen, um die Unabhängigkeit des Netzbetriebs im Wettbewerb zu gewährleisten,[682] wurde vom französischen Gesetzgeber nicht aufgenommen.[683]

Für die Aufsicht über den Elektrizitätssektor und dessen Regulierung sind nach dem neuen ElektrizitätsG in unterschiedlichem Maße, zum Teil aber auch mit sich überschneidenden Kompetenzen, drei verschiedene Organe zuständig: das für Energie zuständige Ministerium; eine neu einzurichtende „Commission de régulation de l'électricité“ (CRE),[684] die als unabhängige Verwaltungsbehörde ausgestaltet ist,[685] und der Transportnetzbetreiber, d. h. in der Praxis EDF. Auch in dieser Komplexität der Regulierung wird ein Mechanismus gesehen, der in der Praxis die für wirksamen Wettbewerb notwendige Transparenz eher verhindert als fördert.[686]

bb) "service public"-Auftrag

Der „service public“-Auftrag für den Elektrizitätssektor wird im neuen ElektrizitätsG als ein dreifacher formuliert:

---

679 Gem. Art. 6 Abs. 1 S. 3 soll dabei Raum gelassen werden für eine dezentrale Stromproduktion, die „cogénération“ und für neue Technologien.

680 Zu den in der Praxis geringen Unterschieden zwischen diesen beiden Verfahren: *Courivaud*, La Semaine Juridique Entreprise et Affaires No. 26 – 29 juin 2000 –, 1029, 1033 fest.

681 Zum Hintergrund dieser Entscheidung – und damit zur Entscheidung gegen das von Frankreich in den Verhandlungen propagierte „single buyer“-System: *Courivaud*, La Semaine Juridique Entreprise et Affaires No. 26 – 29 juin 2000 –, 1029, 1034 f.

682 Siehe hierzu: *Martor*, Petites Affiches No. 63 – 29 Mars 2000 –, 4, 7; *Courivaud*, La Semaine Juridique Entreprise et Affaires No. 26 – 29 juin 2000 –, 1029, 1036.

683 Siehe hierzu: *Courivaud*, La Semaine Juridique Entreprise et Affaires No. 26 – 29 juin 2000 –, 1029, 1035 f.

684 Für die Kompetenzen der CRE siehe Art. 40 ElektrizitätsG; näher zur Bedeutung und Funktion der CRE: *Puy-Montbrun/Martor*, Petites Affiches, 14 Janvier 2000, No. 10, 9 ff.

685 Näher: *Martor*, Petites Affiches No. 63 – 29 Mars 2000 –, 4, 10 f.; *Courivaud*, La Semaine Juridique Entreprise et Affaires No. 26 – 29 juin 2000 –, 1029, 1037.

686 *Courivaud*, La Semaine Juridique Entreprise et Affaires No. 26 – 29 juin 2000 –, 1029, 1037 f.

(1) Der Auftrag zu einer ausgewogenen Entwicklung der Elektrizitätsversorgung, der sich insbesondere auf die Umsetzung der Vorgaben aus den mehrjährigen staatlichen Investitionsplänen für die Stromproduktion bezieht. Alle Stromproduzenten, in besonderem Maße aber EDF, werden auf diesen Auftrag verpflichtet (Art. 2 Abs. 1 ElektrizitätsG).
(2) Der Auftrag zum Betrieb und zur Entwicklung der Netze, der die flächendeckende Versorgung des nationalen Territoriums und den Anschluß der Kunden an diese Netze umfaßt (Art. 2 Abs. 2 ElektrizitätsG). Dieser Auftrag richtet sich insbesondere an EDF als designierten Netzbetreiber (siehe Art. 12 ElektrizitätsG mit Blick auf das Transportnetz und Art. 18 mit Blick auf das Verteilernetz auf lokaler Ebene)[687].
(3) Der Auftrag zur Versorgung von nicht zum Wettbewerb zugelassenen Kunden[688] (Art. 2 Abs. 3 ElektrizitätsG) zu einem gemittelten Einheitstarif, der insbesondere auch eine Versorgung von Kunden in prekärer finanzieller Lage umfaßt und sich gleichfalls im wesentlichen an EDF richtet.

Die Maßgaben für die Ausfüllung dieses Auftrags sind vielfältig (siehe Art. 1 ElektrizitätsG). Umfaßt ist das raumordnungspolitische Ziel, einen Beitrag zur Einheit und zum Zusammenhalt des Landes zu leisten, das infrastrukturpolitisch motivierte Ziel, die Voraussetzungen für eine ausgewogene wirtschaftliche Entwicklung des Landes zu schaffen, daneben sozialpolitische und umweltpolitische Zielsetzungen. Letzteren wird unter anderem durch die Verpflichtung von EDF Rechnung getragen, in bestimmter Weise umweltfreundlich produzierte Elektrizität aufzukaufen („obligation d'achat") und in das Netz einzuspeisen (Art. 10 ElektrizitätsG).

cc) Finanzierung

Die Finanzierung der im wesentlichen EDF auferlegten „service public"-Aufgaben wird in Art. 5 ElektrizitätsG geregelt. Zwei Kompensationsmechanismen sind vorgesehen: die dem „service public de production" zuzuordnenden Kosten (insbesondere Mehrkosten, die sich aus der Stromeinspeisungsverpflichtung von EDF ergeben) werden vom Wirtschafts- und Finanzminister festgesetzt und über einen speziellen Fonds ausgeglichen, in den – abgesehen von sehr kleinen, genehmigungsfrei produzierenden Stromproduzenten – alle Stromproduzenten entsprechend ihrem Produktionsvolumen einzahlen (vgl. Art. 5 Abs. 1 ElektrizitätsG). Auch eingeführte Elektrizität wird zur Finanzierung dieses Fonds mit eigenen Beiträgen herangezogen.[689]

Die Kosten, die dem Betrieb und der Entwicklung der Elektrizitätsverteilernetze zuzuordnen sind (insbesondere Mehrkosten, die sich aus Besonderheiten des Netzes, der versorgten Kundengruppen oder aus besonderen Verpflichtungen gegenüber benachteiligten Kunden ergeben) werden über einen zweiten Fonds, den „fonds de péréquation de l'électricité" ausgeglichen, in den alle Verteilerunternehmen anteilsmäßig einzahlen

687 Dort, wo sie bereits bislang die Inhaber des Verteilernetzes waren, bleiben allerdings die „distributeurs non nationalisés" die designierten Netzbetreiber – dies betrifft ca. 5% des gesamten Stromverteilernetzes.
688 Und auch zugelassener Kunden, sofern sie dies verlangen.
689 Hierzu: *Lecheler/Gundel*, RdE 2000, 165, 168.

(Art. 5 Abs. 2 ElektrizitätsG). Eingeführte Energie wird in diesem Zusammenhang nicht belastet.

Die Gasbinnenmarktrichtlinie hat Frankreich bislang – obwohl die Umsetzungsfrist zum 10. August 2000 abgelaufen ist – noch nicht umgesetzt. Es existiert ein Gesetzesentwurf,[690] der gegenwärtig aber vor allem von den Kommunisten und den Gewerkschaften in den Versorgungsunternehmen noch heftig bekämpft wird. Allerdings hat GDF seine Bereitschaft angekündigt, seine Netze ab sofort für ausländische Gaslieferanten zu öffnen, und hat auch bereits im Juli seine Netznutzungstarife veröffentlicht.[691]

5. *Fazit*

In der Energieversorgung ist das Universaldienstkonzept auf Gemeinschaftsebene bislang nicht fruchtbar gemacht worden. Zurück bleibt allein die gemeinschaftsrechtliche Anerkennung der mitgliedstaatlichen Kompetenz zur Ausgestaltung und Organisation von Infrastruktursektoren im Dienste öffentlicher Interessen. In Anerkennung dieser Kompetenz nimmt die Gemeinschaft in den Energiebinnenmarktrichtlinien den Geltungsanspruch der im EGV geregelten Verkehrsfreiheiten und Wettbewerbsvorschriften in erheblichem Umfang zurück. Sie tritt im übrigen – anders als im Telekommunikations- und Postsektor –, auch nicht selbst in eine Gewährleistungsfunktion ein.

a) Liberalisierung durch Harmonisierung

Wie im Postsektor, so hat man sich auch in den Energiesektoren für eine Liberalisierung durch Harmonisierung und damit für eine weitgehend politisch determinierte Ausgestaltung des Marktöffnungsprozesses entschieden.

Die Widerstände in den Mitgliedstaaten gegen eine gemeinschaftsrechtliche Begrenzung der staatlichen Einfluß- und Steuerungsmöglichkeiten bzw. -formen waren angesichts der herausragenden politischen Bedeutung, die den Energiesektoren auch heute noch beigemessen wird, groß.[692] Dementsprechend gering ist der Liberalisierungsgrad, zu dem sich die Mitgliedstaaten in den Energiebinnenmarktrichtlinien verpflichtet haben.[693] Rechtlich erklärlich ist dies erneut auf der Grundlage der neueren Auslegung des

---

690 Projet de loi relatif à la modernisation du service public du gaz naturel et au développement des entreprises gazières, Document No. 2396 mis en distribution le 22 mai 2000 – abrufbar im Internet unter www.assemblee-nationale.fr/2/projets/pl2396.htm (10. Aug. 2000); vgl. zur bisherigen Diskussion in Frankreich betreffend die Umstrukturierung des Gassektors mit Blick auf die Umsetzung der Gasbinnenmarktrichtlinie: *Wormser*, La Semaine Juridique Entreprise et Affaires, 17 février 2000, No. 7, 258, 261 f.

691 Siehe FAZ v. 10. August 2000, „Frankreich öffnet den Gasmarkt nur langsam".

692 Vgl. *Säcker/Busche*, ET 1998, 18; *Weissel*, ZfRV 1997, 152, 153. *Ehlermann*, EuZW 1992, 689 bezeichnet die Energiepolitik als „eine der Facetten der Wirtschaftspolitik, vielleicht sogar *der* Teil der Wirtschaftspolitik, der der politischen Souveränität der Staaten am nächsten kommt".

693 Vgl. z. B. *Lukes*, ET 1998, 26: die Elektrizitätsbinnenmarktrichtlinie bleibe weit hinter den Binnenmarkterfordernissen zurück. Vgl. auch *Ehlermann*, EuZW 1992, 689, 690, der davon ausging, daß

Art. 86 Abs. 2 EGV, wie sie in den „*Energiemonopol*"-Urteilen des EuGH zum Ausdruck gekommen ist: die Freiheit der Mitgliedstaaten in der Definition „gemeinwirtschaftlicher Aufgaben" und ihre Freiheit in der Wahl der Mittel, mit denen die Aufgabenerfüllung gewährleistet werden soll, durchziehen die Energiebinnenmarktrichtlinien leitmotivartig.[694] Die in den Richtlinien festgelegten Marktöffnungsquoten können vor dem Hintergrund der „*Energiemonopol*"-Urteile als eine politische Konkretisierung des Gemeinschaftsinteresses an der Entwicklung des Handelsverkehrs i. S. d. Art. 86 Abs. 2 S. 2 EGV verstanden werden.

b) „Service public"-Vorbehalte: Schutz der staatlichen Freiheit in der Aufgabensetzung und -organisation

Charakteristisch für die Energiebinnenmarktrichtlinien sind neben den von vornherein eingeschränkten Marktöffnungsvorgaben die umfassenden „service public"-Vorbehalte, die es den Mitgliedstaaten erlauben, unter Verweis auf die Wahrnehmung öffentlicher Interessen in den Energiesektoren eine Freistellung selbst von diesen beschränkten Marktöffnungsvorgaben zu beanspruchen. Sowohl die Freiheit der Mitgliedstaaten in der Definition der gemeinschaftsrechtlich zu privilegierenden Aufgaben als auch ihre Marktorganisationsfreiheit wird damit nochmals bestätigt und bestärkt.

c) Auswirkungen in den Mitgliedstaaten

Der weitreichende Schutz der mitgliedstaatlichen Kompetenzen, die in den Energiesektoren wahrzunehmenden öffentlichen Interessen zu bestimmen und Mechanismen zu wählen, innerhalb derer diese Interessen wahrgenommen werden sollen, macht eine gleichmäßige Geltung des Gemeinschaftsrechts in den Mitgliedstaaten unmöglich.[695] Obwohl die Kommission in diesem Zusammenhang mitunter auf das Konzept des „Wettbewerbs der Systeme" verwiesen hat,[696] betont auch sie, daß die Voraussetzungen für einen gemeinschaftsweiten Energiebinnenmarkt auf dieser Grundlage wegen der weitreichenden Unterschiede zwischen den mitgliedstaatlichen Systemen, vor allem aber wegen der in vielen Mitgliedstaaten fortbestehenden Marktabschottung, bislang nicht gegeben seien.[697]

---

sich die erheblich weitergehenden Vorgaben des *ersten* von der Kommission vorgelegten Entwurfs einer EL-Richtlinie zwingend aus dem primären Gemeinschaftsrecht ergäben.

694 Vgl. *Vollmer*, in: Jahrbuch für Neue politische Ökonomie 16 (1997), S. 147, 151 und 158. Vgl. auch *Kühne*, NJW 1998, 1902, 1903: Angesichts der Vielfalt der Marktorganisation in den Mitgliedstaaten erkenne die Elektrizitätsbinnenmarktrichtlinie im wesentlichen den organisatorischen Aufbau der Versorgung in den Mitgliedstaaten an.

695 Vgl. auch *Möschel*, WuW 1999, 832, 835.

696 So *Monti*, Liberalizzazioni e Concorrenza, Rede v. 28. 3. 2000 in Rom, S. 3.

697 Vgl. auch *Kommission*, Mitteilung zu den jüngsten Fortschritten bei der Schaffung eines Elektrizitätsbinnenmarktes v. 16. 5. 2000, KOM(2000)297 endg., S. 4: „Zusammenfassend muß unterstrichen werden, daß die in den Gesetzen zur Umsetzung der Richtlinie vorgesehene Marktöffnung für die Entwicklung eines echten Binnenmarktes nicht ausreicht. Schließlich besteht das Ziel letzten Endes in der Schaffung eines echten integrierten Marktes und nicht im Nebeneinander von fünfzehn mehr oder weniger liberalisierten Märkten". Ähnlich: Kommission, Zweiter Bericht an den Rat und

In Deutschland hat sich der Gesetzgeber zwar im Prinzip dafür entschieden, die Energiemärkte in einem Schritt vollständig für Wettbewerb zu öffnen, und ist damit über die Vorgaben der Elektrizitätsbinnenmarktrichtlinie hinausgegangen. Ob aber die Ausgestaltung dieser Systemumstellung nicht nur formal, sondern auch qualitativ echten Wettbewerb in den Energiesektoren ermöglicht, bleibt abzuwarten.[698] Bedenken ergeben sich insoweit aus der Vielzahl unbestimmter Gesetzesbegriffe im EnWG,[699] insbesondere auch in der Formulierung des Netzzugangsanspruchs und der Netzzugangsverweigerungsgründe. Die Spannung zwischen Wettbewerbsfreiheit auf der einen, traditionellen Instrumentalisierungsinteressen der Mitgliedstaaten im Energiesektor im Dienste öffentlicher Belange auf der anderen Seite spiegelt sich hier wider. Die Unsicherheiten, die sich daraus ergeben, bilden ein erhebliches Wettbewerbshindernis.

Das französische ElektrizitätsG andererseits wird selbst in Frankreich als Schulfall eines Gesetzes gesehen, welches durch Vervielfachung von Verwaltungsvorgaben den Wettbewerb eher verhindert als ermöglicht:[700] Es illustriere die Schwierigkeiten einer Versöhnung der europäischen Marktöffnungsvorgaben mit der Kultur des „service public".[701] Im wesentlichen dürfte das Gesetz allerdings den Willen Frankreichs demonstrieren, den Elektrizitätssektor weiterhin einer zentralen staatlichen Lenkung zu unterwerfen[702] und hierfür einen gemeinschaftsrechtlichen Souveränitätsvorbehalt in Anspruch zu nehmen. Dies zeigt sich unter anderem in der Art und Weise der „Liberalisierung" der Stromproduktion, die in den nächsten Jahren praktisch kaum wirksam werden dürfte,[703] aber auch darin, daß sich Frankreich eng an die in den Energiebinnenmarktrichtlinien vorgegebenen Mindestmarktöffnungsquoten hält. Da die Mehrkosten des „service public" nach dem neuen französischen Recht auf alle Wettbewerber anteilsmäßig umgelegt werden, sind es offenkundig nicht diese, die den weitreichenden Wettbewerbsausschluß rechtfertigen. Vielmehr gewährleistet der Wettbewerbsausschluß weiterhin den unmittelbaren Durchgriff des Staates auf die Tätigkeit von EDF, welche

---

das Europäische Parlament über den Harmonisierungsbedarf: Richtlinie 96/92/EC betreffend gemeinsame Vorschriften für den Elektrizitätsbinnenmarkt, S. 3.

698 Die *Kommission* hat in ihrer Mitteilung zu den jüngsten Fortschritten bei der Schaffung eines Elektrizitätsbinnenmarktes v. 16. 5. 2000, KOM(2000)297 endg., S. 10 angekündigt, ein benchmarking einzuführen, d. h. Indikatoren zu entwickeln, um den tatsächlichen Grad des Wettbewerbs auf den einzelstaatlichen Märkten zu bewerten: die Erfahrung habe gezeigt, daß der in den Rechtsakten vorgesehene Grad der Liberalisierung nicht zwangsläufig den tatsächlichen Entwicklungen am Markt entspreche.

699 So auch *Kühne*, NJW 1998, 1902, 1908.

700 In diese Richtung: *Martor*, Petites Affiches No. 63 – 29 Mars 2000 –, 4, 11; *Courivaud*, La Semaine Juridique Entreprise et Affaires No. 26 – 29 Juin 2000 –, 1029 f.; *Moutouth*, Gaz. Pal. 15./16. 9. 1999, 2, 5. Zur Beurteilung der Vereinbarkeit des französischen ElektrizitätsG mit den gemeinschaftsrechtlichen Vorgaben: *Lecheler/Gundel*, RdE 2000, 165, 171 ff.

701 *Martor*, Petites Affiches No. 63 – 29 Mars 2000 –, 4, 11.

702 Siehe auch: *Courivaud*, La Semaine Juridique Entreprise et Affaires No. 26 – 29 juin 2000 –, 1029, 1037: „[...] le rôle de l'État, plus particulièrement dans le secteur de l'électricité, n'est pas seulement un héritage historique mais a été réaffirmé et voulue comme telle par le Parlement [...]".

703 Eines der Ziele der staatlichen Investitionsplanung, die die Maßgabe für die Genehmigung oder Ausschreibung neuer Produktionsanlagen bleibt, könnte es sein, die derzeitige Strom-Überproduktion in Frankreich abzubauen, was zugleich bedeuten würde, daß neue Genehmigungen für Stromproduzenten kaum vergeben werden dürften.

damit ein flexibles Instrument französischer Politik – nicht nur französischer Energiepolitik – bleibt.

d) Bleibende Bedeutung von Art. 86 Abs. 2 EGV

Im Energiesektor bleibt Art. 86 Abs. 2 EGV – gerade angesichts des Fortbestehens weiter Handlungsspielräume der Mitgliedstaaten – eine zentrale Rolle beschieden. Zwar erscheint es gegenwärtig – zumindest aus praktischer Sicht –ausgeschlossen, daß die Anwendung des Art. 86 Abs. 2 EGV eine über die Vorgaben in den Energiebinnenmarktrichtlinien hinausgehende Marktöffnung erlauben wird.[704] Wie bereits im Postsektor, so bleibt auch im Energiesektor Art. 86 Abs. 2 EGV aber der rechtliche Maßstab für die Ausgestaltung des Verhältnisses zwischen dem weiterhin reservierten Bereich und dem wettbewerblich organisierten Bereich. Erneut geht es insoweit vor allem um eine Kontrolle möglicher unternehmensinterner Quersubventionen, die, wenn sie vom reservierten in den wettbewerblichen Bereich erfolgen, am Maßstab des Art. 86 Abs. 2 EGV nicht gerechtfertigt werden können.

Darüber hinaus bleibt Art. 86 Abs. 2 EGV im Energiesektor insoweit eine weitreichende Bedeutung vorbehalten, als es an diesem Maßstab auch die Ausnahmen von den marktöffnenden Richtlinienvorgaben und den in den liberalisierten Bereichen geltenden Wettbewerbsvorschriften[705] selbst zu beurteilen gilt. Der Rechtfertigungsgehalt von Art. 3 der Elektrizitäts- und Gasbinnenmarktrichtlinie ist am Maßstab des Art. 86 Abs. 2 S. 1 EGV zu bestimmen (s. o., C.III.3.b)). Besondere Bedeutung wird Art. 86 Abs. 2 EGV (bzw. den „service public"-Vorbehalten in Art. 3 der Elektrizitäts- und Gasbinnenmarktrichtlinie) voraussichtlich bei der Kontrolle der Netzzugangsregelungen und -praxis der Mitgliedstaaten zukommen:[706] die nationalen Regulierungsbehörden sowie die Kommission werden in vielen Einzelfällen klären müssen, in welchem Umfang den Netzbetreibern – insbesondere dort, wo diese Teil eines integrierten Unternehmens sind – Möglichkeiten einer Durchleitungsverweigerung unter Berufung auf „gemeinwirtschaftliche Verpflichtungen" verbleiben. Auch potentiell diskriminierende Tarifschemata – etwa solche, die, unter Berufung auf öffentliche Interessen, Erzeuger mit einem großen und diversifizierten Bestand an Produktionsanlagen gegenüber neuen Anbietern

704 Vgl. in diesem Zusammenhang auch das bezeichnende Statement von *Tradacete Cocera* (2000), S. 4 (selbst Mitarbeiter der Kommission): „EC Competition Policy complements the Community's internal market and energy policy. Whereas the latter abolishes legal obstacles thus lifting State barriers, EC Competition Policy mainly removes factual obstacles to competition, so to avoid that State barriers are replaced by private barriers having the same effect". A. A. offenbar *Lecheler/Gundel*, RdE 2000, 165, 173, die eine Erweiterung der Liberalisierungsvorgaben der EL-Richtlinie durch Anwendung des primären Gemeinschaftsrechts für möglich halten.

705 So wird Art. 86 Abs. 2 u. U. eine Rolle bei der Bewertung spielen, in welchem Umfang langfristige Lieferverträge unter Gesichtspunkten der Versorgungssicherheit trotz Verstoßes gegen Art. 81 und/oder Art. 82 EGV gerechtfertigt werden können.

706 Zumal davon ausgegangen wird, daß es im Energiebereich – anders als in der Telekommunikation – nicht in wesentlichem Umfang zur Entstehung neuer Netze kommen wird – vgl. *Kommission*, XXVIII. Wettbewerbsbericht (1998), S. 58 Rn. 126.

am Markt begünstigen[707] – sind am Maßstab des Art. 86 Abs. 2 EGV (bzw. Art. 3 der Energiebinnenmarktrichtlinien) zu prüfen. Der Verzicht auf eine klare Eingrenzung der privilegierungsfähigen öffentlichen Interessen und der Art und Weise ihrer Wahrnehmung, und zugleich der Verzicht auf den Erlaß von ONP-Richtlinien wie sie vergleichbar im Telekommunikationssektor erlassen wurden, führt zu einem erhöhten Kontrollbedarf am Maßstab des Art. 86 Abs. 2 EGV. Es ist zu erwarten, daß bei einem Verständnis der Richtlinien als Konkretisierung des Gemeinschaftsinteresses an der Entwicklung eines Energiebinnenmarktes die konkrete Abstimmung von Wettbewerbsprinzipien und mitgliedstaatlichen Politikzielen innerhalb des durch die Richtlinien gezogenen Rahmens tendenziell zugunsten des Wettbewerbsprinzips erfolgen wird.

e) Ausblick

Auch in der Gemeinschaft wird der Zustand der europäischen Energiemärkte bislang als unbefriedigend empfunden. Auf eine Aufforderung des Europäischen Rates der Staats- und Regierungschefs in Lissabon hin[708] hat die Kommission vor kurzem neue Vorschläge für die beschleunigte Schaffung eines Energiebinnenmarktes präsentiert.[709] Danach wird angestrebt, die Zahl zugelassener Kunden rascher zu erhöhen, als dies nach der Elektrizitätsbinnenmarktrichtlinie vorgesehen ist. Vor allem aber werden die Mitgliedstaaten aufgefordert, einen transparenten, jegliche Diskriminierung ausschließenden Netzzugang zu gewährleisten. Die Erfahrung zeige, daß der geregelte Netzzugang für Dritte auf der Grundlage veröffentlichter Preise hierzu am besten geeignet sei. Im System des ausgehandelten Netzzugangs sei es eine Belastung für die Unternehmen, wenn sie bei jedem Vertragsende Preise und Zugangsbedingungen neu aushandeln müßten. Auch sei es erstrebenswert, die Betreiber der Übertragungs- und Verteilungsnetze, die in der Praxis zumeist den vertikal integrierten vormaligen Monopolisten gehören, von der Erzeugung und der Verteilung/Vermarktung stärker zu trennen, da dies das Ziel des Netzzugangs auf der Grundlage gerechter und nicht-diskiminierender Regeln wesentlich erleichtern würde.

Die Kommission geht in ihrer Mitteilung auch auf die „service public"-Verpflichtungen im Elektrizitätssektor ein: die Erfahrung zeige, daß die Qualität der öffentlichen Dienstleistungen durch die Einführung des Wettbewerbs bei entsprechender begleitender Regulierung durch die Mitgliedstaaten nicht beeinträchtigt, sondern verbessert werde.[710] Bemerkenswert ist, daß die Kommission hier erstmals seit längerer Zeit auch im Energiesektor wieder ausdrücklich auf den Begriff des „Universaldienstes" zurückgreift. Der Kommission scheint mithin auch im Energiesektor nach wie vor ein Modell vorzuschweben, welches den Universaldienst im Energiebereich von anderen öffentli-

---

707 Hierzu speziell: *Kommission*, XXVIII. Wettbewerbsbericht (1998), S. 58 Rn. 126; vgl. zur Problematik des „transmission pricing" auch: *Tradacete Cocera* (2000), S. 7 ff.

708 Vgl. *Europäischer Rat* (Lissabon) v. 23. und 24. März 2000, Schlußfolgerungen des Vorsitzes Rn. 17.

709 *Kommission*, Mitteilung an den Rat und an das Europäische Parlament v. 16. 5. 2000: „Die jüngsten Fortschritte bei der Schaffung eines Elektrizitätsbinnenmarktes"; KOM(2000)297 endg.

710 So auch *Kommission*, Mitteilung zur Daseinsvorsorge II, ABl. 2001 Nr. C 17/4, Anhang I zum Stichwort „Energie", dort „Leistungsstandards".

chen Interessen isoliert und seine Gewährleistung in einem wettbewerblichen Umfeld sicherstellt. Bestätigt hat die Kommission dieses Ziel in ihrer Neuauflage der Mitteilung zur Daseinsvorsorge. Zum Universaldienstziel im Energiebereich, umschrieben als die Garantie der Versorgungssicherheit, des allgemeinen Netzanschlusses und des Schutzes benachteiligter Nutzergruppen vor einer Abschaltung vom Netz, heißt es hier:

> « In a liberalised market, these objectives are met through the setting of strict license conditions on market operators ».[711]

Auch die Versorgungssicherheit im weiteren Sinne sieht die Kommission im Wettbewerb nicht gefährdet.[712] In der neuen Mitteilung zur Daseinsvorsorge deutet sie an, daß sie Maßnahmen zum Schutz der Versorgungssicherheit im weiteren Sinne künftig nicht mehr unter Art. 86 Abs. 2 S.1 EGV subsumieren bzw. Ausnahmen von der Anwendung der Vertragsvorschriften insoweit als unverhältnismäßig betrachten wird.[713]

Allerdings will die Kommission offenkundig nicht von dem Prinzip politischer Einigung abgehen. Die Anpassungen sollen sich vielmehr zum einen im Rahmen einer weiteren Harmonisierung,[714] zum anderen im sog. „Prozeß von Florenz" vollziehen. Bei

---

711 *Kommission*, Mitteilung zur Daseinsvorsorge II, ABl. 2001 Nr. C 17/4, Anhang I zum Stichwort „Energie". Die Kommission deutet damit an, daß sie künftig eine Sonderinstrumentalisierung von Unternehmen durch Betrauung zur Gewährleistung des Universaldienstes nicht anerkennen will, soweit dies mit Verstößen gegen Vorschriften des Gemeinschaftsrechts verbunden ist.

712 *Kommission*, Zweiter Bericht an den Rat und das Europäische Parlament über den Stand der Liberalisierung der Energiemärkte, S. 3: Die Schaffung eines Binnenmarktes werde die Versorgungssicherheit gemeinschaftsweit erhöhen, da aufgrund der engeren Integration der nationalen Energiemärkte eine diversifiziertere und flexiblere Energieversorgung möglich werde und EU-weit mehr Entnahmestellen und bessere Verbindungsleitungen existieren würden. Auch: *Kommission*, Opening Up to Choice: The Single Electricity Market (1999), S. 11 f.: „[...] Monopolies are not necessary to preserve and meet public service objectives. There are less restrictive means than monopolies to achieve them. [...]". Hiervon geht auch ein Teil der Lit. aus: z. B. *Monopolkommission*, Hauptgutachten 1992/93, S. 358 unter Hinweis auf die Liberalisierungserfahrungen in anderen Ländern (insbes. England/Norwegen). Eine Verteuerung der Energiepreise für kleine Verbraucher sei angesichts des Kostendrucks, der vom Wettbewerb ausgehe, nicht zu erwarten. Außerdem könne eine Strompreisaufsicht zugunsten von Tarifabnehmern beibehalten werden. Ähnlich: *Donges*, in: XXIX. FIW-Symposion (1996), S. 47, 53; *Schüppstuhl/Maier*, WuW 1995, 374, 379; *Cronenberg*, ET 1994, 6, 8; *Birkenmaier*, EuR 1988, 144, 153; *Michaelis*, ET 1996, 214, 216; *Mombaur*, DÖV 1997, 571 f.; *Eickhof/Kreikenbaum*, Wirtschaftsdienst 1997/V, 276, 280; *Durach* (1996), S. 14 f. Auch die Gegenansicht wird in der Lit. aber nach wie vor vertreten: die Beibehaltung von geschlossenen Versorgungsgebieten sei erforderlich, um der Problematik des Rosinenpickens zu begegnen – vgl. dazu z. B. *Wieland/Hellermann*, DVBl. 1996, 401 f.; *Baur*, in: FS Everling, Bd. I (1995), S. 69, 77 f.; *Sellner*, EuR 1997, Beih.1, 61, 62; *Weigt*, RdE 1994, 209; *Buderath*, ET 1989, 138, 140.

713 *Kommission*, Mitteilung zur Daseinsvorsorge II, ABl. 2001 Nr. C 17/4, Anhang 1, zum Stichwort „Energie", dort „Versorgungssicherheit": „[...] Die Maßnahmen müssen notwendig sein, um die angestrebten Ziele zu erreichen, und dürfen ihrem Wesen nach nicht diskriminierend sein. Die Mitgliedstaaten können beispielsweise bestimmen, welcher Brennstoff zusätzlich für die Stromerzeugung eingesetzt werden soll, wenn die Abhängigkeit von einem einzigen Energieträger zu groß wird, bzw. durch geeignete Maßnahmen eine angemessene Vielfalt in Bezug auf die Herkunft der Erdgaslieferungen herstellen".

714 Vgl.: *Kommission*, Mitteilung über die jüngsten Fortschritte bei der Schaffung eines Elektrizitätsbinnenmarkts v. 16. 5. 2000, KOM(2000)297 endg., S. 13: Die Kommission könne ergänzende Vorschläge über den Elektrizitätsbinnenmarkt vorlegen, inbesondere hinsichtlich einer spürbaren und

letzterem handelt es sich um ein Forum, auf dem neben der Kommission die Vertreter der einzelstaatlichen Verwaltungen, die europäischen Regulierungsbehörden und der europäische Dachverband der Übertragungsnetzbetreiber (ETSO) vertreten sind. In einem informellen Rahmen sollen hier technische Entscheidungen oder Vorschläge vorbereitet werden. Gearbeitet wurde bislang insbesondere an einem Tarifsystem für die grenzüberschreitende Stromübertragung und an einem effizienten System für das Engpaßmanagement.[715]

Die Gemeinschaft setzt damit weiterhin auf eine Konzertation zwischen allen Akteuren, welche die von den Mitgliedstaaten beanspruchten Kompetenzen unangetastet läßt.[716] Die bislang zögerliche Umsetzung der Energiebinnenmarktrichtlinien zumindest in einigen Mitgliedstaaten[717] weckt Zweifel, ob auf dieser Grundlage in näherer Zukunft tatsächlich ein echter gemeinschaftsweiter Energiebinnenmarkt realisierbar ist.

f) Energiepolitik der Gemeinschaft jenseits liberalisierter Energiemärkte

Ungeachtet der nur bescheidenen Erfolge der Gemeinschaft in ihrem Versuch, einen liberalisierten Energiebinnenmarkt zu schaffen, betreibt sie im Energiesektor eine aktive Förderpolitik. Als Rechtsgrundlage für diese Politik kommt – wie bereits im Telekommunikationssektor – den Vorschriften über transeuropäische Netze (Titel XV: Artt. 154–156 EGV) eine herausragende Bedeutung zu: bereitgestellt werden in diesem Rahmen Mittel für Vorhaben von gemeinsamem Interesse im Bereich transeuropäischer Energienetze,[718] wobei die Förderung auch den Verbund der Elektrizitäts- und Erdgas-

---

rascheren Erhöhung der Zahl zugelassener Kunden sowie der Verstärkung des Prozesses der Entflechtung von Betrieb und Rechnungslegung und des Zugangs Dritter zum regulierten Netz.

715 Vgl. näher: *Kommission*, Mitteilung über die jüngsten Fortschritte bei der Schaffung eines Elektrizitätsbinnenmarkts v. 16. 5. 2000, KOM(2000)297 endg., S. 4 ff.; auch Schlußfolgerungen der fünften Sitzung des Europäischen Forums für Elektrizitätsregulierung Florenz, 30.–31. März 2000. Zu den Problemen der Tarifierung grenzüberschreitender Durchleitungen und des Engpaßmanagements siehe auch: *Kommission*, Zweiter Bericht an den Rat und das Europäische Parlament über den Harmonisierungsbedarf. Richtlinie 96/92/EC betreffend gemeinsame Vorschriften über den Elektrizitätsbinnenmarkt, S. 5 ff.; *Kommission*, Bericht an den Rat und das Europäische Parlament über den Harmonisierungsbedarf. Richtlinie 96/92/EC betreffend gemeinsame Vorschriften über den Elektrizitätsbinnenmarkt, S. 31 ff.

716 So ausdrücklich: *Kommission*, Mitteilung über die jüngsten Fortschritte bei der Schaffung eines Elektrizitätsbinnenmarkts v. 16. 5. 2000, KOM(2000)297 endg., S. 12.

717 Viele Mitgliedstaaten sind bei der Umsetzung der Energiebinnenmarktrichtlinien in der Liberalisierung ihrer Energiemärkte auch weiter gegangen, als die Richtlinien es verlangten – vgl. *Kommission*, XXIX. Wettbewerbsbericht (1999), S. 41 Rn. 122; *Kommission*, Mitteilung zu den jüngsten Fortschritten bei der Schaffung eines Elektrizitätsbinnenmarktes v. 16. 5. 2000, KOM(2000)297 endg.

718 Siehe in diesem Zusammenhang die Entscheidung 1254/96/EG des Europäischen Parlaments und des Rates v. 5. Juni 1996 über die Leitlinien für die transeuropäischen Netze (TEN) im Energiebereich, ABl. 1996 Nr. L 161/147 (geändert durch die Entscheidung Nr. 1047/97/EG, ABl. 1997 Nr. L 152/12 und durch die Entscheidung Nr. 1741/1999/EG, ABl. 1999 Nr. L 207/1), die Prioritäten und Handlungslinien für die Gemeinschaft festlegen und Vorhaben von gemeinsamem Interesse benennen. Vgl. auch Entscheidung 96/391/EG des Rates v. 28. 3. 1996, ABl. 1996 Nr. L 161 betreffend eine Reihe von Aktionen zur Schaffung günstiger Rahmenbedingungen für die Verwirklichung der Vorhaben von gemeinsamem Interesse im Bereich transeuropäische Energienetze und zur Schaffung der Voraussetzungen für die Interoperabilität dieser Netze auf Gemeinschaftsebene – insbes. geht es

netze mit Drittländern Europas und des Mittelmeerraums einbezieht. Daneben existieren Programme, die zur Förderung des wirtschaftlichen und sozialen Zusammenhalts in der Union Mittel für Vorhaben von regionalem Interesse – insbesondere in benachteiligten Regionen – bereitstellen.[719] Schließlich stellt die Gemeinschaft auch Mittel zur Förderung von Energienetzen in Drittländern bereit,[720] um so die Handelsbeziehungen der Gemeinschaft zu entwickeln, gleichzeitig aber einen Beitrag zur Diversifizierung der Bezugsquellen und Versorgungswege zu leisten. Das Ziel dieser Förderpolitik der Gemeinschaft ist ein dreifaches: durch die Stärkung des weiträumigen Verbunds von Energienetzen, den Beitrag zur Erweiterung von Speicherkapazitäten im Erdgasbereich und die Diversifizierung von Bezugsquellen soll die Versorgungssicherheit im Energiebereich gesteigert werden; zugleich wird durch die Förderung benachteiligter Regionen der wirtschaftliche und soziale Zusammenhalt gestärkt; schließlich soll die Förderung aber auch und vor allem zum Funktionieren des Energiebinnenmarktes beitragen, indem z. B. die Erweiterung der Leitungskapazitäten unterstützt wird, die für einen grenzüberschreitenden Energiehandel Voraussetzung ist.[721]

Neben den Mitteln, die aus der Politik der Gemeinschaft im Bereich „transeuropäische Netze" bereitgestellt werden, erfolgt eine Förderung auch über Mittel aus den Programmen der Gemeinschaft für Forschung und Entwicklung, aus den Strukturfonds[722] und über Mittel der EIB für Infrastrukturinvestitionen. Aus der Vielfalt der Förderprogramme könnten grundsätzlich ähnliche Koordinationsprobleme resultieren, wie der Rechnungshof der Gemeinschaft sie für den Bereich Telekommunikation aufgedeckt hat. Weniger akut erscheint im Energiebereich derzeit die Gefahr einer die aktuellen Markttendenzen verfehlenden Förderpolitik.

Die Kommission bemüht sich auch über den Rahmen der Förderpolitik hinaus um eine aktive Rolle im Energiebereich, wie die wiederholten, wenngleich erfolglosen Bemühungen um die Einfügung einer energiepolitischen Kompetenz der Gemeinschaft in den EG-Vertrag belegen (s. o., C.III.1.). In Ermangelung einer solchen Kompetenz ist die Kommission auf die Entwicklung von Vorschlägen für Harmonisierungsrichtlinien beschränkt.[723] Die Ausgestaltung des „service public" im Energiebereich verbleibt bislang

---

hier um eine Kooperation im technischen Bereich, die Durchführung von Genehmigungsverfahren und die Bereitstellung von Finanzmitteln. Zuletzt: *Kommission*, Bericht für das Jahr 1998 über Investitionsvorhaben von gemeinschaftlichem Interesse im Energiebereich, KOM(2000)449 endg. v. 24. 7. 2000. In ihrer Mitteilung über die jüngsten Fortschritte bei der Schaffung eines Elektrizitätsbinnenmarkts v. 16. 5. 2000, KOM(2000)297 endg., S. 8 kündigt die Kommission überdies einen „Interkonnektionsplan von europäischem Interesse" an, der die Schaffung neuer Interkonnektionskapazitäten für den Stromtransfer zwischen den Mitgliedstaaten zum Ziel hat.

719 Vgl. hierzu *Kommission*, Grünbuch Energiepolitik, KOM(94)659 endg., S. 15.

720 Diesem Zweck dienen v. a. die Programme SYNERGY, PHARE, TACIS und MEDA. Zur Förderung von Energienetzen in Drittländern siehe: *Kommission*, Mitteilung an den Rat und das Europäische Parlament über die externe Dimension der transeuropäischen Energienetze v. 26. 3. 1997, KOM(97)125 endg.

721 Vgl. z. B. *Kommission*, Energie-Grünbuch, KOM(88) 238 endg., S. 26 Rn. 80; auch S. 59 ff.; Rn. 18 der Erwägungsgründe zur Gasbinnenmarktrichtlinie; *Van Miert* (1998), 7; *Monti*, Liberalizzazioni e Concorrenza, Rede v. 28. 3. 2000, S. 6; *Schwintowski*, ZNER 2000, 93, 94 f.

722 Vgl. *Kommission*, Grünbuch Energiepolitik, KOM(94) 659 endg., S. 114.

723 Vgl. zu den Vorstößen der Kommission aus jüngerer Zeit in dieser Hinsicht: *Kommission*, Bericht an den Rat und das Europäische Parlament über den Harmonisierungsbedarf. Richtlinie 96/92/EC be-

in allen seinen wesentlichen Dimensionen – von der Entwicklung strategischer Ziele über die Abstimmung der Energiepolitik auf die Gesamtheit der staatlichen Interessen bis zur Ausgestaltung der Daseinsvorsorge im engeren Sinne – in der Hand der Mitgliedstaaten.[724]

IV. Fazit

1. Wandel im Universaldienstkonzept der Gemeinschaft

Systematisiert man die gemeinschaftsrechtlichen „Universaldienst"-Regelungen in den hier behandelten Sektoren am Maßstab der Kriterien der primären Verbandszuständigkeit (Mitgliedstaaten oder Gemeinschaft), der Organzuständigkeit (Kommission oder Rat) und der Anbindung an das primäre Gemeinschaftsrecht (Konkretisierung der Voraussetzungen des Art. 86 Abs. 2 EGV oder Harmonisierung nach Art. 95 EGV), so stehen sie für jeweils unterschiedliche Modelle:

(1) In der Telekommunikation ist der Universaldienst weitgehend gemeinschaftsrechtlich geregelt. Das Konzept wurde in gemeinschaftlicher Zuständigkeit durch Kommission und Rat entwickelt: während die Kommission stets die rechtlichen Grenzen vorgab, wurden diese in Harmonisierungsrichtlinien des Rates (und des EP) ausgefüllt. Den Mitgliedstaaten verbleibt eine eng begrenzte Konkretisierungskompetenz.
Erklärtes Ziel des Universaldienstkonzepts im Telekommunikationssektor war und ist es, eine Grundversorgung im Wettbewerb zu ermöglichen, wobei sich die Eingrenzung der Grundversorgung maßgeblich an Verbraucherinteressen orientiert. Weiterreichende öffentliche Interessen sind durch entsprechende Ausgestaltung des gesetzlichen Rahmens, nicht aber durch direkte staatliche Intervention zu gewährleisten. Diese Eingrenzung ermöglichte die volle Entfaltung der marktstrukturkorrigierenden Funktion des Art. 86 Abs. 2 EGV durch die Kommission.

(2) Im Postsektor ist ein mimimaler, nicht aber maximaler Universaldienstinhalt gemeinschaftsrechtlich vorgegeben, der sich am Ziel eines qualitativ hohen Versorgungsniveaus orientiert. Die Gemeinschaft wird damit zum Gewährleistungsträger einer Grundversorgung, garantiert aber nicht länger eine optimale Abstimmung von Grundversorgungsziel und Binnenmarktsziel. Der Wandel im Verständnis des Art. 86 Abs. 2

treffend gemeinsame Vorschriften über den Elektrizitätsbinnenmarkt. *Kommission*, „Energie für die Zukunft: Erneuerbare Energieträger – Weißbuch für eine Gemeinschaftsstrategie und Aktionsplan" v. 26. 11. 1997, KOM(97)599 endg.; *Kommission*, Zweiter Bericht an den Rat und das Europäische Parlament über den Stand der Liberalisierung der Energiemärkte, S. 14 f zur Notwendigkeit einer Harmonisierung zur Vermeidung von Wettbewerbsverzerrungen.

724 Bezeichnend ist insoweit die Äußerung von *Börner*, ZögU 22 (1999), 231, 236: die Energiepolitik sei ein Indikator national-gesellschaftlich bestimmter Wirtschaftspolitik und könne von den Mitgliedstaaten nicht einer gemeinschaftsweiten Politik überantwortet werden.

EGV, dem kein Gebot einer Marktstrukturoptimierung mehr entnommen und der stattdessen als reine Kompetenzverteilungsnorm verstanden wird, entspricht eine neue Betonung des Subsidiaritätsprinzips: die Mitgliedstaaten sind befugt, in ihren nationalen Regelungen über diesen Universaldienst hinauszugehen und nicht nur den Verbraucherinteressen, sondern auch weiterreichenden öffentlichen Interessen – z. B. dem Interesse an einer flächendeckenden staatlichen Präsenz – Rechnung zu tragen. Sie bleiben zugleich zuständig für die Organisation des Universaldienstes und die Wahl eines Finanzierungsmechanismus, der auch in der Beibehaltung von Ausschließlichkeitsrechten bestehen kann. Eine Anbindung des Universaldienstkonzepts erfolgt nur noch über Art. 86 Abs. 2 S. 2 EGV, – die Konkretisierung des Gemeinschaftsinteresses an der Entwicklung des Handelsverkehrs. In diesem Sinne läßt sich die Bestimmung der Grenzen einer Universaldienstfinanzierung in der unter anderem auf Art. 95 EGV[725] gestützten Postbinnenmarktrichtlinie verstehen. Im übrigen bleibt Art. 86 Abs. 2 S. 1 EGV neben dem Universaldienstkonzept anwendbar als Maßstab für eine Marktverhaltenskontrolle.

(3) Im Energiesektor bleiben die Mitgliedstaaten unter Berufung auf das Subsidiaritätsprinzip[726] allein zuständig für die Organisation einer flächendeckenden Grundversorgung sowie für die Wahrnehmung aller übrigen im Energiesektor relevanten öffentlichen Interessen, die gemeinschaftsrechtlich nur durch die Aufzählung eines weitgefächerten Zielbündels eingegrenzt werden. Die Anwendung des Gemeinschaftsrechts wird unter einen weiten „service public"-Vorbehalt gestellt. Die Gemeinschaft tritt mit Blick auf eine flächendeckende Grundversorgung nicht in eine Gewährleistungsfunktion ein, nimmt allerdings gestützt auf die Vorschriften über transeuropäische Netze eine aktive infrastrukturpolitische Rolle wahr.

Durch die Loslösung des Universaldienstkonzepts aus seiner ursprünglichen Verankerung in Art. 86 Abs. 2 EGV, die einer infrastrukturpolitischen Funktion des Konzepts auf Gemeinschaftsebene Platz macht, die parallele Schwächung des Art. 86 Abs. 2 EGV in seiner marktstrukturkorrigierenden Funktion und die Bereitschaft, die Öffnung bislang abgeschotteter mitgliedstaatlicher Märkte allein der politischen Abstimmung zu überlassen, ist das Universaldienstkonzept von einem Gegenkonzept zu den traditionellen Strukturprinzipien des „service public" und der Daseinsvorsorge zu einem ordnungspolitisch neutralen Konzept mutiert.[727]

---

725 Daneben auf Art. 47 Abs. 2 und Art. 55 EGV.

726 Vgl. z. B. *Kommission*, Mitteilung zur Daseinsvorsorge, ABl. 1996 Nr. C 281/3, 9 Zif. 48.

727 So definierte die *Kommission* in ihrer Mitteilung zur Daseinsvorsorge, ABl. 1996 Nr. C 281/3 Zif. 28, das Universaldienstkonzept bereits wettbewerbsneutral – bezogen allein auf das Ziel der Gewährleistung bestimmter Verteilungsergebnisse am Markt. Vgl. auch *Durand*, Rev.MUE 1996, 211, 221: Der Universaldienst sei „surtout une dimension *finaliste* et met d'abord l'accent sur les besoins des concommateurs dans une perspective d'intérêt général" – wohingegen die Wahl der Mittel den Mitgliedstaaten überlassen bleibe. Auf die doppelte Dimension des „universal service"-Konzepts hat frühzeitig bereits *Mestmäcker*, in: ders. (Hrsg.), Kommunikation ohne Monopole II (1995), S. 13, 89 hingewiesen: es habe eine verbraucherschützende Dimension (Kontrahierungszwang und Diskriminierungsverbot); daneben könne damit aber auch die Monopolstellung gerechtfertigt werden, d. h. z. B. Monopoltarife, Gewinn- und Verlustausgleich zwischen verschiedenen Diensten. In ihrer neuen Mitteilung zur Daseinsvorsorge – *Kommission*, Mitteilung zur Daseinsvorsorge II, ABl. 2001 Nr.

Ein wesentlicher Grund für die Schwächung des Universaldienstkonzepts liegt in dem Verzicht auf eine enge Eingrenzung der im Rahmen des Art. 86 Abs. 2 EGV privilegierungsfähigen „besonderen Aufgaben". Einem „liberalen" Universaldienstkonzept, welches auf einer präzisen Beschreibung der maßgeblich aus Verbrauchersicht bestimmten Grundversorgungsleistungen basiert, primär auf deren Bereitstellung im Wettbewerb vertraut und darin einen Gewinn nicht nur für die Effizienz der Leistungsbereitstellung, sondern auch für die Wahlfreiheit der Verbraucher erblickt, ist mittlerweile ein staatsaufgabenbezogenes Universaldienstkonzept an die Seite gestellt worden,[728] welches die Mitgliedstaaten zur Bereitstellung eines bestimmten Mindestniveaus der Grundversorgungs verpflichtet, im übrigen aber den Primat der Politik als durch Art. 86 Abs. 2 EGV mitgeschützt anerkennt.

2. Die Bedeutung des Verfahrens

Der Verlust der ordnungspolitischen Dimension des Universaldienstkonzepts der Gemeinschaft verlief parallel zur Umstellung des Liberalisierungsverfahrens: Das Wechselspiel zwischen der Konkretisierung rechtlicher Vorgaben in auf Art. 86 Abs. 3 EGV gestützten Kommissions-Richtlinien und politischer Ausfüllung des Harmonisierungsbedarfs in Harmonisierungsrichtlinien, wie es die Marktöffnung im Telekommunikationssektor charakterisierte, wurde im Post- und Energiesektor durch das Verfahren der „Liberalisierung durch Harmonisierung" ersetzt. Dieses Verfahren schiebt, wie bereits beschrieben, Liberalisierung und Universaldienst in die Welt des Politischen.

Der Übergang zum Verfahren der „Liberalisierung durch Harmonisierung" erklärt sich zum Teil durch den Widerstand der Mitgliedstaaten gegen eine Steuerung der Liberalisierung durch die Kommission. Eine rechtliche Absicherung erfährt er aber durch das neue Verständnis des Art. 86 Abs. 2 EGV: schützt diese Norm nicht die Wahrnehmung bestimmter, funktional eingegrenzter Aufgaben, sondern die Kompetenz der Mitgliedstaaten, zumindest in den Infrastrukturbereichen über betraute Unternehmen öffentliche Zwecke in der Wirtschaft nach eigenem Ermessen zu bestimmen und unter Verstoß gegen die Verkehrsfreiheiten und Wettbewerbsvorschriften des EGV wahrzunehmen (und damit im Ergebnis die mitgliedstaatliche Sphäreneinteilung in öffentlich und privat selbst), so entfällt das Rechtsgebot zur Strukturanpassung und bleibt die Harmonisierung das einzige Verfahren, in welchem sich die Gemeinschaft dem Ziel der Schaffung eines Binnenmarktes annähern kann. Das Prinzip der rechtsgesteuerten Negativ-

C 17/4, Anhang II – definiert die Kommission den Universaldienst allerdings erneut als *wettbewerbsakzessorisches* Konzept.

728 Deutlich z. B. in: *Kommission*, Mitteilung zur Daseinsvorsorge, ABl. 1996 Nr. C 281/3 Zif. 63-64: „In einigen Wirtschaftssektoren mit grenzübergreifenden Merkmalen, unter anderem technischer Art, kann die nationale Ebene keine optimale Verwirklichung des Gemeinwohls gewährleisten. Andere Sektoren wiederum berühren wichtige europäische Interessen (z. B. Raumordnung oder Umweltschutz). Damit den Erfodernissen in diesen Sektoren entsprochen und ein möglichst effizientes sowie qualitativ hochwertiges Leistungsangebot gesichert wird, könnte die Gemeinschaft sich veranlaßt sehen, im Rahmen ihrer Zuständigkeiten in irgendeiner Form Maßnahmen zu ergreifen, die eine engere Koordinierung zwischen den mit Dienstleistungen von allgemeinem wirtschaftlichem Interesse betrauten Unternehmen, beispielsweise in bezug auf die öffentliche Finanzierung und die Kontrollsysteme, erleichtern sollen".

Integration wird durch ein Prinzip der auf politischer Kooperation gestützten Positiv-Integration ersetzt,[729] in deren Rahmen die Mitgliedstaaten an Einfluß zurückgewinnen.

Eben vor diesem Hintergrund wird das Verfahren der „Liberalisierung durch Harmonisierung" zum Teil auch als wichtiger Schritt in die Richtung eines föderalistischen Europa begrüßt, welches die Notwendigkeit autonomer Lösungen auf nationaler Ebene respektiere und die Identität der Mitgliedstaaten mit ihren idiosynkratischen Präferenzen, Anschauungen, politischen Traditionen und institutionellen Strukturen wahre und daher auf Güterabwägungen von Fall zu Fall, nicht auf den Vorrang abstrakter Rechtsprinzipien setze.[730]

Das Verfahren der „Liberalisierung durch Harmonisierung" ist bei einer dem Freiheitsgehalt des EG-Vertrags verbundenen Betrachtungsweise aber mit erheblichen Gefahren verbunden. Die Entscheidung über die Reichweite der strukturellen Vorgaben des Gemeinschaftsrechts für die Mitgliedstaaten wird hier den Normadressaten selbst überantwortet, deren Neigung zur Begründung bzw. Beibehaltung von gemeinschaftsrechtlichen Bereichsausnahmen mithin keiner externen Kontrolle mehr unterworfen ist. Anknüpfungspunkte für die Relativierung der ordnungspolitischen Vorgaben des EG-Vertrags können die Mitgliedstaaten unproblematisch in der Vielfalt der Ziele des EG-Vertrags finden, die im Rahmen von Harmonisierungsmaßnahmen mitverfolgt werden können.[731] In der Abwägung und Optimierung dieser Ziele gesteht der EuGH der Gemeinschaft erhebliche Handlungs- und Beurteilungsspielräume zu.[732] Der Binnenmarktsbezug der Harmonisierung, an welchen der EuGH in der Praxis keine hohen Anforderungen stellt, kann daher leicht in den Hintergrund treten.

Die Zielvorgaben in Art. 2 EGV, konkretisiert in den einzelnen Titeln des Vertrages etwa zu den transeuropäischen Netzen (Titel XV), zum Verbraucherschutz (Titel XIV), zum wirtschaftlichen und sozialen Zusammenhalt (Titel XVII), aber auch zur Industrie- (Titel XVI) und Beschäftigungspolitik (Titel VIII) decken in ihrer Allgemeinheit weitgehend die in den Infrastruktursektoren von den Mitgliedstaaten selbst verfolgten Ziele ab. Ein eigenes „service public"-Konzept der Gemeinschaft, weitgehend losgelöst von den freiheitsschützenden Normen des EG-Vertrags, wird so zu einer realen Möglichkeit.[733]

---

729 Zustimmend: *Scharpf* (1999), S. 147 und S. 149: mit der Ausdehnung des Binnenmarktes in Kernbereiche bestehender „service public"-Lösungen der Nationalstaaten müsse die politische Sensibilität gegenüber den Risiken einer „monomanen Maximierung des freien Marktwettbewerbs" wachsen.

730 In diese Richtung z. B. *Scharpf* (1999), S. 149 f. Ähnlich: *Martinand*, RAE 1994/2, 80, 86 f.; *Stoffaës* (1995), S. 335; *Joerges*, European Integration Online Papers, 1997/1 No. 19 S. 8. Kritisch dagegen: *Hancher*, in: Lonbay (1994), S. 152, 179; *Schröter*, in: Blaurock (Hrsg.) (1999), S. 65, 71.

731 Dazu, daß im Rahmen einer Gesetzgebungszuständigkeit der Gemeinschaft auch Ziele des Gemeinwohls mitverfolgt werden können, die an sich anderen Zuständigkeitsbereichen zugehören, siehe z. B. EuGH Slg. 1997 I-2405, 2450 Rn. 17 – *„Einlagensicherung der Banken"*.

732 Vgl. z. B. *Steindorff*, ZHR 164 (2000), 223, 245 hin.

733 In diese Richtung auch *Sauter*, in: Freedland/Sciarra (Hrsg.) (1998), S. 117, 130. Vgl. auch *Hancher*, in: Lonbay (Hrsg.) (1994), S. 152, 177: „In some respects the Commission is now discovering what the Member States had long ago realized: the useful role of the public sector as an instrument of economic and industrial policy". *Delacour*, Rev. MUE 1996, 501, 509 spricht von einer möglichen „résurgence du service public au niveau européen".

Es scheint, daß sich die Gemeinschaft auf ihrer neuen Suche nach „gemeinsamen Werten“ gerade auch dieses Potentials des Universaldienstkonzepts zunehmend bewußt wird,[734] wenn gemeinschaftsweite Universaldienste nunmehr als Inbegriff und Symbol für den wirtschaftlichen und sozialen Zusammenhalt in der Union dargestellt werden.[735] Obwohl in einem gemeinschaftsweiten Binnenmarkt das Interesse an der Gewährleistung gemeinschaftsweit bereitstehender Infrastrukturen von angemessener Qualität zweifellos zu einem transnationalen Interesse wird[736] und der Abstimmungsbedarf auf Gemeinschaftsebene zwangsläufig mit dem Grad der Integration der Infrastruktursektoren wächst,[737] ist diese Rhetorik doch insoweit bedenklich, als sie primär dessen identitäts- und einheitsstiftende Dimension, nicht dessen möglichen Beitrag zur Schaffung offener und wettbewerblich organisierter Märkte, in den Vordergrund rückt.

Auf der Grundlage des neuen Verständnisses des Art. 86 Abs. 2 EGV und mit zunehmender Akzeptanz des Verfahrens der Liberalisierung durch Harmonisierung verändert sich auch die Rolle der Kommission entscheidend: entfaltet Art. 86 Abs. 2 EGV unmittelbare Wirkung im wesentlichen nur noch gegenüber einem nicht zwingend aus mitgliedstaatlichen Vorgaben resultierenden Verhalten der betrauten Unternehmen, so verliert die Kommission ihre Rolle als Wächterin und Garantin wettbewerbskonformer Marktstrukturen und bleibt auf eine Verhaltenskontrolle gegenüber Unternehmen beschränkt. Daß ihr daneben die Berufung auf ihre Ermächtigung aus Art. 86 Abs. 3 EGV noch als Drohpotential verbleibt, wird in der Lit. zwar häufig hervorgehoben;[738] bei dem neuen Verständnis des Art. 86 Abs. 3 EGV verkommt dies aber leicht zur leeren Drohgebährde.

---

734 Vgl. z. B. *Van Miert*, in: XXXII. FIW-Symposion (1999), S. 5, 7 im Zusammenhang mit der Erörtertung des neuen Art. 16 EGV: „Wir befürworten generell ein aktives Vorgehen bei den gemeinschaftlichen Zuständigkeiten zur Entwicklung eines sichtbaren „Europas der Bürger“, das den Binnenmarkt und den Prozeß der wirtschaftlichen Integration vervollständigt“. Vgl. hierzu auch *Freedland*, in: Freedland/Sciarra (Hrsg.) (1998), 1, 14: „[...] for the Community itself, the nearing of its goal of realizing the Single Market accentuated its own need for further and other bases of self-legitimation than that of free trade alone. [...] it was important for the institutions of the Community to acquire an enhanced capacity for public interst regulation of the provision of services to the Community public or citizenry“.

735 Z. B. *Kommission*, Mitteilung zur Daseinsvorsorge, ABl. 1996 Nr. C 281/3, 11 Zif. 63. Auch *Kommission*, Mitteilung zur Daseinsvorsorge, ABl. 2001 Nr. C 17/4, Rn. 64: „Die Tatsache, daß den Dienstleistungen von allgemeinem wirtschaftlichen Interesse nach Artikel 16 EG-Vertrag unter den gemeinsamen Werten der Union ein besonderer Stellenwert zukommt, muß auch zu der Erkenntnis führen, daß zwischen dem Zugang zu Leistungen der Daseinsvorsorge und der Unionsbürgerschaft ein Zusammenhang besteht. Auch wenn die Mitgliedstaaten bei der Wahl der Mittel zur Verwirklichung der mit solchen Diensten verfolgten Solidaritätsziele einen großen Freiraum haben, so ist möglicherweise ein gemeinsames Konzept für Leistungen der Daseinsvorsorge vonnöten, um die Bindung an die Union zu stärken“.

736 Betont in: *Kommission*, Mitteilung zur Daseinsvorsorge II, ABl. 2001 Nr. C 17/4, „Zusammenfassung“, wo von einer „natürliche[n] europäische[n] Dimension“ bestimmter Infrastruktursektoren die Rede ist.

737 Für eine Problematisierung des Festhaltens an der Verbindung von Universaldienst und Territorialprinzip in einem Raum ohne Binnengrenzen: *Mestmäcker*, in: ders. (Hrsg.), Kommunikation ohne Monopole II (1995), S. 13, 140.

738 Z. B. *Kerf*, World Competition 17 (1993), S. 73, 111; *Mélin-Soucramanien*, Rev.MUE 1994, 601, 605.

3. Die Folgen des Wandels im Universaldienstkonzept für den Strukturwandel in den Mitgliedstaaten

Die unterschiedlichen Universaldienstkonzepte in den einzelnen Sektoren führen zu unterschiedlichen Strukturanpassungszwängen in den Mitgliedstaaten. Im Telekommunikationssektor waren die Mitgliedstaaten gemeinschaftsrechtlich sowohl mit Blick auf die Infrastrukturen als auch mit Blick auf die Grundversorgungsleistungen zur Überleitung eines für eine Vielzahl politischer Ziele offenen Systems der unmittelbaren Leistungsverantwortung in ein System der Gewährleistungsverantwortung gezwungen, welches die privilegierungsfähigen Politikziele klar eingrenzte. In Frankreich erforderte dies einen Bruch mit dem „service public“ Konzept in seiner traditionellen Ausprägung, wie er in Teil B dieser Arbeit[739] als Resultat einer engen Auslegung des Art. 86 Abs. 2 S. 1 EGV dargelegt wurde. Der Bruch wurde durch das sprachliche Festhalten am Begriff des „service public“, nunmehr unterteilt in die drei Unterkategorien des „service universel“, der „services obligatoires“ und des „service public“ im engeren Sinne, nur dürftig kaschiert. In Deutschland war eine strukturell vergleichbare Strukturanpassung erforderlich, die sich in einer Grundgesetzänderung niederschlug.

Einen vergleichbaren Traditionsbruch hat das (sekundäre) Gemeinschaftsrecht den Mitgliedstaaten im Post- und Energiebereich nicht abverlangt. Die Fortführung des Konzepts staatlicher Leistungsverantwortung, zumindest in einem großzügig eingegrenzten Grundversorgungsbereich, wurde hier gebilligt. Frankreich hat diesen gemeinschaftsrechtlichen Handlungsspielraum bislang im maximal zulässigen Umfang in Anspruch genommen und damit im Post- und Energiebereich am traditionellen „service public“-Konzept und der dahinterstehenden Staatsauffassung festgehalten. Zwiespältig ist der Befund und die Diskussion in Deutschland. Für den Postsektor wurde die Umstellung vom Konzept der Leistungs- auf das Konzept der Gewährleistungsverantwortung des Staates im Rahmen der Strukturanpassungen im Telekommunikationssektor mitvollzogen. Die Diskussion hat sich daher bislang vor allem mit Blick auf den Energiesektor entzündet,[740] reicht jedoch in ihrer Bedeutung über diesen hinaus. Vordergründig kreist die Diskussion vor allem um die Frage der Grundrechtsberechtigung von Versorgungsunternehmen, insbesondere von Netzbetreibern.[741] So ist im Schrifttum verschiedentlich vorgeschlagen worden, den Netzbetreiber nicht als Teilnehmer am wirtschaftlichen Wettbewerb zu werten. Das privatnützige Unternehmenseigentum an Netzen sei durch einen vom Staat zu konkretisierenden Gemeinwohlvorbehalt überlagert, so daß der Netzbetreiber als Träger einer öffentlichen Einrichtung oder einer öffentlichen Sache anzusehen sei,[742] – mit der Konsequenz, daß er sich gegenüber der staatlichen Konkretisierung seiner Allgemeinwohlbindung nicht auf Grundrechte berufen könne.[743] Vorder-

---

739 Teil B.V.

740 Für die beiden gegensätzlichen Pole der Diskussion vgl. zum einen *Hermes* (1998); zum anderen *Pielow*, RdE 2000, 45 ff.

741 Siehe hierzu *Hermes* (1998), S. 381f. und *Fehling*, AöR 121 (1996), 59, 92 einerseits; *Pielow*, RdE 2000, 45 ff., insbes. 49 ff. andererseits.

742 Auch außerhalb der deutschen Lit. wird z. T. für eine Sichtweise privater Akteure, die in einem im besonderem Maße mit dem öffentlichen Interesse verbundenen Bereich tätig sind, als Einrichtungen zwischen Staat und Privaten plädiert – vgl. z. B.: *Freedland*, in: Freedland/Sciarra (Hrsg.) (1998), S. 1, 3.

743 *Hermes* (1998), S. 381 f.; *Fehling*, AöR 121 (1996), 59, 92.

gründig scheint dies dem Wettbewerb zu dienen, werden unter dieser Überschrift doch gesteigerte Mitbenutzungs- oder Zugangsrechte Dritter eingefordert. Zugleich wird damit unter dem Schlagwort „Infrastrukturverantwortung des Staates“[744] jedoch erneut ein Anspruch des Staates auf direkten planenden und steuernden Zugriff auf alle Infrastrukturen geltend gemacht: während die Dienstleistungserbringung in den Wettbewerb entlassen wird und der Staat sich insoweit auf eine Gewährleistungsverantwortung zurückzieht, sollen die mit der Netzgestaltung verbundenen Planungsentscheidungen und die mit dem Netzbetrieb verbundenen Gemeinwohlbelange doch der Sache nach in der staatlichen Sphäre verbleiben.[745]

Für eine solche Sichtweise des Netzbetreibers gibt das EnWG in seiner neuen Fassung tatsächlich einige Anhaltspunkte. So würde eine Charakterisierung als umfassend öffentlich gebundener Stellvertreter des Staates, dem die Wahrnehmung einer öffentlichen Aufgabe übertragen ist, erklären, warum das EnWG dem Netzbetreiber die Befugnis beläßt, Wettbewerbern den Netzzugang unter Berufung auf die in § 1 EnWG geregelten Gemeinwohlziele zu verweigern – eine Regelung, die bei einer rein privatrechtlichen Betrachtung des Netzbetreibers als systemwidrig erscheinen muß. Mit dem vom Gesetzgeber postulierten Ziel eines Rückzugs des Staates auf den Kern seines Verantwortungsbereichs – der Gewährleistung funktionstüchtiger Infrastrukturen, über die flächendeckend allen Verbrauchern wesentliche Leistungen zur Verfügung gestellt werden – ist diese Sichtweise jedoch nicht vereinbar: diese Verantwortung beschränkt sich auf eine allgemeine Regulierungspflicht, die den Rahmen für die Netz- und Leistungsbereitstellung ausgestaltet und Regelungen bereithält, die im Falle von Versorgungslücken im Markt deren Abdeckung gewährleisten.[746] Nur eine solchermaßen eng verstandene Gewährleistungsverantwortung des Staates bietet angemessenen Schutz gegen eine mittelbare Repolitisierung und Reinstrumentalisierung der Infrastruktursektoren. Das Energiewirtschaftsrecht, das eine unklare Zwischenposition zwischen einer privatrechtlichen und einer öffentlich-rechtlichen Betrachtungsweise des Netzbetreibers bezieht, zeigt, daß auch in Deutschland die Umstellung des Systems der Staatsaufgaben fort von dem Konzept leistender Daseinsvorsorge hin zu einem öffentliche Interessen im Wege allgemeiner Rahmensetzung und Regulierung wahrnehmenden Staat noch keineswegs abgeschlossen ist.

744 Vgl. hierzu *Hermes* (1998), S. 341 f.: anders als das deskriptive Konzept der Daseinsvorsorge impliziere „Infrastrukturverantwortung“ nicht, daß die betreffenden Leistungen notwendig vom Staat zu erbringen seien. Die Infrastrukturverantwortung sei aber mit dem Anspruch verbunden, die Grenzen für einen zu weitgehenden Rückzug des Staates aus seiner Verantwortung zu markieren.

745 *Hermes* (1998), S. 380 f. charakterisiert den privaten Netzbetreiber als „Träger einer öffentlichen Transport- und Übertragungseinrichtung“, dessen Tätigkeit „übertragene Aufgabenerfüllung“ sei, die so engen Bindungen unterliege, daß der Status des Betreibers dem eines Beliehenen nahekomme. Grundrechtlich geschützte Freiheit könne der Netzbetreiber nicht beanspruchen.

746 So auch *Pielow*, RdE 2000, 45, 52.

4. Aktive Förderpolitik auf Gemeinschaftsebene mit dem Ziel der Bereitstellung neuer Universaldienste

Die volle Anwendung des primären Gemeinschaftrechts in den Infrastruktursektoren der Mitgliedstaaten und die Schaffung eines Rahmens für das Angebot von Universaldiensten im Wettbewerb ist nur die eine Seite der universaldienstpolitischen Aktivität der Gemeinschaft. Daneben treten die Förderaktivitäten der Gemeinschaft in den Infrastruktursektoren, mit denen sie versucht, nach Maßgabe einer Vielzahl von Politikzielen Einfluß auf die künftige Entwicklung zu nehmen. Welche Vorstellungen mit diesen Förderaktivitäten der Gemeinschaft teilweise verbunden sind, zeigt eine Überschrift aus den Schlußfolgerungen des Vorsitzes des Europäischen Rats (Santa Maria da Feira) v. 19./20. Juni 2000, wo von dem „Aufbau eines aktiven Wohlfahrtsstaats" die Rede ist.[747] Mit derartigen Ansprüchen wächst die Gefahr einer Fehlsteuerung wirtschaftlicher Entwicklung durch die Gemeinschaft. Die strukturellen Sicherungen dagegen sind auf Gemeinschaftsebene bislang in keiner Hinsicht ausgeprägter als auf mitgliedstaatlicher Ebene.[748]

5. Ausblick

In jedem Sektor stellt sich die Problematik des Universaldienstes bzw. der Grundversorgung im Detail anders dar.[749] Der erfolgreichen Vorgehensweise der Gemeinschaft im Bereich Telekommunikation ist vor diesem Hintergrund vielfach ein Ausnahmecharakter zugesprochen worden, der sich aus Besonderheiten des Sektors ergebe.[750]

Dem kann nicht zugestimmt werden: die Grundfragen, die sich aus dem Ziel der Gewährleistung einer Grundversorgung ergeben, weisen in allen Sektoren ausgeprägte Parallelen auf, und mittlerweile ist klar, daß den im Telekommunikationssektor entwikkelten Lösungsansätzen zur Gewährleistung der Kompatibilität von Grundversorgung und Wettbewerb – etwa dem Modell des Universaldienstfonds zur Finanzierung defizi-

747 *Europäischer Rat* (Santa Maria da Feira) v. 19./20. Juni 2000, Schlußfolgerungen des Vorsitzes, II.B: „Modernisierung des Europäischen Sozialmodells durch Investitionen in die Menschen und Aufbau eines aktiven Wohlfahrtsstaats". Es handelt sich dabei um eine Fortführung des vom Europäischen Rat (Lissabon) v. 23./24. März 2000 proklamierten „neuen strategischen Ziel", „das europäische Gesellschaftsmodell zu modernisieren, und in die Menschen zu investieren und die soziale Ausgrenzung zu bekämpfen" – vgl. Schlußfolgerungen des Vorsitzes (Lissabon), I.5. Kritisch zur Idee eines europäischen Wohlfahrtsstaats auch: *Majone*, in: ders. (Hrsg.) (1996), S. 284, 296 ff., insbes. 298 f.

748 Allerdings wird die Gefahr bislang begrenzt durch die beschränkten Haushaltsmittel, die der Gemeinschaft bislang zur Verfügung stehen. Dies gilt insbes. auch für die TEN-Mittel – vgl. hierzu *Nicklisch*, in: Müller-Graff (Hrsg.) (1998), S. 75, 80.

749 Betont z. B. von *Van Miert*, in: XXXII. FIW-Symposion (1999), S. 5, 7.

750 Vgl. z. B. *Hancher*, in: Craig/de Búrca (Hrsg.) (1999), S. 721, 725: „[...] the telecommunications sector is the exception. [...] Technical and economic developments have conspired to allow the Commission to redefine the nature of the goods in question, away from the collective goods concept [...]". Ähnlich *Sapir*, in: Cottier/Mavroidis (Hrsg.) (1998), S. 231, 242; *Waelbroeck/Frignani* (1999), Rn. 303. Hingewiesen wird z. T. auch auf die Bedeutung des politischen Drucks, den die USA auf Europa mit Blick auf die Öffnung der Telekommunikationsmärkte ausübte – vgl. z. B. *Sauter*, in: Freedland/Sciarra (Hrsg.) (1998), S. 117, 126.

tärer Leistungen im Wettbewerb – in vielerlei Hinsicht Modellcharakter beigemessen werden kann.[751] Die Erklärung für die überaus unterschiedliche, ja gegensätzliche Behandlung der Universaldienstproblematik in den einzelnen Sektoren liegt nicht in Sektorbesonderheiten, sondern in einem veränderten politischen Interessengefüge, welches sich in einem veränderten Verständnis des Art. 86 Abs. 2 EGV niedergeschlagen hat (siehe Teil B).

Parallel zu der aus diesem Verständnis resultierenden These von einer gemeinschaftsrechtlichen Sonderstellung traditionsreicher Bereichsausnahmen wird im Schrifttum auf die Entstehung eines „dritten Sektors“ – eines „public-service“-Sektors[752] – in der Gemeinschaft hingewiesen, der von den rein privaten sowie von den rein öffentlichen Sektoren insbesondere deswegen zu unterscheiden sei, weil die Aktivitäten in diesem Sektor selbst dann, wenn sie im Rahmen privatwirtschaftlicher Tätigkeit erbracht würden, einen (gemeinschaftrechtlich anerkannten) öffentlichen Charakter behielten.[753] Unter Rückgriff auf Äußerungen der Kommission in ihrer Mitteilung zur Daseinsvorsorge aus dem Jahr 1996[754] werden die charakteristischen Wesenszüge dieses Sektors in der weitreichenden Aufgabenbestimmungs- und Organisationshoheit der Mitgliedstaaten einerseits,[755] in einer die mitgliedstaatliche Aufgabenverantwortung ergänzenden Verantwortung der Gemeinschaft andererseits gesehen,[756] welche, ausgehend von den „gemeinsamen Werten“ und Zielen der Union, ein die mitgliedstaatlichen öffentlichen Interessen transzendierendes öffentliches Interesse der Gemeinschaft definiere.[757] Die

751 Ähnlich auch: *Sauter*, in: Freedland/Sciarra (Hrsg.) (1998), S. 117, auch S. 142; *Ehlermann*, WuW 1992, 5, 14. Vgl. nunmehr auch: *Kommission*, Mitteilung zur Daseinsvorsorge II, ABl. 2001 Nr. C 17/4, Rn. 15.

752 Vgl. *Freedland*, in: Freedland/Sciarra (Hrsg.) (1998), S. 1, 19: „we may be witnessing the evolution of a general-interest sector or public-service sector at Community level, which is characterized by a recognition, on the part of the institutions of the Community, that it is necessarily and fundamentally a contested zone as between the economic objective of market efficiency and the social objectives of cohesion and inclusion, and that it is part of the task of the Community institutions to find the right way to reconcile those objectives“. Vgl. auch *Supiot*, in: Freedland/Sciarra (Hrsg.) (1998), 137, 139.

753 *Freedland*, in: Freedland/Sciarra (Hrsg.) (1998), S. 1, 4.

754 A. a. O., S. 14 f. bezeichnet die Mitteilung zur Daseinsvorsorge als „White Paper or definitive policy document for the development of a Community public-service sector [...]“. Vgl. demgegenüber *Mestmäcker*, in: XXXII. FIW-Symposion (1999), S. 71, 72: hintergründig wie vordergründig gehe es um den Versuch, die marktwirtschaftliche Klarheit des EG-Vertrags gesellschaftspolitisch zu vernebeln.

755 Vgl. für die neue Beliebigkeit der Organisationsformen in den Daseinsvorsorge-Sektoren z. B. *Kommission*, Mitteilung zur Daseinsvorsorge, ABl. 1996 Nr. C 281/3 Zif. 12 mit der Feststellung, daß die Vielfalt der Organisationsformen, die im Bereich der Daseinsvorsorge in den Mitgliedstaaten existiere, ein „Reservoir an Organisationsformen“ bilde, „aus dem diejenigen herausgegriffen werden können, die für die Erbringung gemeinwohlorientierter Leistungen in einer Zeit ökonomischen Wandels am besten geeignet und für die Weiterverfolgung der europäischen Integration am wirksamsten sind“.

756 *Malaret Garcia*, in: Freedland/Sciarra (Hrsg.) (1998), 57, 79 f.

757 *Kommission*, Mitteilung zur Daseinsvorsorge, ABl. 1996 Nr. C 281/3, 7 Zif. 27: „Die wirtschaftliche Integration Europas auf der Grundlage des Binnenmarktes und der Kohäsionspolitik hat zu mehr wirtschaftlicher Dynamik und Effizienz geführt und bewirkt, daß das Gemeinwohlanliegen auf europäischer Ebene Eingang gefunden hat in den Universaldienst oder andere Gemeinwohlverpflichtungen“; auch Zif. 32: „Der Universaldienst und die anderen Gemeinwohlverpflichtungen sind ein entscheidender Beitrag zur Verwirklichung von Solidarität und Gleichbehandlung. Sie garantieren

Eigenart des neuen „public service"-Sektors in der Gemeinschaft besteht danach in der Überlagerung der in diesen Sektoren existierenden privaten Interessen durch ein diese dominierendes gleichgerichtetes öffentliches Interesse der Mitgliedstaaten *und* der Gemeinschaft.

Eine zusätzliche, die mitgliedstaatliche Instrumentalisierung öffentlicher Sektoren ergänzende Instrumentalisierung dieser Wirtschaftsbereiche für gemeinschaftliche Ziele erscheint als Abhilfe gegen die bislang festzustellenden Defizite einer öffentlichen, nicht-wettbewerblichen Leistungsbereitstellung allerdings kaum geeignet. Bei genauerer Betrachtung erscheint die Rede vom „dritten Sektor" rechtlich überflüssig und politisch beschönigend: um ein enges Universaldienstkonzept nach dem Vorbild des telekommunikativen Universaldienstes zu erfassen, ist der Begriff des „dritten Sektors" nicht erforderlich. Die Überlagerung privater, den Wettbewerb antreibender Interessen durch dem Verbraucherschutz dienende öffentlich-rechtliche Regelungen zur Verhinderung von Versorgungslücken ist nur punktuell. Im übrigen erscheint die Qualifizierung der gesamten wirtschaftlichen Aktivitäten in den Infrastruktursektoren als „öffentlich-rechtlich" politisch bedenklich:[758] sie steht für den fortbestehenden Anspruch der Mitgliedstaaten und/oder der Gemeinschaft auf hoheitliche Intervention im Dienste öffentlicher Interessen, wobei die Besonderheit gegenüber den öffentlichen Sektoren der Mitgliedstaaten allein in der in Kooperation mit den Mitgliedstaaten auszuübenden Parallelkompetenz der Gemeinschaft zur Sektorinstrumentalisierung zu liegen scheint. Auch die Existenz einer Vielzahl öffentlich-rechtlicher Regulierungsvorgaben in den liberalisierten Sektoren sollte nicht zu einer Qualifizierung der Sektoren als öffentlich-rechtlich führen. Ziel und Grund dieses sektorspezifischen Regulierungsregimes ist gerade die Überführung des Sektors in die Sphäre des Privatrechts,[759] welches lediglich um eine Versorgungspflicht ergänzt wird.[760]

---

den Bürgern und der europäischen Gesellschaft, daß das Anliegen der Daseinsvorsorge nicht angetastet wird. Der Universaldienst ist somit in Europa Ausdruck der Erfordernisse und Besonderheiten des europäischen Gesellschaftsmodells im Rahmen einer Politik, die Marktdynamik, Zusammenhalt und Solidarität vereint"; und Zif. 66: „Der wirtschaftliche und soziale Zusammenhalt, eine harmonische Raumentwicklung und der Schutz der Umwelt sind in Europa Ziele von allgemeinem Interesse. Somit sind den gemeinwohlorientierten Leistungen und den gemeinsamen Politiken der Gemeinschaft gleiche Ziele gestellt". Siehe auch *Supiot*, in: Freedland/Sciarra (Hrsg.) (1998), S. 137, 161.

758 Und in der Sache wenig überzeugend: Verbraucherschutz-Gesetze führen gleichfalls nicht dazu, daß die gesamte von ihnen betroffene Tätigkeit als öffentlich-rechtlich qualifiziert wird.

759 Vgl. auch *Amato*, in: Freedland/Sciarra (Hrsg.) (1998), S. 145, 156: „[...] the special needs of public services still demand interventionist rules, but those rules are conceived in accordance with the requirements of competition and aimed at their satisfaction. [...] The compromise they embody is not between old administrative law and new competition law. It is between two sets of new rules: the rules that promote competition through intervention and the rules that *ab externo* protect competition in the still special area of public services". Vgl. auch *Freedland*, in: Freedland/Sciarra (Hrsg.) (1998), 1, 13: „the Community was concerned, in theory at least, not with creating a supranational public sector, but, on the contrary, with putting in place an integrated European private sector characterized by free and undistorted competition".

760 *Amato*, in: Freedland/Sciarra (Hrsg.) (1998), S. 145 ff. führt insoweit den Vergleich zur angloamerikanischen Rechtsfigur des „common carrier" an.

Die Rede vom „dritten Sektor“ ändert nichts an der Kernfrage, ob und in welchem Umfang öffentliche Interessen in den Infrastruktursektoren ein Abweichen von den auf offene Märkte und Wettbewerb ausgerichteten Vorgaben des EG-Vertrags erlauben. Diejenigen, die mit Blick auf die Praxis der Kommission in den Infrastruktursektoren von einem neuen, „dritten Sektor“ sprechen, gehen prinzipiell von der Fortgeltung des Primats der – mitgliedstaatlichen oder gemeinschaftlich festgelegten – Politik aus, die sich allenfalls freiwillig auf einen Rückzug zugunsten der vollen Geltung des Gemeinschaftsrechts auch in diesen Sektoren einläßt.[761] Die Inkohärenzen im Universaldienstkonzept der Gemeinschaft in seiner Anwendung bzw. Nichtanwendung in den verschiedenen Sektoren lassen sich so verstehen. Sie lassen sich aber auch als politisch motivierte Abweichungen von einem gemeinschaftsrechtlich eigentlich vorgegebenen Universaldienstkonzept deuten, welches die Infrastruktursektoren eigentlich der Sphäre des Privaten zuordnet und Abweichungen nur punktuell erlaubt. Es ist dieses Universaldienstkonzept, welches die Kommission nunmehr – trotz einiger Abstriche – in ihrer Neuauflage der Mitteilung zur Daseinsvorsorge vom September 2000 bekräftigt hat. Dieses Konzept harrt in den Bereichen Post und Energie allerdings noch seiner Durchsetzung.

761 In diese Richtung z. B. *Steindorff*, ZHR 163 (1999), 395, 428.

D.
Die Bedeutung des neuen Art. 16 EGV

I. Einleitung

Die aus der Uneinheitlichkeit der gemeinschaftlichen Universaldienstpolitik in den verschiedenen Sektoren geborene These, das eigentliche Charakteristikum der betroffenen Sektoren sei ihre Zwischenstellung zwischen öffentlichem und privatem Sektor, die es auf der Grundlage einer bestimmten Kompetenzverteilung zwischen Gemeinschaft und Mitgliedstaaten Sektor für Sektor politisch auszugestalten gelte, verdeutlicht erneut, worum unter dem zunehmend diffus gewordenen Begriff des Universaldienstes heute gerungen wird: die Universaldienstsektoren sind zum Brennpunkt eines Streits um die Abschichtung der Kompetenzen der EG von denen der Mitgliedstaaten geworden.

Auf der einen Seite steht der Geltungsanspruch des Gemeinschaftsrechts überall dort, wo spezifische Bereichsausnahmen fehlen, verbunden mit dem Anliegen, nationale Partikularinteressen, Protektionismus und Klientelpolitik im Interesse der Bürger der Gemeinschaft zu überwinden. Auf der anderen Seite wehren sich einige Mitgliedstaaten vehement gegen die Einschränkung ihres rechtspolitischen Handlungsspielraums, welche die Anwendung des Gemeinschaftsrechts notwendig bedeutet. Schließlich geht es auch um die künftige universaldienstpolitische Rolle der Gemeinschaft selbst, die im Ringen um die Neubestimmung des Ziels der europäischen Integration[1] z. T. erkennbar bemüht ist, ihre politikgestaltenden Funktionen auszubauen und sich hierfür im Bereich der Universaldienste auf ein transeuropäisches öffentliches Interesse an einheitlich hochwertigen Infrastrukturen berufen kann.

Von diesen verschiedenen Ansatzpunkten aus, und anknüpfend an die praktischen Erfahrungen, die bei der Ausgestaltung der Universaldienstpolitik in den einzelnen Sektoren auf Gemeinschaftsebene gemacht wurden, sind drei unterschiedliche Konzeptionen entwickelt worden, die hier unter den Bezeichnungen „Universaldienst als wettbewerbsakzessorisches Konzept", „service public-Vorbehalt zugunsten der Mitgliedstaaten" und „service public auf Gemeinschaftsebene" vorgestellt werden. Sie können jeweils an eines der in Teil C dieser Arbeit vorgestellten Sektorkonzepte anknüpfen, geben diesem aber jeweils eine weiterreichende rechtliche bzw. politische Ausrichtung und Rechtfertigung. Mit diesen drei Konzepten sowie den sich aus ihnen ergebenden Vorschlägen für eine Änderung des EG-Vertrags, wie sie im Vorfeld der Regierungskonferenz '96 entwickelt wurden, befaßt sich der folgende Abschnitt (II.). Im Ergebnis einigte man sich schließlich darauf, einen neuen Art. 16 in den EG-Vertrag aufzunehmen. Dessen Auslegung und Bewertung bildet den Abschluß dieser Arbeit (III.).

1 Siehe hierzu: *Di Fabio*, JZ 2000, 737 ff.

II. Universaldienstpolitische Konzeptionen und Positionen im Streit um die Änderung des EG-Vertrags

1. Das Plädoyer für einen gemeinschaftsrechtlichen „service public"-Vorbehalt zugunsten der Mitgliedstaaten

Insbes. Frankreich hat im Vorfeld der Regierungskonferenz 1996 auf eine abschließende (Neu-)Regelung der Fragen gedrängt, welche die Anwendung des Art. 86 Abs. 2 EGV in den Infrastruktursektoren betreffen. Eine offene vertragliche Anerkennung gemeinschaftsrechtlich unbehinderter mitgliedstaatlicher Zuständigkeit für die Ausgestaltung der „services publics" – und damit im Ergebnis einer Bereichsausnahme – wurde als vordringliches Verhandlungsziel bezeichnet.[2]

Die Bestimmung des „Allgemeininteresses", welchem die „services publics" zu dienen hätten, sowie die Organisationshoheit im Bereich der Infrastruktursektoren seien wesentliche Elemente der Souveränität[3] sowie der Identität[4] der Mitgliedstaaten, das Rechtfertigungserfordernis für Verstöße gegen gemeinschaftsrechtliche Vorgaben, wie es in Art. 86 Abs. 2 EGV festgeschrieben sei, daher ein nicht mehr hinnehmbarer Übergriff in die Zuständigkeit der Mitgliedstaaten.

Insbesondere bewirke das Rechtfertigungserfordernis aber, daß die betroffenen Sektoren im Ergebnis einer Logik des Wettbewerbs unterworfen würden: die Struktur der Verhältnismäßigkeitsprüfung in Art. 86 Abs. 2 S.1 EGV lege es nahe, nur konkrete quantifizier- und meßbare Leistungsziele als Prüfungsmaßstab anzuerkennen,[5] um mit der Verhältnismäßigkeit zugleich die Effizienz der Aufgabenerfüllung überprüfen zu können. Damit werde der spezifische Wertgehalt, der bestimmten Organisations- und Ausgestaltungsformen innewohnen könne, ignoriert, – etwa die positive, gemeinsinnfördernde Leitbildfunktion[6] sowie der Beitrag zum sozialen Zusammenhalt[7], den eine nichtmarktliche und nichtwettbewerbliche, allein auf das Gemeinwohl, nicht aber auf

---

2 Vgl. Schreiben des Premierministers *Alain Juppé* an M. Arthuis, Minister für wirtschaftliche Entwicklung und Planung, v. 4. Juli 1995, abgedruckt in: Denoix de Saint Marc (1996), S. 8 f. Ebenso: *ENA*, Bd. I (1997), S. 362 und S. 436; *ENA*, Bd. II (1997), S. 880; *Chérot*, AJDA 1996, 177; *Borotra* (1995), S. 78, 82 und S. 92; *Rodrigues*, RFD adm. 11 (1995), 335, 340. Ähnlich auch: *CEEP*, ZögU 18 (1995), 455: der CEEP forderte die Festschreibung der mitgliedstaatliche Kompetenz für die Einrichtung von Dienstleistungen von allgemeinem wirtschaftlichem Interesse in einem neu einzufügenden Art. 94a EGV, der ausdrücklich auch das Recht zur Einräumung von Ausschließlichkeitsrechten regeln sollte.

3 *ENA*, Bd. I (1997), S. 362.

4 Der Zusammenhang von „services publics" und staatlicher Identität wird auch von *Steindorff*, ZHR 163 (1999), 395, 426 betont. Zur Bedeutung der Identität der Staaten im Gemeinschaftsrecht: a. a. O., S. 411 ff.

5 *Borotra* (1995), S. 35.

6 Vgl. hierzu *Lüdemann*, in: Engel (Hrsg.) (1999), S. 121, 133.

7 Vgl. z. B. *Mallol*, La Semaine Juridique, Édition Générale, Doctrine 3963, S. 372; *Borotra* (1995), S. 36; *Ambrosius*, ZögU 23 (2000), 224, 231. Hervorgehoben wird dabei auch der Symbolwert, der dem „service public" bzw. der zentralen staatlichen Leistungserbringung als Ausdruck gesellschaftlicher Solidarität zukomme – vgl. z. B. *Stoffaës* (1995), S. 234.

Gewinninteressen ausgerichtete Organisation dieser Sektoren entfalten könnte, oder aber auch Beiträge zur nationalen Industrie-, Beschäftigungs- oder Regionalpolitik.[8] Die Frage, ob ein Sektor wettbewerblich ausgestaltet oder aber dem Markt entzogen und einem *wertorientierten, ethischen* Handlungsmaßstab unterstellt werden solle, sei vor diesem Hintergrund eine Wertentscheidung und damit eine politische, jedem Mitgliedstaat vorzubehaltende Entscheidung.[9] Eine rechtlich verbindliche Hierarchie der Ordnungsformen, derzufolge dem Wettbewerbsprinzip der Vorrang vor anderen Mitteln zur Verfolgung von öffentlichen Interessen gebühre, könne nicht akzeptiert werden.

Im Gemeinschaftsrecht sei das Wettbewerbsprinzip kein Selbstzweck, sondern nur eines von verschiedenen möglichen Mitteln zur Erreichung der grundsätzlicheren, in Art. 2 EGV niedergelegten Ziele.[10] Dies gelte es künftig mit Blick auf die „service public"-Sektoren klarzustellen, mithin das Wettbewerbsprinzip zu relativieren[11] und den „service public" aus seiner Stellung als rechtfertigungsbedürftige Ausnahme zum Wettbewerbsprinzip zu befreien.[12] An die Stelle eines rechtlichen Vorrangs des Wettbewerbsprinzips müsse das Prinzip politischer Kooperation zwischen den Mitgliedstaaten treten.[13]

---

8 Vgl. z. B. Schreiben des Premierministers *Alain Juppé,* in: Denoix de Saint Marc (1996), S. 7 ff.; *ENA*, Bd. I (1997), S. 355.

9 Vgl. z. B. *Borotra* (1995), S. 15 und S. 49; *Rodrigues*, RAE 1996, 25, 31; *Mallol*, La Semaine Juridique, Édition Générale, Doctrine 3963, S. 371 ff. Zum „ethischen Überschuß" gemeinwirtschaftlicher Organisationsformen vgl. auch *Harms*, ZögU 14 (1991), 29, 38, der als Beispiel die Schaffung von Arbeitsplätzen für schwer vermittelbare Arbeitnehmer, die Sicherung von Grundbedürfnissen unter Gesichtspunkten distributiver Gerechtigkeit und eine umweltorientierte Investitionstätigkeit nennt. Vgl. auch *Harlow*, in: Freedland/Sciarra (Hrsg.) (1998), 49, 51. Dazu, daß dieser ethische Maßstab im Wettbewerb nicht umzusetzen sei: *Harms*, ZögU 14 (1991), 29, 36; *Eichhorn*, ZögU, Beiheft 25 (1999), 13, 20; *Faulkner*, in: Freedland/Sciarra (Hrsg.) (1998), 35, 44. In diese Richtung auch: *Kirchhof*, JZ 1998, 965, 971.

10 Besonders deutlich: *Durand*, Rev.MUE 1996, 211: „[...] la politique de concurrence communautaire n'est pas une fin en soi, mais [...] elle est au service d'une politique industrielle de compétitivité, d'une part, et [...] elle intègre des objectifs d'intérêt général, d'autre part". Und: „si la politique industrielle communautaire intègre parmi ses instruments essentiels la politique de concurrence [...], elle s'appuie également de manière aussi signifiacative sur des instruments d'intervention directe des pouvoirs publics [...]". Ähnlich: *Boutard-Labarde*, Revue de l'énergie 1994, 321, 322; *Rodrigues*, RFD adm. 11 (1995), 335, 339. Zu diesem Verständnis der Wettbewerbspolitik siehe auch *Steindorff*, ZHR 164 (2000), 223, 252.

11 *Cox*, in: *ders.* (Hrsg.)(1996), S. 13, 14 f.; *Monéger*, in: Ullrich (Hrsg.) (1998), S. 151, 156; *Rodrigues*, RFD adm. 11 (1995), 335, 339.

12 *Monnier*, in: Cox (Hrsg.) (1997), S. 195, 201; *ENA*, Bd. II (1997), S. 403; *Moine*, in: Castellano/Moine/Barrière/Villeneuve, RAE 1995/3, 38, 40; *Lyon-Caen*, AJDA 1997, No. spécial du 20. juin 1997, 33, 34; *Stoffaës* (1995), S. 229; *Mallol*, La Semaine Juridique, Édition Générale, Doctrine 3963, S. 373 u. a.

13 Vgl. hierzu in allgemeinerem Zusammenhang auch *Kirchhof*, JZ 1998, 965, 968: An die Stelle des Prinzips des Vorrangs des Gemeinschaftsrechts vor nationalem Recht müsse das Prinzip gegenseitiger Rücksichtnahme treten. „Ein Verdrängen des einen oder anderen Teils dieser ineinandergreifenden Rechtsordnungen in Nichtrecht oder minderes Recht verkennt dieses wechselseitige Aufeinanderangewiesensein und damit die besondere Legitimation der Europäischen Union".

Hinter dieser Kritik an Art. 86 Abs. 2 EGV stehen gleichgewichtig Elemente einer in ihren Kernelementen zeitlosen Kapitalismuskritik[14] und eine bestimmte Gesellschafts- und Demokratietheorie, derzufolge der Staat nicht nur dort tätig werden muß, wo der Markt versagt, sondern im weitesten Sinne für alles „Wesentliche" zuständig ist.[15] Der Staat wird gedacht als demokratisch legitimierte Gegenmacht gegen eine expansive Sphäre des Wirtschaftlichen,[16] die menschenfeindliche Züge trägt, zumindest aber das die Gesellschaftsmitglieder verbindende soziale Band gefährdet. Gegenüber den Geltungsansprüchen des Gemeinschaftsrechts wird auf das in Art. 5 S. 2 EGV niedergelegte Subsidiaritätsprinzip, zumindest aber auf den „Geist des Subsidiaritätsprinzips"[17] verwiesen – schließlich handele es sich hier um einen wesentlichen Bestandteil mitgliedstaatlicher Kultur.[18]

Mit besonderer Vehemenz bekämpft wurde vor diesem Hintergrund die Kompetenz der Kommission aus Art. 86 Abs. 3 EGV zum Erlaß von Richtlinien zur Durchsetzung des Art. 86 EGV. Eine solche Quasi-Gesetzgebungsbefugnis,[19] die es ihr erlaube, eine Deregulierung der Infrastruktursektoren auf eigene Initiative, auch gegen den Willen der Mitgliedstaaten und unter Ausschluß des Rats und des Europäischen Parlaments, durchzusetzen, entbehre jeglicher Legitimität. Allein der Rat – mittelbar kontrolliert von den nationalen Parlamenten – und das Europäische Parlament seien zur Gesetzgebung befugt,[20] zumal dann, wenn es um Fragen gehe, die für die Mitgliedstaaten von wesentlicher Bedeutung seien.[21]

---

14 Vgl. bereits das Kommunistischen Manifest: „Die Bourgeoisie, wo sie zur Herrschaft gekommen, hat alle feudalen patriarchalischen, idyllischen Verhältnisse zerstört. Sie hat [...] kein anderes Band zwischen Mensch und Mensch übriggelassen, als das nackte Interesse, als die gefühllose ‚bare Zahlung' [...]".

15 Die Entscheidung über die Gestaltung der Marktordnung in den Infrastruktursektoren sei von solcher Bedeutung, daß sie nicht auf der Basis eines Rechtssatzes, sondern politisch durch Instanzen, die über eine hinreichende demokratische Legitimation verfügten, getroffen werden müsse – vgl. *Borotra* (1995), S. 13 ff. und S. 17; *Bance*, in: Debène (Hrsg.) (1995), S. 7, 11. Auch Résolution de l'Assemblée National portant sur des propositions d'Actes Communautaires relatives aux services publics, JO, 2. 12. 1995, S. 17626.

16 Vgl. z. B. *Kirchhof*, JZ 1998, 965, 968 und 972: Die ausgleichende Funktion des Staates gegenüber den Wirtschaftsmächten müsse gestärkt werden. In dieselbe Richtung *Ebert/Noll*, ZögU 22 (1999), 290, 292. Vgl. für eine Erwiderung hierauf: *Mestmäcker*, in: Nörr/Starbatty (Hrsg.) (1999), S. 129, 132 f. und 140.

17 *Bance*, in: Thiry/Vandamme (Hrsg.) (1995), S. 99, 108 f.; *Borotra* (1995), S. 16; *Cartelier*, in: Cox (Hrsg.) (1997), S. 11, 20; *Monnier*, in: Cox (Hrsg.) (1997), S. 195, S. 202 f. Dagegen allerdings *Belorgey*, AJDA 1996, No. spécial du 20. juin 1996, 35, 37. Allgemein kritisch zur zunehmenden Erörterung des Wettbewerbsrechts und der Wettbewerbspolitik unter dem Gesichtspunkt des Subsidiaritätsprinzips: *Mestmäcker*, in: Gerken (Hrsg.) (1995), S. 191 ff.; *Mestmäcker*, Wandlungen in der Verfaßtheit der Europäischen Gemeinschaft (2000), S. 7.

18 Vgl. z. B. *Borotra* (1995), S. 13 ff.: die Logik des „service public" wie auch sein wesensmäßig *politischer* Charakter sei eine kulturelle französische Eigenart, die respektiert werden müsse.

19 *Stoffaës* (1995), S. 302; *ENA*, Bd. II (1997), S. 65.

20 *Borotra* (1995), S. 11 und 84 ff.; *CEEP* (1995), S. 33; *Belloubet-Frier*, AJDA 1994, 270, 272 und S. 273 f.; *ENA*, Bd. II (1997), S. 348; für den Postbereich: *Delfau* (1995), S. 40. Ebenso: Entschließung des *Europäischen Parlaments* v. 14. 2. 1996, ABl. 1996 Nr. C 65/90 Rn. 22 und 24, mit der Forderung nach Nichtanwendung des Art. 86 Abs. 3 EGV als Grundlage für Liberalisierungsrichtlinien.

21 *Delfau* (1995), S. 19.

Die Kritik an Art. 86 Abs. 2 und Abs. 3 EGV mündete in verschiedene Änderungsvorschläge, deren Kern übereinstimmend die Wiederherstellung der gemeinschaftsrechtlich uneingeschränkten Souveränität der Mitgliedstaaten in der Ausgestaltung der „service public"-Sektoren war.[22] Eine Hervorhebung von Bedeutung und Werthaltigkeit der „Dienste von allgemeinem wirtschaftlichem Interesse" – in der Präambel des EGV und/oder in Art. 2 oder Art. 3 EGV, jedenfalls, zur Verdeutlichung der Gleichrangigkeit des „service public"-Gedankens, in räumlicher Nähe zum Wettbewerbsprinzip,[23] – wurde zusätzlich für wünschenswert erachtet.[24]

Zum Teil wurde vorgeschlagen, die gemeinschaftsrechtliche Verhältnismäßigkeitskontrolle, wie sie in Art. 86 Abs. 2 S. 1 EGV angelegt ist, durch eine abstrakte Zielkontrolle zu ersetzen:[25] es könnten – alternativ in einem neu einzufügenden Titel im EG-Vertrag[26] oder in einer „Europäischen Charta der Dienstleistungen von allgemeinem wirtschaftlichem Interesse"[27] – in abstrakter Weise bestimmte privilegierungsfähige Instrumentali-

---

22 Als Minimalforderung der Vertreter des defensiven Konzepts galt – vor diesem Hintergrund konsequent – die Streichung des Art. 86 Abs. 3 EGV – d. h. die Abschaffung der besonderen Kompetenzen der Kommission, insbes. der Befugnis zum Erlaß von Richtlinien und Entscheidungen, im Anwendungsbereich der Art. 86 Abs. 1 und Abs. 2 EGV (vgl. z. B. *Borotra* (1995), S. 88; und die Vorschläge des *CEEP* zur Änderung des EGV, abgedruckt bei Tettinger, RdE 1995, 175, 177). Im übrigen zielten die Änderungsvorschläge darauf ab, die unmittelbare Anwendbarkeit des primären Gemeinschaftsrechts in diesen Sektoren durch einen Harmonisierungsvorbehalt zu ersetzen, wobei die Harmonisierung nicht notwendig am Wettbewerbsprinzip zu orientieren sei (so z. B. *Rodrigues*, RAE 1996, 25, 30; *ders.*, RAE 1994/2, 65, 73; *ders.*, RFD adm. 11 (1995), 335, 341). Vorgeschlagen wurde z. T. auch eine Differenzierung zwischen den auf das Verhalten der Unternehmen und den auf das Verhalten der Mitgliedstaaten anwendbaren Regelungen des Gemeinschaftsrechts: während die betrauten Unternehmen weiterhin auf die Einhaltung der Wettbewerbsregeln verpflichtet bleiben könnten, soweit dadurch die Erfüllung der ihnen übertragenen „besonderen Aufgabe" nicht verhindert werde, sollten die Mitgliedstaaten selbst künftig nur noch dort auf das Ziel der schrittweisen Verwirklichung des Gemeinsamen Marktes verpflichtet sein, wo dieses Ziel durch eine „Gesamtheit von Maßnahmen, die zusammen eingeleitet und durchgeführt werden", konkretisiert sei – vgl. Vorschlag des *CEEP* aus dem Jahr 1995, abgedruckt bei Tettinger, RdE 1995, 175, 177. Siehe hierzu: *Mestmäcker*, in: FS Zacher (1998), S. 635, 649 f. Für die Harmonisierung sollte eine gesonderten Rechtsgrundlage geschaffen werden, die – im Gegensatz zu Art. 95 EGV – von dem Ziel der Realisierung offener Märkte mit unverfälschtem Wettbewerb unabhängig sein und statt dessen auf den Beitrag der Universaldienste zur Realisierung der Politikziele der Gemeinschaft abstellen sollte (vgl. Vorschlag des *CEEP* aus dem Jahr 1995, abgedruckt bei Tettinger, RdE 1995, 175, 177). Andere schlugen vor, die Anwendbarkeit des Subsidiaritätsprinzips im Bereich der „Dienstleistungen von allgemeinem wirtschaftlichem Interesse" im EG-Vertrag festzuschreiben (*ENA*, Bd. I (1997), S. 436) oder die in Art. 86 Abs. 2 EGV angelegten Beweislastverteilung umzukehren: die Kommission müsse künftig verpflichtet sein, jedes neue Liberalisierungsprojekt mit Blick auf dessen Auswirkungen auf den „service public" zu rechtfertigen (*ENA*, Bd. II (1997), S. 882 f.).

23 *ENA*, Bd. II (1997), S. 436; *Rodrigues*, RFD adm. 11 (1995), 335, 339.

24 Dem EuGH werde so die Möglichkeit gegeben, eine gegenüber den „services publics" wohlwollendere Rechtsprechung zu entwickeln – vgl. *ENA*, Bd. II (1997), S. 65.

25 Deutlich: *Borotra* (1995), S. 16: "Les objectifs que se sont assignés les États membres dans le cadre communautaire doivent constituer des obligations de résultat, non de moyens".

26 Vgl. *Rodrigues*, RFD am. 11 (1995), 335, 339 f.; *Borotra* (1995), S. 9, dabei einen sektorspezifischen Ansatz befürwortend.

27 *CEEP* (1995), S. 54 ff. Vgl. hierzu insbes.: *Tettinger*, RdE 1995, 175 ff.; *Belloubet-Frier*, AJDA 1994, 270, 276; *Buendia Sierra* (1999), Tz. 8.222. Die Charta sollte vom Rat verabschiedet werden und von der Zustimmung aller Mitgliedstaaten abhängig sein. Inhaltlich sollte es sich um ein Grundsatzdokument handeln, welches darauf abzielen sollte, politisch auf die Auslegung des Art. 86 Abs.

sierungsziele festgeschrieben werden, zu denen etwa raumordnungspolitische, sozialpolitische und umweltpolitische Ziele gehören müßten,[28] aber auch die Wahrung langfristiger strategischer Interessen der Mitgliedstaaten.[29]

Eine Ausweitung der universaldienstpolitischen Kompetenzen der Gemeinschaft bzw. die Entwicklung eines eigenen Universaldienstkonzepts durch die Gemeinschaft wurde demgegenüber nicht für wünschenswert erachtet: den Verschiedenheiten der nationalen Traditionen könne besser auf nationaler Ebene Rechnung getragen werden. Auch seien Partizipationsmöglichkeiten der Nutzer bei der Ausgestaltung der „services publics" besser auf mitgliedstaatlicher Ebene zu gewährleisten.[30] Das erforderliche Mindestmaß an Koordinierung könne über eine Rechtsangleichung oder über zwischenstaatliche Kooperation und Koordination erreicht werden.

2. *„Service public" auf Gemeinschaftsebene*

Eine Änderung des EG-Vertrags wurde auch von denjenigen[31] verlangt, die – in ihrer Kritik am geltenden Gemeinschaftsrecht weitgehend einig mit den Vertretern der unter 1. beschriebenen Position – für eine Übertragung des französischen „service public"-Konzepts auf Gemeinschaftsebene plädierten: es dürfe nicht darum gehen, rein defensiv die herkömmlichen mitgliedstaatlichen „service public"-Traditionen zu verteidigen. Zu suchen sei vielmehr nach einem „neuen Gleichgewicht"[32] zwischen den Grundprinzipien des Wettbewerbs und der öffentlichen Dienste auf mitgliedstaatlicher *und* auf Ge-

2 EGV Einfluß zu nehmen (vgl. *Rodrigues*, RAE 1996, 25, 30; *Tettinger*, RdE 1995, 175, 179). *Van Miert*, in: XXIX. FIW-Symposion (1996), S. 17, 20 hat in diesen Vorschlägen primär den Versuch gesehen, einen Katalog unantastbarer Versorgungsleistungen aufzustellen. Kritisch zu dem Projekt einer Charta auch: *Mestmäcker*, in: FS Zacher (1998), S. 635, 650: sie sei ein Gegenentwurf zu der auf offenen Märkten und freiem Wettbewerb beruhenden Wirtschaftsverfassung der EG. Das Projekt einer Charta der Dienste von allgemeinem wirtschaftlichem Interesse ist noch nicht aufgegeben. Im Juni 2000 haben sich der Europäische Gewerkschaftsbund (EGB) und der Europäische Zentralverband der öffentlichen Wirtschaft (CEEP) auf einen Vorschlag für eine solche Charta geeinigt. Näher hierzu: *Mai*, „Die Zukunft der öffentlichen Wirtschaft", Rede v. 19. Sept. 2000 in Berlin, S. 5 f. des Manuskripts.

28 Vgl. *Borotra* (1995), S. 89; *Monnier*, in: Cox (Hrsg.) (1996), S. 41, 58 f.; *Martinand*, in: Bauby/Boual (Hrsg.) (1993), S. 115 ff.

29 So z. B. *ENA*, Bd. I (1997), S. 435.

30 In diese Richtung: *Conseil d'État* (1995), S. 14, 123 f.

31 Darunter auch das Europäische Parlament: es hat in mehreren Resolutionen relativ deutlich für diese Position Partei ergriffen: vgl. *Europäisches Parlament*, Entschließung zur Rolle des öffentlichen Sektors bei der Vollendung des Binnenmarktes (B3-0216/93), ABl. 1997 Nr. C 72/159; *Europäisches Parlament*, Entschließung zu den öffentlichen Unternehmen, Privatisierungen und dem öffentlichen Dienst in der Europäischen Gemeinschaft (A3-0254/94), ABl. 1994 Nr. C 205/549; *Europäisches Parlament*, Entschließung zur Tagesordnung der Regierungskonferenz 1996 im Hinblick auf die Tagung des Europäischen Rates in Madrid, ABl. 1996 Nr. C 17/149; *Europäisches Parlament*, Entschließung zum XXIV. Bericht der Kommission über die Wettbewerbspolitik, ABl. 1996 Nr. C 65/90; *Europäisches Parlament*, Entschließung im Hinblick auf die Regierungskonferenz ABl. 1996 Nr. C 96/77; *Europäisches Parlament*, Entschließung zu dem allgemeinen Rahmen für einen Entwurf zur Revision der Verträge, ABl. 1997 Nr. C 33/66.

32 Vgl. z. B. *Tettinger*, RdE 1995, 175, 177; *CEEP* (1995), S. 73; *Moine*, in: Castellano/Moine/Barrière/Villeneuve, RAE 1995/3, 38, 40.

meinschaftsebene, nach einer „Versöhnung" zwischen Gemeinschaftsrecht und dem Konzept des „service public".[33] Dies sei vor allem deswegen erforderlich, weil sich die klassischen „service public"-Ziele der Gewährleistung sozialen und wirtschaftlichen Zusammenhalts einerseits, einer Förderung der Wettbewerbsfähigkeit der europäischen Wirtschaft andererseits, heute in vielen Bereichen sinnvoll nur noch auf Gemeinschaftsebene realisieren ließen.[34]

Die bisherige „einseitige" Heraushebung des Wettbewerbsprinzips in der EG beruhe auf einem institutionellen Konstruktionsfehler der Europäischen Gemeinschaft: der EG fehle bislang eine politische Verfassung, die es ihr erlauben würde, die „großen Fragen der Wirtschaftspolitik" nicht nur auf rechtlicher, sondern auch auf politischer Ebene anzugehen.[35] An diesem Punkt gelte es anzusetzen: die Gemeinschaft selbst müsse sich künftig zu einer aktiven „service public"-Politik in den Infrastruktursektoren bekennen, die in einer Kooperation zwischen Gemeinschaft und Mitgliedstaaten zu entwickeln sei. Auszugehen sei dabei von der Gleichwertigkeit von „service public" und Wettbewerbsprinzip[36] und vom Primat der Politik über die Wirtschaft.[37]

Die Gemeinschaft soll künftig allerdings nicht allein für die Gestaltung einer „service public"-Politik zuständig sein. Ausgegangen wird ganz überwiegend von einer „compétence partagée",[38] orientiert am Vorbild der Vorschriften über die transeuropäischen Netze.[39] Gemäß dem Subsidiaritätsprinzip[40] sollen also vorrangig die Mitglied-

---

33 Vgl. *ENA*, Bd. II (1997), S. 882.

34 Zur Notwendigkeit der Entwicklung eines „European general interest" siehe insbes.: *Kommission*, Mitteilung zur Daseinsvorsorge, ABl. 1996 Nr. C 281/3, 11 Zif. 63.
Siehe auch: *Supiot*, in: Freedland/Sciarra (Hrsg.) (1998), 137, 161 und 162 f. Vgl. auch *Ebert/Noll*, ZögU 22 (1999), 290, 299: „Um die Instrumentalfunktion auch im aktuellen internationalen Umfeld sicherzustellen, bedarf es gerade im Bereich der öffentlichen Wirtschaft der Internationalisierung (Global Public Players)".

35 Vgl. *Monnier*, in: Cox (Hrsg.) (1997), 195, 197 f; *ders.*, ZögU 1993, 223, 229 unter Hinweis auf die insoweit bislang fehlende demokratische Legitimation der Gemeinschaftsorgane und die sich aus dem Verlust von Politikgestaltungsbefugnissen der Mitgliedstaaten und der fehlenden Politikgestaltungslegitimation der Gemeinschaft ergebende „Souveränitätsfalle". Vgl. hierzu auch *Kodré*, NDV 1998/3, 74, 75 m. w. N.; *Vandamme*, in: Thiry/Vandamme (Hrsg.) (1995), S. 21, 32; *Bance*, in: Debène (Hrsg.) (1995), S. 7, 14; *Moulin*, in: Debène (Hrsg.) (1995), S. 79, 81 f.

36 So z. B. *CEEP* (1995), S. 52 f.; *Stoffaës* (1995), S. 296.

37 An die Stelle des rechtsförmigen Geltungsanspruchs des Wettbewerbsprinzips könne/müsse in den Universaldienstsektoren ein Prinzip öffentlicher Regulierung oder die explizite Anerkennung des Wertes der Funktionsprinzipien des „service public" treten, was bedeute, daß die Ausgestaltung dieser Sektoren dem Opportunitätsprinzip unterstellt sei – vgl. z. B. *Boual*, in: Quin/Jeannot (Hrsg.) (1997), S. 85, 102; *Rodrigues*, RAE 1994/2, 65, 73; *Stoffaës* (1995), S. 32 f.; *Frison-Roche*, Revue de l'énergie 1997, 178, 182.

38 Vgl. z. B. *ENA*, Bd. II (1997), S. 325; *Monnier*, in: Cox (Hrsg.) (1997), 195, 203.

39 *Duperon*, Petites Affiches No. 124 du 23. juin 1999, 9, 15.

40 *Conseil d'État* (1995), S. 14, 118: "La thématique de la subsidiarité est [...] mobilisée [...] pour faire valoir qu'eu égard à la diversité des traditions nationales, il n'est guère possible, ni souhaitable de se prononcer sur la question des objectifs et modalités de gestion des services publics au niveau communautaire, cette question n'étant d'ailleurs pas de celles que les traités confient à la communauté [...]". Vgl. außerdem: *Borotra* (1995), S. 12 und 73; vgl. auch *ENA*, Bd. II (1997), S. 881; *Bauby/Boual* (1993), S. 11, 41; *Belloubet-Frier*, AJDA 1994, 270, 284.

staaten zur Ausgestaltung der nationalen „service public"-Politik zuständig sein;[41] bei ihnen verbliebe insbesondere auch die Zuständigkeit für Entscheidungen über die Ziele und die Organisation der „services publics".[42] Die Gemeinschaft könne aber einen „Beitrag" zu den mitgliedstaatlichen Universaldienstpolitiken leisten[43] bzw. diese durch eine eigene, grenzübergreifende „service public"-Politik ergänzen,[44] die etwa in der Definition von gemeinschaftsweit zu realisierenden „service public"-Prinzipien,[45] und/oder Mindeststandards und Mindestverpflichtungen betrauter Unternehmen bestehen könne.[46]

Der Beitrag der Gemeinschaft müsse auf die Vertragsziele des EGV in ihrer Gesamtheit, also auf die Ziele der Förderung einer harmonischen und ausgewogenen Wirtschaftsentwicklung, eines beständigen Wachstums, eines hohen Grades an Konvergenz der Wirtschaftsleistung, eines hohen Beschäftigungsniveaus, eines hohen Maßes an sozialem Schutz, der Hebung der Lebenshaltung und der Lebensqualität, des wirtschaftlichen und sozialen Zusammenhalts und der Solidarität zwischen den Mitgliedstaaten ausgerichtet sein[47] – ein Zielbündel, welches in seiner Breite hinter den Zielen des französischen „service public" nicht zurückbleibt. Gefordert sei eine „aktive" Universaldienstpolitik der Gemeinschaft mit politischem Gestaltungsanspruch.[48] Die mitgliedstaatlichen „service public"-Konzeptionen müssten auf Gemeinschaftsebene im Dienste der Ziele des EGV koordiniert werden, um diesen europaweit eine gemeinsame – un-

41 Vereinzelte Vorschläge sind darüber hinausgegangen: eine gemeinschaftliche Universaldienstpolitik könne u. U. auch in weiterem Umfang *an die Stelle* mitgliedstaatlicher Politiken treten – vgl. z. B. *CEEP* (1995), S. 51 ff. mit der Forderung nach einer eigenständigen Industrie-, Raumordnungs-, Sozial- und Wirtschaftspolitik der Gemeinschaft.

42 *Monnier*, in: Cox (Hrsg.) (1997), S. 195, 205; *ENA*, Bd. I (1997), S. 436; *ENA*, Bd. II (1997), S. 880 f.; *Belloubet-Frier*, AJDA 1994, 270, 280; *Bance*, in: Debène (Hrsg.) (1995), S. 110 f.; *Conseil d'État* (1995), S. 14, 121; *Stoffaës* (1995), S. 401; *Borotra* (1995), S. 78; *Budäus/Schiller*, ZögU 23 (2000), 94, 101.

43 Vgl. auch *CEEP*, ZögU 20 (1997), S. 204, 206; *Buendia Sierra*, Competition Policy Newsletter Vol. 2 (1996/3), 14, 22.

44 Vgl. *Esplugas*, Revue administrative 1996, 162, 165; *ENA*, Bd. I (1997), S. 434; *Stoffaës* (1995), S. 33; *Mallol*, La Semaine Juridique, Edition Générale, No. 40 (1996), Doctrine 3963, S. 371, 373. *Martinand*, RAE 1994/2, 80, 82; *Rodrigues*, RAE 1994/2, 65, 73.

45 Vgl. z. B. die „opinion on Services of general interest" des *Europäischen Wirtschafts- und Sozialkommittees* v. 21. Okt. 1999, Chap. 5, wo als „guidelines" für Dienstleistungen von allgemeinem wirtschaftlichem Interesse die Prinzip der Gleichheit, der Universalität, der Verläßlichkeit, der Teilhabe, der Transparenz, der Vereinfachung der Verfahren, der Qualität, der Erschwinglichkeit und des Umweltschutzes zusammengetragen werden.

46 Vgl. hierzu z. B. den Vorschlag von *Rodrigues*, RFD adm. 11 (1995), 335, 340. Auch *ENA*, Bd. I (1997), S. 347 und 363.

47 Vgl. z. B. *Denoix de Saint Marc* (1996), S. 62 f.

48 Vgl. z. B. *Durand*, Rev.MUE 1996, 211, 212: „[...] le service public constitue un des modes reconnus par le droit communautaire de mise en oeuvre d'une politique industrielle". Siehe auch die Interpretation der Mitteilung der Kommission zur Daseinsvorsorge bei *Freedland*, in: Freedland/Sciarra (Hrsg.) (1998), S. 1, 18: „The aims are to acquire what is, in effect, a more positive capacity to identify its own, supra-national, general interest services sector, to apply to that sector its own concept of universal service or other public-service obligations, and to be ultimately responsible for striking the balance between those public-service obligations and the demands of free competition in the internal market".

ter anderem industriepolitische[49] – Stoßrichtung zu verleihen, die geeignet sei, die Wettbewerbsfähigkeit der europäischen Unternehmen im internationalen Rahmen zu stärken.[50] Nicht nur die Mitgliedstaaten, sondern auch die Gemeinschaft könnten so eine neue Freiheit und Flexibilität in der Ausgestaltung einer aktiven Wirtschaftspolitik erlangen.[51] Der „service public" müsse zu einem „eigenständigen Funktionsprinzip im Binnenmarkt" werden.[52] Vereinzelt wurde gar die Möglichkeit angedacht, daß die Gemeinschaft künftig selbst durch öffentliche Unternehmen der Gemeinschaft gemeinschaftsweit Dienstleistungen von allgemeinem wirtschaftlichem Interesse bereitstellen könnte.[53]

Für die Verankerung eines solchen „service public"-Konzepts im Gemeinschaftsrecht wurden verschiedene Anknüpfungspunkte gesehen.

Ein Vorschlag, der erhebliche Resonanz fand und insbesondere auch vom Europäischen Parlament unterstützt wurde,[54] war (und ist) die Verbindung des „service public"-Auftrags der Gemeinschaft mit dem Unionsbürgerschaftsrecht.[55] Über eine gemeinschaftsrechtliche Gewährleistung von Zugangsrechten zu Infrastrukturleistungen als soziales Grundrecht[56] bzw. als ein egalitäres, allgemeines Bürgerrecht[57] könne zum ei-

---

49 Vgl. z. B. Entschließung des *Europäischen Parlaments* v. 6. 5. 1994, ABl. 1994 Nr. C 205/549 Rn. 3. Auch *Ebert/Noll*, ZögU 22 (1999), 290, 298, der auf das Konzept eines „kooperativen Staates" verweist, der die marktlichen Prozesse in einen „kooperativen Wettbewerb" überführt, den „Anreizmechanismus des Eigennutzes kanalisiert und das Konkurrenzprinzip eindämmt".

50 Vgl. z. B. *Bance*, in: Debène (Hrsg.) (1995), S. 99, 111; *Rodrigues*, RFD adm. 11 (1995), 335, 339; *ENA*, Bd. II (1997), S. 883.

51 *Bance*, in: Debène (Hrsg.) (1995), S. 99, 110 f.

52 *CEEP* (1995), S. 64 f.

53 *CEEP* (1995), S. 69.

54 Vgl. Entschließung des *Europäischen Parlaments* vom 6. 5. 1994, ABl. 1994 Nr. C 205/549 Rn. 9; Entschließung des *Europäischen Parlaments* v. 13. 11. 1996, ABl. 1996 Nr. C 362/135, 136 Rn. 15; Entschließung des *Europäischen Parlaments* v. 16. 1. 1997, ABl. 1997 Nr. C 33/66 Rn. 20.

55 Eine solche Verbindung wird mittlerweile auch mit Nachdruck von der Kommission gefordert – vgl. *Kommission*, Mitteilung zur Daseinsvorsorge II, ABl. 2001 Nr. C 17/4, Rn. 64.

56 Z. B. *Lyon-Caen*, AJDA 1997, No. spécial du 20. juin 1997, 33, 35 f.; *Rodrigues*, RAE 1996, 25, 30; *ENA*, Bd. I (1997), S. 422; *Europäischen Wirtschafts- und Sozialkommittee*, „opinion on Services of general interest" v. 21. Oktober 1999, Tz. 4.6. Kritisch zu sozialen Grundrechten im Gemeinschaftsrecht allgemein: *Di Fabio*, JZ 2000, 737, 740; *Steindorff*, ZHR 164 (2000), 223, 258, der auf den Regulierungszwang hinweist, der daraus resultieren könnte; *Picard*, in: Freedland/Sciarra (Hrsg.) (1998), S. 83 ff., insbes. 94 ff.; *Buendia Sierra* (1999), Tz. 8.229: die Gemeinschaft sei, anders als die Mitgliedstaaten, nicht mit den umfassenden legislativen Kompetenzen und Finanzmitteln ausgestattet, die es ihr ermöglichen würden, soziale Grundrechte auch tatsächlich wirksam zu garantieren. Aus anderen Gründen kritisch zur Verbindung von „service public"-Konzept und dem Konzept sozialer Grundrechte auf Gemeinschaftsebene: *ENA*, Bd. I (1997), S. 360 und S. 435: das Konzept sozialer Grundrechte sei anders und enger als das französische „service public"-Konzept. Es trage dem Fächer von Gemeinwohlzielen, welche der Staat auf der Basis des „service public"-Konzepts verfolgen könne, nicht vollen Umfangs Rechnung.

57 *Freedland*, in: Freedland/Sciarra (Hrsg.) (1998), S. 1, 2; *Graham* (2000), S. 149; *Supiot*, in: Freedland/Sciarra (Hrsg.) (1998), 137, 160 ff.; *Sauter*, in: Freedland/Sciarra (Hrsg.) (1998), S. 117, 143; *Bellorgey*, AJDA 1996, No. spécial du 20. juin 1996, 35, 38. Den Bezug zwischen „gemeinwohlorientierten Leistungen" und Unionsbürgerschaft erkennt auch die *Kommission* in ihrer Mitteilung zur Daseinsvorsorge an, ABl. 1996 Nr. 281/3, 5 Zif. 14 – wenngleich unklar bleibt, was sich für die Kommission daraus ergibt.

nen der „service public“ auf Gemeinschaftsebene aufgewertet, zum anderen Raum für eine Gemeinschaftspolitik geschaffen werden, die die Zusammengehörigkeit der Gemeinschaftsbürger betone[58] und ihnen die Identifikation mit der Gemeinschaft in anderer Weise ermögliche, als dies auf der Grundlage der bisherigen Tätigkeiten der Gemeinschaft der Fall gewesen sei[59]. Dem Europa des Wettbewerbs und des Binnenmarktes werde, sobald die Gemeinschaft selbst zum Garanten neuer „fonctions collectives“ und gemeinschaftsweiter Solidarität werde, das Konzept eines „sozialen“[60] bzw. eines „politischen“ Europa[61] entgegengesetzt. Die neue Wertbezogenheit des Handelns der Gemeinschaft werde ihr in den Augen der Gemeinschaftsbürger eine neue Legitimität verschaffen.[62]

Hervorgehoben wird zugleich die Ermessensfreiheit des Gemeinschaftsgesetzgebers in der Ausgestaltung des „service public“: über das Gleichgewicht zwischen individuellen Freiheitsrechten und sozialen Grundrechten, welche die Voraussetzungen für den faktischen Freiheitsgebrauch schafften, könne auf Gemeinschaftsebene – wie auf mitgliedstaatlicher Ebene – nur politisch entschieden werden. Anzuknüpfen sei dabei beispielsweise an die Politikkompetenzen der Gemeinschaft im Bereich Verbraucherschutz, Forschung und Technologie, Industriepolitik, Beschäftigungspolitik und Politik des wirtschaftlichen und sozialen Zusammenhalts.[63] Darüber hinaus habe insbesondere die Politik der Gemeinschaft im Bereich der transeuropäischen Netze das Potential, zum Kristallisationspunkt einer neuen Industriepolitik der Gemeinschaft im Dienste der Förderung von Infrastrukturleistungen zu werden.[64] Der „service public“ – aber auch die mit diesem durch die Gleichheit der Ziele verbundenen Gemeinschaftspolitiken – erhielten durch eine solche Konzeption neue Bedeutung.[65] Die Mitgliedstaaten gewönnen zu-

58 Vgl. z. B. *CEEP* (1995), S. 18 f. und S. 25; *Boual*, in: Quin/Jeannot (Hrsg.) (1997), S. 85, 91; *Stoffaës* (1995), S. 236 f.

59 *Fournier*, in: Bauby/Boual (Hrsg.) (1993), S. 101, 104 spricht davon, daß eine Universaldienstpolitik / eine "service public"-Politik der Gemeinschaft Europa einen „caractère tangible“ geben könne, „pour faire apparaître sa portée réelle vis-à-vis des populations“.

60 *Rodrigues*, RAE 1994/2, 65, 73; *ders.*, Rev.MUE 1998, 37, 38.

61 *Monnier*, in: Cox (Hrsg.) (1997), S. 208; *Monnier*, ZögU 1993, 223, 229; *Fournier*, in: Bauby/Boual (1993), S. 101, 103.

62 *Rodrigues*, RAE 1994/2, 65, 73; *Monnier*, in: Cox (Hrsg.) (1997), S. 195, 201; *Mallol*, La Semaine Juridique, Edition Générale, No. 40 (1996), Doctrine 3963, S. 371. Kritisch dazu: *Majone*, in: ders. (Hrsg.) (1996), S. 284, 298 f.: es sei nicht ersichtlich, wie die Wertentscheidungen, die Umverteilung stets impliziere, legitimerweise auf Gemeinschaftsebene getroffen werden könnten. Auch würde eine aktive wohlfahrtsstaatliche Politik der Gemeinschaft das Problem des Demokratiedefizits verstärken.

63 Vgl. *CEEP* (1995), S. 53; *CEEP*, ZögU 20 (1997), 204, 205 ff.; *ENA*, Bd. II (1997), S. 883 f.; *Delacour*, Rev. MUE 1996, 501, 509.

64 *ENA*, Bd. II (1997), S. 824; *CEEP* (1995), S. 52; *Belloubet-Frier*, AJDA 1994, 270, 285; *Stoffaës* (1995), S. 33; *Cartelier*, in: Cox (Hrsg.) (1997), S. 11, 14 und 17 f mit der Forderung, an die Gemeinschaftspolitik im Bereich transeuropäischer Netze eine aktive, nicht am Wettbewerbsprinzip orientierte Industriepolitik anzuknüpfen. Vgl. auch: *Bognetti/Fazioli*, in: Cox (Hrsg.) (1997), S. 45, 50. Vgl. zur potentiellen industriepolitischen Bedeutung der Vorschriften über transeuropäische Netze im EG-Vertrag auch *Steindorff*, ZHR 164 (2000), 223, 250.

65 Z. B. *ENA*, Bd. II (1997), S. 882; *Monnier*, in: Cox (Hrsg.) (1997), S. 208; *Moine*, in: Castellano/Moine/Barrière/Villeneuve, RAE 1995/3, 38, 40.

gleich auf Gemeinschaftsebene die Spielräume zurück, die das Gemeinschaftsrecht ihnen auf nationaler Ebene genommen habe.[66]

Soweit von den Vertretern dieses Konzepts eines „service public“ auf Gemeinschaftsebene konkrete Änderungsvorschläge vorgelegt wurden, sahen diese zum einen vor, den Wert der „Dienstleistungen von allgemeinem wirtschaftlichem Interesse“ (bzw. „services publics“) im Gemeinschaftsrecht bereits in den Zielvorgaben des EGV hervorzuheben, um ihre Stellung gegenüber dem Wettbewerbsprinzip zu stärken bzw. im Verhältnis zwischen Wettbewerbsprinzip und „services publics“ dem Opportunitätsprinzip Raum zu schaffen.[67] Aus der Zielnorm solle überdies deutlich hervorgehen, daß die „services publics“ ein Wert und ein Mittel seien, welches seinerseits Wesentliches zur Verwirklichung der übrigen Gemeinschaftsziele – etwa des Ziels der Förderung des wirtschaftlichen und sozialen Zusammenhalts, des Verbraucherschutzes, der Raumordnung oder auch des Umweltschutzes – beitragen könne.[68]

Alternativ wurde vorgeschlagen, in zahlreiche der durch den Maastricht-Vertrag neu in den EGV eingefügten Titel (Titel XIV, XV, XVI, XVII, XIX) einen Hinweis auf die Bedeutung der „Dienstleistungen von allgemeinem wirtschaftlichem Interesse“ für die Mitgliedstaaten und für die Gemeinschaft aufzunehmen, um so die jeweiligen Gemeinschaftspolitiken auf einen Beitrag zur Realisierung der universaldienstpolitischen Ziele der Gemeinschaft zu verpflichten.[69]

3. Universaldienstkonzept als Begleitkonzept zur Marktöffnung

Den Forderungen nach einer Vertragsänderung stellten sich diejenigen entgegen, die am Ziel einer wettbewerbs- und marktorientierten Regelung der Universaldienstsektoren festhielten. Ein angemessenes Gleichgewicht zwischen dem Integrationsanspruch der Gemeinschaft und dem legitimen Interesse der Mitgliedstaaten an der Erfüllung „besonderer Aufgaben“ in den Infrastrukturen sei über Art. 86 Abs. 2 EGV bereits im geltenden Recht verwirklicht.[70] Die Vorschläge zur Änderung des Art. 86 Abs. 2 EGV, ob verbunden mit einer Ausweitung der universaldienstpolitischen Gestaltungskompetenzen der Gemeinschaft oder nicht, implizierten die Aufgabe des Prinzips der Integration

---

66 *ENA*, Bd. II (1997), S. 789 und S. 824; *Conseil d'État* (1995), S. 14, 110; *Saint-Martin*, in: Cox (Hrsg.) (1997), S. 55, 70 ff.

67 *Rodrigues*, RFD adm. 11 (1995), 335, 340; vgl. in diesem Sinne auch: *Scharpf* (1999), S. 149, wenn er vor monomaner Maximierung des Wettbewerbs warnt und Instrumente fordert, „mit denen die konkurrierenden Belange des unverfälschten Wettbewerbs einerseits und der auf dem Spiel stehenden verteilungsbezogenen, kulturellen und politischen Zielsetzungen [...] andererseits jeweils im Lichte der besonderen Umstände des Einzelfalls gegeneinander abgewogen werden können“.

68 *Rodrigues*, RFD adm. 11 (1995), 335, 339; *ENA*, Bd. I (1997), S. 357 f.

69 *Rodrigues*, RAE 1996, 25, 30; ähnlich auch die Entschließung des *Europäischen Parlaments* vom 13. 11. 1996 zum XXV. Bericht der Kommission über die Wettbewerbspolitik (1995), ABl. 1996 Nr. C 362/135, 136, Rn. 15. Befürwortend: *ENA*, Bd. II (1997), S. 883. Kritisch zu diesem Vorschlag hingegen: *ENA*, Bd. I (1997), S. 359.

70 Vgl. z. B. *Chérot*, AJDA 1996, 171, 173: „le droit communautaire n'a conduit qu' à remettre en cause des situations peu justifiables“.

durch Recht sowie des Verständnisses des EGV als einer rechtsverbindlichen Wirtschaftsverfassung.

Zu den Verteidigern der alten Rechtslage zählte insbesondere auch die EG-Kommission.[71] Wenngleich sie in einer Mitteilung zur Daseinsvorsorge aus dem Jahr 1996 der Kritik verbal Rechnung trug, indem sie die Bedeutung der Leistungen der Daseinsvorsorge „für die gemeinsamen Werte, auf denen die europäischen Gesellschaften gründen", ausdrücklich anerkannte und auch in gewissem Rahmen eine „aktive" Universaldienstpolitik der Gemeinschaft, nämlich positive Aktionen der Gemeinschaftsinstitutionen einforderte, die auf einen europäischen Beitrag zu den Zielen der „Dienstleistungen von allgemeinem wirtschaftlichem Interesse" abzielten, lehnte sie doch eine Änderung der rechtlichen Grundlagen ab und blieb bei ihrer Auffassung, daß die Erfüllung der besonderen Aufgaben in den Infrastruktursektoren in der Regel auch ohne Verletzung der gemeinschaftsrechtlichen Vorgaben gewährleistet werden könne.[72] Das Wettbewerbsprinzip sei nur in Randbereichen, nicht aber als Funktionsprinzip korrekturbedürftig, um legitimen mitgliedstaatlichen Schutzzielen – die vorwiegend im Schutz von Verbraucherrechten gesehen wurden – Rechnung zu tragen. Im Falle einer Änderung des Art. 86 Abs. 2 EGV bestehe die Gefahr, daß bestimmte Marktbeteiligte in Schlüsselsektoren der europäischen Volkswirtschaft jeglicher gemeinschaftlicher Kontrolle entzogen würden und unausgewogene Wettbewerbsbedingungen zwischen den einzelnen Mitgliedstaaten sowie zwischen privaten und öffentlichen Anbietern entstünden. Die Wettbewerbsfähigkeit der europäischen Industrie könne so Schaden nehmen.[73]

Hervorgehoben wurde von denjenigen, die eine Änderung des geltenden Rechts ablehnten, die zentrale rechtssystematische Bedeutung der Beibehaltung eines Regel-Ausnahme-Prinzips als Koordinationsprinzip für die Interessen der Mitgliedstaaten einerseits, den Geltungsanspruch des Gemeinschaftsrechts andererseits. Nur ein rechtsförmig gehandhabtes Regel-Ausnahme-Prinzip sei geeignet, die einheitliche Anwendung der Vorschriften des EGV in den Mitgliedstaaten sicherzustellen. Mit der Anerkennung der Gleichrangigkeit von Wettbewerbsprinzip und „service public" werde das Integrationsprinzip gänzlich aufgegeben, zumindest aber träten an die Stelle der Integration durch Recht die Unwägbarkeiten einer politischen Integration. Dem prinzipiellen Geltungsanspruch des Wettbewerbsprinzip könne aus demselben Grund auch nicht das Prinzip der Subsidiarität entgegengehalten werden, ohne dem Fortbestand voneinander abgeschotteter mitgliedstaatlicher Märkte Vorschub zu leisten.[74]

Dem vermeintlichen „ethischen Überschuß" gemeinwohlorientierten Wirtschaftens wird der überlegene Freiheitsschutz gegenübergestellt, den die Normen des EGV gewährleisten. Art. 86 Abs. 2 EGV schütze die Mitgliedstaaten in ihrem Anliegen, bestimmte

---

71 Siehe z. B. *Van Miert*, Competition Policy Newsletter Vol.3, 1997/2, S. 2.

72 Vgl. *Kommission*, XXVI. Wettbewerbsbericht (1996), S. 409 f.; auch S. 57 Rn. 114; *Kommission*, Mitteilung zur Daseinsvorsorge, ABl. 1996 Nr. C 281/3, Zif. 71; *Van Miert*, Competition Policy Newsletter Vol. 3, 1997/2, S. 3; *Buendia Sierra*, Competition Policy Newsletter Vol. 2, 1996/3, 14, 22.

73 Vgl. *Kommission*, XXVI. Wettbewerbsbericht (1996), S. 409 f.

74 Hierzu: *Mestmäcker* (1993), S. 20; *Mestmäcker*, Wandlungen in der Verfaßtheit der Europäischen Gemeinschaft (2000), S. 7; *Buendia Sierra*, Competition Policy Newsletter Vol. 2 (1996/3), 14, 22.

gemeinwohlorientierte Marktergebnisse sicherzustellen, beschränke dabei aber zugleich die Eingriffe in die Verkehrsfreiheiten und Chancengleichheit im Wettbewerb auf das notwendige Minimum. Art. 86 Abs. 2 EGV gewährleiste damit die fortgesetzte Suche nach den mit den Prinzipien des Marktes und des Wettbewerbs am besten zu vereinbarenden Mitteln. Der EG-Vertrag beruhe im übrigen auf der Annahme, daß die Mechanismen des Marktes und des Wettbewerbs regelmäßig ein Ergebnis hervorbrächten, das dem Interesse aller entspreche. Abweichungen von dieser Prämisse seien der begründungsbedürftige Ausnahmefall. Auch unter diesem Gesichtspunkt sei der Vorrang des Wettbewerbsprinzips vor dem Prinzip staatlicher Intervention und Steuerung gerechtfertigt.

Die Berufung der Mitgliedstaaten auf das Demokratie-Argument wird für nicht stichhaltig gehalten. Das Gemeinschaftsrecht – selbst demokratisch legitimiert durch Ratifikation der einschlägigen Verträge – beruhe auf dem Prinzip ‚beschränkter' Demokratie, d. h. auf dem Modell einer Demokratie, die in ihrem Aktionsradius ihrerseits durch Freiheitsrechtsgewährleistungen und durch ein Verbot diskriminierender Maßnahmen beschränkt sei.[75] Die Freiheitsgewährleistungen richteten sich bestimmmungsgemäß auch und gerade gegen Gesetze und Maßnahmen der jeweiligen parlamentarischen Mehrheit[76] und beruhten auf einer von der demokratischen Legitimation verschiedenen Grundlage.[77] Sie entfalteten Bindungskraft auch gegenüber den mitgliedstaatlichen Gesetzgebern und könnten und müßten somit gegen die Privilegienordnungen gewendet werden, die sich in den verschiedenen Mitgliedstaaten herausgebildet hätten.[78]

Wenig stichhaltig erscheint nach dieser Auffassung die Berufung der Mitgliedstaaten auf die besondere demokratische Legitimation der öffentlichen Wirtschaft im übrigen auch deswegen, weil gerade öffentliche Unternehmen ein Instrument für staatliche Wirtschaftssteuerung unter Ausschluß parlamentarischer Kontrolle darstellen.[79] Gegenüber politisch-diskretionären Entscheidungen und häufig intransparenten Interessengeflechten im Rahmen staatlicher Wirtschaftstätigkeit[80] hat die Koordination über den Markt den Vorzug, daß dezentral auf der Grundlage transparenter, abstrakt-genereller Regeln agiert wird.

---

75 *Mestmäcker*, in: Gerken (Hrsg.) (1995), S. 191, 194; *Hoppmann*, in: FS Mestmäcker (1996), S. 177, 189; *Mestmäcker*, in: Haus der Geschichte (Hrsg.) (1998), S. 65, 73: „Die erwähnte Eigenart marktwirtschaftlicher Ordnungen, Geltung auch gegenüber dem demokratischen Staat zu beanspruchen und dessen Kompetenzen zu begrenzen, erweist sich in Gestalt der mit Vorrang vor dem Recht der Mitgliedstaaten geltenden Freiheitsgewährleistungen als eine der Grundlagen der Gemeinschaft. Entpolitisierungen, die auf nationaler Ebene häufig als undemokratisch oder als überholt liberal gescholten werden, sind ein notwendiges Mittel, um das Machtprinzip durch Rechtsregeln zurückzudrängen". Vgl. auch *Möschel*, in: FS Ingo Schmidt (1997), S. 351, 357: Die Überantwortung wirtschaftlicher Austauschprozesse in den Bereich der Gesellschaft leiste einen wesentlichen Beitrag zu einer horizontalen Gewaltenteilung in einem Gemeinwesen. Staatliche Wirtschaftstätigkeit führe demgegenüber zu einer Akkumulation wirtschaftlicher und politischer Macht.

76 *Mestmäcker*, in: Hommelhoff/Kirchhof (1994), S. 113, 116.

77 *Mestmäcker*, in: Gerken (Hrsg.) (1995), S. 191, 194.

78 siehe auch *Di Fabio*, JZ 2000, 737, 740.

79 Näher hierzu: *Harms*, ZögU 14 (1991), 29, 34 f. Zum rechtlichen und faktischen Kontrolldefizit bei öffentlichen Unternehmen auch *Schneider*, DVBl. 2000, 1250, 1252 m. w. N.

80 *Monopolkommission*, Sondergutachten Systemwettbewerb (1998), S. 10 f.

Eine politische Anreicherung der Grundlagen für eine aktive Universaldienstpolitik der Gemeinschaft über das bereits vor Abschluß des Amsterdamer Vertrags bestehende Maß hinaus wurde auf der Grundlage ähnlicher rechtssystematischer und dem freiheitlichen Gehalt der gemeinschaftlichen Rechtsordnung verpflichteter Argumente abgelehnt: Die Gründerverträge beruhten auf einer Grundsatzentscheidung der Mitgliedstaaten für ein alle Mitgliedstaaten bindendes Rechtssystem, in dem allgemeingültige, auch die Mitgliedstaaten bindende Rechtsprinzipien an die Stelle des Prinzips staatlicher Willkür träten. Es sei diese weitgehende Begrenzung auf einen bestimmten Normtypus – den ursprünglich im EWG-Vertrag vorherrschenden Normtypus der mitgliedstaatliche Hoheitsbefugnisse *begrenzenden*, unmittelbar anwendbaren und Anwendungsvorrang vor dem Recht der Mitgliedstaaten beanspruchenden Norm[81] – der dem Gemeinschaftsrecht, ungeachtet der demokratischen Defizite der Gemeinschaft, seine eigentliche Legitimität verliehen habe und verleihe.[82]

Der EG-Vertrag ist mittlerweile mit vielen Normen angereichert worden, die von diesem Normtypus abweichen.[83] Die Einfügung einer Rechtsgrundlage für eine „aktive" Universaldienstpolitik der Gemeinschaft würde eine weitere Abweichung bedeuten. Die Bedrohung, die von hoheitlichen Ermessensentscheidungen für die Geltung der individuellen Freiheitsrechte ausgeht, würde durch die Gemeinschaftsrechtsordnung dann nicht mehr verringert, sondern verdoppelt, da nicht mehr nur die Mitgliedstaaten, sondern auch die Gemeinschaft zur Durchsetzung von Politikzielen auf Kosten der Freiheitsrechte und der Vorschriften des unverfälschten Wettbewerbs befugt wären.[84] Angesichts einer bislang unzureichenden Konstitutionalisierung und in der Praxis häufigen protektionistischen Mißbräuchen sei Zurückhaltung geboten, soweit es um die Übertragung von Politikbefugnissen auf Gemeinschaftsorgane gehe, die stets mit weiten Ermessensbefugnissen verbunden seien.[85]

---

81 Vgl. *Behrens*, in: Brüggemeier (Hrsg.) (1994), S. 73, 80; *Mestmäcker*, in: FS Drobnig (1998), S. 81, 85.

82 Vgl. auch *Mestmäcker*, in: Haus der Geschichte (Hrsg.) (1998), S. 65, 73; *ders.*, in: FS Drobnig (1998), S. 81, 85 f.

83 Vgl. hierzu u. a.: *Steindorff*, ZHR 164 (2000), 223, 242 f.; „Nicht nur hat der EG-Vertrag mittlerweile den Organen neue Handlungsermächtigungen zur Verfolgung dieser Ziele [des EG-Vertrags] zugeteilt. Insbesondere begnügt sich Art. 2 EG seit Maastricht nicht mehr damit, die Erreichung seiner Ziele nur vom Wirken des Gemeinsamen Marktes und einer Koordinierung staatlicher Politiken zu erwarten. Vielmehr sieht er, zusammen mit Einzelbestimmungen, *Maßnahmen und Politiken* der EG zur Erreichung der Ziele vor. Art. 4 Abs. 1 EG beauftragt die EG mit zusätzlicher eigener Zielsetzung und öffnet damit die Tür für weitere Maßnahmen. Damit wird Verantwortung der EG für politische Zielsetzungen und für das Erreichen der Ziele begründet. Sie kann diese Verantwortung nicht auf Markt und Wettbewerb abwälzen. Die offene Marktwirtschaft mit Wettbewerb bleibt namentlich in Art. 4 und 98 EG verankert, steht aber nicht mehr allein auf weiter Flur". Die Folge sei eine gegenseitige Relativierung der Ziele. Siehe auch: *Mestmäcker*, in: FS Drobnig (1998), S. 81, 85.

84 Vgl. in diesem Zusammenhang *Steindorff*, ZHR 164 (2000), 223, 245: „Namentlich gegenüber der Rechtsetzung, aber auch vielfach gegenüber Kommissionsentscheidungen versagt Rechtsschutz oft, weil der Gerichtshof den Gemeinschaftsorganen für die Ausübung ihrer Tätigkeit große, nicht überprüfbare Ermessens- bzw. Beurteilungsentscheidungen zuerkennt. Damit wird Intervention begünstigt". Siehe auch *Mestmäcker*, in: FS Drobnig (1998), S. 81, 85 f – allerdings im Zusammenhang mit der Beschäftigungspolitik.

85 *Petersmann*, EuZW 1993, 593, 597.

Entschieden entgegengetreten wurde auch einer Streichung oder Änderung des Art. 86 Abs. 3 EGV. Es könne nicht den Mitgliedstaaten überlassen bleiben, ob die von ihnen verliehenen Ausschließlichkeitsrechte von der Anwendung der Vorschriften des EGV verschont blieben oder nicht.[86]

Von der Kommission für möglich gehalten wurde allerdings eine Änderung des EGV von rein symbolischem Charakter: die Kommission schlug vor, einen neuen Art. 3 lit.u in den EGV einzfügen, demzufolge die Tätigkeit der Gemeinschaft auch einen „Beitrag zur Förderung der gemeinwohlorientierten Leistungen" umfasse.[87] Hierdurch sollten „die Leistungen der Daseinsvorsorge im europäischen Aufbauwerk den Platz erhalten [...], der ihrer Bedeutung für die gemeinsamen Werte, auf denen die europäischen Gesellschaften gründen, gerecht wird", und es solle eine Perspektive für den Ausbau der gemeinwohlorientierten Leistungen in Europa aufgezeigt werden, in welche die bereits bestehenden Handlungsmöglichkeiten einzubinden seien.[88]

Die Kommission hob allerdings hervor, daß diese Vertragsänderung rein programmatischen Charakter haben sollte.[89] Es handele sich um eine Bestätigung und Festschreibung der bereits zuvor von der Kommission anerkannten Aufgabe, gemeinschaftliche Initiativen für die Fortentwicklung von Leistungen der Daseinsvorsorge zu ergreifen und so gemeinsam mit den Mitgliedstaaten das Ziel der Realisierung einer angemessenen Daseinsvorsorge zu fördern. Bereits jetzt seien die Leistungen der Daseinsvorsorge eine Dimension, der die Gemeinschaft bei der Konzipierung ihrer Politiken und der Festlegung ihrer Maßnahmen Rechnung tragen müsse. Dies solle durch den neuen Art. 3 lit.u EGV ausdrücklich im EGV anerkannt und so ein beruhigendes Signal an die um ihre nationalen „service public"-Konzepte besorgten Mitgliedstaaten ausgesandt werden. Weder solle aber etwas an der bestehenden Kompetenzverteilung zwischen Gemeinschaft und Mitgliedstaaten noch an dem Gleichgewicht zwischen dem gemeinschaftsrechtlichen Integrationsziel und den nationalen Zielen der Daseinsvorsorge geändert noch eine neue Rechtsgrundlage für eine weitergehende Tätigkeit der Gemeinschaft geschaffen werden.[90]

Von anderer Seite wurde auch die von der Kommission vorgeschlagene Vertragsänderung abgelehnt: durch eine solche Änderung würden leicht zu mißdeutende Signale gesetzt und neue Unsicherheit geschaffen.[91]

---

86 *Van Miert*, in: XXIX. FIW-Symposion (1996), S. 17, 20.

87 *Kommission*, Mitteilung zur Daseinsvorsorge, ABl. 1996 Nr. C 281/3 Zif. 73.

88 A. a. O., Zif. 72; dazu auch *Tettinger*, DVBl. 1997, 341, 343.

89 *Kommission*, Mitteilung zur Daseinsvorsorge, ABl. 1996 Nr. C 281/3, Zif. 74. Den rein programmatischen Charakter des Änderungsvorschlags der Kommission betont auch *Buendia Sierra*, Competition Policy Newsletter 2 (1996/3), 14, 15. Skeptisch: *Tettinger*, DVBl. 1997, 341, 343 und 346: Ein neuer Art. 3 lit.u EGV berge die Gefahr einer Aushöhlung des Wettbewerbsprinzips. In diese Richtung auch *Seliger*, WuW 1997, 874, 876; *Vollmer*, in: FS für Ingo Schmidt (1997), S. 289, 299 f., mit der Befürchtung, es werde eine neue Regulierungskompetenz begründet.

90 *Kommission*, XXVI. Wettbewerbsbericht (1996), S. 57 f., Rn. 114; auch *Kommission*, Mitteilung zur Daseinsvorsorge, ABl. 1996 Nr. C 281/3 Zif. 74.

91 *Tettinger*, DVBl. 1997, 341, 346.

III. Art. 16 EGV

1. Bestandsaufnahme und Reaktionen

a) Die Vertragsänderung

Die Bestrebungen insbesondere von französischer Seite[92], mit Blick auf die Behandlung der „Dienstleistungen von allgemeinem Interesse“ eine Änderung des EG-Vertrags durchzusetzen, waren erfolgreich: durch den Amsterdamer Vertrag ist ein neuer Art. 16 in den EG-Vertrag eingefügt worden. Bereits eine flüchtige Lektüre der Vorschrift zeigt, daß es sich hierbei um einen politischen Kompromiß handelt: den erheblich weiterreichenden Änderungsvorschlägen von französischer Seite waren vor allem Großbritannien und die Niederlande entschieden entgegengetreten. Auch Deutschland und Spanien standen einer Vertragsänderung eher skeptisch gegenüber.[93] Man einigte sich schließlich auf die Aufnahme eines neuen Artikels in den mit der Überschrift „Grundsätze“ versehenen Ersten Teil des EG-Vertrags, der folgendermaßen lautet:

> „Unbeschadet der Artikel 73, 86 und 87 [früher: Artikel 77, 90 und 92] und in Anbetracht des Stellenwerts, den Dienste von allgemeinem wirtschaftlichem Interesse innerhalb der gemeinsamen Werte der Union einnehmen, sowie ihrer Bedeutung bei der Förderung des sozialen und territorialen Zusammenhalts tragen die Gemeinschaft und die Mitgliedstaaten im Rahmen ihrer jeweiligen Befugnisse im Anwendungsbereich dieses Vertrags dafür Sorge, daß die Grundsätze und Bedingungen für das Funktionieren dieser Dienste so gestaltet sind, daß sie ihren Aufgaben nachkommen können“.

Ergänzt wird der neue Art. 16 durch folgende Erklärung für die Schlußakte:

> „Der die öffentlichen Dienste betreffende Art. 16 ist unter uneingeschränkter Beachtung der Rechtsprechung des Gerichtshofs, unter anderem in Bezug auf die Grundsätze der Gleichbehandlung, der Qualität und der Dauerhaftigkeit solcher Dienste, umzusetzen“.

Der Geltungsbereich des Art. 86 Abs. 2 EGV wird außerdem durch zwei weitere Vereinbarungen aus dem Amsterdamer Vertrag berührt: durch ein auf Initiative Belgiens verabschiedetes Protokoll zum EGV betreffend den öffentlich-rechtlichen Rundfunk;[94] und durch eine Erklärung zur Schlußakte betreffend öffentlich-rechtliche Kreditinstitute

---

92 Vgl. zur Rolle Frankreichs u. a. *Buendia Sierra* (1999), Tz. 8.221. Unterstützt wurde dieses Anliegen aber auch von Belgien und Luxemburg. Die Änderungsvorschläge, die einzelne Mitgliedstaaten im Rahmen der Regierungskonferenz ’96 vorgelegt hatten, sowie die Positionen verschiedener Institutionen werden zusammengefaßt in dem Dokument „Intergovernmental Conference, Briefing No. 12 (Second update: 23rd March 1996): „Public Services“, S. 2 ff. (http://www.europarl.eu.int /dg7/fiches/ en/ fiche12.htm) (abgerufen am 21. 8. 2000).

93 Während Deutschland einer allgemeinen Vertragsergänzung eher ablehnend gegenüberstand, war es aber durchaus bestrebt, spezifische Dienstleistungen, die es als „Dienstleistungen von allgemeinem wirtschaftlichem Interesse“ betrachtete, durch Sonderbestimmungen gegenüber den gemeinschaftlichen Wettbewerbsregeln abzusichern – vgl. insbes. die Erklärung in der Schlußakte betreffend öffentlich-rechtliche Kreditinstitute in Deutschland.

94 Protokoll Nr. 9 der Schlußakte von Amsterdam.

in Deutschland.[95] Da es sich hier um zwei Bereiche handelt, die im Rahmen dieser Arbeit nicht näher behandelt wurden, soll auf diese Bestandteile des Amsterdamer Vertrags in der Folge nicht näher eingegangen werden.

b) Reaktionen

In Art. 16 EGV wie auch in der Erklärung für die Schlußakte wird die geltende Rechtslage vordergründig bestätigt. Dieser Umstand, zusammen mit der Unbestimmtheit der Formulierungen, haben bislang in der Literatur überwiegend zu einer sehr zurückhaltenden Einschätzung der Bedeutung des Art. 16 EGV geführt:[96] es handele sich um einen Formelkompromiß, einen „programmatischen Leitsatz",[97] dessen Bedeutung vor allem auf politischer[98] bzw. symbolischer Ebene liege.[99] Auch die Kommission hat bislang abgewiegelt. Die neue Vorschrift sei „ein Signal, das diejenigen beruhigen müsse, die zu Unrecht glaubten, daß auf Gemeinschaftsebene die Empfänglichkeit für Fragen des Allgemeininteresses fehle". Gleichzeitig werde aber das bestehende Gleichgewicht des Vertrages im wesentlichen bestätigt.[100]

Allerdings mehren sich die Stimmen, die Art. 16 EGV eine weiterreichende Bedeutung beimessen.[101] In der französischen Literatur wird der neuen Vorschrift, welche die „Dienste von allgemeinem wirtschaftlichen Interesse" endlich gemeinschaftsrechtlich als *positiven Wert* anerkenne,[102] häufig das Potential zugesprochen, neue gemeinschaftsrechtliche und gemeinschaftspolitische Entwicklungen im Bereich der „services publics" anzustoßen[103] – die Vorschrift sei ein erster Schritt hin zu einer neuen, europäi-

95 Erklärung Nr. 37 der Schlußakte der Amsterdamer Konferenz zu den öffentlich-rechtlichen Kreditinstituten in Deutschland.

96 Z. B. *Faull/Nikpay* (1999), Art. 86 Tz. 5.124: „[...] this provision does not modify Article 86(2) but rather reaffirms the logic behind the provision". Auch *Waelbroeck/Frignani* (1999), S. 306: „it is doubtful that it [Art. 16 EGV] will exercise much effect on the future development of the law"; ähnlich *Lenaerts/De Smitjer*, Journal des tribunaux – droit européen, fevrier 1998, 25, 27; GTE-*Hochbaum*, Kom., 5. Aufl. (1999), Art. 90 Rn. 55; *Lecheler/Gundel*, RdE 1998, 92, 93; *Favret*, Cahiers de droit européen 1997, 555, 577; *Blum*, Gazette du Palais – 11–13 juillet 1999 – Gazette Européenne, 12, 22.

97 *Kruse*, NZVw 2000, 721, 724.

98 Vgl. *Geradin*, Cahiers de Droit Européen 1999, 14, 43; auch Calliess/Ruffert-*Jung*, Kom. (1999), Art. 16 Rn. 13 spricht von einer politischen Absichtserklärung mit geringen rechtlichen Wirkungen. Allerdings heißt es in derselben Kommentierung auch, in Art. 16 würden die „Dienste von allgemeinem wirtschaftlichem Interesse" als „eigenständiges Wirtschaftsmodell" anerkannt (Calliess/Ruffert-*Jung*, Kom. (1999), Art. 86 Rn. 41).

99 In diese Richtung: *Kommission*, XXVII. Wettbewerbsbericht (1997), Rn. 97; *Schaub/Dohms*, Die AG 1998, 566, 567 Fn. 1.

100 *Van Miert*, in: XXXII. FIW-Symposion (1999), S. 5, 6; *Buendia Sierra* (1999), Tz. 8.231.

101 Z. B.: *Ross*, 25 ELRev. 2000, 22, 28: „[...] the impact of Article 16 may well prove fundamental in the longer term in relation to the entrenchment of public services as Community values"; *Steindorff*, ZHR 163 (1999), 395, 426; *Rodrigues*, Rev.MUE 1998, 37, 39.

102 *Duperon*, Petites Affiches No. 124, 24. Juin 1999, 9, 13; *Chavrier/Legal/de Bergues*, AJDA 1998, 310, 324; *Petite*, Rev.MUE 3/1997, 17, 35.

103 *Duperon*, Petites Affiches No. 124, 24. Juin 1999, 9, 13.

schen Konzeption „öffentliche Dienste“.[104] Eine merkbare Annäherung des Gemeinschaftsrechts an das französische Konzept des „service public“ wird konstatiert.[105]

Im übrigen bleiben die Äußerungen zu Art. 16 EGV zumeist vage. Zum Teil wird gemutmaßt, die Vorschrift begründe ein neues Gleichgewicht zwischen Wettbewerb und „Dienstleistungen von allgemeinem wirtschaftlichem Interesse“[106] und könne zumindest mittelbar rechtliche Wirkung entfalten.[107] Zum Teil wird allerdings auch deutlich auf die mit Art. 16 EGV verbundenen Gefahren hingewiesen: in der Vorschrift komme eine Relativierung des Wettbewerbsschutzes und der den Binnenmarkt konstituierenden Grundfreiheiten zum Ausdruck. Damit würden staatliche Möglichkeiten für wirtschaftliche Gestaltung in Abweichung von marktwirtschaftlicher Ordnung – auf mitgliedstaatlicher[108] sowie auf Gemeinschaftsebene – erweitert.[109] *Möschel* sieht in Art. 16 EGV „eine Art Bestandsgarantie“ für „Dienste von allgemeinem wirtschaftlichem Interesse“.[110]

Unbestritten gilt, daß Art. 16 EGV für die künftige Behandlung der „Dienstleistungen von allgemeinem wirtschaftlichem Interesse“ im Gemeinschaftsrecht neue Rechtsunsicherheit erzeugt.[111] Dieser Zustand dauert bislang an: insbesondere der EuGH hat sich zur Bedeutung des Art. 16 EGV noch nicht geäußert. Auch aus der Praxis der Kommission ergeben sich keine klaren Hinweise.

Im Folgenden soll zunächst die neue Vorschrift selbst analysiert werden. Im Anschluß daran soll das Wirkungspotential des Art. 16 EGV im Zusammenspiel mit denjenigen Vertragsvorschriften, die sich als Anknüpfungspunkte anbieten, aufgezeigt werden. Im Vordergrund steht dabei die Frage, wie sich Art. 16 EGV auf die Auslegung und Handhabung des Art. 86 Abs. 2 EGV auswirken kann.

2. *Art. 16 EGV – Versuch einer Auslegung*

Die historische Auslegungsmethode spielt im primären Gemeinschaftsrecht keine Rolle.[112] Die Bedeutung des Art. 16 EGV muß daher, ausgehend vom Wortlaut, vor allem im Wege der systematischen und teleologischen Auslegung bestimmt werden.[113]

104 Vgl. hierzu *Budäus/Schiller*, ZögU 23(2000), 94, 100 m. w. N. in Fn. 24.

105 *Duperon*, Petites Affiches No. 124, 24. Juin 1999, 9, 16.

106 In diese Richtung: *Van Miert*, in: XXIX. FIW-Symposion (1996), S. 17, 18; *Lukes*, EWS 1999, 441, 446: das Schaukeln zwischen Service-Public-Denken und liberaler Wirtschaftspolitik werde immer stärker zu einem Strukturprinzip der Gemeinschaft; *Budäus/Schiller*, ZögU 23 (2000), 94, 101; *Kahl*, wbl. 1999, 189, 196 erwartet eine künftig stärkere Betonung der sozialen Aspekte im EGV.

107 So *Tettinger*, RdE 1999, 45, 49.

108 Vgl. z. B. *Ehricke*, EuZW 1998, 741, 747.

109 *Steindorff*, ZHR 164 (2000), 223, 256 f.

110 *Möschel*, WuW 1999, 832, 835.

111 Financial Times Business Law Europe, 1. 7. 1997, Issue No. 97-11, S. 2; *Dehousse*, Journal des tribunaux, 8. 11. 1997, 721, 722. *Scharpf* (1999), S. 149 spricht mit Blick auf die gegenwärtige Rechtslage von einer „kreativen Mehrdeutigkeit“, – die er allerdings begrüßt, da sie Spielraum für ein „autonomieschonendes“ Verständnis des Gemeinschaftsrechts schaffe.

112 Siehe hierzu: *Mestmäcker*, in: FS Raisch (1995), S. 441, 442.

a) Dienste von allgemeinem wirtschaftlichem Interesse

Art. 16 EGV weicht von der Begrifflichkeit des Art. 86 Abs. 2 S. 1 EGV insoweit ab, als nicht von „Dienstleistungen“, sondern von „Diensten von allgemeinem wirtschaftlichem Interesse“ die Rede ist. Es handelt sich dabei um eine Besonderheit der deutschen Textfassung. In der englischen Fassung („services“) und in der französischen Fassung („les services“) wird in Art. 16 EGV vollen umfangs auf die Begrifflichkeit aus Art. 86 Abs. 2 S. 1 EGV zurückgegriffen. Hieraus wird gefolgert, daß der Abweichung keine inhaltliche Bedeutung beigemessen werden könne.[114]

Andererseits ist dem Begriff der „Dienste von allgemeinem wirtschaftlichem Interesse“ eine Doppeldeutigkeit eigen, die bislang bereits in der englischen und der französischen Fassung des Vertrags, nicht aber in der deutschen enthalten war: der Begriff der „Dienste“ kann nicht nur leistungsbezogen, sondern, anders als der Begriff der „Dienstleistungen“, auch organisatorisch-institutionell verstanden werden.[115] Eben diese Doppeldeutigkeit des Begriffs „services“ hat im französischen „service public“-Konzept zur häufigen Gleichsetzung bestimmter Dienstleistungen von öffentlichem Interesse mit einer bestimmten Organisationsform des „service public“ – der Organisationsform der durch Ausschließlichkeitsrechte geschützten staatlichen Monopole – geführt.

Die Kommission hat auf die Doppeldeutigkeit des Begriffs der „Dienste“ in ihrer Mitteilung zur Daseinsvorsorge hingewiesen und für ein leistungsbezogenes Verständnis plädiert.[116] Umso mehr überrascht die Wahl des Begriffs „Dienste“ in Art. 16 EGV, der nunmehr auch die deutsche Vertragsfassung stärker als zuvor für ein organisatorisch-institutionelles Verständnis öffnet.[117] Würde aber in Art. 16 EGV nicht nur bestimmten Leistungen, sondern bestimmten traditionellen Organisationsformen ein besonderer Wert zuerkannt, so könnte dies auch auf den Schutzbereich des Art. 86 Abs. 2 S. 1 EGV ausstrahlen.

Erwähnenswert scheint überdies, daß in der Erklärung zur Schlußakte nicht der Begriff der „Dienste von allgemeinem wirtschaftlichen Interesse“, sondern der Begriff der „öffentlichen Dienste“ – in der französischen Fassung der Begriff der „services publics“ verwendet wird. Damit wird angedeutet, daß die in Art. 86 Abs. 2 S. 1 und Art. 16 EGV genannten „Dienste“ bzw. „Dienstleistungen von allgemeinem wirtschaftlichem Interes-

---

113 Zur zentralen Bedeutung der systematischen und teleologischen Auslegungsmethode im Gemeinschaftsrecht: *Mestmäcker*, in: FS Raisch (1995), S. 441, 442 f.; *Due*, in: Iglesias/Gil/Due/Schintgen/Elsen (eds.) (1999), S. 73, 77.

114 So insbes. *Tettinger*, RdE 1999, 45, 49.

115 Vgl. auch *Budäus/Schiller*, ZögU 23 (2000), 94, 97.

116 *Kommission*, Mitteilung zur Daseinsvorsorge, ABl. 1996 Nr. C 281/3 Zif. 11: „So werden manchmal fälschlicherweise öffentlicher Dienst und öffentliche Leistungen gleichgesetzt, also Rechtsstellung und Auftrag, Eigentümer und Empfänger verwechselt. Die europäische Politik setzt bei der Daseinsvorsorge, also bei dem Auftrag und den Bedingungen, unter denen er erfüllt wird, und nicht bei der Rechtsstellung an“.

117 Bekräftigt wird dies noch durch die Formulierung, die Mitgliedstaaten und die Gemeinschaft hätten dafür Sorge zu tragen, daß die Dienste „ihren Aufgaben nachkommen können“; denn Aufgaben werden nicht bestimmten Leistungen, sondern organisatorischen Einheiten bzw. Unternehmen übertragen.

se" mit den mitgliedstaatlichen Konzepten, insbesondere mit dem Konzept des „service public", gleichzusetzen seien.[118] Eine solche Festlegung hatte der EuGH in seiner Rechtsprechung zuvor stets vermieden.

b) Stellenwert der Dienste innerhalb der gemeinsamen Werte der Union und ihre Bedeutung für den sozialen und territorialen Zusammenhalt

Art. 16 EGV erkennt den „Diensten von allgemeinem wirtschaftlichem Interesse" einen besonderen Stellenwert innerhalb der gemeinsamen Werte der Union zu. Dies wirft zahlreiche Fragen auf. Art. 16 EGV stellt weder klar, mit welchen Werten die „Dienste von allgemeinem wirtschaftlichem Interesse" in Verbindung zu bringen noch welche Schlußfolgerungen aus dieser Werthaltigkeit zu ziehen sind.[119]

Zur ersten Frage hilft ein Blick auf die Mitteilung der Kommission zur Daseinsvorsorge aus dem Jahr 1996 weiter. Hier heißt es unter der Überschrift „Gemeinsame Werte":

> „Die europäischen Gesellschaften sind bestrebt, die von ihnen eingeführten Leistungen der Daseinsvorsorge aufrechtzuerhalten, denn sie erfüllen grundlegende Bedürfnisse. Diese Leistungen halten die Gesellschaft – über das rein Materielle hinaus – auch symbolisch zusammen: sie sind die festen Bezugspunkte eines Gemeinwesens und begründen die Zugehörigkeit der Bürger zu diesem Gemeinwesen. In allen europäischen Ländern sind sie eine bis ins Alltagsleben hinein spürbare Komponente der kulturellen Identität".[120]

Die Kommission betont in ihrer Mitteilung zugleich den Zusammenhang der Leistungen der Daseinsvorsorge mit den Grundsätzen der Solidarität und Gleichbehandlung, die grundlegende Ziele der Europäischen Gemeinschaft seien bzw. den „Kern des europäischen Gesellschaftsmodells" bildeten.[121]

Obwohl die präzise Bedeutung dieser Ausführungen im Dunkeln bleibt, wird doch deutlich, daß die Kommission – über das Ziel der Gewährleistung eines flächendeckenden Zugangs aller zu bestimmten Leistungen zu erschwinglichen Preisen und angemessenen Bedingungen hinaus – eine an diese Leistungen anknüpfende Politik der aktiven Umverteilung in räumlicher wie in sozialer Hinsicht als den gemeinsamen Werten der Mitgliedstaaten und der Gemeinschaft gemäß anerkennt. Mit der positiven Anerkennung des Symbolgehalts der Leistungen der Daseinsvorsorge als greifbarer Repräsentation des Allgemeinen bzw. des sozialen und nationalen Zusammenhalts wird darüber hinaus der französischen „service public"-Doktrin weit entgegengekommen,[122] wobei der Verweis auf diesen Symbolgehalt in Frankreich regelmäßig zur Rechtfertigung eines landesweit einheitlichen, *staatlichen* Leistungsangebots dient.

---

118 vgl. auch *Blum*, Gazette du Palais – 11–13 juillet 1999 – Gazette Européenne, 12, 22.

119 Zur Problematik des Konzepts einer Wertegemeinschaft grundsätzlich: *Mestmäcker*, Europäische Legitimität, Manuskript (2000), S. 13 f.

120 *Kommission*, Mitteilung zur Daseinsvorsorge, ABl. 1996 Nr. C 281/3 Zif. 6.

121 A. a. O., Zif. 1.

122 In diesem Sinne auch *Gosalbo Bono*, Rev.trim.dr.eur. 33(4) 1997, 769, 773.

Welche Schlußfolgerungen aus der Hervorhebung des „Stellenwerts“ der Dienste von allgemeinem wirtschaftlichem Interesse zu ziehen sind, ist weithin offen. Es ist die Frage aufgeworfen worden, ob Art. 16 EGV eine bestimmte hierarchische Rangordnung in das Vertragsgefüge einführe[123] – die sich dann in der Handhabung anderer Vertragsvorschriften auswirken würde. Offenkundig ist, daß die besondere Werthaltigkeit der Dienste in die Auslegung und Handhabung des Art. 86 Abs. 2 EGV hineinwirken kann (näher: s. u., D.III.3.c)). Ein Konflikt zwischen der konkreten Ausgestaltung bestimmter „Dienstleistungen von allgemeinem wirtschaftlichem Interesse“ und den Wettbewerbsvorschriften oder Verkehrsfreiheiten des EG-Vertrags erschiene dann nicht mehr primär als ein Normkonflikt, der nach Maßgabe von Rechtsprinzipien – namentlich des Verhältnismäßigkeitsgrundsatzes als Optimierungsprinzip – zu lösen ist, sondern als ein allein einer politischen Lösung zugänglicher Wertkonflikt.[124] Bei diesem Verständnis würde Art. 16 EGV maßgeblich zu einer Repolitisierung des Art. 86 Abs. 2 S. 1 EGV beitragen.[125]

Neben dem besonderen Stellenwert der „Dienste von allgemeinem wirtschaftlichem Interesse“ wird ihre Bedeutung bei der Förderung des sozialen und territorialen Zusammenhalts und damit ihre sozial- und raumordnungspolitische Relevanz hervorgehoben.[126] Das Ziel der „Förderung des sozialen und territorialen Zusammenhalts“ wird nicht nur auf mitgliedstaatlicher, sondern auch auf Gemeinschaftsebene verfolgt (Art. 2 EGV). Über Art. 16 EGV erhält die Infrastruktur- und Universaldienstpolitik der Gemeinschaft eine deutliche Ausrichtung auf dieses Ziel.[127] Zwar bedeutet dies nicht, daß eine gleichzeitige Ausrichtung der Gemeinschaftspolitik auf das Wettbewerbs- und Binnenmarktziel ausgeschlossen wäre. Im Falle eines Zielkonflikts könnte das Wettbewerbsziel jedoch auf der Grundlage des Art. 16 EGV in den Hintergrund treten.

c) Sorge für eine funktionsgerechte Gestaltung der Grundsätze und Bedingungen der Dienste

Art. 16 EGV verpflichtet sowohl die Gemeinschaft als auch die Mitgliedstaaten, im Rahmen ihrer jeweiligen Befugnisse im Anwendungsbereich des EG-Vertrags dafür Sorge zu tragen, „daß die Grundsätze und Bedingungen für das Funktionieren dieser

---

123 *Tettinger*, RdE 1999, 45, 48 verneint die Frage im Ergebnis. A. A. *Ross*, 25 ELRev. 2000, 22 f. und 34, der zunehmend Anzeichen für eine Neuorientierung der Vertragsziele und -prioritäten sieht. Allgemein zu den Kriterien, anhand derer sich eine Hierarchie der Ziele im EG-Vertrag ermitteln läßt: *Basedow*, in: FS Everling (1995), S. 49 ff.: eine Hierarchie der Ziele ergebe sich aus der Präzision ihrer Normierung, der Eigenständigkeit der ihrer Verwirklichung dienenden Politiken und aus den Mitteln zu ihrer Durchsetzung. Legt man diese Kriterien an Art. 16 EGV an, so ist die Vorschrift angesichts iher Vagheit ungeeignet zur Verschiebung der Zielhierarchie im EG-Vertrag.

124 Vgl. zum Unterschied zwischen einem Norm- und einem Wertekonflikt und den daraus resultierenden unterschiedlichen Entscheidungszuständigkeiten auch: *Edward*, Fordh. Int. L.J. 23 (2000), 274, 275.

125 Siehe hierzu: *Mestmäcker*, Europäische Legitimität, Manuskript (2000), S. 12.

126 Siehe z. B. *Europäisches Wirtschafts- und Sozialkommittee*, Opinion on Services of general interest, 21. Okt. 1999, Rn. 6.4.

127 In diesem Sinne auch *Kommission*, Bekanntmachung über die Anwendung der Wettbewerbsregeln auf dem Postsektor, ABl. 1998 Nr. C 39/2, 3, Vorwort.

Dienste so gestaltet sind, daß sie ihren Aufgaben nachkommen können". Mit Blick auf beide Adressaten weist die Pflicht eigenartige Züge auf.

Die Mitgliedstaaten werden im Namen gemeinsamer Werte für ein Ziel in die Pflicht genommen, welches primär sie selbst bestimmen und demgemäß aus eigener Neigung verfolgen.[128]

Die Gemeinschaft ihrerseits wird auf ein Ziel verpflichtet, welches die Mitgliedstaaten jeweils individuell – und nur, wenn ein politischer Wille hierzu existiert, auch gemeinsam – bestimmen. Die Bestimmungsfreiheit der Mitgliedstaaten wird dabei in Art. 16 EGV in keiner Weise eingegrenzt.[129] Verpflichtungen der Gemeinschaft auf primär mitgliedstaatliche Ziele sind im EG-Vertrag verschiedentlich dort vorgesehen, wo die Ausgestaltung bestimmter Politikziele wie Kulturförderung oder Verbraucherschutz grundsätzlich im Kompetenzbereich der Mitgliedstaaten verbleibt (vgl. z. B. Artt. 151 Abs. 4, 153 Abs. 2 EGV). Der Unterschied besteht darin, daß dort die von der Gemeinschaft zu berücksichtigenden öffentlichen Interessen der Mitgliedstaaten ihrer Zielrichtung nach präziser eingegrenzt sind, als dies in Art. 16 EGV der Fall ist. „Dienste von allgemeinem wirtschaftlichem Interesse" bezeichnen in der gegenwärtigen Auslegung nicht so sehr ein sachliches Regelungsinteresse als bestimmte Lebensbereiche. Auch wird die Rücksichtnahmepflicht der Gemeinschaft in anderen Bereichen regelmäßig mit einem Auftrag zur Förderung der Zusammenarbeit und vielfach auch zur Harmonisierung verbunden, nicht aber in Art. 16 EGV. Diese Unterschiede verdeutlichen, daß es in Art. 16 EGV nicht um die Stärkung der universaldienstpolitischen Gestaltungskompetenzen der Gemeinschaft, sondern um die der Mitgliedstaaten geht. Auf der Grundlage des Art. 86 Abs. 2 EGV war es bislang Aufgabe der Gemeinschaft, Konflikte zwischen den nationalen Zielen und den gemeinschaftlichen Integrationszielen nach Maßgabe eines Rechtsprinzips zu lösen, welches dem Ziel verpflichtet war, durch gemeinschaftsrechtliche Strukturanpassungspflichten die Konflikte zu minimieren.[130] Nunmehr ist die Gemeinschaft offenbar verpflichtet, das Gemeinschaftsrecht in einer der Aufgabenerfüllung zuträglichen Weise anzuwenden[131] – die Strukturanpassungspflicht fällt auf die Gemeinschaft zurück. Damit scheint die Forderung des CEEP erfüllt, die „Dienste von allgemeinem wirtschaftlichem Interesse" zu einem positiven Funktionsprinzip der Gemeinschaft zu machen.[132]

Art. 16 EGV begründet demgegenüber keine Gewährleistungsfunktion der Gemeinschaft für die universelle Zugänglichkeit von „Diensten von allgemeinem wirtschaftlichem Interesse". Auch wird die Zuständigkeit zur Bestimmung der „besonderen Aufgaben" nicht auf die Gemeinschaft transferiert sondern verbleibt dort, wo Art. 86 Abs. 2 EGV sie beläßt.

---

128 Vgl. *Mestmäcker*, Europäische Legitimität, Manuskript (2000), S. 11.

129 Vgl. *Geiger*, Kom., 3. Aufl. (2000), Art. 16 Rn. 6 mit der These, daß Art. 16 EG-Vertrag gerade auch die Freiheit der Mitgliedstaaten zur politischen Gestaltung im Bereich der Daseinsvorsorge schütze.

130 *Kommission*, XXVI. Wettbewerbsbericht (1996), S. 410.

131 *Ross*, ELRev. 25 (2000), 22, 32 spricht von einer „duty to facilitate the achievement of general service missions".

132 Vgl. *CEEP* (1995), S. 64. Vgl. hierzu auch *Tettinger*, RdE 1999, 45, 49.

Die Verpflichtung der Mitgliedstaaten und der Gemeinschaft, im Rahmen ihrer jeweiligen Befugnisse für die Gestaltung von Bedingungen Sorge zu tragen, die dem Funktionieren der Dienste von allgemeinem wirtschaftlichem Interesse zuträglich sind, bezieht sich auf sämtliche Befugnisse der Mitgliedstaaten bzw. der Gemeinschaft, deren Ausübung Einfluß auf die Dienste haben kann.[133] Mit Art. 16 EGV ist damit eine weitere Querschnittsklausel in den EGV eingeführt worden,[134] die eine positive Verpflichtung beinhaltet, die Aufgabenerfüllung zu ermöglichen (Gestaltungspflicht), und eine negative Verpflichtung, Maßnahmen zu unterlassen, die die Aufgabenerfüllung verhindern könnten (Rücksichtnahmepflicht).[135] In engem Zusammenhang mit der Rücksichtnahmepflicht stehen auch die nach allgemeiner Ansicht aus Querschnittsklauseln folgenden verschärften Prüfungspflichten dahingehend, wie sich in Erwägung gezogene Maßnahmen auf den geschützten Belang auswirken werden.[136] Ferner verleihen Querschnittsklauseln den von ihnen geschützten Belangen im Abwägungsprozeß ein stärkeres Gewicht.[137]

Darüber hinaus besteht über die Art und Weise sowie die Reichweite der Wirkung von Querschnittsklauseln keine Einigkeit.[138] Die Querschnittsklauseln für die verschiedenen Politikbereiche sind unterschiedlich formuliert und kommen in unterschiedlichen Zusammenhängen zur Geltung.[139] Ihre Wirkung ist daher im jeweils relevanten Sachzu-

---

133 Vgl. auch *Moavero Milanesi*, Revue du Droit de l'Union Européenne 2000/2, 117, 123.

134 Als „Querschnittsklauseln" werden Regelungen bezeichnet, nach denen ein bestimmter Politikaspekt bei der Festlegung und Durchführung der Gemeinschaftspolitiken und, allgemeiner, bei der Anwendung des Gemeinschaftsrechts einzubeziehen ist – vgl. *Schmidt*, WuW 1999, 133, 135. Andere Querschnittsklauseln finden sich z. B. in Art. 174 Abs. 2 S. 2 EGV für den Umweltschutz, in Art. 151 Abs. 4 EGV für Kultur, in Art. 152 Abs. 1 S. 3 EGV für Gesundheitsschutz und in Art. 157 Abs. 3 EGV für Industriepolitik.

135 *Gosalbo Bono*, Rev.trim.dr.eur. 33(4), 769, 773. Allgemein zu den aus Querschnittsklauseln folgenden Rücksichtnahmepflichten: *Eberle*, AfP 1993, 422, 426; *Schwartz*, AfP 1993, 409, 417; *Everling* (1997), S. 1, 26 f., der die Rücksichtnahmepflicht als Abwägungsgebot versteht: vor der Anwendung einer Bestimmung des EGV seien die von einem Mitgliedstaat geltend gemachten kulturellen Belange gegen die Ziele der jeweiligen Bestimmung abzuwägen.

136 Vgl. z. B. für die umweltpolitische Querschnittsklausel: *Everling* (1997), S. 1, 25.

137 Für die kulturpolitische Querschnittsklausel z. B.: *Niedobitek*, EuR 1995, 349, 375; *Ress*, in: GS Grabitz (1995), S. 595, 602, 622 und 627 geht gar davon aus, daß die Querschnittsklausel dort, wo der geschützte Belang betroffen sei, das Ermessen der Gemeinschaftsorgane auf Null reduziere – so z. B. in der Beihilfenkontrolle; dagegen allerdings: *Niedobitek*, EuR 1995, 349, 375.

138 Von Teilen der Lit. wird den Querschnittsklauseln eine sehr weitreichende Wirkung beigemessen. So ist für die kulturpolitische Querschnittsklausel vertreten worden, sie verpflichte die Gemeinschaft bei der Anwendung der Vorschriften des EGV auf einschlägige mitgliedstaatliche Maßnahmen zur Übernahme derjenigen Wertungen, die die Mitgliedstaaten ihrerseits zugrundelegten (vgl. *Everling*, (1997), S. 1, 30) und sie wirke als immanente Schranke der Verbotstatbestände des EGV und schütze so die nationale kulturelle Identität der Mitgliedstaaten umfassend gegen gemeinschaftsrechtlichen Zugriff (siehe z. B. vgl. *Lamping/Ludwigs*, ZfRV 1999, 51, 56 ff.; *Eberle*, AfP 1993, 422, 426; GTE-*Fechner*, Kom., 5. Aufl. (1999), Art. 128 Rn. 28). Für eine wesentlich eingeschränktere Wirkung von Querschnittsklauseln: *Basedow*, in: FS Everling (1995), S. 49, 60; *Mestmäcker*, in: Gerken (Hrsg.) (1995), S. 191, 204 mit der Feststellung, daß, obwohl die allgemeinen Ziele des Vertrages unmittelbar geltendes Recht seien, sie es gleichwohl nicht rechtfertigten, von den im Vertrag zwingend vorgeschriebenen Mitteln zu ihrer Verwirklichung abzusehen. Auch *Niedobitek*, EuR 1995, 349, 374.

139 Die strukturellen Gemeinsamkeiten betont allerdings *Everling*, in: Iglesias/Due/Schintgen/Elsen (eds.) (1999), S. 131, 149 f.

sammenhang zu ermitteln. Dies gilt auch für Art. 16 EGV. Im Vergleich mit anderen Querschnittsklauseln legt der Wortlaut dieser Norm ein hohes Schutz- und Wirkungspotential nahe: Mitgliedstaaten und Gemeinschaft haben „Diensten von allgemeinem Interesse“ nicht nur „Rechnung zu tragen“; sie haben vielmehr dafür *Sorge zu tragen*, daß die Dienste ihren Aufgaben nachkommen können. Die Funktionsbedingungen dieser Dienste sind mithin gemeinschaftsrechtlich garantiert.[140]

Abweichend von der Forderung des Europäischen Parlaments, es solle eine Garantie der flächendeckenden Zugangs zu wesentlichen Leistungen zu erschwinglichen Preisen für alle Gemeinschaftsbürger in den EGV aufgenommen werden, wirkt diese Garantie allerdings nicht gegenüber den Gemeinschaftsbürgern.[141] Sie entfaltet vielmehr primär im Verhältnis zwischen Gemeinschaft und Mitgliedstaaten Wirkung.

d) Die systematische Stellung des Art. 16 EGV

Art. 16 EGV steht als letzte Norm im Ersten Teil des EG-Vertrags. Damit zählen die „Dienste von allgemeinem wirtschaftlichem Interesse“ künftig – entsprechend den Forderungen der französischen Seite – zu den „Grundsätzen“ des EG-Vertrags und bilden nicht länger nur einen Grund zur Gewährung einer Ausnahme von den Wettbewerbsvorschriften oder Verkehrsfreiheiten.[142] Auch hierin liegt eine deutliche Aufwertung der „Dienste von allgemeinem wirtschaftlichem Interesse“ und der diesen zugrundeliegenden Wertvorstellungen im Vertragsgefüge.[143]

Zugleich entspricht die systematische Stellung des Art. 16 EGV der französischen Forderung, die Anerkennung des positiven Wertes der „Dienste von allgemeinem wirtschaftlichem Interesse“ auf Gemeinschaftsebene möge in unmittelbarem Zusammenhang und in unmittelbarer räumlicher Nähe zur Anerkennung des Binnenmarkts- und Wettbewerbsprinzips geregelt werden, um die Gleichwertigkeit der Prinzipien zu betonen. Art. 16 EGV schließt an die Anerkennung des Binnenmarktziels – also des Ziels der Schaffung eines „Raum[es] ohne Binnengrenzen, in dem der freie Verkehr von Waren, Personen, Dienstleistungen und Kapital gemäß den Bestimmungen dieses Vertrages gewährleistet ist“ (Art. 14 Abs. 2 EGV) – in Art. 14 und Art. 15 EGV an. Nach Art. 14 Abs. 1 EGV ist dieses Ziel schrittweise zu verwirklichen. Der Rat legt gem. Art. 14 Abs. 3 EGV mit qualifizierter Mehrheit auf Vorschlag der Kommission die Leitlinien und Bedingungen fest, „die erforderlich sind, um in allen betroffenen Sektoren einen ausgewogenen Fortschritt zu gewährleisten“. Art. 16 EGV verdeutlicht, daß hierbei in Zukunft, soweit „service public“-Sektoren betroffen sind, die Sicherung der Funktionsbedingungen der „Dienstleistungen von allgemeinem wirtschaftlichem Interesse“ ein wesentlicher Maßstab sein wird.

---

140 Hierzu: *Gosalbo Bono*, Rev.trim.dr.eur. 33(4), 769, 773.

141 Ebenso: Calliess/Ruffert-*Jung*, Kom. (1999), Art. 16 Rn. 11.

142 Vgl. auch *Lecheler/Gundel*, RdE 1998, 92, 93: mit Art. 16 EGV werde das Umfeld des Wettbewerbskapitels des EG-Vertrags verlassen. Ähnlich Ross, 25 ELRev. 2000, 22, 31.

143 Z. B. Ross, 25 ELRev. 2000, 22, 31: „This suggests that the underpinning values guiding such services are to be seen as first-rank horizontally applicable considerations alongside more established fundaments such as non-discrimination and equal treatment“.

Die Verpflichtung der Gemeinschaft auf die Sorge um „Dienste von allgemeinem wirtschaftlichen Interesse“ in Art. 16 EGV scheint der Vorschrift im übrigen ein erheblich stärkeres Gewicht zu geben, als dies, dem Vorschlag der Kommission folgend, bei ihrer Aufnahme in Art. 3 EGV der Fall gewesen wäre. Eine derartige Einbeziehung der „Dienste von allgemeinem wirtschaftlichen Interesse“ in das in Art. 3 geregelte Gefüge von Mitteln, welche der Gemeinschaft bei der Realisierung ihrer Ziele zur Verfügung stehen, hätte – wie Art. 86 Abs. 2 EGV selbst – die Suche nach Möglichkeiten zur gleichzeitigen Realisierung des Binnenmarktsziels und der relevanten öffentlichen Interessen der Mitgliedstaaten nahegelegt. Art. 16 EGV hingegen schließt an die in Art. 15 EGV geregelte Möglichkeit einer (vorübergehenden) Ausnahme von der Verwirklichung des Binnenmarktziels an. Ein Verständnis auch des Art. 16 EGV als Vorbehalt bzw. Gegenprinzip zu den Grundprinzipien des Gemeinsamen Marktes wird dadurch nahegelegt.

e) Die Erklärung für die Schlußakte

Die Bedeutung des Art. 16 EGV wird durch die angefügte Erklärung für die Schlußakte nicht erhellt. Die Fortgeltung der einschlägigen Rechtsprechung des EuGH zu Art. 86 EGV ergibt sich bereits aus Art. 16 EGV selbst, der die bestehende Rechtslage ausdrücklich unangetastet läßt.

Die Erklärung für die Schlußakte verweist insbesondere auf die Rechtsprechung des Gerichtshofs in Bezug auf die Grundsätze der Gleichbehandlung, der Qualität und der Dauerhaftigkeit der „öffentlichen Dienste“, auf Grundsätze also, denen der EuGH im Vorfeld der Regierungskonferenz ’96 vor allem in den Urteilen „*Corbeau*“[144] und „*Almelo*“[145] wesentliche Bedeutung beigemessen hatte. In diesen Urteilen hatten weite Teile der Literatur eine prinzipielle Anerkennung des Fortbestands von Ausschließlichkeitsrechten in den Versorgungssektoren und damit eine gemeinschaftsrechtliche Anerkennung des französischen „service public“-Konzepts gesehen[146] (s. o., B.III.2.b)aa)). Die Erklärung für die Schlußakte zu Art. 16 EGV läßt sich vor diesem Hintergrund durchaus als Versuch verstehen, die in den Urteilen „*Corbeau*“ und „*Almelo*“ entwikkelten, dem französischen „service public“-Denken entgegenkommenden Grundsätze festzuschreiben.[147] Jedenfalls werden mit der Gleichbehandlung, der (staatlich vorgege-

---

144 EuGH Slg. 1993 I-2533, 2568 Rn. 15 – „*Corbeau*“.

145 EuGH Slg. 1994 I-1477, 1521 Rn. 48 – „*Almelo*“.

146 So z. B. *Duperon*, Petites Affiches No. 124, 23. juin 1999, 9, 10 f.; siehe auch *Buendia Sierra* (1999), Tz. 8.234: „The paradox is that the principles evoked by the declaration [...] are working principles concerning services of general interest which have been created by academics, administrative practice, and national case law, and there is very little Community case law concerning [...] these principles“. Auch *Blum*, Gazette du Palais – 11–13 juillet 1999 – Gazette Européenne, 12, 22: „[...] la déclaration met l’accent sur la jurisprudence relative à ces principes plutôt que sur celle relative à l’application des règles de concurrence. Ceci pourrait dénoter un souhait d’infléchir la jurisprudence [...]“.

147 In der französischen Literatur waren zuvor Bedenken geäußert worden, daß die Rechtsprechung aus den Urteilen „*Corbeau*“ und „*Almelo*“, solange sie im EG-Vertrag nicht fest verankert sei, in Zukunft wieder geändert werden könne – z. B. *Borotra* (1995), S. 89; *Monnier*, in: Cox (Hrsg.) (1997), S. 195, 201. Rechtssicherheit bestehe erst, wenn diese Rechtsprechung im EG-Vertrag ausdrücklich

benen) Qualität und der (staatlich verordneten) Dauerhaftigkeit Prinzipien in Bezug genommen, die bei entsprechender Definition bereits strukturell einen Widerspruch zur privatwirtschaftlichen Leistungserbringung begründen können.

3. Das Wirkungspotential des Art. 16 EGV

Art. 16 EGV ist Bestandteil der „Grundsätze" des EG-Vertrags. Die im Ersten Teil des EGV normierten Ziele und Aufgaben der Gemeinschaft sind nach ständiger Rechtsprechung des EuGH keine rechtlich unverbindlichen Programmsätze, sondern unmittelbar geltendes Recht.[148] Ihre Wirkung entfalten sie allerdings erst in Verbindung mit anderen Vertragsbestimmungen,[149] die die Zielvorgaben konkretisieren oder deren Auslegung durch die Zielvorgaben beeinflußt werden kann:[150] Es gehört zu den wesentlichen Auslegungsgrundsätzen des EuGH, jede Vorschrift im systematischen Zusammenhang des Gemeinschaftsrechts, seiner Ziele und seines Entwicklungsstandes zur Zeit der Anwendung der betreffenden Vorschrift so auszulegen, daß sie ein geeignetes Mittel zur Verwirklichung der Ziele des Vertrags darstellt.[151] Vorschriften des Gemeinschaftsrechts sind so auszulegen, daß ihnen im Vertragsgefüge praktische Bedeutung zukommt, daß sie in „vernünftiger und zweckmäßiger Weise zur Anwendung gelangen"[152] und ihre volle praktische Wirksamkeit („effet utile") entfalten können.[153]

Art. 16 EGV sowie die angefügte Erklärung zur Schlußakte vermeiden einen offenen Bruch mit der bisherigen Rechtslage. Wirkungspotential kann die Vorschrift folglich vor allem dort entfalten, wo die Rechtslage noch offen bzw. in Bewegung oder generell Werterwägungen zugänglich ist[154] – letzteres etwa dort, wo das Gemeinschaftsrecht den Gemeinschaftsorganen ein Ermessen beläßt (z. B. Art. 81 Abs. 3, Art. 87 Abs. 2 und 3

---

festgeschrieben sei (*ENA*, Bd. I (1997), S. 362). Daß die Vertragsänderungen v. a. dazu dienten, die neuere Rechtsprechung des EuGH zu Art. 86 Abs. 2 EGV festzuschreiben, deutet auch *Puissochet* (1998), S. 73, 88 in einer ersten Würdigung des Art. 16 EGV an. Ähnlich *Duperon*, Petites Affiches No. 124, 9, 14; *Hancher*, in: Craig/de Búrca (Hrsg.) (1999), S. 721, 730 f. Vgl. außerdem *Mestmäcker*, Wandlungen in der Verfaßtheit der Europäischen Gemeinschaft (2000), S. 11: Die Erklärung zur Schlußakte lasse die Absicht erkennen, „der Rechtsprechung eine bestimmte Auslegung zu geben. Indem man die Gleichbehandlung der öffentlichen Dienste voraussetzt, wird das eigentliche Problem, nämlich ihre Verschiedenheit von den privatwirtschaftlich angebotenen Diensten, präjudiziert".

148 EuGH Slg. 1954, 1, 31 – *Frankreich ./. Hohe Behörde.*

149 Hierzu: GA Albers, Schlußanträge v. 6. Juni 2000, Rn. 25, zu: Rs. C-8/88 – *Echirolles Distribution SA ./. Association du Dauphiné* [noch nicht in amtlicher Sammlung]; zur Wirkung von Zielbestimmungen im EG-Vertrag siehe auch: *Mestmäcker*, in: FS Drobnig (1998), S. 81, 83.

150 Zur Bedeutung, die der EuGH den Zielbestimmungen bei der Auslegung der Vorschriften des EGV zukommen läßt, allgemein: *Basedow*, in: FS Everling (1995), S. 49 ff.

151 EuGH Slg. 1982, 3415, 3430 Rn. 20 – „*C.I.L.F.I.T.*"; auch EuGH Slg. 1991 I-1223, 1269 Rn. 41–42 – „*Telekommunikations-Endgeräte*". Vgl. auch *Ole*, in: Rodríguez Iglesias/Due/Schintgen/Elsen (eds.) (1999), S. 73, 77.

152 EuGH Slg. 1955/56, 297, 312 – „*Fédération Charbonnière de Belgique*".

153 Vgl. EuGH Slg. 1969, 1, 14 Rn. 6 – „*Walt Wilhelm*"; auch EuGH Slg. 1977, 2115, 2145 f. Rn. 30/35 – „*GB-Inno-BM/ATAB*".

154 So wurde es in der französischen Literatur z. T. auch als eines der entscheidenden Ziele der französischen Verhandlungsführung bezeichnet, die bislang noch bestehenden Auslegungsspielräume zu erhalten – vgl. *Stoffaës* (1995), S. 398.

EGV, im Rahmen der Rechtssetzungstätigkeit der Gemeinschaft oder im Rahmen der Ausgestaltung der gemeinschaftlichen Förderpolitiken).

a) Mögliche Auswirkungen des Art. 16 EGV auf die Auslegung der Verbotstatbestände im EG-Vertrag

Art. 16 EGV kann danach in Zukunft potentiell auf vielfache Art und Weise wirken. Denkbar ist zum einen, daß die Vorschrift bereits auf die Auslegung und Handhabung der Verkehrsfreiheiten und Wettbewerbsvorschriften – der Verbotstatbestände also – einwirkt. Zwar schafft Art. 16 EGV vordergründig keine Bereichsausnahme. Die Geltung der im EGV zwingend vorgeschriebenen Verkehrsfreiheiten und Wettbewerbsvorschriften bleibt im Prinzip unberührt. Jedoch wird mittlerweile vielfach angenommen, daß bei der Auslegung und Anwendung von Vorschriften des Vertrags zur Verwirklichung bestimmter Vertragsziele – auch bei den Wettbewerbsvorschriften – andere Ziele des Vertrags zu berücksichtigen seien, insbesondere dann, wenn Querschnittsklauseln dies nahelegten.[155] So hat Steindorff in einer Analyse aus dem Jahr 1992 festgestellt, daß Gemeinschaftspolitiken – z. B. im Bereich des Verbraucherschutzes – die Auslegung der Verkehrsfreiheiten und Wettbewerbsvorschriften durch den EuGH inhaltlich beeinflussen[156] – ein Befund, der in verschiedenen Untersuchungen zur Rechtsprechung des EuGH bestätigt worden ist.[157]

Ein Beispiel aus jüngerer Zeit, wie ein komplexes Zielgefüge im EG-Vertrag die Auslegung der Wettbewerbsvorschriften beeinflussen kann, bieten auch die Urteile des

155 Siehe z. B. *Everling*, in: Rodríguez Iglesias/Due/Schintgen/Elsen (eds.) (1999), S. 131, 142. Weitreichend auch die Ansicht von *Lamping/Ludwigs*, ZfRV 1999, 51, 56 ff.; GTE-*Fechner*, Kom., 5. Aufl. (1999), Art. 128 Rn. 28: Die Querschnittsklauseln wirkten – ähnlich den „zwingenden Erfordernissen" – wie immanente Schranken der Verbotstatbestände des EGV. Dagegen allerdings: Immenga/Mestmäcker-*Mestmäcker*, EG-Wettbewerbsrecht, Kom. (1997), Einleitung A. Rn. 41: einzelne Normen des EGV seien nicht im Lichte aller, möglicherweise konfligierender Vertragsziele auszulegen, sondern entsprechend ihrem konkreten Schutzzweck – andernfalls sei ihre Justitiabilität in Frage gestellt. Konkret bedeutet dies, daß die Verkehrsfreiheiten und Wettbewerbsvorschriften des EGV – die sich offenkundig auf das Ziel der Errichtung eines Gemeinsamen Marktes, basierend auf den Prinzipien offener Märkte und unverfälschten Wettbewerbs beziehen –, nur am Maßstab dieser Ziele auszulegen wären. Andere, gegenläufige Ziele könnten nur bei der Auslegung der Ausnahmen zur Anwendung dieser Vorschriften berücksichtigt werden.

156 *Steindorff*, in: XXV. FIW-Symposion (1992), S. 11, 46. Konkret verweist Steindorff auf das Urteil des EuGH v. 7. 3. 1990, Slg. 1990 I-667 Rn. 14 – *„GB-Inno-BM"* zur Vereinbarkeit der luxemburgischen Verordnung über unlauteren Wettbewerb mit Art. 30 EGV, in welchem der EuGH auf die Gemeinschaftspolitik zum Verbraucherschutz abstellt, um den Inhalt des Art. 28 EGV zu ermitteln. Ähnlich auch GTE-*Müller-Graff*, Kom., 5. Aufl. (1999), Art. 30 Rn. 197 unter Hinweis auf EuGH Slg. 1992 I-4431, 4480 Rn. 34 und 36, der das gemeinschaftsrechtliche Prinzip der Bekämpfung von Umweltbeeinträchtigungen möglichst an ihrem Ursprung (Art. 174 Abs. 2 EGV) in der Prüfung berücksichtigt, ob eine mitgliedstaatliche Regelung diskriminierend oder nicht-diskriminierend ist.

157 Vgl. z. B. *Weatherill*, CMLRev. 36 (1999), 51, insbes. 81–85; Weatherill spricht von „ the Court's readiness to shape the law governing the free movement of goods with reference to principles of good regulatory practice located elsewhere in the Treaty" (S. 83). „In this fashion, the free movement rules become imbued with values formally located elsewhere in the fabric of Community regulatory endeavour" (S. 83).

EuGH in den Fällen *Albany*[158], *Brentjens Handelsonderneming BV*[159] und *Maatschappij Drijvende Bokken BV*[160]. Auf der Grundlage einer Abwägung der Zielvorgaben des EGV und unter Hinweis auf die besondere Bedeutung, die der EGV der Sozialpolitik beimißt (vgl. Artt. 137 ff. EGV), kam der EuGH in diesen Fällen zu dem Ergebnis, daß Art. 81 Abs. 1 EGV, obwohl dem Wortlaut und der Funktion nach grundsätzlich anwendbar, die im Rahmen von Tarifverhandlungen zwischen den Sozialpartnern im Hinblick auf sozialpolitische Ziele geschlossenen Verträge nicht erfasse.[161] Er wich damit von dem zuvor etablierten Grundsatz ab, daß Ausnahmen von der Anwendung der Vorschriften des EG-Vertrags nur dann möglich seien, wenn dies im EG-Vertrag *ausdrücklich* vorgesehen sei.[162] Die Zielabwägung, wie der EuGH sie in den Urteilen im Rahmen einer „sachgerechten und zusammenhängenden Auslegung der Bestimmungen des Vertrages in ihrer Gesamtheit" vornimmt, lassen sich potentiell auf andere Bereiche – darunter auch auf die Anwendung des primären Gemeinschaftsrechts im Bereich der Daseinsvorsorge – übertragen, zumal die Schutz- und Förderpflicht der Gemeinschaft in Art. 137 EGV strukturell der nunmehr in Art. 16 EGV vorgesehenen Förderpflicht zugunsten von „Diensten von allgemeinem wirtschaftlichem Interesse" vergleichbar ist.

Die Mutmaßung, daß Art. 16 EGV in Zukunft die Auslegung der Verbotstatbestände des EG-Vertrags beeinflussen könnte, liegt auch deswegen nicht fern, weil der EuGH bereits in der Vergangenheit in seiner Beurteilung von Ausschließlichkeitsrechten als Organisationsprinzip von Infrastruktursektoren schwankte.[163]

---

158 EuGH Slg. 1999 I-5751 ff. – „*Albany*".

159 EuGH Slg. 1999 I-6025 ff. – „*Brentjens Handelsonderneming BV*".

160 EuGH Slg. 1999 I-6121 ff. – „*Drijvende Bokken BV*".

161 EuGH Slg. 1999 I-6025, 6046 ff. Rn. 50–57 – „*Brentjens Handelsonderneming BV*": „Zwar sind mit Tarifverträgen zwischen Organisationen, die die Arbeitgeber und die Arbeitnehmer vertreten, zwangsläufig gewisse den Wettbewerb beschränkende Wirkungen verbunden. Die Erreichung der mit derartigen Verträgen angestrebten sozialpolitischen Ziele wäre jedoch ernsthaft gefährdet, wenn für die Sozialpartner bei der gemeinsamen Suche nach Maßnahmen zur Verbesserung der Beschäftigungs- und Arbeitsbedingungen Artikel 85 Absatz 1 [Art. 81 Abs. 1 n. F.] Geltung hätte. Bei einer sachgerechten und zusammenhängenden Auslegung der Bestimmungen des Vertrages in ihrer Gesamtheit ergibt sich daher, daß die im Rahmen von Tarifverhandlungen zwischen den Sozialpartnern im Hinblick auf diese Ziele geschlossenen Verträge aufgrund ihrer Art und ihres Gegenstandes nicht unter Artikel 85 Absatz 1 des Vertrages [Art. 81 Abs. 1 n. F.] fallen" (Rn. 56–57). Erste Reaktionen hierzu in der Lit.: *Blaise/Idot*, Rev.trim.dr.eur. 36(2), avr.–juin 2000, 341, 343: „L'affirmation, si elle n'est pas choquante, est entièrement nouvelle. Jamais la Cour n'avait déclaré qu'un accord entre entreprises, ayant un effet restrictif de concurrence, pouvait, en raison de sa nature et de son objet, „ne pas relever de l'article 85 § 1 du traité"; ähnlich *Berg*, EuZW 2000, 170, 171: „Mit dieser Entscheidung begibt sich der EuGH auf einen gefährlichen Weg, der Ansätze zur Aushöhlung des EG-Kartellrechts eröffnet und sich integrationshemmend auswirken könnte".

162 EuGH Slg. 1987, 405, 451 Rn. 12 – „*Verband der Sachversicherer*"; EuGH Slg. 1986, 1425, 1465 Rn. 40 – „*Asjes*". GA Jacobs hat in seinen Schlußanträgen zu den Fällen „*Albany*", „*Brentjens Handelsonderneming BV*" und „*Maatschappij Drijvende Bokken BV*" begründet, warum eine solche Ausnahme vom Anwendungsbereich des Art. 81 Abs. 1 im konkreten Fall erforderlich, jedoch nur unter sehr engen Voraussetzungen vertretbar sei – vgl. *GA Jacobs*, Schlußanträge, Rn. 80–183, zu: EuGH Slg. 1999 I-5751, 5774 ff. – „*Albany*".

163 Der EuGH schwankt zwischen der Annahme, derartige Ausschließlichkeitsrechte seien per se rechtfertigungsbedürftig und daher am Maßstab des Art. 86 Abs. 2 EGV zu prüfen (sog. „limited competition approach") und der Annahme, daß Ausschließlichkeitsrechte an sich noch nicht gegen die Vorschriften des EG-Vertrags verstießen, ein Verstoß daher erst gesondert festzustellen sei, bevor sich die Notwendigkeit einer Rechtfertigung ergebe (sog. „limited sovereignty approach"). Hancher

b) Mögliche Auswirkungen des Art. 16 EGV auf die Auslegung und Handhabung der Freistellungstatbestände im EG-Vertrag

Noch klarer liegen die möglichen Auswirkungen des neuen Art. 16 EGV dort zutage, wo der Kommission in der Handhabung der Vorschriften des EG-Vertrags ein Ermessen zusteht.[164] Dies gilt im Rahmen der Wettbewerbsvorschriften insbesondere für Art. 81 Abs. 3 EGV. Ein weites Ermessen steht der Kommission auch bei der Freistellung mitgliedstaatlicher Beihilfen vom Beihilfeverbot zu (Art. 87 Abs. 3 EGV).[165]

aa) Art. 81 Abs. 3 EGV

Nach Art. 81 Abs. 3 EGV kommt es für die Freistellung einer Vereinbarung vom Kartellverbot maßgeblich darauf an, ob die beanstandete Vereinbarung zur Verbesserung der Warenerzeugung oder -verteilung oder zur Förderung des technischen und wirtschaftlichen Fortschritts beiträgt, jeweils unter „angemessener Beteiligung der Verbraucher an dem entstehenden Gewinn". Außerdem dürfen den an der Vereinbarung beteiligten Unternehmen keine Beschränkungen auferlegt werden, die für die Verwirklichung dieser Ziele nicht unerläßlich sind, und es dürfen keine Möglichkeiten eröffnet werden, für einen wesentlichen Teil der betreffenden Waren den Wettbewerb auszuschalten. Anerkanntermaßen hat die Kommission bei der Beurteilung, ob diese vier kumulativ erforderlichen Voraussetzungen für eine Freistellung gegeben sind, einen weiten Beurteilungsspielraum.

Fraglich ist allerdings, ob die Kommission im Rahmen dieses Beurteilungsspielraums, der sich ausweislich der in Art. 81 Abs. 3 EGV genannten Freistellungsvoraussetzungen auf *ökonomische* Voraussetzungen bezieht und seinen Grund in der Komplexität der wirtschaftlichen Gegebenheiten hat, auch andere Aspekte berücksichtigen darf, die sich nicht auf die in Art. 81 Abs. 3 EGV genannten ökonomischen Kriterien beziehen. Hierüber besteht Streit.[166] Geht man davon aus, daß die den Beurteilungsspielraum begründende Norm diesen mit den in ihr benannten Aspekten zugleich begrenzt, so ist eine Einbeziehung außerökonomischer Gesichtspunkte, die nicht in direktem Bezug zu einem der in Art. 81 Abs. 3 EGV genannten Kriterien stehen, abzulehnen. Auf der ande-

---

hat die Möglichkeit angedeutet, daß Art. 16 EGV einen Übergang vom in der Lit. vielfach befürworteten und auch vom EuGH mehrfach verwendeten „limited competition test" zum „limited sovereignty test" nahelegen könne, sich selbst aber gegen eine solche Verschiebung der Prüfungsmaßstäbe ausgesprochen – vgl. *Hancher*, in: Craig/de Búrca (Hrsg.) (1999), S. 721, 730.

164 Vgl. für die Bedeutung von Querschnittsklauseln im Rahmen der Ermessensausübung: *Everling* (1997), S. 1, 25 (für die umweltpolitische Querschnittsklausel).

165 Zur Bedeutung, die bei der Ermessensausübung der Kommission Art. 16 EGV zukommen kann, siehe bereits *Streinz*, EuZW 1998, 137, 144; *Seliger*, WuW 1997, 874, 875 f.

166 Gegen eine Einbeziehung politischer Gesichtspunkte in die Freistellungsentscheidung: *Lamping/Ludwigs*, ZfRV 1999, 51, 55; *Kommission*, Weißbuch über die Modernisierung der Vorschriften zur Anwendung der Artikel 85 und 86 EG-Vertrag, ABl. 1999 Nr. C 132/1 Rn. 57 mit dem Hinweis auf die Gefahr einer Zweckentfremdung des Art. 81 Abs. 3 EGV, „der einen Rechtsrahmen für die wirtschaftliche Beurteilung von Vereinbarungen darstellt, nicht aber den Ausschluß der Wettbewerbsregeln aus politischen Erwägungen ermöglichen soll". Für eine Einbeziehung politischer Gesichtspunkte, zumindest soweit diese einer Querschnittsklausel im EGV entsprechen: *Everling* (1997), S. 1, 46 f.

ren Seite hat die Gemeinschaft nach Art. 16 EGV „im Rahmen ihrer jeweiligen Befugnisse“ für die Funktionsfähigkeit der Dienste von allgemeinem wirtschaftlichem Interesse und die Erfüllung der diesen übertragenen „besonderen Aufgaben“ Sorge zu tragen. In anderen Fällen, in denen unter Berufung auf gemeinschaftspolitische Querschnittsklauseln eine Freistellung vom Kartellverbot gefordert wurde, hat die Kommission allerdings bislang gezeigt, daß sie gewillt ist, grundsätzlich an einer markt- und wettbewerbsorientierten Handhabung des Art. 81 Abs. 3 EGV festzuhalten und den durch die Querschnittsklauseln eröffneten Ermessensspielraum nur dann zu nutzen, wenn die behauptete positive Wirkung einer Verletzung des Kartellverbots zweifelsfrei belegt ist und die zur Erreichung dieses Ziels eingesetzten Mittel den Wettbewerb nur minimal beschränken.[167]

bb) Art. 87 Abs. 3 EGV

Anknüpfungspunkte für eine Einwirkung des Art. 16 EGV auf die Ermessensausübung der Kommission bei der Entscheidung über die Freistellung vom Beihilfeverbot des Art. 87 Abs. 1 EGV finden sich in Art. 87 Abs. 3 lit.a) [168], lit.b)[169] und lit.c) EGV.

Als Einfallstor könnte sich der tatbestandlich besonders weite Art. 87 Abs. 3 lit.c) EGV erweisen, demzufolge „Beihilfen zur Förderung der Entwicklung gewisser Wirtschaftszweige oder Wirtschaftsgebiete“ als mit dem Gemeinsamen Markt vereinbar angesehen werden können, „soweit sie die Handelsbedingungen nicht in einer Weise verändern, die dem gemeinsamen Interesse zuwiderläuft“. Die Infrastruktursektoren können als besondere Wirtschaftszweige angesehen werden, die einer beihilferechtlichen Privilegierung i. S. d. Art. 87 Abs. 3 lit. c) EGV zugänglich sind. Das „gemeinsame Interesse“, welches als alleinige Zulässigkeitsschranke einer Beihilfe „zur Förderung der Entwicklung“ dieser Sektoren genannt ist, könnte seinerseits (potentiell) durch Art. 16 EGV dahingehend beeinflußt werden, daß eventuellen negativen Auswirkungen auf den

---

167 Vgl. Antwort von *Van Miert* im Namen der Kommission auf die schriftliche Anfrage E-0773/98 von Jessica Larive, ABl. 1999 Nr. C 13/8, 9 betreffend feste Buchpreise in Verbindung mit Artikel 128 des EGV: „Die Bestimmungen von Artikel 85 Absatz 3 [Art. 81 Abs. 3] finden nur auf Vereinbarungen Anwendung, bei denen die Behauptung, sie seien mit kulturellen oder sonstigen positiven Auswirkungen verbunden, zweifelsfrei belegt werden kann. Ferner dürfen die dabei eingesetzten Mittel den Wettbewerb nur minimal beschränken. Die Bereitschaft der Kommission, kulturelle Aspekte in ihre Entscheidungen einzubeziehen, kann nicht dazu führen, daß sie ihren Ermessensspielraum für Entscheidungen nutzt, die anderen Bestimmungen des EG-Vertrags zuwiderlaufen“.

168 Gemäß Art. 87 Abs. 3 lit.a) EGV können Beihilfen als vereinbar mit dem Gemeinsamen Markt angesehen werden, die zur Förderung der wirtschaftlichen Entwicklung von Gebieten dienen, „in denen die Lebenshaltung außergewöhnlich niedrig ist oder eine erhebliche Unterbeschäftigung herrscht“. Die Förderung des Ausbaus von Infrastrukturen in im Gemeinschaftsdurchschnitt unterentwickelten Regionen könnte von dieser Bestimmung erfaßt werden.

169 Gem. Art. 87 Abs. 3 lit.b) EGV können Beihilfen zur Förderung wichtiger Vorhaben von gemeinsamem europäischem Interesse mit dem Gemeinsamen Markt vereinbar sein. Der Begriff des „wichtigen Vorhabens von gemeinsamem europäischen Interesse“ ist unter Rückgriff auf die Ziele der Gemeinschaft zu konkretisieren, zu denen nunmehr auch Art. 16 EGV zählt. Allerdings bezieht sich Art. 87 Abs. 3 lit. b) EGV vor allem auf Maßnahmen, die Teil eines von verschiedenen Mitgliedstaaten unterstützten, zwischenstaatlichen europäischen Programms sind.

Wettbewerb das Interesse am Funktionieren der „Dienste" und das Interesse an der Aufgabenerfüllung als positive Werte der Gemeinschaft entgegenzustellen sind.

Bislang geht der EuGH in ständiger Rechtsprechung davon aus, daß die Kommission im Rahmen des Art. 87 Abs. 3 EGV ihr Ermessen nach Maßgabe wirtschaftlicher und sozialer Wertungen ausübe,[170] die nur einer eingeschränkten Kontrolle durch den EuGH zugänglich seien. Die Mitgliedstaaten hätten dementsprechend keinen Anspruch auf eine Gewährung einer Ausnahme vom Beihilfenverbot.[171] Nicht auszuschließen ist allerdings, daß Art. 16 EGV, insoweit Beihilfen für Dienste von allgemeinem wirtschaftlichem Interesse in Frage stehen, eine Ermessensreduzierung bewirkt.[172]

c) Mögliche Auswirkungen des Art. 16 EGV auf die Auslegung und Handhabung des Art. 86 Abs. 2 und Abs. 3 EGV

Art. 16 EGV läßt Art. 86 EGV formal unberührt („Unbeschadet der Artikel 73, 86 und 87 [...]"). Dies schließt jedoch nicht aus, daß Art. 16 EGV sich auf die Auslegung des Art. 86 Abs. 2 und Abs. 3 EGV dort auswirkt , wo die Rechtsprechung. des EuGH bislang noch schwankte oder zumindest an Klarheit entbehrte.[173]

aa) Fortgeltung des Grundsatzes der engen Auslegung?

Art. 16 EGV macht zunächst eine Neubewertung des Stellenwertes und der Funktion von Art. 86 Abs. 2 EGV erforderlich. Die Vorschrift kann künftig nicht mehr als bloße Ausnahme von zentralen Prinzipien des Gemeinschaftsrechts (Verkehrsfreiheiten, Wettbewerbsvorschriften) zugunsten bestimmter Interessen der Mitgliedstaaten verstanden werden; sie verwirklicht zugleich positiv ein weiterreichendes Ziel der Gemeinschaft – das Ziel der Gewährleistung angemessener Funktionsbedingungen für die „Dienste von allgemeinem wirtschaftlichem Interesse". Tendenziell wird damit dem Grundsatz der engen Auslegung des Art. 86 Abs. 2 EGV in seiner bisherigen Begründung der Boden entzogen.[174]

---

170 Vgl. EuGH Slg. 1980, 2671, 2691 Rn. 24 – *„Philip Morris"*.

171 Vgl. Grabitz/Hilf-*v. Wallenberg*, Kom., Art. 92 Rn. 46.

172 Vgl. zu entsprechenden Überlegungen im Fall von Kulturbeihilfen in Folge der Einwirkung der Querschnittsklausel des Art. 151 Abs. 1 EGV: *Ress*, in: GS Grabitz (1995), S. 595, 602; und speziell mit Blick auf den Rundfunk: *Selmer/Gersdorf*, Die Finanzierung des Rundfunks (1994), S. 70 ff.

173 Von einer Auswirkung des Art. 16 EGV auf die Auslegung von Art. 86 Abs. 2 EGV gehen z. B. aus: *Chavrier/Legal/de Bergues*, AJDA 1998, 310, 324; *Chérot*, RDF adm. 14 (1998), H. 1, 135; *Geiger*, Kom., 3. Aufl. (2000), Art. 16 Rn. 4–5; Calliess/Ruffert-*Jung*, Kom. (1999), Art. 16 Rn. 13.

174 In diese Richtung zielen auch Stellungnahmen in der Lit., die durch Art. 16 EGV einen wertend abwägenden „rule of reason"-Ansatz in Art. 86 Abs. 2 S. 1 EGV eingeführt sehen – z. B. *Ross*, 25 ELRev. 2000, 22, 30. *Steindorff*, ZHR 163 (1999), 395, 438 plädiert ganz generell für eine Abschaffung der engen Auslegung von Ausnahmevorschriften als Auslegungsregel: Die Auslegung von Ausnahmenormen hänge von ihrem jeweiligen Zweck ab. Dienten Ausnahmenormen dazu, Freiräume für staatliches Handeln und staatliche Aufgabenverantwortung zu sichern, so müsse dieses Interesse bei der Auslegung von Gemeinschaftsnormen gleichgewichtig mit den Regelungszielen des Gemeinschaftsrechts berücksichtigt werden. Gegen eine Preisgabe des Grundsatzes der engen Auslegung des Art. 86 Abs. 2 EGV auf der Grundlage des neuen Art. 16 EGV spricht allerdings die

bb) Besondere Aufgaben

In Art. 16 EGV wird die Bedeutung der „Dienste von allgemeinem wirtschaftlichem Interesse“ bei der Förderung des sozialen und territorialen Zusammenhalts hervorgehoben. Es werden damit Gesichtspunkte genannt, denen bei einer künftigen Eingrenzung der gemeinschaftsrechtlich privilegierungsfähigen „besonderen Aufgaben“ maßgebliche Bedeutung beigemessen werden muß.[175] Deutlich in den Schutzbereich einbezogen ist dabei nunmehr das politische Ziel einer nicht näher eingegrenzten Umverteilung. Der EuGH hat bereits bislang den Mitgliedstaaten ein weites Ermessen bei der Konkretisierung der „besonderen Aufgaben“ zugestanden[176] (s. o., B.III.2.b), insbes. dd)). Es ist nicht auszuschließen, daß er unter dem Eindruck des Art. 16 EGV den Mitgliedstaaten künftig ein weites Ermessen auch bei der Frage einräumen wird, ob der Gesichtspunkt der sozialen und territorialen Einheit die Beibehaltung bestimmter zentralisierter Organisationsstrukturen erforderlich macht.[177] Verstärkt werden bei einem so verstandenen Art. 16 EGV aktuelle Tendenzen in der Rechtsprechung des EuG und des EuGH, mitgliedstaatliche System- und Organisationsentscheidungen in den Schutzbereich des Art. 86 Abs. 2 EGV einzubeziehen.

Indem das Ziel des „sozialen und territorialen Zusammenhalts“ als Grund gemeinschaftsrechtlicher Privilegierung in den Vordergrund rückt, löst sich die Auslegung des Art. 86 Abs. 2 S. 1 EGV jedenfalls endgültig von einer Orientierung an den Verbraucherinteressen der allgemeinen Zugänglichkeit bestimmter Leistungen zu angemessenen Bedingungen und erschwinglichen Preisen. Staatliche „Sekundärziele“ erhalten eine herausgehobene Stellung als gemeinschaftsrechtlicher Privilegierungsgrund. Ein wesentlicher Ansatzpunkt für eine gemeinschaftsrechtliche Einschränkung mitgliedstaatlichen Ermessens in der Bestimmung der „besonderen Aufgaben“ wird dadurch vergeben.

Aus Art. 16 EGV ergibt sich damit die Gefahr, daß die bedeutsame, bislang nie abschließend geklärte Frage, welche Handlungs- und Ermessensspielräume den Mitgliedstaaten bei der Bestimmung der gemeinschaftsrechtlich privilegierungsfähigen Dienstleistungen und „besonderen Aufgaben“ im Rahmen des Art. 86 Abs. 2 S. 1 EGV verbleiben, vollständig zugunsten eines freien Ermessens der Mitgliedstaaten entschieden wird, welches sich dann zwangsläufig auch auf die Organisationsstrukturen erstreckt. In

---

Erklärung für die Schlußakte zu Art. 16 EGV, welche zur „uneingeschränkten Beachtung der Rechtsprechung des Gerichtshofs [...]“ verpflichtet. Zu dieser Rechtsprechung gehört auch der Grundsatz der engen Auslegung des Art. 86 Abs. 2 EGV. Vgl. auch *Oppermann* (1999), Rn. 1057: Art. 86 Abs. 2 EGV bleibe eng auszulegen.

175 Ein Beispiel für eine solche Wirkung des Art. 16 EGV ist die Bekanntmachung der *Kommission* über die Anwendung der Wettbewerbsregeln auf dem Postsektor, ABl. 1998 Nr. C 39/2, 3, Vorwort: hier wird unter Hinweis auf Art. 16 EGV betont, daß die Gemeinschaft mit ihrer Postpolitik „zur Stärkung des wirtschaftlichen und sozialen Zusammenhalts zwischen den Mitgliedstaaten und zur Verringerung von bestimmten Ungleichgewichten beitragen“ wolle.

176 So auch *Duperon*, Petites Affiches No. 124, 23. juin 1999, 9, 14.

177 In diese Richtung auch *Hancher*, in: Craig/de Búrca (Hrsg.) (1999), S. 721, 730 f.

diese Richtung weisen auch Äußerungen von Wettbewerbskommissar Monti aus jüngerer Zeit.[178]

cc) *Beweislastverteilung im Rahmen der Verhältnismäßigkeitsprüfung und die Kompetenz der Kommission nach Art. 86 Abs. 3 EGV*

Art. 16 EGV weist überdies einen engen Bezug zur Problematik der Beweislastverteilung bei der Berufung eines Unternehmens oder eines Mitgliedstaats auf Art. 86 Abs. 2 S. 1 EGV auf.[179] Während nach Art. 86 Abs. 2 S. 1 EGV die Mitgliedstaaten bzw. das betraute Unternehmen beweisbelastet sind, wenn sie sich auf eine Ausnahme von den Vorschriften des EG-Vertrags berufen, sind über Art. 16 EGV nunmehr auch die Gemeinschaftsorgane in die Pflicht genommen, für die Funktionsfähigkeit der „Dienste von allgemeinem wirtschaftlichem Interesse" und die Aufgabenerfüllung Sorge zu tragen.

Art. 16 EGV gibt damit den Wegen, die der EuGH in den „*Energiemonopol*"-Urteilen – unter Umständen bereits mit Blick auf den neuen, wenngleich noch nicht in Kraft getretenen Art. 16 EGV[180] – eingeschlagen hat, eine neue Fundierung: es ist zu erwarten, daß auch künftig von der Kommission, wenn sie gegen gemeinschaftsrechtswidrige Maßnahmen der Mitgliedstaaten vorgeht, verlangt werden wird, daß sie zugleich Mittel aufzeigt, die die Kontinuität der Aufgabenerfüllung in einem wettbewerblichen Umfeld positiv gewährleisten. Da die Kommission rechtlich keine Möglichkeiten hat, derartige Alternativmodelle durchzusetzen – Art. 86 Abs. 3 EGV gibt der Kommission eine Ermächtigungsgrundlage für Liberalisierungsmaßnahmen, nicht aber für die harmonisierte Einführung bestimmter Universaldienstmodelle – ist sie hierbei auf die Kooperation der Mitgliedstaaten angewiesen.

Jenseits der Frage, welche Handlungs*möglichkeiten* der Kommission künftig durch Art. 16 EGV beschnitten werden, ist zu konstatieren, daß die Vorschrift bedenkliche Auswirkungen bereits auf die Handlungs*struktur* zeitigt. Die Kommission gerät durch Art. 16 EGV in eine Doppelrolle: ihrer Funktion als Kontrollinstanz gegenüber den Mit-

---

178 *Monti*, Revue du Droit de l'Union Européenne 2000/2, 245, 249 f.: „Les institutions communautaires n'interviennent pas, quant au fond, dans l' *organisation* des services d'intérêt général; elles reconnaissent aux États membres [...] une entière autonomie décisionnelle en la matière. [...] Un second principe axial, à côté de celui de la neutralité vis-à-vis des formes organisationelles, est celui qui attribue *aux États membres la mission de déterminer et de définir les services d'intérêt général et les droits spéciaux ou exclusifs* nécessaires à leur prestation. [...] En résumé, si l'on se réfère aux modalités d'organisation juridique et économique des services d'intérêt général, on constate que le principe de *subsidiarité* s'y applique intégralement".

179 Vgl. z. B. *Kahl*, wbl. 1999, 189, 196 Fn. 77: durch Art. 16 EGV werde eine „Vermutung der Vertragskonformität von Maßnahmen zur Aufrechterhaltung der Funktionsfähigkeit von Unternehmen, die für die Allgemeinheit wesentliche Dienstleistung erbringen, geschaffen". *Budäus/Schiller*, ZögU 23 (2000), 94, 98: die Kommission müsse künftig beweisen, daß Ausnahmen für öffentliche Diensten nicht den gemeinsamen Werten der Union entsprächen. Ähnlich auch: auch *Monéger*, in: Ullrich (Hrsg.) (1998), S. 151, 164 f.

180 So z. B. *Desselas/Rodrigues*, Les Petites Affiches, 16. Fevr. 1998 No. 20 – droit communautaire, S. 9, 15 f.; *Mestmäcker*, Wandlungen in der Verfaßtheit der Europäischen Gemeinschaft (2000), S. 11; *Mestmäcker*, in: XXXII. FIW-Symposion (1999), S. 71, 72 f.

gliedstaaten wird die Funktion einer Gewährleistungsinstanz an die Seite gestellt.[181] Der Konflikt zwischen dem Ziel der Wahrung des Geltungsanspruchs der gemeinschaftsrechtlichen Vorschriften und dem Ziel der Gewährleistung der Erfüllung der „besonderen Aufgaben", – bislang in Art. 86 Abs. 2 EGV in Form einer klaren Rollenverteilung externalisiert –, wird durch die doppelte Verpflichtung der Kommission auf beide Ziele internalisiert. Die Internalisierung birgt die Gefahr einer Politisierung der Kontrollaufgabe und einer Abschwächung des Liberalisierungsimpetus innerhalb der Kommission.[182]

dd) Art. 86 Abs. 2 S. 2 EGV

Offenkundig ist, daß Art. 16 EGV Bedeutung für die Auslegung des Art. 86 Abs. 2 S. 2 EGV haben kann.[183] Im Rahmen der Abwägung des mitgliedstaatlichen Interesses an der Erfüllung der besonderen Aufgabe gegen das Interesse der Gemeinschaft ist Art. 16 EGV geeignet, das Gewicht, welches dem mitgliedstaatlichen Interesse beizumessen ist, erheblich zu steigern – zumal dieses durch Art. 16 EGV zugleich zu einem Gemeinschaftsinteresse aufgewertet wird. Art. 16 EGV bewirkt mithin eine wesentliche Entschärfung des Art. 86 Abs. 2 S. 2 EGV als Schranken-Schranke für Freistellungen von der Anwendung des EGV.[184] Die neue Norm trägt damit der Forderung Rechnung, daß in Art. 86 Abs. 2 S. 2 EGV nicht die durch eine Freistellung von Vorschriften des EGV bewirkte Beschränkung des Handelsverkehrs am Interesse der Gemeinschaft gemessen werden dürfe, sondern gefragt werden müsse, ob die freizustellenden Vertragsverletzungen verhältnismäßig seien mit Blick auf die Besonderheiten der jeweiligen Dienstleistung.[185] Eine dermaßen politisierte Abwägung könnte schwerlich von der Kommission im Alleingang auf der Grundlage des Art. 86 Abs. 3 EGV vorgenommen werden.

---

181 Diese Doppelrolle zeichnet sich bereits in der Mitteilung der *Kommission* zu Leistungen der Daseinsvorsorge, ABl. 1996 Nr. C 281/3 ab, z. B. S. 19, Tz. 57.

182 Geschwächt wird dadurch außerdem die Legitimation der Kommission, wenn sie im Anwendungsbereich des Art. 86 Abs. 2 EGV gegen Mitgliedstaaten vorgeht. Wie *Mestmäcker*, Wandlungen in der Verfaßtheit der Europäischen Gemeinschaft (2000), S. 10 konstatiert, ist eine Voraussetzung für die Unabhängigkeit einer Institution ihre Bindung an einen eindeutig normierten Auftrag. Auf der Grundlage des Art. 86 Abs. 3 EGV war die Kommission bislang ermächtigt, eine rechtlich gebundene marktwirtscahftliche Ordnungspolitik auch im Rahmen der von Art. 86 Abs. 2 EGV erfaßten Sektoren durchzusetzen, sofern dadurch nicht die Aufgabenerfüllung verhindert wurde. Durch Art. 16 EGV hat dieser Auftrag aber nunmehr an Eindeutigkeit verloren.

183 Vgl. auch *Steindorff*, ZHR 163 (1999), 395, 434: Art. 16 EGV stelle klar, daß die mitgliedstaatliche Wahrnehmung von Daseinsfürsorge durch services publics mit dem Gemeinschaftsinteresse harmoniere. Vgl. auch Calliess/Ruffert-*Jung*, Kom. (1999), Art. 16 Rn. 13

184 Im Ergebnis ebenso: *Tettinger*, RdE 1999, 45, 49: „Bei einer Berufung auf Art. 90 Abs. 2 S. 2 EGV [Art. 86 Abs. 2 S. 2 EGV] wird es für die Kommission zukünftig wohl schwerer werden, gegen Umfang und Intensität mitgliedstaatlicher Betrauung eines Unternehmens binnenmarktorientierte Einwände zu erheben, sofern dies die Effizienz der betreffenden Aktivität beschränkt". Auch *Steindorff*, ZHR 163 (1999), 395, 426.

185 Vgl. *Belloubet-Frier*, AJDA 1994, 270, 283: „Les atteintes à la libre concurrence ne doivent pas être appréciées proportionnellement à l'intérêt de la Communauté, mais proportionnellement à la spécificité des services rendus par l'entreprise concernées et aux services attendus par les usagers".

Bedeutsam ist die Verlagerung der Gewichte im Rahmen der nach Art. 86 Abs. 2 S. 2 EGV vorzunehmenden Abwägung vor allem dann, wenn, wie zu erwarten, Art. 16 EGV der Tendenz Vorschub leistet, daß wirksame Einschränkungen der infrastrukturpolitischen Handlungsspielräume der Mitgliedstaaten nur noch im Rahmen der Konkretisierung dieser Schranken-Schranke erfolgen. Dies würde bedeuten, daß der Weg zu einer Liberalisierung über die Anwendung des primären Gemeinschaftsrechts endgültig versperrt wäre. In Betracht käme dann allein eine Liberalisierung im Wege der Harmonisierung auf der Grundlage eines politisch ausgehandelten Interessengleichgewichts im Rahmen des Art. 86 Abs. 2 S. 2 EGV. Wie von Frankreich gefordert, könnte Rechtsangleichung den Vorrang vor der unmittelbaren Geltung der Verkehrsfreiheiten und Wettbewerbsvorschriften beanspruchen.

ee) Fazit

Obwohl es verfrüht wäre, Abschließendes über den Einfluß des Art. 16 EGV auf die Auslegung des Art. 86 Abs. 2 und 3 EGV sagen zu wollen, läßt sich die neue Vorschrift doch als ein Versuch der Mitgliedstaaten verstehen, in die Auslegung dieser Vorschrift einzugreifen.[186] Wie *Mestmäcker* festgestellt hat, ist dies ein bedenkliches Handlungsmodell, da es die Rollenverteilung zwischen den rechtsetzenden, sich in einem Vertrag selbst bindenden Mitgliedstaaten und dem die Auslegung und Anwendung dieses Rechts unabhängig kontrollierenden Gericht gefährdet, und damit eine der großen Errungenschaften der Gemeinschaft: die Bindung der Mitgliedstaaten an das von einem unabhängigen Gericht ausgelegte Gemeinschaftsrecht.[187]

Dem Inhalt nach könnte Art. 16 EGV diejenigen bestärken, die in Art. 86 Abs. 2 EGV ganz allgemein die Zuständigkeit der Mitgliedstaaten für die Ausgestaltung der Leistungen der Daseinsvorsorge bzw. des „service public" geschützt sehen. Damit wird die Wirksamkeit des Wettbewerbsrechts und der Freiheitsgarantien der Gemeinschaft in bedeutsamen Lebensbereichen außer Kraft gesetzt. Es werden auf Gemeinschaftsebene Bereichsausnahmen abgesegnet, die sich bereits in den Mitgliedstaaten als Hemmschuh für neue wirtschaftliche, gesellschaftliche und technologische Entwicklungen, als Horte rational nicht begründeter und vielfach nicht begründbarer Umverteilungsmaßnahmen, der Intransparenz und Ineffizienz erwiesen haben.

d) Mögliche Auswirkungen des Art. 16 EGV auf die Rechtsetzung der Gemeinschaft und auf die Gestaltung der Gemeinschaftspolitiken

Art. 16 EGV begründet keine neue eigenständige Kompetenz der Gemeinschaft für „Dienstleistungen von allgemeinem wirtschaftlichem Interesse".[188] Allerdings gibt Art.

186 *Mestmäcker*, Europäische Legitimität, Manuskript (2000), S. 10; *Mestmäcker*, Wandlungen in der Verfaßtheit der Europäischen Gemeinschaft (2000), S. 11.

187 *Mestmäcker*, Europäische Legitimität, Manuskript (2000), S. 11.

188 Vgl. auch *Ross*, ELRev. 25 (2000), 22, 32. Z. T. wurde allerdings warnend darauf hingewiesen, daß die Aufnahme des Ziels der Förderung öffentlicher Dienste in den Vertrag dazu führen könne, daß

16 EGV gemeinschaftspolitischen Aktivitäten im Bereich der „Dienste von allgemeinem wirtschaftlichem Interesse" eine neue Legitimation.[189] Die Vorschrift bildet im übrigen einen neuen Bezugspunkt, auf welchen Gemeinschaftspolitiken ausgerichtet werden können.[190]

aa) Art. 16 EGV im Rahmen der Rechtsetzungstätigkeit der Gemeinschaft, insbesondere im Rahmen der Harmonisierung

Die Rechtsetzungstätigkeit der Gemeinschaft (z. B. auf der Grundlage des Art. 95 EGV) erlangt, sollte Art. 16 EGV die unmittelbare Anwendung des primären Gemeinschaftsrechts in der dargelegten Weise relativieren, gesteigerte Bedeutung. Auch auf diese Rechtsetzungstätigkeit selbst kann sich Art. 16 EGV dann auswirken.

Art. 16 EGV läßt das in Art. 86 Abs. 2 S. 1 EGV genannte „allgemeine wirtschaftliche Interesse" an der Bereitstellung bestimmter Dienstleistungen bzw. der Erfüllung bestimmter Aufgaben, – anerkanntermaßen ein Interesse innerhalb der einzelnen Mitgliedstaaten –, zugleich zu einem Ziel der Gemeinschaft werden. Es ist denkbar, daß es der Gemeinschaft künftig auf der Grundlage dieser Vorschrift erlaubt ist, die mitgliedstaatlichen Festlegungen durch eigene Zielvorgaben und Aufgaben zu ergänzen und diese im Rahmen eigener Rechtssetzungsakte zu verfolgen.[191] Daß sich das Gemeinwohlinteresse an Leistungen der Daseinsvorsorge zunehmend auf die europäische Ebene verlagert, hatte die Kommission bereits in ihrer Mitteilung zur Daseinsvorsorge betont.[192]

Politikbefugnisse der Gemeinschaft schließen auf der Grundlage der heutigen Struktur des EG-Vertrags die Kompetenz zur Einschränkung der im EGV geschützten Freiheiten im Rahmen von Rechtssetzungsakten mit ein.[193] Der EuGH beläßt den Gemeinschaftsorganen bei der Herstellung des Ausgleichs zwischen verschiedenen Zielen einen weiten Ermessensspielraum, insbesondere dann, wenn eine wertende Entscheidung im Rahmen eines Gefüges allgemeiner, komplexer, prinzipiell gleichrangiger, jedoch nicht gleichgerichteter Ziele erforderlich ist. Ermessensgrenzen bestehen nur insoweit, als

---

die Gemeinschaftsorgane über Art. 308 EGV neue Regelungsbefugnisse beanspruchen würden – vgl. z. B. *Vollmer*, in: FS Ingo Schmidt (1997), S. 289, 299.

189 So auch *Kommission*, XXVII. Wettbewerbsbericht (1997), Rn. 97; auch Rn. 100.

190 Vgl. auch *Moavero Milanesi*, Revue du Droit de l'Union Européenne 2000/1, 117, 123.

191 Vgl. *Ross*, ELRev. 25 (2000), 22, 38: „Article 16 assumes the presence of a *communautaire* meaning for services of general economic interest, endowing it with a specifically cohesion-oriented role". Vgl. auch *Moavero Milanesi*, Revue du Droit de l'Union Européenne 2000/1, 117, 123, der von einer Vorschrift „d'une vaste portée juridique sur le plan de la programmation" spricht, „qui, substantiellement, crée une obligation de résultat, tout en laissant la liberté du choix des instruments d'action".

192 Vgl. *Kommission*, Mitteilung zur Daseinsvorsorge, ABl. 1996 Nr. C 281/3, 11 Ziff. 63: „Um das Ziel einer europäischen Solidarität zu erreichen, könnte es notwendig sein, die Maßstäbe des Gemeinwohls [...] zu ergänzen. In einigen Wirtschaftssektoren mit grenzübergreifenden Merkmalen, unter anderem technischer Art, kann die nationale Ebene keine optimale Verwirklichung des Gemeinwohls gewährleisten. Andere Sektoren wiederum berühren wichtige europäische Interessen (z. B. Raumordnung oder Umweltschutz)".

193 Hierzu *Steindorff*, ZHR 164 (2000), 223, 242 f. i. V. m. 237 f.; *ders.*, in: XXV. FIW-Symposion (1992), S. 11, 74 f.; auch EuGH Slg. 1985, 531, 548 f. Rn. 9 und 15 – „*ADBHU*".

auch dann, wenn einem Ziel zeitweise der Vorrang eingeräumt wird, die Auswirkungen auf andere Ziele in Erwägung gezogen werden müssen und kein Ziel in einer Weise isoliert verfolgt werden darf, daß dadurch die Verwirklichung anderer Ziele unmöglich gemacht würde.[194] Jede Steigerung der Komplexität der Ziele erweitert damit den Handlungsspielraum der Gemeinschaft und schwächt die rechtlichen Bindungen.[195]

bb) Art. 16 EGV im Rahmen der Förderpolitiken der Gemeinschaft

Zur Erfüllung des in Art. 16 EGV enthaltenen positiven Gestaltungsauftrags kann die Gemeinschaft im übrigen auf die Gesamtheit der ihr im EG-Vertrag zugestandenen Politikbefugnisse zurückgreifen.

Bereits vor Abschluß des Amsterdamer Vertrags hatte die Gemeinschaft die Möglichkeit, im Rahmen der Gestaltung ihrer Gemeinschaftspolitiken einen positiven Beitrag zur Fortentwicklung der „Dienste von allgemeinem wirtschaftlichem Interesse“ zu erbringen.[196] Insbesondere die Politik der transeuropäischen Netze steht in einem engen sachlichen Zusammenhang mit den „Diensten von allgemeinem wirtschaftlichem Interesse“.[197] Auch die Politik des wirtschaftlichen und sozialen Zusammenhalts (Artt. 158 ff. EGV) kann – angesichts der Übereinstimmung in den Zielen – eine enge Verbindung mit einer Politik der Förderung der „Dienste von allgemeinem wirtschaftlichem Interesse“ eingehen.[198] Desweiteren wurden auch die Forschungspolitik und die Verbraucherpolitik in eine enge Verbindung zu einer Universaldienstpolitik der Gemeinschaft gestellt.[199] Denkbar ist – zumindest auf der Basis eines „service public“-Konzepts – auch eine Verbindung der Förderung der „Dienste von allgemeinem wirtschaftlichem Interesse“ mit einer aktiven Industriepolitik auf Gemeinschaftsebene (Art. 157 EGV).[200] Art.

---

194 Vgl. EuGH Slg. 1981, 3211, 3252 Rn. 41 – *„Ludwigshafener Walzmühle“*; EuGH Slg. 1984, 4057, 4077 Rn. 16 – *„Biovilac“*; EuGH Slg. 1987, 1129, 1147 Rn. 20 – *„Vandemoortele“*. Diese Grundsätze sind vor allem in der Rechtsprechung des EuGH zur Lösung von Zielkonflikten im Rahmen der Gemeinsamen Agrarpolitik, namentlich im Rahmen des Art. 33 [früher: Art. 39 EGV], entwickelt worden. Vgl. aus der Lit.: *Ipsen* (1972), S. 559 f.

195 Vgl. *Steindorff*, in: XXV. FIW Symposion (1992), S. 11, 75; Immenga/Mestmäcker-*Mestmäcker*, EG-Wettbewerbsrecht, Kom. (1997), Einleitung A. Rn. 38: mit der Vielfalt der Ziele, die bei der Ausübung gegebener Befugnisse zu berücksichtigen seien, könne sich der Ermessensspielraum der Gemeinschaftsorgane bis zur Willkürgrenze erweitern.

196 Vgl. z. B. *Kommission*, XXVI. Wettbewerbsbericht (1996), S. 410. Die Kommission weist hier insbes. auf sektorspezifische Initiativen zur Gewährleistung einer Mindestversorgung für alle Gemeinschaftsbürger hin, außerdem auf Aktionen der Gemeinschaft in den Bereichen Umwelt- und Verbraucherschutz und transeuropäische Netze.

197 *Kommission*, Mitteilung zur Daseinsvorsorge, ABl. 1996 Nr. C 281/3, 9 f. Zif. 54–56: Hervorgehoben werden hier u. a. die europäischen Entwicklungspläne für transeuropäische Infrastrukturnetze in den Bereichen Verkehr, Energie und Telekommunikation sowie die Koordinierung und Finanzierung der Realisierung dieser Infrastrukturen.

198 Calliess/Ruffert-*Jung*, Kom. (1999), Art. 16 Rn. 11 betont beispielsweise, daß Art. 16 EGV einen Handlungsauftrag beinhalte, der Teil des Politikbereichs „wirtschaftlicher und sozialer Zusammenhalt“ sei.

199 *Kommission*, Mitteilung zur Daseinsvorsorge, ABl. 1996 Nr. C 281/3 Zif. 71; *Kommission*, Mitteilung zur Daseinsvorsorge II, ABl. 2001 Nr. C 17/4, Rn. 65.

200 Dazu, daß diese von Seiten der Kommission durchaus mit aktiver Steuerungsabsicht betrieben wird: *Steindorff*, ZHR 164 (2000), 223, 258 ff., insbes. 261.

16 EGV verstärkt diese verschiedenen Ansatzpunkte aber nunmehr, indem er sie mit einem klaren politischen Auftrag verbindet. Hierin wird z. T. die vorrangige Bedeutung des Art. 16 EGV gesehen.[201]

Förderpolitiken der Gemeinschaft können mit Wettbewerbsverfälschungen einhergehen. Für die Ausgestaltung der Gemeinschaftspolitiken gilt – wie bereits für die Rechtsetzungstätigkeit der Gemeinschaft im Lichte komplexer Ziele –, daß die Gemeinschaft über einen weiten Beurteilungs- und Ermessensspielraum verfügt.[202] Während die Mitgliedstaaten in ihrer Subventionspolitik einer strengen Kontrolle durch die Kommission unterworfen sind, erfolgt die Förderungspolitik der Kommission weitgehend unkontrolliert.[203] Bemühungen der Mitgliedstaaten, die Förderungstätigkeit der Kommission zur Umgehung eigener Handlungsbeschränkungen zu nutzen, sind voraussehbar.[204]

Vieles deutet darauf hin, daß Art. 16 EGV den Trend zur neuen Beliebigkeit der Gemeinschaftspolitiken zwischen der Orientierung an einer marktlich und wettbewerblich verfaßten Wirtschaftsordnung und einer „offenen Wirtschaftsordnung" bestätigt und bekräftigt.

IV. Ausblick

Die Frage, welche Bedeutung Art. 16 EGV zukommen wird, kann zur Zeit noch nicht abschließend beantwortet werden. Die Vorschrift ist zu unklar, als daß sie bereits das

201 Z. B. *Barents*, MJ 1997/4, 332, 344.

202 Vgl. u. a. EuGH Slg. 1989, 2237, 2269 f. Rn. 21 f. – *„Schräder"*; EuGH Slg. 1990 I-4023 Rn. 13 – *„Fedesa"*; Steindorff, in: XXV. FIW-Symposion, (1992), S. 11, 79. EuGH Slg. 1981, 3211, 3251 Rn. 37 – *„Ludwighafener Walzmühle"*: So heißt es in einem Urteil des EuGH: „Bei der Festlegung ihrer einschlägigen Politik verfügen die zuständigen Gemeinschaftsorgane nicht nur über einen weiten Beurteilungsspielraum hinsichtlich der Feststellung der tatsächlichen Grundlagen ihres Handelns, sondern sie können auch weitgehend nach ihrem Ermessen die im Rahmen der Vorgaben des Vertrages verfolgten Ziele bestimmen und das für ihr Vorgehen geeignete Instrumentarium wählen". Art. 4 EGV, der die Tätigkeit der Gemeinschaft auf den „Grundsatz einer offenen Marktwirtschaft mit freiem Wettbewerb" verpflichtet, zieht dem Ermessensspielraum der Gemeinschaftsorgane insoweit keine wirksame Grenze: nach h. M. folgt aus dieser Vorschrift keine strenge rechtliche Bindung des Handelns der Gemeinschaftsorgane. Vielmehr handele es sich um eine allgemeine, im Einzelfall nicht verbindliche Systementscheidung – vgl. z. B. *Everling*, in: FS Mestmäcker (1996), S. 365, 376 f.; *Roth*, EuR Beiheft 1/1994, S. 45, 46. Von einer strengen rechtlichen Bindung der Gemeinschaft an die Vorgaben des Art. 4 EGV geht demgegenüber aus: *Hommelhoff*, in: ders./Kirchhof (Hrsg.) (1994), S. 131, 136 und 140. Zweifelnd: *Müller-Graff*, EuR 1997, 433, 456.

203 Kritisch: *Mestmäcker*, Wandlungen in der Verfaßtheit der Europäischen Gemeinschaft (2000), S. 26 f.

204 Vgl. allerdings auch den Hinweis von *Mestmäcker*, in: Nörr/Starbatty (Hrsg.) (1999), S. 129, 144, daß das Konfliktpotential zwischen den Zuständigkeiten der Gemeinschaft für die Politikbereiche Industrie, transeuropäische Netze und Forschung und Entwicklung mit den ordnungspolitischen Vorgaben des EGV bislang unter praktischen Gesichtspunkten relativ gering sei, da der Mangel an finanziellen Mitteln weitreichende Aktivitäten verhindert habe.

Ende der Diskussion markieren könnte.[205] Dies zeigt sich auch darin, daß die Kommission in ihrer Neuauflage der Mitteilung zur Daseinsvorsorge vom September 2000 von einer weitgehend unveränderten Auslegung und Anwendung insbesondere des Art. 86 Abs. 2 EGV und der Beihilfevorschriften auf Entscheidungen der Mitgliedstaaten in den Daseinsvorsorge-Bereichen ausgeht und dementsprechend ihren Willen bekräftigt, die Marktöffnung und Einführung von Wettbewerb in vormals abgeschotteten nationalen Märkten voranzutreiben. Art. 16 EGV versteht sie als Aufforderung, eine genuin europäische Perspektive für „Dienstleistungen von allgemeinem wirtschaftlichem Interesse" zu entwickeln, deren Grundprinzipien ein Vorantreiben der Marktöffnung, die Stärkung europäischer Koordination und Solidarität und die Entwicklung weiterer Beiträge der Gemeinschaft zur Förderung der Dienstleistungen von allgemeinem wirtschaftlichem Interesse sein müßten.[206] Angesichts der Möglichkeit, Art. 16 EGV in diesem Sinne einen rein programmatischen, nicht aber vertragsändernden Gehalt beizumessen, steht auch unverändert die Forderung nach einer Vertragsänderung im Raum. So haben die deutschen Bundesländer in einem vom Frühjahr 2000 datierenden Vorstoß verlangt, im Rahmen der institutionellen Reform der Gemeinschaft die alleinige Zuständigkeit der Mitgliedstaaten (bzw. im Rahmen der föderalen Ordnung in Deutschland die Zuständigkeit der Länder) für die öffentliche Daseinsvorsorge durch eine entsprechende Vorschrift im EG-Vertrag abzusichern.[207]

---

205 Vgl. *Ross*, 25 ELRev. 2000, 22: „[Art. 16] appears to support any interpretation along a spectrum running from defensive protection by Member States of their existing national public sector influence to the creation of a new *communautaire* concept of public service capable of horizontal application throughout Community law and policy".

206 *Kommission*, Mitteilung zur Daseinsvorsorge II, ABl. 2001 Nr. C 17/4, Rn. 57. Auch Rn. 65, wo die Kommission ausführt, daß der Beitrag der Gemeinschaft zur Realisierung der mit „Dienstleistungen von allgemeinem wirtschaftlichem Interesse" verbundenen Ziele vor allem in der Schaffung eines Binnenmarkts liege, darüber hinaus in der Sicherstellung hoher Qualitätsstandards, der Koordinierung der mitgliedstaatlichen Regulierung sowie in der Evaluierung.

207 Vgl. Pressemitteilung v. 19. Mai: „Länder fordern weiterhin die vertragliche Absicherung der öffentlichen Daseinsvorsorge". Vgl. auch die Stellungnahme der Regierungschefs der Länder zur Regierungskonferenz 2000, abgedruckt in: Europa aktuell, Ausgabe Mai 2000/2, S. 5 ff., insbes. S. 10 f., unter dem Titel „Wahrung der Verantwortung der deutschen Länder und Kommunen für die öffentliche Daseinsvorsorge": gefordert wird eine Regelung, welche die öffentliche Daseinsvorsorge (z. B. Landesbanken, Sparkassen, öffentlich-rechtlicher Rundfunk, öffentlicher Personennahverkehr, Wohnungsbauförderung und andere kommunale und regionale Einrichtungen) von der Anwendung der Wettbewerbsvorschriften und Verkehrsfreiheiten des EGV ausnimmt und die Alleinzuständigkeit der Mitgliedstaaten in diesen Bereichen feststellt. Siehe zu diesen Vorschlägen: *Mestmäcker*, Europäische Legitimität, Manuskript (2000), S. 10.

E.
Zusammenfassung

Die in dieser Arbeit besprochenen Universaldienstsektoren waren in den Mitgliedstaaten traditionell weitgehend dem Staat zugeordnet und mit Blick auf die Geltung des nationalen Wettbewerbsrechts Bereichsausnahmen unterworfen. Die staatsmonopolistische Organisationsstruktur ermöglichte eine unmittelbare politische Einflußnahme auf die Unternehmenstätigkeit. Private konnten sich auf wirtschaftliche Freiheitsrechte oder einen Schutz des unverfälschten Wettbewerbs nicht mit Erfolg berufen. Vielfach wurde die öffentliche Wirtschaft gerade als ein Element der Begrenzung privater wirtschaftlicher Macht durch den Staat begründet. Jedenfalls war das Politikprinzip dem Rechtsprinzip in diesen Bereichen vorgeordnet.

Wesentliche theoretische Wurzeln der mitgliedstaatlichen Politikkonzepte waren zum einen das Demokratieprinzip und das aus diesem abgeleitete Postulat des Primats der Politik über die Ökonomie sowie andererseits der Gedanke, daß der Staat, indem er sich bestimmter, für die nationale Volkswirtschaft und das Leben der einzelnen besonders wesentlicher Infrastrukturleistungen selbst annahm und über umverteilungspolitisch oder regionalpolitisch gerechtfertigte Quersubventionen den allgemeinen Zugang zu diesen Leistungen gewährleistete, den Bürgern in unmittelbar greifbarer Form als Repräsentant des allgemeinen Interesses gegenübertreten und so das Bewußtsein für den sozialen und territorialen Zusammenhalt stärken könne.

Das Gemeinschaftsrecht hat diesem Politikkonzept der öffentlichen Wirtschaft ein Rechtskonzept des Universaldienstes entgegengesetzt, welches zunächst ein ‚negatives' Konzept in dem Sinne war, daß es den politischen Handlungsspielräumen der Mitgliedstaaten rechtliche Schranken setzte, ohne selbst politische Gestaltungsansprüche der Gemeinschaft zu beinhalten. Dieses Rechtskonzept, wie es von der Rechtsprechung des EuGH ab Mitte der 80er Jahre bis Anfang der 90er Jahre ausdifferenziert wurde, beruhte auf einer engen, die politischen Handlungsspielräume der Mitgliedstaaten in den Infrastruktursektoren einengenden Auslegung des Art. 86 Abs. 2 EGV, die eine gleichmäßige Anwendung des Gemeinschaftsrechts in den Mitgliedstaaten und eine den Prinzipien offener Märkte und unverfälschten Wettbewerbs verpflichtete Integration auch dieser Märkte gewährleisten sollte. Dieses Rechtskonzept erwies sich insbesondere deswegen als in hohem Grade funktionsfähig, – und dabei zugleich effizienzsteigernd und verbraucherschützend – weil die Mitgliedstaaten bereit waren, unter Berücksichtigung der gemeinschaftsrechtlichen Vorgaben neue Strukturen zu entwickeln und umzusetzen, die wesentlichen sozialen und Verbraucherschutzgesichtspunkten Rechnung trugen. Gerade in der Korrektur von Markt*strukturen* konnte es daher seine Wirkung entfalten.

Die Unterwerfung mitgliedstaatlicher Infrastruktursektoren unter eine gemeinschaftsrechtliche Kontrolle stieß trotzdem auf heftigen Widerstand bei einigen Mitgliedstaaten – nicht zuletzt in Frankreich. Gefordert wurde eine Umkehr des Gemeinschaftsrechts in einer Weise, die eine Rückkehr zum Politikkonzept des „service public" ermöglichte. In dieser Forderung nach Ersetzung des Rechtsprinzips durch ein Politikprinzip bestand in Frankreich weitgehend Einigkeit. Meinungsunterschiede bestanden lediglich in der Frage, ob die Politikkompetenz gemeinschaftsrechtlich allein den Mitgliedstaaten zugewiesen werden sollte, oder ob, ergänzend und unterstützend, auch die Gemeinschaft eine Politikkompetenz für den Bereich der „Dienstleistungen von allgemeinem wirtschaftlichem Interesse" erhalten sollte.

Der Widerstand in den Mitgliedstaaten gegen eine gemeinschaftsrechtlich begründete Pflicht zur umfassenden Umgestaltung von marktabschottenden Strukturen in den Infrastruktursektoren machte sich zunächst in der praktischen Handhabung des Gemeinschaftsrechts bemerkbar: die Kommission nahm in den Bereichen Energie und Post Abstand von dem Versuch, das primäre Gemeinschaftsrecht aufgrund der ihr in Art. 86 Abs. 3 EGV eingeräumten Kompetenzen durchzusetzen und erklärte sich statt dessen mit einer Harmonisierungsstrategie einverstanden, welche einer Politisierung der Anwendung des primären Gemeinschaftsrechts auf mitgliedstaatliche Sondermarktordnungen Vorschub leistete. In der Praxis kündigte sich damit eine Zweiteilung in der Handhabung des Art. 86 Abs. 2 EGV an: der Kommission verblieb die volle Kompetenz zu einer strengen Anwendung des primären Gemeinschaftsrechts, verbunden mit einer engen Handhabung der Ausnahmevorschrift in Art. 86 Abs. 2 EGV, auf eigenständiges, mißbräuchliches Verhalten von Unternehmen. Dagegen verschob sich die Zuständigkeit für die Anwendung des primären Gemeinschaftsrechts, verbunden mit der Anwendung des Art. 86 Abs. 2 EGV, auf Marktstrukturen – zumindest in den traditionellen Ausnahmebereichen – in den Rat, der diese zum Gegenstand politischer Verhandlungen machte. Erst das gemeinschaftliche Sekundärrecht konkretisierte dann den Umfang, in dem das primäre Gemeinschaftsrecht auf die Sondermarktordnungen der Mitgliedstaaten Anwendung finden sollte. Die traditionellen Sondermarktordnungen waren nicht dem Rechts- sondern dem Politikprinzip unterworfen. Mit Art. 86 Abs. 2 EGV war diese Konzeption nur bei einer veränderten Auslegung der Norm vereinbar, die dem Schutz nationaler Handlungs- und Ermessensspielräume verpflichtet war.

Mit der im Rahmen der Regierungskonferenz 1996 vorgebrachten Forderung, dieses sich in der Praxis herauskristallisierende Prinzip primärrechtlich zu verankern, konnte sich Frankreich nicht durchsetzen. Jedoch hat sich die Rechtsprechung des EuGH unter dem Eindruck des politischen Protests der Mitgliedstaaten in seiner Auslegung des Art. 86 Abs. 2 EGV durch Anerkennung mitgliedstaatlicher Handlungs- und Ermessensspielräume zunehmend der Praxis angenähert und ein Verständnis gefördert, das in der Norm nicht das Rechts- sondern das Kooperationsprinzip verwirklicht sieht.

Diese Tendenz ist im Rahmen des Amsterdamer Vertrags durch die Einfügung des neuen Art. 16 EGV unterfüttert worden, der potentiell geeignet ist (1) den Schutzbereich des Art. 86 Abs. 2 S. 1 EGV und damit die Handlungsspielräume der Mitgliedstaaten zu erweitern, (2) in der Abwägung zwischen dem mitgliedstaatlichen Interesse an der Aufgabenerfüllung und dem Interesse der Gemeinschaft an der Entwicklung des Handelsverkehrs, wie sie in Art. 86 Abs. 2 S. 2 EGV vorgesehen ist, dem mitgliedstaatlichen Interesse Vorrang zu verschaffen und (3) die Kompetenz der Kommission aus Art. 86 Abs. 3 EGV durch Begründung einer Doppelrolle als Hüter des Wettbewerbs und der „services publics" sowie durch eine Verlagerung der maßgeblichen Entscheidungen im Rahmen des Art. 86 Abs. 2 EGV von der rechtlichen in die politische Sphäre zu entschärfen.

Die auf Gemeinschaftsebene geführte Universaldienstdebatte ist Bestandteil der breiteren Diskussion um die künftige (Wirtschafts-)Verfassung der Europäischen Gemeinschaft, um das Verhältnis von Recht und Politik auf Gemeinschaftsebene und um das Verhältnis zwischen Mitgliedstaaten und Gemeinschaft. Gestritten wird über das Prinzip des Vorrangs des Gemeinschaftsrechts vor mitgliedstaatlichen Politikentscheidungen – und damit über das künftig wünschenswerte Maß der Integration; über die Frage, ob künftig das Recht als Integrationsmotor durch ein Prinzip politischer Integration zu ersetzen sei; und damit zugleich über die Frage, ob künftig weiterhin Mitgliedstaaten – wie auch die Gemeinschaft selbst – an bestimmte wirtschaftsverfassungsrechtliche Grundentscheidungen gebunden sein sollen, oder ob diese Grundentscheidungen einem politischen Gestaltungsanspruch zu weichen haben. All diese Fragen sind eng miteinander verwoben. Die Universaldienstdebatte ist einer der Schnittpunkte dieser Diskussion über die zukünftige Ausgestaltung der Gemeinschaft. Die praktischen Erfahrungen aus der Realisierung der unterschiedlichen Universaldienstkonzepte in unterschiedlichen Sektoren können insoweit wichtige Erkenntnisse bringen.

Die bisherigen Erfahrungen aus der Umgestaltung der Infrastruktursektoren in der Gemeinschaft und der Einführung unterschiedlicher Universaldienstkonzepte bestätigen die herausragende Bedeutung der Grundentscheidung zwischen einem Modell der wirtschaftlichen, rechtsgesteuerten Integration und einem Modell politischer Integration: die Reformkapazität herkömmlicher Marktstrukturen ist erwartungsgemäß wesentlich höher in einem auf Rechtsintegration basierenden System als in einem System, in welchem die politische Kooperation zum Integrationsmotor gekürt wird.

Die Erfahrung zeigt zugleich, daß das primäre Gemeinschaftsrecht selbst dort, wo es unmittelbar und jenseits politischer Kompromisse angewendet wird, keineswegs alle sozialen und verbraucherschutzbezogenen Ziele dem Ziel der Wohlstandsmaximierung und Effizienzsteigerung opfert: Art. 86 Abs. 2 EGV verkörpert bei entsprechender Auslegung einen angemessenen Kompromiß. Hierzu bedarf es allerdings einer klaren Eingrenzung des Schutzbereichs der Norm. In dieser Arbeit wurde vorgeschlagen, Art. 86 Abs. 2 EGV als eine Norm zu verstehen, die einen speziellen Gesichtspunkt des Verbraucherschutzes in den Mittelpunkt stellt: die Gewährleistung des allgemeinen, flächendeckenden Zugangs zu Leistungen, die von der ganz überwiegenden Mehrheit der Verbraucher als essentiell und lebensnotwendig betrachtet werden. Die Bereitstellung derartiger Leistungen können die Mitgliedstaaten in einem bestimmten Umfang mit sozialen Zielen verbinden, indem sie sicherstellen, daß diese Leistungen nicht nur physisch, sondern auch faktisch für alle Verbraucher zugänglich sind. Hierzu können bestimmte Preisvorgaben oder die gezielte Subvention bestimmter Verbrauchergruppen gehören. Nicht geschützt sind durch Art. 86 Abs. 2 EGV hingegen weitergehende politische Zielvorstellungen, die mit dem unmittelbaren Verbraucherinteresse nicht oder nur sehr mittelbar verknüpft sind. Nicht privilegiert sind auch die mythisch fundierten Ziele der Gewährleistung von Solidarität und territorialen Zusammenhalt durch Leistungserbringung aus einer Hand, die in der Entwicklung des National- und Territorialstaates zum Teil eine wesentliche Rolle spielten. Das in dieser Arbeit propagierte Konzept wurde der Sache nach in der Telekommunikation realisiert und hat nach nahezu allgemeiner Meinung zu erheblichen Wohlstands- und Innovationssteigerungen beigetragen, von denen gerade auch die Verbraucher profitiert haben. Dieses Universaldienstkonzept ist in seinen Grundzügen prinzipiell auf andere Sektoren übertragbar. Die Debatte um Art. 86 Abs. 2 EGV müßte künftig stärker unter dem Eindruck dieser Erfahrung geführt werden, die zu einer differenzierten Betrachtung der Vor- und Nachteile eines engen, verbraucherschutzbezogenen Verständnisses der Norm anregen könnte.

Art. 16 EGV hat hierzu allerdings nicht beigetragen. Die Vorschrift verstärkt die Auflösungserscheinungen in einem bislang kohärenten Konzept, welches auf den Prinzipien des Vorrangs des Gemeinschaftsrechts vor mitgliedstaatlichen Maßnahmen, damit auf dem Prinzip rechtlicher Integration und auf einem Prinzip der Rechtsunterworfenheit auch der politischen Gewalt beruhte, und durch eine strikte, an einheitlichen Kriterien ausgerichtete Kontrolle der Politik der Mitgliedstaaten auch in den Sektoren der „Dienstleistungen von allgemeinem wirtschaftlichem Interesse" verhinderte, daß diese Sektoren zu „Sollbruchstellen" der europäischen Binnenmarktintegration wurden. Die Entwicklung geht nunmehr deutlich in Richtung einer „kooperativen Strategie", in welcher die Gemeinschaft prinzipiell die politischen und Organisationsentscheidungen der Mitgliedstaaten zu respektieren hat,[1] die mitgliedstaatlichen Strategien jedoch auf Gemeinschaftsebene koordiniert und durch Maßnahmen im Gemeinschaftsinteresse verknüpft bzw. ergänzt werden. Die „öffentlichen Dienste" würden damit zu einem weiteren gemeinschaftlichen Politikbereich, der im Ergebnis nach ähnlichen Prinzipien funktionieren würde wie andere Politikbereiche – etwa die Bereiche Wirtschaftspolitik oder Beschäftigungspolitik, oder die Politik des wirtschaftlichen und sozialen Zusammenhalts. Der Titel XV des EGV „transeuropäische Netze" würde dann zum Leitbild und Kern der Zusammenarbeit der Mitgliedstaaten auf Gemeinschaftsebene im Bereich der Infrastrukturleistungen.

Auf der anderen Seite bleiben nach wie vor Spielräume für eine Rückbesinnung auf die Vorteile einer rechtsgesteuerten Integration und damit auf eine strenge Auslegung des Art. 86 Abs. 2 EGV und die Vorteile, die eine auf Schaffung von Wettbewerb und offenen Märkten gerichtete Politik auch in den traditionell der Daseinsvorsorge bzw. dem „service public" zugerechneten Sektoren verspricht[2] – wenngleich dieses Anliegen derzeit keine erhebliche politische Rückendeckung zu haben scheint.[3] Den Politisierungstendenzen steht bislang noch der Grundsatz der Wahrung des „acquis communautaire" entgegen.[4] Die Kommission hat gerade in letzter Zeit wieder das Universaldienstkonzept nach dem Vorbild des Telekommunikationssektors als Modell auch für andere Infrastrukturbereiche – darunter auch den Energiesektor[5] – propagiert[6] und dabei ausdrücklich ein *enge* Eingrenzung der Universaldienstauflagen empfohlen, um die Kom-

---

1 Vgl. zu einem solchen Modell der Kompetenzverteilung auf Gemeinschaftsebene: *Steindorff*, ZHR 163 (1999), 395, 432 ff; auch S. 440: „Die Überlegungen [...] sollten in erster Linie von der Frage ausgehen, welche Aufgaben die Staaten in der EU zu bewältigen haben und wie ihnen dies zu ermöglichen ist. Sie sollten dabei berücksichtigen, daß die Vielfalt der staatliche Identität repräsentierenden staatlichen Politiken nicht nur europäische Einheit behindert, sondern zugleich zum politischen Reichtum Europas beiträgt". Vgl. zu anderen Vorschlägen zur Durchsetzung des Subsidiaritätsprinzips bzw. einer neuen Kompetenzverteilung zwischen Gemeinschaft und Mitgliedstaaten: *Mestmäcker*, Wandlungen in der Verfaßtheit der Europäischen Gemeinschaft (2000), S. 8 m. w. N.

2 Vgl. hierzu: *Van Miert*, in: XXXII. FIW-Symposion (1999), S. 5 f.

3 *Mestmäcker*, in: Nörr / Starbatty (Hrsg.) (1999), S. 129, 152: der Zeitgeist sei sozialer Marktwirtschaft und europäischer Ordnungspolitik nicht günstig.

4 Siehe Art. 2 und Art. 3 EUV. Vgl. auch *Ross*, ELRev. 25 (2000), 22, 33: „[...] there is no wholesale repatriation of sovereign powers in relation to public service provision since Article 16 is without prejudice to other specifid Treaty rules".

5 Vgl. *Kommission*, Opening Up to Choice: The Single Electricity Market (1999), S. 11 f

6 Vgl. z. B. *Monti*, Revue du Droit de l'Union Européenne 2000/2, 245, 252: „Il apparaît clairement que l'objectif commun à tous les secteurs est d'introduire le maximum d'ouverture au marché qui soit compatible avec les exigences du service universel".

patibilität des Universaldienstes mit dem gleichfalls verbraucherschützend wirkenden Wettbewerbsprinzip zu gewährleisten.[7]

Trotz bedenklicher Tendenzen in der Entwicklung des EG-Vertrags selbst und in der Rechtsprechung des EuGH erscheint der Ausgang des Prozesses nach wie vor offen.

7 *Monti*, Revue du Droit de l'Union Européenne 2000/2, 245, 248. Speziell für den Energiebereich vgl. *Kommission*, Opening Up to Choice: The Single Electricity Market (1999), S. 12.

Anhang

Literaturverzeichnis

Abate, Antonio, Droit communautaire, privatisations, déréglementations, Rev.MUE 1994/3, 11 ff.

Abbamonte, Giuseppe B., Cross-subsidisation and Community Competition Rules: Efficient Pricing Versus Equity?, ELRev. 23 (1998), 414 ff.

Ahlemeyer, Wolfgang/Nissen, Joachim/Lehmköster, Carsten, VV II – Ermittlung der Netznutzungsentgelte, ET 2000, 220 ff.

Ailleret, François, Europe du gaz et de l'électricité, quelle politique pour demain?, Revue de l'énergie 1994, 663 ff.

Amato, Giuliano, Citizenship and Public Services – Some General Reflections, in: *Mark Freedland/Silvana Sciarra* (eds.), Public Services and Citizenship in European Law: Public and Labour Law Perspectives, N. Y. 1998, S. 145 ff.

Ambrosius, Gerold, Negativurteile über öffentliche Dienstleistungssysteme im gesellschaftlichen Wandel, ZögU 23 (2000), 224 ff.

Analysis, Study on the provision of public telecommunications services in the context of Open Network Provision. Final Report for the EC DG XIII, December 1996

Analysis, The Future of Universal Service in Telecommunications in Europe. Final report for EC DG XIII/A1, Analysis Report No. 97013, 12 January 1997

Andersen, Arthur/Jiménez García, Javier, Study on the Impact of Liberalisation of Direct Mail. Study for the EC DG XIII, Brüssel Nov. 1998

Appelt, Clea, Das Beihilfenverbot für öffentliche Unternehmen nach Art. 92 EG-Vertrag unter besonderer Berücksichtigung des Einsatzes staatlicher Kapitalbeteiligungen für wirtschaftspolitische Zwecke, Diss., Hamburg 1995

Arbillot, Eric, Le devenir du service public dans les télécommunications françaises. Enjeux, débats et perspectives, DEA Paris I, Paris 1996

Armani, Enrico, One step beyond in the application of the essential facility theory, Competition Policy Newsletter 1999/3, October 1999, 15 ff.

Arndt, Hans-Wolfgang, „Common Carrier" bei Strom und Gas. Zur nationalstaatlichen und europarechtlichen Zulässigkeit von Durchleitungsverpflichtungen, RIW 1989, Beilage 7

Bach, Albrecht, Wettbewerbsrechtliche Schranken für staatliche Maßnahmen nach europäischem Gemeinschaftsrecht, Tübingen 1992

Badura, Peter, Das Verwaltungsmonopol, Berlin 1963

ders., Das öffentliche Unternehmen im europäischen Binnenmarkt, ZGR 1997, 291 ff.

ders., Unternehmenswirtschaftlichkeit und Infrastrukturgewährleistung im Bereich des Postwesens – Ausgleichsfonds, Exklusivlizenz und offener Netzzugang bei Universaldienstleistungen, ArchivPT 1997, 277 ff.

Bala, Andreas, Art. 90 Abs. 2 EGV im System unverfälschten Wettbewerbs – unter besonderer Berücksichtigung der Elektrizitätsversorgungswirtschaft –, Diss., Münster 1997

Baldus, Manfred, Zur Relevanz des Souveränitätsproblems für die Wissenschaft vom öffentlichen Recht, Der Staat 3/1997, 381 ff.

Baldwin, Robert/Cave Martin, Understanding Regulation. Theory, Strategy and Practice, Oxford University Press 1999

Bance, Philippe, La redéfinition du rôle des entreprises publiques dans le marché unique, in: *Bernard Thiry/Jacques Vandamme* (Hrsg.), Les entreprises publiques dans l'Union européenne: entre concurrence et intérêt général, Paris 1995, S. 99 ff.
ders., Intérêt général, entreprises et mutations institutionnelles communautaires: une méso-analyse économique, in: *Marc Debène* (Hrsg.), Entreprise, intérêt général et marché unique. Journée d'études du Centre de recherches de droit des activités économiques, Rouen 1995, S. 7 ff.
Bangemann-Bericht: Europe and the global information society. Recommendations to the European Council, Brüssel, 26 May 1994
Barbet, Philippe/Gonzalez, Alain, La notion de service universel dans les télécommunications: évolution et nécessité d'une nouvelle définition, Revue internationale de Droit Économique 1999/1, 59 ff.
Barea, José/Barea, Maria Teresa, Qu'est-ce que ‚l'intérêt général'?, in: *Helmut Cox* (Hrsg.), Services publics, missions publiques et régulation dans l'Union européenne, Paris 1997, S. 179 ff.
Barents, René, Some Observations on the Treaty of Amsterdam, MJ 1997/4, 332 ff.
Barros, Pedro P./Seabra, M. Carmo, Universal Service: does competition help or hurt?, Information Economics and Policy 11 (1999), 45 ff.
Bartosch, Andreas, Öffentlichrechtliche Rundfunkfinanzierung und EG-Beihilfenrecht – eine Zwischenbilanz, EuZW 1999, 176 ff.
ders., The Financing of Public Broadcasting and E. C. State Aid Law: An Interim Balance, ECLR 1999, 197 ff.
ders., Europäisches Telekommunikationsrecht im Jahr 1998, EuZW 1999, 421 ff.
ders., Neubestimmung des EG-Wettbewerbsrechts in liberalisierten Märkten, ZIP 1999, 1787 ff.
ders., Dienstleistungsfreiheit versus Monopolrechte – Die Fragwürdigkeit des Remailing-Urteils des EuGH vom 10. 2. 2000, NJW 2000, 2251 ff.
ders., Neue Transparenzpflichten – eine kritische Analyse des Kommissionsentwurfs einer neuen Transparenzrichtlinie, EuZW 2000, 333 ff.
Basedow, Jürgen, Von der deutschen zur europäischen Wirtschaftsverfassung, Walter-Eucken-Institut, Vorträge und Aufsätze H. 137, Tübingen 1992
ders., Europarechtliche Grenzen des Postmonopols, EuZW 1994, 359 ff.
ders., Zielkonflikte und Zielhierarchien im Vertrag über die Europäische Gemeinschaft, in: *Ole Due* u. a. (Hrsg.), Festschrift für Ulrich Everling, Baden-Baden 1995, Bd. I, S. 49 ff.
ders., Ansätze zur europäischen Regulierung der Postdienste, EuZW 1996, 143 ff.
ders., Dienstleistungsmonopole und Netzzugang in der europäischen Wirtschaftsverfassung, in: *Karl-Ernst Schenk/Dieter Schmidtchen/Manfred E. Streit* (Hrsg.), Jahrbuch für Neue Politische Ökonomie, Bd. 16, Neue Politische Ökonomie der Integration und Öffnung von Infrastrukturnetzen, Tübingen 1997, S. 121 ff.
Basedow, Jürgen/Jung, Christian, Das Postmonopol – Ökonomische Zwecke und europarechtliche Grenzen, in: *Jürgen Basedow* (Hrsg)., Das neue Wirtschaftsrecht der Postdienste. Postagenturen, Postmärkte und Postmonopol in deutscher und europäischer Perspektive, Heidelberg 1995, S. 179 ff.
Batail, Jacques, La transposition de la directive ‚marché intérieur de l'électricité' et la future organisation électrique française, Revue de l'énergie 1998, 217 ff.
Bauby, Pierre, Le service public, Paris 1997

Bauby, Pierre/Boual, Jean-Claude, Quels services publics demain en France, en Europe?, in: *dies.* (Hrsg.), Les services publics au défi de l'Europe, Paris 1993, S. 11 ff.

Bauer, Günter, Wettbewerbsbeschränkungen durch Staaten? Die Verantwortung der Mitgliedstaaten der Europäischen Gemeinschaft für den Wettbewerb im Gemeinsamen Markt, München 1990

Baumanns, Monika, European Postal Policy Update, in: *Ulrich Stumpf/Wolfgang Elsenbast* (Hrsg.), Cost of Universal Service. Papers presented at the 3rd Königswinter Seminar, Bad Honnef 1996, S. 1 ff.

Baur, Jürgen F., Abbau der Gebietsschutzverträge und Durchleitungspflicht – Mittel zur Verbesserung der Versorgung?, in: *ders./Rudolf Lukes* (Hrsg.), Geschlossene Versorgungsgebiete, Versorgungssicherheit oder Wettbewerb, Köln/Berlin/Bonn/München 1979, S. 1 ff.

ders., Der Einfluß des Europäischen Wettbewerbsrechts auf die deutsche Energiewirtschaft, RdE 1992, 41 ff.

ders., Energieversorgungsmonopole unter dem Recht des Vertrages über die Europäische Gemeinschaft, in: *ders.* (Hrsg.), Aktuelle Probleme des Energierechts, VEnergR Bd. 75, Baden-Baden 1995, S. 77 ff.

ders., Der Vertrag über die Europäische Gemeinschaft und die ausschließliche Zuständigkeit von Unternehmen zur Versorgung mit Energie, in: *Ole Due* u. a. (Hrsg.), Festschrift für Everling, Bd. I, Baden-Baden 1995, S. 69 ff.

ders., Die politische Einigung über die Elektrizitäts-Binnenmarkts-Richtlinie, ET 1996, 474 ff.

ders., Die Elektrizitätsbinnenmarkt-Richtlinie. Gestaltungsmöglichkeiten von Mitgliedstaaten und Auswirkungen auf die Stromunternehmen, ET 1997, 624 ff.

ders., Art. 90 Abs. 2 EGV und die Binnenmarktrichtlinie für Strom und Gas, RdE 1999, 85 ff.

Baur, Jürgen F./Moraing, Markus, Rechtliche Probleme einer Deregulierung der Elektrizitätswirtschaft, Veröffentlichungen des Instituts für Energierecht an der Universität zu Köln (VEnergR) Bd. 72, Baden-Baden 1994

Bazex, Michel, l'art. 90 §3 du Traité CEE ou le grand chambardement, Gazette du Palais 1991, 1, doctr. S. 271 ff.

ders., L'appréhension des services publics par le droit communautaire, RFD adm. 11 (1995), 295 ff.

Beck, Bernhard, Stromdurchleitung – der Schlüssel zum Wettbewerb. Erste Erfahrungen, in: *Jürgen Schwarze* (Hrsg.), Der Netzzugang für Dritte im Wirtschaftsrecht, Baden-Baden 1999, S. 209 ff.

Becker, Ulrich, Die Betriebsaufnahmegenehmigung nach § 3 EnWG im Gefüge des neuen Energiewirtschaftsrechts, RdE 2000, 7 ff.

Becker, Uta/Rosin, Peter, Das Single Buyer-System gemäß Energiewirtschaftsgesetz. Probleme der rechtlichen Ausgestaltung, ET 2000, 385 ff.

Beck'scher TKG-Kommentar, herausgegeben von: *Wolfgang Büchner/Jörg Ehmer/Martin Geppert/Bärbel Kerkhoff/Hermann-Josef Piepenbrock/Raimund Schütz/Fabian Schuster*, 1. Aufl. München 1997

Behrens, Peter, Die Wirtschaftsverfassung der Europäischen Gemeinschaft, in: *Gert Brüggemeier* (Hrsg.), Verfassungen für ein ziviles Europa, Baden-Baden 1994, S. 73 ff.

Belloubet-Frier, Nicole, Service public et droit communautaire, AJDA 1994, 270 ff.

Belorgey, Jean-Michel, Service public et droit communautaire, AJDA 1996, No. spécial du 20. juin 1996, 35 ff.
Benesch, Rudolf, Die Kompetenzen der EG-Kommission aus Art. 90 Abs. 3 EWG-V, Köln, Berlin, Bonn, München 1993
Benicke, Christoph, Zum Unternehmensbegriff des Europäischen Wettbewerbsrechts, EWS 1997, 373 ff.
Bensoussan, Alain (Hrsg.), Mémento-guide Alain Bensoussan: Les télécoms et le droit, 2e éd., Paris 1996
Berg, Werner, Neue Entscheidungen des EuGH zur Anwendung des EG-Kartellrechts im Bereich der sozialen Sicherheit, EuZW 2000, 170 ff.
Berg, Werner/Karpenstein, Rolf, Änderung der rechtlichen Grundlagen der EU durch den Vertrag von Amsterdam, EWS 1998, 77 ff.
Berne, Michel, Wettbewerbsprobleme auf dem Markt der Kommunikation. Post und Telekommunikation in Frankreich, ArchivPT 1998, 365 ff.
Beutler, Bengt/Bieber, Roland/Pipkorn, Jörn/Streil, Jochen, Die Europäische Union. Rechtsordnung und Politik, 4. Aufl. Baden-Baden 1993
Bierwagen, Rainer, Läutet der Europäische Gerichtshof das Ende des Remailing ein?, ZIP 2000, 569 ff.
Birkenmaier, Dieter, Gemeinsamer Markt, nationales Interesse und Art. 90 EWGV, EuR 1988, 144 ff.
Blaise, Jean-Bernard/Fromont, Michel, Das Wirtschaftsrecht der Telekommunikation in Frankreich, Baden-Baden 1992
Blaise, Jean-Bernard/Idot, Laurence, Concurrence (année 1999), Rev.trim.dr.eur. 36(2), avr.–juin 2000, 341 ff.
Blanchard, Patrick, L'évolution du secteur électrique français au lendemain de l'arrêt de la Cour de Justice européenne sur les monopoles d'importation et d'exportation d'électricité, Cahiers juridiques de l'électricité et du gaz (CJEG) 1998, 71 ff.
Blankart, Charles Beat, Öffentliche Unternehmen aus Sicht der Gemeinwirtschaftslehre und der Neuen Politischen Ökonomie, ZögU 6 (1983), 18 ff.
Blankart, Charles Beat/Knieps, Günter, Das Konzept des Universaldienstes im Bereich der Telekommunikation, in: *Philipp Herder-Dorneich/Karl-Ernst Schenk/Dieter Schmidtchen* (Hrsg.), Jahrbuch für Neue Politische Ökonomie 13, Tübingen 1994, 238 ff.
dies., Infrastrukturfonds als Instrumente zur Realisierung politischer Ziele, ZögU 1996, Beiheft 19, S. 51 ff.
Bleckmann, Albert, Europarecht. Das Recht der Europäischen Gemeinschaft, 6. Aufl., Köln, Berlin, Bonn, München 1997
Block, Guy/Coin, Rémy, La loi No. 2000-108 du février 2000 relative à la modernisation et au développement du service public de l'électricité, La Semaine Juridique, édition générale, No. 9 – 1er mars 2000, S. 331 ff.
Blum, Françoise, De Sacchi à Franzén en passant par La Crespelle: la jurisprudence récente de l'article 90, Gazette du Palais – Gazette européenne, Dimanche 11 au Mardi 13 juillet 1999, 12 ff.
Blum, Françoise/Logue, Anne, State Monopolies under EC Law, Chichester/New York/ Weinheim u. a. 1998
Börner, Bodo, Irrwisch Daseinsvorsorge, BayVBl. 1971, 406 ff.

Börner, Achim-Rüdiger, Der Energiemarkt und die geschlossenen Versorgungsgebiete der Strom- und Gaswirtschaft im Übergang zum Wettbewerb, ZögU 1996, Beiheft 20

ders., Zu den Auswirkungen der EG-Richtlinien zum Binnenmarkt für Strom und zum Binnenmarkt für Gas vor ihrer Umsetzung ins nationale Recht, RIW 1997, 475 ff.

ders., Die Strom- und Gasversorgung im XII. Hauptgutachten der Monopolkommission, ZögU 22 (1999), 231 ff.

ders., Erste Überlegungen zu den privaten Normierungen der Stromdurchleitung: Stringenz und Kartellrecht (Teil 1), RdE 2000, 55 ff.

ders., Erste Überlegungen zu den privaten Normierungen der Stromdurchleitung: Stringenz und Kartellrecht (Teil 2), RdE 2000, 94 ff.

Böwing, Andreas, Rechtsfragen des Netzzugangs und der Netzbenutzung im Energiebereich, insbesondere bei Stromnetzen, in: *Jürgen Schwarze* (Hrsg.), Der Netzzugang für Dritte im Wirtschaftsrecht, Baden-Baden 1999, S. 181 ff.

Böwing, Andreas/Rosin, Peter, Neue juristische Probleme bei Stromlieferverträgen, ET 2000, 249 ff.

Bognetti, Giuseppe, Europäische Netze und öffentliche Versorgungsunternehmen, in: *Helmut Cox* (Hrsg.), Öffentliche Dienstleistungen in der Europäischen Union, Baden-Baden 1996, S. 61 ff.

Bognetti, Giuseppe/Fazioli, Roberto, Réseaux transeuropéens et services publics, in: *Helmut Cox* (Hrsg.), Services publics, missions publiques et régulation dans l'Union européenne, Paris 1997, S. 45 ff.

Bolkestein, Frits, Presentation of the European Commission's proposal to open postal services to competition, Speech, Brussels, 22 June 2000, zu finden unter: http://www.europa.eu.int/comm/internal_market/en/speeches/spch232.htm

Borotra, Franck, Rapport d'Information, déposé par la délégation de l'Assemblée Nationale pour l'Union Européenne sur le service public dans le cadre de l'Union européenne, 1995

Borrmann, Jörg, Die Ausschreibung von Monopolstellungen – Probleme und Lösungsansätze, ZögU 22 (1999), 256 ff.

Borrows, John D./Bernt, Phyllis A./Lawton, Raymond W., Universal Service in the United States: Dimensions of the Debate, WIK-Diskussionsbeitrag Nr. 124, Bad Honnef 1994

Boual, Jean-Claude, Le débat européen sur les services publics et les réseaux, in: Ministère de l'Équipement, des Transport et du Logement (Hrsg.), Un service public pour les européens? Diversité des traditions et espaces de convergence; sous la direction de *Claude Quin* et *Gilles Jeannot*, Paris 1997, S. 85 ff.

Boutard-Labarde, Marie-Chantal, La construction du marché européen de l'électricité: la logique du droit communautaire de la concurrence, Revue de l'énergie 1994, 321 ff.

Boutard-Labarde, Marie-Chantal/Canivet, Guy, Droit français de la concurrence, Paris 1994

Braize, François, Le Marché du courrier: quelle organisation juridique et selon quelle problematique?, JurisPTT No. 18 (1989), 2 ff.

Braud, Philp},pe, La notion de liberté publique en droit français, Paris 1968

Bräunig, Dietmar, Zu Zielsystem und Leistungsindikatoren öffentlicher Unternehmen, ZögU 17 (1993), 471 ff.

Bright, Christopher, Article 90, Economic Policy and the Duties of Member States, ECLR 14 (1993), 263 ff.

Britz, Gabriele, Örtliche Energieversorgung nach nationalem und europäischem Recht, Baden-Baden 1994

dies., Öffnung der Europäischen Strommärkte durch die Elektrizitätsbinnenmarktsrichtlinie?, RdE 1997, 85 ff.

dies., Elektrizitätsbinnenmarkt-Richtlinie und Umsetzung ins deutsche Recht, EuZW 1997, 334 ff.

Brothwood, Michael, The Court of Justice on Article 90 of the EEC Treaty, CMLRev. 20 (1983), 335 ff.

Brümmerhoff, Dieter/Lehman, Erik, Öffentlich-rechtliche Sparkassen oder wie gemeinnützig ist der öffentliche Auftrag, ZögU 23 (2000), 131 ff.

Bruhn, Heiner, Der Netzzugang für Dritte im Bereich der Energie, in: *Jürgen Schwarze* (Hrsg.), Der Netzzugang für Dritte im Wirtschaftsrecht, Baden-Baden 1999, S. 219 ff.

Budäus, Torsten/Schiller, Thomas, Der Amsterdamer Vertrag: Wegbereiter eines europäischen öffentlichen Dienstes, ZögU 23 (2000/1), 94 ff.

Buderath, Josef, Strom im Wettbewerb. Geschlossene Versorgungsgebiete sind notwendig, ET 1989, 138 ff.

Büdenbender, Ulrich, Durchleitung elektrischer Energie nach der Energierechtsreform, RdE 1999, 1 ff.

ders., Energierecht nach der Energierechtsreform, JZ 1999, 62 ff.

ders., Die kartellrechtliche Zulässigkeit von Gesamtbedarfsdeckungsklauseln, ET 2000, 359 ff.

ders., Durchleitungen in der Elektrizitätswirtschaft und Eigentumsschutz, WuW 2000, 119 ff.

Buendia Sierra, José Luis, Services d'intérêt général en Europe et politique communautaire de concurrence, Competition Policy Newsletter Vol. 2 (1996/3), 14 ff.

ders., Exclusive Rights and State Monopolies under EC Law. Article 86 (formerly Article 90) of the EC Treaty, Oxford 1999

Bünger, Klaus, Chancen und Risiken der Informationsgesellschaft für die Politik, in: Multimedia: Kommunikation ohne Grenzen – grenzenloser Wettbewerb?, Referate des XXXI. FIW-Symposions, Köln, Berlin, Bonn, München 1998, S. 11 ff.

Buisson, Claire, Droit communautaire de la concurrence et service public, Paris 1997

Bullinger, Martin, Organisationsformen und Staatsaufsicht in der Telekommunikation. Staatsmonopole, delegierte Monopole, public utilities, in: *Ernst-Joachim Mestmäcker* (Hrsg.), Kommunikation ohne Monopole II, Baden-Baden 1995, S. 349 ff.

De Burca, Gráinne, The Principle of Proportionality and its Application in EC Law, Yearbook of European Law 13 (1993), 105 ff.

v. Burchard, Friedrich, Die Kompetenzen der EG-Kommission nach Art. 90 III EWGV, EuZW 1991, 339 ff.

ders., Netzzugang im Bereich der Gasversorgung, in: *Jürgen Schwarze* (Hrsg.), Der Netzzugang für Dritte im Wirtschaftsrecht, Baden-Baden 1999, S. 191 ff.

v. Burchard, Friedrich/Riemer, Heinz, Die europäische Gasrichtlinie – eine erste Zwischenbilanz, ET 1998, 782 ff.

Burdeau, Georges, Les libertés publiques, Paris, 4. Aufl. 1972

Bureau, Dominique, Les recommandations du rapport Nora trente ans après, in: *Élie Cohen/Claude Henry* (eds.), Service public, Secteur public, Paris 1997, S. 79 ff.

Burgi, Martin, Die öffentlichen Unternehmen im Gefüge des primären Gemeinschaftsrechts, EuR 1997, 261 ff.

Calliess, Christian/Ruffert, Matthias (Hrsg.), Kommentar des Vertrags über die Europäische Union und des Vertrages zur Gründung der Europäischen Gemeinschaft – EUV/EGV –, Neuwied 1999

Campbell, Jim, The Legal Definition of Universal Service in Postal and Telecommunications Sectors, in: *Ulrich Stumpf/Wolfgang Elsenbast* (Hrsg.), Cost of Universal Service. Papers presented at the 3rd Königswinter Seminar, Bad Honnef 1996, S. 115 ff.

Cartelier, Lysiane, Politique industrielle et intérêt général communautaire, in: *Helmut Cox* (Hrsg.), Services publics, missions publiques et régulation dans l'Union européenne, Paris 1997, S. 11 ff.

Castellano, Antonio/Moine, Gérard/Barrière, Jean-Pierre/Villeneuve, Robert, Les entreprises publiques et l'Europe social, RAE 1995/3, 38 ff.

Catalano, Nicola, Application des dispositions du Traité CEE (et notamment des regles de concurrence) aux entreprises publiques, in: Festschrift für Otto Riese, Karlsruhe 1964, S. 133 ff.

Cave, Martin, Defining and Funding Universal Service Obligations in Telecommunications and Broadcasting, Telecommunications and Space Journal 5 (1998), 157 ff.

Cave, Martin/Milne, Claire/Scanlan, Mark, Meeting Universal Service Obligation in a Competitive Telecommunications Sector. Report to the European Commission (DG IV), Luxemburg 1994

CEEP (Europäischer Zentralverband der öffentlichen Wirtschaft), Europa, Wettbewerb und öffentliche Dienstleistungen, Beiträge zur öffentlichen Wirtschaft H. 15, Berlin 1995

CEEP, Abschlußerklärung des XIV. Kongresses am 14./15. April 1997, ZögU 20 (1997), H. 2, 204 ff.

CEEP, Tagungsbericht zum XIV. Kongreß, ZögU 20 (1997), 245 f.

Celestine, Patrick/Felsner, Marcus, Öffentliche Unternehmen, Privatisierung und service public in Frankreich, RIW 1997, 105 ff.

Chapus, Réné, Droit Administratif Général, tome 1, 10e éd. 1996

Charbit, Nicolas, Le financement des missions de service public au regard du Traité d'Amsterdam. L'exemple du secteur audiovisuel, Gazette du Palais 7/8 juin 2000, Doctrine, pp. 18 ff.

Charbit, Nicolas/Carlton, Rod/Lamarca, Salvatore/Melchior, Florence/Sanchez, Jaime/ Wessely, Thomas W., L'Europe de l'électricité, Transposition comparée de la directive C. E. 96/92 au 15 mars 1999, Gaz. Pal. des 11–12 juin 1999, S. 7 ff.

Chavrier, Henri/Legal, Hubert/de Bergues, Géraud, Actualité du droit communautaire, AJDA 1998, 310 ff.

Chérot, Jean-Yves, L'article 90 § 2 du traité de Rome et les entreprises de réseau, AJDA 1996, 171 ff.

ders., L'article 90, paragraphe 2, du Traité CE après les arrêts de la Cour de justice des Communautés européennes du 23 octobre 1997 sur les monopoles d'importation d'électricité, RDF adm. 14 (1998), H. 1 (jan.–févr.), 135 ff.

Cherry, Barbara A., Universal Service Obligations: Comparison of the United States with the European Union, in: American Institute for Contemporary German Studies, The John Hopkins University (Hrsg.), Telecommunications Reform in Germany: Lessons and Priorities. Conference Report, Bonn, Germany, 20 November 1997, Washington 1998, S. 113 ff.

Chevallier, Jacques, Les enjeux juridiques: L'adaptation du service public des télécommunications, Revue française d'administration publique No. 52 (1989), S. 601 ff.

ders., La nouvelle réforme des télécommunications: ruptures et continuités, RFD adm. 12 (1996), 909 ff.

ders., La mise en oeuvre de la réforme des télécommunications, RFD adm. 13 (1997), 1115 ff.

Chung, Chan-Mo, Recent Developments in EC Postal Liberalisation, ECLR 1994, 217 ff.

ders., The Relationship between State Regulation and EC Competition Law: Two Proposals for a Coherent Approach, ECLR 1995, 87 ff.

de Cockborne, Jean-Eric, La politique communautaire de la concurrence: jurisprudence et stratégies, Annales des mines 1991 (avril), 116 ff.

ders., Universal Service in Telecommunications: The European Union Policy, in: Telecommunications and Space Journal 5 (1998), 105 ff.

Cohen, Élie, Le Colbertisme „high tech". Économie des Telecom et du Grand Projet, Paris 1992

ders., France Télécom: les trois modernisations, in: Colloque de Cerisy: Le Service Public? La voie moderne, sous la direction de *Albert David/Agnès Denis/Armand Hatchuel*, Paris 1995, S. 107 ff.

ders., Secteur public: portée et limite des pratiques de l'État actionnaire, in: *ders./ Claude Henry* (Hrsg.), Service public, Secteur public, Paris 1997, S. 43 ff.

Cohen, Élie/Henry, Claude, Sur les bases et l'évolution récente des services publics industriels et commerciaux en France et dans l'Union européenne, in: *dies.* (Hrsg.), Service public, Secteur public, Paris 1997, S. 9 ff.

Cohen, Robert/Chu, Ed, Benefits of Letter Mail Monopoly: Measuring Returns to Scale in Delivery, in: *Wolfgang Elsenbast/Ulrich Stumpf* (Hrsg.), Cost of Universal Service. Papers presented at the 3rd Königswinter Seminar, Bad Honnef 1996, S. 83 ff.

Cohen-Tangui, Laurent/Winckler, Antoine, L'Europe des réseaux sera-t-elle celle du droit anglo-saxon?, Annales des mines avril 1991, 125 ff.

Collins, Hugh, Regulating Contracts, New York 1999

Colson, Jean-Philippe, Droit public économique, Paris 1997

Combes, Michel, Vers une charte des services publics européens, in: *Pierre Bauby/Jean-Claude Boual* (Hrsg.), Les services publics au défi de l'Europe, Paris 1993, S. 67 ff.

Combrexelle, Jean Denis, Presentation de l'arrêt de la Cour de Justice des Communautés européennes du 23 octobre 1997, Cahiers juridiques de l'électricité et du gaz (CJEG) 1998, 40 ff.

Commissariat général du Plan (Hrsg.), Services Publics – Question d'Avenir. Rapport de la commission présidée par *Christian Stoffaës*, 1995 [zitiert: Stoffaës (1995)]

Commissariat général du Plan (Hrsg.), La régulation des services publics: concilier équité et efficacité. Rapport du Groupe présidé par Claude Martinand. Rapporteur général: *Jean-Hervé Lorenzi*, Paris 1995 [zitiert: Lorenzi (1995)]

Compaine, Benjamin M./Weinraub, Mitchell J., Universal access to online services: an examination of the issue, Telecommunications Policy 21 (1997), 15 ff.
Conseil d'État, Service public, services publics: déclin ou renouveau, in: Conseil d'État (Hrsg.), Rapport public 1994, EDCE No. 46, Paris 1995, S. 14 ff.
Cook, Roxana E., All Wired Up: An Analysis of the FCC's Order to Internally Connect Schools, Fed. Communications Law Journal 50 (1997/98), 215 ff.
Courivaud, Henri, La loi No. 2000-108 du février 2000 relative à la modernisation et au développement du service public de l'électricité: réalise-t-elle aussi une libéralisation conforme aux objectifs de la directive-électricité du 19 décembre 1996?, La Semaine Juridique Entreprise et Affaires No. 26 – 29 Juin 2000 –, S. 1029 ff.
Courtois, Christian, Le cahier des charges de La Poste, JurisPTT No. 28 (1992), 8 ff.
Cox, Helmut, Zur Reform der nationalen Postdienste in ausgewählten europäischen Ländern, in: *Walpurga Speckbacher* (Hrsg.), Die Zukunft der Postdienste in Europa. Proceedings der internationalen Konferenz, Bonn, 25.–26. 10. 1990, Berlin/Heidelberg u. a. 1991, S. 27 ff.
ders., Les entreprises publiques en tant qu'instrument de la politique industrielle, in: *Bernard Thiry/Jacques Vandamme* (Hrsg.), Les entreprises publiques dans l'Union européenne: entre concurrence et intérêt général, Paris 1995, S. 137 ff.
ders., Entscheidungskriterien und Prinzipien für öffentliche Dienste – Thesen zur Zukunft der öffentlichen Dienstleistungen in Europa, in: *ders.* (Hrsg.), Öffentliche Dienstleistungen in der Europäischen Union. Zum Spannungsfeld zwischen Service Public und Wettbewerbsprinzip, Baden-Baden 1996, S. 13 ff.
Craig, Paul, de Búrca, Gráinne, EU Law: Text, Cases and Materials, 2nd ed., Oxford 1998
Cronenberg, Martin, Elektrizitäts-Binnenmarkt und deutscher Ordnungsrahmen, ET 1994, 6 ff.
ders., Das neue Energiewirtschaftsrecht, RdE 1998, 85 ff.

v. Danwitz, Thomas, Der Umfang der gesetzlichen Exklusivlizenz der Deutschen Post AG, NJW 1999, 3025 f.
ders., Die Universaldienstfinanzierungsabgaben im Telekommunikationsgesetz und im Postgesetz als verfassungswidrige Sonderabgaben, NVwZ 2000, 615 ff.
Dauses, Manfred (Hrsg.), Handbuch des EU-Wirtschaftsrechts, München, Loseblattsammlung, Stand Nov. 1999 [zitiert: Dauses-*Bearbeiter*]
Debène, Marc, Entreprise publique, intérêt général et marché unique, in: *ders.* (Hrsg.), Entreprise, intérêt général et marché unique. Journée d'études du Centre de recherches de droit des activités économiques, Rouen 1995, S. 63 ff.
Debène, Marc/Raymundie, Olivier, Sur le service universel: renouveau du service public ou nouvelle mystification?, AJDA 1996, 183 ff.
Dehmer, Rudolf, Gesetzliche Monopolrechte in der Stromversorgung im EG-Recht, RdE 1993, 91 ff.
Dehousse, Franklin, Le traité d'Amsterdam: un melange de modestie et de complexité, Journal des tribunaux, 8. nov. 1997, 721 ff.
Delacour, Éric, Services publics et concurrence communautaire, Rev.MUE 1997, 501 ff.
Delfau, Gérard, L'action communautaire en matière postale. Rapport d'Information fait au nom de la délégation du Sénat pour l'Union européenne No. 135, Paris 1995

Delvolvé, Pierre, Service public et libertés publiques, RFD adm. 1985, 1 ff.
Demsetz, Harold, Why regulate Utilities?, Journal of Law and Economics 11 (1968), 55 ff.
Denoix de Saint Marc, R., Le service public. Rapport au Premier ministre, Paris 1996
Deregulierungskommission (Unabhängige Expertenkommission zum Abbau marktwidriger Regulierungen), Marktöffnung und Wettbewerb. Erster Bericht: Deregulierung als Programm? Das Versicherungswesen. Das Verkehrswesen, März 1990, Stuttgart 1991
Deringer, Arved, Das Wettbewerbsrecht der Europäischen Wirtschaftsgemeinschaft, Kommentar zu den EWG-Wettbewerbsregeln, Düsseldorf 1962
ders., Les articles 90 et 37 dans leurs relations avec un régime de concurrence non falsifiée. Les incidences des règles de concurrence et de l'article 222 sur les possibilités de nouvelles nationalisations ou socialisations de secteurs économiques, in: Collège d'Europe (Hrsg.), Semaine de Bruges 1968: L'entreprise publique et la concurrence. Les articles 90 et 37 du Traité CEE et leurs relations avec la concurrence, Bruges 1969
Derosier, Bernard, A la veille d'une directive européenne sur le marché intérieur du gaz naturel, Rapport d'information de l'Assemblée Nationale No. 3338 du 18 février 1997
Desselas, Stéphane/Rodrigues, Stéphane, Marché Unique et Services Publics: La Cour de Justice poursuit sa quête de l'équilibre. À propos de l'arrêt de la C. J. C. E. du 23 octobre 1997, Commission c/ France, relatif aux monopoles d'importation et d'exportation d'Électricité de France et de Gaz de France, Les Petites Affiches, 16. 2. 1998 No. 20, droit communautaire, S. 9 ff.
Di Fabio, Udo, Eine europäische Charta. Auf dem Weg zur Unionsverfassung, JZ 2000, 737 ff.
Dörr, Monika, Die Privatisierung der Deutschen Bundespost: Postreform I und II aus verfassungsrechtlicher Sicht, Würzburg 1994
Dohms, Rüdiger/Levasseur, Christian, Commentaire des arrèts de la Cour du 23. 10. 97 relatifs aux monopoles d'importation et d'exportation de gaz et d'électricité, Competition Policy Newsletter 1998/1 (February), 18 ff.
Donges, Jürgen B., Für offene und wettbewerbsorientierte Märkte in der Europäischen Union, in: EU-Regierungskonferenz '96. Perspektiven für die Wettbewerbsfähigkeit Europas, Referate des XXIX. FIW-Symposions, Köln, Berlin, Bonn, München 1996, S. 47 ff.
ders., Die Wirtschaftspolitik im Spannungsfeld von Regulierung und Deregulierung, ORDO 48 (1997), 201 ff.
Drago, Roland, Controverses sur le Service Public, Gaz.Pal. 14./15. 5. 1997, 25 ff.
Drumaux, Anne, Contrats de gestion et modes de régulation des entreprises publiques, in: *Bernard Thiry/Jacques Vandamme* (Hrsg.), Les entreprises publiques dans l'Union européenne: entre concurrence et intérêt général, Paris 1995, S. 43 ff.
Drumaux, Anne/Mattijs, Jan, La fabrication d'une politique industrielle européenne, in: *Helmut Cox* (Hrsg.), Services publics, missions publiques et régulation dans l'Union européenne, Paris 1997, S. 25 ff.
Due, Ole, Understanding the reasoning of the Court of Justice, in: *Rodríguez Iglesias/Carlos Gil/Ole Due/Romain Schintgen/Charles Elsen* (eds.), Mélanges en hommage à Fernand Schockweiler, Baden-Baden 1999, 73 ff.

Dufau, Jean, Les entreprises publiques, 2ème éd., Paris 1991
Duguit, Léon, Manuel de droit constitutionnel, 1. éd., Paris 1907
ders., Traité de droit constitutionnel, tome II, Paris 1928
ders., Traité de droit constitutionnel, tome III, Paris 1930
Duisberg, Alexander, Die Anwendung der Art. 85 und 86 EGV in den Fällen der staatlichen Einflußnahme auf Unternehmensverhalten. Zur Frage möglicher Rechtfertigungen und Entlastungen der Unternehmen, Frankfurt a. M. u. a. 1997
Duperon, Olivier, Les portes d'entrée du service public en droit communautaire: état du droit et perspectives, Petites Affiches No. 124, 23. Juin 1999, 9 ff.
Dupuis-Toubol, Frédérique/Jouyet, Jean-Pierre, Die neuen französischen Bestimmungen auf dem Gebiet der Telekommunikation. Vorstellung des Gesetzes vom 26. Juli 1996, ArchivPT 1998, 132 ff.
Durach, Wolfgang, Die Einführung kompetitiver Strukturen auf den Energiemärkten, Frankfurt am Main u. a. 1996
Durand, Claire-Françoise, Service public européen et politique industrielle ou la promotion de l'intérêt général et du service aux citoyens, Rev.MUE 1996, 211 ff.
Duriez, Marie-Françoise/Bouchard, Georges, Le marché intérieur du gaz naturel. Une directive pour l'an 2000?, Revue de l'énergie 1997, 120 ff.

Ebel, Hans-Rudolf, Anmerkung zu EuGH Slg. 1994 I-1477 ff – Almelo, EWS 1994, 243 ff.
ders., Abgegrenzte Versorgungsgebiete auch nach der Energierechtsreform?, WuW 1998, 448 ff.
Eberle, Carl-Eugen, Das europäische Recht und die Medien am Beispiel des Rundfunkrechts, AfP 1993, 422 ff.
Ebert, Werner/Noll, Werner, Öffentliche Dienstleistungen in einem globalisierten ökonomischen Umfeld, ZögU 22 (1999), 290 ff.
Eckert, Tilman, Die Befugnisse der EG-Kommission gem. Art. 90 III und ihre Grenzen, München 1992
Ecole nationale d'administration (ENA) (Hrsg.), Services publics comparés en Europe: exception française, exigence européenne. Rapports de séminaires établis par les élèves de la promotion Marc Bloch, Bd. I und Bd. II, Paris 1997
Editorial Comments, Public service obligations: A blessing or a liability?, CMLRev. 33 (1996), 395 ff.
Edward, David A. O., Article 90 EC-Treaty and the deregulation, liberalisation and privatisation of public enterprises and public monopolies, Zentrum für Europäisches Wirtschaftsrecht, Heft Nr. 60, Bonn 1996
ders., Perspectives on Competition Law: Problems and Solutions, Fordham International Law Journal Vol. 23 (2000), 274 ff.
Edward, David A. O./Hoskins, Mark, Article 90: Deregulation and EC Law. Reflections arising from the XVI. FIDE Conference, CMLRev. 32 (1995), 157 ff.
Ehle, Dirk, State Regulation Under the U. S. Antitrust State Action Doctrine and Under E. C. Competition Law: A Comparative Analysis, ECLRev. 1998, 380 ff.
Ehlermann, Claus-Dieter, Neuere Entwicklungen im europäischen Wettbewerbsrecht, EuR 1991, 307 ff.
ders., EG-Binnenmarkt für die Energiewirtschaft, EuZW 1992, 689 ff.
ders., Grundfreiheiten und Wettbewerbsregeln des EWG-Vertrages, ET 1992, 96 ff.

ders., Die Wettbewerbspolitik der Europäischen Gemeinschaften und die öffentlichen und gemeinschaftlichen Unternehmen, ZögU 15 (1992), 377 ff.
ders., Der Beitrag der Wettbewerbspolitik zum Europäischen Binnenmarkt, WuW 1992, 5 ff.
ders., Telekommunikation und Europäisches Wettbewerbsrecht, EuR 1993, 134 ff.
ders., Managing Monopolies: The Role of the State in Controlling Market Dominance in the European Community, ECLR 1993, 61 ff.
ders., Die vorgesehene Regelung zur Strom- und Gasdurchleitung (TPA) als Verwirklichung der Wettbewerbsvorschriften des EWG-Vertrages, RdE 1993, 41 ff.
Ehricke, Ulrich, Der Art. 90 EWGV – eine Neubetrachtung, EuZW 1993, 211 ff.
ders., Staatliche Eingriffe in den Wettbewerb – Kontrolle durch Gemeinschaftsrecht, Baden-Baden 1994
ders., Zur Konzeption von Art. 37 I und Art. 90 II EGV, EuZW 1998, 741 ff.
Eichenhofer, Eberhard, Das Arbeitsvermittlungsmonopol der Bundesanstalt für Arbeit und das EG-Recht, NJW 1991, 2857
ders., Umbau des Sozialstaats und Europarecht, VSSR 1/1997, S. 71 ff.
Eichhorn, Peter, Kundenorientierung und Personalmanagement in Unternehmen der Daseinsvorsorge, ZögU 1999, Beiheft 25, 13 ff.
Eickhof, Norbert/Kreikenbaum, Dieter, Liberalisierung des Energiewirtschaftsrechts und Befürchtungen der Kommunen, Wirtschaftsdienst 1997/V, 276 ff.
Eifert, Martin, Grundversorgung mit Telekommunikationsleistungen im Gewährleistungsstaat, Baden-Baden/Hamburg 1998
Ellger, Reinhard, Deutsches und internationales Wirtschaftsrecht der grenzüberschreitenden Telekommunikation, in: *Thomas-Sönke Kluth/Reinhard Ellger*, Das Wirtschaftsrecht der Internationalen Telekommunikation in der Bundesrepublik Deutschland, Baden-Baden 1992, S. 171 ff.
Elsenbast, Wolfgang, Die Infrastrukturverpflichtung im Postbereich aus Nutzersicht, WIK, Diskussionsbeitrag Nr. 162, Bad Honnef, Juli 1996
ders., Shapley-Wert und Messung von Infrastrukturlasten. Ein Beitrag zur Bestimmung der Kosten des Universaldienstes im Postwesen, ZögU 23 (2000), 149 ff.
Elsenbast, Wolfgang/Stumpf, Ulrich, The Cost of Universal Service Obligations in a Competitive Environment, in: *dies.* (Hrsg.), Cost of Universal Service. Papers presented at the 3rd Königswinter Seminar, Bad Honnef 1996, S. 15 ff.
Emiliou, Nicholas, The Principle of Proportionnality in European Law. A Comparative Study, London, The Hague, Boston 1996
Emmerich, Volker, Das Wirtschaftsrecht der öffentlichen Unternehmen, Bad Homburg/Berlin/Zürich 1969
ders., Nationale Postmonopole und Europäisches Gemeinschaftsrecht, EuR 1983, 216 ff.
ders., Postmonopole, Medienpolitik und Wettbewerbsfreiheit, AfP 1984, 11 ff.
ders., Internationale Personalberatung im Lichte des EWG-Vertrages, BB 1989, Beilage 3, 9 ff.
ders., Die deutsche Versorgungswirtschaft in der Wettbewerbsordnung der Europäischen Gemeinschaft, in: *Willi Erdmann/Hans-Kurt Mees/Henning Piper/ Otto Teplitzky* u. a. (Hrsg.), Festschrift für Otto-Friedrich Freiherr v. Gamm, Köln/Berlin/Bonn/ München 1990, 581 ff.

ders., Anwendung des EG-Vertrages auf Energieversorgungsunternehmen (Almelo / IJM), JuS 1994, 882 ff.
ders., Kartellrecht, München, 8. Aufl. 1999
Encaoua, David/Floche, Laurent, La tarification: du monopole à la concurrence régulée, AJDA 1997, 254 ff.
Engel, Christoph/Knieps, Günter, Die Vorschriften des Telekommunikationsgesetzes über den Zugang zu wesentlichen Leistungen. Eine juristisch-ökonomische Untersuchung, Baden-Baden 1998
Esplugas, Pierre, La constitutionnalisation du service public: un tigre de papier?, Revue administrative 1996, 162 ff.
Everling, Ulrich, Der Beförderungsvorbehalt der Post und das Gemeinschaftsrecht, EuR 1994, 386 ff.
ders., Remailing und Europäisches Gemeinschaftsrecht, EuR 1996, 58 ff.
ders., Wirtschaftsverfassung und Richterrecht in der Europäischen Gemeinschaft, in: *Ulrich Immenga/Wernhard Möschel/Dieter Reuter* (Hrsg.), Festschrift für Ernst-Joachim Mestmäcker zum 70. Geburtstag, Baden-Baden 1996, S. 365 ff.
ders., Buchpreisbindung im deutschsprachigen Raum und europäisches Gemeinschaftsrecht, in: Börsenverein des Deutschen Buchhandels (Hrsg.), Die Buchpreisbindung aus europarechtlicher, ökonomischer und kulturhistorischer Sicht, Frankfurt a. M. 1997, S. 1 ff.
ders., Zu den Querschnittsklauseln im EG-Vertrag, in: *Rodríguez Iglesias/Carlos Gil/Ole Due/Romain Schintgen/Charles Elsen* (eds.), Mélanges en hommage à Fernand Schockweiler, Baden-Baden 1999, S. 131 ff.

Faulkner, David, Public Services, Citizenship, and the State – the British Experience 1967–1997, in: *Mark Freedland/Silvana Sciarra*, Public Services and Citizenship in European Law: Public and Labour Law Perspectives, N. Y. 1998, S. 35 ff.
Faull, Jonathan/Nikpay, Ali, The EC Law of Competition, Oxford University Press, NY 1999
Favret, Jean-Marc, Le traité d'Amsterdam: une révision *a minima* de la „charte constitutionnelle“ de l'Union européenne. De l'intégration à l'incantation?, Cahiers de droit européen 1997, 555 ff.
Fehling, Michael, Mitbenutzungsrechte Dritter bei Schienenwegen, Energieversorgungs- und Telekommunikationsleitungen vor dem Hintergrund staatlicher Infrastrukturverantwortung, AöR 121 (1996), 59 ff.
Fernández Salas, Mariano, Long-term supply agreements in the context of gas market liberalisation: Commission closes investigation of Gas Natural, Competition Policy Newsletter June 2000, No. 2, S. 55 ff.
Fesenmair, Joseph, Öffentliche Dienstleistungsmonopole im europäischen Recht. Eine juristisch-ökonomische Analyse unter besonderer Berücksichtigung der Theorie der natürlichen Monopole, Diss., Berlin 1996
Fiquet, Alain, Rechtlicher Rahmen der Elektrizitätswirtschaft in Frankreich, ET 1992, 554 ff.
Fischerhof, Hans, Öffentliche Versorgung mit Wasser, Gas, Elektrizität und öffentliche Verwaltung, DÖV 1957, 305 ff.

Fleischer, Holger/Weyer, Hartmut, Neues zur „essential facilities“-Doktrin im Europäischen Wettbewerbsrecht. Eine Besprechung der Bronner-Entscheidung des EuGH, WuW 1999, 350 ff.

Forsthoff, Ernst, Die Verwaltung als Leistungsträger, Stuttgart/Berlin 1938

ders., Die Daseinsvorsorge und die Kommunen, Köln-Marienburg 1958

ders., Rechtsfragen der leistenden Verwaltung, res publica Bd. I, Stuttgart 1959

ders., Lehrbuch des Verwaltungsrechts, Bd. I: AT, München/Berlin, 9. Aufl. 1966

ders., Der Staat der Industriegesellschaft, dargestellt am Beispiel der Bundesrepublik Deutschland, München 1971

ders., Lehrbuch des Verwaltungsrechts, Bd. I: AT, München/Berlin 10. Aufl. 1973

Fournier, Jacques, Rééquilibrer la construction européenne, in: *Pierre Bauby/Jean-Claude Boual* (Hrsg.), Les services publics au défi de l'Europe, Paris 1993, S. 101 ff.

Freedland, Mark, Law, Public Services, and Citizenship – New Domains, New Regimes?, in: *Mark Freedland/Silvana Sciarra*, Public Services and Citizenship in European Law: Public and Labour Law Perspectives, N. Y. 1998, S. 1 ff.

Frey, Dieter, Das öffentlich-rechtliche Fernsehen im Wettbewerbsrecht der EG, ZUM 1999, 528 ff.

Frison-Roche, Marie-Anne, Qu'est-ce que le service public? Le point de vue juridique, Revue de l'énergie 1997, 178 ff.

ders., Le principe de proportionnalité, AJDA 1995, No. spécial, 156 ff.

Gabrisch, Christoph, Universaldienst in Deutschland. Neukonzeption für einen liberalisierten Telekommunikationsmarkt, Wiesbaden 1996

Gadonneix, Pierre, Signature d'un nouveau contrat d'objectifs entre l'état et Gaz de France, Revue de l'énergie 1994, 373 ff.

Gallup Europe, Report: „The situation of telecommunications services in the regions of the European Union", April 2000

Gándara, Arturo, Equity in an Era of Markets: the Case of Universal Service, Wake Forrest Law Review 33 (1998), 107 ff.

Gardner, Anthony, The Velvet Revolution: Article 90 and the Triumph of the Free Market in Europe's Regulated Sectors, ECLR 16 (1995), 78 ff.

Geiger, Rudolf, EUV/EGV. Kommentar, 3. Aufl., München 2000

Gerardin, Damien, L'ouverture à la concurrence des entreprises de réseau – analyse des principaux enjeux du processus de libéralisation, cahiers de droit européen 1999 No. 1/2, S. 13 ff.

Giesen, Richard, Statutory Monopolies and EC Competition Law: The Belgian Post Monopoly Case, ECLR 1993, 279 ff.

Gleiss, Alfred/Hirsch, Martin, Kommentar zum EWG-Kartellrecht, 3. Aufl., Heidelberg 1978

Götz, Volkmar, Verfassungsschranken interventionistischer Regulierung nach europäischem Gemeinschaftsrecht im Vergleich mit dem Grundgesetz, JZ 1989, 1021 ff.

Golay, Jeanne/Dobbs, Ian, Universal Service Obligation and Reserved Sector, in: *Wolfgang Elsenbast/Ulrich Stumpf* (Hrsg.), Cost of Universal Service. Papers presented at the 3rd Königswinter Seminar, Bad Honnef 1996, S. 41 ff.

Golfier, Christoph, Service public et concurrence en droit communautaire, D. E. A. Paris II, Paris 1994

Gosalbo Bono, Ricardo, Les politiques et actions communautaires, Rev.trim.dr.eur. 33 (4) 1997, 769 ff.
Grabitz, Eberhard, Dienstleistungsmonopole im Binnenmarkt, EWS 1990, 4 ff.
Grabitz, Eberhard/Hilf, Meinhard (Hrsg.), Kommentar zur Europäischen Union, München, Stand: Januar 2000 [zitiert: Grabitz/Hilf-*Bearbeiter*]
Graham, Cosmo, Regulating Public Utilities: A Constitutional Approach, Oxford – Portland, Oregon 2000
Graham, Stephan/Cornford, James/Marvin, Simon, The socio-economic benefits of a universal telephone network. A demand-side view of universal service, Telecommunications Policy 1996, 3 ff.
Gramlich, Ludwig, Rechtliche Möglichkeiten der Finanzierung von Infrastrukturleistungen im Post- und Telekommunikationsbereich durch die Errichtung eines Infrastrukturfonds, ArchivPT 1995, 189 ff.
ders., Ende gut, alles gut? – Anmerkungen zum neuen Postgesetz, NJW 1998, 866 ff.
du Granut, Claude, La citoyenneté européenne. Une application du principe de subsidiarité, Paris 1997
Grawe, Joachim, Rechtliche Möglichkeiten und Grenzen eines europäischen Strommarktes, in: Festschrift für Fritz Fabricius zum 70. Geburtstag, Stuttgart, München, Hannover 1989, 219 ff.
von der Groeben, Hans/Thiesing, Jochen/Ehlermann, Claus-Dieter, Kommentar zum EU-/EG-Vertrag, Bd. I, Baden-Baden, 5. Aufl. 1999 [zitiert: GTE-*Bearbeiter*, 5. Aufl. (1999)]
Gröner, Helmut/Knorr, Andreas, Entstaatlichung der Postdienste und EG-Binnenmarkt, EWS 1990, 16 ff.
dies., Die Liberalisierung der Postdienste in der EU. Anmerkungen zum Maßnahmepaket der Kommission, EWS 1996, 225 ff.
Groupe de travail du comité interministeriel des entreprises publiques (Hrsg.), Rapport sur les entreprises publiques, Paris 1967 [zitiert: Nora-Bericht]
Grussendorf, Werner, Zur Problematik des Art. 90 EWG-Vertrag, WuW 1965, 383 ff.
Gyselen, Luc, State Action and the Effectiveness of the EEC Treaty's Competition Provisions, CMLRev. 26 (1989), 33 ff.

Haag, Marcel, Transeuropäische Telekommunikationsnetze im Recht der Europäischen Gemeinschaften, ArchivPT 1994, 109 ff.
Hack, Hans, Zur Auslegung des Art. 90 II EWGV und dessen Bedeutung für die Elektrizitätswirtschaft, Heidelberg 1966
Hailbronner, Kay, Öffentliche Unternehmen im Binnenmarkt – Dienstleistungsmonpole und Gemeinschaftsrecht, NJW 1991, 593 ff.
Hammond, Allen S., The Telecommunications Act of 1996: Codifying the Digital Divide, Fed. Communications Law Journal 50 (1997/98), 179 ff.
Hamon, Francis, Note sur l'affaire Paul Corbeau – No. C-320/91, AJDA 1993, 866, 869
ders., Note sur Cour de Justice des Communautés Européennes, 23 octobre 1997, Aff.: Commission c/ France, AJDA 1997, 996 ff.
Hancher, Leigh, Note on Case C-320/91 P, Procureur du Roi v. Paul Corbeau, Judgement of the full Court, 19 May 1993, CMLRev. 31 (1994), 105 ff.

dies., Regulated Industries and Competition in Community Law, in: *Lonbay, Julian* (Hrsg.), Frontiers of Competition Law, London, N. Y., Chichester, Brisbane, Singapore 1994, S. 152 ff.
dies., Judgments of the Court Lagauche, Decoster & Taillandier CMLRev. 31 (1994), 857 ff.
dies., Annotation on Case C-393/92 – *Almelo*, CMLRev. 32 (1995), 305 ff.
dies., Die Almelo-Entscheidung des Europäischen Gerichtshofs. Hintergrund, Bewertung, mögliche Auswirkungen, ET 1995, 68 ff.
dies., Annotation on *Almelo*: Ruling of the *Gerechtshof*, Arnhem, 22 October, 1996, CMLRev. 34 (1997), 1509 ff.
dies., Community, State and Market, in: *Craig, Paul/de Búrca, Gráinne*, The Evolution of EU Law, Oxford 1999, S. 721 ff.
Hancher, Leigh/Buendia Sierra, José-Luis, Cross-subsidization and E. C. law, CMLRev. 35 (1998), 901 ff.
Hancher, Leigh/Ottervanger, Tom/Slot, Piet Jan, E. C. State Aids, 2nd ed., London 1999
Hancher, Leigh/Trepte, Peter-Armin, Competition and the Internal Energy Market, ECLR 13 (1992), 149 ff.
Harlow, Carol, Public Service, Market Ideology, and Citizenship, in: *Mark Freedland/Silvana Sciarra*, Public Services and Citizenship in European Law: Public and Labour Law Perspectives, N. Y. 1998, S. 49 ff.
Harms, Jens, Die Legitimation der öffentlichen Wirtschaft. Eine Analyse ihrer ethischen Begründung, ZögU 14 (1991), 29 ff.
Harms, Wolfgang, Zur Anwendung der Schutzklauseln für Öko-, KWK- und Braunkohlestrom im Neuregelungsgesetz vom 24. 4. 1998, RdE 1999, 165 ff.
Hart, Thomas, A dynamic universal service for a heterogeneous European Union, Telecommunications Policy 22 (1998), 839 ff.
Hatzopoulos, Vassilis, Recent Developments of the Case Law of the ECJ in the Field of Services, CMLRev. 37 (2000), 43 ff.
Hegel, Georg Wilhelm Friedrich, Grundlinien der Philosophie des Rechts, Berlin 1821, hrsg. von Johannes Hoffmeister, Hamburg, 4. Aufl. 1955
Heidinger, Markus/Schneider, Robert, Wettbewerb gibt Gas – Die Erdgasbinnenmarktrichtlinie, ecolex 1998, 807 ff.
Heinemann, Andreas, Grenzen staatlicher Monopole im EG-Vertrag, München 1996
Henry, Claude, Concurrence et services publics dans l'Union européenne, Revue de l'énergie 1997, 187 ff.
Herdegen, Matthias, Das Endvergütungssystem des Weltpostvertrages bei „Remailing" im Lichte des Europäischen Gemeinschaftsrechts und des deutschen Verfassungsrechts, ArchivPT 1997, 181 ff.
ders., Die Regulierung des Postuniversaldienstes: Abschied vom Markt?, ZRP 1999, 63 ff.
Herdegen, Matthias/Richter, Stefan, Die Rechtslage in den Europäischen Gemeinschaften, in: *Jochen A. Frowein* (Hrsg.), Die Kontrolldichte bei der gerichtlichen Überprüfung von Handlungen der Gemeinschaft, Berlin/Heidelberg/N. Y. u. a. 1993, S. 209 ff.
Hermann, Hans Peter, Die Konzeption der EG-Kommission zur Ordnung des europäischen Strommarktes, RdE 1992, 96 ff.
Hermes, Georg, Staatliche Infrastrukturverantwortung, Tübingen 1998

Hertzog, Robert, Le prix du service public, AJDA 1997, No. spécial du 20. juin 1997, S. 55 ff.
Hesse, Albrecht, Die Verfassungsmäßigkeit des Fernmeldemonopols der Deutschen Bundespost, Heidelberg 1984
Heuermann, Arnulf/Neu, Werner, Ein Regulierungsrahmen für das Unternehmen Deutsche Bundespost Telekom, ArchivPF 1988, 318 ff.
Hilf, Meinhard, Amsterdam – Ein Vertrag für die Bürger?, EuR 1997, 347 ff.
Hilf, Meinhard/Pache, Eckhard, Der Vertrag von Amsterdam, NJW 1998, 705 ff.
Hirsch, Günter, Das Verhältnismäßigkeitsprinzip im Gemeinschaftsrecht. Zentrum für Europäisches Wirtschaftsrecht, Vorträge und Berichte Heft Nr. 80, 1997
ders., Der EuGH im Spannungsverhältnis zwischen Gemeinschaftsrecht und nationalem Recht, NJW 2000, 1817 ff.
Hocepied, Christian, Les directives article 90 para.3: une espèce juridique en voie de disparition, RAE 1994/2, 49 ff.
Höland, Armin, Leitbilder des europäischen Verbraucherrechts, in: *Ludwig Krämer/Hans-W. Micklitz/Klaus Tonner* (Hrsg.), Law and diffuse Interests in the European Legal Order. Liber amicorum Norbert Reich, Baden-Baden 1997, S. 195 ff.
Hoffmann-Riem, Wolfgang, Telekommunikationsrecht als europäisiertes Verwaltungsrecht, DVBl. 1999, 125 ff.
Hommelhoff, Peter, Industriepolitik versus Wettbewerbspolitik im Maastricht-Vertrag, in: *ders./Paul Kirchhof* (Hrsg.), Der Staatenverbund der Europäischen Union, 1994, S. 131 ff.
Hoppmann, Erich, Kulturelle Evolution und ökonomische Effizienz, in: *Ulrich Immenga/Wernhard Möschel/Dieter Reuter* (Hrsg.), Festschrift für Ernst-Joachim Mestmäcker zum 70. Geburtstag, Baden-Baden 1996, S. 177 ff.
Huber, Ernst Rudolf, Vorsorge für das Dasein. Ein Grundbegriff der Staatslehre Hegels und Lorenz v. Steins, in: *Roman Schnur* (Hrsg.), Festschrift für Ernst Forsthoff zum 70. Geburtstag, München 1972, S. 139 ff.
Huber, Peter, Law and Disorder in Cyberspace. Abolish the FCC and Let Common Law Rule the Telecoms, Oxford/N. Y. 1997
Hudig, Dirk, Growth, Competition and the Public Sector, RAE 2/1994, 115 ff.
Hudson, Heather, Universal Service in the Information Age, Telecommunications Policy 18 (1994), 658 ff.
Huth, Klaus-Dieter, Die Sonderstellung der öffentlichen Hand in den Europäischen Gemeinschaften, Hamburg 1965

Immenga, Ulrich/Mestmäcker, Ernst-Joachim (Hrsg.), EG Wettbewerbsrecht Bd. I und Bd. II, München 1997 [zitiert: Immenga/Mestmäcker-*Bearbeiter*, EG-Wettbewerbsrecht]
Ipsen, Hans Peter, Zur Legalität des Werbefernsehens, NJW 1963, 2049 ff.
ders., Europäisches Gemeinschaftsrecht, Tübingen 1972
ders., Gemeinschaftsrechtliche Interpretationsanstöße für innerstaatliche Rechtsinstitute. Erläutert für urheberrechtliche Verwertungsgesellschaften als Unternehmen i. S. von Art. 90 Abs. 2 EWG-V, in: *Roland Bieber/Albert Bleckmann/Francesco Capotorti* (Hrsg.), Gedächtnisschrift für Christoph Sasse, Baden-Baden 1981, Bd. II, S. 405 ff.

Ipsen, Hans-Peter/Nicolaysen, Gert, Öffentliche Unternehmen im Gemeinsamen Markt und Bericht über die aktuelle Entwicklung des Gemeinschaftsrechts, NJW 1964, 2336 ff.

Isensee, Josef/Kirchhof, Paul (Hrsg.), Handbuch des Staatsrechts Bd. III: Das Handeln des Staates, Heidelberg, 2. Aufl. 1996

Jacobs, Francis G., Recent Developments in the Principle of Proportionality in European Community Law, in: *Evelyn Ellis* (ed.), The Principle of Proportionality in the Laws of Europe, Oxford – Portland Oregon 1999, S. 1 ff.

Jaested, Thomas/Tostmann, Stefan, Die Bereichsausnahmen des GWB und Art. 85 Abs. 1 EWG-Vertrag, WuW 1991, 275 ff.

Jahns-Böhm, Jutta/Breier, Siegfried, Die umweltrechtliche Querschnittsklausel des Art. 130r II 2 EWGV, EuZW 1992, 49 ff.

Jarass, Hans D., EG-Recht und nationales Rundfunkrecht. Zugleich ein Beitrag zur Reichweite der Dienstleistungsfreiheit, EuR 1986, 75 ff.

ders., Europäisches Energierecht. Bestand – Fortentwicklung – Umweltschutz, Berlin 1996

Joerges, Christian, Legitimationsprobleme des europäischen Wirtschaftsrechts und der Vertrag von Maastricht, in: *Gert Brüggemeier* (Hrsg.), Verfassungen für ein ziviles Europa, Baden-Baden 1994, S. 91 ff.

ders., The Market without the State? The ‚Economic Constitution' of the European Community and the Rebirth of Regulatory Policies, European Integration Online Papers 1997/1 No. 19, http://eiop.or.at/eiop/texte/1997-019a.htm

Kahl, Arno, Neue Bedeutung der „Dienstleistungen von allgemeinem wirtschaftlichem Interesse" durch den Vertrag von Amsterdam, wbl. 1999, 189 ff.

Kahl, Wolfgang, Umweltprinzip und Gemeinschaftsrecht. Eine Untersuchung zur Rechtsidee des „bestmöglichen Umweltschutzes" im EWG-Vertrag, Heidelberg 1993

Kapteyn, P. J. G./VerLoren van Themaat, P., Introduction to the Law of the European Communities. From Maastricht to Amsterdam, London/The Hague/Boston, 3. Aufl. 1998

Kerf, Michel, The Policy of the Commission of the E. E. C. Toward National Monopolies. An Analysis of the Measures Adopted on the Basis of Article 90 § 3 of the E. E. C: Treaty, World Competition 17 (1993), 73 ff.

Kießling, Erik, Deutsche Post AG versus Remailing. Anmerkung zum Urteil des EuGH, Rs. C-147/97 und Rs. C-148/97, WRP 2000, 378 ff.

Kiessling, Thomas, Optimale Marktstrukturregulierung in der Telekommunikation. Lehren aus den USA und anderen Ländern für die EU, Baden-Baden 1998

Kim, Jae-Young, Universal service and Internet commercialization. Chasing two rabbits at the same time, Telecommunications Policy 22 (1998), 281 ff.

Kinzl, Ulrich-Peter, Anstaltslast und Gewährträgerhaftung. Unbegrenzte staatliche Einstandspflicht für öffentliche Banken unter dem Beihilfe- und Durchführungsverbot des EG-Vertrags, Baden-Baden 2000

Kirchhof, Ferdinand, Private Breitbandkabelanlagen und Postmonopol, DVBl. 1984, S. 657 ff.

ders., Gebührenflexibilität der Deutschen Bundespost. Ein Beitrag zu den Entgeltformen und dem finanziellen Spielraum im deutschen Postwesen, Baden-Baden 1988

Kirchhof, Paul, Die Gewaltenbalance zwischen staatlichen und europäischen Organen, JZ 1998, 965 ff.

ders., Der Staat als Organisationsform politischer Herrschaft und rechtlicher Bindung. Kontinuität und Erneuerung des deutschen Verfassungsstaates in Freiheitlichkeit, Weltoffenheit und demokratischer Solidarität, DVBl. 1999, 637 ff.

Klafka, Peter/Hinz, Hans-Jörg/Zander, Wolfgang/Ritzau, Michael/Held, Christian, Netzzugangsverordnung für elektrische Netze, ET 1998, 35 ff.

Klaue, Siegfried, Zum sogenannten Netzzugang Dritter, BB 1992, 1937 ff.

ders., Noch einmal: Zum sogenannten Netzzugang Dritter, BB 1993, 740 ff.

Klemm, Andreas, Strom aus dem Ausland. Ein Beitrag zu Art. 4 § 2 des Gesetzes zur Neuregelung des Energiewirtschaftsrechts, EuZW 2000, 69 ff.

Klodt, Henning/Laaser, Claus-Friedrich/Lorz, Jens Oliver/Maurer, Rainer, Wettbewerb und Regulierung in der Telekommunikation, Tübingen 1995

Knauth, Peter/Husch, Gertrud, Ordnungspolitische Neugestaltung des Postsektors, ArchivPT 1997, 5 ff.

Knemeyer, Esther, Die Etablissements publics im französischen Verwaltungsrecht, Baden-Baden 1996

Knieps, Günter, Möglichkeiten und Grenzen des Aufbaus transeuropäischer Netze, in: *Karl-Ernst Schenk/Dieter Schmidtchen/Manfred E. Streit* (Hrsg.), Jahrbuch für Neue Politische Ökonomie Bd. 16 (1997), S. 185 ff.

ders., Deregulation in Contestable and Non-Contestable Markets. Interconnection and Network Access, Fordham International Law Journal 23 (2000), 90 ff.

Knorr, Andreas, Wettbewerb bei den Postdiensten und öffentlicher Infrastrukturauftrag: ein Widerspruch?, ZögU 1996, Beiheft 19, S. 68 ff.

Kodré, Petra, Europäische Sozialpolitik: Ein Sprung nach vorne in Amsterdam?, NDV 1998/3, 74 ff.

Köhler, Helmut, Zulässigkeit von Wettbewerbsbeschränkungen beim Energievertrieb, WuW 1999, 445 ff.

Koenig, Christian/Kühling, Jürgen, Mitgliedstaatliche Kulturförderung und gemeinschaftliche Beihilfenkontrolle durch die EG-Kommission, EuZW 2000, 197 ff.

Kondilis, Vassilios, Service public et intérêt général, D. E. A. Paris I, juin 1986

Kovar, Robert, La ‚peau de chagrin', ou comment le droit communautaire opère la réduction des monopoles publics, Europe, Juillet 1992, 1 ff.

ders., Droit communautaire et service public; esprit d'orthodoxie ou pensée laïcisée?, Rev.trim.dr.eur. 1996, 493 ff.

ders., La fée électricité: plus de lumière sur les articles 37 et 90 du traité CE, Europe 12/1997, 3 ff.

Kronberger Kreis, Mehr Markt in der Telekommunikation. Schriftenreihe des Frankfurter Instituts für wirtschaftspolitische Forschung e. V. Bd. 15, Heidelberg 1987

Kruse, Eberhard, Kommunale Sparkassen im Blickfeld des europäischen Beihilferechts. Beihilferechtliche Erwägungen im Anschluss an die gegenwärtig geführte Diskussion zu den Landesbanken, NZVw 2000, 721 ff.

Kruse, Jörn/Kiessling, Thomas, Ökonomische Vorteile und Probleme einer wettbewerblichen Öffnung europäischer Infrastrukturnetze, in: *Karl-Ernst Schenk/Dieter Schmidtchen/Manfred E. Streit* (Hrsg.), Jahrbuch für Neue Politische Ökonomie Bd. 16 (1997), S. 11 ff.

Kubicek, Herbert, Duale Informationsordnung als Sicherung des öffentlichen Zugangs zu Informationen. Was kann man von den aktuellen Konzepten und Politikprozessen in den USA lernen?, CR 1995, 370 ff.

ders., Universaldienstregelungen in den USA und in Deutschland. Diskussionsdefizite und Versäumnisse in Deutschland, CR 1997, 1 ff.

Kühne, Gunther/Scholtka, Boris, Das neue Energiewirtschaftsrecht, NJW 1998, 1902 ff.

Kühne, Gunther, Schicksal langfristiger Lieferverträge zwischen Energieversorgungsunternehmen (EVU) bei Aufhebung der §§ 103, 103a GWB, BB Beil. 19/1997, 4 ff.

ders., Der Netzzugang und seine Verweigerung im Spannungsfeld zwischen Zivilrecht, Energierecht und Kartellrecht, RdE 2000, 1 ff.

Kurtsiefer, Jörn, Die Deregulierung der Mobilfunkmärkte Deutschlands, Berlin 1997

Lachaume, Jean-François, Grands services publics, Paris 1989

Lackhoff, Klaus, Die Niederlassungsfreiheit des EGV – nur ein Gleichheits- oder auch ein Freiheitsrecht?, Diss., Berlin 2000

Laffont, Dominique, La loi du 23 octobre 1984 sur le service public des télécommunications, JurisPTT No. 1, janvier 1985, 4 ff.

Lagondet, Du dogme du marché intérieur à la négociation sur le service public. A propos de la directive Electricité, Europe 1997/5, 4 ff.

Lamping, Andreas/Ludwigs, Markus, Die kartellrechtliche Bedeutung des Buches als Wirtschafts- und Kulturgut nach europäischem Gemeinschaftsrecht: Sind Bücher anders?, ZfRV 1999/2, 51 ff.

Langen, Eugen/Bunte,Hermman-Josef (Hrsg.), Kommentar zum deutschen und europäischen Kartellrecht, Berlin, 8. Aufl. 1998 [Zitiert: Langen/Bunte-*Bearbeiter*, Kom., ...]

Langrish, Sally, The Treaty of Amsterdam: Selected Highlights, ELRev. 1998, 3 ff.

Lapuerta, Carlos/Pfeiffenberger, Johannes/Weiss, Jürgen/Pfaffenberger, Wolfgang, Netzzugang in Deutschland im internationalen Vergleich, ET 1999, 446 ff.

Larcher, Gérard, Sauver La Poste: Devoir Politique, Impératif Économique, Rapport du Sénat No. 42, Paris 1997/1998

Larouche, Pierre, Competition Law and Regulation in European Telecommunications, Oxford and Portland Oregon 2000

de Laubadère, André, Droit public économique, Paris 1979

ders., Traité de droit administratif, tome I, 9. éd, Paris 1984

de Laubadère, André/Delvolvé, Pierre, Droit publique économique, Paris 1988

Lauxmann, Frieder, Die besondere Verantwortung des Staates im Hinblick auf seine Teilnahme an der Wirtschaft, ArchivPF 1991, 210 ff.

Lecheler, Helmut, Die Versorgung mit Strom und Gas als „service public" und die Bedeutung der „service public-Doktrin" für Art. 90 Abs. 2 EGV, RdE 1996, 212 ff.

ders., Anmerkung zu den Urteilen des EuGH in den Rechtssachen C-157/94, C-158/94, C-159/94 und C-160/94, EuZW 1998, 83 f.

Lecheler, Helmut/Gundel, Jörg, Die Rolle von Art. 90 Abs. 2 und 3 EGV in einem liberalisierten Energiemarkt – Zur Bedeutung der EuGH-Entscheidungen vom 23.10.1997 für die Zukunft, RdE 1998, 92 ff.

dies., Die Umsetzung der Elektrizitätsbinnenmarktrichtlinie in Frankreich: Hat der französische Gesetzgeber die gemeinschaftsrechtlichen Vorgaben erfüllt?, RdE 2000, 165 ff.

Le Mire, Pierre, note sur CJCE du 19. mars 1991, AJDA 1991, 545 ff.
Lenaerts, Koen/De Smitjer, Eddy, Le traité d'Amsterdam, Journal des tribunaux – droit européen, fevrier 1998, 25 ff.
Le Nestour, Chantal/Zinow, Bernd-Michael, Rechtsfragen des „Service public", RdE 1994, 129 ff.
dies., Monopolstrukturen in der Elektrizitätsversorgung und europäisches Recht. Eine Betrachtung unter besonderer Berücksichtigung der Fälle Corbeau und Almelo, ET 1995, 78 ff.
Lenz, Carl-Otto (Hrsg.), EG-Vertrag, Kommentar, Köln, 2. Aufl. 1999 [zitiert: Lenz-Bearbeiter]
Levasseur, Christian, Desserte gazière en France: la Commission obtient la modification des règles en matière d'établissement de nouveaux distributeurs, Competition Policy Newsletter June 1999, No. 2, S. 34 ff.
Liikanen, Erkki, Is there a third way for the Internet in Europe?, Speech held on the Global Internet Summit, Barcelona, 22 May 2000, http: //europa.eu.int/comm/information_society/speeches/liikanen/barcelona/index_en.htm (6. 9. 2000)
Linkohr, Rolf, Wieviel Liberalisierung verträgt der Energiesektor?, RdE 1995, 57 ff.
Linotte, Didier/Mestre, Achille/Romi, Raphaël, Services publics et droit public économique, 3. Aufl. Paris 1995
Litpher, Markus, Anmerkung zu Urteilen des EuGH vom 23. 10. 1997 zu Im- und Exportmonopolen, RdE 1998, 72 ff.
von Loesch, Achim, Der Begriff „Öffentlicher Dienst" aus europäischer Sicht. Zusammenfassung eines Berichts, ZögU 16 (1993), 214 ff.
Löwer, Wolfgang, Energieversorgung zwischen Staat, Gemeinde und Wirtschaft, Köln, Berlin, Bonn, München 1989
Lombart, Patrice, La portée de l'arrêt au regard des monopoles d'importation et d'exportation de gaz naturel, cahiers juridiques de l'électricité et du gaz (C. J. E. G.) 1998, 55 ff.
London, Caroline, Le service public dans la tourmente, Les Petites Affiches, 15 mai 1998, S. 16 ff.
Long, Marceau, Service public, services publics: déclin ou renouveau?, RFD adm. 1995, 497 ff.
Lorenzi – siehe: Commissariat *général du Plan* (Hrsg.), La régulation des services publics
Louis, Jean-Victor, Le traité d'Amsterdam. Une occasion perdue?, Rev.MUE 1997/2, S. 5 ff.
Lüdemann, Jörn, Gemeinsinnfördernde Güter. Die Rechtsordnung zwischen Restriktion und Gemeinsinn und die Folgerungen für einen interdisziplinären Zugang, in: *Christoph Engel* (Hrsg.), Methodische Zugänge zu einem Recht der Gemeinschaftsgüter, Baden-Baden 1998, S. 121 ff.
Lukes, Rudolf, Alleinabnehmerstatus für Letztverbraucher versorgende EVU, ET 1998, 26 ff.
ders., Stromlieferverträge im liberalisierten Strommarkt, BB Beil. 8/1999, 1 ff.
ders., Stromlieferverträge in der Bundesrepublik und EG-Wettbewerbsrecht, EWS 1999, 441 ff.
Lutz, Helmut, Durchleitung von Gas nach Inkrafttreten des Gesetzes zur Neuregelung des Energiewirtschaftsrechts und der Sechsten GWB-Novelle, RdE 1999, 102 ff.

Lurger, Brigitta, Regulierung und Deregulierung im europäischen Privatrecht, Frankfurt a. M. 1997

Lyon-Caen, Antoine, Les services publics et l'Europe: quelle union?, AJDA 1997, No. spécial du 20. juin 1997, 33 ff.

Märkl, Peter N., Netzzusammenschaltung in der Telekommunikation, Baden-Baden 1998

Mai, Herbert, „Die Zukunft der öffentlichen Wirtschaft", Rede auf einer Veranstaltung der Gewerkschaft ÖTV und der Friedrich-Ebert-Stiftung am 19. September 2000 in Berlin, Manuskript, abrufbar auf den Web-Seiten der ÖTV (www.OETV.de)

Maichel, Gert/Schulten, Rudolf, Perspektiven für die deutsche und europäische Gaswirtschaft, ET 1994, 195 ff.

Majone, Giandomenico, Regulatory Legitimacy, in: *ders.* (Hrsg.), Regulating Europe, London/New York 1996, S. 284 ff.

Malaret Garcia, Elisenda, Public Service, Public Services, Public Functions, and Guarantees of the Rights of Citizens: Unchanging Needs in a Changed Context, in: *Mark Freedland/Silvana Sciarra* (eds.), Public Services and Citizenship in European Law: Public and Labour Law Perspectives, N. Y. 1998, S. 57 ff.

Mallol, Francis, Divorce à l'européenne? Ou l'épineuse question des services publics ..., La Semaine Juridique, Éd. Générale No. 40 (1996), Doctrine 3963, S. 371 ff.

Mandil, François, Europe du gaz et de l'électricité, quelle politique pour demain?, Revue de l'énergie 1994, 663 f.

Mansell, Robin/Neice, David C./Steinmueller, W. Edward, Universal Access Policies for Knowledge-Intensive Societies, Telecommunications and Space Journal 5 (1998), 121 ff.

Marenco, Giuliano, Public Sector and Community Law, CMLRev. 1983, 495 ff.

Markert, Kurt, Die Verweigerung des „Zugangs zu wesentlichen Einrichtungen" als Problem der kartellrechtlichen Mißbrauchsaufsicht, WuW 1995, 560 ff.

ders., Langfristige Bezugsbindungen für Strom und Gas nach deutschem und europäischem Kartellrecht, EuZW 2000, 427 ff.

ders., Kartellrechtliche Möglichkeiten der Erzwingung der Direktbelieferung mit Erdgas, ZNER 2000, 111 ff.

Martinand, Claude, Contribution pour une charte européenne des services publics, in: *Pierre Bauby/Jean-Claude Boual* (Hrsg.), Les services publics au défi de l'Europe, Paris 1993, S. 113 ff.

ders., Le service public en France et en Europe. Un double effort de reconstruction indispensable, RAE 1994/2, S. 80 ff.

Martor, Boris, Le nouveau droit français de l'électricité, Petites Affiches No. 63 – 29 Mars 2000 –, S. 4 ff.

Maschke, Walter, Europäische Postpolitik im Hinblick auf nationale Regelungen. Positionen der Deutschen Post AG zur EU-Richtlinie für den Binnenmarkt für Postdienste und zum deutschen Postgesetz, ZögU 21 (1998), 212 ff.

Mason, Christine M., Universal Service in the Schools: One Step Too Far?, Fed. Communications Law Journal 50 (1997/98), 237 ff.

Mattera, A., La communication interprétative de la Commission sur les concessions de services d'utilité publique: un instrument de transparence et de libéralisation, Revue du Droit de l'Union Européenne 2000/2, 253 ff.

Maunz, Theodor, Grundfragen des Energiewirtschaftsrechts, VerwArch 50 (1959), 315 ff.

Maunz, Theodor/Dürig, Günter/Herzog, Roman u. a. (Hrsg.), Grundgesetz-Kommentar, Loseblattsammlung, Stand Oktober 1999

Mavroidis, Petros C./Messerlin, Patrick A., Has Article 90 ECT prejudged the Status of Property Ownership?, in: *Thomas Cottier/Petros C. Mavroidis* (eds.), World Trade Forum, Vol. 1: State Trading in the Twenty-First Century, Ann Arbor 1998, S. 345 ff.

Mc Gowan, Francis, The Consequences of Competition for European Public Utilities, RAE 1994/2, 92 ff.

Mélin-Soucramanien, Ferdinand, Les pouvoirs spéciaux conferés à la commission en matière de concurrence par l'article 90 § 3 du Traité de Rome, Rev.MUE 1994, 601 ff.

van der Mensbrugghe, François R., Service universel: l'oeuvre inachevée du législateur américain, Revue Internationale de Droit Économique 1999/1, 351 ff.

Mescheriakoff, Alain-Serge, Droit des services publics, Paris, 2. Aufl. 1997

Mestmäcker, Ernst-Joachim, Europäisches Wettbewerbsrecht, München 1974

ders., Staat und Unternehmen im europäischen Gemeinschaftsrecht. Zur Bedeutung von Art. 90 EWGV, RabelsZ 52 (1988), S. 526 ff.

ders., Die Wirtschaftsverfassung in der Europäischen Union. Referat im Rahmen der Vortragsreihe: „Das Weißbuch der Kommission und die Realität des Binnenmarktes – Erfolge und Mißerfolge", Bonn, 8. 2. 1993, Zentrum für Europäisches Wirtschaftsrecht Nr. 28

ders., Von der Wirtschaftsgemeinschaft zur Wirtschafts- und Währungsunion, in: *Peter Hommelhoff/Paul Kirchhof* (Hrsg.), Der Staatenverbund der Europäischen Union, Heidelberg 1994, S. 113 ff.

ders., Über den Einfluß von Ökonomie und Technik auf Recht und Organisation der Telekommunikation und der elektronischen Medien, in: *ders.* (Hrsg.), Kommunikation ohne Monopole II, Baden-Baden 1995, S. 13 ff.

ders., Zum Begriff des Mißbrauchs in Art. 86 des Vertrages über die Europäische Gemeinschaft, in: *Karsten Schmidt/Eberhard Schwark*, Unternehmen, Recht und Wirtschaftsordnung, Festschrift für Peter Raisch zum 70. Geburtstag, Köln 1995, S. 441 ff.

ders., Wettbewerbsrecht und Wettbewerbspolitik in der Europäischen Union, in: *Lüder Gerken* (Hrsg.), Europa zwischen Ordnungswettbewerb und Harmonisierung: europäische Ordnungspolitik im Zeichen der Subsidiarität, Berlin/Heidelberg u. a. 1995, S. 191 ff.

ders., Wirtschaftsordnung und Geschichtsgesetz, in: Ludwig-Erhard-Stiftung (Hrsg.), Wirtschaftsordnung als Aufgabe: zum 100. Geburtstag von Franz Böhm, 1995, S. 111 ff.

ders., Bausteine zu einer Wirtschaftsverfassung, Lectiones Jenenses 1996

ders., Daseinsvorsorge und Universaldienst im europäischen Kontext, in: *Rulard/von Maydell/Papier* (Hrsg.), Verfassung und Praxis des Sozialstaats, Festschrift für Hans F. Zacher zum 70. Geburtstag, München 1998, S. 635 ff.

ders., Beschäftigungspolitik als neue Aufgabe der Europäischen Union, in: *Jürgen Basedow/Klaus Hopt/Hein Kötz* (Hrsg.), Festschrift für Ulrich Drobnig zum 70. Geburtstag, Tübingen 1998, S. 81 ff.

ders., Der moderne Staat und die Soziale Marktwirtschaft, in: Haus der Geschichte der Bundesrepublik Deutschland (Hrsg.), Nach-Denken: Ludwig Erhard und seine Politik, Berlin 1998, S. 65 ff.

ders., Soziale Marktwirtschaft und Europäisierung des Rechts, in: *Knut Wolfgang Nörr/Joachim Starbatty* (Hrsg.), Soll und Haben – 50 Jahre Soziale Marktwirtschaft, Stuttgart 1999, S. 129 ff.

ders., Organisationen in spontanen Ordnungen, in: *Viktor Vanberg* (Hrsg.), Freiheit, Wettbewerb und Wirtschaftsordnung. Hommage zum 100. Geburtstag von Friedrich A. von Hayek, Freiburg, Berlin, München 1999, S. 227 ff.

ders., Grenzen staatlicher Monopole im EG-Vertrag, in: Forschungsinstitut für Wirtschaftsverfassung und Wettbewerb (FIW) (Köln) (Hrsg.), Erfahrungen mit der Privatisierung von Monopolunternehmen. Referate des XXXII. FIW-Symposions, Köln /Berlin/Bonn/München 1999, S. 71 ff.

ders., Versuch einer kartellpolitischen Wende in der Europäischen Union. Zum Weissbuch der EG-Kommission über die Modernisierung der Vorschriften zur Anwendung der Artt. 85 und 86 EGV a. F. (Art. 81 und 82 EGV n. F.), EuZW 1999, 523 ff.

ders., Marktversagen und Staatsversagen in der Europäischen Union, in: *Stefan Grundmann* (Hrsg.), Systembildung und Systemlücken in Kerngebieten des Europäischen Privatrechts, Tübingen 2000, S. 53 ff.

ders., Europäische Legitimität im Widerstreit. Vortrag Carl Friedrich von Siemens Stiftung, München, 13. Juli 2000 (Manuskript)

ders., Wandlungen in der Verfaßtheit der Europäischen Gemeinschaft, Bielefelder Universitätsgespräche und Vorträge Heft No. 8, Bielefeld 2000

Mestmäcker, Ernst-Joachim/Schweitzer, Heike, Netzwettbewerb, Netzzugang und „Roaming" im Mobilfunk. Eine Untersuchung nach TKG, GWB und dem Recht der EG, Baden-Baden 1999

Michaelis, Hans, Der Weg zu einem europäischen Binnenmarkt für Energie, ET 1996, 214 ff.

Micklitz, Hans-W., Legitime Erwartungen als Gerechtigkeitsprinzip des europäischen Privatrechts, in: *Ludwig Krämer/Hans-W. Micklitz/Klaus Tonner* (Hrsg.), Law and diffuse interests in the European legal order, Liber amicorum Norbert Reich, Baden-Baden 1997, S. 245 ff.

Mikroulea, Alexandra, Wettbewerbsbeschränkende Maßnahmen der Mitgliedstaaten und EWG-Vertrag. Ihre Vereinbarkeit am Beispiel der Banken, Baden-Baden 1995

Millard, Nichole L., Universal Service, Section 254 of the Telecommunications Act of 1996: A Hidden Tax?, Fed. Communications Law Journal 50 (1997/98), 255 ff.

Moavero Milanesi, Enzo, Les „services d'intérêt économique général", les entreprises publiques et les privatisations, Revue du Droit de l'Union Européenne 2000/1, 117 ff.

Möschel, Wernhard, Zur wettbewerbstheoretischen Begründbarkeit von Ausnahmebereichen, ORDO 32 (1981), 85 ff.

ders., Deregulierung in Telekommunikationsmärkten, WuW 1986, 555 ff.

ders., Privatisierung, Deregulierung und Wettbewerbsordnung, JZ 1988, 885 ff.

ders., Kehrtwende in der Rechtsprechung des Europäischen Gerichtshofes zur Warenverkehrsfreiheit, NJW 1994, 429 ff.

ders., Wird die effet utile-Rechtsprechung des EuGH inutile?, NJW 1994, 1709 ff.

ders., Notwendigkeit und Potentiale der Aufgabenprivatisierung, in: *Jörn Kruse/Kurt Stockmann/Lothar Vollmer* (Hrsg.), Wettbewerbspolitik im Spannungsfeld nationaler und internationaler Kartellrechtsordnungen, Festschrift für Ingo Schmidt zum 65. Geburtstag, Baden-Baden 1997, S. 351 ff.
ders., Zwischen Konflikt und Kooperation: Regulierungszuständigkeiten in der Telekommunikation, in: Forschungsinstitut für Wirtschaftsverfassung und Wettbewerb e. V. Köln (Hrsg.), Multimedia: Kommunikation ohne Grenzen – grenzenloser Wettbewerb?, Referate des XXXI. FIW-Symposions, FIW-Schriftenreihe H. 177, Köln, Berlin, Bonn, München 1998, S. 53 ff.
ders., Europäisches Kartellrecht in liberalisierten Wirtschaftssektoren, WuW 1999, 832 ff.
Moine, Gérard, Le service universel: contenu, financement, opérateurs, AJDA 1997, 246 ff.
Mombaur, Peter Michael, Energiewirtschaft im Wettbewerb. Vom Vormund zum Treuhänder, DÖV 1997, 571 ff.
Monéger, Joël, Public Undertakings and „Private" Competition – A Few Remarks on Public Interest and Competition Regarding Public Undertakings, in: *Hanns Ullrich* (Hrsg.), Comparative Competition Law: Approaching an International System of Antitrust Law, Baden-Baden 1998, S. 151 ff.
Monnier, Lionel, Die öffentlichen Unternehmen und der EG-Binnenmarkt, ZögU 1993, 223, 228 ff.
ders., Die Zukunft der öffentlichen Dienstleistungen in der Europäischen Union, in: *Helmut Cox* (Hrsg.), Öffentliche Dienstleistungen in der Europäischen Union, Baden-Baden 1996, S. 41 ff.
ders., Incomplétude des missions économiques et principe de subsidiarité: vers quelle organisation des services publics en Europe?, in: *Helmut Cox* (Hrsg.), Services publics, missions publiques et régulation dans l'Union européenne, Paris 1997, S. 195 ff.
Monopolkommission, Die Rolle der Deutschen Bundespost im Fernmeldewesen, Sondergutachten 9, Baden-Baden 1981
Monopolkommission, Zur Neuordnung der Telekommunikation. Sondergutachten 20, Baden-Baden 1991
Monopolkommission, X. Hauptgutachten 1992/1993: Mehr Wettbewerb auf allen Märkten, Baden-Baden 1994
Monopolkommission, Die Telekommunikation im Wettbewerb. Sondergutachten 24, Baden-Baden 1996
Monopolkommission, XII. Hauptgutachten 1996/1997: Marktöffnung umfassend verwirklichen, Baden-Baden 1998
Monopolkommission, Systemwettbewerb. Sondergutachten 27, Baden-Baden 1998
Monopolkommission, Wettbewerbspolitik in Netzstrukturen. Dreizehntes Hauptgutachten gemäß § 44 Abs. 1 Satz 1 GWB – 1998/1999 –, Baden-Baden 2000
Monopolkommission, Wettbewerb auf den Telekommunikations- und Postmärkten?, Sondergutachten 29 vom 12. November 1999 gemäß § 81 Abs. 3 Telekommunikationsgesetz und § 44 Postgesetz, Baden-Baden 2000
Monti, Mario, Libéralisation des services publics et croissance économique dans l'Union européenne, Revue du Droit de l'Union Européenne 2000/2, 245 ff.

ders., Liberalizzazioni e Concorrenza, Rede, gehalten in Rom am 28. 3. 2000, abrufbar auf den Netzseiten der Kommission, DG IV, speech/00/105 (http://www.europa.eu.int/comm/competition/speeches/index_speeches_by_the_commissioner.html)

Moulin, Richard, Synthèse, in: *Marc Debène* (Hrsg.), Entreprise, intérêt général et marché unique. Journée d'études du Centre de recherches de droit des activités économiques, Rouen 1995, S. 79 ff.

Moutouth, Hughes, Le service public face à la libéralisation du marché de l'électricité, révolution ou évolution?, Gaz. Pal. des 15–16 septembre 1999, 2 ff.

Müller, Joachim A., Dienstleistungsmonopole im System des EWGV, Baden-Baden 1988

Müller, Jürgen/Vogelsang, Ingo, Staatliche Regulierung. Regulated Industries in den USA und Gemeinwohlbindung in wettbewerblichen Ausnahmebereichen in der Bundesrepublik Deutschland, Baden-Baden 1979

Müller, Matthias, Die „Essential Facilities"-Doktrin im Europäischen Kartellrecht, EuZW 1998, 232 ff.

Mueller, Milton, Universal Service in Telephone History. A Reconstruction, Telecommunications Policy 17 (1993), 352 ff.

ders., Telecommunications Access in the Age of Electronic Commerce: Toward a Third-Generation Universal Service Policy, Fed. Communications Law Journal 49 (1997), 655 ff.

Müller-Graff, Peter-Christian, Die wettbewerbsverfaßte Marktwirtschaft als gemeineuropäisches Verfassungsprinzip?, EuR 1997, 433 ff.

Müller-Kirchenbauer, Joachim/Ritzau, Michael, VV II – Anforderungen und Chancen in der Praxis, ET 2000, 212 ff.

Müssig, Peter, Zur Rechtsnatur des postrechtlichen Beförderungsvorbehalts gemäß § 2 PostG, ArchivPF 1990, 23, 24 ff.

Murroni, Christina, The Future of Universal Service in Communications, Telecommunications and Space Journal 5 (1998), 139 ff.

Mussler, Werner, Die Wirtschaftsverfassung der Europäischen Gemeinschaft im Wandel. Von Rom nach Maastricht, Baden-Baden 1998

Naftel, James Mark, The Natural Death of a Natural Monopoly: Competition in EC Telecommunications after the Telecommunications Terminals Judgement, ECLR 1993, 105 ff.

National Economic Research Associates (NERA) (Hrsg.), Costing and Financing of Universal Service Obligations in the Postal Sector in the European Union. Final Report for EC DG XIII, London Nov. 1998

Nett, Lorenz, Ein wohlfahrtsökonomischer Vergleich zweier institutioneller Arrangements zur Gewährleistung eines Universaldienstes, ZögU 22 (1999), 332 ff.

Nett, Lorenz/Neu, Werner, Bestimmung der Kosten des Universaldienstes, WIK, Diskussionsbeitrag Nr. 187, Bad Honnef, August 1998

dies., Die Gewährleistung eines Universaldienstes und die Bestimmung der Universaldienstkosten bei Wettbewerb im Telekommunikationsbereich, ZögU 22 (1999), 134 ff.

Neu, Sabine, Marktöffnung im nationalen und internationalen Postwesen. Der Deregulierungszwang des Europäischen Gemeinschaftsrechts, München 1999

Neu, Sabine, Anmerkung zum Urteil des EuGH v. 10. 2. 2000 – Deutsche Post AG v. GZS und Citicorp Kartenservice GmbH, Rs. C-147/97 und C-148/97, EuZW 2000, 285 ff.

Neu, Werner/Stumpf, Ulrich/Keuter, Alfons/Nett, Lorenz/Schwarz-Schilling, Cara, Ergebnisse und Perspektiven der Telekommunikationsliberalisierung in ausgewählten Ländern. Studie im Auftrag des Bundesministeriums für Wirtschaft und Technologie, WIK Diskussionsbeitrag Nr. 193, Bad Honnef, April 1999

Neumann, Karl-Heinz, Gebührenpolitik im Telekommunikationsbereich, Baden-Baden 1984

Neumann, Karl-Heinz/Wieland, Bernhard, Competition and Social Objectives: The Case of West German Telecommunications, Telecommunications Policy 10 (1986), 121 ff.

Nicklisch, Fritz, Transeuropäische Netze und öffentlich/private Partnerschaften, in: *Peter-Christian Müller-Graff* (Hrsg.), Perspektiven des Rechts in der Europäischen Union, Heidelberger Forum für Europäisches Recht, Heidelberg 1998, S. 75 ff.

Niedobitek, Matthias, Die kulturelle Dimension im Vertrag über die Europäische Union, EuR 1995, 349 ff.

Nihoul, Paul, Convergence in European Telecommunications. A case study on the relationship between regulation and competition (law), International Journal of Communications Law and Policy, Issue 2, Winter 1998/99, S. 1 ff.

Noam, Eli, Telecommunications in Europe, N. Y. 1992

ders., Beyond liberalization II: The impending doom of common carriage, Telecommunications Policy 18 (1994), 435 ff.

ders., Beyond Liberalization III. Reforming Universal Service, Telecommunications Policy 18 (1994), 687 ff.

ders., Will universal service and common carriage survive the Telecommunications Act 1996?, Columbia Law Rev. 97 (1997), 955 ff.

Noll, Michael, The costs of competition. FCC Telecommunication Orders of 1997, Telecommunications Policy 22 (1998), 47 ff.

Nörr, Knut Wolfgang, Eher Hegel als Kant. Zum Privatrechtsverständnis im 19. Jahrhundert, Paderborn u. a. 1991

Nora-Bericht: siehe *Groupe de travail du comité interministeriel des entreprises publiques*

Obermann, Gabriel, L'intérêt général dans les traités européens: quelles marges de manoeuvre nationales et quelles conséquences économiques?, in: *Helmut Cox* (Hrsg.), Services publics, missions publiques et régulation dans l'Union européenne, Paris 1997, S. 145 ff.

Obernolte, Wolfgang/Danner, Wolfang, Energiewirtschaftsrecht. Kommentar, München, Stand: Mai 1994

OECD (Hrsg.), Universal Service and Rate Restructuring in Telecommunications. Information Computer Communications Policy No. 23, Paris 1991

OECD (Hrsg.), Telecommunication Infrastructure – The benefits of competition, Paris 1995

Oettle, Karl, Zur angebots-, finanz- und organisationspolitischen Problematik „universeller" Post- und Telekommunikationsdienste, ZögU 1996, Beiheft 19, 80 ff.

OFTEL (Office of Telecommunications), Universal Telecommunications Services: Proposed arrangements for Universal Service in the UK from 1997, http://www. oftel.gov.uk/uniserv2

OFTEL, Universal Telecommunications Services: A Consultative Document on Universal Service in the UK from 1997, Dec. 1995, http://www.oftel.gov.uk/consumer /univ1.htm)

OFTEL, Universal Telecommunications Services. A Consultative Document issued by the Director General of Telecommunications, July 1999 (http://www.oftel.gov.uk/ consumer/uts799.htm)

Oliver, Charles M., The Information Superhighway: Trolls at the Tollgate?, Fed. Communications L. J. 50 (1997/98), 53 ff.

Oppermann, Thomas, Europarecht. Ein Studienbuch, München, 2. Aufl. 1999

Ossenbühl, Fritz, Daseinsvorsorge und Verwaltungsprivatrecht, DÖV 1971, 513 ff.

ders., Die Freiheiten des Unternehmers nach dem Grundgesetz, AöR 115 (1990), 1 ff.

ders., Zur rechtlichen Zulässigkeit der Beförderung der sog. Infopost durch private Unternehmer, ArchivPT 1993, 341 ff.

Ott, Gerhard, Energie – kein Thema? Anmerkungen zur aktuellen Energiediskussion, RdE 1997, 128 ff.

Pache, Eckhard, Die Kontrolldichte in der Rechtsprechung des Gerichtshofs der Europäischen Gemeinschaften, DVBl. 1998, 380 ff.

Page, Alan C., Member States, Public Undertakings and Article 90, ELRev. 1982, 19 ff.

Pais Antunes, Luis Miguel, L'article 90 du Traité CEE – Obligations des Etats membres et pouvoirs de la Commission, Rev.trim.dr.eur. 1991, 187 ff.

Papaconstantinou, Helen, Free Trade and Competition in the EEC. Law, Policy and Practice, Rontledge/London/N. Y. 1988

Paulweber, Michael, Europäische Telekommunikationspolitik an der Schwelle zum 21. Jahrhundert: Liberalisierung und Wettbewerb versus Harmonisierung und Reregulierung, ZUM 2000, 11 ff.

Perivier, Hélène, Etude du service public postal, D. E. A., Paris I, Sept. 1996

Petersmann, Ernst-Ulrich, Thesen zur Wirtschaftsverfassung der EG, EuZW 1993, 593 ff.

Petite, Michel, Le traité d'Amsterdam: ambition et réalisme, Rev.MUE 3/1997, 17 ff.

Petretto, Alessandro, The Liberalization and Privatization of Public Utilities and the Protection of Users' Rights: The Perspective of Economic Theory, in: *Mark Freedland, Mark/Silvana Sciarra* (eds.), Public Services and Citizenship in European Law: Public and Labour Law Perspectives, N. Y. 1998, S. 99 ff.

Pfaffenberger, Wolfgang/Cramer, Gerd, Ein einfaches Modell für den Netzzugang im Strommarkt, ET 2000, 146 ff.

Picard, Etienne, Citizenship, Fundamental Rights, and Public Services, in: *Mark Freedland/Silvana Sciarra* (eds.), Public Services and Citizenship in European Law: Public and Labour Law Perspectives, N. Y. 1998, S. 83 ff.

Pielow, Johann-Christian, Der Rechtsstatus von Stromversorgungsnetzen: „Öffentliche Einrichtung" oder Grundrechtsschutz des Betreibers?, RdE 2000, 45 ff.

Piltz, Harald, Kartellrechtliche Bewertung bestehender Gaslieferungsverträge, RdE 1999, 60 ff.

Pitsch, Peter K./Bresnahan, Arthur W., Common Carrier Regulation of Telecommunications Contracts and the Private Carrier Alternative, Federal Communications Law Journal Vol. 48 (1996/3), 447 ff.

Plagemann, Jürgen, Gemeinwirtschaftliche Auflagen der Deutschen Bundespost in Monopol- und Wettbewerbsbereichen, WIK-Diskussionsbeitrag Nr. 35, Bad-Honnef 1988

ders., Ansätze zur Konkretisierung der gemeinwirtschaftlichen Auflagen der Deutschen Bundespost, ZögU 11 (1988), 383 ff.

Platteau, Koen, Article 90 EEC Treaty after the Court Judgement in the Telecommunications Terminal Equipment Case, ECLR 1991, 105 ff.

Pluge, Wolf, Aktueller Stand der Diskussion über den europäischen Binnenmarkt für Gas und Elektrizität, RdE 1993, 169 ff.

Poiares Maduro, Miguel, Balancing Economic Freedom and Social Rights, in: *Alston, Philip* (Hrsg.), The EU and Human Rights, New York 1999, S. 449 ff.

Posner, Richard, Natural Monopoly and Its Regulation, Stan.Law Review 21 (1969), 548 ff.

ders., The Economic Analysis of the Law Approach. The Effects of Deregulation on Competition: The Experience of the United States, Fordham International Law Journal 23 (2000), 7 ff.

Post, Joseph A., Universal Service and the Information Superhighway: Perspectives from the Telecommunications Experience, Fordham L.Rev. 64 (1995), 782 ff.

Preiskel, Ronnie/Higham, Nicholas, Liberalization of telecommunications infrastructure and cable television networks. The European Commission's Green Paper, Telecommunications Policy 19 (1995), 381 ff.

Pressler, Larry/Schieffer, Kevin V., A Proposal for Universal Telecommunications Services, Federal Communications Law Journal 40 (1993), H. 3, 351 ff.

Preston, Pascal, Competition in the telecommunications infrastructure. Implications for the peripheral regions and small countries in Europe, Telecommunications Policy 19 (1995), 253 ff.

Preuß, Ulrich K., Risikovorsorge als Staatsaufgabe, in: *Dieter Grimm* (Hrsg.), Staatsaufgaben, Baden-Baden 1994, S. 523 ff.

Prévot, Hubert, L'avenir du service public de la poste et des télécommunications. Rapport de synthèse remis au ministre des Postes, des Télécommunications et de l'Espace à l'issue du débat public, Paris 1989

Prieger, James, Universal Service and the Telecommunications Act of 1996. The fact after the act, Telecommunications Policy 22 (1998), 57 ff.

Püttner, Günter, Öffentliche Unternehmen im europäischen Gemeinschaftsrecht – das Spannungsfeld zwischen Wettbewerbsregeln und „allgemeinem wirtschaftlichem Interesse" (Art. 90 Abs. 2 EWGV), in: *Peter Eichhorn* (Hrsg.), Perspektiven öffentlicher Unternehmen in der Wettbewerbs- und Rechtsordnung der Europäischen Union, Bd. I, Baden-Baden 1995, S. 13 ff.

Puissochet, Jean-Pierre, Recent Case-Law of the European Court of Justice on State Monopolies and Public Undertakings, in: The Forum for US-EU Legal Economic Affairs, House of the Estates, Helsinki, 16th–19th September 1998, S. 73 ff.

du Puy-Montbrun, Guillaume/Martor, Boris, La Commission de Régulation de l'Électricité, Petites Affiches, 14 Janvier 2000, No. 10, 9 ff.

Quiot, Gérard, Service public national et liberté d'entreprendre, in: Centre universitaire de recherches administratives et politiques de Picardie (éd.), Le préambule de la constitution de 1946. Antinomies juridiques et contradictions politiques, Paris 1996, S. 187 ff.

Rapp, Lucien, La politique de libéralisation des services en europe, entre service public et service universel, Rev.MUE 1995, 352 ff.

ders., Public Service or Universal Service?, Telecommunications Policy 20 (1996), 391 ff.

ders., L'expérience américaine, AJDA 1997, No. spécial du 20. juin 1997, 159 ff.

Rapp-Jung, Barbara, Zur Tragweite von Art. 90 Abs. 2 für die Energiewirtschaft, RdE 1994, 165 ff.

dies., Der Energiesektor zwischen Marktwirtschaft und öffentlicher Aufgabe, EuZW 1994, 464 ff.

dies., Die EU-Richtlinie für Elektrizität im Spannungsfeld zwischen den Wettbewerbsregeln des Vertrages und den verbliebenen energiepolitischen Befugnissen der Mitgliedstaaten, RdE 1997, 133 ff.

Reeves, Tony, Terminal Problems in the Postal Sector?, E. C. L. R. 2000, 283 ff.

Regierungskommission Fernmeldewesen, Bericht zur Neuordnung der Telekommunikation, Heidelberg 1987

Regourd, Serge, Le service public et la doctrine: pour un plaidoyer dans le procès en cours, RDP 1987, 5 ff.

Regulierungsbehörde für Telekommunikation und Post (RegTP), Tätigkeitsbericht 1998/1999, Bonn, Dezember 1999

Regulierungsbehörde für Telekommunikation und Post (RegTP), Halbjahresbericht 2000. Marktbeobachtungsdaten, Bonn 2000

Ress, Georg, Kultur und Europäischer Binnenmarkt. Rechtliche Auswirkungen des Europäischen Binnenmarktes auf die Kulturpolitik der Bundesrepublik Deutschland. Schriftenreihe des Bundesministeriums des Inneren Bd. 22, Stuttgart 1991

ders., Die Zulässigkeit von Kulturbeihilfen in der Europäischen Union, in: *Albrecht Randelzhofer/Rupert Scholz/Dieter Wilke* (Hrsg.), Gedenkschrift für Eberhard Grabitz, München 1995, S. 595 ff.

Richer, Laurent, Service public et intérêt privé, Arch. phil.droit 41 (1997), 293 ff.

Riemer, Gerrit Arnd/Weyand, Martin, Die politische Orientierung zum EU-Gasrichtlinienvorschlag, ET 1998, 46 ff.

Rinne, Alexander, Die Energiewirtschaft zwischen Wettbewerb und öffentlicher Aufgabe. Zugleich ein Beitrag zu Art. 90 Abs. 2 EGV, Diss., Baden-Baden 1998

Ritgen, Klaus, Die Post-Universaldienstleistungsverordnung, NJW 2000, 1315 ff.

Ritter, Kurt Lennart, EC Antitrust Law and Energy, in: Annual Proceedings of the Forham Corporate Law Institute 1993, N. Y. 1994, S. 127 ff.

ders., Langfristige Liefer- und Bezugsverträge im Energierecht und ihre Beurteilung nach den EG-Wettbewerbsregeln, RdE 1995, 50 ff.

Rivero, Jean, Les libertés publiques, tome 1: les droits de l'homme, 7e éd., Paris 1995

Rodrigues, Stéphane, Prospective du service public en Europe. Le marché intérieur, entre concurrence et utilité publique, RAE 1994/2, 65 ff.

ders., Comment intégrer les principes du service public dans le droit positif communautaire. Quelques propositions, RFD adm. 11 (1995), 335 ff.

ders., Services publics et CIG 96. Certitudes, espoirs et illusions, RAE 1996, 25 ff.
ders., Les services publics et la traité d'Amsterdam – genèse et portée juridique du nouvel article 16 du traité CE, Rev.MUE 1998, 37 ff.
Ross, Malcolm, Article 16 E. C. and services of general interest: from derogation to obligation?, 25 ELRev. 2000, 22 ff.
ders., State Aids and National Courts: Definitions and Other Problems – A Case of Premature Emancipation?, CMLRev. 37 (2000), 401 ff.
Rossi, Jim, Universal Service in Competitive Retail Electric Power Markets: Whither the Duty to Serve?, Energy Law Journal Vol. 21 (2000), 27 ff.
Roßnagel, Alexander/Wedde, Peter, Die Reform der Deutschen Bundespost im Licht des Demokratieprinzips, DVBl. 1988, 562 ff.
Roth, Wulf-Henning, Versicherungsmonopole und EWG-Vertrag, in: *Jürgen F. Baur/Klaus Hopt/ Peter Mailänder* (Hrsg.), FS für Ernst Steindorff zum 70. Geburtstag, Berlin / NY 1990, S. 1313 ff.
ders., Der rechtliche Rahmen der Wirtschafts- und Währungsunion, EuR Beiheft 1/1994, S. 45 ff.
Rottmann, Michael, Zum rechtlichen Rahmen für einen europäischen Binnenmarkt im Post- und Fernmeldewesen, ArchivPT 1989, 1 ff.
ders., Zu den verfassungsrechtlichen Aspekten der Postreform II, ArchivPT 1994, 193 ff.
Rowe, Bob/Bluhm, Peter/Shifman, Joel, Universal Service: The Case for Rural America, Public Utilities Fortnightly, July 1999, 48 ff.
Rumphorst, Werner, Un point de vue sur la radiodiffusion de service public: des malentendus persistants, Revue Internationale de Droit Economique 1999/1, 31 ff.

Sablière, Pierre, Le nouveau cahier des charges type de la concession du réseau d'alimentation générale en énergie électrique, Cahiers juridiques de l'électricité et du gaz (CJEG) 1994, 87 ff.
ders., Libre propos sur les notions de réglementation, tutelle et régulation dans les rapports entre les pouvoirs publics et les entreprises publics, Cahiers juridiques de l'électricité et du gaz (CJEG) 1997, 1 ff.
Säcker, Franz Jürgen/Busche, Jan, Umsetzung der Elektrizitätsbinnenmarkt-Richtlinie. Richtlinienkompetenz und EG-rechtliche Probleme des „single-buyer"-Konzepts, ET 1998, 18 ff.
Saint-Martin, Olivier, Quelle base industrielle pour l'Union européenne? Le cas de la croissance externe des groupes publics communautaires, in: *Helmut Cox* (Hrsg.), Services publics, missions publiques et régulation dans l'Union européenne, Paris 1997, S. 55 ff.
Salje, Peter, Das Gesetz zur Neuregelung des Energiewirtschaftsrechts, NVwZ 1998, 916 ff.
ders., Vorrang für erneuerbare Energien. Das neue Recht der Stromeinspeisung, RdE 2000, 125 ff.
Sapir, André, The Role of Articles 37 and 90 ECT in the Integration of EC Markets: The Case of Utilities, in: *Thomas Cottier/Petros C. Mavroidis* (eds.), World Trade Forum, Vol. 1: State Trading in the Twenty-First Century, Ann Arbor 1998, S. 231 ff.

Sauter, Wolf, Universal Service Obligations and the Emergence of Citizens' Rights in European Telecommunications Liberalization, in: *Mark Freedland/Silvana Sciarra* (eds.), Public Services and Citizenship in European Law: Public and Labour Law Perspectives, N. Y. 1998, S. 117 ff.

Scanlan, Mark/Neu, Werner, Study on the re-examination of the scope of universal service in the telecommunications sector of the European Union, in the context of the 1999 Review. Study for the European Commission, DG Information Society. Part I: Summary Report. Part II: Substantive Text, Bad Honnef, April 2000

Scharpf, Fritz W., Regieren in Europa – effektiv und demokratisch?, Frankfurt/N. Y. 1999

Schaub, Alexander/Dohms, Rüdiger, Der wettbewerbliche Binnenmarkt für Strom und Gas. Zur Rolle von Art. 90 Abs. 2 EGV, Die AG 1998, 566 ff.

Scherer, Joachim, Das Bronner-Urteil des EuGH und die Essential facilities-Doktrin im TK-Sektor, MMR 1999, 315 ff.

Schindler, Peter, Public Enterprises and the EEC Treaty, CMLRev. 1970, 57 ff.

Schlecht, Otto, 40 Jahre im Dienst für die Soziale Marktwirtschaft: Das „Gesetz gegen Wettbewerbsbeschränkungen", WuW 1997, 565 ff.

Schmidt, André, Die europäische Wettbewerbspolitik nach dem Vertrag von Amsterdam, WuW 1999, 133 ff.

Schmidt, Ingo, Wettbewerbspolitik und Kartellrecht. Eine Einführung, 6. Aufl. Stuttgart 1999

Schneider, Jens-Peter, Liberalisierung der Stromwirtschaft durch regulative Marktorganisation. Eine vergleichende Untersuchung zur Reform des britischen, US-amerikanischen, europäischen und deutschen Energierechts, Baden-Baden 1999

ders., Der Staat als Wirtschaftssubjekt und Steuerungsakteur, DVBl. 2000, 125 ff.

Schnöring, Thomas, Telekommunikationsgebühren und Raumordnung, ArchivPF 1988, 138 ff.

Scholtka, Boris, Die Entwicklung des Energierechts in den Jahren 1998 und 1999, NJW 2000, 548 ff.

Scholz, Rupert/Langer, Stefan, Europäischer Binnenmarkt und Energiepolitik, Berlin 1992

Scholz, Rupert/Meyer-Teschendorf, Klaus G., „Politisiertes" Verfassungsrecht und „Depolitisierung" durch Verfassungsrecht, DÖV 1998, 10 ff.

Scholz, Ulrich, Die Beurteilung von Bezugsbindungen in Elektrizitätslieferverträgen nach deutschem und EG-Kartellrecht, RdE 1998, 209 ff.

ders., Stromimporte via Durchleitung – die Reziprozitätsklausel des Artikel 4 § 2 NeuregelungsG, RdE 1999, 209 ff.

Schroeder, Dirk, Anm. zu EuGH Rs. C-320/91, Urteil v. 19. 5. 1993 „Corbeau", ArchivPT 1994, 132 ff.

Schröter, Helmuth, Die Deregulierung als europarechtlich determinierter Prozeß, in: *Uwe Blaurock* (Hrsg.), Grenzen des Wettbewerbs auf deregulierten Märkten, Baden-Baden 1999, S. 65 ff.

Schüppstuhl, Ernst Ludwig/Maier, Karl Heinrich, Elektrizität und Wettbewerb, WuW 1995, 374 ff.

Schütz, Raimund/Cornils, Matthias, Universaldienst und Telekommunikation, DVBl. 1997, 1146 ff.

Schütze, Joachim, Europäischer Stromverbund und EG-Recht, Köln, Berlin, Bonn, München 1992

Schwartz, Ivo, Subsidiarität und EG-Kompetenzen. Der neue Titel „Kultur". Medienvielfalt und Binnenmarkt, AfP 1993, 409 ff.

Schwarz-Schilling, Christian, Die Rolle der Deutschen Bundespost im Rahmen der Wirtschaftspolitik der Bundesregierung, Kieler Vorträge No. 104, 1984

ders., Die Regulierungsaufgaben des Bundesministers für Post und Telekommunikation im Kontext des europäischen Binnenmarktes, in: *Walpurga Speckbacher* (Hrsg.), Die Zukunft der Postdienste in Europa. Proceedings der internationalen Konferenz, Bonn, 25.–26. 10. 1990, S. 137 ff.

Schwarze, Jürgen, European Energy Policy in Community Law, in: *Ernst-Joachim Mestmäcker* (Hrsg.), Natural Gas in the Internal Market. A Review of Energy Policy, Baden-Baden 1993, S. 153 ff.

ders., Le service public: l'expérience allemande, AJDA 1997, No. spécial du 20. juin 1997, 150 ff.

Schweitzer, Albin A., Der grenzüberschreitende Stromverbund in Europa, Baden-Baden 1984

Schwintowski, Hans-Peter, Staatlich veranlaßte Wettbewerbsbeschränkungen auf europäischen und internationalen Märkten, RabelsZ 58 (1994), 232 ff.

ders., Grundlinien eines zukünftigen europäischen Energierechts, ZNER 2000, 93 ff.

Sedemund, Jochim, Europäisches Gemeinschaftsrecht, NJW 1985, 527 ff.

ders., Statement on the concept of the free movement of goods and the reservation for national action under Art. 36 EEC Treaty, in: *Jürgen Schwarze* (Hrsg.), Discretionary Powers of the Member States in the Field of Economic Policies and their Limits under the EEC Treaty. Contributions to an International Colloquium of the European University Institute held in Florence on 14–15 May 1987, Baden-Baden 1988, S. 25 ff.

Seidel, Martin, Die Elektrizitätswirtschaft im System des Gemeinschaftsrechts, EuR 1988, 129 ff.

ders., Die Auswirkungen des Europäischen Gemeinschaftsrechts auf das Wirtschaftsverfassungsrecht der Mitgliedstaaten, in: *Ole Due* u. a. (Hrsg.), Festschrift für Ulrich Everling, Baden-Baden 1995, S. 1393 ff.

ders., Service public im europäischen Energierecht – Zur Problematik des Art. 90 Abs. 2 EG-Vertrag, in: *Jürgen F. Baur* (Hrsg.), Energiewirtschaft zwischen Wettbewerb und öffentlichen Aufgaben, Baden-Baden 1997, S. 73 ff.

Seliger, Bernhard, Ein unabhängiges Kartellamt für Europa – ordnungs- und wettbewerbspolitische Aspekte, WuW 1997, 874 ff.

Sellner, Dieter, Energie und Umweltschutz in europäischer Perspektive, EuR 1997, Beih. 1, 61 ff.

Selmer, Peter/Gersdorf, Hubertus, Die Finanzierung des Rundfunks in der Bundesrepublik Deutschland auf dem Prüfstand des EG-Beihilfenregimes, Berlin 1994

Sheehan, Eileen, Unilateral Refusals to Deal and the Role of the Essential Facility Doctrine. A US/EC Competition Analysis, World Competition 22/4 (1999), 67 ff.

Siemes, Bernd/Bäumerich, Gregor, Konsequenzen des Wettbewerbs für die Stromwirtschaft, ET 1997, 595 ff.

Simboeck, Harold, Public service broadcasting and state aids: an EC Commission decision, Communications Law 4 (1999/5), 187 ff.

Slot, Piet Jan, Public Enterprises under EEC Law: The Lame Ducks of the Nineties?, Forham Corporate Law Institute 1991, N. Y. 1992, S. 255 ff.

ders., Energy and competition, CMLRev. 1994, 511

ders., Harmonization, ELR 1996, 378 ff.

ders., Annotation: Case C-157-160/94 – Commission vs. Netherlands, France, Italy and Spain, and C-189/95 – *Harry Franzén*, CMLRev. 1998, 1183 ff.

ders., Annotation: Case C-367/95 P – *Sytraval* – and Case T-95/96 – *Gestevision Telecinco S. A*, CMLRev. 36 (1999), 1335 ff.

Slynn, Gordon, The concept of free movement of goods and the reservation for national action under Article 36 EEC Treaty, in: *Jürgen Schwarze* (Hrsg.), Discretionary Powers of the Member States in the Field of Economic Policies and their Limits under the EEC Treaty. Contributions to an International Colloquium of the European University Institute held in Florence on 14–15 May 1987, Baden-Baden 1988, S. 17 ff.

Sodan, Helge, Vorrang der Privatheit als Prinzip der Wirtschaftsverfassung, DÖV 2000, 361 ff.

Soltwedel, Rüdiger/Busch, Axel/Groß, Alexander/Laaser, Claus-Friedrich, Deregulierungspotentiale in der Bundesrepublik, Kieler Studien Bd. 202, Tübingen 1986

Soukop, Karl, Commission proposes changes to Transparency Directive, Competition Policy Newsletter 1999/2, June 1999, 37 f.

Spannowsky, Willy, Die Stellung der Kommunen im Wettbewerb der Energieversorgungsträger, RdE 1995, 135 ff.

Sprißler, Matthias, Das Fernmeldemonopol und seine rechtshistorische Entwicklung in Deutschland, ArchivPF 1991, 159 ff.

Stark, Oliver, Die Liberalisierung höherwertiger Dienstleistungen nach dem Postgesetz, NJW 2000, 709 f.

Steeg, Helga, Versorgungssicherheit in liberalisierten Energiemärkten, ET 1999, 118 ff.

Stein, Torsten, Die Querschnittsklausel zwischen Maastricht und Karlsruhe, in: *Ole Due* u. a. (Hrsg.), Festschrift für Ulrich Everling, Bd. II, Baden-Baden 1995, S. 1439 ff.

ders., Anmerkung zu EuGH v. 21. 9. 1999, Rs. C-124/97 – *Läärä* und EuGH v. 21. 10. 1999, Rs. C-67/98 – *Zenatti*, EuZW 2000, 153 ff.

Steinberg, Rudolf/Britz, Gabriele, Die Energiepolitik im Spannungsfeld nationaler und europäischer Regelungskompetenzen, DÖV 1993, 313 ff.

Steindorff, Ernst, Gemeinsamer Markt als Binnenmarkt, ZHR 150 (1986), 687 ff.

ders., Durchleitung von Gas im Binnenmarkt für Energie?, RIW 1989, Beilage 1 zu Heft 1, S. 1 ff.

ders., Quo vadis Europa?: Freiheiten, Regulierung und soziale Grundrechte nach den erweiterten Zielen der EU-Verfassung, in: Weiterentwicklung der Europäischen Gemeinschaften und der Marktwirtschaft, Referate des XXV. FIW-Symposions, FIW-Schriftenreihe H. 148, Köln, Berlin, Bonn, München 1992, S. 11 ff.

ders., Mehr staatliche Identität, Bürgernähe und Subsidiarität in Europa?, ZHR 1999, 395 ff.

ders., Markt und hoheitliche Verantwortung in der EG. Vom Werden europäischer Wirtschaftsordnung, ZHR 164 (2000), 223 ff.

Stern, Klaus, Postreform zwischen Privatisierung und Infrastrukturgewährleistung, DVBl. 1997, 309 ff.

Stewing, Clemens, Durchleitung von Gas nach europäischem Recht, Köln, Berlin, Bonn, München 1989
ders., EWG-Vertrag und Gasdurchleitung, ET 1989, 655 ff.
ders., Die Richtlinienvorschläge der EG-Kommission zur Einführung eines Third Party Access für Elektrizität und Gas, EuR 1993, 41 ff.
Stober, Rolf, Allgemeines Wirtschaftsverwaltungsrecht. Grundlagen und Prinzipien. Wirtschaftsverfassungsrecht, 11. Aufl. 1998
Stoffaës, Christian, Reprendre l'initiative et forger des alliances, in: *Pierre Bauby/Jean-Claude Boual* (Hrsg.), Les services publics au défi de l'Europe, Paris 1993, S. 77 ff.
Strauss-Kahn, Dominique/Pierret, Christian, Vers la future organisation électrique française, veröffentlicht im Internet (1998): http://www.industrie.gouv.fr/energie /electric
Streinz, Rudolf, Der Vertrag von Amsterdam, EuZW 1998, 137 ff.
Ströbele, Wolfgang, Zugangsregelungen und Durchleitungsentgelte für den Erdgastransport, ET 1999, 389 ff.
Stuyck, Jules, Patterns of Justice in the European Constitutional Charter: Minimum Harmonisation in the Field of Consumer Law, in: *Ludwig Krämer/Hans-W. Micklitz/Klaus Tonner* (Hrsg.), Law and diffuse Interests in the European Legal Order. Liber amicorum Norbert Reich, Baden-Baden 1997, S. 279 ff.
Supiot, Alain, Employment, Citizenship, and Services of General Public Interest, in: *Mark Freedland/Silvana Sciarra* (eds.), Public Services and Citizenship in European Law: Public and Labour Law Perspectives, N. Y. 1998, S. 157 ff.

Taccoen, Lionel/Guieze, Jean-Luc/Fiquet, Alain, Une seconde phase dans la réalisation du marché intérieur de l'électricité: la directive de 1996 entre concurrence et intérêt général, Cahier juridiques de l'électricité et du gaz (CJEG) 1997, 174 ff.
Taylor, Charles, Hegel, Frankfurt a. M. 1978
Taylor, Simon M., Article 90 and Telecommunications Monopolies, ECLR 1994, 322 ff.
Temple Lang, John, Community Antitrust Law and Government Measures Relating to Public and Privileged Enterprises: Article 90 EEC Treaty, in: Annual Proceedings of the Fordham Corporate Law Institute, New York 1985, S. 543 ff.
Tettinger, Peter J., Die öffentlichen Unternehmen im primären Gemeinschaftsrecht unter besonderer Berücksichtigung der Energiewirtschaft, DVBl. 1994, 88 ff.
ders., Vorüberlegungen zu einer „Charte européenne de service public", RdE 1995, 175 ff.
ders., Maastricht II – Vertragsergänzung zur Sicherung der Daseinsvorsorge in Europa?, DVBl. 1997, 341 ff.
ders., Für die Versorgungswirtschaft bedeutsame Entwicklungslinien im primären Gemeinschaftsrecht, RdE 1999, 45 ff.
ders., Verfassungsrecht und Wirtschaftsordnung. Gedanken zur Freiheitsentfaltung am Wirtschaftsstandort Deutschland, DVBl. 1999, 679 ff.
Theobald, Christian, Rechtliche Steuerung von Wettbewerb und Umweltverträglichkeit in der Elektrizitätswirtschaft, AöR 112 (1997), 372 ff.
ders., Wettbewerb in Netzen als Ziel effizienten Rechts, WuW 2000, 231 ff.
Theobald, Christian/Zenke, Ines, Braunkohleklausel: unzulässige Durchleitungsverweigerung und Schadensersatzansprüche, ET 2000, 530 ff.
Thiemeyer, Theodor, Grenzkostenpreise bei öffentlichen Unternehmen, Köln 1964

Thiessen, Jan, Art. 90 Abs. 2 S. 1 EGV – eine Privilegierung für deutsche Energieversorger?, EWS 1998, 10 ff.
Thiry, Bernard, Öffentliche Dienstleistungen – Konzepte und Realitäten, in: *Helmut Cox* (Hrsg.), Öffentliche Dienstleistungen in der Europäischen Union, Baden-Baden 1996, S. 29 ff.
Tiessen, Ties, Statement, in: *Jürgen Schwarze* (Hrsg.), Der Netzzugang für Dritte im Wirtschaftsrecht, Baden-Baden 1999, S. 215 ff.
Tietmeyer, Hans, Zur Ethik wirtschaftspolitischen Handelns, in: *Helmut Hesse/Otmar Issing* (Hrsg.), Geld und Moral, München 1994, S. 115 ff.
Tradacete Cocera, Angel, The Role of EC Competition Policy in the Liberalisation of EU Energy Markets, Paper, April 2000, veröffentlicht auf den Web-Seiten der DG IV: http://www.europa.eu.int/comm/competition/speeches/index_2000.html
Trebilcock, Michael J./Gal, Michal S., Market Power in Electricity Industry Restructuring, World Competition 22/1 (1999), 119 ff.
Triantafyllou, Dimitris, Evolution de la notion de concession de service public sous l'influence du droit communautaire, Rev.MUE 1997, 558 ff.
ders., L'encadrement communautaire du financement du service public, Rev.trim.dr.eur. 35/1 (1999), 21 ff.
Truchet, Didier, Label de service public et statut du service public, AJDA 1982, 427 ff.
ders., Unité et diversité des „grands principes" du service public, AJDA 1997, No. spécial du 20. juin 1997, 38 ff.
Turner, Colin, Trans-European networks and the Common Information Area. The development of a European Strategy, Telecommunications Policy 19 (1995), 501 ff.
Tyler, Michael/Letwin, William/Roe, Christopher, Universal Service and innovation in telecommunications services. Fostering linked goals through regulatory policy, Telecommunications Policy 19 (1995), 3 ff.

Ungerer, Herbert, Universal Postal Service in Europe on the Future of the Social Dialogue. Contribution to Roundtable on the Future of Universal Service, speech held in Brussels on 29th october 1998, Manuskript (abrufbar auf den web-Seiten der Kommission: http://www.europa.eu.int/comm/competition/speeches/index_1998.html)
ders., Postal Services, Liberalisation, and the EC Competition Law, Speech on the Annual Conference IBC Brussels, 11. 6. 1999, zu finden unter: www.europa.eu.int/comm/competition/speeches/text/sp1999_018_en.html

Valade, Jacques/Revol, Henri, La politique énergétique de la France: passion ou raison?, Les rapports du Sénat No. 439 du 19 mai 1998
Vandamme, Jacques, Concurrence, marché commun et entreprise publiques, in: *Bernard Thiry/Jacques Vandamme* (Hrsg.), Les entreprises publiques dans l'Union européenne: entre concurrence et intérêt général, Paris 1995, S. 21 ff.
Van Miert, Karel, Die Wettbewerbspolitik der neuen Kommission, WuW 1995, 553 ff.
ders., Wettbewerbspolitik der Kommission vor der Regierungskonferenz, in: EU-Regierungskonferenz '96. Perspektiven für die Wettbewerbsfähigkeit Europas, Referate des XXIX. FIW-Symposions, Köln, Berlin, Bonn, München 1996, S. 17 ff.
ders., La Conférence intergouvernementale et la politique communautaire de concurrence, Competition Policy Newsletter Vol. 3, 1997/2, S. 3 ff.

ders., Probleme der wettbewerblichen Öffnung von Märkten mit Netzstrukturen aus europäischer Sicht, WuW 1998, 7 ff.
ders., Wettbewerbspolitik, Liberalisierung und Privatisierung, in: Forschungsinstitut für Wirtschaftsverfassung und Wettbewerb (FIW) (Hrsg.), Erfahrungen mit der Privatisierung von Monopolunternehmen. Referate des XXXII. FIW-Symposions, Köln/Berlin/ Bonn/München 1999, S. 5 ff.
van der Esch, Bastiaan, Die Artikel 5, 3f, 85/86 und 90 EWGV als Grundlage der wettbewerbsrechtlichen Verpflichtungen der Mitgliedstaaten, ZHR 155 (1991), 274 ff.
Van der Woude, Mark, Article 90: „Competing for Competence“, ELR 1992, Competition Law Checklist 1991, 60 ff.
Varoquaux, William, L'organisation industrielle de la production de l'électricité entre monopole et concurrence: un débat institutionnel revisité grâce à la théorie de l'économie d'entreprise, Rev. de l'énergie 1994, 489 ff.
VDEW, Stellungnahme der Vereinigung Deutscher Elektrizitätswerke – VDEW – e. V. zu Fragen einer Deregulierung im Bereich der Elektrizitätswirtschaft, RdE 1989, 114 ff.
Veelken, Winfried, Normstrukturen der Industriepolitik, Baden-Baden 1991
Vlachos, Georges, Droit public économique français et communautaire, Paris 1996
Vogelsang, Ingo, Deregulierung und Infrastruktur im Bereich der Telekommunikation in den USA, in: Berger, Heinz (Hrsg.), Wettbewerb und Infrastruktur in Post- und Telekommunikationsmärkten, ZögU 1996, Beiheft 19, S. 137 ff.
Voisset, Michèle, Le service public autrement. De quelques effets du droit communautaire sur le droit français des services publics industriels et commerciaux, RFD adm. 11 (1995), 304 ff.
Vollmer, Lothar, Wirtschaftsverfassung und Wirtschaftspolitik der EG nach „Maastricht“, DB 1993, 25 ff.
ders., Die Sondermärkte im Spannungsfeld von nationalen und europäischen Regulierungs- und Deregulierungsaktivitäten, in: *Jörn Kruse/Kurt Stockmann/Lothar Vollmer* (Hrsg.), Wettbewerbspolitik im Spannungsfeld nationaler und internationaler Kartellrechtsordnungen, Festschrift für Ingo Schmidt zum 65. Geburtstag, Baden-Baden 1997, S. 289 ff.
Vollmer, Lothar, Durchleitungsprobleme in der europäischen Energiewirtschaft, in: *Karl-Ernst Schenk/Dieter Schmidtchen/Manfred E. Streit* (Hrsg.), Jahrbuch für Neue Politische Ökonomie 16 (1997), S. 147 ff.
Vygen, Klaus, Öffentliche Unternehmen im Wettbewerbsrecht der EWG, FIW-Schriftenreihe, Heft 37, Köln, Berlin, Bonn, München 1967

Wachsmann, Patrick, Libertés publiques, Paris 1996
Wachsmann, Anne/Berrod, Frédérique, Les critères de justification des monopoles: un premier bilan après l'affaire *Corbeau* , Rev.tr.dr.eur.1994, 39 ff.
Waelbroeck, Michel/Frignani, Aldo, Commentaire J. Megret. Le droit de la CE, Vol. 4: Concurrence, Brüssel, 2. Aufl. 1997
dies., European Competition Law (Vol. IV of the Mégret Commentary), NY 1999
Wainwright, Richard, Public Undertakings under Article 90, in: Fordham Corporate Law Institute 1989, S. 239 ff.

Walter, Karl Maria/v. Keussler, Julia, Der diskriminierungsfreie Zugang zum Netz: Reichweite des Anspruchs auf Durchleitung, RdE 1999, 190 ff. (Teil I) und 223 ff. (Teil II)

Weatherill, Stephen, Recent Case Law Concerning the Free Movement of Goods: Mapping the Frontiers of Market Deregulation, CMLRev. 36 (1999), 51 ff.

Weckerle, Konrad, Die Umsetzung der europäischen Elektrizitätsrichtlinie in deutsches Recht, europa blätter 1999, 11 ff.

Wegmann, German, Die gemeinwirtschaftlichen Grundsätze in der Tarifpolitik der Deutschen Bundespost. Ein Beitrag zum Thema staatlicher Interventionen im Verkehrswesen, Mainz 1963

Weigt, Norbert, Die Position der kommunalen Energieversorger zum Wettbewerb, RdE 1994, 209 ff.

Weissel, Erwin, Wettbewerbspolitik im Energiesektor, ZfRV 1997, 152 ff.

v. Weizsäcker, C. Christian, Wettbewerb in Netzen, WuW 1997, 572 ff.

Wenzl, Heinz, Neue Dienstleistungen im liberalisierten Markt. Tendenzen in der amerikanischen Stromwirtschaft, ET 1997, 114 ff.

Weyhenmeyer, Stefan, Integrierte Unternehmensstrukturen in der Telekommunikation und staatliche Industriepolitik, Baden-Baden 1994

Wieland, Joachim/Hellermann, Johannes, Das Verbot ausschließlicher Konzessionsverträge und die kommunale Selbstverwaltung, DVBl. 1996, 401 ff.

WIK – Wissenschaftliches Institut für Kommunikationsdienste GmbH, Costing and Financing Universal Service Obligations in a Competitive Telecommunications Environment in the European Union. Study for DG XIII of the European Commission, Final Report, Bad Honnef, October 1997

Williamson, Oliver E., Transaction Cost Economics: The Governance of Contractual Relations, Journal of Law & Economics 22 (1979), 233 ff.

von Wilmowsky, Peter, Mit besonderen Aufgaben betraute Unternehmen unter dem EWG-Vertrag – ein Beitrag zu Art. 90 Abs. 2 EWGV, ZHR 155 (1991), 545 ff.

Wilms, Günter, Das Europäische Gemeinschaftsrecht und die öffentlichen Unternehmen. Die Kompetenz der Kommission aus Art. 90 Abs. 3 EG-Vertrag und ihre Anwendung auf die Elektrizitätswirtschaft, Berlin 1996

Witte, Eberhard, Bleibt das Gemeinwohl auf der Strecke? Zur Deregulierung der Telekommunikation, ZögU 20 (1997), 434 ff.

Wojtek, Ralf, Universal Service and Legal Policy, in: *Ulrich Stumpf/Wolfgang Elsenbast* (Hrsg.), Cost of Universal Service. Papers presented at the 3rd Königswinter Seminar, Bad Honnef 1995, S. 7 ff.

Wormser, Stéphanie, Structure du marché gazier et transposition de la directive gaz en France, La Semaine Juridique Entreprise et Affaires, 17 février 2000, No. 7, Commentaires, pp. 258 ff.

Wyatt, Derrick/Dashwood, Alan, European Community Law, 3. Aufl. London 1993

Xavier, Patrick, Universal service and public access in the networked society, Telecommunications Policy 21 (1997), 829 ff.

Ziller, Jacques, Le principe de proportionnalité, AJDA 1996, No. spécial, 185 ff.

Zuleeg, Manfred, Das Subsidiaritätsprinzip im Europarecht – Inhalt, Justiziabilität, Entwicklung –, in: *Rodríguez Iglesias/ Carlos Gil/Ole Due/Romain Schint-*

gen/Charles Elsen (eds.), Mélanges en hommage à Fernand Schockweiler, Baden-Baden 1999, S. 635 ff.

Kommissionsdokumente

Kommission, Grünbuch über die Entwicklung des Gemeinsamen Marktes für Telekommunikationsdienstleistungen und Telekommunikationsendgeräte v. 30. Juni 1987, KOM (87)290 endg. [zitiert: Kommission, Grünbuch Telekommunikation (1987)]

dies., Bericht v. 6. 4. 1988 über die energiepolitischen Ziele für 1995 und die Konvergenz der Energiepolitik der Mitgliedstaaten, KOM(88) 174 endg.

dies., Der Binnenmarkt für Energie, Arbeitsdokument der Kommission v. 2. 5. 1988, KOM(88) 238 endg. [zitiert: Energie-Grünbuch (1988)]

dies., Leitlinien für die Anwendung der EG-Wettbewerbsregeln im Telekommunikationsbereich, ABl. 1991 Nr. C 233/2

dies., Grünbuch über die Entwicklung des Binnenmarktes für Postdienste, KOM(91)476 endg. [zitiert: Grünbuch Post (1992)]

dies., Review 1992. Prüfung der Lage im Bereich Telekommunikationsdienste (1992), Mitteilung der Kommission v. 21. Oktober 1992, SEC(92)1048 endg.

dies., Telekommunikationspolitik bis zum Jahre 1998: Konsultation zur Lage der Telekommunikationsdienste. Mitteilung der Kommission v. 5. Mai 1993, KOM(93) 159 endg.

dies., Mitteilung an den Rat und das Europäische Parlament v. 2. Juni 1993, „Leitlinien für die Entwicklung der Gemeinschaftlichen Postdienste", KOM(93)247 endg.

dies., Grünbuch über die Liberalisierung der Telekommunikationsinfrastruktur und der Kabelfernsehnetze. Teil I: Grundsätze und Zeitrahmen, KOM(94)440 endg.

dies., Für eine Energiepolitik der Europäischen Union, Grünbuch, KOM(94) 659 endg. v. 11. 1. 1995

dies., Grünbuch über die Liberalisierung der Telekommunikationsinfrastruktur und der Kabelfernsehnetze. Teil II: Ein Gemeinsames Konzept zur Bereitstellung einer Infrastruktur für Telekommunikation in der Europäischen Union, KOM(94)682 endg. v. 25. 1. 1995

dies., Eine Energiepolitik für die Europäische Union, Weißbuch, KOM(95)682 endg.

dies., XXV. Bericht über die Wettbewerbspolitik, 1995, Luxemburg 1996 [zitiert: *Kommission*, XXV. Wettbewerbsbericht (1995)]

dies., Entwurf einer Bekanntmachung über die Anwendung der Wettbewerbsregeln auf dem Postsektor und über die Beurteilung bestimmter staatlicher Maßnahmen betreffend Postdienste, ABl. 1995 Nr. C 322/3 ff.

dies., Mitteilung: Konsultation zum Grünbuch über die Liberalisierung der Telekommunikationsinfrastruktur und der Kabelfernsehnetze, KOM(95)158 endg.

dies., XXVI. Bericht über die Wettbewerbspolitik (1996), Luxemburg 1997 [zitiert: *Kommission*, XXVI. Wettbewerbsbericht (1996)]

dies., Mitteilung: „Leistungen der Daseinsvorsorge in Europa", KOM(96) 443 endg., ABl. Nr. C 281/3 ff. v. 26. 9. 1996 [zitiert: Kommission, Mitteilung zur Daseinsvorsorge] *dies.*, Mitteilung über Bewertungskriterien für nationale Systeme der Kostenrechnung und der Finanzierung im Universaldienst in der Telekommunikation und Leitlinien für die Mitgliedstaaten für die Anwendung dieser Systeme v. 27. 11. 1996, KOM(96)608 endg.

dies., Mitteilung v. 12. 3. 1996 über den Universaldienst in der Telekommunikation im Hinblick auf ein vollständig liberalisiertes Umfeld, KOM(96)73

dies., Bekanntmachung über die Anwendung der Wettbewerbsregeln auf dem Postsektor und über die Beurteilung bestimmter staatlicher Maßnahmen betreffend Postdienste, ABl. 1998 Nr. C 39/2 ff.

dies., Mitteilung an den Rat, das Europäische Parlament, den Wirtschafts- und Sozialausschuß und den Ausschuß der Regionen: Vierter Bericht über die Umsetzung des Reformpakets für den Telekommunikationssektor v. 25. 11. 1998, KOM (98)594

dies., Bericht an den Rat: „Dienstleistungen von allgemeinem wirtschaftlichem Interesse im Bankensektor", von der Kommission angenommen am 17. 6. 1998, dem ECOFIN Rat vorgelegt am 23. 11. 1998

dies., Status Report on European Union Telecommunications Policy, Brüssel, 26. 1. 1998 [zitiert: *Kommission*, Status Report (1998)]

dies., Communication to the European Parliament, Council, Economic and Social Committee and Committee of the Regions: First Monitoring Report on Universal Service in Telecommunications in the European Union, 25. 2. 1998, KOM 98(101)endg. [zitiert: Kommission, First Monitoring Report (1998)]

dies., Mitteilung über die Anwendung der Wettbewerbsregeln auf Zugangsvereinbarungen im Telekommunikationsbereich. Rahmen, relevante Märkte und Grundsätze, ABl. 1998 Nr. C 265/2 ff.

dies., XXVIII. Bericht über die Wettbewerbspolitik – 1998, Brüssel 1999, SEK(99)743 endg.

dies., Weißbuch über die Modernisierung der Vorschriften zur Anwendung der Artikel 85 und 86 EG-Vertrag. Arbeitsprogramm der Kommission Nr. 99/027, ABl. 1999 Nr. L 132/1 ff.

dies., Opening Up to Choice: The Single Electricity Market, Brüssel 1999

dies., Status Report on European Union Electronic Communications Policy, Brussels, 25. November 1999 (Update: Brussels, 22. December 1999)

dies., Mitteilung an den Rat, das Europäische Parlament, den Wirtschafts- und Sozialausschuss und den Ausschuss der Regionen v. 14. 12. 1999: „Grundsätze und Leitlinien für die audiovisuelle Politik der Gemeinschaft im digitalen Zeitalter", KOM(1999)657 endg.

dies., Mitteilung an das Europäische Parlament, den Rat, den Wirtschafts- und Sozialausschuß und den Ausschuß der Regionen v. 11 Nov. 1999: Fünfter Bericht über die Umsetzung des Reformpakets für den Telekommunikationssektor, KOM(1999)537 endg.

dies., Mitteilung an den Rat und das Europäische Parlament über die externe Dimension der transeuropäischen Energienetze v. 26. 3. 1997, KOM(97)125 endg.

dies., Bericht an den Rat und das Europäische Parlament über den Harmonisierungsbedarf – Richtlinie 96/92/EC betreffend gemeinsame Vorschriften über den Elektrizitätsbinnenmarkt, KOM(98)167 endg.

dies., Zweiter Bericht an den Rat und das Europäische Parlament über den Harmonisierungsbedarf – Richtlinie 96/92/EC betreffend gemeinsame Vorschriften über den Elektrizitätsbinnenmarkt, SEK 1999/470 v. 16. 4. 1999

dies., Zweiter Bericht an den Rat und das Europäische Parlament über den Stand der Liberalisierung der Energiemärkte – http://europa.eu.int/comm/energy/en/ lpi_31_en.html.

dies., Guide to the Electricity directive – http://europa.eu.int/comm/energy/en/elec_single_market/memor.htm

dies., „Energie für die Zukunft: Erneuerbare Energieträger – Weißbuch für eine Gemeinschaftsstrategie und Aktionsplan" v. 26. 11. 1997, KOM(97)599 endg.

dies., Bericht für das Jahr 1998 über Investitionsvorhaben von gemeinschaftlichem Interesse im Energiebereich, KOM(2000)449 endg. v. 24. 7. 2000.

dies., Mitteilung zu den jüngsten Fortschritten bei der Schaffung eines Elektrizitätsbinnenmarktes v. 16. 5. 2000, KOM(2000)297 endg.

dies., XXIX. Bericht über die Wettbewerbspolitik – 1999, Brüssel den 5. 5. 2000, SEK (2000)720 endg.

dies., *e*Europe. Eine Informationsgesellschaft für alle. Mitteilung für den Europäischen Sondergipfel von Lissabon am 23./24. März 2000

dies., *e*Europe. Eine Informationsgesellschaft für alle. Zwischenbericht für den Sondergipfel des Europäischen Rates zum Thema „Beschäftigung, Wirtschaftsreform und sozialer Zusammenhalt – für ein Europa der Innovation und des Wissens", Lissabon, 23./24. März 2000

dies., Mitteilung: Leistungen der Daseinsvorsorge in Europa, ABl. 2001 Nr. C 17/4 [zitiert: Kommission, Mitteilung zur Daseinsvorsorge II]

Rechtsprechungsverzeichnis

I. EuGH

1963

EuGH v. 5.2.1963, Rs. 26/62, Slg. 1963, 1 – „*Van Gend & Loos*“

1969

EuGH v. 13.2.1969, Rs. 14/68, Slg. 1969, 1 – „*Walt Wilhelm*“

1971

EuGH v. 14.7.1971, Rs. 10/71, Slg. 1971, 723 – „*Hafen von Mertert*“

1972

EuGH v. 21.3.1972, Rs. 82/71, Slg. 1972, 119 – „*SAIL*“

1973

EuGH v. 21.2.1973, Rs. 6/72, Slg. 1973, 215 – „*Continental Can*“

1974

EuGH v. 27.3.1974, Rs. 127/73, Slg. 1974, 313 – „*BRT*“

EuGH v. 30.4.1974, Rs. 155/73, Slg. 1974, 409 – „*Sacchi*“

1975

EuGH v. 28.10.1975, Rs. 36/75, Slg. 1975, 1219 – „*Rutili*“

1977

EuGH v. 22.3.1977, Rs. 78/76, Slg. 1977, 595 – „*Steinike und Weinlig*“

EuGH v. 27.10.1977, Rs. 30/77, Slg. 1977, 1999 – „*Bouchereau*”

EuGH v. 16.11.1977, Rs. 13/77, Slg. 1977, 2115 – „*GB-Inno-BM/ATAB*“

1979

EuGH v. 20.2.1979, Rs. 120/78, Slg. 1979, 649 – „*Cassis de Dijon*"

1980

EuGH v. 17.9.1980, Rs. 730/79, Slg. 1980, 2671 – „*Philip Morris*"

1981

EuGH v. 14.7.1981, Rs. 172/80, Slg. 1981, 2021 – „*Züchner*"

EuGH v. 17.12.1981, Rs. 97-200/80, 243/80, 245/80 u. 247/80, Slg. 1981, 3211 – „*Ludwigshafener Walzmühle*"

1982

EuGH v. 6.7.1982, Rs. 188-190/80, Slg. 1982, 2545 – „*Transparenz-Richtlinie I*"

EuGH v. 6.10.1982, Rs. 283/81, Slg. 1982, 3415 – „*C.I.L.F.I.T.*"

1983

EuGH v. 10.3.1983, Rs. 172/82, Slg. 1983, 555 – „*Inter-Huiles*"

1984

EuGH v. 10.7.1984, Rs. 72/83, Slg. 1984, 2727 – „*Campus Oil*"

EuGH v. 6.12.1984, Rs. 59/83, Slg. 1984, 4057 – „*Biovilac*"

1985

EuGH v. 7.2.1985, Rs. 240/83, Slg. 1985, 531 – „*ADBHU*"

EuGH v. 20.3.1985, Rs. 41/83, Slg. 1985, 873 – „*British Telecom*"

EuGH v. 3.10.1985, Rs. 311/84, Slg. 1985, 3261 – „*CBEM*"

1986

EuGH v. 30.4.1986, Rs. 209-213/84, Slg. 1986, 1425 – „*Asjes*"

1987

EuGH v. 27.1.1987, Rs. 45/85, Slg. 1987, 405 – „*Verband der Sachversicherer*"

EuGH v. 11.3.1987, Rs. 27/85, Slg. 1987, 1129 – „*Vandemoortele*"

EuGH v. 16.6.1987, Rs. 118/85, Slg. 1987, 2599 – *„Transparenzrichtlinie II"*

1988

EuGH v. 26.4.1988, Rs. 352/85, Slg. 1988, 2085 – *„Bond van Adverteeders"*

EuGH v. 4.5.1988, Rs. 30/87, Slg. 1988, 2479 – *„Bodson"*

EuGH v. 20.9.1988, Rs. 302/86, Slg. 1988, 4607 – *„Dänische Pfandflaschen"*

1989

EuGH v. 11.4.1989, Rs. 66/86, Slg. 1989, 803 – *„Ahmed Saeed"*

EuGH v. 16.5.1989, Rs. 382/87, Slg. 1989, 1235 – *„Buet"*

EuGH v. 11.7.1989, Rs. 265/87, Slg. 1989, 2237 – *„Schräder"*

1990

EuGH v. 13.11.1990, Rs. C-331/88, Slg. 1990 I-4023 – *„Fedesa"*

1991

EuGH v. 19.3.1991, Rs. C-202/88, Slg. 1991 I-1223 – *„Telekommunikations-Endgeräte"*

EuGH v. 23.4.1991, Rs. C-41/90, Slg. 1991 I-1979 – *„Höfner"*

EuGH v. 18.6.1991, Rs. C-260/89, Slg. 1991 I-2925 – *„ERT"*

EuGH v. 25.7.1991, Rs. C-288/89, Slg. 1991 I-4007 – *„Gouda"*

EuGH v. 10.12.1991, Rs. C-179/90, Slg. 1991 I–5889 – *„Porto di Genova"*

EuGH v. 13.12.1991, Rs. C-18/88, Slg. 1991 I-5941 – *„RTT"*

1992

EuGH v. 12.2.1992, Rs. C-48 u. 66/90, Slg. 1992 I-565 – *Niederlande ./. Kommission*

EuGH v. 17.11.1992, Rs. C-271/90, 281/90 und 289/90, Slg. 1992 I-5833 – *„Telekommunikationsdienste"*

1993

EuGH v. 31.3.1993, Rs. C-19/92, Slg. 1993 I-1663 – *„Kraus"*

EuGH v. 19.5.1993, Rs. C-320/91, Slg. 1993 I-2533 – *„Corbeau"*

1994

EuGH v. 2.2.1994, Rs. C-315/92, Slg. 1994 I-317 – *„Clinique"*

EuGH v. 15.3.1994, Rs. C-387/92, Slg. 1994 I-877 – *„Banco Exterior"*

EuGH v. 27.4.1994, Rs. C-393/92, Slg. 1994 I-1477 – *„Almelo"*

1995

EuGH v. 19.10.1995, Rs. C-19/93 P, Slg. 1995 I-3319 – *„Rendo II"*

EuGH v. 30.11.1995, Rs. C 55/94, Slg. 1995 I-4165 – *„Gebhard"*

1997

EuGH v. 20.2.1997, Rs. C-107/95 P, Slg. 1997 I-947 – *„Bundesverband der Bilanzbuchhalter"*

EuGH v. 13.5.1997, Rs. C-233/94, Slg. 1997 I-2405 – *„Einlagensicherung der Banken"*

EuGH v. 17.7.1997, Rs. C-242/95, Slg. 1997 I-4449 – *„GT Link"*

EuGH v. 23.10.1997, Rs. C-157/94, Slg. 1997 I-5699 – *„Energiemonopole Niederlande"*

EuGH v. 23.10.1997, Rs. C-158/94, Slg. 1997 I-5789 – *„Energiemonopole Italien"*

EuGH v. 23.10.1997, Rs. C-159/94, Slg. 1997 I-5815 – *„Energiemonopole Frankreich"*

EuGH v. 11.12.1997, Rs. C-55/96, Slg. 1997 I-7119 – *„Job Centre"*

1998

EuGH v. 25.3.1998, Rs. C-174/97 P, Slg. 1998 I-1303 – *„FFSA II"*

EuGH v. 2.4.1998, Rs. C-367/95 P, Slg. 1998 I-1719 – *„Sytraval"*

EuGH v. 28.4.1998, Rs. C-120/95, Slg. 1998 I-1831 – *„Decker"*

EuGH v. 28.4.1998, Rs. C-158/96, Slg. 1998 I-1931 – *„Kohll"*

EuGH v. 18.6.1998, Rs. C-266/96, Slg. 1998 I-3949 – *„Corsica Ferries"*

EuGH v. 25.6.1998, Rs. C-203/96, Slg. 1998 I–4075 – *„Dusseldorp"*

1999

EuGH v. 9.9.1999, Rs. C-108/98, Slg. 1999 I-5219 – *„RISAN"*

EuGH v. 21.9.1999, Rs. C-67/96, Slg. 1999 I-5751 – *„Albany"*

EuGH v. 21.9.1999, Rs. C-115/97, Slg. 1999 I-6025 – *„Brentjens' Handelssonderneming BV"*

EuGH v. 21.9.1999, Rs. C-124/97, Slg. 1999 I-6067 – *„Läärä"*

EuGH v. 21.9.1999, Rs. C-219/97, Slg. 1999 I-6121 – „*Drijvende Bokken BV*"

EuGH v. 21.10.1999, Rs. C-67/98, Slg. 1999 I-7289 – „*Zenatti*"

2000

EuGH v. 10.2.2000, Rs. C-147-148/97, Slg. 2000 I-825 – „*Citicorp*"

EuGH v. 23.5.2000, Rs. C-209/98, Slg. 2000 I-3743 – „*Sydhavnens Sten & Grus*"

EuGH v. 22.6.2000, Rs. C-332/98 – „*Coopérative d'exportation du livre français*" [noch nicht im amtlicher Sammlung]

II. EuG

1991

EuG v. 10.7.1991, Rs. T-69/89, Slg. 1991 II-485 – *RTE ./. Kommission*

1992

EuG v. 18.11.1992, Rs. T-16/91, Slg. 1992 II-2417 – „*Rendo I*"

1994

EuG v. 27.10.1994, Rs. T-32/93, Slg. 1994 II-1015 – „*Ladbroke Racing*"

1996

EuG v. 11.7.1996, Rs. T-528/93, 542/94, 543/93 und 546/93, Slg. 1996 II-649 – „*EBU*"

1997

EuG v. 27.2.1997, Rs. T-106/95, Slg. 1997 II-229 – „*FFSA*"

EuG v. 19.6.1997, Rs. T-260/94, Slg. 1997 II-997 – „*Air Inter*"

1998

EuG v. 15.9.1998, Rs. T-95/96, Slg. 1998 II-3407 – „*Gestevisión Telecinco*"

1999

EuG v. 8.7.1999, Rs. T-266/97, Slg. 1999 II-2329 – „*Vlaamse Televisie*“

EuG v. 9.9.1998, Rs. T-127/98, Slg. 1999 II-2633 – „*UPS*“

2000

EuG v. 10.5.2000, Rs. T-46/97 – *SIC v. Kommission* [noch nicht im amtlicher Sammlung]

Stichwortverzeichnis

Winfried Wegmann

Regulierte Marktöffnung in der Telekommunikation

Die Steuerungsinstrumente des Telekommunikationsgesetzes (TKG) im Lichte „regulierter Selbstregulierung"

Die Liberalisierung der Telekommunikationsmärkte wird begleitet von einer spezifischen staatlichen Regulierungstätigkeit auf der Grundlage des Telekommunikationsgesetzes. Mit dem Ziel, die selbstregulativen Kräfte des Wettbewerbs auf diesem Sektor zu aktivieren, greift der Staat aktiv steuernd in das Marktgeschehen ein.

Der Verfasser thematisiert das (scheinbare) Paradox dieser »regulierten Selbstregulierung« anhand der gesetzlichen Bestimmungen zur Lizenzierung, zum Universaldienst sowie zur Netzzugangs- und Entgeltregulierung. Die jeweiligen Regelungen werden systematisch dargestellt, interpretiert, am Maßstab des Europa- und Verfassungsrechts bewertet und ferner in ihrer spezifischen Funktion und Wirkungsweise unter dem Aspekt regulierter Selbstregulierung beleuchtet. Dabei zeigt der Verfasser die unterschiedlichen Formen staatlicher Einflußnahme im einzelnen auf. In einem gesonderten Kapitel werden praxisrelevante Fragen des Rechtsschutzes behandelt.

Das Werk richtet sich insbesondere an Personen aus Justiz, Wirtschaft und Verwaltung, die mit dem Telekommunikations- und Regulierungsrecht befaßt sind.

Der Autor ist Rechtsanwalt und gegenwärtig in der Rechtsabteilung der Deutschen Telekom tätig.

2001, 416 S., geb. mit Schutzumschlag, 148,– DM, 127,– sFr,
ISBN 3-7890-7112-9
(Law and Economics of International Telecommunications – Wirtschaftsrecht der internationalen Telekommunikation, Bd. 45)

NOMOS Verlagsgesellschaft
76520 Baden-Baden